# Grundrisse zum Neuen Testament
# Das Neue Testament Deutsch –
# Ergänzungsreihe

Herausgegeben von
Karl-Wilhelm Niebuhr und Samuel Vollenweider

Band 4

Vandenhoeck & Ruprecht

Matthias Konradt

# Ethik im Neuen Testament

Vandenhoeck & Ruprecht

Bibliografische Information der Deutschen Nationalbibliothek:
Die Deutsche Nationalbibliothek verzeichnet diese Publikation in der Deutschen Nationalbibliografie;
detaillierte bibliografische Daten sind im Internet über https://dnb.de abrufbar.

© 2022 Vandenhoeck & Ruprecht, Theaterstraße 13, D-37073 Göttingen, ein Imprint der Brill-Gruppe
(Koninklijke Brill NV, Leiden, Niederlande; Brill USA Inc., Boston MA, USA; Brill Asia Pte Ltd,
Singapore; Brill Deutschland GmbH, Paderborn, Deutschland; Brill Österreich GmbH, Wien, Österreich)
Koninklijke Brill NV umfasst die Imprints Brill, Brill Nijhoff, Brill Hotei, Brill Schöningh, Brill Fink,
Brill mentis, Vandenhoeck & Ruprecht, Böhlau, V&R unipress.

Alle Rechte vorbehalten. Das Werk und seine Teile sind urheberrechtlich geschützt.
Jede Verwertung in anderen als den gesetzlich zugelassenen Fällen bedarf der vorherigen schriftlichen
Einwilligung des Verlages.

Satz: SchwabScantechnik, Göttingen
Druck und Bindung: Hubert & Co. BuchPartner, Göttingen
Printed in the EU

**Vandenhoeck & Ruprecht Verlage | www.vandenhoeck-ruprecht-verlage.com**

ISSN 2198-2929
ISBN 978-3-525-51364-4

*Für Hanna und Sara*

# Inhalt

Vorwort .................................................................. XIII

Hinweise zur Benutzung des Buches ............................. XV

Verzeichnis allgemeiner und übergreifender Literatur ............. XVI

Verzeichnis von Quellenausgaben ................................. XIX

I. Aufgabe, Problemhorizonte und Herangehensweise ............... 1
   1. Aufgabe und Problemhorizonte ............................. 1
   2. Zur Herangehensweise: Das Instrumentarium zur Analyse
      neutestamentlicher Ethik ................................. 7
   3. Zum Aufbau des Buches .................................. 13
   Literatur ................................................. 16

II. Kontexte und Voraussetzungen ................................ 17
   1. Philosophische Ethik und Alltagsmoral in der griechisch-römischen
      Antike .................................................. 18
   2. Die an der Tora orientierte ethische Unterweisung im Frühjudentum .... 31
   3. Die ethische Unterweisung Jesu als Grundimpuls für die
      frühchristliche Ethik ..................................... 39
   Literatur ................................................. 54

III. Paulus: Handeln als lebenspraktische Dimension der Christusteilhabe
    in der Kraft des Geistes .................................. 61
   1. Theologische Grundlagen ................................. 63
      1.1 Die christologische Begründung des Handelns:
          Das Sein in Christus .................................. 63
      1.2 Die pneumatologische Dimension christlichen Lebens:
          Der Wandel im Geist und das Verhältnis von Gottes Wirken und
          menschlichem Handeln ............................... 65
      *Exkurs: Zur Bedeutung des ‚Indikativ-Imperativ'-Schemas zur*
      *Erfassung des ethischen Ansatzes von Paulus* ................ 68
      1.3 Der ekklesiologische Horizont christlichen Lebens:
          Die Gemeinschaft in Christus und die Neubestimmung
          sozialer Rollen ...................................... 72
      1.4 Die eschatologische Motivierung christlichen Lebens:
          Das Gericht und die Teilhabe am endzeitlichen Heil .......... 78
      1.5 Das Heilshandeln Gottes und die Hingabe an Gott.
          Der *theo*logische Rahmen der Ethik und ihre Stellung in Paulus'
          Theologie ........................................... 80

| | |
|---|---:|
| 2. Quellen und Bezugspunkte der paulinischen Unterweisung | 83 |
| 2.1 Die Bedeutung der Tora in der paulinischen Ethik | 83 |
| 2.2 Die Interaktion mit ethischen Traditionen der griechisch-römischen Antike und das Verhältnis zu Verhaltensmaßstäben der Umwelt | 90 |
| 2.3 Jesustradition und frühchristliche Gemeindeparänese bei Paulus | 92 |
| 3. Die Liebe als ethisches Leitmotiv | 94 |
| 3.1 Die Liebe als Leitmotiv in der paulinischen Gemeindeunterweisung | 95 |
| 3.1.1 Die leitmotivische Bedeutung der Agape im 1Thess | 95 |
| 3.1.2 Die Agape in Röm 12–13 | 98 |
| 3.2 Aufnahme und Entfaltung der Agapeforderung in der Erörterung von Gemeindeproblemen und konkreten ethischen Gestaltungsaufgaben | 101 |
| 3.2.1 Die Agape und die Rücksicht auf die Schwachen (1Kor 8,1–11,1; Röm 14,1–15,13) | 102 |
| 3.2.2 Die Agape und die Auferbauung der Gemeinde in 1Kor 12–14 | 107 |
| 3.2.3 Die Annahme des Onesimus als Manifestation der Agape im Phlm | 111 |
| 3.2.4 Die Kollekte für Jerusalem als Manifestation der Agape (2Kor 8) | 113 |
| 3.3 Die Liebe und das Gesetz | 114 |
| 3.3.1 Das Dienen in der Liebe: Die Agape als zentrale Bestimmung der Christonomie der Freiheit im Gal | 114 |
| 3.3.2 Das Liebesgebot als Zusammenfassung des Gesetzes in Röm 13,8–10 | 117 |
| 3.4 Resümee | 120 |
| 4. Demut und Statusindifferenz als Kennzeichen der ekklesialen Gemeinschaft | 121 |
| 4.1 Die ethische Dimension der *theologia crucis* in 1Kor 1–4 | 122 |
| 4.2 Die Mahnung zur Demut in Phil 2 | 124 |
| 4.3 Das Mahl als Ort der Manifestation geschwisterlicher Gemeinschaft (1Kor 11,17–34) | 129 |
| 5. Materialethische Konkretionen | 131 |
| 5.1 Sexualität und Ehe | 131 |
| 5.1.1 Die Warnung vor Unzucht als Kernstück paulinischer Unterweisung | 131 |
| 5.1.2 Ehe, Ehelosigkeit und Ehescheidung | 139 |
| 5.1.3 Paulus' Stellung zu gleichgeschlechtlichem Sexualverkehr | 151 |
| 5.2 Besitzethik, Wohltätigkeit und Arbeit | 156 |
| 5.3 Sklaverei | 163 |
| 5.4 Die Unterordnung unter die Obrigkeiten (Röm 13,1–7) | 166 |
| 6. Rückblick: Ethische Orientierung und Urteilsfindung bei Paulus | 170 |
| Literatur | 172 |

| | |
|---|---:|
| IV. Die Weiterführung und Transformation der paulinischen Ethik in den deuteropaulinischen Briefen | 184 |
| 1. Der Kolosserbrief: Leben unter der Herrschaft Christi | 184 |
| 1.1 Die Auseinandersetzung mit der „Philosophie" und die christologische Grundlegung der Ethik im Kol | 185 |
| 1.2 Die ethische Unterweisung im Kol | 187 |
| 1.2.1 Der alte und der neue Mensch in Kol 3,5–17 | 187 |
| 1.2.2 Die Haustafel in Kol 3,18–4,1 | 190 |
| 2. Der Epheserbrief: Leben als Glieder des einen Gottesvolkes | 199 |
| 2.1 Theologische Grundlagen | 200 |
| 2.2 Die ethische Unterweisung in Eph 4,1–6,9 | 204 |
| 2.2.1 Die Bewahrung der Einheit (Eph 4,1–16) | 204 |
| 2.2.2 Der Wandel des neuen Menschen im Kontrast zur ‚heidnischen' Welt (Eph 4,17–5,20) | 205 |
| 2.2.3 Die Haustafel in Eph 5,21–6,9 | 211 |
| 3. Die Pastoralbriefe: Der universale Heilswille Gottes und die gesellschaftliche Kompatibilität christlicher ethischer Überzeugungen | 217 |
| 3.1 Theologische Grundlagen | 218 |
| 3.2 Die gesellschaftliche Kompatibilität der ethischen Orientierung | 221 |
| 3.3 Die Hochschätzung von Ehe und Familie und die Geschlechterrollenethik in den Pastoralbriefen | 223 |
| 3.4 Die Ermahnung der Reichen | 230 |
| 4. Appendix: Das Arbeitsgebot im 2Thess | 234 |
| Literatur | 235 |
| V. Das Markusevangelium: Die Nachfolge des Gekreuzigten | 242 |
| 1. Theologische Grundlagen | 243 |
| 2. Geltung, Deutung und Depotenzierung der Tora | 246 |
| 3. Das Dienen als Grundsignatur der Jüngerexistenz in der Nachfolge des Gekreuzigten | 251 |
| 4. Die Herausforderungen der Nachfolge im Lebensalltag | 254 |
| Literatur | 258 |
| VI. Das Matthäusevangelium: Die vollkommene Erfüllung der Tora und das Joch des Messias | 260 |
| 1. Theologische Grundlagen | 262 |
| 2. Jesus, der Lehrer, und die Tora im Matthäusevangelium | 267 |
| 2.1 Die Erfüllung von Tora und Propheten (5,17–20) und die mt Antithesenreihe (5,21–48) | 268 |
| 2.1.1 Bedeutung und Stellung der Bergpredigt in der mt Jesuserzählung | 268 |
| 2.1.2 Die Grundsatzaussage über Gesetz und Propheten in Mt 5,17–20 und die mt Gesetzeshermeneutik | 270 |
| 2.1.3 Die Auslegung der Tora in den Antithesen (Mt 5,21–48) | 272 |
| 2.2 Die Interpretation des Liebesgebots im Matthäusevangelium | 275 |

   2.2.1 Das Feindesliebegebot in Mt 5,43–48 .................. 275
   *Exkurs: Die Antithese über den Vergeltungsverzicht in Mt 5,38–42* 278
   2.2.2 Das Liebesgebot in Mt 19,19 ....................... 280
   *Exkurs: Besitzethik im Matthäusevangelium* .................. 282
   2.2.3 Das Doppelgebot der Liebe in Mt 22,34–40 ............. 284
  2.3 Die Rezeption und Deutung des Dekalogs im
   Matthäusevangelium ...................................... 286
   2.3.1 Der Dekalog in den Antithesen der Bergpredigt .......... 286
    2.3.1.1 Das Tötungsverbot in Mt 5,21–26 ................. 286
    2.3.1.2 Das Ehebruchverbot in Mt 5,27–32 ............... 288
    2.3.1.3 Zum Dekalogbezug im Schwurverbot in Mt 5,33–37 292
   2.3.2 Die Rekurse auf Dekaloggebote in Mt 15,4–6.19 ......... 293
   2.3.3 Die Dekaloggebote in Mt 19,18f ..................... 294
   2.3.4 Fazit: Bedeutung und Interpretation des Dekalogs im
    Matthäusevangelium ................. 294
  2.4 Die Goldene Regel als Zusammenfassung von Gesetz und
   Propheten ............................................. 295
  2.5 Die Seligpreisungen in Mt 5,3–12 und ihre Bedeutung für das
   mt Gesetzesverständnis ................................... 296
  2.6 Die Befolgung des Sabbats und der Speisegebote ............. 298
  2.7 Die prophetische Dimension des mt Gesetzesverständnisses und
   die Betonung der Barmherzigkeit in der mt Ethik ............. 300
 3. Nachfolge und Nachahmung Jesu ............................. 304
  3.1 Jesus als ethisches Vorbild und Modell für die Jünger ........... 304
  3.2 Selbsterniedrigung und Vergebungsbereitschaft als ethische
   Leitaspekte der Rede über das Gemeinschaftsleben in der
   Gemeinde in Mt 18 ...................................... 307
 4. Der Charakter des Handelns im Matthäusevangelium ............. 314
 Literatur ..................................................... 317

VII. Das lukanische Doppelwerk: Barmherzigkeit und solidarische
 Gemeinschaft ............................................... 323
 1. Theologische Grundlagen .................................. 324
 2. Das Gesetz im lukanischen Doppelwerk ....................... 332
 3. Liebe und Barmherzigkeit als ethische Leitperspektiven ........... 337
  3.1 Das Gebot der Feindesliebe und die Goldene Regel in Lk 6,27–36 337
  3.2 Das Doppelgebot der Liebe und das Gleichnis vom barmherzigen
   Samaritaner in Lk 10,25–37 ............................... 340
  3.3 Die Nachahmung der Barmherzigkeit Gottes (Lk 6,36) ........ 342
 4. Die Suche der Verlorenen und die Vergebung der Sünden ......... 344
 5. Besitzethik im lukanischen Doppelwerk ....................... 348
  5.1 Die theologische Einbettung der besitzethischen Unterweisung 349
  5.2 Lukas' Kritik an den Reichen und die Gefahren des Reichtums 353
  5.3 Der Besitz als Gabe und das Teilen der Lebensgüter ........... 357
  5.4 Lukas' besitzethische Forderung: Versuch einer Synthese ....... 371

|  | Inhalt | XI |
|---|---|---|

    6. Das Verhalten gegenüber der Obrigkeit ........................ 374
    Literatur ............................................................ 379

VIII. Corpus Johanneum: Theologie und Ethik der Liebe ............... 385
    1. Theologische Grundlagen ........................................ 388
    2. Das Liebesgebot im Johannesevangelium ...................... 396
    3. Das Liebesgebot im 1. Johannesbrief ........................... 401
    4. Das Liebesgebot in den Presbyterbriefen (2–3 Joh) ............ 404
    5. Die Konzentration der Agapeforderung auf die Geschwisterliebe .... 404
    Literatur ............................................................ 408

IX. Der Hebräerbrief: Binnenethik für den Zusammenhalt des wandernden
    Gottesvolkes ........................................................ 413
    1. Theologische Grundlagen ........................................ 413
    2. Die Glaubensparaklese des Hebräerbriefs ...................... 417
    3. Die Unterweisung in Hebr 13 ................................... 419
    Literatur ............................................................ 423

X. Der Jakobusbrief: Das Tun des eingepflanzten Wortes und das Standhalten
    gegen Begierde und Welt .......................................... 425
    1. Theologische Grundlagen ........................................ 426
    2. Die Schrift als Grundlage der ethischen Orientierung .......... 433
    3. Besitzethik im Jakobusbrief ..................................... 441
    4. Sprachethik im Jakobusbrief .................................... 447
    Literatur ............................................................ 450

XI. Der 1. Petrusbrief: Leben und Leiden als Fremdlinge in der
    Diaspora der Welt .................................................. 453
    1. Theologische Grundlagen ........................................ 453
    2. Inhaltliche Konkretionen christlichen Lebenswandels im 1Petr ...... 458
        2.1 Das Durchhalten der Verhaltensdifferenz .................. 458
        2.2 Die ethische Dimension der Reaktion auf die Bedrängnis ....... 459
        2.3 Die Gestaltung des Miteinanders im Geist der Liebe und Demut ... 466
    Literatur ............................................................ 468

XII. Die Offenbarung des Johannes: Exodus aus Babylon ............... 471
    1. Stärkung in der Bedrängnis und die Mahnung zur Ausdauer ....... 472
    2. Die Forderung der Abgrenzung von der Mehrheitsgesellschaft ...... 475
    3. Der Kaiserkult und das Verhältnis zur Mehrheitsgesellschaft ....... 477
    4. Die Problematik irdischen Reichtums ........................... 479
    5. Das Problem der gewalthaltigen Bilderwelt ..................... 482
    Literatur ............................................................ 484

XIII. Rückblick und Resümee: Pluralität, Komplementarität und
    Leitperspektiven neutestamentlicher Ethik ........................ 487

Stellenregister .................................................. 503

Sachregister .................................................... 532

# Vorwort

Ein Buch über Ethik im Neuen Testament zu schreiben, ist in mehrfacher Hinsicht ein Wagnis. Erstens ist schon umstritten, ob man im Blick auf neutestamentliche Schriften überhaupt sinnvoll von „Ethik" sprechen kann. Ich werde dieses Problemfeld in der Einleitung aufnehmen (Kap. I.1). Zweitens zeigt sich, wenn man die Forschung zum Themenbereich überblickt, eine solche Diversität und Disparität der Ansätze, dass man nur unterstreichen kann, was Jan van der Watt diesbezüglich notiert hat: „One is almost left with the feeling that, in fact, no one is agreeing with anyone"[1]. Drittens wird das damit verbundene Moment sehr unterschiedlicher Erwartungshaltungen dadurch verschärft, dass es eine Vielzahl *berechtigter* Fragestellungen gibt, die aber nicht alle in *einem* Buch in gleicher Weise und mit der jeweils nötigen Tiefe behandelt werden können. Ich werde ebenfalls in der Einleitung meinen Zugang darlegen, bin mir aber darüber im Klaren, dass mit guten Gründen auch andere Schwerpunkte hätten gesetzt werden können. Nicht zuletzt ist ein solches Überblickswerk angesichts des Spezialisierungsgrades der heutigen neutestamentlichen Wissenschaft ein Wagnis, zumal noch die Notwendigkeit hinzukommt, die jeweiligen frühjüdischen und griechisch-römischen Kontexte einzubeziehen. Man kann dem durch einen Sammelband mit verschiedenen Fachleuten zu begegnen suchen. Vielleicht ist das Wagnis einer Gesamtdarstellung aus *einer* Feder aber insofern nach wie vor sinnvoll, weil sie stärker die Chance bietet, dass sich die Erkenntnisse aus der Analyse verschiedener Schriften wechselseitig befruchten und zugleich im direkten Vergleich Profile schärfer hervorzutreten vermögen. Inwiefern dies gelungen ist, sei dem Urteil der Leserinnen und Leser anheimgestellt.

Die Auseinandersetzung mit anderen Positionen kann in einem Überblickswerk wie dem vorliegenden Buch nur in sehr begrenztem Umfang dokumentiert werden. Andernfalls wäre dessen Umfang angesichts der Vielzahl an Studien, die es verdienen, diskutiert zu werden, um ein Mehrfaches angeschwollen. Bei der Auswahl der verzeichneten Literatur habe ich versucht, einigermaßen repräsentativ zu sein. Vollständigkeit kann hier angesichts der Literaturfülle nicht angestrebt werden. Meinerseits gehen diesem Buch, beginnend mit meiner Dissertation zum Jakobusbrief, diverse Veröffentlichungen zu Themen neutestamentlicher Ethik voraus. In diesen findet sich auch eine intensivere Auseinandersetzung mit anderen Positionen. Zugleich sind diese Vorarbeiten an einigen Stellen in dieses Buch eingeflossen, ohne dass dies im Einzelnen ausgewiesen wird. Die entsprechenden Arbeiten werden aber immer in den Literaturblöcken angeführt.

Auf der langen Wegstrecke vom Beginn des Projekts bis zu seiner Fertigstellung habe ich die Unterstützung zahlreicher Menschen erfahren, die mit ihrer Mitarbeit

---

[1] New Testament Ethics? An Approach, in: Spurensuche zur Einleitung in das Neue Testament (FS U. Schnelle), hg. v. M. Labahn, FRLANT 271, Göttingen 2017, 423–442: 423.

und ihrem Mitdenken maßgeblich dazu beigetragen haben, dass das Buch nun in der vorliegenden Gestalt fertig ist. Knut Backhaus (München), Matthias Becker (Heidelberg), Christfried Böttrich (Greifswald), Jens Herzer (Leipzig) und Uta Poplutz (Wuppertal) haben einzelne Kapitel des Buches gelesen und mir hilfreiche Kommentare und Anregungen zukommen lassen. Ich danke ihnen sehr für ihr engagiertes, kritisches Lesen. Ihre Anregungen sind in der finalen Redaktion der betreffenden Kapitel eingeflossen. Meine Doktorandin und Mitarbeiterin Annette Weippert hat das ganze Buch gründlich durchgearbeitet und bis in Formulierungsdetails hinein viele Verbesserungsvorschläge unterbreitet. Ihr sei für ihre Mitarbeit herzlich gedankt. Mein herzlicher Dank für wertvolle Hilfe bei den Korrekturen gilt ebenso meiner Mitarbeiterin Annette Dosch und den studentischen Hilfskräften Aaron Schmidt und Clara Weigel. Ich danke ferner allen Studierenden, die in Bern und Heidelberg in Vorlesungen und Seminaren zu Themen der neutestamentlichen Ethik mit ihren Fragen und Überlegungen dazu beigetragen haben, dass das Buch sukzessiv Gestalt gewonnen hat. Der Deutschen Forschungsgemeinschaft danke ich für die Förderung von Forschungsprojekten zum Bereich der neutestamentlichen Ethik, die diesem Buch zugutegekommen sind. Mein Dank gilt überdies den beiden Reihenherausgebern Karl-Wilhelm Niebuhr und Samuel Vollenweider, die mir dieses Buch vor vielen Jahren anvertraut und sein Werden ebenso geduldig wie engagiert begleitet haben. Ich danke ferner dem Verlag Vandenhoeck & Ruprecht, namentlich Jörg Persch, Dr. Izaak de Hulster, Miriam Espenhain und Renate Rehkopf für die stets vertrauensvolle Zusammenarbeit und die kompetente verlegerische Betreuung des Buches. Nicht zuletzt danke ich von Herzen meiner Frau Beate für all ihre Unterstützung in den letzten Jahren, ohne die dieses Buch jetzt nicht fertig wäre.

Gewidmet ist das Buch meinen beiden Töchtern Hanna und Sara. Wer Kinder hat und sie auf ihrem Weg in die Selbständigkeit des Erwachsenenlebens begleiten darf, ist stets herausgefordert, darüber nachzudenken, was man selbst vorleben und weitergeben möchte. Dass die Beschäftigung mit dem Neuen Testament dabei hilfreiche, lebensdienliche Perspektiven bereithält, ist eine Erfahrung, die die Arbeit an diesem Buch begleitet hat.

Heidelberg, im Januar 2022                                    Matthias Konradt

# Hinweise zur Benutzung des Buches

1. Auf Literatur wird im Text in der Kurzform Autorname + Erscheinungsjahr verwiesen. Mehrere Titel eines Autors bzw. einer Autorin aus demselben Jahr werden durch einen hinzugefügten Buchstaben unterschieden (also z. B. Burchard 1998a). Am Ende eines jeden Kapitels findet sich ein Literaturverzeichnis mit den vollständigen bibliographischen Angaben. Am Anfang des Buches steht ein Verzeichnis mit solchen Titeln, die für mehrere Kapitel relevant sind. Das Symbol * nach dem Erscheinungsjahr verweist darauf, dass die bibliographische Angabe nicht im Literaturblock des Kapitels, sondern in diesem allgemeinen Literaturverzeichnis zu finden ist.

2. Bei Kursivierungen in Zitaten werden nur Abweichungen vom Original vermerkt, d. h. auf die Angabe „Hervorhebung im Original" wurde aus Platzgründen verzichtet.

3. Querverweise werden durch ein Pfeilsymbol (→) signalisiert. Querverweise innerhalb desselben Kapitels werden ohne die römische Ziffer der Hauptkapitelzählung angegeben. „→ 2.3" verweist also auf das Unterkapitel 2.3 in demselben Hauptkapitel.

4. Längere Unterkapitel sind im Regelfall in durchnummerierte Abschnitte untergliedert. Diese werden in Querverweisen, wenn sich der Verweis nur auf einen solchen Abschnitt bezieht, zusätzlich zur Kapitelzählung angegeben und zur Unterscheidung von der Kapitelzählung durch einen Schrägstrich abgesetzt. „IV.1.2.2/2" verweist also auf den zweiten Abschnitt in Kap. IV.1.2.2.

5. Abkürzungen von Reihen und Zeitschriften folgen dem IATG³ und, sofern in diesem nicht enthalten, dem SBL Handbook of Style, 2nd edition.

6. Abkürzungen von Quellentexten folgen (mit minimalen Abweichungen) dem Abkürzungsverzeichnis des Projekts *Corpus Judaeo-Hellenisticum Novi Testamenti/CJHNT* (abgedruckt z. B. in Matthias Konradt/Esther Schläpfer [Hg.], Anthropologie und Ethik im Frühjudentum und im Neuen Testament – Wechselseitige Wahrnehmungen, WUNT 322, Tübingen 2014, XI–XIX) bzw. sind auf der Basis der Abkürzungen von Quellentexten im SBL Handbook of Style in Analogie dazu gebildet.

7. Um der besseren Lesbarkeit willen wird in den folgenden Kapiteln dort, wo das biologische Geschlecht keine Rolle spielt, das generische Maskulinum verwendet. Als ‚unmarkierte' Formen meinen Maskulina mit generischer Funktion stets Personen verschiedenen Geschlechts. Auf das Ausweichen auf Präsenspartizipien wird zugunsten sprachlicher Korrektheit verzichtet (eine Sängerin ist nicht immer eine Singende, sondern zuweilen auch eine Redende oder Schlafende). Wo dies ohne Verlust an sprachlicher Präzision möglich ist, habe ich mich bemüht, bei Pronomina durch die Verwendung von Pluralen Maskulina mit generischer Funktion zu vermeiden.

# Verzeichnis allgemeiner und übergreifender Literatur

Im Folgenden wird nur allgemeine und mehrere Textbereiche übergreifende Literatur genannt, die in mehreren Kapiteln angeführt wird. Verweise auf die hier genannten Titel sind in den folgenden Kapiteln mit einem * gekennzeichnet. Spezialliteratur zu den einzelnen Schriften oder Textbereichen werden in den Literaturverzeichnissen in den entsprechenden Kapiteln genannt.

Akiyama, Kengo: The Love of Neighbour in Ancient Judaism. The Reception of Leviticus 19:18 in the Hebrew Bible, the Septuagint, the Book of Jubilees, the Dead Sea Scrolls, and the New Testament, AGJU 105, Leiden – Boston 2018.
Berger, Klaus: Die Gesetzesauslegung Jesu. Ihr historischer Hintergrund im Judentum und im Alten Testament, Teil I: Markus und Parallelen, WMANT 40, Neukirchen-Vluyn 1972.
– Hellenistische Gattungen im Neuen Testament, ANRW II 25.2, 1984, 1031–1432.1831–1885.
Birch, Bruce C. – Rasmussen, Larry L.: Bibel und Ethik im christlichen Leben, ÖfTh 1, Gütersloh 1993.
Bultmann, Rudolf: Theologie des Neuen Testaments, durchgesehen und ergänzt von Otto Merk, Tübingen ⁹1984.
Burridge, Richard A.: Imitating Jesus. An Inclusive Approach to New Testament Ethics, Grand Rapids – Cambridge 2007.
Chandler, Christopher N.: „Love Your Neighbour as Yourself" (Leviticus 19:18b) in Early Jewish-Christian Exegetical Practice and Missional Formulation, in: 'What Does the Scripture Say?'. Studies in the Function of Scripture in Early Judaism and Christianity, Vol. 1: The Synoptic Gospels, hg. v. C.A. Evans – H.D. Zacharias, SSEJC 17/LNTS 469, London u.a. 2012, 12–56.
Collins, Raymond F.: Divorce in the New Testament, Collegeville (MN) 1992.
Doering, Lutz: Schabbat. Sabbathalacha und -praxis im antiken Judentum und Urchristentum, TSAJ 78, Tübingen 1999.
Ebersohn, Michael: Das Nächstenliebegebot in der synoptischen Tradition, MThSt 37, Marburg 1993.
Ebner, Martin: Die Stadt als Lebensraum der ersten Christen. Das Urchristentum in seiner Umwelt I, GNT 1,1, Göttingen 2012.
Fitzgerald, John T.: The Stoics and the Early Christians on the Treatment of Slaves, in: Stoicism in Early Christianity, hg. v. T. Rasimus u.a., Grand Rapids 2010, 141–175.
Furnish, Victor Paul: The Love Command in the New Testament, London 1973.
Gielen, Marlis: Tradition und Theologie der neutestamentlichen Haustafelethik. Ein Beitrag zur Frage einer christlichen Auseinandersetzung mit gesellschaftlichen Normen, BBB 75, Frankfurt a.M. 1990.
Hahn, Ferdinand: Theologie des Neuen Testaments, Bd. I: Die Vielfalt des Neuen Testaments. Theologiegeschichte des Urchristentums, Tübingen 2002.
Harrington, Daniel – Keenan, James: Jesus and Virtue Ethics. Building Bridges between New Testament Studies and Moral Theology, Lanham – Chicago 2002.

Hays, Richard B.: The Moral Vision of the New Testament. Community, Cross, New Creation. A Contemporary Introduction to New Testament Ethics, Edinburgh 1997.
Horn, Christoph: Antike Lebenskunst. Glück und Moral von Sokrates bis zu den Neuplatonikern, Beck'sche Reihe 1271, München ²2010.
Horn, Friedrich Wilhelm: Tugendlehre im Neuen Testament, in: Ethische Normen des frühen Christentums. Gut – Leben – Leib – Tugend, hg. v. dems. u. a., WUNT 313, Tübingen 2013, 417–431.
– Mimetische Ethik im Neuen Testament, in: Metapher – Narratio – Mimesis – Doxologie. Begründungsformen frühchristlicher und antiker Ethik, hg. v. U. Volp u. a., WUNT 356, Tübingen 2016, 195–204.
Houlden, J[ames] L[eslie]: Ethics and the New Testament, London – New York ⁴2004.
Jungbauer, Harry: „Ehre Vater und Mutter". Der Weg des Elterngebots in der biblischen Tradition, WUNT II.146, Tübingen 2002.
Kamlah, Ehrhard: Die Form der katalogischen Paränese im Neuen Testament, WUNT 7, Tübingen 1964.
Keck, Leander E.: Rethinking "New Testament Ethics", JBL 115 (1996), 3–16.
Kirchschläger, Peter G.: Mass-Losigkeit und andere ethische Prinzipien des Neuen Testaments, BToSt 31, Leuven u. a. 2017.
Konradt, Matthias: Liebesgebot und Christusmimesis. Eine Skizze zur Pluralität neutestamentlicher Agapeethik, JBTh 29 (2014), 65–98.
– „Was ihr einem meiner geringsten Brüder getan habt" (Mt 25,40). Überlegungen zur Bedeutung diakonischen Handelns im Matthäusevangelium, in: Diakonie biblisch. Neutestamentliche Perspektiven, hg. v. K. Scholtissek – K.-W. Niebuhr, BThSt 188, Göttingen 2020, 53–90.
Loader, William R.G.: Jesus' Attitude towards the Law. A Study of the Gospels, WUNT II.97, Tübingen 1997.
– Sexuality and the Jesus Tradition, Grand Rapids – Cambridge 2005.
– The New Testament on Sexuality, Grand Rapids – Cambridge 2012.
Löhr, Hermut: Ethik und Tugendlehre, in: Neues Testament und Antike Kultur, Bd. 3: Weltauffassung – Kult – Ethos, hg. v. K. Erlemann u. a., Neukirchen-Vluyn, 2005, 151–180.
Lohse, Eduard: Theologische Ethik des Neuen Testaments, ThW 5.2, Stuttgart u. a. 1988.
Longenecker, Richard N.: New Testament Social Ethics for Today, Grand Rapids 1984.
Luther, Susanne: Sprachethik im Neuen Testament. Eine Analyse des frühchristlichen Diskurses im Matthäusevangelium, im Jakobusbrief und im 1. Petrusbrief, WUNT II. 394, Tübingen 2015.
Malherbe, Abraham J.: Hellenistic Moralists and the New Testament, in: ders., Light from the Gentiles: Hellenistic Philosophy and Early Christianity. Collected Essays, 1959–2012, hg. v. C.R. Holladay u. a., NT.S 150, Leiden – Boston 2014, 675–749.
Marxsen, Willi: „Christliche" und christliche Ethik im Neuen Testament, Gütersloh 1989.
Matera, Frank J.: New Testament Ethics. The Legacies of Jesus and Paul, Louisville 1996.
– New Testament Theology. Exploring Diversity and Unity, Louisville – London 2007.
Mathys, Hans-Peter: Liebe deinen Nächsten wie dich selbst. Untersuchungen zum alttestamentlichen Gebot der Nächstenliebe (Lev 19,18), OBO 71, Freiburg (Schweiz) – Göttingen 1986.
Mayer-Haas, Andrea J.: „Geschenk aus Gottes Schatzkammer" (bSchab 10b). Jesus und der Sabbat im Spiegel der neutestamentlichen Schriften, NTA NF 43, Münster 2003.
Meeks, Wayne A.: The Moral World of the First Christians, LEC, Philadelphia 1986.
– The Origins of Christian Morality. The First Two Centuries, New Haven – London 1993.
Meisinger, Hubert: Liebesgebot und Altruismusforschung. Ein exegetischer Beitrag zum Dialog zwischen Theologie und Naturwissenschaft, NTOA 33, Göttingen 1996.

Müller, Anselm Winfried: Die Vernunft der Gefühle. Zur Philosophie der Emotionen, in: ders./Rainer Reisenzein, Emotion – Natur und Funktion, Philosophie und Psychologie im Dialog 12, Göttingen 2013, 7–71.

Popkes, Wiard: Paränese und Neues Testament, SBS 168, Stuttgart 1996.

Pregeant, Russell: Knowing Truth, Doing Good. Engaging New Testament Ethics, Minneapolis 2008.

Repschinski, Boris: Nicht aufzulösen, sondern zu erfüllen. Das jüdische Gesetz in den synoptischen Jesuserzählungen, FzB 120, Würzburg 2009.

Sanders, Jack T.: Ethics in the New Testament. Change and Development, Philadelphia 1975.

Schnackenburg, Rudolf: Die sittliche Botschaft des Neuen Testaments, 2 Bde., HThKNT.S 1–2, Freiburg u. a. 1986–1988.

Schnelle, Udo: Theologie des Neuen Testaments, Göttingen ³2016.

Schrage, Wolfgang: Ethik des Neuen Testaments, GNT 4, Göttingen ²1989.

Schulz, Siegfried: Neutestamentliche Ethik, ZGB, Zürich 1987.

Söding, Thomas: Nächstenliebe. Gottes Gebot als Verheißung und Anspruch, Freiburg u. a. 2015.

Spicq, C[eslas]: Agapè dans le Nouveau Testament, 3 Bde., EtB, Paris 1958–1959.

Stiewe, Martin – Vouga, François: Das Evangelium im alltäglichen Leben. Beiträge zum ethischen Gespräch, NET 11, Tübingen – Basel 2005.

Theißen, Gerd: Die Religion der ersten Christen. Eine Theorie des Urchristentums, Gütersloh ²2001.

Thorsteinsson, Runar M.: Roman Christianity and Roman Stoicism. A Comparative Study of Ancient Morality, Oxford u. a. 2010.

Verhey, Allen: The Great Reversal. Ethics and the New Testament, Grand Rapids 1984.

– Remembering Jesus. Christian Community, Scripture, and the Moral Life, Grand Rapids 2002.

Vögtle, Anton: Die Tugend- und Lasterkataloge im Neuen Testament, NTA 16,4–5, Münster 1936.

Weiser, Alfons: Theologie des Neuen Testaments II. Die Theologie der Evangelien, KStTh 8, Stuttgart 1993.

Wendland, Heinz-Dieter: Ethik des Neuen Testaments. Eine Einführung, GNT 4, Göttingen ²1975.

Wibbing, Siegfried: Die Tugend- und Lasterkataloge im Neuen Testament, BZNW 25, Berlin 1959.

Wischmeyer, Oda: Liebe als Agape. Das frühchristliche Konzept und der moderne Diskurs, Tübingen 2015.

Zerbe, Gordon: Non-Retaliation in Early Jewish and New Testament Texts. Ethical Themes in Social Contexts, JSPES 13, Sheffield 1993.

Zimmermann, Ruben: Die Logik der Liebe. Die ‚implizite Ethik' der Paulusbriefe am Beispiel des 1. Korintherbriefs, BThSt 162, Neukirchen-Vluyn 2016.

# Verzeichnis von Quellenausgaben

Die Werke der antiken Autoren, die zitiert oder auf die verwiesen wird, sind größtenteils leicht zugänglich in den Reihen *Bibliotheca scriptorum Graecorum et Romanorum Teubneriana* (BSGRT), *Scriptorum classicorum bibliotheca Oxoniensis* (SCBO) sowie in den jeweils zweisprachigen Reihen *Loeb Classical Library*, *Tusculum* und *Texte zur Forschung* (TzF). Im Folgenden werden nur Quellenausgaben angeführt, auf die spezifisch im Text verwiesen wird, sowie Übersetzungen antiker Quellentexte, aus denen (unter Anpassung an die geltenden Rechtschreibregeln) zitiert wird. Da es darum geht, den Angaben im Text nachgehen zu können, sind die Ausgaben nicht nach den Namen der antiken Autoren, sondern nach jenen der Herausgeber bzw. Übersetzer sortiert.

Apelt, Otto: Diogenes Laertius, Leben und Meinungen berühmter Philosophen, 2 Bde., in der Übersetzung von Otto Apelt unter Mitarbeit von Hans Günter Zekl neu herausgegeben sowie mit einer Einleitung und Anmerkungen versehen von Klaus Reich, PhB 53-54 (Sonderausgabe), Hamburg 2008.

Böttrich, Christfried: Das slavische Henochbuch, JSHRZ V.7, Gütersloh 1995.

Cohn, Leopold u.a. (Hg.): Philo von Alexandria. Die Werke in deutscher Übersetzung, 7 Bde., Berlin ²1962[Bde. 1–6]–1964[Bd. 7].

Elliger, Winfried: Dion Chrysostomos, Sämtliche Reden, BAW, Zürich – Stuttgart 1967.

Frede, Dorothea: Aristoteles, Nikomachische Ethik, Bd. 1, Aristoteles. Werke in deutscher Übersetzung 6.1, Berlin – Boston 2020.

Goldschmidt, Lazarus: Der babylonische Talmud, 12 Bde., Darmstadt ⁴1996.

Görgemanns, Herwig: Text, Übersetzung und Anmerkungen, in: Plutarch, Dialog über die Liebe/Amatorius, eingeleitet, übers. und mit interpretierenden Essays versehen von dems. u.a., SAPERE 10, Tübingen 2006, 43–188.

Hense, Otto (Hg.): C. Musonii Rufi reliquiae, BSGRT, Leipzig 1905.

Michel, Otto – Bauernfeind, Otto (Hg.): Flavius Josephus, De Bello Judaico. Der jüdische Krieg, Griechisch und Deutsch, 3 Bde., Darmstadt 1959–1969.

Pomeroy, Arthur J. (Hg.): Arius Didymus, Epitome of Stoic Ethics, SBLTT 44, Atlanta 1999.

Rosenbach, Manfred (Hg.): L. Annaeus Seneca, Philosophische Schriften, Lateinisch und Deutsch, 5 Bde., Sonderausgabe, Darmstadt 1995.

Thiel, Helmut van (Hg.): Leben und Taten Alexanders von Makedonien. Der griechische Alexanderroman nach der Handschrift L, TzF 13, Darmstadt 1974.

Uhlig, Siegbert: Das Äthiopische Henochbuch, JSHRZ V.6, Gütersloh 1984.

Usener, Hermann (Hg.): Epicurea, Leipzig 1887.

Wachsmuth, Curt – Hense, Otto (Hg.), Ioannis Stobaei Anthologium, 5 Bde., Berlin 1884–1912.

Walter, Nikolaus: Pseudepigraphische jüdisch-hellenistische Dichtung: Pseudo-Phokylides, Pseudo-Orpheus, Gefälschte Verse auf Namen griechischer Dichter, JSHRZ IV.3, Gütersloh 1983, 173–276.

# I. Aufgabe, Problemhorizonte und Herangehensweise

Gegenstand einer neutestamentlichen Ethik ist die Analyse der theologischen Grundlegung, der leitenden Kriterien und der inhaltlichen Bestimmtheit christlichen Lebenswandels, wie sie in den neutestamentlichen Schriften zutage treten. Um ethische Aussagen im NT adäquat verstehen zu können, ist es dabei unerlässlich, sie traditionsgeschichtlich zu kontextualisieren und im Lichte der antiken Lebenswelt zu betrachten. Mit dieser knappen Definition der Aufgabe sind die leitenden Fragestellungen der in diesem Buch vorgelegten Darstellung neutestamentlicher Ethik(en) bereits angedeutet. Bevor diese näher erläutert werden (1.2), sind vorab die wichtigsten Problemstellungen bzw. Vorfragen zu erörtern, die sich mit dieser Analyse verbinden; dabei ist insbesondere darzulegen, in welchem Sinne hier von Ethik die Rede ist (1.1). Abschnitt 1.3 skizziert knapp den Aufbau des Buches.

## 1. Aufgabe und Problemhorizonte

1. Wer im NT zu lesen beginnt, sieht schnell, dass Fragen der Verhaltensorientierung alles andere als ein marginales Thema bilden. Vielmehr begegnen auf Schritt und Tritt Texte, die bestimmte Verhaltensweisen problematisieren und die Adressaten zu einem als gut erachteten Verhalten anleiten oder dazu ermahnen. Paulus schärft schon in seinem ältesten Brief, dem 1Thess, den Adressaten ein, dass sie einen Gott wohlgefälligen Wandel zeigen müssen (1Thess 4,1). Nach dem Mt und dem Lk kommt es darauf an, die Worte Jesu nicht nur zu hören, sondern auch zu tun (Mt 7,24-27; Lk 6,47-49), und worum es dabei geht, wird nicht nur in der ethisch schwergewichtigen Bergpredigt (Mt 5-7) bzw. in der Feldrede (Lk 6,20-49) ausgeführt, sondern auch durch zahlreiche weitere ethisch relevante Aussagen Jesu. Im Jak liegt der Hauptfokus auf dem Verhalten der Gemeindeglieder. Und im Joh ist das Gebot, einander zu lieben, einer der Hauptpunkte in den Abschiedsreden Jesu (Joh 13,34f; 15,12-17). Schon diese wenigen Textbeispiele genügen, um die immens große Bedeutung, die dem ethischen Handeln für das Verständnis des Christseins in den neutestamentlichen Schriften beigemessen wird, deutlich werden zu lassen. Fragen der Lebensführung bilden zwar sicher nicht das Ganze und auch nicht den Ausgangspunkt, erscheinen aber keineswegs als Nebensächlichkeiten, die auch fehlen könnten. Wenn der Glaube das Hauptwort des Christseins ist, dann ist anzufügen, dass es dabei immer um Glauben geht, der sich in einem dem Willen Gottes entsprechenden Handeln manifestiert – und nicht um einen Glauben, der in lebenspraktisch folgenloser spekulativer Theoriebildung aufgeht, sich in mystischer Ver-

senkung erschöpft oder über andächtige Stille, Gebet und Bekenntnis nicht hinausreicht, so wichtig dies alles auch sein mag (vgl. Schrage ²1989*, 9). Zwar kommt Christsein nach dem NT natürlich nicht erst im Handeln zu seinem Eigentlichen, als wäre alles, was den Glauben sonst als lebendige, vertrauensvolle Beziehung zu Gott ausmacht, nur eine Vorstufe, doch zählt der Lebenswandel zu den konstitutiven Bereichen, in denen sich Christsein nach dem NT vollzieht. Insbesondere schließt Christsein die Zugehörigkeit zu einer christlichen Gemeinschaft, zur *ecclesia*, ein, deren Gemeinschaftsleben nach den mit dem Glauben konstitutiv verbundenen ethischen Überzeugungen zu gestalten ist. Liebe zu Gott gibt es immer nur im Verbund mit der Liebe zum Nächsten. Glaube und Handeln bilden nach neutestamentlichem Verständnis eine Einheit, keine Alternative. Furcht vor sog. ‚Werkgerechtigkeit' ist kein neutestamentlich relevantes Thema, auch nicht bei Paulus.

2. Ist also die Handlungsdimension des Glaubens im NT von essentieller Bedeutung, so ist es aufgrund des Charakters der Texte gleichwohl notwendig, vorab Rechenschaft darüber abzulegen, inwiefern bzw. in welchem Sinn von neutestamentlicher *Ethik* gesprochen werden kann, wie dies bereits bei Herrmann Jacoby (1899) der Fall ist und nachfolgend in Überblicksdarstellungen weite Verbreitung gefunden hat.[1] Wenn man Ethik definiert als *rationaler Reflexion verpflichtete kritische Analyse des überkommenen Ethos*, d. h. des in einer sozialen Gemeinschaft herausgebildeten, traditionsvermittelten und erwartbaren typischen Verhaltens, *auf die in diesem wirksamen Wertvorstellungen und Geltungsansprüche hin* (vgl. Pieper ⁷2017, 10) und dies überdies mit der Erwartung einer systematischen Darstellung verbindet, in der Handlungsoptionen nach intersubjektiv nachvollziehbaren, rational begründeten Kriterien und Prinzipien erörtert und, sofern man über einen deskriptiven Ansatz hinaus präskriptive Ethik treiben will, evaluiert werden[2], wird man konzedieren müssen, dass es *Ethik* in diesem Sinn im NT nicht gibt. Kein neutestamentlicher Text ist eine systematische Darlegung und Begründung von Verhaltensweisen, schon gar nicht eine solche, die umfassend die ethisch relevanten Verhaltensrelationen und Verhaltensbereiche abschreitet. Und kein neutestamentlicher Autor ist in dem Sinne ein Ethiker, dass anzunehmen ist, er hätte unter Zugrundelegung eines reflektierten ethischen Ansatzes – sei dieser (primär) deontologisch, teleologisch oder tugendethisch bestimmt – ethische Fragen vor Abfassung seiner Schrift systematisch durchdacht. Auch bei Paulus findet sich nirgends eine systematische Darstellung christlicher Ethik, sondern er thematisiert konkrete Fragen eines für Christen angemessenen Verhaltens aufgrund bestimmter situativer Konstellationen in seinen Gemeinden oder erinnert in paränetischen Abschnitten einfach daran, welches Verhalten sich für einen Christenmenschen geziemt. Wenn also der systematische Charakter der Rechenschaft über Handlungsnormen und

---

[1] Siehe z. B. Wendland ²1975*; Schulz 1987*; Lohse 1988*; Schrage ²1989*, auch Strecker 1978, im anglophonen Raum z. B. Matera 1996*; Hays 1997*; Burridge 2007*; Pregeant 2008*.

[2] Lienemann 2008, 18 definiert Ethik als „die Theorie (systematische Darstellung und Kritik) der gelebten Sittlichkeit und der Moral (der sittlichen Regeln und Normen), die in einer Gesellschaft anerkannt und umstritten sind, gelten oder gelten sollen", Rendtorff ²1990, 9 kurz als „Theorie der menschlichen Lebensführung" (ebenso Schockenhoff ²2014, 20).

Begründungszusammenhänge das Kriterium für das Vorliegen von Ethik bildet und gar der Anspruch einer umfassenden Reflexion erhoben wird, die sich rein rationalen Kriterien – was immer solche sind – verpflichtet weiß, dann ist die Frage nach neutestamentlicher Ethik gegenstandslos. Dies ist dann auch nicht bloß eine Stilfrage, weil natürlich Briefstil – genauer: der Stil von mit hohem Engagement verfassten Gelegenheitsschreiben – oder die narrative Gestalt von Jesusgeschichten etwas grundlegend anderes ist als die Argumentationsform eines philosophischen Traktats. Es geht vielmehr auch darum, dass weder die überlieferten ethischen Argumentationen und Unterweisungen bei Paulus oder in den Katholischen Briefen noch die Evangelien zu erkennen geben, dass hinter ihnen eine *umfassende, systematisch reflektierte* Rechenschaft über Handlungsnormen und Begründungszusammenhänge steht. Dass Paulus *ad hoc* aufgrund aktueller Problemlagen argumentiert, bedeutet zwar nicht, dass seine Argumentationen nicht reflektierten Kriterien folgen. Aber sie basieren schwerlich auf einer entfalteten (und gar einmal niedergeschriebenen) ethischen Gesamtreflexion, die er dann nur noch situativ zu applizieren brauchte. Und dies gilt ähnlich auch für die übrigen Schriften des NT.

Es wäre dennoch zu wenig, sich auf eine bloße Zusammenstellung moralischer Weisungen im NT bzw. auf eine historische Beschreibung des gelebten bzw. erwarteten Ethos in den frühchristlichen Gemeinden im Horizont der antiken Lebenswelt beschränken oder zumindest konzentrieren zu wollen. Abgesehen davon, dass zu Letzterem anzumerken ist, dass das Ethos im Sinne des *tatsächlich gelebten* Verhaltens aufgrund der Quellenlage gar nicht oder kaum zugänglich ist und also zumeist allein das *erwartete* Verhalten bzw. das normative Ethos dargelegt werden kann, würde eine solche Beschränkung dem Textbefund insofern nicht Genüge tun, als in den Texten durchaus eine kriteriengeleitete Reflexion sichtbar wird. Dabei ist es, um eine solche konstatieren zu können, keine notwendige Voraussetzung, dass die Kriterien stets ausdrücklich ausgewiesen und Handlungsfolgen daraus logisch deduziert werden. Es kann auch sein, dass sich die leitenden Kriterien ‚nur' aus dem weiteren Kontext innerhalb einer Schrift oder gar aus anderen Äußerungen desselben Autors ergeben. Das Vorliegen von *Ethik* ist daher nicht zwingend an die Sprachform logisch strukturierter Argumentationen gebunden. Auch Erzählungen, zumal dann, wenn sie wie die Evangelien den Charakter von identitätsstiftenden Basiserzählungen einer Gruppe tragen, können leitende Kriterien für Verhalten beisteuern. Selbst bei konventionell klingenden paränetischen Texten ist nicht automatisch davon auszugehen, dass sie sich bloß routinierter oder gar stupider Weitergabe überkommener Traditionen verdanken; vielmehr wird selbst hier durch ihre literarische Einbettung in die neutestamentlichen Texte vielfach ersichtlich, dass ihre Tradierung auf intensivem Nachdenken über Voraussetzungen, Gründe und Ziele menschlichen Handelns basiert. Vor allem aber kommen ethische Gehalte im NT keineswegs allein in narrativer Form oder in paränetischen Texten im Modus der Aufforderung zur Sprache, sondern auch in diskursiv-argumentativen Passagen im Modus der Reflexion über Verhaltensweisen, insbesondere dort, wo Fehlverhalten kritisiert und eine Verhaltensänderung angestrebt wird, wie dies z.B. in Paulus' Auseinandersetzung mit den weisheitsstolzen Korinthern in 1Kor 1–4 der Fall ist. Es empfiehlt sich daher m.E. nicht, die Rede von neutestamentlicher Ethik aufzugeben, weil die neutestamentlichen Texte weder die Höhenlage moderner Anforderungen philosophischer oder systematisch-theologischer Ethik erreichen noch z. B. mit Aristoteles' Ethiken kommensurabel sind, wobei anzumerken ist, dass auch antike philosophische Ethik nicht über den Leisten moderner ethischer Ansätze zu schlagen ist (zu Differenzen vgl. Horn ²2010*, 12–15.192f). Versteht man unter Ethik, gewissermaßen niedrigschwellig, eine *kriteriengeleitete* Auseinandersetzung mit und Kommunikation zu Fragen der Lebensführung, kann man durchaus von neutestamentlicher *Ethik* sprechen.³ Die neutestamentlichen Autoren sind dabei auch in diskursiv-argumentativen Texten keine distanzierten Betrachter, die unterschiedliche Verhaltensoptionen kritisch auf Handlungsgründe oder Handlungsfolgen hin analysieren. Vielmehr wollen sie ihren Rezipienten ein bestimmtes Verhalten nahelegen bzw. sie darauf verpflichten. Neutestamentliche Ethik zeigt sich daher weniger als eine „Kommunikation … *über* Sittlichkeit und Moral", als welche Lienemann Ethik in einem vortheoretischen Sinn bestimmt (2008, 16 [Hervorhebung von mir]), sondern als eine kriteriengeleitete Kommunikation *von* als richtig erachteten Haltungen und Verhaltensweisen inkl. der Kritik an bzw. Warnung vor Fehlverhalten.

3. Dass statt der traditionellen Rede von „Ethik des Neuen Testaments" als Titel des Buches „Ethik im Neuen Testament" gewählt wurde, zeigt an, dass damit, dass im Voranstehenden abstrakt von neutestamentlicher Ethik die Rede war, nicht insinuiert werden soll, dass es *eine* Ethik *des* NT gibt. Das NT ist eine polyphone Bibliothek. Entsprechend finden sich in ihm auch unterschiedliche ethische Anschauungen und Ansätze. Man kommt daher nicht umhin, zunächst einmal alle Schriften bzw. Autoren für sich zu untersuchen. Es mögen sich dann partiell übergreifende ethische Perspektiven ergeben, doch bietet die Suche nach solchen bzw. nach ethischen Kernüberzeugungen nicht nur einen theologischen Gewinn, sondern sie birgt auch die Problematik, den Reichtum der Texte aus dem Blick zu verlieren. Ein wesentliches Ziel des vorliegenden Buches ist, die einzelnen Stimmen und damit den Facettenreichtum der Klangstärke der neutestamentlichen Polyphonie hörbar zu machen. Wenn heutige christliche Ethik und kirchliche Verkündigung zu ethischen Fra-

---

³ Vgl. Schrage ²1989*, 14: „Meint Ethik nicht eo ipso wissenschaftlich explizierte und methodisch überprüfbare Ethik, sondern das Bedenken des Handelns, kann man cum grano salis durchaus von neutestamentlicher Ethik sprechen." Ferner z. B. Löhr 2005*, 151. – Um den Charakter neutestamentlicher Ethik angemessen zu erfassen, hat Zimmermann den Begriff der „impliziten Ethik" vorgebracht (vgl. v. a. 2007 und 2016*, 14–18), und zwar im Sinne „der ‚impliziten Ethik' einer neutestamentlichen *Schrift* und nicht primär eines Autors" (2016*, 16), d. h., er verbindet den Begriff mit einer methodisch-hermeneutisch begründeten Tendenz der Abkehr vom realen Autor, der ich so nicht zu folgen vermag. Der Begriff bringt für ihn ferner zum Ausdruck, dass in den Schriften, hier konkret bezogen auf die Paulusbriefe, „selbst keine systematische Zusammenschau über Handlungsnormen und Begründungszusammenhänge … gegeben wird", sondern diese „nur einen fragmentarischen Einblick" gewähren (17). Dies ist völlig richtig, doch stellt sich die Frage, ob nicht im Blick auf einige argumentativ-diskursive ethische Passagen in den Paulusbriefen eher von Fragmenten *expliziter* ethischer Reflexion zu sprechen ist, die in einer Gesamtschau konstruktiv miteinander verbunden werden können. Ich halte den Begriff „implizite Ethik" daher für nicht geeignet, um als Leitbegriff in der Analyse neutestamentlicher Ethik zu dienen. Davon bleibt unbenommen, dass Zimmermann einen hochreflektierten und bedenkenswerten Ansatz vorgelegt hat.

gen sich nicht im Modus direkter autoritativer Forderungen vollziehen, sondern im Modus eines offenen Dialogs über Perspektiven eines verantwortungsvollen Lebens *coram Deo*, ist gerade der multiperspektivische Reichtum der neutestamentlichen Texte von erheblichem Wert. Impliziert ist im eben Gesagten, dass das NT auch in ethischer Hinsicht nicht als ‚papierner Papst' zu verstehen ist. Die Schriftbindung christlicher Theologie im Bereich der Ethik und damit verbunden die Bedeutung der Schrift für die Lebenspraxis von Christen kommen vielmehr darin adäquat zum Ausdruck, dass die biblischen Schriften als grundlegende Bezugstexte bzw. als „primärer Intertext" (Maikranz/Ziethe 2020, 182–189) im Nachdenken über ethische Fragen herangezogen und gehört werden (→ XIII/10).

4. Während es offenkundig ist, dass man Christologie in fundierter Weise schlechterdings nicht ohne Bezug auf das (vielfältige) Christuszeugnis der neutestamentlichen Schriften treiben kann, deren exzeptioneller Stellenwert in diesem Bereich sich allein schon durch ihre „Ursprungsnähe" (Lauster 2014, 195) zum Christusgeschehen ergibt, ist im Bereich der Ethik erst einmal sorgfältig zu ergründen, wie das Verhältnis der im NT begegnenden ethischen Aussagen zu den grundlegenden Gehalten des christlichen Glaubens genau zu bestimmen ist. Denn es stellt sich hier die fundamentale Frage, inwiefern die in den Texten zutage tretenden ethischen Überzeugungen überhaupt originärer Ausdruck einer christlichen Sicht der Wirklichkeit sind oder ob sie bloß moralische Plausibilitäten der antiken Welt abbilden. Wenn Letzteres durchgehend der Fall wäre, könnte theologische Ethik heute sich durchaus begründet darauf konzentrieren, aus dem Wirklichkeitsverständnis heutiger christlicher Theologie ethische Perspektiven abzuleiten, statt sich an ethischen Positionen neutestamentlicher Texte abzuarbeiten und diese für die Gegenwart erschließen zu wollen.

Nun ist offenkundig, dass die in den neutestamentlichen Texten begegnenden ethischen Anschauungen – wie jede Ethik, auch jede heutige – Kinder ihrer Zeit sind. Es kann ferner nicht davon die Rede sein, dass sie umfassend direkt aus dem ‚dogmatischen' Überzeugungssystem deduziert sind. Die ersten Christusgläubigen haben sich vielmehr in den ethischen Überzeugungswelten der mediterranen Antike vorgefunden und sind grundlegend durch diese geprägt. Es ist entsprechend gar nichts anderes zu erwarten, als dass in ethischer Hinsicht substantielle Konvergenzpunkte zwischen dem entstehenden Christentum und seiner Umwelt zu verzeichnen sind, und man kann die Einbettung der im NT begegnenden Überzeugungen in die ethischen Traditionen der mediterranen Antike nicht genug betonen. Sie steht aber in keiner Weise im Widerspruch zur obigen Rede von einer kriteriengeleiteten Reflexion ethischer Überzeugungen im entstehenden Christentum. Vielmehr kann erstens von einer kriteriengeleiteten Kommunikation von Verhaltensweisen auch dann die Rede sein, wenn es allein um Sichtung und Auswahl bei der Übernahme ethischen Guts geht, denn auch diese erfolgen keineswegs wahllos. Darüber hinaus ist es aber zweitens auch zu kreativen Transformationsprozessen gekommen, indem ethische Traditionen der antiken Welt durch Spezifika der frühchristlichen Wirklichkeitsdeutung neu kontextualisiert, geformt und zugespitzt wurden. Vor diesem Hintergrund wird kritisch zu fragen sein, ob das verbreitete und auch in der Systematischen Theologie rezipierte Urteil, dass keine einzige materiale Forderung des NT „als ausschließlich christlich in Anspruch genommen werden kann" und entsprechend „[d]as spezifisch Christliche ... nicht in den materialen Forderungen selbst, sondern nur in deren Begründung zu finden sein [kann]"[4], kritischer Überprüfung auch dann standhält, wenn man nicht bloß nach ‚Parallelen' zu Einzelaussagen sucht, sondern auf den *Gesamtkomplex* der ethischen Orientierung blickt oder den Aspekt *spezifischer Ausprägungen* von auch anderorts begegnenden Überzeugungen in den neutestamentlichen Schriften einbezieht – etwa im Blick auf die Bedeutung und das Verständnis der Agape, die als solche natürlich nicht erst in christlichen Texten ethisch von Bedeutung ist. Dabei ist dezidiert zu betonen, dass es hier nicht darum geht, Originalitätsphantasien zu frönen, weil man im Distinkten das Eigentliche und Wertvolle ausmacht. Es geht um nüchterne historische Analyse von Konvergenzen und Divergenzen und dabei eher um das Herausarbeiten des jeweils spezifischen Profils, das aus der Kombination, dem Weiterdenken und der Konturierung von auch anderorts begegnenden ethischen Überzeugungen entsteht, als um grundstürzende Innovationen. Im Übrigen ist das (vermeintlich) Neue nicht schon deshalb, weil es neu ist, auch immer das Bessere oder Überzeugendere.

Wenn Rudolf Schnackenburg im Blick auf Paulus äußert, es sei „schwierig, den Anteil des jüdischen Erbes und den Einfluß der hellenistischen Umwelt auf die entscheidend von der Christusbotschaft bestimmte Mahnrede des Apostels näher zu präzisieren" (1986/1988*, 2:60), wird in einem den Gesamtbefund zumindest simplifizierenden, wenn nicht verzerrenden Modell insinuiert, dass die Christusbotschaft ein Ethos aus sich heraussetzt, das erst sekundär durch die Umwelt beeinflusst wird. Im Regelfall wird man vom umgekehrten Fall ausgehen müssen, dass ethisches Gut im Lichte der „Christusbotschaft" übernommen und geformt wurde, wie bereits Wayne Meeks treffend und prägnant konstatiert hat: „If ... we are looking for some 'pure' Christian values and beliefs unmixed with the surrounding culture, we are on a fool's errand. What was Christian about the ethos and ethics of those early communities we will discover not by abstraction but by confronting their involvement in the culture of their time and place and seeking to trace the new patterns they made of old forms, to hear the new songs they composed from old melodies" (1986*, 97).

Halten wir fest: Die im NT begegnenden ethischen Aussagen sind weder als originärer Ausdruck frühchristlicher Wirklichkeitsdeutung durchgängig spezifisch christlich noch einfach mitgeschlepptes antikes Gut. Der Befund ist komplex. ‚Mitgeschleppt' wurde nur, was passte, aber darüber hinaus wurden ethische Traditionen der antiken Welt, wie sich im Folgenden vielfach zeigen wird, nicht nur rezipiert, sondern im Lichte der Glaubensüberzeugungen auch transformiert.

---

[4] Lange ²2002, 204.205. Vgl. z.B. Marxsen 1989*, 190–192; Wolter 2009, 126 zu Paulus: „Für jede ethische Weisung und für jeden ethischen Wert, die wir bei Paulus finden, gibt es eine außerneutestamentliche Parallele."

5. Ist also gegen die Bedeutung der Beschäftigung mit neutestamentlicher Ethik im Kontext heutiger Theologie nicht pauschal einzuwenden, dass das NT bloß die gängigen moralischen Überzeugungen der antiken Welt transportiert, da durchaus eigenständige Reflexion und spezifische Profile zutage treten, so ist allerdings noch ein weiteres Problemfeld zu adressieren: Die im NT begegnenden Vorstellungen sind nicht nur an antike Denkvoraussetzungen gebunden, sondern zumal im Bereich der Ethik auch auf gesellschaftliche Kontexte bezogen, die nicht mehr die unsrigen sind. Die Geschlechterrollen haben sich grundlegend verändert; eine moderne Familie ist etwas anderes als ein antikes Haus; die Sklaverei war in der Antike eine weithin unhinterfragte gesellschaftliche Realität, um nur drei substantielle Differenzpunkte zu benennen. Die sozialen Bezugspunkte ethischer Aussagen im NT sind also vielfach obsolet. Dieses Faktum bedeutet aber nicht, dass die ethischen Motive, die in den frühchristlichen Aushandlungsprozessen zum Tragen kommen, obsolet sind; nur bedarf es einer hermeneutisch anspruchsvollen Übersetzungsarbeit. Überdies geht es häufig um die ethische Dimension anthropologischer Grundkonstellationen, die bleibend aktuell sind: um Offenheit für die Belange anderer; um (Grundlagen von) Partnerschaft; um Umgang mit Schuld, der eigenen wie der anderer; um den Umgang mit bzw. die Überwindung von Feindschaft; um die Stellung zum bedürftigen Mitmenschen und das Teilen der Lebensgüter. Die neutestamentlichen Texte setzen hier bleibend relevante Impulse, die keine theologische Ethik und kein kirchliches Handeln ignorieren kann, wenn denn die Bindung an die Schrift als grundlegender Bezugstext theologischen Nachdenkens mehr ist als ein pflichtschuldig abgeleistetes, aber in der Praxis folgenloses Bekenntnis.

## 2. Zur Herangehensweise: Das Instrumentarium zur Analyse neutestamentlicher Ethik

Mit den im Voranstehenden angesprochenen Problemhorizonten sind weithin auch bereits die Fragestellungen angerissen worden, die den Zugang zur neutestamentlichen Ethik in diesem Buch maßgeblich bestimmen.[5] Aus dem Faktum, dass kein neutestamentlicher Text eine umfassend angelegte systematische Erörterung der Lebensführung bietet, ergibt sich grundlegend, dass die Analyse neutestamentlicher Ethik eine konstruktive Aufgabe darstellt. Es gilt, ethisch relevante Aussagen aufzuspüren, sie thematisch zu ordnen, sie in übergreifende theologische Zusammenhänge einzubetten und sie traditions- und sozialgeschichtlich zu konturieren, um sie im Horizont der damaligen Lebenswelt historisch adäquat verstehen zu können, wobei sich diese Aufgaben je nach Textsorte in unterschiedlicher Weise konkretisieren. Was im voranstehenden Satz zusammengedrängt als Aufgabenbündel vorgebracht wurde, sei im Folgenden knapp entfaltet, um das Instrumentarium der

---
[5] Für Überblicke über die Vielfalt der Ansätze in der neutestamentlichen Forschung s. Hays 2006; van der Watt 2017, 423–426; Gupta 2019.

nachfolgenden Analyse zu erläutern. Ich untergliedere die Analyseperspektiven in vier – in sich wiederum differenzierte – Hauptaspekte:[6]

**1. *Die inhaltliche Bestimmtheit des Handelns und die Eruierung übergreifender Handlungsperspektiven*:** Zur Aufgabe einer neutestamentlichen Ethik gehört, präzise darzustellen, *wie* Christenmenschen sich nach Ansicht der neutestamentlichen Schriften verhalten sollen bzw. *was* sich für einen Christenmenschen nicht ziemt. Das Augenmerk ist nicht allein darauf zu richten, wie christliches Handeln an sich theologisch begründet und eingebettet wird (dazu gleich), sondern es geht grundständig um die präzise exegetische Klärung und Darstellung der *inhaltlichen Bestimmtheit des Verhaltens*, also der *konkreten materialen Gehalte* der Ethik, denen in der vorliegenden Studie das ihnen gebührende Gewicht zukommen soll.

Diese Aufgabe erschöpft sich in keiner Weise darin, aus ethisch unterweisenden Abschnitten – wie etwa der Bergpredigt (Mt 5–7) – oder ethisch ermahnenden Abschnitten in der Briefliteratur – wie Röm 12f; Gal 5,13–6,10; 1Thess 4,1–12; 1Petr 2,11–3,12 – einen Katalog von Verhaltensanweisungen zusammenzustellen und diese nach den Regeln exegetischer Kunst in ihrem Bedeutungsgehalt vor dem Hintergrund der antiken Lebenswelt zu erschließen. Vielmehr können, wie bereits angedeutet wurde (→ 1/2), auch narrative Texte ethisch relevant sein, so dass bei der Analyse der Evangelien im Grunde jeweils die gesamte *Story* mit in den Blick zu nehmen ist (vgl. dazu exemplarisch Burridge 2007*) und also auch Aspekte narrativer Ethik einzubeziehen sind.[7] So kann Jesu Verhalten, aber auch das anderer Handlungsfiguren als ein nachzuahmendes Modell fungieren, etwa wenn Jesus sich Sündern zuwendet. Ebenso können negative Verhaltensweisen plastisch vor Augen führen, was zu unterlassen ist. Dies gilt nicht nur auf der Ebene der erzählten Welt, sondern auch für die in der Erzählung von Handlungsfiguren selbst erzählten Geschichten, also etwa die Gleichnisse Jesu. In den Kapiteln zu den Evangelien werden solche Aspekte, wo sich dies anbietet, einfließen, ohne aber die Analyse der ethischen Dimension der Zeichnung von Handlungsfiguren zu einem eigenen Thema zu machen (dies ist schon aus Raumgründen nicht möglich). Überdies wird dort, wo dies für die Erfassung des jeweiligen ethischen Ansatzes bedeutsam ist, auch darauf zu achten sein, an welcher Stelle eine ethische Unterweisung in den Erzählfaden eingewoben ist und wie sie mit dem narrativen Kontext interagiert. Wendet man sich der Briefliteratur zu, so ist auch hier zu bedenken, dass die Konzentration auf paränetische Abschnitte erheblich zu kurz grei-

---

[6] Vgl. zum Folgenden Konradt 2011 und 2015, jeweils mit illustrierenden Beispielen zu den Analyseperspektiven. – Als alternatives Modell sei auf das in Teilen ähnliche, aber auch andere Wege beschreitende bzw. andere Akzente setzende achtgliedrige Organon verwiesen, das Ruben Zimmermann in verschiedenen Veröffentlichungen vorgetragen hat, am ausführlichsten in Zimmermann 2016*, 35–123. Ein zentrales Anliegen von Zimmermann ist, „biblische Ethik ... anschluss- und gesprächsfähig für *inter- und transdisziplinäre Ethikdebatten* zu machen" (VIII). Entsprechend entwickelt er sein Organon in einem intensiven Gespräch mit philosophischen Ethiktraditionen. Ob dies dazu verhilft, die neutestamentlichen Texte in ihrem historischen Kontext besser zu verstehen, ist m. E. fraglich. Ebendies ist aber das vorrangige Ziel des vorliegenden Buches (zum Zusammenspiel mit theologischer Ethik im Rahmen der Systematischen Theologie s. die Anmerkungen in diesem Abschnitt in Punkt 5). Daher konzentriert sich das im Folgenden darzulegende Analysemodell auf die Aufgabe, die im NT begegnenden ethischen Vorstellungen möglichst umfassend und differenziert zu erschließen und in ihrem historischen Umfeld angemessen zu verstehen.

[7] Für eine instruktive Orientierung über das bunte Feld narrativer Ethik und unterschiedliche Ansätze bzw. Typen in den neueren Ethik-Debatten s. Hofheinz 2009.

fen würde. Blickt man auf die paulinischen Briefe, so ist vielmehr anzumerken, dass bei Paulus, allem voran im 1Kor, ethisch fundamentale Überzeugungen in argumentativen Abschnitten sichtbar werden.

Im Rahmen einer differenzierten Analyse der inhaltlichen Bestimmung des Handelns ist ferner darauf zu achten, inwiefern sich ethische Leitwerte bzw. übergreifende Handlungsperspektiven ausmachen lassen, die den konkreten Einzelweisungen Richtung geben oder diesen im Konfliktfall übergeordnet sind bzw. an sich legitime Handlungsoptionen im Konfliktfall begrenzen. So grenzt z. B. Paulus die Möglichkeit des Verzehrs von Götzenopferfleisch durch das aus dem Leitwert der Liebe abgeleitete Kriterium der Rücksichtnahme auf die ‚Schwachen' ein (→ III.3.2.1/1), und Matthäus führt mit der zweimaligen Zitation von Hos 6,6 „Barmherzigkeit will ich und nicht Opfer" (Mt 9,13; 12,7) die Leitlinie seiner Torahermeneutik explizit aus: Wenn es zu Gebotskonflikten kommt, gebührt der Barmherzigkeitsforderung der Vorrang (→ VI.2.7/1). Herauszufiltern, welchen Überzeugungen der Rang von übergreifenden Handlungsperspektiven oder ethischen Leitwerten zukommt, dient dabei nicht nur der differenzierten Erfassung der jeweiligen Konzeptionen, sondern hat zudem auch grundlegende Bedeutung, wenn es um die heutige Rezeption der neutestamentlichen Texte geht.

2. *Die Einbettung ethischer Anschauungen in die Gesamtsicht der Wirklichkeit*: Die neutestamentlichen Schriften sind daraufhin zu befragen, *warum* ein bestimmtes Ethos unterstützt wird. Die Plausibilität und Akzeptanz von Verhaltensweisen ist in Grundüberzeugungen über Gott, Mensch und die ‚Welt' verankert. Daher gilt es, die Einbettung ethischer Orientierungen in den Gesamtzusammenhang der theologischen Anschauungen eines Autors, in die jeweilige Wirklichkeitsdeutung, zu analysieren und nach Begründungszusammenhängen und Motivationen zu fragen. Die Frage nach Ethik im NT ist insofern konsequent als Teilgebiet der Theologie des Neuen Testaments anzugehen. Frühchristliche Ethik ist in keiner ihrer Ausprägungen autonome Ethik, sondern es geht stets um die Entfaltung dessen, was sich nach Ansicht der Autoren aus der Gottes- und Christusbeziehung an ethischer Orientierung ergibt – auch wenn diese in inhaltlicher Hinsicht, wie bereits ausgeführt wurde (→ 1/4), nicht umfassend aus der jeweiligen Theologie deduziert wird. Im Einzelnen ergibt sich hier ein ganzes Bündel an Leitfragen, z. B.: Welchen *Stellenwert* besitzt der Lebenswandel innerhalb der jeweiligen Gesamtsicht christlicher Existenz? Inwiefern sind ethische Überzeugungen in theologischen, christologischen usw. Begründungen verankert? Gibt es an einzelnen Punkten einen Zusammenhang zwischen Gottesbild und Verhaltensbestimmungen oder begegnen spezifische christologische Ableitungen von Verhaltensweisen, z. B. im Sinne des Motivs der *imitatio Dei* oder der Mimesis Christi? Es wird sich zeigen, dass theologische und christologische Aspekte in verschiedenen Schriften bei ethischen Leitwerten wie Liebe, Barmherzigkeit oder Demut von zentraler Bedeutung sind. Überdies liegen ethischen Orientierungen anthropologische Prämissen zugrunde, und die Plausibilität und damit die Affirmationsattraktivität ethischer Überzeugungen ist ganz wesentlich davon abhängig, ob sie dem jeweiligen Menschenbild entsprechen

oder nicht. Die Forderung etwa, zur Vergebung bereit zu sein, gewinnt durch die anthropologische Einsicht an Plausibilität, dass jeder Mensch *coram Deo* immer auf Vergebung angewiesen ist. Schließlich: Inwiefern wirken sich die jeweiligen ekklesiologischen oder die eschatologischen Überzeugungen auf die Ethik aus? Kurzum: Nach den im NT zutage tretenden Verhaltensorientierungen ist nicht losgelöst vom theologischen Überzeugungssystem zu fragen, und jenes ist daher in die Darstellung der Ethik mit einzubeziehen (vgl. Pokorný 1990, 357).

*Cum grano salis* decken die im Voranstehenden skizzierten ersten beiden Hauptaspekte ab, was van der Watt als die beiden „basic pillars" neutestamentlicher Ethik bezeichnet: „*what* ought to be done (i.e. the deeds) and *why* this ought to be done (the motivation or rationale behind particular deeds)" (2017, 427).

3. *Das Verhältnis frühchristlicher Verhaltensorientierung zu ethischen Überzeugungen in der Umwelt*: Der Analyse der theologischen Einbettung ethischer Anschauungen ist die Erörterung des historischen Kontextes zur Seite zu stellen, ohne den ein adäquates Verstehen der Genese und der konkreten lebensweltlichen Bedeutung ethischer Perspektiven nicht möglich ist. Dabei geht es zum einen um den traditions- bzw. den geistesgeschichtlichen Kontext. Es ist im Blick auf die inhaltlichen Aspekte der ethischen Orientierung bereits angedeutet worden, dass ethische Aussagen im NT nicht im luftleeren Raum entstanden (→ 1/4). Vielmehr werden ethische Traditionen des Judentums weitergeführt, und darüber hinaus spielen auch solche der paganen griechisch-römischen Welt eine nicht zu unterschätzende Rolle. Eine *historisch* profilierte Untersuchung neutestamentlicher Ethik hat daher ihre kontextuelle Einbettung zu bedenken: Wie fügen sich die ethischen Vorstellungen in den neutestamentlichen Schriften in die ethischen Traditionen der Zeit ein? Welche Alternativen standen zur Verfügung?

Die Einbettung neutestamentlicher Aussagen in ihren traditionsgeschichtlichen Kontext lässt sich des Näheren auf zweifache Weise analysieren: rein *phänomenologisch*, indem man vergleicht, ohne Abhängigkeitsverhältnisse zu thematisieren, aber auch *historisch-genealogisch*, indem man konkret Quellen und Einflussfaktoren zu identifizieren sucht. So oder so dient das historische Vergleichsmaterial der Sensibilisierung für zeitgenössische Alternativen und damit der Schärfung der Wahrnehmung des Profils des untersuchten Konzepts, nur wird im zweiten Fall eben noch konkret zu bestimmen versucht, aus welchen Quellen sich die Vorstellungen eines Autors speisen. Die Bedeutung dieser historischen Analyse erschöpft sich nicht in einem rein historischen Interesse. Der historischen Kontextualisierung kann vielmehr auch dadurch Bedeutung zukommen, dass sie eine sachkritische Auseinandersetzung stimuliert.

4. Zur historischen Kontextualisierung gehört zum anderen auch *die Frage nach sozialen Lebenskontexten und nach der historischen bzw. sozialen Bedingtheit ethischer Aussagen*. Es gilt zu fragen: Sind Normen einem spezifischen Lebensbereich zugeordnet, in dem sie Geltung beanspruchen? Wie ist dieser organisiert? Welche gesellschaftlich etablierten Rollenmuster sind als Einflussfaktor zu beachten? Aus wessen Perspektive erfolgt die ethische Unterweisung? Ferner: In welchem sozialen Status befindet sich das Subjekt eines angemahnten Verhaltens? In welchem sein

Gegenüber? Im Verbund mit traditionsgeschichtlichen Analysen verhilft die Beantwortung solcher Fragen dazu, Ziele und Zwecke von Weisungen präziser zu erfassen, wodurch zugleich ein unverzichtbarer Beitrag für die hermeneutische Reflexion geleistet wird. Denn bei der Frage nach der Bedeutung neutestamentlicher Texte für heutige theologische Ethik dürfte sich der Grundsatz bewähren, dass der Intention einer Weisung größeres Gewicht beizumessen ist als der Weisung selbst (vgl. dazu Cosgrove 2002, 12-50). Die Intention einer Weisung aber ist ohne eine gründliche Einbeziehung des traditionsgeschichtlichen und des sozialen Kontextes schwerlich adäquat zu erheben. Die Haustafeln in Kol 3,18-4,1; Eph 5,22-6,9 und die haustafelartige Unterweisung in 1Petr 2,18-3,7 bieten dafür instruktive Beispiele (→ IV.1.2.2, IV.2.2.3, XI.2.2/3).

Von zentraler Bedeutung ist, dass die im Voranstehenden angeführten Analyseaspekte nicht bloß nebeneinander stehen oder als Schritte aufeinander folgen, sondern in der konkreten Analyse der Texte ineinandergreifen. Es gilt, sie fruchtbar miteinander zu vernetzen, um die relevanten Facetten der Texte möglichst umfassend in den Blick zu bekommen, um die Prozesse der Rezeption und gegebenenfalls Transformation ethischer Traditionen der antiken Welt im entstehenden Christentum im Lichte der christlichen Wirklichkeitsdeutung und vor dem Horizont der sozialen Konstellationen verstehend durchdringen zu können und so auch die ethisch kreativen Potenziale des christlichen Überzeugungssystems, also gewissermaßen dessen ethische Prägekraft, herauszuarbeiten. Nur durch die Verknüpfung der unterschiedlichen Analyseaspekte lässt sich begründet aufweisen, inwiefern die überkommenen ethischen Traditionen mit Blick auf ihre ‚christliche' Adäquatheit kritisch gesichtet, differenziert rezipiert und möglicherweise – etwa durch neue Vernetzungen von Leitlinien – neu ausgerichtet wurden. So wird sich z. B. zeigen, dass in der paulinischen Ethik durch den christologisch profilierten Konnex von Liebe und Demut neue ethische Perspektiven entwickelt werden. Hier treten ethische Transformationsprozesse mit signifikantem Innovationspotenzial zutage, das sich keineswegs allein auf die Begründung des Handelns und seine Motivierung erstreckt.

5. Zu den skizzierten Fragestellungen zur Analyse der in den neutestamentlichen Texten begegnenden ethischen Anschauungen tritt ferner die hermeneutische Aufgabe, ihre Bedeutung und Relevanz für gegenwärtige christliche Lebensorientierung zu bedenken. Aufgeworfen ist damit zugleich die Frage nach der Rolle der neutestamentlichen Exegese im Verbund der theologischen Disziplinen. In hermeneutischer Hinsicht bauen die genannten Analyseschritte gegenüber kurzschlüssigen biblizistischen Inanspruchnahmen neutestamentlicher Texte mehrfache Sicherungsmechanismen ein. Die innerneutestamentliche theologische Reflexion ordnet Einzelaussagen in übergreifende Perspektiven ein und stößt damit die sachkritische Auseinandersetzung bereits an. Die Analyse der hinter den Texten stehenden Interaktionsprozesse mit ethischen Traditionen der antiken Welt im Horizont konkreter sozialer Umstände macht auf die Situationsbedingtheit ethischer Aussagen im NT aufmerksam. Zugleich werden in den frühchristlichen Aushandlungsprozessen Kriterien und Richtungsimpulse sichtbar, die für heutige christliche Verhaltensorientierung im Diskurs mit *gegenwärtigen* ethischen Überzeugungen fruchtbar gemacht werden können. Schon diese rudimentären Anmerkungen zur

Komplexität der hermeneutischen Aufgabe lassen erkennen, dass das NT „kein moralisches Rezeptbuch" (Beintker 1995, 127) darstellt, das durch Exegese lediglich erschlossen werden und nach dem in der theologischen Ethik oder in den kirchlichen Handlungsfeldern dann nur noch gekocht werden muss. Natürlich ist der Weg vom Text ins heutige Leben in unterschiedlichen Bereichen unterschiedlich lang bzw. schwierig, denn es macht einen Unterschied, ob eine Weisung, wie im Fall der Haustafeln, sehr eng an die antiken Gesellschaftsbedingungen geknüpft ist oder es wie bei der Liebe oder der Barmherzigkeit eher um vielfältig applikable Grundhaltungen geht. Die Differenz ist aber insofern eher eine graduelle, als auch bei solchen Grundhaltungen möglichst konkret zu eruieren ist, was genau die neutestamentlichen Autoren darunter verstanden. Ansonsten läuft man leicht Gefahr, dass Begriffe wie Liebe, Freiheit usw. zu Containerbegriffen werden, die man zwar nicht beliebig, aber doch recht unterschiedlich füllen kann. Auch in den in I.1/5 angesprochenen Bereichen anthropologischer Grundkonstellationen, in denen es so scheint, dass die Texte unmittelbarer die gegenwärtigen Handlungsfelder zu erhellen vermögen, ist anspruchsvolle Übersetzungsarbeit unabdingbar. So wird heutige theologische Ethik – neben einer Reflexion der christlichen Grundlagen – unter anderem auch eine kritische Analyse des *heutigen* Menschen liefern müssen und sich dazu in ein konstruktives Gespräch mit anderen Wissenschaftsgebieten begeben.

Daraus folgt m.E., dass die Exegese sich bescheiden und darauf konzentrieren sollte, ihre Rolle im Gesamtzusammenhang des theologischen Fächerkanons gewissenhaft auszufüllen. Michael Theobald (2010, 106f) hat die Rolle der Exegese als theologischer Basiswissenschaft treffend gegen zwei Extreme abgegrenzt, zum einen gegen die Begrenzung der Exegese auf die bloße Klärung und Bereitstellung historischer Befunde, deren Verarbeitung der Dogmatik und – so ist mit Blick auf die hier verfolgte Aufgabe zu ergänzen – der theologischen Ethik überlassen wird. Dies bedeute eine Unterforderung der Exegese. „Das andere Extrem läuft auf ihre *Selbstüberforderung* im Sinne einer theologisch-hermeneutischen Disziplin hinaus, welche die Übersetzungsvorgänge ins heutige Denken hinein (in welches?) in eigener Kompetenz selbst bewältigen zu können meint" (107). In der hier vorgelegten Studie ist die in der theologischen Wissenschaft etablierte Arbeitsteilung unter den Disziplinen vorausgesetzt. Es wird ein fachwissenschaftlicher neutestamentlicher Beitrag vorgelegt, der sich nicht anmaßt, schon das Ganze der Theologie darzustellen, und also keinerlei Ambitionen hegt, das ‚Geschäft' der theologischen Ethik als Teilgebiet der Systematischen Theologie oder das der Praktischen Theologie auch nur annähernd mit erledigen zu wollen (ähnlich van der Watt 2017, 433f). Das in diesem Buch verfolgte Anliegen geht andererseits nicht darin auf, sich in allein musealer Absicht dem historischen Wissensarchiv zu widmen. Ohnehin heißt Arbeitsteilung nicht Kommunikationsverweigerung, im Gegenteil. Mit dem hier vorgelegten Versuch, das ethische Gedankengut neutestamentlicher Schriften zu erschließen, verbindet sich die Hoffnung, dass er als eine Stimme im Gesamtgebäude der Theologie das Gespräch zwischen Exegese und Systematischer Theologie wie auch Praktischer Theologie zu befruchten vermag. Im Sinne dieses Anliegens werden insbesondere da, wo dies aufgrund von gesellschaftlichen Differenzen zwischen Antike und Gegenwart besonders dringlich erscheint, auch hermeneutische Überlegungen angestellt, doch ist auch hier zu betonen, dass solche Überlegungen die Arbeit der anderen Disziplinen zwar in den Blick nehmen, aber natürlich in keiner Weise ersetzen.

Der Schwerpunkt dieses Buches unterscheidet sich damit signifikant vom Ansatz von Richard B. Hays (1997*), der die Auseinandersetzung mit im NT begegnenden ethischen Überzeugungen als Grundlage heutigen christlichen Handelns in den Vordergrund rückt (ähnlich Longenecker 1984*, passim; Verhey 1984*, 153-197; 2002*, passim; Harrington/Keenan 2002*, passim; Pregeant 2008*, bes. 321-365). Hays versteht neutestamentliche Ethik als eine normative theologische Disziplin (188) und identifiziert vier Aufgabenbereiche: Neben die deskriptive Aufgabe, „visions of the moral life in the New Testament" (13) darzulegen, tritt zweitens das Desiderat, angesichts der Polyphonie der Texte Kohärenzpunkte herauszufiltern und aus den neutestamentlichen Entwürfen eine Synthese zu bilden. Drittens stellt sich Hays eben prominent der hermeneutischen Aufgabe, Möglichkeiten des Gebrauchs des NT in *heutiger* christlicher Ethik zu reflektieren, bevor viertens an einzelnen „test cases" die pragmatische Aufgabe verfolgt wird, was „living under the word" heute konkret bedeutet. Das hermeneutische Anliegen bestimmt dabei deutlich bereits den Zugang zur deskriptiven Aufgabe. Ausgehend von der Überzeugung, dass im Falle einer bloßen Übernahme von ethischen Traditionen aus der Umwelt, ohne dass diese durch das spezifisch christliche Überzeugungssystem beeinflusst werden, schwerlich ein Geltungsanspruch ihrer Handlungsperspektiven für heute erhoben werden kann (18), liegt der Schwerpunkt auf der Herausarbeitung der spezifischen theologischen Überzeugungen, die den ethischen Perspektiven zugrunde liegen, während die jeweiligen konkreten materialethischen Aspekte nur eklektisch entfaltet und die Fragen nach traditionsgeschichtlichen Voraussetzungen oder sozialgeschichtlichen Kontexten nirgends eingehender thematisiert werden. Die Analyse der ethischen Anschauungen in den einzelnen neutestamentlichen Texten oder Textgruppen, die Hays unter der Bezeichnung „descriptive task" abhandelt, bleibt hier m.E. unterbestimmt. Theologisch-hermeneutisch kommt als Problem hinzu, dass Hays' Orientierung an den von frühchristlichen Überzeugungen geprägten ethischen Perspektiven insofern zu kurz greift, als auch das in neutestamentlichen Texten jeweils zutage tretende Überzeugungssystem systematisch-theologisch auf seine Gegenwartsbedeutung hin zu reflektieren ist (vgl. dazu Konradt 2011, 284).

## 3. Zum Aufbau des Buches

Im Voranstehenden ist bereits angedeutet worden, dass die differenzierte Erschließung der ethischen Ansätze in den einzelnen Schriften bzw. Schriftengruppen im Zentrum der vorliegenden Studie steht. Es sollen die unterschiedlichen Stimmen zu Gehör gebracht werden, um den Reichtum der neutestamentlichen Schriftensammlung zu erschließen. Als Grundstruktur der Darstellung ergibt sich daraus die Orientierung an den vorliegenden Schriften(gruppen). Das Anordnungsprinzip folgt allerdings nicht einfach der kanonischen Folge, sondern berücksichtigt chronologische Aspekte, sofern klare Anhaltspunkte vorhanden sind, was keineswegs immer der Fall ist. Da die sieben authentischen Paulusbriefe die ältesten Texte sind, beginne ich mit dem Völkerapostel (III), woran sich, um das Corpus Paulinum zusammenzuhalten, die deuteropaulinischen Briefe anschließen (IV). Es folgen die vier Evangelien (samt zugehörigen Schriften) in ihrer vermutlichen zeitlichen Abfolge (V–VIII). Bei den weiteren untersuchten Schriften (Hebr, Jak, 1Petr, Offb, IX–XII)[8] ist die chronologische Reihenfolge im Einzelnen nicht hinreichend sicher zu bestimmen, so dass ich hier die kanonische Anordnung zugrunde lege. Die unterschiedliche Länge der Kapitel ergibt sich, vom unterschiedlichen Umfang der Schrif-

---

[8] Ausgeklammert werden allein 2Petr und Jud. Beide Briefe bieten zwar eine Gegnerpolemik, die auch mit dem Aspekt ethischer Disqualifizierung arbeitet; im 2Petr ist ferner etwa auf den durch Glaube und Liebe gerahmten, achtgliedrigen Tugendkatalog in 1,5–7 zu verweisen (vgl. dazu Horn 2013*, 420–422). Doch würde die Darlegung des Befunds in den beiden Briefen das Spektrum, das mit den anderen untersuchten Texten dargeboten wird, zumindest nicht substantiell erweitern.

ten einmal abgesehen, notwendig aus dem unterschiedlichen Gewicht, das ethischen Fragen jeweils zukommt.

Im Unterschied zu den Studien von Schnackenburg (1986/1988*, 1:157–265), Schulz (1987*, 85–178), Schrage (²1989*, 123–139) oder Verhey (1984*, 34–71) wird die Erörterung ethischer Ansätze in den frühen Gemeinden ausgeklammert. Rückschlüsse aus den vorhandenen Quellen auf die vor ihnen liegenden Anfänge der christusgläubigen Bewegung in Jerusalem, Damaskus, Antiochien und an anderen Orten sind mit erheblichen Unsicherheiten behaftet, und bei der Herausarbeitung vorpaulinischen Traditionsguts oder vor den Evangelien liegender Gestalten der Jesusüberlieferung ist die jüngere Forschung zu Recht zurückhaltend geworden. Überhaupt setzt die Quellenlage dem Anliegen, eine Geschichte der Entwicklung frühchristlicher Moral oder eine Geschichte frühchristlicher ethischer Reflexion rekonstruieren zu wollen, enge Grenzen, da die Quellen nur einige exemplarische Einblicke geben und sehr vieles im Dunkeln liegt. Ein entwicklungsgeschichtliches Paradigma ließe sich am ehesten noch im Corpus Paulinum zugrunde legen, weil man hier zumindest an einigen Punkten Entwicklungen und Wandlungen zwischen Paulus und den von ihm beeinflussten Verfassern der deuteropaulinischen Briefe aufweisen kann, doch ist dies eben nur *ein* Ausschnitt des entstehenden Christentums, und in anderen Bereichen sind mit den erhaltenen Quellen eher Einzelpunkte als Entwicklungszusammenhänge zugänglich. Dies gilt *notabene* auch für die Synoptiker. Matthäus und Lukas haben zwar das Mk rezipiert und verarbeitet, doch erlaubt dieser *literarische* Vorgang keinen sicheren Einblick in die Vorgeschichte des jeweiligen gemeindlichen Kontextes.

Das notwendige Ineinandergreifen der in I.2 skizzierten Analyseschritte bedeutet für die Gliederung der einzelnen Kapitel, dass die Analyseschritte nicht als Raster dienen, das die Ausführungen zu den einzelnen Schriften bzw. Autoren strukturiert. Anders als bei Hays dienen ferner keine „focal images" (bei Hays 1997*, bes. 193–200 sind dies „Community, Cross, New Creation") oder spezifische thematische Interessen als Leitperspektiven, da solche Vorgehensweisen der Vielfalt des Befundes schwerlich gerecht zu werden vermögen. Die Gliederung ergibt sich vielmehr jeweils zentral aus dem, was die Texte selbst an ethischem Gehalt anbieten. Gemeinsam ist allein, dass – nach knappen Hinführungen zum Text bzw. Autor – jeweils als Auftakt theologische Grundlagen der ethischen Konzeption erörtert werden. Darüber hinaus soll den materialen Gehalten der ethischen Orientierung die ihnen gebührende Aufmerksamkeit zukommen, auch wenn hier keine Vollständigkeit angestrebt werden kann. Es geht darum, nicht nur Begründung und Stellenwert des Handelns in der jeweiligen Theologie zu bestimmen, sondern möglichst konkret auch dessen inhaltliche Bestimmtheit in den Blick zu nehmen. Denn frühchristliche Ethik ist, jedenfalls in den allermeisten im NT begegnenden Manifestationsformen, inhaltlich konkrete Ethik. Dabei ist eine Schwerpunktsetzung unabdingbar. So gehört zur christlichen Lebensführung z. B. auch ein Bereich wie das Gebet; auch das Verhältnis zu sich selbst ist ein relevantes Thema ethischer Reflexion. Das Hauptaugenmerk gilt aber dem zwischenmenschlichen Verhalten, wenngleich Selbstverhältnis und Verhältnis zum Mitmenschen natürlich eng aufeinander bezogen sind.

In der Darlegung des Instrumentariums der Analyse ist bereits vorgebracht worden, dass die Einbeziehung der gesellschaftlichen und traditionsgeschichtlichen Kontexte und Voraussetzungen für ein adäquates Verständnis neutestamentlicher Ethik unabdingbar ist. Der Erörterung der neutestamentlichen Schriften geht daher ein Kapitel zu Kontexten und Voraussetzungen voran (Kap. II). Es versteht sich von selbst, dass im Rahmen dieser Studie auch nicht annähernd eine umfassende Darstellung angestrebt werden kann; eine solche würde sowohl für den Bereich der zeitgenössischen Philosophie und für die Alltagsmoral in der griechisch-römischen Antike (II.1) als auch für das Frühjudentum (II.2) jeweils eigene monographische Abhandlungen verlangen. Vielmehr beschränke ich mich in Kap. II zur ersten Orientierung auf einen ganz knappen Überblick über ausgewählte Bereiche, die als Kontexte des frühen Christentums bedeutsam sind, um dann die für das Verständnis neutestamentlicher Texte vorrangig relevanten Einzelheiten im Rahmen der Erörterung der neutestamentlichen Aussagen an Ort und Stelle zu den konkreten ethischen Themen zur Sprache kommen zu lassen. Zu den grundlegenden Voraussetzungen frühchristlicher Ethik gehören nicht zuletzt die ethischen Gehalte der Verkündigung und des Auftretens Jesu (II.3). Man kann hier von einer Art Grundimpuls sprechen, auch wenn ihr Gewicht in den verschiedenen Strömungen des entstehenden Christentums im Einzelnen differenziert zu betrachten ist und nicht überall so klar hervortritt, wie dies bei den Gestalten des frühen Christentums der Fall ist, die durch die synoptischen Evangelien oder den Jak repräsentiert werden. Allerdings muss man auch dann, wenn man die Möglichkeit, auf der Grundlage der erhaltenen Quellen Aussagen über den historischen Jesus zu treffen, nicht grundsätzlich bestreitet, konzedieren, dass die Grenzen dessen, was sich historisch mit hinreichender Plausibilität sagen lässt, eng gesteckt sind. Kurz gesagt: Je detaillierter eine Darstellung der Ethik Jesu wird, desto spekulativer wird sie auch. Ich werde mich daher darauf beschränken, in knapper, elementarisierter Form Grundzüge der ethischen Überzeugungen Jesu darzulegen.

In Darstellungen neutestamentlicher Ethik kommt dem historischen Jesus eine recht unterschiedliche Bedeutung zu. Während Hays die Rolle des historischen Jesus in der neutestamentlichen Ethik nur knapp in einem Exkurs abhandelt (1997*, 158–168) und Matera (1996*) diesen Bereich ganz ausklammert, finden sich in anderen Arbeiten zur neutestamentlichen Ethik jeweils ausführliche Kapitel zu Jesus (Verhey 1984*, 6–33; Schnackenburg 1986/1988*, 1:29–155; Schulz 1987*, 17–83; Schrage ²1989*, 23–122; Burridge 2007*, 33–79). Hingegen fallen im Vergleich dazu die Kapitel zu den Synoptikern eher knapp aus (Schnackenburg 1986/1988*, 2:110–147; Schulz 1987*, 433–484; Schrage ²1989*, 140–168). Diese Verteilung ist nicht nur Ausdruck einer großen Zuversicht über die Möglichkeit, zu verlässlichen Aussagen über den historischen Jesus kommen zu können. Darin manifestiert sich forschungsgeschichtlich auch, dass die theologische Leistung und Gestaltungskraft der Evangelisten noch tendenziell geringer eingeschätzt wurde, als dies mit Recht heute, auch als Konsequenz des verstärkten Gewichts synchroner Ansätze, im Regelfall gesehen wird. Im Vergleich zur Darstellung etwa von Schrage ist daher das Gewicht zwischen den Kapiteln zu Jesus und zu den Synoptikern in dieser Studie genau umgekehrt. Wie ausgeführt wurde, steht im Zentrum, die vorliegenden Schriften als wertvolle Zeugnisse frühchristlicher Ethik zu würdigen.

Das abschließende Resümee (XIII) verbindet die Beachtung der Pluralität und Komplementarität ethischer Aussagen im NT mit der Herausarbeitung elementarer inhaltlicher Konvergenzpunkte, ohne eine Synthese anzustreben, die das spezifische Profil der verschiedenen Zeugnisse abschleift.

## Literatur

Beintker, Michael: Die Verbindlichkeit biblischer Aussagen für die ethische Entscheidungsfindung der Christen, MJTh 7 (1995), 123–135.
Cosgrove, Charles H.: Appealing to Scripture in Moral Debate. Five Hermeneutical Rules, Grand Rapids 2002.
Gupta, Nijay K.: New Testament Ethics, in: The State of New Testament Studies. A Survey of Recent Research, hg. v. S. McKnight – dems., Grand Rapids 2019, 253–272.
Hays, Richard B.: Mapping the Field: Approaches to New Testament Ethics, in: Identity, Ethics, and Ethos in the New Testament, hg. v. J.G. van der Watt, BZNW 141, Berlin – New York 2006, 3–19.
Hofheinz, Marco: Narrative Ethik als „Typfrage". Entwicklungen und Probleme eines konturierungsbedürftigen Programmbegriffs, in: Ethik und Erzählung. Theologische und philosophische Beiträge zur narrativen Ethik, hg. v. dems. u. a., Zürich 2009, 11–66.
Jacoby, Herrmann: Neutestamentliche Ethik, Königsberg 1899.
Konradt, Matthias: Neutestamentliche Wissenschaft und Theologische Ethik, ZEE 55 (2011), 274–286.
– Worum geht es in der Ethik des Neuen Testaments? Konzeptionelle Überlegungen zur Analyse und Reflexion ethischer Perspektiven im Neuen Testament, in: Ethische und politische Predigt. Beiträge zu einer homiletischen Herausforderung, hg. v. H. Schwier, Leipzig 2015, 61–86.
Lange, Dietz: Ethik in evangelischer Perspektive. Grundfragen christlicher Lebenspraxis, Göttingen ²2002.
Lauster, Jörg: Schriftauslegung als Erfahrungserhellung, in: Schriftauslegung, hg. v. F. Nüssel, Themen der Theologie 8, Tübingen 2014, 179–206.
Lienemann, Wolfgang: Grundinformation Theologische Ethik, Göttingen 2008.
Maikranz, Elisabeth/Ziethe, Carolin: Schrift und Tradition, in: Schriftbindung evangelischer Theologie. Theorieelemente aus interdisziplinären Gesprächen, hg. v. F.-E. Focken – F. van Oorschot, ThLZ.F 37, Leipzig 2020, 155–189.
Pieper, Annemarie: Einführung in die Ethik, Tübingen – Basel ⁷2017.
Pokorný, Petr: Neutestamentliche Ethik und die Probleme ihrer Darstellungen, EvTh 50 (1990), 357–371.
Rendtorff, Trutz: Ethik. Grundelemente, Methodologie und Konkretionen einer ethischen Theologie, Bd. 1, ThW 13.1, Stuttgart u. a. ²1990.
Schockenhoff, Eberhard: Grundlegung der Ethik. Ein theologischer Entwurf, Freiburg ²2014.
Strecker, Georg: Strukturen einer neutestamentlichen Ethik, ZThK 75 (1978), 117–146.
Theobald, Michael: Exegese als theologische Basiswissenschaft. Erwägungen zum interdisziplinären Selbstverständnis neutestamentlicher Exegese, JBTh 25 (2010), 105–139.
Watt, Jan G. van der: New Testament Ethics? An Approach, in: Spurensuche zur Einleitung in das Neue Testament (FS U. Schnelle), hg. v. M. Labahn, FRLANT 271, Göttingen 2017, 423–442.
Wolter, Michael: Identität und Ethos bei Paulus, in: ders., Theologie und Ethos im frühen Christentum. Studien zu Jesus, Paulus und Lukas, WUNT 236, Tübingen 2009, 121–169.
Zimmermann, Ruben: Jenseits von Indikativ und Imperativ. Entwurf einer ‚impliziten Ethik' des Paulus am Beispiel des 1. Korintherbriefes, ThLZ 132 (2007), 259–284.

## II. Kontexte und Voraussetzungen

Die Entwicklung und Formierung frühchristlicher Ethik(en) vollzieht sich im Kontext und auf der Grundlage der Geistes- und Sozialgeschichte der griechisch-römischen Antike im Allgemeinen und des Judentums im Besonderen. Die große Bedeutung der Handlungsdimension des Glaubens im entstehenden Christentum ergibt sich, unabhängig von internen Faktoren, bereits aus diesem Kontext. Denn diese ist ihm nicht nur durch die grundlegende Bedeutung des Lebenswandels im Judentum in die Wiege gelegt, sondern sie korreliert auch mit der nichtjüdischen griechisch-römischen Antike. Mehr noch: Ethische Diskurse sind in der Umwelt der ersten Gemeinden in einer Weise präsent, dass ihr missionarischer Erfolg mit davon abhängig war, dass der Christusglaube auch in ethischer Hinsicht eine überzeugende Option bot.

Wie neutestamentliche Autoren mit den ethischen Traditionen ihrer Zeit im Blick auf ihren ethischen Ansatz sowie in konkreten Handlungsfeldern im Einzelnen interagieren, wird dort, wo dies für das Verständnis zwingend oder zumindest hilfreich ist, bei der Erörterung der einzelnen neutestamentlichen Stimmen thematisiert werden. Hier gilt es zunächst, den Rahmen dafür skizzenhaft abzustecken. Das Kapitel gliedert sich in drei Schritte. Zunächst wird mit einem Schwerpunkt auf der Philosophie der Bereich der nichtjüdischen griechisch-römischen Antike erörtert, um dann zweitens den Fokus auf das Judentum zu richten. Drittens wird das Auftreten und die Verkündigung Jesu von Nazareth erörtert. Das Bild konzentrischer Kreise mag sich nahelegen, doch wäre dies für den neutestamentlichen Befund im Ganzen insofern kaum zutreffend, als die ethischen Unterweisungen Jesu nicht durchgehend *das* Zentrum bilden, auf das frühjüdische und pagane antike ethische Traditionen in der Überlieferung allein sekundär einwirken. Adäquater erscheint es mir, im Blick auf die ‚Ethik' Jesu von Grundimpulsen zu sprechen, die in den verschiedenen Strömungen des entstehenden Christentums unterschiedlich stark rezipiert werden und neben denen weitere ethische Traditionen der antiken Welt eine bedeutende Rolle spielen, die nicht bloß die Überlieferung genuiner Jesustradition beeinflussen, sondern auch unabhängig von dieser von Gewicht sind. Überdies lässt sich auch das Verhältnis von Frühjudentum und sonstiger griechisch-römischer Antike nicht ohne Weiteres in das Bild konzentrischer Kreise fassen. Zwar ist griechisch-römisches Gedankengut vielfach durch das hellenistische Judentum vermittelt auf die ersten Christusgläubigen gekommen, doch gab es daneben auch direkten Kulturkontakt, der zudem mit dem zunehmenden Gewicht der Völkermission sukzessiv an Bedeutung gewann.

## 1. Philosophische Ethik und Alltagsmoral in der griechisch-römischen Antike

Wer nach antiker Ethik fragt, sieht sich in der griechisch-römischen Welt zentral auf die philosophischen Strömungen verwiesen, die zur Zeit der Entstehung des Christentums bereits eine jahrhundertealte Tradition mit sich trugen. Denn der Anspruch, in sinnstiftender Weise eine Weltdeutung und eine das gesamte Leben umfassende, den Menschen ganz in Beschlag nehmende Lebensorientierung zu vermitteln, findet außerhalb des Judentums und dann des Christentums sein Pendant weniger in den paganen Kulten als in der Philosophie, die sich nicht in abstrakter Theoriebildung verliert, sondern stark an Fragen der Lebensführung orientiert ist und dabei auch den ganz praktischen Aspekt mit in den Blick nehmen kann, dass das Erkannte, z. B. durch fortwährende Einübung, das konkrete Leben bestimmt. Die hellenistische Philosophie kann insofern in ihrem Selbstverständnis treffend durch den Terminus „Lebenskunst" (Plutarch, QuaestConv I 1,2 [Mor 613b]) bezeichnet werden (vgl. Horn ²2010*, passim).

Dass Lukas Paulus in Athen mit Epikureern und Stoikern diskutieren lässt, verweist auf die vom *Auctor ad Theophilum* wahrgenommene weltanschauliche Konkurrenz – und illustriert zugleich, dass Epikureismus und Stoa im 1. Jh. n. Chr. zu den bedeutendsten philosophischen Schulen gehörten. Der folgende Überblick muss sich darauf beschränken, in elementarisierter Form – das heißt insbesondere, ohne auf innerschulische Kontroversen oder Forschungsdebatten eingehen zu können – einige Grundanschauungen zu skizzieren (für ausführlichere Informationen s. die Literaturhinweise, für Zusammenstellungen relevanter Quellentexte s. Long/Sedley 2000 und Hossenfelder ²2013). Im Vordergrund stehen dabei nicht materialethische Fragen, obgleich popularphilosophische Diskurse in der frühen Kaiserzeit dazu nicht selten durchaus Konkretes zu bieten wissen, sondern für die Verhaltensorientierung relevante anthropologische Grundfragen wie etwa die Auffassung der menschlichen ‚Seele' und das Verhältnis von Vernunft und irrationalen Trieben. Eine Gemeinsamkeit der im Folgenden zu skizzierenden ethischen Ansätze ist – neben ihrer tugendethischen Ausrichtung an der Charakterbildung des ethischen Subjekts – ihr teleologischer Grundzug, d. h. die Ausrichtung auf ein höchstes Ziel, das es zu erreichen gilt. Unterhalb dieser Gemeinsamkeit aber zeigen sich in den verschiedenen philosophischen Strömungen signifikante Differenzen.

1. Aus der klassischen Zeit sei eingangs eher knapp auf Platon (428/27–348/47 v. Chr.) und die von ihm gegründete Akademie und etwas ausführlicher auf dessen Schüler Aristoteles eingegangen. Bei Platon spielen ethische Fragen in etlichen seiner Dialoge zwar eine prominente Rolle, doch hat Platon seine ethische Konzeption nirgends in zusammenhängender Form entfaltet. Ein Moment, das Platon mit vielen nachfolgenden Ansätzen grundlegend verbindet, ist, dass er die Eudämonie (εὐδαιμονία) als das höchste Strebensziel bestimmt, das allein um seiner selbst willen erstrebt wird (vgl. Horn ²2010*, 73–78). Das nicht leicht zu übersetzende Wort wird häufig mit Glückseligkeit wiedergegeben; mit einem heute geläufigen Begriff kann man den Sinn vielleicht am besten mit „gelingendem Leben" (Hossenfelder ²1995, 23) umschreiben (s. auch Nussbaum 2009, 15, die mit „human flourishing" paraphrasiert). Der an-

tiken philosophischen Ethik ist damit scheinbar ein egoistischer Grundzug in die Wiege gelegt, geht es doch zunächst einmal um „das individuelle Glücksstreben" (Görgemanns 1994, 122), doch bildet dies lediglich den Ansatzpunkt, der, wie im Folgenden an verschiedenen Punkten deutlich werden wird, die Einbeziehung des gleichzeitigen Wohlergehens der Mitmenschen gerade nicht ausschließt. Platon zeigt sich überzeugt, „dass Tugend die notwendige und hinreichende Glücksbedingung ist" (Horn ²2020, 165). „Tugend" (ἀρετή) wird heute als ein moralischer Begriff verstanden, meint aber im Griechischen offener die Tüchtigkeit, das Vortrefflich- oder Gutsein hinsichtlich eines Vermögens, das einem Wesen (oder einer Sache), also etwa dem Menschen, eigen ist (zur antiken Konzeption der Tugend s. exemplarisch Horn ²2010*, 113-146). Damit der Mensch in dem ihm eigenen Vermögen zur Vortrefflichkeit gelangt, ist es zentral, dass unter den unterschiedlichen Strebekräften, die es im Menschen gibt, die Vernunft die Führung innehat. Das Phänomen von inneren Konflikten im leibseelisch konstituierten Menschen, von unterschiedlichen Strebekräften im Menschen, lokalisiert Platon in bzw. seit der *Politeia* in der Seele selbst: Er sucht die Konflikte mit der Annahme einer Unterteilung der Seele zu erklären (s. zu dieser J. Müller ²2020, 150-152), indem er einen rationalen Teil (λογιστικόν) und einen irrationalen begehrenden Teil (ἐπιθυμητικόν) unterscheidet und auf dieser Basis ferner noch mit dem mutartigen (θυμοειδές) einen dritten Teil ausdifferenziert (Resp IV 437b-444a u. ö., vgl. zur mittelplatonischen Rezeption exemplarisch Plutarch, QuaestPlat 9,1 [Mor 1007e]). Wirkungsgeschichtlich ist in der Akademie selbst wie auch bei Aristoteles indes vor allem die erste Unterscheidung zwischen dem rationalen und dem irrationalen Teil der Seele bedeutsam (vgl. J. Müller ²2020, 151). Für die Rezeption im römischen Bereich sei exemplarisch auf Cicero verwiesen, der in der Seele Trieb und Vernunft unterscheidet und es als entscheidend erachtet, dass der Trieb der Vernunft gehorcht (Off 1,101.141). Die *tricho*tomische Aufteilung der Seele in Platons *Politeia* steht in Analogie zu den drei Ständen der Polis, den Regenten, den Wächtern und den Erwerbstätigen (vgl. z. B. Irwin ³2011, 89.92). Im neunten Buch der *Politeia* wird diese Trichotomie anschaulich durch das Bild vom Seelentier illustriert, in dem die Begierde durch ein vielköpfiges Ungeheuer, der Mut durch einen Löwen und die Vernunft durch einen inneren Menschen symbolisiert wird (588b-592b). Im Timaios (69a-72d) werden die Seelenteile nicht weniger anschaulich in unterschiedlichen Körperteilen lokalisiert: die Begierde im Bauch, der Mut in der Brust, die Vernunft im Kopf. Von Platons vier Kardinaltugenden Gerechtigkeit, Besonnenheit, Tapferkeit und Weisheit/Einsicht (Resp IV 427d-434c; Leg I 630a-d u. ö.), auf die fortan in der antiken Philosophie vielfach, aber nicht durchgehend (s. etwa unten zu Aristoteles) rekurriert wird, sind die letzten drei den drei Seelenteilen zugeordnet: die Besonnenheit dem begehrlichen Seelenteil, die Tapferkeit dem mutartigen und die Weisheit dem vernünftigen. Angesichts des spannungsvollen Verhältnisses zwischen Vernunft und Begierde besteht die zentrale ethische Aufgabe darin, eine differenzierte Einheit der Seele „unter der Leitung der Vernunft" zu erreichen, „die als einziger Teil auch die Interessen der anderen miteinzubeziehen vermag (vgl. *Rep.* IV 428c-429a, 441e, IX 589a-590b)" (J. Müller ²2020, 152). Die Gerechtigkeit meint im Blick auf die Seele eben ihre wohlgeordnete Harmonie, in der allen Teilen das ihnen Gebührende zukommt (s. Resp IV 443c-e). Eine gerechte Seelenverfassung liegt also „dann vor, wenn die Seelenteile ... ihrerseits im Verhältnis der natürlichen Unter- bzw. Überordnung zueinander stehen" (Graeser ²1993, 186).

Zur Zeit der Entstehung des Christentums gab es die Akademie in Athen, die in ihrer mehrere hundert Jahre währenden Geschichte manche Wechselfälle erlebt hat und zwischenzeitlich in den Skeptizismus abgedriftet war, nicht mehr, da sie 86 v. Chr. zerstört worden war, doch wurde die platonische Philosophie dennoch weiterhin gepflegt. Für die Zeit von ca. 50 v. Chr. bis 220 n. Chr. spricht man von Mittelplatonismus. Für den Bereich der Ethik ist in dieser Zeit vor allem auf Plutarch von Chaironeia (ca. 45-120 n. Chr.) zu verweisen, denn nicht nur seine weithin popularphilosophischen Schriften zeigen einen deutlichen ethischen Schwerpunkt, aus dem sich die Sammelbezeichnung *Moralia* ableitet, sondern auch das historisch-biographische Oeuvre verfolgt ganz wesentlich ethische Anliegen, indem Charakterbilder gezeichnet werden, die zur Nachahmung oder auch Abschreckung dienen (überhaupt ist die Präsentation von Verhaltensmodellen von großer Bedeutung in antiker Biographie und Historiographie, vgl. Kurz 1990, bes. 176–183). Auch einer der wichtigsten Repräsentanten des hellenistischen Judentums, Philon von Alexandrien (ca. 20/10 v. Chr. – 50 n. Chr.), war stark platonisch geprägt. Im Bereich des entstehenden Christentums zeigt sich insbesondere der Autor des Hebr vom Mittelplatonismus beeinflusst (→ IX).

2. Aristoteles (384–322 v. Chr.) ist nicht nur, aber auch für den Bereich der Ethik von großer Bedeutung. Die von Aristoteles selbst veröffentlichten, die sog. ‚exoterischen' Schriften sind von wenigen Fragmenten abgesehen nicht erhalten, doch waren sie zur Zeit der Entstehung des Christentums noch bekannt und einflussreich. Bei den erhaltenen Werken handelt es sich ausschließlich um Vorlesungs- und Arbeitsmanuskripte, darunter mit der *Eudemischen Ethik* und der wohl späteren und bekannteren *Nikomachischen Ethik* auch zwei Werke, die spezifisch der philosophischen Teildisziplin der Ethik gewidmet sind (die *Magna Moralia* sind wohl das Werk eines Schülers). Aristoteles ist damit „der erste Philosoph, der die Domäne der Ethik als eigenständige Disziplin betrachtet" (Graeser ²1993, 243, s. auch Annas 1993, 17) und entsprechende Schriften verfasst hat (die klassische Einteilung der Philosophie in die drei Bereiche Logik, Physik und Ethik hat sich in der Akademie wohl unter Xenokrates herausgebildet). Schon dies lässt es angezeigt sein, Aristoteles' Ansatz zumindest auf der Basis der bedeutenderen EthNic[1] vorzustellen. Zudem hat Aristoteles' Ethik die Ansätze der Stoa wie des Epikureismus beeinflusst. Nicht zuletzt ist zu bedenken, dass es infolge der Edition der Lehrschriften durch Andronikos von Rhodos im 1. Jh. v. Chr. (zur Vorgeschichte Flashar ³2014, 63f) zu einer „Aristoteles-Renaissance" kam (Höffe ³2006, 276, vgl. auch Ricken ⁴2007, 205), so dass die Lehrschriften auch spezifisch für die Zeit der Entstehung des Christentums von Gewicht sind (für einen Überblick über den kaiserzeitlichen Aristotelismus s. Kupreeva 2018). Für den Bereich der Ethik ist besonders auf die Epitome peripatetischer Ethik von (Areios) Didymos (bei Stobaios 2,7,13–26 [ed. Wachsmuth/Hense II p. 116,19–152,25], dazu Fortenbaugh 2018) zu verweisen, der nach verbreiteter Auffassung mit dem Hofphilosophen des Kaisers Augustus namens Areios zu identifizieren ist.

Aristoteles' Ethiken sind keine moralischen Handbücher, sondern bieten eine „Theorie der Natur des Menschen in ihrer praktischen Ausrichtung" (Frede 2020, 201), d. h., die ethische Reflexion setzt anthropologisch an. Es gilt zu bestimmen, was der Mensch ist, wodurch er sich als Handelnder auszeichnet und was für ihn entsprechend als höchstes Gut gelten kann. Aristoteles ist dabei stark empirisch an den gesellschaftlichen Gegebenheiten, an Erfahrungswerten ausgerichtet, ohne sich dazu unkritisch zu verhalten. „Jenseits der planen Alternative ... ‚Common sense oder fundamentale Kritik' geht er einen dritten Weg, den einer qualifizierten, zur Kritik kompetenten Common-sense-Ethik" (Höffe ³2006, 193). Das höchste Gut, das allein um seiner selbst willen gewählt wird und keinem höheren Zweck dient, sondern selbst das oberste Strebensziel darstellt, ist auch für Aristoteles die Eudämonie (EthNic 1,5 [1097a34–1097b1]), die er als „Tätigkeit der Seele gemäß der vollkommenen Tugend" bestimmt (1,13 [1102a5f], vgl. 1,6 [1098a16f]; 1,10 [1199b26]). Ausgehend von der Unterteilung der Güter in seelische, körperliche und äußere gibt Aristoteles dabei, anders als etwa die Stoa, auch der landläufigen Überzeugung Raum, körperliche sowie äußere Güter – wie Besitz,

---

[1] Die Nikomachische Ethik ist, u. a. durch die kommentierte und mit einer ausführlichen Einleitung versehene Übersetzung von Dorothea Frede (Frede 2020 I–II), exzellent erschlossen. Vgl. zuvor u. a. Wolf 2002; Bostock ²2006; Höffe (Hg.) ⁴2019.

Freunde oder „gute Kinder" – in die Vorstellung der Eudämonie zu integrieren (1,9 [1099a30–1099b8]; 7,14 [1153b17–21], s. auch 10,9 [1178b33–1179a17]). Das heißt: Sittlichkeit ist für Aristoteles eine notwendige und die wesentliche Voraussetzung für ein gelingendes Leben – ohne Sittlichkeit keine Eudämonie –, aber keine hinreichende (vgl. Ricken ⁴2007, 175f).

Die menschliche Seele besitzt nach Aristoteles einen Teil, der Vernunft hat, und einen vernunftlosen Teil, der noch einmal in ihr vegetatives Vermögen und ihr strebendes Vermögen untergliedert ist, wobei Letzteres an der Vernunft teilhaben kann, sofern es sich ihr unterstellt (1,13 [1102a26–1103a3]). Auch die Vernunft ist untergliedert, in einen denkenden, theoretischen Teil (das ἐπιστημονικόν), dem die Arten des unveränderlich Seienden zugeordnet sind, und einen überlegenden, abwägenden Teil (das λογιστικόν), dessen Gegenstandsbereich die Betrachtung dessen ist, was sich so oder anders verhalten kann (6,2 [1139a5–17]), wozu das ethische Handeln zählt (für eine schematische Übersicht s. Wolf 2002, 142). Die Tugend unterteilt Aristoteles in verstandesmäßige Tugenden und ethische, d. h. Charakter-Tugenden. Erstere haben allein mit der Vernunft zu tun, wobei Aristoteles entsprechend der Unterteilung der Vernunft in eine theoretische und praktische Vernunft bei den verstandesmäßigen Tugenden unter anderem zwischen der Weisheit (σοφία) und der dem Handeln zugeordneten Klugheit (φρόνησις) differenziert. Bei den Charaktertugenden verbindet sich die praktische Vernunft mit dem Strebevermögen (EthNic 2–5). Der Ausdifferenzierung von Vernunft und Tugenden korrespondiert die Unterscheidung von zwei Formen der Eudämonie: dem guten Handeln, der Eupraxie, die sich aus dem Zusammenspiel von Strebevermögen und Klugheit ergibt (vgl. Wolf 2002, 147–160), und der wissenschaftlichen Betrachtung (10,7–9), die als Optionen menschlichen Daseins nebeneinander zu stehen kommen, ohne dass eine innere Verbindung sichtbar wird (vgl. Graeser ²1993, 265f). Zu den Charaktertugenden ist der Mensch von Natur aus veranlagt, doch ergeben sie sich nur aus Gewöhnung, aus dem „Ethos", d. h., eine Disposition erwächst aus wiederholtem Tätigsein dergleichen Art (EthNic 2,1 [1103a17–1103b25]), wozu eine gute Erziehung den Grundstein legt, Lebenserfahrung – und damit die Übung – aber unabdingbar ist.

Kennzeichnend für Aristoteles ist, dass er Charaktertugenden, die er über die vier platonischen Kardinaltugenden hinaus ausdifferenziert, als Mitte zwischen zwei Lastern bestimmt (2,6 [1106b36–1107a27]), d. h. zwischen Mangel und Übermaß (2,5 [1106a14–1106b35]), z. B. die Tapferkeit als Mitte zwischen Feigheit und Tollkühnheit, die Besonnenheit als Mitte zwischen Zügellosigkeit und Empfindungslosigkeit (2,2 [1104a18–27]; 2,7 [1107a33–1107b8]), die Freigebigkeit als Mitte zwischen Verschwendungssucht und Geiz (2,7 [1107b8–14], zur Entfaltung der Charaktertugenden s. 3,9–4,15 und eigens zur Gerechtigkeit 5,1–15), wobei Mitte nicht in einem streng mathematisch gefassten Sinn zu verstehen ist (vgl. Hauskeller 1997, 97f). Es geht dabei um den richtigen Umgang mit den Affekten, unter denen Aristoteles alles versteht, „bei welchem Lust oder Schmerz dabei ist" (2,4 [1105b23]), wie z. B. Begierde, Zorn, Furcht oder auch Mitleid: Etwas, das einem Menschen widerfährt, ruft in ihm Lust oder Schmerz hervor und löst darüber ein Bestreben aus (vgl. Wolf 2002, 70f). Die Tugend begreift Aristoteles nun nicht schlechthin als Freiheit von Affekten, sondern er versieht diese Definition mit dem Zusatz: „wie man soll und wie man nicht soll und wann" (2,2 [1104b,24–26]). Die grundlegende Alternative zwischen einem durch die Vernunft oder die Affekte bestimmten Leben (s. z. B. EthNic 9,8 [1169a5]) konkretisiert sich also nicht im Sinne strenger Apathie, sondern im Sinne des rechten, durch die Vernunft bestimmten Umgangs mit Lust und Schmerz, wie denn auch Affekte und Laster keineswegs miteinander zu identifizieren sind. Vielmehr gehören „zum Laster Übermaß und Mangel, zur Tugend aber die Mitte" (2,5 [1106b33f]). Entsprechend unterscheidet Aristoteles z. B. zwischen dem Zorn als Affekt und der Zornmütigkeit als Laster, dem die Sanftmut als Tugend gegenübersteht, die sich vom Affekt nicht mitreißen lässt (4,11 [1125b26–1126b10]). Da der Mensch von Natur aus eher der Lust zuneigt (2,8 [1109a14f]), muss er bei dem Versuch, jeweils die Mitte zu treffen, sich besonders vor dem Lustvollen in Acht nehmen (2,9 [1109b7f], vgl. 3,6 [1113a33f] zur Täuschung durch die Lust), aber eben nicht in Gestalt der völligen Ausrottung der Begierden, sondern ihrer Zügelung (3,15 [1119b11f]). Entsprechend meint Besonnenheit im Umgang mit der Lust, das Übermaß zu meiden (7,6 [1148a4–20]; 7,14 [1154a14–18]), nicht aber Lustfeindlichkeit. Zu ergänzen ist, dass Aristoteles zugleich sieht, dass nicht jede Handlung und jeder Affekt eine Mitte zulässt: „Denn bei einigen Affekten ist schon im Namen eine Schlechtigkeit mit enthalten, wie bei Schadenfreude, Schamlosigkeit oder Missgunst, und so auch im Fall von Handlungen wie Ehebruch, Diebstahl oder Mord" (2,6 [1107a9–12], Übers. Frede). Zum guten Handeln (εὐπραξία) als einer Form der Eudämonie kommt es durch das Zusammenspiel von Klugheit und Charaktertugenden (vgl. Wolf 2002, 243f). Der soziale Horizont von Aristoteles' Ethik und zugleich seiner Rede vom Menschen als einem von Natur aus zum Zusammenleben geschaffenen Wesen (9,9 [1169b18f]) ist die Polis[2] (vgl. Pol 1,2 [1253a2f]: „Der Mensch ist von Natur aus ein gemeinschaftsbezogenes/politisches Wesen [πολιτικὸν ζῷον].„), also das (überschaubare) städtische Gemeinwesen, dessen soziales Beziehungsgefüge – von der Familie bis hin zu den Mitbürgern – durch den in den Büchern 8 und 9 ausführlich thematisierten, in einem weiten Sinn verwendeten Begriff der Freundschaft in ihren verschiedenen Arten (Freundschaft 1. des Nutzens wegen, 2. der Lust wegen und 3. in ihrer vollkommenen und beständigen Form zwischen guten und der Tugend nach gleichen Menschen, EthNic 8,3–5) ausgefüllt wird (vgl. Konstan 1997, 67–78; Frede 2020, 263). Nach den Ausführungen über die Gerechtigkeit im fünften Buch, in denen die Tugend in Beziehung zu den Mitmenschen bedacht wird, wird vollends in der Abhandlung über die Freundschaft deutlich, dass die Orientierung an der Eudämonie nicht im Sinne eines selbstzentrierten, eigensüchtigen Lebensentwurfs konzipiert ist (vgl. Price ⁴2019, 184–189).

3. Trat Aristoteles als bedeutender Denker und Forscher in einer Vielzahl von Wissensgebieten hervor, so ist der Kynismus, dessen Entstehung auf den Sokratesschüler Antisthenes (um 445–365 v. Chr.) zurückgeht, der aber erst in Diogenes von Sinope (um 410–321 v. Chr.) seine prägende Gestalt fand, als „primarily an ethical philosophy" (Piering 2014, 352) anzusprechen. Oder zugespitzter, da das Augenmerk nicht auf ethische Theoriebildung gerichtet ist: Der Kynismus ist eine philosophisch unterbaute Lebensform. Sie zeichnet sich durch Betonung der Autarkie, Bedürfnislosigkeit und Provokation ‚bürgerlicher' Wertvorstellungen durch gezielt nonkonformistisches Verhalten aus (vgl. Klauck 1996, 108), worin sich eine fundamentale Kritik an gesellschaftlichen Konventionen und Werten wie Ansehen oder Reichtum artikuliert, die den Menschen in der Sicht der Kyniker daran hindern, gemäß seiner „Natur" wahrhaft glücklich sein zu können. Ohne Umweg über Logik oder Physik bietet der Kynismus den „abgekürzten Weg zur Tugend" (Diogenes Laertios 7,121). Im 1. und 2. Jh. n. Chr. erlebte der Kynismus eine neue Blüte, wobei zwischen einem gebildeten Kynismus und dem Kynismus als einer populären Bewegung, deren Anhänger sich vornehmlich aus unterprivilegierten Kreisen rekrutierten, zu differenzieren ist (s. dazu Goulet-Cazé 2016, 82–93). In der Kaiserzeit gibt es mit den pseudepigraphen Kynikerbriefen auch eine kleine literarische Hinterlassenschaft (Malherbe ³2006); anderes ist verloren (dazu Goulet-Cazé 2016, 89f). Hinzuweisen ist ferner auf Dion von Prusa (um 40–115 n. Chr.), der als Schüler des Stoikers Musonios platonische, stoische und kynische Elemente verband und nach seiner Verbannung aus Rom durch Domitian im Jahre 82 n. Chr. für längere Zeit ein Wanderleben führte (s. Or 13,10–12), wie es für Kyniker charakteristisch war.

---

[2] Dies gilt trotz der Verbindung von Aristoteles zum makedonischen Hof auch für die zu den praktisch-philosophischen Werken zählende *Politik*, zu der er am Ende von EthNic 10,10 überleitet.

4. Neben den in der klassischen Zeit entstandenen Denkschulen der Akademie (Platon) und des Peripatos (Aristoteles), die vom Menschen als Gemeinschaftswesen aus dachten, treten in der hellenistischen Zeit der Epikureismus und die Stoa als bestimmende Strömungen hervor. Sie eint, dass sie beim Menschen als Individuum ansetzen, erscheinen aber an substantiellen Punkten als Antipoden. Epikur (341–271/70 v. Chr.), von dessen reichhaltiger schriftstellerischer Tätigkeit kaum etwas erhalten ist, gründete 306 in Athen eine Schule. Epikur sieht, dass das höchste Gut rational nicht begründbar ist, sondern allein in positiver sinnlicher Empfindung besteht (Hossenfelder ³2006, 61f.64): „Alles Gute und Übel (besteht) in der Empfindung" (Diogenes Laertios 10,124). Ins Zentrum der Philosophie rückt damit die Reflexion über die Lust. Insofern ist Epikur ein „Hedonist", allerdings gerade nicht im (auch) heute gebräuchlichen vulgären, sondern in einem philosophisch reflektierten Sinn. Die Lust ist, wie er in dem von Diogenes Laertios 10,122–135 zitierten Lehrbrief an Menoikeus schreibt, „Anfang und Ende glücklichen Lebens. Denn sie ist ... unser erstes, angeborenes Gut, sie ist der Ausgangspunkt für alles Wählen und Meiden" (10,128f, Übers. Apelt). Lust ist hier nicht als ein temporärer Affekt gefasst, sondern Lust und Unlust/Schmerz sind die beiden Grundempfindungen (vgl. Hauskeller 1997, 142); ein Drittes zwischen Lust und Unlust wird verneint, so dass die Lust mit dem Freisein von Unlust/Schmerz identifiziert wird (vgl. Cicero, Fin 1,37f). Das heißt: Epikur vertritt einen „negativen Hedonismus', der lediglich gebietet, sich vor Unlust zu schützen" (Hossenfelder ³2006, 73). Dass das Empfinden von Lust eine natürliche Vorzugswahl ist, kann im Einzelfall auch bedeuten, dass man Phasen des Schmerzes in Kauf nimmt, um eine umso größere Lust zu erfahren (10,129); es gilt, „jedes Wählen und jedes Meiden in die richtige Beziehung zu setzen zu unserer körperlichen Gesundheit und zur ungestörten Seelenruhe (τὴν τῆς ψυχῆς ἀταραξίαν); denn das ist das Ziel des glückseligen Lebens" (10,128, Übers. Apelt). Im Ergebnis führt dies zu einem besonnenen, vernünftigen Umgang mit der Lust, der geradezu asketische Tendenzen aufweist, also gerade nicht zu einem üppigen, wollüstigen Lebensstil. Um Unlust zu verhindern und Seelenruhe, Ataraxie, zu erreichen, muss man die Gefährdungen der Seelenruhe und damit der Lust durch die nichtigen, nicht-natürlichen Begierden (vgl. 10,127), die Furcht, v.a. vor den Göttern (Epikur bestreitet nicht deren Existenz, doch stehen sie in ihrer Glückseligkeit in keiner Beziehung zum irdischen Geschehen) und vor dem Tod (vgl. 10,123–127), und den Schmerz ausschalten (vgl. Hossenfelder ³2006, 77–98), also etwa das Begehren durch Selbstgenügsamkeit einhegen. So stillen z. B. einfache Mahlzeiten den Hunger am besten, sie sind gut für die Gesundheit und nehmen zugleich die Sorgen, wie die Grundbedürfnisse des Lebens zu stillen sind (10,130f). Kurzum: „Wenn wir also die Lust als das Endziel hinstellen, so meinen wir damit nicht die Lüste der Schlemmer und solche, die in nichts als dem Genusse selbst bestehen, ... sondern das Freisein von körperlichem Schmerz und von Störung der Seelenruhe" (10,131, Übers. Apelt). Für ein gutes Leben ist die Gemeinschaft des (epikureischen) Freundeskreises von Bedeutung, doch bietet der individualistische Ansatz des Denkens von Epikur keinen fruchtbaren Boden für die Gestaltung eines darüber hinausgehenden Gemeinwesens und für die Übernahme politischer Verantwortung. Vielmehr gehört zu den Maximen Epikurs der Grundsatz „lebe im Verborgenen (λάθε βιώσας)" (Fr. 551 ed. Usener), denn ein unauffälliges, abgeschiedenes Leben bietet am ehesten die Gewähr, dass die Seelenruhe nicht durch die Angriffe anderer Menschen gestört wird (vgl. Epikur, Kyriai doxai 14 = Diogenes Laertios 10,143). Plutarch hat der kritischen Auseinandersetzung mit dieser Maxime ein eigenes Traktat gewidmet: *De latenter vivendo* (Mor 1128a–1130e).

5. Die Stoa steht sowohl im Blick auf die Reflexion über die Lust als auch hinsichtlich des bürgerlichen Engagements in einem diametralen Gegensatz zum Epikureismus. Im Blick auf die Stoa hat es sich eingebürgert, drei Phasen zu unterscheiden. Weder aus ihrer ersten – durch

Zenon von Kition (ca. 333/32–262/61 v. Chr.) als Schulgründer, Kleanthes von Assos (ca. 331/0–230/29 v. Chr.) und Chrysipp von Soloi (ca. 281–208 v. Chr.) repräsentierten – Phase im 3. Jh. v. Chr. noch aus der sog. mittleren Stoa (150 v. Chr. bis zur Zeitenwende), als deren namhafteste Vertreter Panaitios von Rhodos (ca. 180–110 v. Chr.) und Poseidonios von Apameia (ca. 135–50 v. Chr.) gelten, sind Originalquellen erhalten. Die Forschung ist vollständig auf Zitate, Exzerpte und (teils tendenziöse, teils unpräzise) Darstellungen von Späteren (darunter auch Kritiker und Gegner) angewiesen (zur Ethik s. u. a. Cicero, Fin 3,16–76; Diogenes Laertios 7,84–131). Erst für die dritte Phase, die kaiserzeitliche Stoa, sind Originalschriften (Seneca, Marc Aurel) oder zumindest Aufzeichnungen von Schülern (Musonios, Epiktet) erhalten. Wegen der zentralen Bedeutung der Stoa im 1. Jh. n. Chr. erscheint es sinnvoll, Grundzüge stoischer Ethik etwas ausführlicher als bei den voranstehenden Ansätzen zu vergegenwärtigen.

Ist allgemein für den Hellenismus „Ethik vor allem Lehre vom Glück und der richtigen Einstellung gegenüber dem Leben" (Ricken ⁴2007, 233), so sieht auch die Stoa Lebensziel und -sinn im Erreichen der Eudämonie, doch vertritt die Stoa diesbezüglich eine radikale Auffassung. Die Tugend im Sinne der „Einsicht in die wahren Wertverhältnisse" (Hossenfelder ²1995, 55), die durch die in ihren Urteilen nicht wankende, „aufrechte Vernunft (ὀρθὸς λόγος)" gewährleistet wird, ist „nicht nur die wichtigste, sondern die einzige Voraussetzung für das glückliche Leben" (Schriefl 2019, 119). Die Eudämonie als „guter Fluss des Lebens (εὔροια βίου)" ([Areios] Didymos bei Stobaios 2,7,6e [ed. Wachsmuth/Hense II p. 77,21 = ed. Pomeroy p. 40,17]; Diogenes Laertios 7,88) ist allein eine Frage der *inneren* Haltung, der Einstellung zu den Dingen, und also von allen äußeren Faktoren und Umständen, inkl. der eigenen körperlichen Gesundheit, unabhängig. Diese Grundbestimmung bedeutet nun keineswegs, dass der Weise sich zu Gütern, die letztlich nicht sicher in der eigenen Verfügungsgewalt stehen, gar nicht positiv verhält – dies würde in letzter Konsequenz dazu führen, dass man sich in der Welt gar nicht mit reflektierten Präferenzen verhalten kann. Vielmehr sind weitere Aspekte hinzuzunehmen: Tugendhaftes, gelingendes Leben bedeutet für die Stoa Leben *in Übereinstimmung mit der Natur* (s. Stobaios 2,7,6a [ed. Wachsmuth/Hense II p. 76,5f = ed. Pomeroy p. 38,5f; SVF I 552]: Ziel ist es, übereinstimmend mit der Natur zu leben [τέλος ἐστὶ τὸ ὁμολογουμένως τῇ φύσει ζῆν], vgl. Diogenes Laertios 7,87f), das *secundum naturam vivere* (Cicero, Fin 4,14, s. auch 3,26.31, ferner z. B. Epiktet, Diss 1,11,15). Im Motiv der Übereinstimmung mit der Natur ist inbegriffen, dass der Stoiker sich als Weltbürger sieht (Epiktet, Diss 1,9,1.6; 2,10,3 u. ö.). Der Orientierungsrahmen seines ethischen Denkens geht nicht in der Polis auf, sondern wird zentral durch den Kosmos bestimmt. Seine ontologische Grundlage findet dies darin, dass die ganze Welt vom göttlichen Logos, von der göttlichen Vernunft, durchwirkt und durchwaltet ist – im stoischen System ist Gott nicht als echtes personales Gegenüber, sondern als immanenter Bestandteil der Welt konzipiert (vgl. Klauck 1996, 90). Da der Mensch am Logos Anteil hat, kann Epiktet formulieren, dass der Mensch dank seines Denkvermögens „ein Stück von Gott" ist bzw. einen Teil von Gott in sich hat (Diss 2,8,11, zur religiösen Dimension der Philosophie Epiktets Görgemanns 2009, 51f). Diese spezifische Auszeichnung des Menschen gegenüber allen anderen Lebewesen bestimmt, was es für ihn heißt, *in Übereinstimmung mit der (eigenen und der universalen) Natur* zu leben. Für die Stoa besteht dabei in ihrer optimistischen Anthropologie keine Spannung zwischen dem Menschen als Vernunftwesen und seinen natürlichen Anlagen; der Mensch ist von Natur aus zu einem ethisch guten Leben bestimmt. Die von der Vernunft geleitete Lebensführung muss die animalischen menschlichen Regungen nicht überwinden, sondern knüpft positiv an diese an. Die stoische Oikeiosislehre[3], die den Prozess reflektiert, „durch den ein Lebewesen schrittweise

---

[3] „Oikeiosis" bedeutet so viel wie Aneignung; *oikeiôsis* liegt dann vor, wenn ich etwas als mir zugehörig erkenne und wertschätze" (Schriefl 2019, 123).

seiner selbst inne und dadurch mit sich selbst vertraut, sich selbst freund, mit sich selbst eins und einig wird" (Forschner 2018, 165), zielt entsprechend darauf, „in den spontanen Trieben, die der Tätigkeit einer rational überlegenden und verantwortlich entscheidenden und strebenden Vernunft vorausliegend am Werk sind, eine naturale Basis der Sittlichkeit aufzuweisen" (Forschner ²1995, 142). So gilt für den Menschen als Naturwesen nicht nur, dass er wie alle Lebewesen auf Selbsterhaltung hin angelegt ist und entsprechend ursprünglich nach dieser – und nicht, wie Epikur annahm, nach Lust – strebe (Diogenes Laertios 7,85f), sondern zu seiner Naturanlage, dem ihm Eigenen, gehört das Leben in Gemeinschaft, wie grundlegend an der Fortpflanzungsfähigkeit und der damit verbundenen Sorge um den Nachwuchs zu erkennen ist, die auch vielfach in der Tierwelt anzutreffen ist (Cicero, Fin 3,62f). Damit, dass der Mensch mit der Ausbildung der vollen Vernunftfähigkeit erkennen kann, dass es seiner Natur entspricht, ein durch die Vernunft bestimmtes Leben zu führen, weitet sich die zunächst differenziert auf das eigene Selbst und das nahe soziale Umfeld bezogene Wohlgeneigtheit unter der Führung der Vernunft zu einer unterschiedslosen Verbundenheit mit allen Menschen aus (vgl. Forschner ²1995, 159). Zugleich tritt die sich in der Sorge um Nahrung und Kleidung vollziehende physische Selbsterhaltung hinter das Ziel des vernunftbestimmten, tugendhaften Lebens zurück (vgl. Guckes 2004, 18f), ohne natürlich damit obsolet zu sein. Der Mensch muss also, kurz gesagt, seiner Vernunft folgen, indem er das seiner Natur (und seiner sozialen Rolle[4]) jeweils Angemessene, Passende bzw. Zukommende (τὸ καθῆκον) tut, und dies in der richtigen Disposition, denn erst dadurch wird das *der Tugend gemäße* korrekte Handeln zu einer *tugendhaften*, sittlich guten Handlung (κατόρθωμα).[5]

Es kommt nun darauf an, dass der Mensch seine Strebensziele nicht *in einer solchen Weise* an nicht in seiner Hand liegenden Gütern – wie z. B. Besitz, Karriere oder Gesundheit – ausrichtet, *dass er von diesen sein Lebensglück abhängig macht*. Leibliche und äußere Güter wie Gesundheit und Reichtum gehören zu den Adiaphora. Sie sind lediglich vorzugswürdige Güter – der Mensch wählt natürlicherweise lieber Gesundheit als Krankheit und lieber Reichtum als Armut –, haben aber keine Bedeutung für das tugendhafte Leben und damit für das Ziel der Eudämonie. Entsprechend gibt es für den Stoiker keine innere Rebellion gegen Widerfahrnisse, die zum Verlust äußerer Güter führen, sondern nur eine ehrfurchtsvolle Bejahung von allem, was geschieht, da die Welt eben als vom göttlichen Logos durchwirkt und wohlgeordnet gilt und alles unter der göttlichen Vorsehung steht. Als negativ bewertete Geschehnisse mögen gegen die gute Vorsehung Gottes sprechen, doch liegt diese Einschätzung nur an der begrenzten eigenen Sicht und Perspektive. Impliziert ist in dem Voranstehenden allerdings zugleich, dass Stoiker zwar ein distanziertes Verhältnis zu außermoralischen Gütern pflegen und von ihnen nicht ihr Lebensglück abhängig machen, so dass sie ein Scheitern oder Verluste in solchen Belangen gelassen, gewissermaßen schicksalsergeben hinnehmen, sie aber keineswegs Asketen sind (vgl. Guckes 2004, 19). Vielmehr gehört zum angemessenen Verhalten (dem καθῆκον) entsprechend der Oikeiosislehre im Grundsatz „all das, was die Erhaltung und Entfaltung der spezifischen menschlichen Natur umfasst: Für die Gesundheit, die

---

[4] Die Einbeziehung der sozialen Rollen als Referenzpunkt des passenden/angemessenen Verhaltens ist in römischer Zeit durch die Übersetzung von καθῆκον mit *officium* bei Cicero maßgeblich befördert worden (s. dazu Forschner 2018, 208).

[5] Zur Unterscheidung zwischen dem tugendhaften Handeln (κατόρθωμα) und dem tugendgemäßen passenden/angemessenen Verhalten (καθῆκον) s. Forschner 2018, 206–217, der die Differenz wie folgt auf den Punkt bringt: „Was einem *kathēkon* fehlt, um eine sittlich gute, eine tugendhafte Handlung (ein *katorthōma*) zu sein, ist die Disposition der Weisheit, aus der heraus es getan wird" (211). Denn bei Handlungen ist nach der Stoa zwischen ihrem Inhalt und der Disposition des Handelnden zu differenzieren: „Die Disposition ist es, die über die sittliche oder unsittliche Qualität der Handlung entscheidet, der Inhalt ist es, der eine Handlung zu einer passenden, unpassenden oder neutralen macht" (ebd.).

Sauberkeit und die Funktionsfähigkeit des Leibes sorgen, die Eltern ehren, den Brüdern, den Freunden, dem Vaterland dienen, um Wohlstand und gesellschaftliche Anerkennung sich bemühen, eine Familie gründen und politisch tätig sein, die Ausbildung des Geistes betreiben und auf die Erkenntnis der Dinge sich richten" (Forschner 2018, 209f).

Daraus, dass Menschen falsche Vorstellungen von den zu erstrebenden Gütern haben, da sie ihr Lebensglück mit ihnen verbinden, resultiert, dass der Wohlfluss des Lebens durch Affekte (πάθη) gestört wird. Ein Affekt ist nach dem Schulgründer Zenon von Kition „die unvernünftige und widernatürliche Bewegung der Seele (ἡ ἄλογος καὶ παρὰ φύσιν ψυχῆς κίνησις) oder ein übermäßiger Trieb (ὁρμὴ πλεονάζουσα)" (Diogenes Laertios 7,110 = SVF I 205, vgl. z. B. [Areios] Didymos bei Stobaios, 2,7,10 [ed. Wachsmuth/Hense II p. 88,8–10 = ed. Pomeroy p. 56,1-3; SVF 1,205]; Galen, PlacHippPlat 4,5,10-14). Die Stoa ordnet die Affekte vier Genera zu: Lust (ἡδονή) und Begierde (ἐπιθυμία) sowie Trauer/Schmerz (λύπη) und Furcht (φόβος, vgl. zu diesem Tetrachord bereits Platon, Laches 191d). Dabei ist von vornherein zu bedenken, dass hier mit Lust bzw. Schmerz eben nicht die bloßen *körperlichen* Empfindungen gemeint sind (es geht also z. B. nicht um den Schmerz, den man empfindet, wenn man sich den Fuß verstaucht). Den vier Genera ist jeweils eine Reihe von Affekten zugeordnet (s. z. B. die Übersichten bei Cicero, Tusc 4,16–21; Diogenes Laertios 7,111–114). So sind z. B. Neid und Mitleid Unterarten des Schmerzes (Cicero, Tusc 4,16), nämlich Schmerz über den Erfolg oder das Unglück einer anderen Person. Die stoische Affektenlehre ist in eine Handlungstheorie eingebettet, die in ihren Hauptelementen durch den Dreiklang Vorstellung (φαντασία) – Zustimmung (συγκατάθεσις) – Trieb (ὁρμή) bestimmt ist (vgl. Forschner 2018, 227f; Lee 2020, 188–202). Durch etwas, das dem Menschen begegnet, entsteht in ihm eine Vorstellung von etwas, die einer Bewertung durch den Logos unterzogen wird (ist sie wahr oder falsch, zu erstreben oder zu meiden?). Wird etwas als erstrebenswert anerkannt, so folgt aus der Zustimmung ein Handlungsimpuls, wobei der Trieb bzw. Handlungsimpuls nicht als eine eigenständig neben der Vernunft stehende Kraft begriffen wird; vielmehr will die Stoa darunter „eine *Funktion der vernunftbegabten Seele* ... verstanden wissen" (Forschner ²1995, 120). Da Menschen, die von falschen Vorstellungen geleitet sind, Indifferentes als gut oder schlecht bewerten, also z. B. mit Reichtum die Vorstellung eines erfüllten, guten Lebens verbinden, erteilen sie falsche Zustimmungen, wobei noch zwischen dem falschen Werturteil und dem Urteil über die angemessene Reaktion zu differenzieren ist (Halbig 2004, 37f). Daraus, dass Affekte als (Folge einer) falsche(n) Betätigung der Vernunft begriffen werden, ergibt sich, dass sich Affekte an sich völlig vermeiden lassen, „und zwar nicht in der Weise, daß sie durch eine innere Kraftanstrengung unterdrückt oder kleingehalten werden müssen, sondern sie entstehen gar nicht erst bei richtiger Vernunfthaltung" (Hossenfelder ²1995, 50). Zu beachten ist hier, dass die monistische Psychologie der Stoa anders als das platonische und aristotelische Denken von einer rein rationalen Seele ausgeht und daher keinen Widerstreit zwischen rationalen und irrationalen Seelenteilen denkt. Die Definition des Affekts als unvernünftiger Bewegung der Seele bedeutet entsprechend nicht „,ohne Beteiligung von Vernunft' ..., sondern ,wider den rechten Gebrauch von Vernunft'" (Forschner ²1995, 122). Die Definition des Affekts als exzessiver, übermäßiger Trieb/Impuls nimmt überdies den damit verbundenen Verlust der Steuerung durch die Vernunft in den Blick. Die Verbindung der Affekte mit falschen Urteilen gibt zu erkennen, dass Affekte nicht einfach mit dem, was landläufig unter Gefühl oder Emotion verstanden wird, identisch ist (vgl. Halbig 2004, 31), so dass das stoische Ideal der Apathie (s. u.) nicht mit Gefühllosigkeit gleichzusetzen ist. Affekte sind falsche kognitive Einstellungen (Vogt 2004, 82f), wie umgekehrt „Tugend ... wesentlich eine erkenntnisbezogene Disposition [ist]" (Forschner 2018, 198). Überdies ist zu beachten, dass den Affekten die Eupathien, die guten Gemütszustände, gegenüberstehen, der Lust die Freude (χαρά), der Begierde der gute Wille (βούλησις) und der Furcht die Vorsicht (εὐλάβεια, Schmerz/Trauer bleibt ohne

Pendant), wobei diese drei Eupathien noch einmal in Unterarten untergliedert sind, so z. B. der gute Wille unter anderem in Wohlwollen (εὔνοια) und Lieben (ἀγάπησις, Diogenes Laertios 7,115f, s. auch Cicero, Tusc 4,12-14). Die Besonderheiten der stoischen kognitivistischen Auffassung der Affekte wirken sich auf den empfohlenen Umgang mit ihnen aus. Während die hellenistischen Peripatetiker auf die Mäßigung der Affekte, die Metriopathie, zielen, geht es den Stoikern um deren völlige Meidung, um die Apathie. Denn wenn ein Affekt auf einem Fehlurteil der Vernunft beruht, kann man ihn nur rundherum ablehnen. Wenn Affekte hingegen als Regungen nicht-rationaler Seelenteile verstanden werden, können sie unter Führung der Vernunft ihr rechtes Maß zugewiesen bekommen. Bezieht man die stoische Überzeugung ein, dass alle außermoralischen Güter für das Erlangen der Eudämonie letztlich indifferent und also belanglos sind, drängt sich die Frage geradezu auf, „ob mit dem stoischen Ideal der *apatheia*, der radikalen Gelöstheit gegenüber dem, was nicht uneingeschränkt in unserer Hand ist, nicht Züge des menschlichen Lebens aufgegeben werden, die es auf ihre Weise human und lebenswert machen" (Forschner 2018, 235). Ferner: Die Stoa vertritt zwar die universale Verbundenheit der Menschen als gemeinsame Teilhaber an der Vernunft im kosmischen Gemeinwesen; doch folgt aus der Annahme, dass es insofern eigentlich kein relevantes Übel gibt, als es auf die innere Einstellung zu den Dingen ankommt, als Schattenseite ein „Quietismus, der Unrecht zwar ablehnt, aber nicht rächt, sondern als gottgegeben und damit ‚gleichgültig' bestehen läßt" (Hauskeller 1997, 251).

Blickt man spezifisch auf die kaiserzeitliche Stoa zur Zeit der Entstehung des Christentums, wie sie z. B. durch Seneca (ca. 1-65 n. Chr.), Musonios (vor 30 n. Chr. - ca. 100 n. Chr.) und dessen Schüler Epiktet (ca. 50-120/130 n. Chr.) repräsentiert wird, zeigt sich ein deutlicher Schwerpunkt im Bereich der Ethik und dabei nicht auf abstrakten theoretischen Fragen, sondern in lebensnaher und konkreter Weise auf ‚angewandter Ethik'. Die an der Lebenspraxis orientierte Auffassung der Philosophie lässt sich gut durch einen Passus in Senecas *Epistulae Morales* illustrieren: „[N]icht in Worten, sondern in Taten besteht sie. ... [D]ie Seele gestaltet und formt sie, das Leben ordnet sie, Handlungen lenkt sie, nötiges Tun und Lassen zeigt sie, sie sitzt am Steuer, und durch die Gefahren des Wogenschwalls lenkt sie den Kurs" (16,3 [Übers. Rosenbach], s. auch z. B. 20,2). Unter Senecas ethischen Schriften begegnen neben den gewichtigen *Epistulae Morales*, die mannigfaltige Lebensfragen thematisieren, ferner Werke z. B. über die Milde (*De clementia*), über die Wohltaten (*De beneficiis*) und über den Zorn (*De ira I-III*). Anzumerken ist insbesondere Senecas starke Betonung der sozialen Verbundenheit der Menschen untereinander (vgl. Thorsteinsson 2010\*, 28-39). Beachtung verdient zudem, dass Seneca nicht nur die am Grundsätzlichen und Allgemeinen orientierte philosophische ethische Reflexion, sondern auch wiederholte, auf konkrete Lebenssituationen bezogene Ermahnungen für wichtig erachtet, damit das gute Verhalten stets vor Augen steht (EpMor 94). Nach Musonios ist Philosophie nichts anderes als „die Beschäftigung mit sittlicher Güte" (Diss 4 [ed. Hense p. 19,13f], vgl. für eine rein auf den Lebenswandel bezogene Definition von Philosophie im antiken Judentum EpArist 256). Entsprechend liegt der Fokus in den von Musonios erhaltenen Ausschnitten seiner Lehre auf ethischen Themen - wie dem Umgang mit Beleidigungen (Diss 10), Sexualität und Ehe (12; 13A; 13B; 14), dem Aufziehen aller Kinder (15), dem Gehorsam gegenüber den Eltern (16) oder dem Aspekt, dass auch Frauen philosophieren sollen (3, vgl. Dillon 2004, 9-32.39f). Epiktet schließlich hat sich zwar in seiner Schule mit seinen (fortgeschrittenen) Schülern auch intensiv mit den feinen Differenzierungen in der stoischen Theoriebildung befasst (vgl. Long 2002, 44-46.90), doch steht in den von Arrian aufgezeichneten Abhandlungen (Diss) und im Handbüchlein der Moral (Ench) wie bei Musonios die Orientierung an konkreten Fragen der Lebensgestaltung im Vordergrund. Die oben skizzierte Güterlehre wird von Epiktet dabei konsequent angewandt und durchgehalten. Denn Epiktet will dazu anleiten und einüben, durch die Vernunft rechten Gebrauch von den Vorstellungen zu machen (Diss 1,1,7; 1,20,5.15; 2,19,32 u. ö.), um die bloßen Meinungen, die indifferenten Gütern einen Wert zuschreibt, den sie nicht besitzen, zu überwinden (s. exemplarisch Diss 2,11,13–25). Um zur Eudämonie zu gelangen, muss man sich auf das konzentrieren, was in der eigenen Verfügungsgewalt steht, also auf den Bereich, in dem das Wollen nicht gehindert werden kann. Das aber gilt allein für die mit der rationalen Seele verbundene innere Einstellung. Es kommt daher zentral darauf an, zwischen dem, was man in der Hand hat, und dem, was man nicht in der Hand hat, bzw. zwischen dem Eigenen und dem Fremden zu unterscheiden (Diss 1,1,21; 4,1,81.83; 4,5,9 u. ö.), um dann sein Streben und Ablehnen nicht auf Güter zu richten, die nicht in der eigenen Verfügungsgewalt stehen, denn die Affekte entstehen dadurch, dass das Streben oder Ablehnen nicht erfolgreich ist (Diss 3,2,3). An Beispielen illustriert: Besser als Besitz oder eine schöne Frau zu haben ist es, kein Verlangen nach Besitz oder einer schönen Frau zu haben (Diss 4,9,1–3) – was nicht heißt, dass es schlecht ist, Besitz oder eine schöne Frau zu haben; es ist indifferent. Schlecht ist aber, analog zum Durst eines Fieberkranken ein nicht stillbares Verlangen nach (noch mehr) Besitz oder einer (noch) schön(er)en Frau zu haben (4,9,4f). Mit der Fokussierung auf den mentalen Bereich, in dem der Mensch autonom ist und sein Wollen nicht gehindert werden kann, und damit mit der Konzipierung der Freiheit als einer rein inneren Haltung geht einher, dass nicht einmal der eigene Körper zum „Eigenen" gehört, sondern als etwas Fremdes anzusehen ist (Diss 4,1,66.79f.87.130), was ebenso für den Lebenspartner oder die eigenen Kinder gilt (4,1,67.87.107.111f). Dieser Ansatz führt indes auch für Epiktet nicht zu einem a-sozialen oder zurückgezogenen Leben, sondern ist gerade Grundlage dafür, die Pflicht, die einem Menschen in seinen sozialen Rollen als „Frommer, Sohn, Bruder, Vater, Bürger" (Diss 3,2,4) zukommt, zu erfüllen (s. Diss 2,10). Epiktet schreibt dem Menschen zu, von Natur aus einen Sinn dafür zu haben, treu, liebevoll und anderen zum Nutzen zu sein und einander zu erdulden (Diss 2,10,23); es gehört zur Natur des Menschen, „Gutes zu tun, mitzuhelfen, zu beten" (4,1,122), und als Weltbürger handelt der tugendhafte Mensch als Teil eines Ganzen mit Rücksicht auf das Ganze, wie sich eine Hand oder ein Fuß allein mit Rücksicht auf den Körper bewegt (2,10,4). Wohl aber geht es darum, das, was einem im Bereich dessen, das nicht in der eigenen Hand liegt, schicksalhaft widerfährt, als gute Fügung zu bejahen (4,1,89–113).

6. Die Bedeutung der Philosophie(n) zur Zeit der Entstehung des Christentums erschöpft sich nicht in den Fachdiskussionen in den philosophischen Zirkeln und Schulen, in denen die Lektüre der Werke Platons, des Aristoteles oder der stoischen Gründungsväter „ein wichtiges Medium des Philosophierens" (Schriefl 2019, 34) war. Vielmehr waren philosophische Anschauungen in popularisierter Form geradezu Gemeingut unter den Gebildeten und auch darüber hinaus. Denn neben Philosophen wie etwa Seneca, die mehr oder weniger in ihren Zirkeln blieben, suchten andere Philosophen oder philosophisch Gebildete – wie z. B. Dion von Prusa – auch die breitere Öffentlichkeit (s. z. B. Dion von Prusa, Or 32,11f). Besonders augenfällig ist das – als Hintergrund von Paulus' Selbstpräsentation in 1Thess 2,1–12 (dazu Malherbe 2014) relevante – verbreitete Phänomen kynischer Wanderphilosophen, die von Stadt zu Stadt zogen und auf den Straßen und Plätzen ihre Weisheit unter die Leute zu bringen suchten (s. z. B. Philon, Plant 151; Dion von Prusa, Or 72,2.4; Lukian, BisAcc 6) und unter denen sich, jedenfalls in den Augen der Gebildeten, auch etliche Scharlatane befanden (s. z. B. Dion von Prusa, Or 32,9; 77/78,3f; Epiktet, Diss 3,22,9–11.80; Lukian, Peregr 3). Öffentliches Wirken ist zudem auch von Stoikern bezeugt (Horaz, Sat 2,3), auch Epiktet scheint sich in Rom zunächst auf

der Straße an das Volk gewandt zu haben (Diss 2,12,25, vgl. Schmeller 2013, 7).
Dion von Prusa gibt angesichts der vielen in seinen Augen zwielichtigen Gestalten
unter den Wanderphilosophen in Or 32,11 eine bündige Charakterisierung des wahren Philosophen als jemand, „der in aller Offenheit klar und ohne Hintergedanken
spricht, der nicht um des Ruhmes und Gewinns willen nur so tut, sondern aus
Wohlwollen und Fürsorge für die anderen bereit ist, sich notfalls auch auslachen zu
lassen und das lärmende Durcheinander der Menge zu ertragen" (Übers. Elliger).
Dion ist zugleich ein gutes Beispiel für den verbreiteten Eklektizismus und die Verbindung unterschiedlicher philosophischer Ansätze (neben der Stoa zeigt er sich, wie
oben bereits erwähnt wurde, auch von Platon beeinflusst), wie vor ihm auch Cicero,
der als akademischer Skeptiker, der u. a. beim Platoniker Philon von Larissa studiert
hat, z. B. auch von stoischer Philosophie beeinflusst ist (vgl. Ferguson ³2003, 379–
382). Cicero ist für die Vermittlung griechischer Philosophie im lateinischen Sprachraum von kaum zu überschätzender Relevanz. Exemplarisch hingewiesen sei hier
auf seine Schrift *De finibus bonorum et malorum*, in der er u. a. die epikureische (Bücher 1–2) und die stoische Ethik (Bücher 3–4) erörtert, sowie auf die Schrift *De officiis*, die auf einem Werk des Stoikers Panaitios von Rhodos basiert und wirkungsgeschichtlich von allergrößter Bedeutung ist.

Im Zentrum der popularphilosophischen Aktivitäten stand deutlich der Bereich
der Ethik.

Einen besonders interessanten Einblick in die popularphilosophische Form der Vermittlung
anthropologisch-ethischer Überzeugungen bietet die in das 1. Jh. n.Chr. zu datierende *Bildtafel des Kebes*, die *Tabula Cebetis*, die neben bedeutenden platonischen Anleihen u. a. auch
Einfluss kynischen und stoischen Gedankenguts (betont von Seddon 2005, 183f) zeigt. Die in
Dialogform gehaltene Schrift präsentiert sich als Erläuterung einer allegorischen Darstellung
des Lebens auf einer Wandtafel am Heiligtum des Kronos, die durch drei Ringmauern strukturiert ist. Vor der äußeren Mauer, die den Eintritt ins Leben symbolisiert, gibt ein Greis namens *Daimon* Weisung, deren Beachtung zu einem guten Leben führen würde. In dem von
der äußeren Mauer umfassten Bereich, der die Lebensweise der breiten Masse präsentiert,
werden die neu ins Leben Eingetretenen jedoch von einer auf einem Thron sitzenden Frau
namens *Täuschung* in unterschiedlicher Menge mit Irrtum und Unwissenheit getränkt, fortan
von anderen Frauen namens *Meinungen*, *Begierden* und *Lüste* umschlungen, und sie sind dem
willkürlichen Treiben einer Frau namens *Schicksal* ausgesetzt, die Güter verteilt und wieder
nimmt. Auf die von ihr Begünstigten warten wie Hetären herausgeputzte Frauen, die *Zügellosigkeit*, *Ausschweifung*, *Unersättlichkeit* und *Schmeichelei* heißen und die die eben noch Begünstigten ins Elend stürzen. Rettung daraus bietet allein die *Umkehr* zur *wahren Bildung*,
die den Menschen dazu verhilft, selig und glücklich (μακάριος καὶ εὐδαίμων) im Leben zu
sein (4,2–11,2). Innerhalb des zweiten Mauerrings befinden sich die Gelehrten, die sich den
Künsten und Wissenschaften widmen und diese bereits für die *wahre Bildung* erachten, doch
wird die hier gepflegte Gelehrsamkeit als bloße *Scheinbildung* klassifiziert, weil sie die durch
den Trank der Täuschung bestimmte *conditio humana* nicht überwindet (12,1–14,4). Der steinige, beschwerliche Weg zur *wahren Bildung* führt über die beiden Schwestern *Enthaltsamkeit*
und *Standhaftigkeit*, bevor man den im Innern der dritten Ringmauer befindlichen Wohnort
der Glückseligen erreicht, wo die *Tugenden*, namentlich eine Frau namens *Wissen* mit ihren
Schwestern *Tapferkeit*, *Gerechtigkeit*, *Edelmut*, *Besonnenheit* usw., und schließlich, auf einem
hohen Thron sitzend, eine Frau von in sich ruhender Schönheit namens *Eudämonie* weilen.

An dem Tor dorthin verteilt die *Bildung* mit ihren Töchtern *Wahrheit* und *Überzeugungskraft* ihre reinigende Essenz; ihre Gaben sind Zuversicht und Furchtlosigkeit (15,1-23,4). Wer diesen Bereich erreicht hat, kehrt – als Arzt für die dort Leidenden (26,1) – zurück an den Ort, von dem er ausgegangen ist, ohne fortan von den dort weilenden Frauen angefochten zu werden (24,1-26,3). In einem zweiten kurzen Durchgang durch das Bild (30,1-32,5) werden die Erläuterungen dahingehend vertieft, dass man sich dem Schicksal gegenüber gleichmütig verhalten (31,1-6) und sein Augenmerk auf die sichere, von der „Bildung" verliehene Gabe, „das wahre Wissen um die nützlichen Dinge" (32,2), richten soll. Die abschließenden Erörterungen (33-41) untermauern, dass das Vordringen zur „wahren Bildung" keine Gelehrsamkeit voraussetzt, wenngleich diese nützlich sein mag; es gibt aber eben auch unter Gelehrten unbeherrschte Trunkenbolde (34,3). Tugend ist also keine Sache des Bildungsstandes. Diese Einsicht kennzeichnet die popularphilosophische Vermittlungsform der *Tabula Cebetis* selbst: Ihre Darlegung des Wegs zur Glückseligkeit ist leicht verständlich; sie setzt keine intellektuelle Spitzenbegabung voraus. Nichts verlautet hier von komplexen Details philosophischer Handlungstheorie. Es finden sich aber auch keine konkreten materialethischen Explikationen, sondern im Zentrum steht der fundamentale bzw. weichenstellende Punkt der richtigen Einschätzung der Lebensgüter, also das Wissen, „was gut, was schlecht, was weder gut noch schlecht ist im Leben" (3,3). Die finalen Einlassungen in 36-41 sichern diese zentrale Erkenntnis ab: Das Leben an sich und die vom Schicksal zugewiesenen Güter und damit der Reichtum sind indifferent; es kommt allein darauf an, ein gutes, da tugendhaftes Leben zu führen. In dem Aspekt, dass die Menschen durch die heilbringende (!) Bildung von ihrer Täuschung befreit werden müssen, liegt *notabene* eine interessante Strukturanalogie zum entstehenden Christentum als Bekehrungsreligion; und nicht von ungefähr ist nach Eph 4,22 der abzulegende alte Mensch durch „die Begierden *der Täuschung*" gekennzeichnet (vgl. Feldmeier 2005, 161f).

7. Wie stark philosophisch-ethische Anschauungen in popularisierter Form in breitere Bevölkerungskreise hineinwirkten, ist umstritten. Der breiteren Rezeption zweifelsohne zuträglich war der Umstand, dass in der frühen Prinzipatszeit Fragen der Lebensführung in den philosophischen Strömungen über die ‚akademische' Beschäftigung mit der Handlungstheorie hinaus in einer der konkreten Lebenswelt nahen praktischen Weise erörtert wurden und ohnehin die moralphilosophische Reflexion durch einen eminent beratenden Charakter gekennzeichnet ist (vgl. Horn ²2010*, 13 u. ö.). Andererseits kann man nicht von einer durchschlagenden Breitenwirkung philosophischer Ethik ausgehen. Vielmehr sah die Durchschnittsmoral im Regelfall anders aus als die von Philosophen empfohlene Lebensführung – dies spiegelt auch die *Tabula Cebetis*. So wie Ärzte körperliche Krankheiten heilen, sahen hellenistische Philosophen ihre Aufgabe darin, die ‚seelischen Krankheiten' der Menschen zu therapieren (vgl. Nussbaum 2009, 13f und passim), d. h., sie suchten kritisch in die Gesellschaft hineinzuwirken, doch standen, zurückhaltend gesprochen, nicht alle Menschen ihren Therapievorschlägen offen gegenüber oder haben überhaupt den Bedarf für eine Therapie gesehen. Die Distanz zwischen philosophischen Ethiken und Alltagsverhalten schmälert umgekehrt nicht die Bedeutung der Ersteren für die kontextuelle Einbettung frühchristlicher ethischer Überzeugungen. Sie weist aber darauf hin, dass darüber hinaus die Alltagsmoral (gerade auch der sog. ‚einfachen Leute') mit im Blick zu behalten ist, wie sie nach der eindrücklichen Analyse von Teresa Morgan (2007) etwa aus Sprichwörtern, Sentenzen, Fabeln und *exempla*

hervorgeht (zur Bedeutung der *exempla* für die Vermittlung ethischer Haltungen s. auch Langlands 2018), in die aber auch andere antike Zeugnisse aus ihrer jeweiligen sozialen Perspektive Einblicke gewähren. Hier geht es nicht um systematisch kohärente und möglichst umfassende ethische Reflexionen, sondern um in kurze Texte gefasste moralische Einsichten, die im Alltag zu Themen wie Freundschaft, Reichtum oder Sprachverhalten orientieren und eigene Lebenssituationen zu erschließen helfen. Das in den philosophischen Ethiken begegnende Ziel der Eudämonie spielt in diesem Bereich im Allgemeinen keine Rolle (Morgan 2007, 199f).

Gesondert verwiesen sei exemplarisch auf die Spruchsammlungen, die sich als *Sprüche der Sieben Weisen* präsentieren (dazu Althoff/Zeller 2006) und die ein instruktives Zeugnis volkstümlicher griechischer Ethik bieten (vgl. Zeller 2006). Ihre weite Verbreitung wird durch die Verwendung in Schulübungen ebenso angezeigt wie durch ihre öffentliche Zugänglichkeit in Gestalt von Inschriften (s. dazu Althoff/Zeller 2006, 53–61.71–76). Im Unterschied zu den an anthropologischen Grundlagenfragen orientierten philosophisch-ethischen Reflexionen bieten die Gnomen alltagsnahe und meist inhaltlich konkrete ethische Weisungen, wie sie formal ähnlich auch in neutestamentlichen Schriften vorliegen, darunter auch Mahnungen zu solidarischem Verhalten, wie es in ganz grundlegender Form z.B. auch der mit dem attischen Heros Buzyges in Verbindung gebrachte und daher als Buzygische Verwünschungen bekannte Kanon von Grundpflichten der Hilfsbereitschaft – wie z.B. Feuer vom Herd abzugeben oder (Fremden oder Verirrten) den Weg zu weisen – anvisiert (s. z.B. Xenophon, Mem 2,2,12; Cicero, Off 1,52; 3,54; Philon, Hyp 7,8; Dion von Prusa, Or 7,82).

An die voranstehende Skizze ließen sich exemplarische materialethische Konkretionen zu einzelnen Themenbereichen – wie z.B. Besitz oder Sexualität – anschließen, doch sollen diese nicht hier, sondern an entsprechender Stelle zu den behandelten neutestamentlichen Texten und Themen, wo dies und sofern dies zum Verständnis angezeigt erscheint, zur Sprache kommen. Gleiches gilt für zentrale Aspekte wie das hellenistische Reziprozitätsdenken, soziale Rollenmuster im Oikos oder Einkommensverteilung.

## 2. Die an der Tora orientierte ethische Unterweisung im Frühjudentum

1. Die zentrale Referenzgröße, an der sich der Lebenswandel inhaltlich ausrichtet, ist im Judentum unbestritten die Tora. In der konkreten Ausgestaltung dieses Moments zeigt sich allerdings eine beachtliche (und durchaus auch nach innen konflikthafte) Pluriformität des antiken Judentums, die hier auch nicht annähernd repräsentiert werden kann (für einen konzisen Überblick hinsichtlich der Tora s. Niebuhr 2021). Es gab um die Zeitenwende in keiner Weise *eine* normative Gestalt des Judentums. Ich konzentriere mich im Folgenden auf die Bereiche, die als Verstehenskontext für das entstehende Christentum m.E. in besonderem Maße relevant sind, doch können auch diese hier nur exemplarisch dargeboten werden.

2. Vorab ist gegenüber alten (und immer noch nur schwer auszurottenden) Fehlurteilen zu betonen, dass das antike Judentum nicht als Religion gesetzlicher Werkgerechtigkeit zu klassifizieren ist, in der sich der Mensch einer letztlich drückenden Last von – in einer geradezu peinlich anmutenden Kasuistik ausgelegten – Geboten ausgesetzt sah, die er befolgen müsse, um sich vor Gott Heil zu erwirken, was zum einen hochmütigen Selbstruhm nach sich gezogen habe, zum anderen aber auch bleibende Heilsungewissheit, da man ja nie wissen könne, ob auch genug getan worden sei (vgl. die Problemanzeige von Nickelsburg 2003, 29–31). Einen wichtigen Meilenstein zur Überwindung dieses Zerrbilds stellt die These des Bundesnomismus von E.P. Sanders (1977) dar, der Bund und Gesetz in der Weise einander zuordnete, dass der Bund eine unverdiente Gabe Gottes ist, während das Gesetz hinsichtlich der grundlegenden religionsstrukturellen Unterscheidung zwischen dem „getting in" und „staying in" (1977, 17) dem *Bleiben* im Bund zugeordnet ist (1977, 82–84.420 u. ö.) und überdies innerhalb des Bundes bei Übertretungen Sühnemittel vorgesehen sind (1977, 419–428).

Man kann gegen Sanders' These geltend machen, dass die Herausarbeitung einer doch recht abstrakten Grundstruktur der jüdischen Religion die konkrete Vielgestaltigkeit des Frühjudentums unterläuft (vgl. die Kritik von K. Müller 1999, 482–485). Ferner bleibt von Sanders' Verortung der Gebotsbefolgung innerhalb des Bundes unbenommen, dass das Leben gemäß dem Willen Gottes zentrales Kriterium für das Ergehen im Endgericht ist (s. nur PsSal 3,11f; Sib 4,181–191; 2Hen 9f; 4Esr 7,21.32–36; 14,22; 2Bar 83,2; TestAbr A 12–14), doch ist dies erstens nicht gegen den von Sanders betonten Aspekt der Gnade und Barmherzigkeit auszuspielen (s. z.B. auch Nickelsburg 2003, 187: „the notion of divine grace is by no means lacking in Jewish texts concerned with instruction about the Torah."). Zweitens ist anzumerken, dass die Dialektik von Gnade und Forderung *mutatis mutandis* und bei den einzelnen Autoren in unterschiedlichen Facetten auch die frühchristlichen Schriften durchzieht. Kurzum: Dass Sanders der Notwendigkeit des Haltens der Tora die Barmherzigkeit und Gnade Gottes an die Seite gestellt hat, bildet eine bedeutsame Einsicht, die dem sich in den Quellen zeigenden Gesamtbefund deutlich besser gerecht wird als das oben skizzierte Zerrbild. Die Tora ist keine Last, sondern wesentlich Gabe und als solche Anlass zu Freude und Dank. Oder mit Philon, Dec 17 formuliert: Braucht man zum Leben Essen und Trinken, so zum guten Leben die Gebote. Im Übrigen ist zu beachten, dass gerecht sein und sündlos sein nicht einfach ein und dasselbe ist (vgl. z.B. PsSal 3,3–8; 9,7). Es kommt zentral auf die richtige innere Disposition, auf die Ausrichtung des Herzens an. Entsprechend ist nicht schon der ein Sünder, dem einmal ein Fehltritt unterläuft, sondern der, der sich dazu indifferent verhält und notorisch die Gebote übertritt (vgl. Nickelsburg 2003, 43).

3. Dem grundlegenden konzeptionellen Aspekt der Bestimmung der soteriologischen Einordnung von Tora und Toragehorsam treten frühjüdisch mit der Inbeziehungsetzung von Tora und Weisheit sowie Tora und Naturgesetz andere wichtige Aspekte zur Seite, die mit Sir 24 und Philons *Expositio legis* jeweils an einem Beispiel illustriert werden sollen.

a) Weisheit als Kunst, die Welt verstehend zu durchdringen und sich der Einsicht in die Dinge der Welt entsprechend zu verhalten, als Versuch, „dauerhaft gültiges Erfahrungswissen festzuhalten und Ordnungsbezüge aufzuzeigen" (Delkurt 1991, 39), ist von ihrem Ansatz her allgemein anthropologisch orientiert. Damit, dass das Augenmerk primär auf die erkennbaren Ordnungen der Welt und damit auf das Allgemeine gerichtet ist, ist in der älteren Weisheit Israels ein auffälliges Zurücktreten der spezifischen Traditionen Israels wie Bund, Erwählung, Gabe der Tora usw. verbunden. Im Frühjudentum ist es jedoch zu einer zunehmenden Integration der Weisheit in die Spezifika des Glaubens Israels und insbesondere zu einer Verbindung von Weisheit und Tora gekommen (vgl. dazu Schnabel 1985, 8–226; Sauer 2013, 8–12). Religionsgeschichtlich bedeutsam ist hier vor allem Sir 24. Die hymnische Rede der Weisheit im Ich-Stil in V.3–22 knüpft zu Beginn an den schöpfungstheologischen Horizont der Weisheit an, mit dem die rhetorisch personifizierte Weisheit schon in Prov 8,22–31 verbunden ist (vgl. Prov 3,19; Ps 104,24), doch wird der Weisheit nun vom Schöpfer mit dem Zion eine irdische Wohnstatt zugewiesen (Sir 24,8–12). Die weltumspannende Weisheit wird also speziell Israel zugeordnet. Nach einer metaphernreichen Beschreibung des Gedeihens der Weisheit in Israel (V.13–18) und dem die Rede der Weisheit abschließenden Einladungsruf (V.19–22) folgt in V.23–29 ein Kommentar zum Hymnus, in dem Weisheit und Gesetz miteinander in Verbindung gebracht werden: „Dies alles ist das Buch des Bundes des höchsten Gottes, das Gesetz, das Mose uns geboten hat, ein Erbe für die Gemeinden Jakobs" (V.23). Das Einwohnen der Weisheit in Israel wird transparent für die Gabe des Gesetzes an Israel. V.23 gibt damit zugleich eine Leseanweisung für das Voranstehende: All das, was die Weisheit in ihrem Hymnus zuvor über sich gesagt hat, gilt von der Tora. Die Gebote der Tora bilden demnach mehr als ein kontingentes Gesetzbuch eines einzelnen Volkes. Sie sind Ausdruck der Weisheit, und als solcher wird die Tora zum Ausdruck der Schöpfungsordnung (vgl. Maier 1990, 213f). Aus der internationalen Weisheit ist eine Auszeichnung Israels geworden. V.25–34 beschreibt, wie reichhaltig, ja im Überfluss die Tora weisheitliche Erkenntnis produziert, die damit, umgekehrt formuliert, kurzerhand als Ausfluss aus der Tora ausgewiesen wird, ohne dass man dafür einen exegetischen Einzelnachweis zu erbringen hätte. Die Tora ist damit weitaus mehr als das, was im Pentateuch an Geboten fixiert ist, und sie ist über die schöpfungstheologischen Bezüge der Weisheit zur Weltordnung aufgestiegen. Ihr ist „eine übergeschichtliche und zugleich rationale Basis gegeben" (Hengel ³1988, 289). Das um 190/180 v.Chr. entstandene und zwei Generationen später ins Griechische übersetzte Sirachbuch ist Ausdruck der Reaktion in gebildeten, torafrommen, priesterlichen Kreisen auf den fortschreitenden Einfluss und den Ruhm hellenistischer Bildung, also auf die Herausforderung durch den Hellenismus als Bildungsmacht. Dabei ist es durchaus möglich, wenn nicht wahrscheinlich, dass hellenistisch-philosophisches Gedankengut, namentlich die stoische Überzeugung, dass der Kosmos vom göttlichen Logos durchwaltet wird (→ 1/5), die Konzeption Sirachs mit inspiriert hat (vgl. Marböck 1995, 71). Nur wird das philosophische Gedankengut israelspezifisch umgebogen, indem die Tora in den Zusammenhang der dem Kosmos inhärenten Ordnung eingestellt wird (vgl. Hengel ³1988, 288–290).

b) Ganz deutlich wird der Einfluss hellenistischer Philosophie bei Philon, dessen ethische Reflexionen sich vornehmlich in Gestalt der Auslegung des Pentateuchs vollziehen. Mit dem allegorischen Kommentar, den *Quaestiones et Solutiones* und der sog. *Expositio legis* sind drei Kommentarwerke zu unterscheiden. Philon greift nun nicht nur in seinen Ausführungen zu Tugenden und Affekten und damit verbunden in seiner Auffassung der menschlichen Seele intensiv auf philosophisches Gedankengut zurück (s. dazu Lévy 2009, bes. 150–161), sondern auch in der Gesamtkonzeption der *Expositio legis*, die exemplarisch als im hier verfolgten Zusammenhang besonders relevantes Kommentarwerk herausgegriffen sei, manifestiert sich deutlich eine *interpretatio graeca* der Tora. Das großangelegte Kommentarwerk der *Expositio legis*, dem die Traktakte Opif, Abr, Jos, Abr, Dec, SpecLeg I–IV, Virt und Praem sowie als Beiwerk die beiden Bücher der Mosevita (VitMos I–II) zuzuordnen sind (ausführlicher zum

Folgenden Konradt 2009), ist sehr wahrscheinlich ein Spätwerk Philons (vgl. Niehoff 2019, 8f). Es ist hinsichtlich der systematisierenden Kraft, mit der der Pentateuch (auch in narrativen Partien der Genesis) als Gesetz interpretiert wird, unter dem erhaltenen frühjüdischen Schrifttum ohne echte Parallele, aber gleichwohl über Philon und Alexandrien hinaus erhellend für die Art und Weise, wie im Frühjudentum Tora zugleich kreativ wie strukturiert und zudem in interpretatorischer Weite rezipiert werden konnte. Ausgehend von zwei Grundpfeilern jüdischen Glaubens – dem Glauben an Gott als Schöpfer der ganzen Welt und der Grundüberzeugung, dass dieser eine Gott bestimmte Verhaltensmaßstäbe gesetzt hat, ja wesenhaft Gesetzgeber ist und die Tora daher göttliche Dignität besitzt (s. VitMos 2,34; Dec 15 u. ö., vgl. z. B. EpArist 31) – nimmt Philon den stoischen Gedanken des Naturgesetzes auf und transformiert ihn auf eigenwillige Weise. Denn Philon behauptet von der Tora, dass sie mit dem Naturgesetz in vollkommener Harmonie steht (vgl. Röm 2,14f, → III.2.1/3). Die Tora ist damit weit mehr als nur das Gesetzbuch eines Volkes neben den vielen anderen Gesetzbüchern anderer Völker. Den exegetischen Beleg für den universalen Geltungsanspruch des mosaischen Gesetzes konnte Philon in seinem „höchst bewunderungswürdigen" Anfang finden, denn dieses beginnt – gleichsam wie eine Präambel, die den Geltungsbereich eines Gesetzes absteckt – eben mit der Weltschöpfung, um „anzudeuten, dass sowohl die Welt mit dem Gesetze als auch das Gesetz mit der Welt im Einklang steht und dass der gesetzestreue Mann ohne weiteres ein Weltbürger ist, da er seine Handlungsweise nach dem Willen der Natur regelt, nach dem auch die ganze Welt gelenkt wird" (Opif 3 [Übers. Cohn u. a.], zur Harmonie von Mosetora und Naturgesetz s. ferner Abr 5; VitMos 2,14.48.52; QuaestEx 2,42). Die Verbindung der Tora mit dem Naturgesetz dient Philon natürlich nicht dazu, die Tora für letztlich überflüssig zu erklären, da man auch ohne sie nach dem Gesetz leben kann. Es geht vielmehr darum, die Tora zu adeln, indem ihr ein exzeptioneller Status zugeschrieben wird, der sie gegenüber allen anderen Gesetzgebungswerken hoch überlegen erscheinen lässt (Najman 1999, 59–73; Martens 2003, 96–99.103–130). In einem zweiten Schritt greift Philon die Idee des beseelten Gesetzes (ἔμψυχος νόμος, vgl. z. B. Musonios, Diss 8 [ed. Hense p. 37,2]) auf (dazu Martens 2003, 31–66.90–95) und deutet das Leben der Erzväter als Verkörperungen der beseelten und vernünftigen (Abr 5) bzw. der ungeschriebenen Gesetze (Dec 1). In ihrer vorbildlichen, mit dem Naturgesetz übereinstimmenden Lebensführung (Abr 5f.275f, vgl. dazu Prob 62) sind die von Mose dem Volk Israel gegebenen Gesetze gewissermaßen bereits zu einer lebendigen Darstellung gelangt, so dass, umgekehrt betrachtet, die am Sinai gegebenen Gebote letztlich „nichts anderes sind als Kommentare zum Leben der Alten" (Abr 5 [Übers. Cohn u. a.]). Die Väter und die Sinaigesetzgebung sind hier also so einander zugeordnet, dass Letztere das, was die Väter allein von der Natur belehrt vorgelebt haben, in Weisungen umsetzt. Die Väter fungieren damit als Bindeglied zwischen dem Naturgesetz und den gegebenen Gesetzen (vgl. Böhm 2005, 71); sie belegen für Philon deren Übereinstimmung. Da die Traktate zu Isaak und Jakob nicht erhalten sind, lässt sich nur noch an Abraham nachvollziehen, wie Philon diesen Ansatz durchgeführt hat. Untergliedert in die Schilderung seiner Frömmigkeit (Abr 60–207) und seiner Menschenfreundlichkeit (208–261) wird Abraham als ein Tugendheld präsentiert, an dem sich auch Nicht-Juden orientieren können. Israelspezifische Themen wie Bund (Gen 15; 17) oder Beschneidung (Gen 17) fehlen.

Im dritten Schritt bietet Philon eine systematisierende Interpretation der Sinaigesetzgebung, in der er diese als eine organisierte Ganzheit präsentiert (vgl. Weber 2001, 77f). Philon geht davon aus, dass die Dekaloggebote nicht nur für sich selbst Gesetze sind, sondern zugleich auch „Grundprinzipien der Einzelgesetze" (Dec 19). Das bedeutet, dass sämtliche Gebote und Verbote *in nuce* in den Zehn Geboten enthalten sind. Der Dekalog hat für Philon daher im Grundsatz „den gleichen Umfang wie die gesamte Tora" (Amir 1983, 135). Die Gebote und Verbote außerhalb des Dekalogs bieten die in Einzelfälle ausdifferenzierende und so erläuternde Entfaltung der Zehn Gebote. Die Durchführung dieses kühnen Ansatzes kann hier nicht im Detail vorgeführt werden, doch sei auf eine signifikante Tendenz hingewiesen, die sich mit diesem verbindet, nämlich ein extensives Verständnis des Inhalts bzw. des Bedeutungsumfangs der Zehn Gebote. So wird zum Beispiel mit dem Tötungsverbot nicht nur Mord untersagt, sondern unter dieses Gebot fallen „alle die Bestimmungen über Gewalttat, tätliche Beleidigung, Misshandlung, Verwundung, Verstümmelung" (Dec 170 [Übers. Cohn u. a.]). In der Entfaltung in SpecLeg 3,83–209 wird dann z. B. auch das Verbot der Pfändung von Handmühle und Mühlstein in Dtn 24,6 dem Tötungsverbot zugeordnet (3,204), denn hier geht es um die Wegnahme von Werkzeugen, die man zum Leben bzw. Überleben braucht. Kurzum: Mit dem Tötungsverbot ist alles verboten, was anderen Menschen ans Leben geht. Eine ganz erhebliche Extension des Bedeutungsgehalts erfährt in Philons Interpretation dann vor allem das zehnte Gebot, das er als ein allgemeines Verbot des Begehrens begreift und daher ohne Objekt zitiert (Dec 142, vgl. 4Makk 2,6; Röm 7,7; 13,9), worin – neben der stoischen Affektenlehre, in der die Begierde einen der Hauptaffekte bildet (→ 1/5, zu Philons Rezeption z. B. LegAll 3,113.250; Dec 142–145) – der Einfluss der platonischen Lehre von den drei Seelenteilen (1/1, vgl. bei Philon z. B. LegAll 3,115; SpecLeg 4,92) greifbar wird. Philon sieht in der Begierde die Quelle aller Übel (Dec 173; SpecLeg 4,84f, vgl. ApkMos 19,3; ApkAbr 24,8), so dass das letzte Gebot des Dekalogs so etwas wie die Zusammenfassung der ganzen zweiten Tafel darstellt und zugleich die einzelnen Laster und Vergehen bis zu ihrer Wurzel hin verfolgt. In mustergültiger Klarheit wird hier deutlich, dass es um etwas qualitativ anderes als um eine bloß äußerliche Befolgung von Geboten geht, wie dies im Rahmen des oben skizzierten Zerrbilds vom Judentum nicht selten vorgebracht wurde. Anzufügen ist, dass Philon über die Etablierung der in zwei Tafeln gegliederten Dekaloggebote als Haupt- und Obersätze des Gesetzes hinaus noch weiter abstrahieren kann, indem er gemäß der hellenistischen Zweiteilung der Tugendtafeln (s. z. B. Platon, Gorg 507a-b; Polybios, Hist 22,10,8; Dionysios Hal., AntRom 4,9,2, vgl. dazu Dihle 1968; Berger 1972*, 143–151 mit weiteren Belegen) „zwei Hauptlehren" unter den zahlreichen Bestimmungen herausstellt: in Bezug auf Gott Gottesverehrung und Frömmigkeit, in Bezug auf Menschen Menschenliebe und Gerechtigkeit (SpecLeg 2,63, vgl. Abr 208; Dec 108–110 u. ö.). Die Affinität zum Doppelgebot der Liebe liegt auf der Hand. Auf andere Berührungspunkte Philons mit neutestamentlichen Texten wird in den folgenden Kapiteln im Einzelnen hinzuweisen sein.

4. Sir 24 und Philons *Expositio legis* weisen je auf ihre Weise auf kreative konzeptionelle Ansätze der interpretierenden Aneignung der Tora hin. Während Philon, sosehr es auch bei ihm zu originellen Ausdeutungen kommt, wesentlich als Exeget erscheint, für den der biblische Text ein auszulegendes Gegenüber darstellt, ist daneben im Frühjudentum auch das Phänomen zu beobachten, dass vielfach nicht präzise zwischen der Tora des Mose auf der einen Seite und der halachischen Explikation und Aktualisierung unterschieden, sondern Letztere gewissermaßen selbst als Tora proklamiert wurde (vgl. Niebuhr 1987, 50f; K. Müller 1996, 283). Diese Aktualisierung stellt sich ferner nicht einfach als eine am Wortlaut der Tora orientierte, festgelegten Auslegungsregeln gehorchende Exegese dar. Es ist vielmehr eine nicht unbedeutende Abständigkeit der Halacha von der geschriebenen Tora zu verzeichnen, d. h., es konnte frühjüdisch recht großzügig als in der Tora geboten ausgegeben werden, was gar nicht in der Tora steht und zuweilen auch nicht ohne Weiteres aus ihr abzuleiten ist (vgl. K. Müller 1986). So konnte sich die Verbindung von Tora und Weisheit, wie sie in Sir 24 reflektiert wird (vgl. ferner z. B. Sir 15,1; 19,20; Bar 3,9–

4,4; 4Makk 1,16f; TestLevi 13), in der konkreten Unterweisungspraxis darin manifestieren, dass die grundlegend als *Tora*vergegenwärtigung verstandene ethische Reflexion und Unterweisung eben durch sapientiale Traditionen – wie im Übrigen auch durch hellenistisch-philosophisches Gut – bereichert wird. Kurz gesagt: Die Aktualisierung der Tora orientiert sich vielfach weniger am Wortlaut der Tora als am Stoff der Tora (vgl. K. Müller 1996, 263–285).

5. Um das Spektrum der frühjüdischen Zugänge zur Tora und der Praxis der Toravergegenwärtigung näher zu illustrieren, seien im Folgenden über Sir und Philon hinaus mit Josephus' Gesetzeszusammenfassung in Ap 2,190–218, den Testamenten der zwölf Patriarchen, dem Jubiläenbuch sowie mit Pseudo-Phokylides exemplarisch noch weitere, ganz unterschiedliche Repräsentanten des antiken Judentums herausgegriffen (im Blick auf die Frage der Halacha in Qumrantexten s. den Überblick von Doering 2003).

a) Josephus bietet in Ap 2,190–218 eine Gesetzeszusammenfassung, zu der es in Philons Hypothetika (bei Euseb, PraepEv 8,7,1-9) eine Analogie gibt, die darauf schließen lässt, dass beide Autoren – wie ferner auch der Autor von PseudPhok (→ 2/5d) – aus einem gemeinsamen Fundus geschöpft haben (vgl. zur Analyse Küchler 1979, 207–235; Niebuhr 1987, 42–72; Sterling 2004, 172–181). Auffallend ist in Josephus' Kurzdarstellung der Tora erstens, dass nicht eine Zusammenstellung von Gebotszitaten dargeboten wird, sondern Paraphrasen begegnen, was zweitens Raum zur Ausdeutung und Aktualisierung eröffnet, der reichlich genutzt wird. Nach Josephus gebietet die Tora z.B., dass Geschlechtsverkehr einzig zum Ziel der Kindererzeugung legitim sei (Ap 2,199; derselbe Gedanke dürfte auch hinter der etwas enigmatischen Formulierung bei Philon, Hyp 7,7 stecken, man solle nicht Samen vernichten), was sich aus Lev 18,19 nur auf Umwegen ableiten lässt. Bei einer Kurzzusammenfassung ist drittens klar, dass gewichtet werden muss und einiges fehlt, in diesem Fall z.B. Beschneidung, Speisegebote und Sabbatgesetze; dieser Befund ist in Philons Gesetzesepitome ganz ähnlich. Auf der anderen Seite werden viertens aber auch Dinge angeführt, die gar nicht in der Tora stehen, d.h., es sind auch Ergänzungen und Erweiterungen zu verzeichnen. Auch das ist bei Philon genauso. So gibt Josephus an, die Tora mahne, Freundesgeheimnisse nicht zu verraten (Ap 2,207, ebenso Philon, Hyp 7,8), was nirgends in der Tora steht, aber wiederholt Thema in der Weisheitstradition ist (vgl. z.B. Prov 11,13; 25,9f; Sir 22,22; 27,16). Nach Ap 2,211 gebietet die Tora, „allen, die darum bitten, Feuer, Wasser, Nahrung darzureichen" (vgl. Philon, Hyp 7,6) und „Wege zu weisen", was der Sinnrichtung nach Geboten zur Unterstützung Hilfsbedürftiger in Tora und Weisheitstradition entspricht (s. z.B. Lev 19,9f.14; Dtn 24,10–13; 27,18; Prov 25,21), vor allem aber inhaltlich nicht zufällig den Buzygischen Verwünschungen (→ 1/7) korrespondiert. Fünftens ist die thematische Ordnung des Stoffs anzumerken. Josephus beginnt mit der Auffassung von Gott und seiner Verehrung (Ap 2,190–198), um dann die zwischenmenschlichen Beziehungen – von den Nahbeziehungen in Ehe und Familie (2,199–206) über den Umgang mit Freunden und Verhalten im gesellschaftlichen Bereich (2,207f) bis hin zum Wohlverhalten gegenüber Fremden, zur Unterstützung Hilfsbedürftiger und zur Milde gegenüber Feinden im Krieg (2,209–212) – abzuschreiten, bevor schließlich die „Milde und Menschenfreundlichkeit" der Tora auch noch am Umgang mit Tieren veranschaulicht wird (213). In der thematischen Konzentration und Anordnung des Torastoffes sowie in der Ausdeutung und Anreicherung des Gebotenen in der von Josephus dargebotenen Gesetzeszusammenfassung wird nicht nur die Offenheit und Fluidität dessen, was als Tora gilt, deutlich, sondern auch ein intensiver Prozess der didaktischen Durchdringung und Aufbereitung des Materials in der synagogalen Torauunterweisung. „Autorität erlangt die Tora [...] nicht unter Rekurs auf einen vorgegebenen Text aus dem Pentateuch, sondern im Vollzug ihrer aktualisierenden Auslegung. ‚Gesetz' ist sie immer nur in der Gestalt, die sie als Lebensordnung Gottes für das Volk Israel in seiner jeweiligen Gegenwart gewinnt" (Niebuhr 2021, 69).

b) Einen instruktiven Einblick in die vitalen Prozesse der katechismusartigen Toravergegenwärtigung und die durch den Einfluss sapientaler Traditionen geprägte ethische Reflexion der Tora bieten des Weiteren die *Testamente der zwölf Patriarchen*. Die Toraparänese der TestXII „is part of the continuing development of the Law in an ethical direction" (Thomas 2004, 168). Kompositionsgeschichtlich handelt es sich bei den TestXII um eine ursprünglich jüdische Schrift, die über christusgläubige jüdische Gruppen Eingang in das entstehende Christentum gefunden hat und im Fortgang durch Einfügung spezifisch christlicher Aussagen (sukzessiv) redigiert wurde (vgl. Konradt 2022), was zugleich die Affinität zwischen frühjüdischer und frühchristlicher Ethik anzeigt. Der literarischen Einkleidung nach handelt es sich um die (natürlich fingierten) Abschiedsreden der zwölf Söhne Jakobs, in denen diese ihren Nachkommen ihre Lebenserfahrung weitergeben und sie auf dieser Basis ethisch ermahnen. Jedes Testament verfolgt ein ethisches Hauptthema, eine Tugend – wie Lauterkeit (TestIss), Barmherzigkeit (TestSeb), Enthaltsamkeit und Liebe (TestJos) – oder ein Laster – wie Unzucht (TestRub; TestJuda) oder Neid, Zorn und Hass (TestSim; TestDan, TestGad) –, so dass sich die einzelnen Testamente zu einem Gesamtpanorama zusammenfügen (für eine ausführliche Analyse Opferkuch 2018). Besonderes Gewicht besitzt in diesem die Sexualethik (vgl. Konradt 2014), die auch in den Gesetzeszusammenfassungen von Philon und Josephus (s. oben) von hervorgehobener Bedeutung ist, und die Entfaltung des Liebesgebots, sowohl hinsichtlich des Umgangs mit einem Schuldiggewordenen als auch in seiner karitativen Dimension (vgl. Konradt 1997). Neben der auffälligen Konzentration der Unterweisung auf ethisch zentrale Themen – kultisch-rituelle Gebote laufen als selbstverständlicher Bestandteil der kulturellen Welt mit (s. z.B. TestLevi 6,3.6; 9,4; TestIss 3,6; TestAss 2,9; 4,5, vgl. Slingerland 1986, bes. 45–48), ohne jedoch mit eigenem Gewicht hervorzutreten – ist insbesondere auf das Bestreben zu verweisen, die Forderungen der Tora einprägsam zusammenzufassen. Dies geschieht zum einen in Form von knappen katechismusartigen Weisungsreihen (z.B. TestIss 4,2–6; 7,1–7; TestBenj 4,1–5, vgl. dazu Niebuhr 1987, 73–166), zum anderen in Gestalt bündiger, summarischer Formulierungen. Hervorzuheben ist vor allem die Summierung des Willens Gottes in der Forderung der Liebe zu Gott (oder der Furcht Gottes) und der Liebe zum Mitmenschen (TestIss 5,2; 7,6; TestDan 5,3; TestBenj 3,3f). Dem fügt sich die plurale Rede von Geboten über die Liebe zum Nächsten in TestGad 4,2 ein; die Liebe erscheint hier als gemeinsamer Nenner mehrerer Gebote, wenn nicht der sozialen Gebote insgesamt. Der Wille Gottes kann ferner in der Mahnung zur Meidung von Unzucht und Habgier (TestLevi 14,5f; TestJuda 17,1; 18,2–6; TestDan 5,5–7) gebündelt werden (vgl. dazu ferner z.B. PseudPhiloJona 15–18; Sib 3,41–45.184–189, ntl. Kol 3,5; Eph 5,3.5; Hebr 13,4f; 2Petr 2,14, evtl. auch 1Thess 4,3–6, vgl. dazu Reinmuth 1985, 12–47). In den TestXII ist es natürlich schon aufgrund der literarischen Fiktion zwingend, dass keine Gebote zitiert werden (die Sinaitora ist ja noch gar nicht erlassen), doch gilt unabhängig von diesem Sachverhalt, dass die TestXII in breitem Umfang Material aus der synagogalen Unterweisungspraxis aufgreifen (vgl. Collins ²2000, 179–183) und geradezu als ein Modellfall für Themen und Ausrichtung der auf das Alltagsleben zielenden Toraunterweisung in hellenistisch-römischer Zeit dienen können. Sie illustrieren damit das Bestreben, Tora für Laien praktikabel zu halten, ihre Forderungen überschaubar zu machen und so Orientierung für ein Leben nach der Tora zu geben. Als zentrale Instanz der Vermittlung des Gesetzes, das Josephus als „das schönste und notwendigste Bildungsgut" preist (Ap 2,175), ist dabei neben den synagogalen Zusammenkünften (Philon, Somn 2,127; Spec-

Leg 2,62; LegGai 156; Hyp 7,12f; Josephus, Ant 16,43; Ap 2,175) noch auf die Familie zu verweisen (Philon, Hyp 7,14; Josephus, Ap 1,60; 2,204; 4Makk 13,22; 18,10, vgl. schon Dtn 4,9; 6,7; 11,19).

Darin, dass sich die an die Nachkommen der Patriarchen gerichteten Mahnungen zur Beachtung des Gesetzes bzw. der Gebote des Herrn (TestIss 5,1; TestDan 5,1; TestAss 6,1.3; TestBenj 10,3) für die realen Adressaten der Schrift in Form der durch die Toraparänese vermittelten Orientierung am Pentateuch konkretisieren, ist konzeptionell impliziert, dass die Sinaioffenbarung keine grundstürzend neue Offenbarung des Gotteswillens bedeutet, sondern zum Ausdruck bringt, was schon den Vätern als göttliche Willenskundgabe erschlossen war. Die TestXII ordnen sich mit diesem Moment in ein breites Spektrum verwandter frühjüdischer Ansätze ein, das von der dargelegten Konzeption Philons bis hin zum konservativen Jubiläenbuch reicht.

c) Jub ist ein um die Mitte des 2. Jh. v. Chr. entstandenes Dokument der antihellenistischen Restauration, in dem kultische Aspekte für die Selbstdefinition von großer Bedeutung sind und die Abgrenzung von den ‚Heiden' mit Vehemenz eingeschärft wird (s. nur Jub 22,16!). Jub bietet eine interpretierende, z.T. gekürzte, z.T. (deutlich) erweiterte und z.T. auch dem biblischen Text (relativ) eng folgende Neuerzählung der biblischen Geschichte von der Schöpfung bis zum Exodus, die sich selbst als Sinaioffenbarung an Mose autorisiert (Jub 1,1–2,1), so dass also auch die Vätererzählungen Teil der Sinaioffenbarung werden. Zugleich werden kultische Gebote der Sinaigesetzgebung bereits prä-sinaitisch verankert: Schon Abraham befolgte den Festkalender. Vermittelt ist dies durch das Motiv himmlischer Tafeln, auf denen die Gebote lange vor der Sinaioffenbarung verzeichnet waren (Jub 3,10.31; 4,5.32; 6,17.31.35; 15,25; 16,28f; 18,19 u. ö.) und die nach 1,29; 2,1 auch der im Jub dargebotenen Offenbarung an Mose in Gestalt des Diktats eines Engels zugrunde liegen (vgl. Najman 2003, 64–67). Jub will die Tora keineswegs ersetzen, sondern gerade für die eigene Zeit neu zur Geltung bringen (vgl. Najman 2003, 41–69). Auch Jub nutzt *notabene* die Komposition von Abschiedsreden – neben der Ausarbeitung eigener Schwerpunkte – dazu, um prägnante Zusammenfassungen des Willens Gottes als eine Art ethische Elementarlehre einzustreuen (s. z.B. Jub 7,20; 20,2–10; 36,3–16, vgl. ferner Tob 4,3–19; 14,8f).

d) Mit Pseudo-Phokylides, einem in Hexametern verfassten ethischen Lehrgedicht, sei schließlich noch ein besonders interessantes Zeugnis des hellenistischen Judentums angeführt. Das Werk ist eindeutig jüdischer Herkunft, wie einige typisch jüdische Charakteristika der Unterweisung (wie z.B. die Ablehnung von Abtreibung und Kindesaussetzung in PseudPhok 184f) und deutlich identifizierbare Schriftbezüge (z.B. auf Lev 19 in PseudPhok 9–41, s. die Analyse bei Niebuhr 1987, 7–31) zu erkennen geben. Dass die jüdischen Traditionsbezüge sich mit Anleihen aus der griechischen Tradition mischen, ist Ausdruck einer kulturellen Synthese (vgl. Barclay 1996, 338–340), die sich, wie schon deutlich wurde, auch anderorts im Frühjudentum zeigt. Bezüge auf die Tora verbinden sich mit den Einflüssen jüdischer Weisheitstradition und hellenistischer Popularphilosophie. Indem der reale Autor sein Werk mit Phokylides sogar unter die Autorität eines griechischen Dichters gestellt hat (ein Verfahren, für das es im hellenistischen Judentum weitere Beispiele gibt), insinuiert er seinen jüdischen Adressaten, dass die besten Köpfe der griechischen Kultur ethisch nichts anderes vertraten als das, was ihnen aus der katechismusartigen Toraunterweisung vertraut war, und sucht sie so angesichts des kulturellen Kontexts in ihrer jüdischen Identität zu stärken. Materialiter zeigen sich in PseudPhok enge Überschneidungen mit den bereits angesprochenen Gesetzeszusammenfassungen von Philon und Josephus (vgl. Niebuhr 1987, 57–72; Sterling 2003, 67–73); auch PseudPhok greift also auf den diesen gemeinsamen Fundus synagogaler Toraunterweisung zurück. Zur Verfasserfiktion gehört dabei, dass nirgends explizit auf die Tora verwiesen wird, doch sind für die Rezipienten die Bezüge zur Tora erkennbar. Besonders zu erwähnen ist, dass die Schrift – nach der Einleitung – in Z. 3–8 mit einer Reihe beginnt, die deutlich an den Dekalog angelehnt ist (vgl. dazu Thomas 1992, 89–102), wobei den Dekaloganspielungen jeweils thematisch Zugehöriges beigefügt wird: „3 Brich nicht in fremde Ehen ein, lass nicht Männerliebe aufkommen; 4 zettele nicht (heimliche) Ränke an, beflecke die Hand nicht mit Blut(schuld). 5 Bereichere dich nicht unrechtmäßig, sondern lebe von dem, was dir rechtens zukommt. 6 Begnüge dich mit dem, was dein ist, und halte dich fern vom Eigentum anderer. 7 Schwatze nicht Lügen daher, vielmehr rede in jeder Hinsicht wahrhaftig. 8 Vor allen Dingen ehre du Gott, sodann deine Eltern" (Übers. Walter). Mit der kompositorischen Frontstellung der Reihe bezeugt PseudPhok ähnlich wie Philons *Expositio legis* die hervorgehobene Stellung des Dekalogs im Frühjudentum (vgl. ferner z. B. PseudMenand 8–14; Sib 4,31–33; LAB 11,1–13; 44,6f; TestAbr A 10,4–11; ApkAbr 24,3–8, zum Dekalog im Frühjudentum Berger 1972*, 258–361; Stemberger 1989; Kellermann 2001), wie sie auch in mehreren frühchristlichen Schriften hervortritt (Mt 5,21–32; Mk 10,19 parr; Röm 13,9; Jak 2,11; Did 2,2f; Aristides, Apol 15,3–5 u. ö., vgl. Sänger 2001; de Vos 2016).

Die vielfältigen, im Voranstehenden nur ausschnitthaft skizzierten Formen der didaktischen Durchdringung und thematisch geordneten Präsentation des Torastoffs, seiner thematischen Konzentration auf alltagsrelevante Bereiche (wie Sexualität, Besitz, barmherziger Umgang mit Schwachen) sowie seiner Anreicherung durch weisheitliche sowie auch pagane philosophisch-ethische Tradition sind als Kontext für das entstehende Christentum von großer Bedeutung. Hier finden sich ethische Inhalte und Formen, die in den frühen christusgläubigen Gemeinden aufgenommen und weitergeführt wurden. Als ein bedeutsamer Faktor für die Weise der Anknüpfung an diese Traditionen ist die ethische Unterweisung Jesu namhaft zu machen.

## 3. Die ethische Unterweisung Jesu als Grundimpuls für die frühchristliche Ethik

1. Alle Erörterungen der ethischen Unterweisung Jesu stehen vor dem methodischen Problem, dass die erhaltenen Quellen nur einen sehr gebrochenen Blick auf die historische Gestalt Jesus von Nazareth freigeben. Nicht nur ist die Überlieferung des Wirkens Jesu durch den Osterglauben geprägt, sondern auch bei der Tradierung von Jesusworten sind vielfältige Einflussfaktoren in den nachösterlichen Überlieferungsprozessen zu bedenken. Erstens bieten die Evangelien zweifelsohne nur eine Auswahl dessen, was Jesus gesagt hat. Tradiert wurde, was für die Identitätsfindung der nachösterlichen Jesusbewegung Bedeutung behielt. Zudem ist zweitens neben Auswahl auch umgekehrt mit Erweiterung, also mit sekundärer Bildung von Jesusworten zu rechnen: Ethische Unterweisung wurde sekundär unter die Autorität Jesu gestellt. Konzediert man dies, ist es unmöglich, im Falle von Überschneidungen zwischen Inhalten der Jesustradition einerseits und in paulinischen Briefen oder im Jak begegnenden Weisungen andererseits *pauschal* zu postulieren, dass die Briefautoren Jesustradition aufgenommen haben (und die Kenntnis, dass Jesusworte im Hintergrund stehen, bei den Adressaten voraus-

setzen). Es ist grundsätzlich auch denkbar, dass Gemeindetradition die Jesustradition anreicherte (zu Röm 12,14 → III.2.3). Schließlich ist drittens in Rechnung zu stellen, dass genuine Jesusworte im Überlieferungsprozess verändert, aktualisiert und neu kontextualisiert wurden. Kurzum: Jesusforschung ist durch Unschärfen gekennzeichnet, die angesichts der Quellenlage unüberwindbar sind; über Plausibilitätsurteile kommt man im Regelfall auch bei bester Kriteriologie (dazu exemplarisch Theißen/Winter 1997) nicht hinaus. Das macht die Jesusforschung historisch nicht völlig undurchführbar.[6] Aber man muss sich der durch die Quellenlage gesetzten Erkenntnisgrenzen bewusst sein. Im Folgenden beschränke ich mich daher auf einige thematische Kernpunkte, die hinreichend deutlich erkennbar sind, ohne mich auf Details von Authentizitätsfragen einzulassen, die jeweils ausführlicher Erörterungen bedürften, die den hier zur Verfügung stehenden Rahmen deutlich sprengen würden.

2. Die Quellen geben nirgends zu erkennen, dass Jesus sich je angeschickt hat, seine ethischen Überzeugungen samt den zugrunde liegenden Handlungskriterien im Zusammenhang darzulegen. Die Bergpredigt als längste zusammenhängende Rede mit ethisch relevantem Inhalt in der Jesustradition ist eine Komposition des Evangelisten Matthäus. Die ethische Unterweisung Jesu ist nur zugänglich über eine überschaubare Menge von Logien und kleinen Szenen, in denen ethisch relevante Aussagen Jesu begegnen. Ferner kann man Gleichnisse Jesu auf in ihnen zutage tretende oder zumindest implizierte ethische Überzeugungen hin befragen. Schließlich lässt sich noch das Verhalten Jesu, etwa seine Hinwendung zu Sündern, als Ausdruck ethischer Überzeugungen in die Analyse mit einbeziehen. Auch wenn man dies zusammenzieht, ergibt sich kein ethisches Kompendium, sondern nur ein Ausschnitt an Themen, die zudem nur aspekthaft angesprochen werden. Mit dem oben angesprochenen Moment, dass mit den nachösterlichen Überlieferungsprozessen eine Auswahl verbunden war, lässt sich dieser Befund höchstens partiell erklären. Vielmehr hat Jesus sich offenbar zu bestimmten Themen gar nicht geäußert, jedenfalls nicht mit einer prononcierten Position. Dies lässt sich problemlos verstehen, wenn man Jesu Kontext bedenkt. Denn als frommer Jude orientierte er sich ganz selbstverständlich an der Tora und an der reichhaltigen ethischen Tradition, die als Einschärfung des in der Tora niedergelegten Willens Gottes angesehen wurde. Jesus musste sich also schon deshalb nicht zu allem und jedem äußern, weil er in eine durch die Tora bestimmte ethische Tradition eingebettet war. Umgekehrt gesagt: Jesus äußerte sich zu Fragen und Themen, zu denen er eigene Akzente zu setzen hatte bzw. bei denen er mit den Anschauungen von Zeitgenossen in Konflikt geriet. Deshalb gilt: Die (erhaltenen) Weisungen sind „nicht schon ‚die Ethik' Jesu; zu ihr gehört noch, was sonst für ihn als Tora galt …. Aber sie sind der charakteristische Teil" (Burchard 1987, 28).

---

[6] Sie ist auch theologisch nicht obsolet, denn wissenschaftliche Theologie ist dem historischen Verstehen der Entstehung der eigenen Traditionsgrundlagen verpflichtet und hat dem Sachverhalt Rechnung zu tragen, dass christlicher Glaube nicht über irgendjemanden sagt, dass Gott ihn, indem er ihn von den Toten auferweckte, ins Recht gesetzt hat, sondern dies eben von Jesus von Nazareth behauptet (vgl. Wolter 2019, 311).

3. Die Beantwortung der Frage, ob von einer ‚Ethik' Jesu gesprochen werden kann (ablehnend Stegemann 2002, 167f; Wolter 2019, 195), hängt natürlich erstens davon ab, wie man ‚Ethik' definiert. Legt man den Aspekt einer kriteriengeleiteten Reflexion ethischer Sachverhalte als Maßstab zugrunde (→ I.1/2), ist die Antwort zweitens wesentlich davon abhängig, wie man das Verhältnis zwischen der Botschaft von der Königsherrschaft Gottes, die das charakteristische Zentrum der Verkündigung wie des Selbstverständnisses Jesu bildet, und seiner ethischen Unterweisung versteht. M.E. ist hier Zurückhaltung geboten. Denn zu sagen, Jesus habe seine Ethik von der Reich-Gottes-Botschaft her entworfen, wäre in doppelter Weise fragwürdig, ja unzutreffend. Erstens hat Jesus, soweit erkennbar, überhaupt nicht *systematisch* eine Ethik entworfen, und zweitens ist eben das, was in den Quellen an Unterweisung Jesu tradiert ist, kaum schon die ganze ‚Ethik' Jesu. Sagen kann man aber immerhin, dass sich mit der Vorstellung der Königsherrschaft Gottes eine Plausibilitätsstruktur verbindet, die in wichtigen Bereichen die Grundvoraussetzung für ethisch relevantes Handeln Jesu und für seine ethische Position bildet. Die Vorstellung der Königsherrschaft Gottes weist bei Jesus einige für ihn charakteristische Akzente auf. Fünf Punkte seien genannt (vgl. zum Folgenden Konradt 2013):

a) Wie die zweite Vaterunserbitte (Mt 6,10 par Lk 11,2) exemplarisch deutlich macht, steht Jesus insofern in Kontinuität zur Erwartung der Aufrichtung der Königsherrschaft Gottes in der frühjüdischen Apokalyptik (s. z.B. Dan 2,44; TestDan 5,10–13; TestMos 10,1–10), als diese auch bei ihm Gegenstand der endzeitlichen Erwartung ist. Jesus hat aber daneben zugleich eine mit seinem Wirken verbundene präsentische Dimension postuliert (s. v. a. Lk 11,20 par Mt 12,28, ferner Lk 10,18; 17,20f): Er sah sich selbst als irdischer Repräsentant der Königsherrschaft Gottes (vgl. Burchard 1987, 29) und fand, dass diese in seinem (heilenden) Wirken bereits Ereignis wurde (vgl. Merkel 1991, 142–147). Man kann Jesus weder die futurische Erwartung der Herrschaft Gottes noch ihre präsentische Auffassung absprechen. Vielmehr gewinnt Jesu Anspruch der Gegenwart der Königsherrschaft Gottes in seinem Wirken erst durch die futurische, auf Gott gerichtete Erwartung ihr Profil und ihre „Brisanz. Hier wird ... deutlich, daß die ‚Gottesherrschaft' für Jesus ein dynamischer Begriff ist, der ein *Geschehen* anzeigt, in dem die eschatologische Zukunft bereits die Gegenwart erfaßt" (Merklein ³1989, 65).

b) Trotz der zentralen Bedeutung der Rede von der *Königs*herrschaft Gottes hat Jesus von Gott offenbar nicht oder kaum als „König" geredet (eine Ausnahme könnte Mt 25,34 sein, sofern 25,31–46 im Kernbestand auf Jesus zurückgeht, dazu Kreplin 2001, 141; Mt 18,23; 22,2.7.13 verdankt sich mt Redaktion). Die theologische Leitmetapher ist „Vater". Man kann also sagen: „Gott kommt in seiner Königsherrschaft nicht als ‚König', sondern als ‚Vater' zur Macht" (Theißen ²2001*, 51, vgl. Hengel/Schwemer 2007, 416f). Dass diese Beobachtung kein Adiaphoron ist, illustriert der nächste Punkt.

c) Mit der Einsetzung des Zwölferkreises, die die in der Endzeit erhoffte Restitution des Zwölfstämmevolkes symbolisiert, hat Jesus sein Wirken in den Zusammenhang der eschatologischen Erneuerung des Gottesvolkes gestellt. Trotz dieses Bezugs auf das Volk als Ganzes fehlt in der Rede vom Kommen des Reiches Gottes bei Jesus jedoch jede militärische Komponente. Nirgends deutet sich die Vorstellung auch nur an, dass Israel von Fremdherrschaft befreit wird und die ‚Heiden' unterworfen werden. Die Gottesherrschaft setzt sich nicht mit militärischen Mitteln durch, sondern durch die Zuwendung von Heil. Die Erneuerung des Gottesvolkes geschieht gewissermaßen von unten: durch Heilung beschädigten Lebens, durch Umkehr zu Gott (vgl. Mk 1,15; [Q 10,13; 11,32]) und Vergebung der Sünden (zur diesbezüglich von Jesus nach Mk 2,5.10 in Anspruch genommenen Vollmacht s. Konradt 2010, 152–154) sowie durch ein Leben nach dem Willen Gottes, wie Jesus ihn lehrt.

d) Während in der sonstigen frühjüdischen Erwartung die Verbindung des Kommens der Herrschaft Gottes mit der Aufrichtung des Heils für Israel oder speziell für die Gerechten dominant ist, versteht Jesus die andringende Gottesherrschaft als finale *Heils*initiative Gottes. Sünder werden nicht auf ihre Vergangenheit festgelegt, sondern ihnen wird eine neue Zukunft eröffnet, denn auch sie gehören zu dem zu sammelnden Israel. „Jesu Proklamation der in seinem Wirken unter den Menschen präsenten Gottesherrschaft kann darum als ein profiliertes Integrationsprogramm gelten" (Wolter 2019, 164). Hier wird also nicht bloß aufgrund des Vergangenen Heil oder Unheil zugeteilt und damit die gestörte Ordnung zurechtgebracht, sondern die Aufrichtung der Königsherrschaft Gottes ist damit verbunden, dass noch einmal alle in Israel eine Chance erhalten. Für das Verständnis der ethischen Forderungen Jesu ist dieser Punkt von fundamentaler Bedeutung: Der von Jesus gewiesene Lebenswandel gründet in und ist ermöglicht durch das sich in seinem Handeln manifestierende Heilsangebot Gottes (vgl. Merklein ³1984, 218–221).

e) Bedeutet das Andringen der Königsherrschaft Gottes die Aufhebung all dessen, was Leben mindert und beschädigt, so gehört neben Jesu therapeutischem Wirken auch die Etablierung neuer sozialer Gemeinschaft durch Jesu sozial integratives Handeln in diesen Zusammenhang. Jesu Zuwendung zu Sündern, wie sie u. a. in seiner Mahlpraxis zum Ausdruck kommt (s. bes. Mk 2,15–17), eröffnet diesen nicht nur die Chance, umzukehren und Vergebung der Sünden zu empfangen, sondern verhilft auch zur Überwindung (religiös motivierter) sozialer Ausgrenzung. Heilsbotschaft ist das Kommen des Gottesreiches sodann insbesondere für die Armen. In der frühjüdischen Apokalyptik ist ein zentrales Motiv, dass die Unterdrückten mit der eschatologischen Wende zu ihrem Recht kommen. Zudem kann die gerechte Verteilung der Güter zur Hoffnungsvision der Königsherrschaft Gottes gehören (s. z. B. Sib 3,783). Jesus preist die Armen, Hungernden, Weinenden selig (Q/Lk 6,20f), denn ihnen gehört das Reich Gottes, und sie werden satt und froh. Eine Bedingung wird hier nicht gesetzt. Sie werden gewissermaßen für das Unrecht, das sie auf Erden erfahren haben, entschädigt (vgl. Lk 16,19–26). Die Seligpreisung ist dabei nicht bloß freundlicher Trost. Dass den Armen die Königsherrschaft Gottes zugesprochen wird, verändert vielmehr schon jetzt ihren Status und das Verhalten ihnen gegenüber. Nicht zuletzt kommt die sozial integrative Dimension des Verständnisses der Königsherrschaft Gottes bei Jesus in dem „Spitzensatz der Ethik Jesu" (Söding 2015*, 186), dem Feindesliebegebot (Mt 5,44f; Lk 6,27.35), zum Ausdruck (dazu Näheres unter 4.).

Die voranstehend genannten Punkte machen deutlich, dass Jesus die bereits präsente irdische Manifestation der Königsherrschaft Gottes nicht auf der Bühne weltpolitischen Handelns verortet, sondern im Alltagsleben, nämlich in der Überwindung von Hunger und von Krankheit, die als eine von Dämonen bewirkte Lebensminderung begriffen wird, in der Vergebung von Schuld sowie in der konkreten Zuwendung zu sozial Marginalisierten. Dies impliziert, dass bei dem Gedanken der irdischen Manifestation der Königsherrschaft Gottes das Augenmerk nicht auf dem Handeln von politisch und militärisch Mächtigen liegt, über das Jesus sich keine Illusionen gemacht hat (s. Mk 10,42), sondern die ‚einfachen Leute' und deren Alltagsleben in den Blick kommen. Diese ‚einfachen Leute' erscheinen auch nicht nur als Empfänger des Heils der Königsherrschaft Gottes, sondern sie stimmen durch ihr eigenes sozial integratives Handeln in der Nachfolge des Nazareners aktiv in das bereits gegenwärtige Gestaltwerden der Herrschaft Gottes auf Erden ein (vgl. Schrage ²1989*, 28, anders Zeller 2004, 213), ohne dass die noch ausstehende endzeitliche Aufrichtung der Königsherrschaft Gottes durch Gott selbst davon in Abhängigkeit geraten würde. Die mit dem Andringen der Königsherrschaft Gottes verbundene Dimension sozial integrativen Handelns zeigt, dass Jesu Vorstellung der Königsherrschaft Gottes ungeachtet des Fehlens einer *militärisch*-politischen Komponente politisch weder belang- noch harmlos ist. Das von Jesus praktizierte und von seinen Nachfolgern geforderte Ethos birgt vielmehr zweifelsohne ein wirkmächtiges gesellschaftliches Veränderungspotenzial.

4. Der Befund, dass das *Liebesgebot* in ganz unterschiedlichen Strömungen des entstehenden Christentums von herausragender Bedeutung und des Näheren in der Jesustradition, wenngleich in unterschiedlicher Gestalt – als Doppelgebot in Mk 12,28-34 (zum Nachweis der Verarbeitung eines vormk Traditionsstücks s. z.B. Meier 2009, 484-499), als Feindesliebegebot in Q 6,27.35, als Geschwisterliebegebot in Joh 13,34; 15,12.17 – mehrfach bezeugt ist, spricht entschieden dafür, dass der Grundimpuls dafür auf Jesus zurückgeht. Charakteristisch für Jesus ist vor allem die Feindesliebe, an deren Rückführung auf Jesus m.E. nicht zu zweifeln ist. Die Konzentration auf die Geschwisterliebe in den joh Schriften hingegen ist eine joh Adaptation, die die nachösterliche Deutung des Todes Jesu als Akt der liebenden Lebenshingabe voraussetzt (→ VIII). Strittig ist, ob das Doppelgebot der Liebe (Mt 22,34-40; Mk 12,28-34; Lk 10,25-28) auf Jesus zurückgeht (z.B. Theißen 2003 und Meier 2009, 499-528, der zudem die szenische Einbettung in Mk 12,28-34 für eine historisch zuverlässige Reminiszenz erachtet) oder nicht (z.B. Burchard 1998, 15-21; Wolter 2019, 210).

Für eine nachösterliche Entstehung in hellenistisch geprägten Gemeinden kann man auf die Analogie zur hellenistischen Zweiteilung der Tugenden und ihre frühjüdische Rezeption (EpArist 131; Philon, SpecLeg 2,63 u.ö.) verweisen, doch ist mit hellenistischem Einfluss, wenn auch nicht in demselben Maße wie in der Diaspora, auch in Galiläa zu rechnen, so dass sich hier kein tragfähiges Indiz ergibt. Eine Rückführung des Doppelgebots auf Jesus ist insofern plausibel, als es sich gut in das in der frühjüdischen Toraparänese begegnende Phänomen einordnen lässt, die Hauptsache, um die es in der Tora geht, summarisch, bündig und einprägsam zu formulieren. Das Gebot, Gott und den Nächsten zu lieben, wie es in den TestXII begegnet, ist *eine* Form solcher Torazusammenfassung (→ 2/5b). Jesus nimmt diese Linie auf, doch erscheinen die ausdrückliche Zitation der atl. Gebote (Dtn 6,5; Lev 19,18) und ihre explizite Hervorhebung als Hauptgebote als ein Proprium der Jesustradition. Der damit verbundene spezifische Akzent wird deutlicher, wenn man bedenkt, dass in frühjüdischen Schriften wiederholt die Gottesliebe bzw. die Verehrung des einen Gottes als erster und wichtigster Punkt im Gesetz erscheint (EpArist 132; PseudPhok 8; Philon, Dec 65; Josephus, Ap 2,190). Vor diesem Hintergrund wird deutlich, dass im Doppelgebot der Liebe der Akzent auf der ausdrücklichen Beiordnung des Nächstenliebegebots als des zweiten Gebots liegt. Dies wird dadurch untermauert, dass in der Komposition von Doppelgebot und Gleichnis vom barmherzigen Samaritaner in Lk 10,25–37 der Ton auf der Diskussion des *Nächsten*liebegebots liegt und Jesus sich auch im für ihn charakteristischen Gebot der Feindesliebe auf das Verhältnis zum Mitmenschen bezieht. Auffällig ist, dass das *Doppel*gebot der Liebe in der frühen christlichen Tradition – abgesehen von Did 1,2 und evtl. 1Joh 4,20f, wo in beiden Fällen bereits von literarischer Abhängigkeit von jeweils (mindestens) einem der synoptischen Texte auszugehen sein dürfte (um die Mitte des 2. Jh. n. Chr. s. noch Justin, Dial 93,2) – nicht aufgegriffen wird. Das Hervortreten seines zweiten Teils als Mitte christlicher Ethik lässt sich aber mit als Auswirkung des Doppelgebots verstehen, wenn bei diesem die ausdrückliche Beiordnung des *Nächsten*liebegebots als zentrales Moment aufzufassen ist.

Geht das Doppelgebot auf Jesus zurück, so ist damit nicht gesagt, dass schon Jesus selbst es als Zusammenfassung oder hermeneutische Mitte der Tora verstanden hat, und schon gar nicht, dass damit andere Gebote obsolet geworden sind. Erkennbar ist allein eine hervorgehobene Bedeutung dieser beiden Gebote (vgl. Meier 2009, 575f). Das aber immerhin.

In pointierter Form zeigt sich der Stellenwert des Liebesgebots bei Jesus in dessen Entgrenzung zur Feindesliebe (Mt 5,44f; Lk 6,27.35). Die Liebe – natürlich nicht im Sinne eines romantischen Hochgefühls, sondern in dem praktischen Sinn, sich für das Wohl des/der anderen zu interessieren und sich für dieses einzusetzen, wie man sich auch um das eigene Wohlergehen kümmert – gilt demnach allen Menschen, und zwar selbst, ja gerade dann, wenn das Gegenüber sich feindselig verhalten hat. Die Interpretationsgeschichte des Feindesliebegebots ist in einem nicht unerheblichen Maße durch fragwürdige christliche Überbietungsansprüche gegenüber dem Judentum gekennzeichnet; der ethische Anspruch schwinge sich hier zu etwas unerhört Neuem auf, das dem Judentum wie auch der sonstigen griechisch-römischen Antike fremd sei (s. z.B. Reiser 2001, 423). Richtig daran ist allein, dass das Syntagma „den Feind lieben" vor Jesus nicht bezeugt ist. Es gibt aber sehr wohl mit Ex 23,4f und Prov 25,21f (vgl. auch Prov 24,17f) im AT bedeutsame Texte zum Wohlverhalten gegenüber dem Feind, die zudem frühjüdisch rezipiert und interpretiert wurden (s. zum einen PseudPhok 140–142; 4Makk 2,14; Philon, Virt 116–120; QuaestEx 2,11f, zum anderen TestHiob 7,11, vgl. dazu Konradt 2018, 351–354). Zudem wohnt schon dem atl. Liebesgebot insofern die Tendenz inne, Liebe zum Feind anzumahnen, als sein engerer Kontext in Lev 19,17f der Umgang mit einem „Bruder" ist, der sich dem zur Liebe Gemahnten gegenüber zuvor etwas zuschulden hat kommen lassen (vgl. Mathys 1986\*; 63–67.81; Köckert 2012, 39–41). In den TestXII findet dieser thematische Kontext des Liebesgebots im Verhalten Josephs gegenüber seinen Brüdern eine eindrückliche Illustration (TestSim 4,4; TestSeb 8,4f; TestJos 10,5–18,4, s. auch TestBenj 4,2f, dazu Konradt 2018, 354–363). Überdies sind im Frühjudentum auch zahlreiche Texte zum Vergeltungsverzicht zu verzeichnen (Prov 24,29; Sir 10,6; 1QS X,17; JosAs 23,9; 29,3; PseudPhok 77; 2Hen 50,4 u.ö., dazu Zerbe 1993\*, 34–173; Davis 2005, bes. 55–72). Im paganen Bereich sei exemplarisch auf Epiktets Darstellung des Kynikers verwiesen, der sich wie ein Esel prügeln lassen und die, die ihn prügeln, auch noch lieben muss, wie ein Vater aller, wie ein Bruder (Diss 3,22,54, Weiteres bei Piper 1974, 21–27). Dieser Befund kann allerdings umgekehrt nicht dazu führen, das Feindesliebegebot traditionsgeschichtlich konturenlos werden zu lassen, als füge Jesus zur Sache bloß den Ausdruck hinzu (anders Stegemann 2010,

290f; Strotmann 2012, 150–152). Denn mit dem Ausdruck verbindet sich eine eigene Akzentsetzung und Gewichtung: Wohlverhalten auch gegenüber dem Feind wird zu einer grundsätzlichen Forderung erhoben, die auch ein proaktives Handeln zugunsten des Feindes erfordert (zur mt und lk Deutung → VI.2.2.1; VII.3.1).

Dies lässt sich weiter profilieren, wenn man Jesu Vorstellung der Königsherrschaft Gottes – genauer: den mit ihr verbundenen Aspekt des Erweises der grenzenlosen Güte Gottes – als den theologischen Zusammenhang bedenkt, in den das Gebot der Feindesliebe nach einer verbreiteten und m. E. richtigen Ansicht einzubetten ist (s. für viele Becker 1981, 7f; Merklein ³1989, 119f.122f; Luz ⁵2002, 389.405, anders Zeller 2004, 209), auch wenn in der dem Feindesliebegebot beigegebenen Begründung vom Reich Gottes nicht explizit die Rede ist. Denn die Forderung der Feindesliebe lässt sich im Gesamtzusammenhang des Wirkens Jesu als Entsprechung zur unbedingten Zuwendung Gottes zu den Menschen verstehen: Wie Gott die Menschen nicht auf das Vergangene festlegt, sondern sich ihnen von neuem liebend zuwendet und ihnen einen neuen Anfang gewährt, so soll auch ein Mensch seinen Mitmenschen nicht im Lichte ihres früheren Verhaltens bzw. der entstandenen Feindschaft begegnen, sondern ihnen unterschiedslos, also auch seinen Feinden, in Liebe begegnen (vgl. Merklein ³1984, 234–237). *Explizit* angeführt wird in der Begründung der Feindesliebe ein schöpfungstheologisches Argument, was exemplarisch den auch anderorts zutage tretenden schöpfungstheologischen Horizont der Reich-Gottes-Vorstellung Jesu (dazu Becker 1996, 155–168) deutlich macht. Jesus argumentiert mit der Schöpfergüte: Sonne (und Regen) lässt Gott unterschiedslos allen Menschen zukommen.[7] Jesu Rekurs auf die Schöpfung führt damit in eine universale Weite, die jede partikulare Begrenzung des Handelns unterminiert. Die geschichtlich bzw. biographisch gewachsenen, ihrem Wesen nach kontingenten Grenzziehungen unter Menschen werden angesichts der Universalität der Schöpfergüte ihrer handlungsbestimmenden Relevanz entkleidet. Das Andringen der Königsherrschaft Gottes aber ist der Kairos, an dem diese Güte des Schöpfer*vaters* (Mt 5,45; Lk 6,35) menschliches Handeln bestimmen soll. Nicht die Vergeltung an den Feinden ist die programmatische Signatur der Aufrichtung der Gottesherrschaft, sondern die Überwindung von eingespielten, durch Feindschaft bestimmten sozialen Grenzen.

Sehr wahrscheinlich gehen auch die Mahnungen zum Vergeltungsverzicht in Mt 5,39c–41 par Lk 6,29 im Kern auf Jesus zurück. Ihre Pointe besteht darin, dass die geschädigte Person nicht nur auf Vergeltung verzichtet, die angesichts der hier offenbar verhandelten sozialen Konstellationen für diese als den unterlegenen, sozial schwächeren Part auch gar nicht möglich oder zumindest unklug wäre, sondern dem Gegenüber auch noch die Fortsetzung seines Tuns anbietet. Die Frage, welche Intention dies verfolgt, ist nicht leicht zu beantworten, da die Mahnungen nicht eigens begründet werden. Die Frage wird auf der Ebene des Mt in Kap. VI.2.2.1 erörtert (dort im Exkurs: Die Antithese über den Vergeltungsverzicht in Mt 5,38–42).

---

[7] Das bei Seneca angeführte Diktum „wenn du die Götter nachahmst, erweise auch Undankbaren Wohltaten; denn auch Frevelhaften geht die Sonne auf, auch Seeräubern stehen die Meere offen" (Ben 4,26,1) klingt zwar ganz ähnlich wie Mt 5,44f, doch erläutert Seneca selbst dies so, dass den Schlechten die Wohltaten um der guten Menschen willen zuteilwerden (4,26,3; 4,28,1–6).

5. Der barmherzige Umgang mit den Verfehlungen anderer ist ein zentrales Thema frühchristlicher Ethik. Es tritt in besonders prominenter Form im Lk hervor (→ VII.4), ist aber auch in anderen frühchristlichen Strömungen von großer Bedeutung. Der Grundimpuls dazu geht zweifelsohne von Jesus aus. Nicht nur ist an die – oben als charakteristisches Moment seiner Botschaft von der Königsherrschaft Gottes erwähnte – Zuwendung Jesu zu Sündern zu erinnern, die sich in der Bezeichnung „Freund der Zöllner und Sünder" (Mt 11,19 par Lk 7,34) spiegelt, die, wie der vorangehende Teil „Fresser und Weinsäufer" erhärtet, im Munde derer, die sie geäußert haben, sicher nicht freundlich gemeint war. Vielmehr ist auch darauf zu verweisen, dass zwischenmenschliche Vergebung offenbar ein wichtiges Thema der Unterweisung Jesu war, wie die Vergebungsparänese in Lk 17,3f (vgl. Mt 18,15.22) sowie in Mt 6,14f; Mk 11,25 (vgl. dazu auch die Vaterunserbitte Mt 6,12 par Lk 11,4) und die Warnung vor dem Richten in Mt 7,1 par Lk 6,37 nahelegen. Nicht zuletzt dürfte die mit dem Motiv der *imitatio Dei* verbundene Aufforderung zur Barmherzigkeit in Lk 6,36 auf Jesus zurückgehen. Wenn sich auch das Gleichnis vom unbarmherzigen Knecht (Mt 18,23–34) im Kern Jesus zuschreiben lässt, unterstreicht dies, dass Jesus die geforderte zwischenmenschliche Barmherzigkeit als an sich selbstverständlichen Ausfluss der Barmherzigkeit ansah, die man selbst von Gott erfahren hat.

6. Eine profilierte Position wird Jesus ferner zu Scheidung und Wiederheirat zugeschrieben, wobei die Mehrfachbezeugung durch das Mk, die Logienquelle und Paulus (1Kor 7,10f) ein starkes Indiz ist, dass diese Position tatsächlich auf Jesus zurückgeht. In der synoptischen Tradition kann man des Näheren das Trennungsverbot in Mk 10,9 par Mt 19,6, mit dem sich 1Kor 7,10 in der Wortwahl berührt, und den in Q (Mt 5,32 par Lk 16,18) und in Mk 10,11f (par Mt 19,9) begegnenden kasuistisch formulierten Schuldspruch, nach dem Wiederheirat Ehebruch bedeutet, unterscheiden. Die in Mk 10,11f und 1Kor 7,10f begegnende Scheidungsmöglichkeit der Frau ist eine sekundäre Anpassung an römische Rechtsverhältnisse, während die Q-Fassung nur den Mann als Subjekt der Scheidung kennt, wie es den Rechtsverhältnissen im palästinischen Judentum entspricht (vgl. Kazen 2013, 59–64, zur Deutung des im Naḥal Se'elim gefundenen Papyrus XHev/Se 13 s. Brody 1999). Mt 5,32 ohne die Unzuchtsklausel (→ VI.2.3.1.2/3) dürfte der ursprünglichen Fassung am nächsten kommen (ebenso z.B. Collins 1992*, 182f; Junker 2019, 23–61, anders Meier 2009, 107). Anders als beim Trennungsverbot ist beim Schuldspruch, streng genommen, die Scheidung selbst nicht untersagt, sondern erst die Wiederheirat verboten, da diese Ehebruch bedeuten und also gegen das siebte Gebot verstoßen würde, doch spielt dieser Punkt insofern keine Rolle, als beide Aussagen in ihrer Intention konvergieren. Denn in der in Mt 5,32 gebotenen Fassung wird das Scheidungshandeln des Mannes selbst problematisiert: Dieses treibt die entlassene Frau insofern in den Ehebruch, als sie angesichts der gesellschaftlichen Verhältnisse ein elementares Interesse hat, eine neue Ehe einzugehen, mit der sie aber ihre erste Ehe brechen würde. Kurzum: Auch der Schuldspruch wendet sich gegen die Scheidung selbst, indem die Konsequenz, der durch Wiederheirat eintretende Ehebruch, aufgewiesen wird. Vorausgesetzt ist dabei, dass die zuerst eingegangene Ehe un-

verbrüchlich ist. Das aber ist genau die Auffassung, die im Trennungsverbot von Mk 10,9 zutage tritt: Es wird nicht bloß die Institution der Ehe als Wille Gottes verstanden, sondern die individuelle Eheschließung als Zusammenfügung durch Gott aufgefasst, während die Scheidung einen menschlichen Akt darstellt, der das Gotteshandeln nicht aufheben *kann*, sondern eben einen Verstoß gegen dieses darstellt. Wenn aber die Scheidung die Ehe nicht aufhebt, bedeutet eine nachfolgende Heirat den Bruch der ersten Ehe. M.E. geht nicht nur der Schuldspruch, sondern auch das Trennungsverbot auf Jesus zurück, zumal auch die Herrenwortparaphrase in 1Kor 7,10f die Scheidung selbst untersagt (vgl. zum Trennungsverbot Meier 2009, 125, anders Collins 1992*, 76; Broer 2004, 235). Ist dies richtig, hat Jesus zum einen auf der Basis der Überzeugung, dass Gott selbst die Ehepartner zusammenfügt und daher Ehen unauflöslich sind, Ehescheidung prinzipiell untersagt und zum anderen auf dieser Basis die Konsequenz aufgewiesen, dass Scheidung Ehebruch nach sich zieht, sofern Geschiedene danach eine zweite Ehe eingehen.

Ob schon Jesus selbst dazu auf Gen 1,27; 2,24 rekurriert hat, ist weniger klar. In 1Kor 7,10f dürfte die Parenthese 1Kor 7,11a ebenfalls die Überzeugung reflektieren, dass Wiederheirat Ehebruch bedeutet (vgl. Jacobi 2015, 252–255), doch hat Paulus mit dem Motiv des „Ein-Fleisch-Seins" aus Gen 2,24, wie die Applikation auf den Verkehr mit einer Prostituierten in 1Kor 6,16 nahelegt, offenbar nicht das Moment der Unauflösbarkeit verbunden (vgl. Sir 25,26). Dies könnte bedeuten, dass Paulus den Rekurs auf Gen 2,24 zur Begründung der Unauflösbarkeit der einmal eingegangenen Ehe noch nicht kennt und dieser als ein sekundärer Zuwachs zur Begründung des Trennungsverbots zu werten ist. Ein klares Indiz ist dies aber nicht. Es ist zumindest nicht ausgeschlossen, dass nicht nur Mk 10,9, sondern auch 10,6–8 im Kern auf Jesus zurückgeht (vgl. Doering 2009, 145f). Ein protologisches Argument (vgl. Q 6,35; 12,24–30, evtl. auch Mk 2,27 [→ 3/10]) würde jedenfalls gut zu Jesus passen (vgl. Tiwald 2011).

Die Frage, ob es zum Ehescheidungsverbot Jesu Vorläufer gegeben hat, wird man nach jetzigem Quellenstand wohl verneinen müssen. Die beiden hauptsächlich in diesem Zusammenhang erörterten Texte, Mal 2,14–16 und CD IV,20–V,2, tragen beide nicht.

In Mal 2,14–16(MT) liegt überhaupt keine grundsätzliche Stellungnahme zur Möglichkeit einer Ehescheidung vor, sondern es geht allein darum, dass die (leichtfertige und treulose) Trennung von der langjährigen Ehefrau, „der Frau deiner Jugend" (2,14), als Unrecht gewertet wird. Subjekt des Hassens in Mal 2,16a ist nicht Gott, sondern der Ehemann; der Text besagt nicht, dass Gott Scheidung hasst, sondern es wird kritisiert, dass der Ehemann seine Frau allein aufgrund seiner Abneigung ihr gegenüber entlassen will. Mal 2,14–16 sieht darin einen illegitimen Scheidungsgrund und positioniert sich damit im Rahmen der Auslegung von Dtn 24,1–4 (vgl. dazu mGit 9,10, ferner Philon, SpecLeg 3,30; Josephus, Ant 4,253) mit einer, relativ betrachtet, strengen Position in der Debatte um legitime Scheidungsgründe (vgl. zur Interpretation von Mal 2,14–16 Hugenberger 1994, bes. 48–83; Kessler 2011, 203–215).

In CD IV,20–21 heißt es: Sie „sind durch zweierlei gefangen: durch Unzucht, dass sie zwei Frauen nahmen in ihren Leben (בחייהם). Aber die Grundlage der Schöpfung ist: ‚männlich und weiblich hat er sie geschaffen'." Das entscheidende Problem liegt in der Interpretation des hebräischen Personalsuffixes der 3. Ps. Pl. Maskulinum in der Wendung „in *ihren* Leben" (vgl.

zum Folgenden Doering 2009, 148–154 sowie Junker 2019, 212–232 [dort auch jeweils Vertreter der Positionen]). Wenn dies „zu Lebzeiten der Männer" meinte, hieße das, dass jeder Mann in seinem Leben nur *eine* Ehefrau haben darf. Die Einehe wäre als Einzigehe verstanden und würde mit Gen 1,27 begründet. Gegen diese Deutung spricht aber, dass ein Fragment der Damaskusschrift aus Höhle 4 darin, dass als Hinderungsgrund für eine erneute Eheschließung zwischenzeitlicher Geschlechtsverkehr mit einem anderen Mann genannt wird (4Q271 3 10–12), die grundsätzliche Möglichkeit der erneuten Heirat einer Witwe zu implizieren scheint. Das Personalpronomen kann zweitens inklusiv gemeint sein, also Männer und Frauen einschließen. Der Text ließe sich dann für eine scheidungskritische Tendenz geltend machen. Eine erneute Heirat wäre *nur* möglich im Falle des Todes eines Ehepartners. Drittens ist philologisch auch ein Bezug allein auf die Frauen möglich, denn es gibt (weitere) Belege dafür, dass die eigentlich männliche Endung als orthographische Variante der femininen Form dienen kann. Auch in diesem Fall könnte gesagt sein, dass erst nach dem Tod der ersten Frau – und nicht auch allein nach einer Scheidung, die nach CD XIII,17 an sich möglich ist – eine weitere Heirat möglich ist. Man könnte dann ferner diese Position mit der Auffassung erklären, dass die Ehe für unverbrüchlich gehalten wird. Man kann den Text bei dieser dritten Option aber auch so verstehen, dass er sich allein gegen Polygamie richtet. Im Kontext ergibt diese Deutung insofern den besten Sinn, als sich so eine gemeinsame Stoßrichtung des Verweises auf Gen 1,27 mit den beiden in CD V,1–2 nachfolgenden Schriftreferenzen auf Gen 7,9 (die Lebewesen gingen *paarweise* in die Arche) und Dtn 17,17 (Verbot der Polygamie für den König) ergibt. Die Wendung „in ihren Leben" könnte man bei diesem Verständnis als Anspielung auf Lev 18,18 verstehen; der Text würde dann das dortige Verbot, zusätzlich eine Schwester der Ehefrau zu heiraten, verallgemeinern (vgl. Doering 2009, 153).

Während es also keine eindeutigen Vorläufer zum Scheidungsverbot Jesu bzw. zum Gedanken der Unverbrüchlichkeit der Ehe gibt, dürfte ein Anknüpfungspunkt aber immerhin für den Vordersatz in Mk 10,9, also für das Motiv der Zusammenfügung der Ehepartner durch Gott, aufzubieten sein.

So mahnt TestRub 4,1 die jungen Männer im Kontext einer Warnung vor Unzucht dazu, sich mit Werken abzumühen und eifrig die Schriften zu studieren, „bis der Herr euch eine Partnerin gibt, welche er will". Ferner: Wenn in 4Q416 2 IV,3f Gott als Subjekt der Aussagen anzunehmen ist (s. dazu Goff 2013, 127), dann ist hier – im unmittelbaren Zusammenhang mit einem Rekurs auf Gen 2,24 (!) – davon die Rede, dass Gott Töchter und Söhne zur Eheschließung von ihren Eltern absondert. In derselben Schrift, *4QInstruction*, begegnet zudem die metaphorische Bezeichnung der Ehefrau als „Gefäß deines Schoßes" (4Q416 2 II,21), die vor dem Hintergrund der schöpfungstheologischen Dimension der Töpfermetaphorik (Jes 64,7; Sir 33,13 u. ö.) den Gedanken implizieren dürfte, dass die Betreffende das für ihren Mann von Gott bestimmte Geschöpf ist. Einen biblischen Anhaltspunkt findet das Motiv in der Zusammenführung von Rebekka und Isaak in Gen 24 (s. bes. V.44.48–51). Dramatisch inszeniert ist es im Tobitroman ausgestaltet: Tobias und Sara finden durch göttliche Führung zueinander (s. dazu Kellermann 2015, 134–136), was in einem Wort des Engels Rafael an Tobias auf der Linie von Gen 24,44 pointiert gedeutet wird: „Für dich war sie bestimmt von Ewigkeit" (Tob 6,18, s. auch 7,11, vgl. ferner JosAs 15,6; 19,5; 21,3 sowie rabbinisch z. B. bMQ 18b, wonach die Frau dem Mann von Gott zugeteilt wird).

Ist dieser Befund als traditionsgeschichtlicher Kontext des Vordersatzes im Trennungsverbot (Mk 10,9 par Mt 19,6) belastbar, hätte Jesus aus der überkommenen Deutung des Eheschlusses als Gotteshandeln ‚lediglich' noch die konsequente Folgerung gezogen, dass Ehescheidung ein Verstoß gegen Gottes Handeln ist und die Eheschließung gar nicht aufheben kann. Dass Jesus damit die Frau angesichts der patriarchalen Asymmetrie im Eheverhältnis vor Scheidungswillkür schützen wollte (so z.B. Hoffmann/Eid 1975, 119f; Pregeant 2008*, 111f, kritisch dazu Melzer-Keller 1997, 425–428), ist eine verlockende, aber nicht plausible Option. Zwar gibt die Jesustradition zu erkennen, dass Jesus sich in seinem Wirken offenbar genauso Frauen wie Männern zugewandt hat (s. Mt 21,31f; Mk 1,29–31; 5,21–43; 7,24–30; Lk 7,36–50; 8,2f; 10,38–42; 13,10–17; Joh 4) und sich – unbeschadet der Tatsache, dass zum Zwölferkreis nur Männer gehören – im Kreis derer, die Jesus nachfolgten, und vor allem unter jenen, die die Gruppe als Sympathisanten unterstützten, auch Frauen befanden (vgl. Mk 15,40f; Lk 8,2f, zu Frauen im Umfeld Jesu und seiner Haltung gegenüber Frauen Melzer-Keller 1997, 399–441; Zimmermann 2017), so dass es durchaus einen Kontext dafür gibt, Jesus beim Scheidungsverbot eine Parteinahme für die Belange der Frau zuzuschreiben. Es ist aber zugleich zu bedenken, dass das Verbot der Wiederheirat überhaupt nicht im Sinne der Frau ist. Man wird daher eher auf die Heiligkeit der Ehe verweisen müssen, die sich für Jesus mit der Deutung der Eheschließung als Gotteshandeln verbindet. Jesu Vorstellung von der andringenden und sich in seinem Wirken bereits manifestierenden Königsherrschaft mag dabei insofern eine Rolle gespielt haben, als nun der Gotteswille konsequent umzusetzen ist.

Dass das Verbot von Ehescheidung und Wiederheirat von Matthäus, Markus, Lukas und Paulus aufgenommen wird, verweist darauf, dass es als Charakteristikum der Lebensorientierung im entstehenden Christentum breit rezipiert wurde und als verbindlich galt, wenngleich sich bei Matthäus wie bei Paulus insofern Anpassungen zeigen, als mit der Einfügung der Unzuchtsklausel (Mt 5,32; 19,9) bzw. der Begrenzung der strikten Geltung auf Ehen von zwei Christusgläubigen in 1Kor 7,10–16 Ausnahmen definiert werden.

Das Scheidungsverbot steht in seinem herausfordernden Charakter kaum hinter dem Feindesliebegebot zurück, zumal es in diesem Fall nicht bloß um einzelne Handlungen, sondern um die zentrale Lebensbeziehung geht. Als absolute Forderung verstanden kann es angesichts der realen menschlichen Verhältnisse massive Folgen zeitigen. Ehen können scheitern, und es dürfte kaum bei allen Ehen leichtfallen, davon auszugehen, dass Gott die Partner zusammengeführt hat. Was in Mk 10,5 als Hartherzigkeit diskreditiert wird, lässt sich neutraler auch als Faktum menschlicher Unvollkommenheit und Schwäche formulieren. Eine verantwortliche Rezeption des Scheidungsverbots muss – neben dem Bedeutungswandel, den die Institution der Ehe seit der Antike durchlaufen hat – diese *conditio humana* in Rechnung stellen und auf dieser Basis den jeweils besten Weg suchen. Die Weisungen Jesu bleiben dabei als wichtige Orientierungsmarken bzw. ideale Zielpunkte bedeutsam. Als absolutes Gesetz verstanden können sie aber auch zum tötenden Buchstaben degenerieren, wenn (seitens kirchlicher Obrigkeit) verlangt wird, auch eine zerrüttete Ehe aufrecht zu erhalten. Die Ausnahmen zur Geltung der Weisungen Jesu im Mt und bei Paulus sind entsprechend zu erweitern, und zwar auf der Basis einer innerbiblischen Hierarchie ethischer Aussagen (→ I.2/1). Wenn Liebe und Barmherzigkeit in der christlichen Werthierarchie als oberste Kriterien fungieren bzw. hermeneutische Mitte der Interpretation des Willens Gottes sind, dann ist um der Barmherzigkeit willen eine gescheiterte Ehe aufzulösen, statt zwei Menschen darin gefangen zu halten.

Das schließt ein, dass auch dem Verbot der Wiederheirat keine absolute Geltung zukommt, sondern Menschen nach einer gescheiterten Ehe die Chance auf gelingendes Leben in einer anderen Beziehung haben (vgl. Loader 2005*, 242). Der Forderung Jesu kommt dann immer noch die wichtige Funktion zu, deutlich zu machen, dass Scheidung kein leichter und leichtfertiger Schritt sein kann.

Als ein von Jesus auf das entstehende Christentum ausgehender Grundimpuls ist ferner auch die sexualethisch konsequente Position zu nennen, die in Mt 5,28 aufscheint, wo bereits der eine sexuelle Absicht verfolgende Versuch, durch das Zuwerfen eines entsprechenden Blicks Kontakt zu einer verheirateten Frau aufzunehmen, als im Herzen schon begangener Ehebruch interpretiert wird. Auch Paulus' Unterweisung in 1Kor 7,1–7; 1Thess 4,3–5 zeigt, dass eheliche Treue und die Achtung der Ehen anderer als frühchristliches Gemeingut zu bewerten ist. Anders als beim strengen Ehescheidungsverbot handelt es sich hier aber keineswegs um eine frühchristliche Besonderheit (zu frühjüdischen Parallelen zu Mt 5,28 → VI.2.3.1.2/2). Der Eunuchenspruch in Mt 19,12, der vermutlich als eine Reaktion Jesu auf eine Beschimpfung entstanden ist, mit der Zeitgenossen die Wanderexistenz von ihm und seiner Jüngergruppe kommentierten, zeigt überdies, dass um der Königsherrschaft Gottes willen für entsprechend Berufene auch Ehelosigkeit ein mögliches Lebensmodell darstellt. Verpflichtend ist dieses aber nicht, und es ist auch nicht zu erkennen, dass es wie bei Paulus in 1Kor 7 als gegenüber der Ehe (noch) bessere Lebensform gewertet ist.

7. Oben ist bereits darauf hingewiesen worden, dass die Armen zu den hervorgehobenen Adressaten der Heilsbotschaft Jesu gehören (→ 3/3e). Besitzstreben und Reichtum hingegen scheint Jesus als eine ernste Gefahr angesehen zu haben. Auch dann, wenn nicht alle hier relevanten Texte der synoptischen Tradition im Kern auf Jesus zurückgehen, was hier nicht im Einzelnen zu diskutieren ist, zeigt die Fülle der Texte und ihre Verteilung auf unterschiedliche Quellen eindeutig, dass Jesus zum Thema Armut/Reichtum bzw. zur Besitzethik prominent Stellung bezogen hat. Eine kleine Auswahl von Texten muss hier genügen: Nach Mk 10,21f scheitert die Berufung eines Reichen in die Nachfolge daran, dass dieser nicht bereit ist, seine vielen Güter zugunsten der Armen zu veräußern, und Mk 10,25 hält pointiert fest, dass eher ein Kamel durch ein Nadelöhr geht, als dass ein Reicher in das Reich Gottes hineinzugehen vermag. In dem wohl der Logienquelle entstammenden Gleichnis vom Gastmahl Q/Lk 14,16–24 sehen sich die zuerst Geladenen unter anderem durch ihre mit ihrem Besitz verbundenen Alltagsgeschäfte daran gehindert, zum Fest zu kommen. Q/Lk 16,13 wirft prägnant eine grundsätzliche Alternative auf: Man kann entweder Gott dienen oder dem Mammon (vgl. Q/Lk 12,33f). Mit Besitz ist demnach die Gefahr verbunden, dass das Streben nach diesem dazu führt, von ihm beherrscht zu werden. Zudem enthält Lukas' Sondergut zahlreiche Texte zu diesem Thema (Lk 12,13–21; 16,1–12.19–31 u. ö.; → VII.5). Eine *generelle* Forderung der Besitzlosigkeit, die über den Kreis der mit ihm umherziehenden Jünger hinausreicht, scheint Jesus nicht erhoben zu haben. Vielmehr wird mehrfach Besitz vorausgesetzt, z. B. in der Mahnung, denen, die bitten, zu geben (Q/Lk 6,30, vgl. Mt 25,40), in

der Kritik an der Korbanpraxis in Mk 7,9–13, sofern diese dazu missbraucht wird, sich von Hilfeleistungen gegenüber den Eltern freizuhalten, oder in der Darstellung der Hilfe des Samaritaners in Lk 10,33–35, der die weitere Versorgung des unter die Räuber Gefallenen finanziert. Es geht also um den richtigen, nämlich karitativen Umgang mit Besitz. Die Seligpreisung der Armen ist nicht mit einer Verklärung von Armut zu verwechseln. Armut ist kein Ideal, sondern ein Problem. Das eben Gesagte zeigt zugleich: Jesu ‚Ethik' ist insofern nicht einfach ‚Nachfolgeethik' in dem Sinne, dass sie allein und spezifisch auf den Kreis der mit ihm umherziehenden Jünger zugeschnitten ist (vgl. Zeller 2004, 194); sie richtet sich (auch) an einen weiteren Kreis. Zugleich gibt es ein Ethos, das speziell die mit Jesus umherziehenden Jünger betrifft. Für sie gilt – jedenfalls in der Zeit ihrer Wanderexistenz – der Verzicht auf jegliche Absicherung des Lebens durch Besitz. Die Warnung vor der Sorge um Nahrung und Kleidung in Q/Lk 12,22–32, die im Kern auf Jesus zurückgehen dürfte, gilt indes nicht nur ihnen (vgl. Zeller 2004, 202f, anders Wolter 2019, 246f); sie ruft die Adressaten nicht aus ihren Arbeitsverhältnissen heraus, sondern spricht die Zeitgenossen allgemein in ihrer Sorge um die materielle Sicherung der Existenz an (→ VII.5.1/3). Die theologische Basis für die Aufgabe der Sorge ist das Vertrauen in die Güte und Fürsorge des himmlischen Vaters, der für die Seinen sorgt. Besonders stark nachgewirkt hat der Grundimpuls Jesu zu diesem Themenbereich neben dem Lk im Jak. Matthäus und Paulus sagen zwar im Vergleich zu Lukas und Jakobus weniger zu diesem Thema, aber ebenfalls durchaus Substantielles.

8. Jesu Stellung zum Staat bzw. zur Obrigkeit dürfte in dem Logion greifbar werden, in das das Gespräch in Mk 12,13–17 einmündet, das durch die Fangfrage, ob man dem Kaiser Steuern zahlen soll, ausgelöst wird: „Gebt dem Kaiser, was des Kaisers ist, und Gott, was Gottes ist" (12,17). Damit ist ein kluger Mittelweg beschritten, der – im Detail in unterschiedlichen Varianten – für verschiedene Bereiche des entstehenden Christentums (wie Lukas, Paulus, 1Petr) charakteristisch ist, wenngleich, wie die radikale Romkritik der Johannesoffenbarung zeigt, nicht für alle: Die staatliche Ordnung wird akzeptiert, aber nicht sakral überhöht und glorifiziert, sondern durch die Gegenüberstellung zu dem, was Gott gehört, in ihren Ansprüchen eingeordnet. Zu verweisen ist hier ferner auf den herrschaftskritischen Zug, der in der pointierten Entgegensetzung des von den Jüngern verlangten Ethos zum Herrschaftsgebaren der Mächtigen in Mk 10,42–44 zutage tritt: Wer der Erste sein will, sei der Knecht aller. Das hier von den Jüngern geforderte Verhalten lässt sich zugleich als ein Grundimpuls für das im frühen Christentum mehrfach begegnende Niedrigkeitsethos namhaft machen. Auch das Logion „wer sich selbst erhöht, wird erniedrigt werden, und wer sich selbst erniedrigt, wird erhöht werden" (Mt 23,12; Lk 14,11; 18,14) lässt sich hier einstellen.

9. Angesichts der Distanz Jesu zu seiner eigenen Familie, wie sie insbesondere im Mk aufscheint (Mk 3,20f.31–35, vgl. auch 6,1–6), und der Radikalität einiger Texte zur Nachfolge, die im Verbund mit den Forderungen, alles zurückzulassen (Mk 10,28; Lk 14,33, vgl. auch Mk 1,16–20; Lk 5,11 sowie Mk 10,21f) und Jesu heimatlose Existenz zu teilen (Q/Lk 9,57f), eine klare Prioritätensetzung auch gegenüber engsten

Familienmitgliedern verlangen (Q/Lk 9,59f; 12,51.53; 14,26, vgl. auch Mk 1,20; 10,29; Lk 9,61f), ist der Jesusbewegung verschiedentlich ein a-familiäres (nicht: antifamiliäres) Ethos zugeschrieben worden (s. v. a. Theißen 2004, 67–70). Wie Jesus selbst seine Familie hintangestellt hat, da er für sich einen größeren Auftrag sah, habe er auch denen, die ihm nachfolgten, eingeschärft, dass es angesichts der andringenden Königsherrschaft Gottes Wichtigeres als die familiären Pflichten gebe. Dem steht zur Seite, dass in Mk 3,34f das Motiv der Etablierung der Jesusgruppe als eine Art Ersatzfamilie aufscheint: „Wer den Willen Gottes tut, dieser ist mein Bruder und Schwester und Mutter" (V.35).

Zu diesem scheinbar klaren Bild sind – abgesehen davon, dass angesichts nachösterlicher Konflikterfahrungen die Möglichkeit im Raum steht, dass es eher zu einer Verschärfung als zu einer Entschärfung der entsprechenden Aussagen gekommen ist (vgl. z.B. die Einfügung der Ehefrau in Lk 18,29 [par Mk 10,29] und Lk 14,26 [par Mt 10,37]) – allerdings auch gegenläufige Indizien zu verzeichnen. So werden a-familiäre Züge schon dadurch begrenzt, dass Jesus Ehescheidung, wie gesehen, untersagt hat (vgl. Ebner 1998, 109). Dazu passt, dass Jesus in Mk 1,29–31 mit seinen Jüngern im Haus der Schwiegermutter des Petrus einkehrt und Petrus nach Ostern mit seiner Ehefrau unterwegs ist (1Kor 9,5). Ferner reflektieren Texte wie Mk 9,36f; 10,13–16 eine große Wertschätzung von Kindern, die es unplausibel erscheinen lässt, dass Jesus generell potentielle Nachfolger aufforderte, ihre noch unmündigen Kinder im Stich zu lassen. Mk 7,9–13 kritisiert zudem einen Missbrauch der Korbanpraxis, mit dem man die Pflicht zur Versorgung der nicht mehr subsistenzfähigen Eltern zu umgehen sucht. Die Texte, die ein a-familiäres Ethos aufscheinen lassen, sind also in ein umfassenderes Gesamtbild einzuordnen. Es geht um die Einschärfung einer Prioritätensetzung. Im Konfliktfall kann es zum Bruch mit den familiären Bindungen kommen. Aber selbst die (temporäre) Wanderschaft mit Jesus bedeutete für die Nachfolger in der Praxis nicht zwingend den Abbruch jeglichen Kontakts zu den Herkunftsfamilien, wie das Beispiel des Petrus exemplarisch dokumentiert (der Wirkungsradius Jesu ist im Übrigen lokal begrenzt, so dass ohnehin nicht von wochenlangen ununterbrochenen Wanderungen auszugehen ist). Ferner zielte Jesus nicht nur darauf, Menschen in die Gemeinschaft derer zu integrieren, die mit ihm umherzogen. Es gab von vornherein auch solche, die sich von Jesus ansprechen ließen, aber in ihrem Alltag verblieben und je nach Möglichkeiten die Bewegung unterstützten. Jesu Ziel war die Erneuerung Israels; die um ihn versammelte Schar war diesem Anliegen zugeordnet. „Eine allgemeine ethische Forderung ist Jesu Nachfolgeruf niemals gewesen" (Wolter 2019, 240). Es liegt daher nahe, die unterschiedlichen Tendenzen in der Jesustradition mit der Differenzierung in die Gruppe der (temporär) mit Jesus umherziehenden Jünger, deren Zusammensetzung bei einem eher kleinen festen Kern sich häufiger verändert haben dürfte, und den weiteren Kreis der Adressaten der Botschaft Jesu und seiner Sympathisanten zu verbinden (vgl. Schröter [6]2017, 244f). Jesus hat dann nicht allgemein ein a-familiäres Ethos vertreten, sondern dieses hat seinen Ort allein in der mit Jesus umherziehenden Schar, wobei auch hier, wie eben Petrus zeigt, das a-familiäre Ethos nicht mit allzu kräftigen Farben zu zeichnen ist.

10. Auf die Tora und ihre Auslegung als maßgeblicher Kontext der ‚Ethik' Jesu ist oben unter 2. bereits hingewiesen worden. Dieser zentrale Aspekt sei nun im Lichte der vorangehenden Ausführungen noch einmal abschließend aufgenommen. Gegenüber älteren Ansätzen, die Jesu Vollmachtsanspruch gegen die Tora bzw. als mit der Tora in Konkurrenz stehend profilierten (s. exemplarisch Käsemann 1960, 206–212) oder der Tora die Erwartung der Königsherrschaft Gottes als neuen Normspender überordneten (z.B. Merklein ³1984, bes. 56–64.72–107.253–299; Becker 1996, 349–358), ist grundlegend zu betonen, dass Jesus sich mit seiner ethischen Unterweisung *innerhalb* des lebendigen frühjüdischen Auslegungsdiskurses bewegt und darin mit z.T. prononcierten Positionen hervortritt (zum auslegungskritischen Verständnis der Antithesen, unter denen die Antithesen*form* höchstens bei den ersten beiden in Mt 5,21f.27f auf Jesus zurückgeht, → VI.2.1.3). Die Tora und die Königsherrschaft Gottes sind nicht miteinander konkurrierende Normspender (ebenso z.B. Dautzenberg 1996, 374); vielmehr bestimmt die Erwartung der Königsherrschaft Gottes an einigen charakteristischen Punkten, wie Jesus die Tora ausgelegt und zur Geltung gebracht hat. Jesu Profil durch die eingängige Gegenüberstellung von Tora*verschärfung* im Blick auf soziale Gebote und Tora*entschärfung* bei rituellen Geboten (Theißen/Merz ³2001, 321–332) einfangen zu wollen, ist insofern problematisch, als die Tora für Jesus nicht, wie dies in der genannten Nomenklatur vorausgesetzt ist, ein in ihrem Sinn feststehendes Gegenüber darstellt, das man ver- oder entschärfen könnte (vgl. K. Müller 2000, 59f, Anm. 8); vielmehr ist der genaue Sinn der Gebote durch ihre Auslegung erst zu finden (→ 2). Von diesem – allerdings grundlegenden – Aspekt abgesehen kommt hier aber eine im Ansatz zutreffende Beobachtung zum Ausdruck: Jesus zeigt ein radikales Verständnis von Geboten, die den zwischenmenschlichen Bereich betreffen. Auf das Liebesgebot und die Auslegung des Ehebruchverbots in Mt 5,28 ist bereits hingewiesen worden. Mt 5,21f gibt ferner ein sehr weites Verständnis des Tötungsverbots bei Jesus zu erkennen. In allen Fällen kann man Jesu Position, ohne sie zu nivellieren, in frühjüdische Auslegungstendenzen einzeichnen (für Belege → VI.2.3.1.1–2). Eine im Konzert der frühjüdischen Toraverständnisse liberale Position zeigt Jesus hingegen in Bereichen wie Sabbatheiligung und Reinheitsgeboten, doch hat Jesus weder programmatische Sabbatkritik geübt noch Speisegebote für obsolet erachtet. Von einer grundsätzlichen Abrogation von Torageboten kann nirgends die Rede sein.

Die Sabbathalacha war zur Zeit Jesu in keiner Weise fixiert, sondern wurde unter den verschiedenen jüdischen Gruppen kontrovers diskutiert (vgl. Doering 1999*; Mayer-Haas 2003*, 50–80). Mit seinem in Mt 12,11f; Lk 13,15; 14,5 in unterschiedlichen Fassungen begegnenden Argument, die Legitimität von Heilungen von Menschen am Sabbat von der akzeptierten Hilfe für Tiere her zu begründen, bewegt Jesus sich im Diskurs seiner Zeit (vgl. einerseits CD XI,13f, andererseits bShab 128b). Wenn Mk 2,27 als authentisches Jesuswort zu klassifizieren ist (so Doering 1999*, 414–416; Mayer-Haas 2003*, 189–191, anders z.B. Dautzenberg 1996, 353f), hat Jesus auch zum Sabbat schöpfungstheologisch argumentiert, wobei sich auch hier Protologie und Eschatologie verbinden ließen: „Gott kommt im anhebenden Eschaton so zu Herrschaft, daß die protologischen Gegebenheiten, bislang verdeckt durch die Sünde, wieder bestimmend werden. Der Sabbat ist in dieser Sicht seinem Wesen nach Geschenk, das dem Menschen dient, nicht Forderung, die an ihn gestellt wird" (Doering 1999*, 424).

Kronzeuge für die These einer Abrogation oder jedenfalls Ignorierung von Reinheits- bzw. Speisegeboten ist Mk 7,15, doch lässt sich das Logion schwerlich auf Jesus zurückführen (s. die ausführliche Begründung von Räisänen 1982 sowie Meier 2009, 385–397, anders Becker 1996, 381–387; Theißen 2003a). Es gibt zu diesem Logion kein von Mk 7,15 unabhängiges weiteres Zeugnis in der Logienquelle oder im Sondergut von Matthäus und Lukas (zu Röm 14,14 → III.2.3); vielmehr sind weder Matthäus noch Lukas der Darstellung von Mk 7 gefolgt: Matthäus hat das Logion abgemildert und will es nur auf das nach der pharisäischen Halacha gebotene Essen mit ungewaschenen Händen bezogen sehen (→ VI.2.6/2); bei Lukas fehlt der gesamte Passus. Stattdessen begegnet in Q mit Mt 23,25f par Lk 11,39f ein Logion, das zwar eine Hintanstellung äußerer Reinheit im Streit mit den Pharisäern bezeugt, aber gerade keine prinzipielle Ignorierung oder Außerkraftsetzung von Speisegeboten. Nicht zuletzt ist zu beachten, dass die Konflikte über Speisefragen in den ersten Gemeinden unter der Voraussetzung, dass es zu dieser Frage mit Mk 7,15 ein autoritatives Wort Jesu gab, schlechthin unerklärbar wären.

Mt 5,23f spiegelt eine kategoriale Überordnung des sozialen Verhaltens über den Kult, ohne sich aber gegen den Kult zu richten (s. ferner Mt 23,23 par Lk 11,42). Eine solche Vorordnung ist für Jesus typisch, aber keine Sondermeinung Jesu (vgl. nur Am 5,21–24; Prov 21,3; TestMos 7,7–9).

Festzuhalten ist: Jesus hat in keiner Weise eine grundsätzlich torakritische Position bezogen (vgl. zu Jesu ‚Treue' zur Tora z. B. Vermes 1993, 253–261; Strotmann 2012, 140–156).[8] Er hat die sozialen Gebote der Tora besonders betont und zeigt zugleich ein extensives Verständnis ihres Bedeutungsgehalts. Für die nachösterliche Jesusbewegung bzw. das entstehende Christentum bedeutet dies eine zentrale Weichenstellung. Festzuhalten ist ferner: Wichtige ethische Themen in den neutestamentlichen Schriften – wie die Hervorhebung der Liebe, das Gewicht der Vergebungsthematik, das Niedrigkeitsethos, die Zuwendung zu den Armen und damit die Besitzethik sowie die Ehe- und Sexualethik – haben einen richtungsweisenden Grundimpuls durch das Wirken und die ethische Unterweisung Jesu empfangen.

## Literatur

Althoff, Jochen/Zeller, Dieter: Antike Textzeugnisse und Überlieferungsgeschichte, in: Die Worte der Sieben Weisen. Griechisch und deutsch, hg., übers. und kommentiert von dens., TzF 89, Darmstadt 2006, 5–81.
Amir, Yehoshua: Die Zehn Gebote bei Philon von Alexandrien, in: ders., Die hellenistische Gestalt des Judentums bei Philon von Alexandrien, FJCD 5, Neukirchen-Vluyn 1983, 131–163.
Annas, Julia: The Morality of Happiness, New York – Oxford 1993.
Barclay, John: Jews in the Mediterranean Diaspora. From Alexander to Trajan (323 BCE – 117 CE), Edinburgh 1996.

---

[8] Das gilt auch für Q 9,59f. Hier liegt zwar faktisch ein Verstoß gegen das Gebot der Elternehre vor, aber es geht nicht um dessen grundsätzliche Abrogation, sondern allein um dessen situative Hintanstellung angesichts der Priorität der Nachfolge. Vgl. dazu Sanders ³1991, 252–255.267f.

Becker, Jürgen: Feindesliebe – Nächstenliebe – Bruderliebe. Exegetische Beobachtungen als Anfrage an ein ethisches Problemfeld, ZEE 25 (1981), 5–18.
– Jesus von Nazaret, Berlin – New York 1996.
Boer, W[illem] den: Private Morality in Greece and Rome. Some Historical Aspects, MnS 57, Leiden 1979.
Böhm, Martina: Rezeption und Funktion der Vätererzählungen bei Philo von Alexandria. Zum Zusammenhang von Kontext, Hermeneutik und Exegese im frühen Judentum, BZNW 128, Berlin – New York 2005.
Bostock, David: Aristotle's Ethics, Oxford u.a. ²2006.
Brody, Robert: Evidence for Divorce by Jewish Women?, JJS 50 (1999), 230–234.
Broer, Ingo: Jesus und die Tora, in: Ludger Schenke u.a., Jesus von Nazaret – Spuren und Konturen, Stuttgart 2004, 216–254.
Burchard, Christoph: Jesus von Nazareth, in: Jürgen Becker u.a., Die Anfänge des Christentums. Alte Welt und neue Hoffnung, Stuttgart u.a. 1987, 12–58.
– Das doppelte Liebesgebot in der frühen christlichen Überlieferung, in: ders., Studien zur Theologie, Sprache und Umwelt des Neuen Testaments, hg. v. D. Sänger, WUNT 107, Tübingen 1998, 3–26.
Collins John J.: Between Athens and Jerusalem. Jewish Identity in the Hellenistic Diaspora, Grand Rapids u.a. ²2000.
Dautzenberg, Gerhard: Jesus und die Tora, in: Die Tora als Kanon für Juden und Christen, hg. v. E. Zenger, HBS 10, Freiburg u.a. 1996, 345–378.
Davis, James F.: Lex Talionis in Early Judaism and the Exhortation of Jesus in Matthew 5.38-42, JSNTS 281, London – New York 2005.
Delkurt, Holger: Grundprobleme alttestamentlicher Weisheit, VF 36 (1991), 38–71.
Dihle, Albrecht: Der Kanon der zwei Tugenden, VAFLNW.G 144, Köln – Opladen 1968.
Dillon, J.T.: Musonius Rufus and Education in the Good. A Model of Teaching and Living Virtue, Dallas u.a. 2004.
Doering, Lutz: Überlegungen zum Ansatz der Halacha in den Qumrantexten, in: Qumran kontrovers. Beiträge zu den Textfunden vom Toten Meer, hg. v. J. Frey – H. Stegemann, Paderborn 2003, 89–113.
– Marriage and Creation in Mark 10 and CD 4-5, in: Echoes from the Caves. Qumran and the New Testament, hg. v. F. García Martínez, STDJ 85, Leiden 2009, 133–163.
Ebner, Martin: Jesus – ein Weisheitslehrer? Synoptische Weisheitslogien im Traditionsprozess, HBS 15, Freiburg u.a. 1998.
Feldmeier, Reinhard: *Paideia salvatrix*: Zur Anthropologie und Soteriologie der *Tabula Cebetis*, in: Die Bildtafel des Kebes. Allegorie des Lebens, eingel., übers. und mit interpretierenden Essays versehen von Rainer Hirsch-Luipold u.a., SAPERE 8, Darmstadt 2005, 149–163.
Ferguson, Everett: Backgrounds of Early Christianity, Grand Rapids ³2003.
Flashar, Hellmut: Aristoteles. Lehrer des Abendlandes, München ³2014.
Forschner, Maximilian: Die stoische Ethik. Über den Zusammenhang von Natur-, Sprach- und Moralphilosophie im altstoischen System, Darmstadt ²1995.
– Die Philosophie der Stoa. Logik, Physik und Ethik, Darmstadt 2018.
Fortenbaugh, William W.: Arius Didymus on Peripatetic Ethics, Household Management, and Politics. Text, Translation and Discussion, Rutgers University Studies in Classical Humanities 20, London – New York 2018.
Frede, Dorothea: Aristoteles, Nikomachische Ethik, übers. eingel. und kommentiert von Dorothea Frede, 2 Bde., Aristoteles. Werke in deutscher Übersetzung 6, Berlin – Boston 2020.
Goff, Matthew J.: 4QInstruction, WLAW 2, Atlanta 2013.

Görgemanns, Herwig: Platon, Heidelberger Studienhefte zur Altertumswissenschaft, Heidelberg 1994.
– Religiöse Philosophie und philosophische Religion in der griechischen Literatur der Kaiserzeit, in: Religiöse Philosophie und philosophische Religion der frühen Kaiserzeit. Literaturgeschichtliche Perspektiven, hg. v. R. Hirsch-Luipold u. a., STAC 51, Tübingen 2009, 47–66.
Goulet-Cazé, Marie-Odile: Kynismus und Christentum in der Antike, NTOA/StUNT 113, Göttingen – Bristol 2016.
Graeser, Andreas: Die Philosophie der Antike 2. Sophistik und Sokrates, Plato und Aristoteles, Geschichte der Philosophie Band II, München ²1993.
Guckes, Barbara: Stoische Ethik – eine Einführung, in: Zur Ethik der älteren Stoa, hg. v. ders., Göttingen 2004, 7–29.
Halbig, Christoph: Die stoische Affektenlehre, in: Zur Ethik der älteren Stoa, hg. v. B. Guckes, Göttingen 2004, 30–68.
Hauskeller, Michael: Geschichte der Ethik. Antike, München 1997.
Hengel, Martin: Judentum und Hellenismus. Studien zu ihrer Begegnung unter besonderer Berücksichtigung Palästinas bis zur Mitte des 2. Jh.s v. Chr., WUNT 10, Tübingen ³1988.
Hengel, Martin/Schwemer, Anna Maria: Jesus und das Judentum, Tübingen 2007.
Höffe, Otfried: Aristoteles, Beck'sche Reihe Denker 535, München ³2006.
Höffe, Otfried (Hg.): Aristoteles: Die Nikomachische Ethik, Klassiker Auslegen 2, Berlin – Boston ⁴2019.
Hoffmann, Paul/Eid, Volker: Jesus von Nazareth und eine christliche Moral. Sittliche Perspektiven der Verkündigung Jesu, QD 66, Freiburg u. a. 1975.
Horn, Christoph: Moralphilosophie, in: Platon Handbuch. Leben – Werk – Wirkung, hg. v. dems. u. a., Berlin ²2020, 160–169.
Hossenfelder, Malte: Die Philosophie der Antike 3. Stoa, Epikureismus und Skepsis, Geschichte der Philosophie III, München ²1995.
– Epikur, Beck'sche Reihe Denker 520, München ³2006.
– Antike Glückslehren. Quellen zur hellenistischen Ethik in deutscher Übersetzung, Stuttgart ²2013.
Hugenberger, Gordon P.: Marriage as a Covenant. A Study of Biblical Law and Ethics Governing Marriage, Developed from the Perspective of Malachi, VT.S 52, Leiden 1994.
Irwin, Terence H.: The Parts of the Soul and the Cardinal Virtues (Book IV 427d–448e), in: Platon, Politeia, hg. v. O. Höffe, Klassiker Auslegen 7, Berlin ³2011, 89–104.
Jacobi, Christine: Jesusüberlieferung bei Paulus? Analogien zwischen den echten Paulusbriefen und den synoptischen Evangelien, BZNW 213, Berlin – Boston 2015.
Junker, Lothar: Das Scheidungslogion Q 16,18 und frühjüdische Reinheitsvorstellungen, WUNT II.497, Tübingen 2019.
Käsemann, Ernst: Das Problem des historischen Jesus, in: ders., Exegetische Versuche und Besinnungen, Bd. 1, Göttingen 1960, 187–214.
Kazen, Thomas: Scripture, Interpretation, or Authority? Motives and Arguments in Jesus' Halakic Conflicts, WUNT 320, Tübingen 2013.
Kellermann, Ulrich: Der Dekalog in den Schriften des Frühjudentums. Ein Überblick, in: Weisheit, Ethos und Gebot. Weisheits- und Dekalogtraditionen in der Bibel und im frühen Judentum, hg. v. H. Graf Reventlow, BThSt 43, Neukirchen-Vluyn 2001, 147–226.
– Eheschließungen im frühen Judentum. Studien zur Rezeption der Leviratstora, zu den Eheschließungsritualen im Tobitbuch und zu den Ehen der Samaritanerin in Johannes 4, DCL.St 21, Berlin u. a. 2015.
Kessler, Rainer: Maleachi, HThKAT, Freiburg u. a. 2011.

Klauck, Hans-Josef: Die religiöse Umwelt des Urchistentums II. Herrscher- und Kaiserkult, Philosophie, Gnosis, KStTh 9.2, Stuttgart u. a. 1996.
Köckert, Matthias: Nächstenliebe – Fremdenliebe – Feindesliebe, in: Mazel Tov. Interdisziplinäre Beiträge zum Verhältnis von Christentum und Judentum. Festschrift anlässlich des 50. Geburtstages des Instituts Kirche und Judentum, hg. v. M. Witte – T. Pilger, SKI Neue Folge 1, Leipzig 2012, 31–53.
Konradt, Matthias: Menschen- oder Bruderliebe? Beobachtungen zum Liebesgebot in den Testamenten der Zwölf Patriarchen, ZNW 88 (1997), 296–310.
– Tora und Naturgesetz. Interpretatio graeca und universaler Geltungsanspruch der Mosetora bei Philo von Alexandrien, in: Juden in ihrer Umwelt. Akkulturation des Judentums in Antike und Mittelalter, hg. v. dems. – R.C. Schwinges, Basel 2009, 87–112.
– Stellt der Vollmachtsanspruch des historischen Jesus eine Gestalt „vorösterlicher Christologie" dar?, ZThK 107 (2010), 139–166.
– Das Verständnis der Königsherrschaft Gottes bei Jesus von Nazareth, in: Theokratie und theokratischer Diskurs. Die Rede von der Gottesherrschaft und ihre politisch-sozialen Auswirkungen im interkulturellen Vergleich, hg. v. K. Trampedach – A. Pečar, Colloquia historica et theologica 1, Tübingen 2013, 101–115.
– „Fliehet die Unzucht!" (TestRub 5,5). Sexualethische Perspektiven in den Testamenten der zwölf Patriarchen, in: Anthropologie und Ethik im Frühjudentum und im Neuen Testament – Wechselseitige Wahrnehmungen, hg. v. dems. – E. Schläpfer, WUNT 322, Tübingen 2014, 249–281.
– Das Gebot der Feindesliebe in Mt 5,43–48 und sein frühjüdischer Kontext, in: Ahavah. Die Liebe Gottes im Alten Testament, hg. v. M. Oeming, ABIG 55, Leipzig 2018, 349–389.
– Testamente der zwölf Patriarchen, erscheint in: RAC 31, 2022.
Konstan, David: Friendship in the Classical World, Cambridge u. a. 1997.
Kreplin, Matthias: Das Selbstverständnis Jesu. Hermeneutische und christologische Reflexion. Historisch-kritische Analyse, WUNT II.141, Tübingen 2001.
Küchler, Max: Frühjüdische Weisheitstraditionen. Zum Fortgang weisheitlichen Denkens im Bereich des frühjüdischen Jahweglaubens, OBO 26, Freiburg (Schweiz) – Göttingen 1979.
Kupreeva, Inna: Überblick: Aristoteles und der Peripatos in der Kaiserzeit (inkl. Ps.-Aristoteles ‚De mundo'), in: Die Philosophie der Antike, Bd. 5/1: Philosophie der Kaiserzeit und der Spätantike, hg. v. C. Riedweg u. a., Ueberweg.Antike, Basel 2018, 257–301.
Kurz, William S.: Narrative Models for Imitation in Luke-Acts, in: Greeks, Romans, and Christians (FS A.J. Malherbe) hg. v. D.L. Balch u. a., Minneapolis 1990, 171–189.
Langlands, Rebecca: Exemplary Ethics in Ancient Rome, Cambridge u. a. 2018.
Lee, Max J.: Moral Transformation in Greco-Roman Philosophy of Mind. Mapping the Moral Milieu of the Apostle Paul and his Diaspora Jewish Contemporaries, WUNT II.515, Tübingen 2020.
Lévy, Carlos: Philo's Ethics, in: The Cambridge Companion to Philo, hg. v. A. Kamesar, Cambridge u. a. 2009, 146–171.
Long, A[nthony] A.: Epictetus. A Stoic and Socratic Guide to Life, Oxford 2002.
Long, A[nthony]/Sedley, D[avid] N.: Die hellenistischen Philosophen. Texte und Kommentare, übers. v. Karlheinz Hülser, Stuttgart – Weimar 2000.
Luz, Ulrich: Das Evangelium nach Matthäus, Bd. 1: Mt 1–7, EKK 1.1, Düsseldorf u. a. ⁵2002.
Maier, Johann: Zwischen den Testamenten. Geschichte und Religion in der Zeit des zweiten Tempels, NEB.ATE 3, Würzburg 1990.
Malherbe, Abraham J.: "Gentle as a Nurse": The Cynic Background to 1 Thessalonians 2, in: ders., Light from the Gentiles: Hellenistic Philosophy and Early Christianity. Collected Essays, 1959–2012, hg. v. C.R. Holladay u. a., NT.S 150, Leiden – Boston 2014, 53–67.
Malherbe Abraham J. (Hg.): The Cynic Epistles. A Study Edition, SBLSBS 12, Atlanta ³2006.

Marböck, Johannes: Gesetz und Weisheit. Zum Verständnis des Gesetzes bei Jesus Ben Sira, in: ders., Gottes Weisheit unter uns. Zur Theologie des Buches Sirach, HBS 6, Freiburg u. a. 1995, 52–72.

Martens, John W.: One God, One Law: Philo of Alexandria on the Mosaic and Greco-Roman Law, SPhAMA 2, Boston – Leiden 2003.

Meier, John P.: A Marginal Jew. Rethinking the Historical Jesus, Vol. 4: Law and Love, AYBRL, New Haven – London 2009.

Melzer-Keller, Helga: Jesus und die Frauen. Eine Verhältnisbestimmung nach den synoptischen Überlieferungen, HBS 14, Freiburg u. a. 1997.

Merkel, Helmut: Die Gottesherrschaft in der Verkündigung Jesu, in: Königsherrschaft Gottes und himmlischer Kult im Judentum, Urchristentum und in der hellenistischen Welt, hg. v. M. Hengel – A.M. Schwemer, WUNT 55, Tübingen 1991, 119–161.

Merklein, Helmut: Die Gottesherrschaft als Handlungsprinzip. Untersuchung zur Ethik Jesu, FzB 34, Würzburg ³1984.

– Jesu Botschaft von der Gottesherrschaft. Eine Skizze, SBS 111, Stuttgart ³1989.

Morgan, Teresa: Popular Morality in the Early Roman Empire, Cambridge u. a. 2007.

Müller, Jörn: Psychologie, in: Platon Handbuch. Leben – Werk – Wirkung, hg. v. C. Horn u. a., Berlin ²2020, 147–160.

Müller, Karlheinz: Gesetz und Gesetzeserfüllung im Frühjudentum, in: Das Gesetz im Neuen Testament, hg. v. K. Kertelge, QD 108, Freiburg u. a. 1986, 11–27.

– Anmerkungen zum Verhältnis von Tora und Halacha im Frühjudentum, in: Die Tora als Kanon für Juden und Christen, hg. v. E. Zenger, HBS 10, Freiburg u. a. 1996, 257–291.

– Gibt es ein Judentum hinter den Juden? Ein Nachtrag zu Ed Parish Sanders' Theorie vom „Covenantal Nomism", in: Das Urchristentum in seiner literarischen Geschichte (FS J. Becker), hg. v. U. Mell – U.B. Müller, BZNW 100, Berlin – New York 1999, 473–486.

– Forschungsgeschichtliche Anmerkungen zum Thema „Jesus von Nazareth und das Gesetz", in: Kirche und Volk Gottes (FS J. Roloff), hg. v. M. Karrer u. a., Neukirchen-Vluyn 2000, 58–77.

Najman, Hindy: The Law of Nature and the Authority of Mosaic Law, SPhiloA 11 (1999), 55–73.

– Seconding Sinai. The Development of Mosaic Discourse in Second Temple Judaism, JSJ.S 77, Leiden – Boston 2003.

Nickelsburg, George W.E.: Ancient Judaism and Christian Origins. Diversity, Continuity, and Transformation, Minneapolis 2003.

Niebuhr, Karl-Wilhelm: Gesetz und Paränese. Katechismusartige Weisungsreihen in der frühjüdischen Literatur, WUNT II.28, Tübingen 1987.

– Die Tora im Alten Testament und im Frühjudentum, in: ders., Tora und Weisheit. Studien zur frühjüdischen Literatur, WUNT 466, Tübingen 2021, 15–100.

Niehoff, Maren R.: Philon von Alexandria. Eine intellektuelle Biographie, Tübingen 2019.

Nussbaum, Martha C.: The Therapy of Desire. Theory and Practice in Hellenistic Ethics, New Edition, Princeton – Oxford 2009.

Opferkuch, Stefan: Der handelnde Mensch. Untersuchungen zum Verhältnis von Ethik und Anthropologie in den Testamenten der zwölf Patriarchen, BZNW 232, Berlin – Boston 2018.

Piering, Julie: Cynic Ethics: Lives Worth Examining, in: Ancient Ethics, hg. v. J. Hardy – G. Rudebusch, Göttingen 2014, 351–365.

Piper, John: 'Love Your Enemies'. Jesus' Love Command in the Synoptic Gospels and in the Early Christian Paraenesis. A History of the Tradition and Interpretation of its Uses, MSSNTS 38, Cambridge u. a. 1974.

Price, Anthony W.: Friendship (VIII und [sic!] IX), in: Aristoteles: Nikomachische Ethik, hg. v. O. Höffe, Klassiker Auslegen 2, Berlin – Boston ⁴2019, 183–200.
Räisänen, Heikki: Jesus and the Food Laws: Reflections on Mark 7.15, JSNT 16 (1982), 79–100.
Reinmuth, Eckart: Geist und Gesetz. Studien zu Voraussetzungen und Inhalt der paulinischen Paränese, ThA 44, Berlin 1985.
Reiser, Marius: Love of Enemies in the Context of Antiquity, NTS 47 (2001), 411–427.
Ricken, Friedo: Philosophie der Antike, Grundkurs Philosophie 6, Stuttgart ⁴2007.
Rosenau, Hartmut: Hellenistisch-römische Philosophie, in: Neues Testament und Antike Kultur, Bd. 3: Weltauffassung – Kult – Ethos, hg. v. J. Zangenberg, Neukirchen-Vluyn 2005, 1–21.
Sanders, E[d] P[arish]: Paul and Palestinian Judaism. A Comparison of Patterns of Religion, London 1977 (dt.: Paulus und das palästinische Judentum. Ein Vergleich zweier Religionsstrukturen, StUNT 17, Göttingen 1985).
– Jesus and Judaism, London ³1991.
Sänger, Dieter: Tora für die Völker – Weisungen der Liebe. Zur Rezeption des Dekalogs im frühen Judentum und Neuen Testament, in: Weisheit, Ethos und Gebot. Weisheits- und Dekalogtraditionen in der Bibel und im frühen Judentum, hg. v. H. Graf Reventlow, BThSt 43, Neukirchen-Vluyn 2001, 97–146.
Sauer, Georg: Weisheit und Tora in qumranischer Zeit, in: ders., Studien zu Ben Sira, BZAW 440, Berlin – Boston 2013, 1–24.
Schmeller, Thomas: Einführung in die Schrift, in: Epiktet, Was ist wahre Freiheit? Diatribe IV 1, eingel., übers. und mit interpretierenden Essays versehen von Samuel Vollenweider u. a., SAPERE 22, Tübingen 2013, 3–24.
Schnabel, Eckhard J.: Law and Wisdom from Ben Sira to Paul. A Tradition Historical Enquiry into the Relation of Law, Wisdom, and Ethics, WUNT II.16, Tübingen 1985.
Schofield, Malcolm: Stoic Ethics, in: The Cambridge Companion to the Stoics, hg. v. B. Inwood, Cambridge u. a. 2003, 233–256.
Schriefl, Anna: Stoische Philosophie. Eine Einführung, Reclams Universal-Bibliothek 19557, Stuttgart 2019.
Schröter, Jens: Jesus von Nazaret. Jude aus Galiläa – Retter der Welt, BG 15, Leipzig ⁶2017.
Seddon, Keith: Epictetus' Handbook and the Tablet of Cebes. Guides to Stoic Living, London – New York 2005.
Slingerland, Dixon: The Nature of *Nomos* (Law) within the *Testaments of the Twelve Patriarchs*, JBL 105 (1986), 39–48.
Stegemann, Wolfgang: Kontingenz und Kontextualität der moralischen Aussagen Jesu. Plädoyer für eine Neubesinnung auf die so genannte Ethik Jesu, in: Jesus in neuen Kontexten, hg. v. dems. u. a., Stuttgart 2002, 167–184.
– Jesus und seine Zeit, BE(S) 10, Stuttgart 2010.
Stemberger, Günter: Der Dekalog im frühen Judentum, JBTh 4 (1989), 91–103.
Sterling, Gregory E.: Universalizing the Particular: Natural Law in Second Temple Jewish Ethics, SPhiloA 15 (2003), 64–80.
– Was There a Common Ethic in Second Temple Judaism?, in: Sapiential Perspectives: Wisdom Literature in Light of the Dead Sea Scrolls, hg. v. J.J. Collins u. a., StTDJ 51, Leiden – Boston 2004, 171–194.
Strotmann, Angelika: Der historische Jesus: eine Einführung, Paderborn 2012.
Theißen, Gerd: Das Doppelgebot der Liebe. Jüdische Ethik bei Jesus, in: ders., Jesus als historische Gestalt. Beiträge zur Jesusforschung, hg. v. A. Merz, FRLANT 202, Göttingen 2003, 57–72.

– Das Reinheitslogion Mk 7,15 und die Trennung von Juden und Christen, in: ders., Jesus als historische Gestalt ..., 73–89 (= 2003a).
– Die Jesusbewegung. Sozialgeschichte einer Revolution der Werte, Gütersloh 2004.
Theißen, Gerd/Merz, Annette: Der historische Jesus. Ein Lehrbuch, Göttingen ³2001.
Theißen, Gerd/Winter, Dagmar: Die Kriterienfrage in der Jesusforschung. Vom Differenzkriterium zum Plausibilitätskriterium, NTOA 34, Freiburg (Schweiz) – Göttingen 1997.
Thomas, Johannes: Der jüdische Phokylides. Formgeschichtliche Zugänge zu Pseudo-Phokylides und Vergleich mit der neutestamentlichen Paränese, NTOA 23, Freiburg (Schweiz) – Göttingen 1992.
– The Paraenesis of the *Testaments of the Twelve Patriarchs*. Between Torah and Jewish Wisdom, in: Early Christian Paraenesis in Context, hg. v. J. Starr – T. Engberg-Pedersen, BZNW 125, Berlin – New York 2004, 157–190.
Tiwald, Markus: ΑΠΟ ΔΕ ΑΡΧΗΣ ΚΤΙΣΕΩΣ ... (Mk 10,6). Die Entsprechung von Protologie und Eschatologie als Schlüssel für das Tora-Verständnis Jesu, in: Erinnerung an Jesus. Kontinuität und Diskontinuität in der neutestamentlichen Überlieferung (FS R. Hoppe), hg. v. U. Busse u.a., BBB 166, Göttingen 2011, 367–380.
Vermes, Geza: Jesus, der Jude. Ein Historiker liest die Evangelien, Neukirchen-Vluyn 1993.
Vogt, Katja Maria: Die stoische Theorie der Emotionen, in: Zur Ethik der älteren Stoa, hg. v. B. Guckes, Göttingen 2004, 69–93.
Vos, J. Cornelis de: Rezeption und Wirkung des Dekalogs in jüdischen und christlichen Schriften bis 200 n.Chr., AGJU 95, Leiden – Boston 2016.
Weber, Reinhard: Das „Gesetz" bei Philon von Alexandrien und Flavius Josephus. Studien zum Verständnis und zur Funktion der Thora bei den beiden Hauptzeugen des hellenistischen Judentums, ARGU 11, Frankfurt a.M. u.a. 2001.
Wolf, Ursula: Aristoteles' ‚Nikomachische Ethik', Werkinterpretationen, Darmstadt 2002.
Wolter, Michael: Jesus von Nazaret, Theologische Bibliothek 6, Göttingen 2019.
Zeller, Dieter: Jesu weisheitliche Ethik, in: Ludger Schenke u.a., Jesus von Nazaret – Spuren und Konturen, Stuttgart 2004, 193–215.
– Die Worte der Sieben Weisen – ein Zeugnis volkstümlicher griechischer Ethik, in: Die Worte der Sieben Weisen. Griechisch und deutsch, hg., übers. und kommentiert von J. Althoff und dems., TzF 89, Darmstadt 2006, 107–158.
Zimmermann, Christiane: Frauen im Umfeld Jesu, in: Jesus Handbuch, hg. v. J. Schröter – C. Jacobi, Tübingen 2017, 327–333.

## III. Paulus: Handeln als lebenspraktische Dimension der Christusteilhabe in der Kraft des Geistes

Im Unterschied zu den sonstigen neutestamentlichen Schriften ist mit den sieben echten Paulusbriefen (Röm, 1-2Kor, Gal, Phil, 1Thess, Phlm) die günstige Situation verbunden, dass über den Autor zumindest einiges bekannt ist. Aus dieser Konstellation erwächst die Möglichkeit, nach Zusammenhängen zwischen Paulus' Biographie und seiner Theologie zu fragen und damit auch die Ethik des Apostels gegebenenfalls biographisch einzubetten. Dem steht zur Seite, dass die einzigen Quellen für die Rekonstruktion ethischer Anschauungen des Apostels die erhaltenen Briefe an verschiedene Gemeinden sind und aus dem brieflichen Charakter der Quellen folgt, dass Paulus' theologische Äußerungen nicht ohne die Berücksichtigung der jeweiligen Problemlage im Adressatenkreis und damit der Kommunikationssituation zu begreifen sind. Paulus hat zudem nicht nur keinen Traktat „Über das Wesen christlicher Ethik und ihre Inhalte" verfasst, sondern auch im Rahmen seiner Briefe nirgendwo zu einer *systematischen* Darstellung christlicher Ethik angesetzt. Als Quellenmaterial begegnet eine Vielzahl von einzelnen, sich mit verschiedenen ethischen Fragen auseinandersetzenden Textabschnitten aus unterschiedlichen Briefen, mit denen Paulus jeweils auf bestimmte Konstellationen in den Adressatengemeinden einzuwirken sucht. Zu erinnern ist schließlich daran, dass die überlieferten ethischen Argumentationen und Unterweisungen bei Paulus nicht zu erkennen geben, dass sie lediglich situative Applikationen einer ethischen Gesamtreflexion sind, die Paulus bereits vorgenommen oder gar ausgefertigt hatte (→ I.1/2). Paulus' Ethik ist vielmehr eine Ethik im Werden. Da also die ethischen Argumentationen und Ermahnungen jeweils im Horizont der je spezifischen Kommunikationssituation des Briefes, in dem sie stehen, zu erörtern sind, wäre es durchaus erwägenswert, jeden Brief für sich auf die in ihm begegnenden ethischen Anschauungen und Motive hin zu befragen (vgl. Matera 1996*, 119-206; Blischke 2007, 12.39-379). Der Nachteil eines solchen Vorgehens wäre indes, dass damit thematisch Zusammengehöriges auseinandergerissen würde. Ich lege daher im Folgenden eine thematische Gliederung zugrunde. Innerhalb der so strukturierten Darstellung ist aber den brieflichen Kontexten der Ausführungen und ihrer kommunikativen Dynamik gebührend Rechnung zu tragen sowie ferner die Frage einzubeziehen, inwiefern Entwicklungen in Paulus' ethischem Denken zu erkennen sind.

Im Einleitungskapitel wurde bereits angemerkt, dass die textliche Basis der Analyse der paulinischen Ethik sich keineswegs auf die direkt unterweisenden Abschnitte der paulinischen Briefe - wie z.B. 1Thess 4,1-12; 5,12-22; Gal 5,13-6,10; Phil 1,27-2,18; Röm 12-13 - sowie auf jene Passagen beschränken kann, die wie 1Kor 5-7 unmittelbar ethischen Fragen gewidmet sind (→ I.2/1). Denn vielfach besitzen auch Paulus' argumentative Auseinandersetzungen mit anderweitigen Problemen in den Adressatengemeinden eine eminent ethische Dimension, wie allen voran der 1Kor eindrucksvoll und facettenreich illustriert. Die Bedeutung dieser Texte besteht nicht zuletzt darin, dass besonders in ihnen die ethische Relevanz von ‚stories', d.h. für Paulus zentral: des Christusgeschehens, und Symbolen (wie z.B. dem Kreuz) und die theologische Einbindung der ethischen Dimension christlicher Existenz in den Gesamtzusammenhang paulinischer Theologie sichtbar wird.

Geht man die paulinischen Briefe im Einzelnen durch, ist nicht zu übersehen, dass der Handlungsdimension des Glaubens in Paulus' Theologie alles andere als eine nachgeordnete Stellung zukommt. In seinem ältesten Brief, dem 1Thess, wendet sich Paulus nach der ‚Beziehungsarbeit' in den ersten drei Kapiteln gleich zu Beginn des zweiten Hauptteils in 4,1-12 unter den Leitmotiven von Heiligung (4,3-8) und Geschwisterliebe (4,9-12) grundlegenden ethischen Themen zu, auf die in 5,12-22 noch allgemeine Mahnungen für das Leben in der Gemeinde folgen. Der 1Thess macht zudem durch seine wiederholten Rückverweise auf den Gemeindegründungsaufenthalt deutlich, dass die ethische Unterweisung bereits im Zuge der Gemeindegründung von konstitutiver Bedeutung war (s. 2,11f; 4,1f.6.11, vgl. Gal 5,21; zum 1Thess vgl. Edsall 2014, 63-74). Der 1Kor ist geradezu durchtränkt mit ethischer Signifikanz. In der Konfrontation mit den in Korinth entstandenen Problemfeldern – wie dem Parteienstreit und der Weisheitseuphorie in 1Kor 1-4 oder dem Konflikt um den Verzehr von Götzenopferfleisch in 1Kor 8,1-11,1 – tritt dabei im Vergleich zur Erinnerung an die beim Gründungsaufenthalt gegebene Weisung im 1Thess stärker eine *christologisch* orientierte *Argumentation* hervor, so dass der 1Kor für die Analyse der christologischen Signatur paulinischer Ethik von hervorgehobener Bedeutung ist. Im 2Kor liegt mit den Kap. 8-9 die in ethischer Hinsicht wichtigste Erörterung der Kollekte für die Armen in Jerusalem vor. Der kurze Phlm wirft Licht auf die Konsequenzen des Christusgeschehens für das Verhältnis von Herren und Sklaven, und im Phil bildet die ethische Unterweisung in 1,27-2,18, die insbesondere im Blick auf die christologische Begründung der Mahnung zur Demut relevant ist, das Herzstück des Briefes. Für keinen der bisher genannten Briefe ist eine Unterteilung in ‚dogmatische' und ‚ethische' Partien als strukturgebend erkennbar. Wie im Folgenden noch im Einzelnen aufzuweisen sein wird, zeigen sich ethische Aspekte vielmehr als integraler Bestandteil der theologischen Weltdeutung. Eine Aufgliederung in einen ‚dogmatischen' und einen (nachgeordneten) ‚ethischen' Teil lässt sich aber auch für den Gal und den Röm nicht halten (anders z. B. Schrage ²1989*, 170f; Schulz 1987*, 319.383). Im Gal ist 5,13-6,10 keineswegs lediglich ein paränetischer Appendix, sondern Teil der argumentativen Auseinandersetzung mit den Fremdmissionaren (vgl. Barclay 1988, 95f.143.216-220; Matera 1988). Jenen zufolge schließt die Hinwendung von Nichtjuden zum Christusglauben notwendig deren Integration in das Gottesvolk Israel samt Verpflichtung auf die Tora ein, die notwendig ist, um ethisch ausreichend ausgestattet zu sein. Im Gegenzug legt Paulus den galatischen Heidenchristen nicht nur dar, dass sie durch den Glauben und die Zugehörigkeit zu Christus Abrahamkinder sind (Gal 3,6-29), sondern er zeigt ihnen mit 5,13-6,10 auch auf, dass mit dem Wandel im Geist die faktische Erfüllung der in der Liebe zentrierten Forderung des Gesetzes einhergeht, so dass sie ethisch keineswegs hinter dem, was die Fremdmissionare ihnen vortragen, zurückbleiben. Gegen den ersten Augenschein lässt sich schließlich auch das Strukturschema des Röm nicht suffizient im Sinne einer Aufteilung von Röm 1-11 und Röm 12-15 auf ‚Dogmatik' und ‚Ethik' verstehen (vgl. Furnish 2009, 98-106). Denn die Grundlegung der *materialiter* in Röm 12-15 entfalteten ‚Ethik' erfolgt bereits in Röm 6-8. Auch hier ist wieder der situative Hintergrund des Passus mit zu bedenken: Paulus sah sich mit dem Vorwurf konfrontiert, dass seine Betonung der Gnade die unselige Konsequenz nach sich ziehe, lasterhaftem Wandel nicht Einhalt zu gebieten, sondern geradezu einen Freibrief zum Sündigen auszustellen (vgl. Röm 3,8; 6,1.15). Paulus weist dies scharf zurück (3,8) und sucht im Gegenzug darzulegen, dass zum Gnadenhandeln Gottes die Ermöglichung eines neuen Wandels konstitutiv dazugehört: Weil die Getauften der Sünde gestorben sind (6,2), ein Herrschaftswechsel von der Sünde zur Gerechtigkeit (6,18-20) bzw. von der Sünde zu Gott (6,22) stattgefunden hat und das Gesetz des Geistes des Lebens in Christus Jesus sie befreit hat vom Gesetz der Sünde und des Todes (8,2), ist ihnen ein dem Willen Gottes entsprechender Wandel möglich. Die ethische Unterweisung in 12,1-15,13 führt dann exemplarisch aus, was Wandel in der Neuheit des Lebens (6,4) konkret bedeutet. Grundlegung und Entfaltung christlichen Lebenswandels nehmen damit auch im Röm breiten Raum ein, und wiederum wird deutlich, dass „die Paraklese ... integraler Bestandteil des Evangeliums ist" (Söding 1995, 237).

# 1. Theologische Grundlagen

Anders, als dies *prima facie* im Licht der paulinischen Überzeugung, dass ein Mensch durch Glauben ohne Werke des Gesetzes gerechtfertigt wird, erscheinen mag, sind Fragen christlichen Lebenswandels bei Paulus keineswegs von nur sekundärer Bedeutung. Vielmehr ist Glaube für Paulus wesenhaft handlungsorientierter Glaube. Das grundlegende Charakteristikum des Judentums, dass der Lebenswandel als ein elementarer Bestandteil des Gottesverhältnisses gesehen wird, wird durch das Damaskusgeschehen nicht aufgehoben, sondern allein insofern modifiziert, als Paulus die Gottesbeziehung nun wesentlich durch das Christusgeschehen bestimmt sieht. Die theologische Begründung christlichen Verhaltens besitzt bei Paulus entsprechend einen eindeutig christologischen Fokus. Die Erörterung der theologischen Grundlagen der paulinischen Ethik muss daher bei der Christologie ansetzen. Alles Weitere – wie die pneumatologische Dimension oder der ekklesiologische Horizont christlichen Lebens – ist der christologischen Fundierung des Handelns zugeordnet und entfaltet sie.

## 1.1 Die christologische Begründung des Handelns: Das Sein in Christus

1. Als Kern des Christusgeschehens betrachtet Paulus, wie dies in der in 1Kor 15,3–5 überlieferten Zusammenfassung des Evangeliums prägnant zum Ausdruck kommt, den Tod Christi „für unsere Sünden" und seine Auferweckung am dritten Tag (vgl. Röm 4,25; 5,9f; 2Kor 5,15). Gottes Heilswirken in Christus gilt dabei Juden und ‚Heiden' in gleicher Weise, worin vorausgesetzt ist, dass alle, Juden wie ‚Heiden', wie dies in Röm 1,18–3,20 expliziert wird, dieses Heils bedürftig sind, weil niemand vor Gott gerecht ist, sondern alle gesündigt haben. Das Christusgeschehen ist daher Ausdruck göttlicher Gnade (Röm 3,24; 5,2.15 u. ö.), die dem Menschen völlig unverdient zuteilwird. Das Gnadenhandeln Gottes in Christus und die Zueignung dieses Heils an die Glaubenden wird von Paulus in unterschiedlichen Metaphern entfaltet: in diplomatischer Diktion als Versöhnung (2Kor 5,18–20), in forensischer Bildsprache als Rechtfertigung (Gal 2,16; Röm 3,24.28; 5,1.9 u. ö.) oder, um nur eine weitere Variante zu nennen, in kultischer Motivik als Sühne (Röm 3,25). Für den Ansatz der paulinischen Ethik entscheidend ist, dass Paulus das den Glaubenden gnadenhaft zugeeignete Heil nicht nur darin sieht, dass sie durch Christus einen neuen Stand vor Gott gewonnen haben – sie haben, mit Röm 5,1 gesprochen, Frieden mit Gott. Das Ergebnis des Gnadenhandelns Gottes besteht vielmehr zugleich auch in der Eingliederung in einen neuen Seinszusammenhang, den Paulus durch

die vielfach als Lokativ verwendete Wendung „in Christus" bezeichnet[1] und durch das Motiv der Christuszugehörigkeit und Christusteilhabe entfaltet (vgl. Schnelle 2003, 117–122). Nach Gal 3,26–29 haben die auf Christus Getauften Christus angezogen (V.27), so dass ihre Identität nunmehr zentral durch ihre Christuszugehörigkeit (V.29a) bestimmt ist (vgl. Roloff 1993, 94). Zum Lebenszusammenhang des Seins in Christus gehört für Paulus zudem konstitutiv eine ekklesiale Dimension. Die Glaubenden sind „*ein* Leib in Christus" (Röm 12,5); sie sind „durch *einen* Geist alle in *einen* Leib hineingetauft" (1Kor 12,13).

In Röm 6 bestimmt Paulus den Seinszusammenhang, in den die Getauften eingegliedert werden, dadurch, dass sie der Sünde abgestorben sind (V.2), weil sie in der Taufe mit Christus begraben wurden, „damit, wie Christus von den Toten auferweckt wurde durch die Herrlichkeit des Vaters, so auch wir in der Neuheit des Lebens wandeln" (V.3f). Der alte Mensch ist mit Christus gekreuzigt worden (V.6, vgl. dazu die aktivische Formulierung in Gal 5,24). Deutlich wird hier, dass mit der Christusteilhabe und dem Sein in Christus eine Transformation der Glaubenden einhergeht, die Paulus in Röm 7f durch die Gegenüberstellung von sarkischer und pneumatischer Existenz entfaltet. Christus ist nicht nur „für unsere Sünden gestorben" (1Kor 15,3), sondern hat die Macht der Sünde gebrochen und die Glaubenden von ihr befreit (Röm 8,3). Diese transformative Dimension wird unterstrichen, wenn man hinzuzieht, dass Paulus nicht nur vom Sein in Christus, sondern umgekehrt auch von Christus „in mir" spricht: So entfaltet Paulus die Rede davon, dass er mit Christus mitgekreuzigt ist, in Gal 2,19f dahingehend, dass nicht mehr er lebe, sondern Christus in ihm. Das Ich ist durch die Einwohnung Christi im Glaubenden grundlegend neu bestimmt. 2,20 formuliert in christologischer Konzentration, was anderorts pneumatologisch entfaltet wird (vgl. das direkte Nebeneinander beider Aussageweisen in Röm 8,10f). Kurzum: Mit dem Sein in Christus verbinden sich für Paulus real veränderte Existenzbedingungen.

2. Die christologische Begründung der Ethik bezieht sich zudem nicht nur auf den Aspekt der Ermöglichung des Handelns, sondern es geht zugleich auch um dessen inhaltliche Bestimmtheit. Denn Paulus leitet aus dem Christusgeschehen grundlegende Verhaltensperspektiven ab. So werden mit der Liebe (→ 3) und der Demut (→ 4) beide Leitperspektiven christlichen Lebenswandels bei Paulus christologisch fundiert und profiliert. Die Christusteilhabe bedeutet ein Hineingenommensein in einen umfassenden Lebenszusammenhang, der durch Christi Heilstat begründet ist und in dem die sich in seiner Lebenshingabe manifestierende Pro-Existenz (Gal 2,20) und seine Selbsterniedrigung (Phil 2,8) das Modell für die Begegnung mit anderen abgeben (vgl. Hays 1997\*, 27–32; Schnelle ²2014, 599–603). Die im Glauben mit Christus Verbundenen nehmen also nicht nur die Heilswirkung des Todes

---

[1] „In Christus" ist zwar zuweilen rein formelhaft gebraucht (s. z.B. Gal 1,22; 1Thess 2,14), bezeichnet aber vielfach im räumlichen Sinne eine heilvolle Lebenssphäre (z.B. Röm 6,11.23; 8,1.2; 12,5; 16,7; 1Kor 1,30; 2Kor 5,17; Gal 3,28; 5,6; Phil 2,1.5). Vgl. z.B. Dunn 1998, 396–401. – Morgan 2020 sieht bei Paulus neben einem instrumentalen Verständnis verbreitet einen Gebrauch der Wendung, den sie „encheiristic" (14 und passim) nennt. Die Glaubenden sind in Christi Hand, d.h. „under Christ's authority and protection" (244, vgl. 92 u.ö.).

Jesu als Geschenk für sich an, sondern den so Beschenkten wird das, wovon sie als Christen leben, zum Grundprinzip ihres eigenen Lebens. Gemeinschaft mit Christus bedeutet daher Hineingestelltsein in einen Lebensraum, in dem die Christus-Mimesis als Leitkategorie, als Meta-Norm, fungiert. Zugleich gewinnt eine solche ‚dialogische' Ausrichtung des Lebens auf andere hin ihre Plausibilität auf der Basis des Glaubens, dass das eigene Leben im Sinne heilvoller Existenz in der Lebenshingabe eines anderen, nämlich Christi, gründet. Die paulinische Ethik lässt sich daher im Kern als „die lebenspraktische Seite der Christus-Teilhabe" auffassen (Backhaus 2000, 24, s. auch Schnelle 2003, 118–120); sie ist Entfaltung dessen, was es heißt, die Beziehung zu Christus zu leben. Dies impliziert, dass die Ethik nicht etwas Zweites nach der Christologie ist; vielmehr ist Paulus' Christologie *„in sich*, nicht erst nachträglich, ethisch" (Backhaus 2000, 13). Christologie geht in der Ethik nicht auf, so dass es missverständlich wäre, von einer ethischen Christologie zu sprechen. Aber Ethik ist integraler Bestandteil der Christologie und christliches Handeln Vollzug des Seins in Christus in den irdischen Beziehungen. Als solchem eignet dem Handeln der Glaubenden Zeugnischarakter: Es verweist auf die geschenkte Teilhabe an der Christuswirklichkeit. Ihm kommt damit zugleich doxologischer Charakter zu: Es geschieht, mit Phil 1,11 gesprochen, zur Ehre und zum Lobe Gottes.

1.2 Die pneumatologische Dimension christlichen Lebens: Der Wandel im Geist und das Verhältnis von Gottes Wirken und menschlichem Handeln

1. Die Pneumatologie ist in der Architektur der paulinischen Theologie aufs Engste mit der Christologie verbunden, was verdichtet darin zum Ausdruck kommt, dass Paulus vom Geist auch als „Geist Christi" reden kann (Röm 8,9; Gal 4,6; Phil 1,19). Die große Bedeutung der Pneumatologie in Paulus' Auffassung christlichen Lebens wird insbesondere im Gal greifbar, in dem Paulus die direkte Auseinandersetzung mit der galatischen Situation in 3,1–5 mit der Frage beginnt, ob die Galater den Geist aus Werken des Gesetzes oder aus der Verkündigung des Glaubens empfangen haben. Es ist das Pneuma, durch welches das von Christus gewirkte Heil den Glaubenden zuteil und in ihnen in Kraft gesetzt wird. Entsprechend ist es nach Gal 4,6 der Geist, der das neue Gottesverhältnis im Abba-Rufen artikuliert (vgl. Röm 8,15), wie es nach 1Kor 12,3 der Geist ist, der die Glaubenden Jesus als den Kyrios bekennen lässt. Zugleich sieht Paulus den Geist – und dies ist im Rahmen der Ethik der entscheidende Aspekt – als Motor und Kraft eines veränderten Verhaltens im zwischenmenschlichen Bereich an, d.h., zum Wirken des Geistes gehört auch, die zwischenmenschlichen Relationen neu aufzubauen und als Kraft des neuen Lebens in Christus an ihrer Gestaltung grundlegend beteiligt zu sein.[2] So

---

[2] Vgl. exemplarisch Söding 1995, 212. Anders aber Haufe 1994, 189, demzufolge der Geist weniger die Kraft als „die Norm des neuen Wandels" ist. – Auf die Frage, ob Paulus den Geist stofflich-materiell gedacht hat oder die Ermächtigung zum Tun des Guten in einem rein relationalen Konzept allein aus der Veränderung der Gottesbeziehung erwächst (s. dazu die Studie von Rabens [2]2013), kann hier nur verwiesen werden.

steht der Geist im Gal auch dort im Zentrum, wo Paulus den Lebenswandel der Glaubenden zum Thema macht (Gal 5,13-6,10). Während im antiken Judentum auf die Tora als Gegenmittel gegen die böse Begierde rekurriert wurde[3], rückt Paulus in 5,16 programmatisch den Geist in diese Position: „Wandelt im Geist, und ihr werdet die Begierde des Fleisches nicht vollbringen!" Der Geist unterbindet aber nicht nur das ‚fleischliche' Streben, sondern ist zugleich auch die Kraft für das in 5,13 positiv angemahnte Verhalten des gegenseitigen Dienstes in der Liebe, wie der Tugendkatalog in 5,22f – mit der Liebe an der Spitze – deutlich macht. Der Akzent liegt hier auf der Einleitung, in der die Tugenden als „Frucht des Geistes" ausgewiesen werden. Entsprechend geht es nach dem im Gal entfalteten ethischen Ansatz im Lebenswandel zentral darum, dem Wirken des Geistes Raum zu geben und so das Leben im Einklang mit dem Geist zu gestalten (5,25, zur Deutung vgl. Weder 1998, 143-145; Backhaus 2000, 30f). Paulus' verdichtete Aussage in 2,20, dass Christus in ihm lebe, findet in 5,13-6,10 ihre pneumatologische Entfaltung: Bestimmt der Geist als Modus der dynamischen Gegenwart Christi das Ich des Glaubenden, dann treibt der Geist den Glaubenden dazu an, sich an der Liebe zu orientieren, die ihm selbst durch Christi proexistentes Heilshandeln widerfahren ist.

Die fundamentale Bedeutung des Geistes in Paulus' ethischem Ansatz tritt mit dem 1Thess schon in Paulus' ältestem Brief hervor, wo in 4,8 – mit einer Anspielung auf Ez 36,27; 37,14 – die Gabe des Heiligen Geistes als Grundlage der angemahnten Heiligung (4,3) erscheint (s. ferner noch den Gebetswunsch in 5,23, *Gott* möge die Adressaten heiligen). Im 1Kor schärft Paulus den Adressaten im Rahmen seiner Argumentation wider den Verkehr mit Prostituierten (6,12-20) ein, dass ihr Leib ein Tempel des Heiligen Geistes ist (6,19). Dies impliziert in umgekehrter Aussagerichtung, dass die pneumatische Existenz eine leiblich-konkrete ist (vgl. Blischke 2007, 150); eben deshalb hat die Gabe des Geistes für Paulus immer auch eine zentrale ethische Dimension. Im 1Kor wird dies nicht zuletzt in 1Kor 12-14 deutlich, denn der ‚Exkurs' über die Liebe in 1Kor 13 präsentiert diese als die Äußerungsweise des Geistes, die der Handhabung aller Charismen zugrunde liegen soll (→ 3.2.2). Nicht zuletzt ist auf Röm 8 zu verweisen. Nachdem Paulus in 7,7-25 die verzweifelte Situation des Menschen außerhalb der Christussphäre dargelegt hat, stellt er in 8,1-11 den Geist ins Zentrum der dem Glaubenden durch das Heilswirken Christi geschenkten neuen Existenzweise. Ein wesentliches Merkmal dieser neuen Existenz ist, dass die Rechtsforderung des Gesetzes, an der der fleischliche Mensch trotz seines an sich guten Wollens nur scheitern kann (7,14-20), durch die, „die nicht nach dem Fleisch, sondern nach dem Geist wandeln", erfüllt werden kann (8,4).

---

[3] Josephus verweist verschiedentlich darauf, dass die Internalisierung der Gebote durch das beständige Hören und Lernen dem Sündigen wehrt (Ant 4,210f; 16,43; Ap 2,174.178.204). Die Prüfung der im 4Makk vorgebrachten These, dass die gottesfürchtige Urteilskraft Herrscherin über die Leidenschaften ist (1,1 u. ö.), geht mit einem Verweis auf die Erziehung durch das Gesetz einher, „durch die wir die göttlichen Dinge ehrfurchtsvoll und die menschlichen zu unserem Nutzen lernen" (1,17). Wie sich dies in der Praxis auswirkt, wird dann an einigen Beispielen illustriert, z.B. in 2,8 an der Überwindung der Habgier (s. ferner 2,21-23). Die Belege ließen sich leicht vermehren. Zur späteren rabbinischen Ausformulierung, dass die Tora Gegenmittel zum bösen Trieb sei, s. bBB 16a; bKid 30b; Sifre Dtn § 45 zu 11,18; MProv zu 24,31; ARN 20.

2. Mit Röm 7f wie auch mit Gal 5f ist bereits ein anthropologischer Aspekt angeklungen, der das negative Widerlager für die fundamentale Rolle des Geistes in der paulinischen Ethik bildet: die durch das „Fleisch" gekennzeichnete Konstitution der adamitischen Menschheit. „Fleisch" ist bei Paulus ein schillernder Begriff mit einer Reihe unterschiedlicher Gebrauchsweisen (bei zum Teil fließenden Übergängen, vgl. Dunn 1998, 64–66), deren gemeinsamer Nenner darin zu finden ist, dass sie den Bereich des ‚bloß Menschlichen' umreißen (s. Barclay 1988, 206.209). „Fleisch" bezeichnet den Menschen – eher neutral – in seiner irdischen Schwäche und Sterblichkeit, ferner aber auch negativ in seiner Anfälligkeit für die Sünde. Der sarkische Mensch wird durch seine Begierde(n) (ἐπιθυμία) bestimmt (Röm 1,24; 6,12; 7,7f; 13,14; Gal 5,16.24; 1Thess 4,5). Im Rahmen des paulinischen Fleisch-Geist-Dualismus kann man holzschnittartig formulieren: Das sarkische Begehren richtet sich auf die Steigerung der eigenen Lebensmöglichkeiten; der Mitmensch wird für die eigene Lebenssteigerung instrumentalisiert, was soziale Konflikte und Disharmonie mit sich bringt (Gal 5,15). Der Geist aber wirkt dem selbstsüchtigen Begehren entgegen und etabliert als Lebensprinzip das gegenseitige Achten aufeinander, den gegenseitigen Dienst in der Liebe. Allerdings leben auch Christen als Geistbegabte noch im Fleisch (2Kor 10,3; Gal 2,20; Phil 1,22) bzw. in einem „sterblichen Leib" mit all „seinen Begierden" (Röm 6,12), so dass die Sünde weiterhin einen Anknüpfungspunkt hat, um das durch Gottes Heilshandeln verlorene Terrain zurückzugewinnen. Das sündhafte, selbstsüchtige Ich ist mit Christus gekreuzigt worden, Christus ist an seine Stelle getreten (Gal 2,19f); aber das Fleisch ist geblieben (vgl. Gundry Volf 1997, 468f). Zu der Aussage, dass die Getauften der Sünde abgestorben sind (Röm 6,2), gesellt sich daher die Aufforderung, die Sünde nicht erneut herrschen zu lassen (6,12). Den Korinthern, die auf die vermeintlich großartigen Äußerungen des Geistes unter ihnen stolz waren, hält Paulus mit Bezug auf ihre Parteistreitigkeiten in 1Kor 3,1–3 sogar vor, dass sie ausweislich der unter ihnen grassierenden Eifersucht und ihrer Streitereien noch fleischlich sind. Der Geist vermag das fleischliche Begehren zwar in Schach zu halten, aber dessen Regungen werden durch den Geist nicht ein für allemal abgeschaltet, sondern es gibt einen dauerhaften Widerstreit zwischen Geist und Fleisch (Gal 5,17). Damit geht einher, dass die Verleihung des Geistes als Kraft des neuen Lebens keinen Automatismus freisetzt, der den Willen der Glaubenden geradezu aushebelt und überspringt. Und eben darum gesellt sich auch zur Aussage, dass wir durch den oder im Geist leben (5,25a), die Aufforderung, im Geist zu wandeln (5,16) bzw. mit dem Geist im Einklang zu stehen (5,25b). Es geht darum, sich in die vom Geist bestimmte Seinsbewegung hineinnehmen zu lassen. Entsprechend kann Paulus in Röm 12 mahnen, „im Geist Glühende" zu sein (V.11, vgl. 1Thess 5,19). Umgekehrt ist zu betonen: Das Handeln der Glaubenden basiert für Paulus in keiner Weise allein auf ihrer Tatkraft, sondern ist „Frucht des Geistes" (Gal 5,22). Phil 2,12f untermauert dies eindrücklich: Dem Appell, mit Furcht und Zittern auf die eigene Rettung hinzuwirken, lässt Paulus sofort den Hinweis folgen: „Denn Gott ist es, der in euch wirkt sowohl das Wollen als auch das Wirken zu (seinem) Wohlgefallen."

3. Die Spannung von Empfang des Geistes und Aufforderung zum Wandel im Geist ist in der paulinischen Theologie mit einer Grundspannung in der Eschato-

logie verbunden, nämlich mit der bekannten eschatologischen Dialektik von ‚schon jetzt' und ‚noch nicht'. So wie Christi Auferstehung als eschatologisches Heilsereignis den Beginn der neuen Schöpfung markiert – Christus ist der Erstling der Auferstandenen (1Kor 15,20) –, so ist auch die Ausgießung des Geistes eschatologische Heilsgabe, wie z. B. dessen metaphorische Bezeichnungen als Erstlingsgabe (ἀπαρχή, Röm 8,23) und als Angeld (ἀρραβών, 2Kor 1,22; 5,5) deutlich machen, wobei mit ihnen zugleich betont wird, dass die Gabe des Geistes die Vollendung verbürgt (vgl. Furnish 2009, 129–134). Die neue Schöpfung ist also mit Christi Tod und Auferstehung schon angebrochen. Zugleich aber läuft der gegenwärtige Äon weiter bis zur Parusie Christi, so dass christliche Existenz gewissermaßen eine Existenz ‚zwischen den Zeiten' ist (vgl. Sampley 1991, 7–24.108f; 2016, 32–36; Dunn 1998, 461–472): Die Glaubenden sind durch den Geist in Christus schon Teilhaber an der neuen Schöpfung (vgl. 2Kor 5,17; Gal 6,15), leben aber zugleich als Hoffende noch „im Fleisch" (vgl. Körtner, 1981, 105; Bornkamm 1985, 172–174.176; Schrage ²1989*, 173.185f; Dunn 1998, 629–631). Als Existenz ‚zwischen den Zeiten' ist christliche Existenz gefährdete und insofern auf ethische Ermahnung angewiesene Existenz.

Der dargelegten Spannung ist zugleich das bekannte Nebeneinander von indikativischen und imperativischen Aussagen bei Paulus zugeordnet, das oben bereits in den unterschiedlichen Aussagen zur Sünde in Röm 6,2.12 zutage trat und in Gal 5,25 im Blick auf den Geist einen pointierten Ausdruck findet. Ebenso kann Paulus zum einen indikativisch sagen, dass die Getauften Christus angezogen haben (Gal 3,27), zum anderen aber auch imperativisch formulieren: „Zieht den Herrn Jesus Christus an" (Röm 13,14). In 1Kor 5,7 stehen die Aufforderung „schafft den alten Sauerteig weg, damit ihr neuer Teig seid" und der Zuspruch „wie ihr ja ungesäuert seid" direkt nebeneinander. Im weiteren Sinn lässt sich auch 1Thess 5,4–8 anführen, wo die Zuweisung der Glaubenden zum Tag (5,5.8) mit der Aufforderung einhergeht, nicht zu schlafen und nüchtern zu sein (5,6, vgl. ferner 1Kor 6,11 mit 1Thess 4,3f und Gal 2,20 mit Gal 4,19). Da ausgehend von diesem Sachverhalt das Verhältnis von ‚Indikativ' und ‚Imperativ' in der Paulusforschung zugleich in metaphorischem Sinne als Schlüssel benutzt wurde, um einen Zugang zur Grundkonstellation paulinischer Ethik zu finden, ist hier kurz zu verweilen.

*Exkurs: Zur Bedeutung des ‚Indikativ-Imperativ'-Schemas zur Erfassung des ethischen Ansatzes von Paulus*

Die Frage nach der Stellung und Bedeutung der Ethik in der paulinischen Theologie ist über längere Zeit hinweg vornehmlich anhand des Schemas von (Heils-)‚Indikativ' und (ethischem) ‚Imperativ' durchkonjugiert worden. Als zentral wird in der Regel angesehen, dass dem ‚Indikativ' der Vorrang gebührt. Die nähere Verhältnisbestimmung kann allerdings unterschiedlich ausfallen. Der ‚Imperativ' kann eher neben dem ‚Indikativ' zu stehen kommen, als Folge des ‚Indikativs' bzw. als im ‚Indikativ' begründet verstanden werden oder als in den ‚Indikativ' integriert aufgefasst werden (vgl. Parsons 1995, 218–232), wobei sich durch die jeweilige inhaltliche Bestimmung des ‚Indikativs' noch Untervarianten ergeben. Mit den unterschiedlichen Optionen verbinden sich unterschiedliche Bestimmungen der Stellung und Bedeutung der Ethik in Paulus' theologischem Denken: Ist christliches Handeln dankbare Antwort auf das geschenkte Heil oder notwendig aus diesem folgende Konsequenz oder aber über einen responsorischen oder konsekutiven Ansatz hinausgehend als Teil des Heils selbst zu betrachten? Ich beschränke mich zur Illustration auf wenige prominente Beispiele, die die Diskussion exemplarisch abstecken (vgl. neben den im Folgenden Genannten z. B. noch Blank 1969; Körtner 1981; Eckert 1984; Schulz 1987*, 319–322.380–384; Schrage ²1989*, 170–175; Marxsen 1989*, 163–197; Burridge 2007*, 105–107).

Grundlegend für den Ansatz, die paulinische Ethik über das ‚Indikativ-Imperativ'-Schema zu erfassen, ist Rudolf Bultmanns programmatischer Aufsatz „Das Problem der Ethik bei Paulus" von 1924. Bultmann führt aus, dass es sich beim Verhältnis von ‚Indikativ' und ‚Imperativ' „um eine *echte* Antinomie ..., d.h. um sich widersprechende und gleichwohl zusammengehörige Aussagen" handele (123). Die entscheidende Weiche ist bei Bultmann dadurch gestellt, dass er das Heilsgut rechtfertigungstheologisch als Sündlosigkeit bestimmt, die allein *in Gottes Urteil* bestehe (135f) und nur geglaubt werden kann, aber nicht empirisch wahrnehmbar sei. Da der Gerechtfertigte aber der konkrete leibliche Mensch sei, stehe er zugleich unter dem ‚Imperativ', der durch den ‚Indikativ' – dies ist nach Bultmann das einzige Neue an der sittlichen Forderung – den Sinn des *Gehorsams* gewonnen habe. Die Bedeutung des Geistes als „Kraft eines neuen sittlichen Wandels" (139) wird zwar vermerkt, doch bleibt dieser Aspekt für seine Bestimmung des ‚Indikativs' folgenlos, weil „das Entscheidende" eben in der in Gottes Urteil vollzogenen Rechtfertigung erblickt wird (139). Seinen Platz findet das Geistwirken schließlich auf der Seite des ‚Imperativs'. Denn da das ganze Sein des Gerechtfertigten durch die Gnade bestimmt ist, gilt dies auch vom „Imperativ, unter dem er steht" (140), so dass die Haltung des Gehorsams zugleich eine durch den Geist gewirkte Gabe Gottes ist, „ohne daß die Forderung ihren imperativischen Charakter verliert" (140).

Bultmanns Ansatz hat eine frühe Kritik durch Hans Windisch (1924) erfahren, der mit Recht Bultmanns einseitigen Fokus auf der Rechtfertigungslehre kritisierte und zugleich gegen Bultmann betonte, dass „die Erlösung von der Sünde sich für Paulus auch im *Wahrnehmbaren* vollzieht" (272). Stärker als Windisch hat die Kritik von Ernst Käsemann gewirkt. Während Bultmann in seiner Theologie des Neuen Testaments zur Illustration seines Ansatzes das Pindarwort „Werde, der du bist!" (Pyth 2,72) bemüht hat (Bultmann ⁹1984*, 334), sieht Käsemann den „Sinn des paränetischen Imperativs als der Konsequenz und Bestätigung des Indikativs ... viel besser durch die Formel beschrieben: Bleibe bei dem dir gegebenen Herrn und in seiner Herrschaft" (1964, 188). Auch Käsemann setzt bei der Rechtfertigungslehre ein, genauer: bei ihrer Entfaltung im Sinne der Offenbarung der Gerechtigkeit Gottes im Röm. Er betont jedoch anders als Bultmann den ‚Machtcharakter' der Gabe (183), sieht in der Herrschaft Christi ihren eigentlichen Inhalt (189) und integriert hier auch die Gabe des Geistes: „Der in und mit der Taufe in der Gabe seines Geistes, also der Herrschaft setzenden Macht, von uns empfangene Herr treibt uns eben als unser Herr in den Aufbruch zu stets neuem Dienst und in immer neue Zukunft" (188). Paulus kenne „keine Gabe Gottes, die uns nicht zum Dienst verpflichtete und unsern Dienst ermögliche" (183). Während bei Bultmann Glaubens- und ethische Lebenswirklichkeit als zwei unterschiedliche Bereiche erscheinen, geht der Lebenswandel bei Käsemann organisch aus der Heilsgabe hervor. Der ‚Imperativ' wird in den ‚Indikativ' integriert: Christwerden bedeutet, in den Herrschaftsbereich Christi einzutreten und sich fortan von diesem Herrn bestimmen zu lassen.

Günther Bornkamm setzt anders als Bultmann nicht bei der Aussage der Rechtfertigung durch Glauben an, sondern sieht mit dem „Zusammentreffen indikativischer und imperativischer Worte" die „Frage nach dem Verhältnis von Taufe und neuem Leben" aufgeworfen (1985, 161). Das feste Aufeinanderbezogensein von ‚Indikativ' und ‚Imperativ' – „[d]er Indikativ begründet den Imperativ, und der Imperativ folgt aus dem Indikativ mit einer unbedingten Notwendigkeit" (162) – wird dabei im Blick auf die Taufe durch den Zusammenhang von Zueignung und Aneignung auf den Punkt gebracht: „Die Taufe ist die Zueignung des neuen

Lebens, und das neue Leben ist die Aneignung der Taufe" (177). Die Formulierung bedenkt, dass das Handeln nichts zum geschenkten Leben hinzufügt; es geht eben um dessen Aneignung. Die Notwendigkeit des ‚Imperativs' liege „in der Verborgenheit des neuen Lebens, das in der Taufe uns geschenkt ist" (172f), begründet, womit der futurische Aspekt der paulinischen Eschatologie zur Geltung kommt. Der alte Äon ist zwar gewendet, existiert aber noch; und der Leib ist zwar „nicht mehr ... besessen von der Sündenmacht", aber er ist „noch versuchlich" (173). Victor Furnish knüpft an Käsemann an (2009, 225, Anm. 44) und hält explizit fest, dass der ‚Imperativ' nicht bloß im ‚Indikativ' begründet sei oder aus diesem folge, sondern in den ‚Indikativ' integriert sei (225), denn „God's *claim* is regarded by the apostle as a constitutive part of God's *gift*" (225). Der Gehorsam sei weder Voraussetzung noch Folge des neuen Lebens, sondern dessen konstitutiver Bestandteil (226), da der Glaubende in einen neuen Lebensbereich eingegliedert sei: „He stands under the aegis and hegemony of a new Sovereign" (225).

In der jüngeren Forschung ist wiederholt die Abkehr vom ‚Indikativ-Imperativ'-Schema gefordert worden (z.B. Backhaus 2000, 9–14; Schnelle 2003, 109–117; Löhr 2005\*, 152; Zimmermann 2007, 260–265 und 2016\*, 24–34; J.W. Thompson 2011, 4f, kritisch dazu Wolter 2009, 121f; Schröter 2016, 159–161), da dieses nicht in der Lage sei, den Ansatz der paulinischen Ethik adäquat einzufangen. Man kann dagegen einwenden, dass es das Nebeneinander von ‚heilsindikativischen' Aussagen und ethischen Aufforderungen als erklärungsbedürftiges Phänomen bei Paulus nun einmal gibt (vgl. Wolter 2009, 121f). Überdies ist nicht zu bezweifeln, dass in einigen der voranstehend skizzierten Ansätzen bleibend gültige Einsichten formuliert sind – wie die Eingliederung der Glaubenden in einen neuen Lebensbereich und die Bedeutung der Eschatologie. Dies führt aber umgekehrt nicht dazu, im ‚Indikativ-Imperativ'-Schema *den* Schlüssel für das Verstehen des ethischen Ansatzes des Apostels zu sehen. Vielmehr ist eine differenzierte Wertung seiner Leistungsfähigkeit geboten. Gegen die Tendenz, das Schema zur Erschließung des Verhältnisses von Soteriologie und Ethik bei Paulus im Ganzen heranzuziehen, ist grundlegend darauf zu verweisen, dass das skizzierte Nebeneinander von ‚indikativischen' und ‚imperativischen' Aussagen einen präzisen Ort im Kontext der paulinischen Soteriologie und Ethik hat: Es verweist auf das oben angesprochene Problem der anthropologischen Verfasstheit des ‚zwischen den Zeiten' lebenden Christenmenschen, der mit seiner Eingliederung in die pneumatische Christussphäre in einen neuen Lebenszusammenhang hineingestellt ist, ohne dass dieser durch die Gabe des Geistes automatisch, ohne Zutun des Christen, in seinem Verhalten manifest wird, womit verbunden ist, dass sich der ‚Imperativ' nicht suffizient als ein „christologisches Performativ" (Landmesser 1997, 575 [am Beispiel von Phil 1,27] und 2009, 179f.191f) bestimmen lässt. Das ‚Indikativ-Imperativ'-Schema leistet in diesem Zusammenhang eine klare Unterscheidung zwischen göttlichem und menschlichem Wirken. Für die Soteriologie, die Ethik und das Verhältnis beider zueinander bei Paulus ist dies zweifelsohne ein wichtiger Aspekt.

Zugleich ist allerdings zu sagen: Es ist nur *ein* Aspekt, der nicht das Ganze umfängt oder erhellt. Um den Ort der ‚Indikativ-Imperativ'-Thematik innerhalb der paulinischen Theologie präziser zu lokalisieren, dürfte es hilfreich sein, heuristisch zwischen relationalen (vor allem forensisch ausgerichteten) Aspekten und transformativen, die ontische Konstitution des Christenmenschen affizierenden Aspekten in der paulinischen Soteriologie zu unterscheiden. Zu Ersteren gehört etwa, dass Gott sich gnadenhaft Menschen zuwendet, ohne an Voraussetzungen auf Seiten des Menschen anzuknüpfen, dass er Sünden nicht zurechnet, durch sein gerecht sprechendes Urteil den Menschen, die im Glauben dieses Heilshandeln empfangen, eine neue Stellung vor sich gewährt und die Rettung aus dem Zorngericht verheißt. Damit allein ist die paulinische Soteriologie aber noch nicht suffizient umrissen. Vielmehr sind zweitens zugleich, ja zentral die Aspekte der Transformation und Partizipation, des Transfers in einen neuen Lebenszusammenhang zu bedenken (s. dazu z. B. Schnelle 2001). Die oben zitierten Aussagen sind alle in diesem zweiten Sachzusammenhang verortet. Entsprechend stellt sich – dies ist insbesondere gegenüber Bultmanns Ansatz zu betonen – die Frage, wie sich ‚Imperativ' und ‚Indikativ' zueinander verhalten, zunächst einmal für diesen Bereich – und erst dann sowie *in anderer Weise* für die Frage, inwiefern das Handeln eines Christenmenschen die gegenwärtige Zuwendung Gottes und die Zusage des endzeitlichen Heils tangiert. Bezieht man die Figur des ‚Indikativs' im Rahmen der ‚Indikativ-Imperativ'-Problematik hingegen undifferenziert auf das Ganze der paulinischen Soteriologie, birgt dies das Problem, dass der eigentliche Sachzusammenhang, in dem bei Paulus das Nebeneinander von ‚indikativischen' und ‚imperativischen' Aussagen angesiedelt ist, in den Gravitationsbereich des Indikativs der freien Heilszuwendung Gottes gerät und dies, um der Gefahr des Übergleitens des ‚Indikativs' in einen ‚Konjunktiv' zu wehren, einer statischen Auffassung des Heils und einer Abwertung des Handelns Vorschub leistet. Bei dem neuen Leben, das dem Christen eröffnet ist, handelt es sich aber um einen dynamischen und, da eben auch der Glaubende „im Fleisch" lebt, durchaus auch Gefährdungen ausgesetzten Prozess. Dem korrespondiert, dass sich ‚Imperative' in diesem Problemfeld keineswegs nur auf ‚ethisches' Handeln im engeren Sinne beziehen, sondern auf das (Durchhalten des) Christsein(s) im Ganzen. So kann Paulus mahnen, fest im Glauben zu stehen (1Kor 16,13), in der Freiheit zu bleiben (Gal 5,1) und als Kinder des Tages nüchtern zu sein (1Thess 5,8).

Ferner ist aufzunehmen, dass der Lebenswandel der Glaubenden Teil der empfangenen Heilsgabe selbst ist und insofern keineswegs nur dem ‚Imperativ' zugeordnet werden kann. Denn das Heil ist nicht in einer individualistischen Engführung in einer isolierten Gott-Glaubender-Relation zu denken und dahingehend zu verkürzen, dass sich das Urteil Gottes über den Einzelnen verändert hat, sondern neben der Erneuerung der Gottesbeziehung affiziert das neue Sein auch die zwischenmenschlichen Beziehungen, weil mit dem Sein in Christus das Hineingestelltsein in einen sozialen Lebensraum verbunden ist. Soteriologie und Ethik sind damit aufs Engste einander zugeordnet: Gehört die Eröffnung und der Aufbau neuer zwischenmenschlicher Beziehungen mit zu dem von Gott geschenkten Heil, so ist zugleich deren Gestaltung Gegenstand der ethischen Reflexion.

Überblickt man das Ganze, so ist der Kritik an dem verbreiteten Zugang, den Ansatz der paulinischen Ethik durch das ‚Indikativ-Imperativ'-Schema aufschließen zu wollen, insofern Recht zu geben, als, wie oben dargelegt wurde, das Hauptwort der paulinischen Ethik im Lokativ steht und Christus lautet (Backhaus 2000, 13). In diesem Rahmen, d. h. als Explikation des Seins in Christus, behält das ‚Indikativ-Imperativ'-Schema jedoch seine begrenzte Bedeutung. Denn nur dann, wenn man allein den Aspekt des Wirkens des Geistes in Christus fokussiert, kann man es bei dem pointierten Satz „wer *aus der Gnade* lebt, *lebt* aus der Gnade" (Backhaus 2000, 13 und 2012, 30) schon belassen. Der zweite Teil des Satzes ist aber kein Selbstläufer, weil auch die Begnadeten noch ihren fleischlichen Regungen ausgesetzt sind. Deshalb bedarf es des ‚Imperativs'. Dabei gilt es allerdings ebenso zu beachten, dass sich ‚Indikativ' und ‚Imperativ' nicht einfach auf Soteriologie und Ethik verteilen lassen. Denn wie sich der ‚Indikativ' nicht nur auf die durch das Christusgeschehen gewonnene Stellung vor Gott bezieht, sondern auch die Fundierung des neuen sozialen Miteinanders einschließt, so ist der ‚Imperativ' nicht allein auf die Handlungsdimension des Christseins im engeren Sinne bezogen, sondern umfassender dem Bleiben in Christus und der Gestaltwerdung des Heils in seinen irdischen Relationen zugeordnet.

Aus dem Zusammenspiel von göttlichem (Mit-)Wirken und Handeln des Christen folgt: Kein Christenmensch kann sich sein gutes Handeln auf die eigene Fahne schreiben, denn er ist ganz und gar von Gott abhängig. Zugleich kann aber auch niemand sich selbst für sein Unterlassen mit einem Verweis auf Gott exkulpieren, denn der Christenmensch ist ganz und gar verantwortlich für sein Tun. Mit Letzterem geht einher, dass Paulus ganz selbstverständlich davon ausgeht, dass auch der Christ sich für seinen Lebenswandel vor dem Richter wird verantworten müssen (→ 1.4).

### 1.3 Der ekklesiologische Horizont christlichen Lebens: Die Gemeinschaft in Christus und die Neubestimmung sozialer Rollen

1. Paulus hat nicht bloß Individuen für den Christusglauben gewinnen wollen, sondern Gemeinden gegründet, denn Christsein geht für Paulus nicht darin auf, dass Einzelne sich des ihnen zuteil gewordenen Heils erfreuen und ihre Gottesgemeinschaft meditieren. Das „In-Christus-Sein" ist bei Paulus nicht Chiffre eines individualistischen Heilsverständnisses, sondern wird in ekklesiologische Zusammenhänge hinein ausgelegt (vgl. Roloff 1993, 92–96): Die Hinwendung zum Christusglauben schließt die Eingliederung in die ekklesiale Gemeinschaft ein. In ethischer Hinsicht zeigt der Umstand, dass Paulus in der allgemeinen Paraklese des Röm in Röm 12–13 nach der programmatischen Eröffnung in 12,1f in V.3–8 als erstes anhand der Leibmetapher das Zusammenwirken der Glaubenden *in der Gemeinde* thematisiert, exemplarisch den konstitutiven ekklesialen Horizont, in dem Paulus das Leben eines Christenmenschen verortet. Dies besagt nicht, dass Paulus eine Konventikelethik entwickelt, die *allein* für den Raum der Gemeinde gilt. Wohl aber ist die Gemeinde als der primäre (nicht exklusive) Ort ausgezeichnet, an dem die Gemeinschaft stiftende und gestaltende Dimension des Seins in Christus manifest werden soll.

Die hervorgehobene Bedeutung des ekklesialen Raums für den mit der Christusgemeinschaft verbundenen Lebenswandel zeigt sich auch darin, dass für Paulus Leitmotive christlichen Handelns auf Wechselseitigkeit angelegt sind. Das Pronomen „einander" erscheint hier gewissermaßen als ein Hauptwort der paulinischen Ethik: Christen sollen *einander* durch die Liebe dienen (Gal 5,13), *einander* die Lasten tragen (6,2), *einander* in Demut höher achten als sich selbst (Phil 2,3), in Ehrerbietung *einander* zuvorkommen (Röm 12,10) usw. Ebenso ist eine pointierte Mahnung wie die, dass „niemand das Seine, sondern das des anderen suchen solle" (1Kor 10,24), kaum anders als in einer Gemeinschaft dauerhaft praktikabel, in der die Glieder einander wechselseitig in diesem Sinne begegnen (→ 3.2.1/1). Es geht hier indes nicht bloß um ethische Pragmatik, sondern um theologische Überzeugung. Instruktiv ist hier 1Kor 10,16f. Nach V.16 treten die Mahlteilnehmer im Abendmahl in Gemeinschaft mit Christus und erhalten Anteil an seinem Leib und Blut, d.h. an der Heilswirkung seines Todes. Das aber meint, wie 10,17 deutlich macht, mehr als individuellen Heilsempfang, denn die gemeinsame Teilhabe an dem von Christus gewirkten Heil stiftet zugleich einen sozialen Zusammenhang unter den Mahlteilnehmern: Die „Vielen" bilden „*einen* Leib", wobei „Leib" in 10,17 rein metaphorisch zu verstehen ist: „Leib" bezeichnet die Gemeinde als eine organische Einheit, in der die vielen Glieder (vgl. 12,12.14.20; Röm 12,5) aufeinander bezogen sind und zum gemeinsamen Wohl zusammenwirken. Der Zusammenhang zwischen dem christologischen Leibbegriff in 1Kor 10,16 und dem ekklesiologischen in 10,17 ist damit ein rein assoziativer (vgl. Konradt 2003, 423–425), zugleich aber auch insofern ein hintergründiger, als die mit der Leibmetapher artikulierte ekklesiale Wirklichkeit in doppelter Hinsicht christologisch qualifiziert ist. Erstens gründet die Verbundenheit der Christen untereinander eben in der gemeinsamen Gemeinschaft mit Christus; sie ist damit selbst Teil der Heilsgabe (vgl. Roloff 1993, 101). Zweitens ist die Art und Weise, wie die Glieder des ekklesialen Leibes aufeinander bezogen sind, in dem in Abschnitt 1.1/2 angedeuteten und noch näher zu entfaltenden Sinn durch das Christusgeschehen auch *inhaltlich* qualifiziert. Die Aufnahme und Entfaltung der Bezeichnung der Gemeinde als „Leib" in 1Kor 12,12–27 bekräftigt und vertieft diese Aspekte. Wenn Paulus darin in V.27 pointiert vom „Leib *Christi*" spricht, so ist damit der metaphorische Gebrauch nicht verlassen. Das Genitivattribut „Christi" qualifiziert vielmehr die mit dem Bild des Leibes beschriebene Gemeinschaft als Christi Eigentum und Herrschaftsbereich (Yorke 1991, 46–49.72), wie dies in V.12 angelegt ist. Die Breviloquenz „so auch der Christus" steht hier für: „so steht es auch dort, wo Christus durch den Geist heilschaffend wirkt" (Wolff 1996, 298). Das heißt: Da, wo Christus durch den Geist heilschaffend wirkt, bleiben die Vielen nicht isolierte Einzelne, sondern sie werden zu *einem* Leib, zu einer organischen Einheit zusammengefügt, was V.13 mit der Taufe in Zusammenhang bringt.

2. Von großer Bedeutung für Paulus ist sodann die – auch außerhalb der Paulusbriefe begegnende – Geschwistermetapher, mit der er die familiengleiche Zusammengehörigkeit der Christusgläubigen zum Ausdruck bringt. Die große Bedeutung dieses Motivs leuchtet schon angesichts der Bedrängnis, der die christusgläubigen Gruppen seitens ihrer Umwelt häufig ausgesetzt waren, unmittelbar ein. Vielfach ist in der Konzipierung der Gemeinde als ‚Bruderschaft' auch ein eminent egalitäres Moment gesehen worden (s. z.B. Schäfer 1989, passim; Horrell 2005, 112f). Blickt man auf die antike Sicht von Geschwisterbeziehungen, lässt sich dieser Ansatz nicht untermauern. Denn hier spielen zwar Zusammenhalt und Eintracht eine gewichtige Rolle, doch ist dies durchaus mit einem hierarchischen Gefälle unter Geschwistern vermittelbar (Aasgaard 2004, 75f.91). Für die paulinischen Gemeinden ist allerdings noch ein anderer Aspekt zu bedenken, der die Geschwistermetapher zwar nicht zum pointierten Ausdruck einer Gleichheitsdoktrin zu machen vermag, ihr gleichwohl aber zumindest eine egalisierende Tendenz einschreibt, deren genaues Gewicht die weiteren Analysen erweisen müssen: In den Gemeinden finden sich freie Menschen wie auch Sklaven, die einander, wie Phlm 16 zu erkennen gibt, in Christus als Geschwister erkennen und begegnen sollen – in der Gemeinde wie im Alltag (→ 3.2.3; 5.3).

3. Dieser Aspekt führt direkt zu Gal 3,28. Der Vers ist in der neueren Forschung als ekklesiologischer *Schlüsselsatz* gewichtet (Roloff 1993, 91) und verschiedentlich als eine Art Programmsatz einer egalitären *communitas* geadelt worden (s. z.B. Strecker 1999, 351–407). Nicht nur im Detail ist aber vieles umstritten (für eine hilfreiche Typisierung der Deutungsansätze Merklein 1997, 234–236). Auffallend ist, dass bei der Interpretation von Gal 3,28 der übergreifende Kontext von Gal 3 nicht selten eher stiefmütterlich behandelt wird oder ganz unbeachtet bleibt.

Dies findet seine vermeintliche Rechtfertigung in der Annahme, dass Paulus hier ein vorgeformtes Traditionsstück aufnimmt. Der Sachverhalt, dass nur das erste Oppositionspaar von V.28 („nicht Jude noch Grieche") mit dem im Kontext verhandelten Thema verbunden ist, und der Befund, dass die ersten beiden Glieder auch in 1Kor 7,17-24; 12,13 begegnen, empfehlen in der Tat die Annahme, dass Paulus in Gal 3,28 und 1Kor 12,13 auf Wendungen zurückgreift, die er nicht erst für die brieflichen Kontexte geprägt hat. Daraus folgt allerdings weder, dass es sich um *vorpaulinisches* Gut handelt (anders Paulsen 1980, 75-88; Hellholm 2011, 436-439; Neutel 2015, 24-28 u. a.), noch, dass Gal 3,(26-)28 *im Ganzen* eine im Wortlaut fixierte Formel zugrunde liegt. Es geht hier eher um einen geprägten Motivzusammenhang (vgl. Dautzenberg 1982, 200-202). Vergleicht man Gal 3,28 und 1Kor 12,13 miteinander, so zeigen sich als gemeinsame Elemente neben den ersten beiden Oppositionspaaren von Gal 3,28 der Bezug auf die Taufe (in Gal 3,28 durch die Verbindung mit V.27) und der Gedanke der Einheit. Der Motivzusammenhang wird in Gal 3,28 und 1Kor 12,13 jeweils an den argumentativen Kontext angepasst, was unter anderem mit sich bringt, dass der Gedanke der Einheit in unterschiedlicher Weise realisiert wird. In 1Kor 12 wird er mit der Leibmetapher verknüpft. Gal 3,28 ist eingebettet in einen die Gottessohnschaft der Glaubenden in Christus (V.26) erläuternden Rekurs auf die Taufe, die durch die Metapher, dass die Getauften Christus wie ein Gewand übergezogen haben, interpretiert wird (V.27). Gesagt ist damit, dass ihr Leben nun durch Christus bestimmt ist (vgl. 2,20) und sie zu Christus gehören (3,29a). V.28 führt aus, dass dies andere Identitätsmerkmale belanglos sein lässt. Aber in welcher Hinsicht? Das positive Glied in V.28d schreibt die Aussage von V.27 fort, dass die Getauften Christus angezogen haben: Sie alle sind in Christus *einer*, weil jeder und jede von ihnen durch Christus bestimmt ist. Zugleich greift die Formulierung in V.28d auf V.16 zurück, wo Christus als der *eine* Same Abrahams präsentiert wurde.[4] V.29 bestätigt dies. Denn der Konditionalsatz in V.29a („wenn ihr aber Christus gehört") nimmt die Aussage von V.28d auf, um daraus die Folgerung zu ziehen, dass die Adressierten „Same Abrahams", der nach V.16 ja nur *einer*, nämlich Christus ist, und also gemäß der Verheißung Erben sind. Beachtet man diesen kontextuellen Zusammenhang, liegt die Annahme fern, dass V.28d Zitat einer im Wortlaut fixierten Tradition ist; der Satz ist vielmehr auf den argumentativen Zusammenhang in Gal 3 hin formuliert und dient dazu, das Einheitsmotiv des rezipierten Motivzusammenhangs auf das Thema der Teilhabe an der Abrahamkindschaft durch Zugehörigkeit zu Christus als dem *einen* Nachkommen Abrahams zu beziehen. Im Rahmen von Gal 3 ist V.28 also Teil einer soteriologischen Argumentation: Für die Christusteilhabe und damit für den Status als Abrahamkinder und Erben der Verheißung ist kein anderorts für relevant erachtetes Identitätsmerkmal von Bedeutung. Niemand besitzt eine aus der religiösen bzw. ethnischen Herkunft, seinem sozialen Status oder seinem Geschlecht abgeleitete privilegierte Teilhaberschaft; niemand ist aus besagten Gründen diskriminiert. Denn die Gotteskindschaft in Christus basiert für alle gleichermaßen allein auf dem Glauben (V.26), und entsprechend ist auch die Gabe des Geistes als des durch den Glauben empfangenen Verheißungsguts (3,14) von allen in V.28 genannten (und allen sonstigen) menschlichen Identitätsmerkmalen völlig unberührt.

---

[4] Dagegen spricht nicht, dass ἑνός in 3,16 angesichts des Bezugs auf τῷ σπέρματι αὐτοῦ eher neutrisch als maskulinisch zu verstehen sein dürfte. Denn die maskuline Form in V.28 ergibt sich aus der Auflösung des ἑνός durch ὅς ἐστιν Χριστός in 3,16. – Hinzuweisen ist im Übrigen auf die textkritische Unsicherheit des εἷς in Gal 3,28d. Herzer 2017 hat zuletzt mit durchaus guten Gründen dafür votiert, dass der kürzeren Lesart von P46 (denn ihr alle gehört Christus Jesus [πάντες γὰρ ὑμεῖς ἐστε Χριστοῦ Ἰησοῦ]), die er auch als Vorlage des Sinaiticus vermutet, der Vorzug gebührt. Nach der hier vertretenen Deutung des εἷς besagt der Vers aber auch in der von Nestle-Aland gebotenen Lesart nichts anderes und nicht mehr als das, was in V.29a ausgesagt wird.

Die im Voranstehenden skizzierte kontextuelle Funktion von V.28 in Gal 3 führt indes nicht zu einer heils*individualistischen* Deutung, als ginge es allein darum, dass *coram Deo* die in V.28 genannten Merkmale soteriologisch bedeutungslos (geworden) sind. Denn abgesehen davon, dass ohnehin nur das erste Oppositionspaar in V.28a *soteriologisch* relevant war, ist die Christuszugehörigkeit für Paulus eben leiblich-konkret und manifestiert sich in gemeindlichen Gemeinschaftsbezügen. Zieht man noch einmal 1Kor 12 hinzu, zeigt sich, dass sich die Applikationen des Motivzusammenhangs in Gal 3 und 1Kor 12 in der Formulierung der Oppositionspaare unterscheiden und damit verschiedene Akzentsetzungen einhergehen. Denn in 1Kor 12,13 dienen die Oppositionspaare zur Illustration der Verschiedenheit der Glieder am Leib Christi. Es geht hier also – im explizit ekklesiologischen Zusammenhang – gerade nicht um deren (wie auch immer gemeinte) Negierung. Die Betonung, dass Juden und Griechen, Sklaven und Freie zu einem Leib getauft wurden, verweist darauf, dass die Gemeinde allen gleichermaßen offensteht.[5] Zugleich wird aber mit der nachfolgenden Explikation der Leibmetapher in 12,14–26 die prinzipielle Gleich*wert*igkeit der *verschiedenen* Glieder am Leib betont. Für die Oppositionspaare in 12,13 heißt dies: Juden und Griechen, Sklaven und Freie, begegnen sich in der Gemeinde ‚auf Augenhöhe'.

Dieser fundamentale und für das gemeindliche Miteinander folgenschwere Gesichtspunkt weist auch der Deutung von Gal 3,28 den Weg. Im Kontext von V.27 steht dabei nicht der Aspekt im Zentrum, dass alle gleichen Zugang zur Taufe haben, sondern die Explikation dessen, was es bedeutet, dass alle „Christus angezogen haben". Paulus' Kernaussage ist, dass die Christuszugehörigkeit alle übrigen Identitätsmerkmale überlagert und für das gemeindliche Miteinander in den Hintergrund treten lässt. Entsprechend sieht Paulus die Gemeinde dadurch charakterisiert, dass in ihr ein Zusammenleben von Juden- und Heidenchristen Gestalt gewinnt, bei dem abgrenzende Verhaltensweisen, wie Paulus sie in der Befolgung der alttestamentlichen Speisegebote als einem traditionellen jüdischen ‚boundary marker' wahrnimmt, keine Rolle mehr spielen (vgl. Gal 2,11–14). Für das Verhältnis von Sklaven und Freien wurde oben schon anhand von Phlm 16 darauf hingewiesen, dass die gemeinsame Christuszugehörigkeit eine für das soziale Miteinander relevante Statusveränderung mit sich bringt.

Im dritten – in 1Kor 12,13 fehlenden – Glied von Gal 3,28 fällt die abweichende Formulierung „nicht männlich *und* weiblich" (statt „weder Mann noch Frau") auf. Vielleicht variiert Paulus aus dem treffenden Gespür heraus, dass die Geschlechterdifferenz als eine in der Schöpfung verankerte auf einer anderen Wirklichkeitsebene liegt als die beiden vorangehenden Paare und die Aussage, dass in Christus „weder Mann noch Frau" ist, merkwürdig klingen bzw. missverständlich wirken könnte. Allerdings erklärt dies möglicherweise zwar den Wechsel zur Kopula „und", aber nicht die Verwendung der neutrischen Adjektive „männlich/weiblich" statt der Nomen

---

[5] Eine instruktive Analogie zu Gal 3,28 bietet eine Inschrift aus Philadelphia in Lydien (um 100 v. Chr.), die Einblick in einen von einem gewissen Dionysios gegründeten, sich wohl in dessen Haus treffenden Kultverein gewährt (Text und Erläuterung in Harland 2014, 178–193). Hier wird explizit der gleiche Zugang von „Männern und Frauen, Freien und Sklaven" erwähnt (Z. 5f, vgl. Z. 15f.53f).

„Mann/Frau". Die Formulierung stimmt wörtlich mit Gen 1,27$^{LXX}$ überein („Und Gott machte den Menschen. Nach dem Bild Gottes machte er ihn. *Männlich und weiblich* machte er sie.") und dürfte eine gezielte Anspielung darauf sein (vgl. aber auch z. B. Musonios, Diss 14 [ed. Hense p. 71,13f.16f]). Der Ton liegt dabei nicht auf der biologischen Differenzierung selbst – schließlich bleibt diese bestehen –, sondern auf den Geschlechterrollen (vgl. Gundry Volf 1997, 458f), die ganz selbstverständlich als in der Schöpfungsordnung verankert angesehen werden. In der frühjüdischen Auslegung von Gen 1–3 ist 1,27 von 2,4–3,24 her gelesen und in ein patriarchales Verständnis der gesellschaftlichen Ordnung, die für Frauen und Männer unterschiedliche Rollen vorsieht, eingeordnet worden (vgl. Dautzenberg 1982, 194f), d. h., die Auffaltung des Menschen in „männlich und weiblich" in Gen 1,27 ist nicht als Ausdruck von Gleichberechtigung, sondern im Sinne differenter Geschlechterrollen verstanden worden. Dass auch Paulus die Schöpfungsgeschichte in dieser Weise verstanden hat, zeigt 1Kor 11,2–16, wo er eine androzentrische Deutung der Ebenbildlichkeit (Gen 1,27) vertritt (1Kor 11,7) und schöpfungstheologisch begründete hierarchische Aspekte des Geschlechterverhältnisses in der Rede vom Mann als Haupt der Frau (11,3, vgl. Eph 5,23) und von der Erschaffung der Frau um des Mannes willen (1Kor 11,9, vgl. Gen 2,18) nicht zu leugnen sind (vgl. Labahn/Labahn 2014, 89–102).[6] Was Paulus aber in 1Kor 11,2–16 als nach wie vor gültig ansieht, scheint er in Gal 3,28c zu verneinen. Die hier auf den ersten Blick bestehende Spannung so aufzulösen, dass Gal 3,28 als programmatisches Wort zur Regel erhoben wird, zu der 1Kor 11,2–16 eine peinliche, aber zu vernachlässigende Ausnahme darstellt (so z. B. die Tendenz bei Röhser 1997, bes. 73f; Burridge 2007*, 123–125), lässt sich aus den Texten selbst schwerlich begründen. Überzeugender dürfte ein Ansatz sein, der die deutungsmäßig offene Aussage von Gal 3,28 und die Aussagen in 1Kor 11,2–16 so kohärent wie möglich zusammenbindet. Das heißt: Ein Verständnis von Gal 3,28 muss sich auch an 1Kor 11,2–16 bewähren. Die Aussage „hier ist nicht männlich und weiblich" kann dann nicht im Sinne einer prinzipiellen und umfassenden Negierung der auch für Paulus in der Schöpfungsordnung verankerten Geschlechterrollendifferenz gemeint sein. Eine solche Negierung würde die eschatologische Spannung von ‚schon jetzt' und *‚noch nicht'* auflösen und enthusiastisch überspringen, dass auch die Getauften, die Christus angezogen haben, noch „im Fleisch" (vgl. Gal 2,20) und in dieser Welt leben. Zugleich gilt aber auch für die Rollen von Männern und Frauen, dass in der pneumatischen Christussphäre das soziale Gefüge in neuer Weise bestimmt wird. Dies kommt auch in 1Kor 11,2–16 klar zum Ausdruck. Denn mit der aktiven Partizipation von Frauen im Gottesdienst wird hier als selbstverständlich vorausgesetzt, was in der antiken Welt, in der, grob gesagt, der Frau das Haus und dem Mann die Öffentlichkeit als Ort des Wirkens zugeteilt ist (→ IV.1.2.2/2 zur ‚Haustafel'), alles andere als selbstverständlich war. Paulus stellt auch in 1Kor 11,2–

---

[6] Die angeführten Aussagen sind aus heutiger Sicht ein Ärgernis. Trotz vieler wohlmeinender Versuche in der neueren Auslegungsgeschichte lässt sich dieses aber nicht exegetisch entschärfen; gefordert ist vielmehr eine sachkritische Auseinandersetzung, die zugleich gegenüber dem Autor als Kind *seiner Zeit* fair bleibt und ihn nicht anachronistisch an modernen Maßstäben misst. Für eine in ihrer Nüchternheit vorbildliche historisch-kritische Auslegung des Textes sei exemplarisch verwiesen auf: Zeller 2010, 350–363.

16 mit keinem Wort in Frage, dass Frauen im Gottesdienst am Verkündigungsdienst teilhaben, indem sie beten und prophezeien; es geht allein um die Frage der Kopfbedeckung[7], also darum, *wie* sie dies tun. Das Vorkommen zahlreicher Frauen in der Grußliste in Röm 16, darunter die Apostelin Junia (V.7), unterstreicht die aktive Beteiligung von Frauen an der missionarischen wie gemeindlichen Verkündigung.[8] Vielleicht hat hier die Vision in Joel 3,1-5, wo mit der verheißenen Geistausgießung verbunden wird, dass „eure Söhne und eure Töchter weissagen werden" (V.1), inspirierend gewirkt (vgl. Dautzenberg 1982, 197f). Jedenfalls partizipieren für Paulus Männer und Frauen gleichermaßen an charismatischen Gaben – wie etwa der Prophetie (1Kor 12,10). Die patriarchale Schöpfungsordnung wird *insofern* in der pneumatischen Christussphäre in der Tat konterkariert. Die gleichberechtigte Teilhabe an gemeindlichen Aufgaben verweist dabei darauf, dass das soziale Miteinander von Frauen und Männern im Raum der Gemeinde insgesamt egalitär strukturiert ist. Darüber hinaus gibt die Reziprozität der Aussagen in 1Kor 7,2-4 eine – patriarchale Muster überwindende – Neujustierung des Geschlechterverhältnisses auch innerhalb der Ehe und damit im Kontext des Alltagslebens zu erkennen (vgl. Strecker 1999, 402–406).[9] Paulus denkt sich das eheliche Verhältnis keineswegs so, dass in der Ehe einfach der Mann das Sagen hat. Man wird daraus indes wiederum nicht ableiten können, dass Paulus eine völlige Aufhebung von Geschlechterrollen im Sinn hatte; wohl aber gilt auch für die Eheleute, dass sie sich prinzipiell ‚auf Augenhöhe' begegnen.

Erhellend mag hier ein Seitenblick auf die Position des römischen Stoikers Musonios zum Verhältnis von Männern und Frauen sein (dazu Nussbaum 2002; Thorsteinsson 2010\*, 47-51). Bei Musonios finden sich einige für das 1. Jh. n.Chr. ganz erstaunliche Aussagen, die Gleichheitsaspekte zur Geltung bringen: Wie Männer sollen auch Frauen sich mit Philosophie befassen (Diss 3); wie die Söhne soll man auch die Töchter in den Grundtugenden erziehen (Diss 4). Grundgelegt ist dies in der Einsicht, dass Vernunft und Neigung zur Tugend beiden Geschlechtern gemeinsam sind und von beiden Geschlechtern ein tugendhaftes Leben nach den-

---

[7] Ob es dabei um eine bestimmte Frisur oder ein Kleidungsstück geht, muss hier nicht erörtert werden. Die Frage, *warum* (einige?) korinthische Frauen die Kopfbedeckung beim Beten und Prophezeien ablegten, lässt sich nur spekulativ beantworten. Dass sie damit die prinzipielle Überwindung von Geschlechterrollen verbanden (und dazu durch die in Gal 3,28 aufgenommene Tradition inspiriert wurden, vgl. z.B. Schrage ²1989\*, 232; Edsall 2013, 143-145), ist nur *eine* Option. Die Verbindung von Geschlechterrollensymbolik und Schöpfungsordnung ist zunächst einmal Teil der paulinischen Argumentation; sie kann nicht ohne Weiteres auch für die Motivation der betreffenden korinthischen Frauen vorausgesetzt werden. Zeller 2010, 355f bringt die bedenkenswerte Option ins Spiel, dass es primär darum gegangen sein kann, dem neuen Gottesverhältnis, „das man mit ‚Freimut' (παρρησία) umschreiben könnte" (356), Ausdruck zu verleihen.

[8] Vgl. Merklein 1997, 245-248; Gielen 2009, 189-193. Zur Einsicht, dass Paulus in Röm 16,7 nicht auf einen Apostel namens Junias, sondern auf eine Apostelin namens Junia referiert, ausführlich Epp 2005, 21–81. – 1Kor 14,33b–36 trübt dieses Bild nicht ein, denn der Passus ist eine nachpaulinische Glosse (vgl. für viele Schrage 1991-2001, 3:481–487).

[9] Vielleicht kann man hier auch einstellen, dass Paulus in 1Kor 16,19 im Blick auf Aquila und Priska von der Gemeinde in *ihrem* (Plural!) Haus (nicht: in *seinem* Haus) spricht (vgl. Lehmeier 2006, 329). Allerdings ist im Phlm – trotz Apphia als Mitadressatin – auf den Hausherrn bezogen von der Gemeinde „in deinem Haus" die Rede (Phlm 2).

selben Grundtugenden verlangt wird (Diss 3 [ed. Hense p. 9,1–17]; Diss 4 [ed. Hense p. 14,4–16,15]). Wenn es aber darum geht, dies auszubuchstabieren, landet Musonios bei durchaus traditionellen Rollenverständnissen. So muss die Frau z. B. „zur Verwaltung des Hauswesens geschickt" sein und das für das Haus Förderliche erkennen können (Diss 3 [ed. Hense p. 10,2f, s. in Diss 3 auch p. 12,24–13,3]), denn Spinnrad und Haushalt passten besser zu Frauen als dem körperlich „schwächeren Geschlecht" (Diss 4 [ed. Hense p. 16,15–17,7]). Das heißt: Neben die Gleichheitsaspekte tritt das Moment, dass die Tugendhaftigkeit nach unterschiedlichen sozialen Rollen ausdifferenziert wird. Ähnlich zeigt sich bei Paulus, dass ganz erstaunliche Impulse für eine signifikante Neustrukturierung des sozialen Miteinanders und überkommene Rollenmuster miteinander vermittelt werden. Letzteres in Abrede zu stellen, hieße nichts anderes, als Paulus nicht Kind seiner Zeit sein zu lassen.

Paulus plädiert also zwar nicht für eine völlige Aufhebung der Geschlechterrollendifferenz, wohl aber zieht das gemeinsame Sein in Christus, in dem die Christuszugehörigkeit zum zentralen Identitätsmerkmal geworden ist, auch im Blick auf die Rollen von Männern und Frauen ganz konkrete Folgen für das soziale Miteinander nach sich. Sie werden aber vermittelt mit den für Paulus in der Schöpfungsordnung verankerten Differenzen zwischen den Geschlechtern. Anzufügen ist: Auch für das Verhältnis von Sklaven und Freien stellt sich in gewisser Weise das Problem der Vermittlung der in Christus geltenden Sozialstruktur mit der überkommenen Ordnung, in diesem Fall der etablierten *gesellschaftlichen* Ordnung. Am konsequentesten hat Paulus die Gültigkeit der Unterscheidung von Juden und Griechen in Christus negiert. Aufs Ganze gesehen wird man aber urteilen müssen, dass durch die Christuszugehörigkeit die alten Identitäten „nicht aufgehoben, sondern eher überlagert" sind (Konrad 2003b, 207, anders Ebner 2000, 160); sie werden neu bewertet (vgl. Gundry Volf 1997, 455–459). Der egalitäre Grundimpuls, den Paulus daraus ableitet, dass die Identität der Gemeindeglieder zentral durch Christus bestimmt ist, ist gleichwohl signifikant (vgl. Horrell 2005, 124–131). Die Analyse der paulinischen Agapeethik (→ 3) sowie der ethischen Dimension der *theologia crucis* und des Motivs der Demut (→ 4) werden die Bedeutung der Neustrukturierung des sozialen Miteinanders untermauern und vertiefen.

### 1.4 Die eschatologische Motivierung christlichen Lebens: Das Gericht und die Teilhabe am endzeitlichen Heil

Mit der Spannung von ‚schon jetzt' und ‚noch nicht' ist ein zentraler Aspekt der paulinischen Eschatologie in Abschnitt 1.2 bereits angesprochen worden. Im Folgenden geht es um die Bedeutung der futurischen Eschatologie im Rahmen der paulinischen Ethik. Zwei Aspekte sind hier von Bedeutung: zum einen die Wertung, die das Leben hier und jetzt durch die Naherwartung erfährt, zum anderen die Vorstellung eines Gerichts nach den Werken.

1. Dass Paulus in der nahen Erwartung der Parusie Christi lebte, geht aus mehreren Passagen hervor. In 1Thess 4,15 rechnet er damit, bei der Parusie selbst noch am Leben zu sein, nach 1Kor 7,29 ist die Zeit „zusammengedrängt", und den römi-

schen Christusgläubigen bekundet der Apostel, dass ihr Heil jetzt näher sei als zu dem Zeitpunkt, an dem sie zum Glauben gekommen sind (Röm 13,11). Bildlich gesprochen: „Die Nacht ist vorgerückt, der Tag ist nahe herbeigekommen" (13,12). Es liegt auf der Hand, dass diese endzeitliche Perspektive auf die Art und Weise, wie Paulus die Gestaltung irdischer Verhältnisse in den Blick genommen hat, nicht ohne Folgen geblieben ist. Explizit wird dies in 1Kor 7,29-31 im Kontext von Paulus' Ausführungen zu Ehe und Eheverzicht. Zentrale das irdische Leben kennzeichnende Aspekte, wie eben die Ehe oder der Umgang mit Besitz, geraten hier unter den Vorbehalt, dass sie der vergehenden Welt zugehören (→ 5.1.2/2). Daraus folgt für Paulus keineswegs Weltflucht, wohl aber eine relative Distanz, da alles, was das Leben in der Welt ausmacht, eben zum Vorletzten gehört, das bald zu Ende sein wird. Zu bedenken ist überdies, dass in der eschatologischen Spannung von ‚schon jetzt' und ‚noch nicht' die verbleibende Zeit dieses Äons keine heillose Zeit ist, sondern die Zeit dadurch grundlegend qualifiziert ist, dass die „neue Schöpfung" (2Kor 5,17; Gal 6,15) für die, die in Christus sind, schon anhebt und das in Christus geschenkte Heil darauf drängt, auch die zwischenmenschlichen Relationen zu imprägnieren.

2. Im Blick auf die Vorstellung des Gerichts ist zunächst grundsätzlich anzumerken, dass Ausblicke auf dieses bzw. das endzeitliche Ergehen nicht eigentlich eine Begründung des Verhaltens bieten, sondern der Motivierung dienen. Die Thematisierung der Gerichtsvorstellung bei Paulus wurde in der Forschung häufig fixiert und damit monoperspektivisch enggeführt auf die Frage des Verhältnisses zu den Rechtfertigungsaussagen. In der Regel laufen Verhältnisbestimmungen darauf hinaus, die Gerichtsaussagen zu domestizieren, indem ihnen die Rechtfertigungslehre als Vorzeichen vorangestellt wird (für eine Übersicht über die Forschung Konradt 2003, 1-10). Die Gerichtsthematik ist bei Paulus aber kein Randphänomen, und sie ist zunächst einmal in ihrem eigenständigen Wert in den Blick zu nehmen – und damit auch in ihrer inneren Differenziertheit.

Denn wie in frühjüdischen Schriften (s. z.B. 1Hen 92-105) verschiedene, miteinander nicht kohärent zu verbindende Vorstellungen koexistieren können, so begegnet auch bei Paulus keine einheitliche Vorstellung des Endgerichts, sondern die konkrete Gestalt der Gerichtsvorstellung verdankt sich jeweils dem kontextuellen Anliegen (vgl. Konradt 2003, passim). Während z.B. in 2Kor 5,10 mit Bezug auf die Christusgläubigen die Vorstellung eines Beurteilungsgerichts begegnet (vgl. Röm 14,10; 1Kor 3,13-15; 4,5), in dem Gutes wie Böses vergolten wird, weil Paulus hier das kommende Gericht als Horizont für die Entscheidung der Korinther zwischen sich und den Fremdmissionaren aufzubauen sucht (vgl. Konradt 2003, 482-486; Schmeller 2010/2015, 1:305), findet sich im 1Thess ausschließlich die Vorstellung des andringenden Straf- bzw. Zorngerichts Gottes (1,9f; 2,16; 5,3.9, vgl. ferner Röm 1,18), das über die Nicht-Christen hereinbrechen wird; nichts weist hier darauf hin, dass die Christusgläubigen nach ihrer Entrückung (1Thess 4,15-17) noch einem Gerichtsverfahren unterzogen werden (auch nicht in 1Thess 3,13, vgl. Konradt 2003, 182-187). Vielmehr ist Gottes Erwählungshandeln (1,4) hier als Berufung in sein Reich gefasst (2,12), was negativ gewendet impliziert, dass es auf die Rettung aus dem andringenden Zorngericht zielt (5,9f). Das Gericht Gottes ist im 1Thess demnach etwas für „die Übrigen" (4,13; 5,6), und dies in der Form des Vernichtungsgerichts.

Dem fügt sich ein, dass die Vorstellung des Strafgerichts im 1Thess auch in der ethischen Unterweisung begegnet, und zwar im Kontext der Einschärfung der Meidung der Laster, die für Paulus für ‚heidnische' Existenz charakteristisch sind (4,3–6, vgl. Kol 3,5; Eph 5,3–5, s. bei Paulus selbst auch 1Kor 6,9f; Gal 5,19–21). Die Gerichtsaussage markiert hier eine ethische Grenze, die nicht überschritten werden darf. Andernfalls würden auch die Christen wieder unter das Zorngericht Gottes fallen. Im Rekurs auf die Liebe in 1Thess 4,9–12 fehlt dagegen eine Gerichtsaussage, was für Paulus insgesamt charakteristisch ist, denn auch sonst werden Mahnungen zur Agape oder andere Forderungen, die christliches Leben *positiv* umschreiben, im Regelfall nicht durch Verweise auf das Gericht eingeschärft. Paulus mahnt nicht, dass Christen einander lieben sollen, *damit sie in das Reich Gottes kommen* (so 2Klem 9,6, vgl. 11,7), und es ist für ihn auch nicht typisch, die klassischen Werke der Barmherzigkeit damit einzuschärfen, dass die Barmherzigen das Reich erben werden (vgl. Mt 25,34–36). Dominierend ist bei Paulus vielmehr eben die Perspektive, dass der Ausschluss aus dem Reich Gottes droht, wenn Christen sich in gravierender Weise eines ihrem Christsein widersprechenden Verhaltens schuldig machen. Insbesondere ist für Paulus ein Beurteilungsgericht, das bewertet, *wie* jemand Christ war, und in dem unterschiedliche Ehrengrade zugeteilt werden, nicht von Belang – auch nicht in 1Kor 3,12–15, denn dieser Text blickt nicht allgemein auf das (Lebens-)Werk eines Christen, sondern konkret auf den Beitrag zum Gemeindeaufbau, auf das Agieren im Raum der Gemeinde, dessen Bedeutung dadurch eingeschärft wird, dass jemand, der mit minderwertigen Materialien auf dem Fundament weiterbaut, das Heil nur ‚mit angesengten Haaren' erreichen wird (vgl. zu 1Kor 3,5–15 Konradt 2003, 222–278).

Der Befund, dass Gerichtsaussagen im ethischen Kontext bei Paulus vor allem der Grenzmarkierung dienen und Strafe für Verhaltensweisen ansagen, die elementare Wesensmerkmale christlicher Identität verletzen, lässt sich mit der paulinischen Sicht der anthropologischen Grundkonstellation christlicher Existenz korrelieren: Christen erwirken sich das Heil nicht, sondern bekommen es geschenkt. Zudem ist das Tun des Guten durch die Gabe des Geistes ermöglicht und mitgewirkt; es geht um die Frucht des Geistes (Gal 5,22). Aufgabe der Christen ist es, dem Wirken der göttlichen Macht Raum zu geben, aber dies macht das Handeln nicht zu ihren eigenen Werken, die im Gericht vorzubringen wären. Allerdings können Christen das ihnen geschenkte Heil trotz der Gabe des Geistes durch Rückfall in ‚heidnische' Verhaltensweisen in Gestalt (notorisch) lasterhaften Wandels (1Thess 4,3–6; 1Kor 5; 6,9f u. ö.) – oder auch durch zerstörerisches Wirken in der Gemeinde (1Kor 3,16f; 11,27–32) – wieder verwirken (vgl. Konradt 2003, passim). Die Gerichtsaussagen machen also deutlich, dass notorisches Fehlverhalten soteriologisch keineswegs belanglos ist. Die Gnadenpredigt stellt keinen ethischen Freibrief aus (vgl. Röm 3,8; 6,1f); es gibt keine Heilsgarantie. Der Lebenswandel gehört in Paulus' theologischem Denken also auch in dieser Perspektive keineswegs in den Bereich soteriologischer Irrelevanz.

## 1.5 Das Heilshandeln Gottes und die Hingabe an Gott.
Der *theo*logische Rahmen der Ethik und ihre Stellung in Paulus' Theologie

Die Erörterung der theologischen Grundlagen der paulinischen Ethik bliebe unvollständig, wenn abschließend nicht noch eigens von Gott selbst die Rede wäre. Denn es ist Gott, der im Christusgeschehen seine Heil schaffende Gerechtigkeit erwiesen

(Röm 3,21–26) und Christus von den Toten auferweckt hat (Röm 4,24; 8,11 u.ö.), der den Geist verleiht (1Thess 4,8 u.ö.) und dessen Gnade den Glaubenden zuteilwird. Entsprechend ist es Gottes Wille, an dem diese ihren Lebenswandel zu orientieren haben. Dieser *theo*logische Rahmen sei im Folgenden mit dem 1Thess und Röm 12,1f an zwei unterschiedlichen Texten illustriert.[10] Zugleich ermöglichen es die beiden Texte, die Einsicht in die Stellung der Ethik in der paulinischen Theologie weiter zu vertiefen.

1. Die Ethik nimmt im 1Thess nicht nur überhaupt eine prominente Position ein, sondern ihr eignet zugleich auch eine eindeutig theozentrische Signatur. Beides deutet sich schon im Prolog (1,2–10) darin an, dass in 1,9 das Ziel der Hinwendung zu Gott, weg von den Götzen, in konventioneller atl.-frühjüdischer Diktion darin gesehen wird, Gott *zu dienen* (vgl. Mal 3,14.18; Dan 4,34$^{LXX}$; Tob 4,14; Sir 2,1 u.ö.). In 2,11f erinnert Paulus die Adressaten daran, wie er und seine Mitarbeiter Silvanus und Timotheus sie beim Gründungsaufenthalt ermahnt, ermutigt und beschworen haben, *Gottes würdig* zu wandeln. Ganz auf dieser Linie eröffnet Paulus dann die ethische Unterweisung in 4,1–12 mit einem Rekurs darauf, dass die Thessalonicher von ihnen beim Gründungsaufenthalt empfangen haben, wie es notwendig ist zu wandeln, um *Gott zu gefallen* (4,1). Die Theozentrik des ethischen Ansatzes im 1Thess setzt sich in 4,9 in dem Motiv fort, dass die Adressaten von *Gott* gelehrt seien, und spiegelt sich schließlich auch in der zweifachen Rede vom „Willen *Gottes*" (4,3; 5,18). Dass Paulus in 4,1 von der *Notwendigkeit* eines bestimmten Wandels spricht, um Gott zu gefallen, unterstreicht, dass es sich für Paulus bei diesem nicht bloß um eine willkommene Konsequenz des Glaubens handelt, deren Ausbleiben bedauerlich, aber nicht weiter problematisch wäre, sondern um eine wesentliche und unabdingbare Manifestation des Gottesverhältnisses. 4,8 fügt sich hier ein: Paulus stellt den autoritativen Charakter der zuvor dargelegten Verhaltensweisen durch den Hinweis heraus, dass derjenige, der dies verwirft, „nicht einen Menschen verwirft, sondern Gott". Ist nach 2,13 die gemeindegründende Verkündigung nicht bloß Menschenwort, sondern Wort Gottes, so gilt diese Dignität nach 4,8 ebenso auch für die ethischen Weisungen, die Paulus den Thessalonichern gegeben hat.

Einzubeziehen ist schließlich noch die Berufungsaussage in 4,7. Die Rede von Erwählung (1,4) und Berufung (2,12; 4,7; 5,24) tritt im 1Thess als theologisches Leitmotiv hervor. In 4,7 begründet Paulus die Mahnung zur Heiligung (4,3) damit, dass Gott die Adressaten *„in Heiligung"* berufen hat. Mit der Wendung „in Heiligung" verweist Paulus auf den Status, den die Glaubenden dank des berufenden Handelns Gottes gewonnen haben. Gottes berufendes Handeln setzt also eine Realität (vgl. 1Kor 6,11), es ist nicht allein Aufforderung zur Heiligung, „sondern Versetzung in den Stand der Heiligung" (Schrage 1989a, 225, vgl. Laub 1973, 58–61; Horn 1992, 124). Heiligung als Aktivität der Glaubenden (vgl. noch Röm 6,19.22) hat von daher den Charakter der Anerkennung von, des Einstimmens in Gottes Heilshandeln (vgl. Schrage 1989a, 225, anders E.D. Schmidt 2010, passim, der als Subjekt der „Heiligung" allein Gott sieht, während das dem Menschen aufgetragene Handeln als der Heiligung angemessenes Verhalten klassifiziert wird [395 u.ö.]). Indem Paulus auf das von Gott mit seinem Berufungshandeln bereitete Fundament christlichen Handelns rekurriert und zudem auf dessen Ermöglichung durch die Gabe des Geistes (4,8) verweist, betont er zugleich den *verpflichtenden Charakter* der Heiligung. Denn mit dem Rekurs auf Gottes Berufungshandeln wird

---

[10] Der im 1Thess zutage tretende ethische Ansatz ist zuweilen als Ausweis eines frühen Stadiums in der Entwicklung der paulinischen Ethik rubriziert worden (s.v.a. Schulz 1987*, 289–432; Schnelle 1990). Zurückhaltend zur Belastbarkeit der Indizien Konradt 2022.

der gottgefällige Lebenswandel (4,1) direkt im Ursprungsgeschehen christlicher Existenz verankert, so dass die Heiligung als *essentieller* Bestandteil christlicher Existenz erscheint.

2. Eine betont theozentrische Ausrichtung charakterisiert auch die Überleitung zur Paraklese des Röm in Röm 12,1f. Paulus verankert hier die Unterweisung im Erbarmen Gottes und macht so deutlich, dass die Paraklese nicht bloß auf dem in Christus gegenüber den Sündern erwiesenen Erbarmen basiert, von dem Paulus direkt zuvor geradezu emphatisch gesprochen hat (11,30–32), sondern selbst Ausdruck der Barmherzigkeit Gottes ist und, als integraler „Teil des Evangeliums, der rettenden Macht Gottes (vgl. 1,16f) Ausdruck verschafft" (Söding 1995, 239). Wiederum tritt also zutage, dass Gottes Heilshandeln den neuen Wandel der Glaubenden umschließt. In der Mahnung, die Leiber als ein lebendiges, heiliges, Gott wohlgefälliges Opfer *zur Verfügung zu stellen*, greift Paulus gezielt das Verb auf, das er auch in 6,13.16.19 im Zusammenhang der Thematisierung des Herrschaftswechsels gebraucht: Nun wird konkretisiert, was es heißt, aus der Taufgnade zu leben. Die in 12,1 zutage tretende Ausrichtung des neuen Lebens auf *Gott* hin knüpft dabei ebenso an 6,13 an wie das in der kultischen Terminologie von 12,1 inbegriffene Moment der „ungeteilte[n] Hingabe an Gott, aus der kein Bereich des Lebens ausgespart bleibt" (Ortkemper 1980, 19). Die Rede von der Hingabe der *Leiber* (vgl. 1Kor 6,13.19f) meint also nichts anderes als die Hingabe der ganzen Person (vgl. Röm 6,13: „stellt euch selbst Gott zur Verfügung!"), doch ist damit zugleich deren irdisch konkrete und darin inbegriffen deren sozial-kommunikative Dimension akzentuiert: Hingabe an Gott vollzieht sich wesentlich im sozialen Miteinander, wie Paulus dies im Fortgang durch seine Unterweisung erläutert. Voraussetzung der Aufforderung zur Ganzhingabe ist die Überzeugung, dass die Glaubenden nicht sich selbst gehören, sondern Gottes Eigentum sind (vgl. Cranfield ⁷1998, 599f, vgl. 1Kor 6,19f). Der Gebrauch kultischer Sprache (dazu Gupta 2010, 116–127) gewinnt dabei vor dem Hintergrund an Kontur, dass eine auffällige Besonderheit der Christusgläubigen in der antiken Welt darin besteht, Gott gerade nicht durch Opferhandlungen zu verehren; die stoische Begrifflichkeit rezipierende Kennzeichnung der Selbsthingabe als *„vernünftiger* Gottesdienst" am Ende von V.1 nimmt ebendies auf. Kurzum: Die durch Gottes Erbarmen gestiftete und geprägte Gottesbeziehung manifestiert sich auf Seiten der Christusgläubigen in dem vernünftigen Gottesdienst ihrer leiblichen Ganzhingabe an Gott, die sich in ihrem Wandel als „Knechte der Gerechtigkeit" (6,18) erweist.

Die grundsätzliche Mahnung in 12,1 wird in V.2 durch eine abgrenzende und eine positive Bestimmung weitergeführt. Die Sünde nicht mehr herrschen zu lassen (6,12), da die Getauften der Sünde gestorben sind (6,2), bedeutet, nicht diesem Äon gleichförmig zu sein. Wodurch Paulus diesen „bösen Äon" (Gal 1,4) ge(kenn)zeichnet sieht, hat er im Röm drastisch in 1,19–32 dargetan. Dem entspricht, dass die Rede von der Preisgabe des gottlosen Menschen an einen unbrauchbaren Verstand (1,28) in 12,2 ihren positiven Widerpart in der Mahnung findet, sich durch die Erneuerung des Verstandes umgestalten zu lassen, wie schon die Mahnung, die *Leiber* als Gott wohlgefälliges Opfer zur Verfügung zu stellen, die Aussage von 1,24 kontrastiert, dass die Menschen ihre Leiber selbst entehren. Der Imperativ „sich umgestalten *lassen*" gibt wiederum zu erkennen, dass die Erneuerung zwar nicht ohne Zutun des bzw. der Glaubenden vollzogen wird, aber in Gottes Wirken durch den Geist gründet. Wiederum wird auch der Rückbezug auf Röm 6–8 deutlich: Der *Erneuerung* des Verstandes korrespondiert, dass die Getauften mit Christus begraben wurden, damit sie, wie Christus aus den Toten auferweckt wurde, in der *Neuheit* des Lebens wandeln (6,4, vgl. auch 7,6); und die Erneuerung des *Verstandes* ist darin grundgelegt, dass die, die nach dem Geist sind, auf das *sinnen*, was des Geistes ist (Röm 8,5, vgl. Betz 1988, 214). Diese Zusammenhänge bekräftigen noch einmal, dass das, was Paulus in 12,1–15,13 ausführt, ein essentieller Teil der Entfaltung der Teilhabe am Christusgeschehen ist. Der instandgesetzte Verstand äußert sich in ethischer Erkenntnis-

und Urteilsfähigkeit, denn er vermag *zu prüfen*, was Gottes Wille ist. Auf die Bedeutung dieses Moments für die Struktur ethischen Handelns bei Paulus ist in Abschnitt 6 näher einzugehen.

## 2. Quellen und Bezugspunkte der paulinischen Unterweisung

Bereits in Abschnitt 1.1/2 ist darauf hingewiesen worden, dass für Paulus das Sein in Christus nicht nur im Blick auf die grundsätzliche Ermöglichung des Handelns von fundamentaler Bedeutung ist, sondern auch auf dessen inhaltliche Bestimmtheit ausstrahlt. Mit dem Motiv der Christusmimesis ist allerdings keineswegs bereits das Ganze der ethischen Unterweisung des Apostels erfasst. Überhaupt wäre es eine gravierende Fehlannahme, davon auszugehen, dass Paulus in geradezu systematischer Form eine ‚Ethik' entworfen hat, indem er das Christusgeschehen auf seine ethischen Implikate hin reflektiert hat. Vielmehr beruht seine Unterweisung zu weiten Teilen auf überkommenen ethischen Traditionen. Auch bei der Agapeethik wird sich zeigen, dass die christologische Argumentation ‚nur' einen Teilbereich ausmacht. Zu betonen ist zugleich, dass Paulus ethische Traditionen seiner Umwelt natürlich nicht wahllos rezipiert; alles wird geprüft, ob es dem Sein in Christus entspricht. Unter den ethischen Traditionen, von denen Paulus – im Einzelnen mehr oder weniger stark – beeinflusst ist, kann man idealtypisch unterscheiden zwischen 1) der griechisch-römischen Umwelt, aus der vor allem die (popular-)philosophischen ethischen Reflexionen als maßgeblicher Kontext mit zu bedenken sind (→ II.1), 2) dem in sich pluralen frühen Judentum mit seiner – entsprechend seiner Vielgestaltigkeit unterschiedlich ausgeprägten – Orientierung an der Tora und seinem – mehr oder weniger stringent auf Toragebote bezogenen – ethischen Unterweisungsgut (→ II.2) und 3) den in den frühen christusgläubigen Gemeinden gepflegten ethischen Traditionen, zu denen auch die genuine Jesustradition zu rechnen ist. Idealtypisch ist diese Unterscheidung schon deshalb, weil erstens der kulturelle Kontakt des antiken Judentums mit seinen griechisch-römischen Kontexten natürlich auch in ethischen Fragen nicht ohne Folgen blieb und zweitens das entstehende Christentum zunächst einmal als eine weitere Gestalt des Frühjudentums anzusprechen ist. Die Fragen, wie sich die ethischen Überzeugungen des Apostels im Einzelnen zu den Traditionen seiner Umwelt verhalten und wo Paulus von frühchristlicher Unterweisung beeinflusst ist bzw. diese weitertradiert, sind im Zuge der Analysen der einzelnen ethischen Themenfelder in den Abschnitten 3–5 zu verhandeln. Hier geht es zunächst um einige grundlegende Rahmenaspekte.

### 2.1 Die Bedeutung der Tora in der paulinischen Ethik

1. Wenn man Paulus' Stellung zur Tora verstehen möchte, kommt man kaum umhin, eingangs das Damaskusgeschehen in den Blick zu nehmen. Dessen Folge auf die einfache Formel bringen zu wollen, dass Christus an die Stelle der Tora getreten

sei, wäre schwerlich geeignet, der Komplexität der hier zur Debatte stehenden Fragen gerecht zu werden. Denn das Damaskusgeschehen hat dem Leben des Apostels zwar eine dramatische Wende gegeben, aber nicht seine – bis dahin wesentlich auf der Tora und ihrer Auslegung gegründeten – ethischen Überzeugungen in Gänze umgeschrieben. Wohl aber folgte aus dem Geschehen, dass die Tora *so, wie Paulus sie als radikaler Pharisäer verstanden hat* (vgl. Gal 1,13f; Phil 3,5f), für das Gottesverhältnis nicht mehr die alles bestimmende Größe sein konnte.

Insbesondere Gal 1,13f gibt zu erkennen, dass Paulus' Vorgehen gegen die Christusgläubigen direkt mit seinem Eifer für die väterlichen Überlieferungen zu tun hatte. Dabei setzten sich offenbar die Konflikte fort, mit denen sich schon Jesus mit seiner liberalen Haltung zu Reinheitsgeboten konfrontiert sah (→ II.3/10). Bei den Christusgläubigen, deren Wirken Paulus in Damaskus unterbinden wollte – sehr wahrscheinlich handelte es sich hier um Glieder des hellenistischen Teils der Jerusalemer Urgemeinde, die nach Apg 8,1–3 aufgrund von Verfolgung aus der Stadt geflohen waren –, dürfte schon in dieser frühen Phase der nachösterlichen Jesusbewegung als weiterer Aspekt hinzugekommen sein, dass das liberale Verständnis ritueller Gebote einer neuen Gestalt der Offenheit für die im synogalen Umfeld anzutreffenden nichtjüdischen Sympathisanten den Weg ebnete, die in den christusgläubigen Hausgemeinden volle Integration erfuhren und als vollgültige Mitglieder angesehen wurden (vgl. Kraus 1999, 55–81). Die Funktion, die den Speisegeboten anderorts zugeschrieben werden konnte, nämlich die Wahrung der Abgrenzung des Gottesvolkes von den Götzen verehrenden ‚Heiden' durch die Meidung von Tischgemeinschaft (s. z. B. EpArist 139–142; Jub 22,16), war hier obsolet geworden. Dass Paulus' Verfolgung christusgläubiger Juden mit der von diesen praktizierten und für einen konservativen Pharisäer wie Paulus höchstproblematischen Aufweichung der Grenze zwischen Israel und den Völkern zusammenhing, findet indirekt Bestätigung in dem Sachverhalt, dass Paulus aus der Damaskusvision nicht bloß seine Berufung zum Apostel Jesu Christi ableitete, sondern sich spezifisch zu den ‚Heiden' gesandt wusste (Gal 1,15f) – wann genau auch immer sich dies für Paulus in der in Gal 1,16 anzutreffenden Klarheit herauskristallisiert haben mag (vgl. dazu Broer 2010, 84–86; Konradt 2013, 110f). Aus der Lebenssituation, in der ihn die Christusvision traf, konnte er jedenfalls schließen, dass seine strenge, auf dem Gesetz beruhende Abgrenzung Israels von den Völkern nicht dem Willen Gottes entsprach (vgl. J. Becker ³1998, 80). War die Tora für ihn bis dahin als Kristallisationskern jüdischer Identität im Gefolge pharisäischen Verständnisses das, was die Besonderheit des auserwählten Volkes gegenüber den Völkern bestimmte, so erschloss sich ihm nun die Öffnung zu den Völkern als Wille Gottes.

Was genau dies unmittelbar nach dem Damaskusgeschehen für Paulus' Toraverständnis bedeutete, ist schwer zu ergründen, da aussagekräftige Quellen fehlen. Möglich ist, dass Paulus zunächst von dem Gesetzesverständnis der von ihm verfolgten Hellenisten beeinflusst wurde (so Räisänen 1986, 56.66f; ²1987, 255f) bzw. deren Auffassungen konsequent weiterentwickelte. Das bedeutet: Er verließ die pharisäische Position der Verschärfung ritueller Normen und marginalisierte diese nicht nur wie wohl die Hellenisten, sondern hielt sie nun sogar für völlig obsolet, ohne damit die Tora insgesamt in Frage zu stellen. Speisegebote haben keinerlei Bedeutung mehr, während die sozialen Gebote der Tora weiterhin eine Rolle spielen. Es ist aber auch möglich, wenn nicht wahrscheinlich, dass die Stellung nicht bloß einzelner Gebotsbereiche, sondern der Tora als solcher infolge der durch die Christusvision vor

Damaskus gewonnenen Einsichten in Frage stand. Dafür spricht, dass an einem gewichtigen Punkt eine grundlegende Kontinuität der Sicht des späten Paulus zur Sicht des Pharisäers Paulus zu verzeichnen sein dürfte: Paulus betrachtet die Tora als eine Ganzheit und Einheit. Den galatischen Heidenchristen, die der Position der Fremdmissionare zuneigen, dass sie sich durch Beschneidung dem Gottesvolk Israel eingliedern lassen müssen, schärft Paulus in Gal 5,3 ein, dass ein jeder Mensch, „der sich beschneiden lässt, das *ganze* Gesetz zu tun schuldig ist." Bildet die Tora eine unteilbare Einheit, dann lässt sie sich nicht auf bestimmte soziale Gebote reduzieren, sondern sie umfasst, abgesehen von der Beschneidungsforderung, z. B. eben auch die Speisegebote, die, wie ausgeführt, der Abgrenzung Israels von den Götzen verehrenden ‚Heiden' zugeordnet werden konnten und vom eifernden Pharisäer Paulus sicherlich in diesem Sinne aufgefasst wurden. Versteht man die Speisegebote in diesem Sinn und begreift man die Tora als unteilbare Einheit, dann ist die Tora „die einzigartige Lebensordnung eines ganz bestimmten Volkes" (Theobald 2001, 469); sie ist Gottes spezifische Weisung für Israel und der exklusiven Identität des Gottesvolkes im Gegenüber zu den übrigen Völkern zugeordnet (dass man im Frühjudentum auch anders akzentuieren konnte, zeigt eindrücklich die *interpretatio graeca* des Gesetzes bei Philon von Alexandrien, → II.2/3b). Da aber in Christus gilt, dass hier „weder Jude noch Grieche ist" (Gal 3,28, vgl. 5,6; 6,15), kann die Tora als Ganze für die universal verstandene Kirche nicht verpflichtend sein; sie kommt als ‚Grundgesetz der Kirche' nicht in Frage, denn sie ist der Zeit des Gegenübers von Israel und Heidenvölkern zugeordnet, die in Christus vergangen ist (zur Verbindung mit dem Freiheitsgedanken → 3.3.1). In der polemischen Kommunikationssituation des Gal betont Paulus entsprechend, dass die Rolle des Gesetzes als Aufpasser (3,24: παιδαγωγός) bis zum Kommen Christi befristet war (3,19–25) und die Glaubenden nicht unter dem Gesetz sind (3,25; 4,4f; 5,18, vgl. 2,15–21).

Der Fokus auf ‚rituellen' Aspekten in der Torafrage lässt sich mit Blick auf die Speisegebote gut anhand von Paulus' Verhaltensvariabilität im Umgang mit Juden und Nicht-Juden weiter veranschaulichen, die in 1Kor 9,19–23 zutage tritt. Die Aussage in V.20b, dass er denen, die unter dem Gesetz sind, wie einer unter dem Gesetz geworden ist, variiert hier die Aussage in V.20a, dass er den Juden wie ein Jude geworden ist. Konkret im Blick ist hier, dass er sich, wenn er im Rahmen seiner Mission mit Juden zu tun hat, an die Tora hält, um sein Gegenüber nicht zu brüskieren. Nun geht es bei der Beachtung oder Nichtbeachtung der Tora des Näheren natürlich nicht darum, dass das Liebesgebot oder das Dekaloggebot, nicht zu stehlen, für Paulus nur dann Gültigkeit besitzt, wenn er sich in jüdischen Kreisen bewegt. Es geht Paulus hier faktisch vielmehr eben um *die* Bereiche der Tora, mit denen das Frühjudentum seine Identität als von Gott auserwähltes Volk darstellte und deren Praktizierung dazu diente, die Abgrenzung von den übrigen Völkern aufrechtzuerhalten, also um die sogenannten rituellen ‚boundary markers'. Paulus sieht hier Jude-Sein im Sinne jüdischer Lebensweise also zentral unter dem Aspekt der Abgrenzung von den Völkern, und er betrachtet die Tora in 1Kor 9,20b wesentlich als Instrument dieser Abgrenzung – nicht als ein Buch, das elementare und für eine Gesellschaft unverzichtbare ethische Orientierung vermittelt. Kurzum: Halten oder Nicht-Halten der Tora wird hier an den rituellen Geboten festgemacht. Zugleich macht Paulus deutlich, dass es in Christus eine immer verbindliche Lebensorientierung gibt: das Gesetz Christi (V.21).

2. Zur ekklesiologisch begründeten Depotenzierung des Gesetzes, die bei der skizzierten sozialen Funktion der Tora ansetzt, tritt zweitens eine soteriologische Depotenzierung der Tora, die Paulus mit seiner – wohl erst im Zuge der galatischen Kontroverse in der vorliegenden Weise ausgearbeiteten (vgl. Wolter ³2021, 345–348) – Rechtfertigungslehre auf den Punkt bringt.

Entgegen der traditionellen, vor allem durch die Reformation beförderten Auffassung, die Rechtfertigungslehre bilde *das* organisierende Zentrum der paulinischen Theologie, ist sie exegetisch betrachtet adäquater als *ein* – auf einen bestimmten Problemzusammenhang bezogener – Modus der lehrhaften Explikation des Evangeliums anzusprechen. Dies wird schon daran deutlich, dass die Rede von der Rechtfertigung durch Glauben ohne Werke des Gesetzes (Röm 3,28; Gal 2,16) bzw. von der Gerechtigkeit durch Glauben an Christus im Unterschied zur Gerechtigkeit aus dem Gesetz (Phil 3,9) mit dem Gal, dem Röm sowie Phil 3,2–11 auf drei Textzusammenhänge beschränkt ist. Allen drei Vorkommen ist gemeinsam, dass sie auf die Fragen der Bedeutung des Erwählungsprivilegs Israels und der Bedingungen für den Zugang zum Heil in Christus für ‚Heiden' bezogen sind. Der thematische Ausgangspunkt der Rechtfertigungslehre ist also, wie in der sog. ‚new perspective on Paul' zutreffend herausgearbeitet wurde, ein ekklesiologischer: Den Rechtfertigungsaussagen kommt die Funktion zu, die Integration von Nichtjuden ohne Übernahme der Tora zu begründen, wobei die Abwehr der Verpflichtung auf Beschneidung und Speisegebote den konkreten Bezugspunkt bildet. Zugleich geht die Rechtfertigungslehre aber keineswegs in der Zurückweisung der Relevanz von Beschneidung und Speisegeboten auf, sondern bestreitet grundsätzlich, dass ein Leben nach der Tora außerhalb der Christuswirklichkeit zur Gerechtigkeit vor Gott zu führen vermag. Das Gegenüber zu Paulus' Argumentation bildet hier die jüdische Basisüberzeugung, dass dem Leben nach der Tora eine grundlegende soteriologische Bedeutung für das Wohlergehen und, sofern postmortale Hoffnungen vertreten wurden, für die Teilhabe am endzeitlichen Heil zukommt. Das Gesetz ist dabei allerdings, anders als das Zerrbild jüdischer Werkgerechtigkeit suggeriert, nicht einfach ein Tarif der Selbsterlösung, sondern in das Erwählungs- und Gnadenhandeln Gottes an seinem Volk eingebunden (→ II.2/2).

Paulus zerreißt in seiner Rechtfertigungslehre den für das Judentum konstitutiven Zusammenhang von Tora und Gottes Gnadenhandeln, wie es sich in Gottes gnadenhafter Stiftung des Bundes mit Israel und seiner Bereitschaft zur Vergebung von Sünden manifestiert, und legt die Option einer Rechtfertigung aufgrund von Werken des Gesetzes faktisch auf die vollkommen fehlerlose Erfüllung der Gebote fest, die niemand vorweisen kann (nach dem üblichen jüdischen Verständnis aber eben auch nicht vorweisen muss!). Außerhalb der Christuswirklichkeit stehen daher alle gleichermaßen als Sünder vor Gott (Röm 1,18–3,20, vgl. Gal 3,22). Vor allem Röm 7,7–25 macht des Näheren deutlich, dass dies nicht nur empirisch so ist, sondern ontologisch auch nicht anders sein kann, denn Paulus lädt die Sünde als eine versklavende Macht auf, die den sarkischen Menschen auf eine Weise steuert, dass auch das an sich heilige und gute Gesetz nicht die positive Wirkung zu entfalten vermag, den Menschen zu einem gerechten Leben zu führen. Im Gegenteil: Das Gesetz wird sogar von der Sünde missbraucht (Röm 7,7–11, vgl. auch 1Kor 15,56) und entfaltet die paradoxe Wirkung, dass durch es das Begehren nur immer stärker wird. Das Gesetz ist also in den von der Macht der Sünde bestimmten Unheilszusammenhang „dynamisch involviert" (von Bendemann 2000, 218). Soteriologisch erscheint daher der Versuch, durch das Tun des Gesetzes Heil zu erlangen, als Sackgasse. Röm 2,13 wirft insofern eine rein theoretische Option auf: Würde ein Mensch stets den in der Tora niedergelegten Willen Gottes erfüllen, würde Gott ihn auf dieser Basis als gerecht anerkennen; doch diesen Menschen gibt es nicht. Das mit der Rechtfertigungslehre verfolgte Ziel, die durch die Tora definierte Differenz zwischen Juden und ‚Heiden' zu nivellieren, sucht Paulus also durch eine universal-hamartiologische Theorie zu erreichen, indem der nicht nur ‚Heiden' (vgl. Gal 2,15), sondern auch Juden umgreifende Sünderstatus als *das* bestimmende Merkmal der adamitischen Menschheit etabliert wird (Röm 5,12–21). Juden haben daher soteriologisch durch die Tora keinen Vorteil; die Sünde fungiert als die große Gleichmacherin. Dem korreliert positiv, dass die Rechtfertigung – als Rechtfertigung des Sünders – reines Gnadenhandeln Gottes (Röm 3,24) und allein an den Juden- wie Heidenchristen wiederum gemeinsamen Glauben gebunden ist.

3. Weder aus der ekklesiologischen noch aus der in der Rechtfertigungslehre pointiert vorgetragenen soteriologischen Depotenzierung der Tora folgt allerdings, dass sämtliche Gebote der Tora schlechthin obsolet geworden sind. Überhaupt wäre die Rechtfertigungslehre missverstanden, wenn man sie darauf zielen lässt, den Lebenswandel *von Christusgläubigen* (soteriologisch) für irrelevant zu erklären. Das ist gar nicht ihr thematischer Horizont, und die ebenso zahl- wie facettenreichen Rekurse von Paulus auf das Endgericht (→ 1.4/2) sprechen deutlich eine andere Sprache. Die Rechtfertigungslehre ist eben keine *alle* Aspekte des Christenlebens umfassend umgreifende Theorie; insbesondere bildet sie nicht die entscheidende Referenzgröße, wenn es um die Begründung des christlichen Lebenswandels geht. Gerade der Röm zeigt dies in aller Klarheit. Denn dort, wo es nicht mehr um den Übergang ins Heil und die darauf bezogenen Kriterien der Annahme bei Gott geht (vgl. Röm 5,1: Die aus Glauben Gerechtfertigten haben Frieden mit Gott), sondern um das (daraufhin folgende) christliche Leben (Röm 6,1–8,17), tritt die Rechtfertigungssprache zugunsten des Motivs der Teilhabe an Christus und der Überwindung der von der Sünde bestimmten fleischlichen Existenzweise dank der Gabe des Geistes zurück (vgl. Burchard 1998, 156). Mit dem kategorischen Ausschluss der Werke des Gesetzes aus der Rechtfertigung muss keineswegs zwingend einhergehen, dass Toragebote auch für die ethische Orientierung in Christus bedeutungslos sind.

Fragt man daher, welche Bedeutung Toragaboten für das Leben in Christus bzw. den Wandel im Geist bei Paulus zukommt, ist eine differenzierte Antwort nötig. Klar ist, wie gesehen, dass Paulus nicht auf die Tora als solche verpflichten kann, da er sie eben als eine auch die Beschneidungsforderung und die Speisegebote einschließende Einheit versteht. Entsprechend verwundert es auch nicht, dass explizite Rekurse auf die Tora wie Röm 13,8–10, Gal 5,14 oder auch 1Kor 9,8f bei Paulus ausgesprochen selten sind. Im Blick auf den Gal ist zudem zu betonen, dass der Rekurs auf das Liebesgebot in 5,14 und der Verweis auf das Gesetz in 5,23 nicht dazu dienen, den Galatern die Tora nahezubringen, sondern dazu, die *faktische* Übereinstimmung des Lebenswandels derer, die sich vom Geist treiben lassen, mit den Forderungen der Tora herauszustellen (→ 3.3.1). In diese Linie lässt sich ferner auch Röm 8,4 einstellen, wonach die, die nach dem Geist wandeln, die Rechtforderung der Tora erfüllen (→ 3.3.2). Zugleich ist in solchen Aussagen allerdings impliziert, dass die ethischen Gebote der Tora Gottes Willen gültig formulieren. Nur deshalb kann die Tora auch zur Erkenntnis der Sünde dienen (Röm 3,20). Zu verweisen ist hier nicht zuletzt auf Röm 2,14, wo Paulus die Möglichkeit ins Feld führt, dass ‚Heiden', obwohl sie das Gesetz nicht haben, von Natur aus das im Gesetz Geforderte tun. Im Hintergrund steht hier die frühjüdische Rezeption des in der hellenistischen Philosophie, insbesondere in der Stoa, verbreiteten Gedankens vom ungeschriebenen Gesetz bzw. vom Gesetz der Natur, das jedem Menschen aufgrund seiner Vernunftbegabung zugänglich ist (→ II.1/5). Im Frühjudentum konnte, wie die sog. *Expositio legis* Philons zeigt, dieser Gedanke in eigenwilliger Weise dahingehend zugespitzt werden, dass das Naturgesetz nicht kritisch gegen das positive Recht von Staaten vorgebracht (vgl. Cicero, Leg 1,42; Rep 3,33), sondern eine vollkommene Harmonie zwischen dem Naturgesetz und der Mosetora behauptet wurde (→ II.2/3b). Zu Röm 2,14 kann man zwar darauf verweisen, dass Paulus diesen Gedanken nur aufnimmt, um den jüdischen Vorteil zu relativieren, mit dem Willen Gottes in Gestalt der (geschriebenen) Tora vertraut zu sein, doch ändert dies nichts daran, dass Paulus die Tora hier eben nicht als eine partikulare jüdische Gesetzgebung betrachtet, sondern ihren Geboten eine – im Grunde schöpfungstheologisch verankerte – universale Geltung als Ausdruck des Willens Gottes zuweist. Wie Paulus in Röm 8,4 nicht von der Erfüllung der Tora, sondern der *Rechtsforderung* der Tora spricht, was in Röm 13,8–10 durch die Erfüllung der Tora in Gestalt der Befolgung des Liebesgebots konkretisiert wird (→ 3.3.2), wird man indes auch zu 2,14 zu beachten haben, dass nicht davon die Rede ist, dass ‚Heiden' von Natur aus *die Tora* halten, sondern „die (Dinge) der Tora" (vgl. Dochhorn 2017, 38–40). Auch wenn die klare begriffliche Unterscheidung zwischen rituellen und ethischen Geboten für die Zeit des Paulus nicht vorausgesetzt werden kann, wird Paulus in 2,14 konkret nichts anderes vor Augen haben, als er in 13,8–10 mit dem Liebesgebot und Dekaloggeboten der zweiten Tafel anführt. Die soteriologische Depotenzierung der Tora in der Rechtfertigungslehre hat ihren Ausgangspunkt jedenfalls nicht darin, dass die Tora nicht zum Leben führen kann, weil sie den ethischen Willen Gottes nicht adäquat zum Ausdruck bringt, sondern darin, dass sie aufgrund der sarkischen Verfasstheit der Menschen nicht die Wirklichkeit ihrer Erfüllung zu schaffen vermag. Dies hat sich nach Röm 8,4 mit der Gabe des Geistes verändert.

Fragt man von hier aus weiter, ist in religionsgeschichtlicher Hinsicht grundsätzlich zu bedenken, dass sich die Frage nach der Bedeutung der Tora in der paulinischen Ethik suffizient nicht allein anhand des Aspektes *expliziter* Bezugnahmen auf einzelne Toragebote abhandeln lässt (anders z. B. noch die Tendenz bei Lindemann 1986), denn dies ginge an der Praxis frühjüdischer Torauntereweisung vorbei, die ebenfalls häufig nicht einzelne Torabestimmungen explizit zitiert, sondern eher an den Stoffen der Tora und den Richtungsimpulsen der Gebote als an deren Wortlaut orientiert ist (→ II.2/4–5). Fragt man also vor diesem historischen Hintergrund weiter, zeigt sich, dass Paulus' ethische Unterweisung in der Tat in einer deutlichen Kontinuität zu Traditionen frühjüdischer Torauntereweisung steht. Besonders klar wird dies in seinen sexualethischen Positionen, deren jüdisches Fundament ganz offenkundig ist (→ 5.1). Für die Frage nach der ‚Architektur' der paulinischen Ethik ist dieser Befund von nicht zu unterschätzender Bedeutung. Denn hier bestätigt sich exemplarisch die eingangs dieses Abschnitts getroffene Bemerkung, dass Paulus nicht wie am Reißbrett eine Ethik entwirft, indem er danach fragt, welche Verhaltensweisen sich direkt aus dem Christusgeschehen ableiten lassen oder der ekklesialen Wirklichkeit korrespondieren, wie sie z. B. in Gal 3,28 umrissen wird. Vielmehr gehören die ethischen Gebote der Tora, wie sie in der frühjüdischen Torauntersweisung aktualisiert wurden, zum vorgegebenen Bestand, aus dem Paulus selbstverständlich schöpfte. Die Toragebote werden aber einer kritischen Sichtung unterzogen. Leitendes Kriterium für ihre Rezeption ist, dass sie durch die neue Wirklichkeit des Lebens in Christus nicht überholt sind. Aus diesem Kriterium folgt, dass die Beschneidung und die Reinheitsgebote obsolet geworden sind, denn mit ihnen sieht Paulus eben die Funktion verbunden, die Sonderstellung Israels in der Völkerwelt lebensweltlich zur Anschauung zu bringen. Hingegen ist z. B. Paulus' Sexualethik zwar ebenfalls eindeutig jüdisch geprägt, doch sieht Paulus darin keinen Bereich, der im dargelegten Sinn Israels Sonderstellung gegenüber den Völkern zugeordnet ist, sondern er weist diesem eine universale und in Christus fortdauernde Geltung zu.[11]

Festzuhalten ist: Die Tora als solche, also als Weisung Gottes für Israel, ist in Christus überholt. Zugleich steht für Paulus aber in keiner Weise in Frage, dass die ethischen Gebote der Tora Gottes Willen formulieren. Die Differenzierung innerhalb der Tora kommt gut in 1Kor 7,19 zum Ausdruck. Denn wenn Paulus hier auf der einen Seite erklärt, dass Beschneidung und Unbeschnittenheit nicht zählt, dem auf der anderen Seite aber entgegenstellt, dass es auf „das Halten der Gebote" ankommt, dann ist bei Letzterem ein Bezug auf die Tora in keiner Weise auszuklammern (ebenso z. B. von Bendemann 2000, 215, anders Lindemann 1986, 250–252; Schnelle 2005, 258f). Woran Paulus dabei denkt, wird durch den konkreten Rekurs auf das Gebot der Nächstenliebe (Lev 19,18) und Dekaloggebote (Ex 20,13–17; Dtn 5,17–21) in Röm 13,8–10 exemplarisch illustriert. Historisch ist angesichts der frühjüdischen Formen der katechismusartigen Torauntersweisung darüber hinaus zu bedenken, dass es nicht bloß um explizite Bezugnahmen auf Gebote aus der geschriebenen Tora gehen kann, sondern auch Anknüpfungen an frühjüdische paränetische Traditionen, mit denen die Gehalte der Tora interpretiert und für Laien verständlich eingeschärft wurden, einzubeziehen sind. Kurz gesagt: Paulus schließt in seiner Unterweisung materialiter an die jüdische Toraparänese an und postuliert zugleich, dass Gottes Wille nun durch den Geist in den Christusgläubigen ins Werk gesetzt wird. Die nachfolgenden Analysen der inhaltlichen Aspekte der paulinischen Ethik werden daher Bezüge zur Tora bzw. zur frühjüdischen Torauntersweisung stets im Auge behalten.

---

[11] Paulus' Anknüpfung an die von der Tora ausgehende frühjüdische Sexualethik ist nicht als theologische Inkonsequenz zu werten, wie Wolter dies im Rahmen seiner These, dass Paulus' Ethik „angewandte Ekklesiologie" (2009, 167) sei, vertritt (a.a.O. 163). Vielmehr gibt umgekehrt Paulus' Sexualethik Wolters These als einen systematisierenden Zugriff zu erkennen, der die Komplexität der unterschiedlichen Einflussfaktoren in Paulus' ethischen Aussagen unterläuft. Zur Kritik an Wolters Fassung der These der Inklusivität der paulinischen Ethik s. Körner 2020, 6–18.

## 2.2 Die Interaktion mit ethischen Traditionen der griechisch-römischen Antike und das Verhältnis zu Verhaltensmaßstäben der Umwelt

1. Wer sich mit Paulus' Ethik befasst, muss seinen Blick auch immer über das Frühjudentum hinaus auf die nicht-jüdische griechisch-römische Antike richten. Als aus Tarsus (nach Strabon, Geogr 14,5,12–15 eine Hochburg der Philosophie!) gebürtiger Diasporajude ist Paulus von Kindesbeinen an mit hellenistischer Bildung und Kultur in Kontakt gekommen. Wenn die Darstellung in Apg 22,3; 26,4f korrekt ist, dass Paulus in Jerusalem ausgebildet wurde, wird er in Jerusalem zwar Hebräisch gelernt haben, aber sein späteres Wirkungsfeld wird er in den griechischsprachigen Synagogen Jerusalems unter hellenistisch geprägten (ehemaligen) Diasporajuden gefunden haben. Vieles von dem, was sich an Einflüssen aus der griechisch-römischen Gedankenwelt und Kultur bei Paulus findet, wird ihm über das hellenistische Judentum vermittelt worden sein, doch lässt sich dies kaum zur Generalformel erheben, zumal Paulus' Vertrautheit mit der griechisch-römischen Welt durch sein missionarisches Wirken unter Nichtjuden in Syrien, Kleinasien und Griechenland erheblich vertieft worden sein und er durch diese Kontakte signifikante Impulse erfahren haben dürfte. In seinen urbanen heidenchristlichen Gemeinden musste er sich mit den mitgebrachten ethischen (für Paulus zuweilen recht fragwürdigen) Überzeugungen der Gemeindeglieder auseinandersetzen, und zugleich lag es kommunikativ nahe, an die kulturellen Enzyklopädien der Adressaten anzuknüpfen, um seine ethischen Positionen für die Adressaten verständlich zu machen und ihnen Nachdruck zu verleihen (vgl. Blischke 2007, 18).

Zur Illustration des Einflusses mögen ein paar Beispiele genügen: Paulus greift verschiedentlich auf die auf die hellenistische Literatur zurückgehende, aber auch im antiken Judentum rezipierte Gattung der Lasterkataloge (dazu Vögtle 1936*; Wibbing 1959*; Kamlah 1964*; Berger 1984*, 1088–1092) zurück (s. Röm 1,29–31; 13,13; 1Kor 5,10.11; 6,9f; 2Kor 12,20f; Gal 5,19–21). In Röm 1,28 leitet er zudem die Aufzählung der Laster durch die Rede vom Tun dessen, „was sich nicht geziemt" (τὰ μὴ καθήκοντα, s. dazu Schröter 2016, 170–179), ein (vgl. die Rede von „dem Gebührenden" [τὸ ἀνῆκον] in Phlm 8), womit er einen in der stoischen Ethik beheimateten Begriff aufnimmt (s. z. B. Epiktet, Diss 2,17,31; Marc Aurel 3,16,2; Diogenes Laertios 7,107–110, → II.1/5), der aber wiederum auch im hellenistischen Judentum begegnet (Philon, LegAll 1,56; 3,126; Sacr 43; Plant 94.100 u. ö.). Gleiches gilt für den Gedanken einer natürlichen Erkenntnis des Gesetzes, der in Röm 2,14f anklingt (→ 2.1/3, zum stoischen Kolorit s. z. B. Huttunen 2009, 56–59). In Gal 5 steht dem Laster- ein Tugendkatalog zur Seite (5,22f, vgl. 2Kor 6,6; Phil 4,8) – das Wort „Tugend", das ein Leitwort griechischer Ethik darstellt, gebraucht Paulus allerdings nur in Phil 4,8. Das in 1Thess 4,9; Röm 12,10 begegnende Motiv der Geschwisterliebe (→ 3.1.1–2) ist den Adressaten aus ihrer Umwelt ebenso vertraut wie die für die griechisch-römische Welt charakteristische agonistische Motivik, derer sich Paulus in 1Kor 9,24–27 bedient (dazu Poplutz 2004, bes. 101–173). Und auch der Begriff des „Gewissens" (Röm 2,15; 13,5; 1Kor 8,7; 10,25 u. ö.), um nur noch *ein* weiteres Beispiel zu nennen, hat Wurzeln in der griechisch-römischen Antike (dazu Eckstein 1983, 35–104). Vieles andere wird in den folgenden Abschnitten an Ort und Stelle angeführt werden.

Von der Konstatierung traditionsgeschichtlicher Einflüsse, die in breitem Umfang zu diagnostizieren sind, ist die Frage zu unterscheiden, welchen Stellenwert Paulus den ethischen Reflexionen seiner griechisch-römischen Umwelt zugeschrieben hat. Evident ist, dass Paulus nicht ein Student der Schriften von Platon, Aristoteles oder stoischen Philosophen war, wie er die Schriften des später sogenannten Alten Testaments studiert und als Interpretationsraum des Christusgeschehens herangezogen hat. In den paulinischen Briefen findet sich mit dem Menanderwort „schlechter Umgang verdirbt die Sitten" (Thais, Fragm 218) in 1Kor 15,33 nur ein einziges Zitat eines paganen griechischen Autors, und dieses ist nicht einmal als ein solches ausgewiesen, womit auch offenbleiben muss, ob Paulus den Ursprungsort des Zitats kannte oder ob er meinte, ein geflügeltes Wort anzuführen. Paulus sieht auch nirgends die Notwendigkeit auszuweisen, dass das, was die Glaubenden unter der Leitung des Geistes tun, faktisch mit den ethischen Überzeugungen von Philosophen übereinstimmt, wie er dies in Gal 5,14.23; Röm 8,4; 13,8–10 mit Blick auf die Tora tut. Damit geht einher, dass pagane griechisch-römische Traditionen Paulus' ethische Überzeugungen nicht in demselben Grade prägen, wie dies im Blick auf frühjüdische, auf die Tora rückbezogene Unterweisung gilt. Nicht einmal der für die griechische ethische Tradition gewichtige Kanon der vier Kardinaltugenden Gerechtigkeit, Besonnenheit, Tapferkeit und Klugheit hat in der paulinischen Ethik tiefere Spuren hinterlassen (vgl. Furnish 2009, 82; Horn 2013). Kurzum: Mit Philon oder dem Verfasser des 4Makk gibt es im antiken Judentum Autoren, die deutlich stärker mit antiker philosophischer Ethik interagieren, als dies bei Paulus der Fall ist. Davon bleibt indes unbenommen, dass der Fokus auf der Herausbildung von Charaktertugenden, der für den ethischen Ansatz der philosophischen Strömungen im Ganzen kennzeichnend ist (→ II.1, bes. II.1/2 zu Aristoteles und II.1/5 zur Stoa), ja so etwas wie die ‚ethische Koine' der antiken mediterranen Welt bildet, sich insofern auch bei Paulus manifestiert, als es insbesondere bei den Grundwerten der Liebe (→ 3) und Demut (→ 4) (auch) um grundlegende Haltungen geht und bei Paulus zudem die Ausrichtung des menschlichen Sinnens und Trachtens eine maßgebliche Rolle spielt (→ 6). Im Blick auf den konstitutiven gemeinschaftsorientierten Horizont der paulinischen Ethik (→ 1.3), wie er sich gerade auch darin abbildet, dass eben *Liebe* und *Demut* als Grundwerte fungieren, ist zugleich zu betonen, dass Paulus' Hauptfokus nicht auf die ethische Vervollkommnung des Individuums gerichtet ist, sondern auf das Gelingen sozialer Gemeinschaft.

2. Fragt man ferner, wie sich Paulus das Verhältnis zwischen christlichem Lebenswandel und den Verhaltensweisen in der paganen Umwelt der Gemeinden denkt, ist eine differenzierte Auskunft zu geben. Auf der einen Seite grenzt er christlichen Lebenswandel dezidiert vom ‚heidnischen' ab. Dies gilt insbesondere für das Sexualverhalten (1Thess 4,5), womit Paulus eine für das Frühjudentum charakteristische ethische Abgrenzung fortschreibt – auch wenn sich bei näherer Betrachtung zeigt, dass durchaus auch Konvergenzpunkte zur zeitgenössischen popularphilosophischen Reflexion zu diagnostizieren sind (→ 5.1). Röm 12,2 fordert allgemein, nicht diesem Äon gleichförmig zu sein. Auf der anderen Seite aber ist die Äußerung von Röm 1,28, dass Gott die Menschen an einen unbrauchbaren Verstand ausgeliefert habe, so dass sie tun, was sich nicht geziemt, keineswegs das ganze Bild, sondern Paulus gesteht Nicht-Christen ethisches Urteilsvermögen zu. Auf Röm 2,14f

wurde bereits hingewiesen (→ 2.1/3). Wenn Paulus in 1Thess 4,12 als Ziel formuliert, wohlanständig gegenüber denen draußen zu wandeln, so ist darin ein grundlegender Konsens über anständiges Verhalten vorausgesetzt. Gleiches gilt für Paulus' Aussagen zur Obrigkeit in Röm 13,3f, wenn dieser die Funktion zugeschrieben wird, jene, die Böses tun, zu bestrafen, während die, die Gutes tun, Lob erwarten dürfen (vgl. z. B. Schulz 1987*, 389). Was Paulus in Phil 4,8 an Tugenden anführt, würde in der hellenistischen Popularphilosophie keinen Widerspruch ernten; und „[u]m ‚Hader, Neid, Zorn, Zank, üble Nachrede, Verleumdung, Aufgeblasenheit, Unordnung' (2.Kor 12,20) schlecht und ‚Liebe, Freude, Friede, Geduld, Freundlichkeit, Güte, Treue …‘ (Gal 5,22f) gut zu finden, musste man nicht erst Christ werden" (Wolter 2009, 126). Dem fügt sich ein, dass Paulus die „Werke des Fleisches" in Gal 5,19 als „offenkundig" tituliert. Es wäre aber umgekehrt ein gravierender Fehlschluss, den Sachverhalt der breiten Konvergenz mit frühjüdischen wie paganen ethischen Überzeugungen mit der Auffassung gleichzusetzen, dass der paulinischen Ethik im materialethischen Bereich ein charakteristisches Profil fehlte (vgl. für viele Schulz 1987*, 390) und es allein um „ethische Aristie" (Wolter 2009, 144) ginge. Dabei steht nicht allein zur Debatte, dass sich ein charakteristisches Profil schon aus der spezifischen Auswahl ethischer Traditionen bzw. aus der spezifischen Kombination von Überzeugungen ergibt (vgl. Schrage ²1989*, 204–207). Bei Paulus geht es um mehr, was schnell deutlich wird, wenn man über die paränetischen Passagen im engeren Sinn hinaus auch die nicht wenigen Texte einbezieht, in denen Paulus sich argumentativ mit Problemen auseinandersetzt, die ethische Sachverhalte berühren. Zu beobachten ist hier nämlich, wie in den Abschnitten 3 und 4 im Einzelnen ausgeführt werden wird, dass Paulus aus seinen theologischen Überzeugungen Handlungsorientierungen gewinnt (vgl. Hays 1997*, 18f) und aus der Verbindung von Liebe und Demut eine Lebensorientierung resultiert, die keineswegs ein Abbild antiker Durchschnittsethik ist. Zugleich ist bereits hier anzumerken, dass es in keiner Weise darum geht, die totale Andersartigkeit paulinischer Verhaltensorientierung behaupten zu wollen (was Unsinn wäre), zumal Abweichungen von anderen an sich kein Qualitätsmerkmal sind. Auch steht nicht der Aufweis distinkter Einzelzüge im Zentrum, sondern die Analyse des Zusammenspiels von Übereinstimmungen und eigenen Akzentsetzungen, thematischen Gewichtungen und motivischen Verknüpfungen im paulinischen Gesamtprofil (→I.1/4), wie man sie auch bei Philon oder Epiktet durchführen kann.

2.3 Jesustradition und frühchristliche Gemeindeparänese bei Paulus

Wenn Paulus in 1Kor 11,2 auf die Überlieferungen verweist, die er den Korinthern übergeben hat, dürfte darin ethisches Unterweisungsgut, wie es in den ersten Gemeinden gepflegt und von Paulus aufgenommen und ausgestaltet wurde, zumindest eingeschlossen sein. Ein instruktives Beispiel für Paulus' Rezeption frühchristlicher Gemeindeparänese bietet Röm 12,9–21. Die Berührungen mit 1Thess 4,9–12; 5,12–22 zeigen, dass Paulus hier aus einem Fundus an paränetischer Tradition schöpft, aus dem er sich passend zur brieflichen Kommunikationssituation bedienen kann (zu Einzelheiten → 3.1.2). Die engen Berührungen mit 1Petr 3,8–17 (vgl. die Synopse in Jacobi 2015, 57f) machen, da schwerlich von einer Abhängigkeit von 1Petr 3 von den paulinischen Passagen auszugehen ist (→ XI), darüber hinaus deutlich, dass dieser Fundus nicht spezifisch paulinisch ist, sondern Paulus selbst aus einer weiter verbreiteten frühchristlichen Tradition schöpft.

Röm 12,14–21 gilt zugleich vielen als Beispiel par excellence für den Einfluss genuiner Jesustradition auf die paulinische Paränese: Die Mahnung zum Vergeltungsverzicht in Röm 12,17; 1Thess 5,15 (vgl. Mt 5,38–42 par Lk 6,29f) oder die Weisung, die zu segnen, die einen verfolgen (Röm 12,14, vgl. Lk 6,28), seien als *direkte* Rezeption der entsprechenden Mahnungen Jesu zu verstehen (Dunn 1990, bes. 200–202; M. Thompson 1991, 90–110; Chandler 2012*, 49f). Paulus markiert an diesen Stellen allerdings keinen Bezug auf Herrenworttradition. Röm 12,17 und 1Thess 5,15 stehen zudem 1Petr 3,9 näher als den synoptischen Texten, was eben auf Abhängigkeit von einer gemeindlichen katechetischen Tradition weist, die sich im entstehenden Christentum – in Anknüpfung an frühjüdische Traditionen des Vergeltungsverzichts und des Wohlverhaltens gegenüber dem Feind (vgl. Zerbe 1993*, 34–173; Jacobi 2015, 69–85) – herausgebildet hat. Dabei ist anzunehmen, dass die katechetische Tradition auch Impulse aus der Jesustradition empfangen hat, doch dürfte umgekehrt auch die katechetische Überlieferung die Jesustradition bereichert, also zur Bildung sekundärer Jesusworte geführt haben. Das Segensgebot (Röm 12,14) etwa findet sich nicht in der nur zweigliedrigen matthäischen Fassung des Feindesliebegebots (Mt 5,44); es könnte eine lukanische Ergänzung sein, die ihrerseits aus der gemeindeparänetischen Tradition schöpft. Die wechselseitigen Prozesse lassen sich kaum mehr im Detail erhellen. Im hier verfolgten Zusammenhang fällt in jedem Fall auf, dass Jesu prägnante Formulierung, *den Feind zu lieben* (Mt 5,44; Lk 6,27.35), weder in Röm 12 noch in 1Thess 4–5 begegnet, obwohl ihr Röm 12,17–21 der Sache nach nahesteht. Dies bekräftigt, dass es sich bei der Q-Tradition, die in Mt 5,38–48; Lk 6,27–36 rezipiert ist, und der durch die genannten Passagen im Röm und 1Thess repräsentierten katechetischen Tradition um zwei zu unterscheidende Überlieferungsstränge handelt (vgl. Söding 1995, 246f; für eine ausführliche Analyse Jacobi 2015, 47–122).

Dem Fehlen eines autorisierenden Verweises auf den irdischen Herrn in Röm 12,9–21 fügt sich ein, dass markierte Rückgriffe auf Jesusworte bei Paulus insgesamt eine marginale Rolle spielen (1Kor 7,10f; 9,14; 11,23–25, evtl. 1Thess 4,15). Ethisch relevant ist von ihnen allein 1Kor 7,10f (→ 5.1.2/3). Die Unterscheidung zwischen dem, was Paulus *sagt* (7,8.12), und dem, was der Herr *gebietet* (7,10), unterstreicht hier die besondere Autorität, die Paulus dem Herrenwort an dieser Stelle im argumentativen Zusammenhang zuschreibt (vgl. auch das Gegenüber von „*Gebot* des Herrn" und Paulus' „*Meinung*" in 7,25). Dass Paulus hier nicht schreibt, *Jesus* habe geboten, sondern eben vom „Herrn" die Rede ist (ebenso 1Kor 9,14, vgl. auch 11,23; 1Thess 4,15), lässt sich – abgesehen von der Betonung des autoritativen Charakters des Wortes – zugleich als ein Hinweis verstehen, dass das Wort des irdischen Jesus Bedeutung hat, weil er in der Gegenwart der erhöhte Herr ist, dem die Christusgläubigen zugehören, und Paulus nicht streng zwischen beiden unterscheidet (vgl. Jacobi 2015, 393). 1Kor 7,10f fehlt aber die Einbettung in einen umfangreicheren Befund, der zu erkennen geben würde, dass die Unterweisung Jesu für Paulus' eigene ethische Reflexion eine leitende Rolle gespielt hätte. Der Verweis auf seine „Wege in Christus", wie er sie überall in allen Gemeinden lehrt, in 1Kor 4,17 und die Rede von den Geboten, die er den Thessalonichern „durch den Herrn Jesus" gegeben hat (1Thess 4,2), ändern an diesem Gesamtbefund nichts, denn in beiden Fällen wird gar nicht auf Unterweisung des irdischen Jesus zurückverwiesen, sondern es geht um die Orientierung, die sich für Paulus aus dem Sein „in Christus" ergibt (vgl. die Ermahnung „im Herrn Jesus" in 1Thess 4,1). Ebenso verweist die Wendung „ich weiß und ich bin überzeugt im Herrn Jesus" als Einleitung zur Aussage, „dass nichts an sich unrein ist" (Röm 14,14), nicht auf ein (schwerlich authentisches [→ II.3/10]) Herrenwort, wie es in Mk 7,15 zu finden ist (zur Diskussion Jacobi 2015, 299–386; Hiestermann 2017, 151–154), sondern Paulus redet von einer Überzeugung, die für ihn aus seiner Zugehörigkeit zu Christus folgt. Nicht zuletzt bezieht sich auch die Rede vom „Gesetz Christi" (Gal 6,2) nicht auf eine Sammlung von Jesusworten, sondern sie meint die Verhaltensorientierung, die sich aus dem Christusgeschehen, nämlich aus der liebenden Selbsthingabe Jesu (Gal 2,20), für die ergibt, die „in Christus" sind (→ 3.3.1). Unterstrichen wird damit noch einmal die fundamentale Bedeutung, die Paulus der Christusbeziehung auch in ethischer Hinsicht zuschreibt. Der Lebenswandel „in Christus" wird bei ihm aber nicht zentral durch den Rekurs auf die ethische Unterweisung Jesu bestimmt.

Dieser an sich klare Befund ist allerdings, blickt man entwicklungsgeschichtlich auf die tiefer liegenden Wurzeln der paulinischen Ethik, noch durch eine andere Überlegung zu konturieren. Oben ist auf die Beeinflussung der katechetischen Tradition, aus der Paulus in Röm 12,14–21 schöpft, durch genuine Jesustradition hingewiesen worden. Umfassender gilt: Wenngleich Paulus in seiner Agapeethik nirgends direkt auf Jesus(tradition) rekurriert, ist der Traditionsstrom, aus dem Paulus die Zentralität der Liebe für christliche Verhaltensorientierung zugekommen ist, ohne den Grundimpuls der ethischen Unterweisung Jesu in diesem Bereich (→ II.3/4) kaum zu denken. Gleiches gilt für den Aspekt des Statusverzichts, wie er bei Paulus in der Thematisierung der Demut hervortritt. Auch hier rekurriert Paulus nicht auf Jesus, aber auch hier reichen die Wurzeln für die Bedeutung dieses Themas in der frühchristlichen Ethik bis zu Jesus zurück (Mk 10,43f u. ö., → II.3/8). Insofern kann man zu Agape und Demut, die im Folgenden in ihrer Bedeutung als Leitwerte der paulinischen Ethik ausführlicher analysiert werden sollen, davon sprechen, dass hier Grundimpulse Jesu nachwirken, und es ist durchaus wahrscheinlich, dass Paulus dies auch gewusst hat.

## 3. Die Liebe als ethisches Leitmotiv

Die Liebe tritt in den Paulusbriefen durchgehend als ein Leitmotiv paulinischer Ethik hervor. Idealtypisch unterscheiden kann man dabei zunächst zwei Bereiche: 1. die zentrale Rolle der Agape in der grundlegenden Gemeindeunterweisung, wie sie im ältesten Paulusbrief, dem 1Thess, und in anderer Weise in Röm 12–13 deutlich wird, sowie 2. die auf dieser Basis erfolgenden Rekurse auf die Agape in der Erörterung konkreter ethischer Herausforderungen, mit denen sich Paulus in der Korrespondenz mit seinen Gemeinden konfrontiert sieht. Im Zuge der Auseinandersetzung mit ‚judaisierenden' Gegnern, welche die Heidenchristen auf die Tora einschließlich der Beschneidung zu verpflichten suchen, erscheint die Liebe im Gal zudem nicht nur als materiale Leitbestimmung der Handlungsdimension des Glaubens, sondern wird nun explizit mit der Tora in Verbindung gebracht und als deren Erfüllung ausgewiesen; Röm 13,8–10 führt diesen Aspekt weiter. Damit ist die Struktur der folgenden Erörterung vorgegeben.

### 3.1 Die Liebe als Leitmotiv in der paulinischen Gemeindeunterweisung

#### 3.1.1 Die leitmotivische Bedeutung der Agape im 1Thess

Der 1Thess wurde nur wenige Monate nach dem – infolge von Nachstellungen vorzeitig abgebrochenen – gemeindegründenden Aufenthalt (vgl. Apg 17,1–9) abgefasst und steht der Anfangsverkündigung mit seiner Ermutigung der Gemeinde, den eingeschlagenen Weg fortzusetzen, auch sachlich nahe. In ethischer Hinsicht manifestiert sich dies darin, dass der Brief, anders als vor allem der 1Kor, keine ausführlichen ethisch relevanten Argumentationen enthält, in denen Paulus korrigierend auf Entwicklungen in der Gemeinde eingeht; im Vordergrund steht vielmehr die Erinnerung an die Grundelemente der ethischen Unterweisung, die Paulus der Gemeinde bei seinem Gründungsaufenthalt vermittelt hat (vgl. 4,2.6.11). Für das Verständnis der paulinischen Agapeethik ist der 1Thess damit insofern relevant, als er deutlich werden lässt, dass der Liebe bereits in der *grundlegenden* ethischen Unterweisung des Apostels eine leitmotivische Bedeutung zugekommen ist.

Diese Bedeutung der Agape tritt nicht nur in der Unterweisung in 4,9–12 sowie in der Fürbitte in 3,11–13 hervor, sondern, besonders pointiert, auch in dem gleich zweimaligen Vorkommen der *Trias „Glaube, Liebe, Hoffnung"* (1,3; 5,8), mit der Paulus zusammenfassend die Grundvollzüge christlicher Existenz benennt.[12] Der Glaube steht jeweils voran (ebenso auch 1Kor 13,13; Kol 1,4f), weil er das Fundament bildet, auf dem alles Weitere basiert; Hoffnung und Liebe sind entsprechend nicht als vom Glauben unabhängige Größen aufzufassen, die gewissermaßen von außen zum Glauben hinzutreten. Mit der Hoffnung wird die auf die kommende Heilsvollendung vertrauende Dimension des Glaubens zum Thema (vgl. Gal 5,5); mit der Liebe benennt Paulus das zentrale Charakteristikum des aus dem Glauben erwachsenden Lebenswandels (vgl. Gal 5,6; Phlm 6f).

---

[12] Die Trias wird häufig auf Paulus selbst zurückgeführt (z. B. Wischmeyer 1981, 147–153; Söding 1992, 38–41; Weiß 1993, 211–215). Man wird indes – schon angesichts der Kürze der Zeit zwischen seiner Loslösung aus dem antiochenischen Missionsteam mit Barnabas ca. 48 n.Chr., mit der Paulus' eigenständige Mission beginnt, und dem Gründungsaufenthalt in Thessalonich ca. 49 n.Chr. – kaum mehr sagen können, als dass Paulus die Trias in seiner Zeit als Missionar der antiochenischen Gemeinde (Apg 11,25f; 13–15) bekannt war (für eine Rückführung auf vorpaulinisches [antiochenisches] Traditionsgut s. z.B. Mell 1999, 214–225 [für die triadische Genitivreihe in 1Thess 1,3]; Theißen 2014, 150–159). Inwiefern Paulus an der Bildung der Trias (maßgeblich) beteiligt war, entzieht sich unserer Kenntnis. Vgl. zur Trias neben den Belegen in paulinischen oder deuteropaulinischen Briefen (1Thess 1,3; 5,8; 1Kor 13,13; Kol 1,4f) noch Hebr 6,10–12; 10,22–24; 1Petr 1,21f; Barn 1,4; Polyk 3,2f.

Neben der Trias ist bei Paulus auch das Paar „Glaube und Liebe" belegt (1Kor 16,13f; 1Thess 3,6; Phlm 5, deuteropaulinisch Eph 1,15; 2Thess 1,3; 1Tim 1,5.14; 2Tim 1,13), das sich als Transformation der bekannten Zweiteilung der Tugenden in Pflichten gegenüber der Gottheit und Pflichten gegenüber den Mitmenschen (→ II.2/3b) lesen lässt (Wolter 2010, 171f). Die Erweiterung zur Trias „Glaube, Liebe, *Hoffnung*" spiegelt die Bedeutung der für das entstehende Christentum charakteristischen Erwartung der (baldigen) Vollendung der Königsherrschaft Gottes bzw. der (nahen) Parusie Christi. Das doppelte Vorkommen der Trias im 1Thess erklärt sich aus dem Gewicht, das der Klärung eschatologischer Fragen im Brief zukommt (1,10; 4,13–5,11).

In 1Thess 1,3 begegnen die Glieder der Trias als Genitivattribute („Werk *des Glaubens*" usw.), die als subjektive Genitive bzw. als Genitive des Urhebers zu lesen sind: Es geht um den Glauben, der sich im Tun manifestiert, um die Hoffnung, die angesichts der Bedrängnisse (1,6; 2,14; 3,3–5) standhaftes Ausharren bewirkt, sowie – als Explikation des *Werks* des Glaubens – um die Liebe, die im Dienst an anderen bereit ist, Mühen auf sich zu nehmen. Der Ton liegt – in lobender und damit die Adressaten rhetorisch geschickt zum Fortschreiten auf ihrem Weg motivierender Absicht – auf den Wirkungen, die Glaube, Liebe, Hoffnung bei den Thessalonichern bereits gezeigt haben. Deutlich wird dabei, dass Liebe sich nicht in einem Gefühl erschöpft, sondern konkrete Tat meint und Anstrengungen nicht meidet.

3,12 lässt weitere Aspekte hervortreten. Erstens verweist die Einbindung der Agape als Inhalt der Fürbitte (vgl. dazu Phil 1,9) auf die Überzeugung, dass das Handeln im Sinne der Liebe nicht aus eigenen Kräften allein erwächst (vgl. Söding 1995, 69f). Entsprechend kann Paulus die Agape in Gal 5,22 explizit als „Frucht des Geistes" ausweisen (vgl. 1Kor 12,31–13,13). Zweitens zeigt die Rede vom „Zunehmen" und vom „Überreich-Werden in der Liebe", dass es ein Wachstum in der Liebe gibt. In 4,9f spiegelt sich dies in der Mahnung, (in der Liebe) noch mehr überzufließen, nur sind hier die Adressaten selbst Subjekt des Überfließens, was exemplarisch die Dialektik bzw. Komplementarität anzeigt, die Paulus' Sicht christlichen Handelns kennzeichnet: Dieses basiert ebenso auf Gottes (Mit-)Wirken – in 4,9 schwingt dies insofern mit, als die Adressaten *von Gott belehrt sind* (vgl. Jes 54,13; Jer 31,33f; Ez 36,26f; PsSal 17,32), einander zu lieben –, wie es in der Verantwortung der Glaubenden liegt. Drittens ist die Liebe nach 3,12 nicht nur untereinander zu üben, sondern gegenüber allen. Paulus entwirft keine reine Konventikelethik. Dass die Liebe über die Gemeindegrenzen hinausdrängt, gewinnt noch dadurch an Kontur, dass die Gemeinde, wie bereits angemerkt wurde, Bedrängnis ausgesetzt ist. Die Schikanierungen von Außenstehenden sollen die Gemeindeglieder mit Liebe beantworten (vgl. 5,15).

Zugleich zeigen 4,9f und 5,12f, dass Paulus' Hauptaugenmerk gleichwohl den innergemeindlichen Beziehungen gilt. Denn in 4,9a spricht Paulus nicht, wie das im hellenistischen Judentum gehäuft der Fall ist, von *Menschen*liebe (φιλανθρωπία), sondern von *geschwisterlicher* Liebe (φιλαδελφία), was V.9b als *„einander"* lieben expliziert; 5,13 baut darauf auf und bezieht die in 4,9f allgemein gehaltene Mahnung zur Geschwisterliebe spezifisch auf das Verhalten denen gegenüber, die sich in der Gemeinde besonders engagieren und Verantwortung übernehmen. Das Wort „Geschwisterliebe" (4,9) bezieht sich im Regelfall auf die Zuneigung, Fürsorge und Harmonie unter leiblichen Geschwistern.[13] Paulus' Aufnahme des Wortes steht im Zusammenhang seiner Auffassung der christlichen Gemeinde als *familia Dei*, wie sie in der Anrede der Adressaten als Brüder und Schwestern zum Ausdruck kommt. Der 1Thess weist diese Anrede in besonderer Dichte auf, was mit seinem parakletischen Grundanliegen zusammenhängt: Angesichts der sozialen Brüche, die mit der Hinwendung zum Christusglauben vielfach verbunden waren, soll die Gemeinde eine von gegenseitiger Liebe geprägte geschwisterliche Gemeinschaft bilden, die den Verlust der zerbrochenen früheren Beziehungen zu überwinden hilft, weil man in ihr, wie das in einer Familie der Fall sein sollte, füreinander einsteht und einander die Lasten trägt (vgl. Gal 6,2). Den Akzent setzt Paulus dabei, wie das Lob in 1Thess 4,10a („das *tut* ihr ja auch …") deutlich macht, auf der praktischen Seite der Geschwisterliebe (vgl. Aasgaard 2004, 160), wenngleich dies emotionale Aspekte, die anderorts in der Thematisierung der Geschwisterliebe hervortreten, nicht ausschließt. Zur Betonung der Geschwisterliebe passt zudem, dass Paulus nicht bloß auf die lokale Gemeinde blickt, sondern alle „Brüder und Schwestern" in ganz Makedonien einbezieht. 4,11 fügt kein neues Thema an, sondern expliziert – nicht umfassend, sondern exemplarisch und mit konkretem Bezug auf die Adressatensituation –, was die Agape bedeutet. Die Mahnung, ruhig zu leben und sich auf die eigenen Angelegenheiten zu konzentrieren, stellt schwerlich eine Äußerung zum philosophischen Diskurs über den Charme eines zurückgezogenen, sich von der Öffentlichkeit des Politischen fernhaltenden Lebens dar (s. exemplarisch Plutarch, StoicRep 20 [Mor 1043a–d]). Eher lässt sie sich im Gesamtkontext des Briefes im Horizont der bereits erwähnten Bedrängnis verständlich machen: Angesichts dieser Konstellation sollen die Adressaten sich um ein friedliches, ruhiges Leben bemühen. Dies aber lässt sich gut mit der Geschwisterliebe in Zusammenhang bringen: Zur damit anvisierten ‚Familiensolidarität' gehört auch, die angespannte Situation der Gemeinschaft in ihrem Umfeld nicht durch provokatives Verhalten gegenüber Außenstehenden zu forcieren. Auch die Mahnung, mit eigenen Händen zu arbeiten (→ 5.2/3), lässt sich gut als Explikation der durch die Geschwisterliebe geprägten Gruppensolidarität verstehen: In einer solchen ‚Familie' helfen sich die Glieder untereinander auch in materiellen Dingen aus (vgl. Heininger 2010, 78–81.83f; Jung 2021, 115–120.135f). Wenn aber Einzelne die Gruppensolidarität ausnutzen, wird diese empfindlich verletzt, wenn nicht zerstört. Positiv gewendet: Alle sind gehalten, durch eigener Hände Arbeit einen Beitrag zum Wohl aller Familienglieder zu leisten (vgl. Eph 4,28, ferner Apg 20,34f). Zugleich führt die Arbeit „mit eigenen Händen" und die dadurch ermöglichte innergemeindliche Solidarität zu (finanzieller) Unabhängigkeit von Außenstehenden (4,12b), etwa von reichen Patronen (vgl. Tomson 2003, 114f).

---

[13] Zum antiken Sprachgebrauch Aasgaard 2004, 71–74; Heininger 2010, 73–77. Exemplarisch verwiesen sei auf Plutarchs Schrift *De fraterno amore* (Mor 478a–492d) sowie frühjüdisch auf 4Makk 13,19–14,1 (vgl. zu beiden Texten Klauck 1990, zu Plutarch ferner noch H.D. Betz 1978; Aasgaard 2004, 93–106). In 2Makk 15,14 ist die Rede von der „Geschwisterliebe" auf die Ebene des jüdischen Volkes übertragen (in 4Makk 13,19–14,1 könnte diese Dimension mitschwingen), so dass sich hier eine Analogie zum übertragenen Sprachgebrauch in 1Thess 4,9 (vgl. Röm 12,10; Hebr 13,1; 1Petr 1,22) zeigt.

Erweisen die angesprochenen Texte die große Bedeutung, die der Liebe bereits in der paulinischen Grundunterweisung zukommt, so ist allerdings im Lichte von 4,1–8 zugleich zu konstatieren, dass nicht von einer Reduktion der ethischen Forderung auf die Agape die Rede sein kann und die Agape nicht in einer systematisch durchdachten Weise als Zusammenfassung der ethischen Forderung vorgebracht wird. Denn es ist weder erkennbar, dass Paulus die sexualethischen Weisungen in 4,3–5 von der Agapeforderung her entwirft, noch ist ersichtlich, dass die Mahnung in V.6a Explikation der Agape ist (anders zu V.6 Söding 1995, 76f.95). Man kann zwar mutmaßen, dass Paulus der Aussage, dass ein Übervorteilen des „Bruders" (4,6) eine Verletzung des Liebesgebots bedeutet, nicht widersprochen hätte, aber Paulus systematisiert seine ethische Unterweisung im 1Thess nicht in der Weise, dass die Agape als die eine Grundbestimmung hervortritt, der alles andere als Entfaltung und Konkretion zugeordnet ist. Im Duktus von 1Thess 4,1–12 erscheinen vielmehr Heiligung (V.3–8) und Geschwisterliebe (V.9f) als zwei einander ergänzende Leitbegriffe.

### 3.1.2 Die Agape in Röm 12–13

Dem Befund im 1Thess lässt sich Röm 12–13 zur Seite stellen, so dass sich ein Bogen vom ersten zum wahrscheinlich letzten Paulusbrief ergibt. Der Röm stellt so etwas wie die Visitenkarte des Apostels gegenüber den stadtrömischen Christen dar. Die Kommunikationssituation lässt erwarten, dass in der allgemeinen Paraklese in Röm 12–13 Grundaspekte der ethischen Unterweisung des Apostels zum Zuge kommen, die für ihn in elementarer Weise christlichen Lebenswandel zu umreißen vermögen, so dass sich eine sachliche Nähe zur Situation der Grundunterweisung ergibt, die sich im 1Thess spiegelt. Das Augenmerk ist in dieser Hinsicht insbesondere auf die Reihe von Mahnungen in 12,9–21 zu richten, in der auffällig viele Korrespondenzen zu 1Thess 4,9–12; 5,12–22 zu verzeichnen sind.

So finden die Mahnungen zur Agape und Geschwisterliebe (Röm 12,9a.10a) in 1Thess 4,9f ihr Pendant (φιλαδελφία kommt bei Paulus überhaupt nur in Röm 12,10 und 1Thess 4,9 vor). Die Aufforderung zum Vergeltungsverzicht (Röm 12,17) begegnet ähnlich auch in 1Thess 5,15. Mit ihr ist zudem jeweils der Aufruf, Frieden zu halten (Röm 12,18; 1Thess 5,13b, vgl. noch 2Kor 13,11), eng verbunden. Darüber hinaus findet „verabscheut das Böse!" (Röm 12,9b) ein Pendant in „von aller Art des Bösen haltet euch fern!" (1Thess 5,22); „seid brennend im Geist!" (Röm 12,11b) in „den Geist löscht nicht aus!" (1Thess 5,19); „in Hoffnung freut euch!" (Röm 12,12a) in „freut euch allezeit!" (1Thess 5,16); „seid Ausharrende im Gebet!" (Röm 12,12c) in „betet unablässig!" (1Thess 5,17). Ein Unterschied zwischen Röm 12 und 1Thess 4 besteht darin, dass die – für die frisch Konvertierten wichtige – Heiligungsparänese mit ihrem sexualethischen Fokus in 1Thess 4,3–8 in Röm 12 keine Entsprechung findet; erst in dem Schlusspassus Röm 13,11–14 klingt die notwendige Distanzierung von sexueller Ausschweifung an (13,13). Mit Röm 12,3–8 geht der Mahnungsreihe in V.9–21 hingegen ein Passus voran, der – nach dem Vorbild von 1Kor 12 und unter dem Vorzeichen der maßvollen Selbsteinschätzung (V.3) – die innergemeindlichen Beziehungen und das Zusammenwirken der Charismen in der Gemeinde zum Thema macht. Gerade in dieser Differenz wird exemplarisch sichtbar, dass die entsprechenden Passagen nicht – auf der Basis der traditionellen, aber im konkreten Fall wenig hilfreichen Unterscheidung von usueller und aktueller Paränese – als rein usuell deklariert werden können.

In den Übereinstimmungen zwischen Röm 12 und 1Thess 4–5 wird ein Kernbereich im ethischen Unterweisungsgut des Apostels sichtbar (→ 2.3), den er der jeweiligen Kommunikationssituation angemessen aufgreifen, entfalten, zuspitzen und um anderes aus eben diesem Reservoir ergänzen konnte (in Röm 12,9–21 nimmt, vielleicht vor dem Hintergrund der Ausweisung von Christen aus Rom im Jahre 49, die Reflexion über das Verhältnis zu Außenstehenden [vgl. 1Thess 4,11f] relativ breiten Raum ein, s. V.14.17–21). Röm 12 bekräftigt dabei das Indiz von 1Thess 4,9f, dass die Agape/Geschwisterliebe in diesem Fundus eine leitende Rolle spielte.

Von der Liebe war im Röm zuvor schon die Rede, aber allein von der Liebe Gottes (5,5.8; 8,39) bzw. Christi (8,35, vgl. ferner 8,37). Für die theologische Einbettung von 12,9 ist insbesondere Röm 5,5 von Belang, wo Paulus die Gabe des Geistes mit dem Ausgießen der Liebe Gottes in die Herzen der Christen verbindet und damit die Liebe Gottes als die den Gerechtfertigten (5,1) in seinem Personzentrum bestimmende Größe ausweist. Die zwischenmenschliche Agape erscheint von daher als Ausfluss des Bestimmtseins durch die Liebe Gottes (vgl. Meisinger 1996*, 118), worin zugleich wiederum ihre grundlegende Bedeutung für den christlichen Lebenswandel zum Ausdruck kommt. 12,9 mahnt des Näheren, dass die Liebe ungeheuchelt sein soll (vgl. 2Kor 6,6; 1Petr 1,22 [mit φιλαδελφία]). Das heißt: Die Liebe darf nicht durch Nebenmotive kontaminiert oder gar bloß die äußere Fassade eines Handelns sein, mit dem man in Wirklichkeit (vor allem) andere Ziele wie z. B. das eigene Wohl verfolgt; es muss wirklich um den Mitmenschen gehen. Wenn die Liebe hingegen nur eine Maske ist, hinter der sich andere Motive verbergen, ist sie auch in dem Sinn nicht genuin, als dass sie nicht aus dem Bestimmtsein durch die Liebe Gottes fließt.

Die Mahnung zu ungeheuchelter Liebe ist in 12,9 mit den Weisungen verknüpft, das Böse zu verabscheuen und dem Guten anzuhangen. Der Rede vom Guten (τὸ ἀγαθόν, zur Rede vom Guten bei Paulus vgl. Löhr 2016) kommt in Röm 12–13 leitmotivische Bedeutung zu. Sie wird bereits in dem programmatischen Eingangspassus (12,1–2) neben dem „Wohlgefälligen" und „Vollkommenen" als Explikat des Willens Gottes eingeführt (V.2), aber nur die Kategorie des Guten wird aus dieser Trias im Fortgang aufgegriffen, so dass sie die gesamte Paraklese in Röm 12–13 prägt (s. neben 12,9 noch 12,21; 13,3f sowie 12,17 [hier wegen der Anlehnung an Prov 3,4$^{LXX}$ variiert zu καλά/gut, schön], im Röm ferner noch 7,18f; 15,2; 16,19). Sie wird *ex negativo* auch in 13,8–10 aufgenommen, wo Paulus die Bedeutung der Liebe als Erfüllung des Gesetzes mit den Worten kommentiert: „Die Liebe tut dem Nächsten nicht Böses" (13,10a). Positiv gewendet: Die Liebe ist bestrebt, dem Nächsten Gutes zukommen zu lassen. In Röm 12–13 ist die Agapemahnung also sowohl in 12,9 als auch in 13,8–10 in den Diskurs über das Gute eingestellt (vgl. Phlm 5–7). Paulus wählt damit, wohl gezielt, einen Leitbegriff, der an den zeitgenössischen philosophischen Diskurs anschlussfähig ist (s. z. B. Aristoteles, EthNic 1,1 [1094a1–3.18–22]; 1,2 [1095a14–28] u. ö.; Musonios, Diss 8 [ed. Hense p. 32,12f; 33,1–3]), ohne dass allerdings Anlass besteht, die Rede vom Guten bei Paulus philosophisch aufzuladen. „Gut" (ἀγαθός/*bonus*) und „schlecht" (κακός/*malus*) sind auch in popularethischen Sentenzen und Sprichwörtern (→ II.1/7) weit verbreitete Wertungsbegriffe (Morgan 2007, 191f). Vor allem aber ist die Rede vom Guten auch im AT und in frühjüdischen Schriften in ethischem Zusammenhang verankert (Dtn 30,15; 1QS I,2; TestLevi 13,6; TestAss 1,8f; TestBenj 3,2; Philon, Opif 73; gr3Bar 11,9 u. ö.). Es ist nicht erkennbar, dass Paulus über den dortigen Gebrauch hinausgeht. „Das Gute" ist ein rein formaler ethischer Wertungsbegriff, mit dem sich zwar in der Praxis materialethische Vorstellungsgehalte verbinden, der aber an sich materialethisch unbestimmt ist. Der skizzierte Befund in Röm 12-13 bedeutet daher nicht nur, dass die Agapemahnung in den Diskurs über das Gute eingebettet ist, sondern umgekehrt auch, dass das Gute eben durch die Agape seine wesentliche Bestimmung erfährt (vgl. Wischmeyer 2015*, 80f).

Die Reichweite der Liebesforderung wird in V.9 nicht explizitert. Dass in V.10 – passend zum Wechsel von der Agape zur *Geschwister*liebe – durch das Reziprokpronomen „zueinander" ausdrücklich der innergemeindliche Bereich anvisiert wird, besagt nichts für V.9. Denn V.10a kann man ohne Weiteres, wenn nicht plausibler, auch als Fokussierung eines Unteraspekts der umfassenderen Mahnung in V.9a lesen. Ein Indiz dafür, dass V.9a in der Tat universal aufzufassen ist, bieten die weiteren Mahnungen in V.9b.c. Denn diese werden in V.17-21 auf das Verhalten gegenüber Übeltätern zugespitzt: Christen sollen niemandem Böses mit Bösem vergelten (V.17a) und sich nicht vom Bösen besiegen lassen (V.21a), sondern auf Gutes bedacht sein (V.17b) und durch das Gute das Böse besiegen (V.21b). Nagelprobe dafür, dass man das Böse verabscheut und dem Guten anhängt, ist der Umgang mit dem Bösen, das man selbst durch andere erfährt. Dass man nach V.17b auf das bedacht sein soll, was *vor allen Menschen* als gut gilt, und V.18 Frieden *mit allen Menschen* anvisiert, verleiht der ethischen Perspektive hier eine universale Dimension. Da aber das Gute, wie ausgeführt wurde, inhaltlich wesentlich durch die Liebe bestimmt wird und also V.17-21 als Entfaltung der Agape zu lesen ist (vgl. 1Kor 13,5: die Liebe „rechnet *das Böse* nicht an"), gilt dieser umfassende Horizont auch für die Agapeforderung in V.9a (vgl. 1Thess 3,12). Hinzuweisen ist in diesem Zusammenhang des Näheren auf die aus Prov 25,21 geschöpfte Mahnung, dem hungernden bzw. dürstenden Feind zu essen bzw. zu trinken zu geben (V.20), denn das in V.19 vorangehende Verbot der Rache, als dessen positives Gegenstück V.20 fungiert, ist bereits in Lev 19,18 mit dem Liebesgebot verbunden. Darf man daher V.20 an V.9a anbinden, mahnt Paulus also – ganz auf der Linie des Gebots Jesu in Lk 6,27.35; Mt 5,44 – in konkreter Form zur *Liebe* zum Feind (vgl. Wilson 1991, 131). Kurzum: Die Liebe ist grundsätzlich allen Menschen gegenüber zu üben, und zwar selbst dann, wenn diese sich feindlich verhalten.

Die christliche Grundhaltung der von Liebe bestimmten Zuwendung zu allen Menschen wird mit der das Zitat aus Prov 25,21f weiterführenden bildhaften Rede von den „feurigen Kohlen", die durch das Wohlverhalten auf dem Haupt des Feindes gehäuft werden, in keiner Weise konterkariert oder gar torpediert, denn Paulus dürfte das Bild so verstanden haben, dass der Feind auf diese Weise zur Umkehr angeleitet wird. Das heißt: Paulus verbindet mit der ‚Feindesliebe' eine soziale Hoffnungsperspektive, wie sie auch in frühjüdischen Texten in verwandten Aussagezusammenhängen zur Sprache kommt (s. z.B. Philon, Virt 116-118; QuaestEx 2,11; PseudPhok 140-142).

Wird das Gute inhaltlich wesentlich durch die Agape ausgelegt, so bedeutet dies allerdings nicht, dass sie das Gute *vollumfänglich* bestimmt. Die Kopfposition der

Agapeforderung in V.9 spiegelt zwar zweifelsohne das besondere Gewicht der Liebe in der paulinischen Ethik (vgl. Ortkemper 1980, 9), doch ist aus ihr nicht abzuleiten, dass V.9a als programmatische Eröffnung das Thema der ganzen Reihe 12,9–21 exponiert (anders Wilson 1991, 150; Söding 1995, 241; Meisinger 1996*, 119f).

Zwar lässt sich auf der einen Seite manches in V.10–21 als Variation bzw. Explikation der Agapeforderung auffassen. Neben der Geschwisterliebe in V.10 oder dem Wohlverhalten gegenüber dem Feind in V.17–21 gilt dies z.B. für das Segnen der Verfolger in V.14 (vgl. als Interpretament der Feindesliebe Lk 6,27f) oder die – inhaltlich nicht näher spezifizierte, aber materielle Unterstützung sicher einschließende – Hilfe für die Bedürftigen in V.13 (vgl. Lk 6,27-35). Es lassen sich aber nicht alle Mahnungen in Röm 12,9–21 in gleicher Weise als Explikationen der Agapeforderung lesen. Insbesondere V.12 („In Hoffnung freut euch; in Bedrängnis harrt aus; im Gebet haltet an.") fügt sich einem solchen Ansatz nicht ein. Will man V.9a eine summarische Funktion zuweisen, ist einschränkend also zumindest zu sagen, dass dies nicht in einem streng systematischen Sinn bedeutet, dass man jede einzelne nachfolgende Mahnung logisch stringent aus der Agape ableiten kann. Als dem Textbefund angemessener erscheint es allerdings, 12,9–21 nicht mit einem zu hohen systematischen Anspruch zu befrachten. Die Kopfstellung von V.9a reflektiert, dass die Agape für Paulus die wichtigste Grundbestimmung christlichen Lebens ist (vgl. Gal 5,22f). Aber mit ihr ist nicht alles gesagt, was christliches Leben ausmacht bzw. was das Gute ist, dem Christen anhangen sollen.

Beachtung verdient abschließend, dass die Agapemahnung weder in 1Thess 4,9f noch in Röm 12,9 spezifisch christologisch koloriert wird. Der christologische Horizont der Lebensführung klingt in Röm 12–13 zwar in 12,3–8 an (V.5) und wird durch die abschließende Mahnung in 13,14 „zieht den Herrn Jesus Christus an!" rückwirkend für das Ganze ausdrücklich gemacht (in 1Thess kann man damit die Aussage vergleichen, dass Paulus die Weisungen „durch den Herrn Jesus" [4,2] gegeben hat). Aber er manifestiert sich nicht materialiter in der Ausgestaltung der Agapemahnung in der Paraklese. Ein anderer Befund ergibt sich allerdings, wenn man die Rekurse auf die Agapeforderung in ethischen Argumentationen von Paulus einbezieht.

### 3.2 Aufnahme und Entfaltung der Agapeforderung in der Erörterung von Gemeindeproblemen und konkreten ethischen Gestaltungsaufgaben

Im Proömium des Phil rekurriert Paulus ähnlich wie in 1Thess 3,12 auf die Agape im Rahmen einer Fürbitte (Phil 1,9); wieder ist dies mit dem Motiv des Überfließens verbunden. Weiterführend gegenüber 1Thess 3,12 ist aber in Phil 1,9 der Gedanke, dass die Liebe mehr und mehr überfließen soll *„in Erkenntnis und jeder Einsicht"* – mit dem Ziel, dass die Glaubenden zu prüfen vermögen, worauf es ankommt (1,10, vgl. Röm 12,2). Die Liebe erscheint hier als Richtschnur in der ethischen Entscheidungsfindung, die, um als solche fungieren zu können, ebenso rationaler Reflexion wie lebenskundiger Erfahrung bedarf, damit angesichts von Handlungsalternativen die jeweils beste Option gefunden werden kann. Dabei geht es nicht um Urteils- und Wahrnehmungsfähigkeit *neben* der Liebe oder um eine Regulierung der Liebe

„durch die Kriterien der Vernunfterkenntnis und der rationalen, durch Erfahrung geübten Urteilsfähigkeit" (Schnabel 1992, 75), sondern darum, dass die Liebe selbst die Wahrnehmung schärft und die rationale Durchdringung von Sachverhalten das Ziel verfolgt, dass erkannt wird, was im Sinne der Liebe die beste Lösung ist. Die Liebe soll sich „mit der Vernunft verbünden, also eine aufgeklärte, intelligente und scharfsichtige Liebe sein, um so kritisch herauszufinden, wie sie sich konkret verwirklichen läßt" (Schrage 1989, 503). Paulus' briefliche Äußerungen bieten dafür selbst vielfältiges Anschauungsmaterial: Haben die Ausführungen zum 1Thess und zu Röm 12-13 die fundamentale Bedeutung der Agape in der grundlegenden paulinischen Gemeindeunterweisung hervortreten lassen, so ergibt sich, zieht man die Korintherkorrespondenz sowie den Brief an Philemon hinzu, gleich eine ganze Reihe von instruktiven Beispielen, wie Paulus auch im Blick auf konkrete ethische Gestaltungsaufgaben in seinen Adressatenkreisen immer wieder auf die Agape als Richtschnur christlichen Sozialverhaltens zurückgreift und die sich im Sinne der Agape ergebenden Konsequenzen argumentativ entfaltet und zur Geltung bringt.

*3.2.1 Die Agape und die Rücksicht auf die Schwachen (1Kor 8,1-11,1; Röm 14,1-15,13)*
1. In 1Kor 8,1-11,1 geht Paulus ausführlich auf die korinthische Kontroverse über den Verzehr von Fleisch ein, das aus paganen Opferkulten stammt.

In der Gemeinde stehen sich zwei Lager gegenüber, die in der Forschung (anknüpfend an 8,7-12, vgl. Röm 14,1f) als die Schwachen und (von Röm 15,1 her eingetragen) als die Starken bezeichnet werden, wobei Paulus in der Rede von den Schwachen wohl einen von stoisch-popularphilosophischem Gedankengut inspirierten Sprachgebrauch ihres korinthischen Gegenübers aufgreift (vgl. Gäckle 2004, 36-109) - und umwertet. Die Starken essen bedenkenlos Götzenopferfleisch, und zwar kaufen sie es nicht nur auf dem Markt (10,25) und essen es nicht nur in privaten Häusern (10,27), sondern auch in ‚heidnischen' Tempeln (8,10; 10,15-22). Die Basis ihrer Position ist ihre in 8,4 zitierte monotheistische Erkenntnis. Wenn es keinen Gott gibt außer dem einen, dann bleibt auch das den vermeintlichen Göttern geopferte Fleisch normales Fleisch. Daraus wiederum leiten sie die Vollmacht bzw. Freiheit ab (8,9), alles (überall) essen zu dürfen. Die Starken haben mit ihrer Argumentation einen Weg gefunden, die sozialen Konsequenzen ihrer Hinwendung zum Christusglauben abzufedern. Denn in den Tempeln fanden nicht nur Kultfeiern im engeren Sinne statt, sondern auch Versammlungen von Berufsvereinigungen und Familienfeiern. Auch in diesen Fällen waren die gemeinsamen Mahlzeiten mit kultischen Akten verbunden, die jedoch für die Starken eben keinerlei Realitätsgehalt besaßen und also als nichtig anzusehen waren. Die Schwachen hingegen betrachten das Fleisch aufgrund ihrer Gewöhnung an die Götzen (die Schwachen sind demnach Heidenchristen, vgl. exemplarisch Söding 1997, 352f) nach wie vor als Götzenopferfleisch (8,7). Wenn sie nun sehen, dass andere Christen keine Skrupel haben, in die ‚heidnischen' Tempel zu gehen und dort zu essen, könnten sie versucht werden, es diesen nachzumachen. Da es für sie aber die Qualität des Götzenopferfleisches hat - sie essen das Fleisch *als Götzenopferfleisch* (8,7) -, würden sie, wenn sie essen, Götzendienst begehen und damit ihr Christsein gefährden.

Die theologisch begründeten Einschränkungen, die Paulus trotz seiner grundsätzlichen Zustimmung zur Position der Starken gegen diese vorzubringen hat (8,4-6; 10,1-22), sind hier nicht zu entfalten (s. dazu Konradt 2003, 370-395). Hier ist allein Paulus' ethisches Argument zu verfolgen, nach dem die Starken auf die prinzipielle Möglichkeit, Götzenopferfleisch essen zu dürfen, wenn nötig, *aus Rücksicht gegenüber den Schwachen* verzichten sollen. Das Fundament für dieses Argument legt Paulus in 8,1-3. Der Erkenntnis, auf die die Starken sich berufen, stellt Paulus die Agape in wertender Weise gegenüber, indem er ihre jeweilige Wirkung auf eine kurze Formel bringt: „Die Erkenntnis bläht auf, die Liebe aber baut auf." Paulus' prägnante Formulierung spitzt zweifelsohne zu, denn gegen eine richtige Erkenntnis hat Paulus an sich schwerlich etwas einzuwenden. Erkenntnis bläht aber auf, wenn sie ohne Liebe daherkommt, denn sie birgt dann die Gefahr, zu einer Selbstgefälligkeit zu führen, die für das Wohl anderer keinen Blick hat. Für Paulus hingegen darf die aus der Erkenntnis abgeleitete Freiheit das Verhalten nur soweit bestimmen, solange Schwachen kein Anstoß bereitet wird (8,9).

Wird die theologische Erkenntnis hingegen selbstgefällig und rücksichtslos ausgelebt, so weist dies, wie V.2 deutlich macht, letztlich darauf hin, dass die Erkenntnis selbst defizitär ist. Zu meinen, etwas erkannt zu haben (V.2a), bezieht sich in der korinthischen Situation auf die Erkenntnis, dass es keine Götzen gibt. Die Starken haben aber, wenn sie diese Erkenntnis als Grundlage unbeschränkter Freiheit im Handeln geltend machen und rücksichtslos praktizieren, deshalb noch nicht so erkannt, wie man erkennen soll (V.2b), weil sie nicht erkannt haben, dass der Glaube nicht in theoretischer Erkenntnis aufgeht. Wahre Gotteserkenntnis schließt, wie V.3 zu erkennen gibt, vielmehr ein, den einen Gott als den zu erkennen, der aus Liebe in Christus den Menschen zum Heil gehandelt hat (vgl. bes. Röm 5,5-8; 8,31-39). Der defizitären Gotteserkenntnis stellt Paulus hier die Liebe zu Gott gegenüber, die als die vollgültige Weise der Beziehung zu Gott erscheint, denn von dem, der Gott liebt, wird im Fortgang gesagt, dass er von Gott erkannt (= erwählt) ist (vgl. Röm 8,28f), wobei die Liebe zu Gott nicht der Real-, sondern der Erkenntnisgrund der Erwählung ist. Liebe zu Gott aber lässt, zumal im Lichte des traditionellen Zusammenhangs von Gottes Erwählung und Liebe (vgl. atl. z.B. Dtn 7,7f, bei Paulus 1Thess 1,4), als Pendant die im Christusgeschehen erwiesene Liebe Gottes assoziieren. In 1Kor 8,6 steht denn auch der monotheistischen Erkenntnis die Rede von dem einen Herrn Jesus Christus zur Seite, der „sowohl Schöpfungs- (πάντα δι' αὐτοῦ) als auch Heilsmittler (ἡμεῖς δι' αὐτοῦ)" (Schrage 1991-2001, 2:244) ist. Die theologische Erkenntnis kommt erst in dieser die Existenz der Adressaten bestimmenden christologischen Gewissheit zum Ziel. Wer sich von dem einen Gott, *wie er sich im Christusgeschehen offenbart hat*, hat ergreifen lassen, der kann nicht bei einer bloß intellektualistischen Einsicht in die Existenz und Einzigkeit Gottes verharren, sondern ist in seiner ganzen Existenz erfasst, was sich eben in der Liebe zu Gott manifestiert. Liebe zum liebenden Gott, der das Wohl der Menschen sucht, schließt aber ein, selbst das Wohl anderer zum Maßstab des eigenen Handelns zu machen, statt wie die ihre monotheistische Erkenntnis auslebenden Starken allein die eigenen Belange zu verfolgen. Wahre, dem Evangelium gemäße Erkenntnis Gottes impliziert entsprechend, den Mitmenschen als den zu erkennen und zu bejahen, der von Gott geliebt ist (vgl. Söding 1997, 369). In 8,11f formuliert Paulus genau diese Relation in christologischer Hinsicht aus: Die Schwachen sind Geschwister, für die Christus gestorben ist. Die Relation zum anderen wird also durch die Relation zwischen diesem und Christus bestimmt, die Teil der eigenen Gottes- und Christusbeziehung ist. Für Paulus ist in dieser Denkfigur inbegriffen, dass die, die die Schwachen durch ihr rücksichtsloses Verhalten (in ihrem Heil) gefährden und also gegen sie „sündigen", „gegen Christus sündigen", da sie sich dem entgegenstellen, dass Christi Heilswirken sein Ziel erreicht.

Wie 10,24 und 11,1 deutlich machen, folgt für Paulus aus der dargelegten Argumentationsfigur positiv gewendet, dass das Dasein Christi für andere, das sich in seinem Fall in seiner Lebenshingabe manifestierte, zum Verpflichtungsgrund wird, das eigene Verhalten am Wohl des anderen auszurichten. In 10,24 bringt Paulus die Verhaltensorientierung, die er den Korinthern vermitteln will, auf eine bündige Formel: „Niemand suche das Seine, sondern das des anderen." Ergänzen kann man als Basis dieser Aussage in der paulinischen Sinnwelt: „so wie Christus nicht das Seine gesucht hat". In 11,1 macht Paulus diesen mimetischen Aspekt explizit, wenn er dazu auffordert, ihn nachzuahmen (nämlich in seiner Selbstzurücknahme zugunsten anderer, vgl. dazu unten zu 8,13–9,27; 10,33), wie er Christus nachahmt: Nicht das Eigene, sondern das des anderen zu suchen, bedeutet Mimesis Christi. Nach dem Vorspann in 1Kor 8,1–3 ist die Maxime in 10,24 nichts anderes, als eine Auslegung dessen, was Agape bedeutet. 1Kor 13,5 bestätigt dies, denn hier wird der Liebe unter anderem zugeschrieben, dass sie nicht das Ihre sucht. Erstmals in der erhaltenen paulinischen Briefkorrespondenz wird in 8,1–11,1 mit der Verbindung des Rekurses auf die Lebenshingabe Christi (8,11) mit dem Motiv der *imitatio Christi* eine christologische Begründung und Vertiefung der Agape sichtbar, bei der es nicht nur um die generelle Verankerung christlichen Handelns im Christusgeschehen geht. Vielmehr fungiert die Lebenshingabe Christi, die Paulus anderorts direkt als Erweis seiner *Liebe* zu verstehen gibt (Röm 8,34f; 2Kor 5,14f; Gal 2,20, als Erweis der Liebe Gottes ferner Röm 5,5–11), hier unbeschadet ihrer soteriologischen Singularität eben als Paradigma für die Orientierung am Wohl des Nächsten.

Sichtbar wird dabei in 10,24, dass der christologisch kolorierten Auffassung der Agape die Tendenz innewohnt, die Balance zwischen Eigeninteresse und Solidarität mit anderen, die im atl. Liebesgebot zum Ausdruck kommt, zugunsten des zweiten Pols zu verschieben. Denn Paulus sagt nicht im Sinne des „Liebe deinen Nächsten *wie dich selbst*", dass man so, wie man das eigene Wohl verfolgt, auch um das anderer besorgt sein soll. Vielmehr sind eigene Interessen hintanzustellen, was im Horizont der christologischen Begründungsfigur in letzter Konsequenz altruistische Selbstpreisgabe bedeuten kann. Zweierlei ist allerdings zu beachten: Erstens ist die Maxime als Grundsatz für den Umgang der Glaubenden miteinander *auf Wechselseitigkeit angelegt*; sie legt das Gebot aus, dass die Gemeindeglieder *einander* lieben sollen (1Thess 4,9; Röm 13,8, vgl. Gal 5,13), wobei zudem als sozialer Kontext zu berücksichtigen ist, dass die ersten Gemeinden quantitativ überschaubare Gruppen mit intensivem Gemeinschaftsleben waren. Im idealen Fall entwickelt sich auf der Basis des ethischen Grundsatzes von 1Kor 10,24 eine Gemeinschaft, in der sich alle wechselseitig um die Belange der jeweils anderen kümmern. Zweitens kann 10,24 in textpragmatischer Hinsicht als eine zuspitzende Formulierung betrachtet werden, die sich aus der Antithese zum korinthischen Individualismus und Egoismus ergibt und im konkreten Fall deshalb angezeigt ist, weil Paulus die Starken in Korinth im

Gegenzug zur Betonung ihrer Vollmacht, alles überall essen zu dürfen, zum Verzicht auf ihr (vermeintliches) Recht anleiten möchte.

Nicht sicher zu entscheiden ist die Frage, ob in der mit 1Kor 10,24 eng verwandten Formulierung in Phil 2,4 eine leicht andere Nuancierung zum Vorschein kommt. Übersetzt man die Mahnung in dem Sinne, dass ein jeder *auch* auf das Wohl der anderen bedacht sein solle, würde die altruistische Tendenz von 1Kor 10,24 hier durch das „auch" zumindest abgeschwächt. Zu bedenken ist aber erstens, dass es textkritisch zwar wahrscheinlich, aber nicht ganz sicher ist, dass die mit „auch" wiedergegebene griechische Partikel (καὶ) zum ursprünglichen Text gehört. Vor allem aber ist zweitens zu fragen, ob das Wort hier wirklich adverbial im Sinne von „auch" zu verstehen ist oder eher der Betonung dient bzw. steigernden Sinn hat (vgl. Engberg-Pedersen 2003, 199f), so dass zu übersetzen wäre: „ein jeder sehe nicht auf das Seine, sondern ein jeder gerade (vgl. Müller 1993, 81.87) auf das der anderen!" Jedenfalls steht in der ersten Satzhälfte nicht einschränkend „ein jeder sehe nicht *allein* auf das Seine" (vgl. Wojtkowiak 2012, 156f). Der Kontext in 2,1–11 (→ 4.2) spricht dafür, Phil 2,4 ganz im Sinne von 1Kor 10,24 zu verstehen. In textpragmatischer Hinsicht ist allerdings auch für Phil 2,4 zu bedenken, dass die Maxime im Kontext als korrigierende Antithese zum Eigennutz und zur eitlen Ruhmsucht erscheint, die Paulus in 2,3 abzuwehren sucht.

1Kor 10,32 deutet an, dass die Bedeutung des von der Agape bestimmten Blicks auf den Mitmenschen für die Handlungsorientierung nicht auf das Verhalten gegenüber Mitchristen beschränkt ist. Denn brachte 8,9 vor, dass diesen kein Anstoß zu bereiten ist, so bezieht 10,32 neben der *ecclesia* Gottes auch die Außenstehenden, Juden wie Griechen, ein. Die Agape will das Gute für die Mitmenschen, und dazu gehört für Paulus grundlegend, dass sie des von Gott in Christus gewirkten Heils teilhaftig werden (vgl. zu diesem soteriologischen Horizont 8,11). Deshalb sollen Christen im Sinne der Agape bei all ihrem Tun im Blick haben, dass sie ihren Mitmenschen kein Hindernis in den Weg legen, um den Weg zum Christusglauben finden zu können. In 10,33 bringt Paulus sich dafür erneut als Beispiel ein, nachdem er bereits in 9,19–23 ausgeführt hat, dass er in seinem missionarischen Dienst auf den Standort seines Gegenübers Rücksicht nimmt. 9,19–23 ist Teil eines längeren Passus (8,13–9,27), in dem Paulus sich selbst als Vorbild für den von ihm von den Starken geforderten Verzicht präsentiert und damit als Exempel für die Nachahmung Christi im Sinn der Maxime in 10,24 vorbringt. Im Blick auf Paulus' Agapeverständnis ist der Passus vor allem von Belang, weil hier ein weiterer Aspekt angerissen wird, der im Gal zur Entfaltung kommt (→ 3.3.1). Paulus verweist in 1Kor 9 auf seinen Verzicht auf das Recht der Apostel, von den Gemeinden finanzielle Unterstützung zu erhalten, um glaubhaft zu machen, dass die Ankündigung in 8,13, er würde lieber ganz auf Fleischgenuss verzichten, als Schwachen einen Anstoß zu bereiten, für ihn kein leeres Wort darstellt. Wichtig ist im hier verfolgten Zusammenhang die Wiederaufnahme der in 9,1 eingeführten Rede von seiner Freiheit in 9,19, mit der Paulus das Pochen der Starken auf ihre Vollmacht (8,9) kritisch aufgreift: Durch seine finanzielle Unabhängigkeit ist er in seinem Dienst frei von allen Menschen und deren Maßstäben (9,19, vgl. Xenophon, Mem 1,2,5f über die Freiheit des Sokrates). Gerade aus dieser Freiheit heraus aber hat er sich selbst in seinem apostolischen Dienst allen, indem er ihnen auf je spezifische Weise begegnet, zum Sklaven gemacht, um möglichst viele für Christus zu gewinnen (9,19, vgl. 10,33). Denn Freiheit als Freiheit von Fremdbestimmtheit durch andere Menschen bedeutet für Paulus gerade nicht ein Leben in autonomer Willkür, sondern schließt als von Gott geschenkte Freiheit das Bestimmtsein durch Gott ein, was für Paulus den Zwang zur Evangeliumsverkündigung (9,16) beinhaltet. In 9,21 bringt Paulus seinen Ansatz auf den Punkt, indem er seine Freiheit damit verbindet, dass er unter dem Gesetz Christi steht. Konkret bedeutet dies: Hat Christus sogar sein Leben für andere hingegeben, so setzt Paulus sein Leben als Apostel ein, um möglichst vielen das von Christus gewirkte Heil zu vermitteln. Im Lichte von 8,1-3 ist dieser ‚Sklavendienst' von Paulus Ausdruck einer von der Agape bestimmten Zuwendung zum Mitmenschen. Freiheit bedeutet für Paulus nicht Freisein von jeglicher Norm, sondern sie vollzieht sich in der Bindung an den Willen Gottes, wie er zentral in der Agape zum Ausdruck kommt.

2. Nach der allgemeinen Paraklese in Röm 12-13 bringt Paulus die leitmotivische Bedeutung der Agape in 14,1-15,13 in einer Argumentation zur Geltung, die sich wie eine Neuauflage von 1Kor 8,1-11,1 liest, obgleich das verhandelte Thema nicht exakt dasselbe ist. Denn nun geht es nicht spezifisch um den Verzehr von Götzenopferfleisch, sondern allgemeiner um die in der Tora gebotene Beachtung von Speisetabus (14,2 u. ö.) sowie von Sabbat und/oder anderen Festtagen (14,5f; vgl. Barclay 1996, 288-293). Wie beim Götzenopferfleisch stellt Paulus nicht die diskursive Erörterung des Sachproblems, also die Frage, ob es unreine Speisen gibt, ins Zentrum, obwohl er dazu eine klare Meinung hat (14,14.20), sondern er rückt mit dem Ziel der gemeindlichen Einheit (vgl. Toney 2008, 92-104) den Umgang miteinander in den Mittelpunkt. Fehlverhalten diagnostiziert Paulus in Röm 14-15 auf beiden Seiten: Die Schwachen, die sich an die entsprechenden Bestimmungen der Tora gebunden sehen, richten die Starken (14,3f.10), die jene Gebote, Paulus zufolge mit Recht, als obsolet betrachten. Die Starken wiederum verachten die Schwachen (14,3.10), weil diese einer ihres Erachtens in Christus überholten Position verhaftet sind. Wenn sie aber durch ihr Verhalten Schwache dahin treiben, dass sie sich von der Gemeinde und vom Christusglauben abwenden, oder sie verleiten, etwas gegen ihre eigentliche Glaubensüberzeugung zu essen (14,13-23), dann wandeln sie „nicht mehr nach der Liebe" (14,15). Wie in 1Kor 8,11 wird dabei die Lieblosigkeit des Verhaltens dadurch konturiert, dass das Heil anderer, für die Christus gestorben ist, gefährdet wird. Angezeigt ist daher ein Verzicht auf Speisen, mit denen anderen ein Anstoß bereitet werden könnte.

Mündete die Argumentation im 1Kor in das Motiv der *imitatio Christi* ein (11,1), so greift Paulus in Röm 15 gleich zweimal den Gedanken der Entsprechung zu Christi Verhalten auf. Zum einen in 15,1-3: Den Verweis auf die Verpflichtung der Starken, die Schwächen der Kraftlosen zu tragen (vgl. Gal 6,2) und nicht sich selbst zu gefallen (Röm 15,1), wendet V.2 in die offen adressierte Mahnung „jeder von uns gefalle dem Nächsten zum Guten, zur Erbauung!", die dann V.3 durch einen Verweis auf Christus begründet, der nicht sich selbst zu Gefallen gelebt hat. Zum anderen greift Paulus in 15,7 die Mahnung aus 14,1, den im Glauben Schwachen anzunehmen, auf, wendet diese ebenfalls zu einer allgemein ausgerichteten Weisung und bündelt die theologische Dimension der vorangehenden Argumentation (14,3f.6-

9.15) in einem zu 15,3 analogen Rekurs auf Christus: „Nehmt einander an, wie auch Christus euch angenommen hat, zur Ehre Gottes!" Der Verweis auf Christus benennt dabei den Maßstab für das eigene Verhalten und zugleich auch dessen Begründung. Explizit ist in Röm 14,1–15,13 zwar nur in 14,15 von der Agape die Rede, doch ist auch so deutlich, dass der Agape zentrale Bedeutung zukommt (ebenso z.B. Gäckle 2004, 436) und die Mahnungen in 15,1–3.7 der Rede vom Wandel in der Agape in 14,15 korrespondieren, zumal die Bedeutung der Agape im Duktus des Röm bereits durch Röm 12–13 deutlich wurde. Auch in dieser Hinsicht ist der Befund im Übrigen ganz ähnlich wie in 1Kor 8,1–11,1, wo Paulus nur in 8,1(–3), dort aber mit für das Ganze programmatischer Relevanz, explizit von der Agape redet.

Wie in 1Kor 8,1–11,1 ist das im Sinne der Agape geforderte Handeln, für das Christus als Modell dient, auch in Röm 14,1–15,13 auf die Sorge um *das Heil der Mitmenschen* bezogen. Das Motiv der Mimesis Christi ist damit in beiden Texten darin eingebettet, dass zwischen dem Vorbild spendenden Werk Christi und dem von Christen geforderten Verhalten ein gemeinsamer Bezugspunkt besteht: Das Handeln ist im Sinne der Liebe daran auszurichten, dass das von Christus gewirkte Heil (1Kor 8,11; Röm 14,15) möglichst viele Menschen erreicht (vgl. 1Kor 9,19–23) und die Schwachen nicht gefährdet, sondern auferbaut werden, damit sie im Heil bleiben. Dass die christologische Profilierung der Agape nicht auf diesen Bezugspunkt des Handelns beschränkt ist, macht – neben dem Gal (→ 3.3.1) – 2Kor 8 deutlich (→ 3.2.4).

*3.2.2 Die Agape und die Auferbauung der Gemeinde in 1Kor 12–14*
Wurde bereits in 1Thess 4,9f; 5,13 die große Bedeutung deutlich, die der Gemeinde als unter der Maßgabe der Agape zu gestaltendem Lebensraum der Christen zukommt, so begegnet mit der ausführlichen Argumentation in 1Kor 12–14 ein eindrückliches Beispiel, wie Paulus ein konkretes Gemeindeproblem auf der Basis der Orientierung an der Agape angeht und die Liebe als leitende Gestaltungsgröße für das gemeindliche Leben geltend macht. Paulus sah sich in Korinth mit einer Gruppe von Christen konfrontiert, die sich in außerordentlicher Weise als geistbegabt wähnten – konkret ging es bei ihnen um die Fähigkeit, in Zungen zu reden – und auf dieser Basis für sich einen besonderen Status und Geltungsanspruch ableiteten. Ihr Selbstverständnis verdichtete sich, wie 12,1 und 14,37 nahelegen, in ihrer Selbstbezeichnung als Pneumatiker, mit der sie sich von den übrigen Gemeindegliedern abgrenzten, die damit zu Christen zweiter Klasse wurden. Während die Zusammenkünfte der Gemeinde eigentlich ihrer Auferbauung dienen und ihre Einheit fördern sollten, droht die Gemeinde tatsächlich zur Bühne für die elitäre Selbstinszenierung einer Gruppe zu werden.

Paulus sucht dem Problem durch eine Reflexion über die Geistesgaben entgegenzusteuern. Gegenüber der Fixierung auf außeralltägliche Geistphänomene wie Glossolalie betont Paulus den Geistbesitz aller Christen, denn dieser äußert sich erstens grundlegend in dem Bekenntnis zu Jesus als dem Herrn (12,2f). Zweitens interpretiert er die pneumatischen Fähigkeiten als Gnadengaben Gottes, als Charismen (12,4–6, vgl. Röm 12,6), und stellt so klar, dass man diese Fähigkeiten nicht sich selbst, sondern Gott verdankt (vgl. 1Kor 4,7). Damit aber ist drittens verbunden, dass Begabungen nicht der individuellen Positionierung im sozialen Wettstreit, sondern dem gemeinschaftlichen Nutzen dienen sollen (12,7). Dieser kommunitäre, auf die Gemeinschaft bezogene Ansatz, der einen Grundzug des paulinischen Denkens bildet, wird in V.12–27 mit dem Bild des Leibes illustriert, in dem viele verschiedene Glieder zum Wohl des Ganzen zusammenwirken und in dem die Glieder in einem Verhältnis wechselseitiger Abhängigkeit voneinander stehen. Paulus betont, dass zum einen *jedes* Glied wertvoll ist (12,15–19) und zum anderen die Glieder *füreinander* da sind (12,25). Mit der Rede vom Leib *Christi* (12,27, vgl. zuvor V.12f) tritt dabei der christologische Begründungszusammenhang des Gemeinschaftsethos hervor (→1.3/1). Nachdem Paulus die Leibmetapher in 12,28–30 auf die Vielfalt der gemeindlichen Aufgaben und Funktionen bezogen hat und bevor er seine reservierte Haltung gegenüber der Glossolalie in 1Kor 14 weiter entfaltet, schiebt er in 1Kor 13 einen längeren Exkurs ein, mit dem er der Einleitung in 12,31b zufolge „einen Weg noch weit darüber hinaus" zeigen möchte. Dieser Weg ist der Weg der Liebe. Damit wird aufgenommen und auf den Begriff gebracht, was in den zuvor vorgebrachten Bestimmungen des sozialen Miteinanders – wie etwa dem Motiv der Ausrichtung auf den gemeinschaftlichen Nutzen (12,7) oder der Sorge füreinander (12,25) – angelegt ist.

Analog zu den Charismen gilt auch für die Liebe, dass sie für Paulus eine Äußerung des Geistes ist (vgl. Gal 5,22 sowie auch Röm 5,5). Die Liebe wird hier aber nicht in die Reihe der Charismen eingeordnet, sondern ist ihnen als – im strengen Sinne des Wortes – fundamentale Äußerung des Geistes sachlich übergeordnet, denn sie bildet die kritische Richtschnur für den Umgang mit diesen. So stellt Paulus mit der einleitenden Wertepriamel in 1Kor 13,1–3 pointiert heraus, dass alles andere, was wichtig ist und begehrenswert erscheint – wie etwa Glossolalie oder Prophetie –, nichts ist, wenn die Liebe fehlt. Selbst der Wert der Wohltätigkeit (V.3)[14] hängt davon ab, ob sie genuiner Ausdruck selbstlos helfender Zuwendung zum Nächsten ist oder durch andere Motive – wie soziale Selbstinszenierung, Schielen auf himmlischen Lohn oder einfach Weltüberdruss (vgl. Wolff 1996, 317) – bestimmt ist. V.3 gibt damit zu erkennen, dass Agape in den äußerlich sichtbaren Werken nicht aufgeht, sondern eine – sich in den konkreten Taten manifestierende – Haltung zum Mitmenschen einschließt. Während die Charismen, wie dies in Korinth bei den Glossolalen offenbar der Fall ist, dazu benutzt werden können, sich selbst zu profilieren und für sich eine besondere Rolle geltend zu machen, hat Agape damit zu tun, anderen Achtung und Hochschätzung entgegenzubringen.

In V.4–7 wird die Liebe in exemplarischer Weise beschrieben. Einige der Attribute, die der Liebe hier zugewiesen werden, werden in der atl.-frühjüdischen oder frühchristlichen Tradition auch auf Gott (und Christus) bezogen, so z.B. die Langmut in V.4a (Ex 34,6; Röm 2,4; 9,22) oder die Güte in V.4b (Ps 24,7–8$^{LXX}$; Lk 6,35; Röm 2,4). Im Kontext von 1Kor 12–14 im Allgemeinen und von 13,1–3 mit der sich wiederholenden Phrase „wenn ... *ich* aber die Liebe nicht habe" im Besonderen ist es

---

[14] Erwägen kann man, dass die Aussagen in den drei Konditionalsätzen in 1Kor 13,1–3 als Klimax zu lesen sind. Deutet man so, schreitet Paulus von der von ihm relativ gering geachteten Glossolalie zu Prophetie, Erkenntnis und (wunderwirkendem) Glauben fort, von dort zu Wohltätigkeit und Hingabe des eigenen Lebens (vgl. z.B. Lambrecht 1995, 285).

allerdings nicht sinnvoll zu bestreiten, dass V.4-7 die Liebe des Menschen zu seinem Nächsten beschreiben soll. Das Vorkommen der Attribute in Gottesaussagen errichtet gleichwohl einen Resonanzraum. Hört man Paulus' Aussagen über die Liebe in diesem Raum, kann man das Motiv der *imitatio Dei* mitschwingen hören: Wie Gott langmütig und gütig ist, so soll auch die durch Agape bestimmte Haltung zum Mitmenschen durch diese Attribute gekennzeichnet sein.

Die Beschreibung der Liebe geschieht zum einen in V.4b-6a durch verneinende Aussagen, die ausführen, was die Liebe nicht macht. Im Einzelnen lassen sich dabei mannigfaltige Bezüge zu den im 1Kor verhandelten Gemeindeproblemen herstellen.

Evident ist dies für die Aussage, dass die Liebe nicht das Ihre sucht (13,5), denn sie lässt an die Maxime in 10,24 (s. auch 10,33) und damit an den Argumentationszusammenhang zur gebotenen Rücksichtnahme auf die Schwachen in 8,1–11,1 zurückdenken (→ 3.2.1/1). Nicht weniger deutlich ist das Vorliegen eines Querverweises in der Aussage, dass die Liebe sich nicht aufbläht. Hierzu ist nicht nur auf den Kontrast zur Kritik an der Handhabung der Erkenntnis in 8,1 zu verweisen, sondern auch auf Paulus' Auseinandersetzung mit der korinthischen Weisheitseuphorie in 1,10–4,21, wo Paulus mehrfach die Aufgeblasenheit der weisheitsstolzen Korinther angesprochen hat (4,6.18.19, vgl. ferner 5,2). Einstellen lassen sich in diesen Zusammenhang auch die beiden in 13,4 direkt vorangehenden Aussagen: Dass die Liebe „nicht großsprecherisch ist", steht im Kontrast zur rhetorischen Politur, die das Auftreten der korinthischen ‚Weisen' gekennzeichnet zu haben scheint (1,17; 2,1.4.13; 4,19f); „die Liebe eifert nicht" (13,4) lässt sich kritisch auf das Verhalten der eifernden und streitenden Korinther (3,3) rückbeziehen und gewinnt mit diesem Rückverweis auf den Parteienstreit und die Weisheitseuphorie in Korinth (1,10–4,21) den Sinn, dass die Liebe es nicht zulässt, dass man sich selbst mit seinem Weisheitsgebaren in den Vordergrund schiebt und andere mit seinem kraftvollen, selbstbewussten Auftreten regelrecht überfährt.

Für andere Charakterisierungen der Liebe in 13,4b-6a sind Bezüge zur korinthischen Situation bzw. zum Rest des Briefes zumindest erwägenswert. Dass die Liebe „sich nicht unanständig verhält" (vgl. die Verbindung von Liebe und anständigem Wandel in 1Thess 4,9f.12), lässt sich mit der Thematisierung der Unzucht in 1Kor 5 und 6,12-20 (zur Verbindung der Agape mit der Meidung von Unzucht vgl. TestBenj 8,2) oder auch mit 11,2-16 verbinden. Und wenn die Liebe sich, etwa durch widerfahrenes Unrecht, „nicht erzürnen lässt" und sie „das Böse nicht anrechnet" (1Kor 13,5) – mit Letzterem rekurriert Paulus auf ein traditionelles Anwendungsfeld der Agape (vgl. TestSim 4,4; TestSeb 8,4f) –, kann man nicht vor Gericht ziehen (1Kor 6,1-8); schon gar nicht kann man in diesem Zusammenhang Unrecht begehen (6,8), denn die Liebe „freut sich nicht am Unrecht" (13,6). Nicht alle Querbezüge sind in derselben Weise prägnant. Zudem sind die Charakterisierungen vielfach so weit und so offen gefasst, dass sie sich auch anders kontextualisieren ließen – beim „Erzürnen" etwa könnte man auch an die Reaktion auf Kränkungen oder mangelnde Beachtung denken. Dennoch ergibt sich in der Summe ein klares Gesamtbild: Ließen die Korinther „alles in Liebe geschehen", wie Paulus sie am Briefende in 16,14 ermahnt, gäbe es nicht die Probleme, mit denen er sich im Brief auseinandersetzen muss. Abseits der Frage von konkreten Einzelbezügen ist festzuhalten, dass sich das quantitative Übergewicht der negierenden Aussagen in 13,4-7 situativ als Reflex dessen lesen lässt, dass der 1Kor seinem Gesamtcharakter nach ein Korrekturschreiben ist.

Die Charakterisierung der Liebe erfolgt in V.4-7 zum anderen durch eine Reihe von positiven Aussagen über ihre Wirkung, welche die negierten Aussagen rahmen (V.4a.6b-7). Voran stehen Aussagen, die, wie oben ausgeführt, deutlich an Gottesprädikate erinnern: Die Liebe zeichnet sich durch Langmut und Güte aus (V.4), d. h., die Liebe bewirkt, dass man Geduld mit anderen hat und im Umgang mit ihren Schwächen und Fehlern Güte walten lässt. Den Übergang vom Mittelblock der verneinten Aussagen zu den positiven Aussagen am Ende leistet V.6 mittels eines antithetischen Parallelismus membrorum, in dem mit der Aufnahme des Motivs der Freude (vgl. 12,26) unterstrichen wird, dass es bei der Liebe über das äußere Handeln hinaus um eine Grundhaltung zur Lebenswelt geht: Die Liebe freut sich nicht über das Unrecht (vgl. Prov 2,14; 24,19$^{LXX}$), sie freut sich aber an der Wahrheit (= Rechtschaffenheit). V.7 unterstreicht schließlich mit dem rhetorisch wirkungsvollen vierfachen „alles" den umfassenden Charakter der Liebe. Das erste und das vierte Glied stehen inhaltlich eng beieinander und zeigen einen Schwerpunkt an, der zu erkennen gibt, was die Liebe im Besonderen ausmacht: Sie erträgt alles und hält allem stand. Dabei geht es nicht bloß in einem rein passivischen Sinn um das Hinnehmen und Erdulden von Zumutungen und Feindseligkeiten, sondern auch darum, sich durch solche Widerfahrnisse nicht von der aktiven liebenden Zuwendung zum Mitmenschen abbringen zu lassen. In diesem Sinn ist schon bei der negativen Aussage, dass die Liebe das Böse nicht anrechnet, mitzuhören, dass stattdessen das Böse durch Gutes überwunden werden soll (Röm 12,17–21; 1Thess 5,15). Dass die Liebe vor keiner Mühe zurückschreckt, hat Paulus schon in 1Thess 1,3 anklingen lassen. Die beiden mittleren Glieder in 1Kor 13,7 („sie glaubt alles, sie hofft alles") lassen zwar, kaum zufällig, an die in V.13 begegnende Trias „Glaube, Hoffnung, Liebe" denken, doch ist von Glaube/Vertrauen und Hoffnung in V.7, im Unterschied zu V.13, als Aspekten der Liebe die Rede, die sich wie die übrigen Aussagen auf die Relation zum Mitmenschen beziehen[15]: Die Liebe begegnet dem Mitmenschen mit einem Vertrauensvorschuss, und sie „setzt zuversichtlich auf den anderen und hört trotz aller Gegenwarts- und Vergangenheitserfahrungen nie auf, Gutes von ihm zu erwarten und ihm die Zukunft offenzuhalten" (Schrage 1991–2001, 3:302).

In V.8–12 greift Paulus die in V.1f vorgebrachte Überordnung der Agape über die Charismen Glossolalie, Prophetie und Erkenntnis (vgl. 12,8.10) in eschatologischer Perspektive auf, indem er der diese Welt überdauernden Bedeutung der Agape (V.8a) das Vergehen und den in ihrer Bruchstückhaftigkeit zur Signatur dieser Welt gehörenden Charakter der genannten Charismen gegenüberstellt. Die Liebe wird die Gemeinschaft im Gottesreich vollkommen kennzeichnen. Wo sie schon jetzt – in den gemeindlichen Bezügen, um die es in 1Kor 12–14 geht, aber auch darüber hinaus – wirksam wird, ist dies ein Vorgeschmack auf die kommende Welt. Oder anders: Im Wirken der Liebe manifestiert sich bereits die „neue Schöpfung" in den irdischen Bezügen. Zum krönenden Abschluss seiner Beschreibung des höchsten Weges (12,31b) greift Paulus in 13,13 die aus 1Thess 1,3; 5,8 bekannte Trias auf, nun aller-

---

[15] Hingegen deutet Söding 1992, 128–130 1Kor 13,7b.c ganz von der Trias in V.13 her: „Paulus sagt …, daß die Agape den Glauben an das Evangelium und die Hoffnung auf Gott ohne jeden Abstrich bejaht" (129). Vgl. auch Wischmeyer 1981, 106–116, die 1Kor 13,7 vor dem Hintergrund einer eschatologisch eingebetteten frühjüdischen und urchristlichen Leidenstheologie interpretiert: „Die Liebe konkretisiert sich … nicht nur in den christlichen Tugenden, sondern auch und ganz (πάντα V. 7) in der eschatologischen Existenz, die in Glaube, Hoffnung und Geduld und in allem Leiden die künftige ζωή erwartet, die hier und jetzt in der paradoxen Form des Leidens schon verborgen gegenwärtig ist (2Kor 2–6)" (114).

dings mit der Liebe nicht nur in betonter Endposition, sondern auch mit ihrer explizienten Herausstellung als der größten unter den dreien: Gegenüber den mit dieser Welt vergehenden und zum Bereich des Fragmentarischen dieser Welt gehörenden Charismen bilden Glaube, Hoffnung und eben die Liebe das bleibend Relevante, das vor Gott im Eschaton Anerkennung finden wird (vgl. Wolff 1996, 325, s. auch Wischmeyer 1981, 153–155). Der Glaube allerdings wandelt sich dann zum Schauen, und die Hoffnung hat mit der Teilhabe am endzeitlichen Heil ihre Erfüllung gefunden. Die Liebe hingegen überdauert auch das Ende dieser Welt (V.8a); auch deshalb ist sie die größte unter den dreien.

Beachtung verdient, dass in V.4–7 nicht vom Liebenden die Rede ist, sondern von der Liebe selbst. Dies erschließt sich, wenn man bedenkt, dass die Liebe Frucht, d.h. Wirkung des Geistes ist (Gal 5,22). Sie wird damit selbst als eine verhaltenssteuernde Kraft erkennbar, weshalb die Agape bloß als Tugend des Menschen aufgefasst verkürzt verstanden wäre (vgl. für viele Schrage 1991–2001, 3:282; Furnish 2009, 204f, s. auch Zimmermann 2016*, 285–288). Gleichwohl bezeichnet dies nur die eine Seite der Medaille. Denn ebenso ist zu betonen, dass das Handeln im Sinne der Agape vom Menschen gefordert und seine Aufgabe ist, d.h., auf der anderen Seite der Medaille steht die eigene Verantwortung der Christen, auf dem „Weg" der Agape (1Kor 12,31b) zu wandeln. Dem entspricht, dass Paulus den Übergang von seinen Ausführungen über den „Weg noch darüber hinaus" (12,31b) in 13,1–13 zur weiteren Erörterung des in 12,1 eingeführten Gemeindeproblems in 14,1 imperativisch gestaltet: „Jagt nach der Liebe, strebt nach den Geistesgaben!" Die Agape ist als Tugend also zwar nicht umfassend bestimmt, doch bedeutet dies umgekehrt nicht, dass sie, im Blick auf ihren *modus operandi*, nicht auch als eine Tugend zu verstehen ist (vgl. Esler 2004, 117) – im Sinne der grundlegenden Disposition gegenüber dem Nächsten, die sich je und je im konkreten Umgang mit ihm manifestiert.

Überblickt man 1Kor 12–14 im Ganzen, so ist festzuhalten, dass das durch die Leibmetapher illustrierte Füreinander-Dasein der Gemeindeglieder (12,25) durch 12,31b–14,1a explizit als Ausdruck der Liebe ausgewiesen wird. Hieß es von der Agape bereits in 8,1, dass sie (andere) aufbaut, so wird dieses Grundcharakteristikum der Agape in 12–14 auf der Ebene des Verhaltens in der Gemeinde zur Geltung gebracht, indem Paulus die Agape als fundamentales Kriterium für die Ausübung der Charismen etabliert, die auf diese Weise auf das Ziel des Gemeindeaufbaus (vgl. 14,3–5.12.17.26) hin orientiert wird (vgl. Meisinger 1996*, 92f).

*3.2.3 Die Annahme des Onesimus als Manifestation der Agape im Phlm*
Der Anlass und Hintergrund des Phlm dürfte darin zu sehen sein, dass Philemons Sklave Onesimus den inhaftierten Völkerapostel aufgesucht hat, um ihn als Vertrauten seines Herrn in einem Streitfall, auf den V.18f anspielt, um Vermittlung zu bitten, weil er sich zu Unrecht beschuldigt sieht (vgl. Ebner 2017, 12f.133f u.ö., zur Problematik der im Forschungsdiskurs etablierten juristischen Unterscheidung, ob Onesimus als *fugitivus* oder *erro* einzustufen ist, Harrill 2006, 6–11). Paulus hat Onesimus während dessen Aufenthalt bei ihm für den Christusglauben gewonnen (V.10). Er würde ihn gern als Mitarbeiter bei sich behalten, möchte dies aber nicht ohne Philemons Zustimmung tun (V.13f), weshalb er Onesimus mit dem Brief zu

Philemon zurücksendet, in dem er das genannte Anliegen anklingen lässt (s. neben V.13f noch V.21), vor allem aber Philemon ersucht, Onesimus freundlich wieder anzunehmen (V.15-17). Unterbaut ist dies durch den Verweis auf den Statuswechsel des Onesimus: Er ist nun nicht mehr (nur) Sklave, sondern „mehr als ein Sklave, ein geliebter Bruder", was nicht nur „im Herrn", sondern auch „im Fleisch", also im Alltagsleben gilt (V.15f). V.17 zieht daraus die Konsequenz in Form einer direkten Aufforderung: „Wenn du nun mich als Gefährten (κοινωνός) hast (oder: für deinen Gefährten hältst), nimm ihn an wie mich." Mit dem Motiv der Gefährtenschaft greift Paulus auf V.6 zurück, wo er Philemons Teilhabe am Glauben (ἡ κοινωνία τῆς πίστεώς σου) angesprochen hat. Ein ‚Glaubensgefährte' ist nun aber auch Onesimus.

Schon im Lichte der ethischen Grundunterweisung, wie sie durch 1Thess 4 und Röm 12-13 erkennbar ist, liegt es nahe, dass aus Onesimus' neuer Identität als Konsequenz folgen müsste, dass der Modus ihres Umgangs miteinander fortan in der „Geschwisterliebe" ihren maßgeblichen Orientierungspunkt besitzt. Der Phlm enttäuscht diese Erwartung ausweislich der prominenten Stellung der Agape im Proömium (V.4-7) nicht. Analog zum Vorkommen der Trias „Glaube, Liebe, Hoffnung" in 1Thess 1,2f lässt Paulus Philemon wissen, dass er Gott allezeit dankt, wenn er seiner in seinen Gebeten gedenkt, weil er von seinem *Glauben* an den Herrn Jesus und seiner *Liebe* zu allen Heiligen gehört hat (Phlm 4f); die chiastische Verschränkung der Satzglieder in V.5 unterstreicht dabei die Zusammengehörigkeit von Glaube und Liebe. V.6f macht sodann deutlich, dass Philemons Glaube und Liebe das Fundament für das im Brief vorgetragene Anliegen sind. Paulus rekurriert hier zum einen noch einmal auf die von Philemon erwiesene Liebe, durch die das Innerste (wörtlich: die Eingeweide) der Heiligen zur Ruhe gekommen ist (V.7), und führt zum anderen als auf dieser Basis in seinen Gebeten vorgebrachte Bitte an, dass Philemons „Teilhabe am Glaube wirksam werde in der Erkenntnis alles Guten, das in uns (ist), auf Christus hin" (V.6). Das Gute aber, in dem sich Philemons Glaube manifestieren soll, ist nichts anderes als das im Brief entfaltete Anliegen. Dies wird zum einen dadurch verdeutlicht, dass im Blick auf Paulus' Ansinnen, Philemon möge ihm Onesimus als Missionsgehilfen zur Verfügung stellen, in V.14 erneut vom Guten die Rede ist. Zum anderen lässt Paulus, nachdem er sich in V.12 mit den Worten „ihn, das ist: mein Innerstes" mit Onesimus identifiziert hat, die Darlegung seines Anliegens in die an V.7 anknüpfende Bitte an Philemon einmünden: „Lass mein Innerstes zur Ruhe kommen!" (V.20). Philemon wird also ersucht, dass die Liebe, wie er sie gegenüber den Heiligen bereits bewiesen hat, auch seinen Umgang mit Onesimus bestimmt, indem er ihn als *geliebten* Bruder (V.16) im geschwisterlichen Geist der Liebe annimmt, dessen Wohlergehen nach Kräften fördert und dessen Nöte zu seinen eigenen macht. Da die Liebe nicht das Ihre sucht (1Kor 13,5), schließt dies auch ein, dass Philemon in dem besagten Konfliktfall (V.18f) nicht auf seinen (vermeintlichen) Rechtsanspruch beharrt (vgl. 1Kor 6,7) und die Sache auf sich beruhen lässt. Handelt Philemon entsprechend, wird er durch seine Liebe auch Paulus' Innerstem Ruhe verschaffen. Dem Dargelegten fügt sich schließlich ein, dass Paulus gegenüber Philemon nicht von seiner Autorität Gebrauch macht, aus der heraus er Philemon gebieten könnte, sondern *„um der Liebe willen"* lieber bittet (V.8f). Paulus spielt damit wieder auf die von Philemon bereits gezeigten Liebestaten an, die ihn im Blick auf seine Bitte zuversichtlich sein lassen, zugleich aber auch auf das zwischen ihnen bestehende Verhältnis, das sich in gegenseitiger Liebe Ausdruck verschafft. Diese Umgangsform soll Philemon nun auf Onesimus übertragen und ihn also so behandeln, als hätte er es mit Paulus selbst zu tun (V.15–17).

Drei Aspekte sind in Sonderheit festzuhalten: Erstens tritt in Phlm 4–7 dieselbe Relation von Glaube und Liebe zutage, die Paulus in Gal 5,6 mit der konzisen Rede vom Glauben, der durch Liebe wirksam ist, auf den Punkt bringt. Zweitens zeigt der Phlm insofern eine Nähe zu Röm 12–13, als auch hier die Agape im Kontext der Rede vom Guten verhandelt wird. Drittens illustriert der Phlm exemplarisch, dass die Agape nach paulinischem Verständnis auch statusübergreifend die sozialen Relationen bestimmt.

*3.2.4 Die Kollekte für Jerusalem als Manifestation der Agape (2Kor 8)*
Auf die Kollekte für die Armen in Jerusalem ist in Abschnitt 5.2/2 noch eigens einzugehen. Hier ist nur knapp anzusprechen, dass Paulus die Geldsammlung im Ensemble der vielfältigen Motive, mit denen er sie theologisch deutet und zur Beteiligung an ihr motiviert, als eine Gelegenheit interpretiert, in der die Echtheit der Liebe auf dem Prüfstand steht (8,8.24). Die Agape als Offensein für die Belange anderer wird hier finanziell konkret. Zur Begründung rekurriert Paulus in V.9 auf die Gnadengabe Christi, die die Grundlage christlichen Lebens bildet: Christus „wurde um euretwillen arm, obwohl er doch reich war, damit ihr durch seine Armut reich werdet" (8,9). Die dem Kontext entsprechende Metaphorik von reich und arm dürfte auf der Linie von Phil 2,6–8 auf die Erniedrigung des Präexistenten zu beziehen sein. Der christologische Bezugspunkt ist hier also etwas anders ausgerichtet als in 1Kor 8,11; Röm 14,15 (vgl. auch Gal 2,20), oder besser: Er ist weiter gefasst, denn das Moment der Lebenshingabe kann man in der Selbsterniedrigung im Sinne von Phil 2,8 eingeschlossen sehen. Der Reichtum, den er durch sein Armwerden den Adressaten hat zuteilwerden lassen, bezieht sich natürlich nicht auf materielle Güter, sondern auf das Heil, das Christus gewirkt hat. Den Verweis auf den Weg Christi kann man dabei – trotz der mit dieser Deutung verbundenen Probleme – schwerlich anders verstehen, als dass Christus für die Christen als Vorbild und Modell dienen soll (vgl. Schmeller 2010/2015, 2:55–58). Es geht also erneut um die *imitatio Christi* (1Kor 11,1), wobei präzisierend anzufügen ist, dass *imitatio* im Sinne eines vorbildhaften Modells nicht exakte Gleichheit der Handlungen erfordert, sondern allein grundsätzliche Entsprechung in der Orientierung am Wohl anderer, d.h., es geht um Mimesis im Sinne eines *analogen* Handelns. In 2Kor 8 wird die aus Christi Handeln gewonnene Verhaltensausrichtung auf den Bereich konkreten irdischen Wohlergehens übertragen: Die Korinther haben durch Christi „Armwerden" das höchste Gut erhalten, das Heil; das verpflichtet sie, in einem *analogen* Handeln aus ihrem Reichtum die Armut anderer zu beheben – die Kommensurabilität von geistlichen und materiellen Gütern (vgl. Röm 15,27) wird hier diskussionslos vorausgesetzt (vgl. Gerber 2006, 116f). In dem Erweis ihrer Liebe (2Kor 8,24) manifestiert sich, dass das Christusgeschehen ihr Selbstverständnis und damit ihre ganze Existenz samt ihrem Lebenswandel tatsächlich umfassend bestimmt. Man kann einwenden, dass Paulus von den Korinthern im Fortgang gar nicht fordert, dass sie zugunsten der Jerusale-

mer arm werden sollen, sondern allein von Ausgleich und Gleichheit spricht. Daraus eine signifikante Diskrepanz zwischen 8,9 und 8,10–15 ableiten zu wollen, verfehlte aber grundlegend die ethische Sinnrichtung des Motivs der Christusmimesis. In diesem Fall ist insbesondere zu bedenken, dass die genannte Asymmetrie zwischen 8,9 und 8,10–15 in Korrelation zur Differenz hinsichtlich des Charakters der Beziehungen zu sehen ist, die zwischen der Beziehung Christi zu den Menschen, denen seine Selbsthingabe zugutekommt, auf der einen Seite und den *wechselseitigen* Beziehungen der Glaubenden zueinander auf der anderen besteht (Näheres dazu → 5.2/2).

### 3.3 Die Liebe und das Gesetz

So sehr die zentrale Stellung der Agape in der paulinischen Ethik ohne den Grundimpuls, der von der Erhebung des atl. Liebesgebots zum Hauptgebot in der Jesustradition ausgegangen ist, kaum zu denken ist, so deutlich ist anzumerken, dass in den bisher verhandelten Texten ein ausdrücklicher Rückgriff auf das Liebesgebot der Tora (Lev 19,18) fehlt. Anders ist dies – aus konkretem Anlass – erstmals im Zusammenhang mit der Entfaltung der Rechtfertigungslehre im Gal. Im Röm hat Paulus den im Gal vorgebrachten Gedanken, die Liebe sei die Erfüllung des Gesetzes, dann mit leicht veränderter Akzentuierung aufgenommen.

*3.3.1 Das Dienen in der Liebe: Die Agape als zentrale Bestimmung der Christonomie der Freiheit im Gal*
Im Gal wendet Paulus sich in 5,13–6,10 ethischen Fragen zu. Der ausdrückliche Rekurs auf das Liebesgebot der Tora darin (5,14) ist dadurch veranlasst, dass Paulus sich durch das Auftreten der gegen ihn agitierenden Fremdmissionare herausgefordert sieht, den Galatern deutlich zu machen, dass sie ethisch gar nichts gewinnen, wenn sie sich der Tora unterstellen. Paulus nimmt dazu in dem der theologischen Grundlegung dienenden Passus 2,15–21 die christologische Begründung der Liebe auf (2,20) und verbindet dies mit dem Konnex von Freiheit und Bindung an das Gesetz Christi, die sich in 1Kor 9,19–23 angedeutet hat. Anders als in 1Kor 8,1–11,1 ist die Agape dabei nicht spezifisch auf die Sorge um das *Heil* anderer bezogen, sondern erscheint als genereller Nenner für das zwischenmenschliche Verhalten, wie dies auch in den Paraklesen des 1Thess und des Röm der Fall ist.

Paulus eröffnet seine ethischen Ausführungen in 5,13–6,10, indem er zunächst mit der Rede von der Berufung zur Freiheit (5,13a) ein soteriologisches Leitmotiv des Briefes aufnimmt. Eingeführt wurde das Motiv in 2,4 in der von politisch-militärischer Metaphorik bestimmten Rede von den Falschbrüdern, die „unsere Freiheit, die wir *in Christus Jesus* haben", ausspionieren. Die christliche Gemeinde erscheint hier als eine freie Polis (vgl. das freie obere Jerusalem als „unsere Mutter" in 4,26), die andere durch die von ihnen erhobene Beschneidungsforderung (vgl. 5,1–3) zu unterwerfen trachten. Im antiken Polisdenken ist eine Stadt frei, wenn ihre Bürger Entscheidungen ohne Zwang von außen fassen können (vgl. Jones 1987, 80) und sie sich ihr Gesetz selbst geben kann (vgl. Pohlenz 1955, 19.35–38). Liest man die Rede von

Freiheit im Gal vor diesem Hintergrund, ist gegenüber dem üblichen Ansatz, diese im allgemeinen Sinne der Freiheit vom Gesetz zu fixieren, erstens zu präzisieren, dass es um die Freiheit von einem *fremden* Gesetz geht. Mit der Befolgung des Beschneidungsgebots würde der christlichen ‚Polis' ein ihr fremdes Gesetz auferlegt, weil in Christus „weder Jude noch Grieche" ist (3,28, vgl. 6,15). Die Tora ist also, *sofern sie der Abgrenzung des Gottesvolkes von den Völkern dient und damit der Einheit in Christus widerspricht*, ein *fremdes* Gesetz; Heidenchristen in diesem Sinne auf die ganze Tora zu verpflichten, hieße daher, sie zu „versklaven" (2,4; 5,1). Zweitens bedeutet die Freiheit als Freiheit von *christusfremden* Kriterien der Lebensführung nicht Gesetzlosigkeit (vgl. 1Kor 9,21), sondern Bindung an das „Gesetz Christi" (Gal 6,2, Näheres dazu unten). Der im antiken Polisdenken beheimatete Konnex von Freiheit und Autonomie wird gewissermaßen transformiert zum Konnex von Freiheit und Christonomie (ausführlich zum Voranstehenden Konradt 2010).

In eben diesem Sinn ist die Verknüpfung von Freiheit und Liebe in 5,13 zu verstehen. Nach dem Rekurs auf die Freiheit wird mit der zweigliedrigen Mahnung in V.13b.c in Negation und Position überschriftartig das von Christen zu erwartende Verhalten umrissen; V.14 und 15 führen die beiden Glieder in inverser Reihenfolge weiter. Die Liebe wird hier durch die Entgegensetzung zu einem ‚sarkischen' Verhalten profiliert: Während die Liebe das Wohl des oder der anderen sucht, zielt ‚fleischliches', auf sich selbst bezogenes Verhalten darauf, andere für sich zu nutzen oder, wie V.15 passend zur Rede vom „Fleisch" und in Anspielung auf das Verhalten wilder Tiere sagt, zu verzehren. Dem Fleisch zu frönen, ist für die Glaubenden grundsätzlich keine Option mehr. Denn wenn sie, die im Geist leben (5,25), auch im Geist wandeln, werden sie der Begierde des Fleisches nicht mehr nachgeben (5,16, → 1.2). Entsprechend pointiert kann Paulus in 5,24 sagen, dass die, die zu Christus gehören, das Fleisch samt seinen Leidenschaften und Begierden gekreuzigt haben. Wenn es dennoch dazu kommt, dass sie dem fleischlichen Begehren Folge leisten, bedeutet dies, streng genommen, nicht einen Missbrauch der Freiheit – hier handelte es sich ja um einen möglichen, wenngleich verkehrten Gebrauch der Freiheit –, sondern sie nutzen sie nicht und verlieren sie (vgl. Vollenweider 1989, 314f), weil die Freiheit, zu der sie durch Christus befreit wurden, Freiheit von der Begierde einschließt.

Umgekehrt definiert das gegenseitige Dienen durch die Liebe nicht die für ein gedeihliches Miteinander notwendige Begrenzung der Freiheit, sondern es geht – im Gegenteil – um deren Gestaltung, d.h., die Liebe ist eine wesensmäßige Manifestation christlicher Freiheit. Denn wie die Freiheit des Christenmenschen ein Attribut seiner Zugehörigkeit zu Christus ist (5,1), so gilt dies auch für die Liebe als Leitmotiv für die Gestaltung des Lebens in Christus. Dies wird insbesondere daran deutlich, dass die Liebe nicht bloß als Forderung erscheint, sondern auch als Gabe, denn sie ist nach 5,22 eine Frucht des Geistes. Diese pneumatologische Dimension in der Rede von der Agape ist im Gal mit 2,20 zusammenzusehen, wo Paulus die mit der Rechtfertigung einhergehende Existenzwende in die Worte fasst: „Nicht mehr lebe *ich*, sondern *Christus* lebt in mir", und zwar Christus als der Sohn Gottes, „*der mich geliebt hat* und sich selbst für mich dahingegeben hat". In pointierter Weise kommt hier zum Ausdruck, dass mit der Einwohnung Christi im Glaubenden zugleich die Christus kennzeichnende Liebe (vgl. 2Kor 5,14; Röm 8,35.37) als Grundprinzip des neuen Lebens gesetzt ist, das der Christ im Glauben an den Sohn Gottes führt. Die christologische Signatur der Agape, wie sie zu 1Kor 8,1–11,1 zu konstatieren war, findet hier eine Bestätigung und Vertiefung: Der Tod Jesu wird als ein Akt liebender Selbsthingabe zugunsten anderer gedeutet; für die, die in Christus sind, ist diese Proexistenz Christi Modell für ihr eigenes Verhalten. Entsprechend ist das Grundmerkmal derer, die „in Christus Jesus" sind, nach 5,6 der „Glaube, *der durch Liebe wirksam ist*". Im Duktus des Briefes fungiert 2,20 als Grundlegung für den ethischen Passus in 5,13–6,10: Die Weisung in 5,13c, einander in Liebe zu dienen, zieht die paränetische Konsequenz aus der Aussage in 2,20, dass Christus als der, der „mich" geliebt und sich selbst „für mich" hingegeben hat, das Ich des Glaubenden bestimmt. In diesem Zusammenhang verdient Beachtung, dass Paulus die Adressaten nicht ‚bloß' – wie in 1Thess 4,9; Röm 13,8 – auffordert, „einander zu lieben", sondern davon spricht, sie sollten „einander in der Liebe *(als Sklaven) dienen*". Die Anspielung auf den Sklavendienst treibt nicht nur das mit der Freiheit verbundene Moment der Bindung (an Gottes Willen) auf eine paradoxe Spitze, sondern vertieft zugleich das Liebesgebot auf der Linie seiner durch 2,20 annoncierten christologischen Profilierung, so dass 5,13 in der Nähe des altruistischen Fokus der Maxime in 1Kor 10,24; Phil 2,4 zu stehen kommt. Dabei ist allerdings wiederum zu betonen, dass Paulus ein *wechselseitiger* Dienst der Gemeindeglieder vor Augen steht: Der Sklavendienst *der Liebe* wird nicht in einer statischen hierarchischen Struktur von den einen zugunsten der anderen geleistet, sondern – gewissermaßen in reziproken hierarchischen Relationen – wechselseitig praktiziert, wobei jeder nicht den hierarchisch übergeordneten Part zu spielen sucht, sondern den des Dienenden einnimmt (vgl. Barclay 2015, 435f). Im Kontext antiker (wie auch moderner) Gesellschaften betrachtet liegt das gegenkulturelle Potenzial dieser Vorstellung auf der Hand.

5,13c wird in 5,14 mit der Feststellung kommentiert, dass das ganze Gesetz (ὁ πᾶς νόμος) – im Sinne seiner maßgeblichen ethischen Forderung (im Unterschied zur Rede vom „ganzen Gesetz" [ὅλος ὁ νόμος] in 5,3 im Sinne aller Einzelgebote) – durch ein einziges Gebot, nämlich das Liebesgebot, erfüllt werde. Im Gesamtkontext des Briefes betrachtet mag V.14 auf den ersten Blick erstaunen, denn Paulus hat zuvor herausgearbeitet, dass die Funktion des Gesetzes bis zum Kommen Christi befristet gewesen sei (3,19–25), und entsprechend betont, dass die Glaubenden nicht unter dem Gesetz sind (4,4f, → 2.1). Jetzt aber spricht er von seiner Erfüllung. Paulus gerät hier aber keineswegs in einen Widerspruch zu seinen vorangehenden Ausführungen. Denn 5,14 zielt nicht auf eine die genannte Befristung konterkarierende neue Inkraftsetzung der Tora, sondern Paulus stellt hier heraus, dass mit der in Christus geltenden Lebensordnung des gegenseitigen Liebesdienstes (5,13c) zugleich *faktisch* die ethische Forderung der gesamten Tora erfüllt wird (vgl. Horn 1992a, 166; Barclay 2015, 430f). Ganz auf dieser Linie hat Paulus an den – bezeichnenderweise mit der Agape eröffneten – Katalog in 5,22f ein Kommentarwort angefügt, mit dem er hervorhebt, dass die Frucht, die der Geist hervorbringt, in keiner Weise mit der Tora in Konflikt gerät. In die Verweise auf das Gesetz in 5,14.23 fügt sich schließlich ein, dass Paulus in 6,2 vom „*Gesetz* Christi" (vgl. 1Kor 9,21) spricht. Inspiriert durch den in Gal 5,14.23 geführten Gesetzesdiskurs verdichtet Paulus mit dieser Wendung den dargelegten Zusammenhang von Freiheit und Bindung an die in Christus gültige

Verhaltensorientierung in einer einprägsamen Wendung, die sich der klassischen Allianz von Freiheit und eigenem Gesetz auch terminologisch einfügt. Die Mahnung, einander die Lasten zu tragen (6,2a), ist dabei nichts anderes als eine Konkretion des gegenseitigen Dienstes in der Liebe von 5,13. Im Kontext von 6,1 ist das Lastentragen, ohne darauf eingegrenzt werden zu können, spezifisch auf das Zurechtbringen derer, die vom rechten Weg abgeirrt sind, bezogen, so dass eine auffällige Nähe zwischen Gal 6,1f und dem Zusammenhang von Zurechtweisung und Nächstenliebe in Lev 19,17f zu verzeichnen ist. Festzuhalten ist: Die Agape bildet die leitende inhaltliche Bestimmung für die Christonomie der Freiheit der Glaubenden: Die Freiheit, zu der Christus die Glaubenden befreit hat (5,1), vollzieht sich als Freisein von den selbstsüchtigen Leidenschaften und Begierden des Fleisches (5,24) in der Bindung an das Gesetz Christi (6,2), das die, die in Christus sind, nach dem Modell der liebenden Selbsthingabe Christi (vgl. Hays 1987, bes. 274-276.286-290; Lewis 2005, 199) zum gegenseitigen Sklavendienst in der Liebe bestimmt (5,13). Auch die Christusgläubigen haben also ein „Gesetz", aber dieses ist kein fremdes, sondern erwächst genuin aus ihrer Zugehörigkeit zu Christus, der sich selbst in Liebe hingegeben hat (2,20).

Mit dem dargelegten Konnex von Freiheit und Agape bietet Paulus eine Variation zum philosophischen Freiheitsdiskurs, in dem Freiheit sorgfältig von Zügellosigkeit oder einem in der Beliebigkeit des Einzelnen stehenden Willkürhandeln unterschieden und die klassische Definition der Freiheit als „leben, wie man will" (Platon, Resp VIII 557b; Aristoteles, Pol 5,9 [1310a31f]; Cicero, Off 1,70; Parad 5,34; Philon, Prob 59; Epiktet, Diss 2,1,23; Dion von Prusa, Or 14,13.17 u. ö.) durch eine Reflexion darüber, was man von der Vernunft her wollen kann, kanalisiert wurde. Für die Stoa bedeutet dies ein von der Vernunft bestimmtes Leben in Übereinstimmung mit der dem Kosmos inhärenten Ordnung (→ II.1/5). Die im griechischen Polisdenken in der Souveränitätsformel Autonomie und Freiheit angelegte Allianz von Freiheit und Gesetz wurde gewissermaßen auf die Ebene des Kosmos und des ihm innewohnenden ungeschriebenen Gesetzes gehoben (vgl. Pohlenz 1955, 142-145.172f; Vollenweider 1989, 82). So ist nach Cicero *libertas* als *potestas vivendi, ut velis* dann gegeben, wenn jemand die Gesetze aus Einsicht achtet und befolgt (Parad 5,34). Wer hingegen seinen Begierden folgt, ist ein Sklave (Parad 5,33-35, vgl. Philon, Prob 45; Epiktet, Diss 4,1,175). Vergleicht man damit die paulinische Position, kann man *cum grano salis* sagen: Was für den stoischen Kosmopoliten im Verständnis der Freiheit die Bindung an das Naturgesetz bedeutet, konkretisiert sich nach Paulus für den, der in Christus ist, als Manifestation der Freiheit im Sklavendienst der Liebe, der nach dem Modell der Proexistenz Christi nicht das eigene Wohl, sondern das des anderen sucht (1Kor 10,24). Anthropologisch ist dies damit verbunden, dass der Mensch nicht isoliert als für sich existierendes Individuum betrachtet wird, sondern als ein fundamental durch seine Gottesbeziehung bestimmtes und in zwischenmenschliche Gemeinschaft eingebundenes dialogisches Wesen. Für Christen bedeutet dies: Sie „gehören nicht sich selbst", sondern sind „teuer erkauft" (1Kor 6,19f), und mit der ihnen geschenkten heilvollen Beziehung zu Gott/Christus ist die im Sinne der Agape zu gestaltende Beziehung zum Mitmenschen mitgesetzt, für den Christus gestorben ist (Röm 14,15; 1Kor 8,11).

### 3.3.2 Das Liebesgebot als Zusammenfassung des Gesetzes in Röm 13,8-10
Ähnlich wie in Gal 5,14 weist Paulus die Liebe auch im Röm ausdrücklich als Erfüllung der Tora aus (13,8-10), doch ändert sich mit den differierenden Kommunikationssituationen des Gal und des Röm die Tonlage der Äußerungen über das Gesetz im

Zusammenhang der Entfaltung der Rechtfertigungslehre, so dass die Aussagen in Gal 5,14; Röm 13,8–10 durch die jeweils vorausgehenden Ausführungen unterschiedlich akzentuiert sind. Paulus erklärt nun, dass die Rechtfertigungslehre nicht bedeute, dass das Gesetz durch den Glauben aufgehoben werde; vielmehr werde das Gesetz bestätigt (3,31), weil die Tora selber an Abraham vorführt, dass die Gerechtigkeit aus Glauben kommt (Röm 4). Auch Röm 10,4 ist in diesem Sinne zu verstehen. Das nicht-christusgläubige Israel hat zwar Eifer für Gott, aber ohne Einsicht (10,2). Obwohl es dem Gesetz der Gerechtigkeit nachjagte, hat es das Gesetz nicht erreicht, weil es der Gesetzesgerechtigkeit nachjagte, als käme sie aus Werken (9,31f). Das Ziel des Gesetzes ist aber „Christus zur Gerechtigkeit für jeden, der glaubt" (10,4, vgl. dazu Burchard 1998a, 254–262; Reinbold 2008; Osten-Sacken 2014, 310–318). Steht „Gesetz" hier für die Tora als Schrift und nicht speziell als Sammlung von Geboten, so führt Paulus zugleich auch im Blick auf die Gebote in der Tora aus, dass das Gesetz an sich „heilig und das Gebot heilig und gerecht und gut" ist (Röm 7,12) und ‚nur' angesichts der sarkischen Verfasstheit des vorchristlichen Menschen durch die Macht der Sünde die paradoxe Wirkung zeitigte, dass es „als Sündendroge" (Burchard 1998, 156) fungierte (→ 2.1/2). Dank der in Christus geschehenen Befreiung von der Macht der Sünde und der Gabe des Geistes aber hat sich diese Situation für die Glaubenden grundlegd verändert (8,1–11), denn ihnen ist nun ermöglicht, die Rechtsforderung des Gesetzes zu erfüllen (8,4). 13,8–10 schließt, wie die erneute Rede vom *Erfüllen* des Gesetzes unterstreicht, an diese Aussage an und bestimmt die Liebe als Zusammenfassung und Sinnmitte der Rechtsforderung der Tora. 13,8–10 ist im Gesamtkontext des Briefes also materiale Explikation von 8,4. Für Röm 13,10b legt dies nahe, dass in dem Nominalsatz die Wendung „Erfüllung des Gesetzes" das Subjekt ist, über das eine Aussage getroffen wird; „Agape" ist Prädikatsnomen (vgl. Burchard 1998, 164, Anm. 69; Wolter 2014/2019, 1:336). Zugleich bereitet 13,8–10 auch die Argumentation in 14,1–15,13 vor: Beachtung von Speisetabus und Sabbatobservanz sind für die Erfüllung der Tora im Sinn von 13,8–10 nicht relevant; wohl aber ist von Gewicht, wenn jemand andersdenkenden Christen ohne Liebe begegnet.

Innerhalb von Röm 12–13 ist 13,8–10 in doppelter Weise kontextuell an- und eingebunden. Zum einen wird der Bogen zu 12,9 (→ 3.1.2) zurückgeschlagen, so dass 13,8–10 als Abschluss der in 12,9 beginnenden Paraklese erscheint, was durch die zweifelsohne gezielte Rahmung untermauert wird: Im griechischen Text ist Agape das erste Wort in 12,9 und das letzte in 13,10. Zum anderen ist der Zusammenhang zur direkt vorangehenden Obrigkeitsparänese (13,1–7, → 5.4) ernst zu nehmen (vgl. Burchard 1998, 158–166; Schreiber 2012, 109f), der durch die Überleitung in V.8a signalisiert wird. An die auf V.7 („Gebt allen, was ihr ihnen schuldig seid!") zurückgreifende Mahnung, niemandem etwas schuldig zu sein, fügt Paulus an, dass die Adressaten es immer einander schulden, dass sie einander lieben. Hier handelt es sich gewissermaßen um eine Dauerschuld, die nie erledigt ist. Die Weiterführung der Aussage über die Erfüllung der (Rechtsforderung der) Tora durch die Liebe (V.8b) in V.9 spiegelt die gegenüber dem Gal veränderte Bedeutung, die dem Gedanken der Erfüllung der Tora im Briefduktus zukommt. Das nun wörtlich aus Lev 19,18 zitierte Liebesgebot wird als Zusammenfassung einer Reihe von anderen Geboten ausgewiesen, namentlich von vier Dekaloggeboten der zweiten Tafel, die allesamt Schädigungen des Mitmenschen untersagen.¹⁶ Die Anfügung „und wenn es irgendein anderes Gebot gibt" zeigt an, dass noch weitere Gebote genannt werden können, doch meint dies schwerlich „beliebige andere" – dann wären z. B. auch Opfervorschriften inbegriffen –, sondern dem Kontext nach solche, die wie die zuvor zitierten das Verhalten zum Mitmenschen betreffen. Damit, dass sie alle im Liebesgebot zusammengefasst werden können, werden sie nicht obsolet und aufgehoben, sondern sie dienen umgekehrt dazu, zu illustrieren, wie das Liebesgebot in der Praxis im Einzelnen konkret wird. Allerdings geschieht dies mit der in V.9 dargebotenen Verbotsreihe – anders als etwa in 1Kor 13,4–7, wo die negativen Bestimmungen (1Kor 13,4b–6a) durch positive Aussagen (1Kor 13,4a.6b–7) gerahmt sind – allein *via negationis* als Unterlassung des Schlechten und insofern in geradezu minimalistischer Weise. V.10a fügt sich dieser Linie an: „Die Liebe tut dem Nächsten nicht Böses." Zweifelsohne ließe sich dies in Paulus' Sinne in die positive Formulierung wenden, dass die Liebe dem Nächsten alles Gute zukommen lässt, also weit über die Meidung des Bösen hinaus eine positive Gestaltungskraft ist. Im Kontext wird durch die negative Formulierung allerdings der Zusammenhang mit der Obrigkeitsparänese untermauert: Nach V.4 ist die Obrigkeit dazu eingesetzt, das Tun des Bösen zu bestrafen; zu diesem aber kommt es nicht, wenn die Adressaten einander die Liebe nicht schuldig bleiben.

Im Blick auf die Reichweite des Liebesgebots ist festzuhalten, dass dieses in 13,8a – wie in 1Thess 4,9; Gal 5,13 – zunächst innergemeindlich ausgerichtet ist („einander", anders Furnish ³2009, 159). Schon V.8b lässt aber Spielraum für ein offeneres Verständnis, denn nun erscheint als Objekt zu „lieben" schlicht „der andere".¹⁷ Wenn Paulus schließlich in V.10 im Gefolge der Gebotszitation in V.9 davon spricht, dass die Liebe *dem Nächsten* nicht Böses tut, dann legt der Zusammenhang mit den Dekaloggeboten nahe, den Nächsten hier nicht auf die Glaubensgeschwister einzugrenzen, denn Ehebruch usw. ist gegenüber allen Menschen tabu. 13,8–10 zeigt damit dasselbe Oszillieren zwischen innergemeindlichem Fokus und Einbeziehung der Außenwelt wie 12,9–21. 13,8–10 bekräftigt damit, dass es bei Paulus keine prinzipielle Festlegung der Agape auf den gemeindlichen Raum gibt (vgl. 1Thess 3,12). Umgekehrt wird mit Röm 13,8a aber wiederum ein Schwerpunkt angezeigt (vgl. Gal 6,10), und man wird kaum in der Annahme fehlgehen, dass Paulus in der Praxis von einer abgestuften Intensität in der Agape ausging. Dass der Übergang von der

---

¹⁶ Ähnliche Zusammenstellungen von Dekaloggeboten und dem Nächstenliebegebot als zusammenfassendem Leitsatz begegnen in Mt 19,18f und Jak 2,8–11. Röm 13,9 ist der älteste Beleg, aber weder Mt 19 noch Jak 2 ist von Röm 13 abhängig. Das heißt: Alle drei Stellen belegen die hervorgehobene Bedeutung des Dekalogs neben dem Liebesgebot, was noch dadurch untermauert wird, dass Paulus auf zwei der in V.9 zitierten Dekaloggebote bereits in 2,21f angespielt hat.

¹⁷ Ganz sicher ist dies allerdings nicht, denn man könnte den griechischen Satz auch wie folgt konstruieren: „denn wer liebt, hat das andere Gesetz erfüllt". Dafür kann man anführen, dass „der andere" als Objekt „zu lieben" ungewöhnlich ist (in LXX, frühjüdischer Literatur und NT nur Mt 6,24 par Lk 16,13, dort innerhalb der Konstruktion „der eine, der andere"). Andererseits aber gebraucht Paulus erstens „lieben" sonst nie ohne Objekt; zweitens kommt „der andere" in sinnverwandten Kontexten als Objekt vor (s. v. a. 1Kor 10,24; Phil 2,4, ferner z. B. auch Röm 2,1.21; 1Kor 6,1; 14,17), und drittens lässt sich die Formulierung „das andere Gesetz" nicht überzeugend erklären (das „Gesetz des Mose" als „das andere Gesetz" gegenüber dem Gesetz des Staats [so z. B. Finsterbusch 1996, 101] wäre überzeugender, wenn Paulus in Röm 13,1–7 νόμος gebraucht hätte).

Geschwisterliebe (V.8a) zur universal gedachten Nächstenliebe (V.10a) damit einhergeht, dass die Liebe in V.10a allein *via negationis* als Unterlassung des Bösen bestimmt wird, fügt sich dem ein und wirft auch Licht auf 12,9–21. In der binnengemeindlichen Weiterführung der Mahnung zur ungeheuchelten Liebe (V.9a) in V.10a tritt die herzliche Verbundenheit untereinander als bestimmendes Moment hervor. Gegenüber Außenstehenden hingegen ist der Blick in V.14.17–21 zentral darauf gerichtet, das erfahrene Schlechte nicht mit gleicher Münze heimzuzahlen.

### 3.4 Resümee

In dem Unterfangen, in den Gemeinden eine Kultur des Miteinanders zu etablieren, in der die Gemeindeglieder wechselseitig füreinander einstehen, kommt der Agape für Paulus leitmotivische Bedeutung zu. Die Mahnung in 1Kor 16,14: „*Alles* bei euch geschehe in Liebe!" bringt dies pointiert zum Ausdruck. Zugleich wird mehrfach in den Paulusbriefen deutlich, dass die Agapeforderung nicht rein binnenethisch ausgerichtet ist, sondern prinzipiell gegenüber allen gilt, wenngleich die Gemeinde – dies liegt schon in der Natur der von Paulus erhaltenen Texte, die eben Briefe an Gemeinden sind – als primärer Gestaltungsort hervortritt. Die Betonung der Agape als ethischer Leitwert hat Paulus zwar weiterentwickelt, aber nicht erfunden. Mit der ethischen Tradition, die ihm schon als antiochenischer Missionar (Apg 11,25f; 13–15) vertraut war, steht er in einem Traditionsstrom, der im Blick auf die Zentralstellung der Liebe letztlich von Jesus ausgeht (→ II.3/4), doch findet sich nirgendwo bei Paulus ein *expliziter* Rückbezug auf die ethische Unterweisung Jesu zum Liebesgebot. Es ist auch nicht das Liebesgebot der Tora, das in Paulus' Agapeethik im Zentrum steht. Hingegen begegnet eine ganze Reihe von Texten, in denen die Liebe christologisch begründet und konturiert wird. Fragt man in diesem Zusammenhang nach der *Entwicklung* des paulinischen Agapeverständnisses, so ergibt sich ein auffallender Befund: In der grundlegenden Gemeindeunterweisung, wie sie sich in 1Thess 4 manifestiert, oder einem parakletischen Passus wie Röm 12 fehlt eine christologische Explikation der Agape. Sie taucht zuerst dort auf, wo das Heil anderer Glaubender bzw. dessen Gefährdung als Thema aufgeworfen ist (1Kor 8,1–11,1) und die Agapemahnung dadurch unterbaut wird, dass das Verhältnis zum Nächsten durch die Relation Gottes bzw. Christi zu ihm profiliert wird (1Kor 8,11, vgl. Röm 14,15). Die christologische Explikation der Agape kann dann aber auch allgemeiner und grundsätzlicher gefasst werden (Gal 5,13 im Licht von 2,20). Die christologische Vertiefung der Agape illustriert eindrücklich Paulus' Fähigkeit, die allgemeine frühchristliche Mahnung zur Agape im Horizont seiner christologischen Sinnwelt argumentativ zur Entfaltung und zur Geltung zu bringen. Dies hat bei Paulus selbst aber noch nicht die Rückwirkung, dass die christologische Begründung der Agape so dominant wird, dass sie auch in der allgemeinen Paraklese Einzug erhält und diese transformiert. Dies ist prägnant erst deuteropaulinisch in Eph 5,2 (→ IV.2.2.2/2) der Fall: „Wandelt in der Liebe, wie auch Christus uns geliebt und sich selbst für uns hingegeben hat ...!" Diese Mahnung fasst präzise zusammen, was Paulus an verschiedenen Stellen ausgeführt hat. Aber zugleich ist festzuhalten, dass es zu dieser konzisen, christologisch begründeten Agapemahnung in den echten Paulinen kein Pendant gibt. Der pointierten These, dass die Agape bei Paulus vom 1Kor an als „pneumatisch gewirkte Partizipation an der Proexistenz Jesu Christi" aufgefasst sei (Söding 1995, 206), ist daher im Ansatz zwar zuzustimmen, doch wird man etwas zurückhaltender formulieren müssen: Paulus entwickelt nicht aus der Christologie ein Konzept der Agape, sondern er hat das auf dem Boden jüdischer Ethik in den nachösterlichen Gemeinden virulente Agapekonzept übernommen und zeigt *Ansätze* zur christologischen Vertiefung und Transformation dieses Konzepts; es handelt sich hier gewissermaßen um eine Art epigenetischen Prozess (vgl. Konradt 2020).

Damit, dass bei Paulus die Proexistenz Christi als Modell der Liebe fungieren kann, findet gegenüber dem „wie dich selbst" des atl. Liebesgebots eine Akzentverschiebung statt, denn damit verbindet sich die Tendenz, Agape als „sich selbst aufgebende Liebe zum anderen" (Schrage ²1989*, 219) zu verstehen. Paulus' Rekurs auf diese christologische Begründungsfigur in seinem Werben um die substantielle Beteiligung der korinthischen Gemeinde an der Kollekte für Jerusalem in 2Kor 8 zeigt allerdings exemplarisch, dass Paulus' konkrete Forderung das Potenzial der christologischen Begründung nicht immer vollends ausschöpft. Auch dies macht deutlich, dass wir es bei den ethischen Forderungen von Paulus nicht mit einer abstrakt konzipierten und aus seinen Grundüberzeugungen konsequent deduzierten Ethik zu tun haben. Vielmehr ist ihre Entwicklung und Ausgestaltung in lebendige Kommunikation eingebettet, und sie ergibt sich in diesem Rahmen aus 1) Impulsen, die aus der eigenen Überzeugungswelt gewonnen sind (hier die christologische Begründungsfigur), 2) überkommenen ethischen Traditionen, die (auch) bei den Adressaten wirksam sind und die Affirmationsattraktivität der von Paulus vorgebrachten Forderung mitbestimmen (hier etwa ethische Traditionen über Wohltun und sozialen Ausgleich), und 3) dem, was man den Adressaten realistisch abverlangen kann.

Schließlich: Ist die Liebe das materiale Zentrum der von Paulus angestrebten Kultur des Mit- und Füreinanders, so ist zugleich festzuhalten, dass Paulus darüber hinaus eine ganze Reihe weiterer inhaltlich konkreter Weisungen kennt und vorbringt. Paulus redet nicht einer Reduktion des ethischen Diskurses auf die Liebe das Wort, sondern sieht in der Liebe die hermeneutische Mitte, an der sich alles Übrige messen lassen muss, doch bieten umgekehrt andere Weisungen Hilfestellung, um die Vielfalt des Lebens unter dem Vorzeichen der Liebe zu erschließen und die Mahnung, dass alles in Liebe geschehen soll (1Kor 16,14), in konkrete Praxis umzusetzen.

## 4. Demut und Statusindifferenz als Kennzeichen der ekklesialen Gemeinschaft

Die Gestaltung der Beziehung zum Mitmenschen im Sinne der Agape gewinnt bei Paulus innerekklesial weiter an Kontur, wenn man die vergleichsweise hohe soziale Heterogenität frühchristlicher Gemeinden bedenkt und den Gesichtspunkt einbezieht, welche Bedeutung sozialen Differenzen in der konkreten zwischenmenschlichen Interaktion zugemessen wird bzw. wie der Faktor sozialer Statusdifferenzen theologisch-ethisch bearbeitet wird. Einige Facetten sind in Abschnitt 1.3 und Kapitel 3 bereits sichtbar geworden – etwa darin, dass die Verbindung des Liebesgebots mit dem Begriff der Geschwisterliebe in 1Thess 4,9f und Röm 12,9f die Konzipierung der ekklesialen Gemeinschaft als einer Familie voraussetzt und dies dadurch ethische Brisanz gewinnt, dass in der Gemeinde z. B. auch Herren und Sklaven einander als Geschwister begegnen sollen. Im Phlm war in dieser Hinsicht zu beobachten, dass die Annahme des Sklaven Onesimus als eines „geliebten Bruders" und „Gefährten" im Glauben (Phlm 16f), die Paulus von Philemon erhofft, agapeethisch fundiert ist (→ 3.2.3). Das sog. Hohelied der Liebe in 1Kor 13 schließt im Kontext an die Erörterung des durch das Bild des Leibes illustrierten Miteinanders der Gemeindeglieder an, deren unterschiedliche Begabungen keine unterschiedlichen Wertigkeiten begründen. Paulus wendet sich hier gegen elitäres Statusgebaren Einzelner und weist im Gegenzug darauf hin, dass gerade die scheinbar schwächsten Glieder die nötigsten seien und den weniger ehrbaren umso mehr Ehre erwiesen werde (1Kor 12,22-24). Gegenüber Interaktionsmustern, die an den üblichen Statuszuteilungen orientiert sind, ist darin ein gegenkultureller Zug angelegt. Was sich hier andeutet, ist für Paulus insgesamt charakteristisch: Gesellschaftlich etablierte Statusdifferenzierungen sollen im gemeindlichen Miteinander keinen Niederschlag finden. Leitend ist vielmehr das Bild einer Gemeinschaft, deren Glieder sich in der Achtung der jeweils anderen zuvorkommen. Von grundlegender Bedeutung sind in diesem Zusammenhang die ethischen Implikate des Kreuzeslogos, wie er in 1Kor 1–4 entfaltet wird. Heranzuziehen ist sodann die Thematisierung der Demut in Phil 2,1–11. Abschließend ist auf die in 1Kor 11,17–34 verhandelte Problematik und damit auf das Abendmahl als Ort der Manifestation geschwisterlicher Gemeinschaft einzugehen.

### 4.1 Die ethische Dimension der *theologia crucis* in 1Kor 1–4

Paulus eröffnet seine Ausführungen in 1Kor 1,10–4,21 mit einer Mahnung zur Eintracht (1,10). Ihr Anlass ist, dass die Gemeinde in Untergruppen zerfällt, die sich auf verschiedene Missionare als Gallionsfiguren beziehen.

Nach Paulus' Gründungsmission kam Apollos in die Gemeinde (1,12; 3,4–6.22; 4,6; 16,12), dessen erfolgreiches Wirken (3,5) einen innergemeindlichen Differenzierungsprozess in Gang setzte: Es gab in Korinth Christen, die Paulus ihre Bekehrung verdankten, und andere, die durch ihre Konversion eine intensive Bindung an Apollos besaßen, Paulus aber nur vom Hörensagen kannten. Drittens bildete sich – auf welche Weise ist unbekannt – eine Gruppe, die sich mit Petrus verbunden sah (1,12; 3,22). Eine Christuspartei hat es wohl nicht gegeben; die abschließende Parole „ich gehöre zu Christus" in 1,12 ist vielmehr als eine ironische Pointe von Paulus zu werten, mit der er die Rolle, die die Korinther den unterschiedlichen Missionaren zuweisen, *ad absurdum* zu führen sucht (vgl. 3,21–23). Es ist nicht erkennbar, dass die Gruppenbildungen durch massive theologische Differenzen begründet wurden – jedenfalls stellt Paulus dies in seiner Reaktion auf den korinthischen Missstand nicht ins Zentrum. Man wird hier vielmehr im Wesentlichen soziale (und ethische) Faktoren zu veranschlagen haben. Als Kristallisationspunkte der Gruppenbildung dürften die unterschiedlichen Hausgemeinden fungiert haben, auf deren Existenz die auffällige Rede von der Versammlung der *ganzen* Gemeinde an einem Ort in 1Kor 14,23 (vgl. 11,20) hinweist. In diesen Subgruppen spielte sich ein gewichtiger Teil des Gemeindelebens ab. Entsprechend werden sich in ihnen einige intellektuell begabte Gemeindeglieder als leitende Persönlichkeiten, als Lehrer und Verkündiger, hervorgetan haben. Sie können zum Teil mit den Gastgebern der Hausgemeinden identisch sein, die in der dünnen Schicht der begüterteren Gemeindeglieder zu suchen sein dürften. Zum Problem wird dies, wenn die Gesamtgemeinde zusammenkommt (11,20; 14,23). Hier müssten sich die Gruppierungen und insbesondere deren Wortführer miteinander arrangieren. Tatsächlich aber herrschen Eifersucht und Streit (3,3, vgl. auch 1,11). Die Konkurrenz- und Rivalitätskämpfe werden dabei zum einen über die Wertschätzung der Missionare ausgetragen: Jede Gruppe hält den eigenen Apostel für den bedeutendsten (vgl. 4,6) und sieht sich von daher legitimiert, in der Gemeinde Führungsansprüche zu erheben. Zum anderen gibt das im Lichte der übrigen Paulusbriefe äußerst dichte Vorkommen der Rede von der Weisheit in der Argumentation in 1Kor 1-3 zu erkennen, dass Paulus hier eine unabhängig von seiner Verkündigung in Korinth virulente Begrifflichkeit aufgreift und also der Weisheit eine zentrale Bedeutung in den Konflikten zukam. Dabei geht es nicht um einen spezifischen theologischen Ansatz (dazu Konradt 2003a, bes. 194-210), sondern um Bildung und Eloquenz (zur rhetorischen Facette der Weisheit s. 1,17; 2,4f.13; 4,19f) als gewichtige Säule gesellschaftlicher Anerkennung (s. z.B. SapSal 8,10; Dion von Prusa, Or 12,11). Die korinthische Weisheitseuphorie dürfte maßgeblich von der Apollosgruppe ausgegangen sein, die ihre, folgt man Apg 18,24f, mit einer imponierenden Wortgewandtheit und Bildung ausgestattete Gallionsfigur als Weisheitslehrer verehrte (Konradt 2003a, 192-194) und deren gebildete Köpfe in den Fußstapfen ihres Meisters zu wandeln suchten: Als vom weisen Apollos Unterrichtete sahen sie sich selbst als dazu befugt und befähigt an, in den Zusammenkünften der Gesamtgemeinde das Wort zu führen. Die übrigen Gruppierungen haben darauf offenbar ‚mit gleicher Münze' zurückgezahlt. Angegangen wird von Paulus jedenfalls das Parteien(un)wesen überhaupt. Beachtet man speziell Paulus' Abgrenzung gegen das ‚weise' Gerede, kann man daran denken, dass die ‚weisen' Christen in Korinth alle Register ihrer (theologischen) Bildung zogen, um ihre Erläuterung der christlichen Botschaft aufzupolieren, und sich darin gegenseitig zu übertrumpfen suchten. Die Problematik ist hier im Grunde ähnlich wie in 1Kor 12-14 (→ 3.2.2).

Paulus begegnet dem korinthischen Problem nicht einfach mit dem Appell, die Gemeindeglieder sollten sich doch miteinander arrangieren, sondern mit einer komplexen Argumentation, in der er das Oberflächenphänomen der Streitigkeiten auf die ihnen zugrunde liegende Lebensorientierung hin freilegt und diese theologisch bewertet. Paulus erkennt in der korinthischen Weisheitseuphorie ein Geltungsstreben, das der in der ‚Welt' üblichen Orientierung an den traditionellen gesellschaftlichen Statusindikatoren, wie sie Paulus mit der Trias „Weise nach dem Fleisch, Mächtige, Edelgeborene" in 1,26 exemplarisch auffächert, verhaftet ist. Dem stellt Paulus betont das Kreuz (1,17-2,5) als Sinnmitte des christlichen Überzeugungssystems entgegen. Die spezifische Rede vom Kreuz statt der allgemeineren vom Tod Jesu begegnet bei Paulus keineswegs besonders häufig, und die relativ wenigen Belege (neben 1Kor 1-2 noch 2Kor 13,4; Gal 3,1; 5,11; 6,12.14; Phil 2,8; 3,18) haben „primär kritisch-polemische Funktion" (Schrage 1997, 29). In 1Kor 1-2 stellt Paulus mit der Rede vom Kreuz das – im Urteil der ‚Welt' – Schändliche des Todes Jesu (vgl. zur Wertung der Kreuzigung z.B. Josephus, Bell 7,203) in den Vordergrund (vgl. Wolter 2001, 46f). Wenn aber Gott gerade *an dem mit Schande besetzten Ort des Kreuzes* Heil gewirkt hat, dann ist darin impliziert – und darauf kommt es Paulus in 1Kor 1–4 primär an –, dass die eingespielten Statusmuster von Gott zunichtegemacht wurden. Ebendies illustriert Paulus in 1,26–31 anhand des Erwählungshandelns Gottes und der daraus erwachsenen Zusammensetzung der Gemeinde: Gott hat alles, dessen Menschen sich rühmen können, als nichtig erwiesen, indem er vor allem Menschen erwählt hat, die nach den gängigen Kriterien nichts Besonderes darstellen. Der Zielpunkt der Argumentation ist der Ausschluss jeglichen menschlichen Ruhms, sei dies, dass man sich der eigenen Qualitäten rühmt (1,29), oder sei dies, dass man Menschenkult betreibt, wie dies in Korinth im Blick auf die auswärtigen ‚Parteihäupter' Paulus, Apollos und Petrus geschieht (3,21). Ist solches Rühmen schon deshalb fehl am Platz, weil man alles, was man hat, empfangen hat (4,7b, vgl. Philon, Congr 130!), so macht das Kreuz jegliches Rühmen zur Absurdität. Für die Gemeinde, in der Christus *als der Gekreuzigte* verkündigt wird (1,23; 2,2), folgt aus der Orientierung am Kreuz zwingend, dass die übliche Matrix sozialer Anerkennung, die Orientierung an ‚menschlicher Größe' im Sinne der gesellschaftlich eingespielten Werteskala, ihr wesensfremd ist und daher in ihr auch keine Resonanz finden darf (vgl. dazu bes. Pickett 1997). An Bildung oder anderen Merkmalen orientiertes Prestigegerangel ist mit dem christlichen, am Kreuz orientierten Ethos unvereinbar. Positiv gewendet: Paulus folgert aus dem Kreuzesgeschehen ein Ethos des Statusverzichts bzw. der Niedrigkeit, dem er selber mit seiner Art des Auftretens in Korinth existentiell entsprochen hat (2,1–5). Die Überwindung des gesellschaftlichen ‚Oben' und ‚Unten' in der Gemeinde erscheint als ein Stück angewandter *theologia crucis*.

### 4.2 Die Mahnung zur Demut in Phil 2

Dem kreuzestheologisch fundierten Impuls für die Ausgestaltung des Gemeinschaftsethos in 1Kor 1–4 steht mit Phil 2,1–11 ein Passus zur Seite, in dem Paulus das ekklesiale Miteinander im Sinne der Liebe durch die Demutsforderung profiliert. Wieder begründet Paulus die ethische Orientierung christologisch; wieder ist dabei vom Kreuz die Rede. Paulus zeichnet zunächst in 2,1–4 mit wenigen kräftigen Strichen Grundprinzipien eines christlichen Gemeinschaftsverhaltens, bevor er dieses in 2,5–11 insbesondere im Blick auf die Demut als die dem Sein in Christus entsprechende Gesinnung ausweist und vertieft. Die Rekurse auf die Liebe (2,1.2) stehen in 2,1–4 im Dienste der Ermahnung zur Eintracht und Einmütigkeit in der Gemeinde, die es, zumal angesichts der äußeren Bedrängnis (1,27–30), zu wahren gilt. Mit den vier kurzen Konditionalsätzen in 2,1 zielt Paulus darauf, die nachfolgenden Weisungen an die bisher gemachten Erfahrungen anzubinden. Die vier Wendungen umschreiben dabei einen Gesamtzusammenhang: Wo *in Christus Ermahnung* bzw. *Trost* zugesprochen wird und Gemeindeglieder einander *aus Liebe Zuspruch* und *Ermutigung* zukommen lassen, manifestiert sich *Gemeinschaft*, wie sie aus dem Wirken *des Geistes* hervorgeht, denn sie ist von *mitfühlendem Erbarmen* mit den anderen Gemeindegliedern geprägt. Die Mahnungen in 2,2–4 vertiefen das hier gezeichnete Bild, indem Paulus Liebe und Demut miteinander verbindet: Gemeinde ist kein Ort, um individuelle Geltungsbedürfnisse auszuleben (2,3a); vielmehr wird Paulus' Leitvorstellung, dass die Gemeindeglieder einmütig gesinnt sein sollen (vgl. 1,27), indem sie einander in gleicher Liebe zugetan sind (2,2), dadurch konturiert, dass sie in Demut (wörtlich: „Niedrig-Gesinntsein") die jeweils anderen höher achten als sich selbst (2,3b). Daraus aber folgt, sich selbst zurückzunehmen und den Blick auf die Belange anderer zur richten, um sich ihrer anzunehmen (2,4, vgl. 1Kor 10,24).

Paulus' Rede von Demut wurzelt im AT, wo die dem Menschen angemessene demütige Haltung allerdings auf das Verhältnis zu Gott konzentriert ist (Zeph 2,3; Prov 3,34; Sir 3,17–31 u. ö.) und der Einsicht auf die Angewiesenheit des Menschen auf Gott Ausdruck verleiht, während hier die Beziehung zum Mitmenschen im Blick ist. Phil 2,3 ist der älteste Beleg für die Verwendung des Kompositums „Niedrig-Gesinntsein" (ταπεινο-φροσύνη). Man kann daraus aber keineswegs folgern, dass das Wort von Paulus geprägt wurde (vgl. Feldmeier 2012, 81, anders E.-M. Becker 2015, 1.34.74.85), denn nur wenig später begegnet es, ohne dass ein Einfluss von Phil 2,3 anzunehmen ist, sowohl bei Josephus (Bell 4,494) als auch bei Epiktet (Diss 3,24,56); im Blick auf die weiteren neutestamentlichen Belege (Apg 20,19; Eph 4,2; Kol 2,18.23; 3,12; 1Petr 5,5) ist für 1Petr 5,5 und Apg 20,19 zumindest fraglich, ob diese durch paulinischen Einfluss zu erklären sind. Das zugehörige Adjektiv „demütig/niedrig-gesinnt" (ταπεινόφρων) ist ferner bereits in Prov 29,23 belegt (vgl. 1Petr 3,8). Weit häufiger wird im biblischen Traditionsraum allerdings das Simplex (ταπεινός) im Sinne von „demütig" verwendet (Prov 3,34; 11,2; Sir 3,20; 35,17 u. ö.). Paulus' Verwendung des Kompositums in Phil 2,3 steht im Zusammenhang mit der im Phil auffällig dichten Rede vom „Sinnen" (φρονεῖν, s. v. a. 2,2.5; 3,15.19; 4,2). Die These, Paulus sei der „‚Erfinder' der christlichen Demut" (E.-M. Becker 2015, 60), dürfte den neutestamentlichen Befund insofern verkürzen, als die Forderung der Selbsterniedrigung in der Jesustradition (Mt 18,4; 23,12; Lk 14,11; 18,14, vgl. dazu Jak 4,10; 1Petr 5,6) und die Mahnung, dass der, der groß sein will, Diener aller sein solle (Mk 10,43f; Mt 20,26f; Lk 22,26), überlieferungsgeschichtlich älter und als indirekte Impulsgeber für Paulus' Demutsforderung nicht auszuklammern sind. Auch der mimetische Aspekt der Entsprechung zu Christus (Phil 2,5–11) begegnet in diesem Zusammenhang neben Paulus auch in der synoptischen Tradition (s. Mk 10,45 par Mt 20,28 sowie Lk 22,27).

Angesichts der verbreiteten Auffassung, dass der paulinischen Ethik im Vergleich mit den in der Umwelt virulenten ethischen Überzeugungen spezifische materialethische Akzente fremd seien, verdient die Frage Beachtung, inwiefern mit der Demut ein den biblischen Traditionsraum von der hellenistischen Ethik abgrenzendes Moment zur Sprache kommt. Zieht man zum Vergleich Texte heran, in denen Ableitungen des Wortstamms (ταπειν-) begegnen – wie „niedrig/demütig" (ταπεινός), „sich erniedrigen" (ταπεινοῦσθαι) oder eben „Niedrig-Gesinntsein/ Demut" (ταπεινοφροσύνη) –, ist die Differenz unübersehbar, denn die Wortgruppe ist in der Regel stark pejorativ besetzt (vgl. den Überblick bei Rehrl 1961, 24–70), was auch für die oben genannten Belege bei Josephus und Epiktet gilt, wo das Wort jeweils eine niedrig stehende, schäbige Gesinnung meint. Epiktet illustriert des Näheren eindrücklich den Widerspruch, der zwischen dem „Niedrig-Gesinntsein" und dem mit dem „Hochgesinnt-Sein" (μεγαλόψυχος) verbundenen Ideal der Freiheit gesehen wird (Diss 4,1,1–5; 4,7,7–11, zur Hochgesinntheit vgl. die Erörterung als Charaktertugend bei Aristoteles, EthNic 4,7–9 [1123a34–1125a35]), wie bereits auch Xenophon, Mem 3,10,5 das „Edelmütige und Freie" dem „Niedrigen (τὸ ταπεινόν) und Unfreien" gegenübergestellt hat. Nach Plutarch, TranqAn 17 (Mor 475e) kann das Schicksal zwar etwa Krankheit bringen oder Reichtum rauben, aber es vermag nicht, einen guten Menschen mit hoher Gesinnung (μεγαλόψυχος) schlecht und niedrig gesinnt (ταπεινόφρων) zu machen (vgl. ferner z. B. Marc Aurel 9,40,5; Lukian, Somn 9). Aus diesem (leicht durch weitere Texte zu ergänzenden) Befund speist sich das pointierte Urteil von Albrecht Dihle, die

Demut als Tugend sei „der gesamten antiken Ethik fremd" (1957, 737). Löst man sich vom besagten Wortfeld (ταπεινός κτλ) und fragt nach der ‚Sache' der Demut, ergibt sich allerdings ein differenzierterer Befund (vgl. schon Rehrl 1961, 71–146, ferner z. B. Thorsteinsson 2010\*, 182–185). Hochmut wird auch in der philosophischen Ethik kritisiert (s. exemplarisch Philodemos' Traktat *De superbia* [Περὶ ὑπερηφανείας], PHerc. 1008, dazu Tsouna 2007, 143–162), während Bescheidenheit als Tugend gilt (s. z. B. die Ratschläge zur brüderlichen Liebe bei Plutarch, Frat-Amor 12 [Mor 484d]). Ganz vereinzelt wird sogar das Wort „niedrig/demütig" (ταπεινός) positiv verwendet, so z. B. bei Dion von Prusa, Or 77/78,26, der sich dagegen wendet, sich im Streben nach Resonanz und Anerkennung an der Meinung anderer auszurichten, und empfiehlt, ohne Dünkel und bescheiden/demütig (ταπεινός) durchs Leben zu gehen (ferner z. B. Xenophon, Ages 11,11, zur dünnen Spur einer positiven Verwendung von ταπειν- s. Rehrl 1961, 38–54; Wengst 1987, 32–34). Diese Differenzierung kann allerdings umgekehrt nicht dazu verleiten, der paulinischen Rede von Demut in Phil 2,3 – oder überhaupt der frühchristlichen Mahnung zur „Selbsterniedrigung" (s. o.) – jegliches spezifische Kolorit abzusprechen (ebenso Horrell 2019, 156). Schon, dass Paulus sich nicht scheut, gegenüber den (mehrheitlich) heidenchristlichen Adressaten ein in der griechisch-römischen Welt negativ besetztes Wort auf der Basis des LXX-Sprachgebrauchs zu einem ethischen Leitwort zu machen, spiegelt, dass er nicht darauf zielt, in ethischen Fragen einfach die Sprache seiner Umwelt zu sprechen. Und sachlich ist festzuhalten, dass Erkenntnis der eigenen Grenzen – wie musterhaft in dem am delphischen Apollontempel angebrachten Orakelspruch „erkenne dich selbst" zum Ausdruck gebracht – und Bescheidenheit nicht mit Demut identisch sind, die dem Dienst am Mitmenschen Priorität einräumt. Kurzum: Die Forderung der Unterordnung eigener Interessen unter die Belange anderer nimmt in Phil 2,3f eine Gestalt an, die in der paganen griechisch-römischen Antike ohne Parallele ist, ja zum in der Antike verbreiteten agonistischen Prinzip, andere übertreffen zu wollen, quersteht (vgl. Feldmeier 2012, 88). Sie ist letztlich christologisch begründet. V.5–11 führt dies aus.

Die in V.1–4 vorgetragene Verhaltensorientierung wird durch den Scharniervers V.5 als „Sinnen" identifiziert, wie es sich für die, die in Christus sind, gehört. Der Christushymnus in V.6–11 illustriert dies: Der im kritischen Kontrast zur antiken Herrscherverehrung zu lesende Text verfolgt für sich genommen kein ethisches, sondern ein christologisches Anliegen, enthält aber ethische Implikationen (Wojtkowiak 2012, 113–116, vgl. auch Fowl 1990, 90–98), die für Paulus' Aufnahme in Phil 2 leitend sind. Grundlegend ist das Moment, dass der präexistente Christus nicht danach gestrebt hat, über seine göttliche Gestalt hinausgehend Gottgleichheit zu „rauben"[18], sondern sich entäußert und menschliche Knechtsgestalt angenommen hat. Verhalten sich die Gemeindeglieder, wie es ihrem Sein in Christus entspricht, analog dazu, nehmen sie sich also Christus, genauer: seine Gesinnung, zum Vorbild, dann streben auch sie in ihren – von dem spezifischen Weg Christi natürlich unterschiedenen – Lebenssituationen nicht Ehre für sich an, sondern überwinden die (nicht nur) für die römische Gesellschaft charakteristische Mentalität, auf der gesellschaftlichen Leiter nach oben aufsteigen zu wollen (vgl. Wengst 1987, 22–26.90; Wojtkowiak 2012, 147–149), und erniedrigen sich selbst im Dienst an den anderen. Die Verbindung zwischen dem Christushymnus und dem paraklestischen Kontext wird durch Wortbezüge

---

[18] Zum Verständnis von Phil 2,6 und darin insbesondere von ἁρπαγμός als *res rapienda* und nicht, wie zumeist gedeutet wird, als *res rapta* sowie damit zum Verhältnis von V.6a und V.6b zueinander s. Vollenweider 2002, 280 und Wojtkowiak 2012, 84–94.

untermauert: Allem voran hat die Forderung des „Niedrig-Gesinntseins" in V.3 ihre direkte verbale Entsprechung in der Rede von der Selbsterniedrigung Christi (V.8). Ferner findet die Rede vom Gehorsam Christi (V.8) in der Weiterführung der Paraklese in V.12 ein Echo. Der zweite Teil des Hymnus, der die der Selbsterniedrigung folgende Erhöhung Christi *durch Gott* zur Sprache bringt, findet zudem *cum grano salis* ein Korrelat in dem Ausblick auf den Empfang des zukünftigen Heils in V.12-16. Nicht zuletzt markiert Paulus in diesen Versen auch pointiert die Differenz der in Christus geltenden Verhaltensorientierung zu den gesellschaftlichen Standards, denn die Adressaten sollen „untadelig und rein" sein, „Kinder Gottes ohne Makel, mitten unter einem verkehrten und verdrehten Geschlecht", unter dem sie leuchten „als Lichter in der Welt" (2,15f). Gerade dort also, wo jede und jeder die anderen in Demut als höher erachtet als sich selbst und entsprechend auf deren Belange Acht gibt (2,3f), scheint das Licht in der Welt (vgl. Mt 5,3-16).

Bultmann hat mit Bezug auf Phil 2,3 die Demut als eine „spezielle Erscheinungsform" der Liebe aufgefasst (⁹1984*, 346), während Theißen – allgemein im Blick auf das Urchristentum – von der Demut (bzw. vom Statusverzicht) als einem zweiten Grundwert neben der Agape spricht (²2001*, 112f). Für Ersteres kann man geltend machen, dass die Mahnung in V.4, mit der die Demutsforderung in V.3 weitergeführt wird, in 1Kor 10,24 als Explikation der Agape erscheint (→ 3.2.1/1). Zudem steht die Mahnung zur Demut in Phil 2,3 selbst im Kontext des Verweises auf die Liebe (V.1), und auch in Röm 12 (dazu unten) geht der Mahnung zur Demut (12,16) das Liebesgebot (V.9) voran. Dennoch dürfte Theißens Sicht den Vorzug verdienen. Speziell im Blick auf Paulus ist darauf zu verweisen, dass sich die Demut bei Paulus als Zwillingsschwester des Ethos des Kreuzes (1Kor 1-4) zeigt, das mit seiner Absage an menschliches Geltungsstreben nicht darin aufgeht, die Agape zu qualifizieren. Zudem affizieren sich Agape und Demut wechselseitig. Auf der einen Seite zieht die Demut die Konsequenz nach sich, dass Liebe die Zurückstellung eigener Belange zugunsten anderer einschließt, weil man andere – völlig unabhängig von Statuspositionen, wie sie sich aus den im gesellschaftlichen Umfeld etablierten sozialen Ordnungsmustern ergeben mögen – als höherstehend betrachtet als sich selbst. Auf der anderen Seite affiziert die Liebe die Demut in der Weise, dass die Demut als Hochschätzung anderer die konkrete Gestalt der helfenden Zuwendung annimmt. Die Verbindung mit der Liebe stellt zugleich sicher, dass Demut im Verhalten zum Mitmenschen (wie auch im Gehorsam gegenüber Gott) mit kriecherischer Unterwürfigkeit eines sich seiner eigenen Würde nicht gewissen Menschen nichts gemein hat – in Phil 2 wird dies durch den Verweis auf Christus als *exemplum* nachdrücklich unterstrichen. Es geht vielmehr positiv um eine aus der Wertschätzung des Mitmenschen erwachsende Haltung diesem gegenüber, kurz gesagt: es geht „um die Erhöhung des Du" (Feldmeier 2012, 95). Darf man dies rechtfertigungstheologisch ausformulieren, lässt sich anfügen: Der gerechtfertigte Mensch, der sich von Gott angenommen weiß, hat ruhmsüchtiges Streben nach Status und Prestige gar nicht nötig. Gerade aufgrund seiner Würde als Kind Gottes kann er andere höher achten als sich selbst. Ordnet man die Demut in diesen übergreifenden theologischen Zusammenhang ein, unterstreicht dies, dass sie von einer kriecherischen Gesinnung deutlich zu unterscheiden ist.

Die Verbindung von Liebe und Demut verleiht dem christlichen Sozialverhalten, wie es Paulus vorschwebt, eine charakteristische Note, dessen „soziale Sprengkraft" (Söding 1995, 179) nicht zu übersehen ist. Liebe wie Demut werden von Paulus christologisch koloriert und erhalten dadurch eine Zuspitzung, die in der Hintanstellung eigener Belange ihren markanten Ausdruck findet. Wichtig ist, dass die von Liebe und Demut bestimmte Verhaltensorientierung für Paulus im ekklesialen Raum *auf Wechselseitigkeit* angelegt ist (zur Bedeutung des Pronomens „einander" in der paulinischen Ethik → 1.3/1) - wenngleich sie als Forderung nicht damit steht und fällt, dass diese Wechselseitigkeit zustande kommt - und der Mahnung zur Eintracht in der Gemeinde zugeordnet ist (V.2). Als pointierter Gegenentwurf zu einem Handeln aus Eigennutz und dem kompetitiven Streben nach eigener Ehre (V.3a) verleiht die Demut entsprechend einer Haltung Tiefe, die von der Einsicht in die Angewiesenheit auf andere Menschen in der Gemeinschaft geleitet ist, die Paulus anderorts mit dem Bild des Leibes illustriert (vgl. 1Kor 12,17: „Ist der ganze Leib Auge, wo bleibt das Gehör? …"), und das Gelingen und den Zusammenhalt der (ekklesialen) Gemeinschaft höher erachtet als die Entfaltung partikularer Eigeninteressen. Denn dort, wo Eigennutz und eitle Ehrsucht die soziale Interaktion bestimmen, kann die Gemeinschaft nicht gelingen. Sie gedeiht hingegen, wenn die Glieder des ekklesialen Leibes einander in Ehrerbietung zuvorkommen (Röm 12,10b) und einander in Liebe zugewandt sind. Der Gedanke der Überordnung des Gemeinwohls über den eigenen Nutzen ist auch in der zeitgenössischen Philosophie beheimatet, wie beispielhaft die Aussage Ciceros illustriert, dass der gemeinsame Nutzen dem eigenen vorzuordnen sei (Fin 3,64). Hier zeigt sich - neben der Differenz zur griechisch-römischen Welt in der Wertung der Demut - ein Anknüpfungspunkt von Phil 2,1-4 an die zeitgenössische philosophische Ethik (vgl. Wojtkowiak 2012, 154f), wie denn natürlich auch „eitle Ehrsucht" (κενοδοξία) negativ bewertet wird (z. B. Polybius, Hist 3,81,9; Plutarch, De laude 22 [Mor 547e-f]; Pseudo-Diogenes, Ep 46). Dies ändert aber nichts an der Feststellung, dass das von Paulus in Phil 2 skizzierte Gemeinschaftsethos durch die Mahnung zur Demut ein spezifisches Gepräge erfährt.

Eine ‚kleine Schwester' besitzt die in Phil 2 entfaltete Demutsethik in der Paraklese in Röm 12. Wiederum dient das „Sinnen" (die Gesinnung) als Leitwort. Dem nach 1Kor 12 erneuten Rekurs auf das Bild des Leibes zur Illustration des Miteinanders der mannigfaltigen Charismen hat Paulus in V.3 die Maxime vorangehen lassen, „nicht darüber hinaus zu sinnen, vorbei an dem, was man sinnen muss, sondern darauf zu sinnen, besonnen zu sein, ein jeder nach dem Maß des Glaubens, das Gott ihm zugeteilt hat". Bewegt sich die Mahnung zu Besonnenheit und Maßhalten in den Bahnen dessen, was hellenistische Philosophie als tugendhaft empfiehlt (vgl. Dihle 1957, 737f), so findet dieses Moment in der Paraklese in 12,9-21 in V.16 eine Zuspitzung. Die einleitende Mahnung zur Eintracht „seid gleichgesinnt gegeneinander" (vgl. Röm 15,5; 2Kor 13,11; Phil 2,2; 4,2) verbindet sich mit der auf die grundlegende Ausrichtung des Menschen zielenden Forderung, nicht hoch hinaus zu streben, um für sich einen elitären Status zu reklamieren, sondern sich nach unten zu orientieren: „haltet euch zu den Niedrigen". Unabhängig davon, ob mit „den Niedrigen" die für niedrig erachteten Dienste gemeint sind, für die man sich im Dienste der Gemeinschaft nicht zu schade sein soll, oder niedrige Menschen, mit denen man Gemeinschaft pflegen und denen man sich, ohne ostentativen

Überlegenheitsgestus, zuwenden soll (vgl. 1Kor 12,22-24), wird deutlich, dass Paulus eine von Demut geprägte Ausrichtung des Christen vor Augen hat, der seine Würde nicht durch die Erlangung einer elitären Statusposition herstellen muss und dessen Sozialverhalten sichtbar werden lässt, dass er sein Gegenüber als wertvoll betrachtet. Röm 12,10b steht dem zur Seite: Die Gemeindeglieder sollen einander in der Ehrerbietung zuvorkommen.

### 4.3 Das Mahl als Ort der Manifestation geschwisterlicher Gemeinschaft (1Kor 11,17–34)

Ein konkretes Beispiel, wie Paulus das ethische Leitmotiv der Hochschätzung anderer im Blick auf die Behandlung der ärmeren Gemeindeglieder zur Geltung bringt, bietet seine Kritik am Missstand bei der Feier des Abendmahls in 1Kor 11,17–34. Statt Ausdruck des in der gemeinsamen Christuszugehörigkeit begründeten geschwisterlichen Miteinanders zu sein, manifestiert sich bei der – noch mit einem Sättigungsmahl zwischen Brotbrechen und Kelch verbundenen (11,25) – Mahlfeier die soziale Heterogenität der Gemeinde. Die begüterteren Gemeindeglieder, die in der Lage waren, sich zur üblichen Zeit, um die neunte Stunde, zu versammeln (vgl. z.B. Cicero, Fam 9,26,1; Horaz, Ep 1,7,71; Martial, Epigr 4,8,6), warteten nicht, bis alle, auch die Ärmeren, die erst später von ihrer Arbeit kamen (vgl. für viele Strecker 1999, 322f), eingetroffen waren, sondern speisten vor der Ankunft anderer unter sich (11,21). Dieses schon an sich problematische ‚Voressen' hatte direkte Konsequenzen für die gemeinsame Mahlzeit zwischen der Austeilung von Brot und Wein: Während es für die einen nur noch eine Zukost war und diese überdies bereits „betrunken waren" (11,21), stellte es für die anderen, wie es sein sollte, die eigentliche Abendmahlzeit dar, doch stand offenbar, darf man 11,21 beim Wort nehmen, nicht mehr ausreichend Nahrung zur Verfügung (ausführlich zur Rekonstruktion der Situation Konradt 2003, 403–416). Paulus kommt angesichts dieser Situation zu einem schroffen Urteil: Ein *Herrenmahl* findet in Korinth gar nicht statt (11,20).

Seinen Grund hat dieses Urteil in den ekklesiologischen und ethischen Implikaten, die Paulus mit dem Mahlgeschehen verbunden sieht und beim Rekurs auf die Abendmahlsparadosis in 11,23–25 voraussetzt. In Abschnitt 1.3/1 ist dargelegt worden, dass das Mahl Paulus zufolge nicht nur je individuellen Heilsempfang bedeutet, sondern durch die gemeinsame Teilhabe an dem durch Jesus gewirkten Heil zugleich eine soziale Gemeinschaft konstituiert wird. Damit aber treten die *ethischen* Implikate des Todes Jesu hervor, die für Paulus Kennzeichen einer sich auf Christi Tod gründenden Gemeinschaft sind: Seine Selbsterniedrigung ist Modell dafür, dass „in Demut einer den anderen höher achte als sich selbst" (Phil 2,3); seine als Ausdruck der Liebe verstandene Lebenshingabe für die Mahlteilnehmer (vgl. Gal 2,20) verweist diese darauf, sich einander in Liebe zuzuwenden; sein Tod am Kreuz manifestiert, dass die in der ‚Welt' übliche Orientierung an Statuspositionen nichtig ist (1Kor 1). Mit diesen ethischen Implikaten ist verbunden, dass die Verkündigung des Todes Jesu, auf die hin Paulus das Mahlgeschehen in 11,26 fokussiert, nicht nur verbal geschieht, sondern das Mahlgeschehen im Ganzen im Blick ist. Das heißt: Wenn sich die Mahlgemeinschaft als eine Gemeinschaft darstellte, in der alle einander völlig unabhängig von ihrem sozialen Status mit Respekt und Ehrerbietung begegnen, in

Liebe aufeinander Rücksicht nehmen und als Glieder des Leibes Christi füreinander da sind (12,25), dann wäre (auch) dies Verkündigung des Todes des Herrn. Kommen hingegen die traditionellen sozialen Differenzen in der Versammlung zum Tragen, widerspricht dies elementar ihrem im Christusgeschehen begründeten Wesen. Eine Beschämung der Armen beim Mahl kann daher für Paulus keine Petitesse sein. Er sieht darin vielmehr eine Verachtung der Gemeinde (11,22), ja er wertet solches Verhalten sogar als ein Schuldigwerden an Leib und Blut Christi (11,27), weil die Proexistenz Jesu nicht das Miteinander der Mahlteilnehmer am „Tisch des Herrn" (10,21) im Sinne eines Füreinander-Daseins bestimmt und am Kreuz genichtete soziale Hierarchisierungen beim Mahl manifest werden.[19] Man kann nicht im Abendmahl die Grundgeschichte des Heils vergegenwärtigen und gleichzeitig deren ethische Aspekte ignorieren.

Betrachtet man die korinthische Situation vor dem Hintergrund der Mahlpraxis in der Umwelt, wird das Verhalten der Wohlhabenderen ein Stück weit verständlich (vgl. Theißen ³1989, 308f). Symposien waren in der Umwelt gewöhnlich nicht ein Ort, an dem Statusdifferenzen zeichenhaft außer Kraft gesetzt waren. Die Regel war vielmehr, dass im Falle von Statusunterschieden unter den Mahlteilnehmern die unterschiedlichen sozialen Positionen beim Mahl auch beachtet wurden[20]. Es kommt hinzu, dass die Teilnehmerschaft am christlichen Gemeinschaftsmahl sozial heterogener war, als dies sonst die Regel war. Dass die Reichen überhaupt mit Sklaven und anderen speisten, musste in den Augen der Begüterten ihre christliche Solidarität doch hinreichend dokumentieren. Dies gilt zumal dann, wenn sie es waren, die mehr Speisen mitbrachten, als sie selbst verzehrten, so dass sie also auch für die Ärmeren etwas beitrugen. Die Wohlhabenden unter den Korinthern werden sich daher der von Paulus diagnostizierten Problematik ihres Verhaltens schwerlich bewusst gewesen sein. Paulus hingegen gibt sich mit der korinthischen Form der Solidarität der Wohlhabenden nicht zufrieden; er besteht auf einer „vollständige[n] Integration" (Schmeller 1995, 73). Für Paulus geht es hier nicht um ein Adiaphoron, sondern er zitiert in V.23–25 die Abendmahlsparadosis, weil für ihn das christologisch begründete soziale Verhalten ein integraler und nicht aufgebbarer Bestandteil christlicher Existenz im Horizont der *ecclesia* ist.

Paulus' Lösung des Problems ist keineswegs darauf ausgerichtet, die Verbindung von Sättigungsmahlzeit und eucharistischer Feier aufzulösen, um Reibungspunkte zwischen den konfligierenden Ethosvorstellungen zu minimieren. Er verfolgt in 1Kor 11,17–34 vielmehr die Durchsetzung eines Gemeinschaftsethos, wie es dem von ihm aus dem Christusgeschehen gefolgerten Wesen der Gemeinde entspricht.

---

[19] Die Rede vom „unwürdigen" Essen und Trinken beim Abendmahl (11,27) blickt nicht auf Voraussetzungen, die bei den Mahlteilnehmern gegeben sein müssen, um am Mahl teilnehmen zu dürfen, wie z.B. rechten Glauben oder hinreichende moralische Würdigkeit. Es geht vielmehr einzig um die Art und Weise, wie man sich beim Mahl verhält (zur Deutung von 11,27 vgl. Schrage 1991–2001, 3:48), also hier konkret um die Beschämung der Habenichtse (11,22).

[20] Kontrapunkte zu einer an Statusunterschieden orientierten Mahlpraxis setzen Xenophon, Mem 3,14,1; Plutarch, QuaestConv I 2,3 (Mor 616e–f); Martial, Epigr 3,60; Lukian, Sat 17f.32, s. auch Musonios, Diss 18B (ed. Hense p. 101,9); Plinius d.J., Ep 2,6. Die Belege spiegeln allerdings zugleich die andersartige gewöhnliche Praxis (vgl. ferner z.B. Martial, Epigr 1,20; 3,49; 4,85; 6,11; Juvenal, Sat 5; Lukian, MercCond 26).

Die Weisung in V. 34, daheim zu essen, wenn man Hunger hat, ist nur eine ‚Notverordnung', die den Hungrigen erlaubt, den größten Hunger mit einer kleinen Stärkung zu stillen. Abschaffen möchte Paulus damit die *vorgelagerte* Sättigungsmahlzeit, die sich (vor allem) unter den Begüterten eingebürgert hatte, und also den ungeregelten Beginn der Mahlzeit (vgl. die Anweisung in V. 33: „wartet aufeinander"). Die Gemeinde soll aber, so V. 33, weiterhin zusammenkommen, um gemeinsam zu speisen. An der Mahlzeit zwischen Brot- und Weinkommunion (V. 25) hält Paulus also fest, und zwar als Ort, an dem die geschwisterliche Gemeinschaft der Glaubenden eingeübt wird und an dem zum Ausdruck kommt, dass das Verhalten der Christen untereinander seine Ausrichtung durch das Christusgeschehen empfängt, das christlicher Existenz zugrunde liegt und im Mahl vergegenwärtigt wird.

## 5. Materialethische Konkretionen

Sind mit dem Voranstehenden die Leitperspektiven der paulinischen Ethik erörtert worden, so sind nun mit den Bereichen der Sexualität (5.1) und des Umgangs mit Besitz (5.2) zwei Handlungsfelder zu untersuchen, die zentrale Bereiche des Alltagslebens betreffen. Abschließend wird ferner noch Paulus' Stellung zur Sklaverei (5.3) und zur Obrigkeit thematisiert (5.4).

### 5.1 Sexualität und Ehe

Für den Bereich der Sexualität gilt in besonderem Maße, dass Paulus' Ausführungen nur dann adäquat erfasst werden können, wenn sie kulturgeschichtlich kontextualisiert werden. Die folgenden Darlegungen verbinden daher die Analyse der sexualethischen Gehalte der paulinischen Briefe mit Überblicken zu den sexualethischen Überzeugungen und Gepflogenheiten in der antiken Welt, um den kulturellen Kontext deutlich werden zu lassen.

*5.1.1 Die Warnung vor Unzucht als Kernstück paulinischer Unterweisung*
1. Das Gewicht, das Paulus dem Sexualverhalten in seiner ethischen Unterweisung beigemessen hat, kommt dezidiert in seinem ältesten Brief, dem 1Thess, zum Ausdruck. In der den zweiten Briefteil (4,1–5,11) einleitenden ethischen Unterweisung (4,1–12) bietet der Apostel nach dem Vorspann in 4,1f in 4,3–8 eine programmatisch unter den Leitaspekt der Heiligung (ἁγιασμός, 4,3.4.7, zur Heiligung → 1.5/1) gestellte Einheit, in der das Sexualverhalten das zentrale bzw., je nach Deutung von V. 6a (→ 5.1.2/1), sogar einzige Thema darstellt.[21] Die materiale Explikation

---

[21] Zur expliziten Verbindung sexualethischer Forderungen mit dem Heiligkeitsgedanken s. frühjüdisch z. B. Jub 30,8; 33,20; TestJos 4,1f; LevR 24,6 zu Lev 19,2. Vgl. auch die häufige Verbindung von Sexualvergehen und der Rede von Unreinheit (Lev 20,21; SapSal 14,24; Tob 3,14; TestJos 4,6; Jub 7,20; 16,5f; 20,3.5f; 23,14; 2Hen 34,2; Kol 3,5, positiv gewendet TestBenj 8,2; Sib 3,594–596; Philon, Jos 44 u. ö.).

der Heiligung beginnt in V.3b mit der Meidung von Unzucht. Unzucht (πορνεία) meint in frühjüdischen und frühchristlichen Texten nicht durchgehend allein den Verkehr mit einer Prostituierten (πόρνη), sondern kann als allgemeiner Oberbegriff zur Bezeichnung illegitimen sexuellen Verhaltens fungieren, worunter für Paulus im Gefolge der ihn prägenden frühjüdischen Tradition jede Form außerehelichen Sexualkontakts fiel (vgl. R.F. Collins 2000, 80–83; Loader 2012\*, 141f, zur Begriffsgeschichte Harper 2012). Verkehr mit Prostituierten war allerdings die geläufigste Form der Unzucht und steht insofern in der Mahnung in V.3b zumindest im Vordergrund. Ist in der atl.-frühjüdischen Tradition in der im Attribut der Heiligkeit ausgesagten Zuordnung der Erwählten zu Gott (Ex 19,5f; Dtn 7,6; 14,2; Jub 2,19f usw.) das Moment der Absonderung Israels von den Völkern impliziert (s. insbesondere Lev 20,24.26), so ist mit dem Motiv der „Heiligung" in 1Thess 4 die explizite Abgrenzung vom ‚heidnischen' Wandel verbunden (V.5). Dem materialen Fokus auf dem Sexualverhalten korrespondiert dabei, dass auch das antike Judentum in diesem einen zentralen ethischen Differenzpunkt zur ‚heidnischen' Welt sah (Näheres dazu unten). Konturen gewinnt dies vor dem Hintergrund, dass Prostitution in der antiken Welt nicht nur weit verbreitet, sondern in der griechisch-römischen Alltagsmoral auch breit akzeptiert war.

Die für die griechisch-römische Antike kennzeichnende Asymmetrie der Geschlechterrollen manifestiert sich unter anderem darin, dass von (ehrbaren) jungen Frauen bei der Eheschließung Jungfräulichkeit erwartet und von der Ehefrau mit Blick auf die Legitimität der Nachkommenschaft streng Keuschheit verlangt wurde (s. exemplarisch Phintys bei Stobaios 4,23,61 [ed. Wachsmuth/Hense IV p. 588,17–591,5), während dem Mann – sieht man von dem pekuniären Aspekt ab, dass Verschwendung des Vermögens für die Stillung des sexuellen Verlangens kritisch beäugt wurde (vgl. Dover 1988, 270f) – der Verkehr mit Prostituierten freistand und nicht als Ehebruch gewertet wurde (vgl. Stumpp 1998, 294).[22] Vor allem wurde *jungen* Männern der Gang zur Prostituierten konzediert (vgl. z.B. Cicero, Cael 48: „Wann war das nicht geläufige Praxis, wann wurde es gerügt, wann war es nicht erlaubt ...?"), wozu als gesellschaftlicher Faktor zu bedenken ist, dass zwar Frauen bereits zwischen 16 und 20 Jahren heirateten (bzw. geehelicht wurden), Männer bei der Eheschließung aber meist weit in den 20er Jahren, wenn nicht älter, waren (für eine grundlegende Orientierung zum Heiratsalter Wiesehöfer 1998). Der Verkehr mit Prostituierten bot jungen Männern die Möglichkeit, sexuellen Umgang zu haben, ohne dass sie in die bürgerlichen Verhältnisse anderer eingriffen (vgl. Horaz, Sat 1,2,31-35). Denn Ehebruch wurde streng geahndet, und auch der Verkehr mit ehrbaren noch nicht verheirateten Frauen war tabu. Das heißt: „Prostitution galt ganz besonders für die männliche Jugend als Maßnahme gegen die Verführung von Jungfrauen und Frauen anderer Männer" (Stumpp 1998, 256, vgl. Treggiari 2003, 167; Kapparis 2018, 380f). Neben der Straßenprostitution fand Prostitution nicht nur in Bordellen oder privaten Räumen statt; Prostituierte traf man auch in (einigen) Wirtshäusern oder auch in Bädern (vgl. Stumpp 1998, 61-73).

Für das klassische Griechenland findet die patriarchale Gesellschaftsordnung ihren konzisen Ausdruck in einem Passus in Apollodoros' Rede gegen Neaira (Pseudo-Demosthenes, Or 59): „Wir haben die Hetären um der Lust willen, die Konkubinen aber für die tägliche Pflege

---

[22] Exemplarisch verwiesen sei auf einen Passus aus einer der Neupythagoreerin Periktione zugeschriebenen, wohl pseudonymen Schrift „Über die Ordnung der Ehefrau" (Periktione ist der Name der Mutter Platons), aus der Stobaios in seinem Anthologium zitiert (4,28,19 [ed. Wachsmuth/Hense V p. 692,3f]): Männern würden sexuelle Verfehlungen nachgesehen, Frauen niemals.

des Körpers, die Ehefrauen aber, um rechtmäßige Kinder zu machen und um eine treue Hüterin der Dinge daheim zu haben" (59,122). Die Ehe erscheint hier nicht als der Ort, an dem sexuelle Erfüllung gesucht wurde; sie dient vorrangig der Hervorbringung legitimer Nachkommenschaft. Allerdings ist, da durchaus Gegenstimmen begegnen, gegenüber einer allzu schematischen Darstellung Vorsicht geboten, und es wird auch schichtenspezifisch zu differenzieren sein. So zeigt z. B. das Motiv des erfolgreichen Sexstreiks von Ehefrauen in Aristophanes' Komödie Lysistrate (1–5.119–239) – die klassische Komödie ergreift eher die Perspektive der (unteren) ‚Mittelklasse' – ein anderes Bild (vgl. Dover 1988, 280f). Grundsätzliche Kritik an „außerhäuslichen" sexuellen Betätigungen des Mannes äußert Pseudo-Aristoteles, Oec 1,4,1 (1344a9–13), indem er diese als „Unrecht des Mannes" gegenüber seiner Frau bewertet; Isokrates kritisiert Männer, die durch außereheliche Befriedigung ihrer Lüste ihre Frauen betrüben, von denen sie ihrerseits Treue erwarten (Or 3,40, vgl. Platon, Leg VIII 841d–e; Aristoteles, Pol 7,16 [1335b39–1336a3], vgl. Skinner 2005, 154–158). Zugleich bestätigen auch diese Texte jedoch, dass Umgang mit Hetären bzw. Prostituierten verbreitet war.

Die Situation im Imperium Romanum zur Zeit des Paulus ist davon nicht grundlegend geschieden, auch wenn in den ersten beiden Jahrhunderten des Prinzipats, zumindest in einigen Kreisen, eine Eheauffassung an Boden gewinnt, in der die Zuneigung der Eheleute zueinander eine bedeutende Rolle spielt und die Ehe als eine durch inniges Zusammenleben, gegenseitige Fürsorge und Treue charakterisierte Gemeinschaft begriffen wird, in der alles gemeinsam ist (Musonios, Diss 13A [ed. Hense p. 67,6–68,13]; Hierokles bei Stobaios 4,22a,24 [ed. Wachsmuth/Hense IV p. 505,5–22]; Plutarch, ConjPraec 20 [Mor 140f]; 34 [143a]). Für Musonios gilt ausschließlich ehelicher Geschlechtsverkehr als legitim (Diss 12 [ed. Hense p. 63,17–64,3]); er sucht explizit auch den Verkehr eines Herrn mit seiner Sklavin zu unterbinden und rekurriert dazu auf die Ablehnung, die der Verkehr einer Herrin mit ihrem Sklaven finden würde (Diss 12 [ed. Hense p. 66,2–13]). Seneca verweist mit einer an die Goldene Regel erinnernden Überlegung darauf, dass sich schändlich verhält, wer von seiner Frau Keuschheit verlangt, aber selbst die Frauen anderer verführt (EpMor 94,26, vgl. Ira 2,28,7). Mit Dion von Prusa begegnet ferner eine Stimme, die dezidiert die Abschaffung der Prostitution fordert und dabei, soweit erkennbar, erstmals von der Lage der Prostituierten aus argumentiert (Or 7,133–138), die zu einem bedeutenden Teil durch Kriegsgefangenschaft gewonnene und zur Prostitution gezwungene Sklavinnen waren oder aus purer Not Prostituierte wurden (Stumpp 1998, 25–42). Diese Positionen sind aufs Ganze gesehen allerdings eine Randerscheinung. Schon Musonios' Schüler Epiktet vertrat keine strenge Begrenzung des Geschlechtsverkehrs auf die Ehe. Ihm geht es um Mäßigung. Sich vorehelich „rein" zu bewahren, gilt ihm zwar als Ideal, doch konzediert er vorehelichen Verkehr im gesetzlich abgesteckten Rahmen; und denen, die vorehelichen Geschlechtsverkehr haben, seien keine Vorhaltungen zu machen (Ench 33). Instruktiv ist der ambivalente Befund in Plutarchs „Eheratschlägen": Obgleich er grundsätzlich dafür hält, dass ein Mann seiner Ehefrau nicht durch den Umgang mit anderen Frauen Kummer bereiten soll (ConjPraec 44 [Mor 144c–d], s. auch 42 [144b]), gibt er zugleich, angesichts der realen Gegebenheiten, Ehefrauen den Ratschlag, sie sollten es als einen Akt der Rücksichtnahme deuten, wenn ihr „hinsichtlich der Lüste ausschweifender" Mann mit einer „Hetäre oder Dienerin einen Fehltritt begeht", denn er würde „an seiner Trunkenheit und Zügellosigkeit und Übermut aus Achtung ihr gegenüber eine andere teilnehmen lassen" (ConjPraec 16 [Mor 140b]).[23]

---

[23] Vgl. auch aus den Briefen von Pythagoreerinnen den Rat im Brief von Theano an Nikostrate, ihrem Mann die Torheit des Umgangs mit einer Hetäre nachzusehen, da er mit der Hetäre nur zur Lust (πρὸς ἡδονήν) Umgang habe, mit der Ehefrau aber zum Nutzen (πρὸς τὸ συμφέρον), Nutzen aber sei, Böses nicht mit Bösem zu beantworten (Text in: Städele 1980, 170–175, hier 170f).

Für den frühjüdischen Bereich tritt die dezidierte Ablehnung der Prostitution als charakteristische Position hervor. CD VII,1f schärft ein, „sich von den Prostituierten fernzuhalten gemäß dem Gebot". Philon führt aus, dass Prostitution im Judentum mit der Todesstrafe bedroht sei (Jos 43, s. auch SpecLeg 3,51). Als Ideal erscheint bei Philon, dass die jungen Männer bei der Heirat „rein zu reinen Jungfrauen" kommen (Jos 43, vgl. JosAs 21,1). TestRub 4,1 empfiehlt den jungen, noch unverheirateten Männern schwere Arbeit als Gegenmittel gegen das sexuelle Begehren (vgl. TestIss 3,5); TestLevi 9,10 mahnt die jungen Leviten, sich eine Frau zu nehmen, wenn man noch jung ist. Darüber hinaus gehört die Warnung vor Unzucht zum stereotypen Repertoire frühjüdischer ethischer Unterweisung (s. z.B. Tob 4,12; TestRub 5,5; TestSim 5,3f). Das Gewicht, das dem Sexualverhalten im antiken Judentum zugewiesen wurde, wird exemplarisch in der mehrfach bezeugten Voranstellung des Ehebruchverbots in der ‚zweiten Tafel' des Dekalogs deutlich (s. z.B. – auf der Basis der Gebotsreihenfolge in Ex 20,13–15$^{LXX}$ und Dtn 5,17–19$^{LXX}$ – Philon, Dec 36.51.121.168–170). TestSim 5,3 erklärt die Unzucht (πορνεία) sogar zur „Mutter aller Übel". Vergleicht man die frühjüdische Welt mit der sonstigen griechisch-römischen Antike, ist zwar darauf zu verweisen, dass die frühjüdischen Stimmen z.B. in der Position von Musonios ein Pendant finden. Allerdings ist die Breitenwirkung und Bindekraft der Torauntweisung in den jüdischen Gemeinschaften – angesichts des kontinuierlichen Lernens der Tora in der Familie (vgl. Philon, Hyp 7,14; Josephus, Ap 1,60; 2,204; 4Makk 13,22; 18,10, vgl. schon Dtn 4,9; 6,7; 11,19) und in der sabbatlichen Zusammenkunft in der Synagoge (Philon, Hyp 7,12f; Josephus, Ap 2,175) – deutlich höher anzusetzen, als dies den philosophischen Moralpredigern vergönnt war. Der in frühjüdischen Texten verbreitet begegnenden Tendenz, das Sexualverhalten als wesentlichen Bereich hervorzuheben, in dem sich ‚heidnisches' lasterhaftes Verhalten manifestiert und Juden sich von ihrer Umwelt unterscheiden (s. neben Philon, Jos 42f z.B. SapSal 14,24.26; Jub 25,1; TestJuda 23,2; EpArist 152; Sib 3,594–600; 5,387–393), ist ein Anhaltspunkt an der gesellschaftlichen Realität nicht abzusprechen (vgl. für viele Weima 1996, 104–106). Zwar kam Prostitution auch unter Juden vor (Prov 6,26; 29,3; Sir 9,6; TestLevi 14,6; TestJuda 23,2; Philon, SpecLeg 1,102f.280–282, s. ferner zu sexuellem Fehlverhalten z.B. PsSal 2,11.13; 8,9f), doch wird Unzucht (πορνεία) im Rahmen jüdischer Torauntweisung eben durchgehend als kardinale Sünde betrachtet und also im jüdischen Bereich gerade nicht im Allgemeinen toleriert, sondern bekämpft. Die Charakterisierung der Juden als „proiectissima ad libidinem gens" bei Tacitus (Hist 5,5,2) sowie seine Behauptung, dass sie zwar den Verkehr mit fremden Frauen meiden, unter ihnen aber nichts verboten sei („inter se nihil inlicitum"), lassen schon wegen des polemischen Charakters des gesamten Passus über die Juden keinen Rückschluss auf die tatsächliche Verbreitung der Prostitution im antiken Judentum zu. Umgekehrt idealisiert Philon, Jos 43 zwar zweifelsohne, doch ist im Blick auf Jos 40–44 insgesamt zu bedenken, dass Philon hier keineswegs pauschal polemisiert, sondern durchaus differenziert redet, wenn er Joseph ausführen lässt, dass *Ehebruch* – anders als der Umgang mit Prostituierten – überall als ein todeswürdiges Verbrechen gilt (44).

Die voranstehenden Ausführungen geben zu erkennen, dass das Gewicht der Sexualethik im 1Thess mit dessen zeitlicher wie sachlicher Nähe zur Gemeindegründung zusammenhängt (→ 3.1.1). Denn mit Paulus' Weiterführung jener sexualethischen Position, wie sie in der frühjüdischen Toraparänese entgegentritt, verbindet sich im Rahmen seiner Völkermission die Notwendigkeit, heidenchristlichen Konvertiten die ethische Distanzierung von den kulturellen Gepflogenheiten in ihrem Umfeld einzuschärfen. Der ausdrückliche Verweis auf die „Heiden, die Gott nicht kennen" in 1Thess 4,5 ist in diesem Zusammenhang zu sehen (vgl. Kol 3,5–7; Eph 4,17–19; 5,3–

8). Die Differenz zwischen der jüdisch-christlichen Ablehnung des Verkehrs mit Prostituierten und der Moral der hellenistischen Gesellschaft erklärt zudem, warum Paulus die in V.3b–6a inhaltlich ausgeführte Forderung nach Heiligung in V.6b–8 mit einer mehrgliedrigen Begründung untermauert und darin sogar auf das ansonsten (wiederum) drohende Strafgericht Gottes rekurriert (dazu Konradt 2003, 96–100.116–128). Genauer muss man sagen: Der Jude Paulus nimmt zum einen die im hellenistischen Judentum verbreitete Tendenz auf, die ethische Differenz zur paganen Umwelt zentral an der Unzucht festzumachen. Zum anderen kann er an die philosophische Kritik des hedonistischen Lebens anknüpfen, die im Gegenzug zum verbreiteten Sexualethos eine strenge Haltung zur Sexualität entwickelte. Dass Paulus sich zudem mit seiner sexualethischen Forderung an heidenchristliche Konvertiten in einen ungetrübten frühchristlichen Konsens einreiht, wird exemplarisch durch den Einschluss der Enthaltung von Unzucht im Aposteldekret illustriert (Apg 15,20.29; 21,25, vgl. dazu R.F. Collins 2000, 81).

Die in 1Thess 4 sichtbar werdende Bedeutung der Warnung vor Unzucht spiegelt sich auch in den Lasterkatalogen: Während die Unzucht (πορνεία) in paganen hellenistisch-philosophischen Lasterkatalogen durchgehend fehlt (vgl. Gaca 2003, 14, Anm. 38), hat ihre Nennung in den paulinischen Listen einen ebenso festen wie prominenten Ort. In Gal 5,19 eröffnet Paulus die Auflistung der „Werke des Fleisches" mit der Unzucht. In 1Kor 5,10.11; 6,9 ergibt sich ihre prominente Position zugleich auch aus der im Kontext verhandelten Thematik (s. ferner 2Kor 12,21, deuteropaulinisch Eph 5,3.5; Kol 3,5; 1Tim 1,10). Das Fehlen explizit sexueller Laster in dem längsten paulinischen Lasterkatalog in Röm 1,29–31 schwächt den Befund nicht ab, denn dieses erklärt sich hinreichend damit, dass Fehlverhalten *in sexualibus* bereits in 1,26f eigens thematisiert wurde (→ 5.1.3/3). In Röm 13,13 kommt zwar Unzucht (πορνεία) nicht vor, doch führt hier das Glied „nicht in Beischläfereien und Zügellosigkeiten (μὴ κοίταις καὶ ἀσελγείαις)" auf das Gebiet des sexuellen Fehlverhaltens. Kurzum: Die Warnung vor Unzucht gehört zum Kernbestand der ethischen Grundunterweisung des Apostels, wie er sie – ausweislich der Rückverweise in 1Thess 4,2.6 – bereits in der gemeindegründenden Anfangsunterweisung vorgebracht hat (vgl. Yarbrough 1985, 65f).

2. Wie schwierig es gegenüber heidenchristlichen Konvertiten sein konnte, der Forderung, sich fortan des Verkehrs mit Prostituierten zu enthalten, nachhaltig Geltung zu verschaffen, illustriert 1Kor 6,12–20. Dem Passus zufolge hat es in Korinth Christen gegeben, die nicht nur (weiterhin) mit Prostituierten verkehrten, sondern dies offenbar auch zu legitimieren wussten (vgl. für viele Wolff 1996, 123f, anders aber May 2004, 95–97). Im Zentrum ihrer Argumentation stand offenbar ein Leib-Geist-Dualismus, auf dessen Basis sie die Position vertraten, dass sie frei seien (V.12), zur Prostituierten zu gehen, weil dies – wie die Speisen (vgl. V.13) – nur den (soteriologisch) unbedeutenden Leib betreffe, der ohnehin der Vergänglichkeit unterworfen sei, nicht aber den allein relevanten Geist. Die Plausibilität der These, dass Paulus sich mit V.13f gegen ein Argument der Korinther wendet, wird dadurch genährt, dass in der Tat in der griechischen Tradition Essen, Trinken und Geschlechtsverkehr als natürliche Grundbedürfnisse kategorial gleichgeordnet werden konnten (Platon,

Leg VI 782e–783d; Aristoteles, EthNic 7,14 [1154a17f]; Lukrez, RerNat 4,1091–1104; Plutarch, TuSan 8 [Mor 126c] u. ö.). Zum Gegenstand ethischer Reflexion werden sie erst, wenn die Stillung dieser Grundbedürfnisse im Übermaß geschieht.

In Paulus' Replik ist von vornherein vorausgesetzt, dass Verkehr mit Prostituierten Sünde ist. Paulus geht es allein darum, die besondere Schwere des Vergehens aufzuweisen (vgl. Holtz 1991, 208). In 6,12 setzt Paulus zunächst beim Freiheitspathos der Korinther an, um sie gewissermaßen auf ihrem eigenen Feld zu schlagen, nämlich indem er herausstellt, dass Freiheit falsch gehandhabt ins Gegenteil umschlägt: Zwar „ist mir alles erlaubt, aber ich will mich von nichts beherrschen lassen." Als Kontext ist die im antiken Freiheitsdiskurs begegnende Überzeugung mit zu bedenken, dass die, die ihren Begierden folgen, ihre Freiheit verlieren (Cicero, Parad 5,33–35; Philon, Prob 45, → 3.3.1): Was *in sexualibus* als große Freiheit daherkommt, entpuppt sich als Sklaverei, als Beherrschtwerden von den Trieben und Lustgefühlen. Paulus' Hauptaugenmerk ist allerdings auf den Widerspruch gegen den Leib-Geist-Dualismus als anthropologischer Basis der korinthischen Position gerichtet. Paulus konstruiert anthropologisch anders. Er unterscheidet in V.13f zwischen dem hinfälligen Körper, zu dem der Bauch gehört, und dem Leib (σῶμα), unter dem er nicht bloß die materiellen Bestandteile des Menschen versteht, sondern den ganzen leibhaften Menschen, wie er zu anderen in Kommunikation tritt, also den Menschen in seiner gesamten leib-seelischen kommunikativen Existenz, die durch die Relation zu Christus ihre zentrale (Neu-)Bestimmung erfahren hat und erfährt (V.13c.15). Aus dieser folgt, dass der Christenmensch in seiner somatischen Existenzform nicht sich selbst (V.19), sondern dem Herrn gehört (V.13), denn er wurde teuer erkauft (V.20a). Sein Leib ist Tempel des Heiligen Geistes (V.19) – Leib und Geist werden also nicht dualistisch auseinanderdividiert, sondern aufeinander bezogen –, und nicht zuletzt ist der Christenmensch in seiner somatischen Existenzform nicht zur Vernichtung, sondern zur Auferstehung bestimmt (V.14). Was er mit seinem Leib anstellt, ist daher höchst bedeutsam. Entsprechend stellt Paulus als Grundsatz auf, dass Christen Gott mit ihrem Leib verherrlichen sollen (V.20b). Der Christenmensch steht mit allen seinen Gliedern, also in seiner Ganzheit, im Dienst Christi; dem Handeln wird eine doxologische Dimension zugeschrieben.

Entscheidend ist nun, dass Paulus auf der Basis dieser anthropologischen Konzeption Speise und Sexualität kategorial unterscheidet: Die Sexualität ist etwas, was den Menschen als Ganzen betrifft, was ihn in seinem Personkern und als kommunikatives Wesen tangiert. Paulus diagnostiziert hier sogar eine einzigartige Bedeutung der Sexualität, indem er in V.18 die Unzucht in exklusiver Weise als Sünde gegen den eigenen Leib bestimmt. Grundlage dieser Aussage ist, dass Paulus, wie die V.18 vorangehende Argumentation zeigt, der Sexualität in der menschlichen Beziehungsstruktur von der Schöpfung her einen ganz konkreten Ort zugewiesen sieht. Paulus untermauert in V.15–17 die Unvereinbarkeit der Vereinigung mit einer Prostituierten mit der Zugehörigkeit zu Christus mittels eines Rekurses auf Gen 2,24, also mittels eines Verses, der in der synoptischen Jesustradition (Mk 10,7f par Mt 19,5), aber auch in Eph 5,31 aufgegriffen wird, um die (unverbrüchliche) *eheliche* Gemeinschaft zum Ausdruck zu bringen und zu qualifizieren. Paulus setzt diesen Horizont bei seiner Übertragung der Aussage, dass sie *ein* Fleisch sein werden, auf den Verkehr mit einer Prostituierten zweifelsohne voraus: Der Schöpfungsordnung entspricht für ihn auf der Basis von Gen 2,24 die eheliche Gemeinschaft von Mann und Frau; Sexualität hat in dieser ihren Ort. Verkehr mit einer Prostituierten verletzt diese Ordnung und ist *daher* – im Unterschied zu der der Schöpfung gemäßen Einheit der Ehepartner – auch mit der Christuszugehörigkeit inkompatibel (vgl. Körner 2020, 150–153). Indem Paulus ferner die Aussage von Gen 2,24 über die *fleischliche* Einheit im Sinne einer durch den Sexualverkehr entstehenden *somatischen* Einheit interpretiert, arbeitet er die Schwere des Problems heraus: Weil Sexualität kein Adiaphoron ist wie Essen und Trinken und der Verkehr mit einer Prostituierten eben eine *somatische* Einheit stiftet (dass diese Einheit – analog zur Interpretation von Gen 2,24 in Mk 10,7f – unverbrüchlich ist, ist aber offenbar gerade nicht vorausgesetzt), ist davon die Christuszugehörigkeit des Christen in seiner ganzen somatischen Existenz tangiert. Kurzum: Für Paulus gibt es hier nichts anderes als allein eine klare Alternative. Man ist entweder Glied Christi oder Glied der Prostituierten (1Kor 6,15); man hängt entweder der Prostituierten an und ist „*ein* Leib" mit ihr, oder man hängt Christus an und ist „*ein* Geist" mit ihm (V.16f). *Tertium non datur.*

Die hermeneutische Reflexion über die ethische Stoßrichtung und Relevanz des Textes kann – abgesehen davon, dass die gesellschaftliche Realität von Prostitution im Blick auf Menschenhandel, Zwang und Ausbeutung noch einmal eigene gravierende Fragen aufwirft – an Paulus' anthropologischer Perspektive anknüpfen, dass Geschlechtsverkehr anders als Essen und Trinken nicht bloß Befriedigung eines körperlichen Bedürfnisses ist, nicht bloß eine körperliche Vereinigung, die vom geistigen Erleben abzukoppeln wäre, sondern den Menschen in seinem Personkern tangiert und ein kommunikatives Geschehen darstellt, das zwei Menschen miteinander verbindet. Legt man diese Perspektive zugrunde, ergibt sich nicht nur die Konsequenz, dass zur sozialen Dimension der Sexualität grundlegend der Respekt vor der Personwürde des Gegenübers gehört, sondern es stellt sich zudem die Frage, ob die mit der Sexualität verbundene ‚somatische Einheit' – moderner, aber auch schwächer ausgedrückt: die mit ihr einhergehende soziale Verbundenheit – (beliebig) teilbar ist oder ob aus dieser anthropologischen Einsicht nicht konsequent folgt, dass der (ideale) Ort der Sexualität die auf Dauer und Verlässlichkeit angelegte Beziehung ist und das sexuelle Erleben seinem Wesen nach dort seine ganze Tiefe erfährt, wo es in eine solche Beziehung eingebunden ist, diese zum Ausdruck bringt und sie damit zugleich auch nährt und festigt.

3. In 1Kor 5 verhandelt Paulus den spezifischen Fall, dass ein Gemeindeglied eine anhaltende Beziehung mit der Frau seines (wohl verstorbenen) Vaters pflegt. Die Anspielung auf Lev 18,8, wo in einer längeren Reihe von Inzestbestimmungen die „Frau des Vaters" von der eigenen Mutter (18,7) unterschieden ist, gibt zu erkennen, dass es sich hier nicht um die leibliche Mutter, sondern um die Stiefmutter handelt. Paulus klassifiziert diesen Fall – in rhetorischer Übertreibung – als ein Unzuchtvergehen, wie es selbst „unter den Heiden" nicht vorkommt (V.1; in Wirklichkeit sind solche Fälle durchaus vorgekommen, s. z.B. Cicero, Clu 14f; Martial, Epigr 4,16; Apuleius, Met 10,2,3; Sib 5,390f). Der Vergleich mit den ‚Heiden' verweist nicht darauf, dass Paulus einen paganen Bewertungsmaßstab anlegt, sondern dient dazu, die Schwere des Vergehens anzuzeigen. Schon die Rede von der „Frau des Vaters" – anstelle des üblichen Begriffs für die Stiefmutter (μητρυιά, vgl. z.B. PseudPhok 179;

Philon, SpecLeg 3,20f) – zeigt vielmehr noch einmal deutlich, dass Paulus *in sexualibus* ganz selbstverständlich auf der Basis atl.-jüdischer Tradition agiert (zum Torabezug in 1Kor 5,1 vgl. Tomson 1990, 100; Rosner 1999, 82f, anders Lindemann 1986, 246f). Auch die Kodierung des Falls als Unzucht (πορνεία) unterstreicht das jüdische Kolorit der paulinischen Problemwahrnehmung (vgl. Wolter 2001a, 75).

Da eine Verbindung mit der Stiefmutter auch nach damaligem römischen Recht verboten war (vgl. Gaius, Inst 1,63), besteht die Möglichkeit, dass die besagte Beziehung formalrechtlich keine Ehe war, sondern ‚nur' ein eheähnliches Verhältnis, ein Konkubinat, bestand (vgl. z. B. Schrage 1991–2001, 1:369f). Im Licht gängiger Gepflogenheiten der römischen Gesellschaft kann man als weitere Option erwägen, dass die Frau mit dem Vater des Gemeindegliedes nicht verheiratet, sondern *dessen* Konkubine war. Bei älteren Männern, die bereits legitime Erben hatten, war es üblich, nicht wieder zu heiraten, damit den Kindern aus der vorigen Ehe im Falle weiterer Kinder keine Nachteile erwuchsen, wenn die neue Frau die eigenen Kinder privilegiert. Zudem war einer zu großen Fragmentierung des Besitzes vorzubeugen (vgl. zu dieser Option de Vos 1998, 111f, zum Sachverhalt ferner Treggiari 1991, 52.499). War die Frau lediglich die Konkubine des Vaters, dann wäre die Verbindung des Sohnes mit ihr (auch in der rechtlichen Form einer Ehe) zumindest unter juristischen Gesichtspunkten nicht zu beanstanden gewesen. Für Paulus spielen solche Differenzierungen indes keine Rolle; in seiner jüdisch geprägten Wahrnehmung – sie war „die Frau des Vaters" – sieht er in der Konstellation so oder so einen schwerwiegenden Verstoß gegen Gottes Willen, wie er in Lev 18,8 laut wird (vgl. ferner Lev 20,11; Dtn 23,1; 27,20, frühjüdisch z. B. PseudPhok 179f; Philon, SpecLeg 3,20; Josephus, Ant 3,274).

Paulus spricht nicht den Unzuchtsünder selbst an, sondern wendet sich an die übrigen Gemeindeglieder und verlangt von ihnen dessen Ausschluss aus der Gemeinde (V.2.13) und eine konsequente Distanzierung von diesem (V.11), weil der Inzestfall die Heiligkeit und Reinheit der Gemeinde tangiere. Aus Paulus' Vorwurf, dass die Gemeindeglieder aufgeblasen seien (V.2), ist schwerlich abzuleiten, dass der Fall geradezu als Ausweis und Manifestation neu gewonnener ‚christlicher' Freiheit gerühmt wurde (vgl. May 2004, 66). Es geht eher um die träge Duldung des Falls – die Gemeindeglieder sind nicht wegen, sondern trotz des Falls aufgeblasen (zur Gemeindesituation Konradt 2003, 297–313). Basis der Duldung ist, dass (weite) Teile der Gemeinde – sicher nicht alle, denn sonst wäre der Fall gar nicht zum Thema geworden und Paulus hätte nichts davon erfahren – keinen Anstoß nahmen, was zumal dann gut nachvollziehbar ist, wenn der Fall nicht justiziabel war. Zudem hielten sie, wie dies *mutatis mutandis* auch in 6,12–20 zutage tritt, Fragen des Sexualverhaltens für etwas, das das Christsein nicht tangiert und entsprechend auch die Gemeinde nicht zu interessieren hat (vgl. Wolter 2009, 159f). Paulus sieht dies grundlegend anders. Denn für ihn ist die Enthaltung von Unzucht als Ausdruck der Berufung in Heiligung (1Thess 4,7) ein ethisches Grundmerkmal christlichen Lebens, mit dem sich Christen von der üblichen Alltagsmoral ihrer griechisch-römischen Umwelt unterscheiden. Der Inzestfall ist für ihn überdies, wie gesehen, ein besonders gravierendes Vergehen, so dass für ihn als Konsequenz nur der Ausschluss des Betroffenen in Frage kommt. Der Sachverhalt, dass eine solche Forderung weder in 1Kor 6,12–20 noch in anderen ethischen Zusammenhängen erhoben wird, unterstreicht diese – auf Paulus' jüdischer Prägung basierende – Wertung nachdrücklich (weiterführende Überlegungen dazu bei Körner 2020, 136–138).

*5.1.2 Ehe, Ehelosigkeit und Ehescheidung*
1. In 1Thess 4 lässt Paulus auf die Mahnung, sich der Unzucht zu enthalten (V.3b), in V.4 eine positive Bestimmung zum ehelichen Umgang miteinander folgen. Die metaphorische Bezeichnung von Menschen als Gefäßen spielt häufig den Gedanken ihrer Geschöpflichkeit und damit ihrer Zuordnung zu Gott ein, der in Entsprechung zur Gefäßmetapher im Bild des Töpfers dargestellt wird (Jes 29,16; 64,7; Jer 18; Sir 33,13; Röm 9,21–23 u. ö.). In 1Thess 4,4 kann man diesen Aspekt im Sinne des mehrfach begegnenden Gedankens, dass *Gott* Eheleute zusammenführt (s. Prov 19,14; Sir 26,3.14; TestRub 4,1, in der Jesustradition Mk 10,9 par Mt 19,6), dahingehend zugespitzt sehen, dass Eheleute an ihr eheliches Gegenüber als das ihnen von Gott bestimmte Geschöpf verwiesen werden (ausführlich zur Deutung der Gefäßmetapher Konradt 2018, zu 4Q416 2 II,21 → II.3/6). Der Ton liegt in V.4f auf den drei Näherbestimmungen „in Heiligung und Ehrerbietung, nicht in Leidenschaft der Begierde", mit denen Paulus umreißt, *wie* der eheliche Umgang miteinander erfolgen soll. Die den Glaubenden aufgetragene Heiligung (V.3) hat auch den ehelichen sexuellen Umgang zu bestimmen. Paulus zeigt keinerlei Tendenz, Heiligung mit sexueller Abstinenz zu verbinden. Das zweite Glied konkretisiert dies, indem die Eheleute zu einem respektvollen Verhalten miteinander angehalten werden. Auch hier bezieht Paulus einen Aspekt spezifisch auf den ehelichen Umgang, der ausweislich Röm 12,10 allgemeines Signum zwischenmenschlicher Beziehungen von Christen sein soll. Die abschließende Abgrenzung „nicht in Leidenschaft der Begierde (μὴ ἐν πάθει ἐπιθυμίας)" lässt von der verwendeten Terminologie her *prima facie* an einen verbreiteten Diskurs in der philosophischen Ethik als Kontext denken, dessen anthropologischer Ausgangspunkt die Grundüberzeugung ist, dass der nach Tugend strebende Mensch sich von seiner Vernunft leiten lassen und dazu Herrschaft über seine Leidenschaften (πάθη) ausüben können muss. In der Stoa zählt die Begierde zu den vier Hauptaffekten (s. exemplarisch Cicero, Tusc 4,10–32; Diogenes Laertios 7,110, → II.1/5); im antiken Judentum konnte die Begierde gar als Quellgrund allen Sündigens exponiert werden (Philon, Dec 173; SpecLeg 4,84; ApkMos 19,3; ApkAbr 24,8). Die Affektkontrolle des tugendhaften Menschen, die im Sexualverhalten ein bedeutendes Anwendungsfeld findet (s. nur 4 Makk 2,2f), bezieht dabei auch die innerehelich gelebte Sexualität ein, wie überhaupt ein breiter antiker Diskurs über das Sexualverhalten zu verzeichnen ist, der die eheliche Sexualität in den Blick nimmt oder zumindest tangiert. Um die Bedeutung von 1Thess 4,5a adäquat erfassen zu können, ist es notwendig, diesen Diskurs in einigen wenigen exemplarischen Schlaglichtern zu beleuchten.

Die (unterhalb sexualasketischer Ambitionen) strengste Position, nach der Geschlechtsverkehr nur zur Erzeugung von Nachkommen legitim ist, dürfte pythagoreischen Ursprungs sein (s. Jamblichos, VitPyth 210, vgl. Gaca 2003, 99–105). Platon steht ihr nahe. Ihm zufolge ist bei den Menschen alles von einem dreifachen Begehren abhängig, nämlich nach Essen, Trinken und Fortpflanzung des Geschlechts, wobei ihm Letzteres als das heftigste Verlangen erscheint (Leg VI 782d–783a), das im Sinne der Tugend und zum Wohl der Polis strenger Mäßigung und Kontrolle bedarf. So sieht Platon eine Pflicht zur Eheschließung bis zum 35. Lebensjahr bei Männern (IV 721b; VI 785b), auf die eine zehnjährige Periode zur Kinderzeugung folgt. Die Vorstellung, allein zur Erzeugung von Kindern Geschlechtsverkehr zu haben, schließt die Ablehnung des Ehebruchs ebenso ein wie die des gleichgeschlechtlichen Verkehrs oder der Masturbation (VIII 838e–839a). Oberstes Ziel ist der Sieg des seiner Vernunft folgenden Menschen über die Lüste (840c). Die Beschränkung des Geschlechtsverkehrs auf seinen generativen Zweck fand auch in hellenistischer Zeit ihre Vertreter (s. v. a. Pseudo-Ocellus, UnivNat 44–46, zu diesem sowie ferner zu Pseudo-Charondas s. Gaca 2003, 107–111), hinterließ zudem im Frühjudentum ihre Spuren (dazu gleich) und begegnet nicht zuletzt im 1. Jh. n. Chr. bei Musonios, nach dem Geschlechtsverkehr sogar innerhalb der Ehe unsittlich ist, wenn allein Lust (ἡδονή) bezweckt wird und er nicht der Erzeugung von Kindern dient (Diss 12 [ed. Hense p. 63,17–64,4]). Allerdings ist daraus nicht vorschnell der Umkehrschluss zu ziehen, dass eheliche Sexualität geradezu emotionslos sein soll. In seinem Plädoyer für die Ehe (Diss 14) kann Musonios vielmehr – wiederum mit Blick auf die Erzeugung und Aufziehung von Kindern – darauf verweisen, dass der Schöpfer die Menschen zuerst in zwei Geschlechter geschieden und dann jedem der beiden „starke Begierde (ἐπιθυμίαν ἰσχυράν)" nach dem Verkehr und der Gemeinschaft mit dem anderen gegeben hat (ed. Hense p. 71,11–72,3). Daraus folgt umgekehrt nicht, dass Musonios Zügellosigkeit beim ehelichen Verkehr für sittlich legitim gehalten hat, wenn denn nur die Intention, die Zeugung von Nachkommen, stimmt. Aber „[t]he teachings of Musonius Rufus ... do not bear witness to a strand of ancient thought advocating the elimination of sexual desire in marriage" (Ellis 2007, 111, anders akzentuiert z. B. Ward 1990, 284f). Musonios' Schüler Epiktet führt *notabene* die geschlechtliche Differenzierung und das Verlangen nach Vereinigung als Hinweis auf den Schöpfer an (Diss 1,6,8).

Musonios' strenge Position, die durch eine Blüte pythagoreischen Denkens im Rom des 1. Jh. n. Chr. mit beeinflusst zu sein scheint (so Gaca 2003, 112–114), ist für die Stoa im Ganzen keineswegs repräsentativ. Die stoische Unterteilung der Seele in acht Teile, zu denen neben den fünf Sinnen noch das Sprechorgan, das Denkvermögen, das die Leitung ausüben muss, sowie das Zeugungsvermögen gehören (Diogenes Laertios 7,110 [= SVF 2,828], vgl. SVF 1,143; 2,827 und Galen, PlacHippPlat 3,1,10–11 zu Chrysipp), impliziert vielmehr, dass sexuelles Verlangen eine ganz natürliche Artikulation des menschlichen Wesens ist. Davon unterschieden ist die Leidenschaft/der Affekt (πάθος) als „ein übermäßiger Trieb" (Diogenes Laertios 7,110, → II.1/5). Mit „Leidenschaft" wird also eine bestimmte, nämlich exzessive Art bezeichnet, die natürlichen Belange, also z. B. das sexuelle Verlangen, zu leben. Dies spiegelt sich auch in einer bei Seneca begegnenden Unterscheidung: Seneca stimmt in die stoische Grundüberzeugung ein, dass die Leidenschaften nicht, wie die Peripatiker meinen, bloß zu zähmen, sondern auszutreiben sind (EpMor 116,1), stellt dem aber die Notiz zur Seite: „Den Genuss (*voluptatem*) hat die Natur lebensnotwendigen Vorgängen beigemischt, nicht, damit wir sie suchen, sondern damit ihr Hinzutreten die Dinge, ohne die wir nicht leben können, uns willkommener mache; kommt er in eigenem Recht, ist er Ausschweifung" (EpMor 116,3 [Übers. Rosenbach]). Seneca differenziert also zwischen dem legitimen Genuss (*voluptas*) und der Leidenschaft (*adfectus*).

*Begrifflich* anders argumentiert der Mittelplatoniker Plutarch, da es für ihn im Blick auf die Leidenschaften (πάθη) nicht um deren Eliminierung, sondern um das rechte Maß geht (VirtMor 4.5.12 [Mor 443c–d; 444b–c; 451c–e]), doch kommt er *im Ergebnis* zu einer ganz ähnlichen Wertung. So entscheidet sich für ihn die Frage, ob das Schlafgemach für die Frau eine Schule der guten Ordnung (εὐταξία) oder der Zügellosigkeit (ἀκολασία) sein wird, daran, ob der Ehemann seinen Lüsten (ἡδοναί) frönt oder nicht (ConjPraec 47 [Mor 144f–145a]). Für

Plutarch läuft dies indes nicht darauf hinaus, dass die eheliche Sexualität völlig ohne Lust auskommen soll. In der Einleitung zu den *Coniugalia Praecepta* vermerkt Plutarch, dass die Alten Hermes neben Aphrodite gestellt haben, weil die Lust (ἡδονή) in der Ehe am meisten des Logos bedürfe (Mor 138c). Die Lust bedarf also der vernünftigen Kontrolle; es ist aber nicht von ihrer Auslöschung die Rede. Zugleich kritisiert Plutarch aber in ConjPraec 38 (Mor 143d-e) Paare, die um der Lust willen (ἡδονῆς ἕνεκα) Geschlechtsverkehr haben, sich bei Zwistigkeiten jedoch wieder trennen. In Amat 23 interpretiert Plutarch den Ratschlag des athenischen Gesetzgebers Solon, dass der Mann seiner Ehefrau nicht weniger als dreimal im Monat nahen solle, mit den Worten: „nicht um der Lust willen (οὐχ ἡδονῆς ἕνεκα), sondern in der Absicht, dass, wie die Städte ihre Verträge miteinander von Zeit zu Zeit erneuern, so die Ehe von Misshelligkeiten, die sich immer wieder ansammeln, durch einen solchen Liebeserweis erneuert werden sollte" (Mor 769a-b, Übers. Görgemanns). Plutarch ordnet hier den ehelichen Geschlechtsverkehr also der Pflege der ehelichen Verbundenheit zu, wobei, wie oben analog zu Musonios angemerkt wurde, zu beachten ist, dass „nicht um der Lust willen" nicht gleichbedeutend ist mit „ohne Lust". Festzuhalten ist zugleich, dass Plutarch anders als Musonios oder Pseudo-Ocellus, bei dem die Wendung „nicht um der Lust willen" ebenfalls begegnet (UnivNat 44.45), einen legitimen Ort der Sexualität abseits der Erzeugung von Nachkommen sieht.

Positionen, die (exzessive) „Lust" kritisch sehen, begegnen zahlreich auch im frühen Judentum. TestIss 2,3 führt über die Erzmutter Rahel aus, dass sie um der Kinder und nicht um des Vergnügens willen (διὰ φιληδονίαν) mit Jakob zusammen sein wollte; Issachar selbst vermerkt in seinem Lebensrückblick im Kontext der Erwähnung seiner Heirat, dass er nicht auf Lust mit einer Frau (ἡδονὴν γυναικός) sann (TestIss 3,5, s. auch Tob 8,7). Josephus führt in seinem kurzgefassten Überblick über die Hauptlehren des jüdischen Gesetzes (Ap 2,190–218, → II.2/5a) aus, dass das Gesetz nur den naturgemäßen Verkehr mit der Ehefrau kennt, der um der Kinder willen erfolgt (2,199). Nach Bell 2,161 enthalten sich die Essener während der Schwangerschaft ihrer Frauen des Geschlechtsverkehrs (vgl. 4Q270 2 II,15f [dazu Shemesh 2011, 595f], vgl. auch 7 I,12f) – als Erweis dafür, dass sie nicht um der Lust (μὴ δι' ἡδονήν), sondern um der Kinder willen heiraten. Nach Philon kann auch „die der Natur gemäße Lust (ἡ κατὰ φύσιν ἡδονή)", was für den Alexandriner gleichbedeutend ist mit der in der ehelichen Verbindung mit dem Ziel der Fortpflanzung (dazu unten) gelebten Lust, dann Tadel unterliegen, wenn jemand sich ihr „maßlos und unersättlich" hingibt (SpecLeg 3,9). Das positive Gegenstück zu dem getadelten Verhalten ist für Philon nicht die strikte Ablehnung von Lust, sondern die Beachtung des rechten Maßes. Entsprechend konstatiert Philon nüchtern, dass auch der Priester als Mann nicht umhinkann, dem Geschlechtstrieb zu genügen (SpecLeg 1,101). Es kommt darauf an, wie er dies tut. In Opif 151f unterscheidet Philon zwischen dem sexuellen Verlangen an sich (πόθος) und der vom Verlangen gezeugten Lust (ἡδονή), die der Anfang ungerechter und ungesetzlicher Handlungen ist. So ist denn auch der bei Philon gleich mehrfach begegnende Grundsatz, dass Geschlechtsverkehr der Erzeugung von Nachkommenschaft zu dienen hat, nicht aber (allein) um der Lust willen praktiziert werden darf (Abr 137; Jos 43; VitMos 1,28; SpecLeg 3,34.113, Virt 207; QuaestGen 4,86), nicht gleichbedeutend damit, dass um der Nachkommenschaft willen praktizierter Geschlechtsverkehr keine Freude bereiten darf (SapSal 7,2 notiert in diesem Zusammenhang ganz lakonisch, dass der Mensch entsteht „aus dem Samen eines Mannes und aus der Lust, die im [Bei]Schlaf" hinzukommt, vgl. Philon, Opif 161; LegAll 2,17). Instruktiv ist überdies, dass Philon in SpecLeg 3,35 für den Fall, dass ein Mann eine Jungfrau ehelicht und sich dann herausstellt, dass die Frau unfruchtbar ist, aus dem genannten Grundsatz keineswegs in ‚prinzipienethischer Rigidität' einfordert, dass das Paar sich fortan des Verkehrs zu enthalten oder gar die Verbindung zu lösen habe (zum antiken Kontext von Philons Erörterung Francis 2015, 38–40). Dabei kann man hier offenlassen, ob Philon im Grundsatz der Meinung war, dass „[t]he procreative purpose

[…] only sets the general framework for sexuality and does not govern every single act" (Niehoff 2001, 101), oder aber in diesem konkreten Fall die ursprüngliche und als fortdauernd angenommene Intention entscheidend ist (Francis 2015, 45–49) und/oder, was m. E. am wahrscheinlichsten ist, das entstandene eheliche Band eine Ausnahme vom prokreationistischen Grundansatz erlaubt, also im Grunde eine Güterabwägung zugrunde liegt. Philon weicht im Übrigen auch in Virt 112 im Zusammenhang der Heirat einer Kriegsgefangenen von einem strengen prokreationistischen Prinzip ab, wenn die Liebe des Mannes oder die Erzeugung der Kinder als alternative Gründe für den ehelichen Verkehr genannt werden. Einbezogen in das hier nur exemplarisch dargestellte Spektrum sei schließlich noch die Warnung vor *ungezügelter* Hingabe an die Frau in PseudPhok 193f: „Verströme dich nicht völlig und hemmungslos in Liebe zu einer Frau. Denn *Eros* ist kein Gott, sondern eine verheerende Leidenschaft" (Übers. Walter). Kritisch betrachtet wird hier nicht sexuelles Verlangen an sich, sondern Zügellosigkeit (vgl. Loader 2011, 470).

Liest man 1Thess 4,5a im Horizont der skizzierten antiken Diskussion, so ergibt sich aus dem Befund keineswegs zwingend die Folgerung, dass Paulus jede Form von sexuellem Begehren bzw. sexueller Lust verwerfe und geradezu emotionslosen Sex vor Augen habe (ebenso Ellis 2007, bes. 146.160f; Loader 2012*, 156–158, anders Fredrickson 2003, 26–30; Martin 2006, 67), was im Übrigen nicht dazu passen würde, dass die Ehe in 1Kor 7 als der Ort erscheint, in dem das sexuelle Verlangen einen legitimen Platz hat. „Nicht in Leidenschaft der Begierde" ist, wie die oben angeführte stoische Definition der Leidenschaft (πάθος) als eines „übermäßigen Triebs" (Diogenes Laertios 7,110) illustriert und die frühjüdisch fest etablierte Verwendung von Begierde (ἐπιθυμία) im Sinne sündhaften Begehrens unterstreicht, ein kräftiger Ausdruck, mit dem Paulus eine hedonistische Haltung abzuwehren sucht, die einzig die Befriedigung des Begehrens im Blick hat. Zu beachten ist zugleich die Differenz zum philosophischen Diskurs. Paulus gibt nicht zu erkennen, dass seine Hauptagenda in V.5a die Affektkontrolle des tugendhaften Menschen durch seine Vernunft ist. Denn Paulus rekurriert nicht auf die Instanz der Vernunft, sondern auf den Willen Gottes (V.3), und für ihn ist das Fehlverhalten Ausdruck und Folge der Unkenntnis Gottes (V.5b, vgl. z.B. SapSal 14,12.27; vgl. R.F. Collins 1984, 316; Malherbe 2000, 230f). Ferner liegt der Ton im Zusammenspiel mit dem vorangehenden Glied „in Ehrerbietung" auf der *sozialen* Dimension des Umgangs der Partner miteinander; „nicht in Leidenschaft der Begierde" verstärkt dies *via negationis*. Instruktiv ist hier ein Seitenblick auf Gal 5,13–16, wo der von der *Begierde* des Fleisches (ἐπιθυμία σαρκός) angetriebene Lebenswandel, dem Paulus den Wandel im *Geist* gegenüberstellt, als Entfaltung des eigenen Lebens auf Kosten des Mitmenschen verstanden ist (V.15, →3.3.1). Dieses Moment ist auch für 1Thess 4,5 zu bedenken, wo am Ende der Einheit in V.8 ebenfalls auf die Gabe des *Geistes* verwiesen wird: Paulus grenzt den ehelichen Umgang miteinander in sexuellen Dingen gegen ein zügelloses Verhalten ab, das das Gegenüber zum bloßen Mittel der eigenen Lustbefriedigung, zum Sexualobjekt, degradiert. In Gal 5,22 erscheint als oberste Frucht des Geistes die Liebe, die am Wohl des Mitmenschen orientiert ist. Dem korrespondiert in 1Thess 4,4f, dass in dem Satzglied „in Ehrerbietung" die Ausrichtung auf das Gegenüber zum Zuge kommt. Dabei kann über den Bereich der Sexualität im engeren Sinn hinaus die Lebensgemeinschaft im Ganzen mit im Blick sein, die durch wechselseitiges respektvolles Verhalten der Eheleute geprägt sein soll, wenngleich durch V.3b wie auch durch V.5a der Ton auf der Sexualität liegt.

Umstritten ist das Verständnis von V.6a. Die einen sehen hier Habgier als neue Thematik angeschlagen, so dass V.3-6 die frühjüdisch geläufige Zusammenfassung des Willens Gottes in der Meidung von Unzucht und Habgier (→ II.2/5b) abbilden würde (vgl. v. a. Reinmuth 1985, 12-47), die anderen sehen hier die sexualethische Unterweisung fortgesetzt. Im letzteren Fall ginge es darum, nicht in die Beziehungen anderer Gemeindeglieder einzudringen. V.4f würde dann die Gestaltung der eigenen ehelichen Beziehung ansprechen, V.6a den Blick auf den Schutz der Ehe anderer richten (vgl. R.F. Collins 1984a, 335). Hinsichtlich des sozialen Hintergrunds wäre in diesem Fall das intensive Gemeinschaftsleben der christusgläubigen Gruppen mit zu bedenken, das nicht durch falsch adressierte Begehrlichkeiten gefährdet werden darf.

2. Aus einer anderen Perspektive als in 1Thess 4 erörtert Paulus die Ehe in 1Kor 7, denn hier geht es um die Alternative von Ehe und Ehelosigkeit. Aus Paulus' Ausführungen in diesem Kapitel ist häufig abgeleitet worden, dass die Ehe für ihn lediglich eine Art Notverordnung sei, um Schlimmeres zu verhindern (s. z. B. Martin 1995, 209; Lampe 2013, 178f). Aber so griffig diese These ist, so unzutreffend erfasst sie die paulinische Argumentation in diesen Versen, da sie die pragmatische Intention von Aussagen wie V.2 oder V.5 angesichts der Adressatensituation missachtet. Paulus verweist zu Beginn der Ausführungen in V.1a auf einen Brief der Korinther, d. h., das Thema wurde an Paulus von der korinthischen Gemeinde herangetragen. Umstritten ist, ob „es ist gut für einen Mann[24], eine Frau nicht zu berühren" (V.1b) bereits zu Paulus' Replik gehört und als Grundsatz für die nachfolgende Thematisierung der einzelnen Fälle fungieren soll (Niederwimmer 1975, 82-88; May 2004, 216-218; Zeller 2005, 62f.77) oder aber ein Zitat aus dem Brief der Korinther bzw. jedenfalls Wiedergabe der Position einer korinthischen Gruppe ist (Merklein 1987, 389-391; R.F. Collins 2013, 113-117; Körner 2020, 165-167). Deutlich für Letzteres spricht, dass Paulus gleich in V.2 mit einem Einwand fortfährt, der die Geltung des ‚Grundsatzes' in der Praxis stark beschränkt und der durch V.3-5 mit Nachdruck bekräftigt wird. Basis der in V.1b zu Wort kommenden Position könnte das in Korinth grassierende Vollendungsbewusstsein (vgl. 4,8) sein, aus dem die betreffenden Korinther die Konsequenz zogen, es sei für jemanden, der den Geist hat, angemessen, sich mit leiblichen Dingen wie Sexualität nicht mehr zu befassen (vgl. Merklein 1987, 389f).[25] Möglicherweise haben sie in diesem Zusammenhang Paulus'

---

[24] „Mensch" (ἄνθρωπος) meint in 1Kor 7,1 in einer für die antike Literatur verbreiteten Weise den Mann. Es geht hier also nicht (auch) um die Frage, ob eine Frau eine Frau berühren soll.

[25] Die These, dass Gal 3,28 eine Tradition zitiert (→ 1.3/3) und sich die Position der korinthischen Asketen einer Deutung des dritten Gliedes „hier ist nicht männlich und weiblich" im Sinne einer realisierten Eschatologie verdankt, derzufolge die geschlechtliche Differenzierung als dem alten Äon zugehörig und als bereits prinzipiell überwunden galt (so z.B. Gundry Volf 1994, vgl. auch Neutel 2015, 206.232; Körner 2020, 169), bleibt spekulativ (vgl. May 2004, 172-176) und lässt sich auch dadurch, dass Paulus in 1Kor 7,17-24 auf die anderen beiden Oppositionspaare aus Gal 3,28 rekurriert, nicht erweisen, denn dieser Rekurs ergibt im paulinischen Argumentationsduktus guten Sinn: Paulus illustriert die Irrelevanz verschiedener Identitätsmerkmale für das Christenleben, so dass niemand einer Statusveränderung bedarf, auch nicht die Verheirateten.

eigenen Lebensentwurf als Argument ins Spiel gebracht. So oder so ist Paulus durch die korinthische Konstellation vor eine komplexe Aufgabe gestellt. Denn auf der einen Seite harmoniert der Slogan in V.1 mit dem Lebensentwurf, den Paulus für sich selbst als richtig und gut erachtet. Auf der anderen Seite sieht er in diesem keine verallgemeinerungsfähige und schon gar nicht eine für alle verbindliche Lebensform.

Die Mahnung, dass ein jeder seine eigene Frau und eine jede ihren eigenen Mann haben solle (V.2), fordert nicht zur Eheschließung auf, sondern bezieht sich auf den ehelichen sexuellen Umgang (vgl. exemplarisch Gielen 2009a, 230). Paulus beginnt seine Entgegnung also mit der Erörterung der Gestaltung des Zusammenlebens in bereits bestehenden Ehen, und dies dürfte auch der (primäre) Bezugspunkt der korinthischen Position bzw. Anfrage gewesen sein. Unbeschadet seiner grundsätzlichen Ansicht, dass es besser ist, unverheiratet zu sein (V.7.26.38.40), hält Paulus das von einigen Korinthern vertretene Ansinnen in diesem Fall für höchst bedenklich. Der entscheidende Gesichtspunkt, von dem aus Paulus die Frage erörtert, ist die Verpflichtung, die beide Ehepartner füreinander mit der Eheschließung eingegangen sind (V.3). Der Argumentationsansatz konvergiert dabei sichtbar mit der paulinischen Agapeethik, nach der jeder nicht das Seine suchen soll, sondern das, was dem anderen dient (1Kor 10,24; 13,5 → 3.2.1/1), und lässt sich vor diesem Hintergrund profilieren (vgl. Schrage 1976, 229–231; Bruns 1982, 190f; Szarek 2016, 146–148, kritisch Tiedemann 1998, 136): Das eigene Verhalten ist an den Belangen des Gegenübers auszurichten. Daher darf es in einer bestehenden Ehe keine einsame Entscheidung für Enthaltsamkeit geben, die das Gegenüber nicht mitzuvollziehen vermag. Denn ansonsten würde der Ehepartner bzw. die Ehepartnerin, da es eine legitime Alternative zum ehelichen Sex für Paulus nicht gibt, in die Unzucht getrieben (V.2). V.5 greift diesen Gedanken auf: Eine längere Zeit aufgezwungener sexueller Entsagung gibt dem „Satan" Gelegenheit, seines ‚Amtes', Menschen zur Sünde zu verleiten, zu walten. Die Begründung „weil ihr euch nicht enthalten könnt" adressiert keinen Vorwurf, sondern gibt neutral die Veranlagung der betreffenden Menschen wieder. Um ehelos leben zu können, bedarf es, wie Paulus in V.7 festhält, eines besonderen Charismas, das, untertrieben gesprochen, nicht alle Menschen haben (für einen Bezug der Rede vom Charisma auf die Ehe hingegen R.F. Collins 2013, 124). Entsprechend sollen nach V.9 Unverheiratete, wenn es ihnen nicht gegeben ist, enthaltsam zu leben, heiraten, „denn es ist besser zu heiraten als (vor Verlangen) zu brennen". Auch bei Letzterem schwingt kein Tadel mit. Statt an asketischer Überforderung zu scheitern, gilt es Paulus zufolge vielmehr, die sexuelle Energie ehelich zu kanalisieren.

Der Verpflichtung, die die Ehepartner wechselseitig eingegangen sind (V.3), korrespondiert nach V.4, dass weder Mann noch Frau Vollmacht über den jeweils eigenen Leib besitzen, sondern die Frau über den des Mannes und der Mann über den der Frau. Vom Kontext losgelöst ist dies insofern eine höchst problematische Formulierung, als sie dazu missbraucht werden könnte, Sex ohne Einverständnis des Gegenübers zu begründen (vgl. Loader 2012*, 191). Dies allerdings hat Paulus mit seiner, zugegeben ungeschützten, Formulierung in keiner Weise im Sinn. Möglicherweise greift Paulus hier einen individualistischen Slogan der korinthischen Asketen auf und negiert ihn (vgl. Gundry Volf 1996, 523–525). So oder so ist Paulus' Aussage streng in ihrem argumentativen Gegenüber zu den asketischen Ambitionen einiger Gemeindeglieder zu lesen und damit als Einspruch gegen die in Korinth virulente Problematik, dass den Ehepartner bzw. die Ehepartnerin betreffende Entscheidungen an diesem bzw. dieser vorbei getroffen und gelebt werden. *Im Gegenzug dazu* spricht Paulus den betreffenden Gemeindegliedern die (alleinige) Verfügungsgewalt über ihren Körper ab. Im Zentrum steht entsprechend nicht das Recht gegenüber dem/der anderen, sondern umgekehrt die Verpflichtung zur Zuwendung zum Ehepartner bzw. zur Ehepartnerin. Kurzum: 1Kor 7,4 lässt sich nicht zu einer Art orientierender Leitlinie des paulinischen Eheverständnisses erheben, die sich vom Kontext ablösen ließe. Der Beantwortung der Frage, wie Paulus sich das eheliche Miteinander denkt, wird vielmehr durch die Mahnung zum respektvollen Umgang in 1Thess 4,4 die Richtung gewiesen. Die Reziprozität der Formulierung in 1Kor 7,4 ist im Übrigen im Kontext der patriarchalen Familienstruktur in der Antike alles andere als selbstverständlich. Nach Plutarch, ConjPraec 18 (Mor 140c) etwa soll die Initiative zum Sex allein vom Mann ausgehen und die Frau sich dessen Ansinnen nicht entgegenstellen (vgl. Peterman 1999, 168). Paulus' reziproke Formulierungen in 1Kor 7,(2–)4 lassen erwarten, dass Paulus dieser einseitigen Rollenverteilung nicht zugestimmt hätte.

Hinzuzuziehen ist, dass Paulus nur wenige Verse zuvor im Blick auf die *leibliche* Existenz noch eine andere Relation entfaltet hat, denn in 6,19f verbindet Paulus die Bestimmung des Leibes (σῶμα) als Tempel des Heiligen Geistes damit, dass ein Christenmensch nicht sich selbst gehört, sondern teuer erkauft ist. Er ist also in diesem Sinne ‚Eigentum' Gottes, woraus folgt, dass er Gott mit seinem Leib verherrlichen soll. In 7,4 hingegen wird den Ehepartnern wechselseitig die „Vollmacht" über den Leib des bzw. der anderen eingeräumt. Die Aussagen stehen für Paulus offenbar nicht in Spannung zueinander, sondern bilden einen Zusammenhang, in dem die Gottesrelation den Rahmen für die zwischenmenschliche eheliche Relation bildet und damit die Agape die Grundlage des Zusammenlebens definiert: Dass die Glaubenden in ihrer ganzen leiblichen Existenz Gott gehören, manifestiert sich bei Eheleuten darin, dass sie sich wechselseitig aufeinander ausrichten und mit ihrem Leib dem/der anderen zu Diensten sind, der/die davon aber immer nur in dem Sinne Gebrauch macht, wie es dem Sein in Christus und der Achtung des/der anderen entspricht. Positiv gewendet basiert Paulus' Aussage in 7,4 auf der Annahme, dass die Ehe nicht die Addition von zwei ‚Ichs' zu einem ‚Doppel-Ich' ist, sondern ein ‚Wir'. Paulus berührt sich damit eng mit dem in der stoischen Eheauffassung verschiedentlich belegten Gedanken, dass Ehepartnern nicht nur Besitz und Kinder gemeinsam sind, sondern auch die Leiber.[26] Ob Paulus hier auch Gen 2,24 im Sinne hatte (so z.B. Schulz 1987², 429; Gielen 2009a, 232f), muss unsicher bleiben, denn die Gedankenfigur des „Ein-Fleisch-Werdens" ist nicht exakt dieselbe wie die der wechselseitigen Verfügung über den „Leib" des/der anderen. Anführen kann man immerhin, dass Paulus Gen 2,24 unmittelbar zuvor zitiert hat (1Kor 6,16) und dort einen normativen Bezug der Aussage auf die eheliche Gemeinschaft voraussetzt

---

[26] Antipater von Tarsus (Stobaios 4,22a,25 [ed. Wachsmuth/Hense IV p. 508,13–17] = SVF 3,63, p. 255,14–18); Musonios, Diss 13A; 14 (ed. Hense p. 67,9–68,1; 74,7f); Hierokles (Stobaios 4,22a,24 [ed. Wachsmuth/Hense IV p. 505,14–16]), ferner bereits Xenophon, Oec 10,4.

(→ 5.1.1/2). Ehepartner sieht Paulus zwar als in ihrer Sorge „geteilt" an (7,32-34), aber ihr ‚Ein-Fleisch-Werden' ist in der Schöpfungsordnung so vorgesehen und daher anders als der Verkehr mit einer Prostituierten keine mit der Christuszugehörigkeit inkompatible Sünde.

In V.5 fasst Paulus seine vorangehenden Ausführungen in dem Grundsatz zusammen, dass die Eheleute sich einander nicht entziehen sollen. Unter der Bedingung gegenseitigen Einvernehmens und zeitlicher Befristung erlaubt er zu dieser Grundregel aber die Ausnahme, dass sie sich für eine Zeit des Gebets zurückziehen dürfen. Paulus bringt diese Ausnahme kaum von sich aus auf, sondern kommt hier den korinthischen Asketen entgegen (vgl. Gundry Volf 1996, 530-533), die durch die in der Antike breit bezeugte Überzeugung inspiriert gewesen sein dürften, dass Geschlechtsverkehr der Begegnung mit der Gottheit im Weg steht.[27] Im Blick sind hier nicht die täglichen Gebete, sondern Zeiten intensiven Betens.

Erhellend ist in diesem Zusammenhang ein Blick auf TestNaph 8,7-10, wonach es ein Gebot für die „Zeit für das Zusammensein mit seiner Frau" und ein Gebot für die „Zeit der Enthaltsamkeit für sein Gebet" (V.8) gibt, was als Beispiel dafür fungiert, dass die Gebote des Gesetzes zwiefältig sind und man die Ordnung der Gebote kennen muss, um sie adäquat zu praktizieren. Der Text gewährt einen Einblick in die kulturelle Welt, in die 1Kor 7,5 einzubetten ist (vgl. auch die rabbinische Diskussion über Zeiten der Enthaltsamkeit in mKet 5,6), doch sind TestNaph 8,7-10 und 1Kor 7,5 ihrer Stoßrichtung nach keineswegs identisch. Das Gebot, das in TestNaph 8 als Referenzpunkt für die Zeit des Beischlafs fungiert, dürfte das Mehrungsgebot in Gen 1,28 sein; das andere Gebot ist wohl das erste Gebot (Ex 20,2) bzw. das Gebot der Gottesliebe (Dtn 6,5). Der Hinweis auf die Ordnung der Gebote zielt auf die Begrenzung des Raums, den die Sexualität einnehmen soll, wobei für die TestXII die oben thematisierte Überzeugung, dass Geschlechtsverkehr allein zur Erzeugung von Nachkommenschaft legitim ist, als Hintergrund mit zu bedenken ist; zugleich wird eine intensive Gebetspraxis als probates Mittel gepriesen, um sich vor sexueller Versuchung zu schützen (TestJos 3,3.6; 4,3.8; 8,1; 10,1). Paulus hingegen kennt in 1Kor 7,5 kein Gebot, das zum Gebet verpflichtet und dessen Befolgung durch Sex unterlaufen wird. Vielmehr sind nach V.6 umgekehrt die besonderen Gebetszeiten eine Konzession, die Paulus den betreffenden Gemeindegliedern einräumt.[28] Paulus nimmt im Übrigen, wie vielfach vermerkt wurde, den

---

[27] Nach Lev 15,16-18 macht Geschlechtsverkehr kultisch unrein (vgl. Josephus, Ap 2,198.203) und schließt insofern von kultischen Verrichtungen aus. Nach 11QT XLV,7f ist das Betreten des Tempels nach nächtlichem Samenerguss für drei Tage verboten, 11QT XLV,11f dehnt dies für den Fall des Beischlafs mit einer Frau auf die ganze heilige Stadt aus (vgl. CD XI,21–XII,2). Der Hohepriester wird nach mJoma 1,4-8 in der Nacht vor dem Versöhnungstag vom Schlafen abgehalten, damit er nicht durch Samenerguss im Schlaf für seinen Dienst untauglich wird. Jub 50,8 untersagt Beischlaf am Sabbat, mJoma 8,1 am Versöhnungstag. Nach Philon, VitMos 2,68f hält Mose sich für Offenbarungen durch die Enthaltung von Speise und Trank sowie vom Geschlechtsverkehr bereit und qualifiziert sich dadurch insbesondere am Sinai für den Empfang der den Kult betreffenden Offenbarungen. Vgl. ferner Ex 19,15; 1Sam 21,5. Analoge Vorstellungen sind auch im paganen Bereich bezeugt, s. z.B. Livius 39,9,3f; Properz, Carm 2,33a; Ovid, Fast 4,657-660; Amor 3,10; Tibull, Carm 2,1,11-14; Juvenal, Sat 6,535f; Plutarch, QuaestConv III 6,4 (Mor 655d).

[28] Der Bezug von V.6 ist umstritten. Für den hier vorausgesetzten Bezug von „dieses" (τοῦτο) auf die Erlaubnis des einvernehmlichen, befristeten Rückzugs zum Gebet s. Schrage 1991-2001, 2:70-72. Die Alternative ist, „dieses" (τοῦτο) auf V.2-5 zu beziehen und Paulus sagen zu lassen, dass die Ehe nicht Gebot, sondern Konzession sei (so z.B. Merklein 1987, 392f; Zeller 2005, 64f).

Aspekt der Fortpflanzung nirgends auf. Daraus folgt, betrachtet man dies im antiken Kontext, natürlich nicht, dass für ihn Geschlechtsverkehr und Fortpflanzung nicht ganz selbstverständlich zusammenhängen, und es wäre ein Anachronismus, aus Paulus' Schweigen im Umkehrschluss ableiten zu wollen, dass er Empfängnisverhütung befürwortet hätte – Kontrazeptiva (wie auch Abtreibung) spielen in der Antike (primär) in der Prostitution eine Rolle (vgl. Stumpp 1998, 110–119). Möglich sind drei Erklärungen, die einander nicht ausschließen. Erstens würde eine Bezugnahme auf Gen 1,28 Paulus' eigene Lebensform in Frage stellen. Zweitens kann man sein Schweigen mit der nötigen Vorsicht als einen Hinweis werten, dass Geschlechtsverkehr für ihn eben nicht darin aufging, der Fortpflanzung zu dienen (vgl. oben zu Philon, SpecLeg 3,35 und Plutarch, Amat 23 [Mor 769a–b]). Und schließlich kann man insofern auf die paulinische Naherwartung verweisen (vgl. z. B. Theobald 2014, 130), als sie das in der Antike übliche Argument, dass das Eingehen einer Ehe mit dem Willen, Nachkommen zu zeugen, geboten sei, um den Fortbestand der Polis oder des Menschengeschlechts zu sichern, als wenig oder gar nicht relevant erscheinen lässt. Die Naherwartung vermag indes nicht aus sich heraus zu begründen, dass Geschlechtsverkehr dann aus anderen Gründen legitim sei, sondern könnte für sich genommen ebenso dazu herangezogen werden, um sexuelle Abstinenz zu fordern, wenn man grundlegend der Meinung ist, dass Geschlechtsverkehr allein der Fortpflanzung dienen dürfe.

Zieht man 7,32–34 hinzu, bestätigt sich im Blick auf die eheliche Sexualität die Auslegung von 1Thess 4,4f, nach der Paulus nicht einer grundsätzlichen Lustfeindlichkeit das Wort redet, sondern allein ein exzessives Lustbegehren ablehnt, das der dem Gegenüber zu erweisenden Ehrerbietung zuwiderläuft. Denn wenn Paulus als Differenz zu den Ehelosen anführt, dass Eheleute sich um die Dinge der Welt sorgen, wie sie dem Gegenüber gefallen (1Kor 7,33f), dann kann es nicht (nur) um alltägliche Verrichtungen gehen, die alle zu erledigen haben, sondern um die spezifischen Aspekte des ehelichen Zusammenlebens, einschließlich des Intimlebens. 7,33f gibt damit indirekt einen Blick auf Paulus' Eheverständnis frei: Paulus „places sexuality within marriage in the context of mutual pleasing, a long way removed from seeing marriage as simply a device for suppressing desire or averting the danger of sexual immorality" (Loader 2012*, 212). Wenn Paulus dennoch das zölibatäre Leben für die bessere Wahl hält, hat dies also nicht mit einer Ablehnung der Sexualität an sich zu tun. Das entscheidende Moment ist für ihn vielmehr die Bindung der Aufmerksamkeit zugunsten des Partners bzw. der Partnerin und damit die Ablenkung von dem, was jetzt eigentlich alle Energie erfordert, nämlich von „den (Dingen) des Herrn" (V.32.34).

Eheasketische Positionen sind im antiken Diskurs aufs Ganze gesehen ein Randphänomen. Stoiker wie Antipater von Tarsus oder Hierokles (s. die bei Stobaios 4,22a,25 und 4,22a,21 [ed. Wachsmuth/Hense IV p. 507,6–512,7 (= SVF 3,63), p. 502,1–7] zitierten Fragmente aus ihren Abhandlungen „Über die Ehe") sowie Musonios (Diss 14) befürworteten die Ehe, ja sahen sie als von der Natur geboten an (vgl. Cicero, Fin 3,68) und werteten die mit der Eheschließung in der Antike ganz selbstverständlich verbundene Gründung einer Familie als bürgerliche Pflicht, da die Familie die Grundlage des Gemeinwesens darstellt. Hatte z. B. schon Aristoteles die Gemeinschaft von Mann und Frau in seiner Nikomachischen Ethik als eine auf der Natur beruhende Freundschaft aufgefasst, die nicht nur um der Kinderzeugung willen besteht, sondern auch der Besorgung der zum Leben notwendigen Dinge dient (EthNic

8,14 [1162a16–21]), so verwies Musonios auf den Willen des Schöpfers, nach dem Mann und Frau zusammen sein, zusammen leben und das zum Leben Nötige füreinander zusammen beschaffen sowie auch die Erzeugung und Aufziehung von Kindern zusammen besorgen sollen, damit das Menschengeschlecht nicht ausstirbt (Diss 14 [ed. Hense p. 71,11–72,3], vgl. exemplarisch Xenophon, Oec 7,19; Columella, Rust 12 praefatio 1). Ganz in diesem Sinn vermerkte Hierokles, dass die Natur die Menschen so geschaffen habe, dass sie mit dem Ziel, Kinder hervorzubringen und ein festgegründetes Leben zu führen, als Paare leben (bei Stobaios 4,22a,22 [ed. Wachsmuth/Hense IV p. 502,8–20]). Eine eheasketische Position tritt hingegen in Epiktets Diatribe „Über die kynische Philophie (Περὶ Κυνισμοῦ)" (3,22) hervor: Der Kyniker solle angesichts des faktischen Zustands der Welt frei von jeder Ablenkung sein, sich ganz dem Dienst Gottes widmen (διακονία τοῦ θεοῦ) und nicht durch private Verpflichtungen gebunden und belastet sein, wie sie eine Ehe mit sich bringt (3,22,67–76, vgl. Pseudo-Diogenes, Ep 47). Gegen die Ehe wird hier also vorgebracht, dass die damit verbundenen Pflichten den Philosophen von wichtigeren Dingen abhalten (zum stoischen und kynischen Diskurs über die Ehe vgl. Deming ²2004, 47–86). Epiktet konnte Ehe und Kinderzeugung allerdings auch positiv unter die grundlegenden Dinge, die sich geziemen, subsumieren (Diss 3,7,19.25f).

Eheasketische Tendenzen lassen sich vereinzelt auch im Frühjudentum beobachten. Philon schrieb den Essenern eine ablehnende Haltung zur Ehe zu (Hyp 11,14, vgl. Plinius d. Ä., NatHist 5,73: *sine ulla femina*), was freilich nicht zwingend einschließt, dass sie zeitlebens ehelos waren. Bei Philons Darstellung der Essener in Hyp 11,1–18 ist nämlich zu bedenken, dass er in den essenischen Gruppen Gemeinschaften älterer, gereifter Männer sah, die „nicht mehr von der Flut des Körpers überschwemmt und von den Leidenschaften gelenkt werden" (11,3), und dass der explizite Verweis darauf, dass die Alten, „auch dann, *wenn sie kinderlos sind*", wie Eltern behandelt werden (11,13), erkennen lässt, dass es Essener gab, die zuvor verheiratet waren und der aus Gen 1,28 abgeleiteten Pflicht zur Weitergabe des Lebens nachgekommen waren (vgl. Taylor 2012, 44). Nach Josephus' Ausführungen in seinem Essenerreferat in Bell 2,119–161 sind in dieser Frage zwei unterschiedliche Richtungen der Essener, eine zölibatär lebende (120f) und eine, die Heirat und Familiengründung positiv wertete (160f), zu unterscheiden. Die verheirateten Essener sind schwerlich eine Erfindung von Josephus (anders Mason 2000, 447f), sondern eine auf eigener Anschauung basierende Anfügung an die Information aus seiner Quelle (vgl. J.J. Collins 2010, 140). Die Begründung der zweiten Richtung, wie Josephus sie referiert, konvergiert mit der oben genannten stoischen Position: Wer nicht heiratet, lässt ein gewichtiges Stück des Lebens außer Acht, nämlich die Nachkommenschaft, und das Menschengeschlecht würde aussterben, wenn alle so dächten. Für die Ehegegner hingegen bestand zwischen ihrem kommunitären und dem üblichen familiären Leben (auch) insofern eine Spannung, als sie Frauen als Quelle der Zwietracht und damit die Ehe als Belastung für das Gemeinschaftsleben der Gruppe betrachteten (Josephus, Ant 18,21, ähnlich Philon, Hyp 11,14). Auffallend ist hier, dass in den Begründungen der Ablehnung der Ehe in den Darstellungen von Philon (Hyp 11,14–16) und Josephus (Bell 2,121) ein negatives, ja misogynes Frauenbild einwirkt (vgl. dazu z. B. auch TestRub 5,1–5; 4Q184). Hingegen gibt es weder in 1Kor 7 noch in einem anderen authentischen Passus der echten Paulusbriefe (1Kor 14,33b–36 ist eine später in den Brief eingefügte Interpolation) ein Indiz, dass Paulus eine solche Haltung anzulasten ist. Zieht man die Qumrantexte hinzu, kann man möglicherweise Josephus' Unterscheidung zweier Ordnungen von Essenern mit einer Differenz zwischen 1QS und CD korrelieren: Während 1QS über Ehefragen schweigt, was auf einen zölibatär lebenden Trägerkreis hinweisen könnte, setzt CD (s. z.B. VII,6f; XIX,2f) familiäres Leben voraus (vgl. Steudel 2003; J.J. Collins 2010, 31–33.58.150f). Grund für die Ehelosigkeit der hinter 1QS stehenden Gemeinschaft, des Jachad, dürfte das Heiligkeitsideal sein, das aus dem Selbstverständnis der Gruppe als Tempel resultierte (vgl. Steudel 2003, 119).

Auch wenn sich 1Kor 7 nicht vollumfänglich als eine Art christliche Adaption der kynisch-stoischen Debatte rubrizieren lässt (s. aber Deming ²2004, 105–206), ist eine auffällige Konvergenz mit dieser an einem zentralen Punkt nicht zu übersehen: Ehelose können sich ungeteilt auf „die (Dinge) des Herrn" konzentrieren (V.32–35). Zumindest Paulus' Ausführungen, wenn nicht auch die Überlegungen einiger Korinther, sind dabei wesentlich durch die von ihm wahrgenommene Zeitsignatur bestimmt: Die Zeit sei zusammengedrängt (V.29) und die – nach V.29f z.B. durch das eheliche Leben oder das Erwerben von Gütern bestimmte – „Gestalt der Welt" (vgl. Lk 14,18–20; 17,27f) im Vergehen begriffen (1Kor 7,31), so dass es nun, in der verbleibenden Zeit, Wichtigeres zu tun gibt, als sich mit ‚weltlichen Dingen' zu befassen – das Motiv, eine Frau zu haben, als habe man sie nicht, oder zu kaufen, als behielte man es nicht etc., erinnert hier *cum grano salis* an den gelassenen stoischen Umgang mit vorzugswürdigen, aber für das Erlangen der Eudämonie indifferenten Gütern (→ II.1/5). Für die Korinther scheint es, wie 7,5 nahelegt, bei dem Wichtigeren insbesondere um die ausgedehnte Zeit für das Gebet gegangen zu sein. Paulus verweist des Weiteren auf die „gegenwärtige Not" und die „Bedrängnis" (7,26.28). Angesichts dieser Zeitsignatur soll Ehelosigkeit die alleinige Ausrichtung auf den Herrn erleichtern.

Die Einsicht, dass Paulus' Höherschätzung der Ehelosigkeit gegenüber der Ehe nicht durch eine Ablehnung der Sexualität an sich gespeist ist, wird dadurch erhärtet, dass in den Sätzen, in denen Paulus die Wertung „es ist gut" aus 7,1 im Blick auf die Beurteilung des zölibatären Lebens aufnimmt, nie die sexuell konnotierte Wendung „eine Frau nicht zu berühren" wiederkehrt oder Ähnliches begegnet (vgl. Merklein 1987, 394). Paulus schreibt vielmehr, für die Unverheirateten und Witwen sei es „gut, wenn sie bleiben wie ich" (7,8); und im Blick auf die Jungfrauen gilt, dass „es für einen Menschen gut ist, so zu sein" (7,26). Ferner erklärt Paulus mehrfach ausdrücklich, dass diejenigen, die sich trotz der damit verbundenen Ablenkung für das eheliche Leben entscheiden, in keiner Weise sündigen (7,28.36, s. auch V.38). Vermutlich weist Paulus damit Überlegungen einiger Korinther zurück, denen zufolge diejenigen, die eine Ehe eingingen oder wie gewohnt weiterführten, ihre christliche Berufung (vgl. dazu Paulus' Ausführungen in 7,15b–24) verfehlten. Für Paulus hingegen ist Ehelosigkeit gerade keine generelle Pflicht, sondern bedarf, wie gesehen, eines besonderen Charismas (V.7).

Fragt man, wie die Aspekte, die Paulus zufolge Ehelosigkeit als empfehlenswert erscheinen lassen, aus heutiger Sicht zu beurteilen sind, so dürfte die Distanz zu Paulus' Sicht der Zeitsignatur (7,29–31) evident sein. Tritt die weitere Gestaltung des Lebens in „dieser Welt" als Aufgabe in den Vordergrund, so ist zudem das Argument zu hinterfragen, dass die Sorge für den Partner bzw. die Partnerin dem Einsatz für „die (Dinge) des Herrn" hinderlich ist (7,32–35). Denn dem steht der Aspekt gegenüber, dass gerade die elementaren sozialen Beziehungen der vornehmste Ort sind, an dem sich die christliche Lebensorientierung im Umgang miteinander lebensweltlich manifestiert. Man wird ferner kaum fehlgehen mit der Vermutung, dass sich in 7,32–35 die sehr persönliche Perspektive der missionarischen Existenz von Paulus Geltung verschafft. Schon bei Petrus, der ausweislich 1Kor 9,5 bei seinen missionarischen Aktivitäten von seiner Frau begleitet wurde, dürfte die Perspektive eine andere gewesen sein.

3. Im Zuge der Auseinandersetzung mit den korinthischen Asketen greift Paulus in 1Kor 7,10f Jesu Verbot der Ehescheidung auf (→ II.3/6). Der Auslöser für Paulus' Rekurs dürfte sein, dass die betreffenden Korinther nicht nur Enthaltsamkeit innerhalb der Ehe vertraten, sondern sogar die Option der Auflösung von Ehen im Raum stand (vgl. Gundry Volf 1996, 527f). Demgegenüber bringt Paulus die Autorität des Ehescheidungsverbots Jesu in Stellung, dessen Stoßrichtung er in 7,17–24 noch mit dem Grundsatz untermauert, dass alle in dem Stand bleiben sollen, in dem sie berufen wurden (vgl. Merklein 1987, 400–404). Während Paulus' Formulierung in V.10.11b dem Scheidungsverbot (Mk 10,9 par Mt 19,6) nahesteht, entspricht die Parenthese, die Paulus in V.11a zwischen die beiden Glieder des Scheidungsverbots eingeschoben hat, in der Sache dem kasuistisch formulierten Schuldspruch, nach dem Wiederheirat Ehebruch bedeutet (Mt 5,32 par Lk 16,18; Mk 10,11f par Mt 19,9). Die Parenthese dürfte dadurch bedingt sein, dass es zu dem darin angesprochenen Fall in Korinth bereits gekommen ist, doch bleiben Einzelheiten (Trennung *vor* der Hinwendung zum Christusglauben?, Trennung wegen asketischer Tendenzen des Mannes? Oder aus anderen Gründen?) im Dunkeln (vgl. Collins 1992*, 28f). Im Fall einer bereits erfolgten Trennung sieht Paulus, da eine Wiederheirat dem zugrunde liegenden Jesuswort zufolge Ehebruch bedeutet, nur zwei Optionen: Die Frau kann entweder unverheiratet bleiben oder sich mit ihrem Mann versöhnen.

V.12–16 greift sodann den Fall von Mischehen auf, für den das Bestreben unter den Asketen, diese aufzulösen, von besonderem Gewicht gewesen sein dürfte, doch kann das Thema auch unabhängig von asketischen Tendenzen aufgekommen sein.

Im frühen Judentum hat sich das in einigen atl. Texten angelegte Verbot von Mischehen (Ex 34,15f; Dtn 7,3f; Esr 9–10; Neh 13,23–30) zur generellen Norm entwickelt (Tob 4,12; Jub 20,4; 22,20; 25,1–10; 27,10; TestLevi 9,10; TestJuda 13,7; 14,6; JosAs 7,5; 8,5; TestHiob 45,3; ParJer 8; 11QT LVII,15f; Philon, SpecLeg 3,29; Josephus, Ant 8,191, vgl. Tacitus, Hist 5,5,2, zur Endogamiethematik vgl. Satlow 2001, 133–161; El Mansy 2016, 103–216), was nicht bedeutet, dass Mischehen nicht vorkamen (vgl. Apg 16,1–3). Zudem gab es die Möglichkeit, dass der nichtjüdische Teil zum Judentum übertrat (vgl. JosAs). In der Begründung der Ablehnung von Mischehen stechen die Motive der Gefährdung von Reinheit und Heiligkeit des Gottesvolkes (Jub 25,1.12; 30,7–14) sowie – auf der Linie von Ex 34,15f; Dtn 7,3f (vgl. Num 25; 1Kön 11,1–13) – der Gefahr des Götzendienstes hervor (Philon, SpecLeg 3,29, vgl. die Rekurse auf Num 25 in Philon, VitMos 1,295–304; SpecLeg 1,56f; Virt 34–41). 1Kor 7,12–16 nimmt nicht Eheschließung, sondern den spezifischen Fall in den Blick, dass *in bereits bestehenden Ehen* nur einer der beiden Partner zum christlichen Glauben konvertiert ist. Als dadurch entstehendes Konfliktfeld ist mit an erster Stelle der mit der Hinwendung zum Glauben an den einen Gott einhergehende Rückzug von den bisherigen religiösen Vollzügen, inkl. dem häuslichen Kult, zu nennen. Plutarchs Äußerung, dass die Frau allein die Götter, denen der Mann dient, verehren soll (ConjPraec 19 [Mor 140d]), zeigt die Bedeutung dieses Bereichs für die einvernehmliche Gestaltung der ehelichen Gemeinschaft.

Darin, dass Paulus die Thematisierung von Mischehen in V.12 mit den Worten „den Übrigen aber sage ich, nicht der Herr" einleitet, ist impliziert, dass sich der Geltungsbereich des strikten Ehescheidungsverbots Jesu Paulus zufolge nicht auf solche Fälle erstreckt. Daher kann Paulus hier nur in eigener Autorität vorbringen, dass die Ehe aufrechterhalten werden soll, sofern der nichtchristliche Partner nicht die Scheidung begehrt (7,12f), was wohl einschließt, dass die neue religiöse Orientierung des christlichen Partners akzeptiert wird. In diesem Fall sollte auch vom christlichen Teil kein Scheidungsbegehren ausgehen. Dieser muss auch nicht befürchten, durch den ehelichen Kontakt mit einer „ungläubigen" Person ‚verunreinigt' zu werden, weil nach Paulus umgekehrt der oder die „Ungläubige" durch den christlichen Teil „geheiligt" wird (V.14).[29] Strebt der nichtchristliche Teil hingegen – wohl vorrangig wegen der Hinwendung des bzw. der anderen zum Christusglauben – die Scheidung an, ist der christliche Partner „nicht sklavisch gebunden" (7,15). Wie vom christlichen Teil im vorigen Fall nicht selbst die Scheidung anzustreben ist, muss er sie in diesem Fall nicht zu verhindern suchen (letztlich verhindern kann er sie, juristisch betrachtet, ohnehin nicht, da Scheidung keinen Konsens voraussetzt). Anders als in V.11 folgt keine Anweisung, dass der von einer „ungläubigen" Person geschiedene Christ nicht wieder heiraten darf. Ob dieses Schweigen bedeutet, dass Paulus im Fall einer aufgelösten Mischehe Wiederheirat für erlaubt hält (so z. B. Instone-Brewer 2002, 201–203), lässt sich aber nicht mit Sicherheit sagen.

Im Fall von neuen Eheschließungen fordert Paulus in seiner auf Witwen bezogenen Weisung in V.39, dass sie „im Herrn" zu geschehen habe, also dem im Herrn geltenden Maßstäben gemäß zu erfolgen habe. Die Formulierung öffnet Interpretationsspielraum, doch dürfte Paulus faktisch darauf hinaus wollen, dass die Freiheit der Witwe, „sich zu verheiraten, mit wem sie will", dadurch konkretisiert wird, dass ein christlicher Partner zu suchen ist (vgl. für viele Horrell 2016, 446f, anders El Mansy 2016, 264f).

### 5.1.3 Paulus' Stellung zu gleichgeschlechtlichem Sexualverkehr

1. Die Aufmerksamkeit, die Paulus' Aussagen zu gleichgeschlechtlichem Sexualverkehr in der neueren Forschung gefunden haben, spiegelt nicht die Bedeutung des Themas im Gesamtgefüge der paulinischen Ethik, sondern dessen Relevanz in den aktuellen gesellschaftlichen Diskursen der westlichen Welt. Berührt wird das Thema nur in dem Lasterkatalog in 1Kor 6,9f sowie in Röm 1,26f. Paulus' Haltung ist eindeutig ablehnend. Man muss aber beachten, wovon Paulus aus welchen Gründen spricht und wovon nicht.

Das frühe Judentum war sich auf der Basis von Lev 18,22; 20,13 in der Ablehnung von gleichgeschlechtlichem Sexualverkehr einig. Dass das Thema im Frühjudentum eine deutlich größere Rolle spielt als im AT, hat zentral damit zu tun, dass gleichgeschlechtliche Sexualkontakte in der griechisch-römischen Antike verbreitet und zumindest in bestimmten Formen akzeptiert waren (grundlegend zu diesem Thema Dover ²1989 und Williams ²2010). Einen

---

[29] Das meint nicht, dass die nichtchristlichen Partner im Heil sind (s. V.16); auch ist damit nicht die Zuversicht ausgedrückt, dass sie sich der Anziehungskraft des Christusglaubens oder zumindest des christlichen Ethos nicht werden entziehen können. Man wird V.14 ferner kaum in dem Sinne verstehen dürfen, dass sich die Heiligkeit des Christen auf die anderen Familienmitglieder – geradezu magisch – überträgt, sondern V.14 allein im Sinne einer relationalen Aussage als Zusicherung an die betroffenen Adressaten verstehen dürfen: „Der ‚Ungläubige' ist demnach unter *der* Hinsicht ... ‚geheiligt', dass er für den Glaubenden insofern keine Gefahr darstellt, als dieser durch seine Gegenwart nicht ‚entheiligt' oder ‚verunreinigt' werden kann" (Körner 2020, 206).

bedeutenden (jedoch nicht den ausschließlichen) Bereich stellte dabei die ‚Knabenliebe' dar[30], wobei zwischen ihrer Gestalt im klassischen Griechenland und im römischen Reich insofern zu differenzieren ist, als im klassischen Griechenland die Verbindung mit dem Mentorat eines Erwachsenen gegenüber einem heranwachsenden Bürger geläufig war (vgl. Reinsberg ²1993, 163-215), während diese Form in Rom auf Ablehnung stieß und allein sexuelle Kontakte zwischen einem – im Sexualakt aktiven, penetrierenden – Freien und einem jugendlichen Sklaven oder Prostituierten als legitim galten (vgl. Winterer 2005, 34-46). Diente der Bereich der Sexualethik dem frühen Judentum insgesamt als ein Gebiet, auf dem die Differenz zur sonstigen griechisch-römischen Antike betont werden konnte (→ 5.1.1/1), so bot sich insbesondere die abweichende Haltung zu gleichgeschlechtlichen Sexualkontakten an, um die Abgrenzung von der paganen Umwelt zum Ausdruck zu bringen (EpArist 152; Sib 3,594-600). Dies gilt umso mehr, als das frühe Judentum sich hier zugleich mit philosophischen Positionierungen im Konsens wissen durfte, die gleichgeschlechtlichen Sexualverkehr als „widernatürlich" ablehnten (Platon, Leg I 636c; VIII 841d; Musonios, Diss 12 [ed. Hense p. 64,5-7]; Plutarch, Amat 5 [Mor 751c] u. ö., vgl. dazu frühjüdisch z. B. Philon, Abr 135.137; SpecLeg 3,37.39; Josephus, Ap 2,273; PseudPhok 190f). Als weiterer Faktor spielt eine Rolle, dass die Geschlechterdifferenz mit einer klaren Unterscheidung und Zuordnung eines aktiven männlichen Parts und eines passiven weiblichen Parts beim Geschlechtsverkehr verbunden werden konnte; gegen gleichgeschlechtlichen Sex wird entsprechend vorgebracht, dass ein Mann die Rolle einer Frau einnimmt und so effeminiert und verweichlicht wird (Philon, Abr 136; SpecLeg 2,50; 3,37-39; Cont 60f). Philon argumentiert ferner – als Kehrseite seiner engen Verbindung der ehelichen Sexualität mit dem Ziel der Weitergabe des Lebens (→ 5.1.2/1) – mit der Vergeudung des Samens und dem Problem der Entvölkerung der Städte (Abr 136; SpecLeg 3,39; Cont 62). Die große Bedeutung, die dem Thema im Frühjudentum zuwachsen konnte, kommt in exemplarischer Klarheit darin zum Ausdruck, dass Josephus die Ablehnung gleichgeschlechtlichen Sexualverkehrs in Ap 2,199 in seine Gesetzeszusammenfassung (Ap 2,190-218, → II.2/5a) eingebunden hat (s. auch Philon, Hyp 7,1) und in der an den Dekalog angelehnten Gebotsreihe in PseudPhok 3-8 dem Ehebruchverbot die Mahnung zur Seite gestellt ist, nicht Männerliebe aufkommen zu lassen (PseudPhok 3, vgl. zu dieser Verbindung Sib 3,764; 4,33f; 5,166.430; Philon, SpecLeg 2,50, ferner auch ApkAbr 24,5.7). Anzumerken ist schließlich, dass in den frühjüdischen Texten immer wieder spezifisch die ‚Knabenliebe' als Gegenstand entschiedener Ablehnung erscheint (PseudPhok 210-214; 2Hen 10,4; Philon, Abr 135; SpecLeg 2,50; 3,37-39; Cont 59-61; Hyp 7,1; Sib 3,185f.596; 4,34; 5,166.387.430).

2. Paulus' Ablehnung homoerotischer Sexualkontakte ist vor dem skizzierten Hintergrund zu betrachten. In 1Kor 6,9f stehen „Weichlinge" (μαλακοί) und „mit Männern Verkehrende" (ἀρσενοκοῖται, vgl. 1Tim 1,10) in einem längeren Lasterkatalog nebeneinander, den Paulus, wie schon die für ihn nicht charakteristische Rede vom „Erben des Reiches Gottes" nahelegt (vgl. Schrage 1991-2001, 1:426), aus der frühchristlichen ethischen Unterweisung übernommen hat. Der Katalog steht deutlich in frühjüdischer Tradition. Das gilt auch für die hier relevanten Glieder, denn die Abfolge „Ehebrecher, Weichlinge, mit Männern Verkehrende" fügt sich in die angeführten frühjüdischen Belege wie PseudPhok 3 ein, in denen Ehebruch und homoerotischer Sexualverkehr als zentrale sexuelle Vergehen nebeneinanderstehen (vgl. zu diesem Tandem aber auch Musonios, Diss 12 [ed. Hense p. 64,4-7]). Zu-

---

[30] Zur Kritik an der These von Scroggs 1983, der homosexuelle Praktiken in der Antike geradezu gänzlich auf den Bereich der Päderastie konzentriert sieht, s. z. B. Smith 1996, 226-244.

gleich stellt die Position von „Weichlinge" zwischen „Ehebrecher" und „mit Männern Verkehrende" sicher, dass der für sich genommen relativ offene Begriff „Weichlinge" (Aristoteles z. B. stellt in EthNic 7,8 [1150a14f] in Bezug auf den Umgang mit Schmerz „Standhafte" und „Weichlinge" einander gegenüber) hier sexuell konnotiert ist. Genauer: Der skizzierte traditionsgeschichtliche Befund führt zu der Annahme, dass hier der passive Part beim Geschlechtsverkehr gemeint ist, während dann „mit Männern Verkehrende" (das Wort ἀρσενοκοῖται dürfte in Anlehnung an Lev 18,22; 20,13$^{LXX}$ gebildet sein[31]) auf den aktiven Part bezogen ist. Möglich ist des Näheren, dass Päderastie (vgl. Philons Rede von „Weichlichkeit" [μαλακότης bzw. μαλακία] in diesem Zusammenhang in Abr 136; SpecLeg 3,39f) im Blick ist; der „mit Männern Verkehrende" wäre dann spezifischer der Knabenschänder, der „Weichling" der Lustknabe oder gar Strichjunge (vgl. Scroggs 1983, 106–109; Stowasser 1997, 511–515). Sicher ist diese Eingrenzung indes nicht.

3. Röm 1,26f ist in der Argumentation des Röm Teil des Aufweises der Notsituation der Menschen, aus der das Evangelium den Ausweg weist: Aufgrund ihrer Gottlosigkeit und Ungerechtigkeit stehen alle Menschen unter dem Zorn Gottes (1,18). Paulus führt den Schuldaufweis zunächst in 1,19–32 im Stil traditioneller frühjüdischer Anklagen ,heidnischer' Lasterhaftigkeit (vgl. exemplarisch SapSal 14,22–31), um von 2,1 an dann das negative Urteil über das pagane Unwesen auf den imaginierten jüdischen Gesprächspartner (vgl. 2,17) zurückfallen zu lassen. In einem ersten Schritt (1,19–23) greift Paulus das verbreitete Motiv der Erkennbarkeit Gottes anhand seiner Schöpfungswerke auf, um darzulegen, dass die Menschen in ihrer Gottlosigkeit nicht entschuldbar sind.[32] V.24–32 malt dann die ethischen Verirrungen aus, die daraus resultieren, dass Gott die Menschen aufgrund dessen preisgegeben und ihrem Wandel überlassen hat. Dass Paulus dabei in V.26f die „schändlichen Leidenschaften" (V.26a) spezifisch durch „widernatürliches" (παρὰ φύσιν, V.26b) Sexualverhalten illustriert, hängt mit dem in V.19–21 aufgespannten schöpfungstheologischen Horizont des Schuldaufweises in 1,19–32 zusammen. Dies wird dadurch erhärtet, dass Paulus in V.26f nicht substantivisch von Frauen und Männern spricht, sondern die substantivierten Adjektive (wörtlich: die „Weiblichen" und die „Männlichen") verwendet, was nicht nur „die Betonung ganz auf die biologische Geschlechtszugehörigkeit" (Körner 2020, 227) legt, sondern auch als Anspielung auf Gen 1,27 zu lesen ist.

Da V.27 eindeutig von gleichgeschlechtlichem Sexualverkehr unter Männern spricht, wird für V.26 häufig angenommen, dass es hier um lesbisches Sexualverhalten geht (z.B. Brooten 1996, bes. 239–253; Loader 2017, 141–143). Explizit gesagt ist dies aber nicht. Paulus spricht vielmehr ohne Näherbestimmung von der Vertauschung des „natürlichen Verkehrs" mit „dem wider die Natur". Zum einen spielt Homoerotik von Frauen im antiken Diskurs, zumal im jüdischen Bereich,

---

[31] Vielleicht inspiriert durch den analogen Terminus ἀνδροκοιτέω, durch den zugleich sicher ist, dass der erste Wortteil das Objekt des Sexualverkehrs benennt, d.h., es geht um eine Person, die mit einem Mann Verkehr hat (s. dazu Hollenback 2017).

[32] Siehe z.B. SapSal 13,1–9; TestNaph 3,3f; 2Bar 54,17f; Philon, SpecLeg 1,32–35; PseudPhiloJona 10–19.105–107.118–136.

eine untergeordnete Rolle.[33] Zum anderen ist schon bei Platon die Verknüpfung des Naturbegriffs mit der Bindung der Sexualität an die Fortpflanzung (→ 5.1.2/1) belegt; sie findet sich unter Paulus' philosophischen Zeitgenossen bei Musonios (Diss 12 [ed. Hense, p. 63,17–64,7]) und ist, was für Paulus besondere Relevanz besitzt, auch im hellenistischen Judentum rezipiert worden (Philon, Abr 137; SpecLeg 3,9–11.32–36; Josephus, Ap 2,199 sowie auch PseudPhok 176.190, vgl. zum Ganzen Ward 1997). Von daher legt sich für Röm 1,26b nahe, dass hier schlicht vom Vaginalverkehr abweichende – etwa aus Gründen der Empfängnisverhütung gewählte – Formen heterosexuellen Verkehrs anvisiert (Miller 1995; Debel 2009; Körner 2020, 228–231) oder diese zumindest neben dem gleichgeschlechtlichen Verkehr inbegriffen sind (Winterer 2005, 312–323). Für den Bezug auf Gen 1 bedeutet dies, dass dieser nicht in dem Aspekt der Bipolarität der Schöpfung als Grundlage des „natürlichen Verkehrs" aufgeht, sondern deren Verknüpfung mit dem Fortpflanzungsgebot in Gen 1,28 einschließt, aus der im Einklang mit der genannten philosophischen Tradition abgeleitet wird, dass allein vaginaler Sex der Schöpfungsordnung entspricht, da nur dieser *von der Natur her* dem Ziel der Fortpflanzung entspricht.

Ist V.26 nicht (allein) auf gleichgeschlechtliche Sexualakte von Frauen zu beziehen, dann impliziert der Text eine Aussage zum ehelichen Sex (vgl. die Rede von „*ihren* Weiblichen" in Röm 1,26!), die 1Thess 4,4f und 1Kor 7,2–6 zur Seite zu stellen ist. Die Position, dass allein Vaginalverkehr „gemäß der Natur" ist, ist dabei nicht zwingend mit der – weitergehenden – Auffassung zu identifizieren, dass dieser nur mit dem Ziel der Fortpflanzung praktiziert werden darf und ansonsten illegitim wäre. Gegen die vorgetragene Deutung von V.26b lässt sich daher nicht ins Feld führen, dass Paulus in 1Kor 7 über die Fortpflanzung als Zweck des Geschlechtsverkehrs schweigt, zumal die thematische Agenda in 1Kor 7 eine andere ist.

Erst V.27 fokussiert im Blick auf die Männer den „widernatürlichen Verkehr" auf von ihnen praktizierte gleichgeschlechtliche Sexualakte – und damit genau auf den einen Bereich, der in V.26 noch nicht inbegriffen war, dessen eigene Erwähnung sich an dieser Stelle aber schon wegen seiner Bedeutung in der griechisch-römischen Kultur anbot. Der durch „ebenso" angezeigte gemeinsame Nenner zwischen V.26b und V.27 besteht also nicht spezifisch in der Gleichgeschlechtlichkeit, sondern umfassender in der von Paulus postulierten ‚Widernatürlichkeit' des Verkehrs, die in der von Paulus hier aufgenommenen Vorstellung mehr umfasst als gleichgeschlechtliche Sexualakte. Anders als dies möglicherweise für 1Kor 6,9 im Falle eines spezifischen Bezugs auf die Päderastie gilt, lässt sich die Aussage in Röm 1,27 nicht auf bestimmte Erscheinungsformen eingrenzen. Gleichgeschlechtliches Sexualverhalten unter Männern wird hier grundsätzlich verurteilt.[34] Festzuhalten ist zugleich aber auch, dass Paulus' Thematisierung homoerotischen Sexualverhaltens zur Illustration

---

[33] Die Belege sind deutlich seltener als die für homoerotisches Verhalten von Männern. Siehe aber z. B. Ovid, Met 9,720–797; Martial, Epigr 1,90; 7,67; Lukian, DialMeretr 5,1f, frühjüdisch eventuell PseudPhok 192. Vgl. zu den Texten Brooten 1996, 29–71.

[34] Die nicht wenigen Versuche, Röm 1,27 exegetisch ‚entschärfen' zu wollen – etwa durch die Eingrenzung auf (besonders schändliche Formen von) Päderastie (so z.B. Scroggs 1983, 115f) –, überzeugen nicht (vgl. die Kritik von Loader 2017, bes. 120–122.139f.145–148), sind aber auch unnötig, wenn man Schriftautorität nicht fundamentalistisch missversteht.

„schändlicher Leidenschaften" in Röm 1,26f in einen soziokulturellen Verstehenshorizont eingebettet ist, der sich fundamental vom heutigen Diskurs unterscheidet (vgl. Brownson 2013, 153–156). Weder stehen ihm in seiner sozialen Realität verlässliche, durch Fürsorge füreinander bestimmte gleichgeschlechtliche Partnerschaften vor Augen (was nicht bedeutet, dass es sie in der Antike gar nicht gegeben hat, s. dazu Smith 1996, 236f). Noch setzt er sich konstruktiv mit der Frage der gleichgeschlechtlichen sexuellen Veranlagung auseinander. Paulus steht vielmehr in einem antiken Diskurs, in dem gleichgeschlechtlicher Sexualverkehr unter dem Aspekt des zügellosen promiskuitiven Auslebens sexueller Lust betrachtet wurde (s. nur Philon, SpecLeg 2,50; Dion von Prusa, Or 7,149–152, zu Dion vgl. Houser 1998, bes. 243– 253), das Paulus auch heterosexuell ablehnt (1Thess 4,3–5, nach obigem Verständnis auch Röm 1,26).

Die Frage, ob die Antike überhaupt Homosexualität im Sinne einer (auf Veranlagung beruhenden) sexuellen Orientierung kannte, wird häufig verneint (s. z. B. Hays 1997\*, 388f; R.F. Collins 2000, 88.142), doch sind durchaus gegenläufige Indizien beizubringen (vgl. Hoheisel 1994, 338). Neben einigen astrologischen Texten (vgl. zu diesen Brooten 1996, 115–141) ist insbesondere auf den in Platons Symposium (189c–193e) von Aristophanes vorgetragenen (und von Platon wohl als Humoreske dargebotenen) Mythos zu verweisen, dass die Menschen ursprünglich in aus zwei männlichen, zwei weiblichen oder einem weiblichen und einem männlichen Teil zusammengesetzten Kugelmenschen miteinander verbunden waren und sich seit der Trennung nach der jeweils anderen Hälfte sehnen. Es ist aber nicht erkennbar, dass solche Ansätze im antiken Diskurs ein größeres Gewicht besaßen. Dies gilt zumal für das Frühjudentum. Philon kannte zwar den Mythos, wies ihn aber kurzerhand als unsinnige Dichtung ab (Cont 63). Dass auch Paulus davon gehört hat, ist nicht auszuschließen, doch hätte er die im Mythos vorgebrachte Vorstellung aufgrund seiner Sozialisation und seines Umfeldes sowie im Lichte von Gen 1–2 kaum als etwas angesehen, womit man sich intellektuell beschäftigen muss (vgl. Loader 2017, 146f.149). Das heißt: In Paulus' Weltbild kommt Homosexualität im Sinne einer Veranlagung faktisch nicht vor. So geht denn auch aus Röm 1,27 hervor, dass es für ihn „um ein punktuelles, bewusstes ... homosexuelles Handeln *eigentlich* heterosexueller Männer geht" (Körner 2020, 234).

Nun könnte man gegen die Betonung der Differenzen zwischen den damaligen und heutigen Diskursen einwenden, dass Paulus' Verweis auf die Schöpfungsordnung auch gleichgeschlechtliche *Partnerschaften* betrifft. Die ‚sachkritische' Auseinandersetzung muss daher noch einen Schritt weitergeführt werden. Dem genannten Einwand ist entgegenzuhalten, dass das von Paulus aus seinem Verständnis von Gen 1 abgeleitete Urteil der ‚Widernatürlichkeit' im Sinne eines aufgeklärten Umgangs mit biblischen Texten auf der Höhe heutiger humanwissenschaftlicher Erkenntnisse zu hinterfragen ist, wie überhaupt Schöpfungstheologie auf der Basis einer die Texte historisch einordnenden kritischen Exegese und im Dialog mit den Naturwissenschaften zu betreiben ist. Fragt man ferner positiv nach biblisch fundierten Kriterien für die christliche Gestaltung von Paarbeziehungen, ist anzumerken, dass sich zentrale Charakteristika wie respektvoller Umgang miteinander (vgl. 1Thess 4,4) sowie liebevolle Hingabe und Sorge füreinander (vgl. Eph 5,25f.28) nicht nur auf hetero-, sondern grundsätzlich auch auf homosexuelle Partnerschaften beziehen lassen. Ebenso ist die partnerschaftliche Dimension der Sexualität gleichermaßen für hetero- wie homosexuelle Beziehungen zu würdigen. Dass die Beziehung von Frau und Mann darüber hinaus durch das Moment der in ihr möglichen Weitergabe des Lebens ausgezeichnet ist, bleibt davon unbenommen. Es gibt aber theologisch keinen Grund, gleichgeschlechtlichen Paaren eine kirchliche Segenshandlung zu versagen.

### 5.2 Besitzethik, Wohltätigkeit und Arbeit

Paulus gilt gemeinhin nicht als erste Adresse, wenn es um Besitzethik im NT geht. Während insbesondere das Lk die Bedeutung des Themas in der Jesustradition spiegelt (→ VII.5) und im Jak scharfe Kritik an den Reichen laut wird (→ X.3), äußert Paulus weder irgendwo auch nur leise Kritik an übermäßigem Privateigentum, noch wendet er sich direkt und explizit an begüterte Gemeindeglieder, um sie zu einer großzügigen karitativen Nutzung ihrer Güter anzuhalten, wie dies deuteropaulinisch in 1Tim 6,17-19 der Fall ist (→ IV.3.4); schon gar nicht fordert er Besitzverzicht. In 1Kor 7,30 weist Paulus zwar mit der Rede von den Kaufenden, die kaufen sollten, als behielten sie es nicht, den Besitz der vergehenden Welt zu und relativiert ihn so eschatologisch, doch wird damit nicht Besitz an sich abgelehnt, sondern allein „Fixierung auf den Besitz, verkrampftes Festhalten daran, das die Zeichen der Zeit, die Vergänglichkeit des Besitzes ignoriert" (Gerber 2006, 112). Nicht zuletzt tritt auch die Sorge für die Armen nicht als ein Hauptthema des ethischen Anliegens des Apostels hervor, jedenfalls nicht auf den ersten Blick. Es gibt in den Paulusbriefen nur wenige für das Thema relevante Passagen, wenn man die Kollekte für Jerusalem, die ein Problem *sui generis* darstellt, zunächst ausklammert. Wie dieser Befund zu deuten ist, ist allerdings keineswegs eindeutig. Denn angesichts des Charakters der paulinischen Briefe als Gelegenheitsschreiben, die auf konkrete Gemeindesituationen bezogen sind, mag das weitgehende Schweigen nicht mehr bedeuten, als dass Paulus im Bereich der Besitzethik und der Sorge für die Armen in seinen Gemeinden keine relevanten Probleme wahrgenommen hat – wenngleich man an dieser Stelle dann auch weiterfragen könnte, ob der Befund damit zu tun hat, dass Paulus an diesem Punkt weniger problemsensibel war als z.B. Lukas oder der Verfasser des Jak. Indes lassen die wenigen paulinischen Texte zum Thema bei näherem Hinsehen durchaus erkennen, dass Paulus, wenn es nötig war, zu besitzethischen Fragen etwas zu sagen wusste.

1. In der allgemeinen Paraklese in Röm 12, die angesichts der spezifischen Kommunikationssituation des Röm einen guten Einblick in den Grundbestand der ethischen Unterweisung des Apostels gewähren dürfte, lässt Paulus in V.6-8 die kurze Auflistung von Charismen, mit denen er die Vielfalt in der Einheit der Gemeindeglieder als ein Leib in Christus veranschaulicht, mit „dem Gebenden", „dem Fürsorgenden" und „dem Sich-Erbarmenden" mit einer Dreiergruppe enden, in der der Akzent deutlich auf karitativen Tätigkeiten in der Gemeinde liegt. Nimmt man ernst, dass es im Kontext um die Vielfalt individueller Charismen in der Gemeinde geht, wird man folgern müssen, dass Paulus hier – wie ähnlich wohl beim Charisma der „Hilfeleistungen" (ἀντιλήμψεις) in 1Kor 12,28 – bestimmte, wohl eher begüterte Gemeindeglieder im Blick hat, die in besonderer Weise ‚begabt' sind, ihre Mittel für

andere einzusetzen (vgl. Longenecker 2010, 282f). Die Aufgabe der Unterstützung Bedürftiger wird damit allerdings in keiner Weise exklusiv auf eine bestimmte Gruppe der Gemeinde konzentriert, wie in der nachfolgenden Unterweisung (12,9–21) die Mahnungen in V.13 deutlich machen, an den Nöten der Heiligen Anteil zu nehmen und Gastfreundschaft zu üben. Der Aspekt eines solidarischen Gemeinschaftsverhaltens fließt hier als etwas Selbstverständliches ein. In Erinnerung zu rufen ist ferner, dass die Explikation der durch die Geschwisterliebe geprägten Gruppensolidarität durch die Mahnung zur Arbeit mit den eigenen Händen in 1Thess 4,9–11 auch das Moment der wechselseitigen Hilfeleistung einschließt (→ 3.1.1).

Der wichtigste Text in den Paulusbriefen zum Aspekt der Unterstützung Bedürftiger dürfte indes Paulus' Argumentation gegen die Missstände beim Herrenmahl in Korinth in 11,17–34 sein (→ 4.3). Die Beschämung der Habenichtse, die mit dem vorgelagerten Mahl der Bessergestellten und der (daraus resultierenden) ungleichen Verteilung der Speisen verbunden ist, ist für Paulus gleichbedeutend mit der Verachtung der Gemeinde (11,22) und bedeutet zugleich ein Schuldigwerden an Leib und Blut Jesu Christi, weil die ethischen Konsequenzen, die sich aus der im Mahl erinnerten liebenden Selbsthingabe Jesu Christi (11,23–26) ergeben, nämlich die liebende Fürsorge füreinander, missachtet werden. Paulus' äußerst scharfes theologisches Urteil zeigt, wie wichtig ihm ein solidarisches Gemeinschaftsverhalten als Manifestation der gemeinsamen Teilhabe am Christusgeschehen ist. Angesichts der konkreten sozialen Konstellationen im römischen Reich, in dem ein großer Teil der Bevölkerung unter oder gerade am Existenzminimum lebte[35], ist dabei zu bedenken, dass Gemeinschaftsmahle, zu denen die wenigen begüterteren Gemeindeglieder, wie dies in Korinth der Fall gewesen sein dürfte, das Gros der Speisen für alle zur Verfügung stellten, für die vielen armen bzw. ärmeren Gemeindeglieder eine wichtige Entlastung ihres Wochenbudgets darstellten. Überhaupt ist die diakonische Bedeutung des gemeinsamen Mahls kaum hoch genug einzuschätzen (→ VII.5.3/5 zu Apg 2,42). Paulus' Mahnung in Röm 12,13, an den Nöten der Heiligen Anteil zu nehmen, gewinnt hier eine konkrete Gestalt.

Bruce Longenecker (2010, 140–144) hat in seinem Versuch, die Sorge für die Armen als ein für Paulus zentrales Thema zu erweisen, mit 1Thess 5,14; Gal 6,9f; 2Kor 9,13 noch weitere Texte bemüht, doch ist diesen für das in Frage stehende Thema keine eindeutige Aussage zu entnehmen. In der Mahnung in 1Thess 5,14, sich der Schwachen anzunehmen, ist deren Identifizierung als *ökonomisch* Schwache nur eine unter vielen Optionen; es könnten z.B. auch Kranke (vgl. 1Kor 11,30) oder in ihrer christlichen Orientierung Schwache gemeint sein. In Gal 6,9f mag die Rede vom Tun des Guten *auch* karitatives Engagement umfassen, aber die Wendung ist semantisch offen. In 2Kor 9,13 fügt Paulus an die Rede von der Lauterkeit der Gemein-

---

[35] Auch wenn angesichts der unzureichenden Datengrundlage Prozentzahlen mit Vorsicht zu genießen sind, geben die von Friesen (2004, hier bes. 337–347) gebotene siebenstufige Skalierung der wirtschaftlichen Verhältnisse der Bevölkerung im römischen Reich und die von ihm ausgewiesenen Größen der jeweiligen Gruppen doch einen guten Gesamteindruck von den sozialen Verhältnissen. Nach der ursprünglichen Schätzung von Friesen lebten 28 % unter dem und 40 % gerade am oder öfters unter dem Existenzminimum (bei Friesen „Poverty Scale" [= PS] 7 und 6), weitere 22 % stabil nahe dem Existenzminimum (= PS 5). Longenecker 2010, 36–59 kommt zu leicht anderen Zahlen: PS (bzw. bei Longenecker ES für „Economy Scale") 7: 25 %, PS 6: 30 %, PS 5: 27 % (53).

schaftsgabe zu den Jerusalemern die Worte „und zu allen" an, doch wird damit eher auf die Rolle Jerusalems als Muttergemeinde der christusgläubigen Gruppen verwiesen als ausgesagt, dass die Kollekte nur *ein* Beispiel für ein weiter ausgreifendes karitatives Anliegen ist.

2. Ergab sich bis jetzt ein eher karger Befund zur Besitzethik und zur Sorge für die Armen in den paulinischen Briefen, so ist allerdings noch die Kollekte für Jerusalem einzubeziehen, aus der verschiedentlich eine hohe Sensibilität von Paulus hinsichtlich einer tatkräftigen Solidarität mit den Armen abgeleitet wurde (s. z. B. Georgi 2005, 283). In der Tat finden sich in diesem Zusammenhang bedeutende Aussagen zum Thema.

Die Kollekte ist allerdings mit eigenen Problemen behaftet, die hier nicht im Einzelnen entfaltet werden können. M.E. ist von zwei Voraussetzungen auszugehen. Erstens: Die Vereinbarung auf dem Apostelkonvent, dass Barnabas und Paulus „der Armen gedenken" sollen (Gal 2,10), trägt den Leitern der antiochenischen Delegation nicht allgemein auf, dass sie in den von ihnen gegründeten Gemeinden auf die Armenfürsorge achten sollen (anders Longenecker 2010, bes. 157–206; Armitage 2016, 232–234; Massinelli 2021, 175–178), sondern blickt auf eine Geldsammlung für die Armen in der Jerusalemer Gemeinde, mit der die Heidenchristen – nach dem Verzicht auf die Beschneidung und damit auf die formale Eingliederung von Heidenchristen in das Judentum – ihre Zugehörigkeit zum und ihre Verbundenheit mit dem von Jerusalem ausgehenden christusgläubigen Judentum diakonisch zum Ausdruck bringen sollen. Zweitens: Die Kollekte, auf die Paulus in seinen Briefen verschiedentlich zu sprechen kommt (1Kor 16,1–4; 2Kor 8f; Röm 15,25–31), ist *direkt* als Einlösung dieser Abmachung zu lesen (anders z. B. Downs 2008, 33–60, bes. 39). Legt man dies zugrunde, ist zu konstatieren, dass Paulus nach allem, was seine Briefe zu erkennen geben, die Sammlung in seinen Gemeinden erst etliche Jahre nach dem Apostelkonvent, genauer: kaum vor dem Jahr 53, angegangen ist (vgl. z. B. Longenecker 2010, 341–344), also in einer Zeit, als er sich zunehmenden Spannungen mit christusgläubigen Juden ausgesetzt sah und die Gemeinschaft mit den Jerusalemer Autoritäten, die auf dem Konvent per Handschlag besiegelt worden war (Gal 2,9), gefährdet erschien, was sich auch in Röm 15,30f widerspiegelt. In dieser Situation gewinnt die Kollekte für Paulus eine gewichtige kirchenpolitische Bedeutung: Es geht – analog zur Konstellation beim Apostelkonvent im Jahr 48 – um nichts Geringeres als um die Anerkennung der vollgültigen Zugehörigkeit seiner heidenchristlichen Gemeinden zur christusgläubigen Gemeinschaft durch die Muttergemeinde des entstehenden Christentums.

Kann man Paulus' Kollektenbemühungen historisch angemessen nicht ohne Berücksichtigung ihrer kirchenpolitischen Bedeutung erörtern, so bleibt von dieser historischen Einbettung gleichwohl unbenommen, dass Paulus vor allem in 2Kor 8f zu einer theologisch substantiellen Begründung der Kollekte gekommen ist, die einen wichtigen Ausschnitt paulinischer Ethik markiert. Dabei ist zu bedenken, dass die mit der Kollekte praktizierte Form einer den Bereich der eigenen Polis überschreitenden Wohltätigkeit in der Antike ungewöhnlich ist (vgl. dazu Koch 2016, 223–225).[36] Insofern ist es naheliegend, dass Paulus sein Anliegen auf der Basis sei-

---

[36] Geldsammlungen an sich waren in der griechisch-römischen Antike zwar fest verankert, wobei eine besondere Nähe der Kollekte, wie Kloppenborg (2017 und 2017a) gezeigt hat, zu von Städten wie Vereinen betriebenen Geldsammlungen für besondere Projekte (ἐπίδοσις) zu verzeichnen ist (2017a, 180–197). Eine Sammlung für Menschen in einer entfernten Region ist aber gänzlich ungewöhnlich (193.197f). Die an ihre Heimatstadt gerichtete Bitte von in Puteoli ansässigen tyrischen Kaufleuten um finanzielle

ner im Christusgeschehen zentrierten Weltdeutung in einen umfassenden Sinnzusammenhang einstellt und den Korinthern so deutlich zu machen sucht, dass sich die Kollekte unmittelbar aus dem christlichen Überzeugungssystem ergibt. Grundlegend ist darin die Interpretation des „*diakonischen* Dienstes" für die Armen in Jerusalem (Röm 15,25.31; 2Kor 8,4; 9,1.12.13) als Gnadengabe (χάρις, 2Kor 8,4.6.7.19, s. auch 1Kor 16,3), in der sich die von den Gebern empfangene Gnade Gottes (8,1; 9,14) manifestiert (vgl. Theobald 1982, 280f; Barclay 2008, 409f). In der Gnadengabe ist also Gottes Gnade am Werk, was für Paulus an der freiwilligen und trotz ihrer eigenen Armut äußerst freigiebigen Beteiligung makedonischer Christen an der Kollekte plastisch zum Ausdruck kommt (8,1–5). Denn „[d]ass Arme und Bedrängte für andere zu Wohltätern werden, übersteigt das menschliche Vermögen und verweist auf den göttlichen Ursprung der Kollekte" (Schmeller 2010/2015, 2:45, vgl. ferner z.B. Klein 2012, 108). Den Korinthern soll das makedonische Vorbild als Ansporn dienen: Ihrem sonstigen geistigen Reichtum gemäß sollen sie auch *in diesem Gnadenwerk* überreich sein (V.7). Dass dies nach V.8 ein Prüfstein der Echtheit ihrer Liebe ist (vgl. 8,24), hängt mit der christologischen Fundierung der Agape zusammen, auf die V.9 rekurriert, der zugleich das Gnadenwerk Gottes christologisch expliziert (→ 3.2.4). Gnade und Liebe interpretieren sich hier wechselseitig: Das Gnadenwerk Christi ist Ausdruck der Liebe, seine Liebestat ist reine Gnade. Auf den Kontext zugeschnitten wird das Gnadenwerk Christi dabei nicht nur in ökonomischen Termini formuliert, sondern auch direkt auf die Korinther bezogen: *Um ihretwillen* wurde Christus, obwohl er *reich* war, *arm*, damit *sie* durch seine *Armut reich* werden. Der Gedankengang in 2Kor 8,7–9 impliziert, dass der gnadenhaft durch die Liebestat Christi zuteilgewordene (geistliche) Reichtum die Empfänger ihrerseits zur Agape und – in diesem Fall – zu einer (materiellen) Gnadengabe verpflichtet. Es geht hier, kurz gesagt, um die Christusförmigkeit des Handelns (vgl. Weihs 2012, 173.183f).

Nun spricht Paulus allerdings im Fortgang in V.10–15 nicht von Selbsthingabe, wie sie zuvor den Makedoniern zugeschrieben wurde (V.5), was kaum zufällig an entsprechende christologische Aussagen erinnert (vgl. z.B. Gal 1,4; 2,20), sondern er redet von Ausgleich und Gleichheit (ἰσότης, V.13f)[37] und bringt mit der Korrelation von Gabe und jeweiligem Besitz (V.12) einen auch anderorts belegten Gedanken vor (Tob 4,8; Philon, SpecLeg 2,72 u. ö.). Man kann darin ein Zurückbleiben der Forderung hinter dem Vorbild der Makedonier sowie insbesondere hinter der christologischen Begründungsfigur in V.9 sehen (vgl. Koch 2016, 227f; Massinelli 2021, 194–197), weil die Korinther eben nicht arm werden sollen, um andere reich zu machen. Und man kann dann weiter erklären, dass Paulus hier ebenso taktvoll wie geschickt agiert: taktvoll, da Geldfragen nicht nur im Allgemeinen i.d.R. heikel sind, sondern im Besonderen auch die Schwierigkeiten und Belastungen zu bedenken sind, die das Verhältnis zwischen Paulus und der korinthischen Gemeinde zuvor prägten; und geschickt, da er den Korinthern zum einen signalisiert, was er ihnen

---

Unterstützung (IG XIV 830), die zuweilen als Gegenbeispiel angeführt wird (z.B. Downs 2008, 113–115), bietet keine Analogie zur Kollekte (s. Koch 2016, 224f).

[37] Anders Münch 2012, 140–142, der in 8,13f ein proportionales, am (unterschiedlichen) Bedarf der Einzelnen orientiertes Moment einliest und ἰσότης im Sinne von „Angemessenheit als rechtes Verhältnis zwischen Bedarf und Besitz" (141) versteht.

nicht abverlangt – sie müssen nicht fürchten, überfordert zu werden –, zum anderen ‚zwischen den Zeilen' aber auch auf den über den Gedanken des Ausgleichs hinausgehenden Horizont christlichen Handelns hinweist (vgl. dazu Joubert 2000, 183f). Die Differenz zwischen 8,9 und 8,12–15 ist aber nicht überzubetonen. Ein fundamentaler Gesichtspunkt paulinischer Ethik, der auch sein Agapeverständnis prägt, ist die – in dem häufigen Gebrauch des Pronomens „einander" (→ 1.3/1) zum Ausdruck kommende – *Wechselseitigkeit* des sozialen Miteinanders, das *Füreinander*sorgen (1Kor 12,25). 2Kor 8,12–15 entspricht genau diesem in der paulinischen Ethik grundlegenden Aspekt (vgl. Barclay 2008, 419–426). Die Differenz zwischen 8,9 und 8,12–15 resultiert, kurz gesagt, daraus, dass die Heilstat Christi als Fundament der christlichen Existenz zwar zugleich Modell des Lebens der Christen wird und insofern mit Recht von einer Mimesis Christi zu sprechen ist, dabei aber die liebende Proexistenz, die Christi *singuläre* Heilstat kennzeichnet, in ein *wechselseitiges* Beziehungsgeschehen überführt wird. Hinsichtlich der Versorgung aller mit den Gütern des Lebens ist es dabei nichts anderes als rational, Güter so zu teilen, dass der Geber seine eigene Subsistenzsicherung nicht aufs Spiel setzt. Auch von den Makedoniern wird *notabene* nicht gesagt, dass sie nichts mehr für sich selbst behielten.

Das Moment, dass die Kollekte Weitergabe von Gottes Gnade ist, schwingt auch in ihrer Deutung als Segensgabe in 9,5 mit (vgl. Theobald 1982, 290f), mit der Paulus zur Großzügigkeit im Geben zu animieren sucht, wie sie der Fülle des Segens Gottes angemessen ist (9,6–10). Damit verbindet sich, dass das Augenmerk auf die Herzenshaltung der Spender gelenkt wird: Die Gabe darf weder mit innerer Betrübnis (über den finanziellen Verlust) einhergehen, noch auf äußerem Zwang beruhen (9,7, vgl. 8,3f zur Freiwilligkeit des Engagements der Makedonier). Hinzu tritt ferner der Aspekt, dass Gott seinerseits auf die Gabe wieder reagiert. Denn dass Gott fröhliche Geber liebt, manifestiert sich (auch) darin, dass er ihnen (weiterhin) reichliche Gaben zuteilwerden lässt (vgl. z. B. TestIss 3,6–8; 5,1–4; TestSeb 5,2–4). Deutlich wird hier in Paulus' theologischer Argumentation zudem, dass er auch die Güter des Lebens letztlich als Gabe Gottes ansieht (s. bes. 9,10, vgl. Lk 16,10–12 [→ VII.5.3/3]), was im Übrigen auch schon in dem Verweis auf die (Gnadengabe der) Mannaspeisung in 8,15 zutage tritt. Paulus liest Ex 16,17f des Näheren offenbar – in durchaus kreativer Weise – so, dass die, die viel sammelten, ihr Surplus mit denen teilten, die weniger hatten (vgl. Barclay 2008, 412f), d. h., der Rekurs auf die Mannaspeisung fungiert als Modell dafür, dass der Überfluss, den Gott den einen – wie den Korinthern nach 8,14 – gewährt, dazu dienen soll, den Mangel der anderen zu beheben.

Überblickt man 2Kor 8–9, so verbinden sich hier Schöpfungstheologie und Paulus' Deutung des Christusgeschehens zu einem harmonischen Ganzen: Die Lebensgüter sind zum Teilen bestimmte Gaben Gottes, und Gottes Gnadenhandeln in Christus manifestiert sich zwischenmenschlich in durch Liebe bestimmten Gnadengaben. Wenn aber die Lebensgüter Gottes Gaben sind bzw. die in der Kollekte bestehende Gnadengabe nichts anderes als Ausfluss der Gnade Gottes ist, dann ist es – und damit schließt sich der Kreis – nur konsequent, dass der Dank der Empfänger für die Gabe am Ende wiederum Gott gebührt (9,11–13). Es zeigt sich also eine zirkuläre Bewegung, die von Gott ausgeht und zu ihm zurückfließt (vgl. für viele Kim 2002, 84–86.125; U. Schmidt 2004, 139f): Die Empfänger der Gnadengabe werden durch diese zur Danksagung an Gott und zum Lobpreis Gottes veranlasst. Darin ist impliziert, dass der Dank letztlich nicht den menschlichen Wohltätern gebührt, die allein als Medium der göttlichen Gnade fungieren. Dieser Aspekt ist im Vergleich zum hellenistischen Euergetismus auffällig, doch begegnet eine analoge Tendenz in der frühjüdischen Auseinandersetzung mit demselben (dazu Rajak 1996, bes. 317f), so dass auch hier Paulus' jüdische Prägung sichtbar wird. Anzufügen ist, dass Paulus' ethischer Argumentation hier zugleich eine doxologische Dimension innewohnt: Menschliches Handeln, das aus der Gottesbeziehung Richtung und Kraft empfängt und insofern auf Gott als seinem Urheber verweist, gereicht Gott zur Ehre (vgl. 8,19). Einzubinden ist schließlich ein gewichtiger sozialer Aspekt: Paulus lässt die Kollekte nicht allein die Angelegenheit der wenigen wohlhabenderen Gemeindeglieder sein, die es in Korinth ausweislich 1Kor 1,26–28; 11,22 gegeben hat. Schon das in 1Kor 16,2 dargelegte Prozedere weist vielmehr darauf hin, dass grundsätzlich alle Gemeindeglieder, denen es möglich ist, wochenweise etwas beiseite zu legen, beteiligt sind (vgl. Meggitt 1998, 159; Friesen 2010, 49–51). Die ‚einfachen Leute' mit bescheidenem Auskommen unterstützen diejenigen, die wirtschaftlich noch schlechter gestellt sind. Die diakonische Praxis ist Sache der gesamten Gemeinde und damit aller Gemeindeglieder.

Der Erfolg, der Paulus mit der Sammlung der Kollekte offenbar beschieden war, hat Rückwirkungen auf die Beurteilung der übergreifenden Thematik der Sorge für die Armen in den paulinischen Gemeinden. Denn die erfolgreiche Durchführung der Sammlung für weit entfernt lebende Glaubensgeschwister wäre kaum möglich gewesen, wenn ein solidarisches Hilfsethos nicht schon in den Gemeinden verankert gewesen wäre.

3. Notwendiges Pendant zu Besitzausgleich und diakonischer Sorge füreinander ist die Bereitschaft, durch eigene Arbeit für sich selbst Sorge zu tragen, um anderen nicht unnötig zur Last zu fallen (1Thess 4,11f; vgl. PseudPhok 153–157), wie Paulus, der nach Apg 18,3 Handwerker war, dies zuvor in 1Thess 2,9 (vgl. 1Kor 4,12; 2Kor 11,27) für sich selbst in Anspruch genommen hat. Auch dies ist für Paulus Ausdruck von Agape (zum Zusammenhang mit 1Thess 4,9f → 3.1.1). 1Thess 4,11f gibt weder zu erkennen, dass ein durch die Naherwartung des Apostels (vgl. 4,15) evozierter eschatologischer Enthusiasmus, der einige Gemeindeglieder zum Müßiggang veranlasste, als Problemhintergrund anzunehmen ist (anders z.B. Weima 1996, 112–115; Hengel 2008, 450f), noch, dass unter den Adressaten eine von kynischer Philosophie beeinflusste Geringschätzung der Arbeit kursierte, die Paulus zu der Mahnung provozierte (anders Malherbe 1987, 96–107). Der Rückverweis auf die Verkündigung beim Gründungsaufenthalt am Ende von V.11 zeigt, dass die Mahnung zur Arbeit zum Grundbestand der paulinischen Unterweisung gehört. Sie kann hier, ohne spezifische Veranlassung, schlicht präventiv gemeint sein; allgemein ausgerichtete Mahnungen zur Arbeit gibt es jedenfalls, zumal in frühjüdischer Tradition, auch andernorts (s. nur PseudPhok 153–174; TestIss 5,3; 2Hen 52,7, für die nichtjüdische Antike z.B. Hesiod, Op 297–315; Dion von Prusa, Or 7,109–116). Weitergehende arbeitsethische Reflexionen – etwa über die Arbeit als anthropologische Grundgegebenheit, die nach der Weltdeutung der Urgeschichte schon im Garten Eden zum Menschsein

dazugehörte (Gen 2,15); über Kriterien menschenwürdiger Arbeitsverhältnisse und die notwendige Begrenzung der Arbeit, wie sie durch das Sabbatgebot (Ex 20,8-11; Dtn 5,12-15) zum Ausdruck kommt; oder über die Sozialpflichtigkeit nicht nur des Eigentums, sondern auch der Arbeit, wie sie sich in Eph 4,28; Apg 20,34f; HermSim 9,24,2 andeutet (vgl. Hengel 2008, 454f) – finden sich bei Paulus nicht.

4. Die Lasterkataloge in Röm 1,29; 1Kor 5,10.11; 6,9f und evtl. 1Thess 4,6a (→ 5.1.2/1) geben die Warnung vor Habgier als Grundbestand der paulinischen Unterweisung zu erkennen (vgl. auch 2Kor 7,2; 12,17f; 1Thess 2,5). Paulus stimmt damit in einen einmütigen Chor antiker Stimmen ein, denn Habgier gilt in der frühjüdischen wie paganen Ethik als ein Grundübel (zum Frühjudentum → II.2/5b, für die pagane Popularphilosophie z. B. Dion von Prusa, Or 17), wenn nicht gar als die Mutter oder Wurzel aller Übel (z. B. Diogenes Laertios 6,50; PseudPhok 42, vgl. 1Tim 6,10). Entscheidend ist, wie weitgehend Habgier definiert wird. Für Paulus dürfte, auch wenn das Wort hier nicht fällt, in diesem Zusammenhang 1Kor 6,1-8 instruktiv sein (vgl. für Lukas Lk 12,13-15, → VII.5.2/1). Paulus kritisiert hier scharf, dass Gemeindeglieder gegeneinander vor weltlichen Gerichten Prozesse führen (V.1). Der Missstand besteht allerdings nicht bloß darin, dass Gemeindeglieder nach außen tragen, was intern zu regeln ist (V.5f). Es geht darüber hinaus um einen Grundsätzliches betreffenden Konflikt divergierender Verhaltensorientierungen: Christen sollen Konflikte nach den um die Liebe zentrierten Regeln des Zusammenlebens lösen, was im Lichte von 1Kor 13 einschließt, nicht das Eigene zu suchen, das Böse nicht nachzutragen und alles zu ertragen (13,5.7). Für die in 1Kor 6 verhandelten Streitigkeiten müsste daraus folgen, auf die Durchsetzung seines (vermeintlichen) Rechts zu verzichten und lieber Unrecht zu ertragen (V.7).[38] Nun geht es bei den Rechtsstreitigkeiten nach V.3f um alltägliche Dinge (βιωτικά); die Rede vom Übervorteilen bzw. Berauben (ἀποστερεῖν) in V.7f lässt des Näheren an Prozesse um materielle Angelegenheiten denken (vgl. z. B. Mitchell 1993, 582f). Betrachtet man dies im Lichte römischer Rechtsverhältnisse, wird man die Kläger eher unter den begüterteren Gemeindegliedern zu suchen haben (Mitchell 1993, 572-581; Horrell 1996, 111f), denn Arme verfügten weder über die finanzielle Basis, um einen Prozess führen zu können, noch hatten sie Aussicht auf Erfolg, wenn sie einen Höherstehenden verklagten. Geht es in 1Kor 6 also sehr wahrscheinlich um bessersituierte Gemeindeglieder, die ihren materiellen Interessen durch den Gang vor Gericht Geltung zu verschaffen suchen, dann hält Paulus in V.7 nicht mittellose Menschen dazu an, Machtmissbrauch durch Bessergestellte still hinzunehmen – mit dem resignativen Grundton, dass sie gegen das Recht der Stärkeren und die Willkür der Mächtigen sowieso nichts ausrichten können. Vielmehr fordert er von Begüterten, auf die Durchsetzung ihrer Ansprüche zu verzichten. Mit V.8 geht Paulus noch einen Schritt weiter, denn seine Ausführungen erreichen hier ihren Kulminationspunkt in dem Vorwurf, dass die (begüterten) Kläger sich durch

---

[38] 1Kor 6,7b weist sachliche Nähe zu, aber schwerlich traditionsgeschichtliche Abhängigkeit von Mt 5,39f par Lk 6,29 auf. Entfernter vergleichen kann man auch den in der antiken Literatur verschiedentlich begegnenden Grundsatz, dass es besser sei, Unrecht hinzunehmen als anderen Unrecht zuzufügen (s. Platon, Gorg 469b; 473a; 474b; 475c-d; 509c; Musonios, Diss 3 [ed. Hense p. 11,6f]; Seneca, Ep 95,52; Philon, Jos 20).

das Prozessieren auch noch an den (zumindest z. T. ärmeren) Angeklagten zu bereichern suchen. Sie sind nicht nur nicht bereit, Unrecht zu ertragen, sondern begehen selbst Unrecht und übervorteilen andere Gemeindeglieder. Möglicherweise denkt Paulus daran, dass unberechtigte oder zumindest überzogene Ansprüche (Schadensersatz?) geltend gemacht werden. So oder so dürfte man kaum in der Annahme fehlgehen, dass Paulus das Streiten der betreffenden Korinther um materielle Belange als Ausdruck von *Habgier* gewertet hat (vgl. Pickett 1997, 112f), die im Kontext bereits in den Lasterkatalogen in 5,10.11 als Kardinallaster begegnet und auch in 6,9f wiederkehrt. Deutlich wird hier, dass sich Paulus' Kritik nicht allein an der falschen Wertigkeit entzündet, die materiellen Dingen zugeschrieben wird, sondern auch die negativen sozialen Folgen im Blick sind, die diese innere Haltung zeitigt, weil sie sich darin auswächst, sich auf Kosten anderer bereichern zu wollen.

## 5.3 Sklaverei

Für das Verständnis der paulinischen Aussagen zum Thema ist mit Nachdruck der Grundsatz zu beherzigen, dass die Aussagen in *ihrem* gesellschaftlichen Kontext zu betrachten sind und ihre Bewertung sich an der Inblicknahme damaliger realistischer Handlungsoptionen zu orientieren hat. Wenn man sie über den Leisten moderner Sichtweisen schlägt, kommt man leicht zu historisch inadäquaten, ungerechten, ja unsinnigen Urteilen (vgl. Harrill 1995, 3). Bei der Behandlung des Themas lassen sich idealtypisch drei Ebenen unterscheiden: erstens die Ebene der Gesellschaftsstruktur; zweitens der Umgang von christusgläubigen Sklavenbesitzern mit (christusgläubigen) Sklaven im Alltag und drittens der Umgang von Freien und Sklaven miteinander in der Gemeinde. Zum ersten Punkt ist anzumerken, dass Sklaverei im Imperium Romanum nicht nur ein in der Gesellschaftsstruktur fest verankertes Phänomen war, sondern auch ein sehr vielschichtiges. Abgesehen davon, dass das Lebenslos von Sklaven elementar vom Charakter ihrer Besitzer abhing, bildeten Sklaven keine homogene Größe, sondern vom Bergwerkssklaven bis zum Sklaven, der als Verwalter oder Lehrer diente, war die Spanne erheblich. „Because slaves could be found in all economic levels of society, they had no cohesion as a group and lacked anything akin to class consciousness" (Harrill 1995, 47). Viele Sklaven standen keineswegs auf der untersten Stufe der sozialen Leiter. Dem Kampf um das Lebensnotwendige, dem viele Tagelöhner und einfache Arbeiter in der Antike ausgesetzt waren, waren sie entnommen – sofern ihr Besitzer seinen Versorgungspflichten (s. z. B. Seneca, Ben 3,21,2) nachkam. Umgekehrt waren Ausbeutung der Arbeitskraft und schlechte Behandlung von Sklaven zuweilen nur durch das Kalkül begrenzt, ihre Arbeitskraft zu erhalten (vgl. Fitzgerald 2010*, 142–151). Geläufig war es im Imperium Romanum ferner, dass Sklavinnen und Sklaven ihren Besitzern auch zu sexuellen Dienstleistungen zur Verfügung stehen mussten.

Der ethische Diskurs zur Sklaverei zur Zeit von Paulus setzt die Institution der Sklaverei meist fraglos voraus und konzentriert sich auf die humane Behandlung der Sklaven (s. z. B. Seneca, EpMor 47; Sir 7,20f; PseudPhok 223–227; Philon, Dec 167; SpecLeg 2,66–68.89–91; 3,137).[39] Gesellschaftlich wirkmächtige Initiativen zur

---

[39] Ähnliches ist bereits für das AT zu konstatieren, das Sklaverei nicht grundsätzlich in Frage stellt, dessen Sklavengesetze aber ebenfalls auf eine humane Behandlung hinauslaufen. So gilt auch für sie die

Abschaffung der Sklaverei sind nicht zu verzeichnen. Dieser Kontext begrenzt von vornherein die Erwartung, die man realistisch an Paulus adressieren kann. Anders gesagt: Dass Paulus keine Gesellschaftsreform mit dem Ziel der Aufhebung von Sklaverei im Blick hatte, kann man enttäuschend finden; aber etwas anderes zu erwarten, liefe auf eine unhistorische Betrachtungsweise hinaus, die zudem missachtet, dass Paulus politisch über keinerlei Einfluss verfügte. Christusgläubige Sklaven gegen ihre (nichtchristlichen) Herren (vgl. zu dieser Konstellation 1Petr 2,18–20, → XI.2.2/3) aufzuwiegeln, hätte Paulus umgehend den Vorwurf eingetragen, *spiritus rector* einer umstürzlerischen Bewegung zu sein, was das sichere Ende der Gemeinden bedeutet hätte.

Eher schon könnte man beklagen, dass Paulus von seinen Konvertiten nicht verlangte, dass sie ihren Sklaven Freiheit schenkten. Dies gilt umso mehr, als man hierzu immerhin darauf verweisen kann, dass Philon von den Essenern zu berichten weiß, dass sie Sklaverei kategorisch ablehnten (vgl. Josephus, Ant 18,21) und Sklavenbesitzer geringschätzten, weil sie die Gleichheit verletzen und „die Satzung der Natur aufheben, die alle in gleicher Weise gebar und ernährte wie eine Mutter, nach Art von rechtmäßigen Brüdern" (Prob 79). Missionsstrategisch wird man hier bedenken müssen, dass es für die Gewinnung von begüterteren Gemeindegliedern ein gravierendes Hindernis bedeutet hätte, wenn diese, um Glieder der *ecclesia* werden zu können, zuvor alle ihre Sklaven in die Freiheit hätten entlassen müssen. Paulus ist hier zudem in einem offenkundigen Dilemma: Die Häuser wohlhabender Christen waren für die Gemeindeorganisation von nicht zu unterschätzender Bedeutung; Paulus musste von daher an der Aufrechterhaltung und Stabilität der traditionellen Struktur des Hauses, die die Rolle von Sklaven einschloss, ein grundsätzliches Interesse haben (vgl. Barclay 1991, 176f.184; Strecker 1999, 416f).

Die vorangehenden Anmerkungen bedeuten nun aber keineswegs, dass nach Paulus die Hinwendung zum Christusglauben für das Verhältnis von Sklaven und Freien zueinander folgenlos bleibt. Das Gegenteil ist der Fall, wie – neben Gal 3,28 (→ 1.3/3) – der Brief an Philemon deutlich macht (zur agapeethischen Dimension →3.2.3). Man kann zwar auf der einen Seite notieren, dass Paulus von Philemon nicht die Freilassung des zum Christusglauben bekehrten Sklaven Onesimus fordert, zumindest nicht explizit. Die Notiz in V.21b („ich weiß, dass du auch mehr tun wirst, als ich sage") kann eine Freilassung (*manumissio*) einschließen, sie lässt im Kontext aber primär an Paulus' in V.13f vorsichtig angesprochenes Anliegen denken, Philemon möge ihm Onesimus zur Verfügung stellen. Sozialgeschichtlich ist zu bedenken, dass die Freilassung im Regelfall einschloss, dass der Freigelassene weiterhin in einem Abhängigkeitsverhältnis zu seinem ehemaligen Herrn stand und die hierarchische Konstellation faktisch bestehen blieb. Auf der anderen Seite versieht Paulus die Rücksendung des Onesimus zu Philemon aber mit dem Kommentar, dass er ihn zurückerhalte „nicht länger als einen Sklaven, sondern mehr als einen Sklaven, als einen geliebten Bruder", und zwar auch „im Fleisch", also auch in den alltäg-

---

Arbeitsruhe am Sabbat (Ex 20,10). Ein hebräischer Sklave hat das Recht auf Freilassung im siebten Jahr (Ex 21,2f), bei der er nach Dtn 15,12–15 nicht mit leeren Händen weggeschickt werden soll. Einen von seinem Herrn geflohenen Sklaven soll man nicht ausliefern (Dtn 23,16f).

lichen Bezügen (V.16). Philemon wird darüber hinaus angehalten, die Gemeinschaft, die zwischen ihnen besteht, auch auf Onesimus zu übertragen, so dass Philemon seinen Sklaven wie einen Gefährten annehmen soll (V.17, → 3.2.3), womit freundschaftsethische Farben aufleuchten. Im Lichte der gesellschaftlichen Konventionen betrachtet könnte Paulus' Anliegen im Grunde nur als eine absurde „Zumutung" gewertet werden (vgl. Strecker 1999, 376; Ebner 2017, 105).[40] Paulus' Ausführungen laufen darauf hinaus, dass das soziale Gefüge gewissermaßen von innen her neu ausgerichtet wird (dezidiert Strecker 1999, 376f.415).

Was dies genau bedeutet, buchstabiert Paulus indes weder im Phlm noch anderorts aus, so dass die Gemeindeglieder selbst als ethische Subjekte zur Reflexion herausgefordert sind. Paulus gibt Leitplanken vor, die aber, wenn man die verschiedenen Aspekte zusammensieht, eher ein Spannungsfeld umgrenzen, statt eindeutige Wegmarkierungen zu setzen. Jedenfalls wird man konstatieren müssen, dass zwischen der geschwisterlichen Beziehung in Christus und dem Herr-Sklave-Verhältnis ein Rollenkonflikt besteht, der in der Lebensrealität wohl nur in den seltensten Fällen eine mehr oder minder spannungsfreie Auflösung erfuhr: Der Maxime, dass *alle einander* (als Sklaven) in der Liebe dienen sollen (Gal 5,13), steht gegenüber, dass in einem eingespielten Haushalt die Dienste von den Sklaven zu erbringen waren. Entsprechend wird man auch für Philemons Haus nicht ohne Weiteres voraussetzen dürfen, dass er nach Empfang des Briefes eine Kollegialleitung seines Hauses etablierte, in der neben ihm auch seine Ehefrau und Onesimus Einsitz erhielten und alle gleichberechtigt mitbestimmten, wie das Haus geführt wird. Und selbst wenn es in seinem Fall so war, kann man dies nicht verallgemeinern. Letztendlich verweist das Ineinander von nicht stringent aufgehobener Ordnung des Hauses und den auf Wechselseitigkeit angelegten Maximen des christlichen Miteinanders darauf, dass Paulus in gesellschaftlichen Fragen auch auf der Ebene des Hauses eher Reformer als Revolutionär war. Die bestehenden Ordnungen werden nicht gesprengt, sondern Aushandlungsprozessen ausgesetzt, die sie von innen her verändern.

Das gewonnene Bild wird durch den exkursartigen Passus 1Kor 7,17–24, in dem die ersten beiden Glieder von Gal 3,28 begegnen, bestätigt und ergänzt. Der Grundsatz, in dem zu bleiben, worin man berufen wurde (1Kor 7,17.20.24), verfolgt im Blick auf christusgläubige Sklaven nicht das Anliegen, ihren sozialen Status zu zementieren. Es geht vielmehr darum, deutlich zu machen, dass der soziale Status (bzw. die ethnische und religiöse Herkunft) für das in Gottes Berufungshandeln fundierte Leben völlig irrelevant ist. Für Sklaven schließt diese Irrelevanz ein, dass sie gerade nicht auf ihren Status fixiert sind, wie die Seitenbemerkung in V.21b deutlich macht.

Die elliptische Formulierung „mach umso lieber Gebrauch (μᾶλλον χρῆσαι)" hat Anlass zu unterschiedlichen Interpretationen gegeben. Einige ergänzen, dass ein Sklave, wenn er freikom-

---

[40] Paulus visiert damit das Gegenteil von dem an, was Aristoteles in seiner *Ethica Eudemia* vorgebracht hat: Zwischen Herrn und Sklaven kann es keine Koinonia/Partnerschaft geben, denn der Sklave ist nicht mehr als ein beseeltes Werkzeug seines Herrn, aber kein echtes Gegenüber (7,9 [1241b18–24], vgl. EthNic 8,13 [1161a32–1161b8]). Andere Töne schlägt in der kaiserzeitlichen Stoa aber Seneca an, für den Sklaven *humiles amici* sein können (EpMor 47,1, s. auch 47,16).

men kann, umso lieber *von seiner Knechtschaft* Gebrauch machen solle (z.B. Gayer 1976, 206–208; Schulz 1987*, 414). Deutlich wahrscheinlicher ist aber, dass Paulus hier Sklaven, denen sich die Möglichkeit der Freilassung bietet, empfiehlt, umso lieber von ebendieser Option Gebrauch zu machen (s. z.B. Trummer 1975, 352-363, Schäfer 1989, 283-288; Harrill 1995, 68-127; Horrell 1996, 162-166; Neutel 2015 149-152). Erstens wird normalerweise ergänzt, was unmittelbar vorangeht, also hier „frei werden können"; zudem legen Analogien zur Formulierung nahe, dass diese *adversativ* auf die vorangehende Aufforderung in V.21a „nicht soll es dich kümmern" bezogen ist (Harrill 1995, 108-121). Zweitens ist zu bedenken, dass ein Sklave in der Regel nicht die Wahl hatte, wenn ihm die *manumissio* angeboten wurde. Drittens war die *manumissio* durchaus geläufig (vgl. Harrill 1995, 53-56; Herrmann-Otto ²2017, 231-235); wenn Paulus sich gegen diese Institution hätte wenden wollen, hätte er dies begründen müssen.

In V.22 läuft der Hauptgedanke weiter, der auf eine starke Relativierung des jeweiligen Standes infolge der Berufung durch Gott hinausläuft. Entscheidend ist für Sklaven wie Freie die Zugehörigkeit zu Christus, die Paulus mit Identitätsmerkmalen beschreibt, bei denen die Attribute Freiheit und Knechtschaft gezielt invertiert sind: Die, die im sozialen bzw. rechtlichen Sinn Sklaven sind, sind Freigelassene des Herrn, sie sind durch Christus aus ihrer heillosen früheren Existenz befreit und in die Würdestellung eingesetzt worden, Kinder Gottes zu sein (vgl. Gal 4,3–7); die Freien aber sind Sklaven Christi, d.h., sie sind für ein durch die Agape bestimmtes Leben in Gerechtigkeit in Dienst genommen (vgl. Gal 5,13). Natürlich gilt in beiden Fällen auch die jeweils andere Aussage, doch bringt die Inversion der Attribute rhetorisch kraftvoll zum Ausdruck, dass in Christus die weltlichen Identitätsmerkmale ihre Relevanz eingebüßt haben. Für beide gilt gleichermaßen, dass sie teuer erkauft sind (1Kor 7,23). Sie haben beide denselben Herrn über sich. Dies bestimmt auch ihre Beziehung zueinander. Es geht damit um weit mehr und anderes als in dem stoischen Motiv einer inneren Freiheit von den äußeren Dingen, wie es z.B. die Freiheitsdiatribe des ehemaligen Sklaven Epiktet prägt (Diss 4,1), denn im Blick ist die reale Erfahrung von sozialer Gemeinschaft, an der Sklaven als Geschwister in Christus vollgültig partizipieren.

### 5.4 Die Unterordnung unter die Obrigkeiten (Röm 13,1–7)

In die ethische Unterweisung des Röm hat Paulus in 13,1-7[41] eine Ermahnung zur Unterordnung unter die Obrigkeiten bzw. Machthaber eingebunden, nachdem zuvor in 12,9-21 (→ 3.1.2) der Handlungshorizont bereits über die Gemeinde hinaus auf Außenstehende ausgeweitet worden war (12,14.17-21). Die Formulierung, dass „jede Seele" (= jedermann) sich der Obrigkeit unterordnen soll (13,1), zeigt, dass es nun nicht um Verhalten spezifisch von Christen geht, sondern um eine für alle Menschen gültige Forderung. Paulus begründet die Unterordnung erstens mit der pauschalen Aussage, dass jede Obrigkeit von Gott eingesetzt und daher Wider-

---

[41] Auf die äußerst verzweigte Diskussion über diesen Text kann hier auch nicht ansatzweise eingegangen werden. Siehe dazu die umsichtigen Ausführungen zur Forschungsgeschichte von Krauter 2009, 4–51.

stand gegen die Obrigkeit Widerstand gegen Gott sei. Die Vorstellung der Herrschaftsverleihung durch Gott ist im antiken Kontext alles andere als eine paulinische Sondermeinung (vgl. Krauter 2009, 180–188), sondern in atl.-frühjüdischer Tradition verbreitet (2Sam 7,12–16; 12,7f; Ps 2,6f; Dan 2,21.37f; SapSal 6,3; Sir 10,4; EpArist 219.224; Philon, Praem 54 u.ö.) und auch in der nichtjüdischen griechisch-römischen Antike geläufig (Homer, Il 2,196f.205f; 9,98f; Hesiod, Theog 96; Aischylos, Agam 42–44 u.ö.). Einsetzung durch Gott bedeutet bei Paulus wie in der atl.-frühjüdischen Tradition jedoch nicht, die Herrscher selbst mit göttlicher Aura zu umkleiden. Sie sind und bleiben Menschen. Es wird allein gesagt, dass sie ihre Rolle als übergeordnete Institution von Gott zugewiesen bekommen haben. Auch ihre Bezeichnung als „Dienerin Gottes" (V.4, vgl. V.6 Gehilfen Gottes) trägt keinen darüber hinausgehenden Bedeutungsgehalt ein. Ein Implikat dieser Aussage ist, dass Herrscher gegenüber Gott als ihrem Auftraggeber rechenschaftspflichtig sind. Paulus führt dies allerdings nicht aus und reflektiert nicht darüber, dass Herrscher ihre Rolle missbrauchen, ja selbst Akteure des Bösen sein können, statt sich gegen das Böse zu wenden, bzw. nicht ihrer Einsetzung durch Gott gemäß handeln (s. hingegen z.B. SapSal 6,4; 4Makk 12,11!). Ebenso ist nicht erkennbar, dass die kritischen Töne, die in frühjüdischen Aufnahmen des Motivs der Herrschereinsetzung durch Gott nicht selten anklingen, in Röm 13 im Sinne eines ‚hidden transcript' mitzuhören sind (anders Schreiber 2005, 155f). Oder anders: Paulus spezifiziert nicht wie Dion von Prusa, dass nur von einem guten König gelten kann, dass er seine Macht von Zeus verliehen bekommen hat (Or 1,12). Im Rahmen des paränetischen Anliegens von Röm 13,1–7 kommt die Obrigkeit allein positiv in den Blick. Herrscherparänese hat Paulus hier nicht im Sinn. Seine Unterweisung ist auffällig undifferenziert und konsequent einseitig, was die Frage nach dem situativen Anlass aufwirft (dazu unten).

In V.3f lässt Paulus als zweite Begründung einen Verweis auf das gesellschaftsordnende Handeln der Obrigkeit folgen. Mit der Rede vom Tun des Guten (und Bösen) wird die Einbindung in den Kontext von 12,9–13,10 verstärkt (zur Rede vom Guten in Röm 12f → 3.1.2), wobei hier vorausgesetzt ist, dass alle Menschen, also auch die staatlichen Akteure, über die grundlegende Erkenntnis dessen, was gut ist, verfügen können (vgl. 12,17). Die in Röm 12 wesentliche Bestimmung des Guten durch die Agape tritt nun zurück; gemeint ist mit gut und böse in 13,3f „speziell das *bürgerliche* Wohl- bzw. Miß-Verhalten" (Merklein 1998, 414). Wie es der traditionellen Auffassung eines funktionierenden Staatswesens entspricht, wird als Aufgabe der Obrigkeit benannt, die, die Gutes tun, zu loben, und die zu strafen, die Böses tun (vgl. Xenophon, Oec 9,14; Cicero, NatDeor 3,85; Dion von Prusa, Or 39,2; Plutarch, MaxPrinc 4 [Mor 779a–b] u.ö.). Der daraus folgenden „Notwendigkeit", sich der Obrigkeit, wie in V.1 gefordert, „unterzuordnen" (V.5a), soll aber nicht nur aus Furcht vor Bestrafung entsprochen werden, sondern auch „um des Gewissens willen" (V.5b, vgl. z.B. Cicero, Leg 1,40; Quintilian, Inst 12,1,3), von dem Paulus im Röm bereits in 2,15 als einer das eigene Handeln beurteilenden inneren Instanz gesprochen hat. Im Blick auf den ethischen Charakter eines Menschen ist dies ein zentraler Punkt: Unabhängig davon, ob Übeltaten (entdeckt und daraufhin) durch eine äußere Gerichtsinstanz geahndet werden, kommt es darauf an, gewissermaßen vor dem eigenen Gerichtshof bestehen zu können. Das heißt zugleich: Das Gute ist aus innerer Einsicht zu tun.

13,1-5 ist ganz allgemein formuliert, ohne Anrede der Adressaten, die erst in V.6f erfolgt. Die Gehorsamsforderung wird nun im Sinne der Zahlung von Abgaben für den Staat, von Steuern und Zoll konkretisiert, wobei V.7 den Horizont weitet und allgemein mahnt, allen gegenüber allen Verpflichtungen nachzukommen (V.8a führt dies im Blick auf die Liebe, die die Adressaten einander immer schulden, weiter, → 3.3.2), wovon die Abgaben für den Staat (nur) ein Teil sind (vgl. Wolter 2014/2019, 2:324). Dass die Abgabenpflicht zu erfüllen ist, liegt im Grundsatz auf der Linie des Jesuslogions aus Mk 12,17, nur findet dessen zweite Hälfte „und (gebt) Gott, was Gottes ist", auf dem im Jesuslogion der Ton liegt, in Röm 13 kein explizites Pendant.

Wie sich im Voranstehenden an verschiedenen Stellen gezeigt hat, sind die Vorstellungen, derer sich Paulus in Röm 13,1-7 bedient, traditionell. Der Text lässt sich in im Diasporajudentum eingespielte Strategien einstellen, mit der römischen Herrschaft möglichst konfliktfrei umzugehen (vgl. auch 1Tim 2,1f; Tit 3,1). In Röm 12,18 hat Paulus gemahnt, möglichst mit allen Menschen Frieden zu haben. 13,1-7 wendet dies auf das Verhältnis zu den Machthabern an. Hinzuweisen ist ferner auf die Überschneidungen mit 1Petr 2,13-17, die, da 1Petr 2,13-17 nicht von Röm 13,1-7 abhängig ist, auf eine gemeinsame Traditionsgrundlage weisen. Für deren Gestalt lassen sich auf der Grundlage der übereinstimmenden Elemente allerdings nur einige Basismotive – wie z.B. die Mahnung zur Unterordnung unter übergeordnete Instanzen und die Funktionszuschreibung, dass die Machthaber Böses bestrafen und Gutes loben – herausschälen (vgl. dazu Gielen 1990*, 457-472). 1Petr 2,13-17 unterscheidet sich darin von Röm 13,1-7, dass die Machthaber nicht nur nicht mit sakraler Aura umgeben werden, sondern auch nicht von einer Einsetzung durch Gott die Rede ist (→ XI.2.2/3), doch ist anzufügen, dass Paulus sich mit seinen Ausführungen, wie gesehen, in einem breiten, gerade auch frühjüdisch stark repräsentierten Traditionsstrom befindet. Gibt 1Petr 2,13-17 zu erkennen, dass sich Paulus in Röm 13,1-7 frühchristlicher paränetischer Tradition bedient, so ist gleichwohl angesichts seines sonstigen Schweigens zu diesem Thema nicht zu erkennen, dass die ‚Obrigkeitsparänese' zum festen Inventar seiner Unterweisung gehörte. Man kann daher das Vorkommen von Röm 13,1-7 in Röm 12-13 nicht hinreichend mit einem Verweis auf das Standardrepertoire paulinischer Unterweisung erklären (anders z.B. Bergmeier 2000).

Als Alternative bleibt, dass es einen aktuellen Anlass für den Passus gibt, den man entweder auf Seiten der Adressaten oder auf Seiten von Paulus oder auf beiden Seiten suchen kann. Vorschläge gibt es einige (vgl. die kritische Diskussion bei Krauter 2009, 148-154), eine sichere Antwort lässt sich nicht gewinnen. Dass es unter den Christusgläubigen in Rom zelotische Tendenzen oder enthusiastischen Überschwang gegeben hat, lässt sich durch nichts belegen. Eher schon könnte man erwägen, dass es ein Rumoren gegen die Steuerlasten gab (vgl. Friedrich/Pöhlmann/Stuhlmacher 1976, 153-159.164f; Merklein 1998, 431-434), zumal Tacitus für den betreffenden Zeitraum Beschwerden des Volkes über Übergriffe von Steuerpächtern erwähnt (Ann 13,50f). Diese Annahme machte den betonten Verweis auf die Steuern in V.6f verständlich, doch ist dieser in V.6 gerade so gestaltet, dass Einverständnis darüber vorausgesetzt ist. Man kann indes einen Referenzpunkt für Röm 13 in der Vergangenheit der römischen Christusgläubigen namhaft machen, nämlich die Ausweisung von (einigen) jüdischen Christusgläubigen aus Rom, die sich aus einer Notiz von Sueton (Claud 25,4) ableiten lässt und die ins Jahr 49 n.Chr. zu datieren ist. Hintergrund dürfte sein, dass es in den Synagogen Roms aufgrund des Auftretens christusgläubiger Verkündiger zu Auseinandersetzungen kam. Dass Paulus von dieser Ausweisung wusste, ist sicher, denn er ist bei seinem Gründungsaufenthalt in Korinth mit Priska und Aquila auf ein christliches Ehepaar getroffen, das von dieser Ausweisung betroffen war. Dieses Datum aus der Geschichte der stadtrömischen Christusgläubigen aber lässt sich mit einem Aspekt verbinden, der auf Seiten von Paulus liegt, was sich gut darin fügt, dass Paulus auch anderorts im Röm Vorbehalte gegen sich auszuräumen sucht, die offenbar bis nach Rom gedrungen sind. In Paulus' Mission ist es mehrfach ebenfalls zu lokalen Konflikten im Umfeld der Synagoge gekommen, die die lokalen politischen Repräsentanten erreichen konnten, wie die Apg zu erkennen gibt (Apg 17,5–13; 18,6.12–17). Paulus verweist in 2Kor 11,23 zudem auf mehrere Verhaftungen und auf Prügelstrafen (s. auch 6,5); er hat verschiedentlich auch abseits von Konflikten mit Juden das Eingreifen von Repräsentanten des Imperium Romanum provoziert (vgl. ferner 1Kor 15,32; 2Kor 1,8f; Phil 1,12–26). In diesem Licht betrachtet hat Röm 13,1–7 vermutlich nicht nur die Funktion, die Adressaten eingedenk ihrer eigenen Geschichte zu einem Verhalten anzuhalten, mit dem sie weitere Interventionen der Staatsmacht meiden, sondern Paulus signalisiert ihnen auch, dass sie nicht befürchten müssen, mit ihm einen Unruhestifter zu unterstützen, der sie politisch in Schwierigkeiten bringen könnte. Dass Paulus zudem im Blick hatte, dass es in Rom ungebetene Mitleser des Briefes geben könnte (so Wolter 2014/2019, 2:329), ist möglich, bleibt aber spekulativ.

Was immer der Anlass für Röm 13,1–7 ist: Der Passus ist nicht als (Fragment) eine(r) Staatslehre zu lesen. Paulus bietet ein Stück (undifferenzierter) Paränese, mit dem er zugleich sich selbst ins rechte Licht zu setzen sucht. Die Konflikte mit der ‚Obrigkeit', denen sich Paulus, wie gesehen, selbst ausgesetzt sah, zeigen, dass die pauschalen Aussagen in Röm 13,1–7 in Spannung zu Erfahrungen stehen, die Paulus während seines missionarischen Wirkens machte. Man kann einwenden, dass Paulus' Gefangenschaften bis zur Abfassung des Röm für ihn letztlich immer gut ausgegangen sind, und daraus ableiten, dass dies sein Vertrauen in die Behörden gestärkt haben mag, doch kann dies das Faktum nicht ausblenden, dass er mit der Wirklichkeit staatlicher Gewalt auch Erfahrungen gemacht hat, die sich in das freundliche theoretische Bild, das er in Röm 13 zeichnet, nicht ohne Weiteres einfügen. Insbesondere aber steht das Ergehen dessen, als dessen Apostel sich Paulus versteht, in Spannung zu diesem Bild. „Dass Christus nur Gutes tat und trotzdem von den Mächtigen getötet wurde, konterkariert eigentlich die Argumentation von Röm 13,3f" (Krauter 2009, 279). Dieser Widerspruch macht die Aspekthaftigkeit und Perspektivität der Ausführungen von Paulus in Röm 13,1–7 deutlich. Dies wird dadurch unterstrichen, dass Paulus anderorts durchaus Distanz zu Rom zu erkennen gibt. So dürfte in 1Thess 5,3 eine zumindest distanzierte, wenn nicht kritische Anspielung auf die Rezeption der römischen *pax et securitas*-Propaganda in Thessalonich vorliegen. Distanzierend klingt auch Phil 3,20, wo Paulus „unser Gemeinwesen" im Himmel verortet. Dies führt bei Paulus aber umgekehrt gerade nicht zu Weltverachtung und Weltflucht, sondern orientiert allein das Verhalten in der Welt. Der Staat gehört als Teil dieser Welt nicht zu den absoluten, letzten Dingen, aber er hat als Teil dieser Welt eine unaufgebbare Funktion, die in Röm 13,1–7 holzschnittartig sichtbar wird. *Blinden* Gehorsam hat Paulus nicht gefordert, und er hat ihn auch selbst nicht geübt, wie die kuriose Flucht vor dem Zugriff der ‚Obrigkeit' in Damaskus exemplarisch zeigt (2Kor 11,32f, vgl. Apg 9,24f). Paulus selbst hat sich also nicht einfach jeder Obrigkeit in einer servilen Haltung gefügt und blind darauf vertraut, dass nur sie zu fürchten haben, die Böses tun (Röm 13,4).

Die Aufnahme des Textes in heutige Diskurse steht vor der grundlegenden Schwierigkeit, dass die in ihm vorausgesetzten politischen Verhältnisse jedenfalls in der westlichen Welt überholt sind. Der Text kennt keine Gewaltenteilung, und die in ihm vorausgesetzte Form des Gegenübers von Obrigkeit und Volk ist in modernen Demokratien obsolet geworden. Dass in einer Demokratie „irgendeine Instanz ... ihre Herrschaftsmacht von Gott habe, kann man sinnvollerweise nicht behaupten" (Krauter 2009, 286). Macht wird den Herrschenden vom Volk übertragen. Allenfalls könnte man noch sagen, dass die Funktion, die der Obrigkeit in Röm 13,3f mit ihrer Einsetzung durch Gott und ihrer Funktion als Gottes Dienerin zugewiesen ist, zum Maßstab mutiert, an dem sich legitime Ausübung von Macht, die vom Volk übertragen wurde, messen lassen muss. Aber was in säkularen Staaten mit pluralistischen Gesellschaften als „gut" gilt, ist Gegenstand gesellschaftlicher Aushandlungsprozesse, in die sich Christen einmischen können und sollen, die aber prinzipiell offen sind. Konsens dürfte sein, *dass* einer politischen Ordnung die Funktion zukommt, Unrecht zu ahnden. *Was* Recht und Unrecht ist, kann im konkreten Einzelfall aber wiederum Gegenstand kontroverser Ansichten sein. Anzufügen ist, dass man genau zu Röm 13,4 eine Spannung zur ethischen Perspektive im Kontext namhaft machen kann: Die ‚Obrigkeit' ist angehalten, die, die Böses tun, zur Rechenschaft zu ziehen (13,4), um ein funktionierendes Gemeinwesen zu ermöglichen. Christenmenschen sind nach 12,19–21 angehalten, das Böse durch Gutes zu überwinden. Man kann dem allerdings entgegenhalten, dass sich beides systemisch betrachtet insofern spannungstolerant zusammenfügen lässt, als zwar aus der Differenz der sozialen Konstellationen unterschiedliche Handlungsmaximen folgen, beide aber als komplementäre Wege auf die Förderung des Guten ausgerichtet sind.

## 6. Rückblick: Ethische Orientierung und Urteilsfindung bei Paulus

Die theologische, christologische, pneumatologische, ekklesiologische und eschatologische Einbettung christlichen Handelns bei Paulus ist in Abschnitt 1 eingehend thematisiert worden und hier nicht zu wiederholen. Hier geht es allein darum, im Rückblick auf die Abschnitte 2–5 die Grundlinien ethischer Orientierung und Urteilsfindung zusammenzufassen. Im Lichte der voranstehenden Ausführungen wird man sich bezüglich der Grundstruktur ethischen Handelns bei Paulus vor einlinigen Antworten hüten müssen. Von – im eigentlichen Sinne des Wortes – grundlegender Bedeutung ist bei Paulus die innere Ausrichtung der Glaubenden (vgl. Backhaus 2000, 28–30). Markant zum Ausdruck kommt dies darin, dass von 26 neutestamentlichen Belegen des Verbs „Sinnen" (φρονεῖν) 23 im Corpus Paulinum begegnen, davon 22 in den unbestritten als echt anerkannten Briefen (s. ferner das zugehörige Nomen „Sinnesart/das Trachten" [φρόνημα] in Röm 8,6.7.27), und viele Belege in ethisch unmittelbar relevanten Kontexten situiert sind. Das gilt neben den Mahnungen zur Einmütigkeit im Sinnen (Röm 12,16; 15,5; 2Kor 13,11; Phil 2,2; 4,2) auch für Röm 8,5–7, wo das Sinnen und Trachten des Fleisches und das des Geistes die beiden grundlegenden Optionen des Wandels repräsentieren. Nach Phil 2,5 erwächst christliches Handeln aus einem Sinnen und Trachten, das dem Sein in Christus entspricht. Seine fundamentale Bestimmung erfährt dieses christusförmige Gesinntsein durch die Agape im Sinne der Ausrichtung auf die Belange des Mitmenschen und die als zwischenmenschliche Tugend gefasste Demut, das „Niedrig-Gesinntsein", also die Haltung, anderen mit Hochschätzung und Ehrerbietung zu begegnen. Diesem Fokus auf dem Sinnen (s. ferner noch Röm 12,3; Phil 3,19) korrespondiert, dass Paulus die Grundlage christlichen Lebenswandels in Röm 12,2 dadurch bestimmt sieht, sich umwandeln zu lassen durch die Erneuerung des Sinns, des Verstands, und dem das Ziel zugeordnet wird, prüfen zu können, was Gottes Wille ist (vgl. 1Thess 5,21: „Prüft alles, das Gute behaltet!"). Es geht also um die Gewinnung und Ausprägung ethischer Urteilsfähigkeit und das Vermögen, die christusförmige Ausrichtung an den Belangen der Mitmenschen situativ angemessen zu praktizieren. Aufzunehmen ist ferner noch einmal Phil 1,9f (→ 3.2), wo dieser Aspekt pointiert zum Ausdruck kommt: Um Einsicht darin zu gewinnen, was situativ richtig ist, ist es nötig, dass die durch die Agape gestiftete Orientierung des Handelns mit rationaler Reflexion und lebenskundiger Erfahrung einhergeht und durch diese profiliert wird.

Zeigen Röm 12,2 und Phil 1,9f, dass das, was Gottes Wille ist, nicht schon durch explizite Weisungen umfassend bestimmt ist, sondern im konkreten Einzelfall situativ gefunden werden muss, so ist zugleich ebenso zu betonen, dass das, was Paulus seinen christlichen Zeitgenossen an ethischer Orientierung zu vermitteln versucht, nicht in der Maxime aufgeht, dass ein Christenmensch sich an der Liebe orientieren soll und ein mit kritischem Urteilsvermögen ausgestatteter, geistbegabter Mensch dann schon wissen wird, was in der jeweiligen Situation zu tun ist. Vielmehr wird christliches Handeln bei Paulus zugleich auch durch konkrete Weisungen umrissen, die grundlegende Hilfestellungen anbieten, um das Handeln exemplarisch auszubuchstabieren. Röm 12 zeigt dies paradigmatisch. 12,1f ist die Grundlage der Unterweisung, ersetzt sie aber nicht, sondern auf die Mahnung in 12,2 folgt mit 12,9–21 eine Zusammenstellung konkreter Mahnungen, die das Gute exemplifizieren und für die Prüfung dessen, was gut ist, einen grundlegenden Orientierungsrahmen bereitstellen. Ohne solche Konkretisierungen bliebe auch die Mahnung, dem Mitmenschen in Liebe und Demut zu begegnen, letztlich abstrakt – abgesehen davon, dass sich nicht alles, was Paulus ethisch zu sagen hat, ohne Weiteres als Ableitung aus den Grundwerten Liebe und Demut erweisen lässt. Umgekehrt gehen Grundwerte wie Liebe und Demut in den Konkretisierungen nie auf, sondern finden in diesen immer nur ihre exemplarische und prinzipiell unabgeschlossene Entfaltung.

Auch anderorts bietet Paulus konkrete Mahnungen, die für ihn ferner deutlich mehr und anderes sind als bloß freundliche Verhaltensvorschläge. So versteht Paulus z. B. die ethisch grundlegenden Weisungen in 1Thess 4,1–8, die er – ausweislich der in V.1f.6 begegnenden Rückverweise – seinen Gemeinden bereits im Rahmen seiner Anfangsverkündigung eingeschärft hat, nicht als ein aus menschlicher ethischer Reflexion erwachsenes Orientierungsangebot, das die Gemeindeglieder bedenken können, sondern als genuine Entfaltung des Willens Gottes, den es zu befolgen gilt (4,3), bzw. als Gebote (παραγγελίαι), die die Missionare den Konvertiten *„durch unseren Herrn Jesus"* gegeben haben (4,2). Entsprechend kann Paulus die Erinnerung an die Gebotsverkündigung während des Gemeindegründungsaufenthalts mit den Worten abrunden: „Deshalb nun, wer (dies) verwirft, verwirft nicht einen Menschen, sondern Gott, der auch seinen Heiligen Geist in euch gibt" (4,8). Paulus verankert die Weisungen, wie dies analog für die frühjüdische Toraparänese gilt, also in der Autorität Gottes und erklärt sie damit für absolut verbindlich. Zugleich zeigt 1Kor 7, dass es in konkreten Fragen durchaus unterschiedliche Verhaltensoptionen geben kann, die Paulus lediglich als gut und besser, aber nicht als gut oder schlecht, richtig oder falsch, als zu tun oder unbedingt zu meiden bewertet. Auch hier aber gibt es keine Beliebigkeit, sondern klare Grenzziehungen, denn Unzucht gilt es in jedem Fall zu verhindern. Paulus' Ethik lässt sich also nicht auf eine einfache Formel bringen. Sowenig sie sich in einen festgefügten Kanon konkreter Weisungen zwängen lässt, sowenig lässt sie sich auf das Prinzip einer durch Liebe und Demut geprägten Christusförmigkeit reduzieren. Paulus traut den Gemeindegliedern ethische Urteilsfähigkeit zu, wobei es nicht nur um private Reflexion, sondern auch um den Austausch in der Gemeinde geht; er formuliert aber auch klare Vorgaben. Konkretionen, sei es in Form einer Mahnung oder eines Beispiels, können bei allem Zutrauen in individuelle Urteilsfähigkeit entlastend sein und können helfen, Handlungssituationen zu erschließen.

Schließlich: In dem Motiv des von der Christusbeziehung bestimmten Sinnens, das in der Liebe und der Demut seine zentralen Orientierungsmarken findet und in der Gemeinde seinen wesentlichen sozialen Horizont besitzt, kann man einen Kerngedanken entdecken, der sich systematisch ausformulieren und auch auf veränderte soziale Konstellationen beziehen ließe. Eine solche Ausformulierung ist hermeneutisch legitim und hat den Vorteil, dass die kontingenten kulturellen Kontexte der paulinischen Zeit weniger zu Buche schlagen, als dies bei vielen konkreten Weisungen, etwa im Bereich der Sexualethik, der Fall ist. Man muss dann allerdings zugleich einräumen, dass man damit nur einen Teil der paulinischen Ethik als Ausgangspunkt nimmt. Denn die Systematizität der paulinischen Ethik selbst ist nicht zu überschätzen. Paulus' Ethik ist, wie eingangs angemerkt wurde, eine Ethik im Werden, und sie ist eben nicht von *einer* zentralen Idee aus streng systematisch entworfen. Sie schreibt zugleich jüdische und frühchristliche ethische Traditionen fort und zeigt sich ferner von popularphilosophischem Gedankengut inspiriert. Gerade diese Mehrdimensionalität macht ihren Reichtum aus.

## Literatur

Aasgaard, Reidar: 'My Beloved Brothers and Sisters!' Christian Siblingship in Paul, JSNTS 265/ECC, London – New York 2004.
Armitage, David J.: Theories of Poverty in the World of the New Testament, WUNT II.432, Tübingen 2016.
Backhaus, Knut: Evangelium als Lebensraum. Christologie und Ethik bei Paulus, in: Paulinische Christologie (FS H. Hübner), hg. v. U. Schnelle u. a., Göttingen 2000, 9–31.
– Paulus, in: Christliche Ethik im Porträt. Leben und Werk bedeutender Moraltheologen, hg. v. K. Hilpert, Freiburg u. a. 2012, 17–43.
Barclay, John M.G.: Obeying the Truth. Paul's Ethics in Galatians, SNTW, Edinburgh 1988.
– Paul, Philemon and the Dilemma of Christian Slave-Ownership, NTS 37 (1991), 161–186.

– 'Do We Undermine the Law?' A Study of Romans 14.1–15.6, in: Paul and the Mosaic Law, hg. v. J.D.G. Dunn, WUNT 89, Tübingen 1996, 287–308.
– Manna and the Circulation of Grace: A Study of 2 Corinthians 8:1–15, in: The Word Leaps the Gap (FS R.B. Hays), hg. v. J.R. Wagner u. a., Grand Rapids – Cambridge 2008, 409–426.
– Paul and the Gift, Grand Rapids – Cambridge 2015.
Becker, Eve-Marie: Der Begriff der Demut bei Paulus, Tübingen 2015.
Becker, Jürgen: Paulus. Der Apostel der Völker, Tübingen ³1998.
Bendemann, Reinhard von: ‚Frühpaulinisch' und/oder ‚spätpaulinisch'? Erwägungen zu der These einer Entwicklung der paulinischen Theologie am Beispiel des Gesetzesverständnisses, EvTh 60 (2000), 210–229.
Bergmeier, Roland: Die Loyalitätsparänese Röm 13,1–7 im Rahmen von Römer 12 und 13, in: ders., Das Gesetz im Römerbrief und andere Studien zum Neuen Testament, WUNT 121, Tübingen 2000, 144–160.
Betz, Hans Dieter: De fraterno amore (Moralia 478A – 492D), in: Plutarch's Ethical Writings and Early Christian Literature, hg. v. dems., SCHNT 4, Leiden 1978, 231–263.
– Das Problem der Grundlagen der paulinischen Ethik (Röm 12,1–2), ZThK 85 (1988), 199–218.
Blank, Josef: Indikativ und Imperativ in der paulinischen Ethik, in: ders., Schriftauslegung in Theorie und Praxis, BiH 5, München 1969, 144–157.
Blischke, Folker: Die Begründung und die Durchsetzung der Ethik bei Paulus, ABIG 25, Leipzig 2007.
Bornkamm, Günther: Taufe und neues Leben bei Paulus, in: ders., Studien zum Neuen Testament, München 1985, 161–177.
Broer, Ingo: Die Erscheinung des Auferstandenen vor Paulus bei Damaskus, in: Umstrittener Galaterbrief. Studien zur Situierung und Theologie des Paulus-Schreibens, hg. v. M. Bachmann – B. Kollmann, BThSt 106, Neukirchen-Vluyn 2010, 57–93.
Brooten, Bernadette J.: Love between Women. Early Christian Responses to Female Homoeroticism, Chicago – London 1996.
Brownson, James V.: Bible, Gender, Sexuality. Reframing the Church's Debate on Same-Sex Relationships, Grand Rapids – Cambridge 2013.
Bruns, Bernhard: „Die Frau hat über ihren Leib nicht die Verfügungsgewalt, sondern der Mann ...". Zur Herkunft der Bedeutung der Formulierung in 1 Kor 7,4, MThZ 33 (1982), 177–194.
Bultmann, Rudolf: Das Problem der Ethik bei Paulus, ZNW 23 (1924), 123–140.
Burchard, Christoph: Die Summe der Gebote (Röm 13,7–10), das ganze Gesetz (Gal 5,13–15) und das Christusgesetz (Gal 6,2; Röm 15,1–6; 1 Kor 9,21), in: ders., Studien zur Theologie, Sprache und Umwelt des Neuen Testaments, hg. v. D. Sänger, WUNT 107, Tübingen 1998, 151–183.
– Glaubensgerechtigkeit als Weisung der Tora, in: ders., Studien zur Theologie ..., 241–262 (= 1998a).
Collins, John J.: Beyond the Qumran Community. The Sectarian Movement of the Dead Sea Scrolls, Grand Rapids – Cambridge 2010.
Collins, Raymond F.: "This is the Will of God: Your Sanctification." (1 Thess 4:3), in: ders., Studies on the First Letter to the Thessalonians, BETL 66, Leuven 1984, 299–325.
– The Unity of Paul's Paraenesis in 1 Thess. 4.3–8. 1 Cor. 7.1–7, a Significant Parallel, in: ders., Studies ..., 326–335 (= 1984a).
– Sexual Ethics and the New Testament. Behavior und Belief, New York 2000.
– Accompanied by a Believing Wife. Ministry and Celibacy in the Earliest Christian Communities, Collegeville 2013.

Cranfield, C[harles] E.B.: The Epistle to the Romans, Vol. II, ICC, Edinburgh ⁷1998.
Dautzenberg, Gerhard: „Da ist nicht männlich und weiblich". Zur Interpretation von Gal 3,28, Kairos 24 (1982), 181–206.
Debel, Hans: "Unnatural Intercourse" in Rom 1,26–27: Homosexual or Heterosexual?, in: The Letter to the Romans, hg. v. U. Schnelle, BETL 226, Leuven u.a. 2009, 631–640.
Deidun, T[homas] J.: New Covenant Morality in Paul, AnBib 89, Rom 1981.
Deming, Will: Paul on Marriage and Celibacy. The Hellenistic Background of 1 Corinthians 7, Grand Rapids – Cambridge ²2004.
Dihle, A[lbrecht]: Demut, RAC 3 (1957), 735–778.
Dochhorn, Jan: Von Jesus zu Paulus: Zur Entwicklungsgeschichte der Theologie des Gesetzes im Urchristentum, in: Ist die Tora Gesetz? Zum Gesetzesverständnis im Alten Testament, Frühjudentum und Neuen Testament, hg. v. U. Rütersworden, BThSt 157, Göttingen 2017, 1–54.
Dover, Kenneth J.: Classical Greek Attitudes to Sexual Behaviour, in: Sexualität und Erotik in der Antike, hg. von A.K. Siems, WdF 605, Darmstadt 1988, 264–281.
– Greek Homosexuality. Updated and with a new Postscript, Cambridge ²1989.
Downs, David J.: The Offering of the Gentiles. Paul's Collection for Jerusalem in its Chronological, Cultural, and Cultic Context, WUNT II.248, Tübingen 2008.
Dunn, James D.G.: Paul's Knowledge of the Jesus Tradition. The Evidence of Romans, in: Christus bezeugen (FS W. Trilling), hg. v. K. Kertelge u.a., EThS 59, Leipzig 1990, 193–207.
– The Theology of Paul the Apostle, Grand Rapids – Cambridge 1998.
Ebner, Martin: Wenn alle „ein einziger" sein sollen …. Von schönen theologischen Konzepten und ihren praktischen Problemen: Gal 3,28 und 1 Kor 11,2–16, in: Der Körper und die Religion. Das Problem der Konstruktion von Geschlechterrollen, hg. v. E. Klinger u.a., Würzburg 2000, 159–183.
– Der Brief an Philemon, EKK 18, Ostfildern – Göttingen 2017.
Eckert, Jost: Indikativ und Imperativ bei Paulus, in: Ethik im Neuen Testament, hg. v. K. Kertelge, Freiburg u.a. 1984, 168–189.
Eckstein, Hans-Joachim: Der Begriff Syneidesis bei Paulus. Eine neutestamentlich-exegetische Untersuchung zum ‚Gewissensbegriff', WUNT II.10, Tübingen 1983.
Edsall, Benjamin A.: Greco-Roman Costume and Paul's Fraught Argument in 1 Corinthians 11.2–16, JGRChJ 9 (2013), 132–146.
– Paul's Witness to Formative Early Christian Instruction, WUNT II. 365, Tübingen 2014.
Ellis, J. Edward: Paul and Ancient Views of Sexual Desire. Paul's Sexual Ethics in 1 Thessalonians 4, 1 Corinthians 7 and Romans 1, LNTS 354, London – New York 2007.
El Mansy, Aliyah: Exogame Ehen. Die traditionsgeschichtlichen Kontexte von 1 Kor 7,12–16, BWANT 206, Stuttgart 2016.
Engberg-Pedersen, Troels: Radical Altruism in Philippians 2:4, in: Early Christianity and Classical Culture (FS A.J. Malherbe), hg. v. J.T. Fitzgerald u.a., NT.S 110, Leiden – Boston 2003, 197–214.
Epp, Eldon Jay: Junia. The First Woman Apostle, Minneapolis 2005.
Esler, Philip F.: Paul and Stoicism: Romans 12 as a Test Case, NTS 50 (2004), 106–124.
Feldmeier, Reinhard: Macht – Dienst – Demut. Ein neutestamentlicher Beitrag zur Ethik, Tübingen 2012.
Finsterbusch, Karin: Die Thora als Lebensweisung für Heidenchristen. Studien zur Bedeutung der Thora für die paulinische Ethik, StUNT 20, Göttingen 1996.
Fowl, Stephen E.: The Story of Christ in the Ethics of Paul. An Analysis of the Function of the Hymnic Material in the Pauline Corpus, JSNTS 36, Sheffield 1990.

Francis, Michael: Wasted Seed and Sins of Intent: Sexual Ethics in *De specialibus legibus* 3.34–36 in the Case of Infertile Marriage, SPhiloA 27 (2015), 27–52.
Fredrickson, David: Passionless Sex in 1 Thessalonians 4:4–5, WorWor 23 (2003), 23–30.
Friedrich, Johannes/Pöhlmann, Wolfgang/Stuhlmacher, Peter: Zur historischen Situation und Intention von Röm 13,1–7, ZThK 73 (1976), 131–166.
Friesen, Steven J.: Poverty in Pauline Studies. Beyond the So-called New Consensus, JSNT 26 (2004), 323–361.
– Paul and Economics: The Jerusalem Collection as an Alternative to Patronage, in: Paul Unbound. Other Perspectives on the Apostle, hg. v. M.D. Given, Peabody 2010, 27–54.
Furnish, Victor Paul: Theology and Ethics in Paul, New Introduction by Richard B. Hays, New Edition, Louisville 2009 (Erste Auflage 1968).
– The Moral Teaching of Paul. Selected Issues, Abingdon ³2009.
Gaca, Kathy L.: The Making of Fornication. Eros, Ethics, and Political Reform in Greek Philosophy and Early Christianity, Berkeley 2003.
Gäckle, Volker: Die Starken und die Schwachen in Korinth und in Rom. Zu Herkunft und Funktion der Antithese in 1 Kor 8,1–11,1 und in Röm 14,1–15,13, WUNT II.200, Tübingen 2004.
Gayer, Roland: Die Stellung des Sklaven in den paulinischen Gemeinden und bei Paulus. Zugleich ein sozialgeschichtlich vergleichender Beitrag zur Wertung des Sklaven in der Antike, EHS.T 78, Bern – Frankfurt a.M. 1976.
Georgi, Dieter: The City in the Valley. Biblical Interpretation and Urban Theology, SBLStBL 7, Leiden – Boston 2005.
Gerber, Christine: Der fröhliche Geber. Gütertausch und Unterhaltsverzicht in Metaphern der Paulusbriefe, JBTh 21 (2006), 111–129.
Gielen, Marlis: Stellung und Funktion von Frauen in paulinischen Gemeinden, in: dies., Paulus im Gespräch – Themen paulinischer Theologie, BWANT 186, Stuttgart 2009, 187–209.
– „Der Leib aber ist nicht für die Unzucht …" (1Kor 6,13). Möglichkeiten und Grenzen heutiger Rezeption sexualethischer Aussagen des Paulus aus exegetischer Perspektive, in: dies., Paulus im Gespräch …, 223–246 (= 2009a).
Gundry Volf, Judith M.: Male and Female in Creation and New Creation: Interpretations of Galatians 3.28c in 1 Corinthians 7, in: To Tell the Mystery. Essays on New Testament Eschatology (FS R.H. Gundry), hg. v. T.E. Schmidt – M. Silva, JSNTS 100, Sheffield 1994, 95–121.
– Controlling the Bodies. A Theological Profile of the Corinthian Sexual Ascetics (1 Cor 7), in: The Corinthian Correspondence, hg. v. R. Bieringer, BETL 125, Leuven 1996, 519–541.
– Christ and Gender. A Study of Difference and Equality in Gal 3,28, in: Jesus Christus als die Mitte der Schrift. Studien zur Hermeneutik des Evangeliums (FS O. Hofius), hg. v. C. Landmesser u.a., BZNW 86, Berlin – New York 1997, 439–477.
Gupta, Nijay K.: Worship that Makes Sense to Paul. A New Approach to the Theology and Ethics of Paul's Cultic Metaphors, BZNW 175, Berlin – New York 2010.
Harland, Philip A.: Greco-Roman Associations: Texts, Translations, and Commentary, II. North Coast of the Black Sea, Asia Minor, BZNW 204, Berlin – Boston 2014.
Harper, Kyle: *Porneia:* The Making of a Christian Sexual Norm, JBL 131 (2012), 363–383.
Harrill, J. Albert: The Manumission of Slaves in Early Christianity, HUTh 32, Tübingen 1995.
– Slaves in the New Testament. Literary, Social, and Moral Dimensions, Minneapolis 2006.
Haufe, Günter: Das Geistmotiv in der paulinischen Ethik, ZNW 85 (1994), 183–191.
Hays, Richard B.: Christology and Ethics in Galatians: The Law of Christ, CBQ 49 (1987), 268–290.

Heininger, Bernhard: Die Inkulturation der Nächstenliebe. Zur Semantik der „Bruderliebe" im 1. Thessalonicherbrief, in: ders., Die Inkulturation des Christentums. Aufsätze und Studien zum Neuen Testament und seiner Umwelt, WUNT 255, Tübingen 2010, 65–88.

Hellholm, David: Vorgeformte Tauftraditionen und deren Benutzung in den Paulusbriefen, in: Ablution, Initiation, and Baptism. Late Antiquity, Early Judaism, and Early Christianity, hg. v. dems. u. a., Bd. 1, BZNW 176.1, Berlin – Boston 2011, 415–495.

Hengel, Martin: Die Arbeit im frühen Christentum, in: ders., Studien zum Urchristentum. Kleine Schriften VI, hg. v. C.-J. Thornton, WUNT 234, Tübingen 2008, 424–466.

Herrmann-Otto, Elisabeth: Sklaverei und Freilassung in der griechisch-römischen Welt, Studienbücher Antike 15, Hildesheim u. a. ²2017.

Herzer, Jens: „Alle Einer in Christus" – Gal 3,28 und kein Ende? Ein Vorschlag, in: Spurensuche zur Einleitung in das Neue Testament (FS U. Schnelle), hg. v. M. Labahn, FRLANT 271, Göttingen 2017, 125–142.

Hiestermann, Heinz: Paul and the Synoptic Tradition, ABIG 58, Leipzig 2017.

Hoheisel, Karl: Homosexualität, RAC 16 (1994), 289–364.

Hollenback, George M.: An Overlooked Backdrop to the Coining of ἀρσενοκοίτης, Early Christianity 8 (2017), 269–273.

Holtz, Traugott: Zur Frage der inhaltlichen Weisungen bei Paulus, in: ders., Geschichte und Theologie des Urchristentums. Gesammelte Aufsätze, hg. v. E. Reinmuth – C. Wolff, WUNT 57, Tübingen 1991, 205–222.

Horn, Friedrich Wilhelm: Das Angeld des Geistes. Studien zur paulinischen Pneumatologie, FRLANT 154, Göttingen 1992.

– Wandel im Geist. Zur pneumatologischen Begründung der Ethik bei Paulus, KuD 38 (1992), 149–170 (= 1992a).

– Paulus und die Kardinaltugenden, in: Paulus – Werk und Wirkung (FS A. Lindemann), hg. v. P.-G. Klumbies – D.S. du Toit, Tübingen 2013, 351–369.

Horrell, David G.: The Social Ethos of the Corinthian Correspondence. Interests and Ideology from 1 Corinthians to 1 Clement, SNTW, Edinburgh 1996.

– Solidarity and Difference. A Contemporary Reading of Paul's Ethic, London – New York 2005.

– Ethnicisation, Marriage and Early Christian Identity: Critical Reflections on 1 Corinthians 7, 1 Peter 3 and Modern New Testament Scholarship, NTS 62 (2016), 439–460.

– The Making of Christian Morality. Reading Paul in Ancient and Modern Contexts, Grand Rapids (MI) 2019.

Houser, J. Samuel: *Eros* and *Aphrodisia* in the Works of Dio Chrysostom, ClA 17 (1998), 235–258.

Huttunen, Niko: Paul and Epictetus on Law. A Comparison, LNTS 405, London 2009.

Instone-Brewer, David: Divorce and Remarriage in the Bible. The Social and Literary Context, Grand Rapids – Cambridge 2002.

Jacobi, Christine: Jesusüberlieferung bei Paulus? Analogien zwischen den echten Paulusbriefen und den synoptischen Evangelien, BZNW 213, Berlin – Boston 2015.

Jones, F. Stanley: „Freiheit" in den Briefen des Apostels Paulus. Eine historische, exegetische und religionsgeschichtliche Studie, GTA 34, Göttingen 1987.

Joubert, Stephan: Paul as Benefactor. Reciprocity, Strategy and Theological Reflection in Paul's Collection, WUNT II.124, Tübingen 2000.

Jung, UnChan: A Tale of Two Churches. Distinctive Social and Economic Dynamics at Thessalonica and Corinth, BZNW 252, Berlin – Boston 2021.

Kapparis, Konstantinos: Prostitution in the Ancient Greek World, Berlin – Boston 2018.

Käsemann, Ernst: Gottesgerechtigkeit bei Paulus, in: ders., Exegetische Versuche und Besinnungen, Bd. 2, Göttingen 1964, 181–193.

Kim, Byung-Mo: Die paulinische Kollekte, TANZ 38, Tübingen – Basel 2002.
Klauck, Hans-Josef: Brotherly Love in Plutarch and in 4 Maccabees, in: Greeks, Romans, and Christians (FS A.J. Malherbe), hg. v. D.L. Balch u. a., Minneapolis 1990, 144–156.
Klein, Hans: Die Begründung für den Spendenaufruf für die Heiligen Jerusalems in 2Kor 8 und 9, in: Der zweite Korintherbrief. Literarische Gestalt – historische Situation – theologische Argumentation (FS D.-A. Koch), hg. v. D. Sänger, FRLANT 250, Göttingen – Bristol 2012, 104–130.
Kloppenborg, John S.: Paul's Collection for Jerusalem and the Financial Practices in Greek Cities, in: Paul and Economics. A Handbook, hg. v. T.R. Blanton IV – R. Pickett, Minneapolis 2017, 307–332.
– Fiscal Aspects of Paul's Collection for Jerusalem, Early Christianity 8 (2017), 153–198 (=2017a).
Koch, Dietrich-Alex: Situation und Argumentation im „1. Kollektenbrief" (2Kor 8), in: Ethos und Theologie im Neuen Testament (FS M. Wolter), hg. v. J. Flebbe – M. Konradt, Neukirchen-Vluyn 2016, 216–234.
Konradt, Matthias: Gericht und Gemeinde. Eine Studie zur Bedeutung und Funktion von Gerichtsaussagen im Rahmen der paulinischen Ekklesiologie und Ethik im 1 Thess und 1 Kor, BZNW 117, Berlin – New York 2003.
– Die korinthische Weisheit und das Wort vom Kreuz. Erwägungen zur korinthischen Problemkonstellation und paulinischen Intention in 1 Kor 1–4, ZNW 94 (2003), 181–214 (= 2003a).
– Die gottesdienstliche Feier und das Gemeinschaftsethos der Christen bei Paulus, JBTh 18 (2003), 203–229 (= 2003b).
– Die Christonomie der Freiheit. Zu Paulus' Entfaltung seines ethischen Ansatzes in Gal 5,13–6,10, Early Christianity 1 (2010), 60–81.
– Bekehrung – Berufung – Lebenswende. Perspektiven auf das Damaskusgeschehen in der neueren Paulusforschung, in: Ancient Perspectives on Paul, hg. v. T. Nicklas u. a., NTOA/StUNT 102, Göttingen 2013, 96–120.
– Die Gefäßmetapher in 1Thess 4,4. Ein neuer Versuch zur Deutung von 1Thess 4,4f., BZ 62 (2018), 245–269.
– The Love Commandment in the Authentic Pauline Letters and Ephesians 5:2: An Intertextual Study in the Development of Agape Ethics in the Pauline Corpus, in: "To Recover What Has Been Lost": Essays on Eschatology, Intertextuality, and Reception History (FS D.C. Allison), hg. v. T. Ferda u. a., NT.S 183, Leiden 2020, 214–235.
– „Um Gott zu gefallen" (1 Thess 4,1). Paulus' ethischer Ansatz in 1 Thess 4,1–12 und die Kontroverse um den ‚frühen Paulus', in: Der 1. Thessalonicherbrief und die frühe Völkermission des Paulus, hg. v. U. Mell – M. Tilly, WUNT 479, Tübingen 2022, 291–310.
Körner, Johanna: Sexualität und Geschlecht bei Paulus. Die Spannung zwischen „Inklusivität" und „Exklusivität" des paulinischen Ethos am Beispiel der Sexual- und Geschlechterrollenethik, WUNT II.512, Tübingen 2020.
Körtner, Ulrich H.J.: Rechtfertigung und Ethik bei Paulus, WuD 16 (1981), 93–109.
Kraus, Wolfgang: Zwischen Jerusalem und Antiochia. Die „Hellenisten", Paulus und die Aufnahme der Heiden in das endzeitliche Gottesvolk, SBS 179, Stuttgart 1999.
Krauter, Stefan: Studien zu Römer 13,1–7. Paulus und der politische Diskurs der neronischen Zeit, WUNT 243, Tübingen 2009.
Labahn, Antje/Labahn, Michael: Die biblischen Schöpfungsgeschichten als paulinische Argumentationshilfe im Konfliktfall. Zur Rezeption von Genesis 1–3 im 1. Korintherbrief, in: Paulusperspektiven, hg. v. M.R. Hoffmann u. a., BThSt 145, Neukirchen-Vluyn 2014, 82–118.
Lambrecht, Jan: The Most Eminent Way: A Study of 1 Corinthians 13, in: Texts and Contexts. Biblical Texts in Their Textual and Situational Contexts (FS L. Hartman), hg. v. T. Fornberg – D. Hellholm, Oslo u. a. 1995, 275–304.

Lampe, Peter: Erster Korintherbrief, in: Paulus Handbuch, hg. v. F.W. Horn, Tübingen 2013, 172–185.
Landmesser, Christof: Der paulinische Imperativ als christologisches Performativ. Eine begründete These zur Einheit von Glaube und Leben im Anschluß an Phil 1,27–2,18, in: Jesus Christus als die Mitte der Schrift. Studien zur Hermeneutik des Evangeliums (FS O. Hofius), hg. v. dems. u. a., BZNW 86, Berlin – New York 1997, 543–577.
– Begründungsstrukturen paulinischer Ethik, in: Jenseits von Indikativ und Imperativ, hg. v. F.W. Horn – R. Zimmermann, WUNT 238, Tübingen 2009, 177–196.
Laub, Franz: Eschatologische Verkündigung und Lebensgestaltung nach Paulus. Eine Untersuchung zum Wirken des Apostels beim Aufbau der Gemeinde in Thessalonike, BU 10, Regensburg 1973.
Lehmeier, Karin: Oikos und Oikonomia. Antike Konzepte der Haushaltsführung und der Bau der Gemeinde bei Paulus, MThSt 92, Marburg 2006.
Lewis, John G.: Looking for Life. The Role of 'Theo-Ethical Reasoning' in Paul's Religion, JSNTS 291, London – New York 2005.
Lindemann, Andreas: Die biblischen Toragebote und die paulinische Ethik, in: Studien zum Text und zur Ethik des Neuen Testaments (FS H. Greeven), hg. v. W. Schrage, BZNW 47, Berlin 1986, 242–265.
Loader, William: The Pseudepigrapha on Sexuality. Attitudes towards Sexuality in Apocalypses, Testaments, Legends, Wisdom, and Related Literature, Grand Rapids – Cambridge 2011.
– Reading Romans 1 on Homosexuality in the Light of Biblical/Jewish and Greco-Roman Perspectives of its Time, ZNW 108 (2017), 119–149.
Löhr, Hermut: Paulus und das Gute. Ein Annäherungsversuch, in: Ethos und Theologie im Neuen Testament (FS M. Wolter), hg. v. J. Flebbe – M. Konradt, Neukirchen-Vluyn 2016, 289–309.
Longenecker, Bruce W.: Remember the Poor. Paul, Poverty, and the Greco-Roman World, Grand Rapids – Cambridge 2010.
Malherbe, Abraham J.: Paul and the Thessalonians. The Philosophic Tradition of Pastoral Care, Philadelphia 1987.
– The Letters to the Thessalonians. A New Translation with Introduction and Commentary, AncB 32B, New York u. a. 2000.
Martin, Dale B.: The Corinthian Body, New Haven – London 1995.
– Sex and the Single Savior: Gender and Sexuality in Biblical Interpretation, Louisville 2006.
Mason, Steve: What Josephus Says about the Essenes in His *Judean War*, in: Text and Artifact in the Religions of Mediterranean Antiquity. Essays in Honour of Peter Richardson, hg. v. S.G. Wilson – M. Desjardins, SCJud 9, Waterloo 2000, 423–455.
Massinelli, Georges: For Your Sake He Became Poor. Ideology and Practice of Gift Exchange between Early Christian Groups, BZNW 251, Berlin – Boston 2021.
Matera, Frank J.: The Culmination of Paul's Argument to the Galatians: Gal. 5.1–6.17, JSNT 32 (1988), 79–91.
May, Alistair Scott: 'The Body of the Lord'. Sex and Identity in 1 Corinthians 5–7, JSNTS 278, London – New York 2004.
Meggitt, Justin J.: Paul, Poverty, and Survival, SNTW, Edinburgh 1998.
Mell, Ulrich: Die Entstehungsgeschichte der Trias „Glaube Hoffnung Liebe" (1. Kor 13,13), in: Das Urchristentum in seiner literarischen Geschichte (FS J. Becker), hg. v. dems. – U.B. Müller, BZNW 100, Berlin – New York 1999, 197–226.
Merklein, Helmut: „Es ist gut für den Menschen, eine Frau nicht anzufassen". Paulus und die Sexualität nach 1Kor 7, in: ders., Studien zu Jesus und Paulus, WUNT 43, Tübingen 1987, 385–408.

- Im Spannungsfeld von Protologie und Eschatologie. Zur kurzen Geschichte der aktiven Beteiligung von Frauen in paulinischen Gemeinden, in: Eschatologie und Schöpfung (FS E. Gräßer), hg. v. M. Evang u. a., BZNW 89, Berlin – New York 1997, 231–259.
- Sinn und Zweck von Röm 13, 1–7. Zur semantischen und pragmatischen Struktur eines umstrittenen Textes, in: ders., Studien zu Jesus und Paulus II, WUNT 105, Tübingen 1998, 405–437.

Miller, James E.: The Practices of Romans 1:26: Homosexual or Heterosexual?, NT 37 (1995), 1–11.

Mitchell, Alan C.: Rich and Poor in the Courts of Corinth: Litigiousness and Status in 1 Corinthians 6.1–11, NTS 39 (1993), 562–586.

Morgan, Teresa: Popular Morality in the Early Roman Empire, Cambridge u. a. 2007.
- Being 'in Christ' in the Letters of Paul. Saved through Christ and in his Hands, WUNT 449, Tübingen 2020.

Müller, Ulrich B.: Der Brief des Paulus an die Philipper, ThHK 11.1, Leipzig 1993.

Münch, Stephan: Das Geschenk der Einfachheit. 2 Korinther 8,1–15 und 9,6–15 als Hinführung zu dieser Gabe, FzB 126, Würzburg 2012.

Neutel, Karin B.: A Cosmopolitan Ideal. Paul's Declaration 'Neither Jew Nor Greek, Neither Slave Nor Free, Nor Male and Female' in the Context of First-Century Thought, LNTS 513, London u. a. 2015.

Niederwimmer, Kurt: Askese und Mysterium: Über Ehe, Ehescheidung und Eheverzicht in den Anfängen des christlichen Glaubens, FRLANT 113, Göttingen 1975.

Niehoff, Maren: Philo on Jewish Identity and Culture, TSAJ 86, Tübingen 2001.

Nussbaum, Martha C.: The Incomplete Feminism of Musonius Rufus, Platonist, Stoic, and Roman, in: The Sleep of Reason. Erotic Experience and Sexual Ethics in Ancient Greece and Rome, hg. v. ders. – J. Sihvola, Chicago – London 2002, 283–326.

Ortkemper, Franz-Josef: Leben aus dem Glauben. Christliche Grundhaltungen nach Römer 12–13, NTA NF 14, Münster 1980.

Osten-Sacken, Peter von der: Das Verständnis des Gesetzes im Römerbrief, in: ders., Der Gott der Hoffnung. Gesammelte Aufsätze zur Theologie des Paulus, SKI.NF 3, Leipzig 2014, 286–337.

Parsons, Michael: Being Precedes Act. Indicative and Imperative in Paul's Writing, in: Understanding Paul's Ethics. Twentieth Century Approaches, hg. v. B.S. Rosner, Grand Rapids – Carlisle 1995, 217–247.

Paulsen, Henning: Einheit und Freiheit der Söhne Gottes, ZNW 71 (1980), 74–95.

Peterman, Gerald W.: Marriage and Sexual Fidelity in the Papyri, Plutarch and Paul, TynB 50 (1999), 163–172.

Pickett, Raymond: The Cross in Corinth: The Social Significance of the Death of Jesus, JSNTS 143, Sheffield 1997.

Pohlenz, Max: Griechische Freiheit. Wesen und Werden eines Lebensideals, Heidelberg 1955.

Poplutz, Uta: Athlet des Evangeliums. Eine motivgeschichtliche Studie zur Wettkampfmetaphorik bei Paulus, HBS 43, Freiburg u. a. 2004.

Rabens, Volker: The Holy Spirit and Ethics in Paul. Transformation and Empowering for Religious-Ethical Life, WUNT II.283, Tübingen ²2013.

Räisänen, Heikki: Paul's Call Experience and His Later View on the Law, in: ders., The Torah and Christ. Essays in German and English on the Problem of the Law in Early Christianity, SFEG 45, Helsinki 1986, 55–92.
- Paul and the Law, WUNT 29, Tübingen ²1987.

Rajak, Tessa: Benefactors in the Greco-Jewish Diaspora, in: Geschichte – Tradition – Reflexion (FS M. Hengel), Bd. 1, hg. v. H. Cancik u. a., Tübingen 1996, 305–319.

Rehrl, Stefan: Das Problem der Demut in der profan-griechischen Literatur im Vergleich zu Septuaginta und Neuem Testament, AeC 4, Münster 1961.
Reinbold, Wolfgang: Das Ziel des Gesetzes nach Röm 10,4-13, in: Judaistik und neutestamentliche Wissenschaft. Standorte - Grenzen - Beziehungen, hg. v. L. Doering u.a., FRLANT 226, Göttingen 2008, 297-312.
Reinmuth, Eckart: Geist und Gesetz. Studien zu Voraussetzungen und Inhalt der paulinischen Paränese, ThA 44, Berlin 1985.
Reinsberg, Carola: Ehe, Hetärentum und Knabenliebe im antiken Griechenland, München ²1993.
Röhser, Günter: Mann und Frau in Christus. Eine Verhältnisbestimmung von Gal 3,28 und 1 Kor 11,2-16, SNTU.A 22 (1997), 57-78.
Roloff, Jürgen: Die Kirche im Neuen Testament, GNT 10, Göttingen 1993.
Rosner, Brian S.: Paul, Scripture, and Ethics. A Study of 1 Corinthians 5-7, paperback edition, Grand Rapids 1999 (=AGJU 22, Leiden 1994).
Sampley, J. Paul: Walking between the Times. Paul's Moral Reasoning, Minneapolis 1991.
- Walking in Love. Moral Progress and Spiritual Growth with the Apostle Paul, Minneapolis 2016.
Satlow, Michael L.: Jewish Marriage in Antiquity, Princeton - Oxford 2001.
Schäfer, Klaus: Gemeinde als „Bruderschaft". Ein Beitrag zum Kirchenverständnis des Paulus, EHS.T 333, Frankfurt a.M. u.a. 1989.
Schmeller, Thomas: Hierarchie und Egalität. Eine sozialgeschichtliche Untersuchung paulinischer Gemeinden und griechisch-römischer Vereine, SBS 162, Stuttgart 1995.
- Der zweite Brief an die Korinther, 2 Bde., EKK 8.1-2, Neukirchen-Vluyn - Ostfildern 2010/2015.
Schmidt, Eckart David: Heilig ins Eschaton. Heiligung und Heiligkeit als eschatologische Konzeption im 1. Thessalonicherbrief, BZNW 167, Berlin - New York 2010.
Schmidt, Ulrich: „Nicht vergeblich empfangen"! Eine Untersuchung zum 2. Korintherbrief als Beitrag zur Frage nach der paulinischen Einschätzung des Handelns, BWANT 162, Stuttgart 2004.
Schnabel, Eckhard J.: Wie hat Paulus seine Ethik entwickelt? Motivationen, Normen und Kriterien paulinischer Ethik, EJT 1 (1992), 63-81.
Schnelle, Udo: Die Ethik des 1 Thessalonicherbriefes, in: The Thessalonian Correspondence, hg. v. R.F. Collins, BETL 87, Leuven 1990, 295-305.
- Transformation und Partizipation als Grundgedanken paulinischer Theologie, NTS 47 (2001), 58-75.
- Die Begründung und Gestaltung der Ethik bei Paulus: in: Die bleibende Gegenwart des Evangeliums (FS O. Merk), hg. v. R. Gebauer - M. Meiser, MThSt 76, Marburg 2003, 109-131.
- Paulus und das Gesetz. Biographisches und Konstruktives, in: Biographie und Persönlichkeit des Paulus, hg. v. E.-M. Becker - P. Pilhofer, WUNT 187, Tübingen 2005, 245-270.
- Paulus. Leben und Denken, Berlin - Boston ²2014.
Schrage, Wolfgang: Die konkreten Einzelgebote in der paulinischen Paränese. Ein Beitrag zur neutestamentlichen Ethik, Gütersloh 1961.
- Zur Frontstellung der paulinischen Ehebewertung in 1 Kor 7,1-7, ZNW 67 (1976), 214-234.
- Zum Verhältnis von Ethik und Vernunft, in: Neues Testament und Ethik (FS R. Schnackenburg), hg. v. H. Merklein, Freiburg u.a. 1989, 482-506.
- Heiligung als Prozeß bei Paulus, in: Jesu Rede von Gott und ihre Nachgeschichte im frühen Christentum. Beiträge zur Verkündigung Jesu und zum Kerygma der Kirche (FS W. Marxsen), hg. v. D.-A. Koch u.a., Gütersloh 1989, 222-234 (= 1989a).
- Der erste Brief an die Korinther, 4 Bde., EKK 7.1-4, Zürich u.a. 1991-2001.

– Der gekreuzigte und auferweckte Herr. Zur *theologia crucis* und *theologia resurrectionis* bei Paulus, ZThK 94 (1997), 25–38.
Schreiber, Stefan: Imperium Romanum und römische Gemeinden. Dimensionen politischer Sprechweise in Röm 13, in: Die Bedeutung der Exegese für Theologie und Kirche, hg. v. U. Busse, QD 215, Freiburg u. a. 2005, 131–170.
– Law and Love in Romans 13.8-10, in: The Torah in the Ethics of Paul. Profiles from the History of Interpretation, hg. v. M. Meiser, LNTS 473, London u. a. 2012, 100–119.
Schröter, Jens: Ποιεῖν τὰ μὴ καθήκοντα (Röm 1,28). Ein Beitrag zum Ansatz der paulinischen Ethik, in: Ethos und Theologie im Neuen Testament (FS M. Wolter), hg. v. J. Flebbe – M. Konradt, Neukirchen-Vluyn 2016, 157–184.
Scroggs, Robin: The New Testament and Homosexuality. Contextual Background for Contemporary Debate, Philadelphia 1983.
Shemesh, Aharon: Marriage and Marital Life in the Dead Sea Scrolls, in: The Dead Sea Scrolls and Contemporary Culture, hg. v. A. D. Roitman u. a., STDJ 93, Leiden 2011, 589–600.
Skinner, Marylin B.: Sexuality in Greek and Roman Culture, Oxford u. a. 2005.
Smith, Mark D.: Ancient Bisexuality and the Interpretation of Romans 1:26–27, JAAR 46 (1996), 223–256.
Söding, Thomas: Die Trias Glaube, Hoffnung, Liebe bei Paulus. Eine exegetische Studie, SBS 150, Stuttgart 1992.
– Das Liebesgebot bei Paulus. Die Mahnung zur Agape im Rahmen der paulinischen Ethik, NTA NF 26, Münster 1995.
– Starke und Schwache. Der Götzenopferstreit in 1 Kor 8–10 als Paradigma paulinischer Ethik, in: ders., Das Wort vom Kreuz. Studien zur paulinischen Theologie, WUNT 93, Tübingen 1997, 346–369.
Städele, Alfons: Die Briefe des Pythagoras und der Pythagoreer, BKP 115, Meisenheim 1980.
Steudel, Annette: Ehelosigkeit bei den Essenern, in: Qumran kontrovers. Beiträge zu den Textfunden vom Toten Meer, hg. v. J. Frey – H. Stegemann, Paderborn 2003, 115–124.
Stowasser, Martin: Homosexualität und Bibel. Exegetische und hermeneutische Überlegungen zu einem schwierigen Thema, NTS 43 (1997), 503–526.
Strecker, Christian: Die liminale Theologie des Paulus. Zugänge zur paulinischen Theologie in kulturanthropologischer Perspektive, FRLANT 185, Göttingen 1999.
Stumpp, Bettina Eva: Prostitution in der römischen Antike, Berlin 1998.
Szarek, Monika: Ehe und Askese. Familienethos bei Paulus und Musonius, Beiträge zum Verstehen der Bibel 31, Münster 2016.
Taylor, John E.: The Essenes, the Scrolls, and the Dead Sea, Oxford 2012.
Theißen, Gerd: Soziale Integration und sakramentales Handeln. Eine Analyse von 1 Cor. XI 17-34, in: ders., Studien zur Soziologie des Urchristentums, WUNT 19, Tübingen ³1989, 290–317.
– Glaube, Hoffnung, Liebe. Eine Formel, die zu denken gibt, JBTh 29 (2014), 149–169.
Theobald, Michael: Die überströmende Gnade. Studien zu einem paulinischen Motivfeld, FzB 22, Würzburg 1982.
– „Zur Freiheit berufen" (Gal 5,13). Die paulinische Ethik und das mosaische Gesetz, in: ders., Studien zum Römerbrief, WUNT 136, Tübingen 2001, 456–480.
– Die Ehetheologie des Epheserbriefs (Eph 5,21-33). Literarhistorischer Kontext und kanontheologische Relevanz, in: Ehe und Familie. Wege zum Gelingen aus katholischer Perspektive, hg. v. G. Augustin – I. Proft, ThIDia 13, Freiburg 2014, 121–147.
Thompson, James W.: Moral Formation according to Paul. The Context and Coherence of Pauline Ethics, Grand Rapids 2011.
Thompson, Michael: Clothed with Christ. The Example and Teaching of Jesus in Romans 12,1–15,13, JSNTS 59, Sheffield 1991.

Tiedemann, Holger: Die Erfahrung des Fleisches. Paulus und die Last der Lust, Stuttgart 1998.
Tomson, Peter J.: Paul and the Jewish Law: Halakha in the Letters of the Apostle to the Gentiles, CRI III/1, Assen u. a. 1990.
– Paul's Practical Instruction in 1 Thess 4:1-12 Read in a Hellenistic and Jewish Perspective, in: Not in the Word Alone. The First Epistle to the Thessalonians, hg. v. M. Hooker, SMBen.BE 15, Rom 2003, 89–130.
Toney, Carl N.: Paul's Inclusive Ethics. Resolving Community Conflicts and Promoting Mission in Romans 14-15, WUNT II.252, Tübingen 2008.
Treggiari, Susan: Roman Marriage. *Iusti Coniuges* from the Time of Cicero to the Time of Ulpian, Oxford 1991.
– Marriage and Family in Roman Society, in: Marriage and Family in the Biblical World, hg. v. K.M. Campbell, Downers Grove 2003, 132–182.
Trummer, Peter: Die Chance der Freiheit. Zur Interpretation des μᾶλλον χρῆσαι in 1 Kor 7,21, Bib. 56 (1975), 344–368.
Tsouna, Voula: The Ethics of Philodemus, Oxford 2007.
Vollenweider, Samuel: Freiheit als neue Schöpfung. Eine Untersuchung zur Eleutheria bei Paulus und in seiner Umwelt, FRLANT 147, Göttingen 1989.
– Der „Raub" der Gottgleichheit. Ein religionsgeschichtlicher Vorschlag zu Phil 2,6(-11), in: ders., Horizonte neutestamentlicher Christologie. Studien zu Paulus und zur frühchristlichen Theologie, WUNT 144, Tübingen 2002, 263–284.
Vos, Craig Steven de: Stepmothers, Concubines and the Case of πορνεία in 1 Corinthians 5, NTS 44 (1998), 104–114.
Ward, Roy Bowen: Musonius and Paul on Marriage, NTS 36 (1990), 281–289.
– Why Unnatural? The Tradition behind Romans 1:26-27, HTR 90 (1997), 263–284.
Weder, Hans: Die Normativität der Freiheit. Eine Überlegung zu Gal 5,1.13–25, in: Paulus, Apostel Jesu Christi (FS G. Klein), hg. v. M. Trowitzsch, Tübingen 1998, 129–145.
Weihs, Alexander: „Gott liebt einen fröhlichen Geber". Zur Strategie und Theologie paulinischer Spendenakquise in Korinth (2Kor 8-9), in: Das frühe Christentum und die Stadt, hg. v. R. von Bendemann – M. Tiwald, BWANT 198, Stuttgart 2012, 164–188.
Weima, Jeffrey A.D.: „How You Must Walk to Please God": Holiness and Discipleship in 1 Thessalonians, in: Patterns of Discipleship in the New Testament, hg. v. R.N. Longenecker u. a., Grand Rapids 1996, 98–119.
Weiß, Wolfgang: Glaube – Liebe – Hoffnung. Zu der Trias bei Paulus, ZNW 84 (1993), 196–217.
Wengst, Klaus: Demut – Solidarität der Gedemütigten. Wandlungen eines Begriffes und seines sozialen Bezugs in griechisch-römischer, alttestamentlich-jüdischer und urchristlicher Tradition, München 1987.
Wiesehöfer, Josef: Heiratsalter, DNP 5, 1998, 256–258.
Williams, Craig A.: Roman Homosexuality, Oxford u. a. ²2010.
Wilson, Walter T.: Love without Pretense. Romans 12.9-21 and Hellenistic-Jewish Wisdom Literature, WUNT II.46, Tübingen 1991.
Windisch, Hans: Das Problem des paulinischen Imperativs, ZNW 23 (1924), 265–281.
Winterer, Angelika: Verkehrte Sexualität – ein umstrittenes Pauluswort. Eine exegetische Studie zu Röm 1,26f in der Argumentationsstruktur des Römerbriefes und im kulturhistorisch-sozialgeschichtlichen Kontext, EHS.T 810, Frankfurt a. M. u. a. 2005.
Wischmeyer, Oda: Der höchste Weg. Das 13. Kapitel des 1. Korintherbriefes, StNT 13, Gütersloh 1981.

Wojtkowiak, Heiko: Christologie und Ethik im Philipperbrief. Studien zur Handlungsorientierung einer frühchristlichen Gemeinde in paganer Umwelt, FRLANT 243, Göttingen 2012.
Wolff, Christian: Der erste Brief des Paulus an die Korinther, ThHK 7, Leipzig 1996.
Wolter, Michael: „Dumm und skandalös". Die paulinische Kreuzestheologie und das Wirklichkeitsverständnis des christlichen Glaubens, in: Das Kreuz Jesu. Gewalt – Opfer – Sühne, hg. v. R. Weth, Neukirchen-Vluyn 2001, 44–63.
– Die ethische Identität christlicher Gemeinden in neutestamentlicher Zeit, in: Marburger Jahrbuch Theologie 13: Woran orientiert sich Ethik?, hg. v. W. Härle – R. Preul, MThSt 67, Marburg 2001, 61–90 (= 2001a).
– Identität und Ethos bei Paulus, in: ders., Theologie und Ethos im frühen Christentum. Studien zu Jesus, Paulus und Lukas, WUNT 236, Tübingen 2009, 121–169.
– The Letter to Philemon as Ethical Counterpart of Paul's Doctrine of Justification, in: Philemon in Perspective. Interpreting a Pauline Letter, hg. v. D.F. Tolmie, BZNW 169, Berlin – New York 2010, 169–179.
– Der Brief an die Römer, 2 Bde., EKK 6.1-2, Neukirchen-Vluyn u. a. 2014–2019.
– Paulus. Ein Grundriss seiner Theologie, Neukirchen-Vluyn ³2021.
Wucherpfennig, Ansgar: Sexualität bei Paulus, Freiburg u. a. 2020.
Yarbrough, O. Larry: Not Like the Gentiles. Marriage Rules in the Letters of Paul, SBLDS 80, Atlanta 1985.
Yorke, Gosnell L.O.R.: The Church as the Body of Christ in the Pauline Corpus. A Re-examination, Lanham u. a. 1991.
Zeller, Dieter: Der Vorrang der Ehelosigkeit in 1 Kor 7, ZNW 96 (2005), 61–77.
– Der erste Brief an die Korinther, KEK 5, Göttingen 2010.
Zimmermann, Ruben: Jenseits von Indikativ und Imperativ. Entwurf einer ‚impliziten Ethik' des Paulus am Beispiel des 1. Korintherbriefes, ThLZ 132 (2007), 259–284.

# IV. Die Weiterführung und Transformation der paulinischen Ethik in den deuteropaulinischen Briefen

## 1. Der Kolosserbrief: Leben unter der Herrschaft Christi

Zentraler Anlass für das pseudepigraphe, vermutlich um 70 n. Chr. im Westen Kleinasiens, vielleicht in Ephesus, abgefasste Schreiben scheint die Konfrontation der Adressaten mit einer vom Verfasser „Philosophie" genannten Lebensanschauung zu sein. Über deren genaue Gestalt und religionsgeschichtlichen Hintergrund zeichnet sich kein Konsens ab.[1] Die Frage ist hier allerdings auch nur insoweit relevant, als sie im Blick auf den situativen Kontext für die Erfassung der ethischen Anschauungen des Kol Bedeutung besitzt. In den Aussagen, in denen ausdrücklich auf die Position der Gegner hingewiesen wird (2,8a.16.18.21.23), tritt erstens die Verehrung von Engeln (2,18)[2] als Kennzeichen der „Philosophie" hervor. Die Engelverehrung scheint zweitens – in einer nicht mit hinreichender Plausibilität zu konkretisierenden Weise – mit bestimmten religiösen Praktiken verbunden gewesen zu sein. Da „Fest, Neumond, Sabbate" (2,16) eine biblische Wendung aufnimmt (Hos 2,13; Ez 45,17, vgl. 1QM II,4), liegt ein jüdisch bestimmter Hintergrund nahe, der auch zur Rede von der Demut in 2,18.23 passt. Für „Speise" und „Trank" (2,16) lässt dies an eine Anknüpfung an jüdische Speisevorschriften denken, doch deutet die Rede von der Nichtverschonung des Leibes in 2,23 darüber hinaus auf deren Verknüpfung mit (neupythagoreisch beeinflussten?) asketischen Tendenzen hin. Der Vorwurf der falschen Demut passt dazu sachlich gut, weil von Selbstdemütigung nicht selten im Zusammenhang mit Fasten die Rede ist (Jes 58,3.5; Esr 8,21; Ps 35,13; PsSal 3,8; 1Klem 53,2; 55,6 u. ö.). Auf die strenge Fastenpraxis ist ferner zumindest das mittlere Glied der drei in 2,21 zitierten Forderungen „du darfst nicht kosten" zu beziehen. Ob dies auch für die anderen beiden Glieder „du darfst nicht anfassen" und „du darfst nicht berühren" gilt oder darüber hinaus noch Sexualaskese in den Blick genommen wird (vgl. MacDonald 1999, 276), lässt sich nicht mit Sicherheit sagen.

---

[1] Vgl. die Überblicke bei DeMaris 1994, 18–40; Barclay ³2004, 39–48; Wedderburn ⁴2003, 3–12; Frank 2009, 207–215.

[2] Ein Verständnis des Genitivs in der Wendung „Verehrung der Engel" als eines *genetivus subjectivus* (so z. B. Bormann 2012, 144f), so dass die (visionär geschaute) Teilhabe am durch die Engel ausgeübten himmlischen Kult gemeint wäre, ist im Lichte der Rede von der „selbstgemachten Verehrung" in 2,23 unwahrscheinlich (vgl. exemplarisch Frank 2009, 235).

## 1.1 Die Auseinandersetzung mit der „Philosophie" und die christologische Grundlegung der Ethik im Kol

1. Für den Briefautor ist die sog. „Philosophie" mit der einzigartigen Herrschaftsstellung Christi und dem Glauben an das durch Christus suffizient gewirkte Heil, kurz: mit dem *solus Christus*, inkompatibel. Die christologische Basis für die Auseinandersetzung mit der „Philosophie" wird durch den Christushymnus in 1,15–20 gelegt, der Christus nicht nur als Erlösungsmittler preist, sondern seine Bedeutung zugleich schöpfungstheologisch fundiert: Schon von der Schöpfung her sind Christus alle Mächte und Gewalten untergeordnet, da „alles durch ihn und auf ihn hin geschaffen ist" (1,16). Zugleich gilt von Christus als Erlösungsmittler, dass die göttliche Fülle in ihm wohnt und *durch ihn* alles versöhnte (1,19f), d.h.: der in sich zerrissenen und zerstrittenen Welt durch den Kreuzestod Jesu Frieden einstiftete. Neben Gott und Christus kann es daher nichts Drittes geben, das Verehrung beanspruchen oder für das Heil bedeutsam sein könnte. Christus erscheint im Kol, wie bei Paulus selbst, als die alles umfassend bestimmende Größe. Der Kol legt diesen theologischen Ansatz lediglich auf einen neuen Problemzusammenhang hin aus (vgl. Wedderburn ⁴2003, 62).

Die Aussage, dass in Christus die Fülle der Gottheit wohnt, wird in 2,9 aufgenommen, um im Einzelnen aufzuweisen, was diese Aussage *für die Christen* bedeutet. Der Verfasser rekurriert dazu auf die Taufe (2,12). Der leitende Gedanke ist hier, dass die Getauften mit Christus verbunden sind und damit an der (Heils-)Fülle Gottes teilhaben (2,10), die nach 1,19 in Christus Wohnung genommen hat. Christliches Verhalten findet seinen Bestimmungsgrund daher exklusiv in Christus. 2,13 erfasst die vorchristliche Existenz kategorisch als ein durch die Verfehlungen gegen Gottes Willen bestimmtes Totsein. Als christologische Basis für die Möglichkeit, diese Unheilssituation hinter sich zu lassen, wird – gut paulinisch – der Tod Jesu namhaft gemacht (2,14). Die Existenzwende wird in 2,12f des Näheren so interpretiert, dass die Getauften nicht nur mit Christus begraben wurden, sondern auch in Christus mitauferweckt (vgl. auch 3,1) und mit ihm lebendig gemacht worden sind. Anders als in Röm 6,3f wird hier auch das Auferwecktwerden der Glaubenden mit Christus als schon geschehen angesehen, wie es schon in 1,13 hieß, dass Gott die Glaubenden aus der Herrschaft der Finsternis errettet und in das Reich des Sohnes seiner Liebe versetzt *hat*. Die hier zutage tretende Verbindung der kosmischen Dimensionierung der Christologie mit heilsperfektischen Aussagen liest sich vor dem Hintergrund der durch die „Philosophie" gestellten Herausforderung als Vergewisserung der Adressaten: Mit dem in Christus empfangenen Heil haben sie alles, was sie brauchen; die „Philosophie" hat ihnen nichts zu bieten.

2. Der skizzierte christologische und soteriologische Ansatz dient nun nicht nur dazu, die als bloße Gebote und Lehren von Menschen (2,22) rubrizierten Forderungen der „Philosophie" abzuwehren, sondern durch ihn wird zugleich positiv die Identität der Christen in ihrer ethischen Konsequenz grundgelegt. Die dialektische Spannung von „schon jetzt" und „noch nicht", wie sie Paulus' Verständnis christlichen Lebens als Existenz zwischen den Zeiten kennzeichnet (→ III.1.2/3), ist mit den heilsperfektischen Aussagen des Kol nicht aufgehoben, sondern lediglich zugunsten der räumlichen Kategorie von oben und unten transformiert: Nach 3,3 ist das neue Leben der Glaubenden nämlich „verborgen mit Christus in Gott";

der Verfasser spricht also, da Christus gegenwärtig zur Rechten Gottes im Himmel sitzt (3,1), von einer „in Gottes himmlischer Verborgenheit präsenten Realität" (Wolter 1993, 132). Es steht indes noch aus, dass dieses verborgene Leben offenbar wird, und dies verbindet auch der Kol, wie 3,4 zeigt, ganz traditionell mit der Parusie Christi. Wenn darüber hinaus aus dem Mitauferwecktwerden mit Christus die Forderungen abgeleitet werden, zu „suchen, was droben ist, wo Christus ist ..." (3,1), und die Glieder, die auf der Erde sind, zu töten (3,5), wird zugleich deutlich, dass das neue Leben im Lebenswandel bereits gegenwärtig manifest wird und – hier kommt der ‚Imperativ' ins Spiel – manifest werden *soll*. 3,1 ruft gerade nicht zur Weltflucht auf (vgl. Schweizer ³1989, 131). Die gegenwärtige Realität mit der ihr eigenen ethischen Gestaltungsaufgabe wird durch die Christuszugehörigkeit also keineswegs übersprungen, sondern diese bildet *die* Grundlage der ethischen Gestaltungsaufgabe. Wenn der Kol, wie hier vorausgesetzt wird, nicht von Paulus selbst stammt, wird man urteilen müssen, dass sein Verfasser den Apostel hinsichtlich der christologischen Grundlegung christlichen Handelns gut verstanden hat.

3. Deutlich zutage treten der christologische Horizont der Ethik und die ethische Zielperspektive der Christologie auch im Weisheitsbegriff, der im Kol im Zuge der Auseinandersetzung mit der „Philosophie" prominent hervortritt: Der „Philosophie", die mit ihren Forderungen zu Unrecht den Anspruch erhebt, Weisheit zu vermitteln (2,23), steht gegenüber, dass die „Schätze der Weisheit und Erkenntnis" *in Christus* als dem Geheimnis Gottes „verborgen" – und entsprechend allein in ihm zu finden – sind (2,2f) und Gottes Geheimnis durch die Verkündigung des Apostels und seine Lehre „in aller Weisheit" erschlossen wird (1,26–28). Die praktische Dimension der Weisheit tritt dabei deutlich hervor. So findet die Bitte in 1,9f, dass die Adressaten erfüllt werden „mit der Erkenntnis seines Willens in aller Weisheit und geistlichen Einsicht, *um des Herrn würdig zu wandeln* zu allem Wohlgefallen ...", in 3,16 und 4,5 ihren paränetischen Widerhall: Die Christusgläubigen sollen einander „in aller Weisheit" lehren (vgl. 1,28) und ermahnen (3,16) und „gegenüber denen, die draußen sind, in Weisheit wandeln" (4,5). Für die Adressaten geht es also, kurz gesagt, darum „to know the source of wisdom and to live wisely as a result" (Lincoln 1999, 103).

4. Die im Rahmen des Proömiums (1,3–23) vorgebrachte Fürbitte in 1,9f macht deutlich, dass ein des Herrn würdiger Lebenswandel die Zielperspektive des Kol darstellt. Der hier sichtbar werdende hohe Stellenwert der Handlungsdimension des Glaubens wird durch andere Passagen untermauert (vgl. zur Bedeutung der Ethik im Kol z. B. Meeks 1993, 38f; Dettwiler 2018). In der Danksagung (1,3–8) wird aus der Trias „Glaube, Liebe, Hoffnung" (1,4f) die Liebe noch einmal aufgenommen (1,8) und im Wirken des Geistes fundiert (nur hier klingt im Kol die bei Paulus fundamentale Rolle des Geistes für den Lebenswandel der Glaubenden an). Das Korpus des Briefes (2,6–4,6) wird mit der das Nachfolgende programmatisch bestimmenden (vgl. Dübbers 2005, 178–191) Aufforderung eröffnet, aus der Annahme Christi die Konsequenz zu ziehen, *in ihm zu wandeln* (2,6). Der des Herrn würdige Wandel (1,10) ist Wandel in seinem Herrschaftsbereich; es geht um „die Regentschaft des lebendigen Herrn im gesamten Leben der Gemeinde" (Schweizer ³1989, 98f). Christlicher Lebenswandel ist konsequent als Manifestation des Verwurzelt- und Gegründetseins in Christus (2,7) konzeptualisiert, was in dem wieder-

holt hervortretenden Motiv der Dankbarkeit (für das empfangene Heil in Christus) bzw. der Aufforderung zum Dank einen für den Kol charakteristischen Ausdruck findet (1,12; 2,7; 3,15.17; 4,2, vgl. Barclay ³2004, 88). Der Lebenswandel dient, wie bei Paulus, nicht dazu, einen neuen Status vor Gott zu erwerben. In ihm kommt vielmehr zur Darstellung, was die Glaubenden durch Gottes Heilshandeln in Christus und dank der ihnen geschenkten Existenzwende geworden sind. Es geht darum, der Versetzung in das Reich Christi (1,13) – oder kurz gesagt: dem neuen Sein – im Lebenswandel zu entsprechen (vgl. Schnelle ³2016*, 534). Weil dies kein Selbstläufer ist, hält der Autor des Kol seine ethische Unterweisung für nötig. Dies gilt umso mehr, als man das Heil zwar nicht erwerben kann und muss, wohl aber, wie die Gerichtsaussagen in 3,6.25 signalisieren, wieder verwirken kann, wenn man der Unterstellung unter die Herrschaft Christi im Lebenswandel (chronisch) nicht entspricht. Auch dies ist gut paulinisch (→ III.1.4/2).

### 1.2 Die ethische Unterweisung im Kol

Der Lebenswandel im Herrn Christus Jesus (2,6) wird seiner ethischen Dimension nach in 3,5–4,6 in zwei Blöcken entfaltet. 3,5–17 illustriert in der Art einer postkonversionalen Mahnrede die ethische Konsequenz aus der mit der Taufe verbundenen Existenzwende (die Schlussparänese in 4,2–6 ließe sich hier anschließen, sie kann ob ihres allgemeinen Charakters im Folgenden aber ausgeklammert werden). Mit der Haustafel in 3,18–4,1, die gegenüber den echten Paulinen ein Novum darstellt, wird deutlich gemacht, dass der Wandel im Herrn auch die alltäglichen häuslichen Beziehungen umgreift. Rekurse auf Christus als Herrn begegnen hier in auffälliger Dichte (3,13.17.18.20.22–24; 4,1, vgl. Barclay 2011, 245). Deutlich wird damit: Christlicher Lebenswandel findet seinen Orientierungspunkt umfassend darin, dass Gott durch Christus alles versöhnte (1,20) und Christus zu seiner Rechten (3,1) als Herrn über den Kosmos eingesetzt hat. Die Auferlegung asketischer Regeln ist unter diesem Regiment nicht vorgesehen.

*1.2.1 Der alte und der neue Mensch in Kol 3,5–17*
1. Die formal klar strukturierte Unterweisung in 3,5–17 wendet sich in V.5–9a zunächst dem zu meidenden Verhalten zu, um dann in V.12–17 positive Weisungen folgen zu lassen; das Zentrum in V.9b–11 fungiert als Scharnier des Ganzen und erinnert zugleich über einen erneuten Rekurs auf das Taufgeschehen an die ‚indikativische' Grundlage der Mahnungen: Das Schlechte ist zu meiden, weil die Glaubenden den alten Menschen mit seinen Werken ausgezogen haben (V.9b); und daraus, dass sie den neuen Menschen angezogen haben (V.10), folgt, dass sie sich mit all den Tugenden umkleiden sollen, die ab V.12 exemplarisch aufgelistet werden. Mit der Rede vom alten und neuen Menschen wird dabei deutlich gemacht, dass mit der ethischen Neuorientierung kein äußeres Beiwerk der christlichen Existenz in den Blick genommen wird, sondern der Lebenswandel *Wesens*bestandteil der Existenz ist. Anders gesagt: Die in 2,12 als Mitbegrabenwerden und Auferwecktwerden interpretierte Existenzwende wird nun – in Variation der Rede vom

Anziehen *Christi* in der Taufaussage in Gal 3,27 – in ihrer den ganzen Menschen umfassenden ethischen Bedeutung als Ausziehen des alten und Anziehen des neuen Menschen dargestellt.

Der neue Mensch wird dabei zweifach näherbestimmt, erstens in Kol 3,10 – mit einer deutlichen Anspielung auf Gen 1,26f und damit in einem schöpfungstheologischen Horizont – durch die Erneuerung „zur Erkenntnis nach dem Ebenbild dessen, der ihn geschaffen hat", und zweitens in V.11 durch eine an Gal 3,28 erinnernde Tradition, die allerdings nicht nur im vorderen Glied die als irrelevant ausgewiesenen Identitätsbestimmungen variiert, sondern auch im positiven Nachsatz „sondern alles und in allem Christus" einen für den Brief charakteristischen eigenen Weg geht. Die Aussage ist hier nicht mehr auf die – wie auch immer näher zu bestimmende – Einheit in Christus gerichtet, sondern auf den universalen Horizont der Bedeutung Christi (vgl. Barclay ³2004, 79), der zuvor im Hymnus in 1,15-20 hervorgehoben wurde und nun auf die alle ethnischen und sozialen Differenzen übergreifende Bedeutung Christi appliziert wird: Das mit seinem Kreuzestod verbundene Versöhnungsgeschehen (1,20), das allen Glaubenden in der Taufe zuteilwird, gilt allen gleichermaßen. Im Gesamtkontext des Kol zeigt die in 3,18-4,1 nachfolgende Haustafel (→ 1.2.2), jedenfalls im Blick auf Sklaven und Freie, dass 3,11 vom Verfasser nicht sozialrevolutionär im Sinne einer völligen Aufhebung der sozialen Rollen zugunsten einer konsequent egalitären Sozialstruktur verstanden wurde (vgl. Frank 2009, 312-314, anders akzentuiert Standhartinger 2000, 127-130). Wohl aber bildet die in der Taufe vermittelte Christuszugehörigkeit mit Blick auf die *grundlegende* Wende vom alten zum neuen Menschen und damit von einem lasterhaften zu einem tugendhaften Leben den alles übergreifenden Faktor.

2. Die Lasterparänese in 3,5-9a erfolgt in zwei Schritten. Im ersten werden die „Glieder auf Erden", die in Anknüpfung an die in der Taufdeutung verwendete Metapher des Gestorben- bzw. Begrabenwordenseins mit Christus (2,12.20; 3,3) zu „töten" sind, durch einen Lasterkatalog illustriert, in dem sich die ersten vier Glieder alle auf sexuelles Verhalten beziehen (vgl. exemplarisch Witherington/Wessels 2006, 310). Dieser Tetrade tritt am Ende der Reihe noch die Habgier zur Seite, so dass hier, kurz gesagt, die schon in der frühjüdischen Paränese zentrale Forderung der Meidung von Unzucht und Habgier erhoben wird (→ II.2/5b), die mit der Sexualität und der Stellung zum Besitz zwei gewichtige Bereiche des Alltagsverhaltens erfasst. In Kol 3,5-7 spiegelt sich die hervorgehobene Bedeutung dieser Laster nicht nur in der schroff klingenden Metaphorik des „Tötens" der „Glieder auf Erden", sondern auch darin, dass V.6 der Mahnung mit einer Gerichtsaussage Nachdruck verleiht (vgl. 1Thess 4,3-6!) und der in V.7 eingestreute Rückblick auf das frühere Leben der Adressaten diese Laster als Kennzeichen ‚heidnischer' Existenz ausweist, womit Kol 3,5-7 einen geläufigen frühjüdischen Topos aufnimmt (vgl. TestDan 5,5-7; SapSal 14,22-27; Sib 3,184-190). Das Gewicht des Lasters der Habgier wird in V.5 ferner durch seine Gleichsetzung mit dem Götzendienst untermauert. Die Verwandtschaft mit dem Mammonwort Jesu (Mt 6,24; Lk 16,13) ist evident, doch lässt sich ein traditionsgeschichtlicher Zusammenhang nicht zwingend erweisen, da diese Assoziation schon in frühjüdischen Texten belegt ist (Philon, SpecLeg 1,23-25; TestJuda 19,1). Dabei kann sowohl – wie in Jesu Mammonwort – die götzendienerische Dynamik im Blick sein, die sich mit dem Anhäufen von Besitz verbinden kann (→ VII.5.2/2), als auch der Umstand reflektiert sein, dass

der monotheistische Glaube angesichts der religiösen Durchformung des Alltagslebens in der Antike Einschränkungen nach sich zog, die – etwa im Blick auf die Pflege von Geschäftskontakten im Rahmen von Mahlzeiten in Tempeln – sozio-ökonomischen Interessen zuwiderlaufen konnten (nach TestJuda 19,1 *führt* Geldgier zu den Götzen!). In einem zweiten Schritt folgt eine wiederum fünfgliedrige Reihe weiterer Laster, die das soziale Miteinander tangieren (Kol 3,8). Das vierte Glied „Blasphemie" meint hier also nicht die Lästerung Gottes, sondern die Schmähung eines Mitmenschen (vgl. Schweizer ³1989, 145). Zusammen mit dem fünften Glied, der Schandrede, was wohl im Sinne übler Nachrede zu verstehen ist, ergibt sich am Ende der Reihe eine Fokussierung auf Zungensünden, die mit der Mahnung, nicht zu lügen, in V.9a fortgeschrieben wird. Die konkretisierende Angabe, dass die Adressaten *einander* nicht belügen sollen, zeigt, dass hier zentral die schädigende Wirkung der genannten Laster auf das Gemeindeleben im Blick ist, doch heißt dies natürlich nicht, dass Lügen an anderer Stelle gestattet ist.

3. Der Konnex von durch die Taufe gewonnener Identität und Lebenswandel wird im positiven Glied zum einen durch die wortgleiche Aufnahme der Bekleidungsmetaphorik aus der indikativischen Aussage in V.10 („da ihr den neuen [Menschen] *angezogen habt*") in dem die Tugendparänese einleitenden Imperativ in V.12 („*zieht* nun *an* ...") betont. Zum anderen wird die Basis der Aufforderung auch durch die Bezeichnung der Adressaten als „Auserwählte Gottes, Heilige und Geliebte" hervorgehoben (vgl. die Auszeichnungen Israels in Dtn 7,6–8 u. ö.). Wie die beiden Lasterkataloge in V.5.8 ist auch der auf Tugenden des sozialen Miteinanders konzentrierte Katalog (vgl. dazu bes. 1QS IV,3) in V.12 fünfgliedrig. Die genannten Tugenden „herzliches Erbarmen, Güte, Demut, Sanftmut, Langmut" zielen auf Selbstzurücknahme zugunsten der Zuwendung zu anderen, was V.13 exemplarisch konkretisiert: Andere sind so, wie sie sind, also auch mit ihren individuell vielleicht als anstrengend empfundenen Seiten, zu akzeptieren; bei Konflikten und erlittenem Unrecht ist Vergebung das christliche Handlungsprinzip. Der Rekurs auf die selbst empfangene Vergebung in V.13 (vgl. 1,20.22; 2,13f) rekurriert erneut auf das selbst erfahrene Heil als Grundlage christlichen Handelns (vgl. Mt 18,23–35) und etabliert das Handeln des Herrn explizit sowohl als Grundlage als auch als Modell für das eigene Handeln.

Der Verweis auf die Liebe in V.14 schließt syntaktisch an die Reihe in V.12 an, doch bildet die Liebe nicht einfach gleichgeordnet die sechste Tugend. Durch die Einleitung mit „über all diese (zieht an)" wird vielmehr deutlich gemacht, dass die Liebe gewissermaßen als Obergewand gedacht ist (Gnilka 1980, 197; Bevere 2003, 220 u. a.). Ohne Bild gesprochen: Die Liebe fungiert als die Kardinaltugend, die die zuvor genannten umgreift und *das* Grundprinzip des Miteinanders benennt (vgl. Frederick 2019, 212–217). Dies wird dadurch bekräftigt, dass die zuvor in V.13 thematisierte Vergebung ein traditionelles Applikationsfeld der Agape darstellt (→ II.3/4). Die Auszeichnung der Agape als „Band der Vollkommenheit" meint wohl nicht, dass sie alle anderen Tugenden zusammenschließt und zur Vollkommenheit treibt (anders Schulz 1987\*, 561), sondern dürfte auf den von ihr in der Gemeinde gewirkten Zusammenhalt zu beziehen sein (vgl. P. Müller 1988, 176). Die Mahnung zum Frieden in V.15 verstärkt diesen gemeindlichen Bezug, wie die Rede von der Berufung „in *einem* Leib" deutlich macht. Zugleich wird mit der Wendung Friede *Christi*, zumal im Lichte der Friedensaussage in 1,20, wieder die ‚indikativische' Grundlage der Mahnung geltend gemacht: Im friedvollen Miteinander der Gemeindeglieder entfaltet sich der von Christus dem Kosmos eingestiftete Frieden in die konkreten lebensweltlichen Bezüge hinein. Dem gemeindlichen Kontext der Mahnungen entspricht schließlich, dass in V.16 noch konkret das gottesdienstliche Leben einbezogen und die ekklesiale Gemeinschaft als sozialer Raum konzeptualisiert wird, in dem die Gemeindeglieder – als ein wesentliches Moment der Präsenz des Wortes Christi unter ihnen (V.16a) und in Korrespondenz zur Aufgabe des Apostels (vgl. 1,28) – *einander* in aller Weisheit belehren und ermahnen und so einander in ihrem christlichen Wandel unterstützen. Die abschließende Mahnung in 3,17, alles, was sie mit Worten (vgl. den Rekurs auf Zungensünden in V.8f) oder mit Werken tun, „im Namen des Herrn Jesus" zu tun, bringt mit ihrem programmatischen und zusammenfassenden Charakter noch einmal die Christusbestimmtheit des gesamten Lebenswandels zur Geltung.

### 1.2.2 Die Haustafel in Kol 3,18–4,1

1. Mit der sog. Haustafel in Kol 3,18–4,1, die schwerlich erst vom Briefautor gebildet wurde, sondern eine in den (nach-)paulinischen Gemeinden entwickelte, wohl mündliche Tradition aufnimmt (vgl. Gielen 1990*, 122–128), tritt im Kol eine paränetische Form hervor, die den familiären Bereich in den Fokus rückt. Familiärer Bereich ist dabei nicht im Sinne der heutigen Privatfamilie zu fassen, sondern im Sinne des antiken ‚Hauses', das neben Eltern und Kindern auch Haussklaven sowie möglicherweise weitere Verwandte wie unverheiratete Geschwister des *pater familias* oder dessen verwitwete Mutter umfasste (vgl. Ebner 2012*, 166). Im Blick auf die soziale Struktur des Hauses ist evident, dass die Haustafeln eine patriarchale Ordnung voraussetzen und unhinterfragt gelten lassen. Die Relationen sind durchgehend hierarchisch bestimmt. Die Unterweisung geschieht in Kol 3,18–4,1 in der durchstrukturierten Form von paarweisen Ermahnungen, wobei die Mahnung an die untergeordneten Personen immer an erster Stelle steht. In den Weisungen an die übergeordnete Person geht es immer um den *pater familias*, der damit als die einheitsstiftende Größe der Haustafeln erscheint. Das Anordnungsprinzip in Kol 3,18–4,1 folgt dem Kriterium der sozialen Nähe: Frau und Mann stehen sich am nächsten; es folgen Kinder und Eltern/ Väter, am Ende dieser Skala steht das Verhältnis von Sklaven und Herren.

Kol 3,18–4,1 hat in Eph 5,22–6,9 eine vom Kol literarisch abhängige Parallele. In der Forschung sind weitere Texte unter den Begriff „Haustafel" subsumiert worden, doch werden in ihnen nur einzelne Bereiche angesprochen: Männer und Frauen (1Tim 2,8–15); Sklaven (6,1f); alte und junge Männer und Frauen, Sklaven (Tit 2,1–10); Sklaven, Frauen und Männer (1Petr 2,18–3,7; vgl. frühchristlich ferner z.B. Did 4,9–11; 1Klem 21,6–9). Im Sinne begrifflicher Klarheit ist, streng genommen, nur mit Blick auf Kol 3,18–4,1 und Eph 5,22–6,9 von Haustafeln zu sprechen (ebenso Strecker 1989, 350; Luz 1998, 234, andere wie z.B. Gielen 1990*; Woyke 2000, 38 nehmen noch 1Petr 2,18–3,7 hinzu). Von 1Petr 2,18–3,7 unterscheiden sich die Haustafeln im Kol und Eph auch dadurch, dass im 1Petr in der Ermahnung der Frauen (und der Sklaven) spezifisch die Situation in einem Haus mit einem nichtchristlichen *pater* *familias* in den Blick gerät (→ XI.2.2/3), während Kol 3,18–4,1 und Eph 5,22–6,9 den Eindruck vermitteln, (vorrangig) auf das Zusammenleben in einem christlichen Haushalt zu blicken (anders für Kol 3,18–4,1 MacDonald 2014, 39f).

2. Für eine angemessene Analyse und Beurteilung der Haustafel in Kol 3,18–4,1 ist es unabdingbar, neben ihrer Einbettung in die ethischen Anschauungen des Kol im Ganzen auch den antiken Diskurs in den Blick zu nehmen, der den kultur- und sozialgeschichtlichen Kontext der Haustafeln bestimmt. Als wichtigster traditionsgeschichtlicher Hintergrund und Kontext ist dabei auf die antike Ökonomik zu verweisen.[3]

An den Hausherrn gerichtet thematisierte die Ökonomik nicht nur die rechte, auf Vergrößerung des Vermögens zielende Führung eines Hauses, sondern reflektierte in diesem Zusammenhang bzw. auf dieses Ziel hingerichtet auch über die sozialen Relationen im Haus. So bietet schon der älteste erhaltene (älter, aber nicht erhalten ist die bei Diogenes Laertios 6,16 bezeugte ‚ökonomische' Schrift des Sokratesschülers Antisthenes) und in der Folgezeit wirkungsmächtige ökonomische Traktat, Xenophons Oeconomicus (Cicero hat ihn nach eigenem Bekunden [Off 2,87] ins Lateinische übersetzt), im Mittelteil längere Einlassungen über die unterschiedlichen Rollen von Frau und Mann in der Haushaltsführung, die die Führung von Sklaven einschließt (Oec 7–14). Aristoteles wendet sich im ersten Buch der Politeia dem Haus bzw. der Familie als kleinster Einheit des Staates zu und untergliedert die Relationen im Haus in das Verhältnis von Herr und Sklave, Mann und Frau und Vater und Kindern (Pol 1,3 [1253b1-14], vgl. EthNic 8,12 [1160b23-1161a3]). Er konzentriert sich in seinen Ausführungen allerdings auf den Aspekt der Herrschaft des Hausherrn über Sklaven, Frau und Kinder, die er als naturgemäß zu erweisen sucht (vgl. Lehmeier 2006, 93), wobei das Augenmerk im Wesentlichen auf die Relation Herr – Sklave gerichtet ist (zentral unter der Frage, ob einige Menschen von Natur aus Sklaven sind), während er auf die anderen beiden Beziehungen später (Pol 1,12 [1259a38-1259b18]) nur ganz knapp eingeht, ohne die sozialen Rollen im Blick auf die praktischen Erfordernisse im Haushalt zu entfalten. Diese Lücke ist im Schülerkreis von Aristoteles offenbar registriert worden, wie die in zeitlicher wie inhaltlicher Nähe zu Aristoteles stehende Schrift Pseudo-Aristoteles, Oec I zeigt (Text und Übersetzung in Audring/Brodersen 2008, 134–141). Die Rezeption der ökonomischen Tradition um die Zeitenwende und in der Zeit der Entstehung der neutestamentlichen Schriften ist durch Philodemos von Gadara, Cicero, Areios Didymos, Columella, Dion von Prusa, Hierokles und eine Reihe von neupythagoreischen Texten (Kallikratidas, Bryson u.a.) vielfältig bezeugt (s. dazu Lehmeier 2006, 121–200).

Die einst von Weidinger (1928, 23–50) – im Gefolge seines Lehrers Martin Dibelius ([2]1927, 36–38) – als Grundlage der Haustafeln vorgebrachten stoischen Pflichtentafeln, in denen die Pflichten topisch nach den unterschiedlichen sozialen Kontexten und Rollen geordnet waren, haben als weiterer Traditionshintergrund durchaus ihren Wert. Da die stoischen Pflichtentafeln allerdings auch über den Haushalt hinausgehende soziale Rollen, inkl. die des Staatsbürgers, thematisieren[4], gilt dies stärker für die ‚haustafelartigen' Texte wie 1Petr 2,13–3,7 als für

---

[3] Vgl. Thraede 1980; Lührmann 1980/81; Balch 1981, 21–62; K. Müller 1983, 284–290; Gielen 1990*, 55–62, pointiert Woyke 2000, 33: „*angewandte Ökonomik*"; für einen Überblick über die Texte Richarz 1991, 19–34 und v.a. Lehmeier 2006, 53–218.

[4] So listet z.B. Epiktet, Diss 2,17,31 die Pflicht gegenüber den Göttern, den Eltern, den Brüdern, dem Vaterland und den Fremden auf, Diss 3,2,4 die Pflichten des Gottesfürchtigen, des Sohns, des Bruders, des Vaters und des Bürgers, und in 2,10 thematisiert Epiktet nacheinander die Pflichten des Menschen als

das strenge Schema in Kol 3,18–4,1 bzw. für Letzteres nur insofern, als die stoische Pflichtenethik und die Ökonomik, wie z. B. Cicero, Off 1,53–60 zu erkennen gibt, nicht bloß unverbunden nebeneinander existierten (vgl. Lehmeier 2006, 127f.166.210). Möglicherweise kann man die Ökonomik zwar nicht in ihren Ursprüngen, wohl aber im Blick auf ihre Rezeption und Entwicklung um die Zeitenwende auch als eine auf das Haus bezogene Unterform der Pflichtenethik auffassen (vgl. Wedderburn ⁴2003, 21). Die Verbindung beider gibt jedenfalls eine Notiz Senecas in EpMor 94,1 zu erkennen: „Ein Teilgebiet der Philosophie gibt besondere Vorschriften jeder Person und bildet den Menschen nicht insgesamt, sondern rät dem Ehemann, wie er sich verhält gegenüber seiner Frau, dem Vater, wie er erzieht die Kinder, dem Herrn, wie er seine Sklaven anleitet" (Übers. Rosenbach). Hier werden alle drei Relationen genannt, die auch in Kol 3,18–4,1; Eph 5,22–6,9 begegnen. Allerdings richtet sich das Augenmerk in EpMor 94,1, wie dies für die ökonomischen Traktate wie auch die stoische Pflichtenethik insgesamt typisch ist, im Unterschied zur Wechselseitigkeit der Adressierung in den Haustafeln allein an den Hausherrn (vgl. aber immerhin Seneca, Ben 2,18,1). Es ist ferner nicht zu übersehen, dass ökonomische Aspekte des Hauses als Wirtschaftseinheit in den neutestamentlichen Haustafeln überhaupt keine Rolle spielen, sondern allein die sozialen Relationen adressiert werden. Nicht zuletzt unterscheiden sich die Haustafeln in ihrer imperativischen paränetischen Form von den ökonomischen Traktaten wie auch von der stoischen Pflichtenethik.

Blickt man auf das frühe Judentum, so begegnen verschiedene Spuren des Einflusses der Ökonomik (und der Pflichtenethik), die als traditionsgeschichtlicher Kontext der frühchristlichen Rezeption mit zu bedenken sind. Philon führt im Kontext seiner Gesetzesepitome (Hyp 7,1–9) an, dass dem Hausherrn die Weitergabe der Gesetze obliegt, und zwar, wie Philon nach den auch in Seneca, EpMor 94,1 genannten Relationen auffaltet, als Mann gegenüber der Frau, als Vater gegenüber den Kindern, als Herr gegenüber den Sklaven (Hyp 7,14, s. auch Post 181; Fug 3). In Dec 165–167 bringt Philon vor, dass das Gebot der Elternehre eine Reihe von Geboten in sich schließt, die jeweils die Relation eines untergeordneten und eines übergeordneten Teils betreffen, darunter auch Sklaven und Herren. Interessant ist dabei, dass Philon bei der knappen Explikation in § 167 reziprok formuliert und z. B. ausführt, das Gebot halte Diener zu einem ihren Herrn liebenden Dienst an und die Herren zu Milde und Freundlichkeit, wodurch die Ungleichheit ausgeglichen werde. Vor allem aber ist frühjüdisch auf die haustafelähnliche Unterweisung in PseudPhok 175–227 zu verweisen, die Einfluss der Ökonomik verrät (wozu *notabene* passt, dass in PseudPhok 153–174 ein Passus vorangeht, der zur eigenen Arbeit als Grundlage wirtschaftlicher Unabhängigkeit anhält), die zugleich aber breit atl. Gebote rezipiert (vgl. Thomas 1992, 64–77). Der Passus schreibt nicht nur die Relationen zur Frau, zu den Kindern und zu Sklaven nacheinander ab, sondern rückt auch in seiner imperativischen Form nah an die Haustafeln heran. Was auch hier allerdings fehlt, ist die Reziprozität der Unterweisung; adressiert wird allein der *pater familias*. Zwar wird in der Begründung zur an den Mann gerichteten Mahnung in Z. 195 die wechselseitige Zuneigung der Ehepartner angesprochen (195–197), und einzelne Weisungen thematisieren das Verhalten von Frauen, doch wird in diesen Fällen in der 3. Ps. formuliert (184f.192.208). Gleichwohl dürfte die hier vorliegende Transformation der antiken Ökonomik in eine paränetische Form als wichtige Vorarbeit zu würdigen sein, an die die Haustafeltradition mit ihrer imperativischen Gestalt anknüpfen konnte (vgl. Wolter 1993, 198).

---

Bürger (2,10,4–6), Sohn (2,10,7), Bruder (2,10,8f) und Ratsherr (2,10,10). Vgl. ferner z. B. Epiktet, Ench 30; Diss 4,6,26; Pseudo-Plutarch, LibEduc 10 (Mor 7d–e) und Senecas Verweis auf eine Schrift von Marcus Brutus mit dem Titel „Über die Pflicht (περὶ καθήκοντος)", die „viele Vorschriften für Eltern und Kinder und Brüder" enthalten haben soll (EpMor 95,45).

Im Blick auf die sozialen Rollen von Mann und Frau ist für die Ökonomik des Näheren die Verbindung der Vorrangstellung des Hausherrn mit dem Gedanken der Komplementarität der Geschlechter auf der Basis der von der Natur gesetzten Unterschiede charakteristisch (vgl. Aristoteles, EthNic 8,14 [1162a23f]: „Sie helfen einander aus, indem sie das [jeweils] Ihre zum Gemeinsamen beitragen."). Konkret bedeutet dies, dass der Frau die Rolle im Haus, dem Mann das Agieren außerhalb des Hauses zugeordnet wird (Xenophon, Oec 7,22-43; Pseudo-Aristoteles, Oec 1,3,4 [1343b25ff]; Phintys bei Stobaios 4,23,61 [ed. Wachsmuth/Hense IV p. 589,8-11]; Philon, Virt 19, vgl. mit zahlreichen Belegen Zamfir 2013, 85-97.127-137), was freilich idealtypisch gefasst ist. Die gesellschaftliche Realität war differenzierter, zumal in der ärmeren Bevölkerung die außerhäusliche Tätigkeit von Frauen – etwa bei der Ernte oder beim Verkauf von Waren auf dem Markt – vielfach alternativlos gewesen sein dürfte (vgl. dazu Wagner-Hasel 2000, 314-318).[5] Einen eigenen Akzent hat der Stoiker Hierokles (1. Hälfte des 2. Jh. n.Chr.) gesetzt, denn – ungeachtet des grundsätzlichen Festhaltens an der traditionellen Aufteilung der Tätigkeiten außerhalb und innerhalb des Hauses – bezieht er die Gemeinschaft der Ehepartner auch darauf, dass diese sich wechselseitig mit den Arbeiten des anderen vertraut machen (bei Stobaios 4,28,21 [ed. Wachsmuth/Hense V p. 696,21-699,15]). Partnerschaftliche Momente zeigen sich zudem schon in Xenophons Oeconomicus auch darin, dass von einer gemeinsamen Beratung über die Erziehung der Kinder die Rede ist (7,12) und die häusliche Habe als gemeinsames Eigentum betrachtet wird (7,13).[6]

3. Als sozialen Kontext der Anknüpfung an die Ökonomik in der Haustafel in Kol 3,18-4,1 ist zu bedenken, dass das Haus in der Antike nicht nur, wie sich dies eben in der Ökonomik spiegelt, allgemein das gesellschaftlich grundlegende Gebilde darstellte (vgl. Ebner 2012*, 166-177), was natürlich ebenso für die frühen Christen gilt, sondern im Besonderen auch für die Organisation und Entwicklung der frühen christusgläubigen Gemeinden eine bedeutende Rolle spielte (vgl. Laub 1986, 254.260f; Gielen 1990*, 77-103; Dunn 1996, 55-58). Der in der Haustafel gewählte Ansatz entsprach offenbar dem sozialen Bedürfnis nach geordneten Verhältnissen und Sicherung der Funktionsfähigkeit des für die Entwicklung der Gemeinden grundlegenden Sozialgefüges des Hauses, gab zugleich aber auch Raum, die egalisierenden Tendenzen der frühchristlichen Tradition nicht wirkungslos verpuffen zu lassen (vgl. Ebner 2012*, 178f). So ergeht auf der einen Seite im Sinne des gesellschaftlichen Mainstreams an die Frauen die Mahnung zur Unterordnung[7], die

---

[5] Dezidierte Kritik an der Sicht, dass Frauen von der Außenwelt mehr oder weniger abgeschlossen im Haus lebten, übt Thraede 1977, 35-49. Siehe ferner Osieck/Balch 1997, 58-60 sowie ausführlich Zamfir 2013, 289-392.

[6] Die in der Ökonomiktradition bezogene Position zur Rolle von Mann und Frau ist als eine Art Mittelweg zwischen der Herrschaftsvollmacht des römischen *pater familias* (s. z.B. Dionysios Hal., AntRom 2,25,1-2,27,5) und emanzipativen Tendenzen in der (Oberschicht der) römischen Gesellschaft im Blick auf die Rolle der Frau (s. dazu Thraede 1977, bes. 71-78) eingeordnet worden (vgl. Thraede 1980, 364f; Ebner 2012*, 173-177), doch ist die These emanzipativer Tendenzen im frühen Prinzipat nicht unstrittig (s. die substantielle Kritik von Späth 1994). Unabhängig davon erscheint die Geschlechterdifferenz als eine weithin fraglose Voraussetzung antiker Geschlechterrollendiskurse. – Für eine Kritik am Postulat einer egalitären Sicht des Verhältnisses von Mann und Frau in der römischen Stoa s. Balch 1981, 143-149, speziell zu Musonios Nussbaum, 2002.

[7] Vgl. z.B. Seneca, ConstSap 1,1; Plutarch, ConjPraec 33 (Mor 142e); Pseudo-Kallisthenes, VitAlex 1,22,5 (ed. van Thiel). Zu den zahlreichen neupythagoreischen Zeugnissen s. Balch 1992, 395-399. Die

durch die angefügte Begründung „wie es sich im Herrn ziemt" (3,18) als für das Leben im Heilsbereich Christi verbindlich ausgewiesen wird, ohne dadurch eine inhaltliche Neuausrichtung zu erfahren (vgl. K. Müller 1983, 314f, anders Henderson 2006, 430). Auf der anderen Seite schließt die Mahnung an die Männer in 3,19, ihre Frauen zu lieben, an die ausgleichenden Tendenzen an, wie sie vor allem in stoischen Texten zu beobachten sind. Frühjüdisch steht PseudPhok 195–197 besonders nahe: „Liebe dein Eheweib. Denn was wäre lieblicher und vortrefflicher, als wenn eine Frau ihrem Manne freundlich gesinnt ist bis ins Alter, und (ebenso) der Gemahl seiner Gattin, und Zank nicht entzweiend dazwischenfährt?" (Übers. Walter). Für „lieben" ist hier zwar ein anderes Verb (στέργειν) benutzt als in Kol 3,19, doch tangiert dies nicht grundsätzlich die analoge Grundausrichtung beider Texte.[8] Man kann höchstens sagen, dass mit der Aufnahme des christlichen ethischen Leitwortes „Agape" ein eigener Akzent gesetzt wird, sofern die Liebe, liest man die Haustafel im Gesamtkontext des Kol (vgl. 1,4.8; 2,2 und v. a. 3,14), entsprechend im Rahmen des christlichen Agapeverständnisses ihre Konturen gewinnt (betont von Schrage 1974/75, 12–14; Dettinger 2017, 175f, anders Crouch 1972, 111–113; Frank 2009, 301f), wenngleich es dem Autor des Eph vorbehalten blieb, dies auszuformulieren (Eph 5,25–33, → 2.2.3). Man kann diesen Akzent im Kol allerdings eben nicht so auslegen, dass damit die hierarchische Grundstruktur in Frage gestellt ist bzw. die antiken Konventionen überwunden sind. Die Liebe kennzeichnet vielmehr die Art und Weise der Herrschaftsausübung des Mannes im Haus, wozu als weiterer Kontext auf den antiken Diskurs über die Art der Herrschaftsausübung des *pater familias* zu verweisen ist.[9] Die konkretisierende Mahnung, nicht bitter gegen sie zu

---

allgemeine Verbreitung dieser Ansicht spiegelt sich auch im Vorkommen in den Sprüchen der sieben Weisen in der Sammlung des Sosiades, wo es kurz und knapp heißt: „(Deine) Frau beherrsche" (γυναικὸς ἄρχε, s. Stobaios 3,1,173 [ed. Wachsmuth/Hense III p. 127,2], zur Entsprechung in einer Inschrift aus Miletupolis [II,3] und auf einem in Narmuthis gefundenen Ostrakon s. Althoff/Zeller 2006, 57.75). Frühjüdisch ist darauf zu verweisen, dass Philon wie Josephus die Unterordnung der Frau unter die Herrschaft des Mannes im Rahmen ihrer Gesetzeszusammenfassungen als Inhalt der Tora vorbringen (Philon, Hyp 7,3; Josephus, Ap 2,201). Anknüpfungspunkt dafür dürfte Gen 3,16 sein (vgl. dazu auch 4Q416 2 IV,2f). Die Herrschaftsstellung des Mannes gegenüber der Frau ist ferner z. B. auch Grundvoraussetzung in sexualethischen Unterweisungen wie TestRub 5,1–5; TestJuda 15: Die Sexualität ist in den TestXII als Ort verdächtig, an dem Männer Gefahr laufen ihre Herrschaftsstellung einzubüßen.

[8] Vgl. auch Pseudo-Charondas (bei Stobaios 4,2,24 [ed. Wachsmuth/Hense IV p. 154,10f]): „Ein jeder soll (seine) gesetzmäßige Frau lieben (στεργέτω) und aus dieser Kinder zeugen." – Dasselbe Verb für die Liebe des Mannes zur Frau z. B. auch in Sophokles, Aias 212; Trach 576f; Herodot, Hist 2,181,4; 7,69,2; Menander, Dysk 309. Von der Agape des Mannes zur Frau z. B. Gen 24,67; 29,18.20 u. ö., vgl. auch Stobaios 4,20,33.72 (ed. Wachsmuth/Hense IV p. 444,12; p. 473,4). Von der Agape der Frau zum Mann z. B. Phintys (bei Stobaios 4,23,61 [ed. Wachsmuth/Hense IV p. 589,1–3]): „Die höchste Tugend einer Frau ist die Besonnenheit (σωφροσύνα); durch sie vermag sie, den eignen Mann zu ehren und zu lieben (καὶ τιμήν καὶ ἀγαπήν)." – Das Postulat einer dezidierten Differenz der Liebesforderung zur Umwelt bei Zimmermann 2010, 48 („One can love friends or children but not wives. The stipulation to love is thus a clear penetration of the usual role norms.") will deutlich mehr, als der traditionsgeschichtliche Befund hergibt.

[9] Auf Basis der Grundannahme, dass das Männliche von der Natur eher zur Führung bestimmt wurde als das Weibliche, bestimmt Aristoteles in Pol 1,12 (1259a38–1259b10) die Herrschaft des Mannes über die Frau – in Differenz zur königlichen Herrschaft über Kinder – nach der Art der Herrschaft über Bürger (πολιτικῶς), in EthNic 8,12 (1160b22–1161a3) als eine „aristokratische", „denn gemäß der Würdig-

werden, in der zweiten Vershälfte bekräftigt dies, denn Bitterkeit ist ein Charakteristikum tyrannischer Herrschaft (s. z.B. Philon, Prob 106.120; Josephus, Ap 1,210; 2,277; Philostratos, VitAp 7,3, vgl. Wolter 1993, 199).

4. Die grundlegende Übereinstimmung mit antiken ethischen Überzeugungen setzt sich beim zweiten Paar fort (Kol 3,20f), dem in der ökonomischen Tradition von allen dreien am wenigsten Beachtung geschenkt wird. Kinder sind ihren Eltern nach allgemeiner antiker Vorstellung Respekt und Gehorsam schuldig (s. z.B. TestJuda 1,4; Epiktet, Diss 2,10,7, vgl. Balla 2003, 62–79), was wie in V.18 wieder als *„im Herrn"* wohlgefällig ausgewiesen wird. Die Ermahnung an den übergeordneten Part läuft erneut darauf hinaus, dass der *pater familias* seine ‚Herrschaft' mit Milde und Güte ausübt. Auch dazu lassen sich leicht verwandte Aussagen beibringen (s. z.B. PseudPhok 207; Pseudo-Plutarch, LibEduc 10; 12 [Mor 7e; 8e-f]). Das Gegenbild sind die tyrannischen Väter, deren Tyrannis das Selbstbewusstsein und Selbstwertgefühl der Kinder bricht und diese, wie Kol 3,21 formuliert, mutlos werden lässt.

5. Deutlich ausführlicher fällt das an die Sklaven adressierte Segment aus, was ein Indiz dafür sein könnte, dass es zur Sklavenfrage intensive und kontroverse Diskussionen in den Gemeinden gab. Wieder entspricht es der gesellschaftlichen Konvention, wenn Sklaven zum Gehorsam ermahnt werden, doch resultiert hier aus der Bindung an den „Herrn Christus" (3,24) die besondere Note, dass die „Herren" der Sklaven schon in 3,22 als „Herren nach dem Fleisch" näherbestimmt werden, so dass zwei Wirklichkeitsebenen unterschieden werden. Die Bindung an den „Herrn Christus" tritt dabei selbstredend als die übergeordnete hervor: Ihm gilt es zu dienen, denn es kommt auf sein Urteil an (3,24f). Aufmerken lässt, dass in der Heilsverheißung in 3,24 ausdrücklich von einem *Erbe* die Rede ist, das den Status der Sohnschaft voraussetzt (vgl. Gal 4,7) und in der Antike entsprechend Sklaven auf Erden versagt blieb (vgl. MacDonald 2007, 108). Daraus wird allerdings gerade kein kritisches Potenzial zur Infragestellung der Unterordnung unter die irdischen Herren abgeleitet, sondern allein eine Verinnerlichung der Handlungsmotivation (vgl. Wolter 1993, 203f; Barclay 2011, 242), durch die die Haltung, mit der der Dienst gegenüber den irdischen Herren geschehen soll, qualifiziert wird: Dieser soll nicht durch rein

---

keit herrscht der Mann und über die Dinge, über die der Mann herrschen muss" (vgl. die Epitome peripatetischer Ethik von Areios Didymos bei Stobaios 2,7,26 [ed. Wachsmuth/Hense II p. 148,15–19]). Der Neupythagoreer Kallikratidas (wohl 1./2. Jh. n.Chr.) unterscheidet – in freier Anlehnung an Aristoteles – zwischen der despotischen Herrschaft, die allein den Vorteil des Herrschenden im Sinne hat (z.B. der Herr im Verhältnis zu seinen Sklaven), der fürsorgerischen Herrschaft, die dem Beherrschten dient (z.B. das Lehrer-Schüler-Verhältnis), und der politischen Herrschaft, die auf den gemeinsamen Nutzen zielt, und er empfiehlt für die Ehe die politische Herrschaft des Mannes, in der sich Lust und Ehrwürdigkeit mischen (bei Stobaios 4,28,17 [ed. Wachsmuth/Hense V p. 684,16–686,15]). Plutarch hält in seinen Eheratschlägen fest, dass der Mann der Frau nicht wie der Herr dem Vieh befehle, sondern wie die Seele dem Körper, nämlich „mitempfindend und mitwachsend in Zuneigung (συμπαθοῦντα καὶ συμπεφυκότα τῇ εὐνοίᾳ)" (ConjPraec 12 [Mor 142e]). – Für wie selbstverständlich die Herrschaftsrolle des Mannes im Regelfall erachtet wird, zeigt sich auch an beiläufigen Bemerkungen wie z.B. bei Musonios, Diss 8 in seiner Reflexion über die Notwendigkeit philosophischer Bildung von Königen, dass es genug sei, „über seine Freunde oder über Frau und Kinder zu herrschen" (ed. Hense p. 39,16–18).

äußerlichen, möglicherweise heuchlerisch inszenierten Gehorsam geprägt sein, sondern in der Lauterkeit des Herzens geschehen, also aufrichtig geleistet werden.

Nun wird die übergeordnete Rolle Christi als Herr auch in der – wiederum knapp gehaltenen – Mahnung an die (irdischen) Herren in 4,1 zur Geltung gebracht: Die Weisung, den Sklaven zu gewähren, was recht und billig ist (vgl. z.B. Cicero, Off 1,41), d.h. sie in angemessener Weise mit Nahrung und Kleidung zu versorgen und fair zu behandeln (vgl. Luz 1998, 238; Frank 2009, 320), wird mit einer Erinnerung daran begründet, dass auch sie einen Herrn (über sich) haben. Da es in dem übergeordneten Glied immer um den *pater familias* geht, ist dies rückwirkend auch für die an die Ehemänner und Väter ergehenden Mahnungen in 3,19.21 – den einzigen Weisungen in 3,18–4,1, in denen ein ausdrücklicher Verweis auf den Herrn Christus fehlt – mitzuhören (vgl. Heil 2010, 173). Im Lichte der direkt vorangehenden Verse klingt in 4,1b mit, dass sich die irdischen Herren vor Christus für ihr Handeln werden verantworten müssen, denn auch für sie gilt, dass es im Gericht kein Ansehen der Person geben wird (3,25, explizit in Eph 6,9). Im Unterschied zur ökonomischen Tradition findet das gegenüber Sklaven zu übende Verhalten hier also keine ökonomisch-pragmatische, sondern eine dezidiert theologische Begründung, wie zuvor auch die Sklaven nicht durch mögliche positive irdische Auswirkungen ihres Gehorsams motiviert wurden. Diesem Sachverhalt korrespondiert, dass der *pater familias* in seinen Rollen als Ehemann, Vater und Herr nicht bloß weise Ratschläge erhält, sondern ihm genauso apodiktisch etwas geboten wird wie der Frau, den Kindern und den Sklaven (vgl. Gielen 1990\*, 118f), die damit – auch dies ist festzuhalten – als eigenständige ethische Subjekte hervortreten (stark, m.E. über Gebühr, betont von Hering 2007, 79–84, vgl. ferner z.B. Schweizer 1979, 203). Spiegelt sich in dieser direkten Adressierung aller Statusgruppen zumindest ein Stück weit die in der christlichen Gemeinde etablierte Form des Miteinanders, an dem alle gleichermaßen aktiv partizipieren können, so ist allerdings zugleich wiederum zu notieren, dass daraus, dass in einem christlichen Haus Herr und Sklave ein und denselben Herrn, nämlich Christus, über sich haben, gerade nicht die konsequente Neuordnung der irdischen Verhältnisse gefolgert wird. Vielmehr wird die bestehende Gesellschaftsordnung fraglos vorausgesetzt und allein das Verhalten in diesem Rahmen qualifiziert, dies aber immerhin. Die Herren werden zu einer humanen Behandlung der Sklaven angehalten (vgl. z.B. Sir 7,20f; Philon, SpecLeg 3,137; Seneca, EpMor 47), die Sklaven sollen willig, „wie für den Herrn" (3,23), dienen. Die Haustafel ist hier so selbstverständlich von den gesellschaftlichen Strukturen bestimmt, dass die Idee, es könne dem Willen des Herrn grundsätzlich widersprechen, dass es auf Erden überhaupt Herren und Sklaven gibt, erst gar nicht aufkommt. Andererseits ist nicht zu unterschlagen, dass es bei der Qualifizierung des Verhaltens durch die gemeinsame Christuszugehörigkeit nicht bloß um Nuancen geht.

Ein Punkt, an dem sich dies gut veranschaulichen lässt, ist, dass in der römischen Antike die Stellung von Sklaven und Sklavinnen als Eigentum ihrer Besitzer auch ihre sexuelle Verfügbarkeit einschloss (vgl. Osiek 2003, bes. 262–264). Hingegen wird man – zumal im Lichte der sonstigen ethischen Unterweisung im Kol (vgl. speziell 3,5–7) – sicher nicht mit der Annahme fehlgehen, dass in der Mahnung in 4,1 im Sinne des Autors des Kol auch die Enthaltung von sexuellem Verkehr mit Sklaven eingeschlossen ist (vgl. MacDonald 2007, anders Glancy 2019, 640). Dies gilt umso mehr, als Kol 4,1 damit auch keine völlige Ausnahme in der antiken Landschaft bildet. So wendet Musonios sich mit Entschiedenheit gegen den Verkehr mit Sklavinnen und Sklaven (Diss 12 [Hense p. 66,2–13], vgl. frühjüdisch Sir 41,22). Das inschriftliche Zeugnis über einen von einem gewissen Dionysios gegründeten Kultverein aus Philadelphia in Lydien (um 100 v. Chr.), in dem den Mitgliedern Sexualverkehr mit einer fremden verheirateten Frau, sei sie eine Freie *oder eine Sklavin*, untersagt wird (Z. 25–35, Text samt Erläuterung in Harland 2014, 178–193), bietet insofern keinen eindeutigen Beleg, als hier nur von *verheirateten* Frauen die Rede ist (vgl. MacDonald 2014, 46).

6. Sucht man die Haustafel in Kol 3,18–4,1 in die Entwicklungsgeschichte frühchristlicher Ethik(en) einzuordnen, kann man – dem ersten Anschein nach – gegenüber den bei Paulus begegnenden egalitären Impulsen insofern von einem Rückschritt sprechen, als sich das geschwisterliche Verhältnis der Christusgläubigen untereinander, wie Paulus es im Blick auf die Sklavenfrage in der Bezeichnung von Onesimus als „geliebter Bruder" (Phlm 16) zur Geltung bringt, zwar in dem Motiv des gemeinsamen Unterstelltseins aller unter den Herrn Christus andeutet. Dieses wird aber eben nicht konsequent für die Neujustierung sozialer Rollen im Haus fruchtbar gemacht.[10] Allerdings ist die Differenz zu Paulus nicht überzubetonen (vgl. MacDonald 2011, 78), denn auch Paulus hat nicht auf der Basis von Gal 3,28 eine völlige Auflösung der überkommenen sozialen Rollen verfochten, wie im Blick auf die Sklaven 1Kor 7,21–24 (→ III.5.3), im Blick auf die Frauen 1Kor 11,2–16 dokumentiert (→ III.1.3/3). Zudem hat Paulus die Gestaltung christlicher Häuser eben nicht explizit zum Thema gemacht. Es ist zwar gut möglich, wenn nicht wahrscheinlich, dass die innovativen Impulse des Miteinanders in den paulinischen Gemeinden entsprechende Reflexionen über die *häuslichen* Relationen nach sich zogen. Aber man wird wohl doch bezweifeln müssen, dass etwa aus Phlm 16f abzuleiten ist, dass im Haus des Philemon dessen Leitung kollegial geteilt wurde und die häuslichen Aufgaben unter allen Mitgliedern des Hauses gleichmäßig aufgeteilt wurden (→ III.5.3). Umgekehrt koexistiert im Kol die Haustafel mit dem Hinweis auf die gemeindliche Rolle einer gewissen Nympha als Gastgeberin (und Leiterin?) einer Hausgemeinde (4,15). Das Gesamtbild ist mithin zu differenziert, um Kol 3,18–4,1 kurzerhand als Verrat an den besseren Anfängen werten zu können (anders Schüssler Fiorenza 1983, 253f; Osiek/Balch 1997, 119f.178f). Vielmehr dürften die historischen Konstellationen adäquater mit der Annahme eingefangen sein, dass die Spannung zwischen geschwisterlicher Verbundenheit in Christus und überkommenen sozialen Rollen in paulinischer wie nachpaulinischer Zeit in den Gemeinden unterschiedliche, zwischen diesen beiden Polen oszillierende Positionierungen evozierte und Paulus wie der Autor des Kol in diesen Aushandlungsprozessen dem Spektrum vermittelnder Positionen, wenngleich auf verschiedenen Seiten der Mitte, zuzuordnen sind.

Über die genauen Hintergründe, die zur Entwicklung der Haustafel geführt haben, lässt sich – abgesehen vom bereits erwähnten Faktor, dass sich das Thema der Gestaltung der häuslichen Beziehungen angesichts der fundamentalen gesellschaftlichen Rolle des Hauses im Allgemeinen

---

[10] Frank 2009, 309–312.323f.359–361 deutet Kol 3,22–4,1 intertextuell als eine gezielte Korrektur des Phlm, die ein mögliches sozialrevolutionäres Verständnis des Phlm zu unterbinden sucht.

und seiner Bedeutung für die Entwicklung der Gemeinden im Besonderen gewissermaßen von selbst aufdrängte – schwerlich noch Sicherheit gewinnen. Es ist z. B. fraglich, ob der Umstand, dass in Kol 3,18-4,1 Mahnungen in direkter Adressierung an die untergeordneten Personen ergehen (was im antiken Kontext eher ungewöhnlich ist) und diese zur Unterordnung bzw. zum Gehorsam angehalten werden, als Indiz für gegenläufige Tendenzen im Adressatenkreis zu werten ist, die durch die Haustafel eingehegt werden sollen (betont z. B. von Crouch 1972, 121–145). Denn damit ist schwerlich eine befriedigende Erklärung der Mahnung an die Kinder gefunden. Offen bleiben muss auch, ob *allein* innergemeindliche Entwicklungsfaktoren maßgeblich waren, weil, wie angesprochen, die Sicherung der „Stabilität und Funktionsfähigkeit des Hauses" (Wolter 1993, 197) im Sinne der überkommenen Strukturen für die Entwicklung der Gemeinden unter den damaligen Bedingungen als zielführend erschien, oder *auch* nach außen Verdächtigungen über gegenkulturelle Tendenzen im gemeindlichen Miteinander abgewehrt werden sollen.

7. Die Haustafeln sind ein schwieriges Erbe. Sucht man zu einer historisch angemessenen Würdigung zu gelangen – statt sich, wie Schrage (1974/75, 1) einst treffend kommentierte, damit zu begnügen, von heutiger Warte aus „schlechte theologische Zensuren" zu verteilen –, so ist grundlegend zu beachten, dass die paarweise ergehenden Mahnungen immer nur in ihrer wechselseitigen Verbundenheit miteinander adäquat interpretiert werden können (vgl. Wolter 1993, 199–201). Auf dieser Grundlage ist des Näheren zu bedenken, dass die an den *pater familias* ergehenden Mahnungen inhaltlich im Lichte der antiken Ökonomik und anderer ethischer Traditionen zwar im Grundsatz als konventionell einzustufen sind, jedoch auch die philosophischen Texte die Alltagswirklichkeit nicht einfach abbilden, sondern zu gestalten suchen. Auch diese Texte sind also schon Ausdruck einer humanisierenden Tendenz, die auf eine häufig anders geartete Ehewirklichkeit und die Realität der oft unmenschlichen Behandlung von Sklaven (s. dazu das in Seneca, EpMor 47 kritisierte Verhalten!) hinweist. Insofern spricht auch Kol 3,18–4,1 kritisch in gesellschaftliche Gegebenheiten hinein, indem für die Ehen von Christen ein respekt- und liebevoller Umgang miteinander angemahnt und der Anspruch erhoben wird, dass sich ein christliches Haus von allen tyrannischen und gewaltsamen Formen der Ausübung der Vorrangstellung des *pater familias* klar und deutlich unterscheidet. Eine hermeneutisch reflektierte Erörterung der möglichen gegenwärtigen Bedeutung von Kol 3,18–4,1 kann bei diesem Richtungsimpuls ansetzen: Eine leitende Rolle in einem familiären oder auch einem anderen sozialen Verbund einzunehmen, bedeutet, für andere in einer Weise Verantwortung zu übernehmen, die durch liebevolle Zuwendung und Fairness geprägt ist. Das mag banal klingen, ist aber, näher betrachtet, angesichts tatsächlicher Verhältnisse, nicht wenig. Dabei sollte es heute im familiären Bereich selbstverständlich sein, Leitungsverantwortung nicht in einer Person zu bündeln, sondern partnerschaftlich wahrzunehmen bzw. aufzuteilen (Tendenzen dazu gab es auch in der antiken Ökonomik). Würde man hingegen – trotz völlig veränderter kultureller Konventionen und sozialer Konstellationen – aus der Haustafel in biblizistischer Weise ableiten wollen, dass Frauen sich unterzuordnen haben, würde man *gerade nicht* diesem Richtungsimpuls des Textes entsprechen, sondern lediglich ein antikes Gesellschaftsmuster mit christlichen Weihen versehen. Die Ethik der Haustafel „stellt ... einen *sozialethischen*, nicht aber individualethischen Entwurf dar" (Gielen 1990*, 199), der auf eine historisch vergangene soziale Konstellation bezogen ist (das antike ‚Haus' ist, wie das dritte Paar Sklave – Herr deut-

lich zeigt, nicht dasselbe wie die heutige [Privat-]Familie!) und dessen Hintergrund des Näheren in der engen Verbindung zwischen den Sozialgefügen des ‚Hauses' und der *ecclesia* zu sehen ist, die heute weitgehend voneinander entkoppelt sind. In exemplarischer Deutlichkeit zeigt sich hier, dass Treue zum Text nicht gleichzusetzen ist mit Treue zum Buchstaben. Es ist vielmehr unabdingbar, die konkreten sozialen Kontexte von Aussagen mit zu bedenken. Ein historisch reflektierter Umgang mit der Haustafel in Kol 3,18–4,1 kann daher nicht Repristination im Sinn haben, sondern kann aus dem Text nur die Aufforderung ableiten, angesichts der *heutigen* gesellschaftlichen Konstellationen und der Diskurse über Lebensformen in eigene Aushandlungsprozesse darüber zu treten, was es heute für das Leben in den familiären Relationen bedeutet, dass Christen „herzliches Erbarmen, Güte, Demut, Sanftmut, Langmut" und über all dem als Obergewand die Liebe angezogen haben (3,12.14).

Die Bedeutung von Kol 3,18–4,1 wird man darüber hinaus heute vor allem darin sehen können, dass der Text den Anspruch zum Ausdruck bringt, dass Christsein kein bloßes Sonntagsphänomen ist, sondern in den alltäglichen sozialen Relationen Gestalt gewinnt (vgl. Schweizer ³1989, 164; Dunn 1996, 59; Wilson 1997, 46.250). Im Kontext des Kol erscheint dies als unmittelbare Konsequenz aus dem in 1,15–20 schöpfungschristologisch unterbauten und in kosmische Dimensionen ausgreifenden Glauben an Christus als den Herrn (vgl. Dettwiler 2018, 297f). Die Bedeutung, die den häuslichen Beziehungen im Blick auf die Ausrichtung des Lebens auf den Herrn Christus hin zugemessen wird, bedeutet im Vergleich zu 1Kor 7 einen signifikanten Perspektivenwechsel, den man, sosehr die konkrete Ausformung der sozialen Rollen antiquiert ist, um der irdischen Konkretheit des Glaubens willen nur begrüßen kann. Wurden die Adressaten in Kol 3,17 allgemein gemahnt, dass sie alles, was sie mit Worten oder Werken tun, *im Namen des Herrn* tun sollen, also so handeln sollen, dass in ihrem Handeln (ihre Beziehung zu) Christus repräsentiert wird, so bezieht die Haustafel dies konkret auf die alltäglichen Worte und Werke aller Akteure im Haushalt (zu Kol 3,17 als Brücke oder gar als Einleitung zur Haustafel P. Müller 1988, 179.184; Hartman 1995, 182, vgl. auch Barclay 2011, 245; Dettwiler 2018, 296f). Aus der Stellung Christi als Herr folgt also nicht nur die Freiheit von den asketischen Regeln der „Philosophie", sondern auch die Verpflichtung aller, dem Unterstelltsein unter den Herrn Christus im Alltagsverhalten zu entsprechen.

## 2. Der Epheserbrief: Leben als Glieder des einen Gottesvolkes

Der Autor des Eph, bei dem es sich angesichts seiner Vertrautheit mit jüdischer Gebetssprache (vgl. 1,3–14) und jüdischen exegetischen Traditionen (s. z.B. 4,8–14; 6,14–17) um einen hellenistischen Judenchristen handeln dürfte, hat bei der – zwischen 80 und 90 zu datierenden und im Westen Kleinasiens zu lokalisierenden – Abfassung seines Briefes den Kol benutzt und darüber hinaus auch Anleihen bei (echten) Paulusbriefen gemacht (s. dazu Gese 1997, bes. 54–85). Nimmt die ethische Unterweisung schon im Kol breiten Raum ein, so gilt dies in noch größerem Maß für den Eph. Kol 3,5–4,6 ist nicht nur fast vollständig verarbeitet (vgl. Luz 1989, 377), sondern auch noch erheblich erweitert worden. Die den Kol bestimmende Auseinandersetzung mit der „Philosophie" spielt indes im Eph keine Rolle. Es wird auch kein anderer konkreter situativer Anlass erkennbar. Dem steht zur Seite, dass der Brief als eine Art Rundschreiben aufzufassen sein dürfte; die Ortsangabe „in Ephesus" fehlt in den besten Handschriften (P 46, Sinaiticus, Vaticanus) und dürfte nicht zum ursprünglichen Text gehören. Auch ein Rundschreiben ist allerdings nicht situationslos. Es geht nur nicht auf die spezifische Problematik an einem bestimmten Ort ein, sondern hat eher größere Entwicklungen vor Augen. Im Bild gesprochen: Der Eph adressiert nicht eine konkrete aktuelle Wetterlage an einem Ort, sondern eher das Klima in einer bestimmten Region.

Die Gesamtentwicklung, die der Autor vor Augen hat, scheint dadurch bestimmt zu sein, dass er die Heidenchristen, an die er sich in seinem Schreiben wendet, gefährdet sieht, dass sie ihrer Identität als Glieder des Gottesvolkes in ihrem Lebenswandel nicht gerecht werden. Ungeachtet dessen, dass sich schwerlich alle Adressaten – wie in den Anfängen der Gemeinden – erst als Erwachsene dem Christusglauben zugewandt haben, sondern angesichts der zeitlichen Ansetzung des Briefes in der zweiten bis dritten Generation des entstehenden Christentums einige Gemeindeglieder wohl bereits von Kindesbeinen an christlich sozialisiert wurden, spricht der Verfasser die Adressaten auf ihre ‚heidnische' Vergangenheit und ihre Lebenswende an (vgl. Wolter 2005, 194–197). Dies dient dazu, ihnen ihre durch das Christusgeschehen neu gewonnene Identität in Erinnerung zu rufen, um die ethische Konsequenz des Christusglaubens herauszustellen und die Entwicklung eines Differenzbewusstseins im Blick auf die pagane Gesellschaft voranzutreiben. Zugleich spielt das Thema der kirchlichen Einheit im Eph eine wichtige Rolle. Die im Brief dargebotene ethische Unterweisung ist diesen beiden Aspekten – der kirchlichen Einheit und dem distinkten kirchlichen Profil in der Gesellschaft – zugeordnet. Sie ist weit mehr als ein paränetischer Appendix. Vielmehr kommt das Anliegen des Autors erst mit ihr zu seinem Ziel. Die Unterweisung bietet, kurz gesagt, so etwas wie „angewandte Ekklesiologie" (Wolter 2005, 206f, vgl. auch Hoppe 2005, 145–147). Oder anders: Der erste Hauptteil (Eph 1–3) stellt dar, wer die Adressaten durch Gottes Heilshandeln geworden sind; der ethisch unterweisende zweite Teil entfaltet auf dieser Basis, was sie deshalb tun sollen, um ihrem im ersten Briefteil dargelegten ‚Sein' in ihrem Handeln zu entsprechen. Der Eph ist entsprechend nicht als ein ekklesiologischer Traktat zu klassifizieren, sondern die theologischen, christologischen und eben auch ekklesiologischen Ausführungen dienen als Fundament für die ethische Unterweisung, die den eigentlichen Zielpunkt des Briefes bildet. Umgekehrt steht die ethische Unterweisung aber eben nicht für sich, sondern sie bedarf der Grundlegung im Heilshandeln Gottes, aus dem die Adressaten ihre Identität beziehen.

## 2.1 Theologische Grundlagen

1. Der Brief beginnt nach dem Präskript gewissermaßen mit einem doppelten Proömium, mit dem die Grundstimmung des Briefes gesetzt wird: Auf eine Eulogie (1,3–14) folgt in 1,15–23 eine Danksagung, die sich mit einer Fürbitte für die Adressaten verbindet. In 3,14–21 endet der erste Hauptteil mit einer erneuten Fürbitte (3,15–19) und einem weiteren kurzen Lobpreis (3,20f), so dass das Gebet den ersten Hauptteil rahmt. Lobpreis und Dank (vgl. Kol!) erscheinen auf diese Weise als die fundamentalen Manifestationen christlichen Lebens (vgl. in der Paränese 5,18–20; 6,18–20 und dazu Luz 1989, 383). Zugleich erscheint die das Zentrum des ersten Hauptteils bildende Erinnerung an die Lebenswende der Adressaten in 2,1–3,13 durch die kompositorische Einbettung in 1,3–23; 3,14–21 als Entfaltung dessen, wofür die Adressaten Gott lobpreisen und danken dürfen (vgl. Luz 1998, 107).

Die Eulogie in 1,3-14 bietet in einem einzigen monumentalen Satzgefüge eine dreigliedrige konzise Zusammenfassung des Heilshandelns Gottes an den Adressaten: Gott hat sie erstens gesegnet mit allem geistlichen Segen in (oder: durch) Christus, was in V.4 in einem *schöpfungstheologischen* Horizont durch die ur- bzw. vorzeitliche Erwählung („vor der Grundlegung der Welt") im als präexistent gedachten Christus (vgl. Kol 1,15-17) konkretisiert wird – schon hier leuchtet mit dem Motiv des untadeligen Wandels das auf die Ethik gerichtete Interesse des Verfassers auf: Erwählung zielt auf einen Lebenswandel nach dem Willen Gottes (Eph 1,3b-4). Zweitens blickt der Verfasser mit *christologischem* Fokus auf das durch Christus gewirkte Heil und auf den darauf basierenden Status der Adressaten: Gott hat sie zur Sohnschaft bestimmt, weshalb die Adressaten die Herrlichkeit seiner Gnade preisen sollen, die in der durch Jesu Tod gewirkten, die Vergebung der Sünden bedeutenden Erlösung besteht (1,5-8). Drittens thematisiert 1,9-14 das Heil unter dem Aspekt des Offenbarwerdens des Heilsratschlusses Gottes und öffnet die Perspektive unter Einbeziehung seiner *pneumatologischen* Dimension auf die Zukunft hin: Die Adressaten wurden, als sie das Evangelium von ihrer Rettung hörten und zum Glauben kamen, mit dem Heiligen Geist versiegelt, der „Angeld" ihres Erbes ist (vgl. 2Kor 1,20-22).

2. Dreigliedrig ist auch die Entfaltung des von den Adressaten empfangenen Heils in 2,1-3,13, die der Verfasser innerhalb des durch 1,3-23; 3,14-21 gebildeten Rahmens bietet. 2,1-10 und 2,11-22 nehmen in einander ergänzender Weise die Lebenswende der heidenchristlichen Adressaten in den Blick; 3,1-13 flankiert dies durch einen Rekurs auf die Rolle des Apostels in der Vermittlung des Heils für die Menschen aus den Völkern. 2,1-10 richtet das Augenmerk zunächst auf die individuelle Dimension der Lebenswende. Die Christen werden an die Zeit ihrer ‚heidnischen' Existenz erinnert, in der sie durch ihre Sünden tot waren (2,1, vgl. Lk 15,24), doch hat Gott sie mit Christus lebendig gemacht, womit auf die Taufe angespielt sein dürfte. Inspiriert ist der Passus offenbar durch Kol 2,12b-13. Wie dort ist auch hier in V.5f ohne eschatologischen Vorbehalt vom Mitauferstehen mit Christus die Rede. Im Duktus des Briefes lässt die Sequenz von Mitauferweckung und Miteinsetzung im Himmel an die christologischen Aussagen in 1,20 zurückdenken (vgl. Sellin 2008, 160f). Bezieht man 1,19 mit ein, wird – wiederum in Analogie zu Kol 2,12 – des Näheren deutlich, dass der Briefautor in der in Eph 2,5f erinnerten Lebenswende der Adressaten dieselbe Kraft Gottes am Werk sieht, mit der Gott Christus auferweckt hat.

Wird die Lebenswende der Christen damit dezidiert als *Gottes* Werk verstanden (vgl. Lincoln ⁴2003, 109f), so ist dieses nach 2,4 Manifestation seiner Barmherzigkeit und Liebe, die schon in 1,4 Gottes Erwählungshandeln qualifizierte. Die Betonung der Gnade Gottes als Grund des Rettungshandelns Gottes an den Adressaten in 2,5.7.8 erhärtet dieses ‚indikativische' Fundament christlicher Existenz ebenso wie die Reminiszenz an die paulinischen Rechtfertigungsaussagen in 2,8-10: Das Heil basiert auf Glauben, es kommt nicht aus Werken. Allerdings ersetzt der Verfasser die forensische Metaphorik der Rechtfertigung durch die Rede von der Rettung, die sich hier auf den Übergang vom Tod ins Leben (2,5f) bzw., in Anlehnung an 4,22-24 gesprochen, die Transformation vom alten zum neuen Menschen bezieht. Die „Werke des Gesetzes" (Röm 3,20.28; Gal 2,16; 3,2.5.10) heißen im Eph nur noch „Werke" (vgl. aber auch Röm 4,2.6; 9,12.32), und neben der Gegenüberstellung von Glauben und Werken erhält die von Gnade Gottes und Werken den eigentlichen Ton (vgl. Röm 4,2–5; 11,5f u. ö.). Charakteristisch für die Bedeutung der Ethik im Eph ist, dass die Werke in V.10 sogleich auch positiv in den Blick kommen. Anders als in den echten Paulinen ist hier im Plural von den guten Werken des Christenmenschen die Rede. Dies aber ist eingebunden in eine komplexe Aussage, die die ‚indikativische' Grundlegung des Handelns zur Geltung bringt und diese durch den prädestinatianischen Grundton des Briefes profiliert. Die Werke sind nicht Eigenleistungen des Christenmenschen, so dass, gut paulinisch, jegliches Rühmen ausgeschlossen ist (2,9, vgl. Röm 3,27; 1Kor 1,29–31; 4,7); vielmehr hat Gott die Werke schon bereitet, die Glaubenden müssen nur noch in ihnen wandeln. Wie die Erwählungsaussage in Eph 1,4 auf den Lebenswandel der Christen zielte, so umschließt die Neuschöpfung des Christenmenschen in 2,10 also explizit auch seine Werke. War die frühere Todesexistenz der Adressaten durch sündhaften *Wandel* gekennzeichnet, so gipfelt der Rückblick auf die Lebenswende im Ausblick auf das *Handeln* der Glaubenden, das in kaum mehr zu vertiefender Weise im Wirken Gottes verankert wird (vgl. Sellin 2008, 188). Diese ‚indikativische' Grundlegung des Handelns kommt schließlich auch darin zum Ausdruck, dass die Glaubenden die Kraft zum Handeln nicht (allein) aus sich selbst beziehen, wie die Mahnung in 6,10, „sich im Herrn und in der Kraft seiner Stärke kräftig machen zu lassen", exemplarisch illustriert (vgl. auch 3,16f). Die Kraft Gottes ist nicht nur punktuell in der in 2,4–6 beschriebenen Heilswende am Werk gewesen, sondern wirkt auch fortwährend in den „guten Werken" der Glaubenden. Die Notwendigkeit des Einstimmens der Glaubenden in das göttliche Wirken wird damit aber nicht hyperenthusiastisch übersprungen; ansonsten wäre die Paränese in 4,1–6,9 überflüssig.

3. 2,11–22 bindet die Lebenswende in einen ekklesiologischen bzw. israeltheologischen Horizont ein. Die Adressaten werden nun explizit als *ehemalige* ‚Heiden' angesprochen (2,11), die einst vom Bürgerrecht Israels ausgeschlossen und den Bundesschlüssen der Verheißung fremd waren (2,12, vgl. 2,19a), nun aber Mitbürger der Heiligen und Hausgenossen Gottes sind (2,19b, vgl. 3,6). Mit dieser heilsgeschichtlich-israeltheologischen Dimension der Lebenswende setzt der Eph im Vergleich zum Kol einen für den Brief im Ganzen signifikanten eigenen Akzent. Die Kirche – und damit auch ihr heidenchristlicher Teil – wird ausdrücklich an die theologischen Traditionen Israels angeschlossen (die den Eph vom Kol unterscheidenden expliziten Rekurse auf das AT fügen sich hier ein, vgl. Hering 2007, 171–176), womit in Korrelation zum Gegenüber von Israel und Völkerwelt die *explizite* Absetzung christlichen Lebens von der ‚heidnischen' Welt verbunden ist. In der ethischen Unterweisung in Eph 4–6 kommt dem Kontrast zwischen christlichem und ‚heidnischem' Leben dann geradezu leitmotivische Bedeutung zu. Der Briefverfasser nimmt nicht nur noch stärker, als dies bei Paulus der Fall ist, die universalistischen ethischen Traditionen des hellenistischen Judentums auf (vgl. Sellin 2009, 196f), sondern er verbindet dies zugleich auch mit der klaren Abgrenzung von der paganen Welt.

Der Gedanke der Abgrenzung von der ‚heidnischen' Welt ist in 2,11–22 mit dem Motiv der Einheit der *ecclesia*, genauer: der Einheit von Juden- und Heidenchristen in der Gemeinde, verknüpft. Diese wird dadurch profiliert, dass das Verhältnis von Juden und ‚Heiden' außerhalb der Gemeinde als „Feindschaft" beschrieben wird, die durch die vom Gesetz definierte Trennwand zwischen ihnen bestimmt ist (2,14). Im Blick dürfte dabei vorrangig der Bereich der rituellen Gebote sein, insbesondere der der Speisegebote, die z. B. in EpArist 139 als „unüberwindliche Schutzwälle und eiserne Mauern" geadelt werden, mit denen das Gottesvolk vor paganer Infiltration geschützt wird. Christus aber hat diese Trennwand abgebrochen, damit er die beiden, Juden und ‚Heiden', zu *einem* neuen Menschen mache; er hat damit die Feindschaft beseitigt und Frieden gestiftet. Das Heilsgut des Friedens (Röm 5,1f) wird hier hinsichtlich seiner zwischenmenschlichen Dimension entfaltet und mittels einer Ausdeutung von Jes 57,19 auf den Frieden zwischen den ehemals fernen ‚Heiden' und den Nahen, die schon zuvor am Bund teilhatten, bezogen. Ferner: Sosehr der Brief in 3,1–13 die Rolle von Paulus in der Völkermission hervorhebt, sosehr dokumentiert sich zuvor in 2,20–22 zugleich die gesamtkirchliche, ökumenische Perspektive des Briefes, indem im Plural von den Aposteln und Propheten als Fundament der Kirche – mit Christus als dem Eckstein – die Rede ist.

Orientierte sich 2,1–10 christologisch an der Auferstehung und Erhöhung Christi (2,5f), so tritt in 2,11–22 analog zum zweiten Glied der Eulogie in 1,5–8 der Tod Jesu ins Zentrum. Der Briefautor hat sich dabei offenbar durch Kol 1,20 inspirieren lassen, setzt aber eigene Akzente. Nicht nur wird Christus selbst zu Beginn des Christuslobes in 2,14–18, das im Zentrum von 2,11–22 steht und gewissermaßen das Pendant zum Christushymnus in Kol 1,15–20 bildet, programmatisch als „unser Friede" bezeichnet (Eph 2,14), sondern es wird auch die in Kol 1,20 kosmisch dimensionierte Versöhnungsaussage konkret auf die Versöhnung von Juden und ‚Heiden' in der Gemeinde (vgl. Eph 2,16: „in einem [einzigen] Leib") fokussiert und entsprechend auch das Friedenstiften, mit Christus als Subjekt, auf die Überwindung der früheren Feindschaft zwischen Juden und ‚Heiden' bezogen. Die hier ausgesagte ekklesiale Einheit von Juden- und Heidenchristen bildet die Grundlage für die Mahnung zur Einheit, die in 4,1–16 die ethische Unterweisung eröffnet. Zudem setzt sich die betonte Rede vom Frieden in 2,14–18 in der Mahnung zu Tugenden fort, die die soziale Harmonie im Blick haben (4,2f; 4,32–5,2).

Festzuhalten ist: Im Aufbau des Briefes kommt den Ausführungen in 2,11–22 – mit den beiden Aspekten der Eingliederung der ehemaligen ‚Heiden' in die Bundesschlüsse Gottes mit Israel und der Einheit von Juden- und Heidenchristen – eine im wahrsten Sinne des Wortes fundamentale Bedeutung für die in 4,1–6,9 nachfolgende ethische Unterweisung zu. Während sich im Judentum die lebensweltliche Manifestation der exklusiven Identität des Gottesvolkes im Gegenüber zu den Völkern insbesondere durch die Speisegebote auf rituell bestimmte Verhaltensweisen abstützen konnte, ist für den Autor des Eph *diese* Trennwand abgebrochen. Damit ist allerdings gerade nicht die das Gottesvolk kennzeichnende Differenz zur paganen Welt im Lebensstil überhaupt aufgehoben; vielmehr gilt diese nun auch für die Heidenchristen, sie ist aber allein durch den sittlichen Wandel darzustellen. Die Heidenchristen müssen also ihrer neu gewonnenen Identität als Glieder des Gottesvolkes im Verhalten entsprechen, was für den Autor allerdings weniger ein Müssen ist als ein Können, das ein heilvolles Leben bedeutet. Weil solcher Lebenswandel aber – wie bei Paulus – kein Selbstläufer ist, bedarf es der ethischen Unterweisung.

### 2.2 Die ethische Unterweisung in Eph 4,1–6,9

Die ethische Unterweisung in Eph 4–6 lässt sich mit 4,1–16; 4,17–5,20 und 5,21–6,9 grob in drei Hauptteile untergliedern. Von diesen lassen sich die ersten beiden den in 2.1 herausgearbeiteten ekklesiologischen Leitthemen zuordnen. 5,21–6,9 führt die Haustafel aus Kol 3,18–4,1 weiter. Kol 3,5–17 ist in Eph 4,1–5,20 rezipiert, jedoch so, dass Kol 3,5–17 dekomponiert wurde und die Einzelelemente daraus neu arrangiert sowie den im vorigen Abschnitt genannten übergreifenden Leitperspektiven dienstbar gemacht wurden.

*2.2.1 Die Bewahrung der Einheit (Eph 4,1–16)*
1. Nach der programmatischen Eröffnung der ethischen Unterweisung mit der Mahnung zu einem der Berufung würdigen Wandel in 4,1 nimmt der Briefautor als erstes das Thema der gemeindlichen Einheit auf. Dazu wird der geforderte würdige Wandel in V.2a zunächst durch eine Trias von Tugenden illustriert, die auf die harmonische Gestaltung des sozialen Miteinanders zielen: „mit aller Demut und Sanftmut, mit Langmut". Die einleitende Ermahnung wird sodann in V.2b.3 durch zwei Bestimmungen der Art und Weise entfaltet, wie der würdige Wandel mit aller Demut, Sanftmut und Langmut zu vollziehen ist bzw. worin dieser konkret besteht: 1. „indem ihr einander in Liebe ertragt" und 2. „indem ihr bestrebt seid, die Einheit des Geistes zu bewahren durch das Band des Friedens". Die Liebe ist hier auf die Gestaltung der Binnenbeziehungen bezogen und im Verbund mit Demut, Sanftmut und Langmut dem Problemfeld des Umgangs mit Spannungen und anstrengenden Seiten der Glaubensgeschwister zugeordnet, wie die Mahnung „ertragt einander" zeigt. Der zweite Partizipialsatz schließt daran an: Die Einheit, die es zu bewahren gilt, wird gefährdet, wenn den Macken, Unzulänglichkeiten oder auch Verfehlungen anderer nicht mit Liebe begegnet wird (vgl. Malan 2006, 274f), sondern sich der Unmut darüber zur Zwietracht auswächst.

Vergleicht man den Passus mit dem Kol, zeigt sich deutlich, dass der Verfasser des Eph sich vom Kol hat inspirieren lassen. Das Motiv des würdigen Wandels begegnet auch in Kol 1,10, nur wird in Eph 4,1 die Berufung (s. auch 4,4) anstelle von Christus als Bezugspunkt der Würdigkeit genannt, worin man das erwählungstheologische Grundmotiv der Theologie des Eph (vgl. 1,4) gespiegelt sehen kann. 4,2f ist sichtlich von Kol 3,12–15 beeinflusst: Die Trias in Eph 4,2a entspricht den letzten drei der fünf Glieder des Tugendkatalogs in Kol 3,12; Eph 4,2b zieht die in Kol 3,13a direkt nachfolgende Mahnung, „einander zu ertragen" mit dem Rekurs auf die *Liebe* in Kol 3,14 zusammen (Kol 3,13b.c wird der Epheserautor in Eph 4,32 verwerten); die Bezeichnung der Liebe als „*Band* der Vollkommenheit" (Kol 3,14) wird in Eph 4,3 zum „Band des Friedens" variiert; in Kol 3,15 ist zudem vom *Frieden* Christi die Rede, zu dem die Adressaten *berufen* wurden, die zudem schon in 3,12 als „*Auserwählte* Gottes" adressiert wurden. Der Autor des Eph hat aber Kol 3,12–15 nicht einfach kopiert, sondern aus den dort angetroffenen ‚Bausteinen' etwas Neues gebildet. Als sein Proprium wird durch den Vergleich die Mahnung zur *Bewahrung der Einheit des Geistes* erkennbar (vgl. Byrskog 2005, 124f), von dem im Eph vielfach (1,13; 2,22; 3,5.16; 4,4.30 u. ö.), im Kol hingegen nur in 1,8 die Rede ist. Zugleich erhält die Einheit in Eph 4,1-3 ihr spezifisches Profil durch den gezielten Rückgriff auf das Christuslob in 2,14-18, in dem „Friede" als Leitwort und die Einheit als Leitmotiv fungiert. Im Fortgang wird der Rückgriff auf 2,14-18 gleich durch 4,4a noch verstärkt, denn mit dem Begriffspaar „*ein* Leib und *ein* Geist" wird das Nebeneinander beider in 2,16.18 aufgenommen. Zugleich wird durch 4,4-6 die sachliche Vorordnung des in 2,14-18 erinnerten Gotteshandelns vor die Mahnung bekräftigt: Die Einheit muss nicht von den Glaubenden hergestellt werden, sondern sie basiert, wie 4,4b-6 weiter entfaltet, darauf, dass die Adressaten in *einer* Hoffnung ihrer Berufung berufen wurden, dass alle durch die Beziehung zu dem *einen* Herrn, durch *einen* Glauben und *eine* Taufe miteinander verbunden sind und der *eine* Gott der Vater aller ist. Aufgabe der Adressaten ist ‚lediglich', die so begründete Einheit zu bewahren, der vorgegebenen Einheit gemäß zu leben, sie zu gestalten – das ist bis heute die ökumenische Aufgabe.

2. Komplementär zur Betonung der Einheit verweist 4,7-16 auf die Vielfalt der Gaben und Dienste, die gemeinsam zur Auferbauung des Leibes Christi wirken sollen. Während 4,11 einige besonders gewichtige Dienste gesondert herausgreift, stellt 4,7 vorgängig heraus, dass *jedes* Gemeindeglied eine Gabe empfangen hat. Wichtig ist die gemeinsame Ausrichtung des Wachstums der Glieder am Leib, nämlich auf Christus als Haupt hin (4,15), sowie die wechselseitige Unterstützung der Glieder untereinander (4,16). Mit dem erneuten Rekurs auf die Agape in 4,15f ergibt sich im Zusammenspiel mit 4,2 eine Rahmung von 4,1-16 durch die Rede von der Agape, die auf die leitmotivische Bedeutung verweist, die der Agape in der Ethik des Eph insgesamt zukommt (vgl. noch unten zu 5,2, s. ferner bereits 1,15 sowie in der Haustafel 5,25.28.33). Festzuhalten ist ferner, dass die Vorschaltung von 4,1-16 im paränetischen Teil deutlich macht, dass die *ecclesia* der übergeordnete Lebenszusammenhang ist, in den der in der ethischen Unterweisung explizierte Wandel des neuen Menschen eingebettet ist.

### 2.2.2 *Der Wandel des neuen Menschen im Kontrast zur ‚heidnischen' Welt (Eph 4,17-5,20)*
1. Dem Blick auf die Binnenkohäsion tritt in der ab 4,17 folgenden Unterweisung die dezidierte Abgrenzung vom ‚heidnischen' Lebenswandel zur Seite (vgl. Hoppe 2005, 149.161), den die Adressaten hinter sich gelassen haben sollten (4,17-19). Das Bestreben, christlichen Lebenswandel im Sinne eines Differenzethos zu zeichnen, war mit der Gegenüberstellung von altem und neuem Menschen und deren Illustrierung durch Laster- und Tugendkataloge im Grundsatz schon im Kol zu beobachten. Der Eph verleiht dem aber insofern noch eine eigene Note, als er dies *explizit* als Abgrenzung von der ‚heidnischen' Welt formuliert, für die er in 2,11 mit dem Rekurs auf die ‚heidnische' Vergangenheit der Adressaten die Basis gelegt hat.

Wiederum gibt der Autor den inhaltlichen Rückbezug auf Eph 2 auch durch die Wortwahl zu erkennen: Der Aussage in 2,12, dass die Adressaten in ihrer ‚heidnischen' Vergangenheit „ausgeschlossen waren (ἀπηλλοτριωμένοι) vom Bürgerrecht Israels", entspricht in 4,18, dass die ‚Heiden' „ausgeschlossen sind (ἀπηλλοτριωμένοι) vom Leben Gottes". Sachlich korrespondiert die Rede von der Entfremdung vom *Leben* Gottes zugleich dem in 2,1 begegnenden Motiv, dass die Adressaten einst durch ihre Übertretungen und Sünden *tot* waren.

Der ‚heidnische' Wandel wird in Eph 4 mit den üblichen Stereotypen bedacht: Nichtigkeit ihres Sinns und verfinsterter Verstand (vgl. Röm 1,21.28), Unwissenheit, Ausschweifung und, in betonter Endstellung in V.19, Habgier[11]. In Christus aber, so V.20f, haben die Adressaten einen anderen Lebenswandel „gelernt" und eingeübt (vgl. Kol 2,6f). Der Autor nimmt nun das Gegenüber von altem und neuem Menschen aus Kol 3,9f auf, mit dem deutlich wird, dass es beim Lebenswandel nicht um ein Adiaphoron des Christseins geht, sondern um die christliche Existenz als Ganze. Die Näherbestimmung des neuen Menschen durch die nachfolgende – gegenüber Kol 3,10f neu formulierte – Schöpfungsaussage in Eph 4,24 unterstreicht dabei noch einmal, dass christliches Handeln für den Verfasser im ‚Indikativ' des Heilshandelns Gottes grundgelegt ist: Der neue Mensch ist schon geschaffen. Die Mahnung, ihn anzuziehen, bedeutet also nicht, einen neuen Status zu gewinnen, sondern sich anzueignen und sehen zu lassen, was man durch Gottes Heilshandeln schon (geworden) ist. Die Qualifizierung dieser Neuschöpfung durch die syntaktisch locker angehängten Bestimmungen „in Gerechtigkeit und Frömmigkeit/Heiligkeit" (vgl. SapSal 9,3; Lk 1,75), die der Kennzeichnung ‚heidnischen' Wandels durch „in Habgier" (V.19) kontrastiv gegenübergestellt sind, betont dabei, ganz im Sinne von 2,10 oder auch 1,4, noch einmal die ethische Dimension des von Gott geschaffenen neuen Lebens. Aufgenommen wird hier die traditionelle hellenistische Zweiteilung der Tugenden in Pflichten gegenüber Gott und Pflichten gegenüber den Menschen (→ II.2/3b): Gerechtigkeit steht zusammenfassend für die zwischenmenschlichen Tugenden, Frömmigkeit/Heiligkeit für das Verhalten gegenüber Gott.

2. Bildet die Gegenüberstellung von altem und neuem Menschen in Kol 3,9–11 die Achse der Komposition in 3,5–17 (→ 1.2.1/1), so folgt der Eph diesem Schema nicht. Vielmehr wurden die Tugenden aus Kol 3,12–15, wie gesehen, schon in Eph 4,1–3 aufgenommen. Stattdessen folgt in 4,25–5,20 eine ausführliche Paränese mit einer Reihe dualistisch-katalogischer Mahnungen, die das Gegenüber von altem und neuem Menschen illustrieren. Das hier sichtbar werdende Anliegen lässt sich dadurch weiter konturieren, dass der zur ethischen Unterweisung überleitende Passus in Kol 3,1–4 mit seiner räumlichen Leitvorstellung von „unten und oben", „irdisch und himmlisch" im Eph nicht übernommen wurde. Nun sind diese räumlichen Kategorien dem Eph ausweislich seiner zum Kol analogen Rede vom Mitauferwecktwerden und von der Einsetzung in den Himmeln (Eph 2,5f) nicht gänzlich fremd, doch wird dies nicht in der Weise zur Leitkonzeption, wie dies im Kol der Fall ist. Vielmehr transformiert der Autor des Eph die räumlich orientierte dualistische Konzeption des Kol auf der Grundlage von 2,1–22 eben durch das Hervortreten der expliziten Abgrenzung von der ‚heidnischen' Welt. Die Hauptantithese lautet bei ihm nicht „unten/irdisch vs oben/himmlisch = christlich", sondern im Sinne der den heidenchristlichen Adressaten zugeschriebenen Gottesvolkidentität „heidnisch vs christlich (= juden- *und* heidenchristlich)" (Merklein 1981, 204).

---

[11] Syntaktisch muss man „in Habgier" wohl parallel zu „in Nichtigkeit ihres Sinns" (V.17) einordnen; die Wendung gehört also in den mit „gleichwie auch die Heiden (καθὼς καὶ τὰ ἔθνη)" eingeleiteten Satz (vgl. Sellin 2008, 358).

In 4,25–5,20 bildet sich diese Antithese, wie angedeutet, in der die Paränese prägenden Gegenüberstellung von dem, was zu meiden, und dem, was zu tun ist, ab: Die Adressaten sollen nicht lügen, sondern die Wahrheit reden (4,25); nicht stehlen, sondern mit eigenen Händen arbeiten, um den Bedürftigen etwas geben zu können (4,28); kein faules unnützes Geschwätz, sondern ein gutes, auferbauendes Wort im Munde führen (4,29); sich nicht zu Bitterkeit, Wut, Zorn, Geschrei, Lästerung verleiten lassen, sondern Güte, Milde und Vergebung zeigen (4,31f). Sie sollen nicht Mitgenossen der „Kinder des Ungehorsams" sein, die sich durch Laster wie Unzucht und Habgier auszeichnen, sondern als Kinder des Lichts leben (5,3–14). Das bedeutet: Von Unzucht und Habgier soll bei ihnen nicht einmal die Rede, (frivole und/oder andere zum Spott machende, herablassende?) Witzeleien sollen ihnen fern sein, vielmehr soll bei ihnen Danksagung anzutreffen sein (5,3f, vgl. 5,20), die darum weiß, was man von Gott empfangen hat; an den fruchtlosen Werken der Finsternis sollen sie nicht teilhaben, sondern sie vielmehr aufdecken (5,11); und sie sollen sich nicht mit Wein berauschen, sondern vom Geist (oder: in der Sphäre des Geistes, nämlich durch Christus mit Gaben der Liebe, vgl. Heil 2007, 233–236) erfüllen lassen (5,18). Was Letzteres heißt, wird im Fortgang nicht durch ekstatische Phänomene illustriert, sondern Geisterfüllung manifestiert sich nach 5,19f im gottesdienstlichen Loben und Danken, womit an den Gebetscharakter des ersten Briefteils angeknüpft wird (vgl. Luz 1989, 384–386).

Einiges in diesem Passus ist durch Kol 3 inspiriert.[12] Gleichwohl setzt der Epheserautor auch eigene Akzente. So greift in 4,25 zwar die Abwehr der Lüge auf Kol 3,8–9a zurück, doch ist die positive – aus Sach 8,16 geschöpfte – Mahnung, Wahrheit zu reden, ein jeder mit seinem Nächsten, dem Eph ebenso eigen wie die nachfolgende ekklesiologisch orientierte Begründung, dass die Adressaten einander Glieder sind (vgl. Röm 12,5). „Wahrheit" (vgl. 1,13; 4,21.24; 5,9; 6,14, ferner auch 4,15) ist im Eph zu einem Leitbegriff aufgestiegen. Wahrhaftigkeit wird als zentrales Merkmal des an der Gemeinschaft orientierten christlichen Ethos zur Geltung gebracht. Insbesondere gilt: Von der Liebe bestimmte Wahrhaftigkeit ist grundlegend für die Entwicklung und Auferbauung der Gemeinde (vgl. 4,15f).

Einen eigenen Akzent setzt der Eph auch in 4,26f. In 4,31 gehört Zorn, wie dies auch anderorts anzutreffen ist, zu den Lastern, die unbedingt zu meiden sind. V.26 weicht mit dem einleitenden Zitat von Ps 4,5$^{LXX}$ davon nicht grundsätzlich ab, differenziert aber im Sinne einer anthropologisch realistischen Perspektive. Es kommt vor, dass das Verhalten anderer dazu führt, dass man zürnt.[13] In emotionstheoretischer Hinsicht lässt sich hier die Differenzierung zwischen einer episodischen Gemütsbewegung und einer Gemütsdisposition fruchtbar machen (vgl. Müller 2013*, 16–22). Zürnen im Sinne einer spontanen Gemütsaufwallung ist noch keine Sünde, doch muss man zusehen, dass sich eine solche Gemütsaufwallung nicht zum handfesten Zorn verfestigt und zu einer vom Zorn bestimmten Verhaltensreaktion auswächst. Für die Gemeinschaft ist es zentral, dass aufkommende Störungen des Miteinanders sogleich bereinigt werden. Daher sollen sich die Adressaten an die Regel halten: „Die Sonne

---

[12] Eph 4,25 kann man mit Kol 3,8–9a vergleichen, Eph 4,31 mit Kol 3,8, Eph 4,32 mit Kol 3,12f, Eph 5,3–8 mit Kol 3,5–8 (aber auch mit 1Kor 5,10f; 6,9f, vgl. bes. das Motiv des Erbes im Reich Gottes), Eph 5,15f mit Kol 4,5, Eph 5,19f mit Kol 3,16f.

[13] Der einleitende Imperativ drückt hier nicht eine Aufforderung aus, sondern ein Zugeständnis (vgl. BDR § 387,1 mit Anm. 1).

soll nicht untergehen über eurer Zornesaufwallung[14]" (vgl. CD VII,2f; IX,6; Plutarch, Frat-Amor, 17 [Mor 488c]). Tun sie das nicht, geben sie dem „Teufel" Raum (4,27), den Zusammenhalt in der christlichen Gemeinschaft zu zerstören. Eine Differenz zu Mt 5,22, wonach schon der bloß Zürnende dem Gericht verfallen ist und also offenbar sündigt, besteht eher im Wortgebrauch als in der Sache, wenn es richtig ist, dass Matthäus das Augenmerk nicht auf das Zürnen im Sinne einer Gemütsaufwallung richtet, sondern auf zürnendes Verhalten, also auf zwischenmenschliche Manifestationen des Zürnens (→ VI.2.3.1.1/1).

Zu den Hinzufügungen des Epheserautors zählt ferner die Mahnung in 4,28, die mit der Hervorhebung der Habgier als Kennzeichen ‚heidnischen' Wandels in 4,19 zusammenzusehen ist (vgl. – auf der Basis von Kol 3,5–7 – noch Eph 5,3–5). An die Stelle unrechtmäßiger Bereicherung soll nicht bloß ehrlicher Broterwerb treten, sondern der mühevollen Arbeit wird darüber hinaus noch die Intention eingeschrieben, mit den so erlangten Gütern die Bedürftigen unterstützen zu können. Letzteres zielt nicht bloß spezifisch auf Wiedergutmachung bzw. Entschädigung von zuvor Bestohlenen (anders Sellin 2008, 372f), sondern ist als eine generelle arbeitsethische Sentenz zu fassen: In Abgrenzung von einem durch Habgier geprägten Streben nach eigenem Wohlstand und eigener Lebensentfaltung wird die das Wohl des Mitmenschen in den Blick nehmende Liebe zum zentralen Kennzeichnen eines christlichen Arbeitsethos (vgl. Did 4,5f).

In Eph 4,32 greift der Autor noch einmal Kol 3,12f auf, und zwar nun die Elemente, die er in 4,2 noch nicht verwendet hat: Dem wohl im Sinne einer Klimax zu lesenden Katalog von Lastern, die das soziale Miteinander schädigen und die Einheit der Gemeinde gefährden, in 4,31 (vgl. zur Reihe in 4,31 Sellin 2008, 377f) wird die auf die harmonische Gestaltung der Gemeinschaft zielende Mahnung gegenübergestellt, untereinander gütig, barmherzig und einander vergebend zu werden. Letzteres findet in der von Gott empfangenen Vergebung nicht nur seine Begründung, sondern auch seinen Maßstab. Kompositorisch dient der Verweis auf Gottes Vergebung zugleich als Brücke zur dem Eph wiederum eigenen Mahnung in 5,1f, die das inhaltliche Zentrum und Herzstück der ethischen Unterweisung im Eph bildet[15]: Ist in 4,32 Gottes vergebendes Handeln Modell für das eigene Verhalten, so überführt 5,1 dies zur grundsätzlichen Mahnung, Nachahmer Gottes zu sein. Im Kontext lässt sich diese Mahnung organisch an 4,24 anschließen: Gilt vom neuen Menschen, dass er *nach Gott* geschaffen ist, so findet diese Identität ihren lebenspraktischen Ausdruck in einem Gott nachahmenden Lebenswandel.

Die in 5,2 direkt nachfolgende Weisung, *in Liebe* zu wandeln, steht nicht bloß additiv neben 5,1, sondern bietet eine notwendige Konkretisierung: Die Nachahmung Gottes erfährt durch die Liebe ihre grundlegende inhaltliche Bestimmung (vgl. Sellin 2009a, 242). Eine solche Konkretion ist notwendig, weil die Denkfigur der Nachahmung wegen der fundamentalen ontologischen Differenz zwischen Schöpfer und

---

[14] Die Übersetzungen verschleiern in der Regel, dass in 4,26 im Griechischen ein anderes Wort steht als in 4,31 (παροργισμός in 4,26, ὀργή in 4,31). Sucht man den differenzierten griechischen Sprachgebrauch im Deutschen abzubilden, kann man in 4,26, wie oben vorgeschlagen, mit „Zornesaufwallung" (oder „Unwille") übersetzen, in 4,31 dann mit „Zorn".

[15] Dies gilt unabhängig davon, ob sich dies durch einen konzentrischen Aufbau der Unterweisung in 4,1–6,9, nach dem 5,1f strukturell das Zentrum bildet (so Sellin 2009, 193–195), untermauern lässt oder nicht.

Geschöpf keine umfassende oder allgemeingültige Bestimmung für die Orientierung des Menschen an Gott sein kann. Das Motiv der Nachahmung kommt auch in den echten Paulinen vor, aber mit dem Apostel und Christus als Bezugspunkt (1Kor 4,16; 11,1; Phil 3,17; 1Thess 1,6), während die Rede von der Nachahmung *Gottes* zwar frühjüdisch bei Philon und im Aristeasbrief begegnet (dazu Wild 1985, 128–131; Sellin 2009a, 244–249), aber im gesamten NT singulär ist. Sie hat indes eine sachliche Analogie in Mt 5,48; Lk 6,36. Auch dort ist das Nachahmungsmotiv auf konkret bestimmte Verhaltensbereiche bezogen. Bei Lukas ist dies die Barmherzigkeit; in Mt 5,48 bezieht sich die Mahnung, wie der himmlische Vater vollkommen zu sein, im Kontext auf die vorangehende Antithesenreihe (Mt 5,21–47) und darin insbesondere auf die Ungeteiltheit in der Liebe, die auch dem Feind gelten soll. In der konkreten Ausformung der Denkfigur zeigen sich damit deutliche Konvergenzen zwischen Eph 5,2 und Mt 5,48 par Lk 6,36. Im Unterschied zu Mt 5,48 dient aber nach Eph 5,2 *Christi* liebende Lebenshingabe (vgl. Gal 2,20) als Modell für die Liebe. Analog zu Eph 4,32 schließt sich an die Mahnung in 5,2 erneut ein mit „wie auch" eingeleiteter Satz an (vgl. noch Eph 5,25.29 sowie Röm 15,7; Kol 3,13), der gleichermaßen die Begründung wie das Modell der Agape anführt. Die Liebe wird zum Bestimmungsgrund christlichen Wandels, *weil* Christen ihr Leben der liebenden Lebenshingabe Christi verdanken; und sie sollen einander lieben, *wie* Christus ihnen die Liebe vorgelebt hat. Zur Nachahmung Gottes gesellt sich damit die Nachahmung Christi; Theozentrik und die christologische Bestimmung des Gottesbildes gehen Hand in Hand. Mit der christologischen Begründung der Agape nimmt Eph 5,2 konsequent eine bei Paulus seit dem 1Kor hervortretende Vertiefung des Agapeverständnisses auf (→ III.3.2 und III.3.4, vgl. ntl. ferner Joh 13,34; 15,12, → VIII.2). Der Verfasser des Eph zeigt sich auch hier – sowohl im Blick auf die christologische Begründung der Agape als auch hinsichtlich der Zentralstellung der Mahnung zum Wandel in Liebe – als ein guter Paulusschüler. Im Briefduktus knüpft die Formulierung „*wandelt* in (der) Liebe (περιπατεῖτε ἐν ἀγάπῃ)" an die vorangehenden Vorkommen des Verbs, vor allem in 2,10; 4,1 an (vgl. ferner 2,2; 4,17 sowie 5,8.15): Der der Berufung durch Gott würdige Wandel (4,1) in den Werken, die Gott zuvor geschaffen hat (2,10), erhält durch die Mahnung zum Wandel *in Liebe* seine grundlegende materiale Bestimmung.

Wie zuvor in 4,1–16.17–24 wird auch in 4,25–5,20 deutlich, dass der Autor christlichen Lebenswandel im Heilshandeln Gottes verankert sieht. Auf 4,32; 5,2 wurde eben bereits hingewiesen. In 4,30 wird die Mahnung, den Geist nicht zu betrüben, die sich summarisch auf die in 4,25–29 vorangehenden Weisungen bezieht, mit der auf 1,13f rekurrierenden Anmerkung verbunden, dass die Adressaten durch den Geist „versiegelt wurden auf den Tag der Erlösung hin". Auch hier geht es um Entsprechung zum neuen Sein. 5,8 rekurriert noch einmal, nun unter Aufnahme der Licht-Finsternis-Metaphorik (vgl. Kol 1,12f), auf die Existenzwende, um aus dem durch Gottes Heilshandeln gewonnenen neuen Status, „im Herrn Licht" zu sein, die Mahnung abzuleiten, nun auch als Kinder des Lichts zu wandeln. Nicht zuletzt unterstreicht die Rede von der „*Frucht* des Lichtes", die „in lauter Güte und Gerechtigkeit und Wahrheit" besteht (5,9), die Vorstellung, dass der neue Wandel organisch aus dem durch Gottes Heilshandeln gewonnenen neuen Sein hervorgeht.

3. Anzufügen ist, dass die in 4,17–5,20 dargelegte Existenzwende für den Epheserautor auch eine elementar kognitive Dimension besitzt, wie sie auch bei Paulus selbst zutage tritt (vgl. bes. Röm 12,1f; Phil 1,9f, → III.1.5/2, III.3.2, III.6). Während den ‚Heiden' eben ein nichtiger Sinn und ein verfinsterter Verstand zugeschrieben werden (Eph 4,17f), sollen die Adressaten als Weise (5,15) verstehen, was der Wille des Herrn ist (5,17), und sie sind in der Lage, zu prüfen, „was dem Herrn wohlgefällig ist" (5,10), weil sie nunmehr über eine vom Christusglauben bestimmte Perspektive auf das Leben und damit über eine angemessene Werteorientierung verfügen. 5,10 macht zugleich deutlich, dass die im Brief vorgetragene ethische Unterweisung nicht eine alles umfassende ‚Gebrauchsanweisung' darstellt, sondern Orientierungspunkte setzt, die es mit Verstand situativ umzusetzen gilt.

4. Resümiert man, zeigen sich die Gestaltung der kirchlichen Einheit und die Abgrenzung von der ‚heidnischen' Welt als die entscheidenden ethischen Anliegen der Unterweisung in 4,1–5,20. In 2,11–22 wurden die Adressaten daran erinnert, dass sie nun dem Gottesvolk angehören, von dem sie einst ausgeschlossen waren. Die Aufhebung der Trennwand zwischen ‚Heiden' und Juden in der universalen Kirche bedeutet aber gerade nicht eine Paganisierung des Gottesvolkes. Es gibt keine durch Reinheitsgebote bestimmte Abgrenzung mehr, wohl aber nach wie vor eine ethische Differenz durch die Orientierung an dem einen Gott und seinem Willen. Die von Paulus vertretene Freiheit von der Tora läuft nicht darauf hinaus, dass die Handlungsdimension des Christseins keine Rolle spielt. Dies will der Verfasser den Adressaten einschärfen: Zu ihrer Identität als Mitbürger der Heiligen und Gottes Hausgenossen (2,19), als in das Gottesvolk Eingegliederte, gehört ein der Berufung würdiger Wandel und damit eine dezidierte Distanzierung von ihrem früheren ‚heidnischen' Wandel. Die Mahnung ist offenbar nötig, weil der Verfasser in seinem Umfeld gegenläufige Tendenzen wahrnimmt, so dass die ethische Identität des Gottesvolkes verwischt wird.

Völliger Rückzug aus der Gesellschaft bzw. konsequente soziale Separation von ihrem paganen Kontext wird von den Adressaten in 4,17–5,20 nicht gefordert (vgl. Darko 2008, 31–70). Auch die Mahnung, nicht Mitgenossen der „Kinder des Ungehorsams" zu sein (5,7), ist zunächst einmal auf den Lebensstil zu beziehen. Die Schwarz-Weiß-Zeichnung, die der Eph an dieser Stelle in Korrespondenz zur Deutung der Konversion in 2,1–10; 5,8 bietet, wird dabei schwerlich als adäquate Abbildung der realen Lebensvollzüge gelten dürfen (vgl. Best 1997, 143–149). Ebenso wenig wird man aber auf der anderen Seite den Anspruch eines neuen, von der Umwelt unterschiedenen Wandels als bloßen rhetorischen Gestus auflösen können. Die Unterweisung ‚funktioniert' nur, wenn es für die Adressaten Anknüpfungspunkte für die behauptete Verhaltensdifferenz gibt. Als Referenzpunkt ist dabei nicht entscheidend, ob sich für einzelne Mahnungen Analogien außerhalb der (jüdisch-)christlichen Tradition anführen lassen, sondern, wie sich das gesellschaftliche Leben im sozialen Umfeld der Adressaten konkret gestaltete. Und dabei wird man sicher nicht fehlgehen, dass jemand, der die ethische Unterweisung in Eph 4,17–5,20 zu befolgen suchte, sich nicht unterschiedslos in das gesellschaftliche Leben hineinbegeben konnte.

### 2.2.3 Die Haustafel in Eph 5,21–6,9

1. Dass die Paränese „eine Neuedition und Erweiterung der Paränese von Kol 3,5–4,6" (Luz 1998, 111) darstellt, tritt besonders markant in der Neufassung der Haustafel aus Kol 3,18–4,1 in Eph 5,21–6,9 hervor. Auch hier hat der Epheserautor bedeutende eigene Akzente gesetzt. Eine bedeutsame, die Vorgabe aus dem Kol interpretierende Besonderheit zeigt sich bereits vor der paarweisen Unterweisung. Denn im Eph ist der Haustafel in 5,21 eine allen geltende – also auch Männer einschließende (!) – Mahnung zu *gegenseitiger* Unterordnung in der Furcht Christi als eine Art „Leitsatz" (Schnackenburg 1982, 248) vorgeschaltet. Die von den Frauen in V.22–24 geforderte Unterordnung erscheint damit ‚lediglich' als ein Unterfall der von allen Gemeindegliedern geforderten Unterordnung (vgl. Girard 2000, 128.136; Westfall 2013, 576–578). Mit „in der Furcht Christi" („Furcht" hier im Sinne von Ehrfurcht) wird die Unterstellung aller *unter den „Herrn" Christus* als Grund und Referenzpunkt der wechselseitigen Unterordnung vorgebracht und zugleich als Vorzeichen vor die gesamte Haustafel gesetzt. In der Haustafel selbst wird dies durch die Aufnahme des Motivs unterstrichen, dass Christus das Haupt der – damit als sein Leib aufgefassten – Gemeinde ist (5,23, vgl. 1,22f; 4,15f), als deren Glieder Frauen *und* Männer, Kinder *und* Eltern, Sklaven *und* Herren gleichermaßen adressiert werden. Formal ist anzumerken, dass es im griechischen Text vor V.21 keine Zäsur gibt, sondern die Reihe von Partizipien in V.19f fortgesetzt wird, die ausführen, was es heißt, sich durch den Geist erfüllen zu lassen (vgl. Ådna 1995, 436; Dettinger 2017, 189). Das heißt: Zu einem vom Geist bestimmten christlichen Leben gehört nicht nur der gottesdienstliche Lobpreis Gottes (V.19f), sondern auch das Alltagsverhalten (V.21), das 5,22–6,9 in die häuslichen Bezüge hinein entfaltet. Im Kontext paulinisch geprägter ethischer Vorstellungen kann man in der Mahnung zur wechselseitigen Unterordnung eine Aufnahme und Weiterführung des Tenors von Weisungen wie z.B. Phil 2,1–4 oder auch Gal 6,2 sehen. Speziell mit Bezug auf die Ehethematik kann man hierin auch eine sachliche Entsprechung zu (und gezielte Verarbeitung von?) 1Kor 7,3–5 entdecken (vgl. Theobald 2014, 137). Angesichts der vom Epheserautor aus Kol 3,18–4,1 übernommenen hierarchischen Struktur der Haustafel, in der nicht auch die Männer, sondern allein die Frauen zur Unterordnung (sowie Kinder und Sklaven zum Gehorsam) aufgefordert werden, ergibt sich allerdings zwischen der Haustafel selbst und dem vorangestellten Interpretament in Eph 5,21 eine auf den ersten Blick spannungsvolle Konstellation (vgl. Hering 2007, 132), der im Folgenden nachzugehen ist.

2. Innerhalb der Haustafel zeigen sich die auffälligsten Veränderungen im signifikant erweiterten ersten Teil. Aus den kurzen Mahnungen in Kol 3,18f ist in Eph 5,22–33 eine längere Abhandlung geworden, in der der Verfasser das Verhältnis zwischen Mann und Frau durch eine Analogisierung mit der Relation zwischen Christus und Kirche zu konturieren sucht – vorausgesetzt ist hier offenbar, dass beide Partner christusgläubig sind (vgl. Best 1994, 148.158). Eigentümlich zugespitzt wird durch die Analogisierung vor allem die an den Mann ergehende Forderung, was sich auch quantitativ zeigt: Die erhebliche Erweiterung der knappen Mahnungen aus Kol 3,18f betrifft in Eph 5,22–33 den an die Männer gerichteten Part (5,25–32) deutlich stärker als

den an die Frauen adressierten Abschnitt (5,22-24). Im Unterschied zur an die Männer ergehenden Unterweisung wird die Mahnung an die Frauen, sich unterzuordnen, inhaltlich nicht konkretisiert oder im Einzelnen entfaltet. Auch die Begründung, für die der Verfasser auf 1Kor 11,3 zurückgreift, ist ganz knapp gehalten: „Denn der Mann ist das Haupt der Frau." Der Konnex von 1Kor 11,3 mit 11,7-9 macht die traditionelle schöpfungstheologische Verankerung dieser Begründung deutlich, die auch für Eph 5,23 in Anschlag zu bringen sein wird, d. h., der Epheserautor sieht die Unterordnung als eine „ontologisch begründete, überzeitlich gültige Ordnung" (Gielen 1990*, 258). Der Nachsatz „wie auch Christus das Haupt der Kirche (ist)" nimmt indes lediglich einen Vergleich vor, leitet aber nicht die Haupt-Funktion des Mannes aus der Haupt-Funktion Christi in irgendeiner Weise ab, wie auch durch die Bestimmung „wie dem Herrn" in V.22 der Mann nicht zum Repräsentanten Christi erhoben werden soll (vgl. Gielen 1990*, 233.242). Die weitere Qualifizierung Christi als Retter des Leibes lässt zudem ein grundlegendes Differenzmoment in der vom Verfasser bemühten Analogie zutage treten, denn der Mann ist nicht der Retter der Frau (vgl. Sampley 1971, 125). Deutlich wird zugleich, dass schon hier das Augenmerk auf Christus in seinem Verhältnis zur Kirche liegt, wie auch viel stärker das Verhältnis des Mannes zur Frau zum Thema wird als umgekehrt.

Die Ermahnung an die Männer in 5,25-32 kann man mit 5,25-27 und 5,28-32 in zwei Argumentationsgänge untergliedern. Wie Kol 3,19 mahnt auch der Autor des Eph dazu, die Frau zu lieben, und auch er benutzt dabei mit Agape den Leitbegriff christlicher Ethik. Die „Liebe" zur Frau meint hier entsprechend nicht das Gefühl des Hingezogenseins zu ‚der Einen', sondern „aktive, wertschätzende Zuwendung" (Gerber 2011, 102). Die Ehe wird damit zum Ort, an dem sich in besonderer Weise christliche Gemeinschaft realisiert. Im Duktus der ethischen Unterweisung des Eph wird dies durch die enge Beziehung zwischen 5,25 und 5,2 unterstrichen, denn analog zur an alle gerichteten Mahnung in 5,2, in der Liebe zu wandeln, schließt sich auch an die spezifische Ermahnung der Männer ein mit „wie auch Christus" eingeleiteter Satz an, in dem die von Christus erwiesene Liebe durch seine Selbsthingabe bestimmt wird, nur erscheint nun dem Kontext gemäß die Kirche als Objekt der Liebe Christi anstelle der Glaubenden. Wie in 5,2 ist die Liebe Christi auch in 5,25 nicht nur Grund, sondern auch Maß der zwischenmenschlichen Liebe. Der Mann ist also aufgefordert, sich selbst für seine Frau hinzugeben. Das heißt in der Praxis schwerlich, dass der Mann wirklich sein Leben hingibt (schon gar nicht hätte dies eine soteriologische Wirkung); der Vergleichspunkt ist vielmehr die Zurückstellung eigener Lebensinteressen zugunsten eines anderen Menschen. Ist der Mann „das Haupt der Frau", so wird seine ‚Herrschaft' durch V.25 dezidiert als Dienen in der Liebe bestimmt. Ohne eine traditionsgeschichtliche Beziehung behaupten zu wollen, ist die sachliche Kongruenz mit dem in Mk 10,42-45 vorgetragenen Herrschaftsethos evident. Dass auch die Frau ihrem Mann in Agape zugetan sein soll, mag hier stillschweigend vorausgesetzt sein, auch wenn der Autor auch in V.33 die Gelegenheit verstreichen lässt, Männer *und* Frauen zum Subjekt der Liebe zu machen. Das Liebesgebot in 5,2 richtet sich jedenfalls an *alle* Gemeindeglieder. Im Rahmen der Haustafel liegt das Augenmerk darauf, den Mann darauf zu verpflichten, sich für das Wohl seiner Frau zu engagieren.

Wenn man ferner aus den Finalsätzen, die in V.26f das Ziel der liebenden Lebenshingabe Christi zugunsten der Kirche beschreiben, im Analogieschluss Folgerungen für die Näherbestimmung der Liebe des Mannes zu seiner Frau ziehen darf, dann ist in dieser die Sorge darum eingeschlossen, dass die Frau nach christlichen Wertmaßstäben ‚eine gute Figur macht'. Die Aussagen in V.26f enthalten jedenfalls Aspekte, die einer Übertragung auf das eheliche Verhältnis dienlich sind. So kann man die sich auf die Taufe beziehende Rede von der Reinigung durch das Wasserbad im Wort auf einer zweiten Sinnebene auch als Anspielung auf den Ritus des Brautbades lesen (vgl. Zimmermann 2001, 341f). Und dass die Gemeinde „ohne Flecken oder Runzel oder etwas dergleichen" sein soll, lässt sich auch auf die Frau beziehen, wobei dann aber nur vordergründig äußerliche Schönheit im Blick ist; vielmehr dürfte – auf der Linie von Texten wie 1Tim 2,9f; 1Petr 3,3-6 – zumindest primär die Tadellosigkeit im Verhalten anvisiert sein, was denn auch im letzten Finalsatz in Eph 5,27 durch die Attribute „heilig und untadelig" (vgl. 1,4) explizit gemacht wird.

Auf der Grundlage der christologischen Explikation der Agape wird die Aufforderung an die Männer aus V.25 in V.28 aufgegriffen und als eine unbedingte Pflicht ausgewiesen. Zugleich wird das Gebot der Liebe nun um eine Wendung erweitert, die an das „wie dich selbst (ὡς σεαυτόν)" von Lev 19,18 erinnert (vgl. Sampley 1971, 31–34), die aber ambivalent ist, weil neben der Auffassung als Vergleich („wie ihre eigenen Leiber") auch ein prädikatives Verständnis („*als* ihre eigenen Leiber") möglich ist. Wird Ersteres eben durch den Referenztext Lev 19,18 nahegelegt, zumal dieser deutlich in Eph 5,33 Pate steht, so spricht der Fortgang in Eph 5,28b mit der Erläuterung, dass der, der seine Frau liebt, sich selbst liebt, für die prädikative Auffassung. Zwei einander ergänzende Aspekte lassen sich hier zur Erhellung der Aussage in V.28a anführen. Erstens ist mit der Aussage, dass Christus das Haupt der Kirche ist (5,23, vgl. 1,22f; 4,15f), die Auffassung von der Kirche als Leib Christi verbunden (1,23; 4,12.16; 5,23.30); analog dazu wäre die Frau als „Leib" des Mannes vorgestellt, der das „Haupt der Frau" ist (5,23), so dass 5,28a also als Korrelat zu 5,23a erscheint. Es kommt zweitens hinzu, dass die Aussage von dem in V.31 folgenden Rekurs auf Gen 2,24 her zu erschließen ist, zumal schon die auf die Frau bezogene Rede vom eigenen Fleisch in Eph 5,29 eine Anspielung auf Gen 2,23 enthält (vgl. Rey 2009, 252f). Die Heranziehung von Gen 2,24 zur Interpretation der ehelichen Gemeinschaft teilt Eph nicht nur mit Mk 10,7f par Mt 19,5 (vgl. ferner 1Kor 6,16, wo es allerdings darum geht, die Folgen des Verkehrs mit einer Prostituierten darzustellen), sondern auch mit frühjüdischer Tradition (Sir 25,26; 4Q416 2 III,21–IV,5), wo sie deutlich androzentrisch ausgerichtet ist: Die Frau wird gewissermaßen dem Fleisch des Mannes einverleibt. Die Formulierung in Eph 5,28 lässt sich auf der Linie dieser Vorstellung lesen (vgl. Wold 2008, 298f). Beachtet man die genannten Aspekte, ist evident, dass die Forderung liebender Selbsthingabe keineswegs durch 5,28 in geradezu schreiender Weise durch egoistische Selbstliebe konterkariert (vgl. Gielen 1990*, 279; Fleckenstein 1994, 229, anders akzentuiert Gerber 2011, 109–112) und damit die Liebesforderung ethisch zur banalen Karikatur erhoben wird. Eine solche Deutung ist schon durch den erneuten Verweis auf das Handeln Christi an der Kirche in V.29b ausgeschlossen (vgl. Schnackenburg 1982, 257). Das Motiv der Selbstliebe dient allein dazu herauszustellen, dass Mann und Frau aufs Engste, geradezu untrennbar, miteinander verbunden sind. Weil beide zu einem Fleisch verschmelzen, bedeutet die Liebe zur Frau im Grundsatz nichts anderes, als sich selbst zu lieben. Ähnlich wie in 1Kor 7,3f (→ III.5.1.2/2) erscheint die eheliche Gemeinschaft hier nicht als die bloße Addition von zwei Ich-Größen, sondern als ein Wir, doch ist zu Eph 5 als Problemanzeige hinzuzufügen, dass dieses Wir anders als in 1Kor 7,3f eine stark androzentrische Färbung besitzt. Im Blick auf die Frage, ob in V.28a „*als*" oder „*wie* ihre eigenen Leiber" zu deuten ist, ist eine alternative Entscheidung gar nicht zwingend (das Problem einer Entscheidung ergibt sich im Wesentlichen, wenn man übersetzt); der Text ist für beide Lesarten offen, ja die Ambivalenz dürfte intendiert sein. Ein Mann soll seine Frau *wie* seinen eigenen Leib und damit wie sich selbst lieben, zumal die Frau sein eigener Leib ist.

Es ist nicht zu übersehen, dass die Betonung von Einheit und Zuwendung in der in Eph 5,22–33 begegnenden Ehevorstellung Konvergenzpunkte zur Eheauffassung in der zeitgenössischen Philosophie (→ III.5.1.1/1, III.5.1.2/2) aufweist (vgl. Zimmermann 2010a, 93f.101). Bereits zu Kol 3,19 wurde darauf hingewiesen, dass die Liebesforderung auch anderorts begegnet oder zumindest Entsprechungen dazu zu verzeichnen sind. Gleichwohl würde es einen gravierenden Differenzierungsverlust bedeuten, wenn man die eigene christologische Begründung und damit Prägung des Agapebegriffs im Eph mit Eheauffassungen, wie sie sich in einigen Bereichen im 1. Jh. n. Chr. entwickelten, identifiziert und damit nivelliert (vgl. Dettinger 2017, 232f). Dabei geht es nicht darum, ein christliches Überbietungspathos zu bedienen, sondern schlicht darum, nüchtern Differenzen zwischen unterschiedlichen Konzeptionen zu markieren.

In Eph 5,32 wird das Zitat aus Gen 2,24 noch einer überraschenden übertragenen Deutung unterzogen. Diese tritt aber nicht an die Stelle des üblichen Bezugs auf Frau und Mann, sondern der wörtlichen Deutung zur Seite (vgl. Hooker 2005, 182f), deren Geltung ja schon durch den Kontext bekräftigt wird, denn die Rede davon, dass der, der seine Frau liebt, damit sich selbst liebt, basiert eben auf Gen 2,24. Es geht ferner in V.32 bei der Rede vom Geheimnis nicht um ein Geheimnis der Ehe, sondern um das Geheimnis der übertragenen Bedeutung der Schriftstelle, nämlich als ein Wort, das *auch* über das Verhältnis von Christus und Kirche handelt, über „[d]ie ‚Einheit' des Bräutigams Christus mit seinem Leib, der Kirche" (Luz 1998, 173). Immerhin ist die Ehe hier so geadelt, dass sie als Analogie für das Verhältnis zwischen Christus und Kirche fungieren kann (vgl. Ådna 1995, 463f); zugleich beeinflusst Letzteres, wie sich insbesondere an der Agapemahnung zeigt, das Verständnis der Gestaltung der ehelichen Beziehung (vgl. Sellin 2008, 434–437; Theobald 2014, 138). Man kommt hier kaum umhin, eine erhebliche Differenz zu Paulus' Argumentation in 1Kor 7 zu konstatieren, wonach es angesichts der vergehenden Welt besser wäre, sich nicht mit einem Ehepartner zu belasten, um sich ganz Christus hingeben zu können. Der Eph hingegen macht deutlich, dass sich Christsein auch und gerade in der Gestaltung der alltäglichen Beziehungen manifestiert. Die Erwartung eines nahen Weltendes spielt hier keine Rolle mehr, was sich auch daran zeigt, dass in 6,3 die im Dekalog mit dem Gebot der Elternehre verbundene Verheißung mitzitiert wird „auf dass es dir gut geht und du lange lebst auf der Erde".

3. In den weiteren beiden Abschnitten der Haustafel, der Unterweisung an Kinder und Väter in Eph 6,1–4 sowie an Sklaven und Herren in 6,5–9, hat der Autor

eher nur im Detail Akzente gesetzt. Den geforderten Gehorsam der Kinder ihren Eltern gegenüber bezeichnet Eph 6,1 im Unterschied zu Kol 3,20 nicht (bloß) als „wohlgefällig im Herrn", sondern als „*gerecht*", was mit dem im Eph mehrfach begegnenden Verweis auf die Gerechtigkeit als einer Haupttugend (4,24; 5,9; 6,14) zu verbinden ist. „Gerecht" ist in Eph 6,1 in gut alttestamentlichem Sinn, was der Gemeinschaft, also hier: dem sozialen Gefüge des Hauses, entspricht (vgl. Sellin 2008, 460), zugleich aber auch, was der Rechtsordnung Gottes entspricht (vgl. Gielen 1990*, 294f), wie die Ergänzung der Ermahnung der Kinder (6,1-3) um die Zitation des Dekaloggebots der Elternehre (Ex 20,12; Dtn 5,16) unterstreicht (vgl. Hering 2007, 186). Das Gebot wird schwerlich bloß wegen der mit ihm verbundenen Verheißung aufgenommen (anders Jungbauer 2002*, 350-353). Vielmehr wird durch den Rekurs auf dieses Gebot die Gehorsamsforderung *inhaltlich* im Sinne von Ehrerbietung und respektvollem Umgang ausgerichtet (vgl. Gielen 1990*, 295). Das mit dem Gebot verbundene Moment, dass Elternehre die tätige Fürsorge für die Eltern im Alter einschließt (vgl. exemplarisch die Unterweisungsreihe in Sir 3,1-16), spielt hier indes offenbar keine Rolle, da unmündige Kinder im Blick sind (anders Balla 2003, 174), wie die Mahnung an die Väter in 6,4 unterstreicht. In dieser ist das Gebot der Erziehung (vgl. EpArist 248; Diogenes Laertios 1,92) – zu Lasten der Notiz, dass eine Entmutigung der Kinder verhindert werden soll (Kol 3,21) – hinzugekommen. „Im Judentum wie im Hellenismus gehörte die Unterweisung über ethische und religiöse Pflichten zu den wichtigsten Aufgaben der Väter" (Luz 1998, 174).

Die Sklavenparänese lehnt sich recht eng an die des Kol an, nur sticht sie durch die voranstehenden Erweiterungen längenmäßig nicht mehr so hervor wie im Kol. Erwähnenswert ist aber die Umakzentuierung bei den Gerichtsaussagen. Erstens bietet 6,8 ein positiv formuliertes Pendant zur Drohung von Kol 3,25, dass der, der Unrecht tut, empfangen wird, was er an Unrecht getan hat; Eph 6,8 verheißt vielmehr, dass ein jeder, wenn er etwas Gutes tut, dieses vom Herrn empfangen wird, und verweist mit der an 1Kor 12,13 anklingenden Wendung „er sei Sklave oder Freier" auf die Gleichbehandlung im Endgericht. Zweitens ist das Motiv, dass es im Gericht kein Ansehen der Person gibt, das in Kol 3,25 die Gerichtsdrohung an die Sklaven untermauert, in die Ermahnung der Herren gewandert. Die Aufforderung an diese „tut dasselbe ihnen gegenüber" in Eph 6,9 erscheint auf den ersten Blick kryptisch. Da in V.8 dasselbe Verb in der Wendung „Gutes tun" begegnet, wird man ehestens darin den Bezugspunkt sehen können (eine Alternative ist, den Bezugspunkt im Tun des Willens Gottes [Eph 6,6] zu sehen, vgl. Gielen 1990*, 307). Wurde gegenüber den Sklaven darauf verwiesen, dass alle, also auch sie, für das Gute, das sie tun, von ihrem himmlischen Herrn entlohnt werden, so wird nun den Herren eingeschärft, dass auch sie den Sklaven Gutes tun sollen. Deutet man so, schließt die nachfolgende Mahnung, das Drohen zu unterlassen, organisch an. Diese Weisung fällt auf, da Androhung von Strafen zum Standardrepertoire des Umgangs mit Sklaven gehörte (vgl. Fitzgerald 2010*, 167). Noch klarer als in der Mahnung in Kol 4,1, den Sklaven zu gewähren, was recht und billig ist, wird hier die Tendenz zu einer humanen Gestaltung der Relation zum Sklaven sichtbar. Schließlich hat auch der abschließende begründende Verweis auf den Herrn im Himmel eine leicht veränderte Nuance erhalten: Die Herren müssen dessen eingedenk sein, „dass *ihr und euer* Herr im Himmel ist und es bei ihm kein Ansehen der Person gibt" (statt „dass auch ihr einen Herrn habt im Himmel", Kol 4,1). Deutlicher als Kol 4,1 bringt die Formulierung in Eph 6,9 zum Ausdruck, dass Herren und Sklaven in der Perspektive ihrer gemeinsamen Unterordnung unter den himmlischen Herrn gleichgeordnet sind. Vor Gott und Christus hat der freie Mann keinen Vorteil; er wird sich vielmehr auch dafür verantworten müssen, wie er mit seinen Sklaven umgegangen ist. In antiken Verhältnissen ist das zumindest nicht selbstverständlich.

4. Vor dem Hintergrund des Durchgangs durch 5,22–6,9 ist nun noch einmal das der Haustafel in 5,21 vorangestellte – und im Kontext antiker Ökonomik ungewöhnliche (vgl. Dettinger 2017, 219f) – Interpretament aufzunehmen: Soll man betonen, dass 5,21 die hierarchische Struktur der nachfolgenden Haustafel von vornherein, wenn nicht konterkariert, so doch ein gutes Stück weit relativiert (vgl. z.B. Sampley 1971, 117; Ådna 1995, 438f; Mollenkott 2003, 45–48)? Oder dass das in 5,21 vorangestellte Interpretament nicht wirklich eingelöst wird (so die Tendenz bei Gerber 2011)? Gegenüber dieser Alternative scheint mir eine Textinterpretation angemessener zu sein, die die Spannung zwischen 5,21 und 5,22–6,9 nicht überbetont, denn die bewusste Kompositionsarbeit des Epheserautors lässt erwarten, dass er selbst hier keine grundlegende Inkompatibilität gesehen hat. Wechselseitige Unterordnung heißt für ihn im Blick auf das häusliche Leben, dass die Akteure *innerhalb ihrer sozialen Rollen im Haus* die jeweiligen Belange des Gegenübers ins Zentrum rücken. Im Blick auf die Rolle der Frau realisiert er dies in der schlichten Weise, dass er die aus der Tradition überkommene Unterordnungsforderung aufnimmt. Für den *pater familias* bedeutet dies: Aus seiner Rolle als Haupt des Hauses folgt nicht, dass alle seine Belange bedienen, während er selbst nur seine eigenen Interessen verfolgt; vielmehr hat gerade er seine Interessen unterzuordnen und sein Augenmerk auf das Wohlergehen aller Glieder des Hauses zu richten. Kurz gesagt: 5,21 gibt programmatisch die Richtung an, wie die unterschiedlichen Rollen im Haus zu leben sind, und 5,22–6,9 buchstabiert den Grundsatz der Unterordnung unter die Belange anderer im Blick auf die Rollendifferenzierung innerhalb eines ‚Hauses' aus.

5. Die Frage, wie die Haustafeltradition aus heutiger Sicht zu bewerten ist, ist bereits zu Kol 3,18–4,1 reflektiert worden (1.2.2/7), sodass hier knappe Anmerkungen genügen, die die spezifischen Akzentsetzungen von Eph 5,21–6,9 aufnehmen. Insgesamt ist festzuhalten, dass die antiken ökonomischen Traditionen in der Haustafel des Eph stärker als in Kol 3,18–4,1 ‚christlich' durchdrungen wurden. Dies zeigt sich vor allem darin, dass die Mahnung an den Mann, seine Frau zu lieben, nicht nur durch den weiteren Kontext des Briefes, sondern nun unmittelbar durch das christliche Agapeverständnis profiliert und dieses zudem durch die christologische Begründung der Agape vertieft wird. Der sich in der Haustafel des Eph manifestierende ethische Aushandlungsprozess ist damit ein instruktives Beispiel dafür, wie, um eine Metapher von Wayne Meeks (1986*, 97) aufzunehmen, im entstehenden Christentum aus alten Melodien neue Lieder komponiert wurden. Zugleich kommt man nicht um die Feststellung herum, dass der Text den Konventionen des patriarchalen antiken Hauses zutiefst verhaftet bleibt. Der Epheserautor arbeitet in der

Haustafel weniger an Strukturfragen als daran, die vorgegebenen sozialen Rollen von seinen ethischen Überzeugungen her auszuformen. Kurz gesagt: Der patriarchale gesellschaftliche Kontext bleibt auch im Eph deutlich erkennbar, doch wird das Patri*archat* hier in eine von Liebe und Güte bestimmte *Sorge* des *pater familias* für die Angehörigen des Hauses transformiert. Maßgeblich für die heutige Rezeption kann nicht die im Text vorausgesetzte soziale Struktur sein, sondern das ethische Leitmotiv der Agape und der *wechselseitigen* Unterordnung unter die Belange der anderen (vgl. Lincoln ⁴2003, 162), die es in heutige Lebensformen hinein zu buchstabieren gilt. Wo dies nötig ist, wird man dabei auch vor Strukturfragen nicht Halt machen.

## 3. Die Pastoralbriefe: Der universale Heilswille Gottes und die gesellschaftliche Kompatibilität christlicher ethischer Überzeugungen

Die beiden Briefe an Timotheus und der Brief an Titus werden in der kritischen Forschung mehrheitlich als ein um 100 n. Chr. (oder später) entstandenes pseudepigraphisches Corpus aufgefasst, da sie eine so signifikante Übereinstimmung in der theologischen Ausrichtung und im charakteristischen Vokabular aufweisen, dass man sie als eine Einheit behandeln kann.[16] Als ein wesentliches Anliegen dieser Schreiben erscheint die Ausgestaltung der verantwortlichen Leitung der Gemeinden; ein prägendes Merkmal ist die Abwehr anderer Lehrer und Anschauungen, die sich wie ein roter Faden durch die drei Briefe zieht. Beides hängt zusammen: Die Past versprechen sich eine erfolgreiche Abwehr der Gefährdungen durch ‚Irrlehrer' von der Etablierung kirchlicher Ordnung durch eine an Ämtern orientierte Leitungsstruktur im Verbund mit der Auswahl geeigneter und in ihrem Lebenswandel vorbildlicher Amtsträger. Diese sollen in der Lage sein, im Gefolge der Apostelschüler der ‚Irrlehre' entgegenzutreten (1Tim 4,7; 6,20f; 2Tim 2,14-23; 3,5-9; Tit 3,9-11) und die „gesunde Lehre"[17], wie sie auf den Apostel zurückgeht (1Tim 2,7; 2Tim 1,11f; Tit 1,1-3 u. ö.), zu bewahren und zu vermitteln (1Tim 4,16; 5,17; 2Tim 4,3-5; Tit 1,9; 2,1), so wie es den Apostelschülern aufgetra-

---

[16] Die Corpus-These ist allerdings in der jüngeren Forschung mit substantiellen Gründen in Frage gestellt bzw. differenziert worden (s. dazu grundlegend Herzer 2004; Engelmann 2012). Wenn der These von Engelmann, dass die drei Briefe zwar nicht ursprünglich als ein Corpus entworfen wurden, aber der 1Tim auf die anderen beiden Briefe hin verfasst wurde und diese sekundär miteinander verbindet, zu folgen wäre, bedeutete dies für die nachfolgenden Ausführungen, dass sie mit ihrer Behandlung der drei Briefe als einer zusammengehörigen Einheit einem erst durch den 1Tim gestifteten Zusammenhang folgen. Ohne dies hier im Einzelnen begründen zu können, erscheint mir die Annahme eines ursprünglichen Corpus pastorale aber, vorbehaltlich der weiteren Diskussion, nach wie vor als die leicht plausiblere Hypothese, so dass ich die Past hier zusammen behandle. – In ethischer Hinsicht sind 1Tim und Tit deutlich ergiebiger als 2Tim.

[17] Siehe 1Tim 1,10; 2Tim 4,3; Tit 1,9; 2,1; vgl. 1Tim 6,3; 2Tim 1,13, ferner 1Tim 4,6 sowie schließlich die Rede von der „Lehre" in 1Tim 4,13.16; 5,17; 6,1.3; 2Tim 3,10.16; Tit 2,7.10. – Das hier gebrauchte Wort für Lehre (διδασκαλία) kommt in den unbestritten echten Paulusbriefen nur zweimal im Röm vor (Röm 12,7; 15,4); „gesund" gebrauchet Paulus nie. Die Rede von der διδασκαλία, zumal von der gesunden Lehre, ist also eine für die Past typische Ausdrucksweise.

gen wurde, das ihnen „anvertraute Gut"[18] zu bewahren (1Tim 6,20; 2Tim 1,14, vgl. der Sache nach ferner z.B. 1Tim 1,18f; 2Tim 3,14) und durch ihren Lebenswandel den Gemeinden als Vorbilder zu dienen (1Tim 4,12; Tit 2,7f, vgl. auch 1Tim 6,11-14; 2Tim 1,5-14 u.ö.).[19] Da die Auseinandersetzung mit den Gegnern nicht argumentativ geführt wird, sondern im Wesentlichen polemisch über die Aneinanderreihung negativer Attribute, die die Lehren der anderen kennzeichnen sollen (s. 1Tim 1,6; 4,7; 6,4.20; 2Tim 2,16.23; Tit 1,10f), oder über den Vorwurf lasterhaften Verhaltens (s. z.B. die Applikation des Lasterkatalogs in 2Tim 3,2-5 auf die ‚Irrlehrer' in 3,6-9) und den Appell zur Meidung der ‚Irrlehre(r)' (1Tim 1,4; 6,20; 2Tim 2,16; 3,5; Tit 3,9-11), lässt sich über den genauen Gehalt der gegnerischen Überzeugungen kaum etwas Sicheres sagen. Analog zum Kol ist die Frage allerdings auch hier nur insofern relevant, als das Gegnerprofil hilft, die ethisch relevanten Aussagen der Briefe aus ihrer Situation heraus besser verstehen und einordnen zu können. Erkennbar wird in der Rede von „jüdischen Mythen" (Tit 1,14, vgl. 1Tim 1,4; 4,7; 2Tim 4,4), dass die Botschaft der Gegner jüdische bzw. judenchristliche Elemente inkorporiert haben wird, wozu auch der Rekurs auf das Gesetz in 1Tim 1,7-11 passt (vgl. ferner Tit 1,10). 1Tim 4,3-5 lässt darauf schließen, dass die Gegner sexual- und nahrungsasketische Tendenzen vertraten (vgl. auch 4,8; Tit 1,15). 2Tim 2,18 wendet sich gegen die Überzeugung, die Auferstehung sei schon geschehen. Ob die polemische Rede von den „Einwänden/Antithesen der fälschlich sogenannten Erkenntnis/Gnosis" (1Tim 6,20) darüber hinaus auf ein distinkt gnostisches Kolorit der gegnerischen Front verweist, ist mindestens fraglich. Es lässt sich zudem nicht einmal mit Sicherheit sagen, ob es sich bei den Gegnern um eine einheitliche Front handelt.

### 3.1 Theologische Grundlagen

1. Fragt man nach der theologischen Fundierung der Ethik in den Past, so ist methodisch als Faktor zu bedenken, dass die Past die Kenntnis von Paulusbriefen bei den Adressaten vorauszusetzen scheinen und wohl sogar schon auf ein Corpus von Paulusbriefen hin verfasst sind. Daraus folgt, dass mit etwaigen theologischen Leerstellen gegenüber den echten Paulinen sehr behutsam umzugehen ist. Die Intention ihrer Abfassung ist nicht, ein umfassendes Kompendium zu bieten, sondern die überkommenen paulinischen Traditionen an den Stellen, an denen Gestaltungsbedarf erkannt wurde, zu interpretieren und zu kanalisieren. Bei dem, was in den Briefen ausgeführt wird, handelt es sich also um Akzentsetzungen, nicht um das Ganze der für den oder die Verfasser maßgeblichen theologischen Denkwelt.

2. Paulinisches Erbe zeigt sich z.B. darin, dass der Vorrang der göttlichen Gnade vor den menschlichen Werken, die christologische Fokussierung des Heilshandelns Gottes und die soteriologische Deutung des Todes Jesu zum selbstverständlichen Bestand der theologischen Denkwelt der Past gehören (s. nur 1Tim 1,14f; 2,5f; 2Tim 1,9f; Tit 2,11-14; 3,3-7), nur wird die christologische Tradition insofern einer hellenisierenden Transformation unterzogen, als das Christusgeschehen und seine die Gegenwart bestimmende Dimension als das *Erscheinen* (ἐπιφάνεια) der retten-

---

[18] Der Rechtsterminus παραθήκη (= Depositum, anvertrautes Gut) kommt im NT nur in den Past vor (1Tim 6,20; 2Tim 1,12.14), gehört also zu ihrem charakteristischen Vokabular.

[19] Ausführlich zur Verankerung des Motivs des als Vorbild dienenden persönlichen Beispiels in antiker ethischer Reflexion Fiore 1986, 22-236, s. auch den Hinweis auf die *exempla* in Kap. II.1/7.

den Gnade Gottes interpretiert werden und mit der gleichzeitigen Verwendung des Begriffs für die Parusie die Einheit des Wirkens Christi in Vergangenheit, Gegenwart und Zukunft signalisiert wird (1Tim 6,14; 2Tim 1,10; 4,1.8; Tit 2,11.13; 3,4, vgl. Söding 2000, bes. 169–173.179f). Ferner gibt Tit 3,5f exemplarisch zu erkennen, dass der Geist auch in den Past als „die motivierende Kraft christlichen Verhaltens" (Herzer 2006, 114) gesehen wird. Die bei Paulus leitende Grundfigur, dass mit der durch das Christusgeschehen gestifteten Gottesbeziehung ein Gott gefälliger Lebenswandel verbunden ist, findet in den Past ihre charakteristische Ausdrucksform und Ausprägung darin, dass immer wieder von „guten Werken" die Rede ist (1Tim 2,10; 5,10.25; 6,18; 2Tim 2,21; 3,17; Tit 1,16; 2,7.14; 3,1.8.14), die für die Past eine notwendige Manifestation rechten Glaubens sind und entsprechend auch soteriologische Relevanz besitzen (1Tim 5,24f u. ö.). In aller Klarheit kommt dieser Aspekt in einer kategorisch klingenden Aussage über die Witwen zum Ausdruck: Wer die Fürsorge für die eigenen Familienmitglieder vernachlässigt, „hat den Glauben verleugnet und ist schlimmer als ein Ungläubiger" (1Tim 5,8, vgl. 6,10: Wer der Geldliebe verfallen ist, ist vom *Glauben* abgeirrt). Im Tit erscheint die Gnade Gottes nicht nur als Basis der Rechtfertigung (3,7), sondern sie wird zugleich in 2,11f direkt mit der *Erziehung* bzw. *Anleitung* zu einem tugendhaften Leben verknüpft, wie es durch die vorangehende Unterweisung (2,1–10) dargestellt wurde; entsprechend zielt Christi Selbsthingabe darauf, sich selbst ein Volk zum Eigentum zu reinigen, das nach *guten Werken* eifert (2,14). Die Werke begründen das Heil nicht (s. bes. 2Tim 1,9; Tit 3,5), erscheinen in den Past aber, ähnlich wie in Eph 2,10, als ein wichtiges Moment dessen, worauf Gottes Heilshandeln in Christus zielt (vgl. Towner 1989, 153f; Young 1994, 28–31). In anthropologischer Hinsicht ist hier als Grundlage der guten Werke einzubeziehen, dass die in Tit 3,5 mit der Taufe verbundene Erneuerung durch den Geist den ganzen Menschen neu ausrichtet. Das Moment der inneren Disposition als Basis des Handelns lässt sich gut durch 1Tim 1,5 veranschaulichen, wo die Agape als „Liebe aus reinem Herzen und gutem Gewissen und ungeheucheltem Glauben" näherbestimmt wird. Die durch Gottes Heilshandeln geschehende Erneuerung schließt die Reinigung des Herzens ein (vgl. Ps 51,12, zum „reinen Herz" s. noch 2Tim 2,22). Dem fügt sich im Blick auf die ethisch problematischen Regungen im Menschen ein, dass die Erziehung der Gnade nach Tit 2,12 damit einhergeht, den weltlichen Begierden abzusagen (vgl. 2Tim 2,22 u. ö.).

Die formelhafte Rede vom „guten (bzw. reinen) Gewissen" (s. in den Past noch 1Tim 1,19; 3,9; 2Tim 1,3, vgl. z.B. Seneca, EpMor 23,7) meint das Bewusstsein, das sich aus der Übereinstimmung mit dem der „gesunden Lehre" entsprechenden Lebenswandel ergibt. Das „gute Gewissen" ist dabei nicht das sanfte „Ruhekissen" einer selbstzufriedenen bürgerlichen Moral (anders Schulz 1987*, 597), sondern „Frucht der durch den Geist in der Taufe geschenkten endzeitlichen Erneuerung des Herzens" (Roloff 1988, 69, vgl. zum Gewissensbegriff Towner 1989, 154–158). Die Gegner hingegen tragen ein Brandmal im eigenen Gewissen (1Tim 4,2), und ihr Verstand und ihr Gewissen sind befleckt (Tit 1,15).

3. Ist der Christologie (auch) in den Past eine eminent ethische Dimension eigen (vgl. Donelson 1986, 145), so fehlt jedoch eine materialethisch konkrete Plausibilisierung und damit inhaltliche Füllung dieser Begründungsfigur, wie sie in den echten Paulinen

im Blick auf die Liebe und die Demut anzutreffen ist (→ III.3-4). Hält man sich methodisch an den eingangs angemerkten Grundsatz, dass aus theologischen Leerstellen nur behutsam Folgerungen zu ziehen sind, lässt sich aus dem Fehlen des Motivs der Christusmimesis für sich genommen noch nicht zwingend ableiten, dass dieses im ethischen Denken des Verfassers gar keine Rolle spielte. Fragt man weiter, welche Bedeutung der Agape in den Past zukommt, ist zunächst einmal festzuhalten, dass die zentrale Rolle, die sie in der paulinischen Ethik, aber auch anderorts im entstehenden Christentum spielt, in den Past an verschiedenen Stellen zumindest anklingt. Die Agape findet sich mehrfach in kurzen Katalogen, die Hauptmerkmale christlicher Existenz umreißen (1Tim 2,15; 4,12; 6,11; 2Tim 1,13; 2,22; 3,10; Tit 2,2 sowie auch 2Tim 1,7). 1Tim 1,5 exponiert die Liebe sogar prägnant als „Ziel der Ermahnung". Dass in all diesen Belegen eine christologische Vertiefung der Agape nicht explizit wird, ist gegenüber den echten Paulinen insofern nicht auffällig, als sich auch in diesen eine distinkte christologische Kolorierung des Agapeverständnisses nur in ethischen Argumentationen findet. Zugleich ist allerdings zu konstatieren: Die sich in Eph 5,2 manifestierende Entwicklung, dass die christologische Vertiefung der Agape auf die allgemeine Paränese durchschlägt (→ 2.2.2/2 und III.3.4), findet in den Past kein Pendant. Ferner treten der Agape in den Past traditionelle, in der griechisch-römischen Welt fest verankerte Tugendbegriffe als ethische Leitwerte zur Seite (→ 3.2/2).

4. Obwohl nach 2Tim 3,16 alle Schrift nützlich zur Lehre ist, kommt dem Gesetz, folgt man 1Tim 1,8-11, keine den Lebenswandel positiv orientierende Funktion zu (vom „Gesetz" ist in den Past überhaupt nur in 1Tim 1,8.9 die Rede). Es scheint vielmehr darauf reduziert zu sein, Vergehen, die durch einen am Dekalog orientierten Lasterkatalog (zu Lasterkatalogen in den Past s. noch 1Tim 6,4f; 2Tim 3,2-5; Tit 3,3) illustriert werden, zu bestrafen (und so einzudämmen?), weshalb das Gesetz eben nur etwas für Übeltäter ist, während Gerechte es nicht brauchen (vgl. Young 1994, 25-27). Die geforderten „guten Werke" werden stattdessen mit der Orientierung an der gesunden Lehre verbunden (1Tim 6,3; Tit 1,9; 2,1.10 u. ö.).

5. Als ein für den ethischen Ansatz der Past zentraler Aspekt tritt der Gedanke der Universalität des Heilswillens Gottes hervor (1Tim 2,4; 4,10; Tit 2,11), der als Schöpfer (1Tim 4,4) und König der Welt (1Tim 1,17; 6,15) alle Menschen im Blick hat. Sein universaler Heilswille erscheint als Ausdruck seiner Freundlichkeit und Menschenliebe (Tit 3,4), wie sie sich im Christusgeschehen manifestiert hat, dessen Heilswirkung in der Taufe gnadenhaft zugeeignet wird (3,5-7). Ist Gott einer, so ist Christus der eine Mittler zwischen Gott und den Menschen (1Tim 2,5). In Tit 3 macht die Begründung der Unterweisung in V.1-3.8-11 durch V.4-7 nicht nur grundsätzlich die Verankerung der geforderten „guten Werke" (V.1.8) im Heilshandeln Gottes deutlich, sondern des Näheren auch, dass die Mahnung zur Sanftmut gegenüber *allen* Menschen als Entsprechung zur Menschenfreundlichkeit Gottes gedacht ist und hier insofern das Motiv der *imitatio Dei* anklingt. „Gottes menschenfreundliches Handeln aus Gnade zugunsten aller Menschen bereitet ... die Basis, auf der alle Glaubenden ihrerseits gegenüber allen Menschen handeln sollen" (Herzer 2006, 115, vgl. Donelson 1986, 138 zu 1Tim 2,1-4). Dem Rekurs auf die eigene ethisch verfehlte Vergangenheit in Tit 3,3 kommt dabei die Funktion zu, jeglicher Hybris oder Geringschätzung der nichtchristlichen Zeitgenossen den Boden zu entziehen: Die Glauben-

den verdanken ihre Erneuerung (V.5) der Intervention des menschenfreundlichen Gottes (die pointierte Präsentation von Paulus als Prototyp des durch Gottes barmherzige Intervention bekehrten Sünders in 1Tim 1,12-17 fügt sich hier nahtlos ein); entsprechend haben sie mit derselben Freundlichkeit allen Menschen zu begegnen, die Gott in seinem Heilswillen ebenso zu erreichen sucht. V.8c bekräftigt diesen Aspekt: Wenn es „den Menschen" zum Nutzen gereicht, wenn die Glaubenden auf „gute Werke" bedacht sind, dürfte darin der Gedanke einer positiven und möglicherweise einladenden *Wirkung* bei den Nichtchristen zumindest mitschwingen. Denn sofern das Handeln der Christen auf Gottes im Christusgeschehen erwiesene Menschenfreundlichkeit verweist, steht die Heilsbotschaft „durch das Tun der Christen allen Menschen vor Augen ... und [hilft] auch ihnen zum Verstehen" (Herzer 2018, 149). Wenn ferner in 1Tim 2,1f die Mahnung zum Gebet für alle Menschen und für die Obrigkeit mit dem Ziel verbunden wird, ein ruhiges und stilles Leben führen zu können, so ist Letzteres der Aufgabe zugeordnet, dass *alle Menschen* durch die Verkündigung der Christusbotschaft *unter den Völkern* (vgl. 2,7; 3,16) zur Erkenntnis der Wahrheit gelangen (2,4), denn Christus hat sich als Lösegeld *für alle* hingegeben (vgl. Towner 1989, 202-205). Des Näheren verknüpfen die Past mit dem Leitmotiv der Universalität des Heilswillens Gottes, dass die kirchliche Ordnung und der Lebenswandel der Glaubenden und insbesondere der Amtsträger so gestaltet sein müssen, dass der Kommunikation des Evangeliums kein unnötiges Hindernis bereitet wird.

### 3.2 Die gesellschaftliche Kompatibilität der ethischen Orientierung

1. Einen substantiellen Beitrag dazu, der Rezeption des Evangeliums den Weg zu ebnen, verspricht sich der Trägerkreis der Past von einer Gestalt christlichen Lebens, die sich relativ nahtlos in – konservative – moralische Vorstellungen der antiken Gesellschaft einfügt. Dabei mag *ein* Impuls gewesen sein, dem Argwohn, der fremden bzw. neuen Kulten als potentieller Gefährdung der sozialen Ordnung im römischen Reich entgegengebracht wurde (vgl. dazu Balch 1981, 65-80; Hoklotubbe 2017, 40-48), den Wind aus den Segeln zu nehmen. Die Mahnung, sich der Obrigkeit unterzuordnen und für sie zu beten (Tit 3,1; 1Tim 2,1f), fügt sich hier ein: Christen sollen als loyale, vorbildliche Bürger wahrgenommen werden, gegen die sich jeder Verdacht erübrigt. Allerdings scheint in den Past nicht allein defensiv ein apologetisches Interesse die Feder zu führen, sondern, wie in 3.1/5 angedeutet, auch offensiv ‚missionarische' Hoffnung mitzuschwingen, derzeit noch Außenstehende für den Christusglauben interessieren zu können (vgl. Towner 1989, 169-199 u. ö.; Zamfir 2013, 98).

Martin Dibelius hat im Blick auf das ethische Profil der Past vom „Ideal christlicher Bürgerlichkeit" (²1931, 24) gesprochen, was in der weiteren Forschung vielfach aufgenommen wurde (s. für viele Schrage ²1989*, bes. 267; Schulz 1987*, bes. 595-600), aber auch kritisiert wurde (Schwarz 1983; Towner 1989, bes. 244.254f; Kidd 1990; Reiser 1993; Weiser 1994, 48f). Zur von Dibelius und anderen vertretenen Position ist in jedem Fall einschränkend anzumerken, dass die Rede vom stillen und ruhigen Leben in 1Tim 2,2 (vgl. 1Thess 4,11, → III.3.1.1; zur epikureischen Maxime „lebe im Verborgenen" → II.1/4), die auf den ersten Blick als Spitzensatz des bürgerlichen Ethos erscheinen mag (vgl. Schrage ²1989*, 267), keinen Selbstzweck formuliert, sondern eben mit dem übergeordneten Motiv verknüpft ist, dass Gottes universaler Heilswille ans Ziel gelangt. Ferner kann schon insofern nicht davon die Rede sein, dass sich die Christusgläubigen gemütlich in der Welt einrichten (sollen), als auch in den Past die Möglichkeit, wegen des Christusglaubens bedrängt zu werden, klar vor Augen steht (1Tim 6,12-16; 2Tim 1,8; 3,12, vgl. Young 1994, 40). Von diesen Einwänden bleibt indes unbenommen, dass für die Past in der Tat die Tendenz prägend ist, Kompatibilität der ethischen Vorstellungen mit außerhalb der Gemeinde in der Gesellschaft anzutreffenden Werthaltungen anzustreben und also Christen als – nach in (sozial bessergestellten Kreisen) der Gesellschaft anerkannten Maßstäben – tugendhafte Angehörige des Gemeinwesens erscheinen zu lassen. Kurz gesagt: Die Past greifen tief in die Requisitentruhe der Moraldiskurse der griechisch-römischen Welt und verfolgen einen ethischen Ansatz, dessen Rationalität im Wesentlichen in dem Unterfangen besteht, gesellschaftliche Akzeptanz zu finden.

2. Die Anforderungskataloge für Bischöfe, Presbyter und Diakone (1Tim 3,1-13; Tit 1,5-9, vgl. auch 2Tim 2,24-26) sind nicht nur deutlich an allgemein akzeptierten Tugenden orientiert (vgl. Zamfir 2013, 117-124), wie sie auch sonst in Herrscherspiegeln und Berufspflichtenlehren begegnen (dazu Vögtle 1936*, 73-81; Becker 2020), sondern über den Bischof heißt es auch explizit, dass dieser ein gutes Zeugnis von den Außenstehenden haben müsse, damit er nicht ins Gerede kommt (1Tim 3,7). Dazu passt, dass die Charakterisierung der Bischöfe in 1Tim 3,2 programmatisch damit eröffnet wird, dass ein Bischof „tadellos" bzw. „unangreifbar" (ἀνεπίλημπτος, vgl. Tit 1,6.7: „untadelig"/ἀνέγκλητος), d.h. über jegliche Kritik erhaben, sein muss (vgl. Schwarz 1983, 45f). Insbesondere fällt auf, dass die Past darin die ethische Sprache ihrer Zeit sprechen, dass die „Frömmigkeit" (εὐσέβεια) – im Unterschied zu den echten Paulinen – als Leittugend positioniert wird. Die „Frömmigkeit" gewinnt dabei zwar insofern eine eigentümlich christliche Prägung, als sie im Wesentlichen auf die christologisch ausformulierte Gottesbeziehung fokussiert wird (s. bes. 1Tim 3,16; 6,3; 2Tim 3,12; Tit 1,1), doch ist darin auch die ehrfurchtsvolle Achtung von familialen und gesellschaftlich-staatlichen Ordnungen impliziert (1Tim 2,2; 5,4), worin sich Nähe zum römischen *pietas*-Konzept zeigt (betont von D'Angelo 2003; Standhartinger 2006, ausführlich Hoklotubbe 2017, bes. 13-110).

Exemplarisch sei in diesem Zusammenhang ferner auf das breite Vorkommen der Tugend der Besonnenheit bzw. Mäßigung (σωφροσύνη, σώφρων etc.) hingewiesen, die schon bei Platon einen festen Platz unter den vier Kardinaltugenden einnimmt (→ II.1/1, vgl. zuvor bereits Aischylos, Sept 610). Sie begegnet in den Past nicht nur in generellen Aussagen wie 2Tim 1,7 oder Tit 2,12, wo Besonnenheit, Gerechtigkeit und Frömmigkeit (die Liebe fehlt hier!) als Kardinaltugenden christlicher Existenz firmieren (zum Hintergrund dieser Trias vgl. exemplarisch Mott 1978, 22-29), sondern auch in in auf Männer bzw. Amtsträger bezogenen Katalogen (1Tim 3,2; Tit 1,8; 2,2.6) und schließlich in in auf Frauen bezogenen Mahnungen (1Tim 2,9.15; Tit 2,5). Letzteres spiegelt, dass die Besonnenheit in antiken Texten insbesondere als *virtus feminarum* hervortritt (vgl. Malherbe 2014, 472-476), wobei hier besonders der Aspekt der

Keuschheit, der (ehelichen) Treue und des dezenten Auftretens hervortritt.[20] In den Past ist im Ganzen als ein zentraler Aspekt zu markieren, dass die Orientierung an allgemein akzeptierten Werten eine zum gesellschaftlichen Umfeld kompatible Bestimmung der Geschlechterrollen (sowie ferner der Position von Sklaven) einschließt. Für die in der Gründungsphase der paulinischen Gemeinden selbstverständliche aktive Beteiligung von Frauen am Gemeindeleben bedeutet dies eine gravierende Veränderung, wie im Folgenden eigens auszuführen ist.

### 3.3 Die Hochschätzung von Ehe und Familie und die Geschlechterrollenethik in den Pastoralbriefen

1. Im Unterschied zum komplexeren Befund in den echten Paulinen (vgl. bes. 1Kor 7) erscheinen in den Past – im Gegenzug zur sexualasketischen, ehefeindlichen Haltung der Gegner (1Tim 4,3) – Ehe und Familie als *das* Lebensmodell schlechthin (vgl. Yarbro Collins 2011, 156–158). So gehört zu den grundlegenden Kennzeichen eines Bischofs oder Diakons als Vorbild für die Gemeindeglieder, Mann einer einzigen Frau zu sein (1Tim 3,2.12; Tit 1,6), wie auch zur Qualifikation für den Witwenstand gehört, Frau eines einzigen Mannes gewesen zu sein (1Tim 5,9). Das Kriterium setzt – neben der im griechisch-römischen Kontext ohnehin selbstverständlichen Einehe – eheliche Treue voraus und dürfte überdies – im Sinne von Q/Lk 16,18; Mk 10,11f – auch Ehescheidung ausschließen, zielt aber schwerlich auf das Verbot der Wiederheirat nach dem Tod eines Partners, da sonst den jungen Witwen nicht geboten werden könnte, wieder zu heiraten (1Tim 5,14, vgl. Wagener 1994, 172–177, anders Verner 1983, 128–131). Als Eignungskriterium für den Bischof nennt 1Tim 3,4f ferner die erfolgreiche Erfüllung seiner Rolle als *pater familias*, was einschließt, dass er wohlerzogene Kinder hat (vgl. 3,12; Tit 1,6). Nicht zuletzt zeigt sich die Fokussierung auf Ehe und Familie in der Bestimmung der Rolle von Frauen. Trat mit den Haustafeln in Kol 3,18–4,1; Eph 5,22–6,9 das in der Antike patriarchal strukturierte Haus als ethischer Gestaltungsraum ins Blickfeld, so werden Frauen in den Past dezidiert auf ihre häusliche Rolle festgelegt, wie die haustafelartige Paränese in Tit 2,1–10, die Anweisungen an Männer und Frauen in 1Tim 2,8–15 und die Regelungen für den Witwenstand in 1Tim 5,3–16 deutlich machen. Die Past kennzeichnet im Ganzen eine starke Betonung der Geschlechterdifferenz in den Bahnen einer in der Antike verbreiteten konservativen Auffassung, nach der das genuine Wirkungsfeld von Frauen das Haus ist, während der öffentliche Raum Männern vorbehalten bleibt (→ 1.2.2/2).

2. Im Unterschied zur streng paarweisen Unterweisung in Kol 3,18–4,1; Eph 5,22–6,9 weist Tit 2,1–10 darin eine Asymmetrie auf, dass der an die Sklaven gerichteten Mahnung zur Unterordnung (Tit 2,9f) keine Ermahnung der Herren zur humanen Behandlung der Sklaven folgt (ebenso in 1Tim 6,1f). Ein deutlicher Unterschied zu Kol/Eph zeigt sich ferner auch in den Weisungen an Männer und Frauen, in die mit der Untergliederung in Junge und Alte noch ein weiteres soziales Differenzierungs-

---

[20] Zu den unterschiedlichen rollenspezifischen Konnotationen der Tugend der Besonnenheit vgl. Zamfir 2013, 100–106; Bourland Huizenga 2013, 169–172.203–213.329–349). Allgemein zum Moment einer geschlechtsspezifischen Ausdifferenzierung der Besonnenheit (σωφροσύνη) vgl. z. B. Weidemann 2014, 283f mit Verweis auf Aristoteles, Pol 3,4 (1277b21–25).

merkmal eingezogen wird. Ob Tit 2,1-10 als Umformung von Kol/Eph oder, zieht man Tit 3,1f hinzu, im Verbund mit 1Petr 2,18-3,7 als „Paralleltradition" (von Lips 1994, 276) zu werten ist, kann hier offenbleiben. Kompositorisch bilden die Weisungen an die alten (Tit 2,2) und die jungen Männer (2,6f) den Rahmen um die im Zentrum stehenden Mahnungen an die alten (2,3) und die jungen Frauen (2,4f). Die beiden Letzteren sind dadurch direkt miteinander verbunden, dass den alten Frauen die Aufgabe zugewiesen wird, die jungen Frauen „zur Besonnenheit anzuhalten (σωφρονίζωσιν)" und in ihre Rolle einzuweisen, wobei neben Unterweisung auch daran zu denken ist, dass die älteren Frauen durch ihr Verhalten den jüngeren ein Vorbild geben (vgl. Manomi 2021, 141). Dieser auffallende Zug steht im Bereich der ökonomischen Literatur kaum zufällig in Analogie zu (fingierten) neupythagoreischen Briefen von Frauen an Frauen (Texte mit Übersetzung in Städele 1980, 161-185), in denen die jüngeren Frauen in die rechte Ausübung ihrer häuslichen Rolle und ihrer Aufgaben eingewiesen werden (vgl. Wagener 1994, 89-92; Bourland Huizenga 2013, bes. 264-267.321f.324f). Für die inhaltliche Explikation in 2,4f, dass die jungen Frauen ihre Männer und Kinder lieben und sich den Männern unterordnen sollen, ist auf entsprechende Aussagen in dem der Pythagoreerin Periktione zugeschriebenen Traktat „Über die Ordnung der Ehefrau" zu verweisen (bei Stobaios 4,28,19 [ed. Wachsmuth/Hense V p. 689,6f]). Hier wie dort erhoffen sich die (wohl männlichen) Autoren, dass es besondere Überzeugungskraft besitzt und die Einhegung potentieller emanzipativer Bestrebungen am besten gelingt, wenn jüngere Frauen von ihren erfahreneren Geschlechtsgenossinnen in ihre häusliche Rolle (so explizit Tit 2,5: „das Haus besorgend") eingeführt werden. Das heißt zugleich: Der Autor sieht hier den kritischen Punkt für die Stabilität der sozialen Ordnung. Zieht man die beiden Abschnitte zu den Männern hinzu, so fällt auf, dass – wie bei den alten Frauen und anders als in den Haustafeln im Kol und Eph – nicht konkret ihr Verhalten gegenüber ihren Frauen angesprochen, sondern ohne konkreten Bezug auf den sozialen Kontext des ‚Hauses' ganz allgemein ein Katalog tugendhaften Verhaltens angegeben wird (vgl. Weiser 1989, 409-412). Während die Reziprozität der Weisungen ein profilgebendes Element der Haustafeln in Kol/Eph darstellt, fehlt dieses Moment in Tit 2; die Relationen *im ‚Haus'* werden hier allein im Blick auf Frauen und Sklaven thematisiert. Analog zum Befund bei den Sklaven ist also die Forderung an die jungen Frauen, sich dem Mann unterzuordnen, nicht durch eine an die (jungen) Männer gerichtete Mahnung zur (sich selbst für die Frau hingebenden) Liebe ausbalanciert.

3. Die Geschlechterrollenethik der Past wird durch die Ausführungen über die Witwen in 1Tim 5,3-16 weiter erhellt. Der Text birgt eine Reihe von exegetischen Problemen, die hier nicht im Detail diskutiert werden können. Als Grundspannung zeigt sich, dass einerseits der soziale Aspekt der Versorgung bedürftiger Witwen angesprochen wird (V.16), andere Passagen aber andererseits den Eindruck erwecken, an erster Stelle die Lebenssituation von eher wohlhabenderen Witwen im Blick zu haben (vgl. die Analyse bei Wagener 1994, 115-233), und zudem mit dem (im Lichte von 2,8-15: privaten?) Gebet in V.5 (vgl. Polyk 4,3) eine religiöse Aufgabe aufleuchtet. Ob Letzteres sowie der Verweis auf eine Art Einschreibung in den Stand

der Witwen (V.9) und das hinter V.12 zu vermutende Gelöbnis genügen, um von einem Witwen*amt* sprechen zu können, bleibt fraglich (vgl. Murray 2018, 219f). V.13 eignet sich jedenfalls nicht, um Besuchsdienste als Teil der Aufgabe der Witwen zu plausibilisieren, und das inständige Gebet ließe sich auch hinreichend als ‚Gegengabe' für die finanzielle Unterstützung erklären (Young 1994, 166f). Wie dem auch sei: Deutlich ist, dass die Anweisungen in 1Tim 5 darauf hinauslaufen, den Zugang zum Stand der „echten Witwen" (V.3.5.16) zu beschränken, indem sechzig als Mindestalter festgelegt wird und ferner verschiedene Zugangskriterien definiert werden. Diese konvergieren darin, dass sie konstitutiv an der häuslichen Rolle der Frau orientiert sind.

Erstens werden die „echten Witwen" auf die wirklich Alleinstehenden begrenzt (V.5), während solche, die Nachkommen am Ort haben (V.4a), ihren Pflichten in ihrem familiären Verbund nachzukommen haben (V.4b.8). Wenn in der Mahnung in V.4b, dass sie zuerst lernen sollen, „Frömmigkeit am eigenen Haus zu erweisen und den Vorfahren Dank abzustatten", nicht die Kinder/Enkel aus V.4a, sondern, was wahrscheinlicher ist, die Witwen Subjekt sind (vgl. Roloff 1988, 287f; Tsuji 2001, 96, anders z. B. Horrell 2008, 118), dann ist hier die Mahnung, dass sie ihren (verstorbenen) Vorfahren Dank erweisen sollen, „sozusagen mit der Vorstellung eines Generationenvertrages verknüpft: Die Gegenleistung für empfangene Fürsorge ist dann nicht der Unterhalt der Eltern, sondern wiederum das eigene Aufziehen von Kindern" (Wagener 1994, 152, vgl. dazu Hierokles bei Stobaios 4,24a,14 [ed. Wachsmuth/Hense V p. 603,8–604,20]). So oder so zeigt sich hier die für die Past charakteristische Tendenz, die Erfüllung der alltäglichen familiären Pflichten als essentiellen Aspekt der Frömmigkeit (V.4) bzw. des Glaubens (V.8) zu erachten und als zentralen Ausweis eines christlichen Lebenswandels zu würdigen (vgl. Schwarz 1983, 59), wie sich dies auch in dem Verweis auf die erfolgreiche Erfüllung der Rolle als *pater familias* in den Eignungskriterien für das Amt des Bischofs spiegelt (3,4f). Die offene Flanke der Argumentation von Paulus in 1Kor 7,29–35 wird damit innerhalb des Corpus Paulinum geschlossen.

Zweitens werden in den in 5,9f vorgebrachten Qualifikationsmerkmalen ethische Kriterien genannt, die neben der ehelichen Treue (V.9, → 3.3/1) die Rolle der Frau im Haus fokussieren: Zu dem Zeugnis „guter Werke", das sie aufweisen soll, gehört zentral, die (von ihr geborenen) Kinder aufgezogen zu haben. Als Kontext dieses Kriteriums dürfte das Problem der Aussetzung/Tötung von Neugeborenen[21], die im Judentum wie dann auch im frühen Christentum entschieden abgelehnt wurde[22], mit zu bedenken sein, wenngleich die Entscheidung darüber vorrangig dem *pater familias* oblag. Bei einem spezifischen Bezug auf begüterte Frauen ließe sich das Kriterium des Aufziehens von Kindern zudem auch so verstehen, dass sie diese Aufgabe nicht an andere delegieren, sondern sich selbst um die Kinder kümmern sollen (vgl. Wagener 1994, 184–186).

Drittens tritt die Orientierung an der häuslichen Rolle der Frau auch in den Ausführungen zur Abweisung jüngerer Witwen in V.11–15 hervor, bei denen im Lichte von V.14 offenbar nicht in gleicher Weise alle unter 60-Jährigen im Blick sind, sondern insbesondere solche im gebärfähigen Alter adressiert werden. Sozialgeschichtlich ist zu bedenken, dass es in der Antike schon infolge des üblichen Altersunterschiedes zwischen den Ehepartnern (→ III.5.1.1/1)

---

[21] Siehe z. B. Epiktet, Diss 1,23,3; Apuleius, Met 10,23,3; Minucius Felix, Oct 30,2; POxy 744.
[22] Siehe PseudPhok 185; Sib 3,765; Philon, SpecLeg 3,110–118; Josephus, Ap 2,202; Did 2,2 u. ö., s. aber auch Musonios, Diss 15B [Hense p. 80,1–10]; Epiktet, Diss 1,23,7–10.

häufiger jüngere Witwen gab als heute.²³ Während Paulus Witwen in 1Kor 7,8f noch empfohlen hat, nach Möglichkeit unverheiratet zu bleiben, ist dies für die Past keine willkommene Option mehr, sondern eine Form religiös-asketischen Lebens, das dem Autor schon wegen der Nähe zu den weltabgewandten Forderungen der Gegner grundsätzlich verdächtig war. An die Stelle des von Paulus vorgebrachten Arguments, dass Unverheiratete sich allein dem Herrn widmen können (1Kor 7,32–35), tritt – im Zusammenspiel mit der doppelten Befürchtung, dass Jüngere zum einen ihr Witwengelübde aufgrund ihres noch ausgeprägten sexuellen Verlangens nicht durchzuhalten vermögen und sie zum anderen ihren Freiraum zu unziemlicher Rede in fremden Häusern nutzen (→ 3.3/4) – die klare triadische Anweisung, dass jüngere Witwen heiraten, Kinder gebären und den Haushalt führen sollen (1Tim 5,14). Instruktiv ist in diesem Zusammenhang ein Seitenblick auf die augusteische Ehegesetzgebung (vgl. Portefaix 2003, 154f.157), die auf die Verbesserung der Geburtenrate zielte. Nach der *Lex Iulia de maritandis ordinibus* waren Witwen angehalten, nach einem Jahr wieder zu heiraten; die *Lex Papia et Poppaea* gewährte zwei Jahre (s. dazu Treggiari 1991, 73f).

4. Das Bestreben, das Wirken von Frauen in fremden Häusern zu unterbinden, ordnet sich, zieht man 1Tim 2,8–15 hinzu, dem Anliegen ein, überhaupt die aktive Rolle von Frauen in der Gemeinde zurückzudrängen (2,11f), wie dies auch in dem sekundär in den 1Kor eingedrungenen Passus 1Kor 14,33b–36 der Fall ist. Ekklesiologisch ist dies damit verknüpft, dass mit der Rede von der Gemeinde als „Haus Gottes" (1Tim 3,15) die patriarchale Struktur des Oikos auf die Gemeinde übertragen (vgl. z.B. Weiser 1994, 9–11) und zugleich das „Haus *Gottes*" als öffentliche Sphäre konzipiert wird (vgl. Zamfir 2013, 60–84). Nach dem Resümee in 3,14–16 erläutert die Unterweisung in 2,1–3,13, wie „man im Haus Gottes wandeln muss" (3,15). Nach den dominanten antiken Konventionen ist der öffentliche Raum als Wirkungsbereich Männern vorbehalten, während sich für Frauen öffentliches Reden nicht ziemt (vgl. z.B. Plutarch, ConjPraec 31f [Mor 142c–d]) und ihnen, auch wenn die soziale Realität tatsächlich vielfach differenzierter war, eben der Bereich des Hauses zugewiesen wird (→ 1.2.2/2). Die Past machen sich diese Haltung zu eigen. Sie bilden mit ihrer Ablehnung der aktiven Teilhabe von Frauen an der Verkündigung allerdings keineswegs eine bereits bestehende Gemeinderealität ab, sondern wollen im Verbund mit der Festigung gemeindlicher Leitungsstrukturen eine neue Praxis etablieren (vgl. für viele Zamfir 2013, 337–362). Dazu passt, dass die unterschiedlichen Längen der Mahnungen an die Männer (2,8) und an die Frauen (2,9–15) zeigen, dass der eigentliche Regelungsbedarf beim Verhalten der Frauen verortet wird. Im Blick auf den sozialen Kontext ist dabei zu erwägen, dass das in den Past sichtbar werdende Bestreben damit korreliert ist, dass die gemeindlichen Versammlungen in ihrem kirchlichen Umfeld den eher privaten, häuslichen Rahmen verlassen haben und inzwischen stärker eben als ‚öffentlicher Raum' wahrgenommen werden (vgl. zu dieser Überlegung Capper 2005).

1Tim 2,8–15 schließt schlussfolgernd („ich will nun", V.8) an das Voranstehende an. Zwei Aspekte sind hier konstitutiv. Zum einen greift V.8 thematisch die Aufforderung zum Gebet für alle Menschen aus V.1f auf. Zum anderen ist 2,8–15 auf

---

²³ Aus der Rede von „der ersten Treue" oder „dem ersten Gelöbnis" (τὴν πρώτην πίστιν) in 1Tim 5,12 folgern einige, dass hier Jungfrauen im Blick seien (z.B. Tsuji 2001, 101f), doch kann man mit der Ordinalzahl statt im absoluten Sinn auch in relativer Hinsicht das Vorangehen des Gelöbnisses gegenüber Christus vor der *Wieder*heirat bezeichnen sehen.

das in 2,4 exponierte und mit 2,5-7 begründete Ziel hingeordnet, dass der universale Heilswille Gottes ans Ziel gelangt: Die Einordnung in die etablierten Strukturen, hier konkret: die Anpassung an die akzeptierten Geschlechterrollen, dient dazu, der Akzeptanz der Botschaft nicht im Wege zu stehen bzw. einer positiven Außenwahrnehmung der Gemeinden (in gesellschaftlich tonangebenden Kreisen) zuzuarbeiten, weil Gott „will, dass alle Menschen gerettet werden" (V.4). Die progressiven Tendenzen im Blick auf das soziale Miteinander in der Gemeinde aus den Anfängen paulinischer Gemeinden (→ III.1.3), die offenbar auch im Umfeld der Past noch wirksam sind – die Past bilden, wie gesagt, nicht einfach gemeindliche Wirklichkeit ab –, werden in den Past als Gefährdung des guten Rufs der Gemeinden in der Umwelt wahrgenommen. Die Gemeinde wird „re-conventionalized", um „a socially respectable institution" zu sein (Fatum 2005, 188). Dieser Deutung fügt sich ein, dass in Tit 2 die rollenethische Unterweisung in V.1-10 mit dem Verweis auf das *allen Menschen* geltende Erscheinen der heilbringenden Gnade Gottes begründet wird (V.11). In der Unterweisung selbst wird das Einhalten der etablierten Konventionen in der Ermahnung der jungen Frauen explizit mit dem Ziel verknüpft, dass das Wort Gottes nicht verlästert werden solle (V.5, vgl. auch 1Tim 5,14). In 1Tim 6,1 tritt dasselbe Motiv in der Sklavenmahnung zutage (vgl. in positiver Wendung Tit 2,10). In all diesen Stellen geht es um die Beurteilung der Christusgläubigen bei den Außenstehenden. Für die Past ist dies offenkundig ein wichtiges Anliegen. Der angesprochene Zusammenhang von 1Tim 2,8-15 mit 2,1-7 unterstreicht dabei, dass dies nicht bloß eine apologetische Seite besitzt (→ 3.2).

Die den Passus zu den Frauen einleitende Ermahnung zu einem dezenten äußeren Auftreten (2,9f, vgl. 1Petr 3,3) steht in Korrespondenz zu konservativen zeitgenössischen Vorstellungen, wie sie z.B. bei Plutarch (ConjPraec 26 [Mor 141d-e]) oder in den in ihrem Frauenbild restriktiven neupythagoreischen ‚ökonomischen' Texten – wie z.B. bei Phintys und Periktione (Stobaios 4,23,61a und 4,28,19 [ed. Wachsmuth/Hense IV p. 591,15-592,14 und V p. 689,14-690,19]) oder im Brief der Melissa an Klearete (Texte mit deutscher Übersetzung in Audring/Brodersen 2008, 206f.220f.226f) – bezeugt sind (vgl. frühjüdisch z.B. 1Hen 8,1; TestRub 5,5). 1Tim 2,9f ist dem Kontext nach konkret, aber schwerlich exklusiv auf das Auftreten in der Gemeinde bezogen. Die Rede von Gold, Perlen und kostbarer Kleidung gibt zu erkennen, dass hier spezifisch wohlhabende Frauen (vgl. oben zu 1Tim 5,3-16) im Blick sind. Das heißt: In sozialer Hinsicht ist davon auszugehen, dass in der konkreten Gemeinderealität vor allem begüterte Frauen aktive Rollen in der Gemeinde spielten und/oder anstrebten. Bezieht man ein, dass die Zurschaustellung von Wohlstand nach antiken Konventionen besonders bei Frauen ein sensibles Feld war (vgl. Batten 2009, 487-497), ist als *ein* Aspekt des Hintergrunds der Mahnung wiederum das Anliegen zu bedenken, die Gemeinde vor Kritik von außen zu schützen (Batten 2009, 498f). Von diesen statusspezifischen Gesichtspunkten bleibt allerdings unbenommen, dass die Ausführungen in 2,11-15 pauschal auf *alle* Frauen gemünzt sind.

In 1Tim 2,8-15 wird des Näheren nicht nur die in 2,1 noch allgemein gehaltene Aufforderung zum Gebet durch 2,8 faktisch auf die Männer begrenzt, während das Thema des Gebets in 2,9 verlassen wird[24], sondern es wird mit 2,11f zudem explizit

---

[24] Aus V. 8 ist in V. 9 allein βούλομαι, nicht auch προσεύχεσθαι zu ergänzen (anders Wagener 1994, 72). Dass lautes, öffentliches Beten – im Unterschied zu 1Kor 11,5 – Männern vorbehalten ist (vgl. Weide-

ein *Lehr*verbot vorgebracht, das auch durch 1Tim 3,11 nicht abgemildert wird. Denn auch wenn mit den Frauen hier nicht die Ehefrauen der Diakone, sondern Diakoninnen gemeint sein sollten, ist zu bedenken, dass beim Diakonat im Unterschied zum Bischof (Tit 1,9, vgl. auch 1Tim 3,2: „geschickt im Lehren") und den Ältesten (1Tim 5,17) nirgends ersichtlich wird, dass dieses mit einem *Verkündigungs*dienst verbunden ist.[25]

In 1Kor 14,33b-36 wird die Forderung, dass die Frauen in der Gemeinde schweigen sollen, durch einen Verweis auf das Gesetz untermauert. Als Referenztext dürfte hier Gen 3,16 im Blick sein, wo der Frau bedeutet wird, dass der Mann über sie herrschen wird (vgl. ApkMos 25,4). Dem korrespondiert in 1Tim 2,13f, dass die theologische Begründung für die Zurückdrängung von Frauen aus der Verkündigung über eine patriarchale Lesart der Urgeschichte geführt wird: Zum einen wird aus der Erschaffung des Mannes vor der Frau (Gen 2,21-25, vgl. Jub 3,8; 1Kor 11,8f) eine Rangfolge abgeleitet; sofern Lehren aber als Tätigkeit einer übergeordneten Person und auf dieser Linie das Lehren von Frauen als ein Herrschen über Männer aufgefasst wird (1Tim 2,12), verstößt dies gegen die schöpfungsmäßige Rangfolge. Zum anderen sucht der Verfasser mit dem Verweis auf die Verführung Evas (Gen 3,1-7, vgl. Sir 25,24) in einer ontologisierenden Deutung zu insinuieren, dass Frauen sich zu leicht täuschen und in die Irre führen ließen (vgl. Philon, QuaestGen 1,33, ferner auch latLAE 10,1-3; 33,2), um sie für die Lehre geeignet sein zu lassen (vgl. 1Tim 5,13). Der Verfasser vertritt also eine essentialistische Sicht der Geschlechterrollendifferenz, die durch den Rekurs auf die Urgeschichte fundiert wird (vgl. Becker 2010, 253f; Zamfir 2013, 63).

Zieht man 2Tim 3,6f hinzu, könnte dies in den situativen Kontext der Bekämpfung der ‚Irrlehren' eingebettet sein, d.h., man kann erwägen, dass es in den Gemeinden nach der Wahrnehmung des Autors Frauen gab, die für das Treiben der von ihm bekämpften Gegner besonders empfänglich waren, wozu ihm der Verweis auf Gen 3 dann eine ‚Erklärung' lieferte. Liest man die Anmerkung in 1Tim 5,13, dass die von Haus zu Haus ziehenden Witwen reden, *was sich nicht ziemt*, im Lichte von Tit 1,11, könnte auch hier der Aspekt der Falschlehre anklingen (kritisch dazu z.B. Zamfir 2013, 185-188); auch 1Tim 5,15 ließ sich dann in diesem Sinne lesen. Allerdings ist auch dann, wenn es richtig sein sollte, dass der Aspekt der Bekämpfung der Gegner eine Rolle spielte, anzumerken, dass das Moment der Bekämpfung der ‚Häresie' in 1Tim 2,11-14 nicht explizit erwähnt wird und für den Autor das Lehrverbot damit nicht steht oder fällt (vgl. Zamfir 2013, 194f), wie denn auch zu konstatieren ist, dass es in den Past keine Auswirkung auf die Lehrbefugnis von Männern hat, dass die Gegner jedenfalls vorrangig Männer gewesen sein dürften.

Die soziale Rolle, die der Frau nach den Past, wie bereits deutlich wurde, statt einer öffentlichen Aktivität zugewiesen ist, kommt in 1Tim 2 in der abschließenden Heils-

---

mann 2014, 278f), wird zwar nicht explizit gesagt, dürfte aber in der Konkretion von V.1 allein durch V.8 impliziert sein.

[25] Der Umstand, dass gerade der kultische Raum Möglichkeiten für die öffentliche Präsenz von Frauen eröffnete und Frauen auch als Priesterinnen fungierten (vgl. Zamfir 2013, 320-337), ist als Kontext für 1Tim 2,11f insofern nur von begrenzter Aussagekraft, als es in den Past eben vor allem um den Aspekt der *Lehre* geht.

aussage in V.15 zum Ausdruck. Als Kriterium für die Erlangung des Heils wird hier – neben dem „Bleiben im Glauben, in der Liebe und in der Heiligung" – das Gebären von Kindern vorgebracht, wobei nicht auszuschließen ist, dass in der Rede vom „Bleiben im Glauben" usw. wegen des Plurals auch die Kinder inbegriffen sind – in diesem Fall wäre neben dem Gebären auch die (erfolgreiche) Erziehung der Kinder eingeschlossen. Die verständlichen Versuche, diese Aussage abzumildern, vermögen exegetisch letztlich nicht zu überzeugen. So lässt sich der Verweis auf das Gebären von Kindern z. B. schwerlich im Lichte des vorangehenden Rekurses auf Gen 3,16 bloß als begleitender Umstand statt als ein Kriterium der Rettung verstehen, so dass der Sinn wäre, dass das aus der Verführung Evas folgende Verhängnis der Geburt *unter Schmerzen* der Rettung nicht im Weg steht: Frauen werden trotz dieses Verhängnisses nicht durch Sexualaskese, sondern *durch das Gebären von Kindern hindurch* gerettet, wenn sie im Glauben usw. bleiben (vgl. Roloff 1988, 141f). Gegen diese Deutungsoption spricht, dass der Verfasser „auch sonst die Rettung an die Erfüllung der den einzelnen aufgetragenen Pflichten bindet" (Wagener 1994, 107).[26] Im Blick auf die in den Past anvisierte Adressatensituation lässt sich 1Tim 2,15 als Gegenzug zur ehe- und sexualasketischen Forderung der Gegner (1Tim 4,3) lesen, die insofern besonders für Frauen attraktiv sein konnte, weil sie geeignet erschien, das Bestreben zu fördern, abseits des ‚Hauses' eine aktive religiöse Rolle auszuüben. Hermeneutisch stellt sich hier, kurz gesagt, die Aufgabe, das Moment der Schöpfungsbejahung, das der Weltabgewandtheit der Gegner entgegengestellt wird, von der zutiefst patriarchalen Auffassung der Schöpfungswirklichkeit, wie sie in den Past vertreten wird, konsequent zu lösen.

5. Bei Texten wie den Past, die die christusgläubigen Gemeinden möglichst spannungsfrei in ihren gesellschaftlichen Kontext einzuordnen suchen, fällt die gesellschaftliche Differenz zwischen der Abfassungszeit der Briefe und dem Kontext heutiger Rezipienten besonders stark ins Gewicht und das Urteil über die geschlechterrollenethische Ausrichtung der Past entsprechend negativ aus. Die Berücksichtigung von Aspekten der Kommunikationssituation der Past – wie etwa den Aspekten der in der Umwelt etablierten Rollenerwartungen im Allgemeinen und der Gefährdung der Gemeinden durch das Eindringen von als häretisch eingestuften Anschauungen mit ihren weltverneinenden asketischen Zügen im Besonderen – mag davor schützen, die in den Briefen sichtbar werdenden Tendenzen der Geschlechterrollenethik ahistorisch zu beurteilen. Dies ändert gleichwohl nichts an der Notwendigkeit einer sachkritischen Auseinandersetzung mit den inhaltlichen Aussagen, zumal es eben keine Indizien dafür gibt, dass die rollenethische Position der Past als bloße Konzession an den Zeitgeist aus defensiv-apologetischen Motiven zu verstehen ist. Der Verfasser ist von dem, was er in den Gemeinden durchzusetzen sucht, zweifelsohne überzeugt.

---

[26] Bedenkenswert ist der Vorschlag von Becker 2010, 254f, V.15 als Gegenpol zu V.14 engeführt auf die Befreiung von dem in V.14 behaupteten Zustand der leichten Täuschbarkeit der Frau zu lesen. Allerdings wird die Frau nach den Past auch als verheiratete und als Mutter ja nicht von ihrer vermeintlich wesenhaften Täuschbarkeit befreit. Becker führt denn auch noch einen Zwischenschritt ein: Die Frau werde mit der Ausfüllung ihrer Mutterrolle von ihren Ambitionen abgebracht, lehren zu wollen. – Zur schwierigen Deutung von 1Tim 2,15a vgl. die Diskussion der Optionen in Dettinger 2017, 305–312.

Analog zum Kol und Eph müssen sich die Past als deuteropaulinische Schreiben ferner der kritischen Frage nach ihrem inhaltlichen Verhältnis zu den Protopaulinen stellen. Vor allzu simplen Kontrastierungen wird man sich dabei hüten müssen, da der Befund bei Paulus selbst facettenreich ist und eine historisch angemessene Erörterung zudem die unterschiedlichen Standorte des Paulus und der Past in der frühchristlichen Entwicklungsgeschichte beachten muss. Gleichwohl kommt man um das Urteil kaum umhin, dass sich die Bewegungsrichtung in den ethischen Aushandlungsprozessen verändert hat. Im Unterschied zu den Anfängen der paulinischen Gemeinden, wie sie in den echten Paulusbriefen reflektiert sind, stellt sich in den Past nicht mehr die Frage, inwiefern die in den gemeindlichen Zusammenkünften gelebten Impulse eines antihierarchischen Gemeinschaftsethos die alltäglichen Lebensbereiche zu durchdringen und umzugestalten vermögen. Vielmehr werden nun umgekehrt die hierarchische Sozialstruktur der Gesellschaft und die etablierten Rollenverständnisse des ‚Hauses' in die Gemeinde hineingetragen. In den Past liegt eine einseitige, konservative Transformation des paulinischen Erbes vor. In ihr artikuliert sich das Bemühen, Anerkennung in der Gesellschaft zu finden und eine positive Außenwirkung zu erzielen. Man kann diese Transformation allerdings auch dahingehend dechiffrieren, dass sich in den aus ihr hervorgehenden rollenethischen Ansichten und im Amtsverständnis der Past vornehmlich die Belange und Partikularinteressen männlicher Vertreter einer eher wohlhabenden Schicht innerhalb der Gemeinde dokumentieren.

Das gewonnene Bild lässt sich durch einen Seitenblick auf die Sklavenparänese ergänzen. Wenn in 1Tim 6,2 an die Sklaven gläubiger Herren die Mahnung ergeht, sie sollten ihre Herren nicht weniger ehren, weil sie Brüder sind, dürfte hier die nachhaltige Wirkung einer Tradition wie Gal 3,28 im Hintergrund stehen. Ferner dürfte sich im Kausalsatz „weil sie Brüder sind" ein Argument der betreffenden Sklaven spiegeln (vgl. Phlm 16!), die sich für eine Neujustierung sozialer Rollen auf das geschwisterliche Verhältnis der Glaubenden zueinander beriefen (vgl. Verner 1983, 142f; Horrell 2008, 128-131). Die Past sind demgegenüber bestrebt, mögliche soziale Konsequenzen, die man aus dem paulinischen Erbe ziehen kann, einzudämmen.

Zieht man ein Fazit, so lässt sich festhalten, dass die Stärke der Past infolge ihres kräftigen schöpfungstheologischen Akzentes darin besteht, der christlichen Gemeinde jegliche Weltflucht zu verwehren bzw., positiv gewendet, sie auf ihren Ort in der Welt und ihre Aufgabe der Mitgestaltung der Welt zu verpflichten und dabei zugleich die Aufmerksamkeit darauf zu richten, ihrer Außenwirkung eingedenk zu sein. Diese Stärke ist zugleich aber auch insofern ihre Schwäche, als ihrem ethischen Ansatz in seiner konkreten inhaltlichen Ausformung dadurch noch stärker, als dies bei anderen neutestamentlichen Entwürfen der Fall ist, die Signaturen der gesellschaftlichen Konventionen ihrer Entstehungszeit anhaften und kontingenten kulturellen Konventionen als Schöpfungsordnung theologische Dignität verliehen wird.

### 3.4 Die Ermahnung der Reichen

1. Wenn „Timotheus" in 1Tim 6,17-19 eigens Anweisungen erhält, was er den „Reichen in dieser Welt" gebieten soll, so ist darin eine gewisse Zahl von Wohlhabenden

in den Gemeinden vorausgesetzt (vgl. Zamfir 2013, 43). Dem fügt sich ein, dass 6,2 Sklaven adressiert, die Glaubende als Herren haben, und in 5,16 offenbar begüterte – und möglicherweise selbst verwitwete – Frauen, die bedürftige Witwen in ihr Haus aufgenommen haben, dazu angehalten werden, für diese Witwen (weiterhin) zu sorgen, damit die Finanzen der Gemeinde nicht belastet werden und auf die Witwen konzentriert werden können, die wirklich niemanden haben. Im Sinne des Subsidiaritätsprinzips soll die gemeindliche Unterstützung bedürftiger Witwen von den Wohlhabenderen nicht dazu benutzt werden, um die bisher von ihnen geleistete Hilfe auszulagern. Ferner dürften in 2,9f primär Frauen aus begüterteren Kreisen anvisiert sein, bei denen der Verfasser eine seines Erachtens unangemessene Zurschaustellung von Reichtum zu unterbinden sucht (→ 3.3/4).

Dem sonstigen ‚bürgerlichen' Tenor der Past entsprechend findet sich in den Briefen keine ‚prophetische' Radikalkritik an den Reichen, wie sie etwa den Jak auszeichnet (→ X.3). Auch wird nicht wie in einem Teil der Jesustradition zu einem radikalen Besitzverzicht aufgefordert (→ II.3/7; VII.5.3–4). Eine transformative Dynamik, die verändernd in die etablierten sozialen *Strukturen* hineinwirken könnte, wird nirgends auch nur in Ansätzen erkennbar. Wohl aber wird im 1Tim deutlich, dass auch hier das Verhältnis zum Besitz als ein kritischer, ja besonders sensibler Punkt betrachtet wird. Die Leitmaxime besteht in einer klaren Beschränkung der Bedürfnisse und einem bescheidenen, solidarischen Lebensstil, wie neben 1Tim 6,17–19 in 6,6–10 deutlich wird. Traditionsgeschichtliche Nähe besteht dabei zu frühjüdischen Weisheitstraditionen wie zur hellenistischen Philosophie.

2. In 1Tim 6,6–10 setzt V.6 – ganz auf der Linie kynisch-stoischer, aber auch epikureischer wie neupythagoreischer Vorstellungen (vgl. Malherbe 2014a, 522–526; Zamfir 2013, 155, jeweils mit Belegen) – mit dem Verweis auf die Genügsamkeit (αὐτάρκεια) den Grundton, der mit der ‚banalen' Lebensweisheit begründet wird, dass so, wie ein Mensch nichts in die Welt hineinbringt, er aus ihr auch nichts mitzunehmen vermag (V.7, vgl. Hiob 1,21; Koh 5,14; PseudPhok 110; Philon, SpecLeg 1,295; Seneca, EpMor 102,24f). Die logische Konsequenz aus dieser *conditio humana* ist, es sich daran genügen zu lassen, wenn man Nahrung und Kleidung hat (V.8). V.9f kontrastiert die Tugend der Genügsamkeit dann mit dem Laster des Besitzstrebens und der Geldliebe. Deren Verurteilung gehört in der Antike zum tugendethischen Standardprogramm[27], und auch zum Spitzensatz in V.10, dass die Wurzel aller Übel die Geldliebe ist, lassen sich analoge Aussagen beibringen (z.B. PseudPhok 42; Diogenes Laertios 6,50, Weiteres bei Zamfir 2014, 419). Die Verurteilung von Habgier und Geldliebe zieht aber für sich genommen in keiner Weise zwingend eine feindliche Haltung zum Besitz nach sich. Dies gilt im Grundsatz auch für 1Tim 6. Zugleich ist aber anzumerken, dass der Text, wie vor allem V.17–19 zeigt (dazu gleich), auf mehr zielt als allein auf die innere Haltung zum Besitz. V.9 verweist zunächst auf die Gefahren des Besitzstrebens (vgl. Mk 4,19 parr; Jak 4,1–4;

---

[27] Siehe z.B. TestJuda 18,2–6; Sib 3,41–45.189; Philon, VitMos 2,186; Platon, Leg X 906c; Cicero, Off 1,24f.68; Musonios, Diss 3 (ed. Hense n. 11,4f); Tabula Cebetis 19,5; 23,2 u.ö. Dion von Prusa hat der Habgier (πλεονεξία) eine eigene Abhandlung gewidmet (Or 17), Plutarch der Liebe zum Reichtum (Περὶ φιλοπλουτίας/De cupiditate divitiarum [Mor 523c–528b]).

1Joh 2,15–17), das in seinem versucherischen Potenzial zum Fallstrick wird: Wer sich ihm verschreibt, fällt dem irrationalen Treiben der Begierde(n) anheim und versinkt im Verderben.

Mit der Rede von der „Geldliebe" (φιλαργυρία) in V.10 tritt eine leichte terminologische Differenz nicht nur zu den echten Paulinen, sondern auch zu Kol/Eph hervor, in denen Kritik an „Habgier" bzw. an den „Habgierigen" (πλεονεξία/πλεονέκται) verbreitet ist (Röm 1,29; 1Kor 5,10f; 6,10; Eph 5,3.5; Kol 3,5; 1Thess 2,5 u. ö.), während „Geldliebe" außerhalb der Past (vgl. noch 2Tim 3,2 sowie 1Tim 3,3) im Corpus Paulinum nie vorkommt. Die Differenz ist inhaltlich nicht überzubetonen. Der Akzent verschiebt sich nur leicht, insofern bei „Geldliebe" stärker der Aspekt des Umgangs mit bereits bestehendem Besitz mitschwingen und das Moment des Geizes anklingen kann.

3. Die die Reichen adressierende Ermahnung in 1Tim 6,17–19 bedient sich des traditionellen Motivarsenals der Reichtumsparänese. Vor der mit Reichtum allzu leicht einhergehenden Hoffart wird gewarnt (vgl. z. B. Euripides, Fragm. 438; Aristoteles, Rhet 2,16 [1390b32ff]; PseudPhok 62), und die Begüterten werden vor eine einfach strukturierte Alternative gestellt, worauf sie ihre Lebenshoffnung setzen: auf die als unsicherer Reichtum erkannte Kumulation irdischer Güter[28] oder auf Gott. Strukturell korrespondiert diese Alternative dem Entweder-Oder im Mammonwort Jesu (Mt 6,24; Lk 16,13, vgl. Dschulnigg 1993, 67). Die Prädikation Gottes als der, „der uns alles *reichlich* gibt zum Genuss", steht derjenigen atl.-frühjüdischen Traditionsspur nahe, nach der die Güter eine Segensgabe Gottes sind.[29] Des Näheren ist an das Lob Gottes zu denken, der seine Geschöpfe nährt (Ps 104,27f; 136,25; 145,15f). Entsprechend kann Reichtum bei Licht betrachtet niemals Anlass zu Stolz, sondern immer nur zu Dankbarkeit gegenüber dem Schöpfer sein. Zugleich tritt in der Rede vom „Genuss"[30] die positive Einstellung zu den Schöpfungsgaben hervor[31], wie sie auch im Zuspruch an Timotheus laut wird, nicht nur Wasser zu trinken, sondern um des Magens willen ein wenig Wein dazu zu nehmen (1Tim 5,23), und sich grundsätzlich in der Abwehr der asketischen Forderungen der Gegner dokumentiert (4,3f). Mit der – theologisch voraussetzungsreichen – Deutung der Güter als Gaben Gottes verbindet sich der Imperativ zum Teilen, zum karitativen Engagement

---

[28] Zur Unsicherheit des Reichtums vgl. z. B. Ps 52,9; Prov 11,28; Sir 40,13f; Menander, Dysk 797–804; Seneca, Polyb 9,5.

[29] Siehe z. B. Gen 24,35; 26,12–14; Ps 112,3; Hiob 1,10; Prov 3,9f.16; 22,4; TestIss 3,7; TestSeb 6,6; PsSal 5,8–19; TestAbr A 1,5; 4,11, als Kontrast dazu 1Hen 96,4.

[30] Plutarch, CupidDivit 5 (Mor 525b) reflektiert darüber, dass die Liebe zum Reichtum zwar zum Erwerb der Güter anstachelt, aber nicht zulässt, sie zu genießen. In 1Tim 6,17 ist durch den Kontext, insbesondere durch 6,6–8, evident, dass der hier anvisierte Genuss nichts mit Üppigkeit und Schwelgerei zu tun hat.

[31] Der alternative Vorschlag von Malherbe 2014a, 550.553, „zum Genuss" durch V.18 expliziert zu sehen, so dass der Genuss im Tun des Guten und im Teilen der Güter bestünde, ist inhaltlich attraktiv, aber wenig plausibel. Die Infinitive „Gutes zu tun, reich zu sein an rechten Werken, freigebig zu sein" in V.18 setzen die Reihe der von dem Imperativsatz „den Reichen ... gebiete" abhängigen Infinitive in V.17 fort, bilden also das positive Pendant zu „nicht hochmütig zu sein ...". Überdies könnte in 1Tim 6,17 Einfluss eines eucharistischen Dankgebets vorliegen, wie es in Did 10,3 bezeugt ist: „Speise und Trank hast du den Menschen zum Genuss (εἰς ἀπόλαυσιν) gegeben" (vgl. Theobald 2014a, 321–324).

(6,18³², vgl. z. B. Prov 28,27; Sir 29,8–13; TestSeb 6,4–6; PseudPhok 22–30). Dabei ist ein Detail zu beachten: Es heißt nicht, dass Gott den Reichen alles reichlich darbietet, sondern „uns". Die Begüterten erscheinen hier in der Rolle derer, die Gottes Gaben zu verteilen haben. Verweigern sie sich dieser Aufgabe, stürzen sie sich selbst ins Elend (6,9f), während karitatives Handeln die von Gott mit Gaben *reich* Gesegneten wiederum „*reich* an guten Werken" sein lässt. Dies wiederum ist mit einer eschatologischen Perspektive verknüpft: Dem unsicheren Reichtum steht der durch die guten Werke gesammelte Schatz gegenüber, der „ein gutes Fundament für das Kommende" ist, damit die Reichen „das wahre Leben ergreifen" (6,18f). Wer seinen Besitz karitativ einsetzt, der hat in der christlichen Gemeinde – anders als Wohltäter in einer zeitgenössischen Polis – keinen Dank in Form von Ehreninschriften oder Ähnlichem zu erwarten; auch geht es nicht im Sinne hellenistischen Reziprozitätsdenkens um die Pflege eines Netzes von Freunden, von denen man eine Gegengabe erwarten darf (s. z. B. Menander, Dysk 805–810; Philodemos, Oec 24,19–25,23); ihre ‚Gegenleistung' erhalten die Reichen in 1Tim 6,17–19 von Gott (vgl. Kidd 1990, 131–136; Hoklotubbe 2017, 142), denn der ‚Nutzen', den sie selbst aus ihren Wohltaten ziehen können, besteht in der Verbesserung ihrer postmortalen Aussichten (vgl. Tob 4,7–11; Lk 14,14).

Sowenig in den Past strukturelle sozialreformerische Perspektiven am Horizont erscheinen, sosehr stehen die mit Reichtum einhergehenden Gefahren deutlich vor Augen, und die an die Begüterten gerichtete Erwartung ist klar: Sie sollen anderen Anteil geben an ihren Gütern und ihre Hoffnung allein auf Gott richten. Kurz gesagt: Es kommt nicht auf den Reichtum an Gütern, sondern auf den Reichtum an guten Werken an. Grundgelegt ist das karitative Handeln in dem Glauben an die Güte des Schöpfers (vgl. Theobald 2014a, 329), weiter motiviert wird es durch den Blick auf das postmortale Ergehen. 1Tim 6 bildet mithin ein zentrales Zeugnis für das Gewicht besitzethischer Reflexion im entstehenden Christentum, wie sie durch die Jesusüberlieferung grundlegend angestoßen wurde.³³ Vergleicht man 1Tim 6 mit Paulus, so ist keine substantielle Differenz zu diagnostizieren. Auch Paulus hat sich in besitzethischen Fragen eher als ein für Solidarität engagierter denn als ein radikaler oder sozialrevolutionärer Zeitgenosse positioniert.

---

[32] Vgl. zuvor in 1Tim 6,2 die Rede von Wohltaten gläubiger Herren christlicher Sklaven (zur umstrittenen Deutung des Textes ausführlich Kidd 1990, 140–156). Eubank 2012 hat vorgeschlagen, dass auch die determinierte Rede von *dem* Gebot in 6,14 auf Almosen zu beziehen ist (s. ferner Downs 2013, 244–248). Das stärkste Argument für die Möglichkeit (!) dieser Option ist TestAss 2,8, wo der Fall verhandelt wird, dass jemand durch seinen Reichtum viele wegdrängt, aber „aus der übermäßigen Bosheit heraus Gebote hält/tut". Letzteres könnte Almosen meinen.

[33] Über das sachliche Verhältnis von 1Tim 6 zur Jesustradition gehen die Meinungen auseinander. Die inhaltliche Konvergenz von 1Tim 6 und Jesusüberlieferung betont Dschulnigg 1993.

## 4. Appendix: Das Arbeitsgebot im 2Thess

Nur appendixartig und ganz knapp ist auf den pseudepigraphen 2Thess einzugehen, dessen Autor literarisch an den 1Thess anknüpft, aber auch Kenntnis anderer Paulusbriefe gehabt zu haben scheint. Im Zentrum steht im 2Thess die Eschatologie, zu der sich der Autor – offenbar angesichts einer konkurrierenden Berufung auf das paulinische Erbe (2,2) – zu einer Klarstellung herausgefordert sieht. Die gezielte Anknüpfung an Paulus ist auch in den ethischen Aussagen deutlich erkennbar, ohne dass es wie im Kol, Eph oder in der Past zu substantiellen Weiterentwicklungen kommt. 2Thess 1,3 greift die Zusammenstellung von Glaube und Liebe als Grundvollzügen christlicher Existenz auf (1Kor 16,13f; 1Thess 3,6; Phlm 5, → III.3.1.1) und fasst die Liebe zudem gut paulinisch als eine wechselseitige (Röm 12,10; 1Thess 4,9); 1,11 nimmt die Rede vom Werk des Glaubens aus 1Thess 1,3 auf. Vor allem aber wird in 2Thess 3,6–13 in deutlicher Anknüpfung an den 1Thess zur Arbeit gemahnt. Blieb in 1Thess 4,11 der Zusammenhang mit Paulus' eigenem Verhalten (2,9) implizit, so wird Paulus in 2Thess 3,7–9 explizit als Vorbild für die Haltung vorgebracht, keine Mühe zu scheuen, um anderen möglichst nicht zur Last zu fallen, sondern sich selbst versorgen zu können (vgl. Münch 2017, 245). Dabei wird ausdrücklich das wiederum auch im 1Thess begegnende Mimesismotiv aufgenommen (3,7.9, vgl. 1Thess 1,6, ferner 1Kor 4,16; 11,1; Phil 3,17). Es wird aber inhaltlich eben mit Bezug auf das Arbeitsethos neu ausgerichtet. Veranlasst ist der Passus offenbar durch das Problem, dass einige Gemeindeglieder – der Autor nennt sie in Anlehnung an 1Thess 5,14 „Unordentliche" – ihre Arbeit vernachlässigten, um sich – vom Autor nicht näher bestimmten, aber jedenfalls als unnütz erachteten – anderen Dingen zu widmen (3,11), und sich dabei aber wohl auf das ‚soziale Netz' in der Gemeinde verließen (3,8a). Die Frage, was sie zu ihrem Verhalten motivierte bzw. inwiefern ein Zusammenhang zur eschatologischen Thematik besteht (bejahend z.B. Schulz 1987*, 613: „angespannte Parusienaherwartung"), kann hier offenbleiben. Die Position des Autors verdichtet sich in der Forderung: „Wer nicht arbeiten will, soll auch nicht essen" (3,10). Wichtig ist, das in 3,10 konstitutive Moment der *willentlichen* Verweigerung nicht zu übersehen; es heißt nicht: „Wer nicht arbeitet, soll auch nicht essen". Hermeneutisch bedeutsam ist sodann, die pragmatische Stoßrichtung des Textes zu beachten, innerhalb derer dieser Text sein (partikulares) Recht besitzt. Er zielt darauf, die eigene Verantwortung innerhalb eines konkreten sozialen Zusammenhangs einzuschärfen. Kontext ist, dass Gemeinschaften wie die (nach-)paulinischen Gemeinden, in denen Geschwisterliebe, die auch materielle Sorge füreinander einschließt, als ethische Leitvorstellung in Geltung steht (vgl. Murray 2018, 192–194, → III.3.1.1 zu 1Thess 4,9–12), darauf angewiesen sind, dass sich ihre Glieder zum Wohle des Ganzen verhalten. Das heißt zum einen, bereit zu sein, andere zu unterstützen, und zum anderen, selbst die Unterstützung der Gemeinschaft eben nur dann in Anspruch zu nehmen, wenn es nötig ist (vgl. Did 12,3–5). Die Stoßrichtung des Textes ist natürlich nicht, einen Freibrief dafür auszustellen, Hungernde nicht unterstützen zu müssen. Anders gesagt: Die Aussage in 2Thess 3,10 findet in der grundlegenden diakonischen Ausrichtung christlicher Ethik ihre kategorische Grenze. Ebenso klar ist: Es gibt weder ein grundsätzliches Recht auf Faulheit noch darauf, sich selbstgewählten Beschäftigungen zuzuwenden, wenn man damit die Versorgung mit dem Lebensnotwendigen anderen aufbürdet.

# Literatur

Ådna, Jostein: Die eheliche Liebesbeziehung als Analogie zu Christi Beziehung zur Kirche. Eine traditionsgeschichtliche Studie zu Epheser 5,21–33, ZThK 92 (1995), 434–465.

Althoff, Jochen/Zeller, Dieter: Antike Textzeugnisse und Überlieferungsgeschichte, in: Die Worte der Sieben Weisen. Griechisch und deutsch, hg., übers. und kommentiert von dens., TzF 89, Darmstadt 2006, 5–81.

Audring, Gert/Brodersen Kai: Oikonomika. Quellen zur Wirtschaftstheorie der griechischen Antike, eingel., hg. und übers. v. dens., TzF 92, Darmstadt 2008.

Balch, David L.: Let Wives Be Submissive. The Domestic Code in I Peter, SBLMS 26, Atlanta 1981.

– Neopythagorean Moralists and the New Testament Household Codes, ANRW II 26.1, Berlin – New York 1992, 380–411.

Balla, Peter: The Child-Parent-Relationship in the New Testament and its Environment, WUNT 155, Tübingen 2003.

Barclay, John M.G.: Colossians and Philemon, T&T Clark Study Guides, London – New York ³2004.

– Ordinary but Different. Colossians and Hidden Moral Identity, in: ders., Pauline Churches and Diaspora Jews, WUNT 275, Tübingen 2011, 237–255.

Batten, Alicia J.: Neither Gold nor Braided Hair (1 Timothy 2.9; 1 Peter 3.3): Adornment, Gender and Honour in Antiquity, NTS 55 (2009), 484–501.

Becker, Matthias: Ehe als Sanatorium. Plutarchs *Coniugalia Praecepta* und die Pastoralbriefe, NT 52 (2010), 241–266.

– Ekklesiologie der sanften Macht. Der 1. Timotheusbrief und die antike Fürstenspiegel-Literatur, BZ 64 (2020), 277–305.

Best, Ernest: The Haustafel in Ephesians (Eph. 5.22-6.9), IBSt 16 (1994), 146–160.

– Two Types of Existence, in: ders., Essays on Ephesians, Edinburgh 1997, 139–155.

Bevere, Allan R.: Sharing in the Inheritance. Identity and the Moral Life in Colossians, JSNTS 226, London – New York 2003.

Bormann, Lukas, Der Brief des Paulus an die Kolosser, ThHK 10/I, Leipzig 2012.

Bourland Huizenga, Annette: Moral Education for Women in the Pastoral and Pythagorean Letters. Philosophers of the Household, NT.S 147, Leiden – Boston 2013.

Byrskog, Samuel: Ephesians 4:1-16 – Paraenesis and Identity Formation, in: Ethik als angewandte Ekklesiologie. Der Brief an die Epheser, hg. v. M. Wolter, SMBen.BE 17, Rom 2005, 109–138.

Capper, Brian J.: To Keep Silent, Ask Husbands at Home, and not to Have Authority over Men. Part II (I Corinthians 14:33–36 and I Timothy 2:11-12). The Transition from Gathering in Private to Meeting in Public Space in Second Generation Christianity and the Exclusion of Women from Leadership of the Public Assembly, ThZ 61 (2005), 301–319.

Crouch, James E.: The Origin and Intention of the Colossian Haustafel, FRLANT 109, Göttingen 1972.

D'Angelo, Mary Rose: Εὐσέβεια: Roman Imperial Family Values and the Sexual Politics of 4 Maccabees and the Pastorals, BibInt 11 (2003), 139–165.

Darko, Daniel K.: No Longer Living as the Gentiles. Differentiation and Shared Ethical Values in Ephesians 4.17-6.9, LNTS 375, London u. a. 2008.

DeMaris, Richard E.: The Colossian Controversy. Wisdom in Dispute at Colossae, JSNTS 96, Sheffield 1994.

Dettinger, Dorothee: Neues Leben in der alten Welt. Der Beitrag frühchristlicher Schriften des späten ersten Jahrhunderts zum Diskurs über familiäre Strukturen in der griechisch-römischen Welt, ABIG 59, Leipzig 2017.
Dettwiler, Andreas: Der Kolosserbrief als ethischer Text – zugleich ein Beitrag zur Frühgeschichte der Paulusrezeption, in: Receptions of Paul in Early Christianity. The Person of Paul and His Writings Through the Eyes of His Early Interpreters, hg. v. J. Schröter u. a., BZNW 234, Berlin – Boston 2018, 289-316.
Dibelius, Martin: An die Kolosser, Epheser, an Philemon, HNT 12, Tübingen ²1927.
– Die Pastoralbriefe, HNT 13, Tübingen ²1931.
Donelson, Lewis R.: Pseudepigraphy and Ethical Argument in the Pastoral Epistles, HUTh 22, Tübingen 1986.
Downs, David J.: The God Who Gives Life That Is Truly Life: Meritorious Almsgiving and the Divine Economy in 1 Timothy 6, in: The Unrelenting God. God's Action in Scripture (FS B.R. Gaventa), hg. v. dems. – M.L. Skinner, Grand Rapids – Cambridge 2013, 242-260.
Dschulnigg, Peter: Warnung vor Reichtum und Ermahnung der Reichen. 1 Tim 6,6-10.17-19 im Rahmen des Schlußteils 6,3-21, BZ 37 (1993), 60-77.
Dübbers, Michael: Christologie und Existenz im Kolosserbrief. Exegetische und semantische Untersuchungen zur Intention des Kolosserbriefs, WUNT II.191, Tübingen 2005.
Dunn, James D.G.: The Household Rules in the New Testament, in: The Family in Theological Perspective, hg. v. S.C. Barton, Edinburgh 1996, 43-63.
Engelmann, Michaela: Unzertrennliche Drillinge? Motivsemantische Untersuchungen zum literarischen Verhältnis der Pastoralbriefe, BZNW 192, Berlin – Boston 2012.
Eubank, Nathan: Almsgiving is 'the Commandment': A Note on 1 Timothy 6.6-19, NTS 58 (2012), 144-150.
Fatum, Lone: Christ Domesticated: The Household Theology of the Pastorals as Political Strategy, in: The Formation of the Early Church, hg. v. J. Ådna, WUNT 183, Tübingen 2005, 175-207.
Fiore, Benjamin: The Function of Personal Example in the Socratic and Pastoral Epistles, AnBib 105, Rom 1986.
Fleckenstein, Karl-Heinz: Ordnet euch einander unter in der Furcht Christi. Die Eheperikope in Eph 5,21-33. Geschichte der Interpretation, Analyse und Aktualisierung des Textes, FzB 73, Würzburg 1994.
Frank, Nicole: Der Kolosserbrief im Kontext des paulinischen Erbes. Eine intertextuelle Studie zur Auslegung und Fortschreibung der Paulustradition, WUNT II.271, Tübingen 2009.
Frederick, John: The Ethics of Enactment and Reception of Cruciform Love. A Comparative Lexical, Conceptual, Exegetical, and Theological Study of Colossians 3:1-17, WUNT II.487, Tübingen 2019.
Gerber, Christine: Möglichst ohne Runzeln. Die Frau in der Ehe nach Eph 5, in: Unbeschreiblich weiblich? Neue Fragestellungen zur Geschlechterdifferenz in den Religionen, hg. v. ders. u. a., TFFE 26, Münster u. a. 2011, 91-115.
Gese, Michael: Das Vermächtnis des Apostels. Die Rezeption der paulinischen Theologie im Epheserbrief, WUNT II.99, Tübingen 1997.
Girard, Marc: Love as Subjection, the Christian Ideal for Husbands and Wives: A Structuralist Study of Ephesians 5:21-33, in: Gérald Caron u. a., Women also Journeyed with Him. Feminist Perspectives on the Bible, Collegeville 2000, 125-152.
Glancy, Jennifer A.: Slavery and Sexual Availability, in: The Oxford Handbook of New Testament, Gender, and Sexuality, hg. v. B.H. Dunning, Oxford 2019, 627-644.
Gnilka, Joachim: Der Kolosserbrief, HThKNT 10/1, Freiburg u. a. 1980.

Harland, Philip A.: Greco-Roman Associations: Texts, Translations, and Commentary, II. North Coast of the Black Sea, Asia Minor, BZNW 204, Berlin – Boston 2014.
Hartman, Lars: Code and Context: A Few Reflections on the Parenesis of Col 3:6–4:1, in: Understanding Paul's Ethics. Twentieth-Century Approaches, hg. v. B.S. Rosner, Grand Rapids 1995, 177–191.
Heil, John Paul: Ephesians. Empowerment to Walk in Love for the Unity of All in Christ, SBLStBL 13, Atlanta 2007.
– Colossians. Encouragement to Walk in All Wisdom as Holy Ones in Christ, SBLECL 4, Atlanta 2010.
Henderson, Suzanne Watts: Taking Liberties with the Text: The Colossian Household Code as Hermeneutical Paradigm, Interp. 60 (2006), 420–432.
Hering, James P.: The Colossian and Ephesian *Haustafeln* in Theological Context. An Analysis of Their Origins, Relationship, and Message, AmUStTR 260, New York u. a. 2007.
Herzer, Jens: Abschied vom Konsens? Die Pseudepigraphie der Pastoralbriefe als Herausforderung an die Wissenschaft, ThLZ 129 (2004), 1267–1282.
– „Das ist gut und nützlich für die Menschen" (Tit 3,8). Die Menschenfreundlichkeit Gottes als Paradigma christlicher Ethik, in: Eschatologie und Ethik im frühen Christentum (FS G. Haufe), hg. v. C. Böttrich, GThF 11, Frankfurt a. M. 2006, 101–120.
– Titus 3:1–15: Gottes Menschenfreundlichkeit und die ethische Relevanz christlicher Hoffnung, in: 2 Timothy and Titus Reconsidered, hg. v. R. Bieringer, SMBen.BE 20, Leuven 2018, 133–179.
Hoklotubbe, T. Christopher: Civilized Piety. The Rhetoric of *Pietas* in the Pastoral Epistles and the Roman Empire, Waco 2017.
Hooker, Morna D.: 'Submit to one another'. The Transformation of Relationships in Christ (Eph 5:21–6:9), in: Ethik als angewandte Ekklesiologie. Der Brief an die Epheser, hg. v. M. Wolter, SMBen.BE 17, Rom 2005, 163–188.
Hoppe, Rudolf: Ekklesiologie und Paränese im Epheserbrief (Eph 4,17–5,20), in: Ethik als angewandte Ekklesiologie. Der Brief an die Epheser, hg. v. M. Wolter, SMBen.BE 17, Rom 2005, 139–162.
Horrell, David: Disciplining Performance and 'Placing' the Church: Widows, Elders and Slaves in the Household of God (1Tim 5,1–6,2), in: 1 Timothy Reconsidered, hg. v. K.P. Donfried, SMBen.BE 18, [Leuven] 2008, 109–134.
Kidd, Reggie W.: Wealth and Beneficence in the Pastoral Epistles, SBLDS 122, Atlanta 1990.
Laub, Franz: Sozialgeschichtlicher Hintergrund und ekklesiologische Relevanz der neutestamentlich-frühchristlichen Haus- und Gemeinde-Tafelparänese – ein Beitrag zur Soziologie des Frühchristentums, MThZ 37 (1986), 249–271.
Lehmeier, Karin: Oikos und Oikonomia. Antike Konzepte der Haushaltsführung und der Bau der Gemeinde bei Paulus, MThSt 92, Marburg 2006.
Lincoln, Andrew T.: The Theology of Ephesians, in: ders. – A.J.M. Wedderburn, The Theology of Later Pauline Letters, New Testament Theology, Cambridge ⁴2003, 73–166.
– The Household Code and Wisdom Mode of Colossians, JSNT 74 (1999), 93–112.
Lips, Hermann von: Die Haustafel als 'Topos' im Rahmen der urchristlichen Paränese. Beobachtungen anhand des 1. Petrusbriefes und des Titusbriefes, NTS 40 (1994), 261–280.
Lührmann, Dieter: Neutestamentliche Haustafeln und antike Ökonomie, NTS 27 (1980/81), 83–97.
Luz, Ulrich: Überlegungen zum Epheserbrief und seiner Paränese, in: Neues Testament und Ethik (FS R. Schnackenburg), hg. v. H. Merklein, Freiburg u. a. 1989, 376–396.
– Der Brief an die Epheser/Der Brief an die Kolosser, in: Jürgen Becker – ders., Die Briefe an die Galater, Epheser und Kolosser, NTD 8/1, Göttingen 1998, 105–244.

MacDonald, Margaret Y.: Citizens of Heaven and Earth: Asceticism and Social Integration in Colossians and Ephesians, in: Asceticism and the New Testament, hg. v. L.E. Vaage – V.L. Wimbush, New York – London 1999, 269–298.
- Slavery, Sexuality and House Churches: A Reassessment of Colossians 3.18–4.1 in Light of New Research on the Roman Family, NTS 53 (2007), 94–113.
- Beyond Identification of the Topos of Household Management: Reading the Household Codes in Light of Recent Methodologies and Theoretical Perspectives in the Study of the New Testament, NTS 57 (2011), 65–90.
- The Power of Children. The Construction of Christian Families in the Greco-Roman World, Waco 2014.
Malan, François S.: Unity of Love in the Body of Christ: Identity, Ethics and Ethos in Ephesians, in: Identity, Ethics, and Ethos in the New Testament, hg. v. J.G. van der Watt, BZNW 141, Berlin – New York 2006, 257–287.
Malherbe, Abraham J.: The *Virtus Feminarum* in 1 Timothy 2:9–15, in: ders., Light from the Gentiles: Hellenistic Philosophy and Early Christianity. Collected Essays, 1959–2012, hg. v. C.R. Holladay u.a., NT.S 150, Leiden – Boston 2014, 459–477.
- Godliness, Self-Sufficiency, Greed, and the Enjoyment of Wealth: 1 Timothy 6:3–19, Part I–II, in: ders., Light … (s.o.), 507–557 (= 2014a).
Manomi, Dogara Ishaya: Virtue Ethics in the Letter to Titus. An Inter-disciplinary Study, WUNT II.560, Tübingen 2021.
Meeks, Wayne A.: "To Walk Worthily of the Lord": Moral Formation in the Pauline School Exemplified by the Letter to Colossians, in: Hermes and Athena. Biblical Exegesis and Philosophical Theology, hg. v. E. Stump – T.P. Flint, Notre Dame 1993, 37–58.
Merklein, Helmut: Eph 4,1–5,20 als Rezeption von Kol 3,1–17 (zugleich ein Beitrag zur Pragmatik des Epheserbriefes), in: Kontinuität und Einheit (FS F. Mußner), hg. v. P.-G. Müller – W. Stenger, Freiburg u.a. 1981, 194–210.
Mollenkott, Virginia R.: Emancipative Elements in Ephesians 5.21-33. Why Feminist Scholarship Has (Often) Left Them Unmentioned, and Why They Should be Emphasized, in: A Feminist Companion to the Deutero-Pauline Epistles, hg. v. A.-J. Levine, New York 2003, 37–58.
Mott, Stephen Charles: Greek Ethics and Christian Conversion: The Philonic Background of Titus II 10–14 and III 3–7, NT 20 (1978), 22–48.
Müller, Karlheinz: Die Haustafel des Kolosserbriefes und das antike Frauenthema. Eine kritische Rückschau auf alte Ergebnisse, in: Die Frau im Urchristentum, hg. v. G. Dautzenberg u.a., QD 95, Freiburg u.a. 1983, 263–319.
Müller, Peter: Anfänge der Paulusschule. Dargestellt am zweiten Thessalonicherbrief und am Kolosserbrief, AThANT 74, Zürich 1988.
Münch, Christian: Von der eigenen Hände Arbeit leben – Arbeitsethos in der paulinischen Tradition, in: Würde und Last der Arbeit, hg. v. T. Söding – P. Wick, BWANT 209, Stuttgart 2017, 237–251.
Murray, Timothy J.: Restricted Generosity in the New Testament, WUNT II.480, Tübingen 2018.
Nussbaum, Martha C.: The Incomplete Feminism of Musonius Rufus, Platonist, Stoic, and Roman, in: The Sleep of Reason. Erotic Experience and Sexual Ethics in Ancient Greece and Rome, hg. v. ders. – J. Sihvola, Chicago – London 2002, 283–326.
Osiek, Carolyn: Female Slaves, *Porneia*, and the Limits of Obedience, in: Early Christian Families in Context: An Interdisciplinary Dialogue, hg. v. D.L. Balch – C. Osiek, Grand Rapids 2003, 255–274.
Osiek, Carolyn/Balch, David L.: Families in the New Testament World. Households and House Churches, Louisville 1997.

Portefaix, Lilian: 'Good Citizenship' in the Household of God: Women's Position in the Pastorals Reconsidered in the Light of Roman Rule, in: A Feminist Companion to the Deutero-Pauline Epistles, hg. v. A.-J. Levine, New York 2003, 147–158.
Reiser, Marius: Bürgerliches Christentum in den Pastoralbriefen?, Bib. 74 (1993), 27–44.
Rey, Jean-Sébastien: Family Relationships in *4QInstruction* and in Eph 5:21–6:4, in: Echoes from the Caves: Qumran and the New Testament, hg. v. F. García Martínez, STDJ 85, Leiden – Boston 2009, 231–255.
Richarz, Irmintraut: Oikos, Haus und Haushalt. Ursprung und Geschichte der Haushaltsökonomik, Göttingen 1991.
Roloff, Jürgen: Der erste Brief an Timotheus, EKK 15, Zürich/Neukirchen-Vluyn 1988.
Rosner, Brian S.: Greed as Idolatry. The Origin and Meaning of a Pauline Metaphor, Grand Rapids – Cambridge 2007.
Sampley, J. Paul: 'And the Two Shall Become One Flesh'. A Study of Traditions in Ephesians 5:21–33, MSSNTS 16, Cambridge 1971.
Schnackenburg, Rudolf: Der Brief an die Epheser, EKK 10, Zürich u. a. 1982.
Schrage, Wolfgang: Zur Ethik der neutestamentlichen Haustafeln, NTS 21 (1974/75), 1–22.
Schüssler Fiorenza, Elisabeth: In Memory of Her. A Feminist Theological Reconstruction of Christian Origins, New York 1983.
Schwarz, Roland: Bürgerliches Christentum im Neuen Testament? Eine Studie zu Ethik, Amt und Recht in den Pastoralbriefen, ÖBS 4, Klosterneuburg 1983.
Schweizer, Eduard: Traditional ethical patterns in the Pauline and post-Pauline letters and their development (lists of vices and house-tables), in: Text and Interpretation (FS M. Black), hg. v. E. Best – R. McWilson, Cambridge u. a. 1979, 195–209.
– Der Brief an die Kolosser, EKK 12, Zürich u. a. ³1989.
Sellin, Gerhard: Der Brief an die Epheser, KEK 8, Göttingen 2008.
– Die Paränese des Epheserbriefes, in: ders., Studien zu Paulus und zum Epheserbrief, hg. v. D. Sänger, FRLANT 229, Göttingen 2009, 180–198.
– Imitatio Dei. Traditions- und religionsgeschichtliche Hintergründe von Eph 5,1–2, in: ders., Studien (s. o.), 239–254 (= 2009a).
Söding, Thomas: Das Erscheinen des Retters. Zur Christologie der Pastoralbriefe, in: Christologie in der Paulus-Schule. Zur Rezeptionsgeschichte des paulinischen Evangeliums, hg. v. K. Scholtissek, SBS 181, Stuttgart 2000, 149–192.
Späth, Thomas: ‚Frauenmacht' in der frühen römischen Kaiserzeit? Ein kritischer Blick auf die historische Konstruktion der ‚Kaiserfrauen', in: Reine Männersache? Frauen in Männerdomänen der antiken Welt, hg. v. M.H. Dettenhofer, Köln u. a. 1994, 159–205.
Städele, Alfons: Die Briefe des Pythagoras und der Pythagoreer, BKP 115, Meisenheim 1980.
Standhartinger, Angela: The Origin and Intention of the Household Code in the Letter to the Colossians, JSNT 79 (2000), 117–130.
– *Eusebeia* in den Pastoralbriefen. Ein Beitrag zum Einfluss römischen Denkens auf das entstehende Christentum, NT 48 (2006), 51–82.
Strecker, Georg: Die neutestamentlichen Haustafeln (Kol 3,18–4,1 und Eph 5,22–6,9), in: Neues Testament und Ethik (FS R. Schnackenburg), hg. v. H. Merklein, Freiburg u. a. 1989, 349–375.
Theobald, Michael: Die Ehetheologie des Epheserbriefs (Eph 5,21–33). Literarhistorischer Kontext und kanontheologische Relevanz, in: Ehe und Familie. Wege zum Gelingen aus katholischer Perspektive, ThIDia 13, hg. v. G. Augustin – I. Proft, Freiburg 2014, 121–147.
– Eucharistische Anspielungen in der Weisung an die Reichen 1Tim 6,17–19. Anfrage an ihre „individualethische" Deutung, in: Lukas – Paulus – Pastoralbriefe (FS A. Weiser), hg. v. R. Hoppe – M. Reichardt, SBS 230, Stuttgart 2014, 315–338 (= 2014a).

Thomas, Johannes: Der jüdische Phokylides. Formgeschichtliche Zugänge zu Pseudo-Phokylides und Vergleich mit der neutestamentlichen Paränese, NTOA 23, Freiburg (Schweiz) – Göttingen 1992.

Thraede, Klaus: Ärger mit der Freiheit. Die Bedeutung von Frauen in Theorie und Praxis der alten Kirche, in: G. Scharffenorth – ders., „Freunde in Christus werden ...". Die Beziehung von Mann und Frau als Frage an Theologie und Kirche, Gelnhausen – Berlin 1977, 31–182.

– Zum historischen Hintergrund der ‚Haustafeln' des NT, in: Pietas (FS B. Kötting), hg. v. E. Dassmann – K.S. Frank, JbAC.E 8, Münster 1980, 359–368.

Towner, Philip H.: The Goal of Our Instruction. The Structure of Theology and Ethics in the Pastoral Epistles, JSNTS 34, Sheffield 1989.

Treggiari, Susan: Roman Marriage. *Iusti Coniuges* from the Time of Cicero to the Time of Ulpian, Oxford 1991.

Tsuji, Manabu: Zwischen Ideal und Realität: Zu den Witwen in 1 Tim 5.3-16, NTS 47 (2001), 92–104.

Verner, David C.: The Household of God. The Social World of the Pastoral Epistles, SBLDS 71, Chico 1983.

Wagener, Ulrike: Die Ordnung des „Hauses Gottes". Der Ort von Frauen in der Ekklesiologie und Ethik der Pastoralbriefe, WUNT II.65, Tübingen 1994.

Wagner-Hasel, Beate: Arbeit und Kommunikation, in: Frauenwelten in der Antike. Geschlechterordnung und weibliche Lebenspraxis, hg. v. T. Späth – ders., Darmstadt 2000, 311–335.

Wedderburn, A[lexander] J.M.: The Theology of Colossians, in: Andrew T. Lincoln – ders., The Theology of Later Pauline Letters, New Testament Theology, Cambridge ⁴2003, 1–71.

Weidemann, Hans-Ulrich: Selbstbeherrschte Hausherren. Beobachtungen zur rhetorischen Funktion des Maskulinitätsideals in den Pastoralbriefen, in: Lukas – Paulus – Pastoralbriefe (FS A. Weiser), hg. v. R. Hoppe – M. Reichardt, SBS 230, Stuttgart 2014, 271–301.

Weidinger, Karl: Die Haustafeln. Ein Stück urchristlicher Paränese, UNT 14, Leipzig 1928.

Weiser, Alfons: Titus 2 als Gemeindeparänese, in: Neues Testament und Ethik (FS R. Schnackenburg), hg. v. H. Merklein, Freiburg u. a. 1989, 397–414.

– Die gesellschaftliche Verantwortung der Christen nach den Pastoralbriefen, BFE 18, Stuttgart u. a. 1994.

Westfall, Cynthia Long: "This is a Great Metaphor!" Reciprocity in the Ephesian Household Code, in: Christian Origins and Greco-Roman Culture. Social and Literary Contexts for the New Testament, hg. v. S.E. Porter – A.W. Pitts, TENTS 9, Leiden – Boston 2013, 561–598.

Wild, Robert A.: "Be Imitators of God": Discipleship in the Letter to the Ephesians, in: Discipleship in the New Testament, hg. v. F.F. Segovia, Philadelphia 1985, 127–143.

Wilson, Walter T.: The Hope of Glory. Education and Exhortation in the Epistle to the Colossians, NT.S 88, Leiden u. a. 1997.

Witherington, Ben III/Wessels, G. Francois: Do Everything in the Name of the Lord: Ethics and Ethos in Colossians, in: Identity, Ethics, and Ethos in the New Testament, hg. v. J.G. van der Watt, BZNW 141, Berlin – New York 2006, 303–333.

Wold, Benjamin G.: Family Ethics in *4QInstruction* and the New Testament, NT 50 (2008), 286–300.

Wolter, Michael: Der Brief an die Kolosser – Der Brief an Philemon, ÖTBK 12, Gütersloh 1993.

– Der Epheserbrief als nachpaulinischer Paulusbrief. Zusammenfassung, in: Ethik als angewandte Ekklesiologie. Der Brief an die Epheser, SMBen.BE 17, Rom 2005, 189–210.

Woyke, Johannes: Die neutestamentlichen Haustafeln. Ein kritischer und konstruktiver Forschungsüberblick, SBS 184, Stuttgart 2000.

Yarbro Collins, Adela: The Female Body as Social Space in 1 Timothy, NTS 57 (2011), 155–175.

Young, Frances: The Theology of the Pastoral Letters, New Testament Theology, Cambridge 1994.

Zamfir, Korinna: Men and Women in the Household of God. A Contextual Approach to Roles and Ministries in the Pastoral Epistles, NTOA 103, Göttingen 2013.

– The Love of Money is the Root of all Evils. Wealth and the Well-to-do in 1 Timothy, in: The Bible and Economics, hg. v. G. Benyik, Szeged 2014, 415–428.

Zimmermann, Ruben: Geschlechtermetaphorik und Gottesverhältnis. Traditionsgeschichte und Theologie in Urchristentum und antiker Umwelt, WUNT II.122, Tübingen 2001.

– Ethics in the New Testament and Language: Basic Explorations and Eph 5:21–33 as Test Case, in: Moral Language in the New Testament. The Interrelatedness of Language and Ethics in Early Christian Writings, hg. v. dems. – J.G. van der Watt, WUNT II.296, Tübingen 2010, 19–50.

– Ehe, Sexualität und Heiligkeit. Aspekte einer Ehe-Ethik im Neuen Testament, in: Ehe als Ernstfall der Geschlechterdifferenz: Herausforderungen für Mann und Frau in kulturellen Symbolsystemen, hg. v. B. Heininger, Geschlecht – Symbol – Religion 7, Berlin 2010, 87–113 (= 2010a).

# V. Das Markusevangelium: Die Nachfolge des Gekreuzigten

Mit dem Mk liegt, soweit erkennbar, der älteste Versuch vor, die vielfältige Jesusüberlieferung in eine kohärente Erzählung zu gießen. Die Frage, ob bzw. in welchem Umfang neben der Passionsgeschichte bereits andere Partien in Sammlungen vorlagen oder aber erst Markus selbst die Zyklen von Streitgesprächen (wie 2,1–3,6) oder Wundererzählungen (wie 4,35–5,43) oder die Gleichnisrede (4,1–34) geschaffen hat, muss hier nicht verfolgt werden (vgl. dazu Telford 1999, 18–21; Söding 1995, 35–38). Entscheidend ist die Einsicht, dass die narrative Gesamtanlage und die durch sie geformte christologische Botschaft ein Werk des Evangelisten ist, der seine Schrift, da 13,1f die Zerstörung des Tempels voraussetzt, kurz nach 70 abgefasst haben wird. Wo dies geschah, ist nicht sicher zu bestimmen. Neben Rom, das schon in der Alten Kirche als Abfassungsort galt, wird vor allem Syrien als Option gehandelt. Klarer ist, dass das Mk ein heidenchristliches Milieu repräsentiert, wie insbesondere die Erläuterung (vermeintlich allgemeiner) jüdischer Bräuche in 7,3f zu erkennen gibt. Dass der Verfasser selbst ein Heidenchrist war, ist möglich, aber keineswegs sicher. Wenn man in ihm etwa aufgrund der im Mk durchscheinenden Schriftkenntnisse eher als einen Judenchristen identifizieren möchte (so z. B. Söding 1995, 25f), muss man anfügen, dass für ihn mit seinem Christusglauben und seiner Verwurzelung in einem heidenchristlich geprägten kirchlichen Milieu einherging, dass er Distanz zum Judentum aufgebaut hat und daher, wie eben in 7,3f, von außen und distanziert über Juden sprechen konnte.

Kompositorisch lassen sich drei Hauptteile unterscheiden: Dem ersten Hauptteil (1,14–8,21), der nach dem Prolog (1,1–13) Jesu vollmächtiges Wirken rund um den See Genezareth darstellt, steht in 11,1–16,8 ein fast gleich langer Jerusalemteil gegenüber. Das Zentrum bildet ein kürzerer Erzählabschnitt, der durch die beiden Blindenheilungen in 8,22–26; 10,46–52 gerahmt und durch die drei, wohl auf Markus selbst zurückgehenden (vgl. Telford 1999, 112–115.155) Ankündigungen des Leidens und der Auferstehung Jesu (8,31; 9,31; 10,32–34) strukturiert wird, so dass betont herausgearbeitet wird, dass Jesus sich auf dem Weg zur Passion befindet. Die mk Jesuserzählung weist aber nicht erst von 8,31 an ein deutliches Erzählgefälle auf die Passion hin auf; vielmehr taucht diese schon durch den Tötungsbeschluss der Pharisäer und Herodianer in 3,6 am Horizont auf. Mit der Gleichnisrede (4,1–34) und der eschatologischen Rede (13,3–37) weisen der erste und der dritte Hauptteil jeweils eine bedeutende Rede auf, doch findet sich in dem Galiläateil kein Pendant zu einer programmatischen *ethischen* Rede wie der Bergpredigt im Mt (5–7) oder der Feldrede im Lk (6,20–49). Überhaupt erscheint das Mk unter den Evangelien *prima facie* nicht als die erste Adresse, wenn es um Hauptzeugen frühchristlicher Ethik geht. Markus verweist zwar immer wieder auf Jesu Lehre, aber es bleibt entweder bei einer bloßen Notiz, *dass* Jesus lehrte (Mk 1,21f; 2,13; 6,2.6.34; 10,1), oder aber es folgt, wenn ausgeführt wird, *was* Jesus lehrte, die Gleichnisrede (Mk 4), die Ankündigung seines Leidens und seiner Auferstehung (8,31; 9,31) oder eine Reflexion über die Meinung der Schriftgelehrten, dass der Messias ein Sohn Davids sein müsse (12,35). Bedeutende ethische Themen wie der Umgang mit Besitz oder die zwischenmenschliche Vergebung, die Matthäus und Lukas ausführlicher thematisieren, kommen im Mk nur in wesentlich knapperer Form vor. Dennoch bietet das Mk auch ethisch eine profilierte Stimme, die gehört zu werden verdient, zumal zu bedenken ist, dass nicht nur unterweisende Abschnitte ethische Relevanz besitzen, sondern die Erzählung als Ganze eine ethische Dimension besitzt (→ I.2/1). Markus' Beitrag zur neutestamentlichen Ethik ist gekennzeichnet durch die Konzentration auf den Gedanken der Nachfolge Jesu, die in Entsprechung zum christologischen Fokus auf der Passion als „Nachfolge des Gekreuzigten" (Schrage ²1989*, 143) konkretisiert wird und in der Bereitschaft zum Dienen ihre wichtigste inhaltliche Bestimmung findet (→ 3). Kompositorisch korrespondiert dem, dass sich ethisch relevante Passagen vornehmlich im Mittelteil der Erzählung finden (8,27–10,45). Die Kehrseite der ethischen Fokussierung auf die Nachfolge des Gekreuzigten ist die Relativierung der Bedeutung der Tora (→ 2). Bevor dies im Folgenden entfaltet wird, ist eingangs auf Hauptaspekte der theologischen Fundierung der Ethik einzugehen (→ 1). Am Ende sind knapp die wenigen materialethischen Konkretionen anzusprechen, die das Mk bietet (→ 4).

## 1. Theologische Grundlagen

1. Das Mk präsentiert sich selbst in seiner Überschrift als Erzählung des „Anfangs des Evangeliums Jesu Christi, des Sohnes Gottes" (1,1). Der Genitiv hat dabei eine doppelte Bedeutung: Es geht um die frohe Botschaft, die Jesus Christus als Sohn Gottes zum Inhalt hat, aber zugleich auch, wie schon durch 1,14 deutlich wird, um das von Gott ausgehende und autorisierte Evangelium, das von Jesus verkündigt wird und dessen zentrale Botschaft die Ankunft des Reiches Gottes bildet (1,15). Die Welt steht vor einer grundstürzenden Veränderung: „Die Zeit ist erfüllt" (1,15); Gott ist dabei, seine Herrschaft aufzurichten. Der Künder dieser Botschaft aber wird am Kreuz sterben. Damit ist *in nuce* die Grundspannung aufgebaut, die das Mk inkl. der in ihm sichtbar werdenden Ethik charakterisiert.

2. Die Eröffnung der Erzählung mit dem Auftreten von Johannes dem Täufer in der Wüste als dem Boten, der den Weg des Herrn bereiten soll und die Taufe der Umkehr zur Vergebung der Sünden verkündigt (1,2–8), stellt nicht nur mit dem Schriftzitat in V.2f das Kommen Jesu pointiert als Realisierung des in der Schrift angekündigten Heilsplans Gottes heraus, sondern weist zugleich auch auf die fundamentale soteriologische Not hin, der Gott mit der Sendung Jesu begegnet. In einer ihm nach seiner Taufe durch Johannes zuteilwerdenden Vision wird Jesus gleich zu Beginn der Erzählung – im Sinne der Überschrift in 1,1 – durch die Himmelsstimme als Gottes geliebter Sohn ausgewiesen und so vor den Rezipienten des Evangeliums für sein Wirken autorisiert (1,11). Jesu Gottessohnschaft wird dabei konzeptionell mit der Gabe des Geistes verbunden (1,10, vgl. Jes 42,1). Als mit Gottes Geist gesalbter Gottessohn, der sich in der Versuchung durch den Satan bewährt hat und den die wilden Tiere nicht zu gefährden vermögen (1,12f, vgl. zu Letzterem Jes 11,6–8; TestNaph 8,4), ist Jesus beauftragt, das Evangelium Gottes von der Ankunft der Gottesherrschaft zu verkündigen (1,14f). Diese Heilsbotschaft ist die Grundlage für den in 1,15 folgenden Umkehrruf. Dass dieser im Fortgang nicht unmittelbar durch ethische Forderungen, sondern „im Sinn des Glaubens an die heilstiftende Kraft des Evangeliums" (Hahn 2002*, 496) ausgelegt wird, zeigt exemplarisch das kräftige ‚indikativische' Fundament der mk Sicht christlicher Existenz (vgl. Söding 1995a, 174–177).

In Jesu Zuwendung zu Sündern und der ihnen gewährten Gemeinschaft (2,13-17) wie in dem direkten Zuspruch der Sündenvergebung (2,1-12) wird den Menschen ein gnadenvoller Neuanfang gewährt. Im vollmächtigen Handeln Jesu (1,22.27; 2,10; 3,15; 6,7; 11,27-33), in seinen Heilungen und Exorzismen (1,23-34.40-45; 2,1-12; 3,1-6.10; 5 u. ö.), in den Geschenkwundern der Speisungen (6,34-44; 8,1-9) oder dem Rettungswunder der Sturmstillung (4,35-41) manifestiert sich schon jetzt Gottes rettende Macht zum Wohl der Menschen; die Herrschaft Gottes reicht bereits in die irdische Wirklichkeit hinein (vgl. Matera 2007*, 9). Die Verbindung des Wortes über die Lästerung gegen den Heiligen Geist mit dem Vorwurf der Schriftgelehrten, dass Jesus die Dämonen mit dem Beelzebul austreibe (3,22.29), unterstreicht, dass Jesus als der mit dem Heiligem Geist begabte Gottessohn die Menschen heilt. Die Macht des Satans wird durch Jesus gebrochen (3,27), die für die Endzeit erwartete Vernichtung des Bösen (TestLevi 18,12; TestMos 10,1) hebt im Wirken Jesu an. Im größeren Maßstab des Kosmos betrachtet wirkt das Andringen der Gottesherrschaft allerdings eher unscheinbar. Die Rede vom „*Geheimnis* der Gottesherrschaft" (Mk 4,11), das nur den Jüngern gegeben ist, reflektiert, dass die Präsenz der Gottesherrschaft in der Person und im Wirken Jesu für Außenstehende verborgen ist (vgl. Telford 1999, 86f). Das Gleichnis von der wachsenden Saat (4,26-29) illustriert die Selbstdurchsetzung der Gottesherrschaft; das Gleichnis vom Senfkorn (4,30-32) nimmt den Eindruck des unscheinbaren Beginns auf und interpretiert ihn: Aus dem kleinen Senfkorn wird ein so großes Gewächs, dass die Vögel, die hier als Hinweis auf das Hinzukommen der Völker zu lesen sein dürften (vgl. Ez 31,6), unter seinem Schatten wohnen können (Mk 4,32); Gott wird die Aufrichtung seiner Herrschaft gewiss vollenden.

3. Die Proklamation Jesu als Gottessohn durch die Himmelsstimme wiederholt sich bei der die Auferstehungsherrlichkeit Jesu antizipierenden Verklärung Jesu auf einem hohen Berg (9,7), nun variiert von der persönlichen Anrede Jesu zu einer Proklamation vor dem Forum dreier Jünger – Petrus und der beiden Zebedaiden – und ergänzt um den Aufruf „auf ihn hört!". Damit, dass Jesus vor den Jüngern als Gottessohn ausgewiesen wird, verbindet sich also, dass sie auf seine Worte – wie z. B. die Unterweisung zur Kreuzesnachfolge, die in 8,34-38 vorangegangen ist und im weiteren Verlauf des Weges nach Jerusalem vertieft wird (→ 3/2) – verpflichtet werden. Beim Abstieg vom Berg gebietet Jesus seinen Jüngern, über das Geschehene bis zur Auferstehung zu schweigen (vgl. 8,30). Den Schweigegeboten an die Jünger stehen Schweigegebote an Dämonen (1,34; 3,12) sowie an Geheilte (1,44; 5,43; 7,36) zur Seite, wobei Letztere aber durchbrochen werden (1,45; 7,36). Die Schweigegebote verweisen auf das Persongeheimnis, das mit Jesu Identität als Sohn Gottes verbunden ist. Ihr Sinn wird deutlich, wenn man das nach 1,11 und 9,7 dritte Glied der Gottessohnproklamationen in 15,39 hinzuzieht. Erstmals bekennt hier ein Mensch, der Hauptmann unter dem Kreuz, Jesus als Sohn Gottes. Die christologische Pointe ist damit *in nuce* benannt: Eine adäquate Erkenntnis Jesu als Messias und Sohn Gottes ist nur im Lichte von Kreuz und Auferstehung möglich. Die – im Mk als soteriologisches Leitmotiv fungierende (Schnelle ³2016*, 407f) – *Proexistenz Jesu* kulminiert darin, dass der Gottessohn dem Heilswillen seines Vaters gemäß

(14,36) stellvertretend sein Leben als Lösegeld *anstelle* der Vielen hingibt (10,45). „Jesus gilt als Gottessohn, weil er den Weg der dienenden Liebe bis zur Hingabe seiner selbst gegangen ist und darin den Willen seines Vaters zum Heil für die Menschen vollzog" (Weiser 1993*, 67). Die Aufnahme dieser soteriologischen Deutung des Todes Jesu im Kelchwort (14,24) verankert die Vergegenwärtigung des stellvertretenden Heilstodes Jesu im Ritus der Gemeinde. Die ethischen Implikate des Ansatzes, die Proexistenz Jesu als zentralen Referenzpunkt christlichen Glaubens zu etablieren, führen, wie Jesu Unterweisung im Mittelteil (8,22–10,52) zu erkennen gibt, in nicht weniger als das Herzstück der mk Ethik (→ 3).

4. Damit, dass in 15,39 ein römischer Hauptmann auf Jesus einen Titel bezieht, der im römischen Kontext den Kaisern zukam, wird zugleich ein Kontrasthintergrund aufgespannt. Dem korrespondiert, dass auch die Kennzeichnung der Botschaft von der nahegekommenen Gottesherrschaft als *Evangelium* (1,14f) Assoziationen an die Verwendung des Begriffs „Evangelium" in der Kaiserpropaganda erlaubt (vgl. Ebner ³2020, 177f). Die Botschaft von der Gottesherrschaft erscheint damit *auch* als Gegenrede zur römischen Propaganda. Die römische Form der Machtausübung wird nicht das letzte Wort haben. Die Kreuzigung Jesu ändert nichts an der Realisierung der Gottesherrschaft (14,25). Dass Jesu Ankündigung seiner Auferstehung (8,31; 9,31; 10,34) und der Auferstehungsbotschaft des Jünglings im leeren Grab (16,6) keine ausgeführte Erscheinungserzählung zur Seite steht, bedeutet nicht, dass die Auferstehungswirklichkeit allein in Gestalt ihrer Antizipation in der Verklärungsszene (9,2–9) Licht in das Dunkel der Passion streut. Vielmehr bilden die Auferstehung, das Sitzen des Menschensohns zur Rechten Gottes (12,35f; 14,62), sein Kommen mit den Wolken des Himmels (14,62) und das Kommen des Reiches Gottes mit Kraft (9,1) den konstitutiven Hoffnungshorizont der im Mk vermittelten Wirklichkeitsgewissheit: Gott wird seine Herrschaft in vollendeter Gestalt aufrichten, wenn der Menschensohn kommt und seine Engel die Auserwählten sammeln (13,26f). Zu diesen Auserwählten werden Menschen aus allen Völkern gehören, denn der Heilshorizont ist, wie dies im vörösterlichen Wirken Jesu bereits vorabgebildet (7,1–8,9, → 2/2) und in seinem Heilstod „für viele" (= alle, 10,45; 14,24) bekräftigt und letztgültig begründet wird, universal.

5. Während sich das anfängliche Unverständnis der Jünger angesichts der vollmächtigen Taten Jesu (6,52; 8,16–21) in 8,29 in das von Petrus ausgesprochene Messiasbekenntnis wandelt, vermögen sie, wie das Diptychon in 8,27–30.31–33 pointiert herausarbeitet, vor Ostern nicht zu verstehen, dass der Messias leiden muss (8,32f). Die dem Diptychon unmittelbar vorangehende zweistufige Heilung des Blinden bei Bethsaida (8,22–26) gewinnt im Blick auf den Erkenntnisweg der Jünger eine symbolische Bedeutung (zu 10,46–52 diesbezüglich → 3/2). Wie der Blinde zunächst nur verschwommen sieht, so erkennt Petrus Jesus zwar als Messias, doch sieht er noch nicht klar, was genau dies bedeutet, da die Vorstellung des Leidens des Messias in seinem Bekenntnis (noch) keinen Platz hat (vgl. Hays 1997*, 77–79). Auch dies verweist auf das Persongeheimnis Jesu, dessen Gottessohnschaft nur unter Einschluss des Kreuzes vollgültig verstanden werden kann. Trotz des Versagens der Jünger, das

in der Passionserzählung mit der Schläfrigkeit von Petrus, Jakobus und Johannes im Garten Getsemani (14,32–42), der Flucht aller bei Jesu Gefangennahme (14,50) und Petrus' Verleugnung (14,66–72) kulminiert, und trotz des furchtsamen Schweigens der vom Grab fliehenden Frauen, mit denen das Mk abrupt, aber gezielt endet, bricht sich die Verkündigung des Evangeliums unter den Völkern in der ganzen Welt Bahn (13,10; 14,9). Markus stellt auf diese Weise heraus, dass Gott seinen Heilswillen trotz aller menschlichen Unzulänglichkeiten zur Verwirklichung bringt. Die Ankündigung Jesu in 14,28 und die Botschaft des Engels in 16,7 weisen die Jünger wieder nach Galiläa, wohin Jesus ihnen *vorangehen* wird. Die Komplementarität von *Vorangehen* Jesu und *Nachfolge* der Jünger in 10,32 macht deutlich, dass die Jünger in 16,7, mit der Kreuzigung Jesu und seiner Auferstehung im Rücken, wieder in die Nachfolge gerufen werden (vgl. Söding 1985, 300.305). Nun sollten sie im Lichte von Kreuz und Auferstehung genau verstanden haben, was es mit Jesus auf sich hat, und sollten – auf der Basis ihrer Erfahrung des Heilshandelns Gottes in Christus und der Ankunft seiner sich noch im Unscheinbaren manifestierenden, aber sich durchsetzenden Herrschaft – in die Lage versetzt sein, den Weg der Nachfolge zu gehen. Zugleich sehen sie sich aber auch nach Ostern angesichts der bleibend widerständigen Realität der Welt, in der das Evangelium abgelehnt wird und seine Verkündiger Verfolgung erfahren (13,9–13), damit konfrontiert, dass ihr Vertrauen der Gefährdung ausgesetzt ist, schwach zu werden, und sie von den Konsequenzen der Nachfolge zurückschrecken könnten. Ebendies ist auch die Situation der Gemeinde, der das Wirken Jesu in der mk Jesuserzählung vergegenwärtigt wird. Die Gegenwart ist noch wesentlich durch die Niedrigkeit des Kreuzes bestimmt. Was dies im Blick auf die ethische Dimension der Nachfolge bedeutet, ist im Folgenden zu entfalten.

## 2. Geltung, Deutung und Depotenzierung der Tora

1. Im Blick auf die Torathematik ist im Mk eine auffällige Leerstelle zu verzeichnen: Das Wort Gesetz (νόμος) kommt im Mk, anders als im Mt und im Lk, nicht vor. Gleichwohl gibt es einschlägige Texte zur Gesetzesthematik. Für die Rezeption des Gesetzesverständnisses Jesu im Mk ist dabei charakteristisch, dass zwar zum einen positiv an die Betonung sozialer Gebote angeknüpft wird, zum anderen aber torakritische Akzente hervortreten und die Befolgung der Tora im Zuge der Betonung der Nachfolge als Zentrum der mk Ethik depotenziert wird.

2. Markus weist eine sichtbare Distanzierung zu den Teilen der Tora auf, die häufig in dem Begriff ‚rituelle Gebote' zusammengefasst werden. Besonders deutlich wird dies in 7,1–23, wo er die Kontroverse mit Pharisäern um das Händewaschen vor dem Essen (7,1–13) zum Anlass nimmt, um Jesus in der sich anschließenden Unterweisung des Volkes und der Jünger (7,14.17–23) eine prinzipielle Außerkraftsetzung der Speisegebote vertreten zu lassen. Händewaschen vor dem Essen ist *kein* Toragebot, sondern Teil der pharisäischen Halacha, was Markus allerdings in seiner Erläuterung in V.3(f) in historisch unzutreffender Weise auf „alle Juden" hin pauschali-

siert, womit er eine Perspektive von außen zu erkennen gibt. Markus präsentiert das Händewaschen durch die Anfügung von V.4 ferner als lediglich ein Beispiel aus einer Reihe von Reinheitsbestimmungen im Zusammenhang des Essens. Vor allem aber verallgemeinert er die spezifische Frage des Händewaschens vor dem Essen in der Belehrung des Volkes und der Jünger eben zu einer Stellungnahme zur Geltung, ja zur Sinnhaftigkeit der Speisegebote an sich. Denn der Erzählerkommentar in V.19, dass Jesus alle Speisen für rein erklärt habe, macht deutlich, dass Markus die Aussage in V.15, die Jesus gegenüber den Jüngern in V.18f noch mit einer Erläuterung versieht, auf die Unterscheidung von reinen und unreinen Speisen bezogen wissen will[1] – ohne dass Markus allerdings expliziert, dass es hier nicht bloß um die Überlieferung der Alten (V.3.5.8f.13) geht, gegen die zuvor „das Gebot Gottes" (V.8f) in Stellung gebracht wurde, sondern um Gebote der Tora selbst (Lev 11; Dtn 14,3-21). Nun wird man Markus kaum anlasten können, dass er Letzteres nicht gewusst habe. Vielmehr liegt die Annahme nahe, dass für Markus nicht alles, was in der Tora steht, Gebot *Gottes* ist. Die Bewertung der Institution des Scheidebriefes (Dtn 24,1) in Mk 10,3-5 reiht sich hier ein (→ 4/1). Die Vollmacht aber, zu entscheiden, was Wille und Gebot Gottes ist, kommt exklusiv dem Gottessohn Jesus zu (vgl. Kampling 1995, 139f.149). Ist Jesus auf den spezifischen Vorwurf der Pharisäer in 7,2 diesen gegenüber inhaltlich gar nicht eingegangen und wird die Frage des Händewaschens auch in V.14-23 nicht *expressis verbis* aufgenommen, so ist in den grundsätzlicheren Ausführungen Jesu in V.14-23 gleichwohl die Antwort auf V.2 enthalten: Wenn Speisen grundsätzlich nicht verunreinigen können, ist der pharisäische Diskurs über die Verunreinigung von Speisen durch die Hände schlechthin sinnlos.

Mit den Speisegeboten wird ein zentrales Instrument des Judentums zur Abgrenzung von der paganen Welt (s. exemplarisch EpArist 139-142; Jub 22,16) negiert. Eben diese soziale Funktion spiegelt sich auch in der mk Komposition. Fällt mit der Aufhebung der Speisegebote in 7,1-23 ein zentrales Instrument der Abgrenzung Israels von den Völkern dahin, so bildet die sich anschließende Heilung der Tochter der Syrophönizierin (7,24-30) den Auftakt zu einem größeren, ‚Heiden' zumindest einschließenden Wirken Jesu, denn Markus lässt Jesus in 7,31-8,9 in vornehmlich ‚heidnischen' Gebieten wirken: Jesus zieht durch Sidon und begibt sich schließlich in die Dekapolis (7,31), wo man sich neben der Heilung des Taubstummen (7,31-37) offenbar auch die Speisung der 4000 (8,1-9) zu denken hat. Die Zusammensetzung der Menschenmenge ist damit hier eine andere als zuvor bei der Speisung der 5000 in 6,34-44, so dass das Nebeneinander der Speisungsgeschichten das „zuerst" in Jesu Wort an die Syrophönizierin in 7,27 illustriert: Erst sind die Kinder Israels satt geworden; danach ist auch den ‚Heiden' das Heil zuteilgeworden. Darin, dass Reinheits- und Speisegebote für Markus nicht mehr von Gewicht sind, verrät er einen heidenchristlichen Standpunkt, wie er auch in der paulinischen Völkermission zutage tritt. Die Besonderheit von Markus ist, dass er die Klärung

---

[1] Im Sinne einer allgemeinen Äußerung zu Speisegeboten kann Mk 7,15 nicht auf Jesus zurückgeführt werden (→ II.3/10). Möglich wäre eine Rückführung allein, wenn das Logion – gegen den mk Kommentar in V.19 – ursprünglich streng auf die Frage der Verunreinigung durch erlaubte Speisen, die durch ungewaschene Hände verunreinigt wurden, bezogen war (in diesem Sinn Mt 15,1-20!). Vgl. dazu die instruktive Diskussion in Furstenberg 2008, bes. 181-184, anders Booth 1986, 219, der das Logion allerdings in dem vergleichenden Sinn versteht, dass nichts, was von außerhalb des Menschen in ihn hingeht, ihn *kultisch* so verunreinigen könne, wie das, was aus ihm kommt, ihn *ethisch* verunreinigt (214 u.ö.).

der im entstehenden Christentum umstrittenen Frage der Geltung jüdischer Speisetabus (vgl. Gal 2,11–14!) *bei Jesus selbst* verankert (zu Röm 14,14 → III.2.3); weder Matthäus, der Mk 7,1–23 signifikant umgearbeitet hat (→ VI.2.6/2), noch Lukas, der den mk Passus ganz übergangen hat und die Lösung der Speiseproblematik nachösterlich verortet (Apg 10), sind Markus darin gefolgt.

Auf der Basis der in Mk 7 leitenden Entgegensetzung von Äußerem und Innerem definiert Markus Reinheit konsequent als eine ethische Kategorie: Unreinheit kommt allein aus dem Herzen (V.20f) und besteht in bösen Gedanken und Lastern, die in V.21-23 exemplarisch dargeboten werden. Gottes Wille befasst sich nicht mit irrelevanten äußeren Dingen wie Speisen, sondern mit dem Verhalten des Menschen, das sich im Herzen entscheidet.

3. Komplexer ist der Befund zum Sabbat in Mk 2,23–3,6, denn hier findet sich keine explizite Abrogation des Sabbats, dessen Beachtung immerhin im Dekalog verankert ist (Ex 20,8-11; Dtn 5,12-15), wohl aber eine sich von den zeitgenössischen frühjüdischen Diskursen (dazu Doering 1999*) signifikant unterscheidende Interpretation.

Die Einhaltung des Arbeitsverbots – Ährenraufen (Mk 2,23) gilt auf der Grundlage von Ex 34,21 als am Sabbat verbotene Tätigkeit (Jub 50,12; CD X,20f; mShab 7,2, vgl. Doering 1999*, 428f) – wird dem menschlichen Wohlergehen kategorisch untergeordnet. Als theologische Basis dafür wird der ursprüngliche Wille des Schöpfers geltend gemacht, der den Sabbat um des Menschen willen und nicht den Menschen um des Sabbats willen geschaffen hat (2,27). Das Logion „rekurriert ... auf die Erschaffung des Menschen vor der Stiftung des Sabbats nach Gen 1,26–2,3, wobei die *zeitliche* Priorität der Menschen-Schöpfung implizit den *sachlichen* Vorrang des Menschen begründet" (Doering 1999*, 418). Im mk Gesprächsgang wird mit der antithetischen Formulierung der Sentenz in Mk 2,27 insinuiert, dass die strenge Auslegung des Arbeitsverbots, die sich in der Intervention der Pharisäer gegen das Ährenraufen artikuliert, faktisch einer Auffassung des Sabbats das Wort rede, nach der der Mensch um des Sabbats willen geschaffen wurde. Dem schöpfungstheologischen Argument in V. 27 steht in V.28 ein Argument zur Seite, das, falls es ohnehin nicht erst von Markus angefügt wurde, im mk Kontext auf jeden Fall christologisch zu verstehen ist, da „Sohn des Menschen" hier nicht den einzelnen Menschen meint, sondern sich auf Jesus bezieht (zur Problematik der Einordnung von Mk 2,28 s. die Diskussion bei Doering 1999*, 419-423): Jesu Vollmacht, von der zuvor explizit im Blick auf die Sündenvergebung die Rede war (2,10), lässt ihn Herr auch über den Sabbat sein (vgl. Sariola 1990, 102-104; Loader 1997*, 35), d.h., er ist bevollmächtigt, das rechte, nämlich den Menschen dienende, Verständnis des Sabbats zu erschließen. Die Episode in 3,1-6 verstärkt dies: Auch am Sabbat gilt das Grundprinzip, dass man Gutes tun bzw. Leben retten soll (V.4). Wieder wird durch die Form einer Antithese, hier durch die ethisch abwegige Alternative „Böses zu tun" bzw. „zu töten" (vgl. V.6!), der positive Grundsatz als faktisch alternativlose Option herausgestellt – als ginge es bei der Frage der Sabbatheiligung um genau diese Alternative. Durch das Nebeneinander von „Gutes tun" und „Leben retten", in dem Letzteres, das auch vom pharisäischen Gesprächspartner als Grund für die Suspendierung des Sabbatgebots akzeptiert wird (vgl. nur mJoma 8,6), als *ein* konkretes Beispiel für Ersteres erscheint, wird des Näheren vermittelt, dass konsequenterweise der Grundsatz, dass der Mensch Gutes tun soll, durch das Arbeitsverbot am Sabbat auch dann nicht eingeschränkt wird, wenn das Tun des Guten auf den nächsten Tag aufgeschoben werden könnte. Der Sabbat darf also auch dann übertreten werden, wenn es um die Heilung nicht lebensgefährlicher Krankheiten geht.

Die Institution des Sabbats selbst wird in 3,4 wie in 2,27f nicht hinterfragt. Deutlich ist aber, dass die frühjüdisch etablierte Form der Debatte über verbotene Arbeit am Sabbat für Markus funktionslos geworden ist.

4. Wird das in Mk 7,1–23 vermittelte Bild durch die Sabbatthematik bereits differenziert, so unterstreichen Texte, in denen es um Gebote geht, die den zwischenmenschlichen Bereich betreffen, dass die Tora keineswegs im Ganzen als obsolet angesehen wird. Schon die Kontroverse mit den Pharisäern in 7,1–13 lässt dies klar hervortreten. Jesus argumentiert gegen die den Pharisäern zugeschriebene Ausgestaltung der Korbanpraxis mit dem Gebot der Elternehre aus dem Dekalog (Ex 20,12; Dtn 5,16), das nach dem hier vorausgesetzten Verständnis die Pflicht einschließt, Eltern, die etwa aufgrund ihres Alters nicht mehr selbst für ihren Unterhalt aufkommen können, zu versorgen (vgl. Jungbauer 2002*, 81f.99.251.271–273). Die Geltung sozialer Gebote wird durch Jesu Antwort an den reichen Mann in Mk 10,18f bekräftigt. Auf dessen Frage nach der Bedingung für den Empfang ewigen Lebens im Blick auf das Tun des Menschen antwortet Jesus mit einem Verweis auf Gebote aus der zweiten Tafel des Dekalogs sowie auf das Gebot der Elternehre. Das auf die Zitation des sechsten bis neunten Gebots folgende Verbot „du sollst nicht rauben" ist dabei vielleicht als eine zusammenfassende Paraphrase des zehnten Gebots gedacht oder aber, was wahrscheinlicher ist, als eine Bezugnahme auf das Gebot, dem Tagelöhner seinen Lohn am Abend auszuzahlen (Lev 19,13; Dtn 24,14f), auf das in Mal 3,5; Jak 5,4 unter Verwendung des in Mk 10,19 begegnenden Verbs (ἀποστερεῖν) rekurriert wird (vgl. auch Sir 4,1; 34,25–27!) – zum Reichtum des Gesprächspartners passt dies ausgesprochen gut. Die These, dass die in Mk 10,19 zitierten Gebote das *ganze* Gesetz repräsentieren sollen (Hose 2004, 113), hat allerdings Mk 7,1–23 deutlich gegen sich. Der Fortgang des Gesprächs zwischen Jesus und dem Reichen macht zudem deutlich, dass die – vom Reichen für sich in Anspruch genommene – Befolgung der genannten Gebote zwar eine notwendige, aber keine hinreichende Bedingung für den Empfang des ewigen Lebens darstellt.[2] Denn Jesus bedeutet ihm, dass ihm noch etwas fehlt. Entscheidend ist, dem Ruf in die Nachfolge Folge zu leisten, was in diesem Fall den Verkauf der gesamten Habe zugunsten der Armen einschließt. In Mk 10,17–22 tritt, anders gesagt, eine Zweistufenethik hervor, in der das Halten der sozialen Gebote der Tora nicht mehr als die ethische Basisstufe darstellt.

5. Dieser Sachverhalt findet in Mk 12,28–34 eine Bestätigung. Die mk Version des Doppelgebots der Liebe weist im Vergleich zu Mt 22,34–40 und Lk 10,25–28 einige charakteristische Besonderheiten auf. Markus schildert, wie allgemein konstatiert wird, ein freundliches, vom Konsens zwischen Jesus und dem Schriftgelehrten

---

[2] Vgl. Sariola 1990, 173f; Kampling 1995, 146f; Löhr 2002, 346; Repschinski* 2009, 192f, anders Loader 1997*, 91f; Cummins 2016, 70.

getragenes Gespräch (anders aber Ebersohn 1993*, 169–173), in dem Markus den Schriftgelehrten Jesu Antwort auf die Frage nach dem ersten Gebot ausdrücklich bekräftigen lässt.

Wie Jesus das Gebot der Gottesliebe (Dtn 6,5) mit dem ihm in Dtn 6,4 vorangehenden Beginn des „Höre Israel" zitiert, so greift auch der Schriftgelehrte ausdrücklich die Einzigkeit Gottes zu Beginn seiner Replik auf (V.32), während nun die Liebe zu Gott und die Liebe zum Nächsten zu einer Einheit zusammengezogen sind und damit als Doppelgebot im engeren Sinn erscheinen. Die Zählung der Gottesliebe als erstes und der Nächstenliebe als zweites Gebot (V.29–31) kehrt in den Worten des Schriftgelehrten in V.33 nicht wieder, was im Lichte der Bestätigung der Aussage des Schriftgelehrten im Urteil Jesu in V.34a anzeigt, dass es auch in V.29–31 nicht um eine Abstufung im strengen Sinne gegangen ist. Ohnehin wird die Aufmerksamkeit schon deshalb auf die Nennung des zweiten Gebots gelenkt, weil nach diesem gar nicht gefragt war. Die Gottesliebe ist die grundlegende Voraussetzung für alles menschliche Handeln und also auch für die Nächstenliebe (vgl. Kertelge 1994, 51). Gottesliebe erschöpft sich nicht darin, sich dem Nächsten zuzuwenden, so dass nicht von einer Kongruenz von Gottes- und Nächstenliebe zu sprechen ist (anders Repschinski 2009*, 215), doch gilt zugleich, dass die Nächstenliebe eine unhintergehbare und als solche essentielle Manifestation der Gottesliebe ist. Jesu Schlusskommentar, dass kein anderes Gebot größer ist als diese, findet in der Replik des Schriftgelehrten darin ein Pendant, dass dieser erklärt, die Liebe zu Gott und zum Nächsten sei *mehr als* alle Brand- und Schlachtopfer, was sich im Gesamtkontext gut in die dargelegte Abwertung der rituellen Gebote im Mk einfügt, nur würde Markus selbst noch einen Schritt weitergehen: Da der – ohnehin zu einer Räuberhöhle degenerierte (11,17) – Tempel durch den Tod Jesu, wie das Zerreißen des Vorhangs in 15,38 anzeigt, seine Funktion verloren hat (und zur Zeit der Abfassung des Mk zerstört ist), haben die Opferbestimmungen für ihn – wie die Speisegebote nach 7,19 – gar keine Bedeutung mehr. Die kompositorische Platzierung der Worte über das Gebet in 11,22–25 gibt des Näheren zu erkennen, dass die Funktion des Tempels, als Haus des Gebets für die Völker zu dienen (11,17), auf die christliche Gemeinde übergegangen ist (vgl. Loader 1997*, 97). Dieser Befund unterstreicht zugleich die in 12,28–34 implizierte Aussage, dass sich die Liebe zu Gott nicht in der rigorosen Befolgung ritueller Gebote manifestiert.

Das Doppelgebot wird in 12,28–34 nicht explizit als Zusammenfassung des Gesetzes ausgewiesen (vgl. Akiyama 2018*, 178). Vor allem aber ist anzumerken, dass das Nächstenliebegebot zwar als das Hauptgebot des sozialen Willens Gottes in der Tora erscheint, aber – ganz auf der Linie der in 10,17–22 begegnenden Rolle des Gesetzes – von Markus nicht als Summe seiner Ethik insgesamt präsentiert wird. Denn für den verständigen Schriftgelehrten bedeutet seine Einsicht nach der abschließenden Antwort Jesu in V.34 nicht mehr als das, dass er *nicht fern* vom Reich Gottes ist. Um mehr als nicht fern zu sein, bedarf es, wie 10,17–22 zeigt, eines weiteren Schrittes: des Eintritts in die Nachfolge Jesu. Es findet sich im Mk also eine doppelte Relativierung der Tora: Erstens gelten die rituellen Gebote als obsolet, die Tora wird auf das Nächstenliebegebot und andere den zwischenmenschlichen Bereich betreffende Gebote wie die sozialen Gebote des Dekalogs konzentriert. Zweitens definieren aber auch die sozialen Gebote der Tora lediglich die ethische Basisstufe, die der Ergänzung bedarf. Diesem Befund fügt sich ein, dass Jesus nirgends im Mk als Interpret der Tora präsentiert wird. Es werden zwar, wie ausgeführt, verschiedene

Toragebote als gültige Verhaltensorientierung zitiert, aber nirgendwo werden Weisungen Jesu, wie etwa in den Antithesen in Mt 5,21–48, diesen Geboten im Sinne der Klärung oder Erläuterung ihrer Bedeutung zugeordnet. Das Entscheidende ist für Markus die Nachfolge Jesu und, damit verbunden, die Orientierung an den Weisungen Jesu.

## 3. Das Dienen als Grundsignatur der Jüngerexistenz in der Nachfolge des Gekreuzigten

1. Die fundamentale Bedeutung der Nachfolgethematik, die sich in den Ausführungen zu Mk 10,17–22 (→ 2/4) bereits angedeutet hat, spiegelt sich kompositorisch darin, dass auf die programmatische Eröffnung der Verkündigung Jesu in 1,14f als erstes der Ruf von zwei Brüderpaaren in die Nachfolge folgt (1,16–20): Die Ansage der Nähe des Reiches Gottes in 1,15 erscheint als Basis und Ermöglichung des Rufes in die Nachfolge, wie umgekehrt die Nachfolge die notwendige und insofern geforderte Antwort auf das mit Jesu Wirken anhebende Basileia-Geschehen ist (vgl. Söding 1985, 303f). Die Berufungen von Simon (Petrus) und Andreas sowie Jakobus und Johannes machen dabei klar, dass Nachfolge eine klare Prioritätensetzung impliziert. Wie in 2,14 der Zöllner Levi lassen die vier sofort ihre Tätigkeiten zurück, um Jesus zu folgen. Petrus' Rückblick in 10,28 bringt dies pointiert zum Ausdruck: „Wir haben *alles* verlassen und sind dir nachgefolgt." Zugleich scheint darin, dass nicht eine Einzelberufung am Anfang steht, sondern sogleich zwei Brüderpaare in die Nachfolge gerufen werden, bereits die Bildung einer neuen Gemeinschaft auf. Dass Markus dies vor Augen hat, zeigt neben 3,35 auch Jesu Antwort auf Petrus' Frage in 10,28: Unter den Synoptikern verheißt nur der mk Jesus den Jüngern bereits eine diesseitige Kompensation, die explizit den Gewinn einer neuen Gemeinschaft einschließt (10,29f).

Im Gefolge der ersten Leidensankündigung in 8,31 wird die Nachfolge zur Kreuzesnachfolge vertieft (8,34). Dem Verweis auf das Reich Gottes als Horizont der Nachfolgeforderung tritt damit eine christologische, auf das Kreuz bezogene Dimension zur Seite. Markus hat im Mittelteil (8,22–10,52) des Näheren eine dreimalige Sequenz von Leidensankündigung Jesu, unangemessener Reaktion der Jünger und Unterweisung Jesu gebildet (8,31–38; 9,31–37; 10,32–45), die Markus' ethisches Anliegen klar zu erkennen gibt. Die Jünger, die buchstäblich mit Jesus „auf dem Weg" sind (8,27; 9,33f; 10,32), erhalten die nötige Wegweisung für ihre Nachfolge. Christuserkenntnis und Nachfolge bilden dabei einen unlöslichen Zusammenhang: Nur und erst dann, wenn erkannt ist, dass und warum, nämlich zum Heil für die Menschen, der Messias leiden muss, können die Jünger auch verstehen, was Nachfolge letztendlich bedeutet. Zunächst zu Mk 8,31–38: Während Jesus „mit Freimut" (V.32) davon spricht, dass er viel leiden müsse (V.31), spiegelt Petrus' abweisende Reaktion das übliche Sinnen und Trachten von Menschen, die Leiden und Ungemach auszuweichen suchen. Nachdem ihm mit der an die Berufung in 1,17 zurücklenkenden Ortsanweisung „hinter mich (ὀπίσω μου)" wieder sein Platz in der Nachfolge angewiesen wurde (V.33), folgt ab V.34 eine Unterweisung, in der der mk Jesus die Nachfolge als Leidens- und Kreuzesnachfolge konkretisiert: „Wenn jemand hinter mir nachfolgen will, verleugne er sich selbst und nehme sein Kreuz auf sich und folge mir nach!" (8,34). Die im Griechischen ungewöhnliche Formulierung „sich selbst verleugnen" ist offenbar als Kontrast zu „Christus verleugnen" gebildet. Von den Jüngern wird die Bereitschaft verlangt, das natürliche Bestreben des Selbst nach Existenzsicherung hintanzustellen, was in letzter Konsequenz auch die Bereitschaft zum Martyrium einschließt. Die Nachfolge Jesu impliziert also eine klare Positionierung *angesichts des zu erwartenden Widerstandes*. Markus hat offenbar Gemeinden vor Augen, die mit Bedrängnis zu rechnen haben (vgl. 4,17; 6,11; 10,30; 13,9–13.19). Die, die sich auf die Nachfolge Jesu einlassen, müssen also wissen, was auf sie zukommen kann, aber auch, was auf dem Spiel steht. Denn neben das Wissen, dass man sich auf Leiden gefasst machen muss, tritt das Wissen, dass sich an der Nachfolge das eschatische Ergehen entscheidet (8,35–38). Der Erhaltung oder dem Verlust dieses Lebens steht der Verlust oder der Gewinn des zukünftigen Lebens gegenüber. Der Ausblick auf die Teilhabe am Reich Gottes lässt das Leben in dieser Welt als etwas Sekundäres erscheinen und soll entsprechend die Bereitschaft nähren, Leid in diesem Leben auf sich zu nehmen, um das zukünftige Leben zu gewinnen. Das in V.38 eingebrachte Motiv, sich Jesu bzw. seiner Worte *zu schämen* (vgl. Röm 1,16), lässt die hier anvisierte Situation deutlich hervortreten: Diejenigen, die Jesus nachfolgen, müssen damit rechnen, von anderen geschmäht, verfolgt oder jedenfalls ausgelacht zu werden, denn sie leben inmitten eines „ehebrecherischen und sündigen Geschlechts". Sie geraten damit in die Versuchung, sich dafür zu schämen, Jesus nachzufolgen, in die Versuchung, ihre Identität zu verbergen. Wer sich so verhält, kann vom Menschensohnrichter keine Anerkennung erwarten. Wer sich aber auf die Kreuzesnachfolge einlässt, geht dem Reich Gottes entgegen.

2. Hinsichtlich des zwischenmenschlichen Verhaltens erfährt die Nachfolge ihre grundlegende Bestimmung durch den Aspekt des Dienens. Seine Bedeutung wird schon daran sichtbar, dass es mit 9,33–37 und 10,35–45 genau an dieser Stelle im Mk eine Doppelung gibt. Nach dem martyrologischen Kontext von 8,34–38 wird die in Jesu Proexistenz fundierte Hintansetzung eigener Lebensinteressen nun in zwischenmenschliches Verhalten übersetzt. In 9,33–37 kritisiert Jesus seine Jünger, weil sie auf dem Weg verhandelt haben, wer der Größte sei. Unmittelbar voran geht die zweite Leidensankündigung. Wenn sich die Jünger vor diesem Hintergrund mit Statusfragen beschäftigen, zeigt dies – nach Petrus' mangelnder Einsicht in 8,32 – erneut ihr Unverständnis. Wie Jesus Petrus zurechtgewiesen und die Jünger im Anschluss in die Kreuzesnachfolge gerufen hat, so folgt auch in Mk 9 eine Unterweisung der Jünger, die aus Jesu eigenem Weg eine Handlungsmaxime für seine Nachfolger ableitet: Gegen ihr Rangstreben setzt Jesus als Grundsatz, dass der, der der Erste sein will, „der Letzte von allen und aller Diener sein soll" (9,35). Pointiert kommt hier Statusverzicht, wie Jesus ihn in seinem Dienst an anderen vorgelebt hat, als ethisches Grundprinzip zum Ausdruck.

Diese christologische Fundierung wird in 10,35–45 expliziert. Wieder geht eine Leidensankündigung voraus (10,32–34). Wieder wird das Unverständnis der Jünger sichtbar, denn nun begehren die beiden Zebedaiden Sonderplätze. Erneut schärft Jesus ein, dass das für einen Nachfolger angemessene Verhalten nicht ist, groß sein zu wollen, sondern zu dienen, nur wird diese Forderung nun anders als in 9,35 noch durch die Entgegensetzung zum üblichen Gebaren der Mächtigen profiliert (10,42) und zur Betonung dieser Kontrastierung zu einem Zweizeiler erweitert, dessen beide Teile (V.43.44) der doppelgliedrigen Aussage in V.42 in chiastischer Stellung entsprechen (vgl. Mingo Kaminouchi 2003, 129f). Vor allem aber gipfelt die Unterweisung darin, dass die Forderung durch einen Verweis auf den Lebensweg des Menschensohnes begründet wird, der „nicht gekommen ist, um bedient zu werden, sondern um zu dienen und sein Leben zu geben als Lösegeld für viele" (V.45). Auf der Kommunikationsebene des Evangelisten bedeutet das: Jetzt ist nicht die Zeit, über Ehrenplätze neben dem auferstandenen Herrn nachzudenken, sondern jetzt ist die Zeit der Dienst- und Leidensgemeinschaft. Geltungsstreben und Status- oder Herrschaftsgebaren soll mit dem Verweis auf den Weg Jesu der Boden entzogen werden. Der Vergleich mit den weltlichen Herrschern legt einen Bezug auf die Ausübung von Leitungsfunktionen in der Gemeinde nahe (vgl. Wischmeyer 2004, 206), doch ist nicht zu verneinen, dass dies Konsequenzen für das Gruppenethos im Ganzen hat. Der Gekreuzigte, der im Gegensatz zum römischen Kaiser der wahre Sohn Gottes ist, vermittelt ein Gemeinschaftsverhalten, das das Dominanzgebaren der Herrschenden überwindet. Die Rahmung der Mahnung zum Dienen durch die Verweise auf das Leiden und Sterben Jesu in 10,32–34.45 macht, kurz gesagt, deutlich: Das Dienen ist das Grundgesetz der Gemeinde in der Nachfolge des Gekreuzigten (vgl. Jochum-Bortfeld 2008, 209.227f).

Die Unterweisungen Jesu zur Nachfolge in 8,34–38; 9,33–37; 10,42–45 bilden das Herzstück der mk Ethik. Sie definieren grundlegend und zentral, was der Wille Gottes ist, dessen Befolgung nach 3,35 die Bedingung ist, um zur wahren Familie Jesu zu gehören (vgl. Breytenbach 2006, 63). Die Plausibilität des hier vermittelten Ethos hängt unmittelbar von der Erkenntnis des Kreuzes als Vollendung der heilstiftenden Proexistenz des Gottessohnes Jesus ab. Nicht von ungefähr ist der Mittelteil 8,27–10,45 durch zwei Blindenheilungen gerahmt (8,22–26; 10,46–52), die in diesem Zusammenhang eine symbolische Bedeutung erhalten: Jesu Unterweisung „auf dem Weg" sucht den Jüngern – und damit den Lesern – die Augen für die Bedeutung des Kreuzestodes Jesu und zugleich für die ‚Kreuzförmigkeit' der eigenen Nachfolge – im Erleiden von Bedrängnis wie zwischenmenschlich im Dienen – zu öffnen. Nicht von ungefähr endet die Heilung von Bartimäus in 10,52 mit der Notiz: „Und sogleich wurde er sehend und folgte ihm nach auf dem Weg." Was das Dienen im Einzelnen bedeutet, wird im Mk inhaltlich nicht entfaltet. Es könnte auch immer nur exemplarisch konkretisiert werden. Denn es geht um eine – von persönlichen Sympathien unabhängige – Grundhaltung gegenüber dem Mitmenschen, die auf dessen Wohlergehen ausgerichtet ist. Ein Pendant dazu kann man in der christologischen Vertiefung der Agape bei Paulus (→ III.3.2) finden, wie sie in der Maxime in 1Kor 10,24 zum Ausdruck kommt: „Niemand suche das Seine, sondern das des anderen!"

## 4. Die Herausforderungen der Nachfolge im Lebensalltag

Neben der Unterweisung über Selbstverleugnung und Statusverzicht als Grundsignaturen der Nachfolge des Gekreuzigten begegnet im Mitteilteil des Mk mit 10,2–31 ein längerer Passus, in dem mit Ehe, Kindern und Umgang mit dem Besitz grundlegende Dimensionen des Alltagslebens angesprochen werden. Einzubeziehen ist zum Abschluss ferner die Vergebungsthematik.

1. In 10,2–12 nimmt Markus Jesu strikte Position zu Ehescheidung und Wiederheirat auf, indem er mit dem Streitgespräch mit den Pharisäern (V.3–9) und der anschließenden Jüngerbelehrung (V.10–12) das schöpfungstheologisch begründete Trennungsverbot und die daran anknüpfende Auslegung der Wiederheirat als Ehebruch miteinander verbindet (zu Jesus → II.3/6). Die androzentrisch formulierte Frage der Pharisäer, ob es *einem Mann* erlaubt sei, *seine Frau* zu entlassen (V.2), spiegelt jüdische Rechtsverhältnisse. Jesu Rückfrage „was hat Mose *euch* geboten?" signalisiert nicht eigene Distanz zur Tora (anders Loader 1997*, 88f.94), was im Übrigen in Spannung zu 7,10 stehen würde (vgl. auch 9,4f), sondern bereitet 10,5 vor: Den Pharisäern hat Mose im Blick auf ihre Hartherzigkeit das Gebot gegeben, einen Scheidebrief auszustellen (vgl. Dtn 24,1) und die Frau zu entlassen. „Nicht Mose, sondern diejenigen, für die die Regelung der Scheidungspraxis eingeführt wurde und die an ihr festhalten, werden negativ qualifiziert" (Kampling 1995, 145). Dieser Konzession stellt der mk Jesus einen Rekurs auf Gen 1,27 und 2,24, also auf andere Passagen der Tora gegenüber, mit denen die Unauflöslichkeit der Ehe schöpfungstheologisch begründet wird. Dies ist, was in der Mosetora zur Frage der Pharisäer eigentlich geboten ist und was nun durch Jesus zur Geltung gebracht wird. Torakritik kann man hier insofern mitschwingen hören, als die auf die menschliche Hartherzigkeit Rücksicht nehmende Konzession von Dtn 24,1 für den mk Jesus eine fragwürdige ist und sie im Lichte des eigentlichen, uranfänglichen Gotteswillens, wie er nun angesichts der Nähe des Reiches Gottes zur Geltung zu bringen ist, hinfällig erscheint. Da das Verbot der Wiederheirat in V.11f als Erläuterung des Vorangehenden für die nachfragenden Jünger (V.10) präsentiert wird, lässt sich im mk Kontext keineswegs folgern, dass nach diesem Logion die Scheidung an sich erlaubt sei und erst die Wiederheirat untersagt werde. Vielmehr erläutert der mk Jesus den Jüngern die Konsequenz der Wiederheirat auf der Basis der im Voranstehenden dargelegten Eheauffassung: Da die Ehe vor Gott unauflöslich ist und also die von Menschen vollzogene Scheidung keine Wirkung auf die vor Gott weiterhin bestehende Ehe hat, bedeutet das Eingehen einer zweiten Ehe, die erste Ehe zu brechen. Markus hat das Logion dabei römischen Rechtsverhältnissen angepasst, indem mit V.12 die Scheidungsmöglichkeit auch der Frau vorausgesetzt wird. Ferner bricht der Mann durch die Heirat einer anderen die Ehe mit seiner (ersten) Frau, während nach dem jüdischen Rechtsverständnis ein Mann nur die Ehe eines anderen Mannes brechen kann (die Ehe von Herodes Antipas mit der Frau seines Bruders wäre nach Mk 10,11f nicht nur ein Verstoß gegen Lev 18,16; 20,21, worauf sich die Kritik des Täufers in Mk 6,18 bezieht, sondern auch eine Übertretung des Verbots des Ehebruchs, doch begnügt sich Markus in 6,17f damit, die Kritik des Täufers zu kolportieren). Wie sich Markus die

Geschlechterrollen in der Ehe denkt, geht aus der reziproken Formulierung des Logions in 10,11f nicht hervor. Festzuhalten ist nur, dass Markus streng die Unauflöslichkeit der Ehe vertritt und entsprechend von verheirateten Gemeindegliedern erwartet, dass sie in der einmal geschlossenen Ehe bleiben. Nicht tangiert ist von Mk 10,2–12 der Fall einer zweiten Ehe nach dem Tod des Partners bzw. der Partnerin.

Die Hochschätzung der Ehe, wie sie in der Interpretation der Eheschließung als Akt Gottes in 10,9 aufleuchtet, wird im Mk durch afamiliäre Züge des Ethos der Jesusbewegung, wie sie in 1,20 an einem konkreten Fall (Jakobus und Johannes verlassen ausdrücklich auch ihren Vater) und in 10,28f in einer allgemeinen Form zutage treten (vgl. auch 3,34f), insofern nicht unmittelbar relativiert, als vom Ehepartner in 10,29 nicht ausdrücklich die Rede ist (anders nur Lk 14,26; 18,29). Im Übrigen bringt die Tradierung der genannten Texte und ihre Aufnahme im Mk zwar zur Geltung, dass die neuen gemeindlichen Beziehungen Priorität gegenüber verwandtschaftlichen Bindungen genießen und daher die Nachfolge Jesu im Konfliktfall (vgl. 13,12!) selbst den engsten familiären Bindungen vorzuordnen ist (vgl. dazu Barton 1994, 57-124), doch erscheint Afamiliarität im Mk nicht als ein Wesenszug des Christseins. Als solcher wäre er unvereinbar mit dem zweifachen Rekurs auf das Gebot der Elternehre (Mk 7,10; 10,19, vgl. zudem 10,13–16 zu Kindern). Im Blick auf die Ehe schließlich kann man zwar darauf hinweisen, dass eheliche Bindungen nach Mk 12,25 in der engelgleichen postmortalen Existenz keine Rolle mehr spielen. Es ist aber nicht erkennbar, dass dies für Markus irgendeine Bedeutung für die Gestaltung der irdischen Existenz hätte.

2. Mit Mk 10,13–16 tritt der Hochschätzung der Ehe die Wertschätzung der Kinder zur Seite. Ob die kompositorische Abfolge in Mk 10,2-12.13–16 Einfluss der Haustafeltradition (Kol 3,18–4,1; Eph 5,22–6,9, → IV.1.2.2, IV.2.2.3) verrät (so z. B. Verhey 1984*, 80), muss unsicher bleiben. Die Wertschätzung der Kinder wurde schon in 9,36f deutlich. Auch hier zeigt die Wiederholung die Bedeutung dieses Themas an. Dass Jesus die Jünger anweist, die Kinder zu ihm kommen zu lassen und sie nicht zu hindern (V.15), dürfte auf der Ebene der mk Kommunikation mit seinen Adressaten darauf verweisen, dass Kinder in den gemeindlichen Versammlungen willkommen sein sollen. Nicht ausgeführt wird, um welchen Aspekt, der sich mit Kindern verbindet, es in der Begründung „denn *solchen* gehört das Reich Gottes" (V.15) sowie in dem Logion über den Zugang zum Reich Gottes (V.16) geht. Am plausibelsten dürfte sein, an den niedrigen Sozialstatus des Kindes zu denken (vgl. Mt 18,2–4), da sich dies gut den Mahnungen zum Statusverzicht in 9,33–37 und 10,42–45 einfügt, zumal in 9,36f die Aufforderung, der Letzte und allen zum Diener zu werden, eben mit der Annahme eines Kindes illustriert wird. Die Annahme und Wertschätzung von Kindern erscheint damit als integraler Bestandteil des antihierarchischen und vom Dienstgedanken bestimmten Ethos, das christliches Gemeinschaftsleben kennzeichnen soll.

3. Die Radikalität der Nachfolge kommt nicht zuletzt in 10,17–22 in der Begegnung Jesu mit einem reichen Mann zum Vorschein, dessen akkurate Befolgung der in V.19 angeführten Gebote „von Jugend an" (V.20) Jesus in keiner Weise in Frage stellt, dessen Berufung in die Nachfolge aber scheitert, weil er sich nicht von seinem reichhaltigen Besitz zu trennen vermag (V.21f). Die nachfolgende Jüngerbelehrung lässt

diese Szene zum Exempel dafür werden, dass es für Reiche grundsätzlich schwierig ist, in das Reich Gottes einzugehen (V.23-25). Dass die Jünger, obwohl sie selbst alles verlassen haben, um Jesus nachzufolgen (V.28), angesichts der Ausführungen Jesu über die schlechten Heilschancen der Reichen entsetzt sind und sich fragen, wer überhaupt gerettet zu werden vermag (V.26), reflektiert die Radikalität der Forderung(en) Jesu. Der Verweis auf Gott, bei dem alles möglich ist (V.27), also auch das, was bei Menschen eine Unmöglichkeit darstellt, bringt Licht in die düstere soteriologische Aussicht von V.23-26, ohne dass das Verhältnis der Aussagen in V.23-26 und V.27 näher bestimmt wird. Zugleich wird mit V.27 die Forderung von V.21, seinen Reichtum zugunsten der Armen abzugeben, aber nicht grundsätzlich unterlaufen. Im Blick auf die Frage, was V.21 für die mk Christen bedeutet, wird man allerdings die situative Differenz zwischen der mit Jesus umherziehenden Jüngerschar und den mk Adressaten zu beachten haben. Der *totale* Besitzverzicht hat in der vorösterlichen Gemeinschaft mit Jesus einen spezifischen Ort, der nicht ohne Weiteres auf die (mehrheitlich) sesshaften Gemeindeglieder übertragbar ist. Umgekehrt lässt sich aus der Situationsdifferenz nicht die völlige Bedeutungslosigkeit von V.21 ableiten. Nach V.29f manifestiert sich die hundertfache Gabe, die die Jünger empfangen werden, die in der Nachfolge *alles* verlassen haben, nicht nur zukünftig im Empfang des ewigen Lebens, sondern auch schon in der jetzigen Zeit, und zwar nicht allein im Gewinn neuer sozialer Bezüge in den christlichen Gemeinschaften (vgl. 3,31-35); vielmehr ist auch konkret von Häusern (und Äckern) die Rede, d.h. die Orientierung an der Sozialform des Hauses steht für Markus nicht in Frage (vgl. Lührmann 1987, 176f). Fragen kann man des Näheren, ob die plurale Rede von „Häusern" nur dem Formzwang der Illustration des hundertfachen Empfangs geschuldet ist oder aber einen Hinweis auf die solidarische Nutzung von Gütern gibt (vgl. Via 1985, 143; Kristen 1995, 158: „kollektives Eigentum"). Jedenfalls wird Markus es schwerlich als akzeptabel angesehen haben, wenn begüterte(re) Gemeindeglieder weiterhin ihren Besitz im Wesentlichen für sich zu nutzen suchten. Sofern Reichtum mit Status verbunden ist, ist hier ferner erneut auf die Forderung des Statusverzichts in 9,35; 10,42-44 zu verweisen (vgl. Smith 2007, 216). Dass vom Reichtum Gefahren für das Christsein ausgehen, spiegelt sich auch in 4,18f in der Deutung des Gleichnisses vom vierfachen Acker: Die „unter die Dornen Gesäten" sind solche, bei denen, nachdem sie das Wort gehört haben, „die Sorgen der Zeit und der Betrug des Reichtums und die Begierden nach den übrigen Dingen" das Wort ersticken.

Die in 10,21 anklingende karitative Dimension des Umgangs mit Besitz bleibt im Mk allerdings – ganz anders als im Lk – im Grunde eine Einzelstimme, die sich nicht mit anderen zu einem kraftvollen Chor vereint. In 14,5 protestieren zwar die Jünger dagegen, dass Jesus sich mit teurem Nardenöl salben lässt, indem sie darauf verweisen, dass das Öl für mehr als 300 Denare hätte verkauft und der Erlös den Armen hätte gegeben werden können, doch bleibt die Unterstützung Bedürftiger als stetige Aufgabe von Christen in der Verteidigung der Salbung durch den mk Jesus merkwürdig unverbindlich: *Wenn sie wollen*, können sie ihnen Gutes tun (14,7) – als stünde dies im Belieben der Jünger (Matthäus hat dieses Problem erkannt und diesen Passus in Mt 26,11 gestrichen!). Mk 14,7 bleibt damit sichtbar hinter dem atl. Referenztext aus Dtn 15,11 zurück, auf den die Worte Jesu, dass die Jünger allezeit Arme bei sich haben, anspielen, denn in Dtn 15,11 folgt auf diese Bemerkung die klare Anweisung, seine

Hand für Arme und Bedürftige weit zu öffnen. Mk 14,5.7 ist daher höchstens eine ganz undeutliche und schwache Nebenstimme zu 10,21.

Schwerlich anführen lässt sich in diesem Zusammenhang Mk 12,41–44 (anders z. B. Schulz 1987*, 446). Zwar wird die Witwe in der dominanten Deutung des Textes als ein Vorbild für die selbstlose Hingabe ihres ganzen Besitzes gesehen, das durch das Spendenverhalten der Begüterten, die lediglich aus ihrem Überfluss spenden, profiliert wird – Theißen sieht in ihr des Näheren ein leuchtendes Beispiel für die christliche ‚demokratisierte' Form des Euergetismus, in der auch Arme zu Wohltätern werden (2003, 177–182), ja als ältesten Beleg für die Tradition des z. B. in HermSim 5,3,7 bezeugten diakonischen Fastens (180f). In Mk 12,41–44 geht es allerdings gar nicht um eine Spende *für (andere) Bedürftige*, so dass der Text insofern nicht der Weisung in 10,21 korrespondiert. Zudem bezeichnet das hier von Markus verwendete Wort γαζοφυλάκιον sonst nie einen Opferstock. Nach der üblichen Wortbedeutung „Schatzkammer" muss es sich vielmehr um ein Tempelbankdepot handeln (s. Lau 2016, bes. 195–199, kritisch dazu Becker 2019, 154), dem die Witwe – unter dem Einfluss der Schriftgelehrten (vgl. 12,40) – ihre letzte Habe als Einlage anvertraut, doch steht nach 13,1f die Zerstörung des Tempels bevor. Geht man von der üblichen Wortbedeutung aus, dann diente die Witwe – auch wenn die Stoßrichtung der vormarkinischen Erzählung eine andere gewesen sein mag – im mk Kontext entgegen der Standarddeutung des Textes überhaupt nicht als Vorbild zur Nachahmung (so auch Becker 2019, 163f), sondern als eine tragische Figur, an der das fragwürdige Agieren der Schriftgelehrten beispielhaft dargestellt wird. Selbst dann aber, wenn hier unter dem γαζοφυλάκιον ein Opferstock zu verstehen wäre, geht es in dem Text nicht um die *karitative* Nutzung von Besitz *für Bedürftige*, sondern um eine Spende *für den Tempel*, und auch dann bliebe die Option, dass Markus in der Witwe eine tragische Figur gesehen hat, die ihr letztes Geld für eine religiöse Institution hingibt, die zur Räuberhöhle degeneriert ist (11,17).

4. Am Ende der kleinen Gebetsparänese in 11,22–25 schneidet Markus in V.25 kurz die Vergebungsthematik an: Das mit „wenn ihr steht und betet" wohl anvisierte gemeinschaftliche Gebet wird mit der Mahnung verbunden, zu vergeben, wenn man etwas gegen einen anderen hat. Wer sich im Gebet an Gott wendet, der muss bereit sein, zwischenmenschliche Störungen auszuräumen (vgl. die Ermahnung zum Frieden in 9,50). Der Nachsatz bringt das traditionelle Motiv zur Geltung, dass der Empfang der Vergebung durch Gott – dass diese hier zugleich als Gegenstand des Bittgebets gedacht ist (vgl. Mt 6,12; Lk 11,4), ist möglich, wird aber nicht ausdrücklich gesagt – von der eigenen Vergebungsbereitschaft abhängt (Sir 28,2–5; Mt 6,12.14f). Instruktiv im Blick auf den Aspekt der Vergebungsbereitschaft ist ein Blick auf die Rolle von Petrus im Mk: Trotz Jesu Unterweisung in 8,34 verleugnet Petrus nicht sich selbst, sondern Jesus (14,66–72), doch wird er in dem Auftrag des Jünglings an die Frauen am Grab eigens neben den (übrigen) Jüngern erwähnt (16,7). Markus weist damit ausdrücklich auf Petrus' Wiederannahme durch Jesus hin. Für die christliche Gemeinde dient dies als Modell für ihr eigenes Handeln in der Nachfolge Jesu. Im Angesicht von Bedrängnis und Verfolgung (vgl. 4,17; 13,9–13) wird es auch in ihrem Umfeld zur Verleugnung des eigenen Christseins gekommen sein (vgl. die spätere Aussage bei Plinius d.J., Ep 10,96,3.5f). Die explizite Erwähnung von Petrus in 16,7 lässt sich in diesem Zusammenhang so lesen, dass Markus dafür eintritt, denen, die sich danach der Gemeinde wieder anschließen wollen, mit Nachsicht zu begegnen (vgl. Ebner 1999, 38f). Petrus hat seine zweite Chance genutzt, ja er ist am Ende zum Märtyrer geworden; er hat also nicht Christus, sondern sich selbst verleugnet.

## Literatur

Barton, Stephen C.: Discipleship and Family Ties in Mark and Matthew, MSSNTS 80, Cambridge u. a. 1994.
Becker, Eve-Marie: Was die „arme Witwe" lehrt: Sozial- und motivgeschichtliche Beobachtungen zu Mk 12,41–4par., NTS 65 (2019), 148-165.
Booth, Roger P.: Jesus and the Laws of Purity. Tradition History and Legal History in Mark 7, JSNTS 13, Sheffield 1986.
Brawley, Robert L.: Generating Ethics from God's Character in Mark, in: Character Ethics and the New Testament. Moral Dimensions of Scripture, hg. v. dems., Louisville 2007, 57-74.
Breytenbach, Cilliers: Identity and Rules of Conduct in Mark. Following the Suffering, Expecting the Coming Son of Man, in: Identity, Ethics, and Ethos in the New Testament, hg. v. J.G. van der Watt, BZNW 141, Berlin – New York 2006, 49-75.
Cummins, S[tephen] A[nthony]: Torah, Jesus, and the Kingdom of God in the Gospel of Mark, in: Torah Ethics and Early Christian Identity, hg. v. S.J. Wendel – D.M. Miller, Grand Rapids 2016, 59-74.
Donahue, John R.: The Lure of Wealth: Does Mark Have a Social Gospel?, in: Unity and Diversity in the Gospels and Paul (FS F.J. Matera), hg. v. C.W. Skinner – K.R. Iverson, SBLECL 7, Atlanta 2012, 71-93.
Ebner, Martin: Du hast eine zweite Chance! Das Markusevangelium als Hoffnungsgeschichte, in: Ein Haus der Hoffnung (FS R. Zerfaß), hg. v. O. Fuchs – M. Widl, Düsseldorf 1999, 31-40.
– Das Markusevangelium, in: Einleitung in das Neue Testament, hg. v. dems. – S. Schreiber, Stuttgart ³2020, 158-186.
Furstenberg, Yair: Defilement Penetrating the Body: A New Understanding of Contamination in Mark 7.15, NTS 54 (2008), 176-200.
Hose, Burkhard: Reich Gottes kontra Gesetz? Anmerkungen zur bleibenden Heilsrelevanz des Gesetzes in Mk 10,17-27, in: Paradigmen auf dem Prüfstand. Exegese wider den Strich (FS K. Müller), hg. v. M. Ebner – B. Heininger, NTA NF 47, Münster 2004, 103-115.
Jochum-Bortfeld, Carsten: Die Verachteten stehen auf. Widersprüche und Gegenentwürfe des Markusevangeliums zu den Menschenbildern seiner Zeit, BWANT 178, Stuttgart 2008.
Kampling, Rainer: Das Gesetz im Markusevangelium, in: Der Evangelist als Theologe. Studien zum Markusevangelium, hg. v. T. Söding, SBS 163, Stuttgart 1995, 119-150.
Kertelge, Karl: Das Doppelgebot der Liebe im Markusevangelium, TThZ 103 (1994), 38-55.
Kristen, Peter: Familie, Kreuz und Leben. Nachfolge Jesu nach Q und dem Markusevangelium, MThSt 42, Marburg 1995.
Lau, Markus: Die Witwe, das γαζοφυλάκιον und der Tempel. Beobachtungen zur mk Erzählung vom „Scherflein der Witwe" (Mk 12,41-44), ZNW 107 (2016), 186-205.
Löhr, Hermut: Jesus und der Nomos aus der Sicht des entstehenden Christentums. Zum Jesus-Bild im ersten Jahrhundert n. Chr. und zu unserem Jesus-Bild, in: Der historische Jesus. Tendenzen und Perspektiven der gegenwärtigen Forschung, hg. v. J. Schröter – R. Brucker, BZNW 114, Berlin – New York 2002, 337-354.
Lührmann, Dieter: Das Markusevangelium, HNT 3, Tübingen 1987.
Mingo Kaminouchi, Alberto de: 'But it is not so among you'. Echoes of Power in Mark 10.32-45, JSNTS 249, London – New York 2003.
Neville, David J.: Moral Vision and Eschatology in Mark's Gospel: Coherence or Conflict?, JBL 127 (2008), 359-384.

Sariola, Heikki: Markus und das Gesetz: Eine redaktionsgeschichtliche Untersuchung, AASFDHL 56, Helsinki 1990.
Smith, C. Drew: "If Any Want to Become My Followers". Character and Political Formations via the Gospel of Mark, in: Character Ethics and the New Testament. Moral Dimensions of Scripture, hg. v. R.L. Brawley, Louisville 2007, 209–223.
Söding, Thomas: Die Nachfolgeforderung Jesu im Markusevangelium, TThZ 94 (1985), 292–310.
– Der Evangelist in seiner Zeit. Voraussetzungen, Hintergründe und Schwerpunkte markinischer Theologie, in: Der Evangelist als Theologe. Studien zum Markusevangelium, hg. v. dems., SBS 163, Stuttgart 1995, 11–62.
– Leben nach dem Evangelium. Konturen markinischer Ethik, in: Der Evangelist als Theologe ..., 167–195 (= 1995a).
Telford, W[illiam] R.: The Theology of the Gospel of Mark, New Testament Theology, Cambridge 1999.
Theißen, Gerd: Die Witwe als Wohltäterin. Beobachtungen zum urchristlichen Sozialethos anhand von Mk 12,41–44, in: Randfiguren in der Mitte (FS H.-J. Venetz), hg. v. M. Küchler – P. Reinl, Luzern – Fribourg 2003, 171–182.
Via, Dan O.: The Ethics of Mark's Gospel in the Middle of Time, Philadelphia 1985.
Wheaton, Gerry: The Shape of Morality in the Gospel of Mark: An Experiment in Hermeneutics, HBT 37 (2015), 117–141.
Wischmeyer, Oda: Herrschen als Dienen. Markus 10,41–45, in: dies., Von Ben Sira zu Paulus. Gesammelte Aufsätze zu Texten, Theologie und Hermeneutik des Frühjudentums und des Neuen Testaments, WUNT 173, Tübingen 2004, 190–206.

# VI. Das Matthäusevangelium:
## Die vollkommene Erfüllung der Tora und das Joch des Messias

Das sehr wahrscheinlich in den 80er Jahren des 1. Jh. n. Chr. in Syrien entstandene Mt führt im Unterschied zum Mk in ein judenchristlich bestimmtes Milieu, wie christologisch die große Bedeutung der Davidsohnschaft Jesu, heilsgeschichtlich-ekklesiologisch die Betonung der Zuwendung Jesu zu Israel (Mt 2,6; 15,24 u. ö., zu beiden Punkten ausführlich Konradt 2007, 17–81) und nicht zuletzt ethisch der betonte Bezug der Unterweisung Jesu auf die Tora nahelegen. Als sein Verfasser ist ein Judenchrist bzw. christusgläubiger Jude anzunehmen, der über exzellente Schriftkenntnis verfügt und in den zeitgenössischen jüdischen Traditionen und Diskursen tief verwurzelt ist. Matthäus' klare Befürwortung der Völkermission (28,16–20) gibt zwar zu erkennen, dass Kirche für ihn eine universale Größe ist. Die Adressatensituation, wie sie sich in der Art und Weise der mt Neuerzählung der Jesusgeschichte spiegelt, lässt jedoch kaum einen anderen Schluss zu als den, dass es sich beim mt Adressatenkreis um zumindest mehrheitlich jüdisch geprägte (Haus-)Gemeinden handelt, Heidenchristen also eine Minorität darstellen und eben das Judentum den primären Lebenskontext der mt Gemeinden bildet. Zentral geprägt ist der Kontext des Evangelisten und seiner Gemeinden des Näheren durch einen bedrängenden Konflikt mit ihrem synagogalen Umfeld, in dem die Pharisäer als bestimmende Größe hervorgetreten sind. In diesem Konflikt beanspruchen Matthäus und die Seinen für sich, die wahren Sachwalter der theologischen Traditionen Israels zu sein, was sich insbesondere in der Darstellung der Auseinandersetzungen zwischen Jesus und den Pharisäern über das Verständnis der Tora spiegelt.

Anders als im Mk ist die ethisch relevante Unterweisung Jesu im Mt nicht auf den zu Mk 8,31–10,52 analogen Passus Mt 16,21–20,34 konzentriert. Matthäus bietet einen im Vergleich zu Mk 1,1–13 erheblich ausgebauten Prolog (1,1–4,16), der nicht nur christologisch Jesu messianische Identität als Sohn Gottes ([1,18.20]; 2,15; 3,16f; 4,1–11) und Sohn Davids (1,1–17.20f; 2,2.5f) exponiert, sondern auch bedeutende soteriologische Motive einführt, die für die theologische Fundierung der mt Ethik relevant sind (→ 1). Im ersten Hauptteil (4,17–11,1) folgt – nach der programmatischen Eröffnung in 4,17 und gerahmt durch die Berufung der ersten Jünger (4,18–22) und die Aussendung der Zwölf (9,36–11,1) – eine durch zwei fast gleichlautende Summarien eingefasste (4,23; 9,35) exemplarische Präsentation des Wirkens Jesu, in der der Evangelist – im Unterschied zum Mk – die ethische Unterweisung Jesu mit der Bergpredigt (Mt 5–7) ausführlich entfaltet. Mit der Täuferfrage, ob Jesus der Kommende sei (11,2f), rückt im zweiten Hauptteil (11,2–16,20) stärker der Aspekt der Reaktionen auf Jesu Wirken in den Fokus. Nachdem die Täuferfrage im Messiasbekenntnis des Petrus (16,16) ihre gültige Antwort erfahren hat, führt Matthäus in 16,21 mit der Wendung „von da an fing Jesus an ..." analog zu 4,17 einen neuen thematischen Leitaspekt ein. So tritt nun in dem durch die drei Leidensankündigungen in 16,21; 17,22f; 20,17–19 bestimmten Passus 16,21–20,34 die Passion als zentrales Moment des Wegs des Messias hervor, womit sich im Blick auf die Jüngerexistenz – dies nun analog zu Mk 8,31–10,52 – die Herausarbeitung von Leiden und Dienst als Signaturen der Christusnachfolge verbindet. Jesu Wirken in Jerusalem in 21–25 ist durch die finale Auseinandersetzung mit den jüdischen Autoritäten gekennzeichnet, die in die Rede wider die Schriftgelehrten und Pharisäer mündet (23). Als letzter Teil folgen in 26–28 die Passionsgeschichte und die Ostererzählungen, die in der Beauftragung der Jünger zur universalen Mission (28,16–20) als Zielpunkt der gesamten Erzählung gipfeln.

In der mt Komposition bildet die Bergpredigt die erste von fünf großen Reden (s. ferner die Reden in Mt 10; 13; 18; 24f), die ein gewichtiges Merkmal der mt Jesusgeschichte bilden. In ihnen wird in besonderem Maße deutlich, dass die mt Jesusgeschichte eine inklusive Geschichte ist (vgl. z. B. Luz ⁵2002, 36f.42–47), in der die Erfahrungen der mt Gemeinden verarbeitet und adressiert werden. Zugleich zeigen sich die Reden aber als organisch in den narrativen Duktus eingebettet. Keine Rede könnte kompositorisch mit einer anderen den Platz tauschen. Dies gilt mit Mt 5–7 und Mt 18 auch für die beiden Reden, die für die Erörterung der mt Ethik von hervorgehobener Relevanz sind. Passend zum Bezug *auf Israel* in der grundlegenden Präsentation des Wirkens Jesu in 4,17–11,1 (s. 4,23; 9,33) wird die ethische Unterweisung Jesu in der Bergpredigt in einer *auf die Tora bezogenen* Weise entfaltet (Näheres → 2.1.1). Die auf dem Weg nach Jerusalem gehaltene Rede über das Gemeinschaftsleben in der Gemeinde in Mt 18, die im Unterschied zur Bergpredigt allein an die Jünger gerichtet ist, nimmt hingegen mit dem in ihr vermittelten Ethos der Niedrigkeit und unbegrenzter Bereitschaft zur Vergebung Aspekte auf, die in einem unmittelbaren Zusammenhang mit dem mt Verständnis der Passion Jesu stehen, die im Erzählblock 16,21–20,34 als Leitthema hervortritt. Schon dieser exemplarische Befund macht deutlich, dass die ethische Unterweisung als integraler Bestandteil der im Evangelium erzählten Jesusgeschichte zu lesen ist und entsprechend die Analyse der mt Ethik die mt Jesusgeschichte als Ganze in den Blick nehmen muss. Das Mt ist nicht bloß ein katechetisches Handbuch, sondern erzählt eben eine Geschichte, und es ist keineswegs belanglos, wo welche ethisch relevanten Passagen in der mt Erzählung kompositionell platziert sind. Die sukzessive Entfaltung ethisch relevanter Aspekte ist vielmehr sehr gezielt in die narrative Entwicklung eingewoben und mit den thematischen Verschiebungen in der Erzählung korreliert.[1] Als auffälliger Befund zeigt sich dabei erstens, dass der in der Bergpredigt prominent exponierte Bezug auf Tora und Propheten in der weiteren Erzählung in expliziter Form allein in zweierlei Gestalt präsent bleibt: zum einen in Gesprächen bzw. Auseinandersetzungen mit Außenstehenden, wobei außer in 19,16–22 immer Pharisäer das Gegenüber bilden (9,10–13; 12,1–14; 15,1–9; 19,3–9; 22,34–40), zum anderen in der Rede wider die Schriftgelehrten und Pharisäer in Mt 23 (s. v. a. 23,16–26), deren Adressaten neben den Jüngern – wie bei der Bergpredigt – auch die Volksmengen sind (23,1), so dass es sich also um eine öffentliche Rede handelt. In den spezifischen Jüngerunterweisungen begegnen zwar implizite Bezüge auf die Tora (z. B. auf Lev 19,17f in Mt 18,15 → 3.2/2), doch findet sich hier nirgends ein expliziter Rekurs auf die Tora in der Gestalt, dass ein Gebot aus den Schriften Israels zum Gegenstand einer Auslegungsdiskussion wird (vgl. Konradt 2018, 27f). Zweitens fällt auf, dass sich die Unterweisung Jesu in 16,21–20,34 (zu dieser ausführlich Jabbarian 2021) deutlich auf die Instruktion speziell der Jünger verlagert. Matthäus verstärkt dabei signifikant eine schon im Mk begegnende Tendenz, wie vor allem die Erweiterung der in Mk 9,33–37.42–47 vorgefundenen Unterweisung der Jünger zur Rede in Mt 18 zeigt (s. ferner die Umadressierung von Mk 8,34–9,1 spezifisch an die Jünger in Mt 16,24–28 oder die Einfügung von Mt 20,1–16, vgl. Konradt 2018, 28f). Der Sinn dieser Konzentration auf die Unterweisung speziell der Jünger erschließt sich vom narrativen Kontext her: Nachdem Jesus in 16,17–19 auf die Bildung der Kirche ausgeblickt hat, gibt er angesichts seiner bevorstehenden Passion seinen Jüngern, die die Keimzelle der nach Ostern entstehenden Kirche bilden, mit auf den Weg, was für die Ge-

---

[1] Schon deshalb greift der Ansatz von Branch-Trevathan (2020) zu kurz, die Bergpredigt als eine bloße Gnomensammlung zu interpretieren, deren Funktion man durch einen Vergleich mit Epikurs *Kyriai Doxai* oder Epiktets *Encheiridion* suffizient erschließen könnte – abgesehen davon, dass eine Analyse von Mt 5–7 nicht genügt, um die mt Ethik im Ganzen adäquat zu erfassen.

staltung der ekklesialen Gemeinschaft grundlegend ist. Inhaltlich drängen dabei, wie zu Mt 18 bereits angedeutet wurde, Aspekte in den Vordergrund, in denen Jesu Lebenspraxis und Lebensweg modellhafte Bedeutung für das Leben der Jünger gewinnen (s. bes. 20,25–28).

Die Schritte für die nachfolgende Analyse der mt Ethik sind mit dem Voranstehenden vorgezeichnet. Nach der Erörterung der theologischen Grundlagen (→ 1) bildet die auf die Tora bezogene Lehre Jesu bzw. das Verhältnis der ethischen Unterweisung Jesu zur Tora einen ersten Schwerpunkt (→ 2). Diesem im Mt gewichtigen Themenbereich steht als zweiter Schwerpunkt der Ethik der Aspekt der Nachfolge und Nachahmung Jesu zur Seite (→ 3). Zu betonen ist, dass diese Schwerpunkte keine je für sich stehenden Bereiche bilden, sondern konzeptionell aufs Engste zusammengehören und die Übergänge zwischen beiden zum Teil fließend sind bzw. eine signifikante Schnittmenge zwischen beiden besteht. Wegen des großen Gewichts der Handlungsdimension des Christseins bei Matthäus zum einen und des nicht selten an Matthäus adressierten Vorwurfes, er würde einer problematischen ‚Werkgerechtigkeit' das Wort reden (s. z.B. Weder 1985, 244f, anders z.B. Verhey 1984*, 90–92), zum anderen ist ferner abschließend noch eigens nach dem Charakter des Handelns im Mt zu fragen (→ 4).

## 1. Theologische Grundlagen

1. Die zentrale Bedeutung, die der Handlungsdimension christlicher Existenz im Mt beigemessen wird, zeigt sich nicht nur in den bereits erwähnten Reden in Mt 5–7 und Mt 18 sowie in Streitgesprächen und Konfliktszenen, die um ethische Fragen bzw. um das Verständnis von Tora und Propheten kreisen (9,9–13; 12,1–14; 15,1–20; 19,3–12.16–26; 22,34–40). Sie tritt in fokussierter Form auch im Sendungsauftrag des Auferstandenen in 28,18–20 zutage: Zu Jüngern werden die Menschen, indem sie getauft und unterwiesen werden, *alles zu halten, was Jesus geboten hat*. Nicht zuletzt wird die Relevanz des Tuns an dem Hervortreten der Gerichtsthematik deutlich. Sie beschließt nicht nur alle fünf großen Reden (7,13–27; 10,39–42; 13,47–50; 18,23–35; 25,31–46), sondern ist auch sonst im Evangelium geradezu omnipräsent. Charakteristisch für Matthäus ist dabei, dass er Gerichtsaussagen nicht nur zur Disqualifizierung von Außenstehenden und Gegnern nutzt (12,31–42; 15,13f; 23,32–36 u.ö.), sondern auch paränetisch nach innen richtet: Wer Anteil am endzeitlichen Heil erhalten möchte, darf auf Jesu Worte nicht nur mit zustimmendem Hören reagieren; auch genügt es nicht, Jesus als den Herrn zu bekennen (7,21–23). Entscheidend ist vielmehr das Tun des göttlichen Willens (7,21), wie er den Worten Jesu zu entnehmen ist (7,24–27), bzw. das Halten der Gebote (19,16f). Wenn der Menschensohn in der Herrlichkeit seines Vaters kommen wird, wird er einem jeden nach seinem Handeln vergelten (16,27, vgl. 25,31–46). Überhaupt wird in den sog. Einlasssprüchen (5,20; 7,21; 18,3; 19,23f; 21,31f) immer das Handeln als unverzichtbarer Faktor für den Zugang zum endzeitlichen Heil geltend gemacht. Damit ist indes nicht der soteriologischen Irrelevanz des Bekenntnisses zu Jesus (vgl. vielmehr 10,32f) oder des Glaubens an ihn (vgl. 18,6) das Wort geredet. Diese sind vielmehr immer mit vorausgesetzt, denn es geht für Matthäus um die Handlungsdimension *der Nachfolge*, wie auch das Tun des Willens Gottes für Matthäus davon abhängig ist, dass Jesus den göttlichen Willen durch seine ethische Unterweisung vollgültig er-

schlossen hat. Vor allem aber ist zu bedenken, dass die Betonung der Werke für das Ergehen im Gericht bei Matthäus keineswegs in einen Denkansatz eingebunden ist, nach dem ein Mensch aufgrund seiner Werke vor Gott als gerecht dazustehen vermag, ohne grundständig auf das Erbarmen Gottes angewiesen zu sein. Schon deshalb ist es kaum zielführend, Matthäus zu einem Vertreter einer einseitig auf das menschliche Handeln blickenden ‚Werkgerechtigkeit' machen zu wollen.

2. Dies gilt umso mehr, als Matthäus keineswegs bloß eine Kaskade von Forderungen auf die Adressaten niederprasseln lässt. Vielmehr ist die im Evangelium begegnende ethische Forderung in eine Grundgeschichte des Heils eingebettet (vgl. dazu Luz 1993, 58–63; ⁵2002, 292–294), die die Zuwendung Gottes zu den Menschen in Jesus Christus erzählt. Im Prolog wird Jesus als der Immanuel, als der „Gott-ist-mit-uns" präsentiert (1,23). Die nachfolgende Darstellung seines irdischen Wirkens wird damit mit einem programmatischen Interpretament versehen: In Jesus erfahren die Menschen Gottes Mit-Sein. Das Mt endet mit der Zusage des Auferstandenen an seine Jünger, alle Tage bis an der Welt Ende mit ihnen zu sein (vgl. 28,20), womit ihnen, da Jesus eben der Immanuel ist, zugleich Gottes Mit-Sein zugesagt ist. Das Motiv des Mit-Seins wird durch diese beiden Schlüsseltexte als ein theologisches Leitmotiv exponiert (vgl. ferner noch 18,20): Nicht nur bilden 1,23 und 28,20 eine Rahmung, die alles, was zwischen 1,23 und 28,20 geschildert wird, in die Zusage des Mit-Seins Gottes in Jesus und des Mit-Seins Jesu mit den Seinen eingefasst sein lässt, sondern mit dem krönenden Schlusswort des Auferstandenen in 28,20 wird die Zusage des Mit-Seins auch über die erzählte Zeit hinaus auf die Gegenwart der Gemeinde bezogen.

Erfahren die Menschen in Jesus Gottes Mit-Sein, so bedeutet dies des Näheren, dass sie des Erbarmens Gottes teilhaftig werden (vgl. 18,23–27): Durch die Sendung Jesu zu „den verlorenen Schafen des Hauses Israel" (15,24) nimmt Gott sich der Notlage seines in Finsternis sitzenden Volkes (4,15f) an. Matthäus hat nicht nur die Lehre Jesu, sondern auch sein heilendes Wirken betont (vgl. Konradt 2007, 41f). Mehrfach wird in diesem Zusammenhang der Bittruf „erbarme dich!" (9,27; 15,22; 17,15; 20,30.31) laut. In 20,29–34 korrespondiert dem Bittruf der beiden Blinden, dass Matthäus die positive Reaktion Jesu auf ihre Bitte mit der Wendung deutet, dass Jesus *sich erbarmte, Mitleid hatte* (σπλαγχνισθείς, 20,34). Instruktiv ist ferner die gegenüber Mk 6,34 veränderte Einleitung zur Speisung der 5000 in Mt 14,14: Während der mk Jesus die große Volksmenge sieht, sich ihrer erbarmt und darauf zu lehren beginnt, hat Matthäus hier die Lehre durch Heilungen ersetzt; *diese* sind Ausdruck des Erbarmens. Überdies hat Matthäus Jesu heilendem Wirken christologische Signifikanz verliehen, indem er es zu einem wichtigen Moment der Entfaltung der messianischen Identität Jesu als Sohn Davids gemacht hat (9,27–31; 12,22f; 20,29–34; 21,14f). Charakteristisch für Matthäus' christologische Konzeption ist des Näheren, dass Jesus an seinem heilenden Handeln als davidischer Messias erkannt werden kann (11,2–6) und daran von den Volksmengen (und den Kindern im Tempel) sukzessiv auch als solcher erkannt wird (9,33; 12,23; 21,9.15). Kurzum: Nach Matthäus erfüllen sich in Jesu heilendem Wirken in Israel die dem Gottesvolk gegebenen Heilsverheißungen. Dabei ist ferner noch zu beachten, dass im Zusammenhang der Anrufung Jesu als Sohn Davids durch Menschen, die Jesus um Heilung ersuchen, eine auffällige Konzentration auf Blindenheilungen festzustellen ist (9,27-31; 12,22f; 20,29-34; 21,14f). Zweifelsohne schwingt dabei eine metaphorische Sinndimension mit: Jesus heilt die Menschen auch von ihrer geistigen Blindheit, die durch die bisherigen Autoritäten, die „blinde Führer" sind (15,14; 23,16.24), verursacht wurde.

Auch der Bergpredigt hat Matthäus – über das Summarium in 4,23 (vgl. 9,35) hinaus – eine Notiz über Jesu heilendes Handeln vorangestellt (4,24). Man wird kaum fehlgehen, die mit dieser auffälligen Kompositionsarbeit verfolgte Intention darin zu erblicken, dass Matthäus die in der Bergpredigt entfaltete Unterweisung in der vorangehenden Heilszuwendung verankern wollte – analog dazu, dass in der Tora die Befreiung aus der Knechtschaft der Gabe der Gebote am Sinai vorangeht (vgl. Lohfink 1984, 158f): Die Volksmengen, denen mit der Bergpredigt der Wille Gottes erschlossen wird, haben bereits die heilende Zuwendung Jesu zu ihnen erfahren.

Neben den Heilungen wird die barmherzige Zuwendung Gottes zu den Menschen in Jesus in der Vergebung der Sünden manifest, die im „Zentrum der Sendung Jesu" steht (Luz 1985-2002, 4:116). Die Situation des Menschen *coram Deo* wird pointiert durch die Schuldenlast des Knechts bei seinem König in 18,23-27 illustriert: Der König erbarmt sich mitleidsvoll und erlässt seinem Knecht gnadenhaft alle seine Schulden. Jesu Sendung dient zentral der Realisierung dieses Heilswillens Gottes. So wird wiederum bereits in Mt 1 mittels einer Deutung des Namens „Jesus" die Rettung von den Sünden als Kernpunkt der Aufgabe und des Wirkens Jesu herausgestellt (1,21). Im Immanuel ist Gott als derjenige mit den Menschen, der sich nicht nur ihrer leiblichen Nöte annimmt, wie neben den Heilungen auch die Speisungsgeschichten (14,15-21; 15,32-38) illustrieren und im Vaterunser durch die Brotbitte (6,11) zum Ausdruck kommt. Vielmehr erweist sich Gott auch darin als barmherzig, dass er den Menschen ihre Schuld erlässt und Jesus sendet, damit er sein Volk von den Sünden rettet.

Das in 1,21 eingeführte Leitmotiv findet seine Entfaltung zum einen im Zuspruch der Sündenvergebung in der konkreten Begegnung mit Jesus, wie sie in 9,2-8 exemplarisch geschildert wird. Mit der direkt nachfolgenden Berufung des Zöllners Matthäus (9,9-13) wird die Thematik der Sündenvergebung fortgesetzt. Dem expliziten Zuspruch der Sündenvergebung in 9,2 korrespondiert hier die von Jesus gewährte Tischgemeinschaft mit Sündern, die der mt Jesus nicht nur durch das Bildwort von den Kranken, die eines Arztes bedürfen, interpretiert (Mt 9,12 par Mk 2,17), sondern darüber hinaus auch durch die Einfügung des Zitats von Hos 6,6 in Mt 9,13: „Barmherzigkeit will ich und nicht Opfer". Matthäus stellt damit die Zuwendung zu Sündern ausdrücklich als Akt der Barmherzigkeit dar. Diese Grunderfahrung des Heils ist Voraussetzung und Grundlage für alles Weitere, was mit der Nachfolge verbunden ist – auch an ethischer Weisung. Nicht zuletzt wird an einem Text wie 9,9-13 noch einmal deutlich, wie kurzsichtig es ist, im Blick auf die mt Soteriologie einseitig von ‚Werkgerechtigkeit' zu sprechen. Dem in 9,9-13 geschilderten Geschehen korrespondiert die für die nachösterliche Mission der Jünger transparente Sendung der Knechte im Gleichnis vom königlichen Hochzeitsmahl (22,1-14) in 22,8-10, denn hier werden neben (schon) Guten auch (noch) Böse zum Festmahl zusammengebracht. Auch hier gilt die Einladung also auch Sündern, sie ist an keine Voraussetzung auf Seiten der Menschen geknüpft (vgl. Wouters 1992, 166). Zugleich macht der Schluss in 22,11–14 ebenso deutlich, dass die als Sünder Gerufenen nicht solche bleiben dürfen, sondern es der Umkehr bedarf; das geforderte hochzeitliche Gewand steht hier für den guten Lebenswandel.

Zum anderen findet Jesu Aufgabe, von den Sünden zu retten, ihre – finale – Realisierung durch den Tod Jesu: Matthäus hat im Kelchwort die Worte „zur Vergebung der Sünden" ergänzt (26,28), die er zuvor in der Darstellung des Wirkens des Täufers ausgelassen hat (vgl. Mk 1,4), so dass die Sündenvergebung auf die Gestalt Jesu konzentriert wird. Beide Entfaltungen von Mt 1,21, die im Mt koexistieren, ohne dass sich Matthäus bemüßigt fühlte, ihr Miteinander zu klären, haben für die Gegenwart der Gemeinde direkte Relevanz. Im Herrenmahl vergegenwärtigt die Gemeinde das ihr mit der Vergebung der Sünden geschenkte Heil. Mit Jesu Vollmacht, Menschen in der unmittelbaren Begegnung die Vergebung der Sünden durch Gott zuzusprechen (9,6), verbindet Matthäus die entsprechende Vollmacht der Gemeinde, was sich in 9,8 mit der verallgemeinernden Rede von der *den Menschen* gegebenen Vollmacht andeutet (vgl. für viele Park 2006, 221) und in 18,18 explizit wird: Der Gemeinde ist in der Nachfolge Jesu die Vollmacht gegeben, zu binden und zu lösen, also Sünden zu belassen oder zu erlassen. Anders als beim Abendmahl sind die Gemeindeglieder hier nicht in der Rolle derer, die selbst die Vergebung der Sünden empfangen, sondern derer, die die Vergebung der Sünden wirkmächtig zusprechen. Dabei ist evident, dass die Intention derer, die im Abendmahl die selbst empfangene Vergebung vergegenwärtigen, immer darauf gerichtet sein wird, Vergebung der Sünden zusprechen zu können. Voraussetzung hierfür ist indes die Umkehr des Sünders.

Auf die Rettung von Sünden zielt Jesu Wirken schließlich auch dadurch, dass er den Menschen den Willen Gottes vollgültig erschließt und so ein Leben nach dem Willen Gottes überhaupt erst ermöglicht (vgl. Blanton 2013). Auch Jesu ethische Unterweisung ist insofern also Ausdruck des *Heils*willens Gottes. Zugleich ist als zentraler Punkt festzuhalten: Es ist die Erfahrung des Mit-Seins Gottes in Jesus und der helfenden und heilenden Zuwendung zu den Menschen, die die Basis der ethischen Unterweisung bildet.

3. Der für das Verständnis der mt Ethik fundamentale Aspekt, dass die ethischen Forderungen in die im Evangelium erzählte Geschichte der Heilszuwendung eingebettet sind und ferner christliches Handeln von Matthäus als Dimension der Christusbeziehung verstanden wird, kommt in paradigmatischer Klarheit in dem Einladungsruf Jesu in Mt 11,28–30 zum Ausdruck. Jesus fordert das Volk auf, zu ihm zu kommen, und er verheißt den Menschen, dass sie bei ihm Ruhe finden (V.28), womit hier umfassend das bei Jesus zu findende gegenwärtige wie zukünftige Heil gemeint ist (vgl. Bacchiocchi 1984, 296–303; Laansma 1997, 246–248). Die einleitende Einladung in V.28 wird durch die zweigliedrige Aufforderung in V.29, Jesu Joch auf sich zu nehmen und von ihm zu lernen, entfaltet. „Joch" ist hier nicht als Metapher für die Weisheit (vgl. Sir 51,23–27) oder die Tora (vgl. 2Bar 41,3; mAbot 3,5; Apg 15,10; Did 6,2) zu deuten, sondern als Herrschaftsmetapher (für eine aus-

führliche Begründung Konradt 2018, bes. 13–26): Der königliche Messias Jesus fordert das Volk auf, sich seiner Herrschaft zu unterstellen, weil er als sanftmütiger König (vgl. neben 11,29 noch 21,5) sein Regiment mit Milde führt und das Joch seiner Herrschaft entsprechend sanft ist (11,30). Anders als bei den Herrschern der Völker, die ihre Untertanen mit Gewalt niederdrücken (vgl. 20,25f), besteht Jesu Herrschaft nämlich eben in der erbarmungsvollen Zuwendung zu denen, „die geplagt und daniederliegend sind wie Schafe, die keinen Hirten haben" (9,36). Mit dieser Deutung der Jochmetapher ist indes keinerlei Abschwächung der fundamentalen Bedeutung der Handlungsdimension christlichen Lebens verbunden, sondern allein, dass diese in einen umfassenderen Sinnhorizont integriert ist. Zur Vorstellung eines Königs gehört es, Gesetze zu erlassen. Entsprechend schließt die Aufforderung Jesu, sein Joch auf sich zu nehmen, auch ein, sich seiner ethischen Weisung zu unterstellen, nur geht diese Aufforderung eben nicht in diesem Aspekt auf. Vielmehr wird das Handeln im Sinne der Weisung des Königs als integraler Bestandteil der Unterstellung unter seine messianische ‚Herrschaft' gesehen. Erst im zweiten Glied der Aufforderung Jesu in V.29 „lernt von mir" wird der Fokus dann ganz auf den Aspekt des Handelns gerichtet. „Von Jesus zu lernen" blickt des Näheren zum einen auf die Befolgung der Lehre Jesu, impliziert zum anderen aber auch seine Lebenspraxis. *Ein* bedeutender Aspekt ist hierbei, dass Jesus die Erfüllung von Tora und Propheten verkörpert (5,17). Eine für Matthäus zentrale Illustration erfährt dieser Anspruch darin, dass Jesu Handeln, wie oben skizziert, im Sinne des Prophetenwortes in Hos 6,6 den Vorrang der Barmherzigkeit vor dem Opfer zum Ausdruck bringt (9,13). Von Jesus zu lernen, schließt entsprechend ein, sich ethisch an seinem Verhalten gegenüber Sündern zu orientieren (→ 3.2). Zum Gesamtbild gehören aber auch noch andere Elemente des Lebenswegs Jesu. So weist Jesus in 20,28 sein dienendes Verhalten, das in seinem Fall in seiner Lebenshingabe „für viele" kulminiert, als Modell für seine Jünger aus (→ 3.1/2). Für eine adäquate Erfassung mt Ethik ist die Beachtung dieser christologischen Dimension von elementarer Bedeutung. Die oben getroffene Aussage, dass die ethische Unterweisung als integraler Bestandteil der im Evangelium erzählten Christusgeschichte zu lesen ist, ist entsprechend zu konkretisieren: Die Analyse der mt Ethik kann nicht in der Erörterung der Lehre Jesu und ihres für Matthäus bedeutsamen Bezugs auf die Tora aufgehen, sondern sie muss darüber hinaus auch grundlegende Aspekte der *Christusmimesis* einbeziehen.

Kompositionell kommt Mt 11,28-30 in der Entfaltung der mt Ethik eine Art Scharnierfunktion zu. Jesu Aufruf, von ihm zu lernen, umschließt den in der vorangehenden Erzählung entfalteten Aspekt, dass er gekommen ist, um in Unterweisung (5-7) und Lebenspraxis (9,9-13) Tora und Propheten zu „erfüllen", und bildet zugleich die Basis für den Einschluss der im Fortgang, namentlich in 16,21-20,34, in den Vordergrund tretenden Aspekte der Unterweisung und der Christusmimesis. Die beiden großen ethisch bedeutsamen Reden in Mt 5-7 und Mt 18 fügen sich, wie in der Einleitung angedeutet, dieser Schwerpunktverschiebung ein, zu der 11,28-30 als Auftakt fungiert. In Mt 18 oder auch in 20,25-28 steht nicht mehr, wie im Rahmen der grundlegenden Präsentation des Wirkens Jesu in Israel in 4,23-9,35, die Erschließung des in Tora und Propheten laut werdenden Gotteswillens im Zentrum, sondern es wird dargelegt, wie man lebt, wenn man sich unter die Herrschaft des sanftmütigen Messias stellt, der herrscht, indem er dient.

Für das Verständnis der mt Ethik ist der Einladungsruf Jesu in 11,28–30 von fundamentaler Bedeutung. Er unterstreicht nachdrücklich, dass die ethischen Forderungen im Mt nicht für sich stehen. Der ethische Wandel ist vielmehr darin eingebunden, sich der Herrschaft des Messias zu unterstellen. Diese Herrschaft aber vollzieht sich nach Matthäus in der barmherzigen und heilsamen Zuwendung zu den Menschen, die darin gipfelt, dass Jesus den Weg ans Kreuz auf sich nimmt, um andere zu retten. Da Jesus für Matthäus zudem der Immanuel ist (1,23), unterstellt sich der, der sein sanftes Joch auf sich nimmt, der Herrschaft dessen, in dem Gott selbst gegenwärtig ist. Weit davon entfernt, allein die Befolgung der Weisung Jesu anzumahnen, erhärtet der Einladungsruf Jesu in 11,28–30, in klassischer Nomenklatur formuliert, das ‚indikativische' Fundament (auch) der mt Ethik und macht deutlich, dass ihre adäquate Thematisierung nur im übergreifenden Rahmen der im Evangelium dargebotenen Gesamtsicht der Wirklichkeit erfolgen kann – und damit nur im Horizont der Christologie, wie sie vom Evangelisten in seiner Jesusgeschichte narrativ entfaltet wird.

4. Fragt man nach dem Verständnis des menschlichen Handelns bei Matthäus, so ist die skizzierte Einbettung seiner Ethik in die im Evangelium erzählte Geschichte des Heils von grundlegender Bedeutung. Um sein Verständnis des Handelns im Ganzen charakterisieren zu können, ist dieses Handeln im Folgenden zunächst in inhaltlicher Hinsicht näher in den Blick zu nehmen. Kapitel 4 wird dann auf dieser Basis die Frage des Charakters des Handelns bei Matthäus aufnehmen.

## 2. Jesus, der Lehrer, und die Tora im Matthäusevangelium

Während im Mk zwar häufig davon die Rede ist, dass Jesus lehrte (Mk 1,21f; 2,13; 6,2.6.34 etc.), ohne dass dies aber im Blick auf seine *ethische Unterweisung* inhaltlich entfaltet würde, bietet Matthäus auf der Basis des der Logienquelle und seinem Sondergut entnommenen Unterweisungsguts in breitem Umfang ethisch relevante Lehre Jesu. Zugleich weist Matthäus – wiederum im Unterschied zu Markus – eine konsequente Verwendung von „lehren" (διδάσκειν) für ethische Unterweisung auf (Mt 5,2.19; 7,29; 28,20 u. ö.). Von zentraler Bedeutung ist dabei die torabezogene Lehre: Matthäus' ethischer Ansatz ist fundamental durch den konstitutiven Bezug auf die Willenskundgabe Gottes in der Tora gekennzeichnet. Programmatisch grundgelegt wird dieser Aspekt in der Bergpredigt, weiter ausformuliert wird er durch eine Reihe von Streitgesprächen, seine spezifischen Konturen gewinnt er durch die Auseinandersetzung mit den Schriftgelehrten und Pharisäern.

Wie Matthäus' Haltung zur Tora im Einzelnen genau zu bestimmen ist, wird in der Matthäusforschung kontrovers diskutiert. Auf der einen Seite wird postuliert, dass Jesu Unterweisung über der Tora stehe (Yieh 2004, 34f; Carlston/Evans 2014, 95–241), die Tora durch die Unterweisung Jesu marginalisiert (Foster 2004, 257f u. ö.) bzw. (zwar weitergeführt, aber) transzendiert und überboten (Banks 1974, 231; Yang 1997, 109–111; Repschinski 2014, 428–432) oder gar überwunden werde (Thielman 1999, 49.69–72) bzw. in dieser im doppelten

Wortsinn ‚aufgehoben' sei (Deines 2008, 73–80, vgl. auch Pennington 2017, 170–179), weshalb der Auferstandene die Jünger in 28,20 denn auch nicht auf die Tora, sondern auf das, was er geboten hat, verpflichte. Diesem Deutungsansatz mit seinen Untervarianten steht die derzeit als Mehrheitsposition etablierte Auffassung gegenüber, dass Matthäus sich selbst fest auf dem Boden der Tora stehen sieht (Overman 1990, 86–90; Saldarini 1994, 124–164; Loader 1997*, 137–272; Sim 1998, 123–139; Vahrenhorst 2002; Repschinski 2009*, 70–141; Konradt 2016c; Kampen 2019, 85–112; Culpepper 2020, 365–372) und Jesus im Konflikt mit den Pharisäern als den wahren Ausleger der Tora zu profilieren sucht. 28,20 umschließe mit dem darin enthaltenen Rückverweis auf die Bergpredigt auch die Unterweisung in der Tora im Sinne der Auslegung Jesu. Auch diese Deutungsoption begegnet in unterschiedlichen Untervarianten. Grob unterteilt betonen die einen die Geltung *aller* Gebote und ziehen aus dieser sogar die Konsequenz, dass die mt Gemeinden von Heidenchristen die Beschneidung verlangt haben (z. B. Sim 1996, 184–194; Runesson 2016, 31–36, kritisch dazu Konradt 2016, 23–36, s. auch Cohen 2016, 186–203). Die anderen richten ihr Augenmerk stärker auf die Gewichtung unter den Geboten (5,18f; 12,5–7; 22,34–40; 23,23) als wesentliches Moment der mt Gesetzeshermeneutik, das Barmherzigkeit (9,13; 12,7; 23,23) und – radikal verstandene – Liebe (5,43–48; 19,19–21; 22,34–40) sowie – nicht weniger radikal gedeutete – Dekaloggebote der zweiten Tafel (5,21–32; 15,19; 19,18f) als Leitaspekte hervortreten lässt (z. B. Schweizer 1970, 214–216; Sand 1974, bes. 187–193; Wong 1992, 36–55; Snodgrass 1988, 542–545; Repschinski 2009*, bes. 138–140; Konradt 2016c), während im Blick auf Sabbatobservanz (12,1–14; 24,20) oder Reinheitsvorschriften (15,1–20; 23,25f) zwar nicht von prinzipieller Abrogation, wohl aber von ihrer faktischen Marginalisierung zugunsten der genannten ethischen Grundprinzipien zu sprechen ist.

### 2.1 Die Erfüllung von Tora und Propheten (5,17–20) und die mt Antithesenreihe (5,21–48)

*2.1.1 Bedeutung und Stellung der Bergpredigt in der mt Jesuserzählung*
In der lk Feldrede (Lk 6,20–49), deren Stoff den Grundstock der durch weiteres Material aus Q und durch Sondergut ausgestalteten Bergpredigt bildet, ist nirgends *expressis verbis* vom Gesetz die Rede. Hingegen hat Matthäus – nach den einleitenden Seligpreisungen (5,3–12, → 2.5) und der grundlegenden Exposition des Auftrags der Jünger, Licht der Welt zu sein (5,13–16) – in 5,17–20 einen programmatischen Passus über die Geltung von Tora und Propheten eingeschaltet, der zusammen mit der als Zusammenfassung von Gesetz und Propheten ausgewiesenen Goldenen Regel in 7,12 (→ 2.4) das Korpus der Bergpredigt (5,17–7,12) rahmt. Matthäus hat damit das ihm überkommene Unterweisungsgut Jesu redaktionell in einen expliziten Zusammenhang mit der Willenskundgabe Gottes in den Schriften, in Tora und Propheten, gebracht. Innerhalb des Korpus der Bergpredigt findet dieser Torabezug in den Antithesen in 5,21–48 seinen deutlichsten Ausdruck (→ 2.1.3).

Dem Torabezug der Bergpredigt korrespondiert ihre sorgfältig gestaltete narrative Einbettung in 4,23–5,2; 7,28f. Wie es den Signalen im Prolog entspricht (1,21; 2,6; 4,16), weist Matthäus in 4,23 ausdrücklich das Gottesvolk als Adressaten des hier summarisch umschriebenen Wirkens Jesu aus. In 4,25 findet dieses Moment darin einen Widerhall, dass Matthäus große Volksmengen bei Jesus zusammenkommen lässt, die, wie die geographischen Angaben anzeigen sollen (zu ihrer Deutung Konradt 2007, 53–55), aus ganz Israel stammen und durch die Matthäus symbolisch das

Gottesvolk Israel repräsentiert sein lässt (vgl. Lohfink 1984, 155–157). Ihre Reaktion auf die Rede in 7,28f macht deutlich, dass das Herzutreten der Jünger in 5,1 lediglich bedeutet, dass diese den inneren Kreis eines größeren Auditoriums bilden. Dem Gottesvolk wird nun durch seinen Messias – und damit mit letztgültiger Autorität – Bedeutung und Intention der Willenskundgabe Gottes erschlossen, die das Volk einst am Sinai empfangen hat. Dass Jesus dazu auf einen Berg steigt (5,1) – wie einst Mose auf den Sinai (Ex 19,3.20 u. ö.) –, unterstreicht den konstitutiven Bezug der Bergpredigt auf die Sinaioffenbarung. Ihre Funktion im mt Erzählfaden geht damit nicht darin auf, innerhalb der Rahmung durch Mt 4,23; 9,35 als exemplarische Darlegung der Lehre Jesu zu fungieren und damit zu illustrieren, was es heißt, angesichts des Evangeliums vom Himmelreich umzukehren (4,17). Es ist auch ihr israeltheologischer Horizont mit zu bedenken: Der von Matthäus redaktionell herausgestellte Bezug der Unterweisung Jesu in der Bergpredigt auf die Tora (5,17; 7,12) und die szenische Einbettung der Bergpredigt bilden einen israeltheologisch bestimmten konzeptionellen Zusammenhang.

Diesem Aspekt ist allerdings zur Seite zu stellen, dass die Bergpredigt zugleich auch bereits über Israel hinausweist. 5,13–16 definiert als Aufgabe der Jünger, „Salz *der Erde*" und „Licht *der Welt*" zu sein. Dem hier eingespielten universalen Horizont korrespondiert, dass es in 5,16 ganz allgemein die Menschen sind, die ob der guten Werke der Jünger zum Lobpreis Gottes geführt werden sollen. Die von Jesus vollmächtig ausgelegte Tora Israels ist zugleich auch Tora für die Völker (→ 2.1.2/2). Nur deshalb können die Jünger auch in 28,20 im Rahmen ihrer Völkermission beauftragt werden, die Menschen alles zu lehren, was Jesus ihnen geboten hat. Dieser durch 28,20 angezeigten Öffnung der Bergpredigt über den durch die narrative Einbettung gestifteten Israelbezug hinaus entspricht, dass die mt Reden insgesamt *auch* auf die mt Gemeinden als Adressaten gemünzt sind.

Zu bedenken ist in diesem Zusammenhang schließlich noch die Funktion der Jünger als innerer Kreis der Zuhörer (5,1f). Diese erschließt sich in ihrem vollen Sinne nur, wenn man die Rahmung von 4,23–9,35 durch zwei Jüngertexte, die Berufung der ersten vier Jünger (4,18–22) und die Aussendung der Zwölf (9,36–11,1), beachtet: Die zu Menschenfischern (4,19) berufenen Jünger müssen zunächst mit der Lehre und dem sonstigen Wirken Jesu vertraut gemacht werden, um fortan in der Lage zu sein, als von Jesus Ausgesandte das Wirken Jesu fortzusetzen (vgl. 10,7f). In Mt 10 gilt die Sendung der Jünger – analog zum vorösterlichen Wirken Jesu – noch allein Israel (10,5f). Mit Tod, Auferweckung und Erhöhung Jesu zum Weltenherrn (28,18) weitet sich der Horizont der Sendung auf alle Völker in der ganzen Ökumene aus (24,14; 28,19). Als Grundlage der Lebenspraxis der Jünger ist die Bergpredigt auch im Horizont dieser *missionarischen* Aufgabe zu sehen: Sie sollen den Menschen die in ihr gebotene Lebensorientierung vorleben und so Licht der Welt sein (5,16) und die Menschen da, wo sich die Möglichkeit ergibt, in den Geboten Jesu unterweisen. Kurzum: Die Bergpredigt gehört zum Kernbereich dessen, was die Jünger in ihrer Verkündigung in Israel und gegenüber den Völkern darlegen sollen.

*2.1.2 Die Grundsatzaussage über Gesetz und Propheten in Mt 5,17–20 und die mt Gesetzeshermeneutik*

1. Die kompositorische Stellung von 5,17-20 als Eröffnung des Korpus der Bergpredigt und mithin als *erste* Aussage im Mt über Tora und Propheten verweist auf die programmatische Bedeutung, die Matthäus diesen Versen beimisst. In 5,17 wird zunächst die irrige Ansicht zurückgewiesen, Jesus sei gekommen, um das Gesetz oder die Propheten aufzulösen. Im Lichte der wiederholten Auseinandersetzungen zwischen Jesus und den Pharisäern über die Interpretation der Tora (12,1–14; 15,1–20; 19,3–9; 22,34–40) und angesichts dessen, dass schon die in 5,21–48 nachfolgende Antithesenreihe in diesem Konfliktkontext zu lesen ist (vgl. 5,20), könnte hier ein von pharisäischer Seite erhobener Vorwurf über die (im Blick auf die Reinheitsgebote) inadäquate Torapraxis der Christusgläubigen im Hintergrund stehen. Die Einleitung mit „meint nicht" lässt sich allerdings am plausibelsten innerchristlich als Abwehr einer Position verstehen, in der die Tora als Grundlage christlicher ethischer Orientierung vernachlässigt oder gar abgelehnt wird. Matthäus wurde spätestens durch das Mk mit einem Gesetzesverständnis konfrontiert, das er nicht teilte. Dieser Option fügt sich zudem die explizite Bejahung der kleinen Gebote in V.18f gut ein, da Mk 7,19 die Außerkraftsetzung der Speisegebote vertritt. Die beiden Optionen schließen einander nicht aus: Matthäus sucht zum einen innerchristlich der Abwertung der Tora entgegenzuwirken und erwidert zum anderen im Konflikt mit den Pharisäern deren Kritik mit einer Gegendarstellung, nach der Jesus in vollem Einklang mit der Tora steht, während die Pharisäer als unverständig (9,13; 12,3–7; 19,4 etc.) und „blind" (15,14; 23,16–26) erscheinen.

Die Rede von der *Erfüllung* von Tora und Propheten im positiven Glied von 5,17 ist frühjüdisch selten (TestNaph 8,7; Sib 3,246; Philon, Praem 83) und insofern auffällig (frühchristlich vgl. Röm 8,4; 13,8; Gal 5,14; [6,2]). Ihre Bedeutung ergibt sich grundlegend aus der Korrespondenz von „*tun und lehren*" zu „erfüllen" als Oppositum von „auflösen" in V.19, wobei im Kontext von Mt 5 der Ton auf der Lehre liegt, die freilich entsprechendes Handeln eröffnen soll. Im Lichte des sonstigen christologisch orientierten Gebrauchs von „erfüllen" im Mt ist in V.17 darüber hinaus eine spezifisch christologische Sinndimension mitzuhören. So lässt das Verb zum einen die Erfüllungszitate (1,22f; 2,15.17f.23 u. ö.) assoziieren: Wie sich in Jesus die Verheißungen der Propheten erfüllen, so steht Jesus auch in Kontinuität zur Kundgabe des Willens Gottes in Tora und Propheten (vgl. Mayer-Haas 2003*, 473.481). Zum anderen ist an den einzigen weiteren aktivischen Gebrauch des Verbs in 3,15 zurückzudenken: Jesus (und dem Täufer) geziemt es, „alle Gerechtigkeit zu erfüllen". Wie in den Belegen in der Bergpredigt (5,6.10.20; 6,1.33) und in 21,32, geht es hier um „Gerechtigkeit" im Sinne des geforderten Handelns (zu dieser Deutung Konradt 2016b, 203–208, ferner Giesen 1982, 40; Przybylski ²2004, 91–94). Jesus weiß darum, was Gott spezifisch von ihm fordert, und handelt danach – das Gehorsamsmotiv ist von leitender Bedeutung in Matthäus' Gottessohnchristologie. Ebenso ist Jesus erschlossen, was Gott in Tora und Propheten von allen Menschen fordert. Jesus ist für Matthäus des Näheren nicht *ein* Toraausleger im Konzert mit anderen, sondern *der* eine Lehrer (vgl. 23,8.10), der aufgrund seiner exklusiven Kenntnis des Vaters (vgl. 11,27c) mit seiner Auslegung ans Licht bringt (und vorlebt), was die Willenskundgabe Gottes in Tora und Propheten ihrem vollen Sinn nach bedeutet (vgl. Sim 1998, 124; Mayer-Haas 2003*, 471.480). Die Antithesenreihe in V.21–48 führt ebendies exemplarisch aus (→ 2.1.3).

2. 5,17 wird durch V.18 und V.19 in zweifacher Hinsicht konkretisiert. Zum einen bekräftigt V.18 die *umfassende* Geltung der Tora: Kein Iota ist hinfällig, was im Mt durch die weitere Unterweisung Jesu mannigfaltig illustriert wird: Die Zehntabgabe (vgl. Lev 27,30; Dtn 14,22f) ist nicht obsolet (Mt 23,23), der Sabbat (12,1–14; 24,20) kein Tag wie jeder andere, und der mt Jesus erklärt gegen Mk 7,19 keineswegs alle Speisen für rein (Mt 15,1–20, → 2.6). Zum anderen operiert Matthäus aber gesetzeshermeneutisch mit dem Prinzip der Gewichtung unter den Geboten. Die Frage nach dem größten Gebot findet ihre Antwort im Doppelgebot der Liebe (22,34–40), bei dem Matthäus das Nächstenliebegebot dem Gebot der Gottesliebe ausdrücklich gleichordnet (22,39a). Die gewichtigeren Teile des Gesetzes sind nach 23,23 Recht, Barmherzigkeit und Treue. Durch die zweimalige Zitation von Hos 6,6 macht Matthäus geltend, dass Barmherzigkeit über dem Opfer steht (Mt 9,13; 12,7), wie auch der in 5,23f geschilderte Fall die kategoriale Überordnung des zwischenmenschlichen Verhaltens über den Kult illustriert (vgl. z.B. Jes 58,1–8; Jer 6,20; 7,3–11; Prov 21,3). In 5,19 spiegelt sich diese Gebotshierarchie in der Rede von den kleinsten Geboten, die zwar nicht grundsätzlich aufgelöst werden sollen, deren Missachtung aber lediglich zu einer schlechteren Stellung im Himmelreich führt.

Dass 5,19 wörtlich zu verstehen und also nicht eigentlich Ausschluss vom Heil gemeint ist, wird durch die mt Version der Begegnung Jesu mit einem Reichen in 19,16–22 bekräftigt; zugleich gewinnt die mt Gesetzeshermeneutik durch diesen Text weiter an Profil. Die Frage des Reichen nach den Konditionen des ewigen Lebens (19,16) wird in der mt Fassung im Unterschied zu Mk 10,17–22 präzise mit dem Verweis auf das Halten der Gebote beantwortet (Mt 19,17). Der Dialog könnte hier zu Ende sein. Was jetzt noch folgt, erscheint als eine Klärung, was mit der Eintrittsbedingung „halte die Gebote" genau gemeint ist. Diese wird angestoßen durch eine Nachfrage des Reichen: „*Welche* Gebote?" Jesus antwortet nun nicht: „alle", sondern führt an, was die Hauptsache ist: Gebote des Dekalogs, die den zwischenmenschlichen Bereich betreffen, plus – von Matthäus redaktionell angefügt – das Gebot der Nächstenliebe (19,18f). Das Implikat dieser Antwort ist evident: Dies sind *die* Gebote, an deren Befolgung sich der Zugang zum Himmelreich entscheidet. Die Gebotsauswahl in 19,18f konvergiert dabei harmonisch sowohl mit dem Gebotsbereich, anhand dessen in den Antithesen (5,21–48) die für den Eingang ins Himmelreich geforderte ‚bessere Gerechtigkeit' (5,20) illustriert wird (→ 2.1.3), als auch mit den Geboten, die in Mt 15 mit V.4–6 (Elternehre) und dem Lasterkatalog in V.19 (Orientierung am sechsten bis neunten Gebot) als zentral herausgestellt werden. 5,20 untermauert zugleich auch das dargelegte Implikat von 19,18f: Wenn die Schriftgelehrten und Pharisäer im Unterschied zu jenen, die kleine Gebote auflösen (5,19), nicht ins Himmelreich eingehen werden, dann muss ihr Defizit gravierender sein, als dies beim Auflösen kleiner Gebote der Fall ist. Sie bleiben, wie die Antithesenreihe illustriert, hinter den großen Geboten zurück (vgl. 23,23). Kurzum: Um in das ewige Leben eingehen zu können, ist nicht die Befolgung von Speise- oder Zehntgeboten relevant, sondern die Beachtung der Dekaloggebote der zweiten Tafel sowie des Liebesgebots. Der Fokus auf Barmherzigkeitstaten im Endgerichtsszenarium in 25,31–46 fügt sich hier nahtlos ein.

Überblickt man die beiden angesprochenen Aussagereihen in den mt Ausführungen zur Tora, so ergibt sich ein *prima facie* spannungsvolles Nebeneinander: Auf der einen Seite beharrt Matthäus dem Grundsatz nach auf der Geltung aller Gebote. Auf der anderen Seite wird gesetzeshermeneutisch nicht nur zwischen großen und kleinen Geboten unterschieden, sondern diese Differenzierung wird darüber hinaus auch soteriologisch relevant gemacht. Das spannungsvolle Nebeneinander lässt sich zu einem spannungstoleranten Miteinander transformieren, wenn man textpragmatische Aspekte einbezieht bzw. die Stoßrichtungen der jeweiligen Aussagereihen bedenkt. Die erste Aussagereihe hat ihren Ort zum einen in dem mit den pharisäischen Gegnern geführten Streit, wer wahrer Sachwalter der theologischen Traditionen Israels ist, also in der Auseinandersetzung mit dem von pharisäischer Seite gegen die mt Christusgläubigen erhobenen Vorwurf der Missachtung der Tora, den Matthäus seinerseits gegen die Pharisäer wendet, und zum anderen wohl auch in der Abwehr von Positionen innerhalb der christusgläubigen Bewegung, die auf eine Missachtung oder zumindest Marginalisierung der Tora hinauslaufen (vgl. 7,21–23). Die andere Aussagereihe spiegelt, was in der die Toragebote entfaltenden ethischen Unterweisung in den mt Gemeinden konkret im Vordergrund steht und zugleich im Rahmen des in 28,20 ergehenden Auftrags, die Menschen aus den Völkern alles zu lehren, was Jesus geboten hat, leitend ist. Denn in dem, was Jesus geboten hat, geht es, was die Tora betrifft, eben um die Bereiche, zu denen Jesus eine Auslegung beigesteuert und die er (so) ins Zentrum gerückt hat. Im Blick auf die Frage nach der Tora für die Völker bedeutet dies: Menschen aus den Völkern werden auf die Tora verpflichtet, aber in einer Form, die diesen den Zugang zur Gemeinde *als Menschen aus den Völkern* ermöglicht. Speziell auf Mt 5–7 bezogen: In der Rede auf dem Berg legt Jesus die Tora gegenüber Israel in einer Weise aus, dass ihre Übernahme zugleich auch Menschen aus den Völkern offensteht, ohne dass diese formal Juden werden müssen.

*2.1.3 Die Auslegung der Tora in den Antithesen (Mt 5,21–48)*
Zu den Weisungen Jesu in den Gegenthesen in V.32, V.39–42 und V.44–48 gibt es Parallelen im Lk (vgl. Lk 16,18; 6,29f; 6,27f.32–36), die zu erkennen geben, dass der Stoff in der mt Vorlage (Q), nicht antithetisch eingekleidet war. Für V.34–37 legt die Parallele in Jak 5,12 nahe, dass auch hier die antithetische Einkleidung sekundär ist. Nicht sicher zu klären ist, ob Matthäus die ersten beiden Antithesen (V.21f.27f) als solche in seinem Sondergut vorgefunden und dann die folgenden vier nach diesem Modell gebildet hat oder in allen sechs Antithesen die antithetische Einkleidung erst vom Evangelisten geschaffen wurde, was m. E. die wahrscheinlichere Option ist (vgl. Konradt 2015, 79f). Die Antithesenform findet sich jedenfalls nur im Mt.

Im Blick auf die für das Verständnis der Antithesen zentrale Frage, ob sich Jesu Gegenthesen gegen Toragebote selbst oder gegen ein defizitäres Verständnis der Gebote richten, ist mit den Ausführungen zu 5,17–20 bereits ein *erster* kräftiger Hinweis gegeben, dass diese Frage im letzteren Sinn zu entscheiden ist. Neben der expliziten Zurückweisung der Ansicht, dass sich mit Jesu Kommen die Auflösung von Toragboten verbindet (5,17f), ist dabei auch 5,20 von Gewicht, wo den Jüngern bedeutet wird, dass ihre Gerechtigkeit die der Schriftgelehrten und Pharisäer weit übersteigen muss. Der Vers ist kompositorisch nicht nur Schlusspunkt der Grundsatzaussagen (5,17–20) zu Beginn des Korpus der Bergpredigt, sondern auch Überschrift bzw. Themaangabe für die nachfolgenden Antithesen (vgl. Luz ⁵2002, 319; Sim 1998, 130f u. a.), denn in Jesu Gegenthesen wird die von den Jüngern erwartete ‚bessere Gerechtigkeit' inhaltlich konkretisiert. Angesichts der Kontrastierung der ‚besseren Gerechtigkeit' mit der unzulänglichen Gerechtigkeit der Schriftgelehrten und Pharisäer in 5,20 ist dann aber zugleich zu erwarten, dass Letztere in den Thesen entfaltet wird. Das heißt: Die Antithesen als Ganze explizieren die Aussage von 5,20, indem sie in These und Gegenthese die Torainterpretationen einander gegenüberstellen, die den jeweiligen Gerechtigkeitsniveaus von 5,20 zugrunde liegen.

*Zweitens* ist der Wortlaut der Thesen zu beachten, der schwerlich mit der Annahme vereinbar ist, Matthäus habe in den Thesen durchgehend Toragebote oder Paraphrasen von Toragboten gesehen (vgl. z. B. Kuhn 1989, 213; Burchard 1998, 40–44, anders z. B. Broer 1980, 75–81; Eckstein 1997, 396–403; Olmstead 2016, 48f). Denn nur in zwei Fällen, in V.27 (vgl. Ex 20,14; Dtn 5,18) und V.38 (vgl. Ex 21,24f; Lev 24,19f; Dtn 19,21), stimmt die These (fast) wörtlich mit der Tora überein. In V.21 wird an die Zitation des Tötungsverbots (Ex 20,13; Dtn 5,17) eine Strafbestimmung angefügt, für die man zwar atl. Gebote als Bezugstexte anführen kann (vgl. Ex 21,12; Lev 24,17), die so aber nicht in der Tora steht. Die dritte These (V.31) ist überhaupt kein atl. Gebot, basiert aber mit Dtn 24,1–4 auf atl. Material. Auch die vierte These (V.33) steht nicht annähernd so im AT, wieder gibt es aber Gebote, die als Kontext aufgerufen werden können (Lev 19,12; Num 30,3; Dtn 23,22). In V.43 schließlich wird das Liebesgebot Lev 19,18 unvollständig zitiert („wie dich selbst" fehlt wohl wegen der Symmetrie zum zweiten Teil der These); dafür gibt es wieder einen nicht-atl. Zusatz: „und du sollst deinen Feind hassen". Die Annahme, dass Matthäus wusste, dass dies so nicht im AT steht, wird in diesem Fall durch die korrekte Zitation des Liebesgebots in Mt 19,19; 22,39 direkt belegt. Zugleich zeigen diese Stellen eindeutig, dass es Matthäus fernsteht, das Nächstenliebegebot selbst zu kritisieren; er erhebt es in 22,34–40 vielmehr zum Hauptgebot. Er kann daher in 5,43 auch keine adäquate *Paraphrase* des Gebots gesehen haben. Dass es nicht um eine Kritik an den Geboten selbst gehen kann, gilt angesichts von 15,19 und 19,18 im Übrigen in gleicher Deutlichkeit auch für die Dekaloggebote in 5,21.27. Der gemischte Befund bezüglich des Verhältnisses der Thesen zum Wortlaut atl. Gebote empfiehlt daher die Annahme, dass die Thesen ein Toraverständnis repräsentieren sollen, das die Gebote entweder wie im Fall des Ehebruchverbots (V.27) nur buchstäblich auffasst und damit nicht zu deren tieferer Intention vordringt oder wie z. B. im Fall des Liebesgebots (V.43) ihre Bedeutung bzw. ihren Geltungsbereich durch Interpretation einschränkt.

*Drittens*: Die antithetische Formel lautet nicht „es ist (zu den Alten) gesagt worden, ich aber sage euch", sondern – mit der alleinigen Ausnahme von V.31, wo sich die Verkürzung durch die direkte Fortsetzung der vorangehenden Antithese erklärt – „*ihr habt gehört*, dass ...". „Es ist gesagt worden" steht parallel zur Einleitung der Erfüllungszitate (vgl. z.B. 1,22), verweist also auf die hinter der Tora stehende Autorität Gottes (die Dekaloggebote sind in Ex 20 direkte Gottesrede). Die „Alten" (Mt 5,21.33) sind entsprechend die Sinaigeneration. In dem einleitenden „ihr habt gehört" steckt aber eine Relativierung bzw. ein Verweis auf den (synagogalen) Prozess der Vermittlung der Toragebote: Euch hat man das so gesagt; ihr habt das in der Synagoge bei der sabbatlichen Toraauslegung so vernommen, dass zu den Alten gesagt wurde. Für Matthäus geht es also in den Thesen nicht einfach um die Tora, sondern um die Tora in ihrem Verständnis durch die Schriftgelehrten und Pharisäer. Die Einkleidung der Unterweisung in die Form von Antithesen hat in Mt 5 die Funktion, die in den Gegenthesen gebotene Unterweisung Jesu an die Tora anzubinden und im Streit mit den nach Matthäus unverständigen Pharisäern als autoritative Auslegung der Gebote auszuweisen. Sosehr es dabei aus der analytischen Perspektive eines historisch arbeitenden Exegeten offenkundig sein mag, dass z.B. Mt 5,22 über das, was das Tötungsverbot des Dekalogs ursprünglich im Sinn hatte, weit hinausgeht, sosehr ist Matthäus der Meinung, dass die Gegenthese Jesu nichts anderes darlegt als das, was das Gebot selbst seinem vollen bzw. tieferen Sinn nach meint. Die Antithesenreihe, die im Blick auf die Auslegung der Tora einen exemplarischen, nicht erschöpfenden Charakter hat, ist damit im Übrigen kein religionsgeschichtlicher Sonderfall, sondern im frühjüdischen Kontext der lebendigen Auslegungsprozesse der Tora und ihrer damit gegebenen prinzipiellen Offenheit (→ II.2/4–5) zu betrachten. Diese grundlegende religionsgeschichtliche Einordung wird zudem noch dadurch untermauert, dass die frühjüdische Toraparänese dem, was in den Gegenthesen Jesu ausgeführt wird, in inhaltlicher bzw. materialethischer Hinsicht vorgearbeitet hat (→ 2.2.1 und 2.3.1). Anzufügen ist, dass die Thesen nicht als *historisch verwertbare* Quellen für das Gesetzesverständnis der Pharisäer aufzufassen sind (vgl. Burchard 1998, 42); sie sind vielmehr Teil der im Mt durchaus polemisch geführten Auseinandersetzung mit den Pharisäern.

Nach mt Verständnis wird die Tora durch die Unterweisung Jesu also weder marginalisiert noch transzendiert und überboten oder gar überwunden und ersetzt. Überhaupt sind Zugänge, die das Verhältnis zwischen Jesus und der Tora in einem hierarchischen Sinn zu bestimmen suchen (wer ist wem übergeordnet?), schon im Ansatz verfehlt. Denn für Matthäus steht im Vordergrund, dass hinter beiden gleichermaßen die Autorität Gottes steht, und er sieht beide Größen in einer wechselseitigen positiven Zuordnung zueinander: Wie Jesus Matthäus zufolge fest auf dem Boden der Tora steht, so eröffnet umgekehrt allein Jesu Weisung die Möglichkeit, den Willen Gottes, wie er in Tora und Propheten zum Ausdruck kommt, in seinem vollen Sinne zu erfüllen. Weil Jesu Unterweisung des Näheren nicht *eine* Deutung der Tora neben anderen ist, sondern *die* autoritative Auslegung des einen Lehrers, der der verheißene Messias ist, und ihr damit maßgebliche und unersetzbare Bedeutung zukommt, kann das Ergehen im Gericht dann auch von der Befolgung der *Worte Jesu* abhängig gemacht werden (7,24–27). Entsprechend sollen die Jünger nach 28,20 Menschen aus allen Völkern lehren, was *Jesus* ihnen geboten hat. Die Unterweisung Jesu tritt damit aber eben nicht an die Stelle der Tora, sondern ist ganz wesentlich der Erschließung des in Tora und Propheten zum Ausdruck kommenden Willens Gottes zugeordnet. Es besteht daher auch keine Spannung, wenn der

Zugang zum Heil einmal von der Befolgung der Weisung Jesu (7,24–27) und einmal vom Halten der Gebote abhängig gemacht wird (19,16f). Beide Aussagen konvergieren vielmehr darin, dass es um die Befolgung der Gebote im Sinne der Auslegung Jesu geht. Diese gilt es im Folgenden in ihren Hauptpunkten inhaltlich zu entfalten.

## 2.2 Die Interpretation des Liebesgebots im Matthäusevangelium

### 2.2.1 Das Feindesliebegebot in Mt 5,43–48

Matthäus zitiert das Liebesgebot aus Lev 19,18 nicht weniger als dreimal in seiner Jesusgeschichte (5,43; 19,19; 22,39). Im Rahmen der sechsten Antithese ist in der These (5,43) ein unvollständiges Zitat von Lev 19,18 um den Nachsatz „und du sollst deinen Feind hassen" ergänzt, durch den der Geltungsbereich des Liebesgebots einschränkend interpretiert wird (→ 2.1.3).

Als atl. Hintergrund sind Texte wie Dtn 23,4–7; Ps 139,19–22 genannt worden, doch lässt sich aus diesen wie auch aus verwandten Texten kein prinzipielles Gebot (!) ableiten, seinen Feind zu hassen. Nah an Mt 5,43 heran führt 1QS I,3f.9–11, wo der Liebe zu den Söhnen des Lichts der Hass der Söhne der Finsternis gegenübersteht (nach Josephus, Bell 2,139 gehört bei den Essenern zu den bei der Aufnahme zu leistenden Eiden, „immer die Ungerechten zu hassen und mit den Gerechten zu kämpfen"). In 1QS wird allerdings zugleich gefordert, eine böse Tat nicht zu vergelten, sondern jeden mit Gutem zu verfolgen (X,17f). Söding folgert aus dem Zusammenspiel dieser (und weiterer) Texte, dass hier „ein ausgesprochen gewaltloser Feindeshaß gepredigt wird. ... Der Haß gegenüber den Frevlern soll sich ... ausschließlich in radikaler Absonderung von ihnen äußern (*IQS* 9,20 u.ö.)" (1995, 616). Die Schwierigkeit, stichhaltige Belege für die Virulenz der in Mt 5,43 angeführten Gebotsauslegung beizubringen, unterstreicht den polemischen antipharisäischen Charakter der Zuschreibung (für eine eindringliche Warnung vor dem Hass in der frühjüdischen Paränese s. TestGad!).

Die Stoßrichtung der in Mt 5,43 dargebotenen Interpretation des Geltungsbereichs des Liebesgebots ist schwerlich in der Beschränkung der Liebe auf das eigene Volk (vgl. Tob 4,13; Jub 36,4.8; 46,1; CD VI,20f) zu sehen (anders z.B. Chandler 2012*, 26f). Vielmehr gibt V.46 – man liebt (nur) die, von denen man selbst geliebt wird – zu erkennen, dass es auf der Linie des vulgärethischen ‚Common Sense' des Gegenseitigkeitsprinzips[2] um die Begrenzung der Liebe zum Nächsten auf den Kreis der Freunde und Bekannten geht (vgl. Sir 13,15; für eine ausführlichere Begründung s. Konradt 2016e, 369–371). In dem interpretierenden Zusatz, dass der Feind zu hassen sei, steht wie bei „lieben" nicht die Dimension einer spontanen oder intensiven Gemütsaufwallung im Vordergrund, sondern das konkrete Verhalten: Dem Feind lässt man keine Unterstützung zukommen oder man sucht ihm sogar Schaden zu-

---

[2] Vgl. als Ausdruck der Alltagsmoral Hesiod, Op 352: „Liebe den, der (dich) liebt; und geh zu dem, der (zu dir) geht (τὸν φιλέοντα φιλεῖν καὶ τῷ προσιόντι προσεῖναι)." Nach Xenophon, Mem 4,4,24 ist es ein überall gültiges Gesetz, seinem Wohltäter wieder Wohltaten zu erweisen. Und nach Pseudo-Aristoteles, RhetAlex I 1421b37ff gehört das Prinzip, den Freunden Gutes zu tun und sich gegenüber den Wohltätern dankbar zu zeigen, zu den ungeschriebenen Gesetzen.

zufügen. Die These in V.43 ist insofern faktisch nichts anderes als eine in biblischer Sprache formulierte Variante zur in der antiken Welt geläufigen (und von philosophischer Seite auch kritisierten) Maxime, den Freunden zur Seite zu stehen, den Feinden hingegen zu schaden[3] (vgl. Betz 1995, 305f; Ebner 2000, 135f; Reiser 2001, 422). Im Blick auf die emotionale Dimension von „lieben" und „hassen" ist allerdings noch eine Präzisierung nötig, denn mit dem eben Gesagten ist nicht jegliches emotionale Moment in Abrede gestellt. Heuristisch hilfreich ist hier die emotionstheoretische Unterscheidung zwischen einem Gefühl bzw. einer *episodischen* Emotion im Sinne einer aktuellen Gemütsbewegung auf der einen Seite und einer *habituellen* Emotion im Sinne einer Gemütsdisposition auf der anderen (vgl. Müller 2013*, 16–22). Im Liebesgebot ist eine emotionale Dimension im Sinne eines Habitus keineswegs auszuklammern. Vielmehr erwachsen die konkreten Liebestaten auf dem Boden einer dem Mitmenschen zugewandten Grundhaltung, die von der inneren Bejahung des Mitmenschen als Geschöpf und dem Wunsch, dass es ihm wohlergehen möge, getragen ist. Umgekehrt impliziert Hass die innere Ablehnung des Mitmenschen. Jesu Gegenthese nimmt antithetisch *auf den interpretierenden Nachsatz* in der These Bezug: Auch der Feind ist zu *lieben*, nicht zu hassen. Die damit vorgebrachte Entgrenzung der Nächstenliebe ist prinzipiell und umfassend: Die Forderung der liebenden Sorge um das Wohlergehen eines Mitmenschen ist nicht von Voraussetzungen auf Seiten des Mitmenschen abhängig, sie wird vielmehr vom Verhalten des Gegenübers völlig losgelöst. Wie die Rede von den „Verfolgern" in V.44b zu erkennen gibt (und in den Beispielen in V.39–41 v.a. durch V.41 untermauert wird), sind des Näheren nicht allein persönliche Feinde im Blick, sondern auch solche, die den Jesusanhängern als *Gruppe* entgegentreten. Die Mahnung, für die Verfolger zu *beten* (vgl. TestJos 18,2, zur traditionsgeschichtlichen Einbettung des Betens *für* Feinde Ostmeyer 2019), unterstreicht, dass das Gebot der Liebe zum Feind nicht ‚bloß' auf äußeres Wohlverhalten zielt, sondern eine vom „Herzen" (vgl. Mt 5,28) ausgehende Haltung einschließt. Fragt man nach dem Verhältnis der beiden Weisungen in V.44, so ist V.44b schwerlich als umfassende Definition dessen zu lesen, was Liebe zum Feind meint, sondern V.44b bietet *eine* exemplarische Konkretion. Der Inhalt des Gebets bleibt offen. Es kann den Aspekt der Bitte um Umkehr bzw. Verhaltensänderung des Feindes ebenso umschließen wie die Bitte, dass dem Feind nichts Übles widerfährt. Zugleich ist das Gebet „das Letzte, was man noch tun kann, wenn einem sonst die Hände gebunden sind" (Söding 2015*, 157).

Motiviert wird zur Feindesliebe durch die eschatologisch zu verstehende Zusage, dass die, die ihre Feinde lieben, Söhne des Vaters im Himmel werden (V.45a). Der hier verwendete Gottessohn-Begriff knüpft an weisheitliche Traditionen an, in denen die Gottessohnschaft mit dem Motiv der Befolgung des Willens Gottes verknüpft ist (Sir 4,10; SapSal 2,18; 5,5). Matthäus geht es des Näheren um die Entsprechung zum

---

[3] Siehe Stobaios 3,1,173 = Die Unterweisungen der sieben Weisen nach Sosiades (ed. Wachsmuth/Hense III p.125,12f); Theognis, Eleg 1,869–872; Pindar, Pyth 2,83f; Euripides, Medeia 809f; Herakles 585f; Xenophon, Mem 2,3,14; 2,6,35; 4,2,16; Platon, Menon 71e; Resp I 332e; 336a; Isokrates, Or 1,29; Dionysios Hal., AntRom 8,29,1; Cicero, Off 1,88; Epiktet, Diss 2,14,18; Plutarch, ApophLac Ariston 1 (Mor 218a). – Vgl. Blundell 1989 für einen Überblick (26–59) sowie eine detaillierte Untersuchung des Befundes in den Tragödien von Sophokles (60–259).

Handeln des Vaters, wie der Fortgang des Textes in V.45b deutlich macht. Wie Gott seine lebenserhaltenden Wohltaten in seiner Menschenfreundlichkeit unterschiedslos allen Menschen zukommen lässt, so sollen die Menschen ebenso unterschiedslos allen Mitmenschen, auch dem ‚bösen Feind', im Geist der Agape begegnen. Zieht man den weiteren Kontext hinzu, lässt sich dieses schöpfungstheologische Argument durch die Reich-Gottes-Botschaft vertiefen, die schon bei Jesus selbst die Basis der Forderung gebildet haben wird (→ II.3/4). Denn die Bergpredigt richtet sich an die, die sich von der Verkündigung des „Evangeliums vom Reich" (4,23) haben ansprechen lassen, und die kontextuelle Funktion der in ihr dargebotenen Lehre Jesu schließt ein, exemplarisch zu entfalten, was es bedeutet, angesichts der Nähe des Himmelreiches umzukehren (4,17). Nun geht mit der Botschaft von der andringenden Königsherrschaft Gottes einher, dass Gott allen, auch notorischen Sündern, die Möglichkeit der Umkehr eröffnet, weil er Menschen nicht auf ihr früheres Tun festlegt, sondern sich mit der Sendung Jesu allen barmherzig zuwendet. Feindesliebe bildet zu diesem Geschehen insofern eine Analogie, als es auch bei ihr darum geht, dass die Liebe nicht an Bedingungen geknüpft ist, die sich am Gegenüber festmachen. Das in 5,45 zutage tretende Motiv der Entsprechung zum Handeln Gottes wird durch die direkte Aufforderung zur *imitatio Dei* in 5,48 aufgenommen und verstärkt. Matthäus spricht anders als Lk 6,36 (= Q) nicht spezifisch von der Nachahmung der Barmherzigkeit Gottes, sondern fordert zur Vollkommenheit auf (vgl. 19,21, → 2.2.2) und betont so die ungeteilte Ausrichtung auf den Willen Gottes (vgl. Dtn 18,13; 1Kön 8,61; 1QS I,8; II,2 u. ö.). Wer (auch) seinen Feind liebt, praktiziert das Gebot der Liebe vollkommen und ahmt damit Gott nach.

Die in 5,45 aus Q (vgl. Lk 6,35) übernommene Übertragung des Gottessohn-Begriffs auf die Jünger begegnet im Mt ansonsten nur noch in der Seligpreisung der Friedensstifter, die zu den über den Q-Bestand (vgl. Lk 6,20–23) hinausgehenden mt Makarismen gehört. Dieser Befund legt die Annahme nahe, dass die Bildung von 5,9 – sei es durch Matthäus selbst oder in seinem Gemeindekontext – durch den in 5,44f verarbeiteten Q-Text inspiriert ist, 5,9 also eine Interpretation des Feindesliebegebots darstellt und damit das Verständnis der Feindesliebe in der mt Gemeinde spiegelt: Feindesliebe ist ein Akt des Friedenstiftens. Und umgekehrt bedeutet Friedenstiften für Matthäus und seine Gemeinden das Bemühen, Feindschaft zu überwinden, nicht nur als Mediator zwischen zwei miteinander verfeindeten Parteien, sondern auch in den eigenen Sozialbeziehungen, indem man auch einem Feind Wohltaten erweist und für ihn betet. Im Lichte des Zusammenhangs zwischen dem Feindesliebegebot und der Seligpreisung der Friedensstifter zeigt sich, dass sich mit der Feindesliebe für Matthäus auch eine soziale Hoffnungsperspektive verbindet, wie sie ähnlich in frühjüdischen Texten anzutreffen ist, die zum Wohlverhalten gegenüber dem Feind anhalten (Philon, Virt 116–119; QuaestEx 2,11; PseudPhok 140–142; JosAs 29,3f; TestBenj 5,4 u. ö., dazu Konradt 2016e, 350–358). Das bedeutet nicht, dass Feindesliebe im Wesentlichen als eine soziale Strategie aufzufassen ist, die an ihren Erfolgsaussichten zu messen ist und letztlich einem utilitaristischen Kalkül unterliegt. Wohl aber zeigt sie sich in Mt 5 als ein *in der imitatio Dei fundiertes* Verhalten, das *auch* die Hoffnung auf die Überwindung der Feindschaft einschließt, ohne dass seine Sinnhaftigkeit mit dem sozialen Erfolg steht oder fällt.

*Exkurs: Die Antithese über den Vergeltungsverzicht in Mt 5,38–42*

Die letzte Antithese ist mit der vorangehenden fünften Antithese darin verbunden, dass es in beiden Antithesen in komplementärer Weise um das Verhalten gegenüber einem sich feindlich verhaltenden Menschen geht: Während der Fokus in 5,43–48 mit der Feindesliebe auf dem Aspekt *aktiven* Wohlverhaltens liegt, ist das Augenmerk in 5,38–42 auf die *Reaktion* auf feindseliges Verhalten des Gegenübers gerichtet. Die aus Q übernommenen Mahnungen in 5,39c–42 hat Matthäus im Zuge der Antithesenbildung in den Zusammenhang der Auseinandersetzung mit der *talio* gebracht (Ex 21,24f; Lev 24,19f; Dtn 19,21, vgl. frühjüdisch z. B. 11QT LXI,12). Wie in 5,27 entspricht die These hier (fast) wörtlich einem atl. Gebot. Anders als in 5,28 führt die Gegenthese Jesu hier aber nicht über ein bloß buchstäbliches Verständnis hinaus, sondern sie scheint in einem direkten Widerspruch zum atl. Gebot zu stehen, was sich auch nicht grundlegend ändern würde, wenn man für Mt 5,38 das in der frühjüdischen Diskussion begegnende Verständnis der *talio* im Sinne eines finanziellen Schadensausgleichs (Josephus, Ant 4,280; bBQ 83–84) zugrunde legte. Einem solchen Deutungsansatz steht allerdings die eindeutige Aussage von 5,17–19 entgegen. Einen möglichen Ausweg kann man darin sehen, dass die Pointe der *talio* – im Vergleich etwa zur Rede von der sieben- bzw. siebenundsiebzigfachen Vergeltung in Gen 4,24, auf die sich die Vergebungsforderung in Mt 18,21f kontrastiv bezieht – gerade in der Begrenzung der Vergeltung besteht. Die Gegenthese würde dann den vergeltungskritischen Impuls des Toragebots aufnehmen und konsequent weiterführen. Entscheidend ist aber ein anderes Moment. Im Kontext der pentateuchischen Gesetzgebung begegnet die *talio* nicht als eine Regel für das Alltagsverhalten, sondern als ein Grundsatz für die Strafzumessung im Rechtsverfahren. Die Beispielfälle in der Gegenthese in Mt 5,39–42 verweisen hingegen auf das Alltagsleben als Applikationsfeld der *talio* (vgl. Nolland 2005, 257f). Bedenkt man ferner, dass die Thesen in 5,21–48 das Gesetzesverständnis der Schriftgelehrten und Pharisäer wiedergeben sollen (→ 2.1.3), ergibt sich ein schlüssiger Zusammenhang: Jenen wird vorgehalten, dass sie die *talio* als Maxime für das persönliche Verhalten in Konflikten verstehen und aus ihr das Recht ableiten, auf erfahrenes Unrecht mit ‚angemessener' Vergeltung zu antworten: „Auge um Auge, Zahn um Zahn".

In der Gegenthese in V.39–42 ist den vier aus Q stammenden Beispielfällen in V.39c–42 (vgl. Lk 6,29f) in V.39b ein Prohibitiv vorangestellt, in dem im griechischen Text kaum zufällig die Vorsilbe des Verbs „sich entgegenstellen (ἀντι-στῆναι)" der Präposition in „Auge um (ἀντί) Auge" korrespondiert. Im Lichte dieser direkten Bezugnahme auf V.38 empfiehlt sich die Annahme, dass die für sich genommen relativ offene Formulierung, sich dem Bösen nicht entgegenzustellen, hier konkret als Widerspruch zur Verwendung der *talio* als einer Maxime des Alltagsverhaltens zu verstehen ist. Gesagt ist also: Man soll sich dem Bösen nicht in der Weise entgegenstellen, dass man Gleiches mit Gleichem vergilt (vgl. Krieger 1990, 30). Nahe liegt damit zugleich, dass das doppeldeutige Dativobjekt „dem Bösen (τῷ πονηρῷ)" hier nicht neutrisch, sondern maskulinisch und also personal zu verstehen ist: *Dem Übeltäter* soll nicht mit gleicher Münze heimgezahlt werden. Die Absage an das Prinzip, Böses mit Bösem zu vergelten, begegnet schon in der atl. Weisheit (Prov 20,22; 24,29); sie schreibt sich in frühjüdischen Schriften fort (z. B. 2Hen 50,4; PseudPhok 77; 1QS X,17f) und verdichtet sich in JosAs zu einem ethischen Leitsatz: Solchen, die Gott verehren, geziemt es nicht, Böses mit Bösem zu vergelten (JosAs 23,9, vgl. auch 28,10.14). Mt 5,39b knüpft an diese vergeltungskritischen Impulse in der frühjüdischen Ethik an (vgl. ntl. Röm 12,17; 1Thess 5,15; 1Petr 3,9), nur wird dies in Mt 5 explizit gegen die *talio* bzw. gegen ihre Übertragung auf den Alltag vorgebracht. Vor allem aber folgen in V.39c–42 Mahnungen, die die Forderung des bloßen Vergeltungs*verzichts* zuspitzen.

Der Deutung, dass V.39b konkret als Einspruch gegen ein an der *talio* orientiertes Verhalten zu verstehen ist, korrespondiert im Blick auf das Verhältnis von V.39b zu V.39c–42, dass dieses nicht im Sinne von Grundsatz (V.39b) und exemplarischen Einzelfällen (V.39c–42) zu fassen ist (anders z. B. Davies/Allison 1988–1997, 1:538), sondern schlicht im Sinne von negativer und positiver Aussage: Die Negation der *talio* wird durch positive Anweisungen ergänzt, die exemplarisch ausführen, wie man sich stattdessen verhalten soll. Durch die angeführten Beispiele wird dabei deutlich, dass es in V.39b um mehr und anderes geht als bloß darum, das erfahrene Unrecht still zu akzeptieren, denn das Charakteristikum der ersten drei Exempel in V.39c–41 besteht darin, dass die geschädigte Person sich dem Gegenüber demonstrativ und provokativ für die Fortsetzung seiner Unrechtstat zur Verfügung stellt. Blickt man auf die sozialen Konstellationen in den drei Beispielen, wird deutlich, dass Matthäus hier die Situation von sozial Unterlegenen vor Augen hat. V.40 nimmt – anders als die Parallele in Lk 6,29b – die Situation eines Pfändungsprozesses in den Blick: Dem, der vor Gericht das Untergewand zu pfänden sucht, ist freiwillig auch das Obergewand zu überlassen. V.41 fügt daran den (in Lk 6,29f fehlenden, aber wohl auf Q zurückgehenden) Fall einer erzwungenen Dienstleistung an, wobei des Näheren an Zwangsleistungen für römische Soldaten zu denken ist (vgl. Hoffmann 1984, 61; Theißen ³1989, 176f). Im Lichte von V.40.41 liegt es nahe, dass Matthäus auch bei dem Opfer des Schlags auf die rechte Backe in V.39c an einen sozial Unterlegenen denkt. Kurz gesagt: Es geht um „die Erfahrungswelt ‚kleiner Leute', die geprügelt werden, denen Pfändungsprozesse drohen und die unter fremden Besatzungen leiden" (Luz ⁵2002, 386). Zwar kommt dann in V.42 die Thematik der Wohltätigkeit vor und damit der Besitzende in den Blick, was sich bei Matthäus zumal angesichts der in V.39b vorangestellten Aussage nicht gut in den Kontext einfügt. Aber der Akzent liegt zunächst deutlich auf der Situation von sozial Deklassierten, und dabei ist, einschließlich V.41, nichts anderes im Blick als deren Alltagswelt (vgl. Lohfink 1982, 241).

Dieser soziale Kontext ist zu bedenken, wenn man nach der Sinnhaftigkeit des in den Beispielen geforderten Verhaltens fragt. Anzusetzen ist bei dem Moment, dass die Pointe der Weisungen noch nicht beim Vergeltungs- bzw. Gewaltverzicht an sich liegt, sondern darin, dass ein „paradoxes Entgegenkommen" (Theißen ³1989, 177) gefordert ist, das eine Art gewaltlose Gegenprovokation bedeutet. Nicht zu bestreiten ist, dass damit der Regelkreislauf der Gewalt durchbrochen, die Handlungslogik des Gegenübers in Frage gestellt und die Anwendung von Gewalt und Zwang ihrer Selbstverständlichkeit beraubt wird (vgl. Luz ⁵2002, 388f), doch ist die Frage darüber hinaus konkreter auf die involvierten Personen zu beziehen. So ist im Blick auf die Rolle der Gedemütigten darauf hinzuweisen, dass ihnen, für die aufgrund ihres sozialen Status Vergeltung im Grunde gar keine ernsthafte Option darstellt, eben ihr „paradoxes Entgegenkommen" die Möglichkeit bietet, ihre Erniedrigung durch die sozioökonomisch oder politisch Mächtigen nicht einfach stillschweigend zu erdulden, vielmehr das Heft des Handelns in die Hand zu nehmen und so zumindest ein Stück weit Würde und Handlungssouveränität zurückzugewinnen (vgl. Wink 1992, 105–108.111; Weaver 1992, 56f; Zerbe 1993*, 185f). Das Objekt der erniedrigenden Tat wird hier zum Handlungssubjekt. Selbst wenn nun das Gegenüber die Skrupellosigkeit besitzt, zum zweiten Mal zuzuschlagen, steht dieser zweite Schlag in einem grundlegend veränderten Zusammenhang. Und bei der zweiten Meile handelt es sich nicht mehr um etwas, zu dem man gezwungen wurde. Kurz gesagt: Es geht um Rollenwechsel und damit verbundene Statusveränderung. Hinsichtlich der Rolle des Bedrängers kommt hinzu, dass die Gegenprovokation auch als Chance gesehen werden kann, diesen zur Erkenntnis der Fragwürdigkeit seines Verhaltens und damit zu einer Verhaltenskorrektur anzuleiten (vgl. für viele Wink 1992, 108; Zerbe 1993*, 185f). Insbesondere der zweite Fall weist deutlich in diese Richtung: Wer demonstrativ auch sein Obergewand hingibt, ist nackt und schutzlos vor Kälte. Er demonstriert damit provokativ, wie ihm das Verhalten des wirtschaftlich Mächtigen ‚ans Leben geht'. Überdies ist nach der Tora die Pfändung des Mantels über Nacht verboten (Ex 22,25f; Dtn 24,12f); das Gegenüber darf den Mantel nicht nehmen. Die gezielte

Gegenprovokation lässt sich hier als eine Art ‚Zeichenhandlung' verstehen, die Licht auf die vorangehende Pfändung wirft und den wirtschaftlich Mächtigen auffordert, sein vermeintlich rechtmäßiges Vorgehen auf seine (moralische) Legitimität hin zu hinterfragen und sein Verhalten gegenüber den Armen überhaupt zu überdenken. Dass die Gegenprovokation immer in diesem Sinne funktioniert, ist damit nicht gesagt. Es ist natürlich nicht ausgeschlossen, dass das Gegenüber, um das Beispiel in V.41 hinzuzuziehen, belustigt von dem Angebot einer zweiten Meile Gebrauch macht (vgl. Luz ⁵2002, 388). Es geht – analog zur sozialen Hoffnungsperspektive, die oben zum Feindesliebegebot herausgearbeitet wurde – um die *Chance* zur Verhaltensänderung, die dem Gegenüber eröffnet wird. Ob es sie nutzt, ist eine andere Frage.

Bewegen sich die voranstehenden Überlegungen zur Rückgewinnung von Würde und Handlungssouveränität für die Gedemütigten und zur Eröffnung einer Chance zur Verhaltenskorrektur für das sich feindlich verhaltende Gegenüber auf der Linie einer konkreten Neukonfiguration der sozialen Konstellation, so dürfte für die Motivierung der Weisungen zum Gewalt- und Vergeltungsverzicht noch ein weiteres Moment von zentraler Bedeutung sein: Gewaltverzicht wurde durch Jesus vorgelebt, wurde von ihm selbst verkörpert. Bei seiner Gefangennahme (Mt 26,47-56) weist Jesus den Versuch gewaltsamer Gegenwehr eines Jüngers mit den Worten zurück: „Stecke dein Schwert zurück an seinen Platz! Denn alle, welche das Schwert nehmen, werden durch das Schwert umkommen!" (26,52). Der Konnex zwischen der Unterweisung Jesu in der fünften Antithese und seinem eigenen Ergehen wird dabei dadurch unterstrichen, dass Matthäus eine Querbeziehung zwischen 5,39 und der Verspottungsszene in 26,67f geschaffen hat, denn dort findet die Fallschilderung „wer dich ... schlägt (ὅστις σε ῥαπίζει ...)" (V.39c) in der von Matthäus eingefügten Wendung „andere aber schlugen [ihn] (οἱ δὲ ἐράπισαν)" (26,67) eine Entsprechung (es handelt sich hier um die einzigen beiden Vorkommen des Verbs im Mt – wie überhaupt im NT!). Dieser Befund gewinnt im hier verfolgten Kontext weiter an Kontur, wenn man die für das Mt charakteristische Zeichnung Jesu als davidischen Messias hinzunimmt, der – im Kontrast zu anderen damaligen Varianten der Messiaserwartung (PsSal 17; 1QSb V,24-29; 1QM V,1f; 4Q161 8-10 23.25f; 4Q285 5 3f u. ö.) – nicht militärische Attribute aufweist, sondern als sanftmütiger König in Jerusalem einzieht (21,1-9) und sich als sich erbarmender Hirte um sein Volk sorgt (2,6; 9,36; 15,24, vgl. Konradt 2007, 18-52). Wer auf dem Weg der Gewaltlosigkeit wandelt, wandelt also in den Fußspuren Jesu. Einzubeziehen ist dabei schließlich, dass Jesu Weg durch sein Leiden nicht gescheitert ist. Er wurde vielmehr von Gott als Weltenherrscher eingesetzt (28,18), der weiterhin nicht mit militärischer Macht, sondern durch seine Gebote regiert (28,20). In dem Glauben an die Erhöhung Jesu zum Weltenherrscher ist die auch den Christusgläubigen selbst geltende Gewissheit begründet, dass der von Jesus eröffnete Weg der Gewaltlosigkeit nicht zum Scheitern verurteilt ist. Er führt vielmehr zum ‚eigentlichen' Ziel des Lebens: zur Teilhabe am ewigen Leben. Die Weisungen zum Vergeltungsverzicht gewinnen ihre Plausibilität damit letztlich im Rahmen eines christlichen Wirklichkeitsverständnisses, denn ihre Plausibilität ist eng an den gebunden, der sie vorbringt. Es geht um die Nachfolge auf dem von Jesus vorgezeichneten und vorgelebten Weg, und dieser Weg führt nicht ins Nichts, sondern ins Reich Gottes.

### 2.2.2 Das Liebesgebot in Mt 19,19

Bildet die Auslegung des Liebesgebots die Klimax der Toraauslegung Jesu in den Antithesen (5,21-48), so spiegelt sich die Bedeutung, die Matthäus dem Liebesgebot zuweist, auch in seiner – gegenüber Mk 10,17-22 signifikant veränderten – Fassung der Erzählung von der Begegnung Jesu mit einem Reichen in Mt 19,16-22, in der der Evangelist die Zitation von Lev 19,18 an die bereits in Mk 10,19 angeführten Dekaloggebote angefügt hat. Im Lichte von Mt 22,37-40 wird man kaum fehlgehen, dass das Liebesgebot hier als Summe der zwischenmenschlichen Gebote fungiert (vgl. für viele Berger 1972\*, 445f), wobei zweifelsohne die zitierten Dekaloggebote selbst als Hauptsätze der Tora aufgefasst sind (→ 2.3). Der Sinn der Einfügung des Liebesgebots geht darin aber nicht auf. Vielmehr erschließt sich dieser erst, wenn man nach dem Verhältnis zwischen den in 19,18f angeführten Geboten und der in V.21 an den Reichen ergehenden Forderung fragt. Anders als Markus begreift Matthäus die Befolgung der Gebote nämlich nicht bloß als zwar notwendige, aber nicht hinreichende Basisstufe, zu der als zweite Stufe der Eintritt in die Nachfolge kommen muss, der im Falle des Reichen mit der karitativen Weggabe seines Besitzes verbunden ist (→ V.2/4). Für Matthäus legt V.21 vielmehr aus, was der in der Tora niedergelegte Wille Gottes für den Reichen situativ konkret bedeutet. Gebotsbefolgung und Nachfolge Jesu werden von Matthäus also als eine integrale Einheit gesehen: Die Befolgung der Tora *in ihrem von Jesus vermittelten Verständnis* steht nicht für sich, sondern geht für Matthäus damit einher, in die Nachfolge einzutreten, und umgekehrt gehört zur Nachfolge ein Leben nach den Geboten, wie Jesus sie erschlossen hat. Die spezifische Forderung an den Reichen in V.21 und die in V.18f zitierten Gebote in dieser Weise in einen Zusammenhang zu bringen, wäre mit den Dekaloggeboten allein nicht möglich gewesen, zumal diese mit Ausnahme des Gebots der Elternehre nicht positive Gebote, sondern Verbote sind. Matthäus fügt also das Liebesgebot ein, weil er die Forderung an den Reichen in V.21 als Entfaltung des in der Tora artikulierten Willens Gottes zu verstehen geben will.

Für diese Bestimmung des Verhältnisses von V.18f und V.21 spricht *erstens* grundlegend, dass Matthäus den ersten Dialoggang in V.16f so neugestaltet hat, dass die Frage des Reichen gleich zu Beginn eine klare Antwort erhält: Wenn er in das Leben eingehen will, muss er die Gebote halten (V.17). Da dieser am Ende betrübt davongeht (V.22) und Jesus dies in V.23–25 nicht damit quittiert, dass dem Reichen höhere soteriologische Weihen versagt bleiben, sondern es nach wie vor um die grundlegende Frage des Zugangs zum Himmelreich geht (V.23–25), ist im Lichte des in V.17 klar formulierten Kriteriums zu folgern, dass der Reiche entgegen seiner Behauptung in V.20 die Gebote nicht gehalten, er also einen ungerechtfertigten Anspruch erhoben hat (vgl. Yarnold 1968, 271; Weren 2008, 189; Akiyama 2018\*, 183, anders Olmstead 2016, 52). Letzteres gilt in jedem Fall in dem Sinne, dass er die Nagelprobe auf seine Behauptung, mit der er durch Jesu Forderung in V.21 konfrontiert wurde, nicht bestanden hat, denn er liebt sein Geld mehr als seinen Nächsten, wie sein Weggang demonstriert (vgl. Deines 2004, 391).

Im Gesamtzusammenhang des Mt betrachtet, bietet 19,16–22 eine episodische Illustration zu dem, was programmatisch in 5,17–48 ausgeführt wurde. Wurde dort den Schriftgelehrten und Pharisäern ein unzureichendes Verständnis der wichtigen Gebote zur Last gelegt, das nach 5,20 dazu führt, dass der Zugang ins Himmelreich versperrt bleibt, so verkörpert der Reiche in 19,16–22 ganz auf dieser Linie ein bloß oberflächliches Verständnis der Gebote, das anhand seines Scheiterns am Liebesgebot im Verständnis Jesu illustriert wird. Für die in 19,18f angeführten Dekaloggebote ist analog zu schließen, dass der mt Jesus bei ihrer Zitation das in den Antithesen dargelegte extensive Verständnis voraussetzt, während der Behauptung des Reichen, die Gebote gehalten zu haben, eben ein unzureichendes Verständnis ihres Sinngehalts zugrunde liegt. Ein Detail der mt Neufassung der Perikope fügt sich hier ein: Bei Markus bedeutet Jesus dem Reichen nach dessen Beteuerung, alle Gebote gehalten zu haben, dass ihm noch eines fehle (Mk 10,20f). Die Bedingung der Befolgung der Gebote wird hier als erfüllt angenommen; auf dieser Grundlage wird die weitergehende Forderung erhoben. Bei Matthäus dagegen fragt der Reiche auf der Basis seiner trügerischen Gewissheit, die genannten Gebote allesamt beachtet zu haben, was ihm noch fehle. In dieser Frage schwingt mit, dass ihm das von Jesus formulierte Kriterium als etwas Leichtes erscheint. Leicht ist dessen Erfüllung indes nur, wenn man in den tieferen Sinn der Gebote nicht eingedrungen ist und sie nur ganz oberflächlich versteht.

*Zweitens* hat Matthäus in 19,21 nach 5,48 ein zweites Mal das Vollkommenheitsmotiv eingefügt. In 5,43–48 steht dieses im Zusammenhang der radikalen Auslegung des Liebesgebots als Feindesliebegebot. Auch in 19,21 begegnet das Vollkommenheitsmotiv im unmittelbaren Kontext des Liebesgebots. Es liegt daher nahe, hier eine analoge Verbindung anzunehmen und also die zur Vollkommenheit nötige Erfüllung der Forderung in V.21 als eine weitere radikale Explikation des Sinns des Liebesgebots zu lesen: Die Forderung des Besitzverzichts zugunsten der Armen legt aus, was es für den Reichen in seiner konkreten Situation und angesichts seiner Begegnung mit Jesus bedeutet, die Tora im Sinne des Liebesgebots *vollkommen* zu erfüllen (vgl. z.B. Meisinger 1996*, 40–42; Meiser 2000, 198; Deines 2004, 391, anders Hoppe 1991, 159–164; Cuvillier 2009, 156f). Vollkommenheit bezeichnet in Mt 19,16–22 also keine zweite Stufe nach der in V.17–20 thematisierten Befolgung der Gebote, sondern wird von Matthäus torabezogen aufgefasst: Sie basiert in 19,21 wie in 5,48 auf der vollkommenen Erfüllung der hermeneutisch im Liebesgebot zentrierten Tora nach der Auslegung Jesu. An beiden Stellen fungiert „Vollkommenheit" dabei als eine Art Abgrenzungsbegriff gegenüber einem insuffizienten Verständnis des Gesetzes.

*Exkurs: Besitzethik im Matthäusevangelium*

Der Umgang mit Besitz sticht als ethisches Thema im Mt quantitativ nicht in derselben Weise hervor wie im Lk, doch zeigt nicht nur die Applikation des Liebesgebots auf die karitative Verwendung von Besitz in 19,19–21, sondern auch 5,42; 6,2–4 und vor allem die Komposition in 6,19–34, die Matthäus aus mehreren, bei Lukas an verschiedenen Orten außerhalb der Feldrede stehenden Q-Texten (Lk 12,33f; 11,34f; 16,13; 12,22–31) komponiert hat, die hohe Bedeutung, die auch Matthäus diesem Thema zuschreibt. Zugleich wird im Lichte des Torabezugs in 19,19–21 klar, warum Matthäus die Unterweisung Jesu in 6,19–34 in das Korpus der Bergpredigt (5,17–7,12) integriert und damit der Explikation des in Tora und Propheten (5,17; 7,12) zum Ausdruck kommenden Willens Gottes zugeordnet hat. Matthäus eröffnet die Einheit mit der Mahnung, statt irdischer Schätze, die vergänglich sind und Diebe anlocken, einen Schatz im Himmel zu sammeln. Anders als in Lk 12,33f wird in Mt 6,20 nicht ausdrücklich gesagt, dass Schätzesammeln im Himmel konkret Barmherzigkeitsgaben für Bedürftige meint, doch liegt dies erstens durch das Gegenüber zu V.19 nahe, zweitens ist auf analoge Aussagen in der jüdischen Umwelt (s. bes. Tob 4,8–11; 2Hen 50,5f, vgl. frühchristlich 1Tim 6,17–19) und drittens auf die Querbeziehung zu Mt 19,21 über das Motiv des himmlischen Schatzes zu verweisen. 6,19f wirft also als Alternative auf, entweder die Anhäufung irdischer Besitztümer anzustreben oder wohltätig und damit reich bei Gott zu sein. Geht es bei dieser Alternative nach V.21 um nicht weniger als um die grundsätzliche Ausrichtung des ganzen Menschen, so wird diese Gewichtung durch die Anfügung des Logions vom Auge als Licht des Leibes in V.22f unterstrichen. Vom Auge ist hier im metaphorischen Sinne die Rede. Es geht um den Blick eines Menschen als Ausweis seines Charakters. Das einfältige, lautere Auge steht für die Aufrichtigkeit, Integrität und Güte eines Menschen, die sich in Freigebigkeit manifestieren (vgl. Prov 22,9), das böse Auge (vgl. TestIss 4,6) hingegen für Geiz, Missgunst und Neid (vgl. Mt 20,15). Durch die Einstellung dieses Logions in den Zusammenhang der besitzethischen Mahnungen in 6,19-21 und 6,24 verweist Matthäus darauf, dass sich am Umgang mit dem Besitz „die moralische Qualität eines Menschen" (Luz ⁵2002, 466) entscheidet und zeigt. Mehr noch: Am Umgang mit Besitz entscheidet sich, ob man Gott dient oder ob man zum Sklaven des Mammons geworden ist. Einen ‚dritten Weg' zwischen beiden gibt es hier nicht (zum Mammonwort → VII.5.2/2).

Die binäre Struktur der Handlungsoptionen in V.19-24 setzt sich in V.25-34 fort. Die fundamentale Alternative ergibt sich hier aus dem den gesamten Passus sachlich bestimmenden Gegenüber der Mahnungen in V.25 bzw. V.31 einerseits und V.33 andererseits. Die Mahnung, nicht um Essen, Trinken und Kleidung besorgt zu sein, ist kein Aufruf zur Untätigkeit, der so tut, als müssten sich Menschen um die Stillung ihrer vitalen Grundbedürfnisse im Grunde nicht kümmern. Die Vögel des Himmels und Lilien des Feldes dienen nicht als Handlungsmodelle, sondern als Sehschule für die Fürsorge des Schöpfers, auf die die Jünger Jesu vertrauen dürfen. Die Mahnung, nicht besorgt zu sein, meint entsprechend, sich nicht, wie Matthäus es den ‚Heiden' zuschreibt (V.32), ängstlich in der Sorge um die materielle Existenzsicherung zu verlieren und diese zum zentralen Lebensinhalt zu machen. Positiv gewendet geht es darum, den die Existenz sichernden Tätigkeiten gelassen im Vertrauen auf den gütigen Schöpfer nachzugehen und in diesem Vertrauen frei dafür zu werden, sein Augenmerk auf das zu richten, worauf es zentral ankommt, nämlich darauf, Gottes Reich und Gerechtigkeit zu suchen (V.33). Die mt Einfügung der Gerechtigkeit in das zugrunde liegende Q-Logion (vgl. Lk 12,31) macht deutlich, dass Matthäus bei der Suche des Reiches Gottes nicht bloß an das sehnsüchtige Hoffen auf dessen Kommen denkt, sondern in einem eminent aktivischen Sinn die Unterstellung unter die Herrschaft Gottes und damit das Tun seines Willens im Blick hat. Mit der Überleitung „*deshalb* sage ich euch" in V.25 gibt Matthäus die Unterweisung in 6,25-34 als direkte Konsequenz aus V.19-24 zu verstehen und verweist so auf den Konnex zwischen der ‚heidnischen' Angst um die Existenzsicherung und dem götzendienerischen Streben nach (immer mehr) Besitz: Wer in seiner Lebenshaltung von der Sorge um die materielle Sicherung der Existenz bestimmt ist, richtet - in dem Irrglauben, das Leben durch das Anhäufen von irdischen Schätzen ‚sichern' zu können (vgl. Lk 12,16-21) - sein Augenmerk auf das Anhäufen von Besitztümern (vgl. Sir 31,1-3) und verschreibt sich so dem Mammondienst. Wer hingegen Gott dient, geht im Vertrauen auf die Fürsorge des Schöpfers mit Gelassenheit seinen Tätigkeiten nach und dient, da er Gottes Reich und seine Gerechtigkeit sucht (V.33), mit seinem Besitz dem Nächsten (V.20). Die zentrale Bedeutung, die der Abwendung vom Mammondienst in der mt Ethik zukommt, tritt pointiert auch in der Deutung des Gleichnisses vom Sämann in 13,22 zutage, wo Matthäus durch die Streichung der Rede von „den Begierden nach den übrigen Dingen" aus Mk 4,19 den Fokus ganz auf die weltliche Sorge und den betrügerischen Reichtum gelegt hat.

Anders als in Mt 19,21 fordert der mt Jesus weder in 6,19-24 noch in 5,42 oder 6,2-4 völligen Besitzverzicht. Aus der Erzählung von der Begegnung Jesu mit dem Reichen in 19,16-22 lässt sich daher schwerlich ableiten, dass Matthäus totalen Besitzverzicht als *generelle* Bedingung für den Eintritt in die Nachfolge verstanden hat. Vielmehr steht die radikale Forderung *völligen* Besitzverzichtes dort im Kontext der vorösterlichen Möglichkeit, mit Jesus umher bzw. nach Jerusalem zu ziehen. Umgekehrt folgt daraus, dass die Situation der nachösterlichen Gemeinden nicht dieselbe ist wie die des Reichen angesichts seiner Begegnung mit Jesus, aber auch nicht, dass der Text für diese bedeutungslos ist. Sonst hätte Matthäus den Text nicht übernommen und seiner Torakonzeption angepasst. Der Text verweist vielmehr auf eine Gemeinschaft, der auf der Basis des Liebesgebots die intensive Sorge für die Armen ins Stammbuch geschrieben ist. Die Darstellung des Endgerichts in 25,31–46 untermauert dies eindrücklich: Die Zuwendung zu Notleidenden gilt Matthäus als *Wesens*merkmal christlicher Existenz.

Als *Zwischenfazit* ist festzuhalten: In Mt 5,43–48 und 19,16–22 treten zwei einander ergänzende radikale Interpretationen des Liebesgebots zutage: Vollkommenheit in der Liebe erlaubt keine Begrenzung seines Geltungsbereichs und manifestiert sich in großzügiger – im Fall des Reichen sogar völliger – Verwendung des Besitzes zugunsten der Armen. In beiden Fällen tritt die Verankerung der mt Ethik in der frühjüdischen Toraparänese zutage. Denn zum einen ist das Liebesgebot schon in seinem ursprünglichen Kontext in Lev 19,17f der Sache nach im Grunde „ein Gebot der Feindesliebe" (Mathys 1986*, 81, vgl. auch Piper 1974, 32) und wurde in diesem Sinne im frühen Judentum rezipiert und weiter entfaltet, wie insbesondere die TestXII – mit ihrer Präsentation der Gestalt Josephs, aber auch mit der Unterweisung in TestGad 4,1–7; 6,3–7 – dokumentieren (→ II.3/4). Zum anderen knüpft Mt 19,18–21 an die karitative Dimension der Liebe an, die als Applikationsfeld des Liebesgebots ebenfalls in den TestXII begegnet (TestIss 5,2; TestSeb 5,1–8,3, vgl. bereits Dtn 10,18f). In beiden Fällen bietet Matthäus ein radikales Verständnis der Forderung, dem die explizite Verbindung mit dem Vollkommenheitsmotiv entspricht. Vollkommene Liebe bedeutet dabei nicht nur die Intensivierung normalen kulturellen Verhaltens, sondern sie überwindet das Prinzip der Gegenseitigkeit (5,46f) und ist im Blick auf den Besitz eingebunden in eine Neudefinition der Werteskala. Die Verbindung des Liebesgebots mit dem Vollkommenheitsmotiv in 5,43–48 und 19,16–22 unterstreicht zugleich die zentrale Bedeutung des Liebesgebots in Matthäus' Gesetzesverständnis, die dann in 22,34–40 explizit zur Sprache kommt.

*2.2.3 Das Doppelgebot der Liebe in Mt 22,34–40*
Während die Zentralstellung des Doppelgebots der Liebe in Mk 12,28–34; Lk 10,25–28 (→ V.2/5, VII.3.2) einen Konsens zwischen Jesus und seinem Gesprächspartner bildet, der sich durch Texte wie TestIss 5,2; 7,6; TestDan 5,3; Philon, SpecLeg 2,63 illustrieren lässt, ist Mt 22,34–40 in den Dissens zwischen Jesus und den Pharisäern (22,34) über das Verständnis der Tora eingezeichnet. Die Frage nach dem größten Gebot wird, obwohl sie an sich gut jüdisch ist, in V.35 als eine versucherische qualifiziert, mit der im Kontext der Auseinandersetzungen in 21,23–22,46 im Sinne von 22,15 ein weiterer Versuch unternommen wird, Jesus „bei einem Ausspruch zu fangen". Verständlich wird dies im Horizont der vorangehenden Kontroversen über den Sabbat (12,1–14) und das Händewaschen (15,1–20). Denn aus Jesu Überordnung der Barmherzigkeit über den Tempel und damit über die Gottesverehrung im Tempel (12,5–7, vgl. 5,23f) sowie aus seiner Kritik an einer auf Kosten der Elternehre gehenden Gelübdepraxis (15,4–6) konnten Jesu Gegner den Vorwurf ableiten, hier werde die Zuwendung zum Menschen auf Kosten der Gottesliebe betont und damit der Bedeutung der Anerkennung und Verehrung des einen Gottes als des ersten und

obersten Grundsatzes des Judentums (vgl. z. B. EpArist 132; PseudPhok 8; Philon, Dec 65; Josephus, Ap 2,190) nicht adäquat Rechnung getragen. Nun versuchen die Pharisäer, Jesus eine *ausdrückliche* Stellungnahme zur Tora zu entlocken, die zeigt, dass bei ihm der Verehrung Gottes nicht die oberste Priorität zukommt (vgl. zur kontextuellen Einbindung von Mt 22,34–40 Konradt 2016c, 309–312).

Jesus aber unterläuft das Ansinnen der Pharisäer, indem er sich mit der Zitation von Dtn 6,5 als dem „größten und ersten Gebot" (V.38) zunächst in den jüdischen Konsens einreiht. Er interpretiert die Zentralstellung des Gebots der Gottesliebe dann aber in einem zweiten Schritt so, wie es seiner Betonung der zwischenmenschlichen Gebote (15,19; 19,18f) und der barmherzigen Zuwendung zum Mitmenschen (9,13; 12,7) entspricht: Ungefragt wird mit dem Gebot der Nächstenliebe aus Lev 19,18 noch ein zweites Gebot zitiert, das Matthäus durch die Neuformulierung der Einleitung in V.39 ausdrücklich gleichordnet. In ebendieser Gleichordnung liegt die Pointe der mt Version. Die Interpretation der Rolle des Gebots der Gottesliebe als Hauptgebot durch die Gleichordnung des Nächstenliebegebots schließt dabei ein, dass sich die Liebe zu Gott, sowenig sie in der Nächstenliebe aufgeht (vgl. Luz 1996, 147), ganz wesentlich in der liebenden Zuwendung zum Mitmenschen vollzieht: Liebe zu Gott realisiert sich für Matthäus nicht in der Verschärfung der Reinheitsregeln (15,1–20) oder der rigorosen Observanz von Sabbatbestimmungen (12,1–14), sondern im Tun des göttlichen Willens, der zentral in der Barmherzigkeitsforderung besteht.

V.40 qualifiziert die Gebote der Liebe zu Gott und zum Nächsten abschließend als die beiden Hauptsätze der gesamten Tora und etabliert sie auf diese Weise als die Leitlinien ihrer Auslegung. Die Tora wird damit, wie schon der Rekurs auf Dekaloggebote in 5,21–30; 15,19 und 19,18f zeigt, nicht auf diese beiden Gebote reduziert (anders Deines 2004, 400). Auch bedeutet „Leitlinien ihrer Auslegung" nicht in streng systematischer Weise, dass alle übrigen Gebote stringent aus diesen beiden ableitbar wären (vgl. Luz 1985–2002, 3:282). Wohl aber fungieren sie insofern als oberste Prinzipien, als die Befolgung anderer Gebote mit dem Doppelgebot der Liebe nicht in Konflikt geraten darf und also an diesem zu messen ist. Eine ähnliche Aussage wie in 22,40 hat Matthäus bereits in 7,12 im Blick auf die Goldene Regel getroffen, die sich indes allein auf das zwischenmenschliche Verhalten bezieht und im mt Sinn durch das radikal verstandene Liebesgebot ihre wesentliche materiale Explikation erfährt (→ 2.4). Es ist in 22,34–40 also die Gottesliebe, die im Vergleich zu 7,12 hinzutritt. Umgekehrt zeigt 7,12, dass Matthäus die Summe der Tora auch ohne ausdrücklichen Verweis auf das Gebot der Gottesliebe formulieren kann, was noch einmal von anderer Seite die dargelegte Akzentsetzung in 22,34–40 beleuchtet und unterstreicht, dass die Nächstenliebe für Matthäus ein wesentliches Interpretament der Gottesliebe ist.

## 2.3 Die Rezeption und Deutung des Dekalogs im Matthäusevangelium

### 2.3.1 Der Dekalog in den Antithesen der Bergpredigt

#### 2.3.1.1 Das Tötungsverbot in Mt 5,21–26

1. Matthäus beginnt die ‚vergleichende Auslegung' der Tora in den Antithesen mit den beiden ersten Dekaloggeboten der zweiten Tafel (5,21–30), was exemplarisch die Bedeutung des Dekalogs im mt Toraverständnis zu erkennen gibt, die der verschiedentlich bezeugten Hervorhebung des Dekalogs im Frühjudentum korrespondiert (→ II.2/3b.5d). Beim Tötungsverbot wird in der These (5,21) die Zitation des Gebots mit einem Rechtssatz verbunden, der die juristische Konsequenz im Falle eines Verstoßes gegen das Gebot darlegt und hier dazu dient, eine restriktive Deutung des Tötungsverbots anzuzeigen (vgl. Betz 1995, 218): Den Schriftgelehrten und Pharisäern (5,20) wird zur Last gelegt, das Tötungsverbot allein so zu verstehen, dass erst und nur der, der mordet, dem Gericht verfällt. Jesu Gegenthese in V.22 greift nicht direkt das Dekaloggebot auf, sondern bezieht sich auf dessen Erläuterung in dem interpretierenden Nachsatz in V.21c, der durch die formal genau analog zu V.21c gebauten Beispielsätze in 5,22c.d korrigiert wird: Nicht erst der, der einen anderen ermordet, sondern schon der, der der seinen Mitmenschen als Dummkopf abkanzelt, ist des Gerichts schuldig, und zwar nicht nur des menschlichen Gerichts, des Synedriums, sondern auch – darauf liegt der Ton – der Feuerhölle, also des göttlichen Gerichts. V.22b ist diesem Beispiel (V.22c und d verhandeln im Grunde ein und denselben Fall) nicht als erstes Glied einer klimaktischen Reihe, sondern als Grundsatz vorangestellt[4], dem auch V.21c, wie die zu V.22c.d analoge Formulierung zeigt, als Unterfall zugeordnet ist und der den Interpretationsschlüssel für ein adäquates Verständnis des Dekaloggebots bereithält: Recht verstanden richtet sich das Tötungsverbot gegen jede Form des „Zürnens". „Zürnen" fungiert dabei als generelle Bezeichnung für gegen einen Mitmenschen gerichtetes aggressives Verhalten, das von relativ harmlosen Beleidigungen bis hin zum Mord reicht. In V.22b ist entsprechend nicht zu betonen: „jeder, der *zürnt*" (d.h. und nicht erst jeder, der *tötet*), sondern: „*jeder*, der zürnt", d.h., der Zürnende, der (bloß) Beschimpfungen äußert, wird genauso dem Gericht verfallen wie der Zürnende, der tötet. Für den Gedanken eines

---

[4] Gegen die Auffassung, dass die drei Glieder in Jesu Gegenthese eine klimaktische Reihe bilden, die vom Zürnen, als innere Regung verstanden, zu verbaler Aggression fortschreitet (s. z.B. Strecker ²1985, 69f; Wick 2021, 47, dagegen z.B. Luz ⁵2002, 337f), spricht erstens, dass zwischen den beiden Schimpfwörtern in V.22c.d keine inhaltliche Steigerung zu verzeichnen ist. Zweitens ist den unterschiedlichen Formulierungen in V.22b einerseits und V.22c.d andererseits Rechnung zu tragen: V.22b ist als ein Grundsatz formuliert („jeder, der ..."), während die weiteren beiden Glieder exemplarische Einzelfälle zu diesem Grundsatz nennen. Drittens bilden auch die Gerichtstermini in V.22 keine von einem lokalen Gericht über das Synedrium zum göttlichen Gericht fortschreitende Reihe, sondern „Gericht" fungiert im ersten Glied als – an V.21c anknüpfender – Oberbegriff, der in den Beispielsätzen durch „Synedrium" als menschliches Gericht und das „Höllenfeuer" als endzeitliches göttliches Strafgericht nach zwei Seiten entfaltet wird. Die Gerichtsaussagen in den Beispielsätzen sind dabei nicht alternativ, sondern additiv zu verstehen: Wer einen anderen beschimpft – ob als Hohlkopf (ρακά) oder Dummkopf –, wird dem irdischen Gericht wie der Feuerhölle verfallen. – Für eine ausführliche Begründung dieses Verständnisses des Textes s. Konradt 2016d, 320–322.

gerechten bzw. gerechtfertigten Zorns (z. B. 1Makk 2,44; 2Makk 10,35; Sir 26,28$^{LXX}$) ist hier kein Raum; Zürnen wird rein negativ bewertet (vgl. z. B. Sir 27,30$^{LXX}$; 28,3; Did 3,2). Diese Aussage bedarf allerdings noch einer bedeutsamen Präzisierung: Daraus, dass V.22b nicht als erstes Glied einer klimaktischen Reihe fungiert, sondern als Grundsatz zu lesen ist, der durch die nachfolgenden Beispielsätze und durch V.21c exemplifiziert wird, ergibt sich für das Verständnis des Zürnens, dass das Augenmerk hier nicht, noch über das Gesagte hinausgehend, auf den Zorn im Sinne einer bloß inneren Regung gerichtet ist (vgl. Nolland 2005, 230, anders von Gemünden 2009, 176); vielmehr gerät das Zürnen in den Beispielen eben in Gestalt konkreten sozialen Verhaltens in den Blick.

Für die Frage nach der Praktikabilität der Bergpredigtweisungen ist dies von elementarer Bedeutung. Die ethische Forderung ist nach dem dargelegten Verständnis von V.22 immer noch radikal, aber sie ist doch ein gutes Stück weit realistischer als bei einer Deutung von V.22 als einer klimaktischen Reihe. Denn anthropologisch nüchtern betrachtet wird man wohl urteilen müssen, dass jeder Mensch das Aufflackern einer flüchtigen inneren Regung, die als Zorn bezeichnet werden kann, kennt. Die im Sinne der ersten Antithese entscheidende Frage ist, ob aus einer solchen Regung eine Handlung, ein zürnendes Verhalten, erwächst – und sei es ‚nur' eine verbale Verunglimpfung – oder nicht. Zur weiteren Differenzierung lässt sich ferner noch die Unterscheidung zwischen flüchtiger innerer Regung und Herzensdisposition fruchtbar machen. In 15,19 steht einem am Dekalog orientierten Katalog lasterhafter Taten (→ 2.3.2) als Einleitung voran, dass *aus dem Herzen* böse Gedanken kommen. Hier wird deutlich, dass es nicht nur um eine weite Fassung des vom jeweiligen Gebot umfassten *Verhaltens* geht, sondern zugleich auch die *Herzensdisposition* in den Blick gerät. Matthäus rückt im Zusammenhang der Auslegung des Tötungsverbots also zwar nicht den Zorn im Sinne eines flüchtigen Affekts in den Fokus, wohl aber geht es ihm um die Herzenseinstellung zum Mitmenschen.

Die Rede vom „Bruder" in 5,22 zielt nicht auf eine Eingrenzung der Geltung der Weisung auf die Familie, den sozialen Nahbereich oder das eigene Volk, sondern dient als ein appellatives Signal, das die zwischen Menschen bestehende Verbundenheit betont. Gemeint ist im Grundsatz jeder Mitmensch.

2. Die dargelegte Extensivierung des Bedeutungsumfangs des Gebots ist in ihrer konkreten Zuspitzung auffällig, aber vom Ansatz her im Kontext des Frühjudentums keineswegs völlig analogielos (ausführlich dazu Konradt 2016d, 324–328). Auf die Explikation, die das Tötungsverbot in Philons *Expositio legis* erfährt, ist in Kap. II.2/3b hingewiesen worden. Ihr lassen sich die extensiven Deutungen des Tötens in 2Hen 10,5 und Sir 34,25–27 auf unterlassene Hilfeleistung oder gar Vorenthaltung von Lohn etc. zur Seite stellen. Zu beachten ist insbesondere, dass auch in frühjüdischen Texten Zorn und Mord miteinander verbunden werden (PseudPhok 57f; TestSeb 4,11; TestDan 1,3f.7f); Philon bringt den Fall einer nicht vorsätzlich verübten Tötung damit in Verbindung, dass jemand plötzlich vom *Zorn* weggerissen wird (SpecLeg 3,104). Eine besondere Nähe ist zwischen Mt 5,21f und Did 3,2 zu verzeichnen, da auch Did 3,2 im Kontext der Rezeption des Dekalogs steht. Allerdings wird in der Spruchreihe in Did 3,2–6 nach dem Motto ‚wehret den Anfängen' vor vermeintlich lässlichen Sünden – wie dem Zorn – gewarnt, damit es nicht zu den gravierenderen Vergehen – wie dem Töten – kommt („werde nicht zornig, denn der Zorn führt zum Mord …"), während für den mt Jesus das Verbot des Zürnens im Dekaloggebot selbst inbegriffen ist. Eine mit Mt 5,22 eng

verwandte radikale Auslegung des Tötens begegnet ferner in 1Joh 3,15: „Jeder, der seinen Bruder hasst, ist ein Menschenmörder" (vgl. Derekh 'Eretz Rabbah 11,15). Ferner ist im Blick auf Matthäus' Illustration des Zürnens durch Verbalinjurien darauf hinzuweisen, dass Zorn und Reden auch anderorts miteinander verknüpft sind (s. z.B. Platon, Phaedr 254c; Seneca, Ira 1,4,3; 3,6,1f; Plutarch, InimUtil 8 [Mor 90b-c]; PsSal 16,10; 1QS V,25; Josephus, Bell 3,438f; Kol 3,8; Jak 1,19f). Zieht man die rabbinische Literatur hinzu, ist schließlich auf die Gleichstellung von öffentlicher Bloßstellung mit Blutvergießen in bBM 58b zu verweisen: „Wenn jemand seinen Nächsten öffentlich beschämt, so es ebenso, als würde er Blut vergießen" (Übers. Goldschmidt). Überblickt man das Ganze, zeigt sich, dass in Mt 5,21f - mit a) der Ausweitung des Begriffs des Tötens, b) der Verbindung von Mord und Zorn und c) dem Konnex von Zorn und Sprachverhalten - verschiedene Traditionslinien kreativ zusammengeführt werden. Indem das Zürnen als gemeinsamer Nenner von Mord und beleidigendem Sprachverhalten aufgedeckt wird, ergibt sich eine neue radikale Deutung des Tötungsverbots. Es tritt damit also zum einen ein vielfältiges Eingebundensein von Mt 5,21f in Traditionskomplexe frühjüdischer (und anderer) Unterweisung zutage; zum anderen zeigt sich in der Inklusion jeglicher zwischenmenschlicher Aggression und Herabwürdigung anderer in das Tötungsverbot aber auch ein eigenes Profil von 5,21f, das durch die Formulierung von V.22 in Form von Rechtssätzen noch eine besondere Prägnanz erhält. Die Ebene des *irdisch praktikablen* Rechtssatzes ist damit allerdings gezielt verlassen. Worauf es ankommt, ist das Gericht Gottes.

3. An die eigentliche Antithese in 5,21f hat Matthäus mit V.23f und V.25f (vgl. Lk 12,58f) noch zwei Abschnitte angefügt, die in ihrem mt Kontext als weitere Entfaltung des Dekaloggebots zu lesen sind. Die radikale Deutung des Tötungsverbots in V.22 wird damit insofern noch weiter zugespitzt, als der mt Jesus das Verbot eines vom Zorn bestimmten Vorgehens gegen einen Mitmenschen in das positive Gebot überführt, entstandene Störungen auszuräumen und Versöhnung anzustreben. Dieser Verschiebung korrespondiert, dass es in V.23f - im Unterschied zu V.21f - nicht um den Zorn des Gemahnten geht, sondern darum, dass ein anderer „etwas" gegen jenen „hat". Der Grund der Beziehungsstörung bleibt dabei offen; nicht ausgeführt ist damit zugleich, inwiefern die Position des anderen berechtigt ist, also etwa aus einer vorangegangenen Beschimpfung (V.22) resultiert. Gerade durch das Fehlen aller Details in der Fallschilderung erhält die im Zentrum stehende Mahnung zur Versöhnung mit dem „Bruder" den Charakter eines grundsätzlich geltenden Prinzips. Die in den Kontext eines Schuldprozesses führende Mahnung, sich auf dem Weg noch schnell mit seinem Widersacher, bei dem man ‚Schulden' hat, zu verständigen (V.25f), ist transparent für die kurze Zeit bis zum Gericht Gottes, die die Menschen nutzen sollen, um aus Gegnern Freunde zu machen (vgl. Luz ⁵2002, 345f). Das Thema des die Antithesenreihe in 5,43-48 abschließenden Feindesliebegebots klingt hier schon an: Es gilt, Feindschaft zu überwinden.

### 2.3.1.2 Das Ehebruchverbot in Mt 5,27-32
1. Bei der Auslegung des Ehebruchverbots in 5,27f wird in der These (V.27) anders als in V.21 nur das Dekaloggebot zitiert. Auch hier geht es aber in der Gegenthese nicht um dessen Überbietung, sondern darum, es gegenüber einer einschränkenden Auslegung in seinem Vollsinn zu erfassen. Im Unterschied zu V.21, wo die einschränkende Auslegung durch die Anfügung des Rechtssatzes in V.21c signalisiert wurde, geht diese in V.27f aus der Gegenthese hervor, die anders als in V.22 das Verb

des Dekaloggebots („Ehebruch begehen"/μοιχεύειν) aufnimmt und definiert, wann Ehebruch bereits gegeben ist, wobei mit der Rede vom Begehren das zehnte Gebot in die Interpretation des Ehebruchverbots mit einfließt. Als kritisiertes Gegenüber zur Tatbestandsdefinition in V.28 ist für V.27 die Deutung impliziert, dass von Ehebruch erst mit dem Vollzug des Beischlafs mit der Ehefrau eines anderen zu reden sei (vgl. Loader 2005*, 14). Der mt Jesus setzt dagegen bereits bei dem Blick an, der sexuelle Absichten signalisiert. V.28 handelt hingegen nicht von dem Fall, dass der Anblick einer Frau ein (rein innerliches) Begehren auslöst (vgl. dazu Sus 7f; Prov 6,25$^{LXX}$; TestRub 3,9-12). Gesagt ist also nicht, dass bereits das Entstehen eines inneren Begehrens als *Folge* des Anblicks einer Frau Ehebruch bedeutet, sondern dass Ehebruch schon dann gegeben ist, wenn einer verheirateten Frau in klarer Absicht ein begehrlicher Blick zugeworfen wird[5] – unabhängig davon, ob die Frau auf diesen reagiert oder nicht. Mit dem Motiv, dass die Ehe im Herzen – das Herz ist hier im Sinne biblischer Anthropologie als Denken, Wollen und Emotionen umfassendes Personzentrum verstanden (vgl. Luz $^5$2002, 285) – schon gebrochen worden sei, bezieht Matthäus die innere Disposition des Menschen ein, doch ist in V.28 analog zu V.22 das konkrete zwischenmenschliche Handeln im Fokus: Das Handeln des Betreffenden zeigt, dass er zum Ehebruch willentlich entschlossen ist; und mit dem begehrlichen Blick ist der erste Schritt zur Umsetzung seines Entschlusses getan.[6] Wiederum analog zu V.22 dürfte ferner auch in V.28 der Ton auf dem Wort „jeder" liegen: Nicht nur und erst der, dessen begehrlicher Blick in der Weise erwidert wird, dass es schließlich zum Geschlechtsakt kommt, ist des Ehebruchs schuldig, sondern *jeder*, der eine andere Frau in begehrlicher Absicht anblickt, ist ein Ehebrecher.

Die Vorstufe zu V.28, also der Fall, dass der Anblick einer Frau ein (noch) innerlich bleibendes Begehren auslöst, wird dann in der in V.29(f) angehängten Unterweisung angesprochen. Die Ausweitung des Tatbestands des Ehebruchs auch auf diesen Fall unterbleibt. In einem solchen Fall besteht vielmehr noch die Möglichkeit, dem Begehren Herr zu werden, es also nicht zu einem Herzens- bzw. Willens*entschluss* kommen zu lassen, der sich dann in einem verführerischen Blick oder mehr manifestiert. Wie das geht, wird in V.29f in drastischer, allerdings nicht wörtlich, sondern metaphorisch zu verstehender hyperbolischer Weise formuliert. Jesus empfiehlt hier also nicht partielle Selbstverstümmelung, sondern es geht schlicht darum, dass man, wenn man an der Frau eines anderen Gefallen findet, den Blick abwenden bzw. weggehen soll[7], *bevor* das Begehren von der Disposition des Her-

---

[5] Von zentraler Bedeutung ist für die Interpretation von Mt 5,28 das Verständnis der Infinitivkonstruktion πρὸς τὸ ἐπιθυμῆσαι αὐτήν. Sie ist nicht konsekutiv („so dass er sie begehrt"), sondern final aufzufassen („um sie zu begehren"), wie die Analogien zu dieser Konstruktion in Mt 6,1; 13,30; 23,5; 26,12 zwingend erweisen (vgl. z.B. Luz $^5$2002, 350f; Loader 2005*, 15).

[6] Auch der Fall, dass jemand zwar in seiner Phantasie eine andere Frau begehrt, sich dies aber nicht anmerken lässt (vgl. z.B. Epiktet, Diss 2,18,15f), liegt außerhalb dessen, was in Mt 5,28 explizit zum Thema wird (anders akzentuieren z.B. Foster 2004, 103; Nolland 2005, 235). Verweisen kann man in dieser Hinsicht aber darauf, dass dem am Dekalog orientierten Lasterkatalog in 15,19 als erstes Glied „böse Gedanken" vorangestellt ist (→ 2.3.2).

[7] Das Motiv der Kontaktvermeidung ist in frühjüdischer Tradition mehrfach bezeugt (s. v.a. Sir 9,8f, ferner 41,22f$^{LXX}$; TestRub 3,10-12; 6,1-3). Einer prinzipiellen Kontaktvermeidung redet Jesus aber gerade nicht das Wort.

zens Besitz ergreift und aus dem bloßen Anblick das Zuwerfen eines begehrlichen bzw. verführerischen Blicks wird. Analog dazu mahnt V.30 dazu, sich bei einem aufkommenden Verlangen, die Ehefrau eines anderen berühren zu wollen, konsequent abzuwenden, damit es nicht zu einer entsprechenden Handlung kommt, mit der dann der Tatbestand des Ehebruchs vorliegen würde. Die drastische Metaphorik dient dabei dazu, die Bedeutung der Anweisung einzuschärfen: Ist der Tatbestand des Ehebruchs bereits gegeben, wenn man einer Ehefrau einen begehrlichen Blick zuwirft, muss man Acht geben, ein entstehendes Verlangen sofort zu unterbinden.

Nun war Geschlechtsverkehr mit der Ehefrau eines anderen in der (jüdischen) Antike nicht nur ein moralisches, sondern ein justiziables Vergehen. Lev 20,10 und Dtn 22,22 sehen die Todesstrafe für den Ehebrecher wie für die Frau vor (s. ferner z. B. Philon, SpecLeg 3,11; Hyp 7,1; Josephus, Ant 3,274f; Ap 2,215), doch lässt sich dies nicht (pauschal) auf die frühjüdische Rechtspraxis übertragen (s. Loader 2012*, 6–9). Anders als in V.21f wird die juristische Konsequenz in V.27f allerdings nicht angeführt. Dafür wird in V.29f erneut auf das (Straf-)Gericht *Gottes* rekurriert. Analog zur ersten Antithese ist damit auch hier festzuhalten: Als im *göttlichen* Gericht gültiger Rechtssatz ist das Verbot des Ehebruchs nicht auf den vollzogenen Geschlechtsakt eingrenzbar, sondern *jede* Handlung, die gegenüber einer verheirateten Frau sexuelle Absichten verfolgt, ist ein Verstoß gegen den Willen Gottes, für den der Mensch von Gott zur Rechenschaft gezogen wird.

2. Traditionsgeschichtlich ist wie zu V.22 so auch hier zu konstatieren, dass die Gesetzesauslegung des mt Jesus an Tendenzen der frühjüdischen Torauntersweisung anknüpft (ausführlich dazu Konradt 2016d, 332–335). So hat bei Philon auch das Ehebruchverbot im Zuge seiner Auffassung der Dekaloggebote als Summe der ganzen Tora (→ II.2/3b) eine erhebliche Bedeutungsausweitung erfahren, indem es als Obersatz über alle sexualethischen Weisungen der Tora erscheint (Dec 168f; SpecLeg 3,8–82). Diese Funktion ist damit verbunden, dass Philon sexuelle Vergehen insgesamt als Ausdruck mangelnder Lustkontrolle erachtet (Dec 122; SpecLeg 3,8f). Auch anderorts bezieht die ethische Reflexion die Vorstufen zum vollzogenen Geschlechtsverkehr ein und zielt umfassend auf die sexualethische Gesinnung. In Did 3,3 wird nicht nur die Unzucht auf die Begierde zurückgeführt, sondern auch vor lüsternen Augen gewarnt, da von solchen Menschen Ehebrüche hervorgebracht würden. In der Weisheitsliteratur wird der lüsterne bzw. verführerische Blick verschiedentlich Frauen angelastet (Prov 6,25; Sir 26,9.11[LXX]; TestRub 5,3; 4Q184 1 13f; Philon, Virt 40). Hingegen steht in PsSal 4,4a der Mann in der Kritik: „Seine Augen sind ohne Unterschied auf jede Frau (gerichtet)" (s. auch Hiob 31,1; 1QS I,6; CD II,16). Ebenso ist Mt 5,28(-30) androzentrisch ausgerichtet; es geht um das (Fehl-)Verhalten *des Mannes*. Eine besonders enge Affinität zu Mt 5,28 zeigt sich in den TestXII. Nach TestBenj 8,2 sieht jemand, „der eine reine Gesinnung in Liebe hat, nicht eine (Ehe-[?])Frau zur Unzucht an, denn er hat keine Befleckung *im Herzen*." Ähnlich führt der lautere Landmann Issachar im Rahmen seines Unschuldsbekenntnisses (TestIss 7,1–6) gleich zu Beginn aus: „Außer meiner Frau wohnte ich keiner anderen bei, ich trieb nicht Unzucht *durch Erheben meiner Augen*" (7,2, vgl. TestBenj 6,3). Während man TestBenj 8,2 so verstehen kann, dass der Blick zur Unzucht hinführt, wird in TestIss 7,2 das begehrliche Anblicken einer (anderen) Frau selbst schon als Unzucht gewertet. Mt 5,28 lässt sich hier einstellen, nur wird in Mt 5,28 mit dem Bezug auf den Ehebruch speziell das Anblicken einer *verheirateten* Frau thematisiert und konkret die Übertretung des Dekaloggebots konstatiert, doch steht möglicherweise auch in TestIss 7,2–6 die zweite Tafel des Dekalogs im Hintergrund (vgl.

Ebersohn 1993*, 76; Sänger 2001, 102f). Ausdrücklich von mit den Augen begangenem *Ehebruch* spricht LevR 23 (zu Lev 18,3).

3. Die Beachtung des Ehebruchverbots bleibt auch in der dritten Antithese (Mt 5,31f) als leitender Referenzpunkt präsent. Denn die Option von Scheidung und Wiederheirat wird außer im Fall von Unzucht deshalb kategorisch verneint, weil damit – nach dem hier zugrunde liegenden Eheverständnis, dass der menschliche Scheidungsakt die Ehe vor Gott nicht aufzuheben vermag (→ II.3/6) – der im Ehebruchverbot formulierte Gotteswille übertreten wird. V.32 schreibt also die radikale Auslegung des Ehebruchverbots in V.27–30 fort. Die in Dtn 24,1–4 begegnende Regelung des Scheidebriefs, auf den in der These in V.31 verwiesen wird, behält durch die Unzuchtsklausel, die angesichts der für Matthäus ungewöhnlichen und von Mt 19,9 abweichenden Formulierung wohl schon vormatthäisch in das Logion eingefügt wurde (vgl. Collins 1992*, 207f), insofern seine Relevanz, als er für die in diesem Fall zu vollziehende Trennung benötigt wird. Da die These in 5,31 das Toraverständnis der Schriftgelehrten und Pharisäer wiedergeben soll (→ 2.1.3), ergibt sich als hier implizierter Vorwurf, dass sie sich auf Verfahrensfragen konzentrieren, ohne zu verstehen, dass dieses Verfahren einzig eben für den Fall gilt, dass eine Scheidung infolge von Unzucht einzuleiten ist, weil ansonsten eine Scheidung der erste Schritt zum Ehebruch ist.

4. Die Ehescheidungsthematik wird im Mt durch das Streitgespräch zwischen Jesus und den Pharisäern in 19,3–9 (par Mk 10,2–12) noch einmal aufgenommen und vertieft. Anders als in Mk 10,2 fragen die Pharisäer in Mt 19,3 nicht, ob es einem Mann erlaubt sei, seine Frau zu entlassen, sondern ob dies *aus jedem beliebigen Grund* gestattet sei. Mit dieser Einfügung stellt Matthäus den Text in die an Dtn 24,1 orientierte frühjüdische Debatte über legitime Scheidungsgründe ein[8] und legt zugleich die Basis für die Unzuchtsklausel, die Matthäus in 19,9 auf der Linie von 5,32 eingefügt hat. Besteht die Hauptstoßrichtung darin, dem Fokus auf Reflexionen über Scheidungsgründe den Boden zu entziehen, indem durch die in 19,4–6 gebotene schöpfungstheologische Argumentation die Ehe als eine lebenslange Gemeinschaft ausgewiesen wird, so findet die Ausgangsfrage in V.3 durch die Einfügung der Unzuchtsklausel dahingehend eine Antwort, dass allein Unzucht ein legitimer Scheidungsgrund ist. Zugleich bedeutet in diesem Fall eine erneute Heirat keinen Ehebruch, da die Ehe durch die Untreue bereits gebrochen ist. Die gegenteilige Ansicht, nach der Wiederheirat auch im Fall einer durch die Unzucht verursachten Scheidung Ehebruch bedeutet und entsprechend verboten ist (so Luz 1985–2002, 3:98f), missachtet, dass V.9 durch die Einfügung der Unzuchtsklausel nur von Scheidungen aus anderen Gründen spricht. Dadurch, dass das Ehescheidungslogion im Vergleich zu Mk 10 in das Gespräch mit den Pharisäern vorgezogen wurde, hat Matthäus Raum gewonnen, die sich anschließende spezifische Jüngerunterweisung (Mt 19,10–12) neu zu füllen. Gegenstand der Jüngerunterweisung ist nun nicht mehr wie beim Scheidungs- bzw. Wiederheiratslogion eine die Lebensform betreffende grundsätzlich verbindliche Position, sondern

---

[8] Einen Einblick in die Debatte gibt mGit 9,10: Das Haus Schammai gestattet Scheidung nur, wenn der Mann etwas *Schändliches* an seiner Frau gefunden hat, während dem Haus Hillel ein angebranntes Essen als Scheidungsgrund genügt und Rabbi Akiva sogar befindet, dass es reiche, dass der Mann eine andere Frau schöner finde. Die Rekurse auf Dtn 24,1 bei Philon (SpecLeg 3,30: aus irgendeinem Grund) und Josephus (Ant 4,253: es gibt viele Gründe) spiegeln die Diskussion über Scheidungsgründe und belegen damit ihre Verbreitung für das 1. Jh. n. Chr.

mit der Ehelosigkeit um des Himmelreiches willen eine Option, die angesichts des andringenden Himmelreiches, das mit ganzer Kraft zu suchen ist (6,33), gewählt werden *kann*. Allgemein empfohlen oder gar geboten wird die Ehelosigkeit aber nicht (vgl. 1Kor 7,7).

*2.3.1.3 Zum Dekalogbezug im Schwurverbot in Mt 5,33–37*
Ein Dekalogbezug ist in der Antithesenreihe ferner für das Schwurverbot in Mt 5,33–37 erwogen worden, und zwar einerseits auf das dritte Gebot, den Namen Gottes nicht zu missbrauchen, in Ex 20,7 (z. B. Dautzenberg 1981, 53f; Nolland 2005, 248), andererseits auf das neunte Gebot, nicht als falscher Zeuge auszusagen, in Ex 20,16 (z. B. Strecker ²1985, 81). Für die erste Option kann man geltend machen, dass Meineide und nicht gehaltene Eide bzw. Gelübde nicht nur in ihrer sozialen Dimension als Vergehen gegen Mitmenschen zu sehen sind, sondern zugleich, ja vor allem als Vergehen gegen Gott, weil Gottes Name entheiligt und missbraucht wird (Lev 19,12). Ferner begegnet das dritte Gebot wiederholt als der Ort, an dem im frühen Judentum Fragen des Schwörens verhandelt wurden (vgl. Dautzenberg 1981, 53f).

So kommt Philon auf die Schwurfrage prominent in Dec 82–95 im Zusammenhang des dritten Gebots zu sprechen (vgl. Dec 157; SpecLeg 2,2–38). Besonders instruktiv ist, dass Philon und Josephus eng verwandte Paraphrasen des dritten Gebots bieten. So bezeichnet Philon als Thema des dritten Gebots in SpecLeg 2,224, „nicht falsch zu schwören oder überhaupt leichtsinnig zu schwören", und Josephus gibt in seiner Paraphrase des Dekalogs in Ant 3,91f als Lehre des dritten Gebots an, bei Gott über nichts Unbedeutendes zu schwören. Diese Konvergenz legt die Annahme nahe, dass es sich hier um eine weiter verbreitete Auslegungstradition handelt. Die entsprechenden Paraphrasen im Targum Onkelos und Targum Pseudo-Jonathan zu Ex 20,7 bestätigen dies.

Im Blick auf Mt 5,33–37 ist zwar zu konzedieren, dass anders als in 5,21.27 nicht explizit auf das Dekaloggebot verwiesen wird. Angesichts des traditionsgeschichtlichen Befundes ist die Annahme aber plausibel, dass für Matthäus und seine Gemeinden ein solcher Bezug gegeben war. Zum Schwurverbot ist daher nicht nur festzuhalten, dass es an schwurkritische Impulse frühjüdischer Unterweisung anknüpft (s. bes. Philon, Dec 84; Prob 84; Josephus, Bell 2,135), indem es die Ausdehnung des Verbots des falschen Schwörens (Lev 19,12; PseudPhok 16f) auf das Verbot des Schwörens bei unwichtigen Dingen (vgl. Sir 23,9–11; Philon, Dec 92; SpecLeg 2,224; Josephus, Ant 3,91) konsequent zur grundsätzlichen Ablehnung der Bekräftigung der Rede durch einen Schwur fortschreibt. Vielmehr ist eben auch darauf hinzuweisen, dass es der konsequenten Beachtung des Gebots, den Namen Gottes nicht zu missbrauchen, zugeordnet ist (vgl. Vahrenhorst 2002, 262.275), so dass auch hier von einer radikalisierenden bzw. konsequenten Auslegung der Tora zu sprechen ist. Dass zugleich die Wahrhaftigkeit der Rede im zwischenmenschlichen Bereich als Aspekt mitschwingt (vgl. Luther 2015\*, 271f u. a.) und damit auch das neunte Gebot tangiert wird, bleibt von dem Bezug auf das dritte Gebot unbenommen.

### 2.3.2 Die Rekurse auf Dekaloggebote in Mt 15,4–6.19

In Mt 15,1–20 tritt nicht nur eine andere Haltung zu den Speisegeboten als in Mk 7,1–23 zutage (→ 2.6/2), sondern zugleich auch erneut die leitende Rolle der Dekaloggebote der zweiten Tafel in der mt Ethik hervor. Den Vorwurf der Schriftgelehrten und Pharisäer in Mt 15,2, dass Jesu Jünger die Überlieferung der Alten übertreten, wird vom mt Jesus direkt mit einem Gegenvorwurf gekontert: „Warum übertretet auch ihr[, nämlich] das Gebot Gottes um eurer Überlieferung willen?" (15,3). Matthäus stellt damit gleich zu Beginn pointiert die halachische Überlieferung der Pharisäer (15,2, vgl. Josephus, Ant 8,297), die später durch das in 15,7–9 angeführte Jesajazitat (Jes 29,13) als *Menschen*satzung abgewertet wird (15,9), und das Gebot *Gottes* einander gegenüber. 15,4–6 illustriert diesen Gegenvorwurf durch den Verweis auf den (möglichen) Konflikt zwischen Gelübden und dem Gebot der Elternehre, als dessen Geber anders als in Mk 7,10 („Mose hat gesagt") in Mt 15,4 ausdrücklich Gott ausgewiesen wird (vgl. Ex 20,1.18–22, ferner z. B. Josephus, Ant 3,89f; LAB 11,4–14). Zudem hat Matthäus die von Jesus zitierte Halacha seiner Gegner zu Gelübden in 15,5–6a als direkten Widerspruch zum Dekaloggebot formuliert: „Ihr aber sagt: ‚Wer zum Vater oder zur Mutter sagt: Eine Opfergabe sei das, was immer du von mir an Nutzen hättest, *der darf seinen Vater nicht ehren*.'" Grundlage dieser Argumentation ist, dass zur Elternehre nicht nur ein respektvoller Umgang mit den Eltern gehört, sondern auch die Verpflichtung, die Eltern im Alter, wenn sie nicht mehr für sich selbst sorgen können, zu versorgen (vgl. Jungbauer 2002*, 81f.99.251 u. ö.). Die pharisäische Gelübdehalacha laufe hingegen auf eine Aufhebung des fünften Gebots hinaus, weil Besitz, der für die Versorgung der Eltern aufgewendet werden sollte, mittels eines Gelübdes den hilfsbedürftigen Eltern entzogen wird. 15,3–6 illustriert damit den in 5,20 implizierten und in 5,21–48 exemplarisch entfalteten Vorwurf an die Schriftgelehrten und Pharisäer, den wichtigen Geboten nicht gerecht zu werden, mit einem weiteren Beispiel für ihr verfehltes Toraverständnis: Sie gewichten innerhalb der Tora falsch, indem sie das Gebot, dass vor Gott abgelegte Gelübde zu halten sind (Num 30,3; Dtn 23,22–24, s. auch Ps 50,14), dem Gebot der Elternehre überordnen, und sie haben in ihrer Halacha die Gelübdefrage in einer Weise ausgelegt, die sie zur offenen Missachtung der Elternehre führt. Jesus hingegen tritt mit seiner Kritik an den Pharisäern für die Beachtung der wichtigen Gebote ein.

Die exponierte Stellung des Dekalogs in der mt Gesetzeshermeneutik wird durch V. 19 unterstrichen. Denn das lasterhafte soziale Verhalten, das in V. 11.18–20 ins Zentrum der Diskussion um Unreinheit gerückt wird, wird hier anhand eines Katalogs dargestellt, der deutlich an den Dekalog angelehnt ist, was sich durch den Vergleich mit Mk 7,21f noch profilieren lässt: Von den dreizehn mk Gliedern sind die sieben gestrichen, die sich nicht direkt auf den Dekalog beziehen; zudem hat Matthäus die Liste um „falsche Zeugnisse (ψευδομαρτυρίαι)" erweitert und schließlich auch die Reihenfolge an den Dekalog angepasst, so dass eine folgerichtige Bezugnahme auf das sechste bis neunte Gebot (Ex 20,13–16; Dtn 5,17–20) entstanden ist. „Unzuchtsünden" verstärkt (und verallgemeinert) „Ehebrüche" (vgl. Did 3,3); „Lästerungen", was hier dem Kontext nach nicht auf Gotteslästerung, sondern auf Verleumdung anderer Menschen zu beziehen sein dürfte (vgl. Did 3,6), ergänzt „falsche Zeugnisse".

Das – im Gefolge von Mk 7,21 – voranstehende Glied „böse Gedanken" dient als allgemeine Einleitung zur nachfolgenden Spezifizierung anhand des Dekalogs und signalisiert als solche mit der Einbeziehung der Ebene der Gedanken zugleich das weite Verständnis des durch die Dekaloggebote anvisierten Verhaltens, wie sich dies in 5,21-30 anhand von Mord und Ehebruch ausgeführt findet.

*2.3.3 Die Dekaloggebote in Mt 19,18f*
Es ist bereits im Zuge der Erörterung der mt Gesetzeshermeneutik angemerkt worden, dass durch die mt Gestaltung des Anfangs des Dialogs zwischen Jesus und dem Reichen in Mt 19,16-18a die in 19,18b-19 zitierten Gebote als die zentralen Gebote ausgewiesen sind, an deren Befolgung sich der Zugang zum endzeitlichen Heil entscheidet (→ 2.1.2/2). Der mt Jesus zitiert zunächst die ersten vier Gebote der zweiten Tafel des Dekalogs, bei denen es sich sämtlich um Verbote handelt (das in Mk 10,19 begegnende nicht-dekalogische Gebot „du sollst nicht berauben" ist gestrichen), und schließt daran dann zwei positiv formulierte Forderungen an, nämlich das Gebot der Elternehre sowie das Nächstenliebegebot. Es wird hier auf genau dieselben Dekaloggebote rekurriert wie in Mt 15,4-6.19, was die leitende Bedeutung ebendieser Gebote unterstreicht. Im Kontext der Ausführungen zum Liebesgebot (→ 2.2.2) ist ferner bereits darauf hingewiesen worden, dass der Reiche mit seiner selbstgewissen Beteuerung, die genannten Gebote gehalten zu haben, das insuffiziente Verständnis dieser Gebote repräsentiert, das in den Antithesen den Schriftgelehrten und Pharisäern zugeschrieben wird, während in Jesu Verweis auf die Gebote ein radikales Verständnis vorausgesetzt wird, wie es für das Tötungs- und Ehebruchverbot in Mt 5 dargelegt wurde. Durch die Anfügung des – als oberste Summe der Gebote fungierenden – Liebesgebots in 19,19 wird des Näheren ein Aspekt untermauert, der sich in 5,21-26 angedeutet hat: Es wird nicht nur das, was durch das Verbot untersagt wird, sehr weit gefasst, sondern darüber hinaus werden die Verbote noch unter dem Vorzeichen der Liebe ins Positive gewendet. Die Praxis der Dekaloggebote kann demnach nicht darin aufgehen, Fehlverhalten gegenüber anderen zu meiden, sondern sie vollzieht sich zugleich auch in der Zuwendung zum anderen. Auch die mt Anfügung des Liebesgebots unterstreicht damit, dass in Mt 19,18f ein weites Verständnis der Dekaloggebote impliziert ist.

*2.3.4 Fazit: Bedeutung und Interpretation des Dekalogs im Matthäusevangelium*
Im Blick auf die – mit dem hermeneutischen Grundsatz einer Gebotshierarchie operierende – mt Torarezeption konvergieren Mt 5,21-48, 15,1-20 und 19,16-22 darin, dass die dem zwischenmenschlichen Bereich zugeordneten Gebote des Dekalogs nächst dem Liebesgebot als Leitsätze hervortreten. Matthäus konnte dabei sowohl im Blick auf die prominente Stellung des Dekalogs als auch hinsichtlich des inhaltlich extensiven Verständnisses der Dekaloggebote an frühjüdische Ansätze anknüpfen, die er konsequent fortschreibt, indem er in den Antithesen frühjüdische Tendenzen in der sexualethischen Unterweisung und bezüglich der Ablehnung des Zorns *direkt* mit der Auslegung der Dekaloggebote verknüpft. Die Dekaloggebote besitzen infolge ihrer exponierten Bedeutung bei Matthäus gewissermaßen eine Sogwirkung auf Traditionen der frühjüdischen Torauntweisung; sie ziehen diese an sich. Umgekehrt

formuliert: Traditionen der frühjüdischen Toraunterweisung fungieren als Interpretamente der Dekaloggebote. Das Ergebnis dieses Prozesses ist, dass der Dekalog im mt Verständnis nicht bloß einen ethischen Minimalkonsens bzw. basale Mindestnormen formuliert; er fordert den Menschen vielmehr in radikaler Weise im Blick auf sein Verhalten und seine Haltung in seinen zentralen sozialen Handlungsfeldern. Charakteristisch ist für Matthäus ferner, dass unter dem Vorzeichen des Liebesgebots der Gehalt der im Dekalog ausgesprochenen Verbote ins Positive gewendet wird. Martin Luthers Erläuterung z. B. des Tötungsverbots im Kleinen Katechismus, „daß wir unserm Nähisten an seinem Leibe keinen Schaden noch Leid tun, sondern ihm helfen und fodern in allen Leibesnöten" (zitiert nach BSLK, [10]1986, 508), hätte Matthäus sicher nicht widersprochen.

### 2.4 Die Goldene Regel als Zusammenfassung von Gesetz und Propheten

Matthäus beendet das Korpus der Bergpredigt mit der sog. Goldenen Regel (7,12), die in der griechisch-römischen Antike (inkl. des Frühjudentums) in vielfältigen Varianten verbreitet ist. Formal kann man zwischen einer negativen Formulierung (z. B. Philon, Hyp 7,6: Was jemand *nicht* erleiden möchte, tue er *nicht* anderen.) und einer positiven wie in Mt 7,12; Lk 6,31 unterscheiden. Eine Differenz zwischen beiden besteht insofern, als bei der negativen Form der Ton auf der Unterlassung von schädigendem Verhalten liegt, während die positive Formulierung aktive Zuwendung einschließt und dabei auch initiatives Handeln erfordert. Durch ihre allgemeingültige Fassung hebt sich die positive Form der Goldenen Regel in Mt 7,12; Lk 6,31 insofern von verwandten vorchristlichen Belegen ab, als ansonsten nur die negative Form auch als grundsätzlich gefasste Maxime begegnet (Isokrates, Or 3,61; Tob 4,15; Philon [s. o.]; bShab 31a), während sich bei der positiven Form eine Konzentration auf bestimmte Lebensbereiche beobachten lässt (vgl. Theißen 2003), namentlich auf die Bereiche des Familienethos (z. B. Isokrates, Or 1,14; Hierokles bei Stobaios 4,27,20 [ed. Wachsmuth/Hense IV p. 661,11f]; Diogenes Laertios 1,37), des Freundschaftsethos (Diogenes Laertios 5,21) sowie des Herrschaftsethos (Isokrates, Or 2,24; 3,49; 4,81; EpArist 207). Mt 7,12 weist also – wie analog Lk 6,31 – die Besonderheit auf, dass mit der positiven Formulierung der Goldenen Regel eine außergewöhnliche Ausweitung ihres Geltungsbereichs verbunden ist.

Für die Interpretation von Mt 7,12 (und Lk 6,31) ist die Einsicht von zentraler Bedeutung, dass die Goldene Regel in der hier begegnenden Fassung weder dem Vergeltungs- noch dem Reziprozitätsdenken verhaftet ist (vgl. Konradt 2015a, 350f); es geht weder darum, eine erwiesene Wohltat zu erwidern (anders z. B. Xenophon, Cyr 6,1,47), noch darum, eine Wohltat in der Erwartung zu erweisen, sie anschließend auch vom anderen zu empfangen (anders z. B. Seneca, EpMor 94,43 [= Publilius Syrus, Sent 2]). Der Kerngedanke ist vielmehr allein, das vom anderen *erhoffte* Verhalten zum Maßstab des eigenen Handelns zu machen: Unabhängig davon, wie das Gegenüber sich tatsächlich verhält bzw. verhalten hat, soll man alles, von dem man *will*, dass man es von anderen erfährt, auch ihnen zukommen lassen (vgl. Topel 1998, 477f; Kollmann 2012, 102–104.112). Die Goldene Regel ist an sich materialethisch leer, doch ist das Wollen, wie in Mt 7,12; Lk 6,31 schon der Plural „was *ihr* wollt, dass die Menschen *euch* tun" deutlich macht, nicht der individuellen Willkür unterstellt. Die Goldene Regel erfährt ihre materiale Füllung vielmehr durch den Kontext, in dem sie gebraucht wird. Bildet Lk 6,27–35 mit Blick auf die Platzierung der Goldenen Regel die Komposition in Q im Kern authentisch ab, dann steht die Goldene Regel dort in einem direkten Zusammenhang mit dem Feindesliebegebot und der Mahnung zur karitativen Nutzung von Besitz. Durch die kompositionelle Neupositionierung der Goldenen Regel durch Matthäus wird dieser Zusammenhang mit dem Liebesgebot (vgl. dazu Sir 31,15; TPsJ zu Lev 19,18; Did 1,2) keineswegs aufgelöst, sondern er wird ausgeweitet. Denn darin, dass Matthäus die Goldene Regel als Zusammenfassung von *Gesetz und Propheten* ausgewiesen (vgl. bShab 31a) und an das Ende des Korpus der Bergpredigt gesetzt hat, ist impliziert, dass die materialethische Bestimmung des Wollens durch die Auslegung des Gesetzes geprägt ist, die der mt Jesus zuvor, insbesondere in den Antithesen, dargelegt hat. Zugleich dient umgekehrt die Goldene Regel als Interpretament auch für die Antithesen: Hier wird im Grunde nichts anderes vorgebracht als ein Verhalten, das man sich für sich selbst auch von anderen erhofft. Nach der Goldenen Regel zu handeln, bedeutet also etwa: sich gegen niemanden aggressiv und feindlich zu verhalten – und sei es ‚nur' in Form von beleidigender Sprache (5,22) –, sondern Versöhnung zu suchen (5,23–26), denn man selbst möchte auch nicht von anderen verbal niedergemacht werden (vgl. auch 7,1–5); in niemandes Ehe einzudringen (5,27–30), denn man selbst erwartet von anderen auch, dass sie die eigene Beziehung respektieren; wahrhaftig zu sein (5,33–37), denn man selbst möchte sich auch auf die Worte des Gegenübers verlassen können; und auch einem „Feind" mit Liebe zu begegnen (5,43–48), wenn er z. B. in Not geraten ist, denn auch man selbst erhofft sich von einem Mitmenschen, zu dem ein angespanntes Verhältnis entstanden ist, dann, wenn man sich in einer akuten Notlage befindet, keine kalte Schulter, sondern Hilfe trotz der angespannten Beziehung, um nur einige Beispiele zur Illustration anzuführen. Die Reflexion des Handelns anhand der Goldenen Regel setzt dabei – zumal im Falle von asymmetrischen Beziehungen und in Situationen, bei denen man es für ganz und gar unwahrscheinlich erachtet, in diese zu geraten – eine ausgeprägte Fähigkeit zur Empathie voraus (Näheres dazu → VII.3.1/2 zu Lk 6,31).

### 2.5 Die Seligpreisungen in Mt 5,3–12 und ihre Bedeutung für das mt Gesetzesverständnis

1. Die Seligpreisungen in Mt 5,3–12, die gegenüber dem von Lukas gebotenen Q-Bestand (Lk 6,20–23) einen erheblichen Zuwachs von fünf Seligpreisungen bieten, bilden nicht nur einen weiteren ethischen Kerntext des Mt; sie werfen zugleich auch Licht auf das mt Toraverständnis. Die mt Reihe weist im Vergleich zu Q 6,20–23 deutlich eine ethisierende Tendenz auf, die sich sowohl in der Bearbeitung der aus Q übernommenen Makarismen als auch in den ergänzten Seligpreisungen zeigt.[9] So sind aus den Armen (Q 6,20) die „Armen im Geist" geworden (Mt 5,3),

---

[9] Zum hier vorausgesetzten Verständnis s. im Einzelnen Konradt 2015, 66–71.

worin – zumal im Lichte der engsten Verwandten für den Ausdruck (1QH VI,3; 1QM XIV,7) – das Moment der Demut zumindest mitschwingt, wenn nicht den Ton trägt. Statt der Hungernden (Q 6,21) werden die seliggepriesen, die *nach Gerechtigkeit* hungern und dürsten (Mt 5,6). Die neu hinzugekommenen Makarismen der Sanftmütigen (5,5), der Barmherzigen (5,7), der Reinen im Herzen (5,8), der Friedenstifter (5,9) und der um der Gerechtigkeit willen Verfolgten (5,10) sind allesamt ethisch ausgerichtet. Dabei fällt auf, dass nicht bloß einzelne Handlungen in den Blick geraten, sondern der Fokus stark auf Grundhaltungen gerichtet ist, die für Matthäus elementare Kennzeichen des Christseins benennen – im Lichte griechischer Ethik betrachtet liegt hier der Tugendbegriff nicht weit entfernt.[10] Das von Matthäus gleich zweimal aufgenommene Bildwort vom Baum und seinen Früchten (7,16–20; 12,33–35) bildet den Zusammenhang zwischen dem Charakter der Person und ihren Handlungen pointiert ab: „Der gute Mensch bringt aus dem guten Schatz Gutes hervor" (12,35).

Mit dem Hungern und Dürsten nach Gerechtigkeit (5,6) und der Reinheit des Herzens (5,8) finden sich in der Makarismenreihe zwei Aussagen, die für sich genommen inhaltlich nicht konkret bestimmt sind. Die Tendenz, nicht allein das äußerlich sichtbare Werk, sondern den Menschen als ethisches Subjekt auch seiner inneren Disposition nach in den Blick zu nehmen, wird in diesen beiden Seligpreisungen besonders klar greifbar. Denn Hungern und Dürsten nach Gerechtigkeit meint nicht nur das Tun gerechter Werke, sondern schließt eine innere Einstellung, nämlich ein keine Mühe scheuendes stetes Streben nach Gerechtigkeit ein. Die Rede von der Reinheit *des Herzens* lenkt das Augenmerk unmittelbar auf das Zentrum der Person (vgl. zu 5,28 → 2.3.1.2/1). Die mit der Herzens*reinheit* angesprochene *ungeteilte* Ausrichtung auf Gott und seinen Willen hin impliziert, dass die Zuwendung zum Mitmenschen nicht durch Nebenabsichten kontaminiert ist. Unter den materialethisch konkret bestimmten Charakterisierungen verweisen Demut und Sanftmut (5,3.5) ebenfalls deutlich auf Grundhaltungen. Bei den „Friedenstiftern" ist zwar konkretes Handeln im Blick, doch ist auch hier zu vermerken, dass dies Ausdruck einer Grundhaltung ist, was noch klarer wird, wenn man den Zusammenhang mit der Feindes*liebe* (5,44f) beachtet (→ 2.2.1). Barmherzigkeit schließlich ist zwar ohne ihre Manifestation in konkreten Taten nicht zu denken, doch geht es auch bei ihr grundlegend um eine charakterliche Haltung, die sich in den Taten der Barmherzigkeit zeigt, nämlich um ein mit einem ausgebildeten Empathievermögen verbundenes Zugewandtsein zum bedürftigen Mitmenschen, das sich von dessen Notlage berühren und ansprechen lässt und das darauf aus ist, die Notlage zu überwinden oder zumindest zu bessern. Wie dies oben zur Liebe anzumerken war (→ 2.2.1), ist darin auch eine *emotionale* Dimension inbegriffen: Voraussetzung der Barmherzigkeitstaten ist die innere, auch habituell-*emotional* gefasste Bejahung des Mitmenschen, die sich atmosphärisch im Handeln mitteilt (vgl. zu diesem Aspekt der ethischen Bedeutung von Emotionen Fischer 2015, 195–197). In Mt 5,7 liegt der Fokus auf dieser dispositionellen Dimension.

---

[10] Zur Option einer tugendethischen Interpretation s. Harrington[/Keenan] 2002\*, 61–67; Mayordomo 2008, bes. 248f; Mattison 2017, 16–59; Pennington 2017, 61f.150 u. ö.

Überblickt man die Reihe als Ganze, zeigt sich in den materialethisch konkret bestimmten Charakterisierungen mit der Demut, Sanftmut, Barmherzigkeit und dem mit der Liebe verbundenen Friedenstiften eine klare Tendenz: Christen weisen sich nach Matthäus dadurch aus, dass sie sich selbst zurücknehmen, für Bedürftige eintreten und Versöhnung anstreben. Auffallend ist die Konvergenz dieser Charakterisierungen mit dem Bild, das Matthäus von Jesus zeichnet. So bezeichnet sich Jesus in 11,29 selbst als sanftmütig (vgl. 21,5) und von Herzen demütig. Sein Erbarmen mit den Menschen ist im Mt ein zentrales Kennzeichen seines Wirkens (→ 1/2). Die vierte Seligpreisung (5,6) findet in 3,15 ein christologisches Pendant, und nicht zuletzt sind die Jünger, wenn sie verfolgt werden (5,10–12), mit Jesus in seinem Leidensgeschick verbunden (vgl. 10,24f). Diese Korrespondenzen verweisen auf die Bedeutung der Dimension der Christusmimesis im Rahmen der mt Nachfolgeethik, worauf unten noch näher einzugehen sein wird (→ 3).

2. Im Kontext der Bergpredigt ist indes zunächst einmal zu betonen, dass die ethische Charakterisierung des Christseins, die durch die Makarismenreihe als Portal der Bergpredigt erfolgt, durch das Korpus der Bergpredigt auf die Erfüllung von Tora und Propheten bezogen ist. Dieser Bezug lässt sich durch mannigfaltige Querverbindungen substantiieren. Auf die Verbindung zwischen Friedenstiften (5,9) und Feindesliebe (5,43–48, aber auch 5,23–26) wurde schon hingewiesen (→ 2.2.1). Ferner: Wer nach Gerechtigkeit hungert und dürstet, strebt nach der besseren Gerechtigkeit (5,20), wie sie durch die Antithesen (5,21–48) exemplarisch entfaltet wird (vgl. zur Gerechtigkeit ferner 6,1.33). Wer reinen Herzens ist (5,8), entschließt sich nicht zum Ehebruch (5,28) und sammelt nicht Schätze auf Erden, sondern hat seinen Schatz im Himmel (6,19–21). Wer barmherzig ist, unterstützt Bedürftige (5,42; 6,2–4.19–21) und vergibt denen, die gegen ihn gesündigt haben (6,12.14f). Wer sanftmütig ist, zürnt nicht gegen seinen „Bruder" (5,22) und begegnet ihm auch nicht mit Richtgeist (7,1–5). Aus diesen Verbindungen folgt in umgekehrter Leserichtung zugleich, dass die Makarismen mit ihrem Fokus auf *ethischen Grundhaltungen*, auf *der inneren Disposition*, mit definieren, was Erfüllung von Tora und Propheten meint: Es geht nicht bloß um äußere Gebotsbefolgung, sondern – gut jüdisch – um die Ausrichtung des Herzens, wie dies dann auch im Doppelgebot der Liebe und in 5,28; 15,19 (→ 2.3.1.2/1, 2.3.2) zum Ausdruck kommt. Schließlich: Die im Voranstehenden im Blick auf die Seligpreisungen deutlich gewordene Konvergenz zwischen Christusmimesis und Torabezug verweist konzeptionell noch einmal auf die für die mt Ethik grundlegende Aussage zurück, dass Jesus gekommen ist, um Gesetz und Propheten zu erfüllen, d.h. um in seiner Lehre die Bedeutung der Gebote ihrem vollen Sinn nach ans Licht zu bringen *und zugleich selbst vorzuleben*.

### 2.6 Die Befolgung des Sabbats und der Speisegebote

1. Ist im Voranstehenden die Überordnung der den zwischenmenschlichen Bereich betreffenden Gebote der Tora über ‚rituelle' Bestimmungen deutlich geworden, so ist zugleich darauf hinzuweisen, dass Matthäus nicht einer prinzipiellen Abrogation

,ritueller' Gebote das Wort redet. Das gilt sowohl für die Heiligung des Sabbats als auch für die Beachtung von Speisegeboten. Im Blick auf die Heiligung des Sabbats ist vorab anzumerken, dass es sich auch hier um ein Gebot aus dem Dekalog handelt (Ex 20,8-11; Dtn 5,12-15). Matthäus liegt es denn auch völlig fern, dieses in Frage zu stellen, wie nicht nur seine Version der Auseinandersetzungen über den Sabbat in Mt 12,1-14 zeigt, sondern auch der Verweis auf den Sabbat in 24,20 (ausführlich dazu Mayer-Haas 2003*, 411-493).

Im Konflikt mit den Pharisäern über das – unter das Arbeitsverbot am Sabbat fallende (→ V.2/3) – Ährenräufen der Jünger (12,1-8) verweist Matthäus eingangs ausdrücklich darauf, dass es die Jünger hungerte. Dies dient nicht nur der Analogisierung mit dem Rekurs auf David in V.3f, sondern bereitet vor allem das von Matthäus in V.5-7 eingefügte Argument vor, dass die Priester im Tempel, da sie die nach Num 28,9f vorgeschriebenen Opfer darzubringen haben, den Sabbat faktisch entweihen, aber doch unschuldig sind. Der mt Jesus verweist damit darauf, dass die Tora selbst mit einer Hierarchie unter den Geboten operiert (vgl. Mayer-Haas 2003*, 443.487), bzw. nimmt Matthäus mit V.5-7 die halachische Diskussion auf, was den Sabbat verdrängt (vgl. Vahrenhorst 2002, 385-389), und leistet dazu durch den erneuten Rekurs auf Hos 6,6 einen spezifischen Beitrag: Es gehe hier um Größeres als um den Tempel, nämlich um die Barmherzigkeit[11], die nach dem Prophetenwort dem Opfer übergeordnet ist. Wenn schon der Tempeldienst das Sabbatgebot verdrängt, dann ist eine Übertretung des Sabbats erst recht legitim, wenn die Forderung einer strikten Befolgung der Sabbatgebote Unbarmherzigkeit gegen Menschen nach sich zöge. Wer den Willen Gottes recht versteht, nämlich begreift, dass bei Gott der Barmherzigkeit oberste Priorität zukommt, der muss also erkennen, dass den hungernden Jüngern überhaupt kein Vorwurf zu machen ist, da sie den Sabbat nicht mutwillig, sondern aus Not gebrochen haben, so dass sie – im Lichte der Barmherzigkeit betrachtet – schuldlos sind. Die halachische Argumentation in 12,5-7 macht damit Zweierlei deutlich: Sie unterstreicht zum einen die Differenzierung zwischen kleinen und großen Geboten (5,17-19; 19,16-19; 23,23 → 2.1.2/2): Die Barmherzigkeit ist ein großes Gebot, die Sabbatheiligung ist dem untergeordnet; im Konfliktfall ist dem wichtigeren Gebot der Vorrang einzuräumen. Zum anderen aber wird deutlich, dass das Sabbatgebot keineswegs außer Kraft gesetzt wird. Eine ausformulierte Sabbathalacha wird indes im Grundsatz funktionslos und damit überflüssig, wenn die Sabbatpraxis konsequent vom Primat der Barmherzigkeit her – und, wie man im Lichte von 19,19; 22,34-40 ergänzen muss, von der Liebe her – bestimmt wird (vgl. Doering 1999*, 435f.462). In 12,9-14 wird die in 12,1-8 erfolgte Etablierung der Barmherzigkeit (und der Liebe) als Leitlinie der Sabbatpraxis dann in einen programmatischen Grundsatz gefasst: Es ist am Sabbat erlaubt, Gutes zu tun (12,12). Das Gebot der Sabbatruhe gilt, darf aber, da es von der Liebe und der Barmherzigkeit her zu bestimmen ist, nicht dazu führen, dass das im Licht von Liebe und Barmherzigkeit her angezeigte Tun des Guten unterbleibt. In 24,20 hat Matthäus das Gebet, dass die Flucht vor den Drangsalen in Judäa nicht im Winter geschehen möge (vgl. Mk 13,18), um den Sabbat erweitert. Hintergrund ist das Problem der mit der Flucht verbundenen Überschreitung des erlaubten Sabbatwegs (vgl. Ex 16,29; Jub 50,12; CD X,21). Zwar ist vom dargelegten mt Sabbatverständnis her klar, dass die Flucht Vorrang vor dem Einhalten des Sabbatgebots hat, doch ist auch eine legitime Übertretung des Sabbatgebots keineswegs wünschenswert, so dass die Bitte verständlich wird (vgl. Doering 1999*, 402). 24,20 unterstreicht damit, dass die mt Gemeinden grundsätzlich am Gebot der Sabbatruhe festgehalten haben.

---

[11] Zum Bezug von „Größeres (μεῖζον)" auf die Barmherzigkeit (im Griechischen wie μεῖζον ein Neutrum [τὸ ἔλεος]) s. z. B. Luz 1985-2002, 2:231 und zuletzt ausführlich Maschmeier 2021, 222-233. Ein Bezug auf Jesus selbst ist schon aufgrund der neutrischen Form unwahrscheinlich.

2. Ein ganz ähnlicher Befund zeigt sich zu den Speisegeboten. Mt 15,1–20 belegt zwar, dass der Aspekt der aus dem Herzen kommenden Unreinheit, die den zwischenmenschlichen Bereich betrifft, also Unreinheit im ethischen Sinn (vgl. z. B. TestAss 2,8f; PseudPhok 228; Philon, SpecLeg 1,257–260; 3,208f) in den Vordergrund tritt. Aber anders als Markus (→ V.2/2) hat Matthäus aus dem Spezialfall des Händewaschens vor dem Essen, bei dem es sich nicht um ein Toragebot, sondern um – hier den Pharisäern zugeschriebene – Halacha handelt[12], keine prinzipielle Außerkraftsetzung der Unterscheidung von reinen und unreinen Speisen abgeleitet, die im mt Kontext im Widerspruch zu 5,18 stünde. Matthäus hat nicht nur die kategorischen Formulierungen in Mk 7,15.18f deutlich abgemildert (Mt 15,11.17). Er hat vor allem auch den mk Kommentar, Jesus habe alle Speisen für rein erklärt (Mk 7,19c), übergangen. Stattdessen lässt er Jesus am Ende ausdrücklich das Eingangsthema, das Essen mit ungewaschenen Händen, als Bezugspunkt der Bestreitung der Verunreinigung aufnehmen (Mt 15,20b). Für V.11a legt dies nahe, dass Matthäus auch diese Aussage allein auf den in V.2 aufgeworfenen Fall bezogen wissen möchte. Bei Matthäus werden die Speisegebote also nicht aufgehoben. Aber sie treten in ihrer Bedeutung hinter den Aspekt ethischer Unreinheit zurück. Der fünfte Weheruf gegen die Schriftgelehrten und Pharisäer in 23,25f, mit dem der Forderung des Händewaschens vor dem Essen die pharisäische Beschäftigung mit der Reinheit von Gefäßen zur Seite tritt, bekräftigt diese Gewichtung. Den Schriftgelehrten und Pharisäern wird vorgeworfen, dass sie bei ihren Mahlzeiten zwar penibel auf die rituelle Reinheit ihres Essgeschirrs achten, zugleich aber in unsittlicher Weise einem üppigen Wohlleben nachgehen, das auf Beraubung anderer basiert und ihre Dekadenz dokumentiert: Das Innere von Becher und Schüssel ist „voll aufgrund von Raub und Maßlosigkeit" (23,25). An erster Stelle aber müsste die Reinigung des Inneren des Bechers und also die ethische Umkehr stehen.

### 2.7 Die prophetische Dimension des mt Gesetzesverständnisses und die Betonung der Barmherzigkeit in der mt Ethik

1. In Mt 5,17 spricht Matthäus nicht bloß von der Erfüllung des Gesetzes durch Jesus, sondern von der Erfüllung von Gesetz *und Propheten*. Diese Wendung wiederholt sich in 7,12 und 22,40: Die Goldene Regel und das Doppelgebot der Liebe fungieren nicht allein als Summe des Gesetzes, sondern von Gesetz *und Propheten*. Davon deutlich zu unterscheiden ist die Wendung in 11,13, wo Matthäus umgekehrt von „Propheten und Gesetz" spricht. Hier geht es um die weissagende Funktion der Schrift, um die Verheißungen, während sich die Wendung „Gesetz und Propheten"

---

[12] Nach Ex 30,17–21 sollen sich die Priester die Hände waschen, bevor sie in die Stiftshütte oder zum Altar gehen (vgl. Josephus, Ant 8,86f). Aus Lev 15,11 wird ferner deutlich, dass das Waschen der Hände vor der Übertragung von Unreinheit schützt. Aber ein Gebot zum Waschen der Hände für *Laien* beim *Essen* gibt es nicht. Dieses ist vielmehr Teil des pharisäischen Programms zur Heiligung des Alltags durch entsprechende Extension priesterlicher bzw. für den Tempel geltender Reinheitsvorstellungen. – Für eine bündige Orientierung über die rabbinische Diskussion über die Unreinheit der Hände s. Vahrenhorst 2002, 396–401.

immer auf den Rechtswillen Gottes bezieht, wie er in der Schrift zum Ausdruck kommt. Die Propheten kommen dabei als Interpreten des grundlegend in der Tora niedergelegten Willens Gottes in den Blick. Diese Rolle der Propheten bedeutet, umgekehrt betrachtet, zugleich, dass die Art und Weise, wie die Propheten Israel auf den Willen Gottes verpflichtet haben, Matthäus als Leitperspektive seiner Torarezeption dient: Um die Tora adäquat verstehen zu können, ist sie auch, ja wesentlich, im Lichte der Propheten zu lesen (vgl. zum prophetischen Kolorit des mt Gesetzesverständnisses Snodgrass 1988, 541–545; Repschinski 2009*, 136.138f u. ö.; Ziethe 2018, 294–297).

Die wichtigste Manifestation dieser Perspektive ist die Zentralstellung der Barmherzigkeit in der mt Ethik, denn diese wird ganz wesentlich durch die zweimalige Zitation von Hos 6,6 in Mt 9,13; 12,7 als Grundsatz der mt Ethik eingeführt und als schriftgemäß erwiesen. In 9,13 führt Jesus das Prophetenwort an, um sein eigenes Handeln, seine Zuwendung zu Sündern, anhand der Schrift als dem Willen Gottes entsprechend auszuweisen. Im Gesamtkontext des Mt ist der explizite Rekurs auf Hos 6,6 an den programmatischen Anspruch Jesu anzubinden, Gesetz *und Propheten* zu erfüllen (5,17). Dass in 9,13b ein weiteres Wort über den Sinn des Gekommenseins Jesu folgt (das erste nach 5,17), erhärtet diesen Zusammenhang: Zur Erfüllung von Tora *und Propheten* gehört eine Lebenspraxis, die sich im Sinne von Hos 6,6 an der Zentralität der Barmherzigkeitsforderung orientiert. Die barmherzige Zuwendung zu den Sündern ist für den Evangelisten gerade keine gelebte Torakritik, sondern im Gegenteil Manifestation der Erfüllung von Tora und Propheten durch Jesus (vgl. Konradt 2016g, 421–424).

Prophetisches Kolorit wird ferner auch in 23,23 sichtbar, wo Matthäus „Recht, Barmherzigkeit und Treue" ausdrücklich als „das Gewichtigere des Gesetzes" ausweist, um – noch einmal – die für seine Gesetzeshermeneutik zentrale Überordnung sozialen Verhaltens über rituelle Observanz zur Geltung zu bringen. Denn intertextuell lässt die mt Trias die ähnliche Trias in Mi 6,8[(LXX)] assoziieren, wonach Gott nichts weiter verlangt als „Recht zu üben, Barmherzigkeit zu lieben und bereit zu sein, mit dem Herrn, deinem Gott, zu wandeln" (vgl. ferner z. B. Jer 9,23; 22,3; Hos 2,21f; Sach 7,9f). Im Lichte von Mi 6,8 geht es bei der „Treue" in Mt 23,23 um die Glaubenstreue Gott gegenüber; Barmherzigkeit erscheint hier wie dort als Generalnenner für den zwischenmenschlichen Umgang. Die Barmherzigkeit nimmt damit in 23,23 die Stelle ein, die nach 22,34–40 (und 19,19) dem Nächstenliebegebot zukommt, was nicht auf eine konzeptionelle Spannung in der mt Ethik, sondern allein auf die enge Zusammengehörigkeit und weitgehende Schnittmenge von Liebe und Barmherzigkeit verweist. Das Wohlergehen des Nächsten, das Gegenstand des Liebesgebots ist, wird in der Barmherzigkeitsforderung auf Menschen in (sozialen oder anderen) Notlagen hin konkretisiert.

Zu beachten ist in diesem Zusammenhang, dass in der Tora zwar eine ganze Reihe von Geboten begegnet, die die Belange der Armen und Bedürftigen schützen[13] und sich unter die Überschrift der Barmherzigkeit stellen ließen, aber nir-

---

[13] Siehe z. B. Ex 22,20–26; 23,9–11; Lev 19,9f; 23,22; 25,35–38; Dtn 15,1–11; 24,6–22.

gends *expressis verbis* Barmherzigkeit gefordert wird.[14] Erst die prophetische Tradition stellt – zusammen mit der weisheitlichen Überlieferung (Prov 14,21.31; 17,5^LXX; 19,17; 22,9^LXX u.ö.) – die explizite Rede von Barmherzigkeit als Interpretationsschlüssel bereit. Zudem konnte Matthäus nicht nur Hos 6,6, sondern auch anderen prophetischen Texten die für ihn leitende Gewichtung unter den Geboten (→ 2.1.2/2) entnehmen (s. z.B. Jes 58,1–8; Jer 6,20; 7,3–11; Am 5,21–24), die sich aus der Tora selbst keineswegs zwingend ableiten lässt. Nicht zuletzt ist zu unterstreichen, dass mit der Etablierung der Barmherzigkeit als Leitperspektive für die Interpretation des Gotteswillens neben der Unterstützung der Armen auch andere Gestalten des Erbarmens, wie insbesondere die Zuwendung zu Sündern, als torakonformes Handeln herausgestellt werden (vgl. oben zu Mt 9,13).

2. Mit Letzterem ist zugleich bereits angedeutet, dass sich die Barmherzigkeit im Sinne des Offenseins für die Belange Bedürftiger je nach Art der Bedürftigkeit des Gegenübers ausdifferenziert. Während der erste Rekurs auf Hos 6,6 in Mt 9,13 im Kontext des Erbarmens mit Sündern steht (vgl. 18,27.33), ist der zweite in 12,7 auf die physische Notlage des Hungers bezogen (vgl. 15,32). Drittens ist für Matthäus, wie gesehen, das therapeutische Wirken Jesu, also seine Zuwendung zu Kranken, Ausdruck seines Erbarmens (→ 1/2). An anderen Stellen ist zwar nicht explizit von Barmherzigkeit die Rede, doch lassen sich die geforderten Taten – analog zum oben zur Sozialgesetzgebung der Tora Gesagten – im Lichte anderer Texte unter Barmherzigkeit subsumieren. Zu nennen sind hier unter anderem die Mahnungen in 5,42 (vgl. 6,2–4.19–21; 19,21), dem Bittenden zu geben und sich dem nicht zu entziehen, der sich etwas borgen will (vgl. z.B. Ps 36,21.26^LXX; Prov 19,17; 22,9^LXX). Allem voran aber ist auf die Darstellung des Endgerichts in 25,31–46 zu verweisen. Auch hier ist zwar nicht explizit von Barmherzigkeit die Rede. Zu bedenken ist aber erstens, dass sich die Bedeutung, die hier der Zuwendung zu Bedürftigen als *dem* Kriterium im Endgericht zukommt, nahtlos in die durchgehende Hervorhebung von Nächstenliebe und Barmherzigkeit als ethischen Leitprinzipien im Mt einfügt. Zweitens ist auch traditionsgeschichtlich evident, dass sich die hier genannten Taten unter Barmherzigkeit subsumieren lassen. So weist z.B. Tob 1,16f als Barmherzigkeitstaten (ἐλεημοσύναι) aus, den Hungernden Speise und den Nackten Kleidung zu geben sowie Tote zu bestatten.[15]

Traditionsgeschichtlich ist überhaupt anzumerken, dass sich Matthäus mit seiner Hervorhebung der Barmherzigkeitstaten in 25,31–46 ganz auf der Linie atl.-frühjüdischer Ethik bewegt (vgl. z.B. Hiob 22,5–10; Jes 58,5–10; TestSeb 6,1–7,4; 2Hen

---

[14] Ex 23,3^LXX mahnt vielmehr, dass in einem Rechtsverfahren der Arme kein Mitleid/Erbarmen erfahren darf (καὶ πένητα οὐκ ἐλεήσεις ἐν κρίσει). Dtn 7,2 gebietet, dass die Israeliten bei der Landnahme mit den Völkern des Landes kein Erbarmen haben sollen (οὐδὲ μὴ ἐλεήσητε αὐτούς). Immerhin aber wird in Ex 22,25f in der Mahnung, den Mantel des Nächsten nicht über Nacht als Pfand zu nehmen, auf *Gottes* Barmherzigkeit verwiesen. – Das Fehlen der expliziten Rede von Barmherzigkeit in Weisungen der Tora hindert allerdings auch Philon nicht daran, diese als mit Geboten über Erbarmen (ἔλεος) und Menschenliebe angefüllt zu betrachten (SpecLeg 4,72).

[15] Zum Erbarmen über die sozial Bedürftigen s. ferner z.B. Ps 36,26^LXX; Prov 14,21.31; 17,5^LXX; 19,17; 22,9^LXX; Tob 4,7f; Sir 29,1.8–10; TestIss 5,2; TestAss 2,5–7; TestBenj 4,4; PseudPhok 23.

9,1; MidrPss zu Ps 118,17). Die Auflistung der Hungernden, Dürstenden, Fremden, ohne (adäquate) Kleidung Dastehenden, Kranken und Gefangenen ist exemplarisch, nicht erschöpfend zu verstehen. Überall, wo jemand bedürftig und in Not ist, ist Barmherzigkeit gefordert; entsprechend ist die Liste der Barmherzigkeitstaten je nach gesellschaftlichen Rahmenbedingungen zu reformulieren. Die Bezeichnung der Bedürftigen als der „geringsten *Brüder*" Jesu (V.40) enthält dabei keineswegs eine Eingrenzung auf die Jünger. Denn der Bruderbegriff ist hier nicht wie in 12,48–50; 28,10 ekklesiologisch enggeführt (vgl. ferner 18,15.21.35; 23,8), sondern wie in 5,22–24; 7,3–5 weiter gefasst und zielt in ethisch motivierender Absicht darauf einzuschärfen, dass im Grundsatz jeder Mitmensch als ein geschwisterlich Nahestehender anzusehen ist (zur Begründung dieser Deutung Konradt 2021*, 75–81, zur Kritik der Deutung der „geringsten Brüder" auf Nachfolger Jesu ferner Niemand 1997).

Seine spezifische Pointe gewinnt der Text durch die Selbstidentifizierung Jesu mit den „Geringsten" (V.40.45). Diese Pointe variiert ein Motiv, das im biblischen Traditionsraum auch anderorts begegnet. So schmäht nach Prov 14,31 der, der den Geringsten bedrückt, dessen Schöpfer; wer aber Erbarmen mit dem Bedürftigen hat, ehrt Gott. Und wer sich des Armen erbarmt, leiht Gott (Prov 19,17). 2Hen 44,1f bringt in diesem Zusammenhang ausdrücklich das Motiv der Gottebenbildlichkeit des Menschen ein, um die Schmähung eines Menschen als Schmähung Gottes auszuweisen (vgl. Jak 3,9). Mt 25,40.45 transformiert diese anthropologisch-schöpfungstheologisch orientierte Argumentation zu einer christologisch ausgerichteten Analogie. Die Aussage, dass das, womit dem Bedürftigen geholfen oder was ihm gegenüber unterlassen wird, als gleichzeitig dem Menschensohnrichter Jesus getan oder nicht getan gilt, redet nicht einer (mystischen) Identifikation Jesu mit den Bedürftigen das Wort. Wohl aber wird die Vorstellung einer engen Solidargemeinschaft evoziert (vgl. Brandenburger ²1994, 315), die noch durch die Bezeichnung des Menschensohnrichters als König (V.34.40) – im biblischen Kontext betrachtet gehört die Wahrung des Rechts der Armen zu den hervorragenden Aufgaben des Königs (vgl. Ps 72; Prov 29,14) – profiliert wird: Die Bedürftigen werden durch die Solidarität des Königs mit ihnen geadelt und durch diese Wirklichkeitsdeutung in einen neuen Status gehoben. Im Kontext des Mt ist in Sonderheit zu beachten, dass Matthäus zuvor die *königliche* Messianität Jesu stark betont hat (1,1–17; 2,1–12; 21,1–9 u. ö.) und in seiner Darstellung des irdischen Wirkens des königlichen Messias Jesus, wie gesehen, dessen *barmherzige* Zuwendung zu den Menschen ins Zentrum gestellt hat (→ 1/2), unter anderem auch im Zusammenhang der Speisung von Hungrigen (15,32, vgl. 12,1–8). Als Richter urteilt er nach dem Kriterium, das er selbst seinen Jüngern vorgelebt hat. Die Forderung der Barmherzigkeit ist also nicht nur in Tora und Propheten begründet, sondern es tritt hier zugleich wiederum auch ein Aspekt der Christusmimesis zutage (→ 3). Mehr noch: Es geht hier nicht bloß um die Orientierung an einem Vorbild, sondern diese ethische Dimension gründet darin, dass das eigene Leben durch die Erfahrung der Barmherzigkeit Gottes, wie sie in Jesu Wirken zum Ausdruck kommt, grundlegend bestimmt ist. Umgekehrt ist damit, dass es bei der Barmherzigkeit um eine grundlegende ethische Haltung geht, die organisch aus der Glaubensüberzeugung von der Barmherzigkeit Gottes erwächst, die Konsequenz verbunden, dass mitleidvolles Erbarmen mit Bedürftigen vornehmste Pflicht

304  VI. Das Matthäusevangelium

eines Christenmenschen ist, an deren Erfüllung sich das Christsein erweist (zur Verbindung von 25,44 mit 20,28 → XIII/4).

## 3. Nachfolge und Nachahmung Jesu

Wenn im Folgenden unter der Überschrift von Nachfolge und Nachahmung Jesu weitere Aspekte der mt Ethik subsumiert werden, ist dies nicht so zu verstehen, dass damit ein von der Toraauslegung völlig abgetrennter zweiter Bereich angesprochen wird. So wie das Leben nach der Tora, wie 19,16–22 exemplarisch zeigt, von Matthäus als integraler Bestandteil der Nachfolge Jesu angesehen wird, so sind umgekehrt in den hier anzusprechenden Aspekten vielfältige Bezüge auf und Anbindungen an die Toraauslegung (im engeren Sinn) zu verzeichnen. Es geht, anders gesagt, allein um Schwerpunktsetzung. Die Alternative, die gesamte mt Ethik der Auslegung und Aktualisierung von Gesetz und Propheten zuzuordnen, wäre indes nicht geeignet, das Gewicht der Christusmimesis in der mt Ethik adäquat abzubilden.

Die im Folgenden zu entfaltenden ethischen Aspekte sind als Facetten des übergreifenden Zusammenhangs zu betrachten, dass die Existenz der Jünger ihre Prägung durch Jesus erfährt, wozu grundlegend auch die Leidensgemeinschaft gehört: Wie Jesus bzw. um Jesu willen werden auch die Jünger Bedrängnis und Feindschaft erfahren (5,11f; 10,17f.24f.39; 16,25, zur Leidensnachfolge vgl. Jabbarian 2021, 26–58). Die Nachfolge bringt Gefährdungen mit sich, in denen die Christusgläubigen aber auf die Hilfe des Immanuel und den Beistand des Vaters vertrauen dürfen (8,23–27; 10,19f). Wer in die Nachfolge eintreten will, muss ferner z. B. wissen, dass der Menschensohn auf Erden nichts hat, wo er sein Haupt hinlegen kann (8,19f). Die folgenden Ausführungen werden sich indes auf die ethische Dimension dieser Relation konzentrieren.

### 3.1 Jesus als ethisches Vorbild und Modell für die Jünger

1. In den Ausführungen zu den Seligpreisungen (→ 2.5/1) ist bereits angemerkt worden, dass die hier dargebotenen elementaren Charakterisierungen christlichen Lebens auffallend mit dem Bild konvergieren, das der Evangelist von Jesu Wirken zeichnet. Von fundamentaler Bedeutung ist in diesem Zusammenhang, dass das Merkmal der Jünger, nach Gerechtigkeit zu hungern und zu dürsten, an die Selbstaussage Jesu anzubinden ist, dass es sich für ihn (und den Täufer) geziemt, alle Gerechtigkeit zu erfüllen (3,15, zum ethischen Verständnis von „Gerechtigkeit" im Mt → 2.1.2/1). Mit der Aussage in 3,15, der ersten wörtlichen Rede von Jesus im Mt überhaupt (!), wird ein Motiv eingeführt, das für Matthäus einer der zentralen Aspekte in seiner Rede von der Gottessohnschaft Jesu ist: Wesentliches Kennzeichen Jesu als Sohn Gottes ist sein Gehorsam gegenüber dem Willen des Vaters.

Zum näheren Verständnis der Aussage ist ein kurzer christologischer Exkurs nötig: Wie die Gottessohnproklamation durch die Jünger nach dem Seewandel und der Rettung von Petrus aus den Fluten zu erkennen gibt (14,33), verbindet Matthäus mit dem Christologumenon der Gottessohnschaft Jesu eine über menschliches Vermögen weit hinausgehende Vollmacht. Der mt Jesus macht davon aber nur Gebrauch, sofern es ihm von Gott geboten ist. Deshalb lässt sich Jesus trotz seines Hungers nicht auf die Aufforderung des Teufels ein, Steine in Brot zu verwandeln (4,2-4); und vor allem entzieht er sich nicht der Passion, weil diese dem (Heils-)Willen Gottes entspricht (26,39.42). Matthäus sieht in beiden Fällen einen bewussten Verzicht Jesu, von der Macht, die ihm als Gottessohn eigentlich zukommt, Gebrauch zu machen. Matthäus geht also davon aus, dass Jesus sich der Verhaftung hätte entziehen können, indem er von seinem *Vater* mehr als zwölf Legionen Engel erbittet (26,53), und dass er, als er am Kreuz in seinem Anspruch, „Sohn Gottes" zu sein, verspottet wird (27,40.43), in der Tat vom Kreuz hätte herabsteigen können (27,42), doch ist ihm geboten, andere zu retten (vgl. 1,21), nicht sich selbst. Vor dem Hintergrund der Spannung zwischen dem Status Jesu als Sohn Gottes und seinem Verzicht auf die Demonstration seiner damit verbundenen Macht erschließt sich auch die mt Einfügung in die Taufperikope in 3,14f: Der Täufer versucht Jesus abzuwehren, weil er in ihm jemanden erkennt, der ihm übergeordnet ist. Jesus aber demonstriert, indem er sich taufen lässt, seinen Verzicht, seinen Status zur Darstellung zu bringen, und begibt sich in die Niedrigkeit menschlicher Existenz, wie es dem Willen Gottes auch bei der Versuchung (4,1-11) und in der Passion entspricht. Mit den Geschehnissen bei Jesu Taufe (3,16f) stellt dann Gott selbst Jesu tatsächlichen Status heraus, wie analog dazu in der Passion die Ereignisse bei seinem Tod (27,51-54) seine Gottessohnschaft erweisen (zur sequentiellen Analogie zwischen 3,13-17 und der Passionserzählung, in die auch 4,1-11 einzubeziehen ist, s. Konradt 2016b, 214-216).

Das Motiv des Gehorsams Jesu gewinnt christologisch durch seinen Bezug auf den Heilstod Jesu und seine Verbindung mit dem Anliegen, die Niedrigkeitsaspekte der menschlichen Existenz Jesu mit seiner Gottessohnschaft zu vermitteln, ein spezifisches Gepräge, das auch seiner Erfüllung „aller Gerechtigkeit" (3,15) eine eigene Note verleiht. Dabei ist zu bedenken, dass „Gerechtigkeit" ein Verhältnisbegriff ist: „Gerechtigkeit" meint das dem Gottesverhältnis entsprechende Verhalten, den Gehorsam gegenüber Gottes Willen; für Jesus und seine Jünger ist das dem Gottesverhältnis gemäße Verhalten aber nicht einfach ein und dasselbe, denn Jesu Status als Gottessohn definiert ein singuläres Gottesverhältnis und entsprechend trägt auch sein Gehorsam spezifische Züge. Von dieser Differenz bleibt aber unbenommen, dass Jesus für die Jünger in ihrem Bestreben, ihrem Gottesverhältnis gemäß zu handeln, als Vorbild dient.

Das skizzierte Mit- und Ineinander von Differenz einerseits und Vorbildhaftigkeit Jesu andererseits lässt sich anhand der Versuchung Jesu (4,1-11), in der Jesus seine strenge Bindung an Gottes Willen unter Beweis stellt, weiter illustrieren und zugleich auch mit ersten inhaltlichen Konkretionen versehen. Denn Mt 4,1-11 ist zwar in erster Linie ein christologischer Text; er enthält aber auch ein paradigmatisches Moment, das in den umfassenderen Horizont der Christusmimesis einzustellen ist, denn – ungeachtet der spezifischen christologischen Signatur der Versuchungen – spiegeln die Episoden in 4,3-10 in gewisser Weise auch allgemein-menschliche Versuchungen: Der Gottessohn Jesus ist Vorbild dafür, nicht eigenes Wohlergehen (4,3f) oder das Streben nach Anerkennung und Ehre durch Selbstinszenierung (4,5-7) oder das Streben nach (weltlicher) Macht (4,8-10) zu Leitmotiven der Lebensorientierung zu erheben (vgl. Loader 1997*, 159).

2. Zieht man die Darstellung des öffentlichen Wirkens Jesu ab 4,17 hinzu, ist insbesondere an die Betonung des Erbarmens Jesu mit Sündern (9,9–13), Kranken (20,29–34 u. ö.) oder auch mit den hungrigen Jüngern oder Volksmengen (12,1–8; 15,32) zu erinnern (→ 1/2, 2.7/1). Die barmherzige Zuwendung zu Sündern nimmt das in 1,21 exponierte christologische Leitmotiv auf: Jesu Kernaufgabe ist die Rettung von den Sünden. Explizit als nachzuahmendes Modell präsentiert Jesus sein Verhalten in 20,28, also am Ende einer Unterweisung an seine Jünger, die durch die fehlgeleitete Frage der Zebedaiden nach Ehrenplätzen in Jesu Königsherrschaft ausgelöst ist. Fehlgeleitet ist diese Frage deshalb, weil die Königsherrschaft des Menschensohnes (13,41; 16,28) nicht die Gestalt einer irdischen messianischen Herrschaft des Auferweckten auf dem Thron Davids in Jerusalem hat. Vielmehr ist der Auferweckte der im Himmel zur Rechten Gottes (22,44; 26,64) eingesetzte Weltenherr (28,18b), dessen Herrschaft durch die Sendung seiner Jünger vollzogen wird, die Menschen aus allen Völkern zu Jüngern machen sollen, indem sie diese auf das verpflichten, was Jesus geboten hat (28,19f). Für die auf Erden zurückbleibenden Jünger bedeutet die Zeit zwischen Auferweckung und Parusie, dass sie den Bedrängnissen irdischer Existenz ausgeliefert bleiben und ihre Nachfolge daher Kreuzesnachfolge ist (10,38; 16,24), deren ethisches Korrelat das Niedrigkeitsethos ist, das Jesus im Anschluss an das Gespräch mit den Zebedaiden (und ihrer Mutter) in der Unterweisung der Jünger in 20,25–28 entfaltet.[16] Kurz gesagt: Das für die Jünger maßgebliche Lebensmodell ist der irdische Weg des Menschensohnes, der in 20,28, prägnant zusammengefasst, zur Sprache kommt: Jesus kam nicht, um sich dienen zu lassen, sondern um zu dienen und sein Leben als Lösegeld für viele zu geben. Matthäus hat das begründende „denn" aus Mk 10,45 durch die Vergleichspartikel „wie" ersetzt, um deutlich zu machen, dass das Verhalten Jesu nicht nur der Grund, sondern auch der Maßstab der Orientierung der Jünger ist. Die Einkleidung der Aussage als Wort über den Sinn des Gekommenseins Jesu (vgl. Mt 5,17; 9,13) unterstreicht ihre große Bedeutung. Die Jesusnachfolge findet ihre materiale Kernbestimmung im Dienst an anderen. Die von den Jüngern erwartete Orientierung an diesem Modell wird auf der Kontrastfolie des Gebarens der ‚heidnischen' Herrscher profiliert (V.25). Von ihrer Form der Unterdrückung und Machtausübung soll sich die Gemeinschaftsstruktur der Gemeinde ethisch fundamental unterscheiden. Die beiden Vordersätze in V.26b.27 – wer groß/der Erste sein *will* – knüpfen an das übliche menschliche Streben an, das dann durch den jeweiligen Nachsatz *ad absurdum* geführt wird. Denn wer sich am Diener (am „Diakon") und am Sklaven als Verhaltensmodell orientiert, hat faktisch aufgehört, danach zu streben, groß und der Erste sein zu wollen. Christliche Gemeinschaft ist für Matthäus kein Ort, um über andere bestimmen zu wollen und sich bedienen zu lassen; ihr Grundprinzip ist vielmehr der selbstlose Dienst an anderen nach dem Vorbild Jesu.

Im Kontext betrachtet bringt das in 20,25–28 geforderte Niedrigkeitsethos einen Aspekt auf den Punkt und begründet ihn *explizit* anhand des Vorbildes Jesu, der schon für die Rede über das Gemeinschaftsleben in der Gemeinde in Mt 18 von maßgeblicher Bedeutung war. Nach der Bergpredigt in Mt 5–7 stellt Mt 18 eine

---

[16] Zum hier vorausgesetzten Verständnis von 20,20–28 s. Konradt 2016a.

zweite bedeutende ethische Rede dar. Eine adäquate Analyse mt Ethik kann sich nicht auf die Bergpredigt allein konzentrieren, sondern muss auch Mt 18 gebührend bedenken. Der Analyse des Beitrags von Mt 18 zur mt Ethik ist daher im folgenden Abschnitt eigens nachzugehen.

### 3.2 Selbsterniedrigung und Vergebungsbereitschaft als ethische Leitaspekte der Rede über das Gemeinschaftsleben in der Gemeinde in Mt 18

1. Ausgehend von der Frage der Jünger, wer der Größte im Himmelreich ist, entfaltet der mt Jesus in Mt 18 ein Ethos der Niedrigkeit. Er ruft ein Kind in ihre Mitte und präsentiert dieses den Jüngern – in einer der gesellschaftlichen Stellung des Kindes in der Antike diametral entgegengesetzten Weise – als Orientierungspunkt. Um überhaupt ins Himmelreich zu gelangen, müssen sie umkehren und wie die Kinder werden. Dabei bildet nicht Naivität, Unschuld, Offenheit für Neues, Gehorsam gegenüber den Eltern oder eine andere Kindern zuweilen zugeschriebene Eigenschaft den Vergleichspunkt, sondern, wie die Mahnung zur Selbsterniedrigung in V.4 deutlich macht, der allgemein niedrige Status von Kindern in antiken Gesellschaften. „Sich zu erniedrigen" umfasst die innere Haltung der Demut ebenso wie konkreten sozialen Statusverzicht (vgl. Luz 1985–2002, 3:15). Statt auf Größe aus zu sein (V.1, vgl. 20,26f), sollen die Jünger sich ‚klein machen'; statt Ehrenplätze und Prestige anzustreben (vgl. 23,6f), sollen sie sich nach unten orientieren.

2. Die in V.1–4 programmatisch eingeführte Forderung einer ‚Niedrigkeitshaltung', mit der Jesus eine grundlegende Neubestimmung der Werteskala vorbringt, wird durch die nachfolgenden Ausführungen konkretisiert. Selbsterniedrigung manifestiert sich erstens in der Sorge um die Niedrigen, wie V.5 exemplarisch – in Anknüpfung an die Eingangsszene – anhand des Verhaltens gegenüber Kindern illustriert: Wer sich selbst erniedrigt wie ein Kind, sich also mit ihm ‚auf Augenhöhe' begibt, behandelt ein solches in *dessen* sozial niedrigem Status nicht verächtlich, sondern „nimmt es an". Dies fängt bei freundlich-respektvollem Umgang an, dürfte aber auch konkrete Unterstützung im Blick haben, etwa in Form der Versorgung von hilfsbedürftigen, möglicherweise verwaisten Kindern. Die Annahme der Kinder wird dabei in eine christologisch bestimmte Perspektive eingebettet: Mit der Aussage, dass der, der ein solches Kind aufnimmt, Jesus selbst aufnimmt, werden die Kinder durch Jesu Solidarität mit ihnen geadelt (vgl. zu dieser Figur 25,40.45, → 2.7/2). Zieht man die kurze Erzählung von der Segnung der Kinder durch Jesus in 19,13–15 hinzu, wird zudem deutlich, dass die Annahme eines Kindes dem von Jesus selbst gegebenen Vorbild entspricht.

Zweitens gehört zur Niedrigkeitshaltung das Bemühen um ungefestigte Gemeindeglieder und Sünder. So lässt Matthäus in 18,6–14 Mahnungen zum Verhalten gegenüber den Geringen folgen, unter denen Matthäus, wie die Illustration der Mahnungen durch das Gleichnis vom verirrten Schaf (18,12–14) zeigt, solche Gemeindeglieder versteht, die in ihrer christlichen Lebensorientierung (noch) unsicher und schwankend sind (zur Begründung dieser Deutung Konradt 2016f, 387–390). Ihnen „Anlass zur Sünde zu geben", blickt umfassend auf „Verleitung zum Abfall vom Glauben" (Luz 1985–2002, 3:19). Dies schließt Verführung zu moralischem Fehlverhalten ein, kann aber – ganz unspektakulär – z. B. auch heißen, dass ungefestigte Christusgläubige in der Gemeinde nicht die nötige Zuwendung erfahren, sondern despektierlich behandelt und so aus der Gemeinde herausgetrieben werden. Die Mahnung, die Geringen nicht verächtlich zu behandeln (18,10), bedeutet positiv gewendet, sich um die Geringen zu kümmern und ihnen, wenn sie vom rechten Weg abgekommen sind, nachzugehen (18,12f). Dem Gleichnis vom verirrten Schaf kommt hier die Funktion zu, das Verhalten gegenüber den Kleinen durch die Analogisierung mit der Sorge eines Hirten für ein abgeirrtes Schaf neu zu perspektivieren. Ihr Abirren ist nicht Grund zum Verurteilen (vgl. Mt 7,1), sondern kann allein Anlass sein, sich ihnen barmherzig zuzuwenden – so wie Jesus als der messianische Hirte Israels (2,6; 15,24) sich über die daniederliegende Herde erbarmte (9,36; 14,14; 15,32). Mit V.15–17 wird die Thematik des Gleichnisses vom verirrten Schaf fortgeführt (vgl. Wouters, 1992, 350f; Konradt 2016f, 394–396; Jabbarian 2021, 106–112). Die Fallschilderung „wenn dein Bruder sündigt" (zur Ursprünglichkeit dieser Lesart statt *gegen dich* sündigt s. Konradt 2015, 289) entspricht der metaphorischen Rede vom Abirren eines Schafes. Hinzu kommt nun eine Erläuterung, *wie* die Suche des Verirrten geschehen soll: Bemerkt jemand, dass ein Gemeindeglied vom Weg ‚abgeirrt' ist, soll man zunächst ein Gespräch *unter vier Augen* suchen. Die Aufforderung zur Zurechtweisung spielt auf Lev 19,17 an und damit auf den Kontext des Liebesgebots, das in Lev 19 thematisch in den Zusammenhang des „Umgang[s] mit dem schuldig gewordenen Bruder" (Mathys 1986*, 67) eingestellt ist.

Der Ansatz, Mt 18,15(-17) als Applikation des Liebesgebots zu lesen, lässt sich durch einen Blick auf die frühjüdische Rezeption von Lev 19,17f (vgl. dazu Kugel 1987), wie sie durch CD IX,2–8; 1QS V,24–VI,1 und die TestXII dokumentiert ist, erhärten und profilieren (ausführlich dazu Konradt 2016f, 396–399; Jabbarian 2021, 112–124). Zum einen wird der Rekurs auf Lev 19,17f auch in den Qumrantexten mit einem mehrstufigen Verfahren verbunden: Eine Angelegenheit darf erst dann vor die Gemeinde gebracht werden, wenn eine Unterredung vor Zeugen stattgefunden hat (1QS VI,1; CD IX,2–4). Zum anderen illustrieren die TestXII, dass es mit dem Liebesgebot unvereinbar ist, die Verfehlung eines anderen sofort allen publik machen zu wollen (TestGad 4,2f). Wer sich an der Liebe orientiert, wird, statt jemanden öffentlich bloßzustellen, vielmehr ein freundliches Gespräch *mit* der betreffenden Person zu führen suchen. TestGad 6 führt ebendies aus, indem in V.3 das Gebot, einander von Herzen zu lieben, mit der Mahnung verbunden wird: „Und wenn jemand gegen dich sündigt, sprich zu ihm in Frieden und schaffe das Gift des Hasses weg!"

Liest man Mt 18,15 in diesem Licht, wird als Motiv hinter der Weisung, zunächst ein Gespräch unter vier Augen zu führen, deutlich, dass die Verfehlung eines anderen Gemeindeglieds nicht sogleich zum öffentlichen Thema werden soll, um es nicht in der Gemeinde in ein schlechtes Licht zu rücken. „Es soll mit dem Bruder gesprochen werden und nicht über ihn" (Wouters 1992, 351f). Nur dann, wenn das Gespräch unter vier Augen erfolglos bleibt, ist als nächstes die begrenzte Öffentlichkeit von ein bis zwei weiteren Gemeindegliedern hinzuzuziehen, deren Funktion offenbar darin besteht, der Zurechtweisung Nachdruck zu verleihen (vgl. Thompson 1970, 183; Schenk-Ziegler 1997, 306). Erst wenn auch dieser Versuch keinen Erfolg zeitigt, soll die Angelegenheit vor die Gemeinde gebracht werden. Kommt es auch jetzt nicht zur Umkehr, bleibt nach Matthäus nur noch der Ausschluss aus der Gemeinde, da die zurechtgewiesene Person mit ihrer Ablehnung des in der Gemeinde gültigen Verständnisses des Willens Gottes selbst ihre Nicht-Zugehörigkeit zum Ausdruck gebracht hat. Ein solcher Akt ist allerdings lediglich die *ultima ratio*; das Ziel der Zurechtweisung ist natürlich die Rückgewinnung derer, die auf Abwege geraten sind (vgl. Wouters 1992, 354), und der Ton liegt auf dem Bemühen um sie (Goldhahn-Müller 1989, 190). Denn indem Matthäus V.15–17 der Mahnung zur „Suche des Verirrten" als Ausführungsbestimmungen zugeordnet hat, ist zugleich umgekehrt die poimenische Sorge um die Sünder als Vorzeichen vor V.15–17 gesetzt. In ethischer Hinsicht sind damit gleich zwei zentrale Aspekte festzuhalten: Erstens sollen Sünder geschützt werden, indem die Zurechtweisung – anders als in 1Tim 5,20 – zunächst abseits der Öffentlichkeit der Gemeinde geschieht. Dies ist Ausdruck der Liebe. Zweitens wird mit der Verpflichtung auf ein mehrstufiges Verfahren deutlich gemacht, dass die „Suche des Verirrten" nicht schon nach einem ersten Misserfolg beendet werden darf. Sie verlangt einen längeren Atem und endet erst, wenn die betreffende Person sogar die Zurechtweisung der Gesamtgemeinde missachtet, doch kann man auch dann für sie zumindest noch beten (vgl. V.19). Überdies ist mit dem Ausschluss die Möglichkeit der späteren Rückkehr keineswegs ausgeschlossen. V.17b begrenzt die Versuche der Zurechtweisung, aber nicht die Vergebungsbereitschaft.

Für die genaue Erfassung der Stoßrichtung von 18,15–17 ist ein näherer Vergleich mit TestGad 6,3–7 instruktiv. Anders als Mt 18,15–17 kennt TestGad 6,3–7 keine Stufenfolge bzw. überhaupt das Moment mehrerer Versuche der Zurechtweisung; verhandelt werden allein verschiedene Optionen einer möglichen Reaktion des Gegenübers. In dieser Differenz dokumentieren sich unterschiedliche soziale Kontexte. Matthäus verhandelt die Zurechtweisung anders als TestGad 6 nicht bloß auf der privaten Ebene der Beziehung zwischen zwei Personen, sondern im ekklesialen Horizont, worin er 1QS V,24–VI,1 näher steht. Dabei ist zu beachten, dass 1QS und Mt 18 anders als die TestXII Regelungen für Sondergemeinschaften in Israel bieten. Die TestXII hingegen reflektieren die synagogale Praxis der paränetischen, von sapientialen Motiven mitbestimmten Vergegenwärtigung der Tora im Blick auf das Alltagsverhalten (→ II.2/5b). Dem tritt zur Seite, dass in TestGad 6,3–7 und Mt 18,15–17 unterschiedliche Handlungsziele die Unterweisung leiten: TestGad 6,3–7 thematisiert das Problem einer Störung der sozialen Beziehung zwischen zwei Menschen unter der Perspektive, dass danach wieder eine friedliche Koexistenz im Alltag möglich wird. Die soteriologischen Aussichten des anderen stehen dabei nicht im Vordergrund, d. h., das zentrale Anliegen ist nicht, den anderen (zurück) ins Heil zu führen. Vielmehr endet der Text mit dem Ausblick darauf, dass Gott die *Vergeltung* für das geschehene Unrecht zu überlassen ist. Eben dieser Ausblick auf Gottes Gericht soll dazu motivieren, die Angelegenheit selbst nicht weiter zu verfolgen (vgl. Prov 20,22; 1QS X,17f; 2Hen 50,4; PseudPhok 77; JosAs 28,14; Röm 12,19). Im Vordergrund steht in TestGad 6 die eigene private Situation. Mt 18,15–17 fragt hingegen im ekklesialen Horizont, wie man in der Gemeinde mit Mitgliedern umgehen soll, die von dem in ihr für richtig erachteten Weg – sehr wahrscheinlich nicht in einer Bagatelle, sondern in einem als bedeutsam erachteten Bereich – abweichen, und dabei ist der Blick ganz wesentlich auf deren „Wiedergewinnung", also auf *deren* Heil gerichtet (vgl. 18,12-14). Die Differenz zwischen TestGad 6,3-7 und Mt 18,15-17 manifestiert sich ferner im jeweiligen Vergebungsverständnis. Wenn TestGad 6,7 auch für den Fall, dass das Gegenüber „auf der Bosheit beharrt", anweist, ihm zu vergeben, so ist allein die zwischenmenschliche Beziehungsebene im Blick, wie der Verweis auf die Gott zu überlassende Vergeltung deutlich macht. Die zwischenmenschliche Vergebung zieht also gerade nicht nach sich, dass die Tat *auch vor Gott* getilgt ist. Mt 18,18 erklärt dagegen, dass die von der Gemeinde (oder ihren Gliedern) ausgesprochene Vergebung auch im Himmel Gültigkeit besitzt. Von daher erklärt sich zugleich suffizient, dass Matthäus die in TestGad 6,6 verhandelte Option einer stillen Umkehr ohne Schuldeingeständnis nicht kennt. Beachtet man die dargelegten Differenzpunkte, lässt sich keineswegs sagen, dass die Weisungen in TestGad 6,3-7 mit ihrem Schlusspunkt, dass auch denen, die sich uneinsichtig zeigen, zu vergeben ist, radikaler sind als Mt 18,15-17.

3. Mit 18,21-35 wird das im Mt vertretene Vergebungsverständnis auf seine radikale Spitze geführt und zugleich an das zu Beginn der Rede vorgebrachte Niedrigkeitsmotiv zurückgebunden. In V.21 wirft Petrus die nach dem Bisherigen noch offene Frage nach einer etwaigen Grenze der Vergebung auf und spitzt diese Frage zugleich auf das *persönlich erlittene* Unrecht zu. Beides ist sachlich insofern miteinander verhängt, als sich die Frage nach der Grenze der Vergebung umso schärfer stellt, wenn man selbst vom Fehlverhalten anderer betroffen ist. Matthäus geht zweifelsohne davon aus, dass die Voraussetzung der Frage, ob einem Mitmenschen immer wieder zu vergeben ist, dessen Umkehr und damit die Bitte um Vergebung ist. Es ist verständlich und nachvollziehbar, wenn es mit jeder weiteren Verfehlung schwerer fällt, die Ernsthaftigkeit der Vergebungsbitte anzuerkennen.[17] Petrus' Angebot „bis zu siebenmal?" zeugt von einem weiten, geduldigen Herzen. Und doch ist es Jesus zufolge unzureichend. Jesu Antwort beschränkt sich indes nicht auf die radikale Forderung, dass Sündenvergebung *keine* Grenze kenne (V.22), sondern er fügt in V.23-35 ein Gleichnis an, in dem ein Knecht das ihm zuvor zuteil gewordene, geradezu unermesslich große Erbarmen durch eigene Unbarmherzigkeit gegenüber einem Mitknecht wieder verwirkt. Die Funktion des Gleichnisses geht keineswegs darin auf, dass Jesus seine Forderung mit einer massiven Drohung untermauert. Denn bedeutender dürfte sein, dass Petrus durch das Gleichnis auf subtile Weise in einen Rollenwechsel verwickelt wird. Seiner Frage korrespondiert im Gleichnis das Verhältnis zwischen dem Knecht und seinem Mitknecht. Für sich betrachtet erscheint es

---

[17] Gegenüber der These von Konstan, dass die Vorstellung interpersonaler Vergebung als „a bilateral process involving a confession of wrongdoing, evidence of sincere repentance, and a change of heart or moral perspective ... on the part of the offender, together with a comparable alteration in the forgiver, by which she or he consents to forego vengeance on the basis precisely of the change in the offender" (2010, 21) in der Antike nicht begegne, sondern erst vom 18. Jahrhundert n.Chr. an entwickelt worden sei, wird man m.E., jedenfalls vom Befund im Mt her, Zweifel anmelden müssen. Mt 18,21f wird von Konstan nur ganz knapp behandelt. Die Behauptung zu V.22: „The latter injunction encourages a posture of general charitableness, without reference to the attitude of the offender" (122) übersieht die Anbindung von 18,21f an die vorangehende Thematisierung des Umgangs mit Sündern in V.10-20. Konstan konzediert zu Lk 17,3 auf der Basis der explizit ausgeführten Bedingung „und wenn er umkehrt", dass hier eventuell „the germ of the modern conception of forgiveness" (122) aufscheine, doch ist im Duktus von Mt 18, vor allem im Lichte von V.15-17, evident, dass auch Matthäus die Umkehr des Sünders selbstverständlich voraussetzt.

als alltäglich und durchaus legitim, die Bezahlung der Schuld von dem Mitknecht zu verlangen. Dadurch aber, dass dem im Gleichnis eine Szene vorgeschaltet ist, in der dem Knecht selber eine riesige Schuld erlassen wird, rückt sein Verhalten in ein völlig anderes Licht. Es erscheint nun als grotesk und in höchstem Maße unbarmherzig – und stellt im Übrigen auch eine Verletzung der Goldenen Regel dar (vgl. Davies/Allison 1988–1997, 2:801; Nolland 2005, 758), denn er verweigert seinem Mitknecht, was er sich selbst nicht nur in dessen Lage wünschen würde, sondern worum er in einem wesentlich eklatanteren Fall sogar selbst gebeten hat. Bezieht man dies auf die Ausgangsfrage des Petrus zurück, wird deutlich, dass sich seine Frage nicht adäquat im Rahmen einer isolierten Betrachtung der Beziehung zwischen den beiden beteiligten Personen erörtern lässt. Denn der, den ein Mitmensch um Vergebung bittet, wird durch die Parabel als jemand ausgewiesen, der selbst aus der (ungleich größeren) Vergebung Gottes heraus lebt – auch wenn zu konzedieren ist, dass die konkreten Schuldsummen nicht verallgemeinerbar sind, zumal die 10.000 Talente ohnehin als eine gezielt überzogene Angabe zu lesen sind. Zwischenmenschliche Vergebung wird damit als Konsequenz aus der Vergebung ausgewiesen, die man selbst bei Gott erfahren hat. Die von Petrus in V.21 aufgeworfene Frage ist also im Lichte der von Gott gewährten und selbst erfahrenen Vergebung zu betrachten. Dass Matthäus hier speziell Petrus als Fragesteller aufbietet, gewinnt im Gesamtkontext des Mt dadurch an Tiefe, dass gerade Petrus – als derjenige, der Jesus verleugnet hat (26,33–35.69–75), aber nach der Auferstehung Jesu wieder zu Jesu „Brüdern" gehört (28,10.16) – Sinnbild für die Vergebung als Grundprinzip der Kirche ist. Petrus eignete sich daher hervorragend als Fragesteller, um mittels des Gleichnisses die radikale Forderung zur grenzenlosen Vergebung zu plausibilisieren. Er entspricht tatsächlich dem Knecht im Gleichnis, denn auch ihm ist eine große Schuld erlassen worden. Das Moment des Rollenwechsels, in den er durch das Gleichnis verwickelt wird, fügt sich zudem nahtlos dem zu Beginn der Rede vorgebrachten Ethos der Niedrigkeit ein. Wer um Vergebung gebeten wird, kann – selbst wenn er Petrus ist, der Fels der Kirche (16,18) – anderen nicht in hochmütiger Selbstgerechtigkeit gegenübertreten, sondern nur eingedenk dessen, selbst der Barmherzigkeit Gottes zu bedürfen, und damit eingedenk der eigenen Niedrigkeit.

Mit der Explikation des Niedrigkeitsethos im Sinne unbegrenzter Vergebungsbereitschaft formuliert Mt 18 eine radikale Herausforderung, die den ethischen Forderungen der Bergpredigt nicht nachsteht. Die Forderung unbegrenzter Vergebungsbereitschaft bedeutet zugleich allerdings auch, dass die radikalen Forderungen ausbalanciert sind durch ein ausgesprochen barmherziges Verhalten gegenüber Sündern, das einem auch selbst zugutekommt. Matthäus begreift Gemeinde nicht als makellose Gemeinschaft, in der beim ethischen Gipfelsturm auf die höchste Tugendhaftigkeit für ihre ethisch schwächelnden Glieder kein Platz ist. Matthäus fordert zur Vollkommenheit auf (5,48; 19,21), er weiß aber auch, dass auch Christen Sünder sind, die auf Gottes Barmherzigkeit angewiesen bleiben. *Cum grano salis* kann man hier von einem Oszillieren zwischen sektenähnlicher Strenge und volkskirchlicher Offenheit sprechen.

Für das alltägliche Miteinander dürfte die in Mt 18 zur Vergebungsthematik dargebotene Handlungsperspektive im Allgemeinen von kaum zu überschätzender Bedeutung sein. Zugleich ist aber Zurückhaltung geboten, die dargestellten Argumentationsfiguren zum universal zu applizierenden Prinzip zu machen. So kann es in hohem Maße problematisch sein, einen Textzusammenhang wie Mt 18,21-35 zu benutzen, um Opfer schlimmster Gewalttaten, sobald der oder die Täter Reue zeigen, unter Vergebungsdruck zu setzen, indem man sie auf ihre eigene Schuld bei Gott verweist (vgl. zu diesem Aspekt Bash 2011, 76-79). Umgekehrt setzen Grenzfälle aber auch nicht die grundsätzliche Bedeutung der mt Leitlinien zur Vergebungsthematik außer Kraft.

4. Mt 18 weist mehrere Querbeziehungen zu Passagen der Bergpredigt auf. So kommt die anthropologische Einsicht in die bleibende Angewiesenheit auf das Erbarmen Gottes mit Sündern auch in der Vergebungsbitte im Vaterunser (6,12) zum Ausdruck. Christusgläubige sind keine sündlosen Menschen, die nicht mehr um Vergebung bitten müssten. Die große Bedeutung dieser Bitte zeigt sich darin, dass sie als einzige im nachfolgenden Kontext paränetisch aufgegriffen und vertieft wird (6,14f). Wie in 18,23-35 wird dabei die Vergebung durch Gott mit der zwischenmenschlichen Vergebung verbunden. Wer selbst Gottes Vergebung empfangen hat oder empfangen möchte, kann sie seinem Mitmenschen nicht vorenthalten. Daraus, dass die göttliche Vergebung in 6,14f anders als in 18,23-35 nicht vorangeht, sondern diese unter die Bedingung gestellt wird, dass jemand, der um Vergebung bittet, seinem Mitmenschen *vergeben hat*, ist keine grundsätzliche Spannung zwischen den beiden Texten abzuleiten. Denn erstens wird in 18,32-35 der Schuldenerlass nach dem unbarmherzigen Verhalten des Knechts gegenüber seinem Mitknecht revoziert. Zweitens blickt 6,14f nicht spezifisch auf den von Gott gewährten Neuanfang, sondern generell auf die alltägliche Situation des christlichen Lebens; das Moment der zuvorkommenden Gnade Gottes ist hier ohne Weiteres integrierbar. Thematische Affinität weist Mt 18 ferner zu 7,1-5 auf. Die Mahnung, andere – ob ihrer Verfehlungen – nicht zu richten (7,1), findet in der Aufforderung zur Zurechtweisung in 18,15 mit dem Ziel, den „Bruder" wieder auf den rechten Weg zu führen, ihr positives Pendant. Zeichnet man dies in den Erzählverlauf ein und beachtet die spezifische Adressierung des Gemeindelebens in Mt 18, kann man sagen: In 18,15-17 wird ein Impuls aus der Bergpredigt aufgenommen und auf den Umgang mit Sündern in den eigenen Reihen appliziert (vgl. Jabbarian 2021, 266-268). Ferner findet 7,2 eine Illustration durch das Gleichnis in 18,23-35. Der Knecht, der sich seinem Mitknecht gegenüber unbarmherzig zeigt, wird am Ende mit dem Maß gemessen, mit dem er selber gemessen hat (vgl. Luz 1985-2002, 3:72). Als positives Korrelat dazu kann man auf 5,7 verweisen: Wer barmherzig mit seinem sündigen Mitmenschen umgeht, wird selbst Barmherzigkeit erlangen. Verbindet man dies mit dem Motiv des Schuldenerlasses in 18,27, zeigt sich ein Kreislauf der Barmherzigkeit (vgl. Konradt 2016g, 416-421): Die Erfahrung göttlichen Erbarmens drängt danach, das zwischenmenschliche Handeln zu bestimmen; und wer barmherzig ist, wird wiederum im Gericht Barmherzigkeit erfahren. 7,1 fügt sich auch mit seiner zweiten Hälfte hier ein: „Richtet nicht, *damit ihr nicht gerichtet werdet!*" Darüber hinaus ist darauf zu verweisen, dass die Relation der Schuldsummen in 18,23-35 – dem Knecht wurde vom König das 600.000-fache dessen erlassen, was der Mitknecht schuldete – dem Gegenüber von Splitter

und Balken in 7,3–5 korrespondiert, wenngleich als Differenz anzusprechen ist, dass es beim „Balken" in 7,3–5 nicht spezifisch um die eigene Schuld bei Gott geht. Man mag zu 7,3–5 einwenden, dass die hier vorgebrachten Relationen schwerlich immer passend sind, doch kommt es in der bildlichen Sprache auf ein genaues Messen und Abgleichen gar nicht an. Es geht allein darum, eindrücklich einzuschärfen, dass das Verhalten gegenüber anderen immer von der Einsicht in die eigenen Unzulänglichkeiten und entsprechend in die eigene Angewiesenheit auf Barmherzigkeit bestimmt sein muss.

5. Für ein adäquates Verständnis von Mt 18 ist schließlich, wie bereits in der Einleitung zu diesem Kapitel angemerkt wurde, die narrative Einbettung der Rede zu beachten. Mt 18 ist Jesu Rede auf dem Weg nach Jerusalem (16,21–20,34). Der Erzählabschnitt wird durch die dreimalige Ankündigung des Leidens und der Auferweckung Jesu (16,21; 17,22f; 20,17–19) nicht nur strukturiert, sondern auch inhaltlich bestimmt. Jesus selbst geht den Weg in die Niedrigkeit, um die „Vielen" (20,28; 26,28) von ihren Sünden zu retten (1,21, → 1/2), d. h., Niedrigkeit – verbunden mit dem Verzicht auf Erweise seiner Vollmacht, die ihn als Sohn Gottes kennzeichnen – und Einsatz für die Sünder sind die zentralen Kennzeichen seines Leidenswegs. Mt 18 liest sich in diesem Horizont betrachtet als ein Stück angewandter Christologie: Das in 18,1–4 als Wesensmerkmal christlicher Orientierung eingeführte und im Fortgang anhand des Umgangs mit den Geringen und Sündern exemplifizierte Motiv der Niedrigkeit erscheint als ethisches Implikat des Wegs, den Jesus in seinem Leiden gegangen ist. In der Rede selbst wird dieser christologische Horizont durch 18,20 zur Geltung gebracht. Jesu Zusage seiner Gegenwart, wo zwei oder drei auf seinen Namen hin versammelt sind, ist das christologische Fundament, das die gesamte Rede trägt (Luz 1985–2002, 3:52). Denn sich im Namen Jesu zu versammeln bedeutet, der Gegenwart dessen gewiss sein zu dürfen, der sich nicht nur in seinem irdischen Wirken als sanftmütiger König (11,29; 21,5) und Hirte seines Volkes (2,6) den verlorenen Schafen (15,24) zuwandte, sondern sogar sein Leben hingab zur Vergebung der Sünden (26,28) und dessen Einsatz für die Sünder die in seinem Namen Versammelten zur Sorge um die Sünder verpflichtet. Denn Gottes Heilswille, wie er im Wirken Jesu zum Ausdruck gekommen ist, ist darauf gerichtet, dass keiner dieser Geringen verloren geht (18,14). Die Deutung des Jesusnamens in 1,21 zeigt sich auch im Blick auf die *ethische* Relevanz der Vergebungsthematik als strukturierendes Zentrum mt Theologie. Ein weiterer Aspekt, der den Weg Jesu als Modell für die Jünger zur Geltung bringt, ist hier anzuschließen: Jesus wurde nach seinem verächtlichen Tod am Kreuz von Gott erhöht. Analog dazu ist den Christen nach 18,1–4 verheißen: Wer sich erniedrigen wird wie dieses Kind, der ist der Größte im Himmelreich.

## 4. Der Charakter des Handelns im Matthäusevangelium

1. Im Voranstehenden sind die theologischen Grundlagen und das große Gewicht der Handlungsdimension christlichen Lebens im Mt sowie zugleich die Radikalität der ethischen Herausforderung – sowohl im Blick auf die Erschließung des Gotteswillens, wie er in Tora und Propheten niedergelegt ist, als auch hinsichtlich der Christusmimesis – deutlich geworden. Das Ziel der ‚besseren Gerechtigkeit' (5,20) bzw. der Vollkommenheit (5,48; 19,21) fordert den Menschen zu einer konsequenten Ausrichtung am Willen Gottes heraus. Der ethische Ernst, der das Mt durchströmt, ist indes frei von jeglichem rigoristischen Kolorit. Denn es ist zugleich deutlich geworden, dass Matthäus christliche Gemeinde nicht als einen kompromisslosen Ausscheidungswettkampf der Tugendhaftesten imaginiert, sondern als Ort, in dem (im Glauben oder in ihrem Handeln) Schwache und Geringe freundliche Zuwendung erfahren (7,1-5; 18,6-17) und die Bereitschaft, einander die Sünden zu vergeben, zum Grundprinzip des Miteinanders gehört (9,8; 18,18-35). Matthäus sieht auch die Christusgläubigen ganz selbstverständlich als Menschen, die dauerhaft auf die Barmherzigkeit und die Vergebung Gottes angewiesen sind, wie insbesondere die fünfte Vaterunserbitte (6,12) deutlich macht, aber, wie gesehen, auch in Mt 18 selbstverständlich vorausgesetzt wird (→ 3.2/3). Die in den Ausführungen zu den theologischen Grundlagen (→ 1/2-3) entwickelte Einsicht, dass das Handeln eingebettet ist in die geschenkte Gottesbeziehung, die fundamental durch die in Jesus erfahrene Zuwendung geprägt ist, erfährt durch diese anthropologisch nüchterne und realistische (!) Perspektive ihre Vertiefung. Im Blick auf die Einordnung und Charakterisierung der Handlungsdimension des Christseins kommt dieser anthropologischen Sicht grundlegende Bedeutung zu. Die Werke stehen konzeptionell eben nicht im Horizont des Bestrebens eines leistungsstolzen Menschen, der meint, *allein* aus eigenen Kräften vor Gott bestehen zu können. Vielmehr sieht Matthäus den Menschen – und auch den Christen – eben als ein bedürftiges Mangelwesen, das elementar auf Gott angewiesen ist und bleibt.

In instruktiver Weise kommt dieses Moment auch darin zum Ausdruck, dass mit der Bergpredigt gerade in einem der ethischen Zentraltexte des Mt das Beten zum Thema wird und das Gebet eben durch das Vaterunser konkretisiert wird. Die geschenkte Gottesbeziehung wird hier durch die Anrede Gottes als – fürsorglicher, um die Nöte der Menschen wissender (6,8) – Vater (6,9) qualifiziert, worin sich ein das mt Gottesbild insgesamt prägender Zug artikuliert. Dem Aspekt von ‚väterlicher' Fürsorge und Zuwendung korreliert die Angewiesenheit der Beter auf die ‚väterliche' Hilfe, wie sie sich insbesondere, aber nicht nur in den drei Wir-Bitten in 6,11-13 manifestiert. Aufmerksamkeit verdient im hier verfolgten Zusammenhang insbesondere, dass sich im Vaterunser mehrere Bitten finden, die eine ethische Dimension besitzen. Das gilt bereits für die erste Bitte „geheiligt werde dein Name", in der neben Gott als möglichem Subjekt (vgl. Ez 36,22f; 38,23; 39,7) nicht auszuklammern ist, dass auch Menschen – und also auch die Beter – dazu aufgerufen sind, Gottes Namen zu heiligen (Jes 29,23; Dtn 32,51 u. ö.). Das reduziert die Bitte nicht zu einer verkappten Selbstaufforderung, sondern bringt zum Ausdruck, dass die Beter von Gott die Unterstützung erbitten, um durch ihren Lebenswandel dazu beizutragen, dass Gottes Name geheiligt wird. Gleiches gilt für die dritte Bitte „dein Wille geschehe" (Mt 6,10). Matthäus spricht wesentlich häufiger als die anderen beiden Synoptiker vom „Willen Gottes" bzw. „des Vaters". In 7,21; 12,50; 21,31 ist dabei der Wille im ethischen Sinn gemeint, in 18,14 Gottes Heilswille, aus dem für die Gemeinde aber zugleich eine Verpflichtung in Gestalt der Sorge um die Geringen erwächst. In Jesu Gebet in Getsemani in 26,42 sind beide Bedeutungsaspekte enthalten. Ebendies gilt auch für die dritte Bitte des Vaterunsers, d. h., hier wird auch darum gebeten, dass man selbst dem Willen Gottes gemäß handelt. „Wer um das Geschehen des Vaterwillens betet, betet damit auch gleichzeitig um die Kraft für die eigene, aktive Teilnahme an seiner Verwirklichung" (Wouters 1992, 195). Wieder kommt damit zum Ausdruck, dass die Beter darum wissen, dass ihnen Kenntnis und Praxis des Willens Gottes nicht allein aus ihren eigenen Möglichkeiten zuwachsen. Ganz deutlich kommt dieses Moment schließlich noch in der letzten (Doppel-)Bitte zum Tragen, denn wieder wird um etwas gebeten, das die Beter selbst als Handelnde fordert: Auf die Bitte um Vergebung folgt die um Bewahrung vor weiteren Verfehlungen. Der Bitte, nicht in Versuchung geführt zu werden, d. h. nicht in Situationen hineinzugeraten, in denen man fürchtet, überfordert zu werden, liegt des Näheren die Einsicht in die eigene Schwäche zugrunde. Kurzum: Die Beter des mt Vaterunsers – die dritte Bitte und die zweite Hälfte der sechsten fehlen in Lk 11,2–4 – stehen im Blick auf ihr Handeln nicht als allein auf ihr eigenes Können schauende Gerechte vor Gott, sondern als solche, die auch im Blick auf ihr Handeln darauf vertrauen, von ihrem himmlischen Vater die nötige Unterstützung zu erfahren. Anders als bei Paulus, aber wie im Jak, fehlt im Mt eine ausgeprägte pneumatologische Komponente im Verständnis christlichen Handelns, wie umgekehrt auch die Analyse des fleischlichen Menschen in Röm 7 bei Matthäus kein Pendant hat. Aber auch Matthäus geht davon aus, dass die Kraft zum Handeln aus der Gottesbeziehung erwächst, wie sie unter anderem im Gebet gepflegt wird. Man trägt darüber hinaus wohl auch keinen fremden Gedanken an Matthäus heran, wenn man das Gebet als einen Ort ansieht, an dem man sich dessen, was in einer konkreten Situation Gottes Wille ist, vergewissert und in den Willen Gottes einzustimmen sucht. Jesu Beten in Getsemani (26,39.42.44) weist jedenfalls in diese Richtung.

2. Der Einbindung des Handelns in die geschenkte Gottesbeziehung und die Verbundenheit mit Christus steht als weiteres grundlegendes Charakteristikum des mt Verständnisses christlichen Lebenswandels zur Seite, dass die Herzensausrichtung als Grundlage der Werke betont wird. Die Werke der Glaubenden sind für Matthäus nicht bloß äußerliche Pflichterfüllungen im Gehorsam gegenüber dem gebietenden Gott, sondern Ausdruck einer inneren Haltung und inneren Zustimmung, die sich aus der Beziehung zu Gott ergibt. Zu erinnern ist insbesondere an die Ausführungen zu den Seligpreisungen in Mt 5,3–12 (→ 2.5). In der Bergpredigt folgt überdies auf die Illustration der Anforderungen der ‚besseren Gerechtigkeit' durch die Auslegung von Torageboten in 5,20–48, die das geforderte Handeln *inhaltlich* umreißt, in 6,1–18 eine längere Einheit, in der der Aspekt der *Gesinnung* und Handlungs*intention* ins Zentrum rückt. Das Handeln darf nicht dadurch kontaminiert sein, dass man dadurch Ansehen bei Menschen gewinnen will. Andernfalls ist es nicht ungetrübter

Ausdruck der Gottesbeziehung. Positiv gewendet korrespondiert ihrem Charakter als Ausdruck der Gottesbeziehung, dass es alleinig relevant ist, dass Gott, der ins Verborgene sieht (6,4.6.18), sie selbstverständlich wahrnimmt. Dem ersten Anschein nach steht 6,1–18 allerdings in einer gewissen Spannung zu 5,16, wonach man seine guten Werke gerade vor den Menschen sehen lassen soll, doch ist dieser Eindruck nur vordergründig. Denn genauer besehen bietet 6,1 nichts anderes als eine notwendige Konkretion zu 5,16. Auch 5,16 spricht ja nicht davon, dass die Menschen die guten Werke der Angeredeten sehen und darüber zum Lobpreis der so Handelnden kommen sollen, sondern der Lobpreis gebührt nach 5,16 einzig und allein Gott, der Menschen so leben lässt, wie sich dies in ihren guten Werken manifestiert. Davon, dass die guten Werke den Handelnden selbst vor Menschen zum Ruhm gereichen sollen, ist in 5,16 also nichts gesagt. 6,1 knüpft insofern gerade positiv an 5,16 an, als nun *expressis verbis* ausgeführt wird, dass kein Tun durch das selbstbezogene Handlungsmotiv geleitet sein darf, dadurch selbst Ansehen gewinnen zu wollen. Die Explikation von 6,1 durch die Beispiele in 6,2–6.16–18 führt sodann noch als weiteren Aspekt aus, dass es deshalb – z. B. mit Almosengeben, Beten und Fasten – einige Werke gibt, die überhaupt nicht in die Öffentlichkeit gehören.

3. Blickt man abschließend noch einmal gesondert auf 5,16, so ist die doxologische Dimension des Handelns zu betonen. 5,16 expliziert die Funktion der Jünger, Licht der Welt zu sein (5,14), mit Blick auf ihre Werke, denen quasi eine missionarische Bedeutung zugeschrieben wird: Licht der Welt sind die Christusgläubigen durch ihr Verhalten; andere sehen dieses und werden dadurch zum Lobpreis Gottes geführt. Das Handeln der Jünger gewinnt also die Dimension, dass es dazu dient, *Gott* zur Ehre zu gereichen, was sich wiederum gut mit der ersten Bitte des Vaterunsers verbinden lässt (6,9). Matthäus setzt damit innerhalb des Neuen Testaments einen kräftigen Akzent, denn es „gibt nur wenige Texte im Neuen Testament, wo die Ehre Gottes so deutlich Zielpunkt des gesamten christlichen Handelns ist" (Luz [5]2002, 301).

4. Zugleich ist noch eine weitere Dimension zu bedenken, die in der Bezeichnung der Christusgläubigen als Licht der Welt und, zieht man 5,13 hinzu, Salz der Erde im Blick auf das Verständnis des Handelns im Mt liegt: Ihr Handeln hat eine elementare und unverzichtbare Funktion in der Welt und für diese. Ohne dieses, ohne ihren demütigen, sanftmütigen, auf Gerechtigkeit, Barmherzigkeit und Friedenstiften ausgerichteten Lebenswandel, um einige der vorangehenden Makarismen aufzunehmen, wäre die Erde ungenießbar und die Welt finster. Auch dies macht noch einmal deutlich, dass die Bedeutung des christlichen Handelns bei Matthäus nicht monoperspektivisch darin aufgeht, den eigenen Weg ins Himmelreich erfolgreich zu absolvieren. Nimmt man noch die Seligpreisungen in 5,10–12 hinzu, ergibt sich in 5,3–16 ein geradezu paradoxer Zusammenhang: Ausgerechnet die, die um der Gerechtigkeit bzw. um Jesu willen Verfolgung erleiden, sind als Salz der Erde und Licht der Welt durch ihr Tun *für andere* da. Dabei schwingt auch mit, dass die Erfahrung von Zurückweisung durch Außenstehende kein Grund sein darf, sich in die eigenen kirchlichen Mauern zurückzuziehen. Beachtet man schließlich, dass

die Lichtmetapher zuvor in 4,16 auf Jesus bezogen wurde und die Lichtexistenz der Nachfolger daher im Duktus des Textes als eine von Christus abgeleitete erscheint, schließt sich zugleich der Kreis zu dem, was oben zur Einbettung des Handelns in die Gottesbeziehung dargelegt wurde (→ 1/2-3, 4/1): Weil die Werke der Christusgläubigen aus ihrer Gottesbeziehung und Christusbindung erwachsen, haben sie auch teil an der Zuwendung Gottes *zu den Menschen* in Jesus Christus. Was Mt 18 zur Sorge um die Schwachen und Geringen in der Gemeinde ausführt (→ 3.2), verleiht dem exemplarisch Ausdruck: Das Handeln soll sich daran ausrichten, dass Gottes Heilswille, nach dem niemand verloren gehen soll, realisiert wird. Die Metaphern vom „Salz *der Erde*" und „Licht *der Welt*" zeigen, dass diese Aufgabe an den Toren der Gemeinde nicht Halt macht, sondern umfassend das Wirken von Christen in der Welt bestimmt. Der Zuspruch, Salz der Erde und Licht der Welt zu sein, ist mit seinem Bezug auf das Handeln wesentlich Aufgabe; aber diese Aufgabe ist integraler Bestandteil der Gottesbeziehung und Christusbindung, bedeutet sie doch Teilhabe an der Zuwendung Gottes zu den Menschen in Christus. Ein bloßer Tarif der Selbsterlösung sind die Werke bei Matthäus ganz offenkundig nicht.

# Literatur

Allison, Dale C.: The Sermon on the Mount. Inspiring the Moral Imagination, New York 1999.
Bacchiocchi, Samuele: Matthew 11:28-30: Jesus' Rest and the Sabbath, AUSS 22 (1984), 289-316.
Banks, Robert: Matthew's Understanding of the Law. Authenticity and Interpretation in Matthew 5:17-20, JBL 93 (1974), 226-242.
Bash, Anthony: Just Forgiveness. Exploring the Bible, Weighing the Issues, London 2011.
Betz, Hans Dieter: The Sermon on the Mount: A Commentary on the Sermon on the Mount, including the Sermon on the Plain (Matthew 5:3-7:27 and Luke 6:20-49), Hermeneia, Minneapolis 1995.
Blanton, Thomas R.: Saved by Obedience: Matthew 1:21 in Light of Jesus' Teaching on the Torah, JBL 132 (2013), 393-413.
Blundell, Mary Whitlock: Helping Friends and Harming Enemies. A Study in Sophocles and Greek Ethics, Cambridge u. a. 1989.
Branch-Trevathan, George: The Sermon on the Mount and Spiritual Exercices. The Making of the Matthean Self, NT.S 178, Leiden – Boston 2020.
Brandenburger, Egon: Taten der Barmherzigkeit als Dienst gegenüber dem königlichen Herrn (Mt 25,31-46), in: Diakonie – biblische Grundlagen und Orientierungen. Ein Arbeitsbuch zur theologischen Verständigung über den diakonischen Auftrag, hg. v. G.K. Schäfer – T. Strohm, VDWI 2, Heidelberg ²1994, 297-326.
Broer, Ingo: Freiheit vom Gesetz und Radikalisierung des Gesetzes. Ein Beitrag zur Theologie des Evangelisten Matthäus, SBS 98, Stuttgart 1980.
Burchard, Christoph: Versuch, das Thema der Bergpredigt zu finden, in: ders., Studien zur Theologie, Sprache und Umwelt des Neuen Testaments, hg. v. D. Sänger, WUNT 107, Tübingen 1998, 27-50.

Carlston, Charles E./Evans, Craig A.: From Synagogue to Ecclesia. Matthew's Community at the Crossroads, WUNT 334, Tübingen 2014.

Charles, J. Daryl: Garnishing with the "Greater Righteousness": The Disciple's Relationship to the Law (Matthew 5:17-20), BBR 12 (2002), 1-15.

Cohen, Akiva: Matthew and the Mishnah. Redefining Identity and Ethos in the Shadow of the Second Temple's Destruction, WUNT II.418, Tübingen 2016.

Culpepper, Alan R.: The Foundations of Matthean Ethics, in: Modern and Ancient Literary Criticism of the Gospels. Continuing the Debate on Gospel Genre(s), hg. v. R. Matthew u. a., WUNT 451, Tübingen 2020, 359-379.

Cuvillier, Élian: Torah Observance and Radicalization in the First Gospel. Matthew and First-Century Judaism: A Contribution to the Debate, NTS 55 (2009), 144-159.

Dannenmann, Tanja: Emotion, Narration und Ethik. Zur ethischen Relevanz antizipatorischer Emotionen in Parabeln des Matthäus-Evangeliums, WUNT II.498, Tübingen 2019.

Dautzenberg, Gerhard: Ist das Schwurverbot Mt 5,33-37; Jak 5,12 ein Beispiel für die Torakritik Jesu?, BZ NF 25 (1981), 47-66.

Davies, W[illiam] D./Allison, Dale C.: The Gospel According to Saint Matthew, 3 Bde., ICC, Edinburgh 1988-1997.

Deines, Roland: Die Gerechtigkeit der Tora im Reich des Messias. Mt 5,13-20 als Schlüsseltext der matthäischen Theologie, WUNT 177, Tübingen 2004.

– Not the Law but the Messiah: Law and Righteousness in the Gospel of Matthew – An Ongoing Debate, in: Built upon the Rock. Studies in the Gospel of Matthew, hg. v. D.M. Gurtner – J. Nolland, Grand Rapids – Cambridge 2008, 53-84.

Dietzfelbinger, Christian: Die Antithesen der Bergpredigt im Verständnis des Matthäus, ZNW 70 (1979), 1-15.

Ebner, Martin: Feindesliebe – ein Ratschlag zum Überleben? Sozial- und religionsgeschichtliche Überlegungen zu Mt 5,38-47 par Lk 6,27-35, in: From Quest to Q (FS J.M. Robinson), hg. v. J.M. Asgeirsson u. a., BETL 146, Leuven 2000, 119-142.

Eckstein, Hans-Joachim: Die Weisung Jesu Christi und die Tora des Mose nach dem Matthäusevangelium, in: Jesus Christus als die Mitte der Schrift. Studien zur Hermeneutik des Evangeliums (FS O. Hofius), hg. v. C. Landmesser u. a., BZNW 86, Berlin – New York 1997, 379-403.

Fischer, Johannes: Emotionen und die religiöse Dimension der Moral. Zum Reflexionsgegenstand einer Theologischen Ethik, in: Theologie der Gefühle, hg. v. R. Barth – C. Zarnow, Berlin – Boston 2015, 191-205.

Foster, Paul: Community, Law and Mission in Matthew's Gospel, WUNT II.177, Tübingen 2004.

Gemünden, Petra von: Umgang mit Zorn und Aggression in der Antike und der Bergpredigt, in: Affekt und Glaube. Studien zur Historischen Psychologie des Frühjudentums und Urchristentums, NTOA/StUNT 73, Göttingen 2009, 163-189.

Giesen, Heinz: Christliches Handeln: Eine redaktionskritische Untersuchung zum δικαιοσύνη-Begriff im Matthäus-Evangelium, EHS.T 181, Frankfurt a. M. – Bern 1982.

Goldhahn-Müller, Ingrid: Die Grenze der Gemeinde. Studien zum Problem der Zweiten Buße im Neuen Testament unter Berücksichtigung der Entwicklung im 2. Jh. bis Tertullian, GTA 39, Göttingen 1989.

Hoffmann, Paul: Tradition und Situation. Zur „Verbindlichkeit" des Gebots der Feindesliebe in der synoptischen Überlieferung und in der gegenwärtigen Friedensdiskussion, in: Ethik im Neuen Testament, hg. v. K. Kertelge, QD 102, Freiburg u. a. 1984, 50-118.

Hoppe, Rudolf: Vollkommenheit bei Matthäus als theologische Aussage, in: Salz der Erde – Licht der Welt. Exegetische Studien zum Matthäusevangelium (FS A. Vögtle), hg. v. L. Oberlinner – P. Fiedler, Stuttgart 1991, 141–164.

Jabbarian, Tina: Die Niedrigkeit Jesu und seiner Jüngerschaft. Eine Studie zur Korrelation von Ethik und Christologie in Mt 16,21–20,34, WUNT II.549, Tübingen 2021.

Kampen, John: Matthew within Sectarian Judaism, AYBRL, New Haven – London 2019.

Kollmann, Bernd: Die Goldene Regel (Mt 7,12/Lk 6,31). Triviale Maxime der Selbstbezogenheit oder Grundprinzip ethischen Handelns?, in: Er stieg auf den Berg und lehrte sie (Mt 5,1f.). Exegetische und rezeptionsgeschichtliche Studien zur Bergpredigt, hg. v. H.-U. Weidemann, SBS 226, Stuttgart 2012, 97–113.

Konradt, Matthias: Israel, Kirche und die Völker im Matthäusevangelium, WUNT 215, Tübingen 2007.

– Das Evangelium nach Matthäus, NTD 1, Göttingen 2015.

– Golden Rule, in: The Oxford Encyclopedia of the Bible and Law, Vol. 1: Adm–Lit, hg. v. B. Strawn, Oxford – New York 2015, 350–356 (= 2015a).

– Matthäus im Kontext. Eine Bestandsaufnahme zur Frage des Verhältnisses der mt Gemeinde(n) zum Judentum, in: ders., Studien zum Matthäusevangelium, hg. v. A. Euler, WUNT 358, Tübingen 2016, 3–42.

– „Ihr wisst nicht, was ihr erbittet" (Mt 20,22). Die Zebedaidenbitte in Mt 20,20f und die königliche Messianologie im Matthäusevangelium, in: ders., Studien ..., 171–200 (= 2016a).

– Die Taufe des Gottessohnes. Erwägungen zur Taufe Jesu im Matthäusevangelium (Mt 3,13–17), in: ders., Studien ..., 201–218 (= 2016b).

– Die vollkommene Erfüllung der Tora und der Konflikt mit den Pharisäern im Matthäusevangelium, in: ders., Studien ..., 288–315 (= 2016c).

– Rezeption und Interpretation des Dekalogs im Matthäusevangelium, in: ders., Studien ..., 316–347 (= 2016d).

– „... damit ihr Söhne eures Vaters im Himmel werdet". Erwägungen zur ‚Logik' von Gewaltverzicht und Feindesliebe in Mt 5,38–48, in: ders., Studien ..., 348–380 (= 2016e).

– "Whoever humbles himself like this child ...". The Ethical Instruction in Matthew's Community Discourse (Matt 18) and its Narrative Setting, in: ders., Studien ..., 381–412 (= 2016f).

– „Glückselig sind die Barmherzigen" (Mt 5,7). Mitleid und Barmherzigkeit als ethische Haltung im Matthäusevangelium, in: ders., Studien ..., 413–441 (= 2016g).

– „Nehmt auf euch mein Joch und lernt von mir!" (Mt 11,29). Mt 11,28–30 und die christologische Dimension der matthäischen Ethik, ZNW (2018), 1–31.

Konstan, David: Before Forgiveness. The Origin of a Moral Idea, Cambridge u. a. 2010.

Krieger, Klaus-Stefan: Fordert Mt 5,39b das passive Erdulden von Gewalt? Ein kleiner Beitrag zur Redaktionskritik der 5. Antithese, BN 54 (1990), 28–32.

Kugel, James L.: On Hidden Hatred and Open Reproach: Early Exegesis of Leviticus 19:17, HThR 80 (1987), 43–61.

Kuhn, Heinz-Wolfgang: Das Liebesgebot Jesu als Tora und als Evangelium. Zur Feindesliebe und zur christlichen und jüdischen Auslegung der Bergpredigt, in: Vom Urchristentum zu Jesus (FS J. Gnilka), hg. v. H. Frankemölle – K. Kertelge, Freiburg u. a. 1989, 194–230.

Laansma, Jon: 'I Will Give You Rest'. The Rest Motif in the New Testament with Special Reference to Mt 11 and Heb 3–4, WUNT II.98, Tübingen 1997.

Lohfink, Gerhard: Der ekklesiale Sitz im Leben der Aufforderung Jesu zum Gewaltverzicht (Mt 5,39b–42/Lk 6,29f), ThQ 162 (1982), 236–253.

– Wem gilt die Bergpredigt? Eine redaktionskritische Untersuchung von Mt 4,23–5,2 und 7,28f, in: Ethik im Neuen Testament, hg. v. K. Kertelge, QD 102, Freiburg u. a. 1984, 145–167.

Luz, Ulrich: Das Evangelium nach Matthäus, 4 Bde., EKK 1.1-4, Zürich u. a. 1985-2002.
- Die Jesusgeschichte des Matthäus, Neukirchen-Vluyn 1993.
- Überlegungen zum Verhältnis zwischen Liebe zu Gott und Liebe zum Nächsten (Mt 22,34-40), in: Der lebendige Gott. Studien zur Theologie des Neuen Testaments (FS W. Thüsing), hg. v. T. Söding, Münster 1996, 135-148.
- Das Evangelium nach Matthäus, 1. Teilbd.: Mt 1-7, EKK 1.1, Düsseldorf u. a. ⁵2002.

Maschmeier, Jens-Christian: Reziproke Barmherzigkeit. Theologie und Ethik im Matthäusevangelium, BWANT 227, Stuttgart 2021.

Mattison, William C.: The Sermon on the Mount and Moral Theology. A Virtue Perspective, New York 2017.

Mayordomo, Moisés: Möglichkeiten und Grenzen einer neutestamentlich orientierten Tugendethik. Ein programmatischer Entwurf, ThZ 64 (2008), 213-257.

Meiser, Martin: Vollkommenheit in Qumran und im Matthäusevangelium, in: Kirche und Volk Gottes (FS J. Roloff), hg. v. M. Karrer u.a., Neukirchen-Vluyn 2000, 195-209.

Niebuhr, Karl-Wilhelm: Die Antithesen des Matthäus. Jesus als Toralehrer und die frühjüdische weisheitlich geprägte Torarezeption, in: Gedenkt an das Wort (FS W. Vogler), hg. v. C. Kähler u. a., Leipzig 1999, 175-200.

Niemand, Christoph: Matthäus 25,31-46 – universal oder exklusiv? Rekonstruktion der ursprünglichen Textintention im Spannungsfeld moderner Wertaxiome, in: Patrimonium Fidei. Traditionsgeschichtliches Verstehen am Ende? (FS M. Löhrer und P.-R. Tragan), hg. v. M. Perroni - E. Salmann, StAns 124, Rom 1997, 287-326.

Nolland, John: The Gospel of Matthew. A Commentary on the Greek Text, NIGTC, Grand Rapids u. a. 2005.

Olmstead, Wesley G.: Jesus, the Eschatological Perfection of Torah, and the *imitatio Dei* in Matthew, in: Torah Ethics and Early Christian Identity, hg. v. S.J. Wendel - D.M. Miller, Grand Rapids 2016, 43-58.

Ostmeyer, Karl-Heinrich: Beten für und gegen Feinde, in: Prayer in the Sayings Gospel Q, hg. v. D.A. Smith - C. Heil, WUNT 425, Tübingen 2019, 89-101.

Overman, J. Andrew: Matthew's Gospel and Formative Judaism. The Social World of the Matthean Community, Minneapolis 1990.

Park, Jeongsoo: Sündenvergebung im Matthäusevangelium. Ihre theologische und soziale Dimension, EvTh 66 (2006), 210-227.

Pennington, Jonathan T.: The Sermon on the Mount and Human Flourishing. A Theological Commentary, Grand Rapids 2017.

Piper, John: 'Love Your Enemies'. Jesus' Love Command in the Synoptic Gospels and in the Early Christian Paraenesis. A History of the Tradition and Interpretation of its Uses, MSSNTS 38, Cambridge u. a. 1974.

Przybylski, Benno: Righteousness in Matthew and His World of Thought, MSSNTS 41, Cambridge u. a. ²2004.

Reiser, Marius: Love of Enemies in the Context of Antiquity, NTS 47 (2001), 411-427.

Repschinski, Boris: Die bessere Gerechtigkeit. Gesetz, Nachfolge und Ethik im Matthäusevangelium, ZKTh 136 (2014), 423-441.

Runesson, Anders: Divine Wrath and Salvation in Matthew. The Narrative World of the First Gospel, Minneapolis 2016.

Saldarini, Anthony J.: Matthew's Christian-Jewish Community, CSHJ, Chicago - London 1994.

Sand, Alexander: Das Gesetz und die Propheten. Untersuchungen zur Theologie des Evangeliums nach Matthäus, BU 11, Regensburg 1974.

Sänger, Dieter: Schriftauslegung im Horizont der Gottesherrschaft. Die Antithesen der Bergpredigt (Mt 5,21-48) und die Verkündigung Jesu, in: Christlicher Glaube und religiöse Bil-

dung (FS F. Kriechbaum), hg. v. H. Deuser – G. Schmalenberg, GSTR 11, Gießen 1995, 75–109.
– Tora für die Völker. Weisungen der Liebe. Zur Rezeption des Dekalogs im frühen Judentum und Neuen Testament, in: Weisheit, Ethos und Gebot. Weisheits- und Dekalogtraditionen in der Bibel und im frühen Judentum, hg. v. H. Graf Reventlow, BThSt 43, Neukirchen-Vluyn 2001, 97–146.
Schenk-Ziegler, Alois: Correctio fraterna im Neuen Testament. Die „brüderliche Zurechtweisung" in biblischen, frühjüdischen und hellenistischen Schriften, FzB 84, Würzburg 1997.
Schweizer, Eduard: Observance of the Law and Charismatic Activity in Matthew, NTS 16 (1970), 213–230.
Sim, David C.: Christianity and Ethnicity in the Gospel of Matthew, in: Ethnicity and the Bible, hg. v. M.G. Brett, Leiden u. a. 1996, 171–195.
– The Gospel of Matthew and Christian Judaism. The History and Social Setting of the Matthean Community, SNTW, Edinburgh 1998.
Snodgrass, Klyne: Matthew and the Law, SBLSP 27 (1988), 536–554.
Söding, Thomas: Feindeshass und Bruderliebe. Beobachtungen zur essenischen Ethik, RdQ 16 (1995), 601–619.
Strecker, Georg: Die Bergpredigt. Ein exegetischer Kommentar, Göttingen ²1985.
Theißen, Gerd: Gewaltverzicht und Feindesliebe (Mt 5,38–48/Lk 6,27–38) und deren sozialgeschichtlicher Hintergrund, in: ders., Studien zur Soziologie des Urchristentums, WUNT 19, Tübingen ³1989, 160–197.
– Die Goldene Regel (Matthäus 7:12//Lukas 6:31). Über den Sitz im Leben ihrer positiven und negativen Form, BibInt 11 (2003), 386–399.
Thielman, Frank: The Law and the New Testament. The Question of Continuity, New York 1999.
Thompson, William G.: Matthew's Advice to a Divided Community (Matthew 17:22–18:35), AnBib 44, Rom 1970.
Topel, John: The Tarnished Golden Rule (Luke 6:31): The Inescapable Radicalness of Christian Ethics, TS 59 (1998) 475–485.
Vahrenhorst, Martin: „Ihr sollt überhaupt nicht schwören". Matthäus im halachischen Diskurs, WMANT 95, Neukirchen-Vluyn 2002.
Weaver, Dorothy Jean: Transforming Nonresistance: From Lex Talionis to „Do Not Resist the Evil One", in: The Love of Enemy and Nonretaliation in the New Testament, hg. v. W.M. Swartley, Louisville 1992, 32–71.
Weder, Hans: Die „Rede der Reden". Eine Auslegung der Bergpredigt heute, Zürich 1985.
Weren, Wim J. C.: The Ideal Community according to Matthew, James, and the Didache, in: Matthew, James, and Didache: Three Related Documents in Their Jewish and Christian Settings, hg. v. H. van de Sandt – J. Zangenberg, SBLSymS 45, Atlanta 2008, 177–200.
Wick, Peter: Die (sogenannte) erste Antithese (Mt 5,21–26): Eine Pilgerpredigt, in: ders., Schriftgelehrsamkeit und Toraethik. Die Bergpredigt im Kontext des Matthäusevangeliums, Stuttgart 2021, 45–53.
Wink, Walter: Neither Passivity nor Violence: Jesus' Third Way (Matt. 5:38–42 par.), in: The Love of Enemy and Nonretaliation in the New Testament, hg. v. W.M. Swartley, Louisville 1992, 102–125.
Wong, Kun-Chun: Interkulturelle Theologie und multikulturelle Gemeinde im Matthäusevangelium. Zum Verhältnis von Juden- und Heidenchristen im ersten Evangelium, NTOA 22, Freiburg (Schweiz) – Göttingen 1992.
Wouters, Armin: „… wer den Willen meines Vaters tut". Eine Untersuchung zum Verständnis vom Handeln im Matthäusevangelium, BU 23, Regensburg 1992.

Yang, Yong-Eui: Jesus and the Sabbath in Matthew's Gospel, JSNTS 139, Sheffield 1997.
Yarnold, Edward: Τέλειος in St. Matthew's Gospel, in: StEv 4, hg. v. F.L. Cross, TU 102, Berlin 1968, 269–273.
Yieh, John Yueh-Han: One Teacher. Jesus' Teaching Role in Matthew's Gospel Report, BZNW 124, Berlin – New York 2004.
Ziethe, Carolin: Auf seinen Namen werden die Völker hoffen. Die matthäische Rezeption der Schriften Israels zur Begründung des universalen Heils, BZNW 233, Berlin – Boston 2018.

# VII. Das lukanische Doppelwerk: Barmherzigkeit und solidarische Gemeinschaft

Zu den Besonderheiten des zwischen 80 und 90 abgefassten Lk gehört, dass sein Verfasser mit der Apg wenige Zeit später noch ein zweites Buch hat folgen lassen, in dem die Anfänge der nachösterlichen Ausbreitung des Christusglaubens und damit der Kirche geschildert werden. Das zweite Buch ist mit der – sekundären – Überschrift „Taten der Apostel" im Grunde unzutreffend bezeichnet, denn das eigentliche Subjekt der Ausbreitung der Christusverkündigung und der Entwicklung der Kirche ist für Lukas der Geist. Genauer: Nach Apg 2,33 hat der zur Rechten Gottes erhöhte Auferweckte den Heiligen Geist vom Vater empfangen und ihn dann zu Pfingsten ausgegossen. Bietet das Lk einen „Bericht" (διήγησις, Lk 1,1) über das Wirken des irdischen Herrn in der Kraft des Geistes, so schildert die Apg das Wirken des erhöhten Herrn durch den Geist (vgl. Pokorný 1998, 26.30f). Beide Bücher sind – wohl von Anfang an – als eine Einheit konzipiert worden, jedenfalls sind sie durch beide Bücher übergreifende theologische Leitaspekte miteinander verbunden, so dass es sich empfiehlt, sie gemeinsam zu analysieren. Im Blick auf die Ethik bilden die beiden Bücher allerdings nicht zwei gleichwertige Teile, sondern dem Lk kommt deutlich die Rolle des Fundaments zu. Pointiert gesagt: Wer nur die Apg liest, wird kaum auf die Idee kommen, dass die Handlungsdimension des Glaubens für deren Autor von maßgeblicher Bedeutung war. In den Reden der Apg bietet überhaupt nur der Abschluss der Rede des Paulus vor den ephesinischen Ältesten in Milet in 20,33–35 konkrete ethische Ausführungen. Daraus ein ethisches Desinteresse des Lukas abzuleiten, wäre allerdings ein gravierender Fehlschluss. Auf die richtige Spur für die Erklärung dieses Befundes führt vielmehr der Sachverhalt, dass 20,33–35 in einem Rekurs auf ein Jesuswort gipfelt: Für Lukas orientiert sich das Handeln der Christusgläubigen grundlegend an der Unterweisung und dem Vorbild Jesu. So bietet das Lk denn auch – anders als das Mk – reichhaltiges ethisch unterweisendes Material, das die große Bedeutung der Glaubenspraxis in der lk Theologie klar hervortreten lässt.[1]

Der skizzierte Befund wird durch eine kompositorische Auffälligkeit des Lk unterstrichen und zugleich konturiert: Anders als Matthäus hat Lukas den Stoff aus der Logienquelle und aus seinem reichhaltigen Sondergut in einem – relativ betrachtet – kleineren sowie in einem sehr ausführlichen Block in den mk Erzählfaden eingeschaltet (6,20–8,3 + 9,51–18,14). Damit verbindet sich, dass – abgesehen von der Feldrede in 6,20–49 als einer ersten ethischen Grundrede im Galiläateil (4,14–9,50) – der größte Teil der Unterweisung Jesu kompositorisch in die mit 9,51 eingeleitete Phase des Weges Jesu nach Jerusalem eingebaut ist, die erst in 19,28 endet und damit einen Großteil der Gesamterzählung ausmacht. Mit der Rede von den „Tagen der Hinaufnahme", die „dabei waren, sich zu erfüllen" (9,51), wird auf die Zeit bis zur Himmel-

---

[1] Im Blick auf die Apg lässt sich immerhin geltend machen, dass Lukas in ihr durch die Zeichnung der handelnden Akteure nachzuahmende Verhaltensmodelle bietet, die Möglichkeiten der Aufnahme und Umsetzung der ethischen Unterweisung Jesu und seines Vorbildes in konkreten Situationen illustrieren (vgl. Kurz 1990, bes. 187f; Tannehill 2005). Eine ausführliche Analyse der mimetisch-ethischen Dimension der Figurenzeichnung in der Apg würde indes eigene (monographische) Abhandlungen erfordern. Die folgende Erörterung muss sich daher schon aus Raumgründen auf das im Lk gelegte Fundament konzentrieren und wird nur in ausgewählten Fällen, etwa bei der lk Darstellung der Urgemeinde, die Apg einbeziehen können.

fahrt Jesu ausgeblickt, und damit wird implizit die Zeit der irdischen Abwesenheit Jesu zum Thema. Das Folgende steht insofern unter dem Vorzeichen, dass der Kyrios Jesus seinen Jüngern die nötigen Grundlagen für ein christliches Leben in der Zeit nach seiner Auferstehung und Himmelfahrt vermittelt (vgl. Horn ²1986, 260–268), wobei ethische Aspekte von erheblichem Gewicht sind. Charakteristisch ist zudem, dass Lukas den Stoff nicht wie Matthäus zu größeren Reden komponiert hat, sondern in seiner episodischen Erzählweise eine Vielzahl von knappen (zuweilen nur aus einer neuen Redeeinleitung bestehenden) szenischen Einbettungen für die entsprechend jeweils kürzeren Reden Jesu bzw. die dialogischen Szenen geschaffen hat. Dabei pflegt Lukas häufig thematische Cluster zu bilden, indem er inhaltlich verwandtes Material zusammenstellt (z. B. besitzethisch relevante Texte in Lk 12,13–34; 16,1–31 oder Texte über die Zuwendung zu Sündern in Lk 15).

Beide Bücher werden durch einen Prolog eröffnet (Lk 1,1–4; Apg 1,1–3). Mit diesen Prologen meldet Lukas nicht nur seinen historiographischen Anspruch an, sondern er gibt zugleich zu erkennen, dass er sich mit seinem Werk auch an ein durchaus gebildetes Publikum wendet, für das der in beiden Prologen erwähnte Widmungsträger Theophilus (Lk 1,3; Apg 1,1) exemplarisch stehen dürfte. Dem korrespondiert, dass Lukas in der Apg einfließen lässt, dass sich Menschen aus bessergestellten Kreisen dem Christusglauben zuwandten (z. B. Apg 17,4.12; ob auch die Purpurhändlerin Lydia aus Apg 16,14f hier einzustellen ist, ist umstritten). Dieser Befund weist darauf hin, dass es in den Gemeinden, die Lukas vor Augen hat und mit seinem Doppelwerk erreichen will, neben denen, die wie der Großteil der Gesamtbevölkerung von der Hand in den Mund lebten oder tagtäglich um ihr Überleben kämpfen mussten (→ III.5.2/1), auch (relativ) Begüterte gegeben hat (vgl. Esler 1987, 183–187; Miller 2014, 78–86). Vor allem für die bei Lukas zentrale Besitzethik (→ 5) ist diese sozioökonomische Heterogenität als sozialer Kontext zu beachten.

Einen integrativen Charakter besitzt die Gemeinde zudem auch im Blick auf ihre universale Dimension: Sie ist geprägt durch die Gemeinschaft von Juden- und Heidenchristen, die sich – dies scheint für Lukas ein wichtiger Aspekt zu sein – im gemeinsamen Mahl manifestiert (vgl. z. B. Apg 10,1–11,18 sowie 15,20.29; 21,25). Die Tendenz im lk Umfeld scheint auf eine heidenchristliche Mehrheit zuzulaufen, wobei offenbar ein nicht unbeträchtlicher Anteil der Heidenchristen vormals Gottesfürchtige waren, wie die große Bedeutung von Gottesfürchtigen im lk Doppelwerk nahelegt (Lk 7,4f; Apg 10,1–4.22; 14,1; 16,14; 17,4.12; 18,4.7). Ob der Verfasser des Doppelwerks selbst, wie häufig vertreten wird, zu Letzteren gehörte oder nicht doch ein gebürtiger, hellenistisch gebildeter Jude war (vgl. Böttrich 2015), lässt sich kaum sicher entscheiden. So oder so gilt, dass Lukas zwar durchaus virtuos auf der Klaviatur paganer Bildungsdiskurse zu spielen vermag (dazu Becker 2020), für seine Theologie und Ethik aber die Verankerung in den Schriften Israels und seine Beheimatung in frühjüdischen Traditionen von grundlegender Bedeutung sind.

# 1. Theologische Grundlagen

1. Die Unterweisung Jesu gewinnt ihre oben angemerkte autoritative Bedeutung für Lukas nicht zuletzt dadurch, dass er nicht erst in dem Auferweckten und Erhöhten, sondern schon in dem irdischen Jesus den Kyrios (Lk 1,43.76; 2,11; 7,13.19; 10,1 u. ö.) und Gottessohn (Lk 1,32.35; 3,22; 4,41; 8,28 u. ö.) sieht, wie denn auch der Messiastitel den Irdischen (Lk 2,11; 4,41; 9,20; 24,26 u. ö.) und den Erhöhten (Apg 2,36) miteinander verbindet. Jesu Gottessohnschaft wird des Näheren schon in der Kind-

heitsgeschichte eingeführt und mit der Zeugung aus dem Heiligen Geist verbunden (Lk 1,32-35). Das – bei Lukas sichtbare – Herabsteigen des Heiligen Geistes auf ihn bei der Taufe (3,21f) ist entsprechend nicht Begründung und Anfang, sondern Proklamation seiner Gottessohnschaft und zugleich Zurüstung für seinen nun bevorstehenden messianischen Dienst. In 4,1 wird Jesus als vom Geist Erfüllter von ebendiesem in die Wüste geführt, und er kehrt nach 4,14 in der Kraft des Geistes nach Galiläa zurück, wo er mit seinem öffentlichen Wirken beginnt. Die zentrale Rolle des Geistes in der lk Christologie wird sodann durch die Predigt Jesu in Nazareth (4,16-30) bekräftigt, die Lukas an den Anfang der Darstellung des Wirkens Jesu gezogen und gegenüber Mk 6,1-6 zu einer programmatischen Eröffnung ausgestaltet hat, in der das Schriftzitat aus Jes 61,1f (und 58,6) den Ausgangspunkt bildet. Wenn Jesus das dort Angekündigte als „heute vor euren Ohren erfüllt" verkündigt (4,21), so weist er sich damit selbst als den von Jesaja verheißenen Geistgesalbten aus. Ganz auf dieser Linie resümiert Apg 10,38, dass Gott Jesus „mit Heiligem Geist und mit Kraft gesalbt hat" und Jesus „umherzog und wohltat und alle heilte, die vom Teufel unterdrückt wurden, denn Gott war mit ihm." Als Geistgesalbter ist Jesus das Medium des Wirkens Gottes (vgl. Lk 5,17; 7,16; 8,39; Apg 2,22). Entsprechend lässt Lukas die Menschen etwa auf Jesu wundersames, heilbringendes Wirken damit reagieren, dass sie *Gott* loben (vgl. Lk 7,16: „*Gott* hat sein Volk besucht", ferner 5,25f; 13,13; 18,43).

Der Fortgang des Zitats in Lk 4,18f blickt auf Aspekte der Sendung des Geistgesalbten voraus, die für Lukas Hauptpunkte des Wirkens Jesu bilden. Die voranstehende und damit besonders betonte Rede von der Frohbotschaft an die Armen findet in Jesu eigenen Worten in 7,22 einen Widerhall und in der Seligpreisung der Armen ihre inhaltliche Konkretion: Den Armen wird das Reich Gottes zugesprochen (6,20); nicht ihnen allein, aber ihnen besonders gilt das Heil, das Gott mit der Sendung des Messias heraufführt. Dass damit in ethischer Hinsicht die für Lukas bedeutsame Frage nach dem richtigen Umgang mit Besitz einhergeht (→ 5), macht deutlich, dass sich die Frohbotschaft nicht in dem Zuspruch der Teilhabe am jenseitigen Heil erschöpft, sondern zugleich auch konkrete irdische Konsequenzen aus sich heraussetzt. In der Aufgabe des Gesalbten, „den Gefangenen Freilassung (ἄφεσις) zu verkünden", konnte Lukas das für ihn nicht minder bedeutsame Thema der Sündenvergebung angesprochen sehen (ἄφεσις wird im lk Doppelwerk nicht nur wiederholt, sondern auch ausschließlich im Blick auf die Vergebung der Sünden gebraucht, s. Lk 1,77; 3,3; 24,47; Apg 2,38; 5,31; 10,43; 13,38; 26,18). Jesus wurde also gesandt, damit die, die in Sünden gefangen sind, Vergebung der Sünden empfangen. Für das in Lk 4,18 nachfolgende Glied „und den Blinden [zu verkünden], dass sie wieder sehen" eröffnet Apg 26,18 die Option, dass hier nicht nur auf das heilende Wirken Jesu vorausgeblickt wird (vgl. 7,21; 18,35-43), sondern zugleich auch die Thematik der Umkehr und Sündenvergebung verstärkt wird. Oder umfassender formuliert: Jesus öffnet Menschen die Augen, damit sie Einsicht gewinnen und glauben. Im Blick auf den physischen Aspekt der Blindheit ist anzufügen, dass Erblindung im Regelfall eine soziale Notlage nach sich zog, was in 18,35 explizit zum Ausdruck kommt: Der Blinde bei Jericho ist ein Bettler. Nicht eindeutig zu klären ist, ob die aus Jes 58,6 eingefügte letzte Zeile in Lk 4,18 „Gebrochene in Entlassung hinzusenden" die Thematik der Sündenvergebung weiter verstärkt (z. B. Horn ²1986, 173f), auf „die wirtschaftlich Ruinierten" blickt (Albertz 1983, 197) oder aber auf „die Befreiung der Menschen aus der Hand des Satans und seiner Dämonen" zu beziehen ist (Rusam 2003, 190–192 [Zitat 190]) und damit umfassender auf das heilende Wirken Jesu ausgeblickt wird, in dem sich nach 11,20 die Gegenwart der Gottesherrschaft manifestiert und das damit eine wesentliche Signatur des durch die Sendung des Messias heraufgeführten Heils darstellt. Die Zeile: „um zu verkünden ein willkommenes Jahr des Herrn" nimmt abschließend die Heilszuwendung im Ganzen in den Blick und fasst insofern das Voranstehende zusammen. Zugleich dürfte im Besonderen ein Anklang an das Jobeljahr in Lev 25,8ff zu beachten sein (betont von Giambrone 2017, 128–132), so dass wiederum das Gewicht der Zuwendung zu den Armen in Lukas' Sicht der Heilswende hervortritt.

Dem Befund, dass über das Zitat in Lk 4,18f zentrale Aspekte des *Heils*wirkens Jesu eingeführt werden, korrespondiert, dass Lukas zwar die soteriologische Deutung des Todes Jesu kennt (Lk 22,19f; Apg 20,28), aber keiner Engführung des Heilsgeschehens auf den Tod Jesu das Wort redet (vgl. Jantsch 2017, 95–126). Vielmehr gilt eben „[d]ie Zuwendung Gottes, wie sie im gesamten Leben und Wirken Jesu erfahrbar wurde, … für Lukas als Heilsgeschehen" (Weiser 1993*, 146, vgl. Pokorný 1998, 140). Man kann zwar im Blick auf Apg 20,28 darauf verweisen, dass es sich hier um die einzige gemeindeinterne Rede der Apg handelt, und mutmaßen, dass Lukas die soteriologische Deutung des Todes Jesu als gemeindliche Binnensprache betrachtete (vgl. Wolter 2009, bes. 31f.34). Dies ist aber kaum eine suffiziente Deutung des Gesamtbefundes, wenn man hinzuzieht, dass Lukas das Wort von der Lebenshingabe des Menschensohns als Lösegeld für die Vielen aus Mk 10,45 übergangen bzw. durch das Wort „ich aber bin in eurer Mitte wie der Dienende" (Lk 22,27) ersetzt hat. Zudem haftet Lukas' Augenmerk auch im Blick auf die Deutung von Tod, Auferweckung und Erhöhung Jesu in soteriologischer Hinsicht nicht allein am Tod Jesu; auch die Erhöhung des Auferweckten zum „Anführer und Retter" wird von Lukas mit der Vergebung der Sünden verbunden (Apg 5,31; 13,38f). Kurzum: Lukas betont Jesu Zuwendung zu den Sündern während dessen irdischen Wirkens im Ganzen und richtet seinen Blick ferner auf den auferweckten Herrn, der sein Werk durch die Ausgießung des Geistes (Apg 2,33) fortsetzt. Von elementarer Bedeutung für die Einbettung der lk Ethik ist, dass mit der Exposition zentraler Aspekte der Sendung und des Heilswirkens Jesu über das Jesajazitat in Lk 4,18f zugleich die großen ethischen Anliegen des lk Werkes – das Verhalten gegenüber den Sündern und die karitative Nutzung von Besitz – angesprochen sind. Deutlich wird damit, dass Lukas' Ethik organisch aus seinem Verständnis des Christusgeschehens hervorgeht: *Jesu Wirken inauguriert in Lukas' Sicht der Wirklichkeit ein Befreiungs- und Transformationsgeschehen, in das die Christusgläubigen mit ihrem Verhalten einstimmen sollen.*

2. Wichtige Interpretamente des Wirkens Jesu werden bereits durch die drei Lobgesänge in Lk 1–2 eingeführt, die zugleich die für Lukas wichtige Kontinuität der von ihm erzählten Jesusgeschichte zur vorangehenden Geschichte Gottes mit Israel zum Ausdruck bringen. So mündet das *Magnificat* der Maria (1,46-55), mit der das

zu diesem Zeitpunkt erst in Gang gesetzte Geschehen eine erste Deutung erfährt, in die Aussage ein, Gott habe sich Israels, seines Knechtes, angenommen (vgl. Jes 41,8f), „um *der Barmherzigkeit zu gedenken*, wie er zu den Vätern geredet hat" (Lk 1,54f). „Barmherzigkeit" (ἔλεος) steht hier (im Gefolge der in der LXX geläufigen Übersetzung von *chesed* mit ἔλεος) für die Bundestreue Gottes und interpretiert diese zugleich. Das *Benedictus* des Zacharias (1,68–79) nimmt nicht nur den Verweis auf die den Vätern gegebene Verheißung auf (1,72f), sondern rekurriert auch erneut auf die Barmherzigkeit Gottes (1,78) und verankert die Sendung Jesu, auf die sich die Rede vom „aufgehenden (Licht) aus der Höhe" bezieht, in dieser. Jesu Wirken ist damit in grundlegender Weise als Manifestation der *barmherzigen* Zuwendung Gottes zu den Menschen gedeutet. Dem korrespondiert, dass Jesus selbst die Barmherzigkeit Gottes in 6,36 ins Zentrum rückt und die Nachahmung der Barmherzigkeit Gottes als Leitmotiv für das Handeln der Jünger vorbringt (→ 3.3). Deutlich wird damit: *Die Barmherzigkeit Gottes ist das Fundament, auf dem die Leitthemen der lk Ethik, die Zuwendung zu den Sündern und zu den Bedürftigen, ruhen.* Mit dem dritten Hymnus, dem *Nunc dimittis* des Simeon in 2,29–32, wird nicht nur bekräftigt, dass in Jesus, dem Heiland/Retter (σωτήρ, 2,11, vgl. Apg 5,31; 13,23), Gottes Heil (τὸ σωτήριον) auf Erden epiphan wird (V.30, vgl. 3,6; Apg 28,28), sondern zugleich auch bereits dessen universale Dimension eingeführt (V.32, vgl. 4,25–27), die sich in der Apg in der durch Apg 10f programmatisch eröffneten Einbeziehung der Völker in die Heilszuwendung manifestiert.

3. Im Blick auf die theologische Fundierung der lk Ethik bedarf das in 4,18 als essentieller Teil des Auftrags Jesu vorgebrachte Thema der Sündenvergebung (vgl. zuvor über den Täufer 1,77; 3,3) noch gesonderter Aufmerksamkeit. In der Jesustradition, die Lukas mit Markus teilt, kommt die Zuwendung zu Sündern mustergültig in der Berufung des Levi und dem anschließenden Gastmahl mit Zöllnern zum Ausdruck (Lk 5,27–32 par Mk 2,13–17). Den Protest der Pharisäer erwidert Jesus mit einem Wort über den Sinn seines *Gekommenseins*, das im lk Kontext der Rede von seiner *Sendung* in 4,18 korrespondiert: „Ich bin nicht gekommen, Gerechte zu rufen, sondern Sünder zur Umkehr" (Lk 5,32). Lukas hat diesen Aspekt der Sendung Jesu – weit über den mit Markus gemeinsamen Stoff hinaus – zu einem Leitaspekt seiner Jesusgeschichte gemacht. Davon gibt nicht nur die Gleichnistrias vom Verlorenen in Lk 15,3–32 Zeugnis, mit der der lk Jesus nach der 5,29f nachgebildeten Szene in 15,1f den wiederum murrenden Pharisäern seine Annahme der Sünder erläutert, sondern auch die Begegnung Jesu mit der Sünderin in 7,36–50 und mit Zachäus in 19,1–10. Letztere mündet in ein zu 5,32 analoges Wort über den Sinn des Gekommenseins Jesu ein: „Der Menschensohn ist gekommen zu suchen und zu retten, was verloren ist" (19,10). Die Wiederholung der Szenerie von 5,29f in 15,1f und die Variation von 5,32 in 19,10 sowie die Verbindung dieser Logien mit 4,18 weisen deutlich darauf hin, wie gewichtig dieses Thema für Lukas ist: Mit der Sendung des Messias verbindet sich für Lukas, dass alle Menschen, auch die (groben) Sünder, zum Heil gerufen werden. Keiner wird durch seine sündhafte Vergangenheit von der messianischen Heilszuwendung ausgeschlossen, niemand wird auf sein früheres Leben festgelegt. Und da Jesus der Gesandte Gottes ist, wird im Wirken Jesu Gott selbst

als der Barmherzige offenbar, der seine Verheißung, das Verlorene zu suchen (vgl. Ez 34,16), einlöst. Das Sendungswort des Auferstandenen in Lk 24,46–49 macht deutlich, dass die Vergebung der Sünden auch nach Ostern das soteriologische Leitmotiv bleibt (vgl. Matera 2007*, 71). Sie wird nun durch die Verkündigung der Jünger in seinem Namen in universaler Weite („zu allen Völkern") zugänglich (V.47, vgl. Apg 2,38; 5,31; 10,43; 13,38; 26,18). In anthropologischer Hinsicht gibt Petrus' Reaktion auf den wundersamen Fischfang in Lk 5,8 zu erkennen, dass Lukas Sündhaftigtkeit als *conditio humana* auffasst: In der Begegnung mit dem Göttlichen wird Petrus seiner Sündhaftigkeit gewahr. Lukas hat hier sicher nicht im Sinn, Petrus als einen besonders sündigen Menschen zu zeichnen; Petrus' Reaktion benennt vielmehr eben die allgemeine Situation des Menschen.[2] Mit keinem Wort deutet Lukas dabei an, dass diese infolge der Berufung durch Jesus abgelegt wird. Auch Christen bleiben Sünder – und bitten daher um die Vergebung der Sünden (Lk 11,4).

Eng verbunden ist die Thematik der Sündenvergebung mit dem bei Lukas pronociert hervortretenden Umkehrgedanken. Infolge der Ersetzung der programmatischen Eröffnung des Wirkens Jesu bei Markus (Mk 1,15) durch die Antrittspredigt in Nazareth (Lk 4,16–30) ist bei Lukas die Umkehrforderung des mk Jesus an dieser Stelle zwar entfallen. Lukas trägt das Umkehrmotiv aber durch seine redaktionelle Einfügung in 5,32 (par Mk 2,17) nach und bezieht es damit konkret auf die Zuwendung zu den Sündern: Indem Jesus sich von Sündern nicht fernhält, sondern sich in ihre Gemeinschaft begibt, ruft er sie zur Umkehr. In einigen Texten erscheint die Umkehr als eine Gabe Gottes (Apg 5,31; 11,18). Daraus ist soteriologisch allerdings nicht abzuleiten, dass die Umkehr von Menschen *allein von Gott bewirkt* sei (anders Landmesser 2002, 256–258; Kim-Rauchholz 2008, 121.137.185f u.ö.). Vielmehr machen andere Texte deutlich, dass Umkehr *eine von den Menschen zu vollziehende* Verhaltensänderung impliziert (z.B. Lk 11,32; 16,30; Apg 8,22; 17,30). Bereits die Predigt des Täufers lässt exemplarisch zu Tage treten, dass Umkehr nicht bloß Reue über begangene Sünden meint, sondern sich in Früchten manifestieren muss (Lk 3,8.10-14, vgl. Apg 26,20), wie dies z.B. bei Zachäus der Fall ist (Lk 19,8). Das Handeln des Menschen ist für Lukas im Übrigen auch im Blick auf den Empfang des ewigen Lebens relevant (Lk 6,35.47–49; 10,25–28; 12,21.33; 14,14; 16,9; 18,18–30 u.ö.). Als eine Gabe kann die Umkehr allerdings insofern ausgewiesen werden, als sie unter der Verheißung steht, dass Gott den zu ihm zurückkehrenden Sünder annimmt; andernfalls wäre die Umkehr des Sünders sinnlos. Die Gabe der Umkehr besteht also darin, „dass *die Gelegenheit oder Möglichkeit* zur ‚Buße' gegeben ist" (Jantsch, 2017, 76). Das Gleichnis vom verlorenen Sohn in 15,11–32 setzt mit der Darstellung des Verhaltens des Vaters, der sich schon beim Anblick des zurückkehrenden Sohnes erbarmt, *bevor* dieser sein Schuldbekenntnis losgeworden ist, ebendies narrativ eindrücklich in Szene (→ 4/1). Zugleich illustriert aber auch dieser Text die Notwendigkeit der menschlichen Initiative (vgl. Méndez-Moratalla 2004, 140). „Conversion is ... both gracious gift and response" (Green 2015, 163, s. auch 132–142). An einer präzisen systematischen Bestimmung des Verhältnisses von göttlichem und menschlichem Handeln zeigt sich Lukas nicht interessiert.

---

[2] Daran ändert nichts, dass Lukas von „Gerechten" sprechen kann (Lk 1,6; 2,25; 15,7 u.ö.), denn der Gegensatz von Gerechten und Sündern (5,32) ist kein absoluter, sondern ein relativer. Auch Gerechte sind nicht gänzlich ohne Sünde (vgl. frühjüdisch z.B. PsSal 9,7; 13,5–12). Zu Lk 5,32 vgl. ferner Méndez-Moratalla 2004, 102: „It is not that Jesus concedes that the Pharisees are the righteous ones and therefore they do not need him, but it is a way of signifying that they do not acknowledge their need." Vgl. zu Lukas' Sicht ferner zum einen Lk 18,9–14, zum anderen Apg 13,38f.

Der lk Befund lässt sich anhand der Begegnung Jesu mit einer Sünderin, die in der Lukasexegese zumeist als Prostituierte identifiziert wird (vgl. von Bendemann 2000, 167–171), in 7,36–50 weiter illustrieren. Kompositorisch hat Lukas die Episode so platziert, dass sie direkt an die nach 7,34 über Jesus kursierende, wenig schmeichelhaft gemeinte Meinung anknüpft, er sei „ein Fresser und Weinsäufer, ein Freund der Zöllner und Sünder". Jesus hat sich also inzwischen ‚einen Namen gemacht'; 5,27–32 ist in diesem Licht betrachtet exemplarisch zu nehmen. In 7,40–43 wird durch das Gleichnis von den beiden Schuldnern, mit dem Jesus seinem Gastgeber, dem Pharisäer Simon, das – von diesem still kritisierte (V.39) – Geschehen zu erläutern sucht, das Handeln der Frau als Ausdruck ihrer Liebe gedeutet, die aus dem Erlass ihrer Schuld erwächst. Dem steht allerdings entgegen, dass V.47a resümiert: „Ihre vielen Sünden sind vergeben, denn sie hat viel geliebt." Hier ist das Verhältnis von Liebe und Sündenvergebung gegenüber V.40–43 umgedreht, während V.47b wieder dem Gleichnis entspricht. Der Ausweg, dass die Liebe in V.47a nicht den Realgrund, sondern den Erkenntnisgrund der Vergebung benennt (s. z.B. Sung 1993, 230) und die Vergebung schon vor dem in V.37f erzählten Geschehen anzusetzen ist (so z.B. Crabbe 2011, 261f), wird durch V.48 versperrt, denn hier erfolgt eben der Zuspruch der Vergebung. Die Spannung lässt sich aber lösen, wenn man den Rekurs auf den Glauben der Frau in V.50 einbezieht: Ihr Glaube hat sie gerettet. Darin ist impliziert, dass sie in dem Vertrauen zu Jesus gekommen ist, bei ihm Vergebung und Heil zu empfangen. Genährt ist dieser Glaube durch Jesu vorangehendes Wirken. Die Frau weiß bereits, dass Jesus sich der Sünder annimmt und sie zur Umkehr ruft, und sie vertraut darauf, dass Jesus als Gottes Repräsentant Vollmacht hat, Sünden zu vergeben und die Wiederannahme der Sünder bei Gott wirkkräftig zuzusprechen. Bezieht man diesen Aspekt mit ein, *dann ist die Liebe der Frau aus ihrem glaubenden Vertrauen erwachsen*, dass auch sie bei und durch Jesus des Heils teilhaftig werden kann. Ihr Glaube wird nicht enttäuscht; er rettet sie, d.h., infolge der von ihrem Glauben ausgegangenen Initiative empfängt sie tatsächlich die Vergebung der Sünden. Die Rede von der Umkehr als Gabe erhält mit 7,36–50 eine exemplarische Illustration: Die Umkehr von Menschen erwächst daraus, dass in Jesu Wirken Gottes Barmherzigkeit offenbar und auf Erden manifest wird (vgl. in diesem Sinn auch 19,1–10). Dieser Aspekt bleibt zugleich für die gesamte Wegstrecke derer, die sich in die Nachfolge haben rufen lassen, grundlegend. Auch sie können in ihrem Fehlverhalten gewiss sein, dass ihnen je und je das Tor der Umkehr offensteht.

Die glaubende Gewissheit der eigenen Annahme beim barmherzigen Vater ermöglicht es nun nicht nur, es je und je neu anzugehen, das eigene Leben mit dem Willen Gottes in Einklang zu bringen. Aus der Barmherzigkeit Gottes, wie sie in Jesu Wirken erfahrbar wird, erwächst zugleich auch der Maßstab für den Umgang mit den Mitmenschen. Der Zuwendung Jesu zu den Verlorenen kommt daher in ethischer Hinsicht eine vorbildhafte bzw. paradigmatische Bedeutung zu (→ 4/1). Es mag dabei auch der positiven Motivation der Leser und Hörer dienen, dass Lukas das Bild vermittelt, dass viele Sünder auf die sich ihnen damit bietende Chance eines neuen Anfangs warten. In 5,27–32 ging die Initiative von Jesus aus. Die Sünderin in 7,36–50 aber kam schon zu Jesus, und in 15,1 heißt es dann, dass sich alle Zöllner und Sünder Jesus näherten, um ihn zu hören (vgl. auch 19,2–4). Wenn die Jünger ihren Auftrag erfüllen, im Namen Jesu Umkehr zur Vergebung der Sünden zu verkündigen (24,47), mag dies ähnliche Kreise ziehen.

4. Die theologisch-konzeptionelle Einheit von Lk und Apg kommt, wie eingangs angedeutet, ganz wesentlich darin zum Ausdruck, dass der Geist, der das Wirken Jesu grundlegend bestimmt, auch das Werden und die Ausbreitung der Kirche initiiert (Apg 2; 9,31; 10,19.44–48 u. ö.). „Gilt im Lk-Evangelium der Heilige Geist als Träger des *Wirkens Jesu*, so in der Apostelgeschichte als Träger aller *Lebensvollzüge der christlichen Gemeinde* und ihres *missionarischen Zeugnisses*" (Weiser 1993*, 143). Bereits in den Kindheitsgeschichten in Lk 1–2 lässt der Geist Menschen Gottes Wirken erkennen, verstehen und lobpreisend in Worte fassen (Lk 1,41–45.67–79; 2,25–32, vgl. Green 1995, 42). Apg 1,8 verbindet dann den Empfang der Kraft des Heiligen Geistes mit der Befähigung der Jünger, Zeugen Jesu zu sein (vgl. Lk 24,48f). Bewirkt der Geist beim Pfingstwunder gar, in fremden Sprachen zu reden (Apg 2,4), so ermächtigt er nach Apg 4,31 zu freimütiger Rede im Angesicht des Widerstandes, dem die Jünger ausgesetzt sind (vgl. Lk 12,12; Apg 4,8). „Das Werk des Geistes ist wesentlich ein Werk des Wortes" (Marguerat 2011, 173). Hingegen wird der Geist, anders als bei Paulus (→ III.1.2), zumindest nicht explizit als Motor des Alltagsverhaltens *des Einzelnen* namhaft gemacht (vgl. Topel 2001, 249; Matera 2007*, 86). Lukas führt zwar z. B. die Einsetzung von Ältesten auf das Wirken des Heiligen Geistes zurück (Apg 20,17.28) und bringt den Beschluss des Apostelkonvents in Apg 15 mit dem Geist in Verbindung (15,28). Mehr noch: Der Textduktus in Apg 2 legt nahe, dass die Darstellung des Lebens der Urgemeinde in 2,42–47 als Konsequenz der Ausgießung des Geistes zu lesen ist (→ 5.3/5), und zudem sind die in Apg 6 ausgewählten Diakone für ihre Aufgabe qualifiziert, da sie voll „Geist und Weisheit" sind (6,3). Aber Lukas scheint keinen Wert darauf zu legen, den Geist „als Grundkraft des neuen Lebens in die Ethik einzuführen" (Schrage ²1989*, 159). In der Verantwortung eines gerechten Lebens steht der Mensch in seiner natürlichen bzw. schöpfungsmäßigen Ausstattung.

5. Die theologische Kohärenz von Lk und Apg manifestiert sich zudem darin, dass *die Gottesherrschaft und deren Verkündigung* – nicht nur durch Jesus (Lk 4,43; 8,1, vgl. auch 9,11; Apg 1,3), sondern vor- wie nachösterlich auch durch die Jünger einschließlich Paulus (Lk 9,2.60; Apg 8,12; [19,8]; 20,25; 28,23.31) – ein das lk Doppelwerk umgreifendes Leitmotiv bildet. In Lk 4,43 dient die Frohbotschaft von der Gottesherrschaft sogar als Kurzformel, um Sinn und Zweck der *Sendung* Jesu zusammenzufassen. 4,43 steht damit in Korrespondenz zu 4,18f. Die Texte interpretieren sich wechselseitig, d. h., die Frage, was Inhalt der Frohbotschaft von der Gottesherrschaft ist, lässt sich durch die Aussagen zur Sendung des Geistgesalbten in Lk 4,18f konkretisieren: Wo Umkehr und Sündenvergebung geschieht, den Armen die Frohbotschaft angesagt wird und sie Hilfe erfahren und wo die Kranken von den Fesseln des Satans und der Dämonen (vgl. Lk 13,16; Apg 10,38) befreit werden, wird die Herrschaft Gottes epiphan. In der Predigt von der Gottesherrschaft geht es also grundlegend um die Verkündigung der Manifestation des Heils Gottes im Wirken Jesu, mit dem sich die Heilsverheißungen der Schrift erfüllen. Dem prononcierten „Heute" der Erfüllung der jesajanischen Heilsverheißung in 4,21 (vgl. 19,9) korrespondiert bei Lukas der – im Vergleich zu den anderen beiden Synoptikern – stärkere Akzent auf der Gegenwart der Gottesherrschaft in Jesu Heilswirken.

So werden in Lk 17,20f in Jesu Replik auf die Frage der Pharisäer, *wann* die Gottesherrschaft komme, nicht nur Prodigien (wie Himmelserscheinungen) und räumliche Fixierungen (wie ein Bezug auf Jerusalem) abgewiesen, sondern zu diesen negativen Aussagen tritt positiv der Verweis darauf, dass die Gottesherrschaft bereits mitten unter ihnen (wirksam) ist. Denn nach Lukas ist die Gottesherrschaft präsent, insofern sie in und mit Jesu Wirken zu den Menschen kommt: durch seine Heilungen (vgl. 11,20), aber auch durch seine Annahme der Menschen, seine Suche der Verlorenen, seine Zuwendung zu den Armen und die Gemeinschaft, die er eröffnet und gewährt.

Mit Tod, Auferweckung und Himmelfahrt Jesu stellt sich die Frage der irdischen Präsenz der Gottesherrschaft neu. Explizite Aussagen dazu finden sich nicht. Wo nicht von der Gottesherrschaft als dem *zukünftigen* Heilsgut die Rede ist (Apg 14,22, vgl. auch 1,6), konzentrieren sich die Vorkommen der Wendung auf die Verkündigung der Gottesherrschaft, die in der Apg mit der Christusverkündigung parallelisiert wird (s. das Nebeneinander in Apg 28,23.31 oder das Zusammenspiel von 8,5 und 8,12): Die den Jüngern aufgetragene Verkündigung der Gottesherrschaft bedeutet, dass sie von Christus reden und so sein Heilswirken vergegenwärtigen. „Nach Jesu Himmelfahrt kann es aufgrund der untrennbaren Bindung der Gottesherrschaft an Jesus Basileiaverkündigung nur noch als Christusverkündigung geben" (Blumenthal 2016, 78). Es würde allerdings dem Gesamtbefund nicht gerecht, aus dem das lk Doppelwerk im Ganzen umgreifenden Moment, dass das Reich Gottes Gegenstand der *Verkündigung* ist, und aus seiner Auslegung durch die Christusverkündigung in der Apg abzuleiten, dass die Gottesherrschaft nach Jesu Himmelfahrt wieder eine rein himmlische und damit zugleich für die Menschen auf Erden eine rein zukünftige Größe sei (anders z. B. Wolter 1995, 550f.561). Auszugehen ist noch einmal von Lk 17,21: Die Rede von der Präsenz der Gottesherrschaft ist hier nicht als eine ontische Aussage über Jesus engzuführen, d. h. als eine Aussage über ihre Präsenz *in Jesus* (anders Merk 1998, 282), sondern es geht, wie zumal 11,20 ausweist, um ihre Gegenwart in seinem „soteriologischen Wirken" (Bendemann 2001, 245). Dieses aber bricht mit der Himmelfahrt keineswegs ab, sondern findet in veränderter Weise eine Fortsetzung. So empfangen nach Apg 10,43 alle, die an Jesus glauben, *durch seinen Namen* die Vergebung der Sünden (vgl. Lk 24,47; Apg 2,38; 5,31; 13,38; 26,18); *im Namen Jesu Christi* setzen die Jünger sogar Jesu heilendes Wirken fort (Apg 3,6–10.16; 4,7–10.30; 16,18, vgl. ferner 5,12–16; 14,3 u. ö.); und in der solidarischen Gemeinschaft, wie Lukas sie anhand der Jerusalemer Urgemeinde schildert (→ 5.3/5), gewinnt auch nach der Himmelfahrt Jesu die Zuwendung zu den Bedürftigen Gestalt, die in Lk 4,16–21 als wesentliches Moment des sich „heute" verwirklichenden Heils vorgebracht wurde (vgl. zu diesem Aspekt der nachösterlichen irdischen Präsenz der Gottesherrschaft Blumenthal 2016, 95f.304f). Im Verbund mit der Verkündigung der Gottesherrschaft schreiben sich in der Apg also (weitere) zentrale Aspekte fort, die auch das Wirken Jesu kennzeichnen.

6. Die Glaubensüberzeugung, dass Jesus der Geistgesalbte Gottes ist und Gott mit der Sendung Jesu in der skizzierten Weise zum Heil der Menschen in das Weltgeschehen eingegriffen hat, ja dies durch die mit Pfingsten initiierte Ausgießung

des Geistes weiterhin tut, ist die grundlegende Voraussetzung für die im Folgenden zu entfaltenden ethischen Hauptthemen des lk Doppelwerks. Für Lukas ist es elementar, dass die Menschen Gottes Wort nicht nur hören, sondern darüber auch zum Handeln kommen. Lukas hat dies nicht nur durch den Schluss der Feldrede (Lk 6,47–49), sondern auch durch seine Fassung des Sämannsgleichnisses betont (8,4–15), denn er hat hier nicht nur den Samen ausdrücklich mit dem Wort Gottes identifiziert (8,11), sondern die Gleichnisdeutung ferner durch die Mahnung zum rechten Hören in 8,16–18 unterstrichen und das Ganze in die kleine Szene in 8,19–21 einmünden lassen, in der Jesus die, die Gottes Wort hören *und tun*, als seine wahre Familie ausweist. Die Seligpreisung derer, die Gottes Wort hören und befolgen, in 11,28 bekräftigt dies. Kurzum: Es kommt darauf an, das Wort in einem redlichen und guten Herzen zu bewahren und Frucht zu bringen mit Ausharren (8,15). Die angemessene Haltung ist dabei für Lukas, dass die Jünger nicht wie ‚stolze Pfauen' den Anspruch erheben, für ihre Taten ruhmvoll gewürdigt zu werden, sondern sich als „unnütze Knechte" sehen, die lediglich ihre Schuldigkeit getan haben (17,10). Wie z. B. die Knechtsgleichnisse in Lk 12,35–48 und die Mahnrede in 17,22–37 zeigen und in den folgenden Abschnitten auch an anderer Stelle deutlich werden wird, steht ferner auch für Lukas der Lebenswandel unter einem eschatologischen Horizont: Den Jüngern wird angesichts des unbekannten Zeitpunkts der Parusie eingeschärft, dass sie wachsam und bereit sein müssen (12,37.40), „dass ihre Lebensweise stets parusiefest sein muss" (Wolter 2008, 459).

## 2. Das Gesetz im lukanischen Doppelwerk

1. Lukas' Aussagen zum Gesetz ergeben auf den ersten Blick ein recht disparates Bild, das sich bei näherem Hinsehen aber als ein spannungstolerantes Nebeneinander unterschiedlicher Facetten zeigt, in denen ein kohärenter Gestaltungswille zu erkennen ist.[3] Ein erster auffälliger Zug ist, dass Lukas jüdische Erzählfiguren konsequent als toratreu darstellt. Im Lk spannt sich der Bogen von Elisabeth und Zacharias (Lk 1,6) über die Familie Jesu (2,21–24.27.39) bis hin zu den Frauen, die Jesus aus Galiläa nachgefolgt waren (23,49) und am Sabbat „gemäß dem Gebot" ruhten (23,56) – wie auch Jesu eigene Sabbatpraxis und -unterweisung nirgends eine prinzipielle Aufhebung des Sabbatgebots zu erkennen gibt (vgl. Mayer-Haas 2003*, 259–

---

[3] Die in der Forschung vertretenen Positionen gehen weit auseinander. Das Spektrum reicht von dem Postulat der völligen Abrogation des Gesetzes (z. B. Blomberg 1984 und 1998; Seifrid 1987) über die (im Einzelnen unterschiedlich ausbuchstabierte) These einer Verbindung von (partieller oder weitgehender) Gesetzesfreiheit von Heidenchristen und deren Orientierung an (einzelnen) Weisungen der Tora bei grundsätzlicher (bzw. jedenfalls behaupteter) Gesetzestreue von Judenchristen (z. B. Wilson 1983, bes. 106f; Esler 1987, 110–130; Salo 1991) bis hin zur Annahme, Lukas sei ein Vertreter prinzipieller Gesetzestreue, und zwar (in dem für sie vorgesehenen Umfang) auch der Heidenchristen (Jervell 1971; Klinghardt 1988; Loader 1997*, 300–389). Ebenso stark variiert die Einschätzung der Bedeutung, die die Gesetzesfrage für Lukas hat (für einen Überblick über die Forschung s. Loader 1997*, 273–300; Repschinski 2009*, 218–235). Eine plausible Gesamtdeutung muss, sofern sie möglich ist, die unterschiedlichen Aussagen integrieren können. Dies soll im Folgenden versucht werden.

410). In der Apg wird nicht nur Hananias als toratreu charakterisiert (Apg 22,12), sondern auch Paulus in diesen Farben gezeichnet, und zwar des Näheren auch nach seinem Damaskuswiderfahrnis (Apg 21,20–26; 24,14; 25,8; 28,17). Der lk Paulus ist den Juden ein Jude (1Kor 9,20), aber nicht „denen ohne Gesetz wie einer ohne Gesetz" (vgl. Wilson 1983, 67f). Der gegen Stephanus erhobene Vorwurf, er rede gegen das Gesetz (Apg 6,11–14), ist für Lukas ein Falschzeugnis. Diesem Befund fügt sich die Bekräftigung der Geltung der Tora durch Jesus selbst in Lk 16,16f ein. Im Lichte der Aussage über die fortwährende Gültigkeit der Tora in V.17 kann das Verhältnis der beiden Vershälften in der für sich genommen ambivalenten Aussage in V.16 nicht als disjunktiv, sondern nur als integrativ verstanden werden: Gesetz und Propheten enden nicht mit der Verkündigung der Gottesherrschaft, sondern bis zu Johannes gab es allein das Gesetz und die Propheten, während nun noch die Verkündigung der Gottesherrschaft hinzukommt. Das auf den ersten Blick deplatziert wirkende Logion in 16,18 fungiert im Kontext als Illustration der fortwährenden Gültigkeit des Gesetzes. In der lk Fassung wird, streng genommen, erst die Wiederheirat untersagt, da Letztere einen Verstoß gegen das Verbot des Ehebruchs bedeutet, nicht hingegen bereits die Scheidung, so dass auch keine Spannung zu Dtn 24,1 besteht.

Die beiden Dialoge Jesu mit einem Gesetzeslehrer in Lk 10,25–28 und einem Reichen in 18,18–23 machen ferner die soteriologische Bedeutung der Beachtung jedenfalls der hier angeführten Gebote deutlich, wobei sich allerdings unterschiedliche Nuancen ergeben. In 10,25–28 erhält die Frage nach der Voraussetzung für den Empfang des ewigen Lebens (10,25) – anders als dies in Mk 12,28–34 durch V.34 insinuiert wird (→ V.2/5) – ihre *suffiziente* Antwort im Verweis auf die Forderungen der Tora, die nach einem Konsens zwischen Jesus und dem Gesetzeslehrer im Doppelgebot der Liebe ihre gültige Zusammenfassung finden. Die Anspielung auf die Lebensverheißung in Lev 18,5 in Lk 10,28 unterstreicht den Torahorizont des Dialogs. Im zweiten Dialog, der ebenfalls durch die Frage „was muss ich tun, um das ewige Leben zu erben?" eröffnet wird (18,18), erscheint das Halten der zitierten Dekaloggebote hingegen wie in Mk 10,17–22 nur als Basisbedingung, die durch die Forderung in Lk 18,22, den Besitz zugunsten der Armen zu veräußern und in die Nachfolge einzutreten, ergänzt wird. Es ist allerdings durchaus möglich, beide Aussagen kohärent zusammenzubinden. In 18,18–23 wird die Gültigkeit der sozialen Gebote der Tora in keiner Weise in Frage gestellt, wohl aber ordnet Lukas Gottes Willenskundgabe in der Tora in den größeren Zusammenhang der ethischen Forderung ein, wie sie sich aus der mit Jesu Wirken anhebenden Verkündigung des Evangeliums von der Gottesherrschaft ergibt. 18,18–23 entspricht damit exakt der Stoßrichtung von 16,16 (vgl. Wolter 2008, 600), während das in 10,27 zitierte Gebot der Nächstenliebe (→ 3.2) für Lukas in seiner programmatischen Grundsätzlichkeit geeignet ist, die ethischen Perspektiven, die sich aus der Botschaft von der Gottesherrschaft ergeben, als Interpretamente gewissermaßen in sich aufzunehmen.

2. Zieht man die Apg hinzu, sind im Rahmen der Völkermission noch andere Aspekte bezüglich der Geltung der Gebote einzubeziehen. Dabei spielt weniger die Reminiszenz an die paulinische Rechtfertigungslehre in der Verkündigung von Paulus im pisidischen Antiochien eine Rolle (13,38f), denn der Verweis auf die (fak-

tische) Heilsinsuffizienz der Tora ist nicht mit der Aussage identisch, dass sie nicht gilt. Es besteht nicht einmal ein Widerspruch zur soteriologischen Perspektive in Lk 10,25–28: Liebe zu Gott und zum Nächsten sind Wegweiser zum ewigen Leben und führten zu dessen Empfang, wenn man die Gebote denn immer hielte; faktisch bedürfen Menschen aber der Vergebung ihrer Sünden. Umgekehrt schließt die mit der Sündenvergebung verbundene Umkehr wiederum den Wandel gemäß der Tora im Sinne des Doppelgebots der Liebe ein (vgl. Rusam 2003, 116f). Von zentraler Bedeutung sind vielmehr Lukas' Darstellung des Auftakts der Einbeziehung von Menschen aus den Völkern durch die von Gott initiierte Begegnung von Petrus mit dem römischen Zenturio Kornelius in Apg 10 und die grundsätzliche Klärung der Konditionen des Hinzukommens von Heidenchristen auf dem Apostelkonvent in Apg 15. Petrus' Begegnung mit Kornelius wird durch eine Vision vorbereitet, in der Petrus ein Tuch aus dem Himmel herabkommen sieht, in dem sich reine wie unreine Tiere befinden, die er schlachten und essen soll (10,9–16). Diese Vision scheint zu implizieren, dass die Unterscheidung von reinen und unreinen Tieren (Lev 11; Dtn 14,3–20) aufgehoben wird (vgl. z.B. Deines 2007, 329–333, anders aber z.B. Loader 1997*, 368–371.377f; Eschner 2019, 530–578, bes. 563–567) und damit im Rahmen der frühchristlichen Missionsgeschichte nachgeholt wird, was in Mk 7,1–23 (s. bes. 7,19) bereits bei Jesus verankert ist.[4] Im Fortgang der Erzählung wird der Fokus allerdings darauf gerichtet, die Vision metaphorisch auf die Aufhebung der Trennung von Juden und (gottesfürchtigen) Menschen aus den Völkern zu beziehen: Petrus kann ohne Bedenken in das Haus von Kornelius gehen (Apg 10,28f). Die die Speisegebote betreffende Frage, unter welchen Bedingungen Tischgemeinschaft zwischen beiden möglich ist, wird hingegen nicht weiter verfolgt und bleibt hier insofern auch offen (vgl. Salo 1991, 210). Wahrscheinlich ist hier zwischen Juden- und Heidenchristen zu differenzieren, wobei die Frage der Kommensalität in gemischten Gemeinden trotz der diesbezüglichen Anmerkung in Apg 11,3 im Blick auf die Speisen eben nicht einer eindeutigen Klärung zugeführt wird: Ein Petrus, der die Speisegebote fortan grundsätzlich als obsolet betrachtet und selbst nicht mehr praktiziert, würde mit Lukas' Darstellung der Toratreue jüdischer Akteure konfligieren. Auf der anderen Seite ist aber auch nicht davon die Rede, dass Kornelius auf Speisegebote verpflichtet wird, schon gar nicht fordert Petrus Kornelius zur Beschneidung auf.

Beim Apostelkonvent rekurriert Petrus auf das in Apg 10 geschilderte Geschehen (15,7–9), und zwar nun explizit im Horizont der von einigen aufgebrachten Forderung, dass ‚Heiden' nach der „Sitte" (V.1) – im NT verwendet nur Lukas den Begriff „Ethos" (= Sitte, Brauch, lat. *mos*) für das (Leben nach dem) Gesetz (vgl. ferner z.B. Lk 2,42; Apg 6,14; 21,21; 28,17) – bzw. dem Gesetz des Mose (V.5) beschnitten werden müssen, um am Heil teilhaben zu können. In Abgrenzung davon verweist Petrus auf das Handeln Gottes, der auch den Christusgläubigen aus den Völkern den Geist verliehen und ihre Herzen gereinigt hat (V.8f), so dass Gemeinschaft möglich und ein nachfolgender Übertritt zum Judentum überflüssig ist, da Gott selbst keine

---

[4] M.E. hat Lukas Mk 7,1–23 – der Passus ist Teil der großen Auslassung Mk 6,45–8,26 – in seinem Markusexemplar gelesen und den Text ganz gezielt ausgelassen, da er mit seiner Sicht der Haltung Jesu zur Tora unvereinbar ist. Ähnliches gilt für die Auslassung von Mk 10,2–12.

Unterschiede macht. Mehr noch: Über die Zurückweisung der Beschneidungsforderung hinaus lehnt Petrus ab, den Christusgläubigen aus den Völkern ein „Joch" aufzuerlegen, „das weder unsere Väter noch wir tragen konnten" (V.10), was, streng genommen, nicht auf die prinzipielle Unerfüllbarkeit, sondern allein auf die faktische Nichterfüllung des Gesetzes verweist (vgl. Klinghardt 1988, 111f), und Petrus gründet das Heil in der „Gnade des Herrn Jesus" (V.11). Das finale Wort kommt nach der lk Darstellung dem Herrenbruder Jakobus zu. Die Korneliusszene wird von ihm dahingehend interpretiert, dass Gott fortan (auch) Gottesvolk[5] aus Menschen aus den Völkern sammelt, was Jakobus im Fortgang als schriftgemäß erweist (V.15–18). Die in V.19–21 ausgeführte Verhaltenskonsequenz sucht diesem neuen Sachverhalt, dass Heidenchristen *als* Menschen aus den Völkern wie Israel Gottesvolkstatus besitzen, Rechnung zu tragen: Den Heidenchristen ist „keine Last" aufzuerlegen, indem sie auf die (ganze) Tora verpflichtet werden, sondern sie müssen allein wenige „notwendige Dinge" (V.28) beachten. Die Bestimmungen des sog. Aposteldekrets (15,20.29; 21,25) verbinden fundamentale Forderungen wie Meidung von Götzendienst (in Gestalt des Verzehrs von Götzenopferfleisch) und Unzucht, die im Frühjudentum stereotyp als Kennzeichen ‚heidnischen' Lebens gilt (SapSal 14,24.26; EpArist 152; Sib 3,594–600 u. ö.), mit den Tabus des Verzehrs von Blut (nach Gen 9,4 ein für alle Menschen geltendes Verbot) und Ersticktem – Letzteres ist auf verendete bzw. gerissene Tiere zu beziehen (vgl. Ex 22,30; Lev 17,15; Dtn 14,21, zur vorrabbinischen Auslegung Deines 2007, 386–392). Es kann hier offenbleiben, ob das Aposteldekret an den ausdrücklich auch für Fremdlinge bzw. Proselyten (LXX) in Israel geltenden Bestimmungen in Lev 17–18 orientiert ist (für viele Wehnert 1997, 209–245; Avemarie 2011) – m. E. ist dies noch immer die plausibelste Option – oder in den Traditionszusammenhang der Ausbildung der noachidischen Gebote gehört (Bockmuehl 2000, 164–167) bzw. in einen Auslegungsdiskurs einzustellen ist, „der jüdische Tora-Ethik als rationale, allgemeiner Anerkennung fähiger [sic!] Prinzipienethik zu verstehen gibt" (Löhr 2011, 62). So oder so dürfte die in V.21 angefügte Begründung am ehesten so zu verstehen sein, dass die Klauseln als eine torabezogene Lösung zu lesen sind (vgl. exemplarisch Salo 1991, 244.248.251f; Wehnert 1997, 211). Was in der Schrift bereits vor(her)gesehen war (V.15–18), muss auch und kann nur im Lichte der Schrift geregelt werden (V.20f). Dass die Klauseln lediglich als eine *pragmatische Konzession* zu verstehen sind, um das Zusammenleben in gemischten Gemeinden zu gewährleisten und Heidenchristen im diasporajüdischen Umfeld als akzeptabel erscheinen zu lassen (vgl. Deines 2007, 343f.375–377), *und sie nur in diesem Rahmen gelten*, geht weder aus Apg 15 (vgl. Loader 1997\*, 375f) noch aus 21,25 hervor. Zugleich ist festzuhalten, dass Heidenchristen aber eben nicht *umfassend* auf Speisegebote oder andere rituelle Normen verpflichtet werden.

---

[5] Das hier verwendete Nomen λαός wird von Lukas sonst konsequent für Israel als Gottesvolk (z. B. Lk 1,68.77; 2,32; 7,16; Apg 3,23; 13,17.24; 26,17.23) oder für *jüdische* Volksmengen verwendet (z. B. Lk 6,17; 7,1.29; 9,13; 18,43; 20,1.19; Apg 3,12; 4,1); nichtjüdische Volksmengen heißen ὄχλος (Apg 13,45; 14,11.13.14.18.19; 16,22; 17,8.13; 19,26.33.35) oder auch τὸ πλῆθος τῆς πόλεως (Apg 14,4). Im Lichte dieses Befundes im lk Doppelwerk kann man die Verwendung von λαός in Apg 15,14 kaum anders als in der geprägten Bedeutung „Gottesvolk" verstehen, d. h., den Christusgläubigen aus den Völkern wird zugeschrieben, jetzt selbst Gottesvolkstatus zu haben (vgl. Rost 2009, 587–589).

Kehrt man von Apg 10; 15 her noch einmal zum Logion über die Geltung der Tora in Lk 16,17 zurück, bleibt noch die Frage, ob dieses nicht doch durch Lukas' zweites Buch (partiell) revoziert wird. Einer Bejahung dieser Frage ist entgegenzuhalten, dass im Lichte der Apg nach Personengruppen zu differenzieren ist. Für Judenchristen bleibt die Tora als Ganze in Geltung; nur die Christusgläubigen aus den Völkern sind nicht auf die ganze Tora verpflichtet, doch heißt dies in ihrem Fall nicht, dass „Strichlein" von der Tora entfallen, sondern, dass deren israelbezogener Geltungsbereich nicht auf sie ausgedehnt wird. Ergänzend ist der Kontext von Lk 16,17 zu bedenken, der den Geltungsbereich der Aussage zwar nicht einschränkend definiert, aber den für Lukas bedeutsamen ethischen Schwerpunkt anzeigt. Jesus befindet sich hier in einem Disput mit Pharisäern (V.14), die ihn ob seiner in V.1-13 vorangehenden besitzethischen Unterweisung verhöhnen. Wenn Jesus ihnen gegenüber darauf verweist, dass kein Strichlein des Gesetzes hinfällig ist (V.17), dann bezieht sich dies, wie der Verweis auf Mose und die Propheten in 16,29-31 untermauert, allem voran auf die sozialen Weisungen der Tora, auf die sich die Mahnung zur karitativen Verwendung des Besitzes in V.9 (→ 5.3/3) gründen lässt (vgl. Sir 29,11). Der Torarekurs dient hier also im Wesentlichen dazu, die vorangehende Unterweisung Jesu ins Recht zu setzen, und die hier konkret im Blick stehenden Gebote gelten auch für die Christusgläubigen aus den Völkern. Kornelius hatte sich im Übrigen schon als Gottesfürchtiger durch seine umfangreiche Wohltätigkeit ausgezeichnet (Apg 10,2). Damit ist auch bereits angezeigt, dass die Orientierung von Heidenchristen an der Tora im Gesamtkontext des lk Doppelwerks betrachtet keineswegs auf die Bestimmungen des Aposteldekrets reduziert ist. Vielmehr sind zentrale soziale Normen der Tora – das Liebesgebot (Lk 10,25-28), die Dekaloggebote der zweiten Tafel (18,18-20) sowie eben die Sozialgesetzgebung, die in Lk 16,29-31 Pate steht (vgl. ferner die Anspielung auf Dtn 15,4 in Apg 4,34) – durch die Affirmation durch Jesus selbst bereits mit bleibender Gültigkeit versehen und als Orientierungsmarken gesetzt.

3. Einzubeziehen ist schließlich ein apologetisches Motiv, das sich aus dem in der römischen Antike bedeutsamen Grundsatz ergibt, dass das Ältere das Bessere sei: Schon angesichts dieses kulturgeschichtlichen Kontextes hat Lukas ein eminentes Interesse, die christusgläubige Bewegung gerade nicht als eine traditionslose Neuerung darzustellen, sondern ihr mit der Anbindung an die Geschichte Gottes mit Israel eine bis zu Abraham zurückreichende geschichtliche Tiefendimension zu geben. Für Lukas' Zugang zur und seinem Umgang mit der Tora ist in diesem Zusammenhang zu bedenken, dass es in der römischen Antike niemanden adelte, den ‚väterlichen' Sitten und Traditionen untreu zu werden (vgl. Merkel 1996, 129-133; Backhaus 2019, 278f). Allerdings ist dieser Aspekt kaum der Generalschlüssel, der alle Räume des verwinkelten lk Toragebäudes aufzuschließen vermag. Man kann mit diesem Motiv sehr gut die Darstellung der Gesetzestreue jüdischer Akteure wie Elisabeth und Zacharias bis hin zum christusgläubigen Paulus verständlich machen, doch genügt es schwerlich, um Texte wie Lk 10,25-28; 18,18-20 oder 16,16-31 in ihrer theologisch bleibenden Relevanz suffizient zu erklären. Lukas sieht sich also *nicht allein* aus apologetischer Motivation an die Tora gebunden. Er führt nicht bloß

einen von der hellenistisch-römischen Welt bestimmten kulturellen Diskurs, nach dem es Juden ebenso wenig ziert, ihre väterlichen Traditionen über Bord zu werfen, wie es Nicht-Juden angemessen wäre, die Sitten eines anderen Volkes umfänglich zu übernehmen. Die Torafrage hat vielmehr auch eine von diesem kulturellen Paradigma unabhängige theologische Dimension. Kurz gesagt: Es geht nicht nur um jüdische Sitten, sondern in, mit und unter diesen auch um Gottes Gebot.

In diesem Zusammenhang ist dann allerdings auch zu notieren, dass die Tora nicht *das* normative Zentrum der lk Ethik bildet. Im Zentrum christlichen Lebenswandels steht für Lukas vielmehr die Orientierung an Jesus und seiner Unterweisung. Überdies scheint Lukas auch kein theoretisches Interesse an Fragen der Gesetzessystematik zu haben. Jedenfalls ist bei ihm das Doppelgebot der Liebe nicht Antwort auf die Frage nach dem ersten bzw. größten Gebot (Mk 12,28; Mt 22,36). Lukas dupliziert vielmehr, wie gesehen, die Frage des Reichen in Lk 18,18 (vgl. Mk 10,17; Mt 19,16); ihm geht es allein um das konkrete Handeln (vgl. Wilson 1983, 14f). Nicht zuletzt scheint Lukas auch nicht daran interessiert zu sein, Jesu ethische Unterweisung direkt an Toragebote anzubinden. Für Lukas besteht ein Einklang zwischen (den sozialen Geboten) der Tora auf der einen Seite und der Unterweisung und dem Handeln Jesu auf der anderen, doch findet sich bei Lukas nicht in derselben Weise wie bei Matthäus die Tendenz, Jesu Unterweisung als eine torabezogene Lehre zu präsentieren. Die mt Antithesen (Mt 5,21–48) finden bei Lukas kein Pendant; in der Feldrede (Lk 6,20–49) wird nirgends auf die Tora verwiesen.

## 3. Liebe und Barmherzigkeit als ethische Leitperspektiven

Die für die lk Ethik grundlegende erste längere ethische Unterweisung Jesu, die Feldrede in Lk 6,20–49, besitzt ihr Gravitationszentrum in dem Motiv der Nachahmung der Barmherzigkeit Gottes in V.36, wobei die Barmherzigkeitsforderung das mit dem Feindesliebegebot in V.27 eingeführte Leitmotiv der Agape aufnimmt und interpretiert. In der Entfaltung des Gebots der Nächstenliebe durch die Beispielerzählung vom barmherzigen Samaritaner in 10,25–37 kehrt diese Verbindung von Liebe und Barmherzigkeit (V.33.37) wieder. Liebe und Barmherzigkeit fungieren mithin als *die* Leitperspektiven der lk Ethik.

### 3.1 Das Gebot der Feindesliebe und die Goldene Regel in Lk 6,27–36

1. In Lk 6,27 eröffnet die radikal zur Feindesliebe entgrenzte Agapeforderung den an alle Hörer (vgl. V.18) adressierten ethisch unterweisenden Hauptteil der Feldrede in V.27–38, dem in V.20–26 die an die Jünger gerichtete Gegenüberstellung von Seligpreisungen und Weherufen vorangeht und in V.39–49 eine durch eine erneute Redeeinleitung vom Voranstehenden abgesetzte Sammlung von Bildworten folgt. Die Wiederaufnahme des Feindesliebegebots in V.35 macht deutlich, dass Lukas V.27–35 nicht bloß als eine lockere Aneinanderreihung von Einzelweisungen verstanden wis-

sen möchte, sondern als einen zusammenhängenden thematischen Komplex, in dem der einleitenden Mahnung zur Feindesliebe programmatische Bedeutung zukommt. Des Näheren erscheint das Feindesliebegebot in V.27f als Kopf einer viergliedrigen imperativischen Reihe, in der die das Thema setzende Forderung der Feindesliebe zum einen durch die Mahnung „tut wohl denen, die euch hassen" paraphrasiert bzw. erläutert (V.27b), zum anderen im Blick auf die religiösen Sprechakte des Segnens (vgl. Röm 12,14; 1Petr 3,9, ferner auch 1Kor 4,12) und Betens exemplarisch illustriert wird.[6] In der konkreten Begegnung soll man sich also das Wohlergehen selbst des Feindes angelegen sein lassen. Worauf genau sich das Gebet richtet, wird wie in Mt 5,44 nicht definiert und damit nicht eingegrenzt. Im Kontext des Lk kann man aber, wenn Lk 23,34 zum ursprünglichen Textbestand gehört, in der dortigen Fürbitte Jesu für seine Gegner am Kreuz („Vater, vergib ihnen! Denn sie wissen nicht, was sie tun.") eine Vorbild spendende Illustration eines Gebets für die Feinde sehen, die in der Bitte des scheidenden Stephanus („Herr, rechne ihnen diese Sünde nicht an!") in Apg 7,60 ein Echo findet (vgl. ferner Jesu Zurechtweisung von Jakobus und Johannes in Lk 9,53–55). Inhalt des Gebets kann darüber hinaus aber auch die Lösung der Feindschaft und eben allgemein das Wohlergehen des Gegenübers sein (vgl. Topel 2001, 148), zumal Letzteres in Lk 6,28 bereits in der vorangehenden Mahnung, den Feind zu *segnen*, zum Thema wurde. Als Vorbild der Feindesliebe zeichnet Lukas Jesus ferner nicht nur am Kreuz, sondern auch bei seiner Gefangennahme. Denn der lk Jesus gebietet dem Jünger, der einem Knecht des Hohepriesters das Ohr abgeschlagen hat, nicht nur Einhalt (vgl. Mt 26,52; Joh 18,11), sondern wendet sich dem Knecht sogar heilend zu (Lk 22,51).

In 6,29f folgt eine zweite viergliedrige Reihe, die im Kontext betrachtet als exemplarische Darlegung von Konkretisierungen der Feindesliebe zu lesen ist. Dieser Konnex ist infolge der lk Gestaltung der Reihe bei drei der vier Mahnungen unmittelbar nachvollziehbar. Denn bei Lukas geht es nicht nur in V.29a (Schlag auf die Wange, vgl. Mt 5,39c), sondern auch in V.29b (Raubüberfall, anders Mt 5,40 [= Q]: Pfändungsprozess) um einen gewalttätigen Übergriff, und überdies bezieht sich auch V.30b (Entwendung von Besitz, anders Mt 5,42b [= Q]: Darlehensgewährung) auf eine feindselige Handlung. V.30a fügt sich insofern ein, als hier mit der von Lukas gesetzten Betonung, dass *jedem* Bittenden zu geben ist, auch der (persönliche) Feind eingeschlossen ist. Zugleich erhält die Auslegung des Liebesgebots hier einen kräftigen besitzethischen Akzent, indem die grundsätzliche Loslösung vom Besitz als geforderte Grundhaltung sichtbar wird (→ 5.3/1).

Die Einheit in V.32-34 hebt die vorangehenden Forderungen pointiert von solchen Formen der Liebe, des Tuns des Guten und des Leihens ab, die selbst die Sünder zustande bringen und deren gemeinsamer Nenner darin besteht, dass es um ein

---

[6] Matthäus bietet in 5,44 nur zwei Glieder: „*Liebet* eure Feinde und *betet* für die, die euch verfolgen!" Nicht mit Sicherheit klären lässt sich, ob Lukas erweitert oder Matthäus verkürzt hat. Im ersten Fall kann man Lk 6,28a als Einfluss von Gemeindetradition erklären, wie sie durch Röm 12,14; 1Petr 3,9 illustriert wird, und ferner erwägen, dass „tut Gutes denen, die euch hassen" in Lk 6,27c als „erklärende Paraphrase für griechische Hörer" (Bovon 1989-2009, 1:316) zu rubrizieren ist (s. auch van Unnik 1966, 298; Hoffmann 1984, 52f). Dagegen lässt sich aber einwenden, dass Lukas selbst in 6,33.35 das Verb ἀγαθοποιεῖν verwendet, nicht καλῶς ποιεῖν.

Verhalten nach dem Reziprozitätsprinzip (vgl. z. B. Hesiod, Op 348–354; Xenophon, Mem 2,6,28; Cicero, Off 1,47; Epiktet 2,14,18) geht, das als ein Grundmerkmal hellenistischer Ethik gelten kann (s. Bolkestein 1939, 107.156–170.317f; van Unnik 1966, 291–295; Gill u. a. 1998; Adrian 2019, passim). Auch die Sünder lieben, die sie lieben, tun denen Gutes, von denen sie selbst Gutes erfahren; und selbst Sünder leihen Geld, sofern sich damit die Hoffnung verbindet, von der auf diese Weise genährten sozialen Beziehung später selbst profitieren zu können. Die Wiederholung der ausdrücklichen Abgrenzung vom Gegenseitigkeitsprinzip in 14,12–14 (vgl. noch 16,3–9) lässt vermuten, dass Lukas darin ein in seinem Gemeindeumfeld virulentes Problem gesehen hat (vgl. Horn ²1986, 227f). Am Reziprozitätsprinzip orientiertes Sozialverhalten bedeutet letztlich Ausrichtung auf das eigene (irdische) Wohlergehen und den eigenen Nutzen, ist also ein selbstbezogenes Verhalten: Der Mitmensch ist als soziales Gegenüber nur solange ‚interessant', solange von ihm eine Erwiderung ihm erwiesener Wohltaten und damit die Förderung des eigenen Lebens zu erwarten ist. Der lk Jesus hingegen setzt die Logik eines auf Gegenseitigkeit bedachten Handlungsansatzes außer Kraft: Liebe ist nicht auf die einzugrenzen, von denen man selbst geliebt wird, sondern sogar gegenüber dem Feind zu üben; entsprechend ist auch allen Gutes zu tun und gerade denen (Geld) zu leihen, bei denen keine Hoffnung besteht, dass man es zurückerhalten wird, und zwar – beachtet man, dass die Mahnungen sich wechselseitig beleuchten – selbst dann, wenn der Bittsteller nicht nur mittellos, sondern auch noch ein „Feind" ist. Nach V.35b.36 imitiert ein solches Verhalten Gott in seiner Barmherzigkeit. Paradigmatisch und grundlegend für das Ganze kommt hier die Theozentrik lk Ethik zum Ausdruck: Das entscheidende Moment ist noch nicht, dass Liebe deshalb unterschiedslos zu üben sei, weil das Tun des Guten keine Einschränkung kennt (so richtig dies ist), sondern, weil *Gott* sich auch gegenüber den Undankbaren und Bösen gütig zeigt.

2. Inmitten der Komposition in 6,27–35/36 begegnet in V.31 die *Goldene Regel*. Vielfach ist an dieser Stelle eine Spannung diagnostiziert worden: Den außergewöhnlichen, steilen Forderungen in 6,27–35 stehe mit der Goldenen Regel ein vulgärethischer Allgemeinplatz zur Seite (z.B. Dihle 1962, 113f; Horn ²1986, 105–107). Diese Einschätzung basiert allerdings auf einem fundamentalen Missverständnis von Lk 6,31, denn die von Lukas gebotene Maxime ist keineswegs dem Vergeltungsdenken bzw. einer *do ut des*-Logik verhaftet (Konradt 2015, 350f). Weder wird hier das eigene Verhalten daran gemessen, was man vom Gegenüber faktisch erfahren hat, noch ist das eigene Verhalten einer Zweckrationalität unterworfen und an die Erwartung einer entsprechenden Gegenleistung gebunden. Maßstab ist allein, was man von anderen erfahren *möchte* (vgl. Topel 1998, 477f; Kollmann 2012, 102–104.112 und → VI.2.4 zu Mt 7,12). Ferner ist, wie analog zu Mt 7,12 ausgeführt wurde, auch hier zu beachten, dass die für sich genommen materialethisch unbestimmte Goldene Regel ihre inhaltliche Konkretion jeweils aus dem Kontext gewinnt, in dem sie gebraucht wird, also hier aus der Komposition in Lk 6,27–35. Zugleich wird umgekehrt die geforderte Feindesliebe als konsequente Anwendung der in 6,31 gebotenen Handlungsmaxime ausgewiesen: Setzt man voraus, dass niemand von anderen verbal verunglimpft oder anderweitig geschädigt werden möchte, vielmehr jeder

daran interessiert ist, von anderen Gutes, Lebensförderndes zu erfahren, dann ist bei konsequenter Anwendung der Goldenen Regel auch der Feind zu lieben, denn man selbst wünscht sich auch von dem, zu dem eine gestörte Sozialbeziehung entstanden ist, keine (weitere) Beeinträchtigung der eigenen Lebensbedingungen. Mit V.31 fordert Lukas also dazu auf, V.27-30 noch einmal unter dem Aspekt zu betrachten, welches Verhalten man sich selbst von seinen Gegnern erhofft. Die Goldene Regel dient damit dazu, die radikale Liebesforderung plausibel und einsichtig zu machen; eigentlich ist es nur das, was man sich auch von anderen wünscht. Die Verbindung von Nächstenliebe und Goldener Regel findet sich im antiken Judentum auch abseits der Jesustradition (Sir 31,15; Targum Pseudo-Jonathan zu Lev 19,18), doch zeigt Lk 6 insofern ein spezifisches Profil, als die Verbindung der Goldenen Regel mit dem Liebesgebot durch die radikale Fassung des Liebesgebots im Sinne der *Feindes*liebe vertieft wird. Die Verbindung mit der dezidierten Kritik am Reziprozitätsprinzip in V.32-34 schließt zudem ein, dass die Goldene Regel für Lukas auch für jede Form asymmetrischer Beziehungen gilt. Die durch die umstehenden Weisungen in Lk 6,27-35 gefüllte Goldene Regel setzt damit eine entwickelte Fähigkeit zur Empathie voraus. Sie erfordert, von der eigenen Lebenssituation abstrahieren und sich vorstellen zu können, wie man behandelt werden möchte, wenn man in der Situation des oder der anderen (und der/die andere in der eigenen) wäre – auch dann, wenn man es für ganz und gar unwahrscheinlich erachten mag, in die Situation des oder der anderen zu gelangen. Die Goldene Regel gewinnt damit nicht nur ihre inhaltliche Füllung vom Liebesgebot her, sondern wird umgekehrt zugleich auch zu einem wichtigen Interpretament des Liebesgebots, so dass man von einer wechselseitigen Interpretation von radikal entgrenzter Agapeforderung und universal ausgerichteter, positiv formulierter Goldener Regel (zur Differenz zwischen negativer und positiver Formulierung → VI.2.4) sprechen kann: Dem vom Liebesgebot geforderten Einsatz für das Recht anderer (und sei es von „Feinden") auf Erhaltung und Entfaltung ihres Lebens wird als Prinzip eingeschrieben, sich in der liebenden Zuwendung in die Bedürfnisse der Notleidenden hineinzuversetzen und die Lage aus deren Perspektive zu beurteilen.

### 3.2 Das Doppelgebot der Liebe und das Gleichnis vom barmherzigen Samaritaner in Lk 10,25-37

In Lk 10,25-37 ergibt sich durch die dreifache Rede vom „Tun" – 1. in der durch Lk 18,18 (par Mk 10,17) inspirierten Ausgangsfrage „was muss ich *tun*, um das ewige Leben zu erben?" (Lk 10,25), 2. in der Mahnung am Ende des ersten Gesprächsgangs in V.28 „*tu* dies, und du wirst leben" sowie 3. in der Aufforderung, Barmherzigkeit zu „*tun*", am Ende des zweiten Gesprächsgangs in V.37 – eine Rahmung sowohl für V.25-28 als auch für V.25-37 im Ganzen. Diese kompositorische Gestaltung verweist exemplarisch auf den hohen Stellenwert des konkreten Handelns im lk Denken, der sich auch an weiteren Vorkommen der Frage, was zu tun sei, zeigt (Lk 3,10.12.14; Apg 2,37; 16,30; 22,10 vgl. auch Lk 12,17; 16,3).

Wie in Mk 12,28-34 sieht auch Lukas im Doppelgebot der Liebe als Kurzformel für das, was „im Gesetz" (V.26) gefordert ist, an sich einen Konsens mit dem jüdischen Fragesteller, ja Lukas lässt den Gesetzesgelehrten nicht nur Jesus zustimmen (Mk 12,32f), sondern das Doppelgebot sogar selbst formulieren. Das Doppelgebot der Liebe ist für Lukas also kein christliches Alleinstellungsmerkmal. Zentral ist allerdings eben die richtige Befolgung der Gebote, die auf deren korrektem Verständnis basiert. Dieses für das Nächstenliebegebot darzulegen, ist das Ziel der Anfügung der Beispielerzählung vom barmherzigen Samaritaner, die durch die Rückfrage des Gesetzeslehrers ausgelöst ist, wer denn der zu liebende Nächste sei. Die Variation dieser Rückfrage durch Jesus in V.36, wer dem unter die Räuber Gefallenen *zum Nächsten geworden ist*, macht deutlich, dass die Pointe des Textes mit der Feststellung, dass der Nächste prinzipiell jeder Mensch sein kann, noch nicht exakt erfasst ist. Entscheidend ist vielmehr, dass der Blick auf das Handlungssubjekt gelenkt wird, an das der unbedingte Anspruch ergeht, dem jeweils Notleidenden zum Nächsten zu werden (vgl. Ebersohn 1993*, 218–227; Esler 2000, 344.348f u. v. a.). Implizit ist damit natürlich auch eine Antwort auf die Frage des Gesetzeskundigen gegeben, nämlich insofern, als die Frage hinfällig ist. Es spielt keine Rolle, wer der Notleidende ist. Oder anders: „Liebe deinen Nächsten!" bedeutet: „Werde deinem der Hilfe bedürftigen Mitmenschen, wer immer es ist, zum Nächsten!".

Der Variation der Ausgangsfrage von V.29 in V.36 korrespondiert, dass in der Beispielerzählung nicht ausgeführt wird, wer auf dem Weg von Jerusalem nach Jericho unter die Räuber gefallen ist (vgl. für viele Scholtissek 2021, 138f). Die Erzählung fokussiert allein auf diejenigen, die den Notleidenden sehen und diesem nun zum Nächsten werden sollten, also auf das Subjekt der geforderten Liebe. Dabei schwingt offenkundig Polemik mit: Die Vertreter des religiösen Establishments, ein Priester und ein Levit, versagen; ein Samaritaner hilft. An Stelle des Letzteren wäre in einem jüdischen Kontext eher ein einfacher Israelit zu erwarten gewesen (vgl. die Trias von Priestern, Leviten *und übrigen Israeliten* in z. B. 2Chr 34,30; Esr 2,70; 3Esr 9,37; Josephus, Ant 11,107). Mit der Verfremdung der Trias spielt Lukas einen spezifischen Akzent ein. Gedacht ist in Lk 10,33 zweifelsohne an einen Anhänger der Garizimgemeinde. Der Samaritaner ist also ebenfalls jemand, der sich an der Tora orientiert. Mit keinem Wort steht hier die Alternative zwischen (fehlgeleiteter) Orientierung am Gesetz und spontaner Mitmenschlichkeit auf der Agenda. Priester, Levit und Samaritaner ist vielmehr gemeinsam, dass sie jeweils die Tora als Grundlage ihres Verhaltens ansehen, doch werden mit ihnen Repräsentanten verschiedener *kultischer* Orientierungen aufgeboten (vgl. Bauckham 1998, 486–488; Böhm 1999, 247.256-258). Implizit wird damit die Relevanz des Kultes in Frage gestellt. Es kommt auf das Verhalten gegenüber dem Nächsten an, womit sich ein auffälliger Konvergenzpunkt zur Überordnung des Doppelgebots über das Opfer in Mk 12,33 ergibt (vgl. Wolter 2008, 398). Hier wie dort wird damit zugleich deutlich, dass die kultische Verehrung nicht als eine zentrale Manifestation der Liebe zu Gott gelten kann. Rechte Gottesverehrung kommt vielmehr wesentlich in der Zuwendung zum Nächsten zum Ausdruck, ohne sich allerdings in dieser zu erschöpfen. Der Samaritaner konnte sich für die lk Christen gerade auch deshalb als eine Art Identifikationsfigur anbieten, weil auch sie im Blick auf die kultisch-rituellen Gebote in Differenz zu jüdischen Gruppierungen standen, aber für sich eine Befolgung der Tora auf der Basis der Betonung der sozialen Gebote beanspruchten (vgl. Böhm 1999, 258).

Bei der Schilderung der drei Passanten fällt als gemeinsames Element auf, dass Lukas stereotyp auf das Sehen des Notleidenden hinweist. Während aber Priester und Levit jeweils „auf der anderen Seite vorbeigehen" (V.31f) und damit gewissermaßen die Unkultur des Wegschauens repräsentieren, wird der Samaritaner vom Mitleid ergriffen und erbarmt sich (ἐσπλαγχνίσθη, V.33). Er pflegt den Überfallenen zunächst selbst, er leistet erste Hilfe, überträgt die weitere Pflege dann aber einem Herbergswirt, den er dafür bezahlt. Das kann man einerseits so deuten, dass der Samaritaner seine Hilfeleistung insofern begrenzt, als er weiterzieht, worin man den Aspekt der „Wahrung berechtigter Eigeninteressen" (Thyen ³1998, 275) sehen kann, was dem „wie dich selbst" des Nächstenliebegebots in Lev 19,18 entspricht (vgl. Theißen 2000, 33; Zimmermann/Zimmermann 2003, 56). Andererseits wird durch das Arrangement mit dem Wirt deutlich – und dies dürfte für Lukas zumal im Lichte des besitzethischen Akzents in 6,27-35 (→ 3.1/1) der wichtigere, wenn nicht allein relevante Aspekt gewesen sein –, dass zur praktizierten Nächstenliebe die Bereitschaft gehört, die eigenen finanziellen Mittel einzusetzen (vgl. Kim 1998, 177-179; Petracca 2003, 92). Der Samaritaner zeigt sich dabei alles andere als knauserig, wenn er ohne Kautelen zusagt, für etwaige weitere – über die bereits zur Verfügung gestellten zwei Denare hinausgehende – Kosten aufzukommen. In der Antwort des Gesetzeskundigen auf Jesu Frage, wer dem unter die Räuber Gefallenen zum Nächsten geworden ist, erscheint, vorbereitet durch die vorangehende Rede vom mitleidvollen Erbarmen des Samaritaners in V.33, die Barmherzigkeit als Interpretament der Liebe (V.37), wie sich dies ähnlich auch in der Abfolge von Feindesliebegebot und Barmherzigkeitsforderung in 6,27-35.36 zeigt. Den Samaritaner kennzeichnet ein Hinsehen, das sich vom Leiden des anderen anrühren lässt und aus der Empathie heraus zur konkreten barmherzigen Zuwendung führt. Zu konkretisieren ist also: „Liebe deinen Nächsten!" bedeutet: „Werde deinem der Hilfe bedürftigen Mitmenschen, wer immer es ist, durch barmherziges Handeln zum Nächsten!" Lukas steht damit in substantieller Kontinuität zur frühjüdischen Interpretationsgeschichte, wie sie durch die TestXII (→ II.2/5b) dokumentiert wird, wo Issachar und vor allem Sebulon als Vorbilder gezeichnet werden, die sich von der Not anderer affizieren lassen und Barmherzigkeit üben (TestIss 3,8; 5,2; 7,5; TestSeb 2,4-6; 5,1-8,3 [zu diesem Text → 3.3], vgl. auch die Verbindung von Philanthropie und Barmherzigkeit in EpArist 208). In TestIss 5,2 wird das Gebot, den Nächsten zu lieben, unmittelbar durch die Mahnung weitergeführt, sich des Schwachen und Armen zu erbarmen (vgl. dazu CD VI,20f). Sollte Lk 10,37a als eine subtile Anspielung auf Hos 6,6 („Barmherzigkeit will ich und nicht Opfer") zu lesen sein (so Donahue 1992, 144f), würde dies den kultkritischen Akzent in der Gegenüberstellung von Priester und Levit einerseits und Samaritaner andererseits unterstreichen.

### 3.3 Die Nachahmung der Barmherzigkeit Gottes (Lk 6,36)

Die Barmherzigkeitsforderung ist bei Lukas im Gottesbild wie auch – darauf basierend – in der Christologie verankert. Zentral ist hier, wie angedeutet (→ 1/2), das *imitatio*-Motiv in 6,36, das biblisch in Lev 19,2 gründet, doch ist in Lk 6,36 charakteristischerweise das Attribut der Heiligkeit eben durch das der Barmherzigkeit ersetzt, das als Gottesprädikat in der atl.-jüdischen Tradition fest verankert ist (s. v. a. Ex 34,6, ferner z. B. 2Chr 30,9; Neh 9,17.31; Ps 85,15$^{LXX}$; Sir 2,11; Jona 4,2; TestJuda 19,3; JosAs 11,10).

Das Motiv der *imitatio Dei* – oder der Angleichung an Gott (ὁμοίωσις θεῷ, z. B. Platon, Theaet 176b) – spielt in der antiken Welt eine gewichtige Rolle (zur Rezeption in der mit Lukas zeitgenössischen Philosophie Becker 2020, 300–303). Es findet sich jedoch anhand der Barmherzigkeit, von EpArist 208 (und Cicero, Lig 37f) abgesehen, explizit nur in Lk 6,36 sowie in späteren jüdischen Quellen ausgeführt (TPsJ zu Lev 22,28; bShab 133b; Sifre Dtn § 49 zu 11,22 u. ö.). In der griechisch-römischen Antike hingegen dienen, sofern die Angleichung an Gott nicht durch Allgemeinbegriffe wie Gerechtigkeit und Tugendhaftigkeit markiert wird (z. B. Platon, Theaet 176b; Resp X 613a; Cicero, NatDeor 2,153; Philon, Opif 144), ansonsten Aspekte wie Wohltätigkeit (*beneficia*/εὐεργετεῖν, z. B. Strabon, Geogr 10,3,9; Seneca, Ben 3,15,4; 4,26,1; Musonios, Diss 17 [ed. Hense p. 90,8–15]; Epiktet, Diss 2,14,13; Aelian, VarHist 12,59) oder auch – vor allem als Herrschertugend – Milde (*clementia*/ἐπιείκεια, z. B. EpArist 188.207; Seneca, Clem 1,5,1–7; Claudian, Carm 8,277) zur materialethischen Ausgestaltung des Motivs der *imitatio Dei*. Lukas' Rekurs auf die Barmherzigkeit setzt demgegenüber einen eigenen Akzent. Mit ihr rückt umfassend die Zuwendung zu den Bedürftigen in den Fokus, die sich je nach Gestalt der Notlage unterschiedlich konkretisiert. Frühjüdisch lässt sich dies gut anhand des TestSeb illustrieren, das im Ganzen der Barmherzigkeitsthematik gewidmet ist und mit der Zuwendung zu Verfolgten bzw. Gewaltopfern, sozial Bedürftigen und Sündern unterschiedliche Problemlagen abschreitet. Sebulon hat Mitleid mit Josef, als die Brüder ihn töten wollen (TestSeb 2; 4,2; 5,4). Er steht ferner erbarmungsvoll Menschen in sozialen Notlagen zur Seite (6,1–7,4), indem er Bedürftigen, namentlich Fremden, Kranken und Greisen (6,5), vom Ertrag seiner Arbeit als Fischer gibt (6,4–8) und einen im Winter Notleidenden kleidet (7,1). 7,3f verhandelt zudem den Fall des Erbarmens bei temporärer eigener Mittellosigkeit, bei dem sich die Zuwendung immer noch in der Gestalt artikulieren kann, dass man mit dem Bedürftigen „sieben Stadien weinend" mitgeht. Schließlich dient im TestSeb Josef als Vorbild des Erbarmens mit denen, die ihm zuvor Unrecht zugefügt haben (8,4); wer hingegen das Böse nachträgt, hat kein erbarmendes Mitleid (8,6).

Im Duktus der Feldrede nimmt die Mahnung zur Barmherzigkeit in V.36 nicht nur die in V.27–35 vorangehenden Weisungen auf (→ 3.1), sondern sie wird zugleich auch durch die beiden nachfolgenden Verse konkretisiert: Die Mahnungen, nicht zu richten und nicht zu verurteilen, sondern zu vergeben (V.37), lassen sich dabei der Thematik des Umgangs mit Sündern zuordnen. V.38 greift erneut die Mahnung zur Freigebigkeit aus V.30a auf (anders Kremer 1989, 236) und legt damit die Barmherzigkeit im Sinne der Zuwendung zu den sozial Bedürftigen aus. Die unterschiedlichen Konkretionen des Erbarmens kann man im Lk ferner anhand der drei Vorkommen des Verbs „sich erbarmen, Mitleid haben" (σπλαγχνίζεσθαι) in 7,13; 10,33; 15,20 aufzeigen. In 7,13 erbarmt sich Jesus der Witwe, deren Sohn verstorben ist und die damit in eine sozial prekäre Lage geraten ist (→ 5.1/1); der Samariter in 10,33 wendet sich erbarmend einem halbtot daliegenden Opfer eines Raubüberfalls zu (→ 3.2), und bei dem Erbarmen des Vaters mit seinem jüngeren Sohn in 15,20 geht es um die Annahme der Sünder (→ 4/1). Da der Vater in dem Gleichnis vom verlorenen Sohn für Gott transparent ist, wird mit Letzterem zugleich die Rede von der Barmherzigkeit *Gottes* in 6,36 unterstrichen und konkretisiert. Und da Jesus mit der Gleichnistrias in 15,3–32 seinen Umgang mit „Zöllnern und Sündern" verteidigt (15,1f), ist zugleich deutlich, dass Jesus hier – ganz auf der Linie von 7,13 – als Medium der barmherzigen Zuwendung Gottes fungiert, wie überhaupt durch die Hymnen in Lk 1 die Sendung des Messias in Gottes Barmherzigkeit verankert wird (Lk 1,54.72.78, dazu Wandel 2021, 36–44.49–52, → 1/2). In ethischer Hinsicht erscheint die leitmotivische Bedeutung von Liebe und Barmherzigkeit insbesondere als Fundament der beiden zentralen ethischen Anliegen im lk Doppelwerk: des mit der Zuwendung zu den Sündern verbundenen Vergebungsethos (→ 4) und der karitativen Verwendung von Besitz (→ 5).

## 4. Die Suche der Verlorenen und die Vergebung der Sünden

1. Da für das lk Vergebungsethos das Wirken Jesu Grundlage und Modell ist, kann sich die Erörterung dieses Themas nicht auf direkt unterweisende Passagen wie 6,37; 17,3f beschränken. Als deren Horizont ist vielmehr an die leitmotivische – sich bereits in 4,18 ankündigende und fortan nicht nur in Erzählungen vom Wirken Jesu zutage tretende (5,17–26.27–32; 7,36–50; 15,1f; 19,1–10), sondern zudem auch durch Gleichnisse vertiefte (15,3–32; 18,9–14) – Bedeutung zu erinnern, die der Zuwendung zu Sündern und der Vergebungsthematik in Lukas' Präsentation des Heilswirkens Jesu zukommt (→1/3). Darüber hinaus ist das Verhalten der Pharisäer, die Lukas zu diesem Thema betont als Opponenten fungieren lässt, als Kontrastbild zum vom Evangelisten vertretenen Vergebungsethos in den Blick zu nehmen. Dass die Pharisäer den Anspruch Jesu, Vergebung der Sünden zusprechen zu können, als blasphemische Selbstanmaßung werten (5,21), lässt exemplarisch die christologische Basis des Konflikts hervortreten: Den Pharisäern ist die Identität Jesu als Repräsentant Gottes verborgen, und damit bleibt ihnen verschlossen, dass in Jesu Wirken manifest wird, dass Gott, in Anlehnung an Ez 18,23.32 gesprochen, nicht am Tod der Sünder Gefallen hat, sondern an ihrer „Umkehr zum Leben" (Apg 11,18). Entsprechend ist ihnen aber auch die Autorität verschlossen, auf deren Basis *die Jünger* nach Ostern im Namen Jesu Umkehr zur Vergebung der Sünden verkünden (24,47, vgl. Apg 2,38; 5,31). Dass Lukas das „Murren" der Pharisäer gegen die Mahlgemeinschaft im Hause Levis in Lk 5,30 nicht nur *an* die Jünger gerichtet sein lässt, sondern auch gegen *ihre* – und nicht wie in Mk 2,16 allein *Jesu* – Tischgemeinschaft mit Sündern, dürfte anzeigen, dass Lukas hier auch auf die Praxis der Gemeinde blickt. Erhält der Ruf zur Umkehr im Rahmen des irdischen Wirkens Jesu in der Zuwendung zu Zöllnern eine prägnante Gestalt (s. auch 15,1; 19,1–10), so kommt für die Kirche nach Ostern die Überwindung der Abgrenzung von den ‚Heiden' als Charakteristikum hinzu, denn auch diesen hat Gott „die Umkehr zum Leben" gegeben (Apg 11,18). Ist Jesus gekommen, um zu suchen und zu retten, was verloren ist (Lk 19,10), so bestimmt dieses „Suchen" den missionarischen Auftrag der Kirche in universaler Dimension.

Aus dem eben Skizzierten folgt, dass die Gleichnistrias vom Verlorenen in Lk 15,3–32 nicht nur auf der Ebene der Erzählung als Apologie Jesu zu lesen ist, mit der er dem erneuten „Murren" der Pharisäer gegen seine in der Tischgemeinschaft zum Ausdruck kommende Annahme der Sünder begegnet (V.1f). Vielmehr bietet Lukas hier zugleich in narrativer Form Handlungsmodelle, an denen sich die Gemeindeglieder orientieren sollen. Bestimmend ist dabei – ganz im Sinne des in 6,36 exponierten Motivs der Nachahmung der Barmherzigkeit Gottes – das in den Gleichnissen zutage tretende Gottesbild: Wird in den ersten beiden Gleichnissen am Ende jeweils explizit auf die himmlische Welt verwiesen (V.7.10), so ist im dritten Gleichnis (V.11–32) das Verhalten des Vaters gegenüber seinen Söhnen für Gottes Verhalten gegenüber seinen ‚Kindern' transparent. Indem die Sünder in den ersten beiden Gleichnissen mit Verlorenem analogisiert werden, dessen Verlust für den Besitzer so gewichtig ist, dass es gar nicht fraglich sein kann, dass nach dem Verlorenen zu suchen ist, wird die Beziehung Gottes zu den Sündern grundlegend anders bestimmt, als dies in der im „Murren" der Pharisäer implizierten theologischen Position zutage tritt: Jesus zeichnet Gott nicht als jemanden, der darauf, dass die Sünder sich von ihm abgewandt haben, mit Kränkung und Strafe reagiert, sondern der die Abwendung als schweren Verlust empfindet, daher das Verlorene sucht und dem das Wiederfinden entsprechend Anlass zu großer Freude ist. In Jesu Wirken manifestiert sich diese Perspektive Gottes. Genauer: Als irdischer Repräsentant Gottes ist Jesus derjenige, durch den Gott die Suche des Verlorenen vollzieht. Die Jünger aber sind in der Nachfolge Jesu mit in diesen Dienst gestellt, d.h., für die Jünger gilt es, ihr Verhalten gegenüber Sündern aus der in den Gleichnissen vorgebrachten Perspektive zu betrachten: Die Befolgung des Grundgebots, Gott von ganzem Herzen zu lieben (Dtn 6,5), findet ihren adäquaten Ausdruck gerade nicht in der Abschottung von denen, die sich von Gott durch ihr sündhaftes Verhalten entfernt haben (anders Sir 12,4–7$^{LXX}$; TestAss 4,3), sondern in der Zuwendung zu ihnen, weil es Gott Freude bereitet, wenn die Zuwendung zu Sündern dazu führt, dass diese umkehren.

Das dritte Gleichnis in V.11–32 nimmt das Motiv der Freude auf (V.23f.32), bietet vor allem aber eine konkretere Darstellung des „Wiederfindens", weil das Verlorene nun nicht ein Schaf oder ein Geldstück, sondern ein Mensch ist. Die Rückkehr des Sohnes geschieht in der Hoffnung, dass er von seinem Vater nicht vom Hof gejagt wird, sondern angesichts seiner Sinnesänderung, die sich im Bekenntnis seiner Sünden artikuliert, wieder Aufnahme findet. Er wagt es gleichwohl nicht, die Erwartung zu hegen, wieder als Sohn angenommen zu werden (V.19.21), sondern möchte nur um eine Anstellung als Tagelöhner bitten, was als Ausdruck reuevoller Demut gelesen werden kann. In der Ausgangsszene zur Gleichnistrias in V.1f kann man zur Rückkehr des Sohnes darin eine Entsprechung finden, dass die Sünder sich Jesus *nahen*, um ihn zu hören. Angesichts der Kunde über Jesu Wirken dürfen sie darauf hoffen, von ihm nicht zurückgewiesen zu werden. Im Gleichnis wird die Hoffnung des Sohnes durch das Handeln des Vaters weit überboten: Der Vater kommt dem, was sein Sohn sich überlegt hat (V.17–19), mit seinem entgegenkommenden Handeln zuvor (V.20), und der Sohn kann die Worte, die er sich zurechtgelegt hat, nicht einmal zu Ende sprechen (vgl. V.21 mit V.18f). Das entscheidende Moment ist in V.20 damit gegeben, dass der Vater seinen Sohn sieht *und Erbarmen hat* (ἐσπλαγχνίσθη, vgl. 10,33). Da die Erzählung des Gleichnisses textpragmatisch die Aufforderung impliziert, sich den Vater zum Vorbild zu nehmen, ist Lk 15,11–32 im Gesamtzusammenhang des Lk als eine narrative Veranschaulichung der in 6,36 geforderten „*imitatio misericordiae Dei*" (Wandel 2021, 120) zu lesen: So wie der Vater sich seines rückkehrenden Sohnes erbarmt, sollen die Leser – anders als der ältere Bruder – Sündern, die ihr altes Leben hinter sich lassen wollen, mit Barmherzigkeit begegnen. Und wie im Himmel Freude über einen umkehrenden Sünder herrscht (15,7.10, vgl. 15,22–24), so sollen sich auch die Menschen angesichts der Umkehr von Sündern von Freude über das Heil und Wohlergehen anderer ergreifen lassen (15,24.32, vgl. 15,6.9, zur Bedeutung des Motivs der Freude in Lk 15 s. Inselmann 2012, 283–321).

2. Der Bedeutung der Barmherzigkeit in Lk 15,20 fügt sich die Konkretion ein, die der Grundsatz von 6,36 im Duktus der Feldrede durch V.37 erfährt (→ 3.3): Zur geforderten Nachahmung der Barmherzigkeit Gottes gehört hier, dass die Jünger sich nicht die Robe des Richters überziehen und andere verurteilen, sondern ihnen vergeben. Beachtet man, dass der Umgang mit Sündern ein traditionelles, ja in Lev 19,18 das primäre Anwendungsfeld des Liebesgebots ist (→ II.3/4), erscheint V.37 zugleich als eine weitere Applikation des Feindesliebegebots (V.27.35). Von den drei Mahnungen in V.37 findet sich in Mt 7,1 nur zum einleitenden Verbot des Richtens ein Pendant. Die ausführlichere lk Fassung spiegelt nicht nur allgemein das Gewicht, das die Thematik im Lk einnimmt, sondern es ist vor allem auch in inhaltlicher Hinsicht anzumerken, dass Lukas die Verhaltensforderung gegenüber dem in Q vorgefundenen Verbot des Richtens mit dem letzten Glied durch eine positive Mahnung erweitert, also nicht bloß ein Unterlassen, sondern darüber hinaus aktive Zuwendung zum Mitmenschen im Geist der Vergebung anmahnt. Während die Mahnung gegen den Richtgeist für sich genommen offen auf das alltägliche zwischenmenschliche Miteinander bezogen werden kann, lässt die Explikation durch die Mahnung zur Vergebung vermuten, dass hier vorrangig der Umgang mit Sündern in den Reihen der Gemeinde im Blick ist (so Kollmann 1997, 175f), doch ist hier keine Sicherheit zu gewinnen; andere Applikationsoptionen sind jedenfalls nicht ausgeschlossen.

Der Nachsatz in V.37c „und euch wird vergeben werden" impliziert die eigene Sündhaftigkeit und lässt damit noch einen weiteren Aspekt deutlich werden: Zum sachlichen Zusammenhang des Verbots des Richtens gehört für Lukas, dass die, die meinen, sich zum Richter über andere erheben zu können, daran denken sollten, dass auch sie selbst Sünder und auf Vergebung (bei Gott) angewiesen sind (vgl. Sir 28,1–5). Was in den Mahnungen in 6,37 in knappen Strichen gezeichnet wird, wird durch andere Texte ausgemalt. Das in 6,41f folgende Bildwort vom Balken und Splitter (vgl. zur Metaphorik v.a. bArak 16b, zur Sache Plutarch, Curios 1 [Mor 515d]) stellt nicht in Frage, dass man sich des Splitters des Mitmenschen annehmen, also diesen auf seine Verfehlung ansprechen soll, um ihn zurechtzubringen, sondern es verweist darauf, dass man sich dabei der eigenen Schuld, des eigenen „Balkens", und damit des eigenen Angewiesenseins auf Barmherzigkeit und Vergebung bewusst sein muss. Die Ansprache an den Mitmenschen kann dann nie von einem hochmütigen Richtgeist bestimmt sein. Liest man 6,39f im Zusammenhang mit 6,41f (und mit 6,37), gleicht der, der meint, andere ,von oben herab' maßregeln zu können, obwohl er selbst einen „Balken im Auge" hat, einem Blinden, der andere Blinde führen will und sich nicht an das hält, was sein Lehrer, Jesus, als Haltung gegenüber jenen, die sich verfehlt haben, vorgegeben hat (vgl. Bovon 1989–2009, 1:332f; Topel 2001, 193.199.228). Oder anders: Wer andere lieblos aburteilt, zeigt Blindheit gegenüber seiner eigenen Situation wie gegenüber Gottes Barmherzigkeit, in deren Licht die anderen zu sehen sind. An Jesus, dem Lehrer, hingegen ist zu lernen, den Mitmenschen mit den Augen der Barmherzigkeit zu sehen.

In 17,3f wird die Mahnung, anderen zu vergeben, explizit auf den Umgang der Jünger untereinander bezogen und zugleich näher ausgeführt. Die Art und Weise der Zurechtweisung ist im Sinne von 6,41f zu bestimmen und damit dezidiert vom in 6,37 verbotenen Richten und Verurteilen zu unterscheiden. Zugleich wird deutlich, dass die in 6,37 geforderte Vergebung die Umkehr des Gegenübers voraussetzt. Ist diese Voraussetzung erfüllt, kann es für die geforderte Vergebungsbereitschaft – darauf läuft 17,4 faktisch hinaus – keine Grenze geben. Lukas vertritt damit – wie Matthäus (→ VI.3.2/3) – eine wahrhaft radikale Position, die für sich betrachtet als eine Zumutung erscheint und ihre Plausibilität allein im Lichte der lk Theologie mit ihrer Zentralstellung der Barmherzigkeit gewinnt. Denn diese ist im Sinne der *imitatio misericordiae Dei* (6,36) nicht nur Verpflichtungsgrund für die zwischenmenschlich zu übende Vergebung, sondern zugleich auch die Basis für die eigene Glaubensexistenz und Glaubenszuversicht, für die eigene Annahme bei Gott und die daraus erwachsende Hoffnung auf Teilhabe am ewigen Heil. Pointiert zum Ausdruck kommt die Verknüpfung von Gottesverhältnis und zwischenmenschlichen Relationen in der Vergebungsbitte des Vaterunsers (11,4), da an diese ein Nachsatz angefügt ist: Gott um Vergebung der Sünden zu bitten, erfordert die Bereitschaft und setzt den entsprechenden Handlungsimpuls, dem schuldig gewordenen Mitmenschen zu vergeben (vgl. Sir 28,2).[7]

3. Die Gegenposition zu dem von den Jüngern erwarteten Verhalten wird im Gleichnis vom verlorenen Sohn durch den älteren Bruder verkörpert, der, bezieht man das Gleichnis auf die in Lk 15,1f geschilderte Szenerie zurück, den Protest der Pharisäer abbildet: Er zeigt weder Erbarmen noch Freude, sondern ist im Gegenteil über die Freude im Hause seines Vaters erzürnt (V.28). Durch das dem jüngeren Sohn entgegengebrachte Verhalten des Vaters sieht er seine eigene Treue dem Vater gegenüber entwürdigt. Er blickt mit einer scharfen Kontrastbildung auf seine eigene Lebensgeschichte und auf die seines Bruders (V.29f) zurück, den er, um seiner Distanzierung Ausdruck zu verleihen, nicht als solchen, sondern verächtlich mit „dieser da, dein Sohn" bezeichnet, und legt jenen auf das Vergangene fest, von dem erst hier, in den Worten des älteren Bruders, die konkrete Information laut wird, dass er das Vermögen des Vaters mit Prostituierten verprasste (V.30). Der Vater redet das Fehlverhalten des jüngeren Sohnes in seiner Entgegnung in keiner Weise klein. Vielmehr wird klar benannt, dass der Sohn durch seinen Lebenswandel „tot" (zum Sprach-

---

[7] Die unterschiedlichen Formulierungen in der lk Bitte (Vergebung von *Sünden*) und im Nachsatz (Metaphorik [!] der *Geldschulden*, vgl. Lk 7,41–43) mögen anzeigen, dass Lukas zwischen der Vergebung der Sünden durch Gott und zwischenmenschlicher Vergebung differenzieren möchte, korrelieren aber nicht Vergebung der Sünden durch Gott mit menschlicher Bereitschaft, Geldschulden zu erlassen (vgl. zur Deutung z. B. Wolter 2008, 408f, anders Giambrone 2017, 89–94).

gebrauch vgl. z. B. Eph 2,1.5; Kol 2,13) und „verloren" war (Lk 15,24.32). Doch ist dies eben Vergangenheit, die der jüngere Sohn aufgrund des Erbarmens seines Vaters hinter sich lassen kann und die die Gegenwart im Haus des Vaters nur insofern noch beeinflusst, als die Rückkehr des Sohnes ins ‚Leben' Anlass für die Festfeier ist. Zur Äußerung des älteren Sohns in V.29f begegnet im Gleichnis vom Pharisäer und Zöllner (18,10–14), das sich nach 18,9 an solche richtet, die von sich selbst überzeugt sind, dass sie gerecht seien, eine strukturelle Analogie im Gebet des Pharisäers. Denn dieser profiliert den Verweis auf sein eigenes Wohlverhalten durch eine ausdrückliche Abgrenzung von den Sündern, inklusive des neben ihm betenden Zöllners (18,11f). Was sich durch den Selbstausschluss des älteren Sohns vom Fest in 15,11–32 andeutet, wird im Gleichnis in 18,10–14 explizit zum Ausdruck gebracht. Denn der um Gnade bittende Zöllner geht am Ende gerechtfertigt heim. Der Pharisäer hingegen meint zwar, dass er gerecht sei (vgl. neben V.9 noch 16,15), wird aber von Gott nicht als gerecht anerkannt (anders Wilk 2012, 121–124). Der Grund liegt auf der Hand: Der Pharisäer begegnet den Sündern mit einer diese ausgrenzenden Verachtung, statt sich ihnen barmherzig zuzuwenden, um sie zur Umkehr zu rufen. Er erfüllt daher gerade nicht den Willen Gottes, denn er verstößt gegen den in 6,36 vorgebrachten Grundsatz, dass Gottes Barmherzigkeit den fundamentalen Maßstab des zwischenmenschlichen Verhaltens bilden soll. Für die Leser bilden der ältere Sohn in 15,25–32 und der Pharisäer in 18,10–14 Beispiele für ein Verhalten, das es unbedingt zu meiden gilt.[8]

## 5. Besitzethik im lukanischen Doppelwerk

Während Sexualethisches im lk Doppelwerk allein in der pauschalen Forderung der Meidung von Unzucht im Aposteldekret (Apg 15,20.29; 21,25) Bedeutung gewinnt und ansonsten nur tangiert (vgl. Lk 15,30 sowie zu Ehebruch 18,11.20 und 16,18: Wiederheirat als Ehebruch), aber nirgends näher entfaltet wird, machen die Komposition von gleich zwei größeren Textblöcken, in denen besitzethische Fragen im Vordergrund stehen (12,13–34; 16,1–31), und eine lange Reihe weiterer für das Thema relevanter Texte (z. B. 1,51–53; 6,20–26.27–36; 11,41; 14,33; 18,18–30; 19,1–10; Apg 2,42–47; 4,32–5,11; 6,1–7) deutlich, dass der richtige Umgang mit Besitz zu den zentralen ethischen Anliegen des Evangelisten zählt. Die Vielzahl an Monographien zum Themenbereich[9] spiegelt dessen große Bedeutung im lk Doppelwerk und verweist zugleich auf die kontroverse Diskussionslage. Die folgende Erörterung kann nicht der Ort sein, um die Forschungskontroversen im Einzelnen nachzuzeichnen; sie muss sich vielmehr darauf konzentrieren, die wesentlichen Aspekte der lk Besitzethik herauszuarbeiten. Grundlegend zu beachten ist dabei, dass die lk Leitvorstellung

---

[8] Zum in diesem Sinne „offenen Ende" des Gleichnisses in Lk 15,11–32 s. die kritische Auseinandersetzung von Lambrecht 2005 mit Wolter 2002.
[9] Siehe. z. B. Degenhardt 1965; Johnson 1977; Seccombe 1982; Horn ²1986 (¹1983); Kim 1998; Phillips 2001; Petracca 2003; Mineshige 2003; Gradl 2005; Stettberger 2005; Metzger 2007; Hays 2010; Neumann 2010; Kramer 2015; Giambrone 2017.

des auf die Behebung konkreter Not zielenden Teilens der Lebensgüter nicht bloß in Form moralischer Appelle vorgebracht wird, sondern fest in Lukas' Verständnis des Heilswirkens Gottes verankert ist, wie es sich in Jesu Auftreten manifestiert. Es ist daher zunächst auf die theologische Einbettung der besitzethischen Unterweisung einzugehen, bevor zweitens die Frage thematisiert wird, was Lukas an den Reichen kritisiert und worin die vom Reichtum ausgehenden Gefahren bestehen. Drittens wird positiv nach Lukas' Besitzverständnis und der richtigen Weise des Umgangs mit Reichtum gefragt. Angesichts des auf den ersten Blick heterogenen Charakters der besitzethischen Weisungen bietet der vierte Abschnitt den Versuch einer Synthese.

5.1 Die theologische Einbettung der besitzethischen Unterweisung

Reichtum bedeutet Ansehen und Einfluss, ermöglicht ein angenehmes Leben und entlastet von Sorgen um die Zukunft. So stellt sich der Sachverhalt jedenfalls aus einer irdischen, damals wie heute virulenten Sichtweise dar. Lukas' besitzethische Unterweisung ist in eine alternative, theologisch ausgerichtete Perspektive auf den Reichtum eingebettet, die diesen durch einander ergänzende Motive entwertet und Teil einer grundlegenden Infragestellung der etablierten Matrix von oben und unten und damit der gängigen Muster von Herrschaftsausübung und sozialer Anerkennung ist.

1. Zu beginnen ist mit einem thematischen Bogen, der die lk Jesuserzählung von der Geburtsgeschichte bis zum letzten Mahl Jesu überspannt. Die Geburt des messianischen Königs, dessen Herrschaft über Israel nach der Ankündigung des Engels Gabriel ewig Bestand haben wird (Lk 1,31–33, vgl. Apg 2,34–36), vollzieht sich entgegen allen Vorstellungen von einem royalen Ambiente in einem in sozialer Hinsicht bescheidenen Milieu: Der Messiaskönig stammt selbst aus kleinen Verhältnissen. Lukas verdeutlicht dies nicht nur mit Lk 2,24, wo statt eines Lammes und einer Taube das den Armen konzedierte Reinigungsopfer von zwei Tauben dargebracht wird (Lev 12,6–8), sondern insbesondere auch mit dem Lobgesang der Maria, dem *Magnificat* (Lk 1,46–55), indem er Maria Gott lobpreisen lässt, er habe „auf die *Niedrigkeit* seiner Magd" geschaut (1,48). Die Niedrigkeit der Geburt des Messiaskönigs wird zudem noch durch den Kontrast profiliert, der durch den Verweis auf das Geschehen im römischen Imperium und insbesondere auf den Kaiser Augustus in Lk 2,1f inszeniert wird. Dem fügt sich nahtlos ein, dass Jesus in seiner Unterweisung der Jünger bei seinem letzten Mahl (22,24–38) das von ihnen erwartete Verhalten explizit vom Herrschaftsgebaren der weltlichen Machthaber abgrenzt und sich selbst im Rückblick auf sein Wirken als Vorbild präsentiert, denn er, der Messiaskönig, war unter ihnen wie ein Diener (22,27).

In Jesu Wirken sind überdies insbesondere die Armen die Adressaten seiner Frohbotschaft vom Reich Gottes (→ 1/1). Dabei geht es nicht nur um (auf jenseitiges Heil verweisende) Worte. Zwar tritt Jesus selbstredend nicht im materiellen Sinn als Wohltäter auf, denn er führt selbst eine mittellose Wanderexistenz. Wohl aber ist nicht bloß – ganz allgemein – insofern auf Jesu heilendes Wirken zu verweisen, als

Krankheit ein bedeutendes Existenzrisiko darstellt (vgl. in der Apg dazu 3,1–10), sondern es sind – spezifischer – zwei Totenerweckungen im lk Doppelwerk anzusprechen. In Lk 7,11–17 wird der zu Nain verstorbene Jüngling als der einzige Sohn einer verwitweten Frau eingeführt (V.12, vgl. 1Kön 17). Unter den Gegebenheiten der antiken Gesellschaft war sie damit ihres Versorgers beraubt, so dass der Tod des Sohnes sie in eine existentielle Notlage stürzte. Entsprechend spricht Lukas davon, dass sich Jesus *der Frau* erbarmte (V.13) und *ihr* ihren Sohn zurückgab (V.15). Jesus nimmt sich also auf seine Weise der – auch finanziellen – Nöte der Frau an. Dies findet in der Apg ein Pendant in der Auferweckung der Tabita: Sie wird als Wohltäterin dargestellt (9,36), was in V.39 durch ihre Sorge für die Witwen, die sie mit Kleidung versorgte, spezifiziert wird. Im Lichte von Lk 7,11–17 dürfte auch hier mitschwingen, dass ihre Auferweckung durch Petrus zumindest auch darauf zielt, dass die mittellosen Witwen nicht ihrer Hilfe beraubt bleiben (vgl. Hays 2010, 234).

2. In der zweistrophigen Komposition des *Magnificats* (Lk 1,46–55) weitet V.51–55 den Blick auf die Erfüllung der *Israel* gegebenen Heilsverheißung, nachdem im Anschluss an den Aufgesang (V.46b–47) in V.48–50 zunächst Gottes Heilshandeln speziell an *Maria* angesprochen worden ist. Das Motiv, dass sich Gott der Niedrigkeit Marias angenommen hat (V.48), wird nun verallgemeinert (V.52b), durch die parallel gesetzte Aussage, dass die Hungrigen mit Gütern gefüllt werden (vgl. Ps 107,9), interpretiert[10] und mit dem negativen Ergehen der Mächtigen und Reichen kontrastiert. Die Rede von der Zuwendung zu den Niedrigen wird also durch das Motiv der *Umkehrung der Verhältnisse* ausgebaut, für das Lukas aus einem breiten atl.-jüdischen Traditionsstrom schöpfen konnte (s. z.B. 1Sam 2,4–10; Ez 17,24; Sir 10,14; 1Hen 103f; TestJuda 25,4; 4Q427 7 II). Wenn Gott seiner Barmherzigkeit bzw. Bundesgnade gedenkt (V.54, vgl. V.50) und das Israel verheißene Heil (V.55) heraufführt, ist dies in der von Maria artikulierten jüdischen Erwartung also mit einer Neuordnung der sozialen Verhältnisse und der Inversion der etablierten Werteskala verbunden. Lukas setzt auf diese Weise ein erstes Signal, dass Reichtum gerade nicht erstrebenswert, sondern zukunftsgefährdend ist, während die Armen im Zuge der ausgleichenden Gerechtigkeit Gottes nun zu ihrem Recht kommen.

Wie zuvor in V.48f verwendet Lukas auch in V.51–53 als Tempus durchgehend den Aorist. Den Optionen, diesen in V.51–53 gnomisch – die Aussagen in V.51–53 würden dann ein typisches Gotteshandeln beschreiben – oder im Sinne des prophetischen Perfekts im Hebräischen zu verstehen, steht entgegen, dass man den Aorist in V.51–53 dann anders als in V.48f (Maria preist Gott für das, was er an ihr *getan hat*) verstehen würde, obwohl das in V.51a verwendete Verb sogar direkt auf V.49 zurückgreift (beide Male ἐποίησεν). Man kann daher für V.51–53 erwägen, mit der Verwendung des Aorists die Faktizität der mit der Empfängnis Marias bereits eingetretenen Wende ausgedrückt zu sehen (vgl. Petracca 2003, 27): Die Verheißungen beginnen sich zu erfüllen, und in dem Anfang ist die Vollendung verbürgt. Amanda Miller (2014, 113f) sieht eine gezielte Ambivalenz: „Luke draws from past action, present possibility,

---

[10] Adrian 2019, 186–193 postuliert öffentliche Lebensmittelverteilungen als spezifischen sozialen Referenzkontext von Lk 1,53, doch fehlt dazu ein eindeutiger Anhalt am Text.

and future hope in shaping this initial declaration of reversal" (114, vgl. zu den Optionen, die Aoristformen zu deuten, exemplarisch Bovon 1989-2009, 1:83.92f).

Die Eröffnung der Feldrede (6,20-49) durch das pointierte Gegenüber von Seligpreisungen und Weherufen (6,20b-23.24-26) nimmt das Motiv der Umkehrung der Verhältnisse im Munde Jesu selber auf und bezieht es soteriologisch auf die Teilhabe am Reich Gottes: Die Aussage in 1,53, dass Gott die hungernden Armen mit Gütern füllt, realisiert sich nach 6,20f im Reich Gottes. Die Reichen hingegen haben, da sie mit ihrem Wohlergehen in dieser Welt ihren „Trost" schon empfangen haben (V.24), nichts mehr zu erwarten. Die Erzählung vom reichen Mann und von Lazarus in 16,19-31 setzt die Inversion der Verhältnisse mit Blick auf das postmortale Ergehen dann narrativ in eindrücklicher Weise in Szene und konkretisiert zugleich, was für Menschen bei den Reichen in 6,24 im Blick sind.

Überblickt man die Rede von „Reichen" (πλούσιοι) im Lk, so ist deren insgesamt negative Charakterisierung nicht zu übersehen, wie neben 6,24; 16,19.21.22 vor allem 12,16 zeigt (vgl. auch 18,23.25). Auch in den übrigen vier Belegen (14,12; 16,1; 19,2; 21,1) wird kein positives Bild gezeichnet, auch in 19,2 nicht: Zachäus ist, solange er reich ist, ein korrupter Mensch (19,8b). Zachäus zeigt aber zugleich, dass auch Reiche zu denen gehören können, die umkehren (vgl. unten). In der Apg werden wohlhabende Christen (s. z. B. Apg 17,4.12) nie als Reiche (πλούσιοι) bezeichnet. Dies untermauert indirekt, dass das Wort „Reiche" für Lukas negativ konnotiert ist.

Von Lazarus heißt es in Lk 16,23.25, dass er nun in Abrahams Schoß „getröstet" werde. Im Lichte von 13,28f und angesichts der sonstigen Bedeutung des Motivs des endzeitlichen Festmahls bei Lukas (z. B. 14,15; 22,15-18.30) liegt die Annahme nahe, dass ganz im Sinne von 1,53 und 6,20f mitzuhören ist, dass Lazarus – im Kontrast zu 16,21 – nun mit Gütern gefüllt und satt wird. Lukas geht es aber nicht allein um eine endzeitliche bzw. postmortale Erfüllung von 1,53a. Mit der Seligpreisung der Armen wird vielmehr auch bereits im Hier und Jetzt die Perspektive auf die Armen verändert. Denn wenn Gott als der geglaubt wird, der den Armen ihr Recht verschafft, und insbesondere ihnen das Evangelium gilt (4,18; 7,22), muss sich dies im konkreten Umgang mit Armen in der Gemeinschaft widerspiegeln. Lukas' kraftvolles Plädoyer zum Teilen der Güter ist in diesen übergeordneten Zusammenhang einzustellen: Neben der den Armen geltenden eschatologischen Heilsverheißung ist für Lukas' theologische Sicht der Wirklichkeit der Gedanke der konkreten, irdisches Wohlergehen einschließenden Zuwendung Gottes zu den Bedürftigen kennzeichnend, die mit dem Kommen des Messias angehoben hat (1,52f), sich im Wirken Jesu zeichenhaft Bahn bricht und – in ethischer Hinsicht – das Leben seiner Nachfolger umfassend bestimmen soll. Einzubeziehen ist hier schließlich noch einmal 22,24-27, wo das Motiv der Umkehrung der Verhältnisse in der Ermahnung der Jünger einen Widerhall findet (vgl. auch 9,46-48). Im ethischen Bereich geht es dabei selbstredend allein um eine von oben nach unten laufende Inversion: In der christlichen Gemeinde sollen die, die groß sind, nach dem Vorbild Jesu die Rolle der Diener annehmen. Charakteristisch für Lukas ist, dass in der Abgrenzung des von den Jüngern erwarteten Verhaltens vom üblichen Gebaren der herrschenden Oberschicht – im Unterschied zu den synoptischen Parallelen (Mk 10,42–45; Mt 20,25–28) – explizit der antike Euergetismus in die Kritik einbezogen wird. Im Blick auf den kulturellen Kontext kann man dazu darauf verweisen, dass auch im Diasporajudentum Momente einer kritischen Distanz vom Euergetismus hinsichtlich der Ehrung von Wohltätern als Gegenleistung für deren Wohltaten zu beobachten ist (s. dazu Rajak 1996). Während die Vertreter der herrschenden Oberschicht sich als Wohltäter verehren lassen, ohne dass ihre Wohltätigkeit ihre soziale Position in irgendeiner Weise tangiert, sind in der christlichen Gemeinde die, die „größer" sind, angehalten, auf ihren Status zu verzichten und anderen zu dienen. Die Seligpreisung der Armen, weil ihnen das Reich Gottes gehört, steht bei Lukas also nicht isoliert, und sie ist alles andere als billige Jenseitsvertröstung. Ein Zynismus, dass die Armen arm bleiben sollen, damit sie in den Himmel kommen, ist Lukas fremd. Auch wird Armut von Lukas in keiner Weise idealisiert. Sie ist ein Übel, das durch Teilen der Güter (→ 5.3) zu überwinden ist.

Auf der anderen Seite bedeuten die Aussagen über die düstere Zukunftsperspektive der Reichen, die durch das Wort vom Kamel und Nadelöhr in 18,24f auf den Punkt gebracht wird, nicht, dass die Reichen unabänderlich zum Unheil verdammt sind; sie haben vielmehr die Chance, ihren Umgang mit ihren vielen Gütern zu verändern und mit ihnen Gutes zu tun. In der lk Jesusgeschichte spiegelt sich dies unter anderem darin, dass Jesus nicht nur mit Sündern speist, sondern sich auch von Begüterten einladen lässt, diese mit seiner Unterweisung konfrontiert (Lk 14,1–24) und auch sonst das Gespräch mit ihnen nicht scheut. Der reiche Oberzöllner Zachäus (19,2) hat seine Chance genutzt (19,8–10), der reiche Obere in 18,18–23 hingegen hat die ihm in der Begegnung mit Jesus eröffnete Chance verpasst, zumindest zunächst. Lukas lässt die Episode insofern offen enden, als er – im Unterschied zu Mk 10,22 (par Mt 19,22) – den Reichen nicht weggehen lässt. Er ist demnach Zeuge der – bei Lukas nicht spezifisch als Jüngerunterweisung deklarierten (vgl. Mk 10,23 par Mt 19,23) – Stellungnahme Jesu zu seiner Reaktion auf die an ihn in 18,22 ergangene Forderung. Ob ihn dies noch zum Umdenken veranlasst hat, wird nicht ausgeführt. So oder so folgt für 6,24f im Licht von 19,1–10, dass die Weherufe nicht einfach Ansage eines unausweichlichen Gerichts sind, sondern zugleich auch als Warnung und damit als Umkehrmahnung zu hören sind: Reichtum gefährdet die postmortale Zukunft – es sei denn, man besinnt sich darauf, ihn nicht nur für sich selbst zu nutzen. Dem mit dem *Magnificat* gleich zu Beginn des Evangeliums eingeführten Motiv, dass Gott die Reichen leer ausgehen lässt, kommt im Gesamtzusammenhang des Werks die Funktion zu, die Bereitschaft zur karitativen Nutzung von Besitz zugunsten der Armen anzubahnen.

3. Der Vorstellung von der Umkehrung der Verhältnisse tritt in dem Sondergutspassus 12,13–21 ein sapientiales, anthropologisch ausgerichtetes Motiv zur Seite, das den Menschen in seiner Vergänglichkeit bzw. in seiner ihn als Geschöpf kennzeichnenden Unfähigkeit betrifft, über sein Leben umfassend verfügen zu können. Die in V.15 vorgetragene Einsicht, dass auch dem, der im Überfluss lebt, sein Leben nicht aus seinem Besitz zuwächst, wird durch das in V.16–21 nachfolgende Gleichnis entfaltet: Nach dem Glücksfall einer üppigen Ernte glaubt ein Kornbauer, mit

dem Bau größerer Scheunen für etliche Jahre die Grundlage für ein gesichertes, ja angenehmes Leben (V.19) gelegt zu haben. Er übersieht dabei aber eben *die* Grundbestimmung seines Lebens: Er ist Geschöpf Gottes und als solches nicht selbst Herr über sein Leben, sondern dieses liegt allein in der Hand des Schöpfers, der es ihm schon in der nächsten Nacht entziehen könnte, wie dies im Gleichnis denn auch geschieht (vgl. Sir 11,19). Zur Entwertung des Reichtums durch den Blick auf die postmortale Zukunft tritt hier also hinzu, dass großplanerische Güterakkumulation schon angesichts der geschöpflichen Wirklichkeit des Menschen töricht ist. Besitz gaukelt – abgesehen davon, dass der Reichtum selbst stets gefährdet ist (vgl. 12,33: Dieb, Mottenfraß) – nur eine trügerische Sicherheit vor. Wer ein „Tor" ist wie der Kornbauer (V.20), lässt sich vom Besitz blenden; wer klug ist, vertraut sein Leben Gott an.

Letzteres wird in einer spezifisch an die Jünger gerichteten Unterweisung in 12,22–32 entfaltet. Der Sorge um Essen und Kleidung, für die die auf viele Jahre berechnete Vorsorge des Kornbauern ein eindrückliches Beispiel bietet, stellt Jesus die Suche des Gottesreiches gegenüber, die vom Vertrauen in das fürsorgliche Walten des Schöpfergottes getragen ist. In seiner Sorge um Essen und Kleidung zu kreisen, ist hingegen Kennzeichen ‚heidnischer' Lebensorientierung (12,30), was in 12,16–21 darin ein Pendant findet, dass der Kornbauer in seinen Überlegungen nicht fragt, was Gottes Wille ist (→ 5.2). Nun kann man gegen die von Lukas in 12,13–32 entworfene Alternative geltend machen, dass eine gewisse Vorsorge wirtschaftlich vernünftig ist und der Kornbauer insofern keineswegs töricht handelt. Lukas' Komposition wird von einem solchen Einwand aber nicht wirklich getroffen. Zum einen ist aus Lukas' Aufnahme des Q-Textes 12,22–32 so wenig wie aus der mt Fassung (Mt 6,25–34; → VI.2.2.2, Exkurs: Besitzethik im Mt) abzuleiten, dass Menschen sich an Raben und Lilien orientieren und ihre für ihren Lebensunterhalt notwendige Arbeit aufgeben sollen, denn Raben und Lilien fungieren hier nicht als Modelle für menschliches Verhalten, sondern als Beispiele, an denen sich die Fürsorge des Schöpfers für seine Geschöpfe studieren lässt (vgl. Konradt 2012, 124–129). Vertrauen in die Schöpfergüte entbindet Menschen aber nicht davon, dass sie für ihren Lebensunterhalt arbeiten müssen (zu Apg 20,34f → 5.3/6). Positiv gewendet: Der Text schärft ein, sich nicht in Sorge um die materiellen Dinge zu verlieren, sondern das Trachten nach dem Reich Gottes ins Zentrum zu rücken (Lk 12,31a) und im Übrigen seinem Tagwerk im Vertrauen auf Gott nachzugehen, der als gütiger Vater um die vitalen Bedürfnisse seiner Geschöpfe weiß und für diese Sorge trägt (12,30b.31b). Zum anderen ist das Fehlverhalten des Kornbauern erst dann erfasst, wenn man beachtet, dass er eine ganz auf sich selbst gerichtete Existenz führt. Der folgende Abschnitt wird dies entfalten.

### 5.2 Lukas' Kritik an den Reichen und die Gefahren des Reichtums

1. Der Passus Lk 12,13–21 wird in V.13f durch eine kleine Szene eröffnet, in der jemand Jesus um Vermittlung in einem Erbstreit bittet, aber abgewiesen wird, da sein Anliegen mit Jesu Sendung und Auftrag (vgl. 4,18f) nichts gemein hat. Ist V.13 so zu lesen, dass dem Bittsteller ein *ihm rechtmäßig zustehender* Erbanteil von seinem

Bruder versagt bleibt, lässt sich hier eine Querverbindung zur Abwertung von Besitzangelegenheiten ziehen, wie sie in 6,29f.34 zum Ausdruck kommt, wenn Entwendung von Besitz erduldet und aus einem Darlehen eine Schenkung werden soll. In Analogie dazu wäre das angemessene Verhalten des Bittstellers, auf das Erbe, das sein Bruder an sich reißt, einfach zu verzichten. Statt sich des Erbstreits anzunehmen, wendet Jesus sich dem Volk zu, um dieses in V.15(-21) vor jeglicher Form von *Habgier* (πλεονεξία) zu warnen. Lukas stimmt damit in den vielstimmigen Chor frühjüdischer wie auch paganer (popular-)philosophischer Unterweisung ein, in der Habgier als ein Kardinallaster erscheint (→ II.2/5b, IV.3.4/2). Der Textduktus lässt nach dem Anknüpfungspunkt in der vorangehenden Szene fragen und damit danach, wem hier Habgier zur Last gelegt wird. Dem Bruder des Bittstellers (vgl. Wolter 2008, 447 mit Verweis auf Quintilian, Inst 7,1,45)? Oder dem Bittsteller selbst (vgl. Petracca 2003, 117)? Oder beiden? Die nachfolgende Begründung, dass das Leben auch bei Überfluss nicht auf dem Besitz basiert, verweist darauf, dass es sinnlos ist, nach mehr zu streben, als man braucht, und gibt damit zu erkennen, dass Lukas Habgier nicht erst dann gegeben sieht, wenn jemand sich auf Kosten anderer unrechtmäßig bereichert; es genügt, dass jemand mehr Besitz begehrt, als er selbst zum Leben benötigt (vgl. Dion von Prusa, Or 17,21). Das aber dürfte auch für den Bittsteller gelten. Habgier ist damit kein Laster, das nur die Superreichen betrifft; ihm unterliegen alle, die ihr Leben an der Mehrung ihres Besitzes ausrichten. Dass es *auch* die Reichen betrifft, illustriert das Gleichnis vom Kornbauern.

Dieser wird in V.16 als jemand eingeführt, der schon reich ist, als sein Land einen überaus guten Ertrag bietet. Er fragt nun angesichts der reichen Ernte aber nicht nach Gottes Willen bzw. hält nicht im Gebet Zwiesprache mit Gott, was er tun solle, und er hat auch keinen Blick für seine Mitmenschen, die er aus seinem reichen Ernteertrag unterstützen könnte. Er führt vielmehr einen fortdauernden Monolog und schaut allein auf das *ihm* durch seine Güter ermöglichte Wohlergehen. Der Reiche erscheint also als ein *egoistischer* Hedonist (vgl. für viele Malherbe 2014, 349, anders Rindge 2011, 181–183), dessen Selbstbezüglichkeit im Gleichnis pointiert darin zum Ausdruck kommt, dass sein Monolog in einem Selbstgespräch im Selbstgespräch gipfelt (vgl. Petracca 2003, 114f): Der Reiche stellt sich vor, wie er zu seiner Seele sagen wird: „Du hast viele Güter auf viele Jahre liegen. Ruh dich aus, iss, trink, sei fröhlich!" (V.19, vgl. Koh 8,15). Die in V.15 angebahnte weite Definition von Habgier wird damit aufgenommen und vertieft: Es fehlt hier jeder Gedanke an ein gegen andere gerichtetes aggressives oder betrügerisches Vorgehen in der Gier nach mehr (vgl. z. B. 1Hen 97,8-10). Auch das komparative Moment, mehr *als andere* haben zu wollen (vgl. z. B. Dion von Prusa, Or 17,20), spielt hier keine erkennbare Rolle. Vielmehr ist eben schon dies eine Form von Habgier, wenn jemand die ihm zugefallenen Güter über das hinaus, was er aktuell (bzw. für den Zeitraum bis zur nächsten Ernte) benötigt, in selbstbezogener Weise für sich hortet. Die Erzählung illustriert mit der Selbstbezogenheit des Kornbauern plastisch, was in TestJuda 18,3 mahnend als Beobachtung vorgetragen wird: Habsucht „lässt nicht zu, dass ein Mann sich seines Nächsten erbarmt". Sozial problematisch ist dabei im Übrigen nicht bloß die Unterlassung, Arme am Ernteertrag durch (großzügige) Spenden partizipieren zu lassen; vielmehr wird man wohl auch den ökonomischen Aspekt einbeziehen müssen, dass der Ernteertrag dem Markt vorenthalten wird und dadurch Lebensmittel verknappt werden (vgl. Adrian 2019, 256). V.20 deckt nicht nur insofern die Torheit des monologischen Existenzentwurfs des Kornbauern auf, als er Gott als Herrn über sein Leben nicht im Blick und das den Geschöpfen stets drohende Todesschicksal verdrängt hat, sondern lässt mit der Frage am Ende der Gottesrede mit subtiler Ironie auch die zwischenmenschliche Dimension der Fehlhaltung des Reichen anklingen: Das, was der Reiche für sich bereitet hat, wird dann jemand anderem gehören (vgl. Ps 39,7; Sir 11,18f). Er wäre klug beraten gewesen, wenn er es vorher durch Gaben an Bedürftige geteilt hätte (V.33), um „bei Gott reich" bzw. „auf Gott hin freigebig" zu sein (V.21b). Wenn V.21b im Sinne der zweiten Übersetzungsoption[11] Gott als Empfänger der Gaben bezeichnet (so Noble 2016), wäre hier impliziert, dass Barmherzigkeitsgaben zugleich Gott gegeben werden, so dass Gottes Solidarität mit den Bedürftigen mitschwingen würde (vgl. Prov 19,17; Mt 25,40.45). Verbindet man dies ferner mit dem Motiv, dass Besitz Gabe Gottes ist (→ 5.3/3), läge hier zudem der Gedanke vor, dass man durch das Teilen der Güter des Lebens mit den Bedürftigen das, was man – in diesem Fall durch die reiche Ernte – von Gott empfangen hat, zu ihm zurückkehren lässt.

Die Frage des Umgangs mit den Lebensgütern (als Gabe Gottes) ist in der frühjüdischen Weisheit des Öfteren mit dem Motiv der Unvorhersehbarkeit des Todes verbunden (ausführlich dazu Rindge 2011, 43–121). Bei Kohelet ist der Fokus in seiner auf das Diesseits konzentrierten theologischen Perspektive darauf gerichtet, dass es eine Gottesgabe sei, wenn ein Mensch, statt unnütz Reichtum aufzuhäufen (Koh 5,9–16, vgl. 2,4–23), die ihm von Gott zugewiesenen Güter zu genießen vermag, indem er isst, trinkt und fröhlich ist (2,24; 3,13; 5,17–19; 8,15). Sir 14,3–19 lässt ebenfalls Raum für das eigene Genießen der Lebensgüter, statt anderen alles zu hinterlassen (14,14–16), ja es wird sogar ein Zusammenhang zwischen der Haltung, sich selbst nichts zu gönnen, und Geiz und Knauserigkeit anderen gegenüber gesehen (14,5). Zugleich wird hier aber auch das Teilen der Güter explizit angemahnt: „Tu dem Freund Gutes, bevor du stirbst, und gemäß deiner Kraft strenge dich an und gib ihm" (14,13). Das Moment, sich (auch) selbst Gutes gönnen zu dürfen, wird in Lk 12 zwar nicht ausgeschlossen; es spielt aber umgekehrt auch keinerlei Rolle. Das Augenmerk ist, wie V.21b andeutet und V.33f ausführt, ganz darauf gerichtet, die Bedürftigen zu unterstützen. Wo solche Hilfe unterbleibt, hat dies, wie Lk 16,19–31 illustriert, postmortale Konsequenzen, worin sich Lukas mit der Epistel Henochs (1Hen 92–105) trifft, in der das Gericht über die, die ihren (hier zudem unrecht erworbenen) Reichtum nur für sich aufhäufen und genießen, als zentrales Motiv erscheint (94,7–10; 96,4–8; 97,8–10; 103,5–8 u. ö.).

2. Die Darstellung des Typs des selbstbezogenen Hedonisten wird durch die Beispielerzählung in 16,19–31 insofern noch geschärft, als in diesem Fall das Elend in Gestalt des armen Lazarus direkt vor der Tür des Reichen anzutreffen ist, ohne dass der Reiche, obwohl er von Lazarus weiß (in V.23f ist dies darin, dass er ihn erkennt und beim Namen nennt, vorausgesetzt), sich in irgendeiner Weise davon berühren lässt. Neben seiner teuren, prächtigen Kleidung wird das Wohlleben des Reichen durch seine täglichen Gaumenfreuden bei prunkvollen Mahlzeiten charakterisiert (V.19) –

---
[11] Vgl. zur Wendung πλουτεῖν εἰς Röm 10,12; Lukian, Sat 24; Philostratos, VitAp 4,8,3.

wie nach Lk 7,25 die, die an den königlichen Höfen anzutreffen sind, „in herrlicher Kleidung *und in Üppigkeit* leben" (diff. Mt 11,8). Lazarus hingegen ist nicht prächtig gekleidet, sondern mit Geschwüren bedeckt. Er hat auch nicht reichlich zu essen, sondern begehrt, sich von dem, was vom Tisch des Reichen herabfällt, zu sättigen, also von den Überresten, welche den Hunden gewährt werden (Mk 7,28, vgl. Apuleius, Met 7,14,2; Philostratos, VitAp 1,19 u. ö.), die auch noch an seinen Geschwüren lecken (zu den schroffen Kontrasten in Lk 16,19–21 vgl. Gradl 2005, 239–244). Den Reichen kümmert all dies nicht; er ist auf seinen Lebensgenuss fixiert. Lazarus' Lage schreit nach einer Zuwendung, die die Situation verändert. Sein Sterben im Elend entlarvt mit der Untätigkeit der Besitzenden die Grausamkeit der irdischen Realität.

Die Konvergenzpunkte in der Darstellung der beiden Reichen in 12,16–21 und 16,19–31 geben zu erkennen, dass Lukas ein Hauptproblem der Reichen darin sieht, dass sie ihrem Genussleben in asozialer Weise frönen. Der Reichtum erscheint als der Nährboden, auf dem sich eine solche Fehlhaltung zu entwickeln vermag. An der Figur des Kornbauern wird zudem sichtbar, dass Besitz das Gefühl vermittelt, alles im Griff zu haben, was angesichts der geschöpflichen Wirklichkeit des Menschen allerdings nichts anderes als ein gefährlicher Trugschluss ist. Diesen Facetten steht ferner die kritische Stellung zum Mammon zur Seite, die in 16,13 prägnant auf den Punkt gebracht wird. Das aus dem Aramäischen stammende Wort Mammon (= Besitz, Vermögen, Geld) ist an sich nicht zwingend negativ konnotiert, sondern kann auch neutral verwendet werden, doch ist die negative Einfärbung in 16,13 offenkundig, zumal Lukas zuvor gezielt vom „ungerechten Mammon" gesprochen hat (V.9.11). Gott und Mammon werden als zwei einander ausschließende Herren betrachtet: Wer darum kreist, seine Besitztümer um seines Lebensgenusses willen zu mehren oder zu sichern, der hat den Mammon zum Herrn seines Lebens werden lassen und sich damit gegen Gott als den wirklichen Herrn des Lebens gestellt (vgl. 1Hen 94,8). Pointiert kommt hier zum Ausdruck, dass beim Umgang mit Besitz die Gottesbeziehung als Ganze auf dem Spiel steht. In der Rede davon, dass man dem Mammon wie einem Herrn *dient*, ist des Weiteren die Einsicht impliziert, dass sich im Umgang mit dem Mammon eine eigentümliche, den Menschen *versklavende* Dynamik entwickeln kann (vgl. die kritische Sicht irdischer Güter bei Dion von Prusa, Or 10,15) und die Ausrichtung auf den Mammon mithin den Charakter der Anbetung eines Götzen trägt. Letzteres wird dadurch untermauert, dass „Mammon" in V.13 ohne Artikel gebraucht wird und damit wie ein Eigenname erscheint. Kurzum: Statt für sich selbst wie für andere als bloßes Mittel zum Leben zu dienen, avanciert der Mammon zum eigentlichen Ziel und Inhalt des Lebens und damit zu einem den Menschen versklavenden Götzen (vgl. Petracca 2003, 172). Solcher ‚Götzendienst' deformiert zugleich das soziale Miteinander, ja es führt, wie im Fall der Missachtung des armen Lazarus, zu krassen Formen der Inhumanität. Im Gesamtkontext betrachtet, bringt das strenge Entweder-Oder in Lk 16,13 auf den Punkt, was als grundlegende Alternative schon in 12,13–34 sichtbar wurde: Dem Menschen, dessen Augenmerk auf sein Hab und Gut gerichtet ist, um die Genüsse, die die Welt bietet, für sich selbst in vollen Zügen realisieren zu können, steht der Mensch gegenüber, der sein Vertrauen auf Gott richtet, nach Gottes Reich trachtet und nicht auf Erden, sondern bei Gott Schätze sammelt (12,33).

3. Einzustellen ist hier ferner die Bearbeitung von Mk 4,18f in Lk 8,14 im Rahmen der Deutung des Gleichnisses vom Sämann. Die drei Glieder der lk Trias „Sorgen – Reichtum – Vergnügungen des Lebens" benennen verschiedene Aspekte ein und derselben Lebensorientierung; ihr gemeinsamer Nenner „liegt ... in einer egoistischen, materialistischen Lebensausrichtung" (Horn ²1986, 222). Bei den „Sorgen" geht es – ganz im Sinne der in 12,15–21.22–32 miteinander kontrastierten Lebensmodelle – um das Ausgerichtetsein, ja die Fixierung auf die Sicherung und Mehrung der materiellen Existenzgrundlagen. Der „Reichtum" ist das ‚Erfolgsergebnis' einer solchen Orientierung. Die „Vergnügungen des Lebens" benennen im Sinne von 12,19; 16,19 Ziel und Zweck dieser Orientierung. Einzubeziehen ist schließlich Lukas' Version des – im Haus eines Oberen der Pharisäer erzählten (14,1) – Gleichnisses vom Gastmahl (14,16–24). Die Entschuldigungsgründe, die die beiden ersten Geladenen vorbringen, der Kauf eines Ackers bzw. von fünf Gespannen Ochsen (V.18f), weisen auf das Milieu der Begüterten. Dass sozial Marginalisierte (V.21) die Ersatzgäste bilden, unterstreicht die soziale Dimension der Gleichniserzählung. Die Reichen missachten die Einladung in das Reich Gottes, weil sie mit Besitzfragen beschäftigt sind.

## 5.3 Der Besitz als Gabe und das Teilen der Lebensgüter

Für Lukas stellt die Bereitschaft, auf Besitz zu verzichten bzw. diesen in großzügiger Weise für die Behebung der materiellen Nöte anderer zu verwenden, ein elementares Wesensmerkmal des Christseins dar. In der Vielzahl der thematisch relevanten Texte ergibt sich allerdings ein auf den ersten Blick heterogenes Bild, das nach der Kohärenz der lk Aussagen fragen lässt.

1. In der Feldrede tritt das Gewicht des Themenkreises ‚Armut und Umgang mit Besitz' nicht nur durch das Motiv der Umkehrung des Ergehens von Armen und Reichen in den einleitenden Seligpreisungen und Weherufen (Lk 6,20–26) hervor, sondern auch in der in 6,27–35 folgenden Komposition zum Feindesliebegebot (→ 3.1). Aufzunehmen ist hier noch einmal 6,29f (→ 3.1/1). Vergleicht man die Verse mit der Parallele in Mt 5,39c–42, die der Q-Fassung inhaltlich näherstehen dürfte als Lk 6,29f, wird deutlich, dass die lk Reihe eine signifikant andere Ausrichtung bietet. Von den drei Fällen in Mt 5,39c–41, in denen die Situation von sozial Unterlegenen zum Thema wird (→ VI.2.2.1, Exkurs: Die Antithese über den Vergeltungsverzicht in Mt 5,38–42), hat Lukas nur zum ersten Fall ein Pendant (Lk 6,29a). In 6,29b hingegen ist nicht mehr ein Prozess im Blick, in dem das Untergewand gepfändet wird (Mt 5,40), sondern ein Raubüberfall, bei dem das Obergewand entrissen wird. Zu Mt 5,41 hat Lukas gar keine Entsprechung. Die einfachste Erklärung dürfte sein, dass Lukas die Q-Version im Blick auf sein Adressatenmilieu verändert hat. Mit dem Raubüberfall schildert er eine Situation, die auch und gerade Begüterte betrifft. In einer solchen Situation das Untergewand nicht zu verweigern, mag um des Überlebens willen ein Gebot der Vernunft sein. Für Lukas geht es, wie der Fortgang in Lk 6,30 nahelegt, aber auch um ein Zeichen, das demonstrieren soll, dass dem Überfallenen an Hab und Gut nichts liegt. Die Gewichte in der Unterweisung sind deutlich auf die Frage der Stellung zum Besitz verlagert, zumal Lukas auch in V.37f noch einmal die Mahnung aufnimmt, zu geben (V.38a), und damit auch das nachfolgende Wort vom Maß, mit dem man misst (V.38b), nicht wie in Mt 7,1f und wohl in Q das Verbot des Richtens illustriert, sondern die Mahnung zum Geben und die diesem geltende Heilsverheißung.

Zugleich hat Lukas die besitzethische Forderung verschärft. In 6,30a ist durch die Ergänzung zu „*jedem*, der dich bittet" und durch die Verwendung des Imperativ Präsens (statt des Aorists, vgl Mt 5,42) betont, dass es sich hier um eine prinzipielle, gegenüber *allen* geltende ethische *Dauer*aufgabe handelt. Der durch die Hinzufügung von „jedem" gesetzte Akzent tritt profiliert hervor, wenn man als Kontext das in der philosophischen ethischen Reflexion begegnende Motiv beachtet, die Gabe von der (sittlichen) Würdigkeit des Gegenübers abhängig zu machen oder an dieser zu bemessen (Cicero, Off 1,42.45, vgl. ferner z.B. Theognis, Eleg 1,105–112; Aristoteles, EthNic 4,2 [1120b3–4.20–21], frühjüdisch Sir 12,1–7). Nach Lukas hingegen bemisst sich das Wohltun allein an der Bedürftigkeit des Gegenübers (vgl. TestSeb 7,2). Man wird kaum fehlgehen in der Annahme, dass hier anthropologische Grundannahmen wirksam werden. Für Lukas ist (je)der Mensch ein Geschöpf Gottes, dem als solches zu helfen ist. Der Imperativ, Gutes zu tun, gilt daher – in Entsprechung zur Güte und Barmherzigkeit Gottes (6,35f) – unterschiedslos immer. 6,30b nimmt noch einmal den Fall illegitimer Entwendung des Besitzes auf, verallgemeinert aber gegenüber 6,29b. Neben erzwungener Übergabe von Hab und Gut wie in 6,29b mag man hier auch an Diebstahl denken, doch dürfte es Lukas darüber hinaus auch um den Verzicht auf das Eintreiben von Darlehen gehen. Für diese Annahme lässt sich geltend machen, dass die Darlehensthematik explizit in Lk 6,34.35 begegnet, und zwar offenbar inspiriert durch die Q-Vorlage von Lk 6,30b, wie die Rede vom „leihen" (δανίζειν) in der Matthäusparallele in Mt 5,42b nahelegt (das Verb begegnet in beiden Evangelien jeweils nur hier!). Nun ist im Blick auf die Trias in 6,32-34.35 evident, dass in den ersten beiden Fällen (Feindesliebe, Tun des Guten) die Mahnungen in 6,27a.b aufgenommen werden. Ein Rückbezug auf Voranstehendes ist dann aber auch für V.34 anzunehmen, wofür beide Mahnungen in 6,30 in Frage kommen. Das heißt: Die Mahnung in V.30a, jedem Bittenden zu geben, hat nicht nur Almosen im Blick, sondern auch die Vergabe von Darlehen, und zwar selbst in Fällen, bei denen von vornherein keine Aussicht auf Rückzahlung besteht (6,35), und 6,30b schließt den Verzicht auf das Eintreiben von Schulden ein. Im Vergleich zur Forderung in Mt 5,42b (= Q), ein erbetenes Darlehen nicht zu verweigern, zeigt sich damit in Lk 6,30.34.35 wieder eine Verschärfung der Forderung: Während Matthäus' Forderung nicht notwendig Besitzverzicht einschließt, wird bei Lukas aus dem Darlehen faktisch eine Schenkung. Die Unterweisung des lk Jesus in 6,27-35 zielt also in besitzethischer Hinsicht in radikaler Form auf die Grundhaltung, in keiner Weise am Besitz zu hängen. Durch die Makarismen und Weherufe in 6,20–26 ist dies vorbereitet.

Das Gewähren eines (zinslosen) Darlehens ist – wie die Hilfe für Bedürftige überhaupt (s. z.B. Prov 28,27; Sir 4,1–11; Tob 4,7; TestSeb 6,4–8,3; TestHiob 9–12; PseudPhok 22–30) – ein gewichtiges Thema der atl. Sozialgesetzgebung (Ex 22,24; Lev 25,35–38; Dtn 15,7–11; 23,20) und der frühjüdischen Paränese (Sir 29,1–11; Philon, Virt 82–87). Lukas fügt sich hier ein, doch spitzt er die Forderung der Darlehensgewährung eben noch in signifikanter Weise zu. Der Vergleich mit Mt 5,42 legt überdies nahe, dass Lukas hier auch weitergeht als die Jesustradition, die ihm vorlag.

Wurde in den Ausführungen zum Liebesgebot (→ 3.1, 3.2) darauf hingewiesen, dass sich die Agapeforderung für Lukas ganz wesentlich im Umgang mit Besitz konkretisiert, so ist hier umgekehrt festzuhalten, dass der rechte Umgang mit dem Besitz zentral durch das Liebesgebot bestimmt wird. Mit seiner Forderung, das Wohlergehen des Mitmenschen so ernst zu nehmen wie das eigene, definiert das Liebesgebot Lukas zufolge die karitative Nutzung von Besitz als ein wesentliches Merkmal christlicher Existenz.

2. Letzteres wird durch den Schluss der ersten großen, besitzethischen Fragen gewidmeten Komposition in 12,13–34 (→ 5.1/3, 5.2) unterstrichen, die in V.33f in die Mahnung mündet, Besitz zu veräußern und Barmherzigkeitsgaben (ἐλεημοσύνη) zu geben. Das Motiv, dass man sich damit einen Schatz im Himmel schafft, greift kontrastiv auf die Rede vom „Schätzesammeln für sich selbst" in V.21 zurück. Instruktiv für das Gewicht der Besitzethik ist, dass die durch V.21.33 aufgeworfene Alternative, seinen Besitz für sich selbst zu horten oder zu teilen, durch V.34 zum Schibboleth der Herzensausrichtung deklariert wird. Zugleich scheint hier wiederum die vom Besitz ausgehende Gefahr auf: Besitz bindet das Herz (vgl. 18,22f).

3. Die Komposition in Lk 16 wird durch das Gleichnis vom Verwalter eines reichen Mannes[12] eingeleitet, der die Kündigung erhält, weil er beschuldigt wird, die Habe seines Arbeitgebers zu verschleudern. Dadurch, dass Lukas hier für „verschleudern" dasselbe Verb gebraucht, mit dem er in 15,13 das liederliche Treiben des jüngeren Sohnes dargestellt hat (διασκορπίζειν), wird deutlich, dass dem Verwalter nicht ökonomische Inkompetenz zur Last gelegt wird. Er wird vielmehr beschuldigt, seine Stellung benutzt zu haben, um sich über Gebühr selbst ein ‚angenehmes' Leben zu machen (seine Kennzeichnung als „ungerecht" in V.8 bezieht sich zumindest an erster Stelle auf dieses Fehlverhalten, vgl. Kim 1998, 212f). Er gehört insofern in eine Reihe mit dem reichen Kornbauern (12,18f) und dem reichen Mann in 16,19. Als er mit der Kündigung konfrontiert wird, entwickelt er eine ‚soziale' Strategie (V.4): Statt den Besitz seines Herrn – etwa durch ein letztes prunkvolles Fest – weiterhin für sich zu vergeuden, sucht er die ihm bis zur Vorlage der verlangten Schlussabrechnung noch bleibende Zeit zu nutzen, um sich die Schuldner seines Arbeitgebers durch signifikante Reduktionen der Schuldbeträge, in Anlehnung an V.9 gesprochen, zu „Freunden" zu machen, die nach den Grundregeln antiker Freundschaftsethik dazu verpflichtet sind, dem Freund die empfangene Wohltat zu vergelten. Die angesprochenen Jünger (V.1) sollen sich die auf die Zukunft schauende Klugheit des Verwalters im Umgang mit dem Mammon zu eigen machen (V.8). Zugleich wird mit der Gegenüberstellung der „Kinder dieses Äons", zu denen der Verwalter gehört, und der „Kinder des Lichts", als welche sich die Jünger erweisen sollen, sichergestellt, dass das Verhalten des Verwalters nicht im Ganzen Modell für die Jünger sein kann. Denn hinter diesem steht letztlich ein – für die „Kinder dieses Äons" charakteristisches – egoistisches, der *do ut des*-Logik folgendes Kalkül. „Kin-

---

[12] Für eine ausführliche Begründung des im Folgenden vorausgesetzten Verständnisses von Lk 16,1–13 s. Konradt 2016.

der des Lichts" hingegen folgen nicht dem irdisch-immanent ausgerichteten Reziprozitätsdenken, so dass kluger Umgang mit dem Mammon für sie nicht bedeutet, mit diesem solche Freunde zu gewinnen, von denen man eine *irdische* Gegenleistung zu erhalten vermag (vgl. 6,32–34; 14,12–14). Ihre Klugheit orientiert sich vielmehr daran, sich mit dem Mammon Freunde zu machen, um *in den himmlischen Zelten* Aufnahme zu finden, also um postmortal bei Gott angenommen zu werden (V.9). Im Lichte von 12,33f ist dabei evident, dass die Mahnung in 16,9 auf nichts anderes als auf die karitative Nutzung von Hab und Gut zielt.

Durch die Fortführung der Bildwelt des Gleichnisses in der Rede vom „treu sein" und vom „anvertrauen" lässt Lukas in 16,10–12 deutlich werden, dass auch die Jünger in der Rolle von Verwaltern sind (vgl. auch 12,42–48): *Bei ihrer Habe handelt es sich um Güter, die ihnen von Gott anvertraut wurden* (vgl. Kim 1998, 184.286f u. ö.; Petracca 2003, 169). Lk 16 birgt damit ein für das Besitzverständnis fundamentales Moment: Besitz wird entgegen einer privatisierenden Sicht nicht isoliert als das dem einzelnen Menschen Gehörende betrachtet, sondern relational gesehen, nämlich als von Gott den einzelnen Menschen anvertrautes Gut. Hinter diesem Besitzverständnis, das fest in atl.-jüdischer Tradition verankert ist (s. z.B. Lev 25,23; TestSeb 7,2; PseudPhok 29; Philon, Virt 169) und zudem auch anderorts frühchristlich rezipiert wurde (Did 1,5; HermMand 2,4), wird der anthropologische Ansatz sichtbar, dass der Mensch nicht als ein autonomes Individuum gesehen, sondern fundamental in seiner Relation zu Gott betrachtet wird. Die Wendung in V.11a, „im ungerechten Mammon treu zu sein", führt im Blick auf das Verständnis des Besitzes des Näheren zwei Perspektiven durchaus spannungsvoll zusammen: Der Mammon ist zum einen von Gott anvertraut; zum anderen gerät der Mammon aus der Perspektive in den Blick, dass Menschen mit ihm in „diesem Äon" gerade nicht in „Treue" gegenüber dem Geber umgehen, sondern in diesem zentralen Bereich der Lebensorientierung nicht nur in besonderer Deutlichkeit menschliche Ungerechtigkeit manifest wird, sondern darüber hinaus auch vom Mammon selbst eine eigentümliche Dynamik auszugehen vermag, die Menschen zu ungerechtem Handeln stimuliert. V.13 führt diese doppelte Perspektive weiter. Denn wenn Gott und Mammon nun als zwei Herren, denen man nicht gleichzeitig dienen kann, einander scharf gegenübergestellt werden, dann ist davon unbenommen, dass der Mammon in dem, was Lukas dem Kontext nach beim „Gott dienen" konkret vor Augen steht, eine wesentliche Rolle spielt: Man dient Gott durch einen bestimmten Umgang mit dem anvertrauten Mammon, nämlich indem man sich beim Umgang mit diesem von Gottes Willen leiten lässt, so dass Gott als bestimmender Herr sichtbar wird (zum Mammondienst → 5.2). 16,1–13 im Ganzen bedeutet also: Wie der Verwalter des reichen Mannes angesichts der bevorstehenden Entlassung über die ihm verbleibende Zeit hinausblickte und diese nutzte, um für die Zeit nach seiner Verwalterschaft Vorsorge zu treffen, so sollen die Leser bzw. Hörer angesichts des ihnen bevorstehenden Gerichts über ihre Zeit auf Erden, in der sie mit der Verwaltung der von Gott anvertrauten Güter beauftragt sind, hinausblicken und ihr Augenmerk bei der Verwaltung darauf richten, dass sie in die himmlischen Zelte aufgenommen werden. Dazu müssen sie im Umgang mit dem Mammon Gott treu sein bzw. Gott dienen, indem sie mit den ihnen anvertrauten Gütern die Bedürftigen unterstützen und so Not beheben oder zumindest lindern, statt die Güter nur für sich selbst zu horten oder zu ver(sch)wenden.

Im Blick auf den Aspekt der Handlungsmotivation drängt sich zu Lk 16,1–13 eine theologische Problemanzeige geradezu auf: Wenn die den Jüngern anempfohlene Klugheit darin besteht, Besitz karitativ einzusetzen, damit man später das ewige Leben empfängt (vgl. neben 16,9 noch 6,35; 12,33; 14,14), scheint die Barmherzigkeit mit dem bedürftigen Mitmenschen unter das Vorzeichen eines sublimierten egoistischen Kalküls geraten zu sein. Zwar werden die irdisch-immanente *do ut des*-Logik und das vornehmlich an symmetrischen Beziehungen orientierte Reziprozitätsdenken durchbrochen, aber mit der Aussicht auf eine himmlische Gegenleistung scheint lediglich eine höhere utilitaristische Ratio an ihre Stelle getreten zu sein (zur These eines utilitaristischen Ansatzes bei Lukas s. Petracca 2003, 131.144.173f.178 u. ö.). Nun ist tatsächlich nicht in Abrede zu stellen, dass Lukas Handlungsmotivierung durch die Aussicht auf Lohn nicht fremd ist, doch ist in erster Linie zu betonen, dass es ihm an den genannten Stellen um die Durchbrechung einer bloß immanent ausgerichteten Reziprozitätslogik zugunsten der Ausrichtung auf die Wirklichkeit Gottes geht: Zukunftsorientierter Umgang mit Besitz bedeutet dann nicht, diesen als Grundlage der eigenen *irdischen* Existenzsicherung zu betrachten, sondern durch die karitative Nutzung von Besitz einen Schatz *im Himmel* zu sammeln (12,33, vgl. 18,22), weil der Zugang zum Reich Gottes das eigentliche Ziel des Lebens ist und diejenigen, die Gottes Reich suchen, auf die Fürsorge des Schöpfers vertrauen dürfen (12,22–32). Zu beachten ist darüber hinaus, dass der Blick auf das jenseitige Heil im Ganzen betrachtet nicht mehr als *ein* motivationaler Aspekt ist. In 6,36 etwa wird Barmherzigkeit in der Nachahmung Gottes verankert (→ 3.3). Der Ausblick auf den himmlischen Schatz (12,33f) und das *imitatio*-Motiv konvergieren grundlegend darin, dass sie die Theozentrik biblischer Ethik zum Ausdruck bringen: Nicht das Gute an sich, das um seiner selbst willen getan wird, dient als Leitvorstellung, sondern das von Gott Gebotene (vgl. 10,25–28; 16,17.29–31; 18,19f) bzw. das, was Gott oder der Gemeinschaft mit ihm entspricht (vgl. Keck 1996*, 14). Der eschatologische Ausblick ist dabei Teil der Ausrichtung des Lebens auf Gott.

In 16,14f nutzt Lukas die Erzählfigur der Gruppe der Pharisäer als Kontrahenten Jesu (vgl. 15,2), um sein Besitzverständnis theologisch weiter zu profilieren. Lukas lässt die Pharisäer über Jesu besitzethische Unterweisung in 16,1–13 spotten und hält dafür die Wertung der Pharisäer als „geldliebend" (φιλάργυροι) als Erklärung parat (V.14). Lag bei der Kritik an der Habgier (πλεονεξία) in 12,15(–21) der Akzent auf dem weiteren Anhäufen der Güter, auf dem *Mehr*-Haben-Wollen, so schwingt hier im Gegenüber zur Forderung der karitativen Nutzung von Besitz in 16,9 das Moment des Geizes mit (zur Knauserigkeit von Reichen vgl. z. B. Dion von Prusa, Or 7,91). Lukas lässt Jesus in 16,15 mit einer Demaskierung seines Gegenübers reagieren, in der implizit ist, dass die Pharisäer in ihrer religiösen Selbstdarstellung auf eine bestimmte theologische Interpretation von Wohlstand bzw. Reichtum zurückgreifen. Denn das, womit die Pharisäer sich vor den Menschen als Gerechte darstellen und was von den Menschen als „hoch" gewertet wird, ist dem Kontext nach eben ihr Wohlergehen. Biblisch liegt dem zugrunde, dass Reichtum positiv als Ausdruck des Segens Gottes gewertet werden kann (Gen 24,35; 26,12–14; Ps 112,3 u. ö., → IV.3.4/3). Dem steht als andere Seite der Medaille allerdings die scharfe Kritik an sozialer Ungerechtigkeit in der Prophetie Israels entgegen, in der dezidierte Kritik an sich asozial verhaltenden Reichen geübt wird, deren Güterakkumulation auf Betrug und Ausbeutung basiert und die herzlos und ohne Mitleid gegenüber den Armen agieren (Jes 3,14-4,1; 5,8-24; 10,1-4; Ez 22,7.12f.25-29; Am 2,6-8; 3,9-11; 4,1-3; 5,11f; 8,4-6; Mi 2,1-10; 6,9-16 u. ö.). Im Frühjudentum wirkt die prophetische Kritik unter anderem in der Epistel Henochs (1Hen 92-105) weiter, wo die Reichen ohne jeden freundlichen Farbtupfer konsequent als gottlose Sünder gezeichnet werden. Ausdrücklich wird dabei auch die archaische Korrelation von Reichtum und Gesegenetsein bzw. Gerechtigkeit negiert: „Wehe euch, ihr Sünder, denn euer Reichtum lässt euch als Gerechte erscheinen, aber euer Herz beweist euch, dass ihr Sünder seid" (96,4 [Übers. Uhlig]). Lk 16,15 wird vor diesem Hintergrund verständlich. Die Pharisäer sind geldliebend, weil Reichtum ihre Selbstinszenierung als Gerechte unterbaut. Dieselbe theologische Wertung irdischen Wohlergehens steht *notabene* auch hinter der Reaktion der Zuhörer auf Jesu Wort, dass es leichter sei, dass ein Kamel durch ein Nadelöhr geht, als dass ein Reicher in das Reich Gottes kommt: „Wer kann dann gerettet werden?" (Lk 18,26).

Lukas hingegen verneint, dass das Ergehen ein sicherer Indikator für das Tun ist (vgl. Lk 13,1-5). Mehr noch: Der Reichtum wird scharf als Gräuel vor Gott demaskiert, dessen Blick ohnehin nicht an Äußerlichkeiten hängt, sondern ins Herz dringt (vgl. 1Sam 16,7$^{LXX}$; 1Kön 8,39; Jer 12,3 usw.). Denn dort, wo Güter angehäuft werden, ist dies gerade Ausweis davon, dass Menschen mit dem anvertrauten Mammon nicht treu im Sinne seines Gebers umgehen; vielmehr zeigt sich in der Güterakkumulation, dass der Mammon zum eigentlichen Herrn des Lebens aufgestiegen ist. Anders gesagt: Die Güter des Lebens sind eine Gabe Gottes (16,10-12), und eine reiche Ernte (vgl. 12,16) mag Manifestation göttlichen Segens sein. Aber wer so gesegnet wird, hat die Aufgabe, durch Teilen der Güter anderen zum Segen zu werden, sonst wendet sich der Segen für ihn zum ‚Fluch', weil dann der Zugang zum Reich Gottes verschlossen bleibt (18,24f). Die Vermutung liegt nahe, dass Lukas bei der Komposition von 16,14f im Besonderen begüterte Christen vor Augen hatte, denen er eine positive theologische Deutung ihres Reichtums ‚auszutreiben' sucht und die er zu dessen karitativer Nutzung anhalten möchte.

Die weitere besitzethische Unterweisung Jesu in 16,16-31 ist dem narrativen Rahmen nach ebenfalls an die Pharisäer adressiert. Sie wird durch Verweise auf das Gesetz (bzw. Mose) und die Propheten gerahmt (16,16-18.29-31). Nach 16,16 tritt dem Gesetz und den Propheten nun noch die Verkündigung der Gottesherrschaft zur Seite (zur Deutung von 16,16 → 2/1). Im Kontext meint dies konkret: Bereits die Tora mit dem Gebot der Nächstenliebe (Lev 19,17f, vgl. 19,33f) und ihrer Sozialgesetzgebung (Ex 22,20-26; 23,6-9; Lev 19,9f; 25,35-38; Dtn 14,28f; 15,7-11; 24,6.12-22 u. ö.) sowie die entsprechenden sozialen Forderungen der Propheten (Jes 1,17; 58,7) bzw. ihre Sozialkritik (s. o.) genügen, um wissen zu können, dass Besitz zugunsten der Bedürftigen zu teilen ist und man nicht zugleich Gott und dem Mammon dienen kann – oder konkret mit Jes 58,7 gesprochen: dass der Reiche mit Lazarus sein Brot hätte teilen und den obdachlosen Armen unter sein Dach hätte führen müssen. Nun aber, da (den Armen [vgl. 4,18; 7,22]) die Gottesherrschaft verkündigt wird, kommt noch hinzu, dass Gott mit der Ankunft des Messias begonnen hat, die Verhältnisse – in Entsprechung zu seiner Willenskundgabe in Tora und Propheten – ins Lot zu bringen, so dass nun die habgierigen und geizigen Reichen leer fortgeschickt werden, während die Hungernden mit Gütern gefüllt werden (1,53). Bezieht man schließlich die Darstellung des Ergehens des reichen Mannes in 16,19–26, der sich von dem Elend direkt vor seiner Tür nicht hat berühren lassen und es versäumt hat, sich mit dem ungerechten Mammon Freunde zu machen (V.9), auf V.15 zurück, so liest sich das Gleichnis als eindrückliche Illustration der theologisch-ethischen Einsicht, dass Reichtum, den jemand „geldliebend" für sich akkumuliert und hortet bzw. für die eigene hedonistische Lebensentfaltung nutzt, nicht Ausdruck von Segen, sondern Gott ein Gräuel ist. Ferner kann man die Zurückweisung der Unterweisung Jesu (16,1–13) durch die Pharisäer (16,14) im Gleichnis in der Missachtung von Gesetz und Propheten durch den Reichen und seine Brüder gespiegelt sehen (vgl. Johnson 1977, 143).[13] Der abschließende Verweis darauf, dass diejenigen, die sich von Mose und den Propheten nicht zur karitativen Nutzung ihrer Güter bewegen lassen, auch durch die Auferstehung eines Toten ihren Sinn nicht ändern würden, dürfte auf der Kommunikationsebene des Evangelisten die Auferstehung Jesu (mit) im Blick haben und damit auf die fortgesetzte Opposition gegen Jesus und seine Botschaft anspielen (vgl. Gradl 2005, 251f). Den Lesern und Hörern des Lk sollen die Pharisäer in 16,14(–31) als warnendes Beispiel dienen: Der lk Jesus ruft die Sünder zur Umkehr. Im Wissen um ihre Situation ergreifen diese im breiten Umfang ihre Chance (Lk 5,27–32; 7,36–50; 15,1f; 19,1–10, vgl. auch 3,12f; 7,29; 18,9–14). Die Begüterten aber, zu denen in der Erzählung auch die Pharisäer gehören (s. neben 16,14 noch 14,1), werden ihres sündhaften Wandels nicht gewahr, weil sie nicht sehen, dass Geldliebe und das Versäumnis, Besitz karitativ zu nutzen, Kardinalsünden sind.

4. Der Feldrede und den großen besitzethischen Kompositionen in Lk 12,13–34 und Lk 16 steht eine ganze Reihe weiterer für das Thema relevanter Passagen zur Seite, mit denen Lukas immer wieder das Augenmerk auf den Umgang mit Besitz lenkt und diesen als sein ethisches Hauptthema hervortreten lässt. So ist die Gerichtsverkündigung des Täufers (3,7–9) in 3,10–14 um eine drei kurze Szenen umfassende ethische Unterweisung an die Volksmengen, die Zöllner und die Soldaten ergänzt, die die der Umkehr würdigen Früchte (V.8) konkretisiert und deren Teile thematisch in der Ausrichtung auf besitzethische Fragen konvergieren. Dem Volk wird bedeutet, dass sie das an Kleidung und Nahrung (sie stehen hier, wie auch sonst oft, für die vitalen Grundbedürfnisse, vgl. z.B. Dtn 10,18; Lk 12,22f; 1Tim 6,8; Jak 2,15), das sie über die Deckung ihres Grundbedarfs hinaus besitzen, mit den Bedürftigen teilen sollen (V.10f, vgl. Jes 58,7; Ez 18,7; Tob 1,17; TestSeb 6,4–7,1). Hier werden auch ‚kleine Leute' in dem ihnen möglichen Maß zu Wohltätern, indem sie sich mit ihrem bescheidenen Auskommen solidarisch gegenüber noch Schwächeren verhalten (vgl. die pointierte Aussage bei Dion von Prusa, Or 7,82, dass gerade die Armen

---

[13] Zur kontextuellen Platzierung des Wortes zur Wiederheirat in 16,18 kann man über die Illustration der Gültigkeit des Gesetzes (→ 2/1) hinaus erwägen, dass ein Motiv, sich scheiden zu lassen und eine andere Frau zu heiraten, die höhere Mitgift sein konnte, die eine Frau aus besser situierten Kreisen mitbrachte (so Loader 2012*, 258). – Zur (Problematisierung der) Mitgift als Heiratsgrund s. exemplarisch Musonios, Diss 13B (ed. Hense p. 69,4–9); Plutarch, ConjPraec 24 (Mor 141c–d).

bereitwilliger ihre Habe teilen als die Reichen). Von den Zöllnern und Soldaten wird dem ersten Anschein nach im Grunde nicht mehr als Rechtschaffenheit verlangt: Zöllner sollen nicht mehr eintreiben, als ihnen zusteht (V.12f, vgl. 19,8b); Soldaten sollen sich mit ihrem Sold begnügen und ihre Macht nicht zur persönlichen Bereicherung missbrauchen (V.14). Von beiden wird, mit anderen Worten, „Verzicht auf Habsucht" (Mineshige 2003, 169) erwartet. Im Kontext betrachtet ist allerdings zu beachten, dass über die Unterlassung des berufsspezifischen Fehlverhaltens hinaus faktisch auch ihnen die zuvor an die offene Gruppe der Volksmengen adressierte Mahnung von V.11 gilt, was in Lk 19,1–10 dadurch illustriert wird, dass der *Zöllner* Zachäus *die Hälfte* seines Besitzes den Armen spendet (19,8a), wie es 3,11 entspricht (vgl. Rost 2007, 16f).

In Lk 11,41 hat Lukas Jesu Kritik an der Fokussierung der Pharisäer auf äußere Reinheit (11,39f, vgl. Mt 23,25f), der die übergeordnete Bedeutung des inneren Menschen gegenübergestellt wird, um die Mahnung ergänzt, dass man das, was in den Bechern und Schüsseln ist, (zugunsten der Bedürftigen) spenden soll. Im Gegenüber zum in V.39 erhobenen Vorwurf, dass die Pharisäer innen voll Raub und Bosheit sind, impliziert V.41a eine radikale besitzethische Kehrtwendung, deren immense Bedeutung in V.41b dadurch herausgestrichen wird, dass ihnen durch solche Barmherzigkeitsgaben (ἐλεημοσύνη) alles rein wird. Mit Letzterem schließt Lukas an die frühjüdische Hochschätzung von Barmherzigkeitstaten an, die Tob 12,9 eindrücklich illustriert: „Barmherzigkeit (ἐλεημοσύνη) errettet vom Tod, und sie reinigt jede Sünde" (vgl. Tob 4,10; 14,10; Sir 3,30; 29,12; 40,24).

In Lk 14,25–35 führt Lukas über die in Q (vgl. Mt 10,37f) vorgegebenen Aspekte der Distanzierung von der Familie (V.26) und des Kreuztragens (V.27) hinaus als Bedingung der Nachfolge noch die Anforderung an, sich von *allen* Besitztümern loszusagen (V.33). Im Gesamtkontext wird dies durch die Berufungsgeschichten illustriert: Bei der Berufung von Petrus samt seinen Gefährten Jakobus und Johannes wie auch bei der Berufung des Zöllners Levi betont Lukas, dass sie *alles* verließen (5,11.28, ohne „alles" Mk 1,18.20; 2,14 par Mt 4,18.20; 9,10). Die Variation von Lk 5,11.28 in Petrus' Rückblick in Lk 18,28 zur Aussage, dass sie *„das Eigene"* verlassen haben (Mk 10,28 und Mt 19,27 bieten hier „alles"), was neben dem Besitz auch die Familie einschließt (vgl. V.29), betont die Größe des von den Jüngern geleisteten Verzichts: Sie haben für Jesus auch ihren sozialen Lebenskontext, in dem sie beheimatet waren, aufgegeben. Allerdings zeigt schon die der Berufung Levis nachfolgende Szene, dass der Befund komplexer ist, als er auf den ersten Blick erscheint, denn bei Lukas richtet Levi im Anschluss daran, dass er *alles* verlassen hat, ein großes Mahl *in seinem Haus* aus (Lk 5,29), und ebendies kann man im Kontext von V.28 als Manifestation seiner Nachfolge ansehen. Dass er *alles* verlassen hat, erscheint insofern als eine hyperbolische Aussage (vgl. Hays 2010, 82f); jedenfalls hat er nicht alles verkauft, wie Jesus dies hingegen von dem reichen Mann in 18,22 fordert. Im Übrigen wird auch im Blick auf Simon Petrus und die beiden Zebedäussöhne Jakobus und Johannes in 5,11 nicht ausgeführt, dass sie alles zugunsten der Armen *veräußerten*. 5,11 und 5,28 sind offenbar allein so zu verstehen, dass die vier genannten Jünger ihre Lebensgrundlagen zurücklassen (Hays 2010, 82–84).

Im Blick auf die strengen Ausrüstungsregeln in den Aussendungsreden in 9,3 und 10,4 wird durch 22,35f deutlich, dass Lukas sie nicht als allgemein gültige Bestimmungen verstanden hat. Sie werden des Näheren auch nicht bloß für die Zeit nach Jesu Tod revidiert, so dass man die Zeit des irdischen Wirkens Jesu und die nachösterliche Zeit einander gegenüberstellen könnte, sondern 22,36 setzt die Möglichkeit voraus, dass bereits die bei Jesus weilenden Jünger einen Geldbeutel und eine Tasche bei sich haben, um daraus den Kauf eines Schwertes zu bestreiten. 9,3; 10,4 werden so als Sonderbestimmungen nur für die genannten Aussendungen gekennzeichnet und sind daher keine Belege für die völlige Besitzlosigkeit der Jünger, die sich generalisieren ließen (vgl. Hays 2010, 88–93).

Die Pluralität von Modellen, die mit dem Voranstehenden bereits angedeutet wurde, tritt noch deutlicher hervor, wenn man 8,2f und 19,1–10 hinzuzieht. Nach 8,2f befanden sich in Jesu Gefolge Frauen. 23,49 greift diese Notiz auf und spricht explizit von Frauen, die Jesus „aus Galiläa *nachgefolgt* sind". Nach 8,3 dienen sie Jesus und den Seinen mit ihrer Habe, wobei die gewählte Imperfektform (διηκόνουν) auf eine anhaltende bzw. wiederholte Unterstützung verweist. Erst durch solchen diakonischen Beistand ist die Wanderexistenz Jesu und der Jünger möglich. Mit keinem Wort ist dabei davon die Rede, dass sie ihren gesamten Besitz veräußerten: Sie leisten *aus* ihrer Habe Unterstützung (vgl. Tob 4,7: „gib Barmherzigkeitsgaben *aus* deiner Habe"). In 19,1–10 dokumentiert sich Zachäus' Umkehr (V.2) darin, dass er *die Hälfte* seines Besitzes zugunsten der Armen veräußern und überdies die von ihm bei seiner Zolltätigkeit Übervorteilten vierfach entschädigen will. Weder wird hier deutlich, dass er nach der geplanten Entschädigung völlig mittellos sein wird, noch ist davon die Rede, dass er im Anschluss seinen Beruf aufgab und mit Jesus nach Jerusalem zog. Vielmehr liegt das Augenmerk allein darauf, dass ihm als „Kind Abrahams" Heil widerfahren ist (V.9, vgl. 13,16), denn mit V.8 hat er begonnen, der Umkehr würdige Früchte zu bringen (vgl. 3,8). Nicht zuletzt wird die Vielstimmigkeit von Lukas' besitzethischen Aussagen deutlich, wenn man die Apg einbezieht.

5. Die große Bedeutung, die Lukas der Besitzethik beimisst, kommt in der Apg allem voran in seiner Beschreibung der gelebten Solidarität in der Jerusalemer Urgemeinde zum Ausdruck, wie sie in den summarischen Notizen in Apg 2,42–47 und 4,32–35 vorgebracht wird. In der Forschung ist im Blick auf Lukas' Schilderung der Urgemeinde in der Regel von einer Gütergemeinschaft die Rede, doch ist hier sorgfältig zu differenzieren.

Gütergemeinschaft galt in der antiken Welt durchaus verbreitet (vgl. die Belegzusammenstellung bei Winiarczyk 2011, 250–252) als ideale Form sozialen Lebens (vgl. Klauck 1989, 70–89; Petracca 2003, 261–271). Anzuführen sind hier nicht nur mythenhafte Vorstellungen einer idealen Urzeit oder eines Goldenen Zeitalters, in denen mehrfach das Motiv begegnet, dass Menschen zunächst Grund und Boden als gemeinsamen Besitz ansahen, bis sich als Folge der Habgier Privatbesitz entwickelte (Vergil, Georg 1,125–128; Ovid, Met 1,136f [im Kontext von 1,90–151]; Seneca, EpMor 90,3f.36–40 u.ö., zu diesen und weiteren Texten Noble 2021, 15–53, der zugleich einen maßgeblichen Einfluss dieser Tradition auf Lukas postuliert [118–146]). Zu verweisen ist vielmehr auch, ja an erster Stelle auf philosophische Traditionen. Laut Diogenes Laertios sagte Pythagoras als erster, dass Freunde alles gemeinsam hätten und Freundschaft Gleichheit sei (κοινὰ τὰ φίλων εἶναι καὶ φιλίαν ἰσότητα), um dann zu notieren, dass seine Schüler ihr Hab und Gut zu *einem* Besitz zusammengelegt hätten (8,10). Auch Jamblichos erwähnt die Gütergemeinschaft der Pythagoreer und hält ausdrücklich fest, dass es keinen Privatbesitz gab (VitPyth 168). Beide Quellen sind spät (3. Jh. n. Chr.), doch kann die Frage, inwiefern hier, wenigstens im Blick auf den engsten Schülerkreis, adäquat historische Realität abgebildet wird oder legendarische Traditionen verarbeitet sind, offenbleiben. Wichtig ist hier allein, dass solche Traditionen lebendig waren, was sicher nicht erst für das 3. Jh. n. Chr. gilt, sondern schon für die lk Zeit anzunehmen ist. Neben den Pythagoreern ist auf Platon und Aristoteles zu verweisen. In Platons idealem Staat soll für die Wächter gelten, dass sie kein eigenes Vermögen besitzen (Resp III 416d–417a). In Leg V 739b–c führt Platon sodann im Blick auf den idealen Staat aus, dass die besten Gesetze dort seien, wo in der gesamten Polis so gut wie möglich der alte Spruch „Freunden ist alles gemeinsam" (κοινὰ τὰ φίλων) verwirklicht ist, was sich für Platon allerdings nicht nur auf das Vermögen, sondern auch auf Frauen und Kinder bezieht (Resp V 449ff).[14] Aristoteles hat den „alten Spruch" in seiner Erörterung der Freundschaft in der Nikomachischen Ethik (→ II.1/2) aufgenommen (8,11 [1159b31], vgl. 9,8 [1168b7f], wo Aristoteles mehrere Sprichwörter aneinanderreiht, neben dem Genannten z. B. auch „*eine* Seele").[15] Für Aristoteles bedeutet dieses Diktum im Rahmen der Freundschaftsethik allerdings nicht, dass tatsächlich Gemeinschaftsbesitz besteht, sondern allein, dass der eigene Besitz dem Freund zur Verfügung gestellt werden soll. In seiner Staatslehre hat sich Aristoteles ausdrücklich gegen Platons Ideal der Gütergemeinschaft gestellt (Pol 2,1–5 [1260b37–1264b25]) und im Gegenzug aufgrund der natürlichen Selbstliebe für den Fortbestand von Privateigentum plädiert, der allein durch die Benutzung gemeinsam wird (Pol 2,5 [1263a37–39]), wobei Aristoteles auch in diesem Zusammenhang auf den genannten Freundschaftstopos rekurriert: Das Sprichwort „Freunden ist alles gemeinsam" gilt „um der Tugend willen" für den „*Gebrauch* (des Besitzes)" (Pol 2,5 [1263a29f]; zum Nebeneinander von privatem und gemeinsamem Besitz unter Freunden vgl. z. B. Seneca, Ben 7,12,5).

Im frühjüdischen Bereich ist auf den Gemeinschaftsbesitz der Essener zu verweisen. Nach Philons Schilderung in Prob 85–87, mit der er die sich in freundlicher Gesinnung, Gleichheitsempfinden und Gemeinschaftssinn manifestierende Menschenliebe (!) der Essener (84) illustriert, gibt es unter den Essenern zwar Eigentum in Form von Hausbesitz, doch würden die Häuser gemeinschaftlich genutzt, so dass sie zugleich Gemeingut aller sind (85). Vor allem aber wird Geld gemeinsam verwaltet, entsprechend auch der Arbeitslohn der Gemeinschaft zur Verfügung gestellt, und sogar Kleider und Vorräte gehören allen gemeinsam (86, vgl. Philon, Hyp 11,4–12). Schließlich werden Kranke und ältere Menschen aus dem gemeinsamen Fundus versorgt (Prob 87, vgl. Hyp 11,13); dieser explizite Verweis auf die Sorge für die Bedürftigen spiegelt die hohe Bedeutung der Zuwendung zu den Armen im Judentum. Josephus zufolge überschreiben die Eintretenden ihr Hab und Gut der Gruppe, so dass „bei ihnen insgesamt weder die Niedrigkeit der Armut noch ein Vorrang des Reichtums in Erscheinung tritt, sondern nach Zusammenlegung des Besitzes der Einzelnen nur ein Vermögen für alle als Brüder vorhanden ist" (Bell 2,122 [Übers. Michel/Bauernfeind], vgl. Ant 18,20). Josephus setzt allerdings an anderer Stelle ein (partielles) Verfügungsrecht Einzelner über Güter zur Hilfe für die Bedürftigen voraus (Bell 2,134), was auf einen gewissen Privatbesitz schließen lässt und mit Facetten von Philons Essenerdarstellung konvergiert. Sofern (einige der) Qum-

---

[14] Vgl. dazu Diogenes Laertios 7,33.131 über Zenon (und Chrysipp) sowie die Beschreibung der Skythen bei Strabon, Geogr 7,3,9 und von fernen Inselbewohnern bei Diodorus Siculus 2,58,1.

[15] Zur Maxime, dass Freunden alles gemeinsam ist, s. neben den bereits genannten Belegen ferner z. B. Platon, Resp IV 424a; V 449c; Phaedr 279c; Lysis 207c; Plutarch, AdulAmic 24 (Mor 65a); Jamblichos, VitPyth 92 sowie Cicero, Off 1,51; Martial, Epigr 2,43,1.16; Seneca, Ben 7,4,1. Zur Rezeption im hellenistischen Judentum s. Philon, Abr 235; VitMos 1,156.

rantexte als essenische Zeugnisse auszuwerten sind (vgl. dazu exemplarisch Collins 2010, 142–156), ist hier einzubeziehen, dass Gemeinschaftsbesitz auch durch die Gemeinderegel 1QS bezeugt wird (s. 1QS I,11f; III,2f), wo zudem auch ein mehrstufiges Verfahren der Übereignung des Besitzes in Korrelation zu den Phasen des mehrjährigen Aufnahmeverfahrens begegnet (1QS VI,13–23). Nach CD XIV,12–16 soll allerdings allein der Lohn von mindestens zwei Tagen im Monat zur Unterstützung der Bedürftigen in die Hände des Aufsehers und der Richter übergeben werden (für eine Analyse des Passus Murphy 2002, 83–87); hier ist Privatbesitz vorausgesetzt. Möglicherweise gab es, wozu die sich nach Josephus, Bell 2,160f an der Ehefrage manifestierende Binnendifferenzierung eine gewisse Analogie bieten könnte, innerhalb der Bewegung (oder in unterschiedlichen Phasen ihrer Geschichte) verschiedene Formen der Ausprägung des Grundgedankens einer solidarischen Güternutzung. In Philons und Josephus' Darstellung ist im Übrigen mit idealisierenden Tendenzen zu rechnen, die am pythagoreisch-platonischen Modell Maß nehmen.

Lukas knüpft in seiner Darstellung der Urgemeinde deutlich an die genannten freundschaftsethischen Topoi an, transformiert diese aber inhaltlich, indem er sie durch das in der atl.-jüdischen Tradition zentrale Anliegen der Sorge für die Armen neu perspektiviert und durch die im Evangelium eingeschärfte Bereitschaft zum Besitzverzicht zugunsten der Bedürftigen zuspitzt. Im Einzelnen: Das Sprichwort „eine Seele"[16] ist, wohl unter dem Einfluss von Dtn 6,5, zu *„ein* Herz und *eine* Seele" erweitert (Apg 4,32); das Diktum *„Freunden* ist alles gemeinsam" spiegelt sich in der Notiz, dass die *Glaubenden* „alles gemeinsam hatten" (2,44; 4,32, vgl. dazu z. B. Hume 2011, 98f). In 4,32 bildet diese Notiz das positiv formulierte Korrelat zu der Aussage, dass „auch nicht einer *sagte*, dass etwas von seiner Habe sein eigen sei". Letzteres lässt darauf schließen, dass das Diktum, den Glaubenden sei alles gemeinsam gewesen, nicht bedeutet, dass es keinen Privatbesitz mehr gibt, sondern allein, dass Gemeindeglieder ihren Besitz nicht für sich beanspruchen, sondern zur gemeinschaftlichen Nutzung zur Verfügung stellen. Es besteht daher auch keine Spannung zur Erwähnung des Hauses der Maria in 12,2 oder zu der Notiz in 2,46, dass die Gemeindeglieder *in den Häusern* das Brot brachen – auch hier ist vorausgesetzt, dass einige nach wie vor ein Haus besitzen. Sofern der Terminus Gütergemeinschaft im Blick auf die Frage des Privatbesitzes unzutreffende Assoziationen weckt, wäre es im Grunde angemessener, von einer solidarischen Güternutzung statt von einer Gütergemeinschaft zu reden. Das von Lukas dargestellte Modell unterscheidet sich jedenfalls deutlich von dem pythagoreischen in den Darstellungen von Jamblichos und Diogenes Laertios, während es sich insofern mit der Ausprägung des Grundsatzes „Freunden ist alles gemeinsam" in Aristoteles' Freundschaftsethik trifft, als dort, wie gesehen, nicht die Aufgabe von Privatbesitz im Blick ist, sondern die Bereitschaft, Freunde am eigenen Besitz teilhaben zu lassen.

Zugleich gewinnt aber auch das in der Freundschaftsethik propagierte Ideal „gemeinsamen" Besitzes neue Konturen. Denn für die soziale Struktur von Freundschaften ist die Orientierung an Homogenität typisch (vgl. Hays 2010, 209). Damit

---

[16] Siehe neben Aristoteles z. B. Euripides, Orest 1046; Cicero, Amic 92; Plutarch, AmicMult 8 (Mor 96f); Jamblichos, VitPyth 167, ferner Diogenes Laertios, 5,20 über Aristoteles, der auf die Frage „Was ist ein Freund?" geantwortet habe: *„eine* Seele, die in zwei Körpern wohnt".

geht einher, dass die Gütergemeinschaft getragen ist „vom Gedanken an und vom Wissen um die unbedingte Gegenseitigkeit und Verpflichtung" (Gradl 2005, 335). Die Urgemeinde erscheint in der lk Darstellung hingegen, wie dies *mutatis mutandis* auch für das gemeindliche Umfeld des Lukas gelten dürfte, deutlich als ein heterogenes Gebilde aus sowohl armen Christen, die der Unterstützung bedurften (2,45; 4,35), als auch (relativ) begüterten Gemeindegliedern wie Barnabas (4,36f), die die finanziellen Mittel bereitstellten (2,45; 4,34) und dazu ggf. sogar bereit waren, Häuser und Grundstücke zu veräußern. Zu Letzterem ist zu beachten, dass Lukas weder in 2,45 noch in 4,34f das Bild zeichnet, dass Gemeindeglieder mit *einem* Mal ihre *ganze* Habe verkauften und den Erlös der Gemeinde zur Verfügung stellten. Die von Lukas verwendeten, iterativ zu verstehenden Imperfekte weisen vielmehr auf ein wiederholtes Geschehen (vgl. Petracca 2003, 255), womit das oben zur Frage des Privatbesitzes Ausgeführte Bestätigung findet: Lukas denkt nicht an eine Gesamtüberschreibung des Besitzes bei Eintritt in die Gemeinschaft. Die Verkäufe waren vielmehr jeweils durch den konkreten Unterstützungsbedarf in der Gemeinde veranlasst und geschahen zudem, wie 5,4 zeigt, auf freiwilliger Basis: Wenn Gemeindeglieder Not hatten (2,45; 4,35), verkaufte ein begütertes Gemeindeglied ein Grundstück oder ein Haus und überreichte den Erlös den Aposteln, die dann die Mittel je nach Bedürftigkeit verteilten. Die Notiz, dass es (aufgrund dieser Verkäufe) „niemanden unter ihnen gab, der Not litt" (4,34), spielt auf die in Dtn 15,4 entwickelte Idealvorstellung an, dass es überhaupt keinen Armen unter ihnen geben sollte. Lukas will dieses Ideal als in der Urgemeinde realisiert präsentieren.

Im Gesamtkontext des lk Doppelwerks hat die Schilderung der solidarischen Güternutzung in der Jerusalemer Urgemeinde die Funktion, die besitzethische Unterweisung Jesu in das ekklesiale gemeinschaftliche Leben zu übersetzen. Zur ekklesialen *Gemeinschaft* (2,42) gehört als eine wesentliche Manifestation, dass aufkommenden Notlagen durch Teilen der Güter effektiv begegnet wird und niemand in der Gemeinde hungern muss (2,44f). Indem Lukas den freundschaftsethischen Topos, dass Besitz gemeinsam ist, durch ein an der atl. Sozialgesetzgebung (Dtn 15,4) und der Unterweisung Jesu (Lk 12,33 u. ö.) orientiertes Hilfsethos transformiert, das die Behebung konkreter materieller Not durch Besitzverzicht auf Seiten der Bessergestellten zum Ziel hat, fügt sich die Darstellung der Jerusalemer Gemeinde zugleich nahtlos der im Evangelium vorgebrachten Kritik am Reziprozitätsdenken (Lk 6,32-34; 14,12-14) ein: Begüterte Christen geben, ja sie veräußern sogar Immobilien, ohne dass überhaupt die Aussicht besteht, dass sie von den Empfängern *in materieller Hinsicht* etwas zurückempfangen (vgl. Mitchell 1992, 266f). Vorgebildet ist die dargelegte Transformation des freundschaftsethischen Topos vom gemeinsamen Besitz im hellenistischen Judentum. So verweist Philon in SpecLeg 4,72 auf die in der Gesetzgebung verheißenen großen Belohnungen für die, „die die Unglücke der Nachbarn zu beheben suchen und ihren übergroßen Besitz nicht als ihr Eigenes betrachten, sondern als gemeinsamen (Besitz) mit denen in Notlagen."

Das Bild wird dadurch abgerundet, dass zu den vier Aspekten, mit denen die Jerusalemer Gemeinde in Apg 2,42 charakterisiert wird, auch das Brechen des Brotes, also die Feier des in den Anfängen mit einem Sättigungsmahl verbundenen Abendmahls gehört (vgl. V.46). Es liegt nahe, dass die Speisen vornehmlich von den begüterten Gemeindegliedern bereitgestellt wurden. Die ärmeren Gemeindeglieder bekamen hier ihr ‚täglich Brot', so dass das Mahl auch eine bedeutsame karitative Dimension hatte (vgl. Lk 14,12–14, vgl. Hays 2010, 193). Die Solidargemeinschaft, die im Verkauf von Immobilien ihren besonderen Ausdruck findet, zeigt sich in der Mahlgemeinschaft in ihrer alltäglichen Gestalt. Das im Lk wiederholt durch die Vorstellung des eschatologischen Mahls dargestellte Heil des Reiches Gottes (vgl. Lk 13,29; 14,15; 22,16.18; 22,30), in dem die Hungrigen satt werden (Lk 6,21, vgl. 1,53), wird für die Bedürftigen in seiner gegenwärtigen Dimension in der gemeindlichen Mahlgemeinschaft irdisch konkret erfahrbar.

Die Erzählung über die Lösung des Problems, dass infolge des Wachstums der Gemeinde die Witwen des griechischsprachigen Teils der Gemeinde bei der täglichen (!) diakonischen Versorgung übersehen wurden (Apg 6,1–7), fügt sich hier ein: Der Passus gibt zu erkennen, dass es in der Gemeinde eine ‚Tafel' für bedürftige Gemeindeglieder gibt. Die zunehmende Überforderung der Apostel, die aus dem Wachstum der Gemeinde und entsprechend der Aufgaben resultiert, führt nicht zur Reduktion oder gar Einstellung der diakonischen Aktivitäten, sondern zur Ausdifferenzierung der Aufgaben und ihrer Verteilung auf mehrere Schultern: Die Apostel können sich fortan auf den Verkündigungsdienst konzentrieren (6,4), während mit der Bestimmung von sieben Diakonen sichergestellt wird, dass niemand in der Gemeinde hungern muss. In Lk 22,24–27 hat Jesus selbst sein Wirken mit dem eines Dieners zu Tisch, eines Diakons, verglichen und sich den Jüngern als Modell präsentiert; im diakonischen Tischdienst der Jerusalemer Gemeinde findet dieser Impuls seine Aufnahme und Umsetzung (vgl. Johnson 1977, 166f). Eine grundlegende Spannung zwischen 2,44f; 4,32–35 und 6,1–7 besteht nicht. Vielmehr konkretisiert 6,1–7 das an konkreten Notlagen (2,45; 4,35) orientierte Teilen der Güter, und umgekehrt lassen sich die Summarien im Blick auf die Frage der Finanzierung der ‚Tafel' heranziehen: Wenn es nötig war, verkaufte ein begütertes Gemeindeglied ein Haus oder einen Acker, um die Finanzmittel für die diakonischen Aktivitäten bereitzustellen.

In historischer Hinsicht dürften die Summarien in Apg 2 und 4 als Idealisierungen eines solidarischen Gemeinschaftslebens zu werten sein, das es tatsächlich gegeben hat (vgl. z. B. Kim 1998, 228–232). Lukas hat Notizen darüber, „wie in der Urgemeinde das soziale Gefälle durch tätige Liebe vor allem der Besitzenden ausgeglichen wurde" (Schenke 1990, 91), verallgemeinert. Der Befund, dass Lukas in seiner Darstellung der Jerusalemer Gemeinde auf Topoi hellenistischer Freundschaftsethik zurückgreift, besagt jedenfalls in keiner Weise, dass das von Lukas gezeichnete Bild rein fiktiv ist. Zumal die Präsenz hellenistischer Christusgläubiger in Jerusalem eröffnet vielmehr umgekehrt die Möglichkeit, dass – neben der an die sozialen Traditionen Israels anknüpfenden besitzethischen Unterweisung Jesu als Fundament – freundschaftsethische Ideale von Anfang an als *ein* Impuls auf die Gestaltung des Gemeinschaftslebens eingewirkt haben (als pointierte These bei Theißen 1995, 706–710).

Bei den weiteren in der Apg geschilderten Gemeindebildungen fehlen zu 2,44; 4,34f analoge Notizen. Wohl aber ist wiederholt von Barmherzigkeitsgaben die Rede (9,36; 10,2.31; 20,35). Aus diesem Befund ist schwerlich abzuleiten, dass die Jerusalemer Form solidarischer Güternutzung für Lukas lediglich eine erfreuliche historische Reminiszenz darstelle bzw. Lukas in der Apg „in narrativer Weise den Weg vom Ideal zur Realität" (Theißen 1995, 696) vollziehe. Der Grund kann schlicht darin zu suchen sein, dass Lukas' Quellen und Informationen bei den weiteren Gemeindebildungen keinen Anhalt für ein zu 2,44; 4,34f analoges Bild boten. Umso wichtiger musste ihm sein, mit der solidarischen Güternutzung der Jerusalemer ein gelungenes Modell der Aufnahme und Umsetzung der besitzethischen Impulse Jesu in Bezug auf die Gestaltung des *Gemeinschaftslebens einer Ortsgemeinde* darbieten zu können, das anderen in ihrer spezifischen Gemeindesituation zur Orientierung und als Ansporn dienen kann (vgl. Schottroff/Stegemann ³1990, 151). Lukas' Darstellung der Jerusalemer Gemeinde lässt sich insofern treffend als „hortatory historiography" (Hays 2010, 209) bezeichnen. Ihre Bedeutung wird im Übrigen auch dadurch unterstrichen, dass das in V.42-47 geschilderte Gemeindeleben im Duktus von Apg 2 als Folge des Wirkens des Geistes erscheint (Klauck 1989, 95; Gradl 2005, 317.322f): Die Geistausgießung „findet ihre Vollendung in der geschwisterlichen Gemeinschaft der Glaubenden" (Marguerat 2011, 175), und diese manifestiert sich ganz wesentlich in der solidarischen Nutzung von Hab und Gut. Anzufügen ist, dass nach der Darstellung der Apg auch gemeindeübergreifend Hilfe geleistet wurde: Die Solidarität, die die Jerusalemer untereinander geübt haben, erfahren sie nach 11,29f in einer die gesamte Gemeinde betreffenden Notlage von den Antiochenern. Diakonie hat schon im frühen Christentum eine ‚ökumenische' Dimension (zu Paulus' Kollekte für Jerusalem → III.5.2/2).

6. In den bisher verhandelten Texten ist immer wieder der Aspekt der karitativen Nutzung des Besitzes als Leitmotiv deutlich geworden; das Augenmerk lag dabei stets auf dem Umgang mit vorhandenem Besitz. Mit Paulus' Abschiedsrede an die Ältesten von Ephesus in Milet tritt eine weitere Facette hinzu. Apg 20,17-38 ist die einzige gemeindeinterne Rede in der Apg; sie ist zugleich die einzige Rede, in der explizit eine konkrete Verhaltensfrage thematisiert wird. Es entspricht dabei ganz dem besitzethischen Schwerpunkt im Lk, dass es erneut um die Unterstützung der Bedürftigen geht, doch gerät nun die Erwirtschaftung der karitativ einzusetzenden Güter in den Blick. Denn der lk Paulus leitet hier aus seinem eigenen guten Beispiel, dass er nicht von der Gemeinde materielle Unterstützung begehrt, sondern sich selbst wie auch seine Leute durch eigener Hände Arbeit versorgt habe, nicht bloß einen Appell zur Arbeit ab, um nicht zur Last zu fallen (vgl. 1Thess 4,11f; 2Thess 3,6-13). Vielmehr folgert er, dass man sich mit solcher Arbeit der Schwachen annehmen müsse (Apg 20,33-35). Arbeit dient hier also nicht nur dem eigenen Lebensunterhalt; ihr wird zugleich der Sinn zugewiesen, Mittel zu erwirtschaften, um Bedürftige unterstützen zu können (vgl. Eph 4,28, ferner HermMand 2,4; HermSim 9,24,2). Der abschließende Rekurs auf ein Jesuswort entspricht der – im wahrsten Sinne des Wortes – fundamentalen Bedeutung der Unterweisung Jesu in der lk Ethik. Das Diktum „geben ist seliger als nehmen" (Apg 20,35) nimmt eine in der Antike verbreitete Maxime auf (Aristoteles, EthNic 4,1 [1120a10-12]; Seneca, EpMor 81,17; Plutarch, MaxPrinc 3 [Mor 778c]), die in Apg 20 durch den Kontext insofern eine ungewöhnliche Akzentuierung erfährt, als sie nicht auf die Wohltätigkeit von Wohlhabenden bezogen ist. Adressiert sind hier vielmehr die ‚kleinen

Leute', die das, was sie (noch) Ärmeren zur Verfügung stellen, zunächst einmal mit ihren eigenen Händen erarbeiten müssen (vgl. Theißen 1994, 200–214, der von einer „,Demokratisierung' aristokratischer Wohltätermentalität" [214] spricht). Indem die Möglichkeit, diakonisch helfen zu können, als Ziel der Arbeit in den Blick genommen wird, wird der Grundgedanke des Liebesgebots in die Arbeitsmotivation mit hineingeschrieben und gerade so als die das *gesamte* Leben prägende Grundhaltung etabliert.

### 5.4 Lukas' besitzethische Forderung: Versuch einer Synthese

Die voranstehenden Ausführungen haben deutlich werden lassen, dass die Frage nach dem richtigen Umgang mit Besitz für Lukas von kardinaler ethischer Bedeutung ist. Zugleich wirft der Gesamtbefund im lk Doppelwerk aber, wie in der Forschung vielfach notiert wurde, das Problem auf, ob diese Frage bei Lukas überhaupt eine eindeutige Antwort findet. Insbesondere wird eine Grundspannung zwischen dem (totalen) Besitzverzicht, wie er von den mit Jesus umherziehenden Jüngern geübt wird, und der Mahnung zur Wohltätigkeit diagnostiziert. Der Grundsatz von 14,33, dass niemand Jesu Jünger sein könne, der sich nicht *von allem* lossagt, was er hat, scheint auf den ersten Blick in Jesu Forderung an den reichen Mann in 18,22, *alles*, was er hat, zugunsten der Armen zu veräußern und ihm nachzufolgen, seine folgerichtige Illustration zu finden. Zachäus aber gibt ‚nur' die Hälfte seiner Güter für die Armen (19,8, vgl. 3,10f), doch erscheint dies nicht als ein fauler Kompromiss, denn ihm wird von Jesus in 19,9 Heil zugesprochen. Anderorts fehlt eine konkrete Angabe zur Höhe der geforderten karitativen Nutzung von Besitz (12,33; 16,9, vgl. auch 11,41), und in 6,30 steht nicht ein einmaliger totaler Besitzverzicht vor Augen, sondern die fortwährende Unterstützung der Bedürftigen. Im Blick auf Jesus selbst und die mit ihm umherziehende Schar der Jünger findet dies eine Illustration durch die Nachfolgerinnen, die Jesus und den Seinen aus ihrer Habe dienten (8,2f). In der Apg bietet Lukas mit der solidarischen Güternutzung in der Jerusalemer Urgemeinde (2,44f; 4,32–35) ein Modell des bedarfsorientierten Güterausgleichs, das mit Lk 6,30 korrespondiert, aber nicht 18,22 umsetzt; er nimmt ferner das Motiv der Barmherzigkeitsgaben (11,41; 12,33) auf (Apg 9,36; 10,2.4.31; 24,17) und fügt in 20,33–35 den Aspekt hinzu, dass die eigene Arbeit auch dazu dienen soll, Mittel zu erwirtschaften, um anderen helfen zu können.

Die Polyphonie der Aussagen ist nicht zu bestreiten (zu Erklärungsmodellen s. die Übersicht bei Hays 2010, 1–20), doch lassen sich die Stimmen durchaus zu einem insgesamt harmonischen Klangbild zusammenfügen. Die entscheidende Weichenstellung wird für Lukas durch die strikte Alternative angezeigt, dass man entweder Gott oder dem Mammon dient (16,13). Mammondienst manifestiert sich in einem einseitig selbstbezogenen Existenzentwurf: Die Verhaltensorientierung ist zentral durch das Streben nach Besitz gekennzeichnet, um das Leben in vollen Zügen genießen zu können (12,16–21; 16,19). Die Ausrichtung auf Gott als den Herrn des Lebens schließt für Lukas im Blick auf das Besitzverständnis hingegen ein, dass die Güter des Lebens – entgegen einer ‚privatisierenden' Sicht des Eigentums – als von Gott anvertraute Gaben begriffen werden (16,10–12), die nach Gottes Willen zu verwenden sind. Seinen zentralen Ausdruck findet Gottes Wille auch für Lukas im Gebot der Nächstenliebe. In besitzethischer Hinsicht bedeutet dies: Das Wohlergehen des bedürftigen Mitmenschen ist ebenso ernst zu nehmen und zur eigenen Sache zu machen, wie man für das eigene Leben sorgt. Letzteres impliziert, dass im Lichte des Nächstenliebegebots als des zentralen Orientierungspunkts nicht totale materielle Selbstpreisgabe gefordert sein kann. Die Forderung an den Reichen in Lk 18,22 steht dazu nicht im Widerspruch, denn sie wird, wie ausgeführt, eben nicht zur allgemeinen Norm erhoben, sondern konkretisiert das Grundprinzip, nicht dem Mammon, sondern Gott zu dienen, im Blick auf die – historisch einmalige – Situation der Nachfolge des irdischen Jesus. 8,2f macht deutlich, dass dieses Modell allein deshalb möglich war, weil Jesus und dem mit ihm umherziehenden Jüngerkreis diakonische Unterstützung zuteilwurde. Über das Beispiel des Paulus zeigt Lukas zudem, dass dieses Modell für die nachösterliche Zeit gerade nicht als (allgemeines) Vorbild dienen soll: Paulus hat für seinen eigenen Lebensunterhalt gesorgt (Apg 20,33f).

Aus diesen Überlegungen ist allerdings umgekehrt nicht abzuleiten, dass der (zumindest temporäre) totale Besitzverzicht der mit Jesus umherziehenden Jünger für Lukas' besitzethisches Anliegen völlig belanglos wäre. Vielmehr findet in der mittellosen Wanderexistenz der Jünger die Inversion der Werteskala, wie sie im *Magnificat* mit der Umkehrung der Verhältnisse proklamiert wird, einen plastischen Ausdruck. Diese Inversion bildet zugleich eine wesentliche Basis für die Motivierung der Forderung, seinen Besitz mit den Bedürftigen zu teilen. Von daher kann man festhalten: Lukas ordnet die Besitzlosigkeit der Jünger – im kommunikativen Gesamtzusammenhang des Evangeliums betrachtet – der an die Adressaten ergehenden Mahnung zur materiellen Unterstützung der Armen als eine Art Zeichenhandlung (vgl. Böttrich 2003) zu, die auf die von den üblichen Denkmustern abweichende Perspektive Gottes hinweist. Entsprechend ist zu den in 14,26f.33 genannten Charakteristika der Nachfolge anzumerken, dass sie hier zwar konkret auf die vorösterliche Nachfolgesituation hin formuliert, aber damit für die Zeit der nachösterlichen Gemeinden keineswegs obsolet sind, sondern im Grundsatz in Geltung stehen: Die Bindung an Jesus verlangt Priorität selbst gegenüber familiären Loyalitäten, ist auch in Bedrängnissen (6,22; 8,13; Apg 14,22) durchzuhalten (in der Parallelstelle zu Lk 14,27 in 9,23 spricht Lukas vom *täglichen* Kreuztragen) und ist damit unvereinbar, am Besitz zu hängen (streng historisierend im Blick auf den Weg zur Kreuzigung Jesu dagegen Seccombe 1982, 100–117). Lukas beharrt jedoch im Blick auf den Grundsatz in 14,33 nicht auf *einem* Modell der Umsetzung. 18,22 bildet also nur *eine* (situativ spezifische) Konkretion zu 14,33. Sich von allem, was man hat, *loszusagen*, bedeutet also nicht zwingend, allen Besitz *zu verkaufen*. Umgekehrt macht die durchgehende Orientierung an konkreter materieller Hilfeleistung deutlich, dass 14,33 für Lukas nicht bloß auf *innere Distanz* zum Besitz, wie sie z.B. auch Seneca empfiehlt (VitBeat 24,5–26,4; EpMor 17), zu reduzieren ist (anders Mineshige 2003, 90). Sein Herz nicht an den Besitz zu hängen (vgl. 12,33f), ist für ihn vielmehr gleichbedeutend damit, mit dem Besitz Gott im Sinne des Liebesgebots zu dienen. Kurzum: Besitz verpflichtet zu karitativem Engagement, und für Lukas ist es ein *Wesens-*

*merkmal* des Christseins, dass es in Erfüllung des Liebesgebots und in Entsprechung zur Sorge Gottes für die Armen zu karitativ ausgerichtetem Besitzverzicht kommt.

Die genaue Höhe dieses Engagements legt Lukas nicht fest. Sie lässt sich schon deshalb nicht generell definieren, weil sie vom jeweiligen situativen Bedarf abhängig ist: Sie orientiert sich *idealiter* an dem, was nötig ist, damit es niemanden gibt, der Not leidet (Apg 4,34). Oder anders: Leitkriterium ist, dass die Grundausrichtung im Sinne von Lk 16,13 erkennbar sein muss. Für Lukas wird dies angesichts der sozialen Realität der römischen Welt, in der große Teile der Bevölkerung chronisch unter dem oder soeben am Existenzminimum lebten (→ III.5.2/1), faktisch bedeutet haben, dass von denen, die dazu in der Lage waren, großzügige Unterstützungsleistungen erwartet wurden. Dass im Licht von Lk 12,13–21 schon das Bestreben, mehr haben zu wollen, als man zum Leben braucht, als eine Form von Habgier zu werten ist, unterstreicht dies nachdrücklich. Die im lk Doppelwerk vertretene besitzethische Forderung ist für die Begüterten daher alles andere als harmlos, denn es geht um weit mehr und anderes als um Almosen, die sich auf ihren Besitzstand im Grunde nicht bzw. jedenfalls nicht so auswirken, dass sie dadurch Einschränkungen ihrer Form der Lebensentfaltung in Kauf nehmen müssten.

Lukas knüpft in seinen besitzethischen Aussagen an die Sensibilität für die Gefahren des Reichtums und die große Bedeutung der Sorge für die Armen an, wie sie für das antike Judentum – bei allen Ausdifferenzierungen im Detail – im Ganzen kennzeichnend ist (vgl. zum Frühjudentum exemplarisch Hays 2010, 25–49; Witte 2014). Die ausgiebige Darstellung der Wohltätigkeit Hiobs in TestHiob 9–15 bietet dafür ein besonders eindrückliches Beispiel (dazu Berger ³1988, 94–98), doch spiegeln auch andere Texte – von den Qumrantexten (ausführlich dazu Murphy 2002) über die Epistel Henochs (1Hen 92–105, dazu z.B. Nickelsburg 1998) und die Test-XII (vgl. bes. TestSeb 5,1–8,3, dazu Opferkuch 2018, 213–223) bis hin zu Tobit und Sirach (dazu Downs 2016, 57–81 und spezifisch zu Sir Morla Asensio 1998) – die Relevanz von Besitzethik und Armenfürsorge im Frühjudentum. Lukas vertritt innerhalb des frühjüdischen Spektrums eine besonders entschiedene Position. Insbesondere in seiner Warnung vor Habgier und Geldliebe (Lk 12,15; 16,14) zeigen sich zugleich Konvergenzpunkte zur hellenistischen Philosophie (dazu Becker 2020, 141–178). Seine Brisanz gewinnt der Umgang mit dem Besitz im Lk dadurch, dass er Schibboleth der Herzensausrichtung und Gottesbeziehung ist (12,33f; 16,13). Der Umgang mit Besitz ist entsprechend für Lukas auch soteriologisch relevant: Diejenigen, die mehr an Gütern für sich beanspruchen, als sie zum Leben wirklich brauchen, bildlich gesprochen: die für sich selbst ein zu großes Stück vom Kuchen abgeschnitten haben, so dass es nicht für alle reicht, lässt Gott leer ausgehen (1,53). Das Erschrecken der mk Jünger ob der schlechten Aussichten für die Reichen, die Jesus diesen im Logion vom Kamel und Nadelöhr bescheinigt (Mk 10,23–26), hat Lukas bezeichnenderweise anonymen Zuhörern zugewiesen (Lk 18,26); die Jünger wissen in der lk Erzählung zu diesem Zeitpunkt längst, wie es um die Reichen steht (vgl. Schottroff/Stegemann ³1990, 99). Die lk Gemeindeglieder, die anders als die damaligen Jünger nicht alles bzw. das Eigene verlassen haben (5,11.28; 18,28), sollten sich in ihrem Umgang mit Besitz von diesem Wissen bestimmen lassen und sich im Umgang mit den ihnen von Gott anvertrauten Gütern an Gottes Barmherzigkeit orientieren, der nicht will, dass jemand Not leidet (Dtn 15,4; Apg 4,34). Das Teilen der Güter erscheint dabei als Entsprechung zur – bzw. in der Nachfolge als Ausdruck der – Zuwendung Gottes zu den Armen, wie sie sich exemplarisch in der Zuwendung Jesu zur Witwe in Nain artikuliert (Lk 7,11–17), d. h., es ist eingebunden in eine bestimmte Sicht dessen, was mit dem Kommen des Messias angehoben hat: Die Armen erfahren Zuwendung.

In der heutigen globalisierten und vernetzten Welt stellt sich die Aufgabe des Besitz- und Bedarfsausgleichs nicht bloß auf lokaler, regionaler oder nationaler Ebene, sondern auch im globalen Horizont. Dass es Einzelnen unmöglich ist, den sozialen Schieflagen auf all diesen Ebenen wirksam zu begegnen, ist offenkundig, entlässt aber nicht aus der individuellen Verantwortung. Lukas' Besitzethik hat an Aktualität nichts eingebüßt, und sie bleibt eine Herausforderung.

## 6. Das Verhalten gegenüber der Obrigkeit

Die Frage nach der Haltung zum Staat ist ein fest etablierter Bestandteil der Erörterung lk Ethik, obwohl das lk Doppelwerk *eng gefasst* mit Lk 20,25 („Gebt dem Kaiser, was des Kaisers ist …") und Apg 5,29 („Man muss Gott mehr gehorchen als den Menschen.") nur zwei knappe Texte enthält, die direkt und explizit Verhalten gegenüber der Obrigkeit zum Gegenstand haben – abgesehen davon, dass natürlich nicht einmal Ansätze einer Staatstheorie begegnen und Fragen der aktiven Mitwirkung von Christen an politischen Gestaltungsprozessen durch die Übernahme von Ämtern nicht auf der Agenda erscheinen (aufgrund der paganen religiösen Durchformung des öffentlichen Lebens im Imperium Romanum ist eine solche im Grunde auch gar nicht möglich). Die Behandlung des Themas innerhalb der lk Ethik ist indes insofern nicht unberechtigt, als das lk Doppelwerk mehrfach mit einer klaren Darstellungstendenz Reaktionen von Repräsentanten Roms auf Jesus und Hauptakteure des entstehenden Christentums thematisiert, die *indirekt* Aussagen über die von Lukas gewünschte Haltung von Christen zum Staat enthalten, ferner weitere Texte – wie Lk 3,12–14 oder 22,25f – dem Thema Konturen verleihen und nicht zuletzt Lukas schon in der ‚Weihnachtsgeschichte' politische Obertöne mitklingen lässt, die in einer adäquaten Gesamtsicht einzubeziehen sind.

Eine ganze Reihe von Texten des lk Doppelwerks vermittelt den Eindruck, dass Lukas Christen als loyale Bürger des römischen Reiches zu zeichnen sucht, von denen keinerlei Gefahr ausgeht, so dass es für die römische Obrigkeit in keiner Weise einen Grund gibt, gegen die christusgläubigen Gemeinden vorzugehen (vgl. für viele Schulz 1987*, 477–480).

Grundgelegt wird diese Darstellungstendenz bereits in Lukas' Schilderung des Prozesses gegen Jesus, die betont herausstellt, dass Pilatus Jesus für unschuldig hielt (Lk 23,4.13-16.20.22, vgl. auch Apg 3,13). Dabei ist als Bezugspunkt der Unschuldserklärung zu beachten, dass Lukas die Vertreter des Synedriums eine dezidiert politisch geprägte Anklage vorbringen lässt: Jesus hetze das Volk auf und verbiete, Steuern zu zahlen (23,2, vgl. V.5.14) – wobei die kundigen Leser aufgrund von Jesu eigener Lehre in 20,20–26 wissen, dass dies eine Falschbeschuldigung ist. Die klare Tendenz der lk Passionsgeschichte, die jüdische Seite zur treibenden Kraft des Vorgehens gegen Jesus zu machen, spiegelt sich in der Apg in dem wiederholt in den Missionsreden begegnenden Kontrastschema über die Tötung Jesu und seine Auferweckung durch Gott, in dem durchgehend der jüdischen Bevölkerung in Jerusalem und ihren Oberen die Verantwortung für die Hinrichtung Jesu zugeschrieben wird (Apg 2,22–24.36; 3,13-15; 4,10; 5,30; 10,39f; 13,27–30). Allein Apg 4,25–27 zeichnet im Rahmen eines Rekurses auf Ps 2,1f mit der Einbeziehung von Herodes und Pilatus ein differenzierteres Bild.

Die Grundkonstellation des Prozesses gegen Jesus wird in der Apg zum Modell für die Darstellung der Opposition, die Paulus in seinem missionarischen Wirken erfährt: Wie die Christusverkündiger in Jerusalem (Apg 4,1-31; 5,17-42; 6,8-8,3) sieht Paulus sich mehrfach mit Bedrängnis und Nachstellungen von jüdischer Seite konfrontiert (13,50f; 14,2-5.19; 17,5-9.13; 18,6.12f; 20,3.19), während auf der römischen Seite z. B. der Statthalter Gallio in Paulus keine Gefahr sieht und seine Nichtzuständigkeit erklärt (18,14-16). In Thessalonich versuchen es die ortsansässigen Juden, wie dies auch im Prozess gegen Jesus zu beobachten war, mit einer politisch getönten Anklage, ohne damit einen durchschlagenden Erfolg zu erzielen: Die Missionare um Paulus hätten durch die Verkündigung eines anderen Königs gegen die Anordnungen des Kaisers verstoßen und würden so den Erdkreis in Aufruhr versetzen (17,6f, vgl. dazu Rowe 2009, 96). Nicht zuletzt erscheint die jüdische Opposition gegen Paulus auch in seinem Prozess als der treibende Motor (21,27-36; 22,22f; 23,12-22.27; 24,1-9; 25,2f.7.24). Die Repräsentanten Roms hingegen konstatieren, analog zum Prozess gegen Jesus, Paulus' Unschuld (23,29; 25,18f.25f; 26,31f) und geben dem – wiederum politisch kolorierten – Vorwurf der Anklage, Paulus errege Aufruhr unter allen Juden (24,5), nicht statt (vgl. für viele Horn 1999). In diese Tendenz fügt sich schließlich auch das offene Ende der Apg ein: In Rom angekommen, kann Paulus freimütig die Gottesherrschaft verkünden, weil er in lockerer Gefangenschaft ist. Man muss dabei bedenken, dass Lukas mit der Kreuzigung Jesu und der (am Ende der Apg verschwiegenen[17]) Hinrichtung von Paulus jeweils durch römische Stellen historische Sachverhalte vorgegeben waren, die geeignet waren, die christusgläubigen Gemeinden in ein negatives Licht zu tauchen und als eine aufrührerische Bewegung erscheinen zu lassen. Von daher ist im Blick auf Lukas' Darstellungsintention nicht entscheidend, dass Pilatus oder der Statthalter Felix (s. 24,22-27) letztlich ihrer Verantwortung nicht nachkommen (die negativen Aspekte in der Zeichnung der Repräsentanten Roms betont z. B. Schreiber 2019, 166-176, s. auch Edelmann 2021, 81-93.109-116.131-134.160-164.192f), sondern dass Lukas betont, dass römische Instanzen die Angeklagten für unschuldig erachten. Dort, wo es in Paulus' Mission außerhalb des synagogalen Kontextes zu Konflikten kommt, liegt dies – wie in Philippi bei der Magd mit dem Wahrsagegeist (16,16-22) und in Ephesus bei dem Aufstand der Silberschmiede (19,23-40) – daran, dass die christliche Botschaft den paganen Kulten das Geschäft verdirbt. Die politischen Repräsentanten zeigen sich aber auch in Ephesus auf Paulus' Seite (19,31.37). Hinzuweisen ist ferner darauf, dass mit Kornelius der erste ‚heidnische' Konvertit, der von Petrus für den Christusglauben gewonnen wird, ein römischer Zenturio ist (Apg 10, vgl. den Hauptmann in Kafarnaum in Lk 7,1-10, den Zenturio unter dem Kreuz in Lk 23,47 sowie das Verhalten des Hauptmanns Julius gegenüber Paulus in Apg 27,3.42f) und nach Apg 13,6-12 mit dem römischen Statthalter auf Zypern, Sergius Paulus, auch ein hochrangiger Vertreter Roms zum Glauben kommt.

---

[17] Abgesehen von der kurzen Haft in Philippi, die durch das Fehlverhalten der örtlichen „Strategen" bedingt ist (Apg 16,23-40), verlautet auch nichts von Gefangenschaften des Apostels während seines Wirkens in Kleinasien und Griechenland (vgl. dagegen 2Kor 11,23).

Überblickt man das Ganze, zeigt sich als bestimmende Konstellation, dass Christen sich unberechtigten Vorwürfen (vor allem) von jüdischer Seite ausgesetzt sehen. Lukas gibt seinen Adressaten Hinweise, wie sie diese, wenn sie sich vor Gericht verantworten müssen (vgl. Lk 12,11f; 21,12), vor den Repräsentanten Roms entkräften können: Sie sollen deutlich machen, dass sie weder die politische Ordnung bzw. den Kaiser in Frage stellen (Apg 25,8, vgl. 17,7) noch gegen das Gesetz verstoßen (24,14; 25,8, vgl. 18,13.15; 21,28; 23,29), sondern es um die Frage der Auferstehung geht (24,15f.21, vgl. 23,6) und in Wirklichkeit sie es sind, die dem Gott der Väter nach dem Zeugnis von Tora und Propheten in rechter Weise dienen (24,14; 25,22f). Oder anders: „Lukas will in seinem Doppelwerk angesichts zunehmender Repressalien in einer der politischen Situation angemessenen Weise seine christlichen Adressaten dazu befähigen, die Harmlosigkeit der eigenen Bewegung für das Imperium Romanum offensiv zu vertreten" (Meiser 2002, 178). Impliziert ist darin die Aufforderung an die Gemeinden, den römischen Behörden auch keinen Anlass für ein Vorgehen gegen sie zu geben, sondern sich als friedliebende Zeitgenossen zu erweisen (zugleich weiß Lukas aber auch, dass ein Christenmensch darauf gefasst sein muss, *täglich* sein Kreuz auf sich zu nehmen [vgl. Lk 9,23], vgl. Pokorný 1998, 179). Inwiefern Lukas mit seiner Darstellung zugleich mögliche Vorbehalte außerhalb der Gemeinden – bei am christlichen Glauben Interessierten oder gar im Blick auf Vertreter der politischen Macht – ausräumen möchte und insofern (auch) eine apologetische Intention verfolgt (vgl. dazu exemplarisch Horn 1999), muss man nicht ausschließen, doch sind – unabhängig von der Einordnung des „verehrten Theophilus" (Lk 1,3; Apg 1,1), dem das Doppelwerk gewidmet ist – zweifelsohne Christen die primär intendierten Adressaten.[18]

Das sich aus der Darstellung ergebende Handlungsmodell, dem Verdacht, eine aufrührerische Bewegung zu bilden, durch friedfertiges ziviles Verhalten entgegenzuwirken, findet in der Mahnung, dem Kaiser zu geben, was des Kaisers ist, ihren expliziten Ausdruck (Lk 20,25). In 20,20–26 kontert Jesus mit diesem Wort den Versuch der Abgesandten der Schriftgelehrten und Hohepriester (die in Mk 12,13 begegnenden Herodianer fehlen bei Lukas!), durch die mit Hinterlist gestellte Fangfrage, ob es erlaubt sei, dem Kaiser Steuern zu zahlen, etwas gegen Jesus in die Hand zu bekommen. Damit, dass Jesus – im Unterschied zum Aufrührer Judas Galilaios 6 n. Chr. – das Zahlen der Steuer bzw. des Tributs an Rom bejaht (anders Cassidy 2015, 56–59.65), wird deutlich gemacht, dass Jesus keine antirömische Revolution im Sinn hat und seines Erachtens die Steuerzahlung *nicht* mit der von ihm proklamierten Gottesherrschaft konfligiert. Der Ton des Logions liegt indes auf dessen zweiter Hälfte: Gott ist zu geben, was Gott gebührt. Dieser zweite Teil macht deutlich, dass das Voranstehende nur die eine Seite der Medaille ist. Impliziert ist hier nämlich, dass das, was dem Kaiser gebührt, klare Grenzen hat. Unbedingte Loyalität schulden Christen allein Gott. Ganz auf dieser Linie erklärt Apg 5,29, dass

---

[18] Walaskay 1983 hat auf dieser Grundlage die apologetische Stoßrichtung invertiert: Bei Lukas finde sich eine „*apologia pro imperio*" (1.64.67), d. h. er wolle den römischen Staat vor seinen christlichen Adressaten ins rechte Licht rücken. Die Verteidigung Roms ist aber eher Mittel zum Zweck als selbst der Kern der lk Intention. Lukas' Anliegen ist nicht, sich als Anwalt Roms hervorzutun, sondern seinen Adressaten Orientierung für ihr Verhalten gegenüber der Obrigkeit zu geben.

man Gott mehr gehorchen müsse als Menschen. Lukas hat dieses Petruswort, erzählerisch geschickt, zwar in den Kontext eines Konflikts mit dem Synedrium eingestellt – und nicht mit einem Repräsentanten des römischen Staates. Aber wenn es, obwohl Christen dazu an sich keinen Anlass geben, dazu kommt, dass römische Behörden gegen die Christusverkündigung vorgehen, gilt Apg 5,29 auch für diesen Fall: Der Gehorsam Gott gegenüber hat immer Vorrang vor dem gegenüber Menschen bzw. menschlichen Ordnungen (mehr ist auch der römische Kaiser bzw. der römische Staat für Lukas eben nicht). Und mit ihrem Freimut (s. bes. Apg 4,13.29.31 sowie 28,31) sind die Christusverkündiger Modelle für die furchtlose Verkündigung, zu der Jesus seine Jünger aufgefordert hat (Lk 12,4–12, vgl. auch 21,12–19). Ferner: Die Befolgung des Willens Gottes, wie Lukas ihn versteht und wie er in den vorangehenden Abschnitten herausgearbeitet wurde, führt zu einer Sozialgestalt christlicher Gemeinden, die dazu angetan ist, Gesellschaft von innen heraus zu verändern und neu zu formen. Unpolitisch ist dies nicht, denn auch hier gilt, dass dies nicht in irgendeinem Winkel geschieht (Apg 26,26).

Lukas zeigt sich überdies als ein Meister „subtile[r] Herrschaftskritik zwischen den Zeilen seines Werkes" (Backhaus 2019a, 412). Ein gutes Beispiel, an dem sich dieser Zug exemplarisch illustrieren lässt, bietet die ‚Weihnachtsgeschichte'. Lk 2,1–20 bettet die Geburt Jesu nicht einfach nur mit V.1–3 in einen weltumspannenden Horizont ein, sondern lässt mit der Rede von Jesus als Retter (V.11) und mit der Friedensbotschaft der Engel (V.14, vgl. Apg 10,36) auch Facetten aufleuchten, die den messianischen König und Repräsentanten der Gottesherrschaft implizit zum Anspruch des römischen Kaisers in Beziehung setzen: Nicht dieser[19], sondern Jesus ist der Retter, durch welchen den Menschen Frieden widerfährt (vgl. Schreiber 2009, passim; Edelmann 2021, 51–54); und Jesus, nicht der Kaiser, ist „der Herr aller" (Apg 10,36, vgl. Rowe 2009, 103–116). Mit seinem Wirken hebt ferner nicht einfach die Stabilisierung der gesellschaftlichen Ordnung an, sondern, wie das *Magnificat* deutlich macht (1,51–53), „die *Umkehrung* der Macht- und Besitzverhältnisse … Gottes Heilswille bevorzugt die Unterprivilegierten und Benachteiligten. Die Herrschaft der Mächtigen ist endlich" (Schreiber 2019, 156). Lukas leitet daraus, wie die erste Seite der Medaille deutlich macht, nicht in zelotischer Manier revolutionäre Visionen und Aktionen ab. Aber die weltliche Macht wird ihrer propagandistisch inszenierten göttlichen Aura entkleidet und als bloß irdisch und vorläufig relativiert, während sich die Herrschaft Gottes bereits überall dort Bahn bricht, wo Menschen von der Christusbotschaft erfasst werden und die von Jesus vermittelten Handlungsperspektiven der barmherzigen Zuwendung zu den Mitmenschen in solidarischen Gemeinschaften Gestalt gewinnen, in denen niemand Not leidet (Apg 4,34) und die Ersten zu Dienern werden (Lk 22,25f). Lk 22,25f verdient im hier verfolgten Zusammenhang insofern besondere Aufmerksamkeit, als das dem Vorbild Jesu folgende soziale Ethos der Christen hier explizit als Alternative zum üblichen Macht- und Statusgebaren irdischer Machthaber, die sich Wohltäter nennen lassen, vorgebracht wird. Es ist und bleibt richtig, dass das Regiment des erhöhten Christus und die Herrschaft des Kaisers auf zu unterscheidenden Ebenen liegen und die Botschaft von der Gottesherrschaft nicht darin ihren zentralen Zielpunkt hat, dass Israel hier und

---

[19] Zur Bezeichnung des Kaisers als Retter s. Karrer 2002, 158–160.163–170.

jetzt von der römischen Fremdherrschaft befreit wird (Lk 2,38; 24,21, vgl. Apg 1,6). Doch zugleich affiziert das Regiment Christi auch das irdische Geschehen. Denn die Annahme der Christusbotschaft erschöpft sich (auch) für Lukas nicht im privaten Überzeugtsein von bestimmten ‚Glaubenstatsachen'. Sie ist, wie insbesondere das von Lukas betonte Motiv der Statusumkehr (Lk 1,51–53; 6,20–26; 16,19–31) zu erkennen gibt (vgl. Miller 2014), sozial nicht folgenlos, und Lukas wird sich darüber im Klaren gewesen sein, dass die sozialen Konsequenzen im Falle der weiteren Ausbreitung der christusgläubigen Gruppen geeignet sind, eine substantielle Transformation der Gesellschaft zu bewirken (betont von Cassidy 2015, 77–79, s. auch Green 1995, 119–121). Letzterem steht zur Seite, dass auch die Konflikte mit paganer Religiosität in Philippi und Ephesus (Apg 16,16–40; 19,23–40) die transformativen Folgen für die pagane Gesellschaft andeuten (vgl. Hays 1997*, 128). Sie zeigen, dass Lukas sich in keiner Weise der Illusion hingegeben hat, dass der christliche Glaube sich harmonisch in das Spektrum antiker Religiosität und damit antiker Kultur einordnen ließe (vgl. Rowe 2009, 17–51). Zugleich gilt aber eben auch, dass Christen nicht aggressiv gegen die Tempel anderer vorgehen. Ihr einziges Medium, mit dem sie die Unvereinbarkeit des christlichen Glaubens mit in der römischen Gesellschaft etablierten Formen der Religiosität zum Ausdruck bringen, ist das Wort.

Zu „einem Stück subversiver Untergrundliteratur" (Schreiber 2009, 80) wird das lk Doppelwerk damit nicht. Wohl aber zeichnet es sich durch eine gezielte Ambivalenz aus: Einerseits wird die Herrschaft des Kaisers durch das Regiment des erhöhten Christus transzendiert, der für die Christen der wahre Retter und Herr aller ist und dessen Weisungen sie zur Grundlage ihres Lebens machen, woraus Gemeinschaften erwachsen, die eine alternative soziale Kultur verkörpern. Die Transformation der gesellschaftlichen Realität wird von Lukas aber eben nicht im Sinne einer Infragestellung der politischen Ordnung ausbuchstabiert. Vielmehr sucht Lukas andererseits herauszuarbeiten, dass dem römischen Staat durch die Christen keine Gefahr erwächst. Für Christen sollte nach Lukas klar sein, dass der Staat keine letztgültige, mit religiösen Weihen versehene Ordnung ist und damit in der Ausübung seiner Funktion potentiell immer der Kritik unterliegt. Staatliche Ordnung wird von Lukas aber nicht nur an sich, sondern auch in ihrer konkreten Manifestation des römischen Staates eindeutig bejaht, was nicht nur an der Steuerfrage deutlich wird. Zu verweisen ist vielmehr auch darauf, dass Lukas (und nur er) in Lk 3,12–14 eine spezifische Paränese für die (staatstragenden) Berufsgruppen der Zöllner und Soldaten bietet. Sie sollen ihren Dienst rechtschaffen versehen, ohne ihre Macht zu missbrauchen. Umkehr schließt für sie aber nicht ein, dass sie ihren Beruf wechseln müssen (vgl. Scheffler 2006, 98f). Kurzum: Lukas ist alles andere als ein politisch revolutionärer Geist, doch resultiert aus der im Vorangehenden erörterten ethischen Dimension des christlichen „Weges" (Apg 9,2; 24,14 u. ö.), wie Lukas sie in seinem Doppelwerk deutlich werden lässt, für jede Gesellschaft eine Reform von innen.

# Literatur

Adrian, Matthias: Mutuum date nihil desperantes (Lk 6,35). Reziprozität bei Lukas, NTOA/StUNT 119, Göttingen 2019.

Albertz, Rainer: Die „Antrittspredigt" Jesu im Lukasevangelium auf ihrem alttestamentlichen Hintergrund, ZNW 74 (1983), 182–206.

Avemarie, Friedrich: Die jüdischen Wurzeln des Apostoldekrets. Lösbare und ungelöste Probleme, in: Apostoldekret und antikes Vereinswesen. Gemeinschaft und ihre Ordnung, hg. v. M. Öhler, WUNT 280, Tübingen 2011, 5–32.

Backhaus, Knut: Mose und der Mos Maiorum. Das Alter des Judentums als Argument für die Attraktivität des Christentums in der Apostelgeschichte, in: ders., Die Entgrenzung des Heils. Gesammelte Studien zur Apostelgeschichte, WUNT 422, Tübingen 2019, 257–282.

– No Apologies! Lukas als Maßstab einer Apologia Christiana, in: ders., Die Entgrenzung des Heils ..., 405–416 (= 2019a).

Bauckham, Richard: The Scrupulous Priest and the Good Samaritan: Jesus' Parabolic Interpretation of the Law of Moses, NTS 44 (1998), 475–489.

Becker, Matthias: Lukas und Dion von Prusa. Das lukanische Doppelwerk im Kontext paganer Bildungsdiskurse, Studies in Cultural Contexts of the Bible 3, Paderborn 2020.

Bendemann, Reinhard von: Liebe und Sündenvergebung. Eine narrativ-traditionsgeschichtliche Analyse von Lk 7,36–50, BZ NF 44 (2000), 161–182.

– Zwischen ΔΟΞΑ und ΣΤΑΥΡΟΣ. Eine exegetische Untersuchung der Texte des sogenannten Reiseberichts im Lukasevangelium, BZNW 101, Berlin – New York 2001.

Berger, Klaus: ‚Diakonie' im Frühjudentum. Die Armenfürsorge in der jüdischen Diasporagemeinde zur Zeit Jesu, in: Diakonie – biblische Grundlagen und Orientierungen. Ein Arbeitsbuch zur theologischen Verständigung über den diakonischen Auftrag, VDWI 2, hg. v. G.K. Schäfer – T. Strohm, Heidelberg ³1998, 94–105.

Blumenthal, Christian: Basileia bei Lukas. Studien zur erzählerischen Entfaltung der lukanischen Basileiakonzeption, HBS 84, Freiburg u.a. 2016.

Blomberg, Craig L.: The Law in Luke-Acts, JSNT 22 (1984), 53–80.

– The Christians and the Law of Moses, in: Witness to the Gospel. The Theology of Acts, hg. v. I.H. Marshall – D. Peterson, Grand Rapids – Cambridge 1998, 397–416.

Bockmuehl, Markus: Jewish Law in Gentile Churches. Halakhah and the Beginning of Christian Public Ethics, Edinburgh 2000.

Böhm, Martina: Samarien und die Samaritai bei Lukas. Eine Studie zum religionsgeschichtlichen und traditionsgeschichtlichen Hintergrund der lukanischen Samarientexte und zu deren topographischer Verhaftung, WUNT II.111, Tübingen 1999.

Bolkestein, Hendrik: Wohltätigkeit und Armenpflege im vorchristlichen Altertum. Ein Beitrag zum Problem „Moral und Gesellschaft", Utrecht 1939.

Böttrich, Christfried: Ideal oder Zeichen? Besitzverzicht bei Lukas am Beispiel der ‚Ausrüstungsregel', NTS 49 (2003), 372–392.

– Das lukanische Doppelwerk im Kontext frühjüdischer Literatur, ZNW 106 (2015), 151–183.

Bovon, François: Das Evangelium nach Lukas, 4 Bde., EKK 3.1–4, Zürich u.a. 1989–2009.

Cassidy, Richard J.: Jesus, Politics and Society. A Study of Luke's Gospel, New Edition, Eugene (OR) 2015 (Erstveröffentlichung 1978).

Collins, John J.: Beyond the Qumran Community. The Sectarian Movement of the Dead Sea Scrolls, Grand Rapids – Cambridge 2010.

Crabbe, Kylie: A Sinner and a Pharisee: Challenge at Simon's Table in Luke 7:36–50, Pacifica 24 (2011), 247–266.

Degenhardt, Hans-Joachim: Lukas – Evangelist der Armen. Besitz und Besitzverzicht in den lukanischen Schriften. Eine traditions- und redaktionsgeschichtliche Untersuchung, Stuttgart 1965.

Deines, Roland: Das Aposteldekret – Halacha für Heidenchristen oder christliche Rücksichtnahme auf jüdische Tabus?, in: Jewish Identity in the Greco-Roman World, hg. v. J. Frey u. a., AGJU 71, Leiden 2007, 323–395.

Dihle, Albrecht: Die Goldene Regel. Eine Einführung in die Geschichte der antiken und frühchristlichen Vulgärethik, SAW 7, Göttingen 1962.

Donahue, John R.: Who Is My Enemy? The Parable of the Good Samaritan and the Love of the Enemies, in: The Love of Enemy and Nonretaliation in the New Testament, hg. v. W.M. Swartley, Louisville 1992, 137–156.

Downs, David J.: Alms. Charity, Reward, and Atonement in Early Christianity, Waco 2016.

Edelmann, Jens-Arne: Das Römische Imperium im Lukanischen Doppelwerk. Darstellung und Ertragspotenzial für christliche Leser des späten ersten Jahrhunderts, WUNT II.547, Tübingen 2021.

Eschner, Christina: Essen im antiken Judentum und Urchristentum. Diskurse zur sozialen Bedeutung von Tischgemeinschaft, Speiseverboten und Reinheitsvorschriften, AGJU 108, Leiden – Boston 2019.

Esler, Philip Francis: Community and Gospel in Luke – Acts. The Social and Political Motivations of Lucan Theology, MSSNTS 57, Cambridge u. a. 1987.

– Jesus and the Reduction of Intergroup Conflict: The Parable of the Good Samaritan in the Light of Social Identity Theory, BibInt 8 (2000), 325–357.

Giambrone, Anthony: Sacramental Charity, Creditor Christology, and the Economy of Salvation in Luke's Gospel, WUNT II.439, Tübingen 2017.

Gill, Christopher/Postlethwaite, Norman/Seaford, Richard (Hg.): Reciprocity in Ancient Greece, Oxford 1998.

Gradl, Hans-Georg: Zwischen Arm und Reich. Das lukanische Doppelwerk in leserorientierter und textpragmatischer Perspektive, FzB 107, Würzburg 2005.

Green, Joel B.: The Theology of the Gospel of Luke, New Testament Theology, Cambridge 1995.

– Conversion in Luke–Acts. Divine Action, Human Cognition, and the People of God, Grand Rapids 2015.

Hays, Christopher M.: Luke's Wealth Ethics. A Study in Their Coherence and Character, WUNT II.275, Tübingen 2010.

Hoffmann, Paul: Tradition und Situation. Zur „Verbindlichkeit" des Gebots der Feindesliebe in der synoptischen Überlieferung und in der gegenwärtigen Friedensdiskussion, in: Ethik im Neuen Testament, hg. v. K. Kertelge, QD 102, Freiburg u. a. 1984, 50–118.

Horn, Friedrich Wilhelm: Glaube und Handeln in der Theologie des Lukas, GTA 26, Göttingen ²1986.

– Die Haltung des Lukas zum römischen Staat im Evangelium und in der Apostelgeschichte, in: The Unity of Luke–Acts, hg. v. J. Verheyden, BETL 142, Leuven 1999, 203–224.

Hume, Douglas A.: The Early Christian Community. A Narrative Analysis of Acts 2:41–47 and 4:32–35, WUNT II.298, Tübingen 2011.

Inselmann, Anke: Die Freude im Lukasevangelium. Ein Beitrag zur psychologischen Exegese, WUNT II.322, Tübingen 2012.

Jantsch, Torsten: Jesus, der Retter. Die Soteriologie des lukanischen Doppelwerks, WUNT 381, Tübingen 2017.

Jervell, Jacob: The Law in Luke–Acts, HThR 64 (1971), 21–36.

Johnson, Luke T.: The Literary Function of Possession in Luke-Acts, SBLDS 39, Missoula 1977.

Karrer, Martin: Jesus, der Retter *(Sôtêr)*. Zur Aufnahme eines hellenistischen Prädikats im Neuen Testament, ZNW 93 (2002), 153–176.

Kim, Kyoung-Jin: Stewardship and Almsgiving in Luke's Theology, JSNTS 155, Sheffield 1998.

Kim-Rauchholz, Mihamm: Umkehr bei Lukas. Zu Wesen und Bedeutung der Metanoia in der Theologie des dritten Evangelisten, Neukirchen-Vluyn 2008.

Klauck, Hans-Josef: Gütergemeinschaft in der klassischen Antike, in Qumran und im Neuen Testament, in: ders., Gemeinde – Amt – Sakrament. Neutestamentliche Perspektiven, Würzburg 1989, 69–100.

Klinghardt, Matthias: Gesetz und Volk Gottes. Das lukanische Verständnis des Gesetzes nach Herkunft, Funktion und seinem Ort in der Geschichte des Urchristentums, WUNT II.32, Tübingen 1988.

Kollmann, Bernd: Jesu Verbot des Richtens und die Gemeindedisziplin, ZNW 88 (1997), 170–186.

– Die Goldene Regel (Mt 7,12/Lk 6,31). Triviale Maxime der Selbstbezogenheit oder Grundprinzip ethischen Handelns?, in: Er stieg auf den Berg und lehrte sie (Mt 5,1f.). Exegetische und rezeptionsgeschichtliche Studien zur Bergpredigt, hg. v. H.-U. Weidemann, SBS 226, Stuttgart 2012, 97–113.

Konradt, Matthias: Schöpfung und Neuschöpfung im Neuen Testament, in: Schöpfung, hg. v. K. Schmid, Themen der Theologie 4, Tübingen 2012, 121–184.

– Golden Rule, in: The Oxford Encyclopedia of the Bible and Law, Vol. 1: Adm–Lit, hg. v. B. Strawn, Oxford – New York 2015, 350–356.

– „Macht euch Freunde aus dem ungerechten Mammon". Ein Interpretationsversuch zum Gleichnis vom Verwalter und seiner besitzethischen Auslegung in Lk 16,1–13, in: Theologie und Ethos im Neuen Testament (FS M. Wolter), hg. v. J. Flebbe – dems., Neukirchen-Vluyn 2016, 103–130.

Kramer, Helga: Lukas als Ordner des frühchristlichen Diskurses um „Armut und Reichtum" und den „Umgang mit materiellen Gütern". Eine überlieferungsgeschichtliche und diskurskritische Untersuchung zur Besitzethik des Lukasevangeliums unter besonderer Berücksichtigung des lukanischen Sonderguts, NET 21, Tübingen – Basel 2015.

Kremer, Jacob: Mahnungen zum innerkirchlichen Befolgen des Liebesgebotes. Textpragmatische Erwägungen zu Lk 6,37–45, in: Vom Urchristentum zu Jesus (FS J. Gnilka), hg. v. H. Frankemölle – K. Kertelge, Freiburg u. a. 1989, 231–245.

Kurz, William S.: Narrative Models for Imitation in Luke-Acts, in: Greeks, Romans, and Christians (FS A.J. Malherbe) hg. v. D.L. Balch u. a., Minneapolis 1990, 171–189.

Lambrecht, Jan: A Note on Luke 15,11–32, in: Luke and His Readers (FS A. Denaux), hg. v. R. Bieringer u. a., BETL 182, Leuven 2005, 299–306.

Landmesser, Christof: Die Rückkehr ins Leben nach dem Gleichnis vom verlorenen Sohn (Lk 15,11–32), ZThK 99 (2002), 239–261.

Löhr, Hermut: „Unzucht". Überlegungen zu einer Bestimmung der Jakobus-Klauseln im Apostoldekret sowie zu den Geltungsansprüchen von Normen frühchristlicher Ethik, in: Apostoldekret und antikes Vereinswesen. Gemeinschaft und ihre Ordnung, hg. v. M. Öhler, WUNT 280, Tübingen 2011, 49–64.

Malherbe, Abraham J.: The Christianization of a *Topos* (Luke 12:13–34), in: Light from the Gentiles: Hellenistic Philosophy and Early Christianity. Collected Essays 1959–2012, hg. v. C.R. Holladay u. a., NT.S 150, Leiden – Boston 2014, 339–351.

Marguerat, Daniel: Lukas, der erste christliche Historiker. Eine Studie zur Apostelgeschichte, AThANT 92, Zürich 2011.

Meiser, Martin: Lukas und die römische Staatsmacht, in: Zwischen den Reichen: Neues Testament und Römische Herrschaft, hg. v. M. Labahn – J. Zangenberg, TANZ 36, Tübingen 2002, 175–193.
Méndez-Moratalla, Fernando: The Paradigm of Conversion in Luke, JSNTS 252, London – New York 2004.
Merk, Otto: Das Reich Gottes in den lukanischen Schriften, in: ders., Wissenschaftsgeschichte und Exegese. Gesammelte Aufsätze zum 65. Geburtstag, hg. v. R. Gebauer u. a., BZNW 95, Berlin – New York 1998, 272–291.
Merkel, Helmut: Das Gesetz im lukanischen Doppelwerk, in: Schrift und Tradition (FS J. Ernst), hg. v. K. Backhaus – F.G. Untergaßmair, Paderborn u. a. 1996, 119–133.
Metzger, James A.: Consumption and Wealth in Luke's Travel Narrative, BiInS 88, Leiden – Boston 2007.
Miller, Amanda C.: Rumors of Resistance. Status Reversals and Hidden Transcripts in the Gospel of Luke, Minneapolis 2014.
Mineshige, Kiyoshi: Besitzverzicht und Almosen bei Lukas. Wesen und Forderung des lukanischen Vermögensethos, WUNT II.163, Tübingen 2003.
Mitchell, Alan C.: The Social Function of Friendship in Acts 2:44–47 and 4:32–37, JBL 111 (1992), 255–272.
Morla Asensio, Victor: Poverty and Wealth: Ben Sira's View of Possessions, in: Der Einzelne und seine Gemeinschaft bei Ben Sira, hg. v. R. Egger-Wenzel – I. Krammer, BZAW 270, Berlin – New York 1998, 151–178.
Murphy, Catherine M.: Wealth in the Dead Sea Scrolls and in the Qumran Community, StTDJ 40, Leiden u. a. 2002.
Neumann, Nils: Armut und Reichtum im Lukasevangelium und in der kynischen Philosophie, SBS 220, Stuttgart 2010.
Nickelsburg, George W.E.: Revisiting the Rich and the Poor in 1 Enoch 92–105 and the Gospel according to Luke, SBLSP 37.2 (1998), 579–605.
Noble, Joshua A.: "Rich toward God": Making Sense of Luke 12:21, CBQ 78 (2016), 302–320.
– Common Property, the Golden Age, and Empire in Acts 2:42–47 and 4:32–35, LNTS 636, London u. a. 2021.
Opferkuch, Stefan: Der handelnde Mensch. Untersuchungen zum Verhältnis von Ethik und Anthropologie in den Testamenten der zwölf Patriarchen, BZNW 232, Berlin – Boston 2018.
Petracca, Vincenzo: Gott oder das Geld. Die Besitzethik des Lukas, TANZ 39, Tübingen – Basel 2003.
Phillips, Thomas E.: Reading Issues of Wealth and Poverty in Luke–Acts, SBEC 48, Lewiston u. a. 2001.
Pokorný, Petr: Theologie der lukanischen Schriften, FRLANT 174, Göttingen 1998.
Rajak, Tessa: Benefactors in the Greco-Jewish Diaspora, in: Geschichte – Tradition – Reflexion (FS M. Hengel), hg. v. H. Cancik u. a., Bd. 1, hg. v. P. Schäfer, Tübingen 1996, 305–319.
Rindge, Matthew S.: Jesus' Parable of the Rich Fool. Luke 12:13–34 among Ancient Conversations on Death and Possessions, SBLECL 6, Atlanta 2011.
Rost, Bettina: Soziales Handeln im Horizont der kommenden Gottesherrschaft. Die Wohltätigkeitsforderung als Zentrum der Reichen-Armen-Thematik bei Lukas, in: Diakonische Konturen im Neuen Testament, hg. v. V. Herrmann – H. Schmidt, DWI-Info Sonderausgabe 9, Heidelberg 2007, 12–62.
– Das Aposteldekret im Verhältnis zur Mosetora: Ein Beitrag zum Gottesvolk-Verständnis bei Lukas, in: Die Apostelgeschichte im Kontext antiker und frühchristlicher Historiographie, hg. v. J. Frey u. a., BZNW 162, Berlin – New York 2009, 563–604.

Rowe, C. Kavin: World Upside Down. Reading Acts in the Graeco-Roman Age, Oxford 2009.
Rusam, Dietrich: Das Alte Testament bei Lukas, BZNW 112, Berlin – New York 2003.
Salo, Kalervo: Luke's Treatment of the Law. A Redaction-Critical Investigation, AASF.DHL 57, Helsinki 1991.
Scheffler, Eben: Compassionate Action: Living according to Luke's Gospel, in: Identity, Ethics, and Ethos in the New Testament, hg. v. J.G. van der Watt, BZNW 141, Berlin – New York 2006, 77–106.
Schenke, Ludger: Die Urgemeinde. Geschichtliche und theologische Entwicklung, Stuttgart u. a. 1990.
Scholtissek, Klaus: Barmherzige und hörende Liebe (Lk 10,25–42). Das Doppelgebot der Liebe und die Diakonie im Lukasevangelium, in: Diakonie biblisch. Neutestamentliche Perspektiven, hg. v. dems. – K.-W. Niebuhr, BThSt 188, Göttingen 2021, 127–158.
Schottroff, Luise/Stegemann, Wolfgang: Jesus von Nazareth – Hoffnung der Armen, Stuttgart u. a. ³1990.
Schreiber, Stefan: Weihnachtspolitik. Lukas 1–2 und das Goldene Zeitalter, NTOA/StUNT 82, Göttingen 2009.
– Der politische Lukas. Zur kulturellen Interaktion des lukanischen Doppelwerks mit dem Imperium Romanum, ZNW 110 (2019), 146–185.
Seccombe, David Peter: Possession and the Poor in Luke-Acts, SNTU.B 6, Linz 1982.
Seifrid, M[ark] A.: Jesus and the Law in Acts, JSNT 30 (1987), 39–57.
Stettberger, Herbert: Nichts haben – alles geben? Eine kognitiv-linguistisch orientierte Studie zur Besitzethik im lukanischen Doppelwerk, HBS 45, Freiburg u. a. 2005.
Sung, Chong-Hyon: Vergebung der Sünden. Jesu Praxis der Sündenvergebung nach den Synoptikern und ihre Voraussetzungen im Alten Testament und frühen Judentum, WUNT II.57, Tübingen 1993.
Tannehill, Robert C.: Do the Ethics of Acts Include the Ethical Teaching in Luke?, in: Acts and Ethics, hg. v. T.E. Phillips, New Testament Monographs 9, Sheffield 2005, 109–122.
Theißen, Gerd: „Geben ist seliger als nehmen" (Apg 20,35). Zur Demokratisierung antiker Wohltätermentalität im Urchristentum, in: Kirche, Recht und Wissenschaft (FS A. Stein), hg. v. A. Boluminski, Neuwied 1994, 197–215.
– Urchristlicher Liebeskommunismus. Zum ‚Sitz im Leben' des Topos ἄπαντα κοινά in Apg 2,44 und 4,32, in: Texts and Contexts. Biblical Texts in Their Textual and Situational Contexts (FS L. Hartman), hg. v. T. Fornberg – D. Hellholm, Oslo u. a. 1995, 689–712.
– Universales Hilfsethos im Neuen Testament? Mt 25,31–46 und Lk 10,25–37 und das christliche Verständnis des Helfens, GlLern 15 (2000) 22–37.
Thyen, Hartwig: Gottes- und Nächstenliebe, in: Diakonie – biblische Grundlagen und Orientierungen. Ein Arbeitsbuch zur theologischen Verständigung über den diakonischen Auftrag, hg. v. G.K. Schäfer – T. Strohm, VDWI 2, Heidelberg ³1998, 263–296.
Topel, John: The Tarnished Golden Rule (Luke 6:31): The Inescapable Radicalness of Christian Ethics, TS 59 (1998), 475–485.
– Children of a Compassionate God. A Theological Exegesis of Luke 6:20–49, Collegeville (MN) 2001.
Unnik, W[illem] C[ornelis] van: Die Motivierung der Feindesliebe in Lukas VI 32–35, NT 8 (1966), 284–300.
Walaskay, Paul W.: 'And so we came to Rome'. The Political Perspective of St Luke, MSSNTS 49, Cambridge u. a. 1983.
Wandel, Simon: Gottesbild und Barmherzigkeit. Lukanische Ethik im Chor hellenistischer Ethikkonzeptionen, WUNT II.548, Tübingen 2021.

Wehnert, Jürgen: Die Reinheit des „christlichen Gottesvolkes" aus Juden und Heiden. Studien zum historischen und theologischen Hintergrund des sogenannten Aposteldekrets, FRLANT 173, Göttingen 1997.
Wilk, Florian: (Selbst-)Erhöhung und (Selbst-)Erniedrigung in Lk 18,9-14, BN NF 155 (2012), 113-129.
Wilson, S[tephen] G.: Luke and the Law, MSSNTS 50, Cambridge u. a. 1983.
Winiarczyk, Marek: Die hellenistischen Utopien, BzA 293, Berlin – Boston 2011.
Witte, Markus: Begründungen der Barmherzigkeit gegenüber den Bedürftigen in jüdischen Weisheitsschriften aus hellenistisch-römischer Zeit, in: Anthropologie und Ethik im Frühjudentum und im Neuen Testament – Wechselseitige Wahrnehmungen, hg. v. M. Konradt – E. Schläpfer, WUNT 322, Tübingen 2014, 387-412.
Wolter, Michael: 'Reich Gottes' bei Lukas, NTS 41 (1995), 541-563.
– Lk 15 als Streitgespräch, ETL 78 (2002), 25-56.
– Das Lukasevangelium, HNT 5, Tübingen 2008.
– Jesu Tod und Sündenvergebung bei Lukas und Paulus, in: Reception of Paulinism in Acts, hg. v. D. Marguerat, BETL 229, Leuven u. a. 2009, 15-35.
Zimmermann, Mirjam/Zimmermann, Ruben: Der barmherzige Wirt. Das ‚Samariter-Gleichnis' (Lk 10,25-37) und die Diakonie, in: Diakonische Kirche. Anstöße zur Gemeindeentwicklung und Kirchenreform (FS T. Strohm), hg. v. A. Götzelmann, VDWI 17, Heidelberg 2003, 44-58.

# VIII. Corpus Johanneum: Theologie und Ethik der Liebe

Der gemeinsame Soziolekt wie auch Gemeinsamkeiten im theologischen Denken weisen das Joh und die drei Johannesbriefe als aus ein und demselben theologischen Milieu stammend aus, doch wird man für das Joh, den 1Joh und die beiden kleinen Briefe (2–3 Joh) wohl von drei verschiedenen Verfassern ausgehen müssen. Die Schriften dürften in die Jahre um 100 n. Chr. zu datieren sein. Ihre Reihenfolge ist Gegenstand kontroverser Diskussionen, die hier nicht aufzunehmen sind. Das Joh ist nicht in einem Guss entstanden, wie insbesondere die Stellung von Joh 21 nach dem ersten Buchschluss in 20,30f zeigt, sondern verdankt sich in der vorliegenden Gestalt einer Endredaktion, doch ist Fragen der Entstehungsgeschichte hier ebenfalls nicht nachzugehen. Die nachfolgenden Ausführungen legen den jetzt vorliegenden Text zugrunde. Zu lokalisieren sind die joh Schriften und damit die joh Gruppe vermutlich in Kleinasien, vielleicht des Näheren im Umkreis von Ephesus. Joh und 1-3Joh geben konflikthafte Erfahrungen zu erkennen, die die Entwicklung bzw. die Situation der joh Gemeinden prägen. Im Evangelium weisen die Darstellung der Ablehnung Jesu auf jüdischer Seite mit ihrer pauschalen Rede von „den Juden" (z. B. Joh 5,10-18; 6,41; 7,1.13; 8,48; 9,18; 10,31.33; 11,8; 18,36) – auch wenn sich in dieses Bild einige hellere Farben mischen (z. B. 4,22; 10,19-21; 11,19) –, die massive Polemik des joh Jesus gegen sie (8,37-47) und zumal der dreifache Verweis auf die Ausstoßung aus der Synagoge (9,22; 12,42; 16,2) auf schmerzhafte Konflikte und einen für die Christusgläubigen schwierigen Prozess der Trennung von der Synagoge hin. Zur Zeit der Abfassung des Joh scheint diese aber bereits hinter den joh Christen zu liegen, wie das Fehlen der Auseinandersetzung in den die nachösterliche Situation reflektierenden Abschiedsreden (Joh 13,31-16,33) wie auch in den Johannesbriefen nahelegt, doch gibt die Rede vom Hass *der Welt* in der zweiten Abschiedsrede und im Abschiedsgebet Jesu (Joh 15,18f; 17,14, vgl. zu Jesus 7,7) wie auch in 1Joh 3,13 zu erkennen, dass sie sich auch weiterhin mit Ablehnung konfrontiert sehen. Welche Gestalt diese genau angenommen hat, muss hier offenbleiben. In den Johannesbriefen zeigen sich zudem innerchristliche Konfliktlinien. 1Joh 2,19 weist auf eine Abspaltung (vgl. Joh 6,66), 3Joh dokumentiert einen Streit um die Aufnahme von Wandermissionaren. Es ist naheliegend, dass diese Konstellationen für die ethische Schwerpunktsetzung und ihren sozialen Horizont nicht folgenlos sind (→ 5). Passagen wie die Warnung vor den Götzen in 1Joh 5,21 oder der Hinweis in 3Joh 7, dass die Wandermissionare nichts von „den Heiden" annehmen, weisen auf die jüdischen Wurzeln der Gemeinden, die aber zur Zeit der Abfassung der joh Schriften auch einen zumindest beträchtlichen Anteil an Christusgläubigen aus den Völkern (vgl. Joh 11,52) umfasst haben werden.

Während dem Joh mit einigem Recht das Prädikat zuzuweisen ist, einen der Höhepunkte neutestamentlicher Theologie darzustellen (pointiert Frey 2010; Schnelle ³2016\*, 730), ist der Beitrag des Corpus Johanneum zur neutestamentlichen Ethik traditionell als marginal eingeschätzt worden. Wolfgang Schrages Notiz, man könne „fragen, ob in den Rahmen einer neutestamentlichen Ethik überhaupt ein Kapitel über die johanneischen Schriften hineingehört und man sich nicht auf eine Würdigung des Johannes innerhalb der Theologie des Neuen Testaments beschränken sollte" (²1989\*, 302), spiegelt die traditionelle Skepsis. Ferdinand Hahn sieht allein in 1Joh 3,17 eine Ausnahme zu seiner generellen Feststellung, dass es „[e]ine eigentliche Ethik ... im Johannesevangelium und den Johannesbriefen nicht [gibt]" (2002\*, 682, vgl.

720). Das zentrale Problem ist dabei nicht, dass die joh Schriften keine *systematische Reflexion* menschlicher Verhaltensweisen bieten – das gilt *mutatis mutandis* auch für die übrigen neutestamentlichen Schriften (wie im Übrigen auch für etliche andere ethisch relevante Texte in der Antike, die z. B. einen eher beratenden als systematischen Charakter haben). Die Skepsis hat ihren wesentlichen Grund vielmehr darin, dass sich die explizite ethische Unterweisung im Liebesgebot erschöpft und es ihr sichtlich an materialethischer Explikation mangelt. Wendungen wie „Wahrheit tun" (Joh 3,21) oder „wandeln in der Finsternis" (8,12) bzw. „in der Nacht" (11,10) mögen wie „Gutes" bzw. „Böses tun" (5,29) eine ethische Dimension besitzen (vgl. van der Watt 2019, 331–359), sind aber materialethisch leer. Eine Rede dezidiert ethischen Inhalts wie die Feldrede des lk Jesus (Lk 6,20–49) oder gar wie das ethische Schwergewicht der Bergpredigt des mt Jesus (Mt 5–7) oder wie die mt Rede über das Gemeinschaftsleben in der Gemeinde (Mt 18) findet sich im Joh nicht. Auch „[d]er *lebenspraktische* Impuls der syn. Schul- und Lehrgespräche hat im JohEv kein Echo" (Theobald 2002, 565).

In einem Strang der neueren Johannesforschung[1] ist demgegenüber geltend gemacht worden, dass auf die Erzählung als Ganze zu achten sei, da sich ethische Wertesysteme auch anders als durch explizite Weisungen vermitteln lassen, ja Erzählungen mit der in ihnen eröffneten Sicht auf die Welt zur Vermittlung ethischer Überzeugungen bzw. zur Initiierung ethischer Reflexion anregender und nachhaltiger sein können als eine Kaskade von Imperativen. Nicht nur für das Joh, sondern für die Evangelien insgesamt ist zudem zu bedenken, dass ihnen für die Gemeinden der Rang von identitätsstiftenden, sinnbildenden Grunderzählungen zukommt. Im Kern beruhen die neueren Ansätze darauf, dem Mangel an expliziten ethischen Aussagen durch die – z. T. sehr weit ausholende und mit einem hohen Aufwand betriebene – Analyse impliziter ethischer Gehalte abhelfen zu wollen: durch den Rekurs auf die narrative Vermittlung von Ethik (z. B. Zimmermann 2012 und 2012a, 63–74; van der Watt 2019, bes. 69–90), die Thematisierung der Bildsprache (van der Watt 2006a), insbesondere der familienmetaphorischen Motive, die für das Selbstverständnis der Glaubenden und als konzeptioneller Rahmen des Liebesgebots große Bedeutung haben (s. v. a. van der Watt 2019, 151–181 [vgl. 2000, 161–439], ferner z. B. van der Merwe 2006; Karakolis 2012, 200–205; Bennema 2017, 155–161), oder die Analyse der Darstellung des Verhaltens von Handlungsfiguren (z. B. Labahn 2003 zu Joh 9 [der Blindgeborene als Beispiel des Eintretens für den Glauben in diskursiver Offenheit angesichts von Repressalien], umfassender Wagener 2015), einschließlich der Gegner Jesu (van der Watt 2012). Oder mit den Worten von Lindsey M. Trozzo: „by seeking to identify the value systems that undergird the happenings of the narrative or by examining the lived behavior that is reflective of such implicit value systems embodied in the narrative" (2017, 16). Am weitesten vorangetrieben wurde die Analyse joh Ethik von Jan van der Watt, der in einer umfangreichen, seine zahlreichen Vorarbeiten bündelnden und weiterführenden monographischen Studie (2019) die „Grammatik" der joh Ethik herauszuarbeiten sucht, in deren Zentrum das Beziehungsgefüge steht, in dem sich die Glaubenden in ihrer Bindung an Christus vorfinden (zur Zentralität der Beziehung zu Jesus für das ethische Handeln s. u. a. bereits Hartin 1991).

Methodisch sind die Neuansätze im Grundsatz plausibel. Gleichwohl bleibt kritisch zu fragen, *wie stark* das Joh in seiner narrativen Anlage und in seiner Figurenzeichnung darauf an-

---

[1] Siehe u. a. Boersma 2003; Bolyki 2003; Zimmermann 2012; Weyer-Menkhoff 2014; Wagener 2015; Bennema 2017; Drews 2017; Trozzo 2017; Rahmsdorf 2019; Shin 2019; van der Watt 2019; Armitage 2021. – Für Überblicke zur älteren Forschung und zu Neuansätzen s. Labahn 2012; Zimmermann 2012a; Skinner 2020.

gelegt ist, *ethische* Orientierung vermitteln oder *ethische* Reflexion anregen zu wollen[2], *wie groß* das Gewicht der Ethik in der joh Jesuserzählung also ist, und zweitens, *wie konkret* diese Orientierung greifbar wird. Adele Reinhartz hat gegen die neueren Ansätze eingewandt, „that ethics in the Gospel of John is not so much implicit – lying beneath the surface of its narratives and discourses – as inferred – derived from the Gospel by exegetes and theologians who wish to bring this Gospel to bear on the topic of Christian ethics more generally" (2016, 106). Selbst dann aber, wenn man der in den neueren Untersuchungen verbreitet zugrunde liegenden substantiellen Ausweitung dessen, was als *ethisch* signifikant gelten kann, folgte und den Stellenwert der Vermittlung ethischer Orientierung optimistischer beantwortete, als dies im 20. Jh. häufig der Fall war, bliebe zur zweiten Teilfrage – und zwar auch bei Einschluss der Briefe – das harte Faktum mangelnder ethischer Konkretion bestehen. Zentrale Bereiche wie Sexual- oder Besitzethik werden bestenfalls tangiert (Joh 4,16–18 bzw. 12,5f.8; 13,29). Zudem wird den Jüngern zwar in 20,21–23 im Rahmen ihrer Sendung aufgetragen, Vergebung der Sünden zuzusprechen (vgl. ferner die Fürbitte für Sünder in 1Joh 5,16), doch geht dies im Joh anders als im Mt und Lk nicht damit einher, dass *zwischenmenschliche* Vergebung als ethische Aufgabe paränetisch ausbuchstabiert wird. Und in Joh 19,11 konstatiert der joh Jesus zwar gegenüber Pilatus, dass er keinerlei Macht über ihn hätte, wenn sie ihm nicht von oben gegeben wäre (vgl. Röm 13,1), doch wird nirgends die Frage der Haltung zum Staat ethisch reflektiert. Kurzum: Den materialethischen Defiziten des Joh lässt sich durch die Ausweitung des Untersuchungsgegenstandes, wenn überhaupt, nur äußerst begrenzt beggnen. Und die pointierte These, Johannes wolle „nicht oberflächlich Einzelprobleme lösen, indem er Imperative formuliert, sondern ethische Grundlagenarbeit leisten, die letztlich zu einem glücklichen Leben … führt" (Zimmermann 2012, 170), übersieht nicht nur in ihrer polemischen Stoßrichtung den hohen Grad an ethischer Reflexion, der vielfach hinter ethischen ‚Imperativen' in den übrigen neutestamentlichen Schriften steht, sondern ist auch in ihrem positiven Part nur so weit zu bejahen, wie zugleich deutlich gemacht wird, dass Johannes' *Haupt*intention schwerlich darin zu suchen ist, ethische Grundlagenarbeit leisten zu wollen. Jörg Frey hat auf die Koinzidenz der neueren Zuwendung zur joh Ethik mit dominanten Signaturen des zeitgenössischen geistigen Umfelds verwiesen, „in dem alles Ethische besonders geschätzt und in den Vordergrund gestellt wird und die Theologie sich nicht selten durch den Nachweis zu legitimieren hat, inwiefern sie ethisch (und gesellschaftlich) ‚relevant' sei" (vgl. Frey 2018, 38, s. auch Drews 2017, 41). Religion geht aber nicht in Ethik auf, und das Joh hat es mit seiner theologischen Tiefe nicht nötig, sich auch ethisch als neutestamentlicher Spitzentext ausweisen zu müssen. Davon bleibt unbenommen, dass die joh Schriften klar zu erkennen geben, dass Christsein ohne ein der Gottesbeziehung entsprechendes Handeln nicht zu denken ist, sie im Blick auf die theologische Grundlegung christlichen Handelns eine gewichtige Stimme darstellen und damit einen eigenen wertvollen Beitrag zur neutestamentlichen Ethik leisten, wenngleich angesichts der mangelnden ethischen Konkretion einen begrenzten, und daher in einem Buch über Ethik im NT mit vollem Recht ein Kapitel zum Corpus Johanneum vorzusehen ist, wenngleich ein im

---

[2] Das Argument, dass schon durch die im Joh vorliegenden Elemente einer biographischen Erzählung die Erwartung evoziert werde, dass der Text durch seine Figurenzeichnung ethisch Relevantes beizutragen suche, wird zwar durch bedeutsame antike Beispiele wie etwa Plutarchs *Viten* gestützt (s. zum Rekurs auf Plutarch Trozzo 2017, 33–59; Shin 2019, 35–42), muss sich aber gleichwohl am konkreten Einzeltext erweisen lassen. Letzteres gilt überhaupt für narrative Texte: Dass Erzählungen für die Darstellung und Beeinflussung ethischer Orientierung von erheblicher Bedeutung sein können, ist nicht zu bestreiten (→ I.2/1). Das gilt aber nicht für jeden narrativen Text in gleicher Weise, so dass mit dem narrativen Charakter eines Textes jedenfalls nicht automatisch mitgesetzt ist, dass dieser ein wesentliches ethisches Anliegen verfolgt, sondern erst erwiesen werden muss, wie stark ausgeprägt dieses ist.

Vergleich zu anderen Schriften oder Textcorpora knapperes.³ Des Näheren ist es nach wie vor angezeigt, die Behandlung der joh Ethik in einer Überblicksdarstellung im Wesentlichen auf das Liebesgebot zu konzentrieren.⁴ Da zugleich die Liebe Gottes ein, wenn nicht das wesentliche Motiv der theologischen Grundlegung der joh Ethik ist (vgl. Hirsch-Luipold 2009, 305), wie überhaupt „[d]as joh. Denken ... im Innersten vom Liebesgedanken geprägt [ist]" (Schnelle ³2016*, 645 [im Original kursiv], vgl. Söding 1996, 336–357), bietet es sich an, auch deren Darstellung entsprechend zu fokussieren. Das Nebeneinander von substantiellen Gemeinsamkeiten und Besonderheiten der joh Schriften spiegelt sich im Folgenden in ihrer gemeinsamen Behandlung in den Abschnitten zur theologischen Grundlegung der Ethik (1) und zur Frage der Reichweite des Liebesgebots (5), aber in der separaten Analyse der jeweiligen Ausgestaltung des Liebesgebots (2-4).

## 1. Theologische Grundlagen

1. Die joh Ethik „gründet ... so exklusiv wie nirgendwo anders in der Christologie" (Schrage ²1989*, 302, vgl. Matera 1996*, 93f). Gegenüber den Synoptikern weist die hohe Christologie des Joh ganz eigene Züge auf, die im Prolog des Joh (1,1–18) mit seiner Präexistenz- (vgl. 1,30; 6,62; 8,56–58) und Inkarnationschristologie grundgelegt werden. Alles Handeln und Reden Jesu hat demnach seinen Ursprung in Gott (vgl. Schnelle ³2016*, 652). Das Wirken Jesu wird als Wirken des fleischgewordenen Wortes Gottes erschlossen. Auch die in den Reden des joh Jesus als Leitmotiv hervortretende Gesandtenvorstellung (3,17; 5,23f.36–38; 17,3 u.ö.) gewinnt vom Präexistenz- und Inkarnationsgedanken her ihr für Johannes spezifisches Gepräge: „Als Gesandter des Vaters repräsentiert Jesus ihn in der Welt. Er spricht nicht seine eigenen Worte, sondern die Worte seines Vaters (3,34; 14,10; 17,8.14); er vollbringt nicht seine eigenen Werke, sondern die seines Vaters (4,34; 5,17.19ff.30.36; 8,28; 14,10; 15,24; 17,4). Er tut nicht seinen eigenen Willen, sondern den seines Vaters (4,34; 5,30; 6,38; 10,25.37)" (Zumstein 2016, 58). Kurz: Zwischen dem in Jesus inkarnierten Logos und Gott besteht eine vollkommene Handlungseinheit, die in Jesu Wort in 10,30 „ich und der Vater sind eins" auf den Punkt gebracht wird, aber auch in den reziproken Immanenzaussagen (Joh 10,38; 14,10f; 17,21) einen für das joh Denken charakteristischen Ausdruck findet. Zugleich ist der Sohn – in strenger Exklusivität (vgl. 14,6) *die* Offenbarung des Vaters, den sonst niemand je gesehen hat (1,18; 6,46, vgl. 3,13; 5,37). Wer den Sohn sieht, sieht den, der diesen gesandt hat (12,45; 14,9), und wer Jesus erkannt hat, kennt auch den Vater (8,19; 14,7). Die exklusive Heilsbedeutung Jesu kommt verdichtet in den für das Joh charakte-

---

³ Vgl. Skinner 2017, 41, der zwar in den neueren Forschungstrend einstimmt und festhält: „when we read the Fourth Gospel on its own terms, we find ethics", aber zugleich konzediert: „while underdeveloped in comparison with other early Christian treatments".

⁴ Neben dem bereits Ausgeführten ist dazu auch ein pragmatischer Gesichtspunkt zu beachten: Eine Ausweitung der Untersuchung, etwa durch Analyse der ethischen Sinnpotenziale der Figurenzeichnung, würde den Rahmen dieses Buches offenkundig sprengen, zumal ein solcher Ansatz dann um der Kohärenz der Darstellung willen – über die vorgenommene Berücksichtigung narrativer Aspekte in den Kapiteln zu den Synoptikern hinaus – auch für die anderen Evangelien zu fordern wäre.

ristischen Ich-bin-Worten zum Ausdruck: Jesus ist das Brot des Lebens (6,35), das Licht der Welt (8,12), der gute Hirte, der für seine Herde sein Leben einsetzt (10,11), die Auferstehung und das Leben (11,25, s. ferner 10,7.9; 14,6; 15,1). „Was die Menschen zum Heil brauchen, das gibt er ihnen, und mit dieser Gabe ist er selbst identisch; die Gabe kann nicht von ihm als Bringer des Heiles abgelöst werden" (Hahn 2002*, 647). Der Weg des Inkarnierten vollendet sich am Kreuz (19,30), an dem er, das Lamm Gottes, die Sünde der Welt hinwegnimmt (1,29). Nicht zuletzt ist die joh Darstellung des irdischen Weges Jesu durch die bewusst nachösterliche ‚Sehweise' geprägt, die sich besonders eigentümlich in dem Einbezug der Kreuzigung in die „Stunde" seiner Verherrlichung (12,23.27f; 13,31f; 17,1-5) manifestiert. „Aus ihrer österlichen Erkenntnis und der nachösterlichen Erinnerung heraus hat die johanneische Verkündigung den Weg des irdischen Jesus als einen von Herrlichkeit umglänzten gezeichnet. Doch ist diese Darstellung tatsächlich eine Rückprojektion der nachösterlich erkannten Herrlichkeit des Gekreuzigten in die Geschichte des irdischen Jesus" (Frey 2008, 395). Die nachösterliche Gemeinde vermag das Wirken Jesu dank der Sendung des Geistes, des Parakleten (14,16f.26; 15,26; 16,7-15), der die Jünger an alles erinnert, was Jesus gesagt hat (14,26), vom Erhöhten Zeugnis gibt (15,26) und ihnen das Kommende verkündigt (16,13), weiterzuführen (14,12), und das heißt: Es ist der erhöhte Christus selbst, der durch die Glaubenden sein Werk in nun räumlich und zeitlich entgrenzter Weise weiterführt, damit weiterhin „der Vater im Sohn verherrlicht werde" (14,13).

2. Die adäquate Antwort auf die sich im Christusgeschehen im Wort und in Taten ereignende Offenbarung ist der Glaube. Im Joh wird auffallender Weise allein das Verb „glauben" verwendet, so dass der Ton auf den Glauben als dynamische und lebendige Beziehung fällt; das Verb begegnet im Joh gleich 98 Mal (ferner 9 Mal im 1Joh, hier auch einmal, in 1Joh 5,4, das Nomen), was die immense Bedeutung des Glaubens als Grundlage christlicher Existenz zu erkennen gibt.[5]

Nach dem ersten Schluss des Joh in 20,30f zielt das Evangelium darauf, dass „ihr glaubt, dass Jesus der Christus ist, der Sohn Gottes, und damit ihr als Glaubende Leben habt in seinem Namen" (20,31, vgl. auch 19,35). Eingeführt wird das Glaubensmotiv bereits im Prolog. Das Christuszeugnis des Täufers zielt darauf, dass „alle durch ihn zum Glauben kämen" (1,7); und nach 1,12 gab Jesus denen, die ihn aufnahmen „die Vollmacht, Kinder Gottes zu werden, denen, die an seinen Namen glauben". Schon diese Klammer um die sonstige Rede vom Glauben im Joh lässt dessen soteriologische Bedeutung deutlich werden: Wer glaubt, ist Kind Gottes und empfängt das ewige Leben (vgl. Joh 3,15-18.36; 6,35.40.47; 11,25f u.ö.). Für Johannes charakteristisch ist ferner der streng christologische Fokus, der sich unter anderem in

---

[5] Den Aspekt, dass „glauben" im Joh auch lediglich einen ersten noch unzureichenden Schritt zu einem angemessenen Verständnis von und Verhältnis zu Jesus bezeichnen kann, wie dies etwa bei einem durch wunderhafte Zeichen hervorgerufenen Glauben (2,23-25; 7,31, vgl. auch 4,48 sowie 6,2.14.30) der Fall sein kann (s. ferner z.B. 8,30f; 12,42), klammere ich im Folgenden aus, d.h., ich konzentriere mich auf die joh Verwendung von „glauben" im positiv qualifizierten Sinn. Zu weiteren Ausdrucksformen zur positiven Bezeichnung der Annahme Jesu wie z.B. „nachfolgen" oder „zu Jesus kommen", die sich mit der positiv qualifizierten Verwendung von „glauben" eng berühren und überschneiden, s. die Übersicht bei van der Watt 2019, 134f.

dem häufigen Vorkommen der Rede vom „glauben an" (πιστεύειν εἰς) Jesus manifestiert (1,12; 3,16.18; 6,35; 7,38; 9,35; 1Joh 5,10.13 u. ö.). Damit ist verbunden, dass Glaube, im Unterschied zur Konzentration auf Kreuz und Auferstehung Christi bei Paulus, umfassend auf die Identität Jesu bezogen ist, auf Erkenntnis und Anerkennung, dass er der Christus und Sohn Gottes ist (Joh 1,49f; 11,27; 20,31; 1Joh 5,1.5, vgl. auch Joh 6,69), Gott ihn gesandt hat bzw. er von Gott gekommen ist (11,42; 16,27.30; 17,8.21, vgl. auch 6,29; 12,44), er im Vater und der Vater in ihm ist (14,10f), so dass Glaube an Jesus zugleich Glaube an Gott ist (12,44, vgl. 14,1), oder, kurz gesagt, dass „ich es bin" (8,24; 13,19, vgl. 6,20; 8,28; 18,5). Die inhaltliche und die relationale Dimension des Glaubens bilden in Johannes' christologischer Fokussierung des Glaubens einen unlöslichen Zusammenhang: Glauben ist „dezidiert relational und personal verstanden ..., als eine vertrauende Verbundenheit mit Jesus. Doch kann diese Verbundenheit auch durch inhaltliche Aussagen umschrieben werden, in denen die christologische Würde Jesu als Messias, Gottessohn, Gesandter, Retter und Ähnliches zur Sprache kommt" (Frey 2018, 12). Die oben vermerkte soteriologische Dimension der glaubenden Verbundenheit mit Jesus enthält in der stark präsentisch akzentuierten joh Eschatologie nicht nur eine Verheißung für die Zukunft. Da Jesus selbst das Leben ist (11,25, vgl. 6,53f u. ö.), bedeutet die glaubende Verbundenheit mit ihm, bereits *hic et nunc* am Leben teilzuhaben (5,24; 1Joh 3,14). Das Heilsgut des Lebens erscheint damit als „a relational concept" (vgl. Stare 2012, 222). In ethischer Hinsicht impliziert solcher Glaube, wie die dualistischen Motive des Joh deutlich machen, nicht weniger als eine *totale* Neuausrichtung des Menschen. Wer glaubt und Jesus nachfolgt, irrt nicht mehr in der Finsternis der Welt umher (vgl. 11,9f; 12,35) und scheut nicht mehr das Licht, weil er seine bösen Werke verbergen will (3,19f), sondern hat das Licht des Lebens (8,12; 12,46).

Fragt man, inwiefern bzw. ob die Antwort des Glaubens vom Menschen zu erbringen, möglicherweise sogar Glauben selbst als „moral act" und „primary virtue" (Bennema 2017, 147) zu kategorisieren ist (vgl. auch Schnackenburg 1986/1988*, 2:161-165; Brown 2017, 23; van der Watt 2019, 117-134.512-514) oder aber als Gottes Geschenk zu klassifizieren ist (z.B. Hofius 1996, 66.72f.75.80), zeigt sich ein ambivalenter Befund. Auf der einen Seite finden sich Aussagen, die die glaubende Verbundenheit mit Jesus auf Gottes Wirken zurückführen und also deren Geschenkcharakter betonen.[6] Zu Jesus kann nur kommen, den der Vater „zieht" (6,44) oder dem es vom Vater gegeben ist (6,65). Anders gesagt: Gott hat Jesus die Seinen gegeben (6,37.39; 10,29; 17,2.6.9.24). Die Neugeburt basiert auf dem Wirken des lebendig machenden (6,63) Geistes (3,3-8, vgl. 1,13) und ist als solche unverfügbar (vgl. Hofius 1996, 48-52). In Joh 8,47 begründet Jesus den Umstand, dass seine Adressaten nicht glaubend hören, in geradezu ontologisierender Weise damit, dass sie „nicht aus Gott" sind (vgl. 10,26; 12,37-40). Diese prädestinatianisch anmutenden Aussagen werden allerdings ausbalanciert durch andere Passagen, die zum Glauben auffordern (10,38; 12,36; 14,1.11; 1Joh 3,23 [als Gebot!]) und an die Entscheidung der Menschen appellieren bzw. die Möglichkeit der Glaubensentscheidung voraussetzen (s. z.B. 5,24; 6,35.40; 8,31; 12,44-50, ferner z.B. 1,12, wo in einem eminent aktivischen Sinn von der Aufnahme des Logos die Rede ist, oder die Aufforderung in 6,27, sich zum ewigen Leben bleibende Speise zu verschaffen). Das Verhältnis der beiden Aussagenreihen zueinander gehört zu den bleibend kontroversen Debatten der Johannesexegese. Die Spannung zwischen ihnen lässt sich nicht auflösen. Beide sind relevant. Die eine sichert

---

[6] Schwierig ist Joh 6,29: „Das ist das Werk Gottes, dass ihr an den glaubt, den er gesandt hat." „Werk Gottes" kann das von Gott geforderte Werk meinen (dafür könnte V.28 sprechen) oder das von Gott gewirkte Werk (dafür könnte man die Aussagen im Fortgang der Rede, v. a. V.44, geltend machen), so dass Glaube auch hier als Gottes Geschenk verstanden wäre. Bedenkenswert ist die Kombination beider Sinnaspekte bei Löhr 2012, 239: „Faith, so it appears, is both a divine and human activity, and thus, it can be interpreted as a 'work' of God done in and by human beings."

die Unverfügbarkeit des Heils als Geschenk Gottes und weist auf die dankbare Abhängigkeit allen christlichen Handelns von dessen Ermöglichung durch Gottes Wirken; zugleich dienen die Aussagen dazu, die Adressaten in ihrem Glauben zu vergewissern, indem ihnen angesichts ihrer Konflikterfahrungen verständlich gemacht wird, warum die Botschaft Jesu nicht nur Glauben hervorruft, sondern auch auf Ablehnung stößt (vgl. Schnelle ³2016*, 698). Die andere stellt sicher, dass der Mensch nicht bloß eine marionettenhaft von Gott bewegte Figur im Spiel des Lebens ist, und nimmt den Menschen in seiner Verantwortung für seinen Glaubensweg und sein Handeln ernst: Er kann sich sein Heil nicht verschaffen, aber es liegt an ihm, in Gottes Wirken einzustimmen oder sich ihm zu verschließen. Eine dezidierte Prädestinations-*lehre* vertritt Johannes nicht (ebenso z.B. Popkes 2005, 204–211); wäre es anders, würde dies der Aussage zur Universalität des Heilswillens Gottes in Joh 3,16 die Spitze abbrechen. Die Rubrizierung des Glaubens als eines ethischen Aktes oder gar der Rückgriff auf den Tugendbegriff setzt einen einseitigen Akzent, doch eignet dem Glauben im Sinne der existentiellen Verbundenheit mit Jesus eine ethische Dimension, wie van der Watt zu Recht betont: „Salvific faith is a self-sacrificing, intellectual, and existential acceptance of and commitment to the message and person of Jesus to the extent that it completely transforms a person's thoughts and deeds in accordance to this message and leads to an obedient life of doing what a child of God should do" (2019, 133 [im Original kursiv]). Umgekehrt ist anzumerken, dass auch das zum Glauben gehörende Handeln nicht allein als Tat des Christenmenschen erscheint, sondern dieses, wie 3,21 zeigt, grundlegend durch Gott ermöglicht ist: Die Werke der Glaubenden werden als „in Gott gewirkt" ausgewiesen, als „Werke, die ihren Ursprung in Gott haben und die nur von denjenigen vollbracht werden können, die das Geschenk der ‚neuen Geburt' empfangen haben" (Zumstein 2016, 151).[7]

3. Mit der Aussage in Joh 3,16, dass die Sendung des Sohnes in der Liebe Gottes zur Welt gründet (vgl. 1Joh 4,9f), erfährt die Gesandtenchristologie ein – auch für die joh Ethik – grundlegendes Interpretament (vgl. Moloney 2013, 56–61.158–160 u.ö.). Von Gewicht ist hier zum einen, dass *die Welt* als universaler Horizont der göttlichen Heilsinitiative namhaft gemacht wird (vgl. zur Sendung *in die Welt* Joh 10,36; 11,27). Angebahnt ist dies bereits durch den Prolog mit seiner Korrespondenz von Schöpfungsmittlerschaft des Logos (Joh 1,3.10) und dem Kosmos als Ort des Wirkens des inkarnierten Logos (1,10), doch ist der Kosmos nicht nur Ort, sondern auch Objekt des Heilswirkens Jesu (vgl. Popkes 2005, 3): Jesus ist „der Retter der Welt" (Joh 4,42; 1Joh 4,14, s. auch Joh 3,17; 12,47) und „das Licht der Welt" (Joh 8,12, vgl. 1,4.9; 3,19; 9,5; 11,9), das vom Himmel herabgekommene Brot, das der Welt Leben gibt (Joh 6,33.51), „das Lamm Gottes, das der Welt Sünde (hinweg-)trägt" (Joh 1,29), und die Versöhnung für die Sünden der ganzen Welt (1Joh 2,2). Universal konzipiert ist schließlich auch die Sendung der Jünger in Entsprechung zur Sendung Jesu durch Gott (Joh 17,18; 20,21).

Zum anderen ist Joh 3,16 insofern als eine Aussage von programmatischer Tiefe anzusprechen, als mit der Verankerung des Christusgeschehens in der *Liebe* Gottes ein zentrales Moment der joh Theologie aufgeworfen ist, die in 1Joh 4,8.16 in der

---

[7] Noch weitergehend Weyer-Menkhoff, der den Widerfahrnischarakter des Handelns betont (2014, 87f.111–113) und eine „passive Färbung menschlichen Handelns" postuliert (123). „Ein Mensch, der im Licht wirkt, das heißt in Jesus und damit in Gott, ist nicht länger *Täter* seiner ‚Taten'. Er wird im eigenen Handeln zum *Teilnehmer* der göttlichen ‚Taten'" (123).

Wesensaussage „Gott ist Liebe" ihren markanten Ausdruck findet.[8] Gott, wie er sich im Christusgeschehen selbst auslegt, ist ein weltzugewandter, liebender Gott. In der Liebe als zentraler Signatur der joh Theologie ist eingeschlossen, dass Johannes neben der Liebe Gottes zur Welt emphatisch von der Liebe Gottes zu seinem Sohn spricht (Joh 3,35; 5,20; 10,17; 15,9; 17,23-26). In Joh 14,31 ist umgekehrt von Jesu Liebe zum Vater die Rede, so dass die Liebe als eine Grundbestimmung der familienmetaphorisch gefassten Relation von Gott Vater und Sohn erscheint. In Verbindung mit dem Gedanken der Einheit von Vater und Sohn und im Lichte der Bitte Jesu für seine Jünger in seinem Abschiedsgebet, „dass sie eins seien, wie wir eins sind" (Joh 17,11.22), ließe sich die Liebe der Gemeindeglieder zueinander als Entsprechung zur liebenden Verbundenheit von Vater und Sohn miteinander entwerfen. Diese Analogie wird allerdings nirgends im Joh ausbuchstabiert. Dass Johannes diesen Weg trotz 17,11.21f nicht beschreitet, ist insofern verständlich, wenn nicht zwingend, als der Ton in einer solchen Konzeption auf der göttlichen Liebe lediglich als dem Vorbild gebenden Modell liegen würde. Johannes kommt es aber weitergehend darauf an, die Liebe der Jünger in einer von Gott ausgehenden Bewegung der Liebe zu verankern, sie aus dieser hervorgehen und von dieser bestimmt sein zu lassen. Leitend ist dafür die Füllung des Gedankens der Weitergabe der Liebe in einer mehrstufigen Filiationsreihe – von Gott zu Jesus, von Jesus zu den Jüngern, von den Jüngern wechselseitig zueinander – mit dem Motiv der mimetischen Entsprechung (s. zum einen 15,9, zum anderen 13,34; 15,12, zum Aspekt der Mimesis ausführlich Bennema 2017). Letzteres lässt sich, was die hier zentral interessierende Denkfigur der Christusmimesis der Jünger betrifft, wiederum in zwei Aspekte differenzieren, da sich die Aussagen über die Liebe Jesu in zwei Relationen auffalten lassen: seine Liebe zu seinem Vater (14,31) und seine Liebe zu den Jüngern (13,34; 14,21; 15,9.12) bzw. zu „den Seinen" (13,1, vgl. ferner Jesu Liebe zu Martha, Maria und Lazarus in 11,3.5.36 sowie zum ‚Lieblingsjünger' in 13,23; 20,2; 21,7.20). Der im Fortgang noch zu entfaltende Hauptaspekt der Christusmimesis in ethischer Hinsicht ist, dass die Gemeindeglieder *ihre Glaubensgeschwister* so lieben sollen, wie Jesus sie geliebt hat. Ferner aber entspricht der Liebe Jesu *zu seinem Vater* auf der Ebene der Jünger deren Liebe *zu Jesus*. Denn wie jene sich darin zeigt, dass Jesus tut, wie ihm der Vater geboten hat (14,31) – ein gut atl. Gedanke (Ex 20,6; Dtn 5,10; 7,9; 11,1 u.ö., vgl. Beutler 1998, 116f) –, so manifestiert sich die Liebe der Jünger im Halten der Gebote Jesu (14,15.21, vgl. auch 14,23), d.h., die Jünger entsprechen Jesus darin, dass sie die Gebote dessen halten, dessen Liebe das Fundament ihres Seins und Handelns ist. Denen, die Jesus lieben, wird wiederum die Liebe Gottes zugesagt (14,21.23; 16,27). Während es in Joh 3,16; 17,23 um die vorgängige Liebe Gottes zu den Menschen geht, eignet der Liebe Gottes hier ein reaktiver Charakter – dieselbe Struktur zeigt sich *notabene* auch hinsichtlich der Liebe des Vaters zum Sohn (zur vorgängigen Liebe des Vaters s. z.B. 3,35; 5,20; 17,24 [„vor Grundlegung der Welt"!], als Antwort auf Jesu Gehorsam s. 10,17). Gottes Liebe zur Welt

---

[8] Für „Liebe" bzw. „lieben" ist im Corpus Johanneum auf der Linie der LXX und des sonstigen NT zumeist ἀγάπη bzw. ἀγαπᾶν verwendet, doch begegnet daneben, ohne dass eine klar erkennbare semantische Differenz hervortritt, auch φιλεῖν (vgl. exemplarisch Frey 2018, 22f).

löst also dort, wo sie Menschen ergreift und von ihnen ergriffen wird, gewissermaßen einen fortwährenden Kreislauf der Liebe aus (vgl. van der Watt 2019, 313). Es entsteht ein umfassend von der Liebe geprägtes Beziehungsgefüge, das im Nachfolgenden in seinen Grundkonturen anhand ausgewählter Kerntexte exemplarisch näher umrissen werden soll.

Für das grundlegende Moment, dass die von Gott ausgehende Bewegung der Liebe in Jesus, der gewissermaßen die Inkarnation der Liebe Gottes ist (Matthew 2018, 264), ihre konkrete den Menschen zugewandte Gestalt gewinnt, kommt Joh 13,1 eine Schlüsselstellung zu. In der Hinführung zu den Abschiedsreden wird hier auf den kommenden Tod Jesu vorausgeblickt, wobei die Wendung, dass Jesus die Seinen „*bis ans Ende*" bzw. „*bis zur Vollendung*" oder „*vollends*" (zu den Übersetzungsoptionen vgl. exemplarisch Matthew 2018, 259-261) liebte, des Näheren auf Jesu letztes Wort am Kreuz „es ist vollbracht" (19,30) bezogen ist (vgl. Augenstein 1993, 28): Der Tod Jesu, in dem sich der Weg des Inkarnierten vollendet, wird als liebende Hingabe seines Lebens für die Menschen zu verstehen gegeben.

Die nachfolgende Fußwaschung bildet dies symbolisch und proleptisch ab (Culpepper 1991, 139), wie im griechischen Text schon durch die Formulierung des Ablegens des Gewandes (V.4) deutlich wird, die durch die Wahl desselben Verbs auf die Rede von der Hingabe des Lebens in der Hirtenrede (10,11.15.17.18, vgl. 15,13) rückverweist (vgl. Thyen 2005, 585; Skinner 2017, 30). In Korrelation dazu symbolisiert dann das „Nehmen" des Obergewands in 13,12, dass Jesus die Vollmacht hat, sein Leben wieder zu nehmen (10,17f), womit auf die Auferstehung verwiesen ist. Die soteriologische Deutung der Fußwaschung im Gespräch mit Petrus in V.6-11 entfaltet diesen Zusammenhang. Die Jünger bekommen durch die Fußwaschung Anteil an Jesus (V.8) und werden als Gruppe der „Reinen" (V.10) konstituiert. Da die Fußwaschung die Liebe Jesu zu den Seinen symbolisiert, die sich in seinem Tod vollendet, heißt das: In der sich am Kreuz vollendenden liebenden Hingabe Jesu ist das Heil der Menschen begründet. Die oben angesprochene Interpretation des Todes Jesu als Hinwegtragen der Sünde und seine Deutung als liebende Lebenshingabe interpretieren sich dabei wechselseitig.

Ihren irdischen Zielpunkt findet die von Gott ausgehende Bewegung der Liebe darin, dass sie die Jünger erfasst, und zwar eben nicht nur darin, dass Jesu Liebe zu ihnen ihre Antwort in ihrer Liebe zu Jesus (14,15.21.23; 16,27; 21,15-17) findet, sondern auch in der zwischenmenschlichen Dimension der Liebe, die in 13,34 und 15,12 als Mimesis der Liebe Christi konzipiert ist (s. auch Joh 13,15; 1Joh 2,6; 3,16). Es zeigt sich also eine komplexe Relationalität der Liebe: Mit Jesu Aussage in 15,9, dass er die Jünger liebt, wie Gott ihn liebt, wird pointiert eine mimetische Bewegung zum Ausdruck gebracht, die dadurch, dass Jesu Liebe wiederum Vorbild für die Liebe der Jünger ist, um ein weiteres Glied in der ‚mimetischen Kette' (vgl. Bennema 2017, 74.114) erweitert wird, die zugleich aber auch mit dem responsorischen Element verschränkt ist, dass die Glaubenden auf die ihnen erwiesene Liebe mit ihrer Liebe zu Jesus antworten.

Der Eröffnung der Komposition von Fußwaschung, Abschiedsreden und Abschiedsgebet durch die programmatische Aussage in 13,1 korrespondiert, dass Jesu Abschiedsgebet in 17,26 in eine Aussage über die Liebe mündet, so dass Joh 13-17 durch das Thema der Liebe gerahmt wird, wie überhaupt zu beobachten ist, dass liebessemantische Aussagen im Joh massiert in Joh 13–17 begegnen. Jesus benennt als Ziel seines Offenbarungshandelns die Einwohnung der Liebe Gottes in den Jüngern und identifiziert mit dieser seine eigene Gegenwart in ihnen. Gottes Liebe ist also nicht nur der Beweggrund für die Sendung seines Sohnes in die Welt, sondern auch denen, die sich dem Heilsgeschehen nicht verschließen, als „kreative Kraft" (Zumstein 2016, 658) eingestiftet, um ihr Leben umfassend zu bestimmen. Besonders anschaulich zum Ausdruck kommt der organische Zusammenhang des Lebenswandels mit der wechselseitigen Immanenz Jesu und seiner Jünger in dem Bild vom Weinstock und seinen Reben in Joh 15,1–8, das – nach der Reflexion über die Bedeutung des Weggangs Jesu für die Jünger in der ersten Abschiedsrede – die nachösterliche Gemeinschaft zwischen den Gemeindegliedern und dem erhöhten, in die Herrlichkeit Gottes zurückgekehrten Christus thematisiert: „Ich bin der Weinstock, ihr seid die Reben. Wer in mir bleibt und ich in ihm, der bringt viel Frucht; denn ohne mich könnt ihr nichts tun" (V.5). Gemahnt wird in dem Passus zum Bleiben in Jesus (V.4), aber nicht zum Bringen der Früchte (vgl. Dettwiler 1991, 180). Das Faktum, dass dieses „in dem gewählten Bild selbstverständlich" erscheint (Hentschel 2014, 114), sofern man mit dem „wahren Weinstock" (V.1) verbunden bleibt, macht deutlich, dass das *Bleiben in Jesus* für Johannes ohne seine ethische Dimension nicht zu denken ist (vgl. dazu, ausgehend von Joh 6,56f, Ueberschaer 2018). Sosehr hier emphatisch herausgestellt wird, dass christliches Handeln in der Verbundenheit mit Christus gründet – und nicht etwa die Eigenleistung eines sich autonom dünkenden Menschen darstellt (nach V.5 können die Jünger von Jesus getrennt nichts tun!) –, so deutlich wird zugleich, dass diese Verbundenheit nur Bestand hat, wenn aus ihr die Früchte eines christlichen Lebens erwachsen, während der Weingärtner, Gott, eine Rebe, die keine Frucht bringt, abschneiden wird (V.2). Das eine existiert nicht ohne das andere, wobei das *Prae* der Verbundenheit mit Christus in diesem Wechselverhältnis deutlich ist (ausführlich zur fundamentalen Bedeutung des in vielfältigen Metaphern zur Sprache kommenden Beziehungsaspekts in der joh Ethik van der Watt 2019, 149–226). Diese christozentrisch gefasste Fundierung des Handelns mündet in V.8 theologisch in den Verweis auf den doxologischen Aspekt des Lebenswandels der Jünger (vgl. Mt 5,16): Da die Früchte aus der wechselseitigen ‚Inexistenz' der Glaubenden und des erhöhten Jesus erwachsen, wird Gott, der „Weingärtner" (V.1), durch das Leben der Glaubenden verherrlicht. Defizite *in der theologischen Begründung* christlichen Lebenswandels kann man Johannes nicht anlasten.

4. Im 1Joh wird der Zusammenhang zwischen Gottesbeziehung und entsprechendem ethischen Wandel gleich zu Beginn anhand der traditionellen Lichtmetaphorik exponiert: Die Behauptung, Gemeinschaft mit Gott zu haben, wird durch den Wandel im Licht, der die Gemeinschaft der Glaubenden untereinander einschließt, verifiziert oder durch den Wandel in Finsternis falsifiziert, denn Gott ist Licht und in ihm gibt es keine Finsternis (1,5–7). 2,7–11 verschränkt den Dual von Licht und Finsternis mit der Gegenüberstellung von Geschwisterliebe und -hass und führt so die Liebe als zentrale Signatur des Wandels der Kinder Gottes ein. Während die Licht-Finsternis-Metaphorik im Brief nicht weitergeführt wird, tritt die Rede von der Liebe wiederholt ins Zentrum der Argumentation (vgl. Popkes 2005, 141). Auch

für den 1Joh ist dabei charakteristisch, dass das an die Glaubenden ergehende Gebot der Liebe organisch aus der von Gott ausgehenden Bewegung der Liebe erwächst, ja an diese nicht nur angebunden, sondern in diese eingebunden ist.

Gut veranschaulichen lässt sich dies anhand des joh „Hohelied[s] der Liebe" (Klauck 1991, 244) in 1Joh 4,7-21. Im Unterschied zu Paulus' Ausführungen über die Agape in 1Kor 13 (s. bes. V.4-7) fehlt hier jegliche die Liebe in konkrete Verhaltensweisen ausdifferenzierende inhaltliche Näherbestimmung; das Augenmerk ist vielmehr ganz auf die theologische Begründung der Liebe gerichtet (vgl. Popkes 2005, 78). Die stärker theozentrische Gesamtausrichtung des 1Joh kommt in diesem Passus in mustergültiger Klarheit darin zum Ausdruck, dass – anders als im Joh – ohne Christus als Zwischenglied von der Liebe Gottes zu den Gemeindegliedern die Rede ist und die Geschwisterliebe entsprechend *direkt* in der Liebe Gottes zu ihnen fundiert wird (s. bes. 4,11). 4,7 begründet einleitend die Aufforderung an die Adressaten, einander zu lieben, mit einer Bestimmung der Herkunft der Liebe: Sie ist aus Gott, der, so V.8, wesenhaft Liebe ist. Die Sendung Christi ist Manifestation dieser Liebe (V.9), und umgekehrt kann das in V.8 vorgebrachte Wesen Gottes nur durch die Offenbarung der Liebe in Christus erkannt werden. Sofern auch die Welt „liebt" (Joh 15,19, vgl. auch 3,19; 12,43), ist damit zugleich eine Differenz gesetzt: Wenn den Gemeindegliedern aufgetragen ist, einander zu lieben, geht es um die von Gott herkommende und durch seine Liebe bestimmte Liebe. Da die Liebe aus Gott ist, ist sie Erkennungszeichen des Geborenseins aus Gott und der Gotteserkenntnis (1Joh 4,7b), während der Mangel an Liebe Ausweis fehlender Gotteserkenntnis ist (V.8a). Dass die Liebe von Gott ausgeht, wird in V.10 durch eine Abgrenzung profiliert: Sie besteht nicht darin, dass „wir Gott geliebt haben", sondern eben darin, dass Gott „uns geliebt und seinen Sohn zur Versöhnung für unsere Sünden gesandt hat". Gottes Liebe geht voraus (vgl. V.19) und ist selbst voraussetzungslos. Zugleich erwächst aus ihr nicht weniger als eine unbedingte Verpflichtung: „Wenn Gott uns so geliebt hat, *sind auch wir schuldig*, einander zu lieben" (V.11). Auffallend ist, dass aus der Liebe Gottes hier nicht die Verpflichtung abgeleitet wird, Gott zu lieben, wenngleich diese, wie V.20f zeigt, vorausgesetzt ist. Auch in V.20f liegt aber das Augenmerk nicht auf der Liebe zu Gott selbst, sondern darauf, die Liebe zu den Glaubensgeschwistern als zwingendes Implikat der Liebe zu Gott auszuweisen. Familienmetaphorisch formuliert: Die Liebe zum Vater schließt die Liebe zu den Geschwistern ein: „Jeder, der den liebt, der (ihn) erzeugt hat, liebt auch den, der aus ihm erzeugt worden ist" (5,1). Profiliert wird der Konnex von Gottes Liebe und Liebe zu den Geschwistern durch das Motiv der wechselseitigen Immanenz von Gott und Glaubenden (4,12-16). Wenn die Glaubensgeschwister einander lieben, bleibt Gott, der ja die Liebe ist, in ihnen, und seine (!) Liebe ist in ihnen vollendet (vgl. 1Joh 2,5). Gottes Liebe, wie er sie in der Sendung seines Sohnes erwiesen hat, gelangt hinsichtlich ihrer irdischen Wirkung ans Ziel, wenn sie sich in der Liebe der Glaubensgeschwister zueinander entfaltet (vgl. Rensberger 2014, 248-250). Die Liebe der Glaubenden zueinander wird damit als ein Geschehen begriffen, in dem sich die Gegenwart Gottes in der Welt manifestiert (vgl. Hirsch-Luipold 2009, 305f). Für das *Gebot* der Liebe folgt aus dem Voranstehenden: Sosehr die Liebe zueinander von den Glaubenden gefordert wird, sowenig ist sie als ein allein menschliches Vermögen begriffen. Sie ist auch nicht bloß Antwort auf die ihnen von Gott erwiesene Liebe oder insofern Entsprechung zu Gott, als die Liebe ein Wesenszug Gottes ist, wie sie anhand der Sendung des Sohnes erkennen konnten. Vielmehr ist die Liebe zueinander selbst Wirkung der von Gott ausgehenden und in der Sendung des Sohnes erwiesenen Liebe. Zugleich ergibt sich das Überfließen der Liebe Gottes in den zwischenmenschlichen Bereich aber nicht von selbst, sondern bedarf des willentlichen Einstimmens der Glaubenden in die Dynamik der Liebe Gottes.

In einer geradezu kühn anmutenden Variante wird die Fundierung des Handelns der Glaubenden im Wirken Gottes in 1Joh 3,9 vorgetragen. Auf der Linie und in Weiterführung der Zeugungsmetaphorik ist hier davon die Rede, dass Gottes Same im Glaubenden bleibt, wobei die Metapher hier für Gottes Geist als Kraft christlichen Lebens stehen dürfte (vgl. Klauck 1991, 193f). Gott hat die Glaubenden also nicht nur einmalig ins Leben geführt, sondern ist durch die Gabe der Kraft des Geistes auch an dessen Erhaltung grundlegend beteiligt. Als gewagte Konsequenz daraus wird nun im Blick auf das Handeln der Glaubenden geltend gemacht, dass der aus Gott Geborene nicht sündigt (3,9a, vgl. 3,6; 5,18), ja nicht sündigen *kann* (3,9b). Zieht man 1,8–2,2; 5,16f hinzu, wonach auch Gemeindeglieder Sünden begehen, zeigt sich, dass das Gesamtbild differenzierter, ja durchaus spannungsreich ist. Die steilen Aussagen in 1Joh 3,6.9 stehen wesentlich im Dienst der Abgrenzung der „Kinder Gottes" von den „Kindern des Teufels" (V.10a) und der Etablierung der Geschwisterliebe als Erkennungszeichen der „Kinder Gottes": „Jeder, der nicht Gerechtigkeit tut, ist nicht aus Gott, und wer nicht seinen Bruder liebt" (V.10b).

## 2. Das Liebesgebot im Johannesevangelium

1. Im ersten Hauptteil seiner Jesuserzählung, der Darlegung der Offenbarung Jesu vor der Welt in Joh 1,19–12,50, lässt Johannes Jesus zwar lange Reden halten, die um die Sendung Jesu und deren Bedeutung für die Menschen kreisen, doch wird an keiner einzigen Stelle die Thematik zwischenmenschlichen Verhaltens explizit angesprochen. Anders ist dies erst in den Abschiedsreden in 13,31–14,31; 15,1–16,33, die die Jünger auf die Zeit nach Ostern vorbereiten und in denen nun auch, konzentriert auf das Liebesgebot (13,34f; 15,12–17), deren Verhalten untereinander zur Sprache kommt. Szenisch eingebettet ist die erste Abschiedsrede in das letzte Mahl Jesu mit den Seinen, das Johannes nicht mit der Einsetzung des Abendmahls, sondern mit der Symbolhandlung der Fußwaschung (13,1–20) verbunden hat, die im Blick auf ihre Bedeutung als metaphorische proleptische Darstellung des Heil wirkenden Todes Jesu oben bereits thematisiert wurde (→ 1/3). In 13,12–17 schließt sich eine ethische Deutung an. Das Waschen der Füße ist Dienst von Sklaven. Jesus, der Herr und Lehrer der Jünger (V.14a), nimmt also die Rolle eines Sklaven an (vgl. Schnelle 2009, 600; Matthew 2018, 127, anders Hentschel 2014, 108) und gibt mit diesem Statusverzicht (vgl. Guttenberger 1999, 296–310) den Jüngern ein Beispiel, an dem sie sich orientieren sollen (V.14b.15). Da die Fußwaschung durch V.1 als symbolischer Ausdruck der Liebe präsentiert wird, heißt dies des Näheren: Jesus figuriert als Modell der sich selbst erniedrigenden *liebenden* Hingabe an andere. „[L]ove is

defined in terms of being willing to go to extremes, also of service, for and to the benefit of others" (van der Watt 2019, 309). Der im Kontext der symbolischen Handlung ergehende Auftrag, einander die Füße zu waschen (V.14b), wird in V.15 durch die offene Rede vom „Tun" verallgemeinert. Schon dies macht es wahrscheinlich, dass V.14b „nicht der Wiederholungsbefehl für eine Fußwaschung unter den Jüngern als Ritus ist" (Augenstein 1993, 35, vgl. Frey 2013, 194–197, anders z.B. Thomas 1991, 110.148f.184; van der Watt 2006, 168–174). Es geht bei der hier intendierten Nachahmung Jesu vielmehr darum, in dem Geist zu handeln, der sich in der Fußwaschung manifestiert hat. Entsprechend transformiert V.34 den Auftrag von V.14b zu dem Gebot, einander zu lieben.

Die Rahmung des Liebesgebots in 13,34f durch zwei Aussagen über Jesu Abschied (13,33.36) kennzeichnet dieses „als ‚Vermächtnis' des scheidenden Jesus an die Jünger bzw. an die nachösterlich lebende Jüngergemeinde" (Frey 2018, 29). Vorbereitet durch und ganz im Sinne von 13,1.15 wird das Liebesgebot in V.34 christologisch verankert: Die Jünger sollen einander lieben, *weil und wie (καθώς) Christus sie geliebt hat* (vgl. Popkes 2005, 253). Die doppelte Übersetzung der griechischen Partikel mit „weil" und „wie" spiegelt, dass der Verweis auf die Liebe Christi eine doppelte Funktion hat (vgl. für viele Collins 1990, 243–249), wie dies analog auch in Eph 5,2 der Fall ist (→ IV.2.2.2/2). Er dient erstens zur Begründung des Liebesgebots. Die Liebe der Jünger zueinander ist Ausfluss und Weitergabe der Liebe Jesu zu ihnen. Sie können und sollen einander lieben, *weil* sie Jesu Liebe erfahren haben und diese Erfahrung fortan die Grundlage ihres Lebens ist; die ihnen von Jesus erwiesene Liebe ist „the enabling force of their love" (Rabens 2012, 120). Zugleich fungiert Jesus zweitens auch als Modell der den Jüngern gebotenen Liebe zueinander, indem die Liebe durch ihre christologische Verankerung als eine sich selbst hingebende charakterisiert wird. Das joh Liebesgebot ist also Ausdruck einer „Imitationsethik, die sich am Leben Jesu orientiert" (Popkes 2005, 263), wobei der Gedanke der Mimesis Christi nicht eng gefasst im Sinne einer Kopie der konkreten Handlung Jesu, in der sich seine Liebe „vollends" manifestierte, zu verstehen ist, sondern im Sinne der Entsprechung zur Haltung der Proexistenz Christi (vgl. van der Watt 2016, 261–265; Bennema 2017, bes. 91–105). Sowenig der christusmimetischen Hingabe der Glaubenden aneinander eine soteriologische Relevanz eignet, sosehr ist im Motiv der Nachahmung Christi das soteriologische Verständnis des Todes Jesu vorausgesetzt, denn nur so kann dieser Modell für ein Handeln zugunsten anderer sein, das in der alltagsweltlichen Praxis vielfältige Gestalten unterhalb des Gipfelpunkts der physischen Preisgabe des Lebens annehmen kann. Die Konvergenz zur christologischen Vertiefung des Liebesgebots bei Paulus und in seinem Gefolge ist evident. 13,35 weist der Liebe zudem eine ekklesiologische Dimension zu: Sie ist Erkennungszeichen der Gemeinde (→ 5). Nun erscheint die Liebe zueinander im Lichte von 15,19, wonach die Menschen in der Welt ihresgleichen lieben, an sich nicht als ein Proprium der Gemeinde. Wenn sie gleichwohl ihr Erkennungszeichen sein soll, so ist darin ihre in 13,34 vorgebrachte Qualifizierung zugrunde gelegt, d.h., die Gemeinde wird an einer Gestalt der Liebe erkannt, deren Ermöglichungsgrund und Modell die liebende Selbsthingabe Christi ist.

Dass der Aspekt der Christusmimesis im joh Liebesgebot von leitender Relevanz ist, bedeutet indes keineswegs, dass die joh Jesuserzählung – im Sinne des in 1Joh 2,6 vorgebrachten Grundsatzes – darauf angelegt ist, Jesus umfassend als nachzuahmendes *ethisches* Vorbild zu präsentieren, wie Adele Reinhartz anhand von Joh 2,4 und vor allem von 11,4–6 (2016) sowie anhand der Lüge Jesu gegenüber seinen Brüdern in 7,8 (Reinhartz 2017) gezeigt hat (vgl. auch Hirsch-Luipold 2009, 290 mit Anm. 3; Frey 2013, 193f; 2018, 40f, gänzlich ablehnend zum Gedanken der *imitatio Christi* Meeks 1996, 318f). Der Fokus liegt hier eben nicht auf der ethischen Vorbildhaftigkeit Jesu: „For this author, Christology is primary, all other considerations, including ethics, are secondary" (Reinhartz 2017, 133, s. auch Lund 2012, 278f).

Bezieht man die sich in 13,36–38 anschließende Ansage der Verleugnung Jesu durch Petrus in ihrem Zusammenspiel mit 21,15–19 ein, lässt sich nicht nur die Begründung der Agape im Christusgeschehen weiter profilieren, sondern es wird auch deutlich, dass die Liebe als Charakteristikum der Nachfolge Jesu in ihrer zwischenmenschlichen ethischen Dimension nicht aufgeht, sondern diese grundlegend in der Liebe zu Jesus verankert ist. Umgekehrt wird damit noch einmal deutlich erkennbar, dass die ethische Dimension der Liebe organisch in eine umfassende theologische Konzeption eingebettet ist, die zugleich ohne diese ethische Dimension nicht auskommt.

Petrus' Frage in 13,36 und seine heroische Ankündigung in V.37, in seiner Nachfolge zur Hingabe seines Lebens für Jesus bereit zu sein (zur Verbindung mit 12,24–26 vgl. van der Watt 2019, 171f), geben zu erkennen, dass er hier Nachfolge mit der irdischen Anwesenheit Jesu verbindet. Jesu Antwort an Petrus in V.36, er werde ihm später folgen, erhebt die Nachfolge zu einem *nachösterlichen* Phänomen (Dettwiler 1995, 137), und zwar nicht in Kontinuität zur vorösterlichen Zeit, wie dies z.B. für Matthäus charakteristisch ist, sondern in Absetzung davon (vgl. Dietzfelbinger 1989, 41–46). Jesu Ankündigung in V.38, dass Petrus, statt sein Leben für ihn zu lassen, ihn dreimal verleugnen wird (vgl. 18,15–18.25–27), macht deutlich, dass „die Relation des guten Hirten zu seinen Schafen unumkehrbar ist" (Thyen 2005, 614): Jesus ist es, der als guter Hirte sein Leben für die Schafe lässt (10,11.15.17f). Erst auf dieser Grundlage und mit der österlichen Einsicht, dass Jesu Tod nicht nach weltlichen Maßstäben ein ehrloses Scheitern bedeutet, sondern das Kreuz Ort der Heilsgegenwart Gottes ist, kann Petrus ihm nachfolgen. Joh 21,15–19 führt dies aus. Der dreifachen Verleugnung steht nun zur „Restitution des Verleugners" (Augenstein 1993, 38) die dreifache Frage des Auferstanden „liebst du mich?" und der dreifache Auftrag „weide meine Schafe" (21,15–17) gegenüber, an den sich die Ansage des Martyriums des Petrus (21,18.19a) und die Aufforderung zur Nachfolge (21,19b, vgl. 13,36) anschließen. Der von Jesus als Hirte eingesetzte Petrus wird nach Ostern also in der Tat sein Leben in der Nachfolge als Erweis seiner Liebe zu Jesus hingeben. Darin aber, dass Petrus in seiner Liebe zu Jesus aufgetragen ist, die Schafe zu weiden, tritt ferner die zwischenmenschliche, gemeindliche Dimension der Agape als integraler Aspekt der Liebe zu Jesus hervor, wie überhaupt zur Liebe zu Jesus grundlegend das Halten seiner Gebote gehört (14,15.21): Liebe zu Jesus schließt notwendig die Liebe der Jünger zueinander ein, wie sie ihnen in 13,34 aufgetragen wird (vgl. Wagener 2015, 280f). Und wie Petrus' Liebe zu Jesus in 21,15–19 durch das Moment seiner unbedingten, bis zum Martyrium reichenden Treue zu Jesus bestimmt ist, enthält auch die Agape im ekklesialen Horizont als Liebe der „Geschwister" zueinander den Aspekt der Gemeinschaftstreue bzw. des solidarischen Eintretens für die Familie. Der Konnex zwischen Nachfolge Jesu und Geschwisterliebe erschließt zugleich den Sinn der kompositorischen Platzierung des Liebesgebots innerhalb von 13,31–38: „*Für Jesus* kann Petrus und wird Petrus sein Leben nur *vermittelt* hingeben, indem er es als Konsequenz des Gebots, einander zu lieben, für seine Brüder hingibt" (Thyen 2005, 614).

2. Ganz auf dieser Linie wird in der zweiten Abschiedsrede in Joh 15–16 das Liebesgebot in 15,12.17 im Horizont antiker Freundschaftsethik zur Sprache gebracht. Nachdem mit dem Bild vom Weinstock und seinen Reben in 15,1–8 herausgearbeitet wurde, dass das Handeln der Glaubenden organisch aus dem Bleiben in Jesus erwächst (→ 1/3), transformiert 15,9–11 dies zur Aufforderung, in der *Liebe* Jesu zu bleiben, mit der er seine Jünger geliebt hat, wie der Vater ihn geliebt hat. Der Weg des Bleibens in seiner Liebe ist das Halten seiner Gebote, wie Jesus die Gebote seines Vaters gehalten hat und in seiner Liebe bleibt. Das Gebot Jesu aber ist eben, dass seine Jünger sich untereinander lieben, wie er sie geliebt hat (V.12). Mit der Aufforderung zum Bleiben in der Liebe Jesu wird deutlich, dass die Liebe der Jünger zueinander nicht nur in der ihnen von Jesus erwiesenen Liebe begründet ist, sondern die Jünger mit der Befolgung des Liebesgebots zugleich auch den ihnen zukommenden Beitrag leisten, dass die Beziehung zwischen Jesus und ihnen intakt bleibt. Denn wo die von Gott ausgehende Liebe nicht in die zwischenmenschliche Liebe überfließt, zeugt dies davon, dass man sich von der Liebe Christi nicht hat bewegen und die Christusbeziehung nicht zum Fundament des eigenen Lebens hat werden lassen. Wird das Fruchtbringen der Glaubenden mit der Wiederaufnahme des Liebesgebots aus 13,34f in 15,12 eben durch die Liebe bestimmt, so findet die christologische Verankerung des Liebesgebots im Fortgang durch 15,13 eine Erläuterung, die den in 13,34 bereits durch den Kontext implizierten Bezug auf die Lebenshingabe Jesu als Akt der Liebe explizit macht: „Eine größere Liebe als diese hat niemand, dass er sein Leben hingibt für seine Freunde." Johannes nimmt hier einen traditionellen Topos hellenistischer Freundschaftsethik auf, in der die Hingabe des eigenen Lebens für die Freunde als höchster Ausdruck der Freundschaft angesehen werden konnte (s. z.B. Platon, Symp 179b–180a; Aristoteles, EthNic 9,8 [1169a18–32]; Diodorus Siculus 10,4,3–6; Epiktet, Diss 2,7,3; Ench 32,3; Philostratos, VitAp 7,12.14; Diogenes Laertios 7,130; 10,121).

Auch darin, dass Jesus in V.15 auf seine vorbehaltlose Kundgabe all dessen, was er von seinem Vater gehört hat, verweist, wird auf einen Topos der Freundschaftsethik, nämlich den der freimütigen Rede (παρρησία), angespielt (vgl. Scholtissek 2004, 428–430.435, zur freimütigen Rede Jesu im Joh vgl. 7,26; 11,14; 16,25.29; 18,20). Ebendieses Offenbarungshandeln Jesu ist nach V.15 die Grundlage für die Neubestimmung des Status der Jünger (und damit der nachösterlichen Gemeindeglieder), die nun nicht mehr Sklaven, sondern in den Status von Freunden erhoben sind (vgl. bereits zuvor Jesu Bezeichnung von Lazarus als „unserem Freund" in 11,11, zur Liebe Jesu zu Lazarus 11,3.5). Nun ist Freundschaft in der Antike mit dem Aspekt der Gleichheit im Blick auf Charakter und soziale Rolle verbunden (Aristoteles, EthNic 8,7 [1157b36]; 9,8 [1168b8]; Plutarch, AmicMult 8 [Mor 96c–e]), doch kennt Aristoteles auch eine Art von Freundschaft, „die auf Überlegenheit basiert", wie etwa die Beziehung von Vater und Sohn oder Herrscher und Beherrschten (EthNic 8,8 [1158b12ff]); und Ungleiche können Freunde sein, insofern sich durch die wechselseitige Freundschaftstugend der Liebe Gleichheit unter ihnen ergibt (EthNic 8,10 [1159a33–1159b3]). Joh 15,14 lässt sich in diesem Horizont lesen, denn der Freundesstatus der Jünger ist hier daran geknüpft, dass sie tun, was Jesus ihnen gebietet, sie also die Liebe – in ihrem Verhältnis zu Jesus (vgl. 14,15.21) wie auch zueinander – Grundlage ihres Lebens sein lassen. Zugleich sichert V.16 durch den Rekurs auf das Theologumenon der Erwählung das sachliche *Prae* des Heilshandelns Jesu. Die Beziehungsstiftung geht von Jesus aus. Noch einmal wird damit deutlich gemacht, dass die Liebe nicht nur am Vorbild Jesu orientiert ist, sondern als sich hingebende Liebe auch erst durch Jesus *ermöglicht* wird. An dieser Stelle zeigt sich dann auch eine fundamentale Differenz zum Topos der Lebenshingabe in der hellenistischen Freundschaftsethik: „Die Selbsthingabe Jesu in den Tod ist für das Johannesevangelium nicht ein seltener Grenzfall innerhalb einer bestehenden, sich wechselseitig bereichernden Freundschaft, sondern allererst die Begründung der nachösterlichen Freundschaft zwischen Jesus und den Jüngern" (Scholtissek 2004, 436). Zudem wird hier invertiert, was Aristoteles über die auf „Überlegenheit" basierende Freundschaft aussagt, denn nach Aristoteles kommt es in einer solchen dem Besseren zu, „mehr geliebt zu werden, als er liebt" (EthNic 8,9 [1158b25]). Zugleich wird mit Jesu Freundschaftsdienst die Gemeinschaft unter den Jüngern als Freundschaftsbund gestiftet, denn diese sind als gemeinsame Freunde Jesu verpflichtet, einander als Freunde zu sehen und zu begegnen (vgl. van der Watt 2019, 193). Nach dem Vorbild Jesu schließt dies die Hingabe ihres Lebens ein, worin natürlich inbegriffen ist, dass man sich auch unterhalb dieser Ebene in allem für die Freunde und deren Wohlergehen einsetzt, ohne eigene Kosten und Mühen zu scheuen (vgl. 1Joh 3,16f, → 3/1).

Das Liebesgebot wird in 13,34 als *neues* Gebot eingeführt, womit Johannes eine intertextuelle Referenz auf das Gebot der Nächstenliebe in Lev 19,18 setzt und Jesu Gebot der Liebe von diesem abhebt. Das heißt: Die Rede vom „neuen Gebot" dürfte als Indiz zu fassen sein, dass das joh Christentum sich der Differenz zwischen dem atl. Liebesgebot und der christologisch begründeten Mahnung zur Agape bewusst (geworden) war. *Jesus* gibt das Gebot (vgl. Schnelle 2006, 317; van der Watt 2019, 372), wie Jesu Rede von *seinem* Gebot in 15,12 unterstreicht, und das Liebesgebot geht im dargelegten Doppelsinn von Begründung und Maßstab organisch aus der Christusbeziehung der Glaubenden hervor: Die Liebe zueinander basiert auf und ist Entsprechung zur Liebe Christi. Noch deutlicher und stärker als bei Paulus wird die Liebe dabei als sich selbst auf- und hingebende Liebe verstanden. Dass sich auch beim Liebesgebot kein positiver Rückbezug auf die Tora findet, ordnet sich in den Gesamtbefund ein, dass die Schrift im Joh zwar als Zeuge für Jesus von Gewicht ist (s. z. B. Joh 1,45; 5,39.46), aber die Tora auch sonst nirgends explizit als Grundlage der Verhaltensorientierung von Christen geltend gemacht wird (vgl. für viele Frey 2013, 202).

Das Joh setzt vielfach Torabestimmungen ganz selbstverständlich voraus, was zunächst einmal als Teil der Lebenswelt der Erzählung zu sehen ist. Dies scheint jedoch nicht damit verbunden zu sein, dass der Rekurs auf die Tora für die ethischen Überzeugungen des joh Kreises noch von (leitender) Bedeutung ist. Vielmehr wird die von der Tora bestimmte Lebenswirklichkeit, die den Tempelkult (vgl. Joh 2,14–17; 4,20.22), Reinheitsgebote (vgl. Joh 2,6) oder den Sabbat (vgl. Joh 5,9.10.16.18; 7,22f; 9,14.16) einschließt, von der durch die Christusoffenbarung gesetzten Wirklichkeit (vgl. z. B. zum Tempel 2,19–22; 4,21.23f) überholt (vgl. Loader 2012). Auch Versuche, einen impliziten Bezug zum Dekalog herzustellen (Kanagaraj 2001; van der Watt 2006, 152–157.166; 2019, 385–400; Neyrey 2021), ändern an diesem Befund nichts. Zwar werden Vergehen wie Diebstahl (vgl. Joh 12,6) oder Mord (vgl. Joh 8,44; 1Joh 3,12.15) in Übereinstimmung mit dem Dekalog natürlich negativ gewertet, doch ist (trotz Joh 7,19) nicht erkennbar, dass die Adressaten ihre diesbezügliche ethische Orientierung spezifisch aus der Tora beziehen sollen (vgl. Loader 2012, 155f; Lund 2012, 270–272, anders Schulz 1987\*, 494–496.517–519). Diesem Befund fügt sich ein, dass in den Johannesbriefen nirgends auf die Tora rekurriert wird. Dass diese als Fundament *ethischer* Orientierung keine erkennbare Rolle spielt, bedeutet zugleich, dass man die materialethischen Leerstände der joh Ethik nicht durch einen Rekurs auf die Tora oder Traditionen der frühjüdischen Toravergegenwärtigung beheben kann. Zugleich erübrigt es sich aufgrund dieses Befundes, der Frage der Bedeutung der Tora für die joh *Ethik* analog zu den Kapiteln zu den Synoptikern einen eigenen Abschnitt zu widmen.

## 3. Das Liebesgebot im 1. Johannesbrief

1. Im 1Joh wird zwar in 3,16 auf die christologische Verankerung der Liebe rekurriert, doch zeichnet sich der Brief in seiner theozentrischen Gesamtausrichtung ansonsten dadurch aus, dass christlicher Lebenswandel unmittelbar in der Liebe *Gottes* verankert wird (1Joh 2,5.15; 3,17; 4,7–12.16–21, → 1/4). Ihren klarsten Ausdruck findet die theozentrische Ausrichtung des 1Joh darin, dass in ihm über *Gott* ausgesagt wird, dass er Licht (1Joh 1,5, dagegen mit Bezug auf Christus Joh 1,4–9; 8,12; 9,5; 12,46 u. ö.) und Liebe ist (1Joh 4,8.16). „Das Licht als Symbol der göttlichen Lebensfülle verbindet sich mit der Liebe als deren sichtbarer Gestalt" (Schnelle 2006, 321). Kennzeichnend für den 1Joh ist ferner, dass in ihm der Rekurs auf das Liebesgebot deutlich durch ein Schisma profiliert ist, mit dem sich der Adressatenkreis konfrontiert sah (1Joh 2,19; 4,5). Einige haben sich abgewendet, was nicht nur christologisch bearbeitet (2,22f; 4,2f; 5,6–8), sondern durch die Deutung des Verhaltens der Schismatiker als Geschwisterhass auch ethisch interpretiert wird (2,9–11, vgl. auch 3,12.15; 4,20). In dieser Situation schärft der 1Joh die Geschwisterliebe als essentielle Manifestation der Gottesbeziehung ein (4,7–21); jeglicher Anspruch, über Gotteserkenntnis zu verfügen, ist „von der Praxis zwischenmenschlicher Liebe her zu beurteilen" (Popkes 2005, 108). In 3,23 verdichtet sich die thematische Ausrichtung des 1Joh, die mit dem Disput über die Christologie und die Geschwisterliebe im Wesentlichen um zwei thematische Pole kreist, pointiert in einer Art Doppelgebot, das die weiteren Ausführungen in 4,1–5,6 strukturiert (vgl. Wischmeyer 2015\*, 118f): „Und dies ist sein Gebot, dass wir an den Namen seines Sohnes Jesus Christus glauben und einander lieben, wie er es uns als Gebot gegeben hat." Beide Themen koexistieren dabei nicht bloß, sondern sind für den Autor in seiner Theologie der Liebe untrennbar miteinander verbunden (vgl. Schnelle 2012, 338). Da die theologisch tiefsinnige Entfaltung der Liebe in 4,7–21 schon im Rahmen der theologischen Grundlegung thematisiert wurde (→ 1/4), konzentrieren sich die folgenden Ausführungen auf das Liebesgebot in 2,7–11 und 3,11–18, wo zumindest peripher eine Konkretion der Liebesforderung aufleuchtet, sowie auf die Warnung vor der Liebe zur Welt in 2,15–17.

Der paränetischen Ausrichtung des 1Joh (dazu van der Watt 2018) entspricht, dass der Verfasser in 2,7 angibt, den Adressaten mit der Geschwisterliebe kein neues Gebot zu übermitteln, sondern „ein altes Gebot, das ihr von Anfang an hattet" (s. auch 3,11). Im Zuge der Auseinandersetzung mit den Sezessionisten wird den Adressaten eingeschärft, dass eine Missachtung des Liebesgebots – dass es wieder um dieses geht, ist im Lichte von V.9–11 evident – eine Missachtung dessen bedeutet, was von Anfang an den ‚ethischen Markenkern' der Gemeinde bildet (vgl. Collins 1990, 228-232). Die Klassifizierung des Liebesgebots als altes Gebot steht keineswegs in einem inhaltlichen Widerspruch zu Joh 13,34, sondern resultiert allein aus einem anderen Blickwinkel. Kurz vor seinem Tod hat Jesus seinen Jüngern ein neues Gebot gegeben (Joh 13,34), welches das Gebot ist, das die joh Adressaten „von Anfang an" gehört haben und das insofern als gemeindliches Traditionsgut das alte Gebot ist. 1Joh 2,8 sichert dann, komplementär dazu, zugleich die Joh 13,34 korrespondierende Qualifizierung des joh Liebesgebots als des neuen Gebots, das insofern neu ist, als es aus der durch das Christusgeschehen geschaffenen neuen Wirklichkeit erwächst.

Die Aufnahme des Liebesgebots in 1Joh 3,11-18 steht im Kontext der Gegenüberstellung der Kinder Gottes und der Kinder des Teufels (V.1-10). Entsprechend wird das Liebesgebot, wie schon in 2,9-11, dem Bruderhass entgegengesetzt, als dessen „Urbild und Symbolfigur" (Klauck 1991, 203) Kain vorgebracht wird. Kain hat nicht wie Jesus sein Leben in Liebe zugunsten anderer gelassen, sondern sein Hass hat zur Tötung – oder wie V.12 drastisch formuliert: zur Abschlachtung (vgl. dazu Armitage 2021, 144f) – seines Bruders geführt. V.14 verschränkt dies mit der Gegenüberstellung von Tod und Leben im soteriologischen Sinne. Liebe ist Kennzeichen der Lebenssphäre, in die die Adressaten infolge ihrer glaubenden Annahme Jesu aus der Todessphäre hinübergeschritten sind (vgl. Joh 5,24). Wer nicht liebt, zeigt damit, dass er (noch oder wieder) der Todessphäre zugehört. 1Joh 3,16 exemplifiziert die Liebe, ganz im Sinne von Joh 13; 15, anhand des Vorbild gebenden Beispiels Jesu, an dem erkannt werden kann, was Liebe ist. Die ethische Pflicht der Glaubenden wird unmittelbar aus diesem Geschehen abgeleitet: „auch wir sind verpflichtet, für die Geschwister das Leben hinzugeben." Der in 1Joh 2,6 vorgebrachte ethische Grundsatz, *verpflichtet* zu sein, so zu wandeln, wie Jesus Christus gewandelt ist (vgl. noch 3,3.7), wird hier inhaltlich durch die Liebe gefüllt (vgl. noch 4,11); wiederum ist die Lebenshingabe Jesu das Modell der Agape. Der Fortgang in V.17f zeigt allerdings, dass an dieser Stelle eine wichtige Differenzierung in Erinnerung zu rufen ist, die bereits zum Mimesismotiv in Joh 13,34 vorgebracht wurde (→ 2/1): Liebe nach dem Modell der Lebenshingabe Jesu heißt keineswegs notwendig, selbst den Verlust des Lebens zu erleiden, sondern bedeutet, im Geiste der Proexistenz Christi zu handeln, d. h. im konkreten Alltagsleben für andere einzustehen und zu sorgen. Nur mit dieser Bedeutungsausweitung kann die Liebe Christi überhaupt als eine alltagsrelevante ethische Leitorientierung fungieren. Diese Ausweitung basiert darauf, dass die Wendung „das Leben/die Seele (ψυχή) hingeben" nicht ausschließlich auf die Hingabe des physischen Lebens zu beziehen ist, da ψυχή auch im Sinne von „Lebensenergie" aufgefasst werden kann und in 1Joh 3,16b so aufgefasst werden muss. Im Blick ist also allgemein „der energische Einsatz und die restlose Mobilisierung aller physischen und psychischen Kräfte im Dienst des Liebesgebots" (Klauck 1989, 164, s. auch Meisinger 1996*, 161). Nur so wird verständlich, warum nach der steilen Aussage über die Lebenshingabe in 3,16 im direkt nachfolgenden Vers eine ganz geläufige Applikation der Liebe folgen kann. Denn 3,17 ‚erdet' das Gebot der Liebe im Sinne der karitativen Nutzung der eigenen Güter: „Wer aber die Lebensgüter der Welt hat und seinen Bruder Not leiden sieht und sein Herz vor ihm verschließt, wie bleibt die Liebe Gottes in ihm?" Vier Punkte sind hier bedeutsam: Es geht *erstens* bei der Liebe um eine Grundhaltung, nämlich um die Haltung, anderen zugewandt und für ihre Belange offen zu sein und sich für andere einzusetzen. So verstanden unterliegt die Liebe keinem ein für alle Mal definierten Regelwerk (vgl. van der Watt 2016, 275), sondern sie konkretisiert sich facettenreich in den jeweiligen situativen Kontexten. Darin ist *zweitens* ihre praktische Dimension inbegriffen: Liebe manifestiert sich in konkreten Taten, wie V.18 untermauert: „Lasst uns nicht mit (dem) Wort noch mit der Zunge lieben, sondern in Tat und Wahrheit!" Die Wahrhaftigkeit der Liebe erweist sich in der Praxis. Zugleich kennt *drittens* solche konkrete Hilfe keine Grenze, wenn die Liebe Christi ihr Modell ist. Es gilt, sich auch unter Absehung von eigenen Interessen für andere einzusetzen. *Viertens* deutet V.17 in der Rede vom „Herz" (bzw. wörtlich „den Eingeweiden" als Sitz der Emotionen, insbesondere des mitleidvollen Erbarmens) die emotional-affektive Dimension der Liebe an: Die Praxis der Liebe geht daraus hervor, sich von der Bedürftigkeit anderer affizieren, anrühren und so bewegen zu lassen. Der soziale Horizont dieser Praxis ist hier ausweislich der Rede vom „Bruder" zunächst einmal das solidarische Miteinander innerhalb der Gemeinde. Das schließt über den binnengemeindlichen Bereich hinausgehendes karitatives Engagement natürlich nicht aus, aber thematisiert wird dies hier nicht.

2. Die Konkretion der Liebe in 1Joh 3,17 findet ihre Kehrseite in der Wahrnehmung der Welt, wie sie in 1Joh 2,15–17 artikuliert wird: Die Welt ist durch „die Begierde des Fleisches und die Begierde der Augen und das Prahlen mit den Lebensgütern" ge(kenn)zeichnet (2,16). An Versuchen, einen gemeinsamen Bezugspunkt der drei Glieder auszumachen, fehlt es nicht. Loader etwa findet einen solchen in der sozialen Realität, nämlich in „the culture of depravity present in the banquets of the rich" (2014, 229), doch lässt sich dagegen einwenden, dass die drei Glieder je für sich für vielfältige andere Applikationen offen sind. Wengst hat „das Mehr-sein- und Mehr-haben-Wollen als der Mitmensch" (²1990, 97) als den gemeinsamen thematischen Nenner der drei Elemente ausgemacht. Daran ist richtig, dass entgegen einer verbreiteten ersten Assoziation die Rede von der Begierde des Fleisches keineswegs auf den Bereich der Sexualität einzugrenzen ist. Im antiken Judentum konnte das ohne Objekt zitierte zehnte Gebot „Du sollst nicht begehren" (Philon, Dec 142; SpecLeg 4,78; 4Makk 2,6, vgl. Röm 7,7, 13,9) als Zusammenfassung der zweiten Tafel des Dekalogs betrachtet und die Begierde als *der* Quellgrund allen Übels aufgefasst werden (Philon, Dec 173; SpecLeg 4,84; ApkMos 19,3; ApkAbr 24,8). Es ist daher durchaus möglich, unter der Begierde des Fleisches „die der irdisch-menschlichen Sphäre eigentümliche Begehrlichkeit nach Besitz, die … Habgier" (Wengst ²1990, 96) zu verstehen, doch ist im genannten frühjüdischen Kontext ein umfassenderes Verständnis vorzuziehen, wozu neben Besitzstreben und sexuellem Begehren z.B. auch Ehrsucht und der Hang zu Schlemmereien zu rechnen sind (Philon, SpecLeg 4,88.91). Entsprechend umfassend ist die Begierde der Augen aufzufassen, d.h., neben dem neidischen, missgünstigen oder habgierigen Blick (Koh 4,8; Tob 4,7; Sir 14,9) ist auch an den begehrlichen Blick (vgl. TestIss 7,2; TestBenj 8,2; Mt 5,28; 2Petr 2,14) zu denken. Das letzte Glied der Trias fokussiert hingegen den falschen Umgang mit dem Besitz und bildet darin, wie die jeweilige Rede von den „Lebensgütern" (βίος) unterstreicht, ein Gegenüber zu 1Joh 3,17: Statt, wie dies den weltlichen Menschen zugeschrieben wird, mit dem Besitz zu prahlen, ist dieser im Sinne des Liebesgebots mit den Bedürftigen zu teilen.

## 4. Das Liebesgebot in den Presbyterbriefen (2–3 Joh)

Auf die beiden kurzen Presbyterbriefe ist hier nur ganz am Rande einzugehen, denn sie fügen zur joh Ethik inhaltlich nichts hinzu, sondern bestätigen in 2Joh 4–6 und 3Joh 6 allein, dass die joh Ethik um die Agape kreist. Der Verweis auf ein „vom Vater" empfangenes Gebot am Ende der kurzen Danksagung des 2Joh (V.4) bezieht sich nicht auf den Wandel in der Wahrheit zurück, sondern gestaltet den Übergang zum Rekurs auf das Liebesgebot in V.5f (vgl. Augenstein 1993, 138f), das hier also anders als in Joh 13,34; 15,12 auf Gott zurückgeführt wird, wie dies auch in 1Joh 4,21 der Fall ist, sofern dort „von ihm" auf Gott zu beziehen ist. Sachliche Nähe zum 1Joh zeigt sich ferner in V.5 im Kommentar zum Liebesgebot: Die Worte „nicht als schriebe ich dir ein neues Gebot, sondern das, welches wir von Anfang an gehabt haben" decken sich partiell mit 1Joh 2,7f, nur fehlt hier die dortige Dialektik von altem und neuem Gebot. Das Liebesgebot ist der Kern der ethischen Tradition der Gemeinde und will als solcher stets vergegenwärtigt sein. Allerdings scheint das Liebesgebot vergessen zu sein, wenn wenige Verse später die strikte Anweisung erfolgt, Wandermissionaren keine Gastfreundschaft zu gewähren, ja sie nicht einmal zu grüßen, wenn sie mit der eigenen Lehre nicht übereinstimmen (2Joh 10f). In seinem Brief an einen gewissen Gaius (3Joh) bringt der Presbyter selbst dessen Aufnahme und das von ihm erbetene Weggeleit „fremder Brüder" als Ausdruck der Liebe vor (3Joh 5–8) und beklagt sich zugleich vehement, dass ein gewisser Diotrephes, der wohl die führende Gestalt einer Orts- bzw. Hauskirche war, die Leute des Presbyters nicht aufnehme, sondern gegen sie agitiere (3Joh 9f). In 2Joh 10f hingegen hat für ihn Priorität, die Gemeinde vor Einflüssen zu schützen, die sie seines Erachtens gefährden würden. Liebe bedeutet für ihn also nicht, schwärmerisch alle Menschen umarmen zu wollen, sondern geht als Konsequenz der Sorge für und Solidarität mit der eigenen Gruppe im Konfliktfall mit Grenzziehungen einher (möglicherweise ist auch das Fürbitteverbot bei einer „Sünde zum Tode" in 1Joh 5,16 [unter anderem] auf den Fall der Sezessionisten zu beziehen, vgl. Schnackenburg 1986/1988*, 2:189). Liebe in ihrer konkreten Form der Liebe zu den Glaubensgeschwistern erfordert es, Gefährdungen von der Gemeinschaft fernzuhalten. Damit aber ist ein Problem aufgeworfen, dem im folgenden Abschnitt eigens nachzugehen ist: Weisen die joh Schriften eine problematische Reduktion der Agape auf die eigene Gruppe auf?

## 5. Die Konzentration der Agapeforderung auf die Geschwisterliebe

Während die Agapeforderung in den synoptischen Evangelien durchgehend *in öffentlicher Rede* Jesu begegnet (Mt 5,43–48; 19,19; 22,34–40; Mk 12,28–34; Lk 6,27–35; 10,25–37), wird das Liebesgebot im Joh erst in den Abschiedsreden gegenüber den Jüngern zum Thema, während ein entsprechender Rekurs in Joh 1–12 fehlt: Das Liebesgebot ist allein Thema gemeindlicher Unterweisung. Da das Liebesgebot, wie gesehen, in der von Christus erwiesenen Liebe verankert wird, ist dieser Sachverhalt theologisch konsequent: Das Liebesgebot richtet sich an die, die sich von der Liebe Christi haben ergreifen lassen. Diesem Befund steht zur Seite, dass im Corpus Johanneum nirgends explizit von der Liebe zum *Nächsten* oder gar zum *Feind* die Rede ist; stattdessen wird stets allein zur *Geschwister*liebe bzw. zur Liebe *zueinander* gemahnt. Mehr noch: In 1Joh 5,1 wird die innergemeindliche Liebe als Konsequenz der Liebe zu Gott so formuliert, dass der, der den liebt, der gezeugt hat (= Gott), auch den liebt, der aus ihm gezeugt worden ist (= die Glaubensgeschwister). Liebe zu anderen wird hier nicht ‚universal' mit deren Menschsein oder mit deren Würde als Geschöpfe Gottes begründet (s. dagegen Jak 1,26–2,13, → X.2/3), sondern mit der als Heilsmetapher zu verstehenden „Zeugung/Geburt" aus Gott (vgl. Joh 1,13; 3,3–8; 1Joh 2,29; 3,9; 4,7; 5,4.18). In dem gemeinsamen Gezeugtsein aus Gott, dem „Vater", ist die ‚geschwisterliche' Gemeinschaft der Christen als „Kinder Gottes" (Joh 1,12; 1Joh 3,1f.10; 5,2 u. ö.) begründet: Die anderen sollen geliebt werden, weil sie ‚Familienangehörige' sind. Die Engführung der Liebe auf die Geschwisterliebe hat hier die Ebene der Begründung der Liebe erreicht. Wie dieser Befund ausgedeutet wird, hängt unter anderem davon ab, als wie stark man die dualistischen Motive in den joh Schriften wertet und wie man die soziale Situation der joh Gruppe bestimmt. Dem verbreiteten Urteil, die joh Gruppe vertrete eine „partikularistische Konventikelethik" (Schrage ²1989*, 322) bzw. zeige im Vergleich zum Feindesliebegebot (Mt 5,43–48; Lk 6,27–35) oder auch zur Auslegung des Liebesgebots durch das Gleichnis vom barmherzigen Samaritaner (Lk 10,25–37) eine bedenkliche Verengung der Agapeforderung⁹, ist in der neueren Forschung vielfach widersprochen worden: Die Agapeforderung lasse sich in den joh Schriften nicht auf die binnengemeindlichen Bezüge beschränken.¹⁰ Gegenüber einer Überbetonung dualistischer Motive oder der Weltdistanz der Glaubenden ist in jedem Fall anzumerken, dass der ‚Geschwisterliebe' anders als in 1QS nicht der Hass gegen die „Söhne der Finsternis" (1QS I,3f.9f) korrespondiert (vgl. Collins 1990, 253f), doch ist dies noch kein positiver Beleg dafür, dass die Liebe in der joh Gruppe über die Binnenmoral hinaus als Verhaltensmaßstab reflektiert wurde. Das sich hart mit Mt 5,44; Lk 6,28 reibende Fürbitteverbot in 1Joh 5,16 untermauert vielmehr, dass hier Skepsis angeraten ist.

Der Verweis auf Joh 15,18f (Augenstein 1993, 84; Meisinger 1996*, 168–171), wonach die Welt die Jünger hasst, da diese nicht aus der Welt sind, die Welt sie aber, wenn sie aus der Welt wären, als das Ihre lieben würde, ist ebenfalls wenig belastbar. Denn darin ist keineswegs zwingend impliziert, dass für die Gemeindeglieder in Differenz zur Welt die Liebe auch zum Nicht-Eigenen gilt. Ebenso gut ließe sich der Argumentationslogik das Motiv entnehmen, dass Gleiches immer Gleiches liebt: die Welt diejenigen, die zu ihr gehören, und die Kinder Gottes eben ihre Glaubensgeschwister. Immerhin wird durch 15,18f noch einmal Licht darauf geworfen, dass nirgends zum Thema wird, den Hass, dem die Gemeinde sich in der Welt ausgesetzt sieht, mit Hass zu erwidern. Kein tragfähiges Gegenindiz zur These einer partikularistischen Engführung der Liebe lässt sich ferner dem an sich richtigen Verweis darauf entnehmen, dass die Kategorie der Freundschaft (15,13–15) in der Antike nicht allein auf das enge Verhältnis von Privatpersonen angewandt wurde, sondern auch auf den politischen Bereich bezogen werden konnte (Zimmermann/Zimmermann 2017, 165–171). Selbst wenn man daraus die Option ableitet, dass Freundschaft im Joh „weitaus weniger das Ideal einer introvertierten Gemein-

---

⁹ Siehe z.B. Wendland ²1975*, 112; Käsemann ⁴1980, 124.136; Schrage ²1989*, 320–323; Rensberger 1992, 304–309; Meeks 1996, 324; Hays 1997*, 139; Hahn 2002*, 686f; Söding 2015*, 189f, dezidiert Rese 1985, bes. 54.57f.

¹⁰ Siehe z.B. Augenstein 1993, 84.93.181f.184; Meisinger 1996*, 165–174; Nissen 1999, 202f.211f; Popkes 2005, 131–134.136.264–267; Moloney 2013, 203–209; Trozzo 2017, 165–170; Bennema 2017, 120–123; van der Watt 2019, 322–324.

schaft als ein auf Öffentlichkeit und allgemeine Wirkung zielendes Konzept von Sozialbeziehungen" ist (a. a. O., 179) – Joh 13,35 ließe sich hier einstellen (dazu gleich) –, ist damit noch nicht *die Liebe* als Basis für die Gestaltung der Außenbeziehungen etabliert. Es ist allein die Möglichkeit einer positiven Außenwirkung der freundschaftsethisch kolorierten gemeindlichen Liebesgemeinschaft aufgeworfen. Dass die genannte Option alles anders als alternativlos ist, lässt sich leicht anhand des epikureischen Freundschaftsbundes illustrieren (→ II.1/4): Die Anhänger der Schule sahen sich wechselseitig als Freunde (vgl. Ebner 2012*, 285 mit Belegen), doch geht dies mit einer sichtbaren Tendenz der Abschottung nach außen einher (ebd.; Ebner verweist *notabene* explizit auf die joh Gruppe als Analogie zu den Epikureern [289]!). Dem steht zur Seite, dass auch z. B. Ciceros *Laelius* (*De Amicitia*) durchgehend einem eng gefassten Freundschaftsbegriff verpflichtet ist, und auch Plutarch, AmicMult (Mor 93a–97b) verhandelt Freundschaft allein im Horizont des privaten Bereichs.

Das stärkste Indiz gegen ein partikularistisches Verständnis des Liebesgebots liefert die Universalität der Liebe Gottes, die nach Joh 3,16 die Sendung Jesu in die Welt motiviert (vgl. für viele Shin 2019, 155–158). Dieser Deutung der Sendung Jesu steht zur Seite, dass auch die Jünger in die Welt gesandt sind (17,18; 20,21), was sich im Lichte von 3,16 ebenfalls als Ausdruck der Liebe Gottes bzw. Jesu zur Welt fassen ließe (vgl. Culpepper 2017, 87). Der Gesamtbefund ist indes ambivalent.

Schon von Jesus wird nirgends gesagt, dass er die Welt liebt (vgl. Karakolis 2012, 204) – es sei denn, man deutet die Rede von der Liebe zu „den Seinen" in 13,1 aufgrund der terminologischen Verbindung zu 1,11 in diesem Sinn (vgl. Gorman 2017, 144f), doch ist die Wendung in 13,1 auf die Jünger zu beziehen (vgl. für viele Augenstein 1993, 84). Mit Joh 3,16 ist ein universalistischer Horizont über die Lebenshingabe Jesu gespannt, die in 13,1.34; 15,12f als ein Akt der Liebe interpretiert ist, so dass man zumal im Zusammenhang mit weiteren universalistischen Aussagen über Jesus als Licht *der Welt* usw. (→ 1/3) folgern könnte, dass Jesus sein Leben aus Liebe zur Welt, also zur in der Welt lebenden Menschheit, hingibt. Nur wird ebendieser Schluss nirgends explizit gezogen, sondern es findet in der mimetischen Kette „Gott liebt Jesus, Jesus die Jünger, die Jünger lieben einander" eben eine Zuspitzung der Aussage auf die Liebe Jesu zu den Jüngern statt, die sich dann im Liebesgebot fortsetzt. Ferner geht es bei der Sendung der Jünger in die Welt zunächst einmal um ihr missionarisches Zeugnis, ohne dass damit automatisch mitgesetzt ist, dass die Gemeinde mit der Forderung der Agape in ihrer praktisch-konkreten Dimension für sich die Aufgabe verbunden sieht, diakonisch in die Gesamtgesellschaft hineinzuwirken.

Daran ändert auch der Umstand nichts, dass nach 13,35 die Liebe zueinander Erkennungszeichen der Gemeinde sein soll, und zwar für alle, also auch für Außenstehende, und dies, wie Joh 17,21.23 bekräftigt, als ein werbendes Zeugnis nach außen konzeptionalisiert werden kann: Einheit und In-Sein der Gemeindeglieder im Vater und im Sohn sollen dazu dienen, dass die „Welt" Jesus als den von Gott Gesandten glaubt und erkennt. Denn auch damit ist noch nicht positiv gesetzt, dass Außenstehende *Adressaten* der liebenden Zuwendung von Glaubenden sind. Man kann allenfalls sagen, dass das missionarische Zeugnis, da dieses in Johannes' Sicht Menschen den Zugang zum ewigen Leben vermittelt, selbst als fundamentaler Akt der Liebe zu verstehen ist. Auch dann bliebe es aber dabei, dass die praktische Dimension des Liebesgebots, wie sie in 1Joh 3,17 aufscheint, nicht auf Außenstehende bezogen wird. Entsprechend ist es wenig überzeugend, Joh 3,16 und die Jesus entgegenschlagende Ablehnung bis hin zum Hass (Joh 7,7) zusammenzubinden und daraus abzuleiten, dass im Joh implizit Feindesliebe in der praktisch konkreten Dimension von Mt 5,43–48; Lk 6,27–35 gefordert werde (gegen Gorman 2017, 139–154). Oder anders: Joh 3,16 oder der Umstand, dass Jesus wohl auch Judas Iskarioth die Füße gewaschen hat, da er zu diesem Zeitpunkt in der Rede von den Jüngern (13,5) nicht auszuschließen ist, ja Jesus Judas beim letzten Mahl noch das Brot reicht (13,26, dazu z. B. Moloney 2013, 110–112), mögen das Potenzial andeuten, das das Joh im Blick auf das Thema universaler Liebe bzw. der Liebe sogar zum Feind birgt, doch wird dieser Schatz eben nirgends in der Weise gehoben, dass er in expliziter Unterweisung Gestalt gewinnt.

Muss es also dabei bleiben, dass das Liebesgebot in den joh Schriften programmatisch rein innergemeindlich ausgerichtet ist und dies allein noch mit dem Zusatz zu versehen ist, dass nach 13,35 die „in der Gemeinde ausgeübte Liebe … nicht der Abgrenzung von der Welt [dient], sondern vielmehr dem unaufdringlichen Zugehen auf die Welt" (Weder 2009, 203)? Deutet man den Befund in diesem Sinn, könnte man den exklusiven Charakter des joh Liebesgebots höchstens in der Weise aufweichen, wie dies Glen Lund vorgebracht hat: „Without becoming a member, outsiders are not included in this loving morality of the Johannine Christians, yet they are not excluded either, because everyone is invited to enter in and become a member" (2012, 268f). Bei einer solchen Deutung könnte man die von Christos Karakolis vorgebrachte Differenzierung der Liebe Gottes im Joh in zwei Hauptkategorien, in „the love of God towards the world as a whole, and the love of Jesus towards the people of the world who have believed in him" (2012, 204), für die Relation der Gemeindeglieder zu Außenstehenden zum einen und ihre Beziehung untereinander fruchtbar machen: Das Liebesgebot ist allein im Kontext der zweiten Hauptkategorie zu sehen, während die erste nicht in der Weise ethisch geltend gemacht wird, dass aus ihr eine universal ausgerichtete ethische Liebeskonzeption abgeleitet wird. Man wird schwerlich sagen können, dass der Text eine solche Deutung nicht zulässt. Sie ist aber insofern unbefriedigend, als sie dem Gewicht der Aussage in Joh 3,16 nicht gerecht wird. Umgekehrt lässt sich aber aus Joh 3,16 nicht einfach ableiten, dass die Liebesforderung universal aufgefasst sei, denn dies hieße, dem sonstigen dargelegten Befund nicht gerecht zu werden. Hilfreich könnte sein, analog zu den beiden Hauptkategorien der Liebe Gottes zwei ‚Spielarten' der zwischenmenschlichen Liebe zu unterscheiden, die nicht beziehungslos zueinander sind, aber auch nicht in eins fallen. Der Ton liegt in den joh Schriften auf der Liebe in ihrer innergemeindlichen Dimension, in der sie durch ihre christologische Verankerung zu einer sich selbst hingebenden Liebe intensiviert ist, doch wird sie als solche positiv, nicht exklusiv eingeschärft – auch 1Joh 5,1 lässt sich in diesem Rahmen verstehen.

Diese Überlegungen führen nicht dazu, die Differenz zum Gebot der Feindesliebe zu verwischen. Auch lassen sich unterschiedliche Akzentsetzungen im Vergleich zu anderen neutestamentlichen Schriften, wie etwa zu den paulinischen Briefen oder zum 1Petr, nicht verleugnen. Zwar ist auch bei Paulus und im 1Petr eine binnengemeindliche Konzentration der Agapeforderung wahrzunehmen, wie unter anderem die Verwendung des Terminus „Geschwisterliebe" dokumentiert (Röm 12,10; 1Thess 4,9; 1Petr 1,22), doch gibt es hier jeweils auch *explizite* ethische Aussagen, die die Grenzen der Gemeinde transzendieren (z. B. Röm 12,14.17–21; Gal 6,10; 1Thess 3,12; 1Petr 3,9). Der gesamtneutestamentliche Befund ist facettenreich, und die joh Schriften sind darin differenziert einzuordnen. Das Liebesgebot ist in ihnen nicht einfach genauso universal aufgefasst wie anderorts, steht aber auch nicht als Fremdkörper beziehungslos in der frühchristlichen Landschaft. Mit der christologisch begründeten Intensivierung der Liebe stellt es vor eigene anspruchsvolle Herausforderungen. Nicht zuletzt ist zu bedenken: „Die gruppeninterne, konkrete Liebe zu denen, die einem nahe und bekannt sind, kann unter Umständen viel mehr Mühe kosten als die weltweite Umschlingung der Millionen" (Weder 2009, 203). Aus soziologischer Perspektive lässt sich die dominante Binnenorientierung der joh Ethik aus dem Druck verständlich machen, dem sich die Gemeinde durch die Ablehnung seitens ihrer ‚weltlichen' Zeitgenossen sowie durch die innerjohanneische Sezession ausgesetzt sah und der die Stärkung der ‚Familiensolidarität' zur Überlebensnotwendigkeit werden ließ (vgl. Klauck 1989, 167f und die Überlegungen von Busse 2017). Umso mehr ist zu betonen, dass die Gemeinde ausweislich der universalistischen Spur, die sich durch das Joh wie auch durch den 1Joh zieht (→ 1/3), bei aller Weltdistanz, die sich in den joh Schriften artikuliert, eben nicht in eine sektenhafte Absonderung eines sich selbst genügenden Konventikels abrutschte, sondern an der Aufgabe des Zeugnisses vor der Welt festhielt.

# Literatur

Armitage, Chris: Atonement and Ethics in 1 John. A Peacemaking Hermeneutic, LNTS 654, London u. a. 2021.

Augenstein, Jörg: Das Liebesgebot im Johannesevangelium und in den Johannesbriefen, BWANT 134, Stuttgart u. a. 1993.

Bennema, Cornelis: Mimesis in the Johannine Literature. A Study in Johannine Ethics, LNTS 498, London u. a. 2017.

Beutler, Johannes: Das Hauptgebot im Johannesevangelium, in: ders., Studien zu den johanneischen Schriften, SBAB 25, Stuttgart 1998, 107–120.

Boersma, Hans: A New Age Love Story: Worldview and Ethics in the Gospel of John, CTJ 38 (2003), 103–119.

Bolyki, János: Ethics in the Gospel of John, CV 45 (2003), 198–209.

Brown, Sherri: Believing in the Gospel of John: The Ethical Imperative to Becoming Children of God, in: Johannine Ethics. The Moral World of the Gospel and Epistles of John, hg. v. ders. – C.W. Skinner, Minneapolis 2017, 3–24.

Busse, Ulrich: Die johanneische Abschiedsrede, die soziale Lage der Leserschaft und ethische Implikationen, in: Biblical Ethics and Application. Purview, Validity, and Relevance of Biblical Texts in Ethical Discourse, hg. v. R. Zimmermann – S. Joubert, WUNT 384, Tübingen 2017, 185–206.

Collins, Raymond F.: "A New Commandment I Give to You, That You Love One Another ..." (John 13:34), in: ders., These Things Have Been Written. Studies on the Fourth Gospel, LThPM 2, Louvain – Grand Rapids 1990, 217–256.

Culpepper, Richard Alan: The Johannine *Hypodeigma*: A Reading of John 13, in: The Fourth Gospel from Literary Perspective, Semeia 53 (1991), 133–152.

– The Creation Ethics of the Gospel of John, in: Johannine Ethics. The Moral World of the Gospel and Epistles of John, hg. v. S. Brown – C.W. Skinner, Minneapolis 2017, 67–90.

Dettwiler, Andreas: Umstrittene Ethik. Überlegungen zu Joh 15,1–17, in: Johannes-Studien. Interdisziplinäre Zugänge zum Johannes-Evangelium, hg. v. M. Rose, Zürich 1991, 175–189.

– Die Gegenwart des Erhöhten. Eine exegetische Studie zu den johanneischen Abschiedsreden (Joh 13,31–16,33) unter besonderer Berücksichtigung ihres Relecture-Charakters, FRLANT 169, Göttingen 1995.
Dietzfelbinger, Chr[istian]: Die größeren Werke (Joh 14. 12f.), NTS 35 (1989), 27–47.
Drews, Alexander: Semantik und Ethik des Wortfeldes „Ergon" im Johannesevangelium, WUNT II.431, Tübingen 2017.
Frey, Jörg: „… dass sie meine Herrlichkeit schauen' (Joh 17.24). Zu Hintergrund, Sinn und Funktion der johanneischen Rede von der δόξα Jesu, NTS 54 (2008), 375–397.
– Die johanneische Theologie als Klimax der neutestamentlichen Theologie, ZThK 107 (2010), 448–478.
– "Ethical" Traditions, Familiy Ethos, and Love in the Johannine Literature, in: Early Christian Ethics in Interaction with Jewish and Greco-Roman Contexts, hg. v. J.W. van Henten – J. Verheyden, STAR 17, Leiden – Boston 2013, 167–203.
– Glauben und Lieben im Johannesevangelium, in: Glaube, Liebe, Gespräch. Neue Perspektiven johanneischer Ethik, hg. v. C. Hoegen-Rohls – U. Poplutz, BThSt 178, Göttingen 2018, 1–54.
Gorman, Michael J.: John's Implicit Ethic of Enemy-Love, in: Johannine Ethics. The Moral World of the Gospel and Epistles of John, hg. v. S. Brown – C.W. Skinner, Minneapolis 2017, 135–158.
Guttenberger Ortwein, Gudrun: Status und Statusverzicht im Neuen Testament und seiner Umwelt, NTOA 39, Freiburg (Schweiz) – Göttingen 1999.
Hartin, Patrick J.: Remain in Me (John 15:5). The Foundation of the Ethical and Its Consequences in the Farewell Discourses, Neotest. 25 (1991), 341–356.
Hentschel, Anni: Größere Liebe und größere Werke. Die Fußwaschung als Sinnbild der Liebe im Johannesevangelium, JBTh 29 (2014), 99–117.
Hirsch-Luipold, Rainer: Prinzipiell-theologische Ethik in der johanneischen Literatur, in: Jenseits von Indikativ und Imperativ, hg. v. F.W. Horn – R. Zimmermann, WUNT 238, Tübingen 2009, 289–307.
Hofius, Otfried: Das Wunder der Wiedergeburt. Jesu Gespräch mit Nikodemus Joh 3,1–21, in: ders. – Hans-Christian Kammler, Johannesstudien. Untersuchungen zur Theologie des vierten Evangeliums, WUNT 88, Tübingen 1996, 33–80.
Kanagaraj, Jey J.: The Implied Ethics of the Fourth Gospel: A Reinterpretation of the Decalogue, TynB 52 (2001), 33–60.
Karakolis, Christos: Semeia Conveying Ethics in the Gospel according to John, in: Rethinking the Ethics of John. "Implicit Ethics" in the Johannine Writings, hg. v. J.G. van der Watt – R. Zimmermann, WUNT 291, Tübingen 2012, 192–212.
Käsemann, Ernst: Jesu letzter Wille nach Johannes 17, Tübingen ⁴1980.
Klauck, Hans-Josef: Brudermord und Bruderliebe. Ethische Paradigmen in 1 Joh 3,11–17, in: Neues Testament und Ethik (FS R. Schnackenburg), hg. v. H. Merklein, Freiburg u.a. 1989, 151–169.
– Der erste Johannesbrief, EKK 13.1, Zürich u.a. 1991.
Labahn, Michael: Der Weg eines Namenlosen – vom Hilflosen zum Vorbild (Joh 9). Ansätze zu einer narrativen Ethik der sozialen Verantwortung im vierten Evangelium, in: Die bleibende Gegenwart des Evangeliums (FS O. Merk), hg. v. R. Gebauer – M. Meiser, MThSt 76, Marburg 2003, 63–80.
– "It's Only Love" – Is That All? Limits and Potentials of Johannine "Ethic" – A Critical Evaluation of Research, in: Rethinking the Ethics of John. "Implicit Ethics" in the Johannine Writings, hg. v. J.G. van der Watt – R. Zimmermann, WUNT 291, Tübingen 2012, 3–43.

Loader, William R.G.: The Law and Ethics in John's Gospel, in: Rethinking the Ethics of John. "Implicit Ethics" in the Johannine Writings, hg. v. J.G. van der Watt – R. Zimmermann, WUNT 291, Tübingen 2012, 143–158.
– The Significance of 2:15–17 for Understanding the Ethics of 1 John, in: Communities in Dispute. Current Scholarship on the Johannine Epistles, hg. v. A. Culpepper – P.N. Anderson, SBLECL 13, Atlanta 2014, 223–235.
Löhr, Hermut: Ἔργον as an Element of Moral Language in John, in: Rethinking the Ethics of John. "Implicit Ethics" in the Johannine Writings, hg. v. J.G. van der Watt – R. Zimmermann, WUNT 291, Tübingen 2012, 229–249.
Lund, Glen: The Joys and Dangers of Ethics in John's Gospel, in: Rethinking the Ethics of John. "Implicit Ethics" in the Johannine Writings, hg. v. J.G. van der Watt – R. Zimmermann, WUNT 291, Tübingen 2012, 264–289.
Matthew, Bincy: The Johannine Footwashing as the Sign of Perfect Love, WUNT II.464, Tübingen 2018.
Meeks, Wayne A.: The Ethics of the Fourth Evangelist, in: Exploring the Gospel of John (FS D.M. Smith), hg. v. R.A. Culpepper – C.C. Black, Louisville 1996, 317–326.
Merwe, Dirk G. van der: 'A Matter of Having Fellowship': Ethics in the Johannine Epistles, in: Identity, Ethics, and Ethos in the New Testament, hg. v. J.G. van der Watt, BZNW 141, Berlin – New York 2006, 535–563.
Moloney, Francis J.: Love in the Gospel of John. An Exegetical, Theological, and Literary Study, Grand Rapids 2013.
Neyrey, Jerome H.: The "Ten" Commandments in the Gospel of John, Bib. 102 (2021), 248–269.
Nissen, Johannes: Community and Ethics in the Gospel of John, in: New Readings in John. Literary and Theological Perspectives, hg. v. dems. – S. Pedersen, JSNTS 182, Sheffield 1999, 194–212.
Popkes, Enno Edzard: Die Theologie der Liebe Gottes in den johanneischen Schriften. Zur Semantik der Liebe und zum Motivkreis des Dualismus, WUNT II.197, Tübingen 2005.
Rabens, Volker: Johannine Perspectives on Ethical Enabling in the Context of Stoic and Philonic Ethics, in: Rethinking the Ethics of John. "Implicit Ethics" in the Johannine Writings, hg. v. J.G. van der Watt – R. Zimmermann, WUNT 291, Tübingen 2012, 114–139.
Rahmsdorf, Olivia L.: Zeit und Ethik im Johannesevangelium. Theoretische, methodische und exegetische Annäherungen an die Gunst der Stunde, WUNT II. 488, Tübingen 2019.
Reinhartz, Adele: Reproach and Revelation: Ethics in John 11:1–44, in: Torah Ethics and Early Christian Identity, hg. v. S.J. Wendel – D.M. Miller, Grand Rapids 2016, 92–106.
– The Lyin' King? Deception and Christology in the Gospel of John, in: Johannine Ethics. The Moral World of the Gospel and Epistles of John, hg. v. S. Brown – C.W. Skinner, Minneapolis 2017, 117–133.
Rensberger, David: Love for One Another and Love for Enemies in the Gospel of John, in: The Love of Enemy and Nonretaliation in the New Testament, hg. v. W.M. Swartley, Louisville 1992, 297–313.
– Completed Love: 1 John 4:11–18 and the Mission of the New Testament Church, in: Communities in Dispute. Current Scholarship on the Johannine Epistles, hg. v. R.A. Culpepper – P.N. Anderson, SBLECL 13, Atlanta 2014, 237–271.
Rese, Martin: Das Gebot der Bruderliebe in den Johannesbriefen, ThZ 41 (1985), 44–58.
Schnelle, Udo: Johanneische Ethik, in: Eschatologie und Ethik im frühen Christentum (FS G. Haufe), hg. v. C. Böttrich, GThF 11, Frankfurt a.M. 2006, 309–327.
– Die johanneischen Abschiedsreden und das Liebesgebot, in: Repetitions and Variations in the Fourth Gospel. Style, Text, Interpretation, hg. v. G. van Belle u.a., BETL 223, Leuven 2009, 589–608.

- Ethical Theology in 1 John, in: Rethinking the Ethics of John. "Implicit Ethics" in the Johannine Writings, hg. v. J.G. van der Watt – R. Zimmermann, WUNT 291, Tübingen 2012, 321–339.
Scholtissek, Klaus: „Eine größere Liebe als diese hat niemand, als wenn einer sein Leben hingibt für seine Freunde" (Joh 15,13). Die hellenistische Freundschaftsethik und das Johannesevangelium, in: Kontexte des Johannesevangeliums. Das vierte Evangelium in religions- und traditionsgeschichtlicher Perspektive, hg. v. J. Frey – U. Schnelle, WUNT 175, Tübingen 2004, 413–439.
Shin, Sookgoo: Ethics in the Gospel of John. Discipleship as Moral Progress, BiInS 168, Leiden – Boston 2019.
Skinner, Christopher W.: Love One Another: The Johannine Love Command in the Farewell Discourse, in: Johannine Ethics. The Moral World of the Gospel and Epistles of John, hg. v. S. Brown – dems., Minneapolis 2017, 25–42.
- Ethics and the Gospel of John: Towards an Emerging New Consensus?, CBR 18 (2020), 280–304.
Söding, Thomas: „Gott ist Liebe". 1 Joh 4,8.16 als Spitzensatz Biblischer Theologie, in: Der lebendige Gott. Studien zur Theologie des Neuen Testaments (FS W. Thüsing), hg. v. dems., NTA NF 31, Münster 1996, 306–357.
Stare, Mira: Ethics of Life in the Gospel of John, in: Rethinking the Ethics of John. "Implicit Ethics" in the Johannine Writings, hg. v. J.G. van der Watt – R. Zimmermann, WUNT 291, Tübingen 2012, 213–228.
Theobald, Michael: Herrenworte im Johannesevangelium, HBS 34, Freiburg u. a. 2002.
Thomas, John Christopher: Footwashing in John 13 and the Johannine Community, JSNTS 61, Sheffield 1991.
Thyen, Hartwig: Das Johannesevangelium, HNT 6, Tübingen 2005.
Trozzo, Lindsey M.: Exploring Johannine Ethics. A Rhetorical Approach to Moral Efficacy in the Fourth Gospel Narrative, WUNT II.449, Tübingen 2017.
Ueberschaer, Nadine: Das Begründungsmuster johanneischer Ethik nach Joh 6,56f., in: Glaube, Liebe, Gespräch. Neue Perspektiven johanneischer Ethik, hg. v. C. Hoegen-Rohls – U. Poplutz, BThSt 178, Göttingen 2018, 87–105.
Wagener, Fredrik: Figuren als Handlungsmodelle. Simon Petrus, die samaritanische Frau, Judas und Thomas als Zugänge zu einer narrativen Ethik des Johannesevangeliums, WUNT II.408, Tübingen 2015.
Watt, Jan G. van der: Family of the King. Dynamics of Metaphor in the Gospel according to John, BiInS 47, Leiden u. a. 2000.
- Ethics and Ethos in the Gospel according to John, ZNW 97 (2006), 147–176.
- Ethics Alive in Imagery, in: Imagery in the Gospel of John. Terms, Forms, Themes, and Theology of Johannine Figurative Language, hg. v. J. Frey u. a., WUNT 200, Tübingen 2006, 421–448 (= 2006a).
- Ethics of/and the Opponents of Jesus in John's Gospel, in: Rethinking the Ethics of John. "Implicit Ethics" in the Johannine Writings, hg. v. dems. – R. Zimmermann, WUNT 291, Tübingen 2012, 175–191.
- Reciprocity, Mimesis and Ethics in 1 John, in: Erzählung und Briefe im johanneischen Kreis, hg. v. U. Poplutz – J. Frey, WUNT II.420, Tübingen 2016, 257–276.
- Paraenesis in 1John?, in: Glaube, Liebe, Gespräch. Neue Perspektiven johanneischer Ethik, hg. v. C. Hoegen-Rohls – U. Poplutz, BThSt 178, Göttingen 2018, 165–180.
- A Grammar of the Ethics of John. Reading John from an Ethical Perspective, Vol. I, WUNT 431, Tübingen 2019.

Weder, Hans: Das neue Gebot. Eine Überlegung zum Liebesgebot in Johannes 13, in: Studien zu Matthäus und Johannes/Études sur Matthieu et Jean (FS J. Zumstein), hg. v. A. Dettwiler – U. Poplutz, AThANT 97, Zürich 2009, 187–205.

Wengst, Klaus: Der erste, zweite und dritte Brief des Johannes, ÖTBK 16, Gütersloh ²1990.

Weyer-Menkhoff, Karl: Die Ethik des Johannesevangeliums im sprachlichen Feld des Handelns, WUNT II.359, Tübingen 2014.

Zimmermann, Mirjam/Zimmermann, Ruben: Freundschaftsethik im Johannesevangelium. Zur öffentlichen und politischen Reichweite eines ethischen Konzepts, in: Biblical Ethics and Application. Purview, Validity, and Relevance of Biblical Texts in Ethical Discourse, hg. v. dems. – S. Joubert, WUNT 384, Tübingen 2017, 163–183.

Zimmermann, Ruben: Narrative Ethik am Beispiel der Lazarus-Perikope Joh 11, in: Narrativität und Theologie im Johannesevangelium, hg. v. J. Frey – U. Poplutz, BThSt 130, Neukirchen-Vluyn 2012, 133–170.

– Is There Ethics in the Gospel of John? Challenging an Outdated Consensus, in: Rethinking the Ethics of John. "Implicit Ethics" in the Johannine Writings, hg. v. J.G. van der Watt – dems., WUNT 291, Tübingen 2012, 44–80 (= 2012a).

– Abundant and Abandoning Life: Towards an 'Ethics of Life' in the Gospel of John, ABR 64 (2016), 31–53.

Zumstein, Jean: Das Johannesevangelium, KEK 2, Göttingen 2016.

# IX. Der Hebräerbrief: Binnenethik für den Zusammenhalt des wandernden Gottesvolkes

Der Hebr ist wahrscheinlich um 90 n. Chr. verfasst worden. Der hoch gebildete, ebenso schriftkundige wie rhetorisch geschulte und philosophisch durch den Mittelplatonismus beeinflusste *Auctor ad Hebraeos* bildet eine unverwechselbare Stimme in der frühchristlichen Polyphonie. In der Kanonentwicklung wurde der Hebr als paulinischer Brief rubriziert, doch erhebt er weder den Anspruch, von Paulus zu sein, noch sucht sein uns unbekannter Autor gezielt paulinische Nähe, auch nicht durch den Verweis auf Timotheus in 13,23, der sich eher tatsächlicher Bekanntschaft verdankt, als Ausdruck schüchterner Pseudepigraphie zu sein (vgl. Backhaus 2009, 490–492). An die theologisch anspruchsvolle Rede in Kap. 1–12 ist in Kap. 13 ein brieflicher Schluss angefügt. M.E. gibt es keinen hinreichenden Grund, Hebr 13 als Anhang eines anderen Autors zu werten (anders z.B. Wedderburn 2004), doch ist diese Frage hier nicht zu diskutieren. 13,24 dürfte als Indiz zu lesen sein, dass die Adressaten im stadtrömischen Gebiet ansässig sind.

## 1. Theologische Grundlagen

1. Mit der platonisierenden Gegenüberstellung von himmlischem Heiligtum und irdischem Kult, der nur ein Abbild und Schatten des himmlischen ist (8,5; 9,23f), und mit der mit ihr korrespondierenden Entfaltung der soteriologischen Bedeutung Christi durch seine Präsentation als himmlischer Hohepriester nach der Weise Melchisedeks (2,17; 3,1; 4,14–5,10: 6,20–10,18) gehört der Hebr zu den theologisch anspruchsvollsten (für viele heutige Leser aber wohl auch abständigsten und unzugänglichsten) Texten des NT. Tritt der Autor mit seinem kühnen, ebenso tiefsinnigen wie christologisch spekulativen Entwurf als bedeutender frühchristlicher Theologe hervor, so ist sein Beitrag zur Ethik weniger ausgeprägt. Dies mag *prima facie* insofern überraschen, als der Hebr im Ganzen als eine Mahnrede zu klassifizieren ist und sich selbst im brieflichen Schluss als ein „Wort der Ermahnung" ausweist (13,22). In der durchkomponierten und rhetorisch ausgefeilten Rede Hebr 1–12 wechseln lehrhafte Entfaltung und direkte parakletische Ansprache der Adressaten kontinuierlich einander ab. Die lehrhaften christologisch-soteriologischen Ausführungen bilden dabei das Fundament, stehen aber nicht für sich, sondern das textpragmatische Gefälle liegt auf den Folgerungen, die die Adressaten aus diesen für ihr Christsein ziehen sollen (vgl. Attridge 1990, 215; Weiß 1991, 45f). Der Autor gelangt hier indes nicht zu einer – auch materialethisch – differenzierten Entfaltung christlichen Lebens. Fragen konkreter Lebensführung spielen kaum eine Rolle. Vielmehr ist das parakletische Anliegen grundlegend darauf gerichtet, die Adressaten in ihrem Glauben zu festigen. Als theologischen Ausgangspunkt wählt der Autor dazu die Selbstmitteilung Gottes in seinem Wort (1,1–4, vgl. 4,12f; 12,25 u.ö.), wie sie final durch

den Sohn ergangen ist (1,2). Sein Ziel ist, dass die Adressaten, nachdem sie einst die Heilsbotschaft angenommen haben, nicht wankend werden, da die Ablehnung des „Redenden" für sie katastrophale Folgen hätte (12,25f), und die Verheißung nicht aufgeben, damit sie anders als das in seiner Wüstenwanderung ungehorsame Gottesvolk in die verheißene Ruhe hineinkommen (3,7–4,11). Sie sollen das Bekenntnis festhalten (4,14; 10,23, vgl. 3,6.14), mit Freimut zum Thron der Gnade hinzuschreiten (4,16, vgl. 10,22), nicht träge, sondern Nachahmer derer werden, die durch Glauben und Ausharren die Verheißungen erben (6,12) und ihren Freimut nicht wegwerfen (10,35, vgl. 3,6), sondern mit Ausdauer in dem vor ihnen liegenden Wettkampf laufen (12,1). Diesen Appellen stehen Erinnerungen an das, was ihnen an Heil eröffnet ist, was auf ihrer ‚*Haben*seite' steht, zur Seite: „Wir haben ... einen Hohenpriester (4,14f; 8,1; vgl. 10,21), starke Ermutigung (6,18), einen Anker für die Seele (6,19), Freimut für den Eingang ins Heiligtum (10,19), ein besseres und bleibendes Vermögen (vgl. 10,34), großen Lohn (vgl. 10,35), eine Wolke von Zeugen (12,1), einen Altar (13,10)" (Backhaus 2009b, 220). Deutlich ist: Die genannten Erinnerungen und Aufforderungen zielen auf ‚Wissensstabilisierung' und sollen die Bindung an die christliche Glaubensbotschaft und an die christliche Gemeinschaft stärken.

Dieses Anliegen gewinnt seine Dringlichkeit angesichts der vom *Auctor ad Hebraeos* wahrgenommenen Krisensituation bei seinen Adressaten (vgl. dazu z. B. Koester 2001, 67–72), die beim Hören träge geworden seien (5,11). Wie der in 10,25 beklagte mangelnde Gottesdienstbesuch exemplarisch illustriert, scheinen Schwung und Begeisterung der Anfangszeit, in der die Feindseligkeiten der Umwelt geduldig ertragen wurden (10,32–34), geschwunden zu sein, so dass die fortbestehende Erfahrung von gesellschaftlicher Marginalisierung und Bedrängnis, die die Christusgläubigen in ihrer sozialen Umwelt erleben und erleiden, sich umso härter in den Vordergrund schiebt. Ferner: Wenn das im Hebr sichtbar werdende hohe Bildungsniveau des Autors Rückschlüsse auf die von ihm anvisierten Adressaten (oder zumindest auf einige von ihnen) zulässt, gehören diese (zum Teil) selbst einer eher gebildeten und wohlsituierten Bevölkerungsschicht an, für die es entsprechend einiges zu verlieren gab und die die Beheimatung in der christusgläubigen Gemeinschaft angesichts der für sie nicht unerheblichen sozialen Kollateralschäden daher nicht einfach als Gewinn zu verbuchen vermochten. 12,12 beschreibt die Krise in eindringlicher Metaphorik: Inmitten des Glaubenslaufs (vgl. 12,1–3) sind die Hände erschlafft und die Knie erlahmt. Die Ausdauer, die sie einst im harten Leidenskampf gezeigt haben (10,32), haben sie nun nötig, damit sie als solche, die den Willen Gottes getan haben, das Verheißungsgut erlangen (10,36).

2. In 12,4–17 entwickelt der Autor eine Doppelkodierung des Leidenskampfes. Subjekt der Bedrängnis sind nicht nur die Zeitgenossen, sondern diese wird zugleich als eine Erziehungsmaßnahme Gottes gedeutet. Das Bestreben dieser Deutung besteht darin, dass das Bedrängnisleiden nicht zum Argument gegen die christliche Glaubensbotschaft wird, sondern gerade positiv in die Glaubensbeziehung der Adressaten integriert werden kann: Ihre gesellschaftliche Randposition ist gerade Ausweis ihrer Gotteskindschaft und der diese kennzeichnenden fürsorgenden Liebe Gottes zu ihnen. Die (heute mit Recht als absurd geltende) Plausibilitätsbasis dieser Deutung ist, dass (harte) Züchtigung in der kulturellen Welt des Hebr als geeignetes Mittel zur positiven Formung des Menschen galt – und entsprechend auf der Tagesordnung

in der schulischen, athletischen und militärischen Ausbildung wie auch in der elterlichen Erziehung stand (vgl. Davis 2018, 120–141), wobei zumindest vereinzelt auch kritische Stimmen laut wurden (Quintilian, Inst 1,3,14–17; Pseudo-Plutarch, LibEduc 12 [Mor 8e–9a]). Die Deutung solcher Züchtigung als Ausweis väterlicher Liebe entnimmt der Autor des Näheren der frühjüdischen Weisheitstradition in Gestalt von Prov 3,11f$^{LXX}$ (s. dazu Kraus 2018, 429–436). Die Züchtigung erscheint dabei in Hebr 12 nicht als strafend-zurechtbringende Intervention angesichts von Fehlverhalten (vgl. z. B. 2Makk 6,12–16; 1Kor 11,32), sondern als eine Art Trainingsmaßnahme zur Ausbildung von Standhaftigkeit auf dem Weg zur Tugend (vgl. Croy 1998, 195–209), die als solche dann auch dem Kampf gegen die Sünde (12,1.4) dienlich ist: Es gilt, dem gesellschaftlichen Assimilationsdruck stand- und im Glauben durchzuhalten. Die Bedrängnis ist „part and parcel of a process of spiritual development" (Eisenbaum 1999, 340).

3. Neben den genannten, sozialpsychologisch leicht nachvollziehbaren Faktoren der Adressatensituation dürfte das im Hebr angegangene Problem allerdings auch die Plausibilität der christlichen Botschaft selbst betroffen haben, denn anders lässt sich das Gewicht der christologisch-soteriologischen Ausführungen und ihre Zuordnung auf das parakletische Anliegen hin kaum verständlich machen.

Zentral war offenbar, dass im Adressatenkreis die Spannung zwischen dem Bekenntnis der Erhöhung Jesu zur Rechten Gottes (1,3.13; 8,1; 10,12; 12,2) und der ausbleibenden Vollendung des Heils (vgl. 2,8; 10,13) zum Problem wurde. Die im Hebr verfolgte Neuauslegung des überkommenen Bekenntnisses der Erniedrigung und Erhöhung Christi durch dessen Interpretation als himmlischer Hohepriester (vgl. Laub 1980, 9f) dient im Kern dazu, diesem Problem zu begegnen (vgl. Kraus 2014, 263–269). Dazu stellt der Autor zum einen den Menschgewordenen den Adressaten in ihren Nöten an die Seite, indem er in auffallender Weise die Menschlichkeit Jesu betont (2,14–18) und ein ‚brüderliches' Verhältnis zwischen dem Sohn und den Kindern Gottes entwirft (2,11.17, vgl. dazu Gray 2003). Nach 4,15 „haben wir nicht einen Hohepriester, der nicht mit unseren Schwachheiten mitempfinden könnte, sondern einen, der in allem in gleicher Weise versucht worden ist, (doch) ohne Sünde." 5,7 zeichnet ihn mit den Farben der Psalmen als vorbildlichen Beter, der „in den Tagen seines Fleisches Bitten und Flehrufe mit starkem Geschrei und Tränen dem dargebracht hat, der ihn aus dem Tod zu retten vermochte"; und 5,8 stellt heraus, dass er, der Gottessohn, „an dem, was er litt, Gehorsam lernte". Kurzum: Dass Jesus als Hohepriester für die Menschen eintritt, wird dadurch profiliert, dass er ihre Nöte selbst kennt und versteht. Zum anderen arbeitet der Hebr mittels der hohepriesterlichen Christologie die soteriologische Bedeutung des Gottessohnes heraus: Er musste Mensch werden und Blut und Fleisch annehmen (2,14), weil es im Denken des *Auctor ad Hebraeos* „ohne Blutvergießen keine Vergebung" gibt (9,22). Indem Jesus sich am Karfreitag als *sündlos* Leidender (4,15; 7,26) selbst ein für allemal zur Sühnung der Sünden (2,17) geopfert hat (7,27; 9,14.24–28; 10,12), ist er als himmlischer Hohepriester durch sein Blut ein für allemal in das himmlische Heiligtum hineingegangen, hat ewige Erlösung erlangt (9,11f.24) und für die Glaubenden den Weg in das wahre himmlische Heiligtum eröffnet (10,19–22). Bündig zusammengefasst: „Jesus, as our own representative, died in human flesh, which inaugurated the new covenant because it was a sacrifice for sins, and thereby gives us confidence to enter the presence of God himself" (Lindars 1991, 103).

Die singuläre Relevanz dieses Geschehens unterstreicht der Autor, indem er die Bedeutung Christi und seines Wirkens auf facettenreiche Weise durch Auslegung und Anwendung der biblischen Schriften, besonders durch Kulttypologie, profiliert: Als präexistenter Gottessohn ist er den Engeln (1,4–2,18) und Mose übergeordnet (3,1–6, vgl. 10,28f); als himmlischer Hohepriester nach der Weise Melchisedeks steht er über dem levitischen Priestertum (7,1–28) und ist Bürge eines besseren Bundes (7,22; 8,6–13; 9,15). Indem der Autor das durch Christus gewirkte Heil durch seine Neuauslegung des Bekenntnisses mittels der hohepriesterlichen Christologie anschaulich werden lässt, sucht er die Adressaten in ihrer Glaubensbindung zu revitalisieren und ihre Durchhaltekraft zu stärken, um so die unter ihnen grassierende Glaubenskrise zu überwinden. Diesem Anliegen dienen auch die Verweise auf die Parusieerwartung (6,2; 9,28; 10,25.37) und den „künftigen Weltkreis" bzw. den „künftigen Äon" (2,5; 6,5, vgl. Mackie 2007, 39–152; Moffitt 2014, 359f.373f), mit denen das räumliche Denkmotiv des von Christus gebahnten Zugangs zum himmlischen Heiligtum im Hebr koexistiert, ohne dass der Autor, obwohl er sich in den letzten Tagen wähnt (1,2, vgl. 10,25), einer fiebrigen Naherwartung das Wort redete (vgl. Backhaus 2009, 58, anders akzentuiert z. B. Moffitt 2014, 369–373).

4. Fragt man von anthropologischer Seite her danach, was die Zueignung des von Christus gewirkten Heils bei den so Beschenkten bewirkt, trifft man auf ein (auch metaphorisch) reiches Arsenal von Aussagen, die indes nirgends breiter entfaltet und eigenständig zum Thema werden, sondern nur stichwortartig aufleuchten. Dies gilt auch für den gedrängten Rückblick auf die Konversion in 6,4f, in der ganz knappe Stichworte dicht aufeinander folgen: Die Glaubenden wurden (durch die christliche Glaubensbotschaft kognitiv) erleuchtet (vgl. 10,32), haben das himmlische Geschenk geschmeckt, sind zu Teilhabern am Heiligen Geist geworden und haben Gottes gutes Wort und Kräfte des zukünftigen Zeitalters geschmeckt. Weitere Texte reichern die Aussagenfülle weiter an: Es geht um Reinigung des Gewissens von den toten Werken, um dem lebendigen Gott zu dienen (9,14), bzw. um das Gereinigtsein des Herzens von einem schlechten Gewissen (10,22) oder um Geheiligtsein (vgl. 2,11) durch die Darbringung des Leibes Jesu Christi (10,10). Zu verweisen ist in diesem Zusammenhang ferner darauf, dass nach der vollständigen Zitation der – nach dem Hebr im Christusgeschehen erfüllten – Verheißung des neuen Bundes in Jer 31,31–34 in Hebr 8,8–12 das Motiv, dass Gott sein Gesetz in ihr Herz geben und in ihren Sinn schreiben wird (Jer 31,33), auch beim zweiten Rekurs auf diese Verheißung in Hebr 10,16f aufgegriffen und damit neben dem Fokus auf der Vergebung der Sünden (10,18) auch die Befähigung der Adressaten, den Willen Gottes zu tun, zur Sprache kommt (vgl. Lindars 1991, 100). Der Segenswunsch in 13,20f lässt überdies deutlich werden, dass christliche Existenz nicht nur anfänglich in Gottes Wirken gründet, sondern die Glaubenden auch auf der Wegstrecke ihrer Pilgerschaft als „Gäste und Fremdlinge auf Erden" (11,13) hin zur himmlischen „zukünftigen Stadt" (13,14) in ihrem Handeln von Gott Beistand erfahren: „Der Gott des Friedens ... bereite euch in allem Guten, auf dass ihr seinen Willen tut, indem er in uns wirkt, was vor ihm wohlgefällig ist, durch Jesus Christus ...". Diese kräftige ‚indikativische' Verankerung christlichen Lebenswandels hindert den *Auctor ad Hebraeos* indes nicht daran, gleichzeitig mit Vehemenz und Klarheit die eigene Verantwortung der Adressaten für die erfolgreiche Beendigung des Glaubenslaufes (12,1) vorauszusetzen und einzuschärfen, wie seine zahlreichen Aufforderungen deutlich machen. Ein Problem hat der Autor in diesem ‚synergistischen' Miteinander von göttlichem Gnadenhandeln und menschlicher Verantwortung nicht gesehen. Beide Aussage-

reihen haben ihren theologischen – und lebensgeschichtlichen – Ort. Dass es im neuen Bund keine Fehltritte mehr gibt, scheint der Autor nicht zu erwarten. Die Rede von „unseren Schwachheiten" in 4,15 dürfte diese vielmehr einschließen, und 7,25 präsentiert den Hohepriester als Fürbitter für die, die durch ihn zu Gott gekommen sind. Der Autor tritt mithin nicht als ethischer Rigorist auf. Seine Sorge gilt der Möglichkeit, dass einige gänzlich vom Glauben abfallen.

5. Eine Schattenseite der Argumentation des Hebr ist in diesem Zusammenhang nicht zu verschweigen: Dem oben dargelegten Überbietungsmotiv (→ 1/3), mit dem die Größe des durch Christus gewirkten Heils herausgestellt wird, korrespondiert ein Verschärfungsmotiv im Blick auf die Folge der Ablehnung dieses Heils (2,2f; 10,28f; 12,25f). Zur Strategie des Autors gehört nicht nur der Zuspruch, indem er das durch Christus gewirkte Heil in hellsten Farben aufleuchten lässt, sondern er argumentiert zugleich „mit einer Rechts- und Strafordnung, welche die Sanktionen des alten Bundes übertrifft und das in seiner Größe hervorgehobene eschatologische Heil und den Heilsbringer schützt" (Löhr 1994, 288), und er droht mit irreversiblem Heilsverlust: Die, die den Glauben nicht durchhalten, sondern abfallen, kreuzigen für sich selbst abermals den Gottessohn und gehen des Heils unwiderruflich verlustig, weil es für sie keine zweite Umkehr gibt (6,4–6, vgl. 10,26–31 sowie 12,17). Man kann diese Aussage über die Unmöglichkeit einer zweiten Buße zwar als gezielte Affektevokation rhetorisch einordnen und darauf verweisen, dass in der deliberativen Rhetorik des *Auctor ad Hebraeos* auf die Drohung jeweils der Zuspruch sogleich auf dem Fuß folgt (6,9–12; 10,32–39, vgl. Mackie 2007, 23f) und Erstere damit nicht das letzte Wort behält (Backhaus 2009, 145–151), doch lässt sich der propositionale Gehalt nicht *gänzlich* in ein rhetorisch-pragmatisches ‚Spiel' auflösen, als würde der Autor letztlich gar nicht meinen, was er – mehrfach (!) – sagt. Die Einbettung in die antike deliberative Rhetorik hilft, die Aussagen nicht überzugewichten, und man mag überdies spekulieren (und jedenfalls hoffen), dass der Autor in einer Begegnung mit Rückkehrwilligen milder gestimmt wäre (optimistisch in dieser Hinsicht Lindars 1991, 70.134f). Doch auch mit dieser Annahme lässt sich die inhaltliche Problematik seiner Rhetorik nicht eskamotieren, denn auch die Wahl der rhetorischen Mittel ist Spiegel eines inhaltlichen Standpunkts, und die Semantik wird durch die Pragmatik nicht restlos aufgesogen. Hier kommt man um Sachkritik nicht umhin.

## 2. Die Glaubensparaklese des Hebräerbriefs

Anders als im Corpus Paulinum gewinnt die Christologie im Hebr nicht darin eine eminent ethische Dimension, dass der Tod Jesu als Akt *liebender* Lebenshingabe gedeutet (Gal 2,20; Eph 5,2 u. ö., vgl. Joh 13,34; 15,12f) oder die Menschwerdung des Präexistenten als Modell der Selbsterniedrigung präsentiert wird (Phil 2,1–11, vgl. 2Kor 8,9). Vielmehr korrespondiert dem dargelegten Anliegen des Hebr, dass Jesus *als Anführer und Vollender des Glaubens* (12,2) zum Vorbild spendenden Modell für die Adressaten wird (vgl. Easter 2014, 133–154.184–186): Im Blick auf die Freude, die vor ihm lag, hielt er das – mit Schande und Entehrung assoziierte – Kreuz aus, so dass ihm dieses zur Durchgangsstation seiner Erhöhung zur Rechten Gottes wurde. In Analogie dazu sollen die Glaubenden ihre gesellschaftlich ehrlose Randstellung aushalten (vgl. die Vorbildhaftigkeit des leidenden Jesus in 1Petr 2,21, → XI.2.2/1), damit sie nicht vom Weg abkommen. Kurzum: Als Anführer und Vollender des Glaubens dient Jesus „einerseits als das vollkommene Modell für die Glaubenden und andererseits als Wegbereiter des pilgernden Gottesvolks in die Ewigkeit hinein" (Backhaus 2009, 411).

Im Schlussteil der Rede in 10,19–12,29 tritt der Glaubensbegriff prominent hervor. So laufen die Mahnungen in 10,19–39 auf die Rede vom Glauben in 10,38f zu (vgl. zuvor 10,22), für den dann Hebr 11 eine lange Reihe von alttestamentlichen Vorbildern aufbietet, um schließlich die Adressaten vor diesem Hintergrund zu ermahnen, auf *das* „Vorbild der Glaubenstreue" (Backhaus 2009, 381) schlechthin zu schauen, eben auf Jesus (12,1–3), der das ihm auferlegte Leiden im Glauben angenommen und durchgestanden hat. Überhaupt begegnet die Rede vom Glauben im Hebr allein in parakletischen Passagen (vgl. noch 4,2f; 6,1.12; 13,7), während nie vom Glauben *an* Christus die Rede ist, wohl aber eben, wie gesehen, Jesus selbst in 12,2 – ganz auf der Linie der Aussagen zu seinem ‚wahren Menschsein' (4,15; 5,7f, → 1/3) – als Glaubender präsentiert wird (vgl. Söding 1991, 215.229). Damit ist verbunden, dass im Glaubensbegriff des Hebr das traditionelle Moment des Vertrauens, der festen Zuversicht prominent hervortritt (vgl. Söding 1991, 239). Es gewinnt aber darin im frühchristlichen Kontext ein für den Hebr charakteristisches Gepräge, dass der Glaube, wie die Definition in 11,1 deutlich macht, als „der im Modus der Hoffnung geöffnete Zugang zum unsichtbaren Wesentlichen" (Backhaus 2009, 71) gefasst ist. Einen engen Verwandten besitzt der Glaubensbegriff des Hebr in Philon (vgl. Gräßer 1965, 97–99.103.106f u. ö.), der den Glauben als Vertrauen in den Urheber aller Dinge (Abr 268) dem Vertrauen in Irdisches bzw. Sichtbares – wie Macht, Ruhm, Reichtum, körperliche Güter – entgegensetzt (Abr 262–269, vgl. Virt 212–219; Her 90–95). Philon adelt den Glauben als „die Königin der Tugenden" (Abr 270, vgl. Virt 216; Her 91). Für den *Auctor ad Hebraeos* ist der Glaube ebenfalls (zumindest auch) eine Tugend (vgl. Gräßer 1965, 117–125, als *einen* Aspekt des Glaubensbegriffs sieht dies Easter 2014, bes. 197–203), ja die fundamentale Tugend eines Christenmenschen, eine Haltung festen Vertrauens, das sich auf die unsichtbare Wirklichkeit bezieht, die hinter den wahrnehmbaren Dingen steht und diese trägt, und das mit geduldiger Standhaftigkeit angesichts all der Widrigkeiten und Bedrängnisse einhergeht, mit denen sich die Glaubenden in dieser Welt konfrontiert sehen (10,32–36). Für den Hebr ist dieses glaubende Vertrauen, anders als bei Philon, konstitutiv in einen eschatologischen Horizont eingezeichnet, der das Sichtbare nicht nur als unsichere Güter, sondern auch als bloß Vorläufiges zu erkennen gibt (vgl. Söding 1991, 237): Die Glaubenden vertrauen und machen sich fest an Gottes Verheißung eschatologischen Heils (4,1; 6,12–15; 10,36–39 u. ö.).

In Hebr 11 bietet der Autor eine „Wolke von Zeugen" (12,1) aus der Schrift dar, wobei sich die Paradigmenreihe schon darin als Ausdruck kreativer Schriftexegese zeigt, dass der Glaubensbegriff von allen angeführten Beispielen allein bei Abraham in der Schrift selbst verankert ist, bei allen anderen aber eingelesen wird. Zudem werden die atl. Figuren so ausgedeutet, dass sich in ihnen zentrale Belange des *Auctor ad Hebraeos* spiegeln und die Reihe zur Glaubensparaklese für die Adressaten wird. Glaube ist erstens die angemessene Antwort auf Gottes Wort, auf Gottes Anrede: Noah empfing Weisung über noch nicht sichtbare

Dinge (11,7); Abraham gehorchte dem Ruf Gottes, hinauszuziehen (11,8), und vertraute der Verheißung der Nachkommenschaft (11,11f, vgl. 11,39). Dies lässt zurückdenken an die Eröffnung in 1,1f, dass Gott vorzeiten vielfach durch die Propheten und nun final durch den Sohn geredet hat, sowie an den Verweis auf die Lebendigkeit und Schärfe des Wortes Gottes, mit der in 4,12f der erste Hauptteil 1,5–4,13 beschlossen wird. Zweitens vertraut der Glaube auf die Belohnung durch Gott: An Henoch zeigt sich der Glaube, dass Gott existiert „und denen, die ihn suchen, ein Belohner sein wird" (11,6); Mose richtete sein Augenmerk weg von den Schätzen Ägyptens und hin auf die Entlohnung (11,26). Drittens zeichnen sich die Glaubenden durch die Erkenntnis aus, dass sie in der Welt in der Fremde leben (11,13), und sie richten sich auf die von Gott bereitete himmlische Wohnstätte aus (11,10.14–16). Und nicht zuletzt folgt für die Glaubenden aus dieser Ortsbestimmung viertens die Erfahrung von Differenz, Marginalisierung und Verfolgung: Nicht nur zog Mose es vor, mit seinem Volk Misshandlung zu erfahren, statt sich in die ägyptische Gesellschaft integrieren zu lassen und ein Wohlleben zu führen (11,24f), sondern es wird ferner summarisch auf die verwiesen, die das Martyrium erlitten (11,37f). Für die Adressaten kommt es entsprechend darauf an, sich der Anrede Gottes durch den Sohn (1,2) ganz und gar anzuvertrauen (vgl. 12,25–29) und den Glauben angesichts widriger Umstände in der verbleibenden Zeit durchzuhalten, indem sie ihren Blick nicht auf ihr irdisches Ergehen richten, sondern auf die zukünftige Stadt, die ihnen von Gott bereitet ist (13,14), denn als Glaubende durchschauen sie das Vorläufige dieser Welt und wissen sie um die Wirklichkeit Gottes. Wie Mose „die Schmach Christi (!) für größeren Reichtum als die Schätze Ägyptens hielt" (11,26), so sollen die Adressaten auf die Schätze Roms nichts geben und ihre soziale Marginalisierung im Lichte ihrer Teilhabe am durch Christus gewirkten Heil souverän ertragen. Das muss man nicht als Appell zur ‚Weltflucht' lesen, ist aber ein Plädoyer „für Weltüberlegenheit. Denn wenn allein die Wirklichkeit Gottes *absolut* ist, wird die Wanderung durch die Welt zu einem Weg durch *relative* Wichtigkeiten. Der Christ wird die Welt nicht loslassen, aber gelassener mit ihr umgehen" (Backhaus 2009b, 223).

## 3. Die Unterweisung in Hebr 13

1. Konkrete ethische Weisungen treten erst in dem brieflichen Schlussteil in Hebr 13 ins Zentrum, während sie zuvor nur vereinzelt begegnen. 10,24 lässt mit der Mahnung, aufeinander Acht zu geben, „um zu Liebe und guten Werken anzuspornen", die grundlegende Bedeutung der Agape, die sie in frühchristlicher Ethik allgemein einnimmt, auch für den Hebr erahnen (vgl. auch 6,10). Deutlich wird jedenfalls bereits hier – zumal im Verbund mit dem nachfolgenden Appell, im Gottesdienstbesuch nicht nachlässig zu werden – der prominente, ekklesial bestimmte „Gemeinschaftsbezug in der Ethik des Hebr" (Backhaus 2009, 361), der auch für 13,1–6 im Blick zu behalten ist. Im Kontext von 12,28 erscheint der Passus als materialethische Explikation des dort angemahnten, Gott wohlgefälligen Wandels aus Dankbarkeit

für den Empfang eines unerschütterlichen Reiches (vgl. Gräßer 1990–1997, 3:347). Der Autor kombiniert hier frühchristliche Standardmahnungen mit den spezifischen Anliegen einer von außen bedrängten Gemeinschaft. Der Verweis auf die Liebe in 10,24 wird in der durch die Kopfstellung betonten Eingangsmahnung in 13,1 fortgeführt und nun mit der Rede von der Geschwisterliebe (φιλαδελφία) *expressis verbis* auf den Binnenraum der Gemeinde fokussiert (vgl. die Verbindung der Liebe mit dem Dienst an den Heiligen in 6,10). Der Terminus begegnet auch anderorts in der ethischen Unterweisung des entstehenden Christentums in einer auf die christliche Gemeinschaft übertragenen Bedeutung (Röm 12,10; 1Thess 4,9; 1Petr 1,22; 2Petr 1,7; 1Klem 47,5; 48,1, → III.3.1.1). Ähnlich wie (insbesondere) im 1Petr spiegelt die Aufnahme des Ausdrucks in Hebr 13,1 die fundamentale Bedeutung der Binnenkohäsion einer Minorität angesichts äußerer Bedrängnis. Ihre Zukunft hängt wesentlich davon ab, dass ihre Mitglieder sich wechselseitig in familienartiger Solidarität (vgl. die Geschwisterbezeichnung in 3,1.12; 10,19; 13,22 u. ö.) tatkräftige wie mentale Unterstützung zukommen lassen. Im Gesamtkontext des Hebr ist die Mahnung in 13,1 durch die Präsentation Jesu als „Bruder" der Kinder Gottes in 2,10–18 unterbaut, womit zugleich die Solidarität Jesu in seinem Eintreten für die Menschen zum Musterbeispiel für die von den Adressaten geforderte Geschwisterliebe erscheint (vgl. Loader 2022, 352).

Der Geschwisterliebe, der Philadelphie, steht in Hebr 13,2 die Gastfreundschaft, die Philoxenie, zur Seite. Genauer: Die Geschwisterliebe findet in der Gastfreundschaft (wie auch in der Mahnung in 13,3, s. u.) eine exemplarische Konkretion (vgl. Klauck 2006, 437). Auch der Rekurs auf die Gastfreundschaft verbindet den Hebr mit dem 1Petr (s. 4,9), aber auch mit der paulinischen Weisungsreihe in Röm 12,9–21 (s. 12,13). Gastfreundschaft ist allgemein in der Antike von hoher Bedeutung. Sie verweist hier auf den ortsübergreifenden, ‚ökumenischen' Zusammenhalt der christusgläubigen Gruppen. 13,3 unterstreicht sodann mit der Mahnung, der Gefangenen und Misshandelten zu gedenken, dass der situative Kontext der Paraklese im Hebr durch die äußere Bedrängnis der Adressaten bestimmt ist. Bereits in 10,34 ist das solidarische Mitleiden mit den Gefangenen, das sich nicht in Empathiebekundung erschöpft, sondern den Liebesdienst der Versorgung mit dem Lebensnotwendigen einschließt, und zudem die Erfahrung der Konfiskation von Besitz angesprochen worden. Dass die Sorge für die Gefangenen, die im antiken Rom auf externe Unterstützung angewiesen waren, auch in der abschließenden Paraklese zum Thema wird, zeigt deutlich, dass diese nicht bloß von theoretischer Bedeutung ist. Bezeichnenderweise sticht sie auch in Lukians spöttischer Darstellung des selbstlosen Sozialverhaltens von Christen in *De morte Peregrini* 12f als gewichtiger Zug hervor. Die Form der Mahnung in Hebr 13,3 ist an Nachdrücklichkeit kaum zu überbieten. Als seien sie Mitgefangene, sollen die Gemeindeglieder sich der Gefangenen annehmen; und den Misshandelten sollen sie beistehen „wie solche, die auch selbst im Leib sind", also jederzeit in dieselbe Situation geraten können. Im näheren Kontext erinnert V.3 an die Aussage über Mose in 11,25, dass er es „vorzog, zusammen mit dem Volk Gottes Misshandlung zu erleiden, als einen zeitweiligen Genuss der Sünde zu haben" (vgl. Allen 2008, 404f). Zu verweisen ist an dieser Stelle noch einmal auf die betonte Darstellung der Solidarität des menschgewordenen

Gottessohns (2,14–18; 4,15; 5,7f). „The Son's compassion is an ethical model, *mimesis*, for how they need to seek to support each other on the way" (Loader 2022, 353).

Auch in der – in traditioneller Manier mit einer Gerichtsdrohung (vgl. nur 1Thess 4,3–6; Eph 5,5f; Kol 3,5f) unterlegten – sexualethischen Weisung in Hebr 13,4 (vgl. zuvor 12,16), die Ehe in Ehren und das Ehebett unbefleckt zu halten, geht es nicht bloß um das Privatleben (anders Gräßer 1990-1997, 3:353[-356]), sondern auch um die Meidung von Zerwürfnissen in der Gemeinde und, positiv gewendet, um die Stabilität der Gemeinde, die sich – zumal angesichts ihres eigenen familienartigen Selbstverständnisses – von der Stabilität der familiären Verhältnisse ihrer Mitglieder her aufbaut oder zumindest von dieser unterstützt wird (vgl. Backhaus 2009b, 227f; Thompson 2011, 216; Loader 2022, 343). Dass auf V.4 eine Warnung vor Geldgier und eine Mahnung zur Selbstgenügsamkeit folgen (V.5a), verweist erneut auf den traditionellen Charakter des Unterweisungsguts in Hebr 13, denn die Mahnung zur Meidung von Unzucht und Habgier bildet schon frühjüdisch wie dann auch frühchristlich eine verbreitete Form, Kernpunkte des Willens Gottes summarisch zu formulieren (→ II.2/5b, vgl. aber auch z.B. Epiktet, Diss 3,7,21). Zudem gehören Warnungen vor Habsucht bzw. Geldliebe (z.B. Cicero, Off 1,24f.68; Musonios, Diss 3 [ed. Hense p. 11,4f]; Tabula Cebetis 19,5; 23,2) und Mahnungen zur Genügsamkeit (z.B. Xenophon, Symp 4,42; Epiktet, Diss 1,1,27; Marc Aurel 10,1) zum Standardrepertoire philosophischer Ethik. Karitative Aspekte der Güternutzung werden in Hebr 13,5 nicht explizit, sind aber bereits in 13,1-3 enthalten (vgl. auch 13,16). Vor dem Hintergrund des Rückblicks in 10,34, wonach die Adressaten im Lichte des verheißenen besseren, bleibenden Besitzes den Verlust ihrer Habe einst mit Freude hingenommen haben, kann man in 13,5 die Mahnung mitschwingen hören, das Herz nicht an irdische Güter zu hängen, weil ein größeres Ziel vor Augen steht. Die abschließenden, mit Schriftworten (Dtn 31,6.8 [vgl. Gen 28,15; Jos 1,5]; Ps 117,6$^{LXX}$) gestalteten Beistandszusagen dienen dazu, den Verzicht auf den – letztlich ohnehin zum Scheitern verurteilten – Versuch, sein Leben durch Besitzanhäufung zu sichern, zu plausibilisieren und zugleich Besitzverlust im Zuge der Konflikte mit der Außenwelt als belanglos auszuweisen. Wichtig ist das Mitsein Gottes; alles, was Menschen den Adressaten antun können, ist dann nicht zu fürchten.

2. Die sich anschließende Einheit 13,7-17 ist durch Weisungen zum Verhalten gegenüber den Gemeindeleitern und Verkündigern gerahmt (V.7.17). Zum Ausdruck kommt damit die konstitutive Bedeutung der fortwährenden Kommunikation des religiösen ‚Wissens' sowie ihrer personalen Dimension für die Stabilität der christlichen Lebensorientierung ihrer einzelnen Glieder wie auch der Gemeinde im Ganzen. Es bedarf nicht nur der Klarheit der Botschaft selbst und der Kontinuität in der Lehre, die der zeitübergreifenden Selbigkeit Christi korrespondiert (V.8) und nicht durch „fremde Lehren" (V.9) gestört wird, sondern auch des Vertrauens der Gemeindeglieder in ihre ‚Führungskräfte' auf der einen Seite und deren Vertrauenswürdigkeit und Vorbildhaftigkeit auf der anderen, damit sie nachahmenswerte Vorbilder des Glaubens (V.7) sein können, in denen die Reihe der Glaubenszeugen (Hebr 11) ihre würdige Fortsetzung findet (vgl. Backhaus 2009, 466). Letzteres setzt der Autor voraus. Seine Mahnung gilt den Gemeindegliedern. Sie sollen der früheren Gemeindeleiter gedenken, die ihre Glaubenstreue durchgehalten haben und entsprechend nachzuahmen sind (V.7), und den jet-

zigen Leitern Folge leisten (V.17). Letzteres läuft Gefahr, als autoritäre Geste gebraucht bzw. missbraucht zu werden, die kirchliche Hierarchie zementiert. Überdies sind „gehorchen" und „sich fügen" keine Vokabeln, mit denen man heute das Verhältnis zwischen mündiger (!) Gemeinde und Amtsträgern beschreiben will. In V.17 wird die angesprochene Gefahr durch den Verweis auf die Rechenschaftspflicht der Amtsträger ein Stück weit eingedämmt. Und dem übergreifenden Kontext nach besteht die Qualifikation der Amtsträger zentral darin, dass sie selbst an erster Stelle Hörer des Wortes sind (vgl. Backhaus 2009, 477). Ihre Autorität setzt die aus diesem Hören gewonnene Kompetenz voraus und besteht nicht unabhängig davon.

Innerhalb des durch V.7 und V.17 gesteckten Rahmens mahnt der Autor zum einen, die Exodus-Signatur des wandernden Gottesvolkes in der Leidensnachfolge anzunehmen (V.13), d.h. die Differenz zur Mehrheitsgesellschaft zu akzeptieren und durchzuhalten, denn „wir haben hier keine bleibende Stadt, sondern die zukünftige suchen wir" (V.14). Zum anderen bringt die Kultmetaphorik in 13,15f zum Ausdruck, dass christliches Leben ganzheitliche Hingabe ist: in Gestalt des Lobopfers der Lippen in ihrer grundlegenden vertikalen Ausrichtung und in Gestalt des Wohltuns und der Gemeinschaftspflege in ihrer horizontalen Dimension. Letzteres unterstreicht den konstitutiven ekklesialen Horizont der ethischen Unterweisung im Hebr.

3. Von V.3 abgesehen ist das, was in Hebr 13 an ethischer Unterweisung vorgetragen wird, konventionelle Kost, die ihren Zweck, die Gemeinde und ihre Glieder in ihrem beschwerlichen Alltag zu nähren, gleichwohl erfüllt. Es werden in konzentrierter Form alltagstaugliche Eckpunkte christlichen Lebensstils aufgerufen, die nicht nur für die individuelle Lebensführung bedeutsam sind, sondern im Horizont der Fremdlingsexistenz des Gottesvolkes in einer ihm gegenüber ablehnend bis feindlich gestimmten Welt auch für das Gedeihen christlicher Gemeinschaft elementare Relevanz besitzen: Geschwisterliebe, Gastfreundschaft, Sorge für die Gefangenen und Misshandelten, stabile eheliche Verhältnisse, Selbstgenügsamkeit, Wohltun und Gemeinschaftspflege. Es geht also um mehr als um privates Wohlverhalten. Es geht auch um die Stabilisierung und Gestaltung der Gemeinde als Lebensraum, und „[l]angfristig lässt nicht heroisches Hochethos, sondern unauffällige Alltagsethik die Gemeinde zum humanen Lebensraum werden" (Backhaus 2009, 477), in dem die Einzelnen den für ihre Glaubensexistenz nötigen Zuspruch erfahren, sich wechselseitig bestärken und unterstützen. Eine über die Gemeindegrenzen hinausreichende Perspektive wird indes nicht entwickelt (vgl. für viele Moffitt 2014, 357f). Auch die Mahnung in 12,14, dem Frieden mit allen nachzujagen, zielt auf die binnengemeindliche Solidarität (vgl. für viele Thompson 2011, 214). Diese reine Binnenorientierung hat dem Hebr, ähnlich wie den johanneischen Schriften (→ VIII.5), den Vorwurf der Abkehr von der Welt zugunsten des Rückzugs in die Gemeinde bzw. des Konventikelhaften eingetragen (Schenk 1985, 78f.89; Schulz 1987*, 638–640), doch wird man hier zurückhaltender urteilen müssen. Der *Auctor ad Hebraeos* blickt *im Rahmen seines parakletischen Anliegens*, die durch die äußere Bedrängnis angefochtenen und in ihrer Lebensorientierung verunsicherten Gemeindeglieder zu stärken, in seiner ethischen Unterweisung nach innen. Was er zu anderen Gelegenheiten möglicherweise über die Pflege von Außenbeziehungen zu sagen gewusst hätte, entzieht sich unserer Kenntnis, doch erstreckt sich dieses Nichtwissen eben auch darauf, dass man nicht einfach davon ausgehen kann, dass er dazu gar nichts zu sagen gewusst hätte.

# Literatur

Allen, David: Constructing "Janus-Faced" Exhortations. The Use of Old Testament Narratives in Heb 13,1–8, Bib. 89 (2008), 401–409.
Attridge, Harold W.: Paraenesis in a Homily (λόγος παρακλήσεως): The Possible Location of, and Socialization in, the 'Epistle to the Hebrews', Semeia 50 (1990), 211–226.
Backhaus, Knut: Der Hebräerbrief, RNT, Regensburg 2009.
– Zwei harte Knoten. Todes- und Gerichtsangst im Hebräerbrief, in: ders., Der sprechende Gott. Gesammelte Studien zum Hebräerbrief, WUNT 240, Tübingen 2009, 131–151 (= 2009a).
– Auf Ehre und Gewissen! Die Ethik des Hebräerbriefs, in: ders., Der sprechende Gott ..., 215–237 (= 2009b).
Croy, N. Clayton: Endurance in Suffering. Hebrews 12:1–13 in its Rhetorical, Religious, and Philosophical Context, MSSNTS 98, Cambridge u. a. 1998.
Davis, Phillip A., Jr.: The Place of Paideia in Hebrews' Moral Thought, WUNT II.475, Tübingen 2018.
Easter, Matthew C.: Faith and Faithfulness of Jesus in Hebrews, MSSNTS 160, New York 2014.
Eisenbaum, Pamela: The Virtue of Suffering, the Necessity of Discipline, and the Pursuit of Perfection in Hebrews, in: Asceticism and the New Testament, hg. v. L.E. Vaage – V.L. Wimbush, London – New York 1999, 331–353.
Gräßer, Erich: Der Glaube im Hebräerbrief, MThSt 2, Marburg 1965.
– An die Hebräer, 3 Bde., EKK 17.1–3, Zürich u. a. 1990–1997.
Gray, Patrick: Brotherly Love and the High Priest Christology of Hebrews, JBL 122 (2003), 335–351.
Klauck, Hans-Josef: Moving in and Moving Out: Ethics and Ethos in Hebrews, in: Identity, Ethics, and Ethos in the New Testament, hg. v. J.G. van der Watt, BZNW 141, Berlin – New York 2006, 417–443.
Koester, Craig R.: Hebrews, AYB 36, New Haven – London 2001.
Kraus, Wolfgang: Zu Absicht und Zielsetzung des Hebräerbriefs, KuD 60 (2014), 250–271.
– „Wen der Herr liebhabt, den züchtigt er (Prov 3,11f; Hebr 12,5f). Hebr 12,4–11 auf dem Hintergrund antiker Paideia-Vorstellung, in: Ahavah. Die Liebe Gottes im Alten Testament, hg. v. M. Oeming, ABIG 55, Leipzig 2018, 425–443.
Laub, Franz: Bekenntnis und Auslegung. Die paränetische Funktion der Christologie im Hebräerbrief, BU 15, Regenburg 1980.
Lindars, Barnabas: The Theology of the Letter to the Hebrews, New Testament Theology, Cambridge 1991.
Loader, William R.G.: Ethics in Hebrews: Faith in Danger, in: ders., Christology, Soteriology, and Ethics in John and Hebrews. Collected Essays, WUNT 478, Tübingen 2022, 337–381.
Löhr, Hermut: Umkehr und Sünde im Hebräerbrief, BZNW 73, Berlin – New York 1994.
Luckritz Marquis, Timothy: Perfection Perfected. The Stoic "Self-Eluding Sage" and Moral Progress in Hebrews, NT 57 (2015), 187–205.
Mackie, Scott D.: Eschatology and Exhortation in the Epistle to the Hebrews, WUNT II.223, Tübingen 2007.
Moffitt, David: Perseverance, Purity, and Identity. Exploring Hebrews' Eschatological Worldview, Ethics, and In-Group Bias, in: Sensitivity towards Outsiders. Exploring the Dynamic Relationship between Mission and Ethics in the New Testament and Early Christianity, hg. v. J. Kok u. a., WUNT II.364, Tübingen 2014, 357–381.

Schenk, Wolfgang: Die Paränese Hebr 13,16 im Kontext des Hebräerbriefes – Eine Fallstudie semiotisch-orientierter Textinterpretation und Sachkritik, StTh39 (1985), 73–106.

Söding, Thomas: Zuversicht und Geduld im Schauen auf Jesus. Zum Glaubensbegriff des Hebräerbriefes, ZNW 82 (1991), 214–241.

Thompson, James W.: Insider Ethics for Outsiders: Ethics for Aliens in Hebrews, RestQ 53 (2011), 207–219.

Übelacker, Walter: Paraenesis or Paraclesis – Hebrews as a Test Case, in: Early Christian Paraenesis in Context, hg. v. J. Starr – T. Engberg-Pedersen, BZNW 125, Berlin – New York 2004, 319–352.

Wedderburn, A[lexander] J.M.: The 'Letter' to the Hebrews and Its Thirteenth Chapter, NTS 50 (2004), 390–405.

Weiß, Hans-Friedrich: Der Brief an die Hebräer, KEK 13, Göttingen 1991.

# X. Der Jakobusbrief:
# Das Tun des eingepflanzten Wortes und das Standhalten gegen Begierde und Welt

Der vermutlich zwischen 70 und 85 n. Chr. verfasste, pseudepigraphe Jak ist ein durchgehend von ethischen Fragen bestimmter Mahnbrief (zur Gattung Burchard 2000, 9f). Dass ihm trotz dieser Konzentration auf Fragen christlichen Lebenswandels in der Diskussion frühchristlicher Ethik(en) weithin kein prominenter Platz beschieden war, liegt zentral daran, dass ihm traditionell eine defizitäre Begründung der Ethik angelastet wurde: Der Verfasser ergehe sich in zahllosen Imperativen, ohne eine theologische Fundierung seiner Weisungen im Heilshandeln Gottes, wie es im Christusgeschehen manifest geworden ist, erkennen zu lassen (s. z.B. Schrage ²1989*, 287f; Schulz 1987*, 643–652). Dieses Urteil ruht im Wesentlichen auf zwei Säulen: zum einen auf einer grundlegend von Paulus her bestimmten und durch die kontroverstheologischen Streitigkeiten der Reformationszeit profilierten Perspektive auf den Jak, in deren Gefolge sich das Interesse an dem Schreiben auf den Passus zur soteriologischen Bedeutung des Glaubens in 2,14–26 konzentrierte; zum anderem auf der formgeschichtlichen Einordnung des Jak als situations- und zusammenhangloser, eklektischer Paränese, in der die einzelnen Abschnitte untereinander keinen tieferen Zusammenhang ergeben (Dibelius ⁶1984, 13–23). Auf der Basis dieser literarischen Einschätzung ergab sich wie von selbst, dass das Schreiben – abseits von 2,14–26 – keine eigene theologische Konzeption aufweist (Dibelius ⁶1984, 36). Beides zusammen führte dazu, der „strohernen Epistel" (Martin Luther, WA, DB 6, 10) die theologische Fehlleistung anzulasten, kräftig zu den Werken zu treiben, „ohne daß das Heilswerk Christi, der Heilige Geist, die Taufe oder der Glaube als Grund der Werke und d. h. der Ethik genannt werden" (Schulz 1987*, 648, vgl. Schrage ²1989*, 287f). In der neueren Forschung sind die skizzierten Urteile über die literarische Gestalt des Briefes wie auch über seinen theologischen Gehalt mit Recht grundlegend hinterfragt und sukzessive revidiert worden: Der Jak ist kein bloßes Sammelsurium verschiedener paränetischer Stoffe, sondern ein im Ganzen vom Verfasser selbst verantworteter Mahnbrief mit durchdachter Komposition (s. z.B. Frankemölle 1994, 1:71–73.152–180; Konradt ³2020, 507–510) und konkretem situativem Hintergrund (s. v. a. Popkes 1986, 53–124), der eine theologische Konzeption zu erkennen gibt, in der das im Brief angemahnte Verhalten organisch aus dem Handeln Gottes am Christenmenschen hervorgeht (Frankemölle 1994, 2:470 und passim; Konradt 1998). Davon bleibt unbenommen, dass Jakobus' Anliegen nicht darin liegt, die Theologie, die seiner Unterweisung zugrunde liegt, eigenständig zu entfalten. Entsprechend sind zahlreiche theologische Leerstellen, z.B. in der Christologie, zu verzeichnen. In einer Theologie des Neuen Testaments wird der Brief daher nur eine Nebenrolle besetzen können. Einiges zu sagen aber hat er im Rahmen seines Anliegens dazu, wie er sich christlichen Lebenswandel denkt, und auch dazu, warum zum Christsein ein bestimmtes Verhalten gehört. In einer neutestamentlichen Ethik ist Jakobus mithin als eine der Hauptstimmen zu betrachten. Einschränkend ist selbstredend anzufügen, dass der Jak kein ethisches Kompendium ist und sein will und sich daher auch in ethischer Hinsicht zu vielen Bereichen nicht äußert. Sexualethisches spielt z.B. keine Rolle. Dies freilich bekräftigt nur den angesprochenen Sachverhalt, dass der Brief in eine konkrete Situation hineinspricht. Sein Autor behandelt, was angesichts der Adressatensituation, wie er sie wahrnimmt, auf seine Agenda gerückt ist.

## 1. Theologische Grundlagen

1. Das theologische Zentrum des Briefes ist nicht, wie dies unter dem theologischen Primat der paulinischen Rechtfertigungslehre meist vorausgesetzt wurde, in 2,14–26 zu finden. Im Aufbau des Briefes kommt vielmehr Jak 1,13–25 mit der Gegenüberstellung von versucherischer Begierde auf der einen Seite (1,13–15) und eingepflanztem bzw. eingeborenem Wort auf der anderen (1,18.21) eine theologisch grundlegende Bedeutung zu. Mit dieser Einsicht ist verbunden, dass im Jak eine im Wort zentrierte Theologie vertreten wird (Konradt 1998, 67–100; Burchard 2000, 20). Jak 1,13–25 macht zudem deutlich, dass die Frage der jak Soteriologie und der Grundlegung der Ethik nicht monoperspektivisch von der Christologie her zu beantworten ist; das den Christen geschenkte Heil wird hier theozentrisch begründet. Im Zentrum dieses Passus steht mit Jak 1,18 der soteriologische Hauptsatz des Briefes, nach dem der Übertritt ins heilvolle Leben *Gottes* Werk ist (zur Theozentrik vgl. bes. Frankemölle 1994, passim).

Jakobus nimmt in 1,13–15 zunächst das in 1,2f eingeführte Thema der „mannigfaltigen Prüfungen/Versuchungen" auf. Dessen leitende Funktion für den Gesamtbrief wird schon darin deutlich, dass es den Prolog in 1,2–12 eröffnet, der als eine Art „summarische Exposition" der Hauptthemen des Briefes fungiert (von Lips 1990, 414–424). Für Jakobus leben Christen in der als gottfeindlich betrachteten Welt in der ‚Fremde' (im Präskript in 1,1 wird dies durch die Rede von den „12 Stämmen *in der Diaspora*" angezeigt); sie müssen sich entscheiden, ob sie „Freund der Welt" oder „Freund Gottes" sein wollen (4,4). Das Leben in der ‚Welt' bedeutet daher eine beständige Herausforderung, sich von ‚weltlicher' Lebensorientierung nicht affizieren zu lassen. Der in diesem Sinn aufzufassenden Konfrontation mit „mannigfaltigen Prüfungen/Versuchungen" kann allerdings insofern etwas Gutes abgewonnen werden, als durch das Standhalten in diesen das ‚Immunsystem' kontinuierlich trainiert und gestärkt wird: Als Prüfungsmittel des Glaubens führen die (bestandenen) Versuchungen zu immer größerer Standhaftigkeit (1,3); insofern können sie Anlass zur Freude sein (1,2). In 1,13–15 wendet sich Jakobus hingegen dem negativen Fall zu, dass jemand der Versuchung nicht standhält, und macht deutlich, dass niemand sich seiner Verantwortung entziehen kann, indem er geltend macht, er sei von Gott verführt worden. Nach Jakobus' Gottesbild kommen von Gott ausschließlich gute Gaben (1,17); Gott *kann* daher *von seinem Wesen her* gar nicht einen Menschen dazu verleiten, etwas Böses zu tun (1,13, dazu Wenger 2011, bes. 93–122). Versucht wird man vielmehr dadurch, dass man von der eigenen Begierde herausgelockt und geködert wird. Jakobus denkt sich die Begierde als eine Instanz, die in einem jeden Menschen ihr Unwesen treibt und Quellgrund all seines sündhaften Verhaltens und damit seines Unheils ist (1,15). Jakobus steht hier in einem frühjüdischen Traditionsstrom, in dem die Begierde, unter anderem unter dem Einfluss des zehnten Gebots, als *der* Quellgrund der Sünde konzeptualisiert ist (ApkMos 19,3; ApkAbr 24,8; Philon, Dec 173; SpecLeg 4,84, vgl. frühchristlich Röm 7,7; 1Joh 2,16; 2Petr 1,4), wobei die stoische Sicht der Begierde als einer der vier Hauptaffekte (→ II.1/5), insbesondere aber die Vorstellung des begehrlichen Seelenteils (ἐπιθυμητικόν) im Rahmen der platonischen Trichotomie der Seele (→ II.1/1) inspirierend gewirkt hat (zu diesem Hintergrund bei Philon → II.2/3b).

Der dargelegten Kontextualisierung der jak Rede von der Begierde steht die Option gegenüber, Jak 1,14f im Kontext der vorrabbinischen Lehre vom bösen Trieb (*jezer*) zu beleuchten, wozu vor allem einige Qumrantexte, insbesondere *4QInstruction* (s. 4Q417 1 II), instruktiv sind (dazu Wold 2019, 80–89). Man muss darin keine strengen Alternativen sehen, doch ist zu bedenken, dass *jezer* in der LXX inkl. Sir nie durch ἐπιθυμία wiedergegeben wird. Daher liegt eine Einordnung in die dargelegte Vorstellung von der Begierde, wie sie sich im hellenistischen Judentum auf griechischem Sprachboden entwickelt hat, näher.

Warum es die Begierde überhaupt gibt, scheint Jakobus nicht zu reflektieren; jedenfalls sagt er dazu nichts. Er konstatiert nur, dass sie da ist und wohin es führt, wenn man sich von ihr hat ködern lassen: Wenn das von der Begierde angetriebene Sündigen notorisch wird (vgl. 1,15: „die Sünde, wenn sie groß geworden ist"), führt dies zum „Tod". „Tod" meint hier nicht – zumindest nicht an erster Stelle – das physische Ableben, sondern das den notorischen Sünder treffende Unheil, und zwar nicht allein die eschatologische Verdammnis, sondern, wie 5,19f unterstreicht, auch die gegenwärtige Unheilssituation (vgl. Konradt 1998, 56–58). Zumindest der Christenmensch ist dem todbringenden Treiben der Begierde aber nicht wehrlos ausgeliefert, wie 1,16–25 ausführt. Die grundlegende Aussage in 1,18, dass „Gott uns nach seinem Willen durch das Wort der Wahrheit geboren hat", rekurriert auf die Konversion, die im freien Heilsratschluss Gottes („nach seinem Willen", vgl. den Erwählungsgedanken in 2,5) verankert ist (vgl. Kamell 2011, 278), metaphorisch als Geburt und damit als Gabe *des Lebens* interpretiert wird und im Lichte von 1,17 als eine der guten Gaben Gottes erscheint (ausführlich dazu Konradt 1998, 41–66). Auch nach Jakobus steht also am Anfang eines Christenlebens, dass sich ein Christ sein Heil nicht erwirbt; er bekommt es geschenkt. Als Wirkmittel des göttlichen Heilshandelns wird dabei in 1,18 das Wort namhaft gemacht.

Dessen Näherbestimmung als „Wort der Wahrheit" (vgl. 2Kor 6,7; Eph 1,13; Kol 1,5; 2Tim 2,15) spielt vor dem Hintergrund des in Konversionsaussagen geläufigen Topos, dass Konversion Hinwendung zur Wahrheit bedeutet (JosAs 8,9; 19,11; Philon, SpecLeg 1,51.309; 4,178; Virt 102.214.221; QuaestEx 2,2; PseudPhiloJona 119; 1Tim 2,4; Hebr 10,26; HermVis 3,6,2 u. ö.), den Gedanken ein, dass die christliche Verkündigung Menschen, die zuvor im Irrtum gefangen waren, die Wahrheit erschlossen und sie so vom Tod (im dargelegten Sinn der Unheilsexistenz) zum wahren Leben geführt hat. Die weiteren Vorkommen von „Wahrheit" im Jak in 3,14 und 5,19 machen deutlich, dass für Jakobus zum ‚wahren Leben' notwendig auch ein durch dieses Wort bestimmter Lebenswandel gehört. Entsprechend lässt Jakobus die Rede vom Wort in 1,18 im nachfolgenden Kontext in die Rede vom Gesetz übergleiten und betont so in 1,22–25 die ‚imperativische' Seite des Wortes. Jedoch geht das „Wort der Wahrheit" nicht in einem Kanon ethischer Weisungen auf, sondern bezeichnet im umfassenden Sinn die christliche Heilsbotschaft. Wort und Gesetz sind also in 1,18–25 nicht austauschbare Größen (anders Ludwig 1994; Tsuji 1997, 108f; Bauspieß 2020, 189–192). Vielmehr fungiert „Wort" als Oberbegriff, während „Gesetz" einen Aspekt des Wortes bezeichnet, nämlich eben dessen ‚imperativische' Seite (vgl. Blondel 1979, 149; Konradt 1998, 67–74; Garleff 2004, 279–281). Dem Wechsel von „Wort" zu „Gesetz" entspricht im Argumentationsduktus von 1,18–25 die Gedankenbewegung vom Rekurs auf *Gottes* Heilshandeln (1,18) zu dem darin einstimmenden Tun des *Menschen* (1,21–25). Strukturell betrachtet bedeutet dies nichts anderes, als dass das Wort im Jak als differenzierte Einheit von, plakativ gesprochen, ‚Evangelium und Gesetz' der Tora mit ihrer Einheit von Heilserzählung und Gabe der Gebote korrespondiert.

Die Bedeutung des Wortes geht für Jakobus nicht darin auf, einmalig und punktuell die Versetzung aus dem Tod ins Leben gewirkt zu haben, sondern es erscheint zugleich als bleibende Kraft des neuen Lebens. Jakobus spricht in V.21 vom *eingepflanzten* bzw. *an-* oder *eingeborenen* Wort (τὸν ἔμφυτον λόγον). Dieses eingeborene Wort ist nichts, was zur natürlichen Ausstattung des Menschen gehört (anders Jackson-McCabe 2001); konzeptionell zu verstehen ist die Wendung vielmehr von 1,18 her: Gott hat die Christen durch das Wort ins ‚Leben' geführt und ihnen dabei das Wort eingestiftet. Wenn Jakobus dann des Weiteren dem Wort das Vermögen zuspricht, die Christen (im Endgericht) zu retten, dann besagt dies nicht bloß, dass man dem Wort entnehmen kann, wie bzw. durch welches Handeln man zum Heil gelangt. Vielmehr führt Jak 1,21b den traditionellen biblischen Gedanken der Wirkkraft des göttlichen Wortes (Jes 55,10f; Jer 23,29; Ps 33,9, ntl. Röm 1,16; 1Kor 1,18; 1Thess 2,13; Hebr 4,12; 1Petr 1,22-25) weiter, wie er schon in 1,18a zugrunde lag: Das Wort wird von Jakobus also als ein wirkmächtiges begriffen und ist als solches nicht bloß von lebens*schaffender*, sondern auch von lebens*erhaltender* Bedeutung (vgl. Konradt 1998, 74–85 sowie Burchard 2000, 83f; Metzner 2017, 96 mit Anm. 69). Zwar ist mit der Einpflanzung des wirkmächtigen Wortes kein Automatismus initiiert; das Tun des Wortes fließt nicht wie von selbst aus dem Hören des Wortes, sondern bleibt Aufgabe des Menschen, die entsprechend Gegenstand der Paränese ist (1,22-25). Wohl aber bedeutet Jakobus' Verständnis des Wortes als einer Kraft, dass die Werke bei ihm nicht reine Eigenleistungen menschlicher Tatkraft sind. Sie sind vielmehr durch Gottes anfängliches Heilshandeln am Christen (1,18) grundsätzlich ermöglicht und werden dadurch, dass dem Christen das Wort als ein wirkmächtiges ‚eingeboren' wurde, mit angetrieben. Vom Geist redet Jakobus, anders als Paulus, in diesem Zusammenhang nicht. Die Funktion des Geistes wird in Jakobus' Konzeption gewissermaßen vom Wort mit übernommen (vgl. Burchard 2000, 84).

Überblickt man die theologische Grundlegung in 1,13-25 im Ganzen, erscheint das Wort als Gegenmacht zur Begierde. Wort und Begierde stehen sich sozusagen als ‚Lebenskeim' und ‚Todeskeim' gegenüber: Ist die Begierde *der* Quellgrund der Sünde, so ermöglicht das Wort einen gottgefälligen Wandel. Bringt die Begierde dem, der sich auf sie einlässt, am Ende den Tod (1,15), so schafft und erhält das Wort Leben, und dank des ihm als Gegeninstanz zur Begierde eingestifteten Wortes ist der Christenmensch grundsätzlich in der Lage, den von der Begierde ausgehenden Verlockungen zu widerstehen, wie dies konzeptionell ganz ähnlich in der frühjüdischen Auffassung der Tora als Mittel gegen die böse Anlage des Menschen zum Ausdruck kommt (s. z.B. 4Makk 2,22f und im Rahmen der Lehre vom bösen Trieb [*jezer*] Sir 21,11; Sifre Dtn § 45 zu Dtn 11,18; bBB 16a; bKid 30b; MProv zu 24,31; ARN 20, vgl. auch 4Esr 3,19-22).

Die Bezeichnung der ‚imperativischen' Seite des Wortes als „Gesetz *der Freiheit*" in 1,25 (vgl. 2,12) bringt diesen konzeptionellen Zusammenhang terminologisch auf den Punkt. Jakobus nimmt mit dieser – vor dem Jak nicht belegten – Wendung eine in der zeitgenössischen Philosophie verbreitete und im antiken Judentum rezipierte Reflexion über die Freiheit auf. Freiheit – klassisch definiert als das Vermögen, so „zu leben, wie man will" (für Belege → III.3.3.1) – wird im Gefolge einer Reflexion des von der Vernunft her zu Wollenden dezidiert von einem in die subjektive Beliebigkeit des Einzelnen gestellten Willkürhandeln abgegrenzt und an die Beherrschung der Leidenschaften gebunden. Wer „frei" heißen will, muss zuallererst „die Begierden zügeln" (Cicero, Parad 5,33, vgl. z. B. Philon, Prob 17.31.45; Epiktet, Diss 4,1,23.175). Positiv gewendet bedeutet dies, dass der freie Mensch durch die Befolgung des Gesetzes (Cicero, Parad 5,34) bzw. Gehorsam gegenüber Gott (Seneca, VitBeat 15,7) charakterisiert ist. Entsprechend sind für Philon, dem zufolge die Tora in vollkommener Harmonie mit dem Naturgesetz steht (Opif 3 u. ö., → II.2/3b), diejenigen frei, welche nach dem Gesetz leben (Prob 45, vgl. ferner mAb 6,2). Wenn Jakobus vor diesem Hintergrund und im Kontext der Rede von der Begierde in 1,14f in 1,25 vom „Gesetz der Freiheit" spricht, so kommt darin die Überzeugung zum Ausdruck, dass Gott den Christen mit der Einstiftung des wirkmächtigen Wortes (1,21) infolge der Geburt durch das Wort der Wahrheit (1,18) Freiheit von der Begierde – samt ihren Folgeerscheinungen Sünde und Tod (1,15) – ermöglicht. Jakobus traut dem Gesetz damit genau das zu, was es nach Röm 7 gerade nicht zu leisten vermag: Es ist das wirksame Gegenmittel gegen die Begierde (vgl. Gal 5,16 vom *Geist*). Um diese vom Wort eröffnete Möglichkeit zu ergreifen, bedarf es der rechten Annahme des Wortes (Jak 1,21), die nicht beim bloßen Hören verharrt, sondern zum Tun des Wortes vordringt (1,22).

2. Ist christliches Handeln nach dem Jak in der Einpflanzung des wirkmächtigen Wortes grundgelegt, so wird der Christ in seinem Wandel ferner durch die Weisheit unterstützt. Die Weisheit wird von Jakobus nicht mit dem Wort oder dem Gesetz identifiziert (vgl. Burchard 2000, 157, anders z. B. Luck 1984, 16f.19.29; Niebuhr 2016, 29). Sie erscheint ferner weder, wie zuweilen postuliert wurde, als die den Christen neuprägende und rettende Kraft (anders v. a. Hoppe ²1985, 49.70f), noch nimmt sie den Platz ein, den bei Paulus der Geist besetzt (anders Kirk 1969/70; Hartin, 1991, 102–104.114f). Jak 1,5f macht vielmehr deutlich, dass es Glaubende geben kann, denen es an Weisheit mangelt. Anders als das Wort steht die Weisheit demnach nicht schon auf der Geburtsurkunde der Christen, sondern kommt auf der Wegstrecke eines Christenlebens hinzu. Gleichwohl ist sie keineswegs zu übergehen, wenn es um die theologische Grundlegung des Handelns im Jak geht. Nach 1,5 ist die Weisheit eine Gabe Gottes, was sich in 3,15 in der Rede von der „Weisheit von oben" spiegelt. Der kontextuelle Zusammenhang von 1,5 mit 1,2–4 und die Ausführungen in 3,13–18 geben zu erkennen, dass Jakobus unter Weisheit im Wesentlichen handlungsorientierte Einsicht versteht (vgl. Konradt 1998, 250–260; Burchard 2000, 155–158): Angesichts dessen, dass zur christlichen Existenz in der von Gott entfremdeten ‚Welt' gehört, mit „mannigfaltigen Prüfungen/Versuchungen" konfrontiert zu werden (1,2), braucht ein Christenmensch Weisheit, um entsprechende Lebenssituationen angemessen zu erkennen, zu beurteilen und zu bestehen. Und er benötigt Weisheit, um dem vollkommenen Werk, mit dem die Standhaftigkeit einhergehen soll (1,4a), zumindest nahe zu kommen (zur Vollkommenheit → 1/3). Da das „Werk" eines Christen im Tun des Wortes besteht (1,22–25), ist damit zugleich festzuhalten, dass der Jak eine Zuordnung der Weisheit zum Wort zu erkennen gibt, die in der jüdischen Toraweisheit (Sir 24; Bar 3,9–4,4; TestLevi 13; TestNaph 8,7–10,

→ II.2/3a) eine facettenreiche Vorgeschichte besitzt. Weisheit hilft, um das im Gesetz Gebotene im Alltag situativ angemessen umzusetzen.

3,13–18 unterstreicht die praktische Dimension der jak Weisheit nachdrücklich. 3,13 etabliert als Kriterium, an dem ein weiser Mensch zu erkennen ist, dass er aus seinem guten Lebenswandel solche Werke aufzuweisen vermag, die in *Sanftmut* der Weisheit getan wurden. 3,17 entfaltet in einem exemplarisch zu verstehenden Katalog, wie sich die Weisheit bei denen, die sie haben, in lauter positiven Verhaltensweisen manifestiert: Weisheit führt dazu, dass ein Mensch „lauter" ist, ferner „friedfertig, gütig, entgegenkommend, voll Barmherzigkeit und guten Früchten, ohne Zwiespalt, ohne Heuchelei". Die Kopfstellung des Attributs der Lauterkeit (ἁγνή) fügt sich gut der Bedeutung ein, die Jakobus der Gespaltenheit zwischen Gott und Welt (1,6–8; 4,1–10) als Grundproblem im Adressatenkreis zuweist (vgl. ferner in 3,17 das Attribut „ohne Zwiespalt" [ἀδιάκριτος]). Der Aspekt der Friedfertigkeit wird durch 3,18 in seiner Relevanz betont. Nicht zuletzt begegnet in 3,17 mit der Barmherzigkeit eines der zentralen Motive jak Ethik. Kurzum: Neben der Einstiftung des wirkmächtigen Wortes trägt Gott durch die Gabe der Weisheit zum ethischen Gelingen christlichen Lebens bei. Die Weisheit prägt zwar nicht neu, aber aus.

3. Bekräftigt die Rolle der Weisheit in Jakobus' theologischer Konzeption, dass gute Werke für Jakobus keine reinen Eigenleistungen des Menschen sind, so ist ebenso entschieden zu betonen, dass Glaube, der nicht mit Werken einhergeht (2,17), für Jakobus ein elendiger Selbstbetrug ist – ebenso wie ein Hören des Wortes, das kein Tun aus sich heraussetzt (1,22). Glaube (s. neben 2,14–26 noch 1,3.6; 2;1.5; 5,15) fungiert auch im Jak als umfassende Bezeichnung des Gottesverhältnisses des Menschen (vgl. Konradt 1998, 166–170.239.271); er ist „la base de l'existence; les chrétiens sont ceux qui *croient*" (Blondel 1979, 146). Dass der Lebenswandel darin eingeschlossen ist, wird schon in 1,3 in der Interpretation der mannigfaltigen Versuchungen als Prüfungsmittel *des Glaubens* deutlich, denn zur Debatte steht hier, ob ein Christenmensch in seinem Alltagsleben ganz und ungeteilt auf Gott hin ausgerichtet ist. In 2,14–26 behandelt Jakobus dann den Fall eines müßiggehenden Gemeindeglieds, das angesichts der Frage, was ihm zur endzeitlichen Rettung gereichen soll, frohen Mutes auf seinen Glauben verweist, doch stellt sich dann heraus, dass die betreffende Person keine Werke hat. Von einem solchen defizitären Glauben sagt Jakobus, dass er nicht zu retten vermag (2,14–17). Er ist für sich allein tot (V.17), d. h. unwirksam im Gericht. Damit ist aber keineswegs prinzipiell bestritten, dass Glaube rettet. Es geht darum zu klären, *von welchem Glauben* dies gilt. Jakobus stellt dazu werklosen und damit defizitären Glauben und sich in Werken zeigenden Glauben einander gegenüber (2,18b, dazu Konradt 1998, 222–224). Letzterer wird anhand von Abraham aufgewiesen. Wenn Jakobus in 2,21 rhetorisch fragt, ob Abraham, nicht *aus Werken* als gerecht anerkannt wurde, und er *damit* zugleich das Schriftwort von Gen 15,6 erfüllt sieht, nach dem Abraham sein *Glaube* zur Gerechtigkeit angerechnet wurde (2,23), dann besteht für Jakobus zwischen beiden Aussagen überhaupt keine Spannung. Denn Abrahams Glaube von Gen 15,6 ist für Jakobus ein Glaube, der sich im Handeln manifestiert hat und aus seinen Werken zur Ganzheit

gelangt ist (Jak 2,22b). Umgekehrt meint die Rechtfertigung aus Werken in 2,21 eine Rechtfertigung aus den Werken, die zur Ganzheit des Glaubens gehören, also eine Rechtfertigung aus einem durch Werke zur Ganzheit gebrachten Glauben. Mit dogmatisch eingespielten Formeln vom empfangenden Glauben im Gegenüber zu den Werken als Leistungen des Menschen oder von der Glaubensgerechtigkeit als einer *iustitia passiva* und der Werkgerechtigkeit als *iustitia activa* kommt man hier nicht weit. Jakobus vertritt gewissermaßen eine Glaubensgerechtigkeit aufgrund von Werken, wobei Glaube, wie dies auch in anderen frühchristlichen Schriften im zeitlichen Umfeld des Jak – wie z. B. im 1Petr oder Hebr – der Fall ist, als *Haltung des Christen* verstanden ist und zugleich seine Werke, wie gesehen, nicht allein seiner Tatkraft zugeschrieben werden.

Wichtig ist ferner, dass es bei der Glaubensgerechtigkeit aufgrund von Werken allein darum geht, im Heil zu *bleiben*. Rechtfertigung ist im Jak *kein* Interpretament des Konversionsgeschehens, sondern etwas Zweites danach, nämlich die Anerkennung, dass ein Christ sich seiner Gottesbeziehung gemäß verhält, die Gott mit der Geburt durch das Wort eröffnet hat (ausführlich dazu Konradt 1998, 234–239, ferner z. B. Garleff 2004, 300f). Jakobus geht zudem nicht davon aus, dass die Gerechten keinerlei Fehltritte begehen. Nach 5,16 sollen die Adressaten *einander* ihre Sünden bekennen und *füreinander* beten. Die Adressaten werden hier nicht in Sünder und Gerechte unterteilt; es sollen nicht die einen ihre Sünden bekennen und die anderen für sie beten, sondern es geht um *wechselseitiges* Bekennen und Bitten füreinander. Wenn Jakobus diese Aufforderungen dann in V.16c mit der Überzeugung kommentiert, dass das Gebet *eines Gerechten* viel vermag, also selbst „so Schweres wie Heilung von Sünden" (Burchard 2000, 212), wird deutlich, dass er die Adressaten der vorangehenden Aufforderungen eben als Gerechte anspricht. Jakobus geht also davon aus, dass auch Gerechte hier und da sündigen, doch tangiert dies nicht ihren Status bei Gott, solange sie durch Bekenntnis der Sünden ihre Reue signalisieren und füreinander bitten (vgl. Wypadlo 2006, 316–319). Die Aussage über die ins Unheil führende Sünde in 1,15b fügt sich hier nahtlos ein, denn zur Unheilsfolge kommt es nicht sogleich, sondern erst, wenn die von der Begierde geborene Sünde selbst ausgereift bzw. groß geworden ist. Nicht schon eine einzelne Sünde führt ins Verderben, sondern das geradezu zur Gewohnheit gewordene Sündigen (vgl. Burchard 2000, 74; Konradt 2013, 26). Ebenso ist mit dem Übertreter des Gesetzes in 2,9–11 nicht jemand gemeint, der sich einzelne Fehlleistungen hat zu Schulden kommen lassen, sondern ein „Verächter des Gesetzes, der gewohnheitsgemäß übertritt oder Teile nicht anerkennt oder beides" (Burchard 2000, 105).

Gerechtigkeit ist damit in der jak Konzeption von Vollkommenheit zu unterscheiden. Letztere denkt Jakobus durchaus perfektionistisch, ohne jedoch selbst ein Perfektionist zu sein. Denn Jakobus bringt die Vollkommenheit zwar als anzustrebendes Ideal vor (1,4), doch ist er realistisch genug, davon auszugehen, dass dieses Ideal normalerweise nicht erreicht wird (vgl. Frankemölle 1994, 2:489), weil „wir uns alle oft verfehlen" (3,2a) und ein jeder zumindest Zungensünden auf seinem Sündenkonto stehen hat (3,2b). Von diesem anthropologischen Grunddatum sind Christen trotz der Einstiftung des Wortes nicht ausgenommen. Die Kunst besteht dann darin, dass man zum einen für sich akzeptiert, Fehler zu haben und welche zu machen, ohne in eine Mentalität des ‚dann ist alles egal' zu fallen, und sich zugleich zum anderen aufrecht um einen ethisch verantworteten Lebenswandel bemüht. Soteriologisch relevant ist das Gerechtsein, wie in 2,14–26 schon aus dem Wechsel zwischen „retten" (σῴζειν) und „rechtfertigen" (δικαιοῦν) hervorgeht, nicht aber das Vollkommensein. Die den Brief wie ein roter Faden durchziehende Kritik an der Gespaltenheit (1,6–8; 2,4; 4,4.8) zeigt spiegelbildlich, worauf es Jakobus ankommt: Jakobus erwartet von Christen eine ungeteilte Ausrichtung ihres Lebens auf Gott und dessen Willen, wodurch sie das in 1,18 in Erinnerung gerufene Heilshandeln Gottes an ihnen aufnehmen, doch geht Jakobus zugleich davon aus, dass bei der alltäglichen Umsetzung dieser Grundhaltung Fehltritte und Unzulänglichkeiten vorkommen.

Die Beobachtung, dass die ‚Glaubensgerechtigkeit aufgrund von Werken' nicht Sündlosigkeit voraussetzt, wird noch dadurch unterstrichen, dass Jakobus zwar in fragloser Selbstverständlichkeit von der Vorstellung eines Gerichts nach den Werken ausgeht, in diesem Zusammenhang aber ebenso selbstverständlich zugleich Gottes Barmherzigkeit vorbringt, die im Ganzen im jak Gottesbild von zentraler Bedeutung ist (vgl. Karrer 1989, 182f) und entsprechend auch das gesamte Lebensverhältnis prägt, das Gott nach 1,18 gnadenhaft eröffnet hat. So ist erstens in der Androhung eines unbarmherzigen Gerichts für die, die nicht Barmherzigkeit üben (2,13), die Vorstellung impliziert, dass Gott im anderen Fall sehr wohl in seinem Gerichtshandeln Barmherzigkeit walten lässt (vgl. z. B. PsSal 2,23.36; Philon, Imm 75; Mt 5,7; grApkEsr 1,12). Zweitens wird in Jak 5,11 das gute Ende, das Gott Hiob hat zuteilwerden lassen, nicht der heroischen Standhaftigkeit Hiobs zugeschrieben, sondern es erfährt darin seine Begründung, dass Gott erbarmungsvoll ist.

Bei der Rechtfertigung aufgrund von Werken (2,24) geht es also weder darum, dass ein Christenmensch sich nach Jakobus das Heil selbst erarbeiten müsste – er bekommt es nach 1,17f geschenkt –, noch setzt Jakobus hier perfekten Gebotsgehorsam voraus. Im Gesamtzusammenhang des Jak ist die Rechtfertigung aufgrund von Werken vielmehr als Ja des barmherzigen Gottes zu einem Christenmenschen zu verstehen, dessen Lebenswandel zu erkennen gibt, dass seine Gottesbeziehung der bestimmende Grund seines gesamten Lebens ist.[1] Die Werke sind, kurz gesagt, die Handlungsdimension des Glaubens (vgl. Konradt 2009).

4. Nach 1,18b zielt das in V.18a ausgesagte Heilshandeln Gottes darauf, dass die von Gott Geborenen gleichsam „Erstlinge" seiner Geschöpfe, d. h. Gottes besonderes Eigentum sind.[2] Analog dazu bringt die Rede vom schönen Namen, der über den Glaubenden (bei der Taufe) ausgerufen wurde (2,7), den Gedanken der Übereignung an Christus zum Ausdruck. Mit dieser fundamentalen Identitätszuschreibung verbindet sich ethisch der Anspruch an die Glaubenden, das *ganze* Leben *coram Deo* zu führen und auf Gott hin auszurichten (vgl. Backhaus 1996, 140f). Gehört dazu wesentlich, nicht nur Hörer, sondern Täter des Worts zu sein (1,22–25), so ist darüber hinaus auch die Orientierung am Handeln Gottes im Sinne der *imitatio Dei* als ein Grundzug der jak Ethik mit zu bedenken (vgl. Laws 1982; Frankemölle 1994,

---

[1] Wenn man Jakobus mit Paulus vergleichen will, geht dies nur auf der Ebene ihrer Konzeptionen und nicht anhand von einzelnen Wörtern oder Sätzen (vgl. Burchard 2000, 131), denn „rechtfertigen" (δικαιοῦσθαι), „Glaube" (πίστις) und „Werke" (ἔργα) werden jeweils in unterschiedlichem Sinn gebraucht.

[2] Die Erstlingsgabe (ἀπαρχή) bezeichnet in der atl. Kultterminologie den Anteil, der Gott gehört (s. z. B. Lev 23,10f). Die Übertragung des Begriffs auf die von Gott Erwählten findet sich auch in Philon, SpecLeg 4,180 (im Blick auf Israel); Offb 14,4; 1Klem 29,3. Vgl. Konradt 2014, 78–81.

1:305–320). Als Handlungsdimension des Glaubens ist christlicher Lebenswandel für Jakobus nicht nur durch Gottes Heilshandeln am Christen begründet und ermöglicht, sondern auch durch Aspekte des Gottesbildes inhaltlich bestimmt. Das Motiv der *imitatio Dei* gewinnt dabei im Jak ein eigentümliches Gepräge. Denn inhaltlich lässt es sich nicht nur z.B. durch Gottes Barmherzigkeit füllen (s. 5,11 und dazu 2,13; 3,17), auf die auch in EpArist 208; Lk 6,36 im Sinne der Nachahmung Gottes rekurriert wird, sondern zugleich bietet Jakobus Gottes vorbehaltloses, lauteres Geben (1,5) den Adressaten als ein nachzuahmendes Modell an (Näheres → 2/4, vgl. ferner → 3/2 zu 2,1). Zugleich ist festzuhalten, dass das Motiv der *imitatio Dei* angesichts der kategorialen Differenz zwischen Schöpfer und Geschöpfen klare Grenzen hat. Insbesondere schließt es nicht Gottes richtendes Handeln ein (4,11f). Nachzuahmen ist dagegen Gottes vorbehaltlose Güte und Barmherzigkeit, seine Zuwendung zum Menschen, seine Solidarität mit den Bedürftigen.

5. Angesichts des jak Gott-Welt-Dualismus impliziert die ganzheitliche Ausrichtung auf Gott, dass die ethische Anforderung pointiert dadurch definiert ist, sich in den „mannigfaltigen Prüfungen/Versuchungen" (1,2) „von der Welt unbefleckt zu halten" (1,27). Als zentrales ethisches Feld treten in dieser Hinsicht Fragen der Stellung zum und des Umgangs mit Besitz (und mit Besitzenden) hervor (→ 3). Jakobus sieht hier in seinem kirchlichen Umfeld gravierende Probleme, auf die er mit seinem Schreiben einwirken möchte. Seinem Gesamtcharakter nach ist der Jak ein „Korrekturschreiben" (Popkes 1986, 209), ein Ruf zur Umkehr (vgl. 4,7–10). Sein Anliegen spiegelt sich in 5,19f: Es gilt, solche, die vom rechten Weg abgekommen sind, wieder zurechtzubringen; und dabei geht es für Jakobus um Leben und Tod, um Heil und Verderben. Der Jak will des Näheren aber nicht bloß Einzelne unterweisen, sondern Gemeinden formen: als Orte, an denen das Miteinander nicht durch ‚weltliche' Werteparameter strukturiert ist, sondern wohlwollende Zuwendung zum Mitmenschen und Solidarität mit den Armen (1,27; 2,1–13.15f) wie mit anderen Bedürftigen, wie z.B. den Kranken (5,14f), in einer geschwisterlichen Gemeinschaft eine das Leben aller fördernde Gestalt gewinnen (der Jak weist mit 15 Belegen eine auffallend dichte Anrede der Adressaten als „Geschwister" [ἀδελφοί] auf). Die Adresse in 1,1 signalisiert dabei den allgemeingültigen Anspruch des Jak: Er versteht sich als ethische Unterweisung für das *Gottesvolk* in der ‚Fremde der Welt'.

## 2. Die Schrift als Grundlage der ethischen Orientierung

1. Steht das Wort im Zentrum der theologischen Konzeption des Jak (→ 1/1), so ist entsprechend zu erwarten, dass die Frage, welche inhaltlichen Perspektiven Jakobus' Vorstellung von einem christlichen Leben kennzeichnen, nicht abseits eines Rekurses auf das Gesetz zu beantworten ist und das Gesetz mithin als wesentliche ethische Orientierungsgröße hervortritt. Diese Erwartung wird nicht enttäuscht, denn nach dem Prolog (1,2–12) und der theologischen Grundlegung (1,13–25) rekurriert Jakobus sogleich zu der ersten konkreten Problematik, die er in seinem Schreiben

anschneidet, dem Ansehen der Person in Gestalt der ungleichen Behandlung von Reichen und Armen (2,1-13), eben auf das Gesetz (2,8-13). Dass Jakobus dabei in 2,8 zunächst das Gebot der Nächstenliebe als Schrift zitiert, in 2,9 auf das Verbot des Ansehens der Person anspielt (Lev 19,15; Dtn 16,19f) und in 2,11 dann noch Zitate zweier Dekaloggebote folgen lässt, macht evident, dass die Rede vom „vollkommenen Gesetz der Freiheit" (1,25) nicht ein neues christliches Gesetz von der Tora abheben soll; vielmehr bildet die Tora ganz selbstverständlich *die* Referenzgröße, wenn Jakobus vom Gesetz spricht. Der Jak ist Zeuge eines Christentums, in dem die Geltung der Tora nicht grundsätzlich in Frage gestellt oder überhaupt als Frage aufgeworfen ist (vgl. Niebuhr 2009, 345f, der zugleich die Kontinuität zum Toraverständnis Jesu betont, → II.3/10).

Als Gesetzgeber nennt Jakobus in 4,12 nicht Mose (vgl. EpArist 131.139; Philon, VitMos 2,3ff), sondern Gott selbst (vgl. PseudPhiloJona 114; 4Esr 7,89; Philon, Sacr 131, vgl. auch VitMos 1,1), so dass die *göttliche* Dignität des Gesetzes betont wird. 2,10f untermauert und konkretisiert dies: Auch dann, wenn man (ansonsten) das ganze Gesetz hält und nur eines der Gebote (notorisch) außer Acht lässt bzw. seinen Geltungsanspruch bestreitet, wird man gegenüber allen „schuldig". Letzteres meint nicht, dass man mit der Missachtung eines Gebots alle Gebote übertreten hat, sondern dass man die *göttliche Würde* aller missachtet hat, wenn man die Dignität auch nur *eines* Gebots verneint (vgl. Burchard 1990, 527f; zur Wendung „Übertreter des Gesetzes" → 1/3). Gottes Wille, wie er ihn im Gesetz niedergelegt hat, ist eine unteilbare Einheit, aus der man nicht Einzelnes herausbrechen kann, ohne die Würde des Ganzen zu verneinen. Daraus, dass Jakobus in 2,10f auf der Einheitlichkeit des Gotteswillens und damit scheinbar der Geltung *aller* Gebote insistiert, lässt sich allerdings weder ableiten, dass für ihn in der Praxis alle Gebote (gleichermaßen) relevant sind, noch folgern, dass sich der maßgebliche Inhalt des „Gesetzes der Freiheit" bereits aus der additiven Nebeneinanderstellung atl. Gesetzestexte erschließen lässt. Vielmehr ist als religionsgeschichtlicher Kontext die frühjüdische Praxis katechismusartiger Toravergegenwärtigung zu beachten (→ II.2/5). Im Blick auf den Aspekt der Anreicherung der Toraparänese durch ethische Traditionen aus anderen Bereichen wird man für Jakobus neben den ethischen Gehalten der Prophetenbücher und der Weisheitstradition auch an die paränetischen Traditionen zu denken haben, die in den frühchristlichen Gemeinden umliefen. In Sonderheit ist auf die ethischen Weisungen der Jesustradition zu verweisen, zu der der Jak – insbesondere in der Gestalt, wie sie im Mt vorliegt – dichte Bezüge und eine auffällige Nähe aufweist (vgl. dazu Deppe 1989; Hartin 1991; Konradt 2004, 190-207) und der Jakobus für das Verständnis des Willens Gottes, wie er in der Tora zutage tritt, maßgebliche Bedeutung zugeschrieben haben dürfte. Die Auskunft, dass unter dem Gesetz im Jak „die – bewußt oder unbewußt – auf ihre ethischen Bestandteile reduzierte Tora" (M. Klein 1995, 153, vgl. Hartin 2006, 451 u. v. a.) zu verstehen sei, greift daher religionsgeschichtlich zu kurz. Für Jakobus' Gesetzesverständnis ist vielmehr der offene, lebendige Torabegriff im zeitgenössischen Judentum, das den Mutterboden des jak Christentums bildet, zugrunde zu legen, wie er in der katechismusartigen Toravergegenwärtigung (→ II.2/4-5) zutage tritt: Bei Tora ist daher nicht einfach an die geschriebene Tora zu denken, sondern wesentlich an die aktuelle Gebrauchsform von Tora. Um umfassend sagen zu können, was diese für Jakobus im Einzelnen beinhaltet, ist der Jak allerdings zu kurz. Manches ist aber zumindest in Grundzügen erkennbar. Zu fragen ist dabei an erster Stelle nach der Bedeutung des Liebesgebots.

2. Das Liebesgebot ist im Jak keineswegs bloß ein Einzelgebot, wenngleich vielleicht ein besonders gewichtiges, neben anderen (anders Ludwig 1994, 174f; Wischmeyer 2015*, 41f). Entsprechend wird in 2,8f nicht die Erfüllung *eines* Gebots, des Liebesgebots, der Missachtung *eines* anderen Gebots, nämlich des Verbots, die Person anzusehen, gegenübergestellt, um dann als Ergebnis festzuhalten, dass jemand, der so handelt, ein Übertreter des Gesetzes ist. Vielmehr wird das Liebesgebot in V.8 zitiert, weil das Ansehen der Person gegen das Liebesgebot verstößt, d. h., dem Liebesgebot kommt eine summarische Funktion zu, wenn nicht über das Gesetz im Ganzen (so z.B. Luck 1984, 17; Hoppe ²1985, 88f), dann zumindest über den Teil des Gesetzes, der die zwischenmenschlichen Relationen behandelt (vgl. Burchard 1990, 526).

Das entscheidende Argument für diese Auffassung ist, dass V.8 von der Erfüllung des königlichen *Gesetzes* gemäß der Schriftstelle Lev 19,18 spricht. „Gesetz" bezeichnet im Jak sonst immer die Gesamtgröße, nie das einzelne Gebot (vgl. 1,25; 2,9–12; 4,11f). Die Rede vom „königlichen Gesetz" dient also nicht dazu, das Liebesgebot als ein einzelnes Gebot besonders auszuzeichnen, sondern „königlich" adelt das Gesetz als Ganzes – sei es, weil es selbst eine königliche Instanz ist (vgl. z.B. Pindar, Fragm. 169a; Dion von Prusa, Or 75,2; Philon, VitMos 2,4), es von einem König gegeben wurde (vgl. z.B. Isokrates, Or 3,56; 1Esr 8,24; Josephus, Ant 11,130), es das Gesetz des Königreiches Gottes ist (vgl. Jak 2,5), das für Christen natürlich schon auf Erden verbindlich ist, oder es den Weg weist, der in das Königreich Gottes führt. Für das Verhältnis von V.8 und V.9 zueinander folgt aus dem Gesagten, dass Jakobus von den Aussagen in den beiden Bedingungssätzen in V.8 und V.9 nur die zweite in V.9a als bei den Adressaten gegebene Realität ansieht, während V.8a zwar vielleicht einen Anspruch spiegelt, den die Adressaten für sich erheben (sie glauben, das Gesetz im Sinne des Liebesgebots voll zu erfüllen), es sich nach Jakobus in Wirklichkeit aber anders verhält, weil, wie 2,1–7 zeigt, Ansehen der Person in der Gemeinde vorkommt (vgl. Lockett 2020, 468, zum Verständnis der Konditionalsätze in 2,8f Konradt 1998, 185f).

Drei Abgrenzungen sind nötig: Mit der Aussage in V.8, dass mit der Liebe zum Nächsten das Gesetz als Ganzes erfüllt wird, redet Jakobus erstens nicht einer Reduktion der Tora auf das Liebesgebot das Wort, wie die Rekurse auf Toragebote in V.9.11 deutlich machen. Das Liebesgebot bedarf der Konkretisierung durch andere Weisungen. Entsprechend verstößt der, der das Gebot, die Person nicht anzusehen, missachtet, eben damit zugleich gegen das Gebot der Liebe, weil Ersteres eine der konkretisierenden Ausführungsbestimmungen des Liebegebots ist. V.8 ist zweitens auch nicht zu entnehmen, dass das Liebesgebot im Jak in dem Sinne zur hermeneutischen Mitte der Tora avanciert ist, dass sich die Geltung anderer Gebote am Liebesgebot als eine Art Meta-Norm bemisst (anders M. Klein 1995, 148; Theißen 2003, 135). Man wird schließlich drittens seine gesetzessummierende Funktion nicht als eine streng systematische Aussage verstehen dürfen, sondern im Kontext der Praxis frühjüdischer Toraparänese eher den didaktischen Charakter der Hervorhebung des Liebesgebots betonen müssen: Das Liebesgebot bildet für Jakobus so etwas wie den Grundtenor der Tora, der sich in anderen Geboten ausdrückt, ohne dass er exegetische Einzelnachweise führt.

3. Im Jak steht das Ansehen der Person als Anwendungsfeld des Liebesgebots anders als in Lev 19,15; Dtn 16,19f nicht in einem juridischen Kontext, sondern Jakobus kritisiert grundsätzlich die Ungleichbehandlung im zwischenmenschlichen Umgang, wofür er in 2,2f ein besonders krasses Beispiel aus dem Bereich der Gemeindeversammlung anführt. Es wird dabei nicht deutlich, ob es sich bei dem gut gekleideten goldberingten Reichen und dem Armen in seiner schmutzigen Kleidung um auswärtige Christusgläubige oder um Interessierte (vgl. 1Kor 14,23–25) handelt, wobei Letzteres wohl wahrscheinlicher ist. Auch wenn sich das Geschehen nun in der Gemeinde abspielt, deutet sich an, dass die Verpflichtung zu einer die sozialen Schichten übergreifenden Liebe über die Grenzen der Gemeinde hinausreicht (betont von Theißen 2003, 135–141, anders Burchard 1990, 525f). In 2,13 wird das vom Liebesgebot geforderte Verhalten durch die Rede vom Tun der Barmherzigkeit weitergeführt (vgl. Lk 10,27.37) und damit konkret auf das Verhalten gegenüber Bedürftigen appliziert. Liest man 2,13 im Kontext ab 2,1, wird hier ein interessanter Zug im jak Verständnis von Barmherzigkeit sichtbar, der direkt auf das Verständnis des dadurch erläuterten Liebesgebots durchschlägt: Wie anderorts manifestiert sich Barmherzigkeit im konkreten karitativen Handeln (vgl. 2,15f), doch geht es umfassend um das angemessene Verhalten gegenüber sozial Schwachen, das mit Wertschätzung beginnt, die sich im karitativen Tun in der Art und Weise, wie man Bedürftigen gegenübertritt, atmosphärisch mitteilt. Negativ gewendet: Almosen von oben herab wäre nicht das, was Jakobus von einem Christenmenschen erwartet. Einstellung und Haltung zum Armen spielen ebenfalls eine Rolle. Entsprechend impliziert das Gebot, den Nächsten zu lieben wie sich selbst, Bettelarmen denselben Wert zuzuerkennen, den man für sich selbst in Anspruch nimmt. Liebe im karitativen Sinn meint damit zwar weiterhin konkretes Handeln, doch kommen Liebe und Barmherzigkeit damit auch in ihrer emotionalen Dimension in den Blick, nicht im Sinne eines flüchtigen Gefühls, wohl aber im Sinne einer Grundhaltung zum Mitmenschen.

Die Wertschätzung, die jedem Menschen im Sinne des Liebegebots zukommen soll, ist im Jak durch ein schöpfungstheologisches Argument unterlegt, das in 1,27 erkennbar wird, wo Jakobus „den wahren ... Gottesdienst bei dem Gott *und Vater*" dadurch bestimmt, dass man für Witwen und Waisen Sorge trägt und sich selbst von der Welt unbefleckt hält. In 1,17; 3,9 nimmt die Vatermetapher, wie dies auch anderorts in antiken Texten der Fall ist (z.B. Platon, Tim 28c; Philon, Opif 7; Josephus, Ant 1,20; ApkMos 32,2; 1Kor 8,6; Eph 4,6), Gott als Schöpfer in den Blick. 3,9 macht zudem deutlich, dass Glaube an Gott als Schöpfer impliziert, den Mitmenschen als Geschöpf Gottes wahrzunehmen und entsprechend zu behandeln. In der frühjüdischen Weisheitstradition tritt des Näheren prominent die Überzeugung hervor, dass das Verhalten gegenüber dem Geschöpf unmittelbar zugleich auch ein Verhalten gegenüber dem Schöpfer bedeutet (Prov 14,31; 17,5; 29,13; 2Hen 44,1f; 52,1–6). Zu Jak 1,27 kann man für die Hinzufügung der Vatermetapher zwar auch auf die Rede von Gott als „*Vater* der Waisen und Richter/Anwalt der Witwen" in Ps 68,6 (vgl. JosAs 11,13; 12,13) als Hintergrund verweisen, doch sprechen Jak 1,17 und 3,9 dafür, dass mit der Vatermetapher in 1,27 zumindest auch ein schöpfungstheologischer Horizont aufgespannt werden soll: Derjenige verehrt Gott in rechter

Weise, der für dessen Geschöpfe oder, um in der Vatermetaphorik zu bleiben, dessen Söhne und Töchter sorgt. Zieht man diesen schöpfungstheologischen Horizont zu dem Aspekt hinzu, dass die Gottesdienstbesucher in 2,2f wohl (noch) keine Gemeindeglieder sind, wird nachdrücklich unterstrichen, dass das Gebot der Nächstenliebe im Jak nicht bloß Hauptsatz für die Gestaltung der Beziehungen unter Christen ist, sondern über die Gemeindegrenzen hinausgreift. Anspruch auf Zuwendung haben die Bedürftigen jedenfalls nicht erst, wenn sie Christen sind, sondern weil sie Geschöpfe sind.

Spielt Jakobus in 1,27 mit der Vatermetapher auf die geschöpfliche Würde von Witwen und Waisen an und verweist er in 3,9 explizit auf die Gottebenbildlichkeit des Menschen, so steht dem in 4,14 eine dezidierte Niedrigkeitsaussage gegenüber: Den großspurig planenden Großkaufleuten wird hier bedeutet, dass sie bloß „Dampf" sind, der eine kleine Zeit sichtbar ist, dann aber verschwindet. Textpragmatisch fügen sich beide Aussagen gut zusammen: 1,27 und 3,9 zielen darauf, wie man *den Mitmenschen* betrachten soll; 4,14 hingegen ist gegen *eigenen* Hochmut vor Gott gerichtet, nimmt also die eigene Selbsteinschätzung in den Blick. Auch dieser zweite Aspekt ist schöpfungstheologisch fundiert: Der Mensch hat sein Leben nicht selbst in der Hand, sondern steht unter der fundamentalen Bedingung, die Jakobus pointiert in 4,15 formuliert: „*Wenn Gott will*, werden wir leben und dieses oder jenes tun." Diese sog. *conditio Iacobea* benennt prägnant „*das Grundgesetz der theonomen Anthropologie des Jak, das ‚coram Deo' christlicher Existenz*" (Backhaus 1996, 145, zu antiken Parallelen zur *conditio Iacobea* und ihrer Einbettung in die antike Kritik an selbstmächtigen Lebensentwürfen a.a.O., 150–153). Als schöpfungstheologisch begründete, ethisch relevante Grundhaltung lässt sich damit, kurz gesagt, festhalten: Man soll der eigenen Niedrigkeit vor Gott eingedenk sein (vgl. auch 4,12) und den Mitmenschen als Gottes Ebenbild adeln. Paulus denkt strukturell ganz ähnlich, wenn er die Philipper dazu anhält, dass sie einander in Demut höher achten sollen als sich selbst (Phil 2,3), doch begründet Paulus dies nicht schöpfungstheologisch, sondern christologisch (2,5–11, → III.4.2).

4. Neben der karitativen Form der Agape begegnet mit der Mahnung in Jak 4,11f, nicht Schlechtes wider einander zu reden[3] und nicht zu richten, noch ein zweites Anwendungsfeld des Liebesgebots. Fehlverhalten anderer darf nicht zum Anlass genommen werden, sich zum Richter über sie aufzuschwingen (vgl. Mt 7,1; Lk 6,37). Jakobus untermauert seine Mahnung nicht nur damit, dass solches Aburteilen anderer ein Eingriff in das alleinige Richteramt Gottes ist und damit Menschen grundsätzlich nicht zusteht, sondern verweist auch explizit darauf, dass sich jemand, der seinen „Bruder" richtet, über das Gesetz hinwegsetzt. Mit der Rede vom Richten *des Nächsten* in 4,12 setzt Jakobus dabei einen gezielten Rückverweis auf 2,8: Jeman-

---

[3] Es geht hier nicht, wie manche Übersetzungen vorgeben, spezifisch um Verleumdung. Verleumdung impliziert das Moment, dass Aussagen nicht den Tatsachen entsprechen. Jakobus nimmt hier aber, wie das Nebeneinander zur Rede vom Richten (und deren traditionsgeschichtlicher Zusammenhang mit Mt 7,1; Lk 6,37) anzeigt, den Fall in den Blick, dass der, über den geredet wird, sich tatsächlich Fehlverhalten hat zuschulden kommen lassen. Das von Jakobus gebrauchte griechische Verb (καταλαλεῖν) ist hier also im allgemeineren Sinn von „Übles reden, schlecht machen" (vgl. z.B. Num 12,8; 21,5; Ps 77,19[LXX]) gebraucht. Vgl. neben Konradt 1998, 187f z.B. noch Baker 1995, 177f; Burchard 2000, 178 (Jakobus „denkt ... mindestens auch an berechtigte Vorwürfe").

den abzuurteilen oder ihn vor anderen schlecht zu machen, indem man seine Verfehlungen öffentlich zur Schau stellt, ist ein Verstoß gegen das Liebesgebot.

Traditionsgeschichtlich betrachtet kommt eine solche Applikation nicht überraschend. Vielmehr bildet die Frage des Umgangs mit einem Mitmenschen, der sich etwas zuschulden hat kommen lassen, den genuinen thematischen Kontext des Liebesgebots in Lev 19,17f (vgl. Mathys 1986*, 67). Wie zum einen Qumrantexte (s.v.a. 1QS V,24–VI,1; CD IX,2–8), zum anderen die TestXII (TestSim 4,4–6; TestSeb 8,4–9,3; TestGad 4,2f; 6,3–7; TestJos 11–17) dokumentieren, hat sich dieses Applikationsfeld auch in der frühjüdischen Rezeption des Liebesgebots durchgehalten. Jak 4,11f gehört in diese Traditionslinie, die neutestamentlich auch in Mt 18,15 greifbar wird (→ VI.3.2/2, dort auch zu den frühjüdischen Texten): Wer sich am Gebot der Nächstenliebe orientiert, stellt andere aufgrund ihrer Verfehlungen nicht an den Pranger und macht sie nicht vor anderen schlecht, sondern sucht in wohlwollender Absicht das Gespräch mit ihnen.

Einen Nachhall findet 4,11f noch in 5,9 in der Mahnung, dass die Adressaten nicht übereinander stöhnen sollen. Einzubeziehen ist ferner auch 5,16–20. Die Aufforderung zum Bekenntnis der Sünden in V.16 (vgl. neben 1QS I,22–26; CD XX,28f noch 1Joh 1,9; Did 4,14; 14,1) setzt eine Gemeindesituation voraus, in der solches Bekenntnis möglich ist, weil das Wissen um die Verfehlungen anderer nicht benutzt wird, um diese abzuurteilen und vor anderen in ein schlechtes Licht zu rücken. Dem Bekenntnis der Sünden soll vielmehr die (wechselseitige) Fürbitte folgen. Wenn Jakobus mit 5,16 keine neue gemeindliche Praxis etablieren, sondern eine bestehende einschärfen will (so Burchard 2000, 211f; Metzner 2017, 306), wäre das in 4,11f kritisierte Schlechtmachen und Richten kein generelles Problem im Adressatenkreis, sondern vielleicht vorrangig ein Problem im Verhalten der ‚Gerechten' zu den zwischen Gott und Welt gespaltenen Christen; zum in 4,1–10 vorangehenden Kontext würde dies gut passen. 5,19f setzt die Thematik der Zuwendung zu Sündern fort, wendet sich aber dem schwereren Fall der Sorge um ein Gemeindeglied zu, das in seinem Lebenswandel „von der Wahrheit abgeirrt ist" (V.19). Wer einen solchen Sünder wieder zurechtbringt, rettet nach V.20 dessen Seele aus der Unheilssphäre des Todes, in die er zurückgefallen ist (→ 1/1), und bedeckt eine Menge von Sünden, d.h., dem, der wieder auf den rechten Pfad zurückfindet, werden seine Sünden vergeben.

Der Schlusssatz nimmt ausweislich 1Petr 4,8; 1Klem 49,5; 2Klem 16,4 einen im entstehenden Christentum verbreiteten, durch Prov 10,12$^{MT}$ inspirierten Spruch auf: „Die Liebe bedeckt eine Menge von Sünden." In Jak 5,20 ist der, der einen Sünder zurechtbringt, an die Stelle der Liebe als Subjekt des Satzes getreten. Zum Ausdruck kommt in dieser Variation, dass das Zurechtbringen eines Sünders als ein Akt der Liebe zu verstehen ist, was unmittelbar an den genuinen Kontext des Liebesgebots in Lev 19,18 anschließt, nämlich an die Mahnung zur Zurechtweisung des Nächsten (vgl. Johnson 2004, 131, zur Reflexion über Zurechtweisung in antiker Philosophie Luther 2015*, 345–352). Das hier angemahnte Verhalten korrespondiert zudem einem bedeutenden Zug im jak Gottesbild, der in den Gottesprädikationen in 1,5 zutage tritt: Gott gibt allen vorbehaltlos, ohne zu schelten. Im Kontext heißt das: In seiner Barmherzigkeit verbindet Gott die Behebung des Mangels an Weisheit, aufgrund dessen es zu Fehltritten kommt, nicht damit, dem sündigen Christen zunächst einmal seine früheren

Verfehlungen vorzuhalten. Jakobus würde sicher nicht widersprechen, wenn man 1,5 durch das Verhalten des Vaters gegenüber dem zu ihm zurückkehrenden Sohn in Lk 15,20–24 illustrierte. So oder so gilt für Jakobus: Wie Gott nicht schilt, soll auch ein Christ Sünder nicht im Zwiegespräch verbal niedermachen (oder sie gar vor anderen schmähen), sondern sich ihnen in Liebe zuwenden, um sie auf den Weg der Wahrheit zurückzuführen (5,19f). Die Option eines Ausschlusses aus der Gemeinde kommt im Jak auffallender Weise nirgends in den Blick (vgl. Strange 2010, 39).

Die Applikation des Liebesgebots auf den Umgang mit Sündern ist im Jak im Unterschied zur karitativen Form der Liebe in 2,1–13 allein intern ausgerichtet. Exakt dieselbe thematisch korrelierte Differenzierung begegnet auch in den TestXII (s. einerseits TestSim 4,4; TestSeb 8,4–9,3 u. ö., andererseits TestIss 5,2; 7,5f; TestSeb 5,1; 6,4–8,3, dazu Konradt 1998, 181–184). Der Befund in beiden Schriften zeigt, dass die intern ausgerichteten Aussagen jeweils keine prinzipiellen Beschränkungen der Reichweite des Gebots definieren, sondern dessen Relevanz in der Lebenspraxis reflektieren: Vergebungsbereite Milde im Umgang mit den Verfehlungen anderer ist primär im sozialen *Nah*bereich von Familie, Freundeskreis oder Glaubensgemeinschaft relevant; die Notwendigkeit karitativer Zuwendung ist hingegen nicht von bestimmten sozialen Formationen abhängig.

5. Dass Jakobus in 2,11 mit dem Ehebruch- und Tötungsverbot zwei Dekaloggebote zitiert, um die Unteilbarkeit des Gotteswillens zu illustrieren, spiegelt die hervorgehobene Stellung des Dekalogs im antiken Judentum wie im entstehenden Christentum (→ II.2/5d), verweist zugleich aber auch auf Jakobus' Konzentration auf den zwischenmenschlichen Bereich in seiner Torarezeption (→ 2/6). Die Reihenfolge Ehebruch – Mord in 2,11 entspricht der Reihenfolge der Gebote in der LXX. Sie könnte aber auch im Brief selbst liegende Gründe haben. Denn durch diese Anordnung erscheint das Ehebruchverbot als das Gebot, welches gehalten wird, während beim Tötungsverbot die Möglichkeit in den Raum gestellt wird, dass dieses übertreten wird. Dazu passt, dass Jakobus den Adressaten in 4,2 vorwirft, sie würden „töten und eifern". Das bedeutet sicher nicht, dass Jakobus von Morden unter den Adressaten gehört hat; vielmehr spricht er hier vom „Töten" in einem weit gefassten Sinn, wie er auf unterlassene Hilfeleistung gegenüber Armen bezogen auch in Sir 34,25–27 und 2Hen 10,5 („die, obgleich zu sättigen in der Lage, den Hungrigen durch Hunger töteten" [Übers. Böttrich]) begegnet (→ 3/1). Wenn man 2,11 und 4,2 miteinander verbinden darf, würde in 2,11 mitklingen, dass zwar die Sexualmoral unter den Adressaten intakt sein mag – Jakobus äußert sich auch sonst im Brief nirgends kritisch zu diesem Thema (in 4,4 ist vom Ehebruch in einem übertragenen theologischen Sinn die Rede) –, sie aber, wenn sie sich Notleidenden nicht tatkräftig zuwenden (vgl. 2,15f), Übertreter des Gesetzes sind. Zudem wäre dann auch für Jakobus zu folgern, dass er die (zwischenmenschlichen) Dekaloggebote nicht bloß buchstäblich versteht, sondern in einem weiten Sinne. Als Kontext lässt sich dazu nicht nur auf das extensive Verständnis der Verbote des Tötens und des Ehebrechens in Mt 5,21f.27f (→ VI.2.3.1) verweisen (s. ferner Did 3,1–6), sondern frühjüdisch auch auf Philons Konzeption in der *Expositio legis* (→ II.2/3b).

Aus dem auffälligen Befund, dass der gesamte Bereich der Sexualität im Jak überhaupt keine Rolle spielt, ist nicht zu schließen, dass Jakobus' ‚Gebrauchsform' der Tora zu diesem in der frühjüdischen wie auch sonstigen frühchristlichen Ethik wesentlichen Themenbereich nichts zu sagen gewusst hätte. Jakobus verortet aber die primären ethischen Missstände in seinem Adressatenkreis nicht in diesem Bereich. Der Brief ist eben *keine* „freischwebende ethische Hausapotheke", in der sich allerlei Arzneien für alle Fälle befinden (mit Burchard 1991, 354), sondern spricht nur bestimmte Probleme an, die für den Autor im Blick auf den Adressatenkreis von aktueller Bedeutung sind.

6. Im Jak ist eine klare Konzentration auf die den zwischenmenschlichen Bereich betreffenden Gebote festzustellen, während der ‚rituell-kultische' Bereich fehlt. Daraus wird meist geschlossen, dass Letzterer für Jakobus irrelevant geworden war (Schrage ²1989*, 294f; Tsuji 1997, 112–115 u. a.). Die Deutung des Textbefundes ist aber schwierig, da ein Zurücktreten rituell-kultischer Weisungen schon in der frühjüdischen Torauntersweisung mit ihrer Konzentration auf die relevanten Alltagsbereiche zu beobachten ist (→ II.2/5a.b.d), ohne dass damit die Geltung rituell-kultischer Gebote grundsätzlich in Frage gestellt ist. Jakobus' Schweigen über rituell-kultische Gebote bedeutet also möglicherweise nur, dass es in diesem Bereich keine Probleme gab (vgl. Niebuhr 2021, bes. 197–199.207), zumal sich keine wirklich stichhaltigen positiven Indizien für deren Außerkraftsetzung namhaft machen lassen (zur Diskussion der in der Forschung vorgebrachten Indizien Konradt 1998, 204f). Als ein wenig beredt könnte man höchstens das Schweigen über Rituell-Kultisches in Jak 4,1–10 ansehen: Das Beachten von Speisegeboten hätte für die hier anvisierten Adressaten mit ihrer sozialen Aufstiegsmentalität ein Hindernis gebildet, doch wirft Jakobus ihnen diesbezüglich nichts vor. Mehr als ein leises Indiz ist dies aber nicht. Man mag es daher aufgrund des Gesamteindrucks, den die frühchristliche Entwicklungsgeschichte vermittelt, und angesichts der diesbezüglichen ‚Leerstellen' des Briefes für wahrscheinlich erachten, dass Jakobus in seinem Insistieren auf den ganzen Gotteswillen (Jak 2,10f) die rituell-kultische Seite der Tora faktisch ausblendet; mit letzter Sicherheit behaupten lässt sich dies indes nicht. Festhalten kann man aber immerhin, dass die Sonderstellung in der Welt, die Jakobus den Adressaten zuschreibt (1,1.18 u. ö.), nicht durch eine auf die Tora bezogene rituelle Zeichensprache zur Darstellung gebracht wird.

7. Ethische Orientierung speist sich in der griechisch-römischen Antike nicht unwesentlich aus der Reflexion von Vorbildern, die als Paradigmen tugendhaften Verhaltens dienen (→ II.1/7 zu *exempla*, vgl. auch Malherbe 2014*, 691–693). Frühjüdisch lässt sich dies exemplarisch an der Darstellung Abrahams als eines Tugendhelden in Philons Traktat *De Abrahamo* oder an dem idealen Bild illustrieren, das die Test-XII von Joseph zeichnen. Auch der Jak lässt sich hier insofern einstellen, als ethische Signifikanz in ihm nicht nur durch Rekurse auf Gottes Gesetz erzeugt wird, sondern auch durch Verweise auf Rollenvorbilder, die der Schrift entnommen sind. Während das Motiv der Nachahmung Christi – im Unterschied zu Paulus (vgl. z. B. 1Kor 11,1; Phil 2,1–11) – im Jak fehlt, rekurriert Jakobus in seinem kurzen Brief namentlich auf nicht weniger als vier atl. Gestalten als Vorbilder, so dass der jak Ethik neben dem bereits Dargelegten und über die *imitatio Dei* hinaus (→ 1/4) auch eine gewichtige mimetische Dimension eignet (vgl. Schrage ²1989*, 295; Chester 1994, 35f).

So fungiert Elia als Modell für die Wirkkraft des Gebets eines Gerechten (5,16b–18), wozu der in den Himmel entrückte Prophet (2Kön 2,11) als ein Mensch, der empfand wie wir (Jak 5,17), ganz irdisch verankert wird. Hiob dient als Vorbild der Standhaftigkeit (5,11), wobei hier eher das Hiobbild der frühjüdischen Hiobhaggada Pate steht, wie sie durch das *Testament Hiobs* bezeugt ist, als das biblische Hiobbild selbst. Vor allem aber stehen Abraham und Rahab (2,21–25) für einen sich im Lebenswandel manifestierenden, ungeteilt auf Gott hin ausgerichteten Glauben (Foster 2014, 193–195 sieht alle vier atl. Gestalten durch ihre ganzheitliche Bindung an Gott ausgezeichnet, die mit einer konsequenten Distanzierung von der ‚Welt' einhergehe). Überdies verweist Jakobus in 5,10 allgemein auf „die Propheten, die im Namen des Herrn geredet haben", und dies explizit in dem Sinn, dass die Adressaten sich diese zu Vorbildern der Leidensfähigkeit und der Langmut nehmen sollen. Steht hier die Tradition im Hintergrund, dass sich die Propheten ob ihrer treuen Verkündigung der göttlichen Botschaft mit Leiden und Verfolgung konfrontiert sehen (Neh 9,26; Josephus, Ant 9,265f; Mt 5,11f u. ö.), so ist die Mahnung in Jak 5,10 auf das Standhalten in den alltäglichen sozialen Schikanen, Schmähungen und Anfeindungen bezogen, mit denen die Adressaten rechnen müssen, wenn sie sich an Gottes Willen orientieren und nicht (mehr) den ‚weltlichen' Gepflogenheiten folgen.

## 3. Besitzethik im Jakobusbrief

Die Armut-Reichtum-Thematik ist das Thema, das den Jak materialethisch am stärksten prägt. Zum einen erscheint Reichtum als *die* Gefahrenquelle für die Integrität der Glaubenden. Zum anderen wird nachdrücklich ein barmherziger Umgang mit Bedürftigen als Kennzeichen wahrer Frömmigkeit eingeklagt. Die thematisch zunächst einmal offene Rede von den „mannigfaltigen Versuchungen/Prüfungen", mit der Jakobus sein Schreiben programmatisch eröffnet (1,2), wird im Brief zentral durch besitzethische Fragen konkretisiert. Das Verhalten gegenüber Armen und der Umgang mit Besitz erscheinen geradezu als *das* ethische Schibboleth, an dem sich zeigt, ob ein Christ ungeteilt auf Gott hin ausgerichtet ist oder als „Zweiseeler" (1,8; 4,8) ein Doppelleben führt. Mit dieser ethischen Schwerpunktsetzung nimmt der Jak unter den Briefen die Rolle ein, die das Lk unter den Evangelien innehat. Ähnlich wie Lukas spricht auch Jakobus in sozial heterogene Gemeinden hinein. Es gibt Bedürftige (2,5.15f), aber auch andere, deren Lebensverhältnisse erkennbar über dem Subsistenzniveau liegen und die daher andere unterstützen können, aber in den Augen des Verfassers in ihrem weltlichen Besitz- und Statusstreben ihrer Verantwortung gegenüber den Ärmeren nicht oder nur unzureichend nachkommen. In der Kritik an den Reichen schlägt Jakobus einen im Vergleich zu Lukas ungleich schärferen Ton an. Man kann vermuten, dass darin unterschiedliche soziale Erfahrungen und Lebenskontexte zum Ausdruck kommen. Zugleich ist die polemische Reichenschelte des Jak aber auch Teil einer rhetorischen Strategie, mit der der Autor seine Adressaten zur nötigen Umkehr führen möchte.

1. In 4,1–4 nimmt Jakobus die soziale Disharmonie unter den Adressaten in den Blick und ortet deren Ursache in den „Lüsten" in ihren Gliedern, die zu Felde ziehen, um das, was sie begehren, zu erlangen. Beim Begehrten handelt es sich offenbar um materielle Güter, denn das Begehrte kann nach V.2f zum einen Gegenstand des Gebets sein, zum anderen handelt es sich V.3 zufolge um etwas, das man „in

den Lüsten" verschwenden kann. Das Entstehen der Kämpfe und Kriege aus den Lüsten (V.1) wird in V.2f mittels einer klimaktischen Reihe entfaltet, die aus den drei Gliedern „begehren – töten und eifern – kämpfen und Krieg führen" besteht und in welcher das Fortschreiten zur nächsten Stufe jeweils darin begründet liegt, dass mit dem Vorangehenden das Ziel nicht erreicht wurde. Das Nicht-Erreichen des erstrebten Ziels kann objektiv meinen, dass das Begehrte tatsächlich versagt bleibt. Wahrscheinlicher aber ist, dass Jakobus hier in subjektivem Sinn bzw. in psychologischer Hinsicht darauf abstellt, dass die Befriedigung *eines* Begehrens nicht zur Stillung der Begierde führt, sondern nur dazu, dass diese sich auf etwas Weiteres richtet (vgl. Mußner ⁵1987, 178). Dem Begehrenden ist das Erreichte nie das Begehrte (vgl. zur antiken Einsicht in diesen psychologischen Mechanismus Seneca, EpMor 94,43: „Ein habgieriger Geist wird durch keinen Reichtum gesättigt" oder Plutarch, CupidDivit 2 [Mor 523e]: „Weder Silber noch Gold löschen die Geldliebe aus, auch hört die Habgier nicht durch den Erwerb weiterer Güter auf.").

Steht am Anfang das bloße Begehren von Besitz und – so wird man zumal im Lichte von 2,2f ergänzen dürfen – dem damit verbundenen Prestige, so wächst sich diese Disposition in den nächsten Entwicklungsstufen zu einem handfesten gemeinschaftsschädigenden Verhalten aus. Im zweiten Glied „ihr tötet und eifert" ist „töten" in einem weitgefassten Sinn zu verstehen (→ 2/5). Wie bei den „Kriegen und Kämpfen" in V.1 handelt es sich um eine zugespitzte Formulierung, und zwar hier für ein rücksichtsloses Verhalten, das sozial Schwächere wirtschaftlich in ihrer Existenzgrundlage trifft. Man kann des Näheren an wirtschaftliche Prozesse denken, an Ausbeutung der Armen oder auch schlicht – wie in Sir 34,25–27; 2Hen 10,5 – an unterlassene Hilfeleistung (vgl. Jak 2,15f). Sind in der Regel die sozial Schwächeren Opfer des „Tötens" im dargelegten Sinn, so blickt die Rede vom Eifern eher auf Bessergestellte. Es geht um Sozialneid und damit verbundenes Eifern nach eigenem Sozialprestige, das – dies ist heute nicht wesentlich anders – nach dem eingespielten Werte- und Normensystem eben wesentlich vom Besitzstand abhängt. Die „Kämpfe und Kriege" sind letzter Ausdruck dieser die Gemeinschaft zerstörenden Disposition. Jakobus reiht sich mit diesen Aussagen in eine in der frühjüdischen wie pagan-popularphilosophischen Ethik verbreitete Sensibilität gegenüber den sozial destruktiven Folgen der Habgier ein (s. z.B. PseudPhok 42–47; TestJuda 18,2f; Sib 3,235f; Philon, Dec 151–153; Post 116f; Plutarch, ConsApoll 13 [Mor 108a–b]).

Die verfehlte Existenzorientierung, die Jakobus in 4,1–3 skizziert, wird in V.4 in einen theologischen Interpretationsrahmen eingestellt: Der auf sich selbst bezogene Mensch verschließt und verfehlt sich nicht nur dem Mitmenschen gegenüber, sondern damit (!) auch Gott gegenüber. Die Adressaten meinten offenbar, dass ihre ‚weltliche' Orientierung im Streben nach materiellen Gütern mit ihrem Glauben an Gott vereinbar wäre. Jakobus sieht darin hingegen eine doppelte Loyalität zu miteinander unvereinbaren Größen. Er fordert hier dasselbe strenge Entweder-oder, das auch das Jesuswort über Gott und den Mammon (Mt 6,24; Lk 16,13) kennzeichnet, und eben dieses Wort steht in Jak 4,4 auch im Hintergrund. „Mammon" ist dabei durch die „Welt" ersetzt, weil der Mammondienst als *das* Kennzeichen dieser Welt wahrgenommen wird (vgl. dazu die Aufnahme des Mammonwortes in 2Klem 6). Mit V.1–3 hat Jakobus den Ton darauf gelegt, die sozial destruktiven Folgen des Mammondienstes herauszustellen. Die Armen werden missachtet, die anderen eifersuchtsvoll als Konkurrenten um das am materiellen Besitz festgemachte Sozialprestige wahrgenommen und behandelt.

2. In 2,1–13 kritisiert Jakobus die Orientierung an ‚weltlichen' Werteparametern, indem er seine Warnung vor parteiischem Verhalten durch ein überspitztes, aber keineswegs realitätsfernes Beispiel untermauert (2,2f), das das Hofieren eines reichen Goldfingers mit dem schäbigen Umgang mit einem Bettelarmen kontrastiert und durch die Überzeichnung das Augenmerk auf die Missachtung lenkt, die Armen zuteilwird. Jakobus führt mit diesem Beispiel an die Wurzel der Fehlorientierung im Bereich der Reichtumsthematik: Es geht um die unterschiedliche Wertigkeit, die Menschen in der ‚Welt' je nach ihrem Kontostand beigemessen wird (vgl. Seneca, EpMor 115,14: „Überall ist ein jeder so viel wert, wieviel er hat."). In dem in 2,2f dargestellten Fehlverhalten der Gemeinde manifestieren sich zudem eingespielte Nützlichkeitserwägungen: Der Goldfinger könnte für die Reputation und die finanzielle Ausstattung der Gemeinde nützlich sein; der Arme hingegen belastet die Gemeindekasse. Im Lichte des christlichen Glaubens ist das geschilderte Verhalten für Jakobus indes aus mehreren Gründen absurd.

*Erstens*: In 2,1 spricht Jakobus gezielt vom Glauben an die Herrlichkeit Christi (zur Genitivreihe in 2,1 Burchard 1991, 354–359), d.h. an die himmlische Herrlichkeit, mit der Christus mit seiner Auferweckung und Erhöhung umkleidet wurde und die die Glaubenden selbst einmal zu empfangen hoffen (vgl. Phil 3,20f; 2Thess 2,13f). Im Lichte dieser Hoffnung muss der irdische Glanz des Goldfingers (Jak 2,2f) als völlig belanglos, ja lächerlich erscheinen. Wer im Glauben darauf hofft, selbst mit der himmlischen Herrlichkeit umkleidet zu werden, kann daher nicht gleichzeitig irdischem Prunk hinterherlaufen, und deshalb zeigt sich hier, ob jemand der vom Glauben gestifteten Wirklichkeitsgewissheit gemäß handelt oder nicht. *Zweitens* setzt Jakobus bei seinen Adressaten die Kenntnis der im AT verankerten (Dtn 10,17; 2Chr 19,7; Hiob 34,19) und frühjüdisch (Sir 35,12f; Jub 5,16; 1Hen 63,8; 2Hen 46,3; TestHiob 4,8; 43,13) wie frühchristlich (Apg 10,34; Röm 2,11; Gal 2,6; Eph 6,9; Kol 3,25; 1Petr 1,17; Barn 4,12) breit rezipierten Überzeugung voraus, dass Gott die Person nicht ansieht, so dass wiederum das Motiv der *imitatio Dei* mitschwingt. *Drittens* steht die Bevorzugung von Reichen in einem schroffen Gegensatz zur besonderen Wertschätzung der Armen bei Gott (vgl. Jak 1,27; 2,5). Wiederum ist hier die Korrelation zwischen Gottesbild und gefordertem Verhalten evident: Hat Gott die Armen erwählt (2,5), so ist den Glaubenden aufgetragen, Arme nicht durch entehrendes Verhalten zu brüskieren, sondern ihnen besondere Wertschätzung und tatkräftige Zuwendung zukommen zu lassen. *Viertens* erinnert Jakobus die Adressaten an die schlechten Erfahrungen, die sie mit Reichen bereits gemacht haben, denn nach 2,6f sind es die Reichen, die sie unterdrücken, d.h. wirtschaftlich auspressen, und – im Zusammenhang mit dieser wirtschaftlichen Unterdrückung – vor die Gerichte zerren, ja ferner für Christus und die Christen nur Spottreden übrighaben. Nicht zuletzt verstößt Ansehen der Person *fünftens* gegen den in der Tora formulierten Gotteswillen (2,8–11, → 2/2-3), weil der Liebe zum Nächsten eine Differenzierung des Sozialverhaltens nach dem sozialen Status des Gegenübers wesensfremd ist, vielmehr sich das Liebesgebot im Blick auf den Armen auch darin konkretisiert, dass dieser ein Anrecht auf würdevolle Behandlung hat. Glaube (2,1.5) und Gesetz (2,8–11) treten hier exemplarisch in ihrer für Jakobus typischen Harmonie hervor: Der Glaube erschließt eine Sicht der Wirklichkeit, deren lebenspraktische Konsequenzen mit dem im Liebesgebot summierten Gesetz zusammenklingen.

3. Die in 2,6b-7 zutage tretende negative Sicht der Reichen wird bereits im einleitenden Abschnitt des Briefes (1,2-12) in 1,9-11 eingeführt: Der demütige bzw. niedrige Christ, der nach geläufigem menschlichem Ermessen an sich nichts hat, dessen er sich rühmen könnte, darf sich schon jetzt seiner Höhe, d. h. seiner zukünftigen Erhöhung durch Gott (vgl. 4,10), seines ihm *von Gott her* zukommenden Heils (vgl. 2,5) rühmen (1,9). Der Reiche[4] hingegen, dem es leicht auf der Zunge liegen mag, sich seines wirtschaftlichen Erfolgs und seines Wohlstands zu rühmen (vgl. Jer 9,22 [= 1Sam 2,10$^{LXX}$]; Ps 48,7$^{LXX}$; SapSal 5,8; Sir 11,4; 1Hen 97,8f; HermVis 3,9,6), wird in ironisch-sarkastischer Weise aufgefordert, sich seiner (jetzt schon vor Gott bestehenden) Niedrigkeit bzw. seiner (kommenden) Erniedrigung zu rühmen, da er wie eine Blume des Feldes vergehen wird (1,10f). Was hier stichwortartig in seiner kontrastgesellschaftlichen Sprengkraft exponiert wird, findet seine Entfaltung in der scharfen Disqualifizierung der Reichen in 4,13-5,6. Jakobus attackiert hier anhand von Großhändlern (4,13) und Großgrundbesitzern (5,4) zum einen die gottlose Überheblichkeit der Reichen, wie sie sich in ihren eigenmächtigen, großspurigen Handelsplanungen (4,13) und ihren Protzereien (4,16) manifestiert. Zum anderen deckt er das von ihnen chronisch verübte soziale Unrecht auf, das Gott nicht ungestraft lassen wird: Statt ihren Besitz karitativ zu nutzen, haben sie ihn für sich in ganz und gar unsinniger, da den eigenen Bedarf und die eigenen Nutzungsmöglichkeiten weit übersteigender Weise gehortet (5,2f) – der Reichtum „ist verfault" (5,2) – oder in ihrem schwelgerischen Luxusleben verprasst (5,5); ja ihre sinnlose Güterakkumulation basiert auch noch auf der Ausbeutung der Arbeiter, denen sie gegen die klaren Weisungen der Tora (Lev 19,13; Dtn 24,14f) den Lohn vorenthalten haben (5,4). Der abschließende Vorwurf der Verurteilung und Tötung des Gerechten (5,6) dürfte in den Bereich der Rechtsbeugung führen (vgl. 2,6b); „Töten" ist am besten in diesem Rahmen und (auch) in dem zu 4,2 beobachteten weiten Verständnis zu fassen: Es geht um Prozesse, die die gerechten Armen auspressen, bzw. darum, dass ihnen, etwa durch Vorenthaltung des Lohns (vgl. Davids 1996, 232), die Lebensgrundlage genommen wird und die Reichen von einer parteiischen Justiz vor den Klagen der Lohnarbeiter geschützt werden (vgl. Ebner 2008, 39f).

Die Funktion dieser Anklage der Reichen im Argumentationsduktus des Briefes erschließt sich, wenn man nach 4,1-4 zurückgeht. Denn in dem dort kritisierten Besitzstreben tritt eine ähnliche Existenzorientierung zutage, wie Jakobus sie in 4,13-5,6, wenngleich auf einem anderen Niveau, bei den von ihm demaskierten Reichen entdeckt: Statt Gemeinschaftssinn und Zufriedenheit mit den Gütern des Lebens zu zeigen, die Gott ihnen hat zukommen lassen, sind auch die Gemeindeglieder habsüchtig und wollen die Güter „in ihren Lüsten" für sich verschwenden. Auch seinen Adressaten macht Jakobus den Vorwurf, dass sie „töten", also das Recht der Armen mit Füßen treten. Indem Jakobus in 4,13-5,6 ein polemisches Bild der Leute zeichnet, die den in 4,1-10 anvisierten Adressaten in ihrem ‚weltlichen' Gebaren faktisch als Orientierungsfiguren dienen, sucht er ihre falschen Vorbilder zu demaskieren

---

[4] Die sonstige Rede von „Reichen" im Jak (2,6f; 5,1) und die Aussage in 1,10f, dass der Reiche selbst – und nicht bloß sein Reichtum – vergehen wird, schließen es aus, dass der Reiche von 1,10f als ein Christ zu denken ist, d. h., es ist in V.10 nicht aus V.9 der Brudername mitzuhören (vgl. für viele Krüger 2005, 118-121; Allison 2013, 204-206).

(ausführlicher dazu Konrad 1998, 159–161). 4,13–5,6 dient in der Gesamtanlage des Briefes also nicht nur und nicht in erster Linie als Trost für die Armen und Unterdrückten (anders Maynard-Reid 1987, 69.81.97). Vielmehr will Jakobus die Adressaten von *ihrer* Weltfreundschaft, *ihrem* Mammondienst abwenden. Er will sie davon abbringen, zu den Reichen aufzublicken und ihre Lebensform als erstrebenswert anzusehen, indem er die schöne Fassade des Wohllebens der Reichen herunterzureißen und deren wahre Situation vor Gott aufzudecken sucht. Sie sind auch nur Menschen, die ihren hochtrabenden Planungen zum Trotz im Grunde nicht wissen, was morgen sein wird (4,14), und sie werden für ihren Verstoß gegen Gottes Willen im Endgericht zur Rechenschaft gezogen werden (5,1–6). Der *Begriff* „Reicher" wird von Jakobus dezidiert negativ besetzt. „Reiche" sind für ihn nicht nur durch ihr Vermögen, sondern auch durch ihr frevelhaftes Verhalten gekennzeichnet (vgl. z.B. 1Hen 94,8–11). Umgekehrt heißt das: Relativ begüterte Menschen, die sich karitativ engagieren, heißen bei Jakobus nicht „Reiche", wobei zugleich festzuhalten ist, dass Jakobus sich in seiner Erfahrungswelt schwerlich Christen mit riesigem Besitz vorstellen kann.

Sozialgeschichtlich ist in der neueren Forschung versucht worden, Jakobus' kritische Haltung gegenüber den Reichen im Sinne der Abwehr von Patronatsverhältnissen sozialgeschichtlich zu vertiefen (Vyhmeister 1995; Kloppenborg 1999; Wachob 2000, 178–185; Hutchinson Edgar 2001, 118–120; Garleff 2004, 267–269; Krüger 2005, 166–170.174; Batten 2010, bes. 128–132). Zwar wird dieser Aspekt im Brief nirgends expliziert, doch legt die Bedeutung von Patron-Klienten-Verhältnissen in den antiken Gesellschaften die Annahme nahe, dass Jakobus davon nicht unbeeinflusst ist. Insbesondere das Hofieren des Goldfingers in dem Beispiel in 2,2f lässt das Verhalten von Klienten gegenüber ihrem Patron assoziieren. Die Aufdeckung der endzeitlichen Notlage der Reichen in 1,10f; 5,1(–6) hätte dann nicht nur die Funktion, die Adressaten vor eigener Orientierung am Besitz zu warnen, sondern würde sie zugleich davon abzuhalten suchen, (als Klienten) die Nähe und Unterstützung von Patronen zu suchen. So oder so ist festzuhalten, dass Jakobus nach Status differenziertes Sozialverhalten scharf zurückweist, worin exemplarisch deutlich wird, dass er die christliche Gemeinschaftsstruktur in erkennbarer Distanz zum antiken Patronatswesen ortet.

4. Korrelat zur Kritik am asozialen Verhalten der Reichen ist, dass die in weisheitlichen Texten zuweilen begegnende Warnung vor Faulheit als Ursache von Armut (vgl. Prov 6,6–11; 10,4; 24,33f) im Jak keinerlei Rolle spielt; Jakobus spricht allein vom Unrecht der Reichen (2,6b; 5,4.6). Er neigt zugleich in keiner Weise zu einer Idealisierung der Armut (vgl. Davids 2005, 373). Ein asketisches Programm der Bedürfnislosigkeit deutet sich nirgends auch nur an. Wenn Jakobus von der *Bedrängnis/Not* (θλῖψις) der Witwen und Waisen (1,27) oder den *Rufen* der ausgebeuteten Erntearbeiter spricht, die zu Gott gedrungen sind (5,4), wird vielmehr deutlich, dass Jakobus Armut als nichts anderes denn als ein Übel ansieht, das durch das Teilen der Güter überwunden werden soll. Entsprechend steht der Warnung vor einem hedonistisch motivierten Streben nach materiellen Gütern und vor dem Hofieren von Reichen als positive Mahnung gegenüber, sich der Nöte der Bedürftigen anzunehmen. 2,13 und 3,17 verweisen auf die leitende Bedeutung, die der Barmherzigkeit in der jak Ethik – analog zum Mt und zum Lk (→ VI.2.7, VII.3.3) – zukommt

(→ 2/3). Nach 1,27 ist wahrer Gottesdienst ganz wesentlich durch die Zuwendung zu Witwen und Waisen definiert (vgl. Jes 58,6–8), die hier – als ‚klassische' *personae miserae* im AT (Ex 22,21f; Dtn 10,18; 14,29; Jes 1,17.23 u. ö.) – stellvertretend für die Bedürftigen überhaupt stehen. Nicht zuletzt wird die Bedeutung, die Jakobus der Sorge für die Armen beimisst, in 2,15f deutlich. Jakobus illustriert hier die Absurdität eines Glaubens ohne Werke damit, dass solch ein Glaube genauso nutzlos ist, wie wenn man am Ende eines Gottesdienstes bettelarme Gemeindeglieder, die nichts zum Anziehen und nichts zu essen haben, mit warmen Worten abspeist: „Geht hin in Frieden, wärmt und sättigt euch", ohne ihnen etwas zu geben. Fragt man von der hier gebotenen Karikatur des Verhaltens der Gemeinde aus nach der darin vorausgesetzten Normalsituation, so wirft das Beispiel Licht auf die eigentlich zu erwartende diakonische Praxis der Gemeinde. Denn danach sollte die gottesdienstliche Zusammenkunft ein Ort sein, an dem die Armen in der Gemeinde versorgt werden. Über Organisatorisches sagt Jakobus leider nichts – er muss dies auch nicht, denn wenn es eine organisierte Form der Hilfeleistung gab, war sie den Adressaten bekannt. Es ist jedenfalls „mindestens denkbar", dass Jakobus „ein geordnetes Spendenwesen voraussetzt" (Burchard 2000, 116). Einen Hinweis darauf gibt der Plural in V.16 („*Ihr* gebt ihnen nicht ..."). Hilfe erscheint hier nicht bloß als „individuelle Barmherzigkeit, sondern [als] Gemeindeaufgabe" (Theißen 2003, 131). Zu beachten ist ferner, dass die in V.15 geschilderte *doppelte* Notsituation (weder Kleidung noch Essen) wohl als eine schwere *chronische* Notlage zu lesen ist. Die gemeindlich organisierte Armenfürsorge könnte dann für solche Fälle zuständig sein, die die Möglichkeiten Einzelner übersteigen (vgl. Burchard 1980, 325).

Unabhängig von organisatorischen Fragen bleibt festzuhalten: Achtungsvoller Umgang mit Armen und karitative Nutzung von Besitz sind für Jakobus unverzichtbare Lebensäußerungen des christlichen Glaubens. Christliche Gemeinde denkt er sich als eine geschwisterliche Solidargemeinschaft, die sich gegenüber der ‚Welt' mit den in ihr eingespielten Formen der Statusorientierung als eine Kontrastgesellschaft darstellt. Den ganzen Besitz zu veräußern, fordert Jakobus nicht. Aber für Christen, die (finanziell) dazu in der Lage sind, sollte es in seinen Augen selbstverständlich sein, dem jeweiligen Notstand Bedürftiger abzuhelfen. Reichtum erscheint ihm als *die* Gefahrenquelle für die Integrität der Glaubenden. Hedonistisches, egozentrisches Streben nach Besitz, das Anhäufen riesiger Besitztümer und das Hofieren von Reichen sind in Jakobus' Sicht Kennzeichen der ‚Welt', mit denen der Christenstand nicht vereinbar ist. Hier kann es nur ein strenges Entweder-oder zwischen Welt- und Gottesfreundschaft (4,4) geben. Die in 2,2f gezeichnete kleine Szene kann man dabei im Lichte von 1,2f als ein Beispiel für die Prüfungen des Glaubens lesen, mit denen Christen in der Welt fortwährend konfrontiert werden und die bei positivem Ausgang zur Stärkung der christlichen Lebensorientierung führen. Der Jak ist mit diesem Verständnis christlicher Existenz zweifelsohne eine bleibende Herausforderung.

## 4. Sprachethik im Jakobusbrief

Es ist zunächst einmal eine reichlich banale Feststellung, dass menschliches Handeln Werke *und Worte* umfasst. Weniger banal ist indes die Beobachtung, welch hohe Bedeutung Jakobus dem menschlichen Sprachverhalten in seinem Brief zukommen lässt. So nennt er in 2,12 im Blick auf den im Gericht Gottes geltenden Maßstab neben dem dem Gesetz der Freiheit entsprechenden *Tun* explizit auch das *Reden*. Sosehr für die Nächstenliebe gilt, dass sie sich, wie Jakobus selbst in 2,15f pointiert ausführt, nicht in Worten erschöpfen darf, gilt umgekehrt auch, dass Nächstenliebe sich auch im Sprachverhalten manifestiert. Der expliziten Nennung des Sprachverhaltens in 2,12 korrespondiert, dass es als Dimension menschlichen Handelns auch in den im Voranstehenden erörterten Themen präsent ist. Das – den Umgang mit dem Fehlverhalten anderer betreffende – Schlechtmachen und Richten des „Bruders" (4,11f) und das Stöhnen widereinander (5,9) sind hier ebenso zu nennen wie die zur Barmherzigkeitsthematik gehörende verächtliche Rede der Gemeinde gegenüber dem Armen in 2,3 oder das gemeinschaftsschädigende Sprachverhalten, das in den Kämpfen und Kriegen in 4,1–3 impliziert ist. Bei dem bitteren Eifer, der mit der der Weisheit Gottes gegenübergestellten irdischen Weisheit einhergeht (3,14–16), dürfte auch rhetorisches Imponiergehabe und der Versuch eines Prestigegewinns durch ‚gebildetes' Auftreten (vgl. T. Klein 2011, 307–320) eine Rolle spielen. Im weiteren Sinn gehören zur Sprachethik auch die Lästerreden der Reichen wider den über den Christen ausgerufenen schönen Namen (2,7), was Verhöhnung und Spott gegen diese selbst zumindest einschließen dürfte (vgl. Baker 1995, 183). Im Mittelpunkt der jak Sprachethik steht indes die Problematik unbeherrschten Redens (1.), und hier ist die Sprachethik durchaus als ‚Fall für sich' anzusehen. Als eigener Punkt ist ferner das Schwurverbot in Jak 5,12 einzubeziehen (2.).

1. Das Thema der Beherrschung der Rede wird in 1,19f eingeführt. In der dreigliedrigen Mahnung: „ein jeder Mensch sei schnell zum Hören, langsam zum Reden, langsam zum Zorn" gehören die letzten beiden Glieder zusammen, wie die Begründung in V.20, die sich auf den ganzen V.19 bezieht, zeigt: Die Mahnung, sich Zeit zu nehmen, bevor man das Wort ergreift, dient der Abwehr eines vom Zorn bestimmten und angetriebenen Redens. Die grundsätzliche Aussage in V.20, dass Zorn nicht bewirkt, was vor Gott recht ist, macht ferner deutlich, dass Zorn nicht nach hinreichender Frist legitim, sondern immer schlecht ist. Die Worte „sei langsam zum Zorn" sind also nicht buchstäblich zu verstehen, sondern verdanken sich der rhetorischen Gestaltung in V.19. Wer die Mahnung beherzigt, langsam zum Reden zu sein, redet gar nicht im Zorn. Reden hat wohlüberlegt, mit Bedacht zu geschehen.

Traditionsgeschichtlich betrachtet zeigt sich an dieser Stelle der starke Einfluss frühjüdischer Weisheitstradition auf den Jak (vgl. Baker 1995, passim), in der Warnungen vor ungezügeltem bzw. gemeinschaftsschädigendem Reden geläufig sind. Besonders nahe steht Sir 5,11: „Sei schnell bei deinem Zuhören und mit Geduld gib eine Antwort" (vgl. ferner Prov 17,27; Sir 6,33; 20,1–8). Unbedachtes und häufiges Reden ist Kennzeichen des Toren (Prov 10,14; 29,20; Koh 10,14) und führt Sünde und Verderben herbei (Prov 10,19; 13,3; 18,6f; Sir 22,27; mAb 1,17). Weise dagegen reden wenig (Sir 32,8) und tun viel (mAb 1,15.17, s. auch Sir 4,29). Auch die Warnung vor dem Zorn ist atl. und frühjüdisch vor allem in sapientialen Texten verbreitet (Ps 36,8$^{LXX}$; Prov 15,18; 29,11; Sir 10,18; 27,30; 4Makk 2,16; TestDan passim; Pseud-

Phok 57.64; Sib 3,377 u. ö.). Typisch ist auch hier, dass Zorn durchgehend und grundsätzlich negativ gewertet wird, wie dies analog dazu auch in der paganen philosophischen Reflexion über den Affekt des Zorns anzutreffen ist (s. z.B. Seneca, *De ira* oder Plutarch *De cohibenda ira* [Mor 452f-464d]). Jak 1,19f ist zugleich auch in einen breiten Kontext frühchristlicher Paränese gegen den Zorn eingebettet (Mt 5,22; 2Kor 12,20; Gal 5,20; Eph 4,26.31; Kol 3,8; 1Tim 2,8; Tit 1,7; Did 3,2; 15,3; 1Klem 13,1; 39,7; 46,5; 63,2; IgnPhilad 8,1; Polyk 6,1; HermMand 5,2,4). Auch anderorts ist zudem verschiedentlich wie in Jak 1,19f vom Zorn speziell im Kontext der Sprachethik die Rede (Sir 1,22-24; PsSal 16,10; 1QS V,25; VII,2 sowie z.B. Platon, Phaedr 254c; Plutarch, InimUtil 8 [Mor 90b-c]; CohibIra 6-7 [Mor 455e-456e]; Diogenes Laertios 1,70; 8,23).

1,19f als Ganzes ist eine Einfügung in den Zusammenhang von 1,18.21, wo Jakobus nach dem Rekurs auf die „Geburt" durch das Wort der Wahrheit (V.18) in V.21 durch ein zweigliedriges paränetisches Schema (vgl. Röm 13,12-14; Eph 4,22-24/25; Kol 3,8-10; 1Petr 2,1f u. ö.) die Konsequenz aus Gottes Heilshandeln an den Christen skizziert: Das frühere Leben ist abzulegen, das „eingeborene" Wort anzunehmen. Dass Jakobus den abzulegenden „Schmutz" der alten Existenz (V.21a) exemplarisch mit der Einfügung von V.19f illustriert, gibt das große Gewicht zu erkennen, das Jakobus dem Sprachverhalten beimisst. Sich im Zorn zu unbedachten oder gar beleidigenden Äußerungen (vgl. Mt 5,22!) hinreißen zu lassen, gehört für Jakobus dezidiert zu dem, was Christen mit ihrer Konversion abgelegt haben sollten.

Jak 1,26 unterstreicht den Stellenwert der Warnung vor Zungensünden in der jak Ethik. Alle Frömmigkeitsübungen sind nichtig, wenn jemand in der Rede unbeherrscht ist. Mit der metaphorischen Rede, dass jemand seine Zunge nicht im Zaum hält, blickt Jakobus nicht bloß auf einzelne vorlaute Äußerungen, sondern auf ein chronisch loses Mundwerk. Denn 1,26 impliziert, dass man den hier angesprochenen Missstand vermeiden kann. In den Ausführungen über das gefährliche Übel der Zunge in 3,1-12, mit denen Jakobus 1,26 thematisch weiterführt, ist aber in 3,2 vorausgesetzt, dass ein jeder Mensch zumindest Zungensünden auf seinem Konto stehen hat (vgl. Sir 19,16). In diesem Sinne spricht Jakobus dann auch in 3,7f von der Unzähmbarkeit der Zunge. Vermeiden lässt sich aber, dass sich die Zunge mit ihrem todbringenden Gift (3,8) ungehemmt entfalten kann. Dazu muss man allerdings gegenüber der Zunge angesichts der ihr innewohnenden negativen Potenz höchste Vorsicht walten lassen, denn wie ein Feuer, das einen ganzen Wald in Brand setzen kann (3,5), vermag auch das Feuer der Zunge verheerende Wirkungen zu zeitigen. Als Repräsentantin der „ungerechten Welt" (3,6) ist für Jakobus die Zunge (und man mag betonen: nicht das Sexualorgan) *das* Problemglied im menschlichen Körper, das auf das gesamte menschliche Leben in seiner biographischen Erstreckung (das meint wohl die Rede vom „Rad des Werdens" in 3,6), Sozialbeziehungen eingeschlossen, einen katastrophalen Einfluss zu nehmen vermag. Auch Worte können bekanntlich ‚töten', können andere ihrer Lebenskraft berauben und sie sozial ‚vernichten' (in der digitalen Welt wären hier auch die geschriebenen Worte in den sozialen Medien einzubeziehen). Jakobus neigt nicht zur Verharmlosung solcher Zungensünden, sondern stellt ihr destruktives Potenzial pointiert heraus. Er ist zugleich Realist genug, um zu wissen, dass man die Zunge nicht ein für alle Mal zähmen kann. Umso mehr stellt sich die Aufgabe, je und je gegen ihre sozial destruktive Potenz anzugehen. Die Sentenz in 1,19, langsam zum Reden zu sein, ist dafür ein probater Grundsatz.

In 3,9f konkretisiert Jakobus die Zungenproblematik, indem er auf der Basis des für ihn unauflöslichen Zusammenhangs zwischen Gottesbeziehung und sozialem Verhalten, der hier durch den Rekurs auf die Gottebenbildlichkeit des Menschen schöpfungstheologisch akzentuiert wird, das Motiv der Gespaltenheit aufnimmt. Während Gott gelobt wird, wird zugleich sein Ebenbild – und damit im Grunde Gott selbst in Gestalt seines Ebenbildes – verflucht (vgl. 2Hen 44,1f; 52,1–6). Die Rede vom „Fluchen" dürfte dabei aufgrund des Gegenübers zum Loben/Segnen gewählt (vgl. z. B. Gen 27,12; Dtn 11,26; 23,6) und entsprechend kaum auf formale Fluchakte einzugrenzen sein; einzubeziehen ist wohl auch z. B. das Schlechtmachen und Schmähen, das in 4,11 im Blick ist (→2/4). Der Verweis darauf, dass wir *alle* uns vielfach verfehlen (3,2), gewinnt in diesem Zusammenhang noch einen vertieften Sinn: Wenn die, die sich herablassend über andere äußern, beherzigen, dass sie selber nicht fehlerfrei sind, wird ihnen der Wind aus den Segeln genommen (vgl. Mt 7,1–5). Schließlich: In 3,1 warnt Jakobus davor, eilfertig die Funktion des Lehrers anzustreben, womit der Raum der Gemeinde als (primärer) Horizont der Unterweisung aufgerufen wird (der Rekurs auf den Lobpreis Gottes in 3,9f fügt sich dem nahtlos ein). Lehrern kam die Aufgabe zu, durch Auslegung der Schrift sowie Tradierung und Entfaltung der Jesustradition und des sonstigen frühchristlichen Überlieferungsgutes die Gemeinde zu unterweisen und in ethischer Hinsicht auf dem rechten Weg zu geleiten. Bei der Warnung in 3,1 geht es Jakobus nicht um das Problem möglicher Irrlehre(r), sondern im Lichte von 3,9 um die Art und Weise, *wie* Lehrer in ihrer gemeindlichen Unterweisung auftreten: Wer in der Gemeinde als Lehrer wirkt, muss sich, zumal angesichts eigener Verfehlungen, hüten, andere, die sich Fehltritte haben zuschulden kommen lassen, in schulmeisterlicher herablassender Art zu schmähen und abzuurteilen. Dass dies natürlich auch allgemein im Privaten gilt, bleibt von diesem durch 3,1 eingespielten spezifischen Bezug unbenommen.

2. Die Schlussmahnungen in 5,12–18 leitet Jakobus in V. 12 mit dem Schwurverbot ein, das hier gegenüber der mt Version (Mt 5,33–37) in einer überlieferungsgeschichtlich älteren Fassung, in der die antithetische Einkleidung noch fehlt, vorliegt (vgl. Kollmann 1996, 189f). Ob er es als Jesuswort kannte, muss offenbleiben. Eidkritik war in der Antike verbreitet (für Belege → VI.2.3.1.3, ferner z. B. Sir 27,14; 2Hen 49,1; Quintilian, Inst 9,2,98; Epiktet, Ench 33,5; Marc Aurel 3,5,2, vgl. Kollmann 1996, 180–188; Luther 2015*, 247–256). Jak 5,12/Mt 5,33–37 spitzt diese zu einem prinzipiellen Schwurverbot zu. Da es in den weiteren Mahnungen in Jak 5,13–18 um ‚religiöses Sprechen' geht, um Bitte und Fürbitte, Sündenbekenntnis und Lobpreis Gottes, liegt es nahe, dass das zentrale Anliegen des Schwurverbots wie in Mt 5,33–37 die Wahrung der Heiligkeit des Namens Gottes ist, der nicht zur Bekräftigung der Wahrhaftigkeit menschlicher Rede in Anspruch zu nehmen ist, und sei es auch, dass der Name Gottes durch „Himmel", „Erde" oder sonst etwas ersetzt ist. Im positiven Glied ermahnt Jakobus zu beständiger Wahrhaftigkeit und Verlässlichkeit der Rede: Das Ja soll ein Ja, das Nein ein Nein sein. Da hier kein spezifischer Bezug auf Reden im Gerichtssaal oder Ähnliches markiert wird, es vielmehr um alltäg-

liche Kommunikation zu gehen scheint, wird dieser allgemeine Horizont auch für das Schwurverbot gelten, d. h., Jakobus hat nicht spezifisch den Eid vor Gericht, den Amtseid etc. im Blick, sondern Schwüre im alltäglichen Reden. Wenn jemand seine Rede mit Wahrhaftigkeitsbeteuerungen unterlegen zu müssen meint, verweist schon dieser Sachverhalt an sich auf ein bestehendes Wahrhaftigkeitsproblem.

## Literatur

Allison, Dale C.: The Epistle of James, ICC, New York u. a. 2013.
Backhaus, Knut: Condicio Jacobaea. Jüdische Weisheitstradition und christliche Alltagsethik nach Jak 4,13–17, in: Schrift und Tradition (FS J. Ernst), hg. v. dems. – F.G. Untergaßmair, Paderborn u. a. 1996, 135–158.
Baker, William R.: Personal Speech-Ethics in the Epistle of James, WUNT II.68, Tübingen 1995.
Batten, Alicia J.: Friendship and Benefaction in James, ESEC 15, Dorset 2010.
Bauspieß, Martin: Ein Gesetz, das in die Freiheit führt? Überlegungen zum Existenzverständnis im Jakobusbrief, in: Bestimmte Freiheit (FS C. Landmesser), hg. v. dems. u. a., ABIG 64, Leipzig 2020, 183–203.
Blondel, Jean-Luc: Le fondement théologique de la parénèse dans l'épître de Jacques, RThPh 111 (1979), 141–152.
Burchard, Christoph: Gemeinde in der strohernen Epistel. Mutmaßungen über Jakobus, in: Kirche (FS G. Bornkamm), hg. v. D. Lührmann – G. Strecker, Tübingen 1980, 315–328.
– Nächstenliebegebot, Dekalog und Gesetz in Jak 2,8–11, in: Die Hebräische Bibel und ihre zweifache Nachgeschichte (FS R. Rendtorff), hg. v. E. Blum u. a., Neukirchen-Vluyn 1990, 517–533.
– Zu einigen christologischen Stellen des Jakobusbriefes, in: Anfänge der Christologie (FS F. Hahn), hg. v. C. Breytenbach – H. Paulsen, Göttingen 1991, 353–368.
– Der Jakobusbrief, HNT 15/I, Tübingen 2000.
Chester, Andrew: The Theology of James, in: ders. – Ralph P. Martin, The Theology of the Letters of James, Peter, and Jude, New Testament Theology, Cambridge 1994, 1–62.
Davids, Peter H.: Controlling the Tongue and Wallet: Discipleship in James, in: Patterns of Discipleship in the New Testament, hg. v. R.N. Longenecker, Grand Rapids – Cambridge 1996, 225–247.
– The Test of Wealth, in: The Missions of James, Peter, and Paul. Tensions in Early Christianity, hg. v. B. Chilton – C. Evans, NT.S 115, Leiden – Boston 2005, 355–384.
Deppe, Dean B.: The Sayings of Jesus in the Epistle of James, Chelsea 1989.
Dibelius, Martin: Der Brief des Jakobus, mit Ergänzungen v. Heinrich Greeven, mit einem Literaturverzeichnis und Nachtrag hg. v. F. Hahn, KEK 15, Göttingen ⁶1984.
Ebner, Martin: „Wohlan denn, ihr Reichen ...!" (Jak 5,1). Ein Gemeindetraum im Jakobusbrief: Option für die Armen, in: Christentum und Solidarität. Bestandsaufnahmen zu Sozialethik und Religionssoziologie (FS K. Gabriel), hg. v. H.-J. Große Kracht – C. Spieß, Paderborn 2008, 33–48.
Foster, Robert: The Significance of Exemplars for the Interpretation of the Letter of James, WUNT II.376, Tübingen 2014.
Frankemölle, Hubert: Der Brief des Jakobus, ÖTBK 17/1.2, 2 Bde., Gütersloh – Würzburg 1994.

Garleff, Gunnar: Urchristliche Identität in Matthäusevangelium, Didache und Jakobusbrief, Beiträge zum Verstehen der Bibel 9, Münster 2004.
Hartin, Patrick J.: James and the Q Sayings of Jesus, JSNTS 47, Sheffield 1991.
– The Letter of James: Its Vision, Ethics, and Ethos, in: Identity, Ethics, and Ethos in the New Testament, hg. v. J.G. van der Watt, BZNW 141, Berlin – New York 2006, 445–471.
Hoppe, Rudolf: Der theologische Hintergrund des Jakobusbriefes, FzB 28, Würzburg ²1985.
Hutchinson Edgar, David: Has God Not Chosen the Poor? The Social Setting of the Epistle of James, JSNTS 206, Sheffield 2001.
Jackson-McCabe, Matt A.: Logos and Law in the Letter of James. The Law of Nature, the Law of Moses, and the Law of Freedom, NT.S 100, Leiden u. a. 2001.
Johnson, Luke Timothy: The Use of Leviticus 19 in the Letter of James, in: ders., Brother of Jesus, Friend of God. Studies in the Letter of James, Grand Rapids – Cambridge 2004, 123–135.
Kamell, Mariam J.: The Implications of Grace for the Ethics of James, Bib. 92 (2011), 274–287.
Karrer, Martin: Christus der Herr und die Welt als Stätte der Prüfung. Zur Theologie des Jakobusbriefes, KuD 35 (1989), 166–188.
Kirk, J. A[ndrew]: The Meaning of Wisdom in James: Examination of a Hypothesis, NTS 16 (1969/70), 24–38.
Klein, Martin: „Ein vollkommenes Werk". Vollkommenheit, Gesetz und Gericht als theologische Themen des Jakobusbriefes, BWANT 139, Stuttgart u. a. 1995.
Klein, Thorsten: Bewährung in Anfechtung. Der Jakobusbrief und der Erste Petrusbrief als christliche Diaspora-Briefe, NET 18, Tübingen – Basel 2011.
Kloppenborg, John S.: Patronage Avoidance in the Epistle of James, HTS 55 (1999), 755–794.
– Diaspora Discourse: The Construction of *Ethos* in James, NTS 53 (2007), 242–270.
Kollmann, Bernd: Das Schwurverbot Mt 5,33–37/Jak 5,12 im Spiegel antiker Eidkritik, BZ NF 40 (1996), 179–193.
Konradt, Matthias: Christliche Existenz nach dem Jakobusbrief. Eine Studie zu seiner soteriologischen und ethischen Konzeption, StUNT 22, Göttingen 1998.
– Der Jakobusbrief im frühchristlichen Kontext. Überlegungen zum traditionsgeschichtlichen Verhältnis des Jakobusbriefes zur Jesusüberlieferung, zur paulinischen Tradition und zum 1Petr, in: The Catholic Epistles and the Tradition, hg. v. J. Schlosser, BETL 176, Leuven 2004, 171–212.
– Werke als Handlungsdimension des Glaubens. Erwägungen zum Verhältnis von Theologie und Ethik im Jakobusbrief, in: Jenseits von Indikativ und Imperativ, hg. v. F.W. Horn – R. Zimmermann, WUNT 238, Tübingen 2009, 309–327.
– Sünde im Jakobusbrief, ZNT 32 (2013), 21–28.
– Gesetz und Identität im Jakobusbrief, in: Identität und Gesetz. Prozesse jüdischer und christlicher Identitätsbildung im Rahmen der Antike, hg. v. E. Bons, BThSt 151, Neukirchen-Vluyn 2014, 73–101.
– Der Jakobusbrief, in: Einleitung in das Neue Testament, hg. v. M. Ebner – S. Schreiber, KThSt 6, Stuttgart ³2020, 507–520.
Krüger, René: Der Jakobusbrief als prophetische Kritik der Reichen. Eine exegetische Untersuchung aus lateinamerikanischer Perspektive, Beiträge zum Verstehen der Bibel 12, Münster 2005.
Laws, Sophie: The Doctrinal Basis for the Ethics of James, StEv VII (= TU 126), Berlin 1982, 299–305.
Lips, Hermann von: Weisheitliche Traditionen im Neuen Testament, WMANT 64, Neukirchen-Vluyn 1990.
Lockett, Darian: The Use of Leviticus 19 in James and 1 Peter: A Neglected Parallel, CBQ 82 (2020), 456–472.

Luck, Ulrich: Die Theologie des Jakobusbriefes, ZThK 81 (1984), 1–30.
Ludwig, Martina: Wort als Gesetz. Eine Untersuchung zum Verständnis von „Wort" und „Gesetz" in israelitisch-frühjüdischen und neutestamentlichen Schriften. Gleichzeitig ein Beitrag zur Theologie des Jakobusbriefes, EHS.T 502, Frankfurt a.M. u.a. 1994.
Maynard-Reid, Pedrito U.: Poverty and Wealth in James, Maryknoll 1987.
Metzner, Rainer: Der Brief des Jakobus, ThHK 14, Leipzig 2017.
Mußner, Franz: Der Jakobusbrief, HThKNT XIII/1, Freiburg u. a. ⁵1987.
Niebuhr, Karl-Wilhelm: Ethik und Anthropologie nach dem Jakobusbrief, in: Jenseits von Indikativ und Imperativ, hg. v. F.W. Horn – R. Zimmermann, WUNT 238, Tübingen 2009, 329–346.
– Jakobus und Paulus über das Innere des Menschen und den Ursprung seiner ethischen Entscheidungen, NTS 62 (2016), 1–30.
– Tora ohne Tempel. Paulus und der Jakobusbrief im Zusammenhang frühjüdischer Torarezeption für die Diaspora, in: ders., Tora und Weisheit. Studien zur frühjüdischen Literatur, WUNT 466, Tübingen 2021, 175–207.
Popkes, Wiard: Adressaten, Situation und Form des Jakobusbriefes, SBS 125/126, Stuttgart 1986.
Prosinger, Franz: Das eingepflanzte Wort der Wahrheit. Struktur und Grundgedanke des Jakobusbriefes, SBS 243, Stuttgart 2019.
Strange, James Riley: The Moral World of James. Setting the Epistle in its Greco-Roman and Judaic Environments, SBLit 136, New York u. a. 2010.
Theißen, Gerd: Nächstenliebe und Egalität. Jak 2,1–13 als Höhepunkt urchristlicher Ethik, in: Petra von Gemünden u. a., Der Jakobusbrief. Beiträge zur Rehabilitierung der „strohernen Epistel", Beiträge zum Verstehen der Bibel 3, Münster 2003, 120–142.
Tsuji, Manabu: Glaube zwischen Vollkommenheit und Verweltlichung. Eine Untersuchung zur literarischen Gestalt und zur inhaltlichen Kohärenz des Jakobusbriefes, WUNT II.93, Tübingen 1997.
Vyhmeister, Nancy Jean: The Rich Man in James 2: Does Ancient Patronage Illumine the Text?, AUSS 33 (1995), 265–283.
Wachob, Wesley Hiram: The Voice of Jesus in the Social Rhetoric of James, MSSNTS 106, Cambridge 2000.
Wenger, Stefan: Der wesenhaft gute Kyrios. Eine exegetische Studie über das Gottesbild im Jakobusbrief, AThANT 100, Zürich 2011.
Wold, Benjamin G.: Sin and Evil in the Letter of James in Light of Qumran Discoveries, NTS 65 (2019), 78–93.
Wypadlo, Adrian: Viel vermag das inständige Gebet eines Gerechten (Jak 5,16). Die Weisung zum Gebet im Jakobusbrief, FzB 110, Würzburg 2006.

# XI. Der 1. Petrusbrief: Leben und Leiden als Fremdlinge in der Diaspora der Welt

Der wahrscheinlich im letzten Viertel des 1. Jh. n. Chr. entstandene, pseudepigraphe 1Petr ist häufig als ein stark paulinisch geprägtes Schreiben rubriziert worden (s. für viele Schrage ²1989*, 274f). In der Tat lassen sich theologische Konvergenzen und eine in Teilen paulinisch anmutende Terminologie beobachten, etwa im Gebrauch der Wendung „in Christus", in der Verwendung des Begriffs „Charisma" oder in der kräftigen Rede von der Gnade. Die Indizien genügen aber nicht, um 1Petr in einen *distinkten* paulinischen Traditionsstrom einzustellen. Sie verweisen vielmehr darauf, dass zum einen Paulus selber an weiter verbreiteten frühchristlichen Traditionen partizipiert und zum anderen auch Paulinisches in den frühchristlichen Traditionspool eingegangen ist, ohne spezifisch mit Paulus verbunden sein zu müssen (vgl. zum vermeintlichen ‚Paulinismus' des 1Petr die gründliche Analyse von Herzer 1998). Instruktiv ist im Übrigen, dass 1Petr in einem Passus wie 1Petr 1,22–2,2 mit der Deutung der Konversion/Taufe als Wiedergeburt (1,23, vgl. Tit 3,5) und dem nachfolgenden zweigliedrigen paränetischen Schema (2,1–2, vgl. Röm 13,12–14; Kol 3,8–10; Eph 4,22–24) Traditionselemente aufnimmt, die zwar auch in paulinischer Tradition begegnen, 1Petr aber eine deutlich größere Affinität zu Jak 1,18.21 aufweist, was auf einen gemeinsamen, von den paulinischen Belegen unterschiedenen Traditionszweig hindeutet, zumal diesem Befund eine Reihe weiterer Berührungen mit Jak zur Seite steht (s. dazu Konradt 2009). 1Petr ist also als ein gegenüber der paulinischen Tradition eigenständiges frühchristliches Zeugnis zu lesen, das aus einem breiteren Traditionsreservoir schöpft.

## 1. Theologische Grundlagen

1. Die Situation der Christen in der Welt wird im 1Petr schon im Präskript als Fremdlingschaft konzeptualisiert (1,1, vgl. 1,17; 2,11). Mit diesem Motiv ist mithin eine programmatische Grundbestimmung gesetzt: Als Folge ihrer Erwählung sind sie in dieser Welt nicht zuhause, sondern in der Fremde (vgl. dazu Feldmeier 1992, 95–192; Müller 2015). Der 1Petr zeigt (auch) an dieser Stelle eine fundamentale Affinität zum Jak (s. u. a. Jak 1,1: „in der Diaspora", → X.1/1), doch sprechen die beiden Briefe in unterschiedliche situative Konstellationen hinein: Während der Jak der Anpassung an die ‚Welt' zu wehren sucht, steht im 1Petr die Leidenssituation im Fokus, die aus dem gesellschaftlichen Anderssein der Christen resultiert. Die „Feuersglut" (4,12), der die Adressaten ausgesetzt sind, erscheint als das den Brief bestimmende Moment, angesichts dessen es gilt, die Hoffnung auf das verheißene Heil zu bewahren und vom christlichen Lebenswandel nicht abzukommen. Der 1Petr zielt mit seiner parakletischen Ausrichtung (vgl. 5,12) darauf, die Adressaten in dieser Aufgabe zu unterstützen, indem er ihnen Trost zuspricht, Orientierung zu geben sucht und sie zum Durchhalten motiviert (zum 1Petr als einem paränetischen Schreiben Popkes 1996*,

102; Sandnes 2004, 374–381; Dryden 2006, 37–53). Für den 1Petr im Ganzen kennzeichnend und seine Struktur prägend ist dabei ein unlösliches Mit- und Ineinander von theologischen Aussagen und Ausführungen zum Lebenswandel (vgl. Thurén 2004, 357). Theologie und Ethik sind hier untrennbar miteinander verwoben.

Fragt man näher nach der Signatur der Leidenssituation, so ist das Einzige, was konkret geschildert wird, die Entfremdung zwischen Nichtchristen und Christen aufgrund unterschiedlicher Lebensorientierungen. Die Hinwendung zum christlichen Glauben bedeutet einen Bruch mit früheren sozialen Bindungen und einen Rückzug aus Teilen des gesellschaftlichen Lebens. Die dadurch brüskierten Zeitgenossen reagieren darauf mit Schikanierung und Ausgrenzung, Diffamierung und Verspottung (vgl. Guttenberger 2010, 17–26; Le Roux 2018, 51–59), so dass sich die Christen sozialer Ächtung ausgesetzt sehen (Bechtler 1998, 83–104). Indizien für eine staatlich organisierte, von den Behörden *ausgehende* Verfolgung gibt es hingegen nicht, was allerdings nicht bedeutet, dass das Unverständnis und die Vorurteile in der Bevölkerung, mit denen sich die Christen konfrontiert sahen, nicht letztendlich dazu führten, dass sie vor Gericht gezogen wurden und sich vor den Behörden zu verantworten hatten (vgl. Feldmeier 1992, 105–112; Holloway 2009, 66–72; Poplutz 2018, 214–217).

2. Um sein parakletisches Anliegen zum Erfolg zu führen, kann der Verfasser sich nicht darauf beschränken, Verhaltensleitlinien für den Umgang mit der Bedrängnis zu präsentieren, sondern er muss zugleich auch einen Deutungshorizont für das Leiden aufbauen. Der 1Petr interpretiert das Leiden erstens mit dem Motiv des Prüfungsleidens (1,6f; 4,12), das 1,7 durch den verbreiteten Vergleich mit der Läuterung des Goldes nachvollziehbar zu machen sucht (vgl. Prov 17,3; Sach 13,9; Mal 3,3; SapSal 3,5f; Sir 2,5; 1QH XIII,16 sowie auch Platon, Resp III 413e; Seneca, Prov 5,10). Das Leiden ist daher nicht als etwas Unerwartetes oder Fremdes anzusehen (4,12), das die Erwählung durch Gott in Frage stellt; vielmehr dient das Leiden zum Erweis der Echtheit des Glaubens (1,7) und ist geradezu Bestätigung der Erwählung (4,16f, vgl. Klein 2011, 421). Daneben tritt zweitens die christologische Verankerung der Leidensthematik hervor: Leiden ist Christusnachfolge (2,21). Des Näheren ist der die Gemeindesituation kennzeichnende *Doppel*aspekt der Erwählung durch Gott und der Zurückweisung durch die Zeitgenossen in Christus vorabgebildet, denn Christus ist der „lebendige Stein, der zwar von den Menschen verworfen wurde, bei Gott aber auserwählt und kostbar ist" (2,4). Am Weg Christi kann man drittens erkennen, dass das Leiden Zwischenstation auf dem Weg zur Herrlichkeit ist (3,18, vgl. auch 1,19.21). Entsprechend soll für die Adressaten ihre Gemeinschaft mit Christus im Leiden Anlass zur Freude sein, „damit ihr euch auch in der Offenbarung seiner Herrlichkeit jubelnd freut" (4,13). 1,21 verankert die Hoffnung der Glaubenden explizit in der Auferweckung Christi, und schon in der Eingangseulogie 1,3–12 wird zum Durchhalten in der kurzen Zeit der Trübsal (1,6) motiviert, indem das Heil vor Augen gemalt wird, „das schon bereitliegt, um in der letzten Zeit geoffenbart zu werden" (1,5). Der Blick wird auf die Zukunft gerichtet. Die Hoffnung, zu der die Glaubenden durch die Auferstehung Jesu Christi aus den Toten wiedergeboren sind (1,3), wird zur bestimmenden Dimension – nicht von ungefähr ist der erste Imperativ des Briefes die Aufforderung, ganz und gar auf die Gnade zu hoffen (1,13, vgl. Horrell 2013, 227).

3. Der *Motivierung* zum christlichen Leben durch den Ausblick auf das für die Glaubenden bereitliegende Heil steht im 1Petr dessen *Begründung* in dem gnadenhaften Handeln Gottes zur Seite. Im Zentrum steht dabei die Heilsbedeutung des Leidens Christi. So stellt 1Petr 2,22–25 in einer sichtlich an Jes 53 orientierten Deutung des Leidensweges Jesu pointiert den stellvertretenden Charakter des Todes Jesu heraus: Christus selbst „hat unsere Sünden an seinem Leib an das Holz hinaufgetragen, damit wir, den Sünden abgestorben, der Gerechtigkeit leben" (2,24). Anders als Paulus in Röm 6 spricht 1Petr hier nicht im Singular von der Sünde als Macht, der die Glaubenden durch die Teilhabe an Christus entkommen sind, sondern von der Vergebung der Sünden (singularisch aber 1Petr 4,1), die ihnen in Christus zuteilwird und die auf ein durch Gerechtigkeit geprägtes Leben zielt. 1Petr 1,18f benutzt zur Deutung dieses Geschehens die Metapher des Loskaufs (von Sklaven), bei dem nicht Gold oder Silber als Zahlungsmittel diente, sondern das „kostbare Blut Christi als eines untadeligen und makellosen Lammes". Herausgekauft wurden die Glaubenden aus ihrem früheren „nichtigen, *von den Vätern überlieferten* Lebenswandel" – ein schroffer Affront gegen die Hochschätzung des *mos maiorum* in der römischen Welt (vgl. Poplutz 2018, 217f), der sich nahtlos in die Konzeptualisierung christlicher Existenz als Fremdlingschaft einfügt (vgl. Feldmeier 2005, 77) –, gerufen sind sie als Losgekaufte zu einem Wandel in Heiligkeit (1,15) und Gottesfurcht (1,17).

In 1,3.23 dient die Metapher der Wiedergeburt dazu, die Lebenswende der Glaubenden anschaulich zu machen und den radikalen Bruch mit der alten Existenz pointiert hervortreten zu lassen. Der Rekurs auf die Konversion der Adressaten ist überhaupt ein bestimmendes Moment der argumentativen Strategie des 1Petr und ein zentrales Element seiner ethischen Agenda, um die christliches Leben kennzeichnende Verhaltensdifferenz zu den Zeitgenossen einzubetten (vgl. Dryden 2006, 43f): Ihr Anderssein ist Resultat des Gotteshandelns an ihnen, durch das sie in ein neues Leben geführt wurden. Gegründet ist diese Lebenswende allein in der „großen Barmherzigkeit" Gottes (1,3, vgl. 2,10). 1,23 führt – analog zu Jak 1,18 – das Wort Gottes als Wirkmittel der Geburt ein, so dass der Christenmensch als „*creatura verbi*" (Feldmeier 2005a, 89) erscheint. Die Bezeichnung des Wortes als „lebendig" und „bleibend" dient dazu, auf dessen fortdauernde Wirkmächtigkeit im Glaubenden abzuheben. Die explizite Identifizierung des Wortes mit der Verkündigung des Evangeliums in 1,25 macht des Näheren deutlich, dass ein der Zugehörigkeit zu Gott entsprechender Lebenswandel, wie er in 1,22 in der Agapemahnung zum Ausdruck kommt, nichts Zweites nach der Heilsbotschaft ist, sondern integraler Bestandteil derselben. 2,2 zeigt zugleich, dass die Wirkmacht des lebendigen Wortes kein Selbstläufer ist. Was Jak 1,21 schlicht als Annahme des Wortes bezeichnet, ist hier – die vorangehende Metaphorik weiterführend – bildlich eingekleidet: Die durch das Wort Wiedergeborenen sollen nach der vernünftigen bzw. *worthaften* (vgl. Giesen 1999, 158f; Feldmeier 2005a, 90f) und unverfälschten Milch (τὸ λογικὸν ἄδολον γάλα) verlangen. Kommt durch die Rede von der worthaften Milch einerseits die bleibende Angewiesenheit der Neugeborenen auf Gott zum Ausdruck, so ist andererseits das als Imperativ formulierte und so die Metapher, streng genommen, durchbrechende Verlangen der Neugeborenen zugleich transparent für die Mahnung, in Gottes Heilshandeln durch einen diesem entsprechenden Lebenswandel aktiv einzustimmen. Die Zueignung und die das Handeln einschließende Aneignung des Heils gehören unlöslich zusammen. Dieses Miteinander kommt *in nuce* in dem Nebeneinander der beiden Aussagen zum Ausdruck, die in 1,22a und 1,23 die Mahnung zur Liebe (1,22b, → 2.3/1) unterbauen und qualifizieren (vgl. Prasad 2000, 357). Während die passivische Aussage in 1,23 das Geborenwerden durch das Wort thematisiert, kommt in der Rede von der Reinigung der Seele zu ungeheuchelter Geschwisterliebe das menschliche Einstimmen in das Heilshandeln Gottes an den Christusgläubigen zum Ausdruck. Der Komplementarität beider Aussagen korrespondiert, dass 1Petr das endzeitliche Heil ganz in Gott gegründet sein lässt (1,3–5) und zugleich vom Handeln der Christen abhängig macht (1,17; 3,9; 5,2–4). In pragmatischer Hinsicht konvergieren beide Aspekte in dem Anliegen, die Adressaten zum Durchhalten zu motivieren: Sie dürfen in ihrer Bedrängnis sicher sein, dass das Heil für sie schon bereitliegt (1,5) – wenn sie ihrer christlichen Lebensorientierung treu bleiben.

Ist der Wandel der Glaubenden vom Wort mitgewirkt, so begegnen im 1Petr darüber hinaus auch ein pneumatologischer Akzent und die diversifizierende Entfaltung der göttlichen Gnade in individuell zugewiesenen Gnadengaben. 1,2 spricht von der „Heiligung durch den Geist", die sich, wie das nachfolgende Satzglied zu verstehen gibt, im Gehorsam der Christen manifestiert und erweist (vgl. zur Deutung Schmidt 2013, 240). Nach 4,10f sollen Christen einander dienen, „ein jeder mit der Gabe, die er empfangen hat, als die guten Haushalter der mancherlei Gnade Gottes. ... Wenn jemand dient, dass er es tue aus der Kraft, die Gott gewährt ...". Kurzum: Christliches Handeln ist Ausfluss empfangener Zuwendung Gottes. Es gründet in Gottes Heilshandeln in Christus und ist durch Gottes Gabe des Geistes und des bleibenden wirkmächtigen Wortes ermöglicht und angetrieben.

4. Dem starken Akzent auf Gottes Heilswirken in Christus als Grundlage christlicher Existenz fügt sich ferner ein, dass 1Petr mehrfach auf die Vorstellung des berufenden Handelns Gottes rekurriert (1,15; 2,9.21; 3,9; 5,10), der im Präskript die Anrede der Adressaten als *„erwählte* Fremdlinge" (1,1, vgl. ferner 2,9; 5,13) und die Rede von der „Vorsehung Gottes" (1,2) zur Seite stehen. Aufmerksamkeit verdient, dass in diesen Aussagen soteriologische (2,9; 5,10) wie ethische Aspekte (1,15; 2,21; 3,9) begegnen (vgl. bei Paulus das Nebeneinander von 1Thess 2,12 und 4,7). Dabei zeigt sich eine facettenreiche Korrelation zwischen dem von den Berufenen geforderten Handeln einerseits und dem Handeln Gottes bzw. Christi andererseits.

In 1Petr 1,15f ist die Berufungsvorstellung mit dem Gedanken der *imitatio Dei* verbunden, der in V.16 noch durch einen expliziten Bezug auf Lev 19,2 untermauert wird: „Wie der, der euch berufen hat, heilig ist, werdet auch ihr heilig in eurem ganzen Lebenswandel." Diese Mahnung erscheint im Briefduktus „als eine übergeordnete oder zusammenfassende Forderung" (Münch 2009, 134, vgl. Giesen 2004, 371f; Klein 2011, 412–415, für eine ausführliche Analyse der Heiligkeitsvorstellung im 1Petr s. Schmidt 2013). Paradigmatisch wird hier deutlich, dass die aus Gottes Berufung resultierende Zugehörigkeit zu Gott, wie sie in der Vorstellung der Heiligkeit zum Ausdruck kommt, nicht nur ein entsprechendes Handeln ermöglicht, sondern auch dazu verpflichtet. 3,9 bezieht Gottes Berufungshandeln direkt auf das von Christen geforderte Verhalten: Sie sind berufen, die zu segnen, die sie schmähen. Die sich anschließende

Motivierung „damit ihr Segen ererbt" unterstreicht nicht bloß allgemein die soteriologische Bedeutung des Lebenswandels, was durch das (unmarkierte) Zitat von Ps 34,13-17 in V.10-12 verstärkt wird (vgl. z.B. noch 1,17; 5,4.6), sondern konturiert dies wiederum durch die Korrespondenz zwischen Gott und dem von den Christusgläubigen geforderten Handeln, nur geht es hier nicht um die Verankerung der Mahnung in Gottes vorgängigem Handeln, sondern um Motivierung durch Gottes zukünftiges Handeln: Wer segnet, wird von Gott gesegnet werden.[1] Anders ist die Relation in 2,21, wo die Rede von Gottes Berufung mit der Vorstellung einer christologisch ausgerichteten Vorbildethik im Blick auf das Leiden verknüpft ist. Die an die Sklaven ergehende Mahnung, es zu ertragen, um guter Taten willen leiden zu müssen, wird in V.21 dadurch plausibilisiert, dass sie dazu *berufen* worden seien, da auch Christus für sie gelitten und ihnen ein Vorbild hinterlassen hat. Analog zum Gedanken der *imitatio Dei* geht es hier um die Christusförmigkeit der Existenz. Charakteristisch für den 1Petr ist, dass auch in diesem Zusammenhang die Rede von der Gnade begegnet (2,19f), die sich als *cantus firmus* durch den gesamten Brief zieht. Nicht nur der Heilsempfang ist Manifestation der Gnade Gottes (1,10.13; 3,7; 5,10), sondern auch die aus der gelebten Christusbeziehung folgende Konsequenz, in der Fremde der ungerechten Welt dem Leiden ausgesetzt zu sein. Die Eröffnung des Schlusspassus 5,10-12 bringt dieses Moment auf den Punkt: Der Brief will bezeugen, „dass dies die wahre Gnade Gottes ist", woran sich die Aufforderung knüpft: „In diese stellt euch hinein!" „Gnade ist die befreiende Möglichkeit, von der der Brief permanent reden bzw. in die er einüben wollte: unter den prekären jetzigen Bedingungen hoffen zu können" (Brox ³1989, 245f).

5. Mit den kräftigen, das Handeln begründenden Rekursen auf das Heil wird den Adressaten zugleich auch vor Augen gemalt, was auf dem Spiel steht. Wenn man nämlich durch Gottes berufendes Handeln so privilegiert wurde wie die Adressaten, wäre es töricht, dieses Geschenk leichtfertig auszuschlagen. Der Verfasser versucht den Adressaten also einzuschärfen, was sie preisgeben, wenn sie nicht durchhalten. *Für sie* liegt ein unvergängliches Erbe im Himmel bereit (1,4); die Propheten haben von der Gnade *für sie* geweissagt, ihnen wurde offenbart, dass sie nicht sich selbst, sondern *ihnen mit ihrer Botschaft* dienen sollten (1,10-12); *um ihretwillen* ist Christus am Ende der Zeiten offenbart worden (1,20); *für sie* hat Christus gelitten (2,21, vgl. auch 3,18 und die Rede vom *teuren* Blut Christi in 1,19). Nicht zuletzt werden – ganz in der durch 1,2 gelegten Spur, wo mit der Rede von der Besprengung mit dem Blut Jesu Christi auf den Bundesschluss am Sinai (Ex 24,8) angespielt wird – die Würdeprädikate des Gottesvolkes Israel auf die christlichen Gemeinden übertragen und direkt auf die Adressaten bezogen: „Ihr aber seid ein auserwähltes Geschlecht, eine königliche Priesterschaft, eine heilige Nation, ein Volk zum Eigentum ..." (1Petr 2,9, vgl. Ex 19,5f; Jes 43,20f). In ihrem Wandel sollen sie diesem Status gerecht werden – wissend, dass Gott „ohne Ansehen der Person nach dem Werk eines jeden richtet" (1,17). Auch und gerade für den 1Petr ist die Gnade alles andere als billig.

---

[1] Vorausgesetzt ist in dieser Deutung, dass sich „*dazu* seid ihr berufen" nicht auf das Nachfolgende bezieht (= ihr seid berufen, dass ihr Segen ererbt), sondern „dazu" mit der vorangehenden Mahnung zu verbinden ist, also: Ihr seid dazu berufen, zu segnen, damit ihr Segen ererbt (mit Piper 1980, 224-229). Nach Thurén 1995, 151-153 ist eine Entscheidung zwischen den beiden Optionen nicht möglich; der Text sei „ambiguous on purpose" (153).

## 2. Inhaltliche Konkretionen christlichen Lebenswandels im 1Petr

Sucht der 1Petr die Adressaten in ihrer Leidenssituation zu ermutigen, indem er sie anleitet, das Leiden durch Sinngebung und den Ausblick auf das bereitliegende Hoffnungsgut zu bewältigen, so ist auch die Ausrichtung der ethischen Ermahnung im 1Petr stark durch den Konflikt mit den Zeitgenossen geprägt. Charakteristisch ist für den 1Petr, dass er weder der Leidenssituation mit einem umfassenden Anpassungsstreben zu entgehen sucht noch einem pauschalen Differenzpathos huldigt. Vielmehr sucht er auf dem schmalen Grat zu wandeln, das Durchhalten der aus dem Christusglauben folgenden Differenz im Lebensstil zu (weiten Teilen) der sonstigen Gesellschaft in einigen substantiellen Bereichen (2.1) mit einer auf Konfliktreduktion zielenden Doppelstrategie zu verbinden, die zum einen den in anderen Bereichen bestehenden Konsens über das ethisch Gute als Chance begreift, die Außenwahrnehmung positiv zu beeinflussen, und zum anderen das Wohlverhalten in den Konfliktsituationen selbst betrifft (2.2).[2] Als dritter Punkt ist abschließend die Gestaltung des gemeindlichen Miteinanders im Geist der Liebe und Demut anzusprechen, das angesichts der gesellschaftlichen Sonderexistenz der „erwählten Fremdlinge" (1,1) von zentraler Bedeutung ist (2.3).

### 2.1 Das Durchhalten der Verhaltensdifferenz

Die Fremdlingsexistenz der Christen in dieser Welt soll sich darin manifestieren, die (auch) ethische Differenz zur Umwelt durchzuhalten und dem alltäglichen Konformitätsdruck, der von der Mehrheitsgesellschaft ausgeht, nicht nachzugeben. Insbesondere kann lasterhafter Wandel, der in der Wirklichkeitskonstruktion des Verfassers Kennzeichen der ‚heidnischen' Welt ist, in den Biographien der Glaubenden nur Teil ihrer Vergangenheit sein, von der sie durch Gottes Gnadenhandeln losgekommen sind und sich dauerhaft lossagen müssen (1,14; 4,2-4). Eine prominente Bedeutung kommt in diesem Zusammenhang der – im 1Petr immer im Plural gehaltenen – Rede von den Begierden zu (vgl. Münch 2009, 143–147). In 1,14-16 bildet die Absage an ein Verhalten, das sich von den Begierden bestimmen lässt, das Widerlager für die Mahnung zur Heiligung: Heiligung impliziert, aus dem Bereich des Profanen bzw. Gottfernen, der als durch das Walten der Begierden geprägt erscheint, herausgenommen zu sein. Ganz auf dieser Linie gibt 2,11 die Enthaltung von den Begierden als Implikat der Fremdlingsexistenz der Christen zu verstehen und verknüpft 4,2f ein Leben gemäß den Begierden der Menschen mit dem „Trachten der Heiden".

2,11 bindet die Rede von den Begierden ferner in einen anthropologischen Dualismus ein, hinter dem der Traditionseinfluss des hellenistischen Judentums sichtbar wird: Der Verfasser charakterisiert die Begierden als *fleischlich* (vgl. 4,2) und sieht sie gegen die *Seele* – als die Instanz

---

[2] Mit der Komplementarität beider Dimensionen wird versucht, spannungstolerant zusammenzubinden, was bei Balch 1981 (Betonung der Assimilation) und Elliott 1981 (Betonung der Differenz) dahin tendiert, als Alternative von einander diametral entgegengesetzten Deutungen des 1Petr zu erscheinen. Für einen beide Dimensionen verbindenden Mittelweg vgl. Horrell 2013, 211–238.

im Menschen, der die Potenz innewohnt, den Menschen auf Gott und seinen Willen hin bezogen sein zu lassen – zu Felde ziehen (vgl. Jak 4,1 von den Lüsten): Wer sich ungezügelt dem (unstillbaren) Begehren nach sinnlichem Genuss und maximalem Lustgewinn hingibt, verfehlt sein Leben und ‚rekontaminiert' die zuvor bei der Wiedergeburt vom lasterhaften Wandel gereinigte Seele (1Petr 1,22). Denn Hingabe an die Begierden bedeutet Selbstbezogenheit statt Ausrichtung auf den Mitmenschen in Liebe (1,22) und führt zugleich zur Fremdbestimmung unter dem Deckmantel, in lustvoller Sinnlichkeit Erfüllung zu finden. 4,2–4 zeichnet die Distanz zum „Trachten der Heiden" in die Existenzwende der Adressaten ein, die lange genug in „demselben Strom der Liederlichkeit" schwammen und nun mit ihrer Abkehr davon Befremden bei ihren Zeitgenossen auslösen. Die hier aufleuchtende Differenzmarkierung ist kaum bloß als rhetorischer Gestus zu etikettieren. Dahinter stehen reale soziale Erfahrungen. Auf der anderen Seite lässt sich aus den Aussagen nicht, einem Schwarz-Weiß-Denken folgend, eine umfassende Entgegensetzung von Lebensstilen ableiten – auch die Vergangenheit der Adressaten wird kaum allein aus Ausschweifungen bestanden haben. 1Petr macht selbst deutlich, dass es neben der Differenz auch übergreifende ethische Konsense gibt (→ 2.2/2). Es geht um einzelne Bereiche, die durch die Aufzählung in 4,3, so traditionell und klischeehaft diese ist (vgl. z.B. Sir 18,30–19,5; Röm 13,13; Gal 5,19–21), hindurchscheinen: Bei den Ausschweifungen dürfte sexuelle Freizügigkeit, die im Gefolge frühjüdischer Torauntweisung in der frühchristlichen Paränese schon in 1Thess 4,3–5 als Kennzeichen ‚heidnischen' Lebenswandels hervorgehoben wird, zumindest inbegriffen sein. Dazu kommen Festgelage und gesellschaftliche Anlässe, die mit der Verehrung paganer Gottheiten verbunden sind und von denen die Christen sich zurückziehen (vgl. Smith 2016, 47–51). Dies reicht, um die Christen zu Außenseitern zu machen. 1Petr mahnt, dem Impuls, wieder mitschwimmen zu wollen, nicht nachzugeben. Wird in diesem Zusammenhang in 1,3–9 auf das bereitliegende zukünftige Heil verwiesen, so hier auf das Gericht, in dem sich die Zeitgenossen für ihren Lebenswandel werden verantworten müssen (4,5) – und das auch die Glaubenden vor Augen haben müssen (1,17). Die wiederholten Mahnungen in 1,14; 2,11; 4,2–4 machen jedenfalls deutlich, dass die Begierden auch für die Wiedergeborenen eine reale Gefährdung darstellen (vgl. Cavin 2013, 59–63).

## 2.2 Die ethische Dimension der Reaktion auf die Bedrängnis

Das Fortsetzen der Abwendung von ‚heidnischer' Lasterhaftigkeit ist indes nur die eine Seite. Daneben stellen sich die Fragen, wie man sich angesichts des Konflikts in konkreten Konfrontationen verhalten soll und welche Handlungsoptionen offenstehen, um die Konflikte nicht unnötig anzuheizen. Will man in diesem Zusammenhang historisch unangemessene Wertungen vermeiden, ist für beide Fragen vorab zu bedenken, dass die Christen eine gefährdete Minorität ohne politische Einflussmöglichkeiten bildeten.

1. Zur ersten Frage ist als Leitmotiv das bereits oben angedeutete Moment in Erinnerung zu rufen, das Leiden als Unschuldige nach dem Vorbild Christi zu (er)tragen (2,21). 1Petr rekurriert mehrfach auf das Kriterium, dass die Christen *nicht als Übeltäter*, sondern *als solche, die Gutes tun*, Bedrängnis erleiden (2,19f; 3,14–17; 4,14–16). Das Leidensschicksal Jesu wird zum Paradigma dafür, dass Schuldlosigkeit in dieser Welt nicht vor Bedrängnis schützt (vgl. Mt 5,10). 1Petr gibt sich hier keiner Illusion hin; Gerechtigkeit wird erst von Gottes Gericht erwartet (4,5.17–19). Die Leidensnachfolge der Glaubenden betrifft dabei nicht nur das Auf-sich-Nehmen des

Leidens an sich, sondern auch den Modus, wie den Widersachern begegnet werden soll. Denn der Aussage über Christus in 2,23, dass er, als er geschmäht wurde, nicht Schmähworte erwiderte und nicht drohte, als er litt, sondern es dem anheimstellte, der gerecht richtet, korrespondiert in 3,9 die zumindest auch auf die Außenbeziehungen bezogene Mahnung, Böses nicht mit Bösem und Schmähwort nicht mit Schmähwort zu vergelten, sondern zu segnen.

Zum Aspekt der Konfliktvermeidung ist 4,15 heranzuziehen, wo an die Mahnung, niemand solle als Mörder oder Dieb oder Übeltäter leiden, als viertes Glied „oder als jemand, der in Fremdes eingreift" angehängt ist. Gemeint ist wohl, dass die Adressaten sich nicht ungefragt in die Belange anderer einmischen sollen, um sie von der hohen Warte ihrer moralischen Überlegenheit zu kritisieren.³ Dass ein solches Verhalten feindselige Reaktionen evozieren würde, liegt auf der Hand. Zugleich müssen umgekehrt die Christen im Sinne ihres Auftrags, den Herrn Christus zu heiligen, stets vor allen zur Verantwortung bereit sein, die von ihnen Rechenschaft fordern über die Hoffnung, die in ihnen ist (3,15; zum Verhältnis von V.15a und V.15b vgl. Kampling 2009, 173f). Abwendung von *bestimmten* gesellschaftlichen Bereichen ist nicht gleichbedeutend mit Rückzug in die Totalisolation eines selbst verordneten Ghettos. Von den schmerzhaften Erfahrungen der Anfeindung dürfen sich Christen nicht zu innerer Emigration verleiten lassen, denn völlige Abwendung von der Gesellschaft und Kommunikationsabbruch ist keine statthafte Strategie (vgl. Seland 2005, 173). Gefordert ist des Näheren, sich von Verleumdungen nicht provozieren zu lassen und, ganz im Sinne von 3,9, nicht mit Gegenaggression, aber auch nicht mit einem ostentativen Überlegenheitsgestus, sondern „*mit Sanftmut*" zu reagieren (3,16). Zum souveränen Umgang mit den Nachstellungen gehört schließlich, dass die Adressaten wissen, dass die Widersacher ihnen keinen Schaden zufügen können (3,13), denn entscheidend ist, der verheißenen Herrlichkeit bei der Offenbarung Christi teilhaftig zu werden (1,7; 4,13; 5,1.4.10), wie Christus durch das Leiden hindurch in die Herrlichkeit einging (1,11.21; 4,13). Furcht vor Menschen ist daher fehl am Platze (vgl. Mt 10,26–31; Lk 12,4–7).

2. 1Petr verfolgt daneben die Strategie, dass die Christen ihre guten Werke für sich sprechen lassen sollen. Sie werden zwar aktuell als Übeltäter verunglimpft (2,12) – wohl aufgrund ihrer Distanzierung von den paganen Kulten und (einigen) gesellschaftlichen Anlässen –, sollen aber ihre guten Werke als Chance begreifen, die Kritiker zum Verstummen zu bringen (2,15). Impliziert ist darin, wie oben angedeutet, dass die Differenz zur ‚heidnischen' Umwelt lediglich die eine Seite der Medaille ist, die nur einige Lebensbereiche betrifft, während für andere ein ethischer Basiskonsens in der Beurteilung dessen existiert, was rechtschaffenes Verhalten ist.

---

³ Verwiesen wird als Hintergrund für das hier erstmals belegte Wort ἀλλοτριεπίσκοπος (zur Deutung vgl. v. a. Brown 2006) häufig auf Epiktets Verteidigung des Kynikers, dass dieser „sich nicht in fremde Angelegenheiten einmischt, wenn er die menschlichen Dinge untersucht" (Diss 3,22,97, vgl. z.B. Brown 2006, 553f; Guttenberger 2010, 22). Plutarch hat der neugierigen Einmischung in fremde Angelegenheiten einen eigenen Traktat gewidmet (*De curiositate* [Mor 515b–523b]). Frühjüdisch ist z.B. auf TestIss 3,3f zu verweisen.

Ein konkreter Bezug der Rede von „guten Werken" auf Wohltätigkeit im Sinne bürgerschaftlichen Engagements im Gemeinwesen (vgl. Winter 1994, 21–23.33–40) ist zwar eine im Lichte des Sprachgebrauchs in der griechisch-römischen Umwelt mögliche Option, doch spricht ein ganzes Bündel an substantiellen Gründen gegen eine solche Engführung: Es bliebe unverständlich, warum auf solche Taten geradezu feindselig reagiert wird. Es ist ferner unwahrscheinlich, dass einzelne Mitglieder der Gemeinden oder auch die Gemeinden als Ganze zu substantieller Wohltätigkeit finanziell überhaupt in der Lage waren. Schließlich ist auch nicht selbstverständlich vorauszusetzen, dass bürgerschaftliche Wohltätigkeit der Christusgläubigen in der jeweiligen Polis akzeptiert worden wäre (vgl. die Diskussion bei Williams 2014, 37–104, ferner z. B. Sandnes 2004, 381–403). Darüber hinaus spricht schon das Gegenüber von „Gutes tun" und „Übles tun" in 2,12.14; 3,17 bzw. Sündigen in 2,20 gegen eine Engführung im dargelegten Sinn; es geht vielmehr allgemein um rechtschaffenes Verhalten. In ebendiesem offenen Sinn ist die Rede von „guten Werken" bzw. vom „Tun des Guten" im Übrigen auch in frühjüdischen und frühchristlichen Schriften vielfältig belegt (s. z.B. Tob 12,7; TestBenj 5,2f; Sib 3,220; Philon, Abr 37; Mt 5,16; Lk 6,33.35; Joh 10,32f; Apg 9,36; 2Kor 9,8; Eph 2,10; 1Tim 3,1; 5,10.25; 6,18; 2Tim 2,21; Tit 1,16; 2,7.14; Hebr 10,24).

2,12 schreibt den guten Werken der Christen sogar die Potenz zu, diejenigen, die sie aktuell noch als Übeltäter attackieren, zur Einsicht gelangen zu lassen und sie gar für den christlichen Glauben zu gewinnen (betont von Dettinger 2014, 147f). Die kritische Distanz der Christen zu relevanten Bereichen des religiös durchformten – und daher für die Christen götzendienerischen – gesellschaftlichen Lebens, ruft Animosität gegen sie hervor. Diese kann sich aber wandeln, wenn die Zeitgenossen an den Christen nicht nur wahrnehmen, was sie befremdet und brüskiert, sondern auch, was diese Gutes tun. Denn damit verbindet sich die Hoffnung, dass die, die Übles gegen die Christen reden, zu Menschen werden, die Gott – am Tage des Gerichts – lobpreisen werden (vgl. Mt 5,16). Gerade Situationen, in denen die Glaubenden im Sinne von 1Petr 3,15 zur Rechenschaft herausgefordert sind, können die Gelegenheit bieten, ihren guten Lebenswandel sichtbar zu machen, und zugleich mag der Ausblick auf solche Situationen noch zusätzlich zum Tun des Guten motivieren, um in diesen nicht ‚mit leeren Händen' dazustehen.

1Petr 2,12 ist in seiner Aussage allerdings nicht ganz eindeutig, denn man könnte den Vers, für sich genommen, auch so deuten, dass die Widersacher zu spät, nämlich erst im Gericht, „am Tage der Heimsuchung", zur Einsicht kommen (so z.B. Balch 1981, 87; Holloway 2009, 176f; Williams 2014, 170) und ihr Lobpreis sie dann nicht mehr zu retten vermag (vgl. das Gerichtsszenario in 1Hen 62f). Dagegen spricht aber die Entfaltung in 2,15 und die analoge Hoffnungsperspektive in 3,1f, wo in V.2 im Übrigen dasselbe Verb beggenet wie in 2,12. Man wird daher in 2,12 die dem „Tag der Heimsuchung" vorangehende Bekehrung derer, die jetzt noch schlecht gegen die Christusgläubigen reden, als Voraussetzung ihres Lobpreises am Gerichtstag mit hinzudenken müssen (vgl. Gielen 1990*, 391f). Anzumerken ist allerdings zugleich, dass im 1Petr an anderer Stelle der gute Wandel der Christen gerade als der Anlass für Anfeindung erscheint (2,20; 3,14.16f; einseitig betont von Williams 2014, 254–260). Erklärbar ist dies, wenn man beachtet, dass 1Petr „guter Wandel" oder „gute Werke" als Generalbegriff für christliches Leben verwendet, das zum Teil Animosität evoziert, dem zum Teil aber zugleich die Chance innewohnt, auch von anderen als gut anerkannt zu werden.

3. Im Kontext fungiert die Mahnung in 2,12, einen guten Wandel unter den ‚Heiden' zu führen, im Verbund mit V.11 als eine Art Überschrift über die nachfolgende Unterweisung, in der 1Petr Anleihen an der Haustafeltradition macht (→ IV.1.2.2). Von den dreimal zwei Gliedern aus Kol 3,18–4,1; Eph 5,22–6,9 finden sich in 1Petr 2,18–3,7 allerdings nur Unterweisungen für Sklaven (2,18–25) und Ehefrauen (3,1–6) sowie, recht knapp, für Ehemänner (3,7); 2,13–17 bezieht ferner das Verhalten gegenüber der Obrigkeit mit ein (vgl. Tit 3,1f). Die Abschnitte zu den Sklaven und den Frauen enthalten jeweils eigentümliche, auf den Kontext, nämlich auf das Thema von 2,12, den Wandel unter den ‚Heiden', bezogene Zuspitzungen: Sklaven sollen sich nicht nur den gütigen, sondern auch den „verdrehten" Herren in aller Furcht (= Gottesfurcht, vgl. 2,17) unterordnen, was konkret auf die Konstellation bezogen sein dürfte, dass ein christusgläubiger Sklave einen Nichtchristen als Herrn hat (vgl. Bechtler 1998, 165). Bei den Frauen wird ausdrücklich der Fall einer Mischehe angesprochen (3,1f, vgl. 1Kor 7,12–16). Im Lichte der Aussage von Plutarch betrachtet, dass eine Ehefrau sich der religiösen Verehrung ihres Mannes anzuschließen habe (ConjPraec 19 [Mor 140d]), ist diese Konstellation auffällig. Selbst wenn Plutarch eher sein Ideal beschreibt, als eine allgemein verbreitete Realität abbildet (s. immerhin ferner Xenophon, Oec 7,8; Dionysios Hal., AntRom 2,25,2–4; Stobaios 4,23,58 [ed. Wachsmuth/Hense IV p. 588,3–6]), ist es evident, dass in dem in 1Petr 3,1f begegnenden Fall Konfliktpotenzial liegen konnte (vgl. Balch 1981, 85). Nichts anderes gilt für Haussklaven (von solchen spricht 2,18), die an der religiösen Orientierung ihres Haushalts nicht partizipieren wollen und durch ihre Distanzierung ihren jeweiligen Herrn brüskieren. Die unabhängig vom *pater familias* erfolgte Hinwendung von Frauen oder Sklaven zum christlichen Glauben bedeutete faktisch einen Bruch mit Konventionen des patriarchalen Hauses (vgl. Bauman-Martin 2004, 264–268.274) und war geeignet, die Christen dem Verdacht auszusetzen, gesellschaftlichen Aufruhr zu betreiben. Die an die Haussklaven und Frauen ergehenden Mahnungen zur Unterordnung erhalten in diesem Kontext den Charakter einer Strategie zur Konfliktvermeidung oder zumindest -reduktion. An ihrem Verhalten soll deutlich werden können, dass mit der Abwendung von paganen religiösen Praktiken keine darüber hinausgehende bzw. prinzipielle Ablehnung der etablierten gesellschaftlichen Ordnung verbunden ist. Im Vergleich mit Kol/Eph fällt ferner auf, dass die Mahnung an die Sklaven in 1Petr 2,18–25 nicht mit einem Verweis auf Christus als den Herrn, von dem sie Lohn zu empfangen hoffen, begründet wird (Kol 3,22–25; Eph 6,5–8), sondern mit dem leidenden Christus: Die Sklaven werden aufgefordert, Misshandlung im Sinne der Christusmimesis geduldig hinzunehmen. Der Kommentar, dass es Gnade bei Gott sei, wenn die Sklaven als solche, die Gutes tun, das Leiden ertragen (2,20), ist im Lichte der politischen Machtlosigkeit der Adressaten betrachtet kein blanker Zynismus. Ebenso wenig wird es der Situation gerecht, hier von einem Verrat am befreienden Erbe biblischer Tradition wie des Exodus zu sprechen (gegen Balch 1986, 96f), sondern die Ausführungen reflektieren die „Überlebensstrategie" (Feldmeier 1992, 161; Evang 2006, 26–28) einer bedrängten Minorität, die am Leidensschicksal Christi Orientierung zu gewinnen vermag.

Mit der Rede von einer Konfliktreduktions- bzw. Überlebensstrategie soll indes nicht insinuiert werden, dass die Konvergenz mit gesellschaftlich akzeptierten Werten in der haustafelartigen Paränese *allein* ein taktisches Zugeständnis darstellt. Die Paränese in 1Petr 2,18–3,7 ist für den Autor – als Kind seiner Zeit – authentischer Teil der Entfaltung guten Wandels (2,12) und des Tuns des Guten (2,15). Das strategische Element besteht darin, die konfliktträchtige Verweigerung paganer religiöser Praxis in der Hausgemeinschaft dadurch kompensieren zu wollen, dass ansonsten das Wohlverhalten innerhalb der etablierten Ordnungen umso mehr betont wird.

Ein weiterer Aspekt ist zu bedenken: Die Haussklaven stehen hier, überblickt man 2,18–25 als Ganzes, *exemplarisch* für die Christusnachfolge im Leiden, zu der *alle* Christen gerufen sind, denn V.21 hat kaum allein die Haussklaven im Blick, und schon die Aussagen in V.19f sind nicht allein für die in V.18 adressierten Sklaven gültig. Anders gesagt: Die Haussklaven werden als *ein* Modell angeführt, wie dem von Christus hinterlassenen Vorbild zu entsprechen ist (vgl. Prostmeier 1990, 158f.333.411; Eisele 2015, 132–134). Kompositorisch spiegelt sich die paradigmatische Rolle der Sklaven für alle Christen darin, dass der Passus zu den Sklaven in 1Petr 2,18–3,7 anders als in den Haustafeln in Kol 3,18–4,1; Eph 5,22–6,9 nicht am Ende, sondern am Anfang der gruppenspezifischen Paränese steht (vgl. Feldmeier 1992, 145).

Im Licht von 2,17 ist in der Rede vom „in Furcht reinen Wandel" der Frauen (3,2) „Furcht" wie in 2,18 auf die *Gottes*furcht zu beziehen (vgl. für viele Gielen 1990*, 349.359.483f.520). Es wird gerade nicht gefordert, dem *pater familias* in seiner Rolle als Herr bzw. als Ehemann in derselben Ehrfurcht zu begegnen wie Gott (gegen Bird 2011, 91.97.112f). Dem gottesfürchtigen Lebenswandel der Frauen wird nun in 3,1f sogar zugetraut, dass er als Tatzeugnis die ‚heidnischen' Ehemänner für den Christusglauben zu gewinnen vermag. Die Option, dass eine Christin die Ehe mit einem Partner, der sich (bislang) der christlichen Botschaft verschlossen hat (1Petr 3,1), auflöst (vgl. 1Kor 7,12–16), gerät erst gar nicht in den Blick. Die sich in 3,3f anschließende Schmuck- und Kleidungsparänese nimmt einen verbreiteten Topos auf, der auch in 1Tim 2,9f rezipiert ist (→ IV.3.3/4), doch ist das Thema in 1Petr 3 nicht das Auftreten in der Gemeinde, sondern eben das Verhalten in einer Mischehe. Entsprechend schließt sich auch kein Lehrverbot für Frauen an (1Tim 2,11f), sondern die christusgläubigen Frauen, deren Schmuck „der verborgene Mensch des Herzens in der Unvergänglichkeit des sanften und stillen Geistes" ist (1Petr 3,4), werden – auf der Linie des Selbstverständnisses der Gemeinde als Israel (s. v. a. 1Petr 2,9f) – als Töchter der (idealisierten) Erzmutter Sara geadelt, die hier stellvertretend für die „heiligen Frauen" (3,5) steht. Wiederum anders als in 1Tim 2,13f wird die Geschlechterrollenethik in 1Petr 3 also nicht schöpfungstheologisch unterbaut, sondern ihr wird durch die Phalanx vorbildlicher Frauen in den Schriften Israels eine historische Tiefendimension und damit Ehrwürdigkeit verliehen.

Neben diesen Unterschieden ist zwar auch eine Reihe von Konvergenzen zu den Past zu verzeichnen: Frauen und Sklaven werden im Sinne der Wahrung der etablierten gesellschaftlichen Ordnung zur Unterordnung gemahnt (Tit 2,5.9; 1Petr 2,18; 3,1); ebenso sollen sich die Glaubenden in die staatliche Ordnung einfügen (1Tim 2,1f; Tit 3,1; 1Petr 2,13–17); das Einst der eigenen Existenz kann durch Lasterkataloge illustriert werden (Tit 3,3; 1Petr 4,3, vgl. ferner die Lasterkataloge in 1Tim 1,9f; 6,4f; 2Tim 3,2-4 sowie auch 1Petr 2,1), denen die guten Werke der jetzigen Existenz gegenüberstehen (1Tim 2,10; 5,10.25; 6,18; 2 Tim 2,21; 3,17; Tit 2,7.14; 3,1.8.14; 1Petr 2,12.15.20; 3,6.17; 4,19), die auch von den Außenstehenden als solche gewürdigt werden können. Gleichwohl ist die Gesamtausrichtung im 1Petr, schon durch die Dominanz der Leidensthematik, die in den Past nur im 2Tim (1,8.12; 2,3.9f; 3,11f; 4,6f) hervortritt, eine sichtlich andere. Der Betonung der Wahrung der bestehenden Ordnungen wohnt hier, wie dargelegt, stärker das Moment einer Konfliktreduktionsstrategie inne, und diesem Aspekt steht eine Negativzeichnung der ‚heidnischen' Zeitgenossen zur Seite, die in den Past kein Pendant findet: Sie schwimmen in einem Strom der Zügellosigkeit (1Petr 4,4, vgl. in den Past allenfalls das Aufleuchten einer negativen Sicht der „Ungläubigen" in 1Tim 5,8 und implizit in Tit 3,3). Damit geht einher, dass 1Petr die Adressaten als Fremdlinge in der Welt anspricht und der Fokus auf die Differenz zwischen christlichem und paganem Lebensstil gerichtet ist, während in den Past die Akzeptanz bei den Außenstehenden geradezu als dominantes Motiv hervortritt (vgl. Williams 2014, 166, zur Differenz zwischen 1Petr und Past s. auch Fatum 2005, 192). Schließlich ist in diesem Zusammenhang noch einmal aufzunehmen, dass im 1Petr der leidende Christus als Orientierungspunkt dient (2,21-25) und die gruppenspezifische Paränese in 2,18-3,7 durch die Mahnung zum Vergeltungsverzicht in 3,9, wie sie sich ähnlich auch in der Jesustradition findet (Mt 5,38-48; Lk 6,27-35, vgl. ferner z. B. Röm 12,17; 1Thess 5,15), perspektiviert wird und aus diesem Blickwinkel betrachtet als etwas substantiell anderes erscheint denn als bloße Anpassung an die Konventionen der paganen Gesellschaft. Vielmehr ist „[d]as Ziel der gesamten Paränese ... *ein an Jesu Verhalten und Wort ausgerichtetes Ethos des bewußten Gewaltverzichts, mehr noch: einer Überwindung des Bösen durch das Gute*" (Feldmeier 1992, 163).

Eine Differenz zu den Past zeigt sich auch darin, dass in 1Petr 3 in V.7 anders als in Tit 2 (→ IV.3.3/2) eine Mahnung an den Mann folgt, die sein Verhalten gegenüber der Frau thematisiert. Im Unterschied zu Kol 3,19; Eph 5,25-33 werden die Männer nicht zur Agape, sondern zur Ehrerbietung aufgefordert, womit konkret ein achtungs- und rücksichtsvoller Umgang anvisiert ist (vgl. 1Thess 4,4). Das Thema der Mischehen ist in 1Petr 3,7 verlassen. Vielmehr werden die Frauen als Miterben der Gnade des Lebens charakterisiert, womit die Gestaltung der ehelichen Beziehung in eine eschatologische Perspektive gerückt wird (vgl. Münch 2009, 152). Ferner dürfte die Zielangabe „damit eure Gebete nicht behindert werden" das *gemeinsame* Gebet der Eheleute im Blick haben (anders Gielen 1990*, 532). *Beide* sind also Christen.

Dem Aspekt, dass die Rezeption der Haustafeltradition in 2,18-3,7 unter dem Vorzeichen des Wandels unter den ‚Heiden' steht, korrespondiert, dass in 2,13-17 eine Ermahnung vorgeschaltet ist, die das Verhalten gegenüber der weltlichen Obrigkeit betrifft. 2,13 mahnt zur Unterordnung, spricht aber anders als Paulus in Röm 13,1 nicht von einer göttlichen Einsetzung der Obrigkeit, sondern klassifiziert diese als bloß „*menschliche* Institution". Jeder sakral überhöhte Legitimitätsanspruch wird damit *schon im Ansatz* unterlaufen (vgl. Horrell 2013, 231; Rubel 2018, 75f). Entsprechend differenziert denn auch die den Passus beschließende Mahnung in 2,17 – im Unterschied zum vermutlichen Referenztext Prov 24,21$^{\text{LXX}}$ – zwischen der Furcht Gottes und der bloßen Ehrung des Königs. Die Herrschaftslegitimation im 1Petr fällt also zurückhaltend aus: Es entspricht dem Willen Gottes (2,13.15), sich den Instanzen einzufügen, die durch Bestrafung der Übeltäter und Lob derer, die sich wohlverhalten, die gesellschaftliche Ordnung gewährleisten (sollen). Mehr aber nicht.

Aufmerken lässt, dass V.16 die als Tun des Guten interpretierte Unterordnung mit dem Status der Christen als Freie verknüpft und eine solche Handhabung der Freiheit, aus der heraus sich die Freien aus Einsicht in Gottes Willen den Ordnungen unterstellen, von einem Missverständnis der Freiheit abgrenzt, das die Freiheit zum Deckmantel des Bösen werden lässt (vgl. Gal 5,13). Man wird kaum fehlgehen, dass diese Einbindung der Freiheitsthematik einen konkreten Anhaltspunkt in der Adressatensituation hat. Im Kontext gibt es aber keine Hinweise auf ein Missverständnis der Freiheit als einer durch nichts gebundenen Libertät. Vielmehr geht es um die Abwehr des Irrtums, mit der Bindung an den einen Gott von den gesellschaftlichen bzw. staatlichen Ordnungen bereits entbunden zu sein (vgl. Wolff 2001, 428). Die Christen sind zwar Fremdlinge in der Welt, leben aber noch in dieser und haben sich daher in die bestehenden Ordnungen einzufügen. Eine solche Einordnung ist für den 1Petr gerade kein Widerspruch zur Zugehörigkeit der Christen zu Gott, sondern dokumentiert im Gegenteil ihre Bindung an Gottes Willen und gehört daher zum Tun des Guten. Die Loyalität gegenüber menschlichen Autoritäten wird also in die Bindung an Gott integriert, findet an dieser aber zugleich auch ihre notwendige Grenze (vgl. Gielen 1990*, 373). Das differenzierte Nebeneinander der Mahnungen in 2,17 spiegelt dieses nuancierte Verhältnis zwischen der Verbindung von Gottesfurcht und Loyalität gegenüber menschlichen Autoritäten einerseits und der nötigen Unterscheidung zwischen Gott und Menschen andererseits.

War im Voranstehenden das Bestreben leitend, die Paränese in 1Petr 2,13–3,7 nicht ahistorisch zu be- bzw. zu verurteilen, sondern aus ihrem gesellschaftlichen Kontext heraus zu verstehen, so ist abschließend zu betonen, dass darin impliziert ist, dass die einzelnen Mahnungen in ihrer gruppenspezifischen Ausrichtung selbstredend nicht auf heutige Gesellschaften übertragbar sind, in denen Gleichberechtigung und die gleiche Würde aller Menschen unhintergehbare Ausgangspunkte darstellen bzw. jedenfalls darstellen sollten. Eine Reflexion über die in diesem Abschnitt analysierten ethischen Aushandlungsprozesse, deren Ergebnisse im 1Petr zutage treten, ist damit indes nicht obsolet. Auch heute finden sich Menschen – z. T. ohnmächtig – in ungerechten Strukturen vor. Christen werden, wo sie die Möglichkeit besitzen, sich immer für die Überwindung solcher Strukturen einzusetzen haben, und kein Außenstehender besitzt das Recht, Menschen, die unter ungerechten Strukturen leiden, zur stillen Duldung anzuhalten. Ebenso wenig besteht aber das Recht, darüber befinden zu wollen, inwiefern Opfer ungerechter Strukturen selbst in der „Überlebensstrategie" des 1Petr für sich hilfreiche Elemente entdecken können oder in der Inbeziehungsetzung zum *leidenden* Christus Trost zu finden vermögen (der 1Petr spricht selbst aus einer Binnenperspektive und nicht von außen!). Zudem hat der in den ethischen Aushandlungsprozessen im 1Petr zutage tretende Grundimpuls, Böses nicht mit Bösem zu vergelten, sondern durch das Gute zu überwinden und Unrechtstäter durch das Zeugnis guten Handelns für andere Handlungsperspektiven gewinnen zu wollen, in einer vom christlichen Glauben bestimmten Wirklichkeitsgewissheit nichts an Bedeutung und Aktualität eingebüßt.

### 2.3 Die Gestaltung des Miteinanders im Geist der Liebe und Demut

1. Neben das Durchhalten der Differenz zu den Außenstehenden im Lebensstil bei gleichzeitigem Bemühen, die daraus resultierenden Konflikte abzufedern oder gar zu vermeiden, tritt das Desiderat einer positiven Gestaltung der gemeindlichen Binnenbeziehungen. Theologisch ist auch für den 1Petr von fundamentaler Bedeutung, dass Christen nicht bloß individuell „wiedergeboren" werden, sondern, in Anlehnung an 2,5 gesprochen, als lebendige Steine eines geistlichen Hauses eine Gemeinschaft bilden (vgl. „Haus Gottes" in 4,17 und die Gottesvolkidentität der Christen in 2,9f). Für die Gestaltung dieser Gemeinschaft spielt die Liebe auch im 1Petr eine hervorgehobene Rolle. 1Petr rekurriert in diesem Zusammenhang weder wie die Jesustradition oder der Jak explizit auf das Gesetz, noch wird wie in der paulinischen Tradition ausdrücklich Christus als Modell der Liebe aufgerufen. Die Agape erscheint ohne weitere Begründung schlicht als Hauptpunkt christlicher Paränese.

Grundlegend ist die Mahnung in 1,22f, einander *aus reinem Herzen beständig* (ἐκτενῶς, zur Deutung Evang 1989, 116–118.121f) zu lieben, die durch die Rekurse auf die in der Konversion erfolgte Reinigung der Seele *zu ungeheuchelter Geschwisterliebe* und auf die Wiedergeburt durch das wirkmächtige Wort Gottes gerahmt wird (→ 1/3). Der Ton liegt hier auf den die Liebe qualifizierenden Näherbestimmungen. Während „aus reinem Herzen" die Qualifizierung der Liebe als ungeheuchelt verstärkt, ist die Mahnung zu *beständiger* Liebe darin begründet, dass auch das lebendige, wirkmächtige Wort ein „bleibendes" ist und die Wiedergeborenen also dauerhaft zur Liebe antreibt. Es geht darum, angesichts der Anfeindungen von außen im Blick auf den inneren Zusammenhalt nicht zu ermüden. Charakteristisch für den 1Petr ist zudem, dass die Mahnung zur Liebe durchgehend binnengemeindlich orientiert ist. Statt von Menschenliebe (φιλανθρωπία) zu sprechen, wird in 1,22 wie bei Paulus (1Thess 4,9; Röm 12,10) der Begriff der Geschwisterliebe (φιλαδελφία) aufgenommen (vgl. noch 1Petr 3,8 sowie Hebr 13,1; 2Petr 1,7) und von der Familie auf die Gemeinde übertragen. Klar zum Ausdruck kommt die binnengemeindliche Konzentration der Liebesforderung auch in 2,17, wo neben der Furcht Gottes und der Ehrung des Kaisers ferner zwischen der Ehrung aller Menschen und der auf die Geschwister bezogenen Liebe unterschieden wird. Die Verhaltensformen und Pflichten werden hier klar gruppenbezogen differenziert (vgl. Elliott 1981, 120.231).

Die Aufforderung zur Liebe wird in 4,8 bekräftigt. Die Einleitung mit „vor allem" verweist auf das Gewicht der Mahnung. Wie in 1,22 geht es um die Beständigkeit der Liebe. Der angefügte Begründungssatz wird meist so verstanden, dass dem Liebenden die Bedeckung der *eigenen* Sünden verheißen wird. Man wird aber beachten müssen, dass hier eine auch in Jak 5,20 begegnende Tradition zugrunde liegt, die von Prov 10,12[MT] inspiriert ist (vgl. auch Prov 17,9). Nach Jak 5,20 bedeckt der, der einen Sünder von seinem Irrweg zurückführt, eine Menge von Sünden, und zwar nicht die eigenen, sondern die des Sünders (→ X.2/4). Das wird auch für 1Petr 4,8 gelten. Ist dies richtig, findet die Liebe hier eine Konkretion im vergebungsbereiten Umgang der Gemeindeglieder miteinander, womit ein schon in Lev 19,17f begegnendes Anwendungsfeld des Liebesgebots aufgenommen wird (→ II.3/4). Für den Zusammenhalt einer Minorität ist es unabdingbar, Störungen des Zusammenlebens auszuräumen, indem man einander Verfehlungen vergibt. Der durch die Liebe bestimmte Zusammenhalt und die

Solidarität unter Christen findet in 4,9 noch darin eine Konkretion, dass reisenden Glaubensgeschwistern Gastfreundschaft gewährt wird. Gastfreundschaft ist in der Antike, in der es kein Hotelwesen gab, allgemein ein hohes Gut. Die Näherbestimmung, dass Gastfreundschaft „ohne Murren" gewährt werden soll, reflektiert die finanzielle wie zeitliche Inanspruchnahme, die mit ihr verbunden ist (vgl. Schrage ²1989*, 282): Christliche Gastfreundschaft soll von der Großzügigkeit der Liebe geprägt sein. Die Konzentration der Entfaltung der Charismen auf Wortverkündigung *und diakonische Tätigkeiten* in 4,10f knüpft ebenfalls nahtlos an die Mahnung zur Liebe in 4,8 an. Die Diakonie gehört zu den zentralen Kennzeichen christlicher Gemeinschaft. 4,11 macht dabei noch einmal deutlich, dass Gott die Kraftquelle solchen Handelns ist (vgl. den Verweis auf das Wort in 1,23!). Damit direkt verbunden ist ein doxologisches Moment christlichen Handelns: Wo sich diakonische Gemeinschaft ereignet, gereicht dies Gott zur Ehre, so dass das diakonische Handeln mit dem Ziel verknüpft ist, dass „in allem Gott durch Jesus Christus verherrlicht wird" (4,11).

2. In 3,8 ist das Adjektiv „geschwisterliebend" Mittelglied einer fünfgliedrigen Reihe, die Tugenden für das Miteinander in der Gemeinde und deren inneren Zusammenhalt zusammenstellt, für den neben der Liebe das Streben nach Einmütigkeit, Mitgefühl mit den anderen Gemeindegliedern in den Widerfahrnissen ihres Lebens und von Barmherzigkeit bestimmtes Zugewandtsein zu den anderen von fundamentaler Bedeutung sind. Die große Bedeutung des Schlussgliedes „demütig" wird durch 5,5 unterstrichen, wo zugleich deutlich wird, dass Demut als Bestreben, nicht Selbstdurchsetzung zu betreiben, sondern den Belangen anderer Raum zu geben, in der christlichen Gemeinschaft keine Einbahnstraße, sondern auf Wechselseitigkeit angelegt ist (vgl. Prostmeier 1990, 470). Niemand muss sich selbst Geltung und Ansehen verschaffen; niemand steht damit unter dem Druck, sich selbst immerzu vorteilhaft zu inszenieren, sondern man empfängt Wertschätzung von anderen und lässt sie selbst anderen zuteilwerden. Die Weiterführung der Paraklese in 5,6 mit der Mahnung, sich unter die starke Hand Gottes zu demütigen, verweist auf die Verankerung der Demut als einer zwischenmenschlichen Tugend in der angemessenen Haltung des Menschen vor Gott. Die hervorgehobene Bedeutung von Liebe und Demut in der Ethik des 1Petr hat eine Analogie in der paulinischen Ethik (→ III.3–4), was aber nicht auf eine traditionsgeschichtliche Abhängigkeit des 1Petr von paulinischer Tradition verweist, sondern auf den hohen Stellenwert, den Liebe und Demut als Leitwerte ethischer Reflexion im entstehenden Christentum insgesamt einnehmen.

Zieht man schließlich noch 5,1–5a hinzu, so wird deutlich, dass die an alle gerichtete Forderung der Demut im Sinne wechselseitiger Wertschätzung in das Modell einer Gemeinschaft eingebunden ist, dem Binnendifferenzierung nach unterschiedlichen Rollen oder auch nach Statuspositionen nicht fremd ist, denn die Jüngeren werden in V.5a zur Unterordnung unter die Ältesten gemahnt. Zugleich wird aber das von den Ältesten erwartete Verhalten, ganz auf der Linie des Jesuslogions in Mt 20,25; Mk 10,42 (vgl. Feldmeier 2013, 259), vom in der Welt üblichen Herrschaftsgebaren abgegrenzt. Autoritäten sind sie nur, wenn und sofern sie durch ihre Lebenspraxis als Vorbilder zu überzeugen vermögen. Nicht zu übersehen ist das umgekehrte Längenverhältnis der Ermahnung der Ältesten und der Jüngeren in 5,1–5a im Vergleich zu 3,1–7. Der Ton liegt darauf, Machtmissbrauch durch die Übergeordneten entgegenzuwirken (vgl. Feldmeier 1992, 169), und die Demutsforderung ist gerade nicht eine spezifisch an die Jüngeren gerichtete Mahnung, sondern gilt explizit allen (vgl. Bechtler 1998, 173). Insbesondere zeigt 5,1-5, dass die der Reduktion von Konflikten im paganen Umfeld dienende Mahnung an Sklaven und Frauen zur Unterordnung nicht damit einhergeht, dass 1Petr generell ein unkritisches Verhältnis zu etablierten Machtstrukturen hätte. Das Unterdrücken anderer hat in der christlichen Gemeinschaft nichts zu suchen.

## Literatur

Balch, David L.: Let Wives Be Submissive. The Domestic Code in I Peter, SBLDS 26, Atlanta 1981.
- Hellenization/Acculturation in 1 Peter, in: Perspectives on First Peter, hg. v. C.H. Talbert, NABPRSS 9, Macon 1986, 79-101.
Bauman-Martin, Betsy J.: Women on the Edge: New Perspectives on Women in the Petrine *Haustafel*, JBL 123 (2004), 253-279.
Bechtler, Steven Richard: Following in His Steps. Suffering, Community, and Christology in 1 Peter, SBLDS 162, Atlanta 1998.
Bird, Jennifer G.: Abuse, Power and Fearful Obedience. Reconsidering 1 Peter's Commands to Wives, LNTS 442, London - New York 2011.
Brown, Jeannine K.: Just a Busybody? A Look at the Greco-Roman Topos of Meddling for Defining ἀλλοτριεπίσκοπος in 1Peter 4:15, JBL 125 (2006), 549-568.
Brox, Norbert: Der erste Petrusbrief, EKK 21, Zürich u. a. ³1989.
Cavin, Robert L.: New Existence and Righteous Living. Colossians and 1 Peter in Conversation with 4QInstruction and the Hodayot, BZNW 197, Berlin - Boston 2013.
Dettinger, Dorothee: Leben in Annäherung und Abgrenzung. Zur Intention christlicher Lebensführung im Ersten Petrusbrief, in: Ehe - Familie - Gemeinde. Theologische und soziologische Perspektiven aus frühchristlichen Lebenswelten, hg. v. ders. - C. Landmesser, ABIG 46, Leipzig 2014, 135-155.
Dryden, J[eff] de Waal: Theology and Ethics in 1 Peter. Paraenetic Strategies for Christian Character Formation, WUNT II.209, Tübingen 2006.
Eisele, Wilfried: Alles in Ordnung? Strukturen und Ziele der Paraklese in 1Petr 2,11-4,11, in: Der Erste Petrusbrief. Frühchristliche Identität im Wandel, hg. v. M. Ebner u. a., QD 269, Freiburg u. a. 2015, 126-137.
Elliott, John H.: A Home for the Homeless. A Sociological Exegesis of 1 Peter, Its Situation and Strategy, London 1981.
Evang, Martin: Ἐκ καρδίας ἀλλήλους ἀγαπήσατε ἐκτενῶς. Zum Verständnis der Aufforderung und ihrer Begründungen in 1Petr 1,22f., ZNW 80 (1989), 111-123.
- Gewalt und Gewaltlosigkeit in der Strategie des 1. Petrusbriefs, ZNT 9 (2006), 21-30.
Fatum, Lone: Christ Domesticated: The Household Theology of the Pastorals as Political Strategy, in: The Formation of the Early Church, hg. v. J. Ådna, WUNT 183, Tübingen 2005, 175-207.
Feldmeier, Reinhard: Die Christen als Fremde. Die Metapher der Fremde in der antiken Welt, im Urchristentum und im 1. Petrusbrief, WUNT 64, Tübingen 1992.
- Der erste Brief des Petrus, ThHK 15/I, Leipzig 2005.
- Wiedergeburt im 1. Petrusbrief, in: Wiedergeburt, hg. v. dems., BThS 25, Göttingen 2005, 75-100 (= 2005a).

– „Basis des Kontaktes unter Christen". Demut als Schlüsselbegriff der Ethik des Ersten Petrusbriefes, in: Bedrängnis und Identität. Studien zu Situation, Kommunikation und Theologie des 1. Petrusbriefes, hg. v. D.S. du Toit, BZNW 200, Berlin – Boston 2013, 249–262.
Giesen, Heinz: Gemeinde als Liebesgemeinschaft dank göttlicher Neuzeugung. Zu 1 Petr 1,22–2,3, SNTU.A 34 (1999), 135–166.
– Lebenszeugnis in der Fremde. Zum Verhalten der Christen in der paganen Gesellschaft (1 Petr 2,11–17), in: ders., Jesu Heilsbotschaft und die Kirche. Studien zur Eschatologie und Ekklesiologie bei den Synoptikern und im ersten Petrusbrief, BETL 179, Leuven 2004, 365–398.
Guttenberger, Gudrun: Passio Christiana. Die alltagsmartyrologische Position des Ersten Petrusbriefes, SBS 223, Stuttgart 2010.
Herzer, Jens: Petrus oder Paulus? Studien über das Verhältnis des Ersten Petrusbriefes zur paulinischen Tradition, WUNT 103, Tübingen 1998.
Holloway, Paul A.: Coping with Prejudice. 1 Peter in Social-Psychological Perspective, WUNT 244, Tübingen 2009.
Horrell, David G.: Becoming Christian. Essays on 1 Peter and the Making of Christian Identity, LNTS 394, London u.a. 2013.
Kampling, Rainer: Bekenntnisrede. Zur Funktion und theologischen Bedeutung des öffentlichen Zeugnisses (1Petr 3,15f), in: Hoffnung in Bedrängnis. Studien zum Ersten Petrusbrief, hg. v. T. Söding, SBS 216, Stuttgart 2009, 165–176.
Klein, Thorsten: Bewährung in Anfechtung. Der Jakobusbrief und der Erste Petrusbrief als christliche Diaspora-Briefe, NET 18, Tübingen – Basel 2011.
Konradt, Matthias: The Historical Context of the Letter of James in Light of Its Traditio-Historical Relations with First Peter, in: The Catholic Epistles and Apostolic Tradition, hg. v. K.-W. Niebuhr – R.W. Wall, Waco 2009, 101–125.403–425.
Lang, Manfred: Lebenskunst und Ethos. Beobachtungen zu Plutarch, Seneca, Philo von Alexandrien und dem 1. Petrusbrief, in: Jenseits von Indikativ und Imperativ, hg. v. F.W. Horn – R. Zimmermann, WUNT 238, Tübingen 2009, 57–76.
Le Roux, Elritia: Ethics in 1 Peter. The *Imitatio Christi* and the Ethics of Suffering in 1 Peter and the Gospel of Mark – A Comparative Study, Eugene 2018.
Müller, Christoph Gregor: Auserwählte als Fremde. Theologische Standortbestimmung im Ersten Petrusbrief, in: Der Erste Petrusbrief. Frühchristliche Identität im Wandel, hg. v. M. Ebner u.a., QD 269, Freiburg u.a. 2015, 9–48.
Münch, Christian: Geschwister in der Fremde. Zur Ethik des Ersten Petrusbriefes, in: Hoffnung in Bedrängnis. Studien zum Ersten Petrusbrief, hg. v. T. Söding, SBS 216, Stuttgart 2009, 130–164.
Niemand, Christoph: „Plan A" und „Plan B" für ein christliches Leben in feindlicher Umwelt. Werkstattbericht aus einer Seminarlektüre von 1 Petr 2,11–4,11, in: Der Erste Petrusbrief. Frühchristliche Identität im Wandel, hg. v. M. Ebner u.a., QD 269, Freiburg u.a. 2015, 138–154.
Piper, John: Hope as the Motivation of Love: 1 Peter 3: 9–12, NTS 26 (1980), 212–231.
Poplutz, Uta: Fremdheit als Chance. Von der Identitätskonstruktion einer frühchristlichen Gemeinde im Spiegel des ersten Petrusbriefes, in: Migrationsprozesse im ältesten Christentum, hg. v. R. von Bendemann – M. Tiwald, BWANT 18, Stuttgart 2018, 207–230.
Prasad, Jacob: Foundations of the Christian Way of Life According to 1 Peter 1, 13–25. An Exegetico-Theological Study, AnBib 146, Rom 2000.
Prostmeier, Ferdinand-Rupert: Handlungsmodelle im ersten Petrusbrief, FzB 63, Würzburg 1990.

Rensburg, Fika J. van: A Code of Conduct for Children of God Who Suffer Unjustly. Identity, Ethics and Ethos in 1 Peter, in: Identity, Ethics, and Ethos in the New Testament, hg. v. J.G. van der Watt, BZNW 141, Berlin – New York 2006, 473–509.

Rubel, Georg: Abgrenzung oder Anpassung? Das Verhältnis der Christen zur Welt nach 1 Petr 2,11–17, TThZ 127 (2018), 61–82.

Sandnes, Karl Olav: Revised Conventions in Early Christian Paraenesis – „Working Good" in 1 Peter as an Example, in: Early Christian Paraenesis in Context, hg. v. J. Starr – T. Engberg-Pedersen, BZNW 125, Berlin – New York 2004, 373–403.

Schmidt, Eckart David: Kult und Ethik: Leben ‚heiliger' Gemeinden. Der Heiligkeitsbegriff in ethischen Begründungszusammenhängen im 1. Petrusbrief, in: Ethische Normen des frühen Christentums. Gut – Leben – Leib – Tugend, hg. v. F.W. Horn u.a., WUNT 313, Tübingen 2013, 225–255.

Seland, Torrey: Strangers in the Light. Philonic Perspectives on Christian Identity in 1 Peter, BiInS 76, Leiden – Boston 2005.

Smith, Shively T.J.: Strangers to Family. Diaspora and 1 Peter's Invention of God's Household, Waco 2016.

Thurén, Lauri: Argument and Theology in 1 Peter. The Origins of Christian Paraenesis, JSNTS 114, Sheffield 1995.

– Motivation as the Core of Paraenesis – Remarks on Peter and Paul as Persuaders, in: Early Christian Paraenesis in Context, hg. v. J. Starr – T. Engberg-Pedersen, BZNW 125, Berlin – New York 2004, 353–371.

Williams, Travis B.: Good Works in 1 Peter. Negotiating Social Conflict and Christian Identity in the Greco-Roman World, WUNT 337, Tübingen 2014.

Winter, Bruce W.: Seek the Welfare of the City. Christians as Benefactors and Citizens, Grand Rapids – Carlisle 1994.

Wolff, Christian: In der Nachfolge des leidenden Christus. Exegetische Überlegungen zur Sklavenparänese I Petr 2,18–25, in: Exegese vor Ort (FS P. Welten), hg. v. C. Maier u.a., Leipzig 2001, 427–439.

# XII. Die Offenbarung des Johannes: Exodus aus Babylon

Die Offb, die mehrheitlich gegen Ende des ersten Jahrhunderts datiert wird, weist sich im einleitenden Kapitel als Niederschrift einer Vision aus, die der Seher Johannes auf der Insel Patmos empfangen hat (1,9-11). Entgegen der älteren *opinio communis* war Patmos für den Seher, bei dem es sich, wie u.a. die intensive Rezeption atl. Texte und Motive zu erkennen gibt, um einen Judenchristen handeln dürfte, wohl eher Rückzugs- als Verbannungsort. Gerichtet ist das Buch an sieben Gemeinden im Westen Kleinasiens (1,4.11), in denen Johannes vermutlich zuvor als Wanderprophet gewirkt hat. Sie werden in Offb 2-3 einzeln in den sog. Sendschreiben adressiert, bevor von Kap. 4 an ein ausführlicher Visionsteil folgt. In der Forschung zur Offb spielen Fragen der Ethik eine aufs Ganze gesehen marginale Rolle. Dies ist insofern verständlich, als der Fokus in der Visionsschilderung mit ihrer bildreichen Sprache darauf gerichtet ist, die irdische Macht Roms, die die Gegenwart der Adressaten scheinbar unausweichlich bestimmt, als eine bloß vorläufige, ja bereits im Vergehen befindliche Herrschaft zu demaskieren, die der endzeitlichen Aufrichtung der Herrschaft Gottes weichen wird (vgl. Labahn 2014). Als bestimmendes Gottesprädikat tritt in der Offb bezeichnenderweise die Rede vom „Pantokrator", vom „Allmächtigen" oder „Allherrscher", hervor (1,8; 4,8; 11,17; 15,3; 16,7.14; 19,6.15; 21,22). In der theologischen Perspektive des Sehers Johannes wird die Weltsituation transparent für den Widerstreit zwischen dem einen Gott und Satan, in dem Letzterer mit seinen irdischen Agenten auf Erden zwar derzeit noch machtvoll zu wirken vermag, aber Gott sich am Ende durchsetzen wird. Die bedrängende derzeitige Weltsituation hat also nicht das letzte Wort, ja sie ist dem Ende bereits nahe (1,3; 2,16; 3,11; 22,7.10.12.20). Mit ihren einleitenden Worten weist die Schrift sich selbst als „Offenbarung Jesu Christi, die Gott ihm gab" aus (1,1). Das heißt: Johannes erhebt den Anspruch, dass das, was er kundtut, auf Christus selbst und letztlich auf Gott zurückgeht. Ihr Inhalt ist nach 1,1, was in Kürze geschehen muss (vgl. 22,6), nach 1,19 etwas fülliger, „was du gesehen hast und was ist und was nach diesem geschehen wird". Dabei wird Christus als Subjekt der Offenbarung auch selbst zu deren Objekt, denn zu ihr gehört, dass dem Seher auch die himmlische Wirklichkeit Jesu Christi enthüllt wird – und deren Konsequenz für die irdische Welt.

Bietet das Buch also „Worte der Weissagung" (1,3, vgl. 22,7.10.18.19) im Sinne der Enthüllung der wahren Weltsituation und der (ihr entsprechenden) kommenden Geschehnisse, so begegnet hingegen nirgends eine ausführlichere ethische Unterweisung, die christliches Verhalten materialethisch näher ausbuchstabiert, auch nicht in den Sendschreiben an die sieben Gemeinden in Offb 2-3 (vgl. Holtz 1989, 434f.440). Schon gar nicht wird irgendwo eine spezifische Frage des Lebenswandels *argumentativ* näher erörtert. Die Bezeichnung der zu Gott Gehörigen als solche, die die Gebote Gottes halten (12,17; 14,12), lässt sich als Indiz dafür verstehen, dass die Tora, in welcher Gestalt auch immer, als relevante Referenzgröße der Handlungsorientierung in Geltung steht (vgl. Kerner 1998, 110-113, anders Karrer 1986, 210). Dass mit Mordtaten, Unzucht und Diebstählen drei der vier Glieder des Lasterkatalogs in 9,21 als Anlehnung an den Dekalog erscheinen, unterstreicht dies. Doch auch hier gilt, dass nirgends in der Offb das Verständnis einzelner Gebote näher erörtert wird. Diese Leerstellen machen die Offb allerdings ethisch nicht belanglos. Sie bietet vielmehr auch in ethischer Hinsicht eine ganz eigene Perspektive im NT. Ihr pragmatisches Zentrum findet sie in dem Anliegen des

Exodus aus Babylon (18,4, vgl. Klauck 1992, 178f; Backhaus 2001, 26), d. h. aus religiös durchformten Bezügen der paganen Gesellschaft, und des Durchhaltens in der daraus folgenden Sonderexistenz. Angesichts der gegenwärtigen Weltsituation, wie sie sich für den Seher im Imperium Romanum darstellt, bleibt den Frommen nichts anderes als die konsequente Distanzierung von der Mehrheitsgesellschaft (vgl. 1Hen 104,6; 108,6–10). Für die Adressaten gilt es, in der verbleibenden Zeit Ausdauer zu zeigen und sich nicht um der gesellschaftlichen Integration willen auf von Johannes als faul erachtete Kompromisse einzulassen, sondern ihren Lebenswandel konsequent im Lichte der in der Offb dargelegten theologischen Perspektive zu gestalten. Denn am Ende werden alle nach ihren Werken gerichtet, so dass sie empfangen, was sie verdienen (2,23; 18,6; 20,12f; 22,12, vgl. auch 14,13). Die sich daraus ergebenden ethischen Aspekte sind im Fortgang zu entfalten. Anders als in den übrigen Kapiteln stelle ich nicht eine Skizze der theologischen Grundlagen voran, sondern flechte relevante theologische Aspekte in die Darlegung der ethischen Anschauungen ein.

## 1. Stärkung in der Bedrängnis und die Mahnung zur Ausdauer

1. Im Unterschied zu den Assoziationen, die in der heutigen Verwendung der Begriffe „Apokalypse" oder „apokalyptisch" dominant sind, bilden nicht die in drei Siebenerzyklen (Siegel, Posaunen, Schalen) strukturierten Katastrophenszenarien den Zielpunkt der Offb, sondern die Vision des neuen Jerusalem (21,1–22,5). Analog zu frühjüdischen Apokalypsen dient die Offb damit für die Gott Treuen in erster Linie dem Trost und der Stärkung angesichts einer als leidvoll erfahrenen Gegenwart und einer als gestört wahrgenommenen Weltordnung, scheinen doch die Frevler zu prosperieren, während die Gerechten leiden (vgl. Schnackenburg 1986/1988*, 2:261; Kerner 1998, 108f). Die Offb bearbeitet also, wie frühjüdische apokalyptische Schriften auch, eine gewichtige kognitive Dissonanz, die sich im Kern als Widerspruch zwischen der Glaubensüberzeugung, dass Gott Herr der Welt ist, einerseits und der bedrängenden Wirklichkeit in der Welt andererseits fassen lässt. In der Welt führen augenscheinlich widergöttliche Kräfte – in der Offb konkret: die für sich selbst göttliche Dignität beanspruchenden Vertreter des Imperium Romanum – das Regiment. Die Enthüllung der transzendenten Wirklichkeit Gottes indes zeigt, dass der irdische Augenschein trügt. Eine Besonderheit der Offb gegenüber der rein futurischen transzendenten Eschatologie frühjüdischer Apokalypsen besteht darin, dass sie die heilvolle Zukunft der Gerechten mit dem Christusgeschehen in einem die Gegenwart bereits bestimmenden Gotteshandeln als verbürgt ansieht. Zentrale Bedeutung kommt hier der Thronsaalvision in Offb 4–5 zu, in der die Darstellung des erhöhten Christus Ohnmacht und Macht, irdische Vulnerabilität und himmlische Souveränität in einer eindrücklichen Darstellung zusammenbindet: Dem von der Himmelsstimme proklamierten siegreichen Löwen aus Juda (5,5) steht das geschaute Lamm (5,6) gegenüber, und dieses selbst sieht einerseits wie geschlachtet aus (5,6), was auf den Kreuzestod Jesu zurückverweist, mit dem er „Menschen für Gott erkauft hat" (5,9), und verfügt andererseits über sieben Hörner und sieben Augen (5,6), womit auf seine Macht und Allwissenheit (vgl. 2,23) verwiesen wird. Jesus hat am Kreuz und durch den Tod hindurch den Sieg errungen (vgl. 3,21). Er ist *als Ge-*

*kreuzigter* der siegreiche Messias. An Christi Beispiel tritt damit anschaulich hervor, dass der irdische Schmerz nicht die finale Bestimmung der Gott Treuen ist. Mehr noch: Mit dem in der Thronsaalvision geschilderten Geschehen, dass das Lamm für „würdig" befunden wird, „das Buch zu nehmen und seine Siegel zu öffnen" (5,9), ist die Durchsetzung der Herrschaft Gottes nicht nur fest verbürgt, sondern bereits in Gang gesetzt. Dem korrespondiert, dass der durch einen Drachen symbolisierte Satan – infolge der Auferweckung und Erhöhung des Gekreuzigten – im Himmel bereits besiegt ist und auf die Erde hinabgestürzt wurde (12,7-9), so dass die Himmelsstimme verkündigt: „Jetzt ist das Heil und die Kraft und die Königsherrschaft unseres Gottes und die Macht seines Christus geworden" (12,10, vgl. 11,17).

Die Glaubenden auf Erden sucht der Seher mit seinem Buch also eindringlich ihrer heilvollen Zukunft zu vergewissern. Gott „wird jede Träne von ihren Augen abwischen" (7,17; 21,4, vgl. Jes 25,8). Ihre aktuelle Situation sieht er indes eben noch dadurch bestimmt, dass der Satansdrache mit seinem Sturz aus dem Himmel auf die Erde hinabgeworfen wurde (Offb 12,9.12) und dort angesichts der wenigen Zeit, die ihm verbleibt, zu einer letzten Anstrengung seiner Kräfte ausholt (12,12-17), so dass die Gott Treuen Bedrängnis (2,2f.9) ausgesetzt sind und mit Inhaftierung (vgl. 2,10; 13,10), ja im schlimmsten Fall sogar mit dem Martyrium rechnen müssen (vgl. 2,13; 6,9-11; 13,10.15; 17,6; 18,24). Die in der Schau des Satanssturzes erkennbare Verschränkung von himmlischem und irdischem Geschehen vermittelt dabei die ohne dieses „Wissen" geradezu paradox anmutende Einsicht, dass sich gerade „[a]n den satanischen Zügen der Jetztzeit … der Sieg des Lammes ablesen [lässt]" (Backhaus 2001, 48). Das impliziert zugleich, dass die Schicksalsgemeinschaft der Gott Treuen mit dem Gekreuzigten das Moment einschließt, dass sie aus der Erhöhung und dem Machtantritt Christi, der „der treue Zeuge, der Erstgeborene von den Toten und der Herrscher über die Könige der Erde" (1,5) ist, Zuversicht für ihre eigene heilvolle Zukunft beziehen (vgl. Lona 1989, 449-452). Was sie jetzt an Bedrängnis erfahren, ist als finales Aufbäumen des Satans dechiffriert, dessen Vernichtung schon im Gange ist; es ist das „Nachzucken eines kosmischen Sieges, der jetzt schon gegenwärtig ist und hymnisch gefeiert werden kann" (Backhaus 2001, 49).

Im Blick auf die Beurteilung der Gestalt der Bedrängnis ist zu beachten, dass die Offb keine Photographie der gesellschaftlichen Lage der Christusgläubigen bietet, sondern ein Gemälde zeichnet, in dem Gegenwartswahrnehmung, deren theologische Deutung und Zukunftserwartung ineinandergreifen und mit phantasiegeladener visionärer Übertreibung die Lage für die Glaubenden düsterer gezeichnet wird, als sie gesamthaft tatsächlich war. Auch wenn man dies berücksichtigt, bleibt indes das Faktum stehen, dass für diejenigen, die es nach den Maßstäben des Sehers Johannes mit ihrem Glauben ernst nehmen, nur eine gesellschaftliche Randposition bleibt, in der sie mit Bedrängnis, Anfeindung und zuweilen mit Schlimmerem rechnen müssen. Dem zuweilen in der Forschung begegnenden Pendelausschlag, die Konflikte auf einzelne Ausnahmen zu reduzieren (vgl. z.B. Kraybill 1996, 30: „a comfortable church with a few in trouble", vgl. 35-38) und dem Seher maßlose Übertreibung zu unterstellen, wird man jedenfalls schwerlich folgen können (vgl. für eine ausgewogene Sicht Backhaus 2001, 18-21).

2. Der mit dieser Situation verbundene Handlungsimpuls ist, standhafte Ausdauer (ὑπομονή) zu zeigen und Glauben bzw. Treue (πίστις) zu bewahren (13,10; 14,12).

Ganz auf dieser Linie zeigt der Katalog in 2,19, der die guten Werke der Gemeinde in Thyatira entfaltet, worauf es ankommt: Liebe (ἀγάπη, vgl. 2,4), Glaubenstreue (πίστις, vgl. 2,13), Dienst (διακονία), Ausdauer (ὑπομονή, vgl. 2,2f; 3,10). Instruktiv und geradezu programmatisch ist ferner die Selbstvorstellung des Sehers Johannes in 1,9, wo er sich mit den Adressaten als „Mitteilhaber an der Bedrängnis und der Königsherrschaft und der Ausdauer (ἐν τῇ θλίψει καὶ βασιλείᾳ καὶ ὑπομονῇ) in Jesus" zusammenschließt. Die Trias „Bedrängnis, Königsherrschaft, Ausdauer" exponiert dabei nicht drei ganz verschiedene Themen, sondern sie spricht Facetten *eines* thematischen Zusammenhangs an. Bedrängnis ist ein wesentliches Kennzeichen der Adressatensituation (vgl. 2,9f; 7,14). Sie gründet in dem konfliktbeladenen Gegenüber von geglaubter Aufrichtung und endzeitlicher Durchsetzung der *Königsherrschaft Gottes*, an der die Glaubenden schon jetzt teilhaben (vgl. 1,6; 5,10, vgl. zu diesem partizipatorischen Aspekt Scholtissek 2001, 193f), und schmerzhaft erfahrener *irdischer Macht des Imperium Romanum*, hinter dem Johannes den Satan (12,7-12) stehen sieht (13,2), und erfordert von den Christen ausdauernde Standhaftigkeit. Die Aufgabe, an dem, was man hat, festzuhalten (2,25; 3,11), wird angesichts von Bedrängnis und Anfeindungen zu einer Herausforderung, in der die Ausdauer (ὑπομονή) als eine Haupttugend hervortritt (vgl. Kerner 1998, 39-44). Die am Ende jedes Sendschreibens begegnenden ‚Überwinder-' bzw. ‚Siegersprüche' (2,7.11.17.26-28; 3,5.12.21) evozieren dabei, wie auch der zweifache Ausblick auf den „Siegeskranz" (2,10; 3,11, vgl. ferner 4,4.10), die Vorstellung eines Wettkampfes, in dem es durchzuhalten gilt (vgl. Hebr 12,1-13). Tragen die Christen in ihrer Leidensnachfolge wie Christus den Sieg davon, werden sie mit ihm auf seinem Thron sitzen, wie er mit seinem Vater auf dessen Thron sitzt (3,21). Die Schlussvision der neuen Welt in 21,1-22,5 verstärkt dieses Moment in 21,7 – und damit im Rahmen der die Klimax der Offb bildenden Rede *Gottes* in 21,5-8 – noch einmal: „Wer siegt, wird dies erben, und ich werde ihm Gott sein, und er wird mir Sohn sein." Die gegenwärtigen irdischen Siege des „Tieres" über die zu Gott Gehörigen (11,7; [13,7a, textkritisch unsicher]) hingegen werden in der Niederlage der endzeitlichen Vernichtung enden (19,11-20,15). Der großen Bedeutung der „standhaften Ausdauer" und der „Glaubenstreue" als geforderter Grundhaltung fügt sich ein, dass der Lasterkatalog in 21,8, bevor Standardglieder wie „Mörder", „Unzüchtige", „Götzendiener" begegnen (s. dazu auch 22,15), durch „die Feigen und Untreuen" eingeleitet wird. Aller die Offb durchziehenden Abgrenzungsrhetorik zum Trotz ist dabei zugleich anzumerken, dass die Hervorhebung von Ausdauer und Glaubenstreue anschlussfähig an römische Tugendvorstellungen mit ihrer Wertschätzung von Tapferkeit und Treue (*fides*) ist (vgl. Karrer 2016, 442-444.450f).

## 2. Die Forderung der Abgrenzung von der Mehrheitsgesellschaft

So wichtig der Aspekt der Stärkung der Bedrängten ist, wäre es indes eine massive Verkürzung, in der Offb allein eine Trostschrift für marginalisierte oder gar verfolgte Christusgläubige zu sehen und ihre ethische Relevanz entsprechend darauf zu fokussieren, sie als eindringlichen Aufschrei gegen das Unrecht auf Erden und die bestehenden Verhältnisse aus der Sicht der Unterdrückten zu lesen (so die Tendenz z. B. bei Wengst 2010). Denn die Offb dient nicht einfach der Vergewisserung unterdrückter Christusgläubiger durch die Bekräftigung des Untergangs der irdisch Mächtigen und der Teilhabe der Glaubenden an der neuen Welt. Sie spricht vielmehr zugleich eminent kritisch in die binnengemeindlichen Entwicklungen der sieben adressierten Gemeinden Kleinasiens hinein, weil der Verfasser Lauheit (2,4f; 3,1f) und vor allem in bedenklicher Weise Assimilation und Teilhabe an der Mehrheitsgesellschaft diagnostiziert. Der paränetische *cantus firmus* der Sendschreiben ist entsprechend der Aufruf zur Umkehr (2,5.16.21f; 3,3.19), der nur in den Schreiben an die Gemeinden in Smyrna (2,8–11) und Philadelphia (3,7–13) fehlt, denen ein rundum positives Zeugnis ausgestellt wird. Von besonderem Belang ist in diesem Zusammenhang, dass der Seher einigen Gemeinden vorwirft, Verkündigern Raum zu geben, die – ganz entgegen seiner eigenen Position – christlichen Glauben mit gesellschaftlicher Teilhabe zu vereinbaren suchen. Dabei begegnet erneut ein Problem, mit dem sich schon Paulus im 1Kor auseinanderzusetzen hatte (→ III.3.2.1/1): der Verzehr von Götzenopferfleisch und damit verbunden die Teilnahme an mit kultischen Akten verbundenen Anlässen der Mehrheitsgesellschaft.

Mit ihrer Argumentation, dass es, da es keine Götzen gibt (1Kor 8,4), auch kein Götzenopferfleisch geben könne, sondern dieses einfach Fleisch sei, rationalisierten die korinthischen ‚Starken' ihr Interesse, soziale Brüche als Konsequenz ihrer Konversion zu minimieren, zumal gesellschaftliche Integration für ihre ökonomischen Interessen grundlegend war. In den Sendschreiben in Offb 2–3 begegnet das Problem des Verzehrs von Götzenopferfleisch gleich zweimal, in 2,14 (Pergamon) und 2,20 (Thyatira). Die zugrunde liegende Interessenlage ist hier keine andere als in Korinth. Während Paulus die Argumentation der ‚Starken' keineswegs rundum zurückweist, ist das Thema in Offb 2,14.20 jeweils mit dem Verweis auf andere Lehrer verbunden, die der Seher ohne Kautelen als Irrlehrer ansieht. Ihre Bezeichnung als Nikolaiten (2,6.15) dürfte nach der noch immer plausibelsten Option auf den zu den Jerusalemer Hellenisten gehörenden Proselyten Nikolaos aus Antiochien (Apg 6,5) zurückzuführen sein, doch ist dies hier nicht näher zu verfolgen. Die biblischen Decknamen „Bileam" (Offb 2,14, vgl. Num 31,16 sowie Philon, VitMos 1,295–299; Josephus, Ant 4,129f; LAB 18,13f) und „Isebel" (Offb 2,20, vgl. 1Kön 16,31–33; 21,25f) verweisen auf atl. Gestalten, mit denen Gefährdungen des Gottesvolkes durch Verwischen der Grenze zu den Völkern verbunden sind – „Isebel" lässt darüber hinaus an das Thema der Verfolgung der Propheten denken (1Kön 18,4.13; 19,2; 2Kön 9,7). Die Verwendung dieser Decknamen dient der Disqualifizierung der gegnerischen Anschauung; im Fall von „Isebel" dürfte der Namenswahl ferner zugrunde liegen, dass die Position der Nikolaiten in Thyatira federführend von einer Frau vertreten wurde (vgl. Gielen 2003, 170). Ihre Kennzeichnung als „Prophetin" (2,20) mag ihr Selbstverständnis bzw. ihre gemeindliche Rolle spiegeln (s. z. B. Wengst 2010, 71), weist sie im Makrokontext der Offb aber (zugleich auch) als binnengemeindliches Pendant zum zweiten Tier in 13,11–17 aus, das in 16,13; 19,20; 20,10 als Falschprophet tituliert wird: Wie dieses die Bürger des Reiches zum Götzendienst verleitet, so „Isebel" die Gemeindeglieder (vgl. Müller 2018, 188).

In 2,14.20 ist die Kritik am Verzehr von Götzenopferfleisch mit dem weiteren Vorwurf verbunden, „Unzucht zu treiben". Letzteres wird man kaum streng in einem sexualethischen Sinn engführen können, auch wenn in spezifisch sexual- bzw. eheethischer Hinsicht – auf der Linie von Ex 34,15f (vgl. Karrer 2009, 445f) – das Thema von Mischehen eine Rolle spielen könnte (so dezidiert Heininger 2011, 64–68). Zentraler Anknüpfungspunkt dürfte die metaphorische Umschreibung des Abfalls Israels von seinem Gott als Ehebruch sein (Jer 3,1–4,4; Ez 16; 23; Hos 1–3 u. ö.). „Hurerei" ist das Sich-Einlassen mit der römischen Gesellschaft und ihren religiösen Ausdrucksformen, d. h., „Hurerei" deutet und bewertet, was mit dem Essen von Götzenopferfleisch ausgesagt wird (vgl. Wolter 2005, 200f). Diese Deutung schließt die These einer Verbindung zum Aposteldekret (Apg 15,20.29; 21,25), in dem „Unzucht" sexualethisch zu verstehen ist, nicht aus. Vielmehr lässt die Zusage an die Gemeinde in Thyatira „ich werfe keine andere *Last* auf euch" (Offb 2,24) an die entsprechende Aussage in Apg 15,28 denken, so dass sich die Annahme nahelegt, dass Johannes sich für seine Position eben auf das Aposteldekret beruft (vgl. Räisänen 1995, 156; Karrer 2009, 434–440).

Der Seher Johannes pocht also auf klare Abgrenzung von der paganen Welt, auf ein strenges ‚Entweder-oder' statt eines kompromissbereiten ‚Sowohl-als auch'. Die Teilhabe an der Königsherrschaft Gottes (1,9) schließt eine Teilhabe an der paganen Mehrheitsgesellschaft im Imperium Romanum aus (vgl. Scholtissek 2001, 202). Nirgendwo sonst wird die christliche Gemeinde im Neuen Testament so konsequent als gegenkulturelle Sondergemeinschaft entworfen wie in der Offb. Während der Autor des 1Petr, der ebenfalls in eine durch Bedrängnis bestimmte Adressatensituation hineinspricht, mit dem stillen Zeugnis des guten christlichen Lebenswandels die Option einer positiven Außenwirkung verbindet (1Petr 2,12.15), ist solcher Optimismus in der Offb dem fokussierten Blick auf das Konfliktpotenzial zwischen der den einen Gott und seinen Christus verehrenden christlichen Gemeinde und der von paganer Religiosität durchtränkten römischen Gesellschaft gewichen. Die ‚Siegersprüche' gewinnen in diesem Zusammenhang den Charakter einer Aufforderung, „sich von jeder Partizipation an der imperialen Kultur des römischen Weltreichs, die das gesamte öffentliche Leben durchsetzt, kompromisslos fernzuhalten" (Wolter 2005, 205). In 18,4 verdichtet sich dieses Moment, wie eingangs angedeutet wurde, in einer prägnanten Aufforderung zum Exodus: „Geht aus ihr hinaus, mein Volk, damit ihr nicht an ihren Sünden teilhabt und damit ihr nicht von ihren Plagen empfangt!" Diese Aufforderung schließt an prophetische Texte an (Jes 48,20; 52,11; Jer 50,8; 51,6.45), doch geht es in Offb 18,4 nicht um räumliche Trennung, sondern eben um gesellschaftliche Separation (vgl. Yarbro Collins 1983, 741; Mathews 2013, 198–202 u. a.). Ein zentrales Problem stellt dabei für den Seher der Kaiserkult dar.

## 3. Der Kaiserkult und das Verhältnis zur Mehrheitsgesellschaft

Der Westen Kleinasiens, in dem sich die adressierten Gemeinden (1,4.11; 2–3) befinden, war eine „Hochburg des Kaiserkults" (Klauck 1992, 160, vgl. Price 1984; Friesen 2001, 23–131). Dabei ist zwischen verschiedenen Ebenen – vom provinzialen über den regionalen und städtischen bis hin zum in Vereinen und privat betriebenen Kaiserkult – zu differenzieren (s. den Überblick bei Pfeiffer 2013, 17-25). Für Christen waren in einem gesellschaftlichen Kontext, in dem die Loyalitätsbekundung gegenüber Rom durch den Kaiserkult ein bedeutender politischer Faktor war und dieser bis in die untere gesellschaftliche Ebene hinein Verbreitung fand, Konflikte vorprogrammiert (vgl. Gielen 2003, 165–168), die für die Gemeinden bedrohlich werden konnten. Dazu muss man nicht einmal annehmen, dass es eine überregional organisierte, gezielte Verfolgung von Christen gab. Aber vor Ort konnte es immer wieder zu einem Vorgehen gegen Christen kommen, die sich dem Kaiserkult verweigerten. Klauck hat des Näheren die sinnvolle Unterscheidung zwischen einer „harten" und einer „weichen" Form (der Durchsetzung) des Kaiserkults eingebracht (1992, 181). Für die harte Durchsetzung lässt sich auf das von Plinius (Ep 10,96,1–10) beschriebene und wohl eine bereits (länger) etablierte Praxis spiegelnde Vorgehen gegen Christen verweisen, diese auf eine Anzeige hin einem Opfertest vor dem Bild des Kaisers (vgl. Offb 13,14f) und den Götterstatuen zu unterziehen und sie zu zwingen, Christus zu verfluchen. Das in Offb 2,13 erwähnte Martyrium eines gewissen Antipas lässt sich hier anführen (vgl. Klauck 1992, 162f). Der (noch) gewichtigere Faktor hingegen dürfte die „weiche" Durchsetzung des Kaiserkults gewesen sein, die sich schlicht aus der Attraktivität der gesellschaftlichen Teilhabe ergab, die für die Christusgläubigen ohne gewisse Kompromisse in Gestalt der (passiven) Teilnahme an religiösen Akten nicht zu haben war.

Im Kaiserkult verdichtet sich für den Seher eine sakrale Überhöhung der politischen Macht, die ihn in eine Totalopposition drängt. Die politischen Instanzen kommen nicht als ordnender Faktor, der durch Bestrafung der Übeltäter (Röm 13,4; 1Petr 2,14) der Sicherung des gesellschaftlichen und wirtschaftlichen Lebens dienen soll, in den Blick. Mit der sakralen Überhöhung der politischen Macht, die dem Alleinverehrungsanspruch des einen Gottes diametral entgegensteht, erscheint das römische Reich dem Seher vielmehr als eine totalitäre Macht, die durch den Satan bestimmt ist (13,2). Implizieren die Passivformen in Offb 13,5–7, wie gemeinhin gedeutet wird (vgl. z.B. Koester 2014, 572), Gott als Subjekt, so dass Gott den Herrschenden Macht verleiht, ergibt sich des Näheren ein spannungsvolles und logisch nicht auflösbares Nebeneinander von 13,2 und 13,5–7, bei dem die Intention der jeweiligen Aussage gleichwohl benennbar ist: 13,5–7 wahrt die Geschichtsmächtigkeit Gottes, 13,2 aber gibt an, von wem das konkrete Agieren des Imperium Romanum angetrieben wird. Dieses erscheint in Offb 13 im Bild eines Tiers aus dem Meer mit zehn Hörnern und sieben Köpfen voll lästerlicher Namen (13,1), das Züge von Panther, Bär und Löwe in sich vereint. In Offb 13,1f verschmelzen damit die vier Tiergestalten von Dan 7,1–8, die dort *nacheinander* auftreten und *verschiedene* Weltreiche repräsentieren, zu einer einzigen Figur. Rom wird damit als *finale* satanische Supermacht, ja als satanische Bestie gezeichnet (vgl. Müller 1984, 249: „die Inkarnation des Teufels"). In der vom Seher geforderten kompromisslosen Distanz gegenüber dem Kaiserkult findet die Forderung standhafter Ausdauer und Glaubenstreue (→ 1) ihre zentrale Bewährungsprobe. Nicht von ungefähr kommentiert der Verweis auf die Ausdauer der Heiligen und ihre Bewahrung der Gebote Gottes und des Glaubens an Jesus in 14,12 das vorangehend geschilderte Gericht an jenen, die das Tier und sein Bild anbeten (14,9–11). Mit ihnen dürfen sich die Christusgläubigen, die im neuen, himmlischen Jerusalem (21,2) ihre endzeitliche Heimstätte haben (wollen), nicht gemein machen. 15,2, wo die in den ‚Siegersprüchen' intonierte Rede vom *Siegen* der Christusgläubigen konkret auf den Kampf gegen das Tier und sein Bild bezogen ist, fügt sich hier nahtlos ein: Johannes sieht in seiner Vision diejenigen am gläsernen Meer vor dem Thron Gottes (vgl. 4,6) stehen, die diesen Kampf erfolgreich durchgestanden haben (vgl. auch 12,11).

Auffallend ist, dass Johannes in seiner Darstellung Roms mit polemischen Parallelismen arbeitet (vgl. Klauck 1992, 172). Nicht nur vom Messias-Lamm heißt es, dass es (wie) geschlachtet ist (5,6.9.12; 13,8), sondern auch einer der Köpfe des ersten Tieres aus dem Meer sah aus „wie hingeschlachtet zum Tode" (13,3). Das zweite Tier hat „zwei Hörner gleich einem Lamm" (13,11), erinnert mit diesem äußeren Merkmal also an das Messias-Lamm, redet aber wie ein Drache, ist also gewissermaßen ein Wolf im Schafspelz (vgl. Mt 7,15). Der Versiegelung der Knechte Gottes (7,1–8; 14,1–5) steht das Zeichen des Tieres gegenüber (13,16f, vgl. 14,9.11; 16,2; 19,20). Die metaphorische Bezeichnung der Gemeinde (19,7) bzw. des aus dem Himmel herabkommenden neuen Jerusalem als Braut Christi (21,9, vgl. 21,2) findet ihr Kontrastbild in der sich verführerisch gebenden „großen Hure Babylon" (17,1.15f; 19,2). Die polemischen Parallelismen dienen dazu, die Macht Roms „als Betrug, weil Nachäffung der wahren Herrschaft Gottes, zu entlarven" (Kerner 1998, 103). Totalitäre Machtambitionen menschlicher Akteure erscheinen als widergöttliche Anmaßung.

Der scharfe Kontrast zwischen der Darstellung Roms als Tier aus dem Meer, dem der Satan Macht verleiht, in Offb 13 und der – Rom einschließenden, ja in Röm 13 konkret auf Rom bezogenen – Aussage von Paulus, dass alle Obrigkeit von Gott eingesetzt und Dienerin Gottes sei (Röm 13,1f.4), ist evident. Wie Röm 13 ist auch die Offb nicht als ein staatstheoretischer Traktat zu lesen. Sie bringt eine dezidierte, durch einen konkreten Konflikt geschärfte Kritik am Imperium Romanum vor, die sich von dem machtkritischen Grundsatz bestimmt zeigt, dass es „neben dem göttlichen Absoluten keine politisch-systemischen Absoluta geben [kann]" (Mayordomo 2013, 133); sie eröffnet dabei keinen positiven Ansatz zur Rolle politischer Instanzen und will dies auch nicht. Röm 13 und die Offb beleuchten jeweils (nur) Teilaspekte – und vermögen damit einander gleichermaßen zu ergänzen wie zu korrigieren. Das schließt ein, dass die Offb innerhalb des neutestamentlichen Kanons ein kritisches Gegengewicht und Korrektiv zum pauschalen Charakter der Aussage in Röm 13 bietet: Machthaber fungieren nicht generell als Diener *Gottes*. Bei aller Problematik ihrer z. T. verstörenden Bildwelt (→ 5) hat die Offb schon deshalb einen berechtigten Ort im neutestamentlichen Kanon, weil sie die blinde Akzeptanz von politischer und wirtschaftlicher Macht und devote Unterwerfung unter diese theologisch unmöglich macht.

## 4. Die Problematik irdischen Reichtums

Ist die konsequente Beachtung des ersten Gebots, die auch durch die Abwehr der Verehrung des Offenbarungsengels in 19,10; 22,8f hervorgehoben wird, der zentrale Referenzpunkt der rigorosen Opposition des Sehers gegen die Mehrheitskultur (vgl. Kerner 1998, 52–60; Scholtissek 2001, 203), so ist hingegen nicht erkennbar, dass Johannes überhaupt als Vertreter eines ethischen Rigorismus oder einer asketischen Moral zu rubrizieren ist (anders z. B. Mayordomo 2013, 116, der einen „radikalen Ruf zum moralischen Rigorismus" vernimmt). Die Charakterisierung derer, die am endzeitlichen Heil teilhaben, als solche, „die sich nicht mit Frauen befleckt haben, denn sie sind jungfräulich" (14,4), steht dem nicht entgegen. Denn hier geht es nicht um Sexualaskese (vgl. exemplarisch Holtz 1989, 438f, anders Schulz 1987*, 551), sondern wiederum im metaphorischen Sinn um die Treue zu Gott: Die 144.000 haben nicht mit „der großen Hure Babylon" (17,1) „Unzucht" getrieben. In sexualethischer Hinsicht wird durch die Erwähnung der Unzucht bzw. der Unzüchtigen in den Lasterkatalogen in 9,20f; 21,8; 22,15 lediglich ersichtlich, was auch sonst im entstehenden Christentum Standard ist: Ihren legitimen Ort hat die Sexualität in der Ehe. Ansonsten gilt: „sexual morality is not a major preoccupation of the Apocalypse" (Hays 1997*, 177).

An einem anderen, ethisch gewichtigen Punkt verbindet der Seher Johannes mit seiner Forderung unbedingter Treue zu Gott indes schwerwiegende und radikal anmutende Konsequenzen: bei der Haltung zum Reichtum. Im Vordergrund stehen hier nicht Fragen des sozialen Ausgleichs (Apg 2,44f; 4,32–35; 2Kor 8,11–15), der karitativen Nutzung von Besitz (Mt 6,19–21; Mk 10,21; Lk 6,30–35; 12,33f; Jak 1,27; 2,13.15f u. ö.) oder der spezifischen individuellen Gefährdungen durch den Reichtum in Gestalt etwa der Problematiken, dass Besitz falsche Sicherheit suggeriert (Lk 12,16–21) oder vom Mittel des Lebens zum götzendienerisch verfolgten Lebensziel mutiert (Mt 6,24 par Lk 16,13). In der Offb wird Besitz vielmehr vor allem deshalb kritisch betrachtet, weil er als Indiz der Verflechtung mit der Mehrheitsgesellschaft und also mit der imperialen Kultur Roms gilt. Luxuriöser Reichtum erscheint als Signatur der tragenden Kräfte des römischen Reiches. Entsprechend tritt die Reichtumsthematik in der Beschreibung des Untergangs „Babylons" in Offb 18 prominent hervor. Der Seher Johannes hat seine dortigen Ausführungen aber durch eine Reihe vorangehender Notizen vorbereitet, die zusammen ein klar konturiertes Mosaikbild ergeben.

Im Sendschreiben an die Gemeinde in Smyrna wird neben ihrer Bedrängnis (θλῖψις) ihre (materielle) Armut (πτωχεία) und Schmähung (βλασφημία) anerkennend angesprochen (2,9). Ob die Armut aus der Bedrängnis, konkret etwa aus der Konfiskation von Besitztümern (vgl. Hebr 10,34), resultiert, Konsequenz selbstgewählter Distanz von ökonomisch relevanten gesellschaftlichen Bezügen ist (vgl. zu diesen Optionen Mathews 2013, 156) oder noch andere Gründe hat, kann man nur mutmaßen, doch zeigt Offb 2,9, dass Armut für den Seher Johannes jedenfalls alles andere als einen Makel darstellt. Vielmehr wird der konstatierten Armut entgegengestellt, dass die Gemeinde in Wahrheit reich ist, nämlich reich bei Gott (vgl. Karrer 2017, 299), wobei der Akzent auf der Teilhabe an der himmlischen Welt liegen dürfte, d.h., Offb 2,9 liegt das Motiv der endzeitlichen Umkehr der Verhältnisse zugrunde (vgl. Mathews 2013, 157-160). Die umgekehrte Konstellation zur Gemeinde in Smyrna zeigt sich im Sendschreiben an die Gemeinde in Laodizea (3,14-22) in 3,17, wo Johannes der Gemeinde die Worte in den Mund legt: „Ich bin reich und bin reich geworden". Das Nebeneinander der beiden Glieder kann man auf soteriologischen und materiellen Reichtum deuten (vgl. Karrer 2017, 365). Selbst wenn Letzterer für die Gemeinde selbst Anlass dankbarer Freude über den ihr von Gott zuteilgewordenen Segen wäre, ist er in der Perspektive des Sehers nichts anderes als ein Indiz dafür, sich in problematischer Weise auf die römische Gesellschaft eingelassen zu haben. Die Laodizener befinden sich in einem Selbstbetrug, weil sie – ähnlich wie die „ehebrecherischen" Weltfreunde in Jak 4,4 (→ X.3/1) – miteinander zu verbinden suchen, worin für Johannes strenge Ausschließlichkeit herrscht. Der falschen Selbsteinschätzung stellt Offb 3,17b das Unwissen über die tatsächliche Lage gegenüber, die durch Armut (vor Gott), Blindheit und Nacktheit geprägt ist – um nur die letzten drei Glieder zu nennen, die in V.18 in dem Ratschlag, geläutertes Gold, weiße Kleider und Augensalbe *von Christus* zu erwerben, weitergeführt werden. Geläutertes Gold lässt das Moment des Standhaltens in der Bedrängnis assoziieren (vgl. SapSal 3,5f; 1Petr 1,7); weiße Kleider tragen die, die den Sieg davontragen (Offb 3,5, vgl. 4,4; 6,11; 7,9.13f); Augensalbe brauchen die Laodizener, um die Dinge – gemäß der von Johannes vertretenen Wirklichkeitsauffassung – richtig sehen zu können. Reichtum wird in der Offb also neu definiert: „als ein von Christus geschenkter Reichtum, der in der Erlösung besteht" (Kowalski 2017, 264).

Das in den Sendschreiben aufscheinende Anliegen spiegelt sich in der Relevanz ökonomischer Aspekte in der Darstellung Roms. In 13,16f tritt der Erweis politischer Loyalität als fundamentaler Faktor für die Partizipation am wirtschaftlichen Leben hervor: Die durch das zweite Tier symbolisierten Akteure des Kaiserkults, die in der provinzialen Priesterschaft ihre Spitze finden, sorgen als – pseudoprophetische (16,13; 19,20; 20,10) – Propagandamaschine des Kaiserkults dafür, dass die für alle Bevölkerungsgruppen unabhängig von ihrem sozialen Status bedeutende Teilhabe an ökonomischen Prozessen nur denen möglich ist, die sich Rom verbunden zeigen. Wer sich dem Tier hingegen verweigert, bezahlt dies mit wirtschaftlichen Nachteilen. Die angesprochenen Passagen in den Sendschreiben belegen, dass der Seher von Christen die Bereitschaft erwartet, ökonomische Nachteile in Kauf zu nehmen, aber dies nicht bei allen gegeben sieht. Zugleich unterstreicht 13,16f im Blick auf die politische Ordnung, dass Johannes eben kein liberales Gemeinwesen vor Augen hat, sondern ein totalitäres Regime.

Auffallend ist schließlich, dass Rom in Offb 18 – durchaus passend zur metaphorischen Beschreibung der Stadt als einer Prostituierten (17,1.5 u.ö.), deren Dienste man kaufen kann (vgl. Jes 23,15-18 zu Tyrus) – zentral als wirtschaftliche Macht und globales Wirtschaftszentrum in den Blick genommen wird. Hinsichtlich der Sicht Roms in der Offb ergänzen also das die militärische Macht Roms darstellende Bild des Tiers aus dem Meer (13,1-8) und das der „großen Hure" (17,1) einander durch ihre unterschiedlichen Schwerpunkte. Der Untergang Roms bedeutet nach 18,7, dass Pracht und Luxus der Stadt in Qual und Trauer verwandelt werden. Bestimmend ist der Fokus auf ökonomischen Aspekten des Imperium Romanum sodann in der Klage über den Untergang „Babylons" in 18,9–19. Alttestamentlich stehen bei diesem Fokus weniger die prophetischen Texte über Babylon selbst (Jes 13,1–14,23; 21,1–10; 47; Jer 50f) im Hintergrund als Texte über Tyrus wie Jes 23; Ez 26–28 (vgl. Kraybill 1996, 152–161; Royalty 1998, 59–65). In der aus den Königen, Großhändlern und Reedern bestehenden Trias der Klagenden bildet die Wehklage der Großhändler (18,11–17a) kompositorisch das Zentrum und quantitativ den Hauptteil. Drei Facetten seien dabei hervorgehoben. Erstens tritt in 18,11–14, passend zum Bild der „Hure Babylon", mit dem Verweis auf die gehandelten Güter – von Gold und Edelsteinen über feine Stoffe bis hin zu Edelhölzern und anderem (vgl. zur Warenliste Bauckham 1991, 58–79; Lichtenberger 2009, 485–491) – das verführerische Potenzial der Teilhabe an der römischen Gesellschaft hervor, freilich dergestalt, dass in Form der Wehklage über den Untergang die Vergänglichkeit und Nichtigkeit all dessen vor Augen geführt wird. Wer darum weiß, sollte der Verführung widerstehen können. Zugleich schwingt zweitens in der Konzentration der gehandelten Waren auf Luxusgüter Kritik am Wohlleben der privilegierten Kreise und an der schreienden sozialen Ungleichheit mit (vgl. Kerner 1998, 86). Drittens artikuliert sich in der Nennung von Sklaven als Handelsgüter am Ende von 18,13 eine kritische Sicht auf den Sklavenhandel, denn die Ergänzung von „Leiber" um „Menschenseelen" (vgl. Ez 27,13$^{LXX}$) stellt heraus, dass Sklaven nicht einfach Sachen, sondern eben Menschen sind (vgl. Müller 1984, 307; Koester 2008, bes. 771f.785f). Zugleich verstärkt Johannes damit die Kritik am schwelgerischen Leben der Oberschicht: Es basiert auch auf der Versklavung von Menschen.

Im Blick auf die Reichtumsthematik steht die Offb in Kontinuität zur Rezeption der prophetischen Reichtumskritik in der frühjüdischen Apokalyptik, wie sie sich vor allem in der Epistel Henochs (1Hen 92–105) Ausdruck verschafft. Auch hier gelten die Reichen und Mächtigen als Frevler (94,6–10; 96,4–8; 97,8–10 u. ö.). Frühchristlich sind vor allem die besitzethischen Unterweisungen im lk Doppelwerk und im Jak als Vergleichstexte heranzuziehen. Die Offb bietet in diesem frühchristlichen Ensemble insofern einen eigenen Beitrag, als die Reichtumskritik auf die politische Ebene gehoben wird und mit spezifischem Blick auf den Kaiserkult der Fokus auf (den religiösen Bedingungen) der gesellschaftlichen Teilhabe liegt. Diese spezifische Perspektive erschwert es zugleich, aus den angeführten Passagen allgemeine besitzethische Maximen abzuleiten. Reichtum wird, wie gesehen, kritisch beäugt, insofern er Indiz für die Integration in eine als gottfeindlich erachtete Gesellschaft ist und zudem extrem ungleich verteilt ist. Aber wäre auch auf der Basis einer anderen gesellschaftlichen Grundkonstellation Reichtum grundsätzlich kritisch zu sehen? Oder würden dann andere, differenzierte Kriterien greifen? Etwa, um nur zwei geläufige zu nennen, die Kriterien, dass Reichtum nicht auf Ausbeutung oder anderem Unrecht basieren darf und karitativ zu nutzen ist, statt selbst ein Luxusleben zu führen, so dass es zum sozialen Ausgleich kommt (vgl. die Rede vom [diakonischen] Dienst [διακονία] in 2,19!). Armut wird im Fall der Gemeinde in Smyrna gewürdigt (2,9), weil sie Ausweis des ‚Exodus aus Babylon' und damit der Treue zu Gott ist. Aber kann man daraus folgern, dass der Autor überhaupt ein Armutsideal vertritt, das sich durch kynisches Frugalitätsethos kontextualisieren ließe (vgl. Karrer 2016, 446.451)? Erscheint Armut nicht eher als ein Übel, das in Kauf zu nehmen ist, wenn die Treue zu Gott dies erfordert? M.E. bietet der Text keine Grundlage für von der konkreten Konstellation abstrahierende Verallgemeinerungen. Es lässt sich aus dem Text keine generelle Verwerfung von Besitz oder ein grundsätzliches Armutsideal ableiten. Dies gilt umso mehr, als Johannes bei der Ausstattung des himmlischen Thronsaals in Offb 4 wie auch des himmlischen Jerusalem in 21,9–22,5 mit kostbarsten Ausstattungsmerkmalen nicht geizt. Nach 21,26 wird man „die Herrlichkeit und die Schätze der Völker" in das neue Jerusalem bringen. Für die Darstellung der Pracht Jerusalems kann man auf eine atl.-frühjüdische Traditionsspur verweisen (s. v. a. Jes 54,11f; 60; Tob 13,16f), die aber aufs Ganze gesehen eher schmal ist (vgl. Kraybill 1996, 72–76), so dass die Akzentsetzung in Offb 21,9–22,5 umso klarer hervortritt. Statt zu kynischer Reichtumskritik lässt sich angesichts dieses Befundes schon eher eine Affinität zur stoischen Position konstatieren, im Besitz ein vorzugswürdiges Adiaphoron (→ II.1/5) zu sehen (vgl. Royalty 1998, 88–93.96f), auf das Christen allerdings aufgrund der gesellschaftlichen Konstellation verzichten müssen. Als Rezeptionshorizont der Adressaten wird man dies durchaus mit zu bedenken haben; als Einflussfaktor im Blick auf Johannes dürfte dies aber kaum eine Rolle spielen. Er ist zentral durch atl.-frühjüdische Traditionen geprägt, die ihn angesichts des von ihm wahrgenommenen Grundkonflikts zwischen der Alleinverehrung Gottes und der religiös durchtränkten Kultur der paganen Mehrheitsgesellschaft zu der festen Überzeugung kommen lässt, „that faithfulness to God is incompatible with affluence in the present age" (Mathews 2013, 216). Schwierig ist es auch, aus 21,9–22,5 grundlegende konzeptionelle Folgerungen zu ziehen. Die prachtvolle Ausstattung des neuen Jerusalem ist gewissermaßen öffentliches Gut; von einer „Vergesellschaftung des Luxus" (Wengst 2010, 226) zu sprechen, setzt indes einen vom Text nicht gedeckten Akzent. Eher schon lässt sich im Blick auf die sozialen Vorstellungen des Sehers anmerken, dass – im Kontrast zur in 6,6 reflektierten Teuerung für Weizen und Gerste, dem Korn der armen Leute – ein bedeutendes Merkmal der neuen Welt die selbstverständliche Versorgung mit den Grundnahrungsmitteln ist. Das Holz des Lebens, das zwölf Früchte hervorbringt, gibt jeden Monat seine Frucht (22,2, vgl. Ez 47,12), und die Dürstenden trinken umsonst aus der Quelle des lebendigen Wassers (21,6; 22,17, vgl. Jes 55,1; Sach 14,8), so dass die Verheißung von Offb 7,16 ihre Erfüllung gefunden hat: „Sie werden nicht mehr hungern und nicht mehr dürsten" (vgl. den Verweis auf das Manna in 2,17).

## 5. Das Problem der gewalthaltigen Bilderwelt

Mit der dezidierten Opposition gegen das Imperium Romanum verbindet sich in der Offb das Problem, dass Johannes' Schilderung der von ihm geschauten endzeitlichen Durchsetzung der Herrschaft Gottes verstörende gewalthaltige Bilder und Aussagen enthält.

Einige Textbeispiele genügen: In 14,14–20 wird das Vernichtungsgericht an denen, die nicht zu Gott gehören, im Bild der Ernte mit Sichel und Winzermesser geschildert, bei der ein Engel die Trauben in die große Kelter des Grimmes Gottes wirft (vgl. Jes 63,3; Joel 4,13), die draußen vor der Stadt getreten wird, „und Blut ging aus der Kelter hervor bis an die Zügel der Pferde, 1600 Stadien weit" (Offb 14,20). 19,11–21 malt das Gerichtsgemälde weiter aus. Nun wird vom Parusiechristus selbst gesagt, dass er „die Kelter des Weines des Grimmes des Zornes Gottes" tritt (19,15), und es ruft ein Engel (Aas fressende) Vögel hinzu, damit diese sich zum großen Mahl Gottes versammeln und das Fleisch der Vernichteten verzehren (19,17f, vgl. Jer 15,3; Ez 39,4.17–20). Bezieht man die Haltung der Opfer der Bedrängnis ein, sind weitere Texte zu verzeichnen, die Fragen aufwerfen. In der fünften Siegelvision (6,9–11) wird die Gerichtserwartung mit dem Rachegedanken verknüpft. Johannes schaut die Seelen der Märtyrer, die mit lauter Stimme schreien: „Bis wann, heiliger und wahrhaftiger Herrscher, richtest und rächst du nicht unser Blut an denen, die auf der Erde wohnen?" Das Bestreben der Märtyrer zielt also auf Rache. Die Option, für die Feinde zu beten (Mt 5,44; Lk 6,28), scheint keinen Raum zu haben. Nach 18,20 ist die Vernichtung Roms für die Heiligen, Apostel und Propheten Grund zur Freude. Mayordomo hat darauf hingewiesen, dass in emotionaler Hinsicht in der Offb „eine wichtige Dimension völlig fehlt: Mitgefühl für das Leid der Feinde Gottes" (2008, 66), und zu Recht angemerkt: „Freude am Leid Anderer sollte auch dann nicht akzeptabel sein, wenn es der Durchsetzung von Gottes Gerechtigkeit dient" (68). Man wird an diesem Punkt die problematische Konsequenz eines problematischen Grundzugs der Offb erkennen können: die konsequente Dualisierung der Menschheit und damit die dezidierte Schwarzzeichnung, ja Dämonisierung des Gegenübers (zum Aspekt der Dämonisierung vgl. Schreiber 2013, 85–104).

Der Umgang mit diesem – hier nur skizzierten – Befund ist zweifelsohne schwierig. Eine schwungvolle Zurückweisung (dieser Seite) des Textes ist *prima facie* attraktiv, aber auch wohlfeil. Erstens bleibt bei aller Problematik der gewalthaltigen Vorstellungswelt der Offb, die sich durch den Hinweis auf die metaphorische Sprachform auch nicht restlos auflösen lässt (vgl. dazu Hylen 2011), zu beachten, dass die Offb die Glaubenden nirgends auch nur andeutungsweise aufruft, sich während ihres irdischen Daseins gewaltsam gegen Rom zu erheben. Der ‚Sieg' der Glaubenden, von dem in den ‚Sieg*er*sprüchen' in den Sendschreiben die Rede ist, wird durch das Standhalten in der Bedrängnis errungen, nicht durch gewaltsame Mittel (13,10!).

Fragen kann man, ob gewaltfreier Widerstand als rein passiver Widerstand zu klassifizieren ist, wie dies häufig geschieht (Yarbro Collins 1977, 246; Lona 1989, 449 u.a.), oder ob dem Standhalten nicht auch ein aktivisches Moment innewohnt. Zu betonen ist jedenfalls, *dass* die Adressaten zum Widerstand aufgerufen sind (vgl. Bauckham 1993, 92). Gewichtiger als diese terminologische Frage ist, dass die Beobachtung, dass nirgendwo zum *gewaltsamen* Widerstand der Glaubenden aufgerufen wird, nicht ausreicht, um das Pendel in die andere Richtung ausschlagen zu lassen und aus der Offb geradezu ein im Grundsatz pazifistisches Dokument zu machen (in diese Richtung tendiert z.B. Kraybill 1996, 201–203). Gegenüber Rückschlüssen aus dem Textbefund auf die grundsätzliche Haltung des Sehers ist vielmehr auch hier analog zur Reichtumsthematik nüchterne Zurückhaltung geboten. Denn es lässt sich nicht mit hinreichender Plausibilität in die eine oder andere Richtung klären, ob Johannes eben prinzipiell pazifistisch gesinnt war und meinte, „that violence is a divine prerogative" (Friesen 2001, 190), so dass er gewaltsame Rebellion strikt ablehnte, oder ob er allein oder wesentlich von der (resignativen) Einsicht in die Auswegslosigkeit eines gewaltsamen Widerstandes gegen Rom geleitet ist, wie sich dies in 13,4 spiegelt: „Wer kann Krieg führen mit ihm?" Als historischer Kontext ist zu bedenken, dass der römisch-jüdische Krieg 66–70 n.Chr. dem – ursprünglich vermutlich aus dem palästinisch-syrischen Raum stammenden – Judenchristen Johannes hinreichend Anschauungsmaterial geliefert haben dürfte; zudem waren die Verhältnisse in Kleinasien ohnehin andere als in Judäa.

Ferner: Im Blick auf die Frage, ob bzw. inwiefern die Christus Treuen *aktiv* an der endzeitlichen Vernichtung der ‚Feinde' Gottes beteiligt sind, wird man kaum allzu emphatisch sagen können, es sei „[v]on einem den Menschen beteiligenden heiligen Kriege ... nichts zu hören" (Lampe 1981, 95). Jedenfalls rückt der ‚Siegerspruch' in 2,26–28 mit der Übertragung von Ps 2,9 auf die Gemeindeglieder sehr nahe an eine aktive Rolle heran (vgl. Kerner 1998, 105–107). Schwierig zu beurteilen sind 17,14, (dazu Yarbro Collins 1977, 247f) und 18,6f, wo die vorangehende Adressierung der Gemeindeglieder in 18,4 *prima facie* nahelegt, dass hier eben die Christen zur Vergeltung aufgefordert werden (vgl. Mathews 2013, 210f); wahrscheinlicher dürfte aber sein, dass hier (Straf-)Engel im Blick sind (für viele Wengst 2010, 191).

Zweitens ist zur ethischen Problematik von Rachegelüsten und Schadenfreude die unterschiedliche Perspektivität von Betroffenen und Textrezipienten zu bedenken. Aus der privilegierten Sicht wohlsituierter Christen und Kirchen in demokratischen, die Menschenrechte achtenden politischen Systemen lässt sich an dieser Stelle leicht ethische Kritik üben. Menschen, die wegen ihres Glaubens verfolgt werden, wird die Offb auch heute emotional näherstehen. Gäbe es eine Welt, in der es die in der Offb reflektierten Leiderfahrungen nicht mehr gibt, könnte man diesen Text vielleicht zurückstellen. Davon kann aber keine Rede sein. Gegenüber der nachvollziehbaren Kritik am Text gebührt daher dem Eintreten gegen konkrete irdische Bedrückung und Bedrängnis seitens politisch und wirtschaftlich Mächtiger der Vorrang.

## Literatur

Backhaus, Knut: Die Vision vom ganz Anderen. Geschichtlicher Ort und theologische Mitte der Johannes-Offenbarung, in: Theologie als Vision. Studien zur Johannes-Offenbarung, hg. v. dems., SBS 191, Stuttgart 2001, 10–53.
Barr, David L.: Doing Violence. Moral Issues in Reading John's Apocalypse, in: Reading the Book of Revelation. A Resource for Students, hg. v. dems., RBSt 44, Atlanta 2003, 97–108.
Bauckham, Richard: The Economic Critique of Rome in Revelation 18, in: Images of Empire, hg. v. L. Alexander, JSOTS 122, Sheffield 1991, 47–90.
– The Theology of the Book of Revelation, New Testament Theology, Cambridge u. a. 1993.
Friesen, Steven: Imperial Cults and the Apocalypse of John. Reading Revelation in the Ruins, Oxford 2001.
Gielen, Marlis: Satanssturz und Gottesherrschaft (Offb 12). Das Verhältnis von Macht und Religion in der pragmatischen Konzeption der Johannesoffenbarung, in: Liebe, Macht und Religion. Interdisziplinäre Studien zu Grunddimensionen menschlicher Existenz, hg. v. ders. – J. Kügler, Stuttgart 2003, 163–183.
Heininger, Bernhard: Kaiserkult in Thyatira. Eine Besichtigung der Inschriften, in: Mächtige Bilder. Zeit- und Wirkungsgeschichte der Johannesoffenbarung, hg. v. dems., SBS 225, Stuttgart 2011, 60–99.
Holtz, Traugott: Die „Werke" in der Johannesapokalypse, in: Neues Testament und Ethik (FS R. Schnackenburg), hg. v. H. Merklein, Freiburg u. a. 1989, 426–441.
Hylen, Susan E.: Metaphor Matters: Violence and Ethics in Revelation, CBQ 73 (2011), 777–796.
Karrer, Martin: Die Johannesoffenbarung als Brief. Studien zu ihrem literarischen, historischen und theologischen Ort, FRLANT 140, Göttingen 1986.
– Die Apokalypse und das Aposteldekret, in: Beiträge zur urchristlichen Theologiegeschichte, hg. v. W. Kraus, BZNW 163, Berlin – New York 2009, 429–452.
– Zur Ethik der Apokalypse, in: Ethos und Theologie im Neuen Testament (FS M. Wolter), hg. v. J. Flebbe – M. Konradt, Neukirchen-Vluyn 2016, 441–464.
– Johannesoffenbarung, Teilbd. 1: Offb 1,1–5,14, EKK 24/1, Ostfildern u. a. 2017.

Kerner, Jürgen: Die Ethik der Johannes-Apokalypse im Vergleich mit der des 4. Esra. Ein Beitrag zum Verhältnis von Apokalyptik und Ethik, BZNW 94, Berlin – New York 1998.

Klauck, Hans-Josef: Das Sendschreiben nach Pergamon und der Kaiserkult in der Johannesoffenbarung, Bib. 73 (1992), 153–182.

Koester, Craig R.: Roman Slave Trade and the Critique of Babylon in Revelation 18, CBQ 70 (2008), 766–786.

– Revelation. A New Translation with Introduction and Commentary, AYB 38A, New Haven – London 2014.

Kowalski, Beate: Ora et labora in der Offenbarung des Johannes – Ein Kapitel neutestamentlicher Sozialethik, in: Würde und Last der Arbeit. Beiträge zur neutestamentlichen Sozialethik, hg. v. T. Söding – P. Wick, BWANT 209, Stuttgart 2017, 253–271.

Kraybill, J. Nelson: Imperial Cult and Commerce in John's Apocalypse, JSNTS 132, Sheffield 1996.

Labahn, Michael: „Gefallen, gefallen ist Babylon, die Große". Die Johannesoffenbarung als subversive Erzählung, in: Worte der Weissagung. Studien zu Septuaginta und Johannesoffenbarung, hg. v. J. Elschenbroich – J. de Vries, ABIG 47, Leipzig 2014, 319–341.

Lampe, Peter: Die Apokalyptiker – ihre Situation und ihr Handeln, in: Ulrich Luz u.a., Eschatologie und Friedenshandeln. Exegetische Beiträge zur Frage christlicher Friedensverantwortung, SBS 101, Stuttgart 1981, 59–114.

Lichtenberger, Hermann: Rom, Luxus und die Johannesoffenbarung, in: Beiträge zur urchristlichen Theologiegeschichte, hg. v. W. Kraus, BZNW 163, Berlin – New York 2009, 479–493.

Lona, Horacio E.: „Treu bis zum Tod". Zum Ethos des Martyriums in der Offenbarung des Johannes, in: Neues Testament und Ethik (FS R. Schnackenburg), hg. v. H. Merklein, Freiburg u.a. 1989, 442–461.

Mathews, Mark D.: Riches, Poverty, and the Faithful. Perspectives on Wealth in the Second Temple Period and the Apocalypse of John, MSSNTS 154, New York 2013.

Mayordomo, Moisés: Gewalt in der Johannesoffenbarung als Problem ethischer Kritik, in: Neutestamentliche Exegese im Dialog. Hermeneutik – Wirkungsgeschichte – Matthäusevangelium (FS U. Luz), hg. v. P. Lampe u.a., Neukirchen-Vluyn 2008, 45–69.

– Gewalt in der Johannesoffenbarung als theologisches Problem, in: Die Offenbarung des Johannes. Kommunikation im Konflikt, hg. v. T. Schmeller u.a., QD 253, Freiburg u.a. 2013, 107–136.

Müller, Ulrich B.: Die Offenbarung des Johannes, ÖTBK 19, Gütersloh 1984.

– „Die Tiefen des Satans erkennen…". Überlegungen zur theologiegeschichtlichen Einordnung der Gegner in der Offenbarung des Johannes, in: ders., Studien zu Jesus und dem frühen Christentum, hg. v. W. Kraus, BZNW 231, Berlin – Boston 2018, 181–194.

Pfeiffer, Stefan: Das Opfer für das Heil des Kaisers und die Frage nach der Praxis von Kaiserkult und Kaiserverehrung in Kleinasien, in: Die Offenbarung des Johannes. Kommunikation im Konflikt, hg. v. T. Schmeller u.a., QD 253, Freiburg u.a. 2013, 9–31.

Price, S[imon] R.F.: Rituals and Power. The Roman Imperial Cult in Asia Minor, Cambridge 1984.

Räisänen, Heikki: The Clash Between Christian Styles of Life in the Book of Revelation, in: Mighty Minorities? Minorities in Early Christianity – Positions and Strategies (FS J. Jervell), hg. v. D. Hellholm u.a., Oslo u.a. 1995, 151–166.

Royalty, Robert M.: The Streets of Heaven. The Ideology of Wealth in the Apocalypse of John, Macon 1998.

Scholtissek, Klaus: ‚Mitteilhaber an der Bedrängnis, der Königsherrschaft und der Ausdauer in Jesus' (Offb 1,9). Partizipatorische Ethik in der Offenbarung des Johannes, in: Theologie als Vision. Studien zur Johannesoffenbarung, hg. v. K. Backhaus, SBS 191, Stuttgart 2001, 172–207.

Schreiber, Stefan: Attraktivität und Widerspruch. Die Dämonisierung der römischen Kultur als narrative Strategie in der Offenbarung des Johannes, in: Die Offenbarung des Johannes. Kommunikation im Konflikt, hg. v. T. Schmeller u.a., QD 253, Freiburg u.a. 2013, 74–106.

Wengst, Klaus: „Wie lange noch?". Schreien nach Recht und Gerechtigkeit – eine Deutung der Apokalypse des Johannes, Stuttgart 2010.

Wolter, Michael: Christliches Ethos nach der Offenbarung des Johannes, in: Studien zur Johannesoffenbarung und ihrer Auslegung (FS O. Böcher), hg. v. F.W. Horn – M. Wolter, Neukirchen-Vluyn 2005, 189–209.

Yarbro Collins, Adela: The Political Perspective of the Revelation to John, JBL 96 (1977), 241–256.

– Persecution and Vengeance in the Book of Revelation, in: Apocalypticism in the Mediterranean World and the Near East, hg. v. D. Hellholm, Tübingen 1983, 729–749.

# XIII. Rückblick und Resümee: Pluralität, Komplementarität und Leitperspektiven neutestamentlicher Ethik

1. Ein zentrales Anliegen der voranstehenden Kapitel war, die in den neutestamentlichen Schriften begegnenden ethischen Anschauungen in ihrer Differenziertheit und, soweit dies möglich ist, in ihrer konkreten situativen Einbettung wahrzunehmen. Als ein Ergebnis des Durchgangs durch die Texte lässt sich grundlegend festhalten, dass die Einsicht, dass das NT eine polyphone Bibliothek darstellt, auch für den Bereich der Ethik Geltung besitzt. Die unterschiedlichen Schriften weisen jeweils spezifische ethische Profile auf. Diese verschiedenen Profile schließen unterschiedliche thematische Gewichtungen ein. Lukas und der Autor des Jak etwa legen, bei Differenzen im Detail, großes Gewicht auf den Bereich der Besitzethik; beide zeigen ein feines Sensorium für die vom Reichtum ausgehenden Gefahren und fordern mit Verve die karitative Nutzung von Besitz; hingegen ist Sexualethisches bei beiden von höchstens marginaler Bedeutung. Umgekehrt finden sich im Corpus Paulinum zwar einzelne besitzethisch relevante Passagen, doch steht das Thema nirgends in einer mit dem lk Doppelwerk und dem Jak vergleichbaren Weise im Fokus, während Paulus vor allem im 1Kor relativ breit sexualethische Ausführungen bietet.

Lässt sich die Pluralität der Ansätze und ethischen Gewichtungen zuvorderst im Sinne ihrer Komplementarität fassen, so ist die neutestamentliche Polyphonie darüber hinaus indes auch dadurch gekennzeichnet, dass man zu einzelnen ethischen Fragen oder Themen unterschiedliche Antworten bzw. Positionen vernehmen kann. Erinnert sei hier nur an unterschiedliche Sichtweisen der Ehe bei Paulus und im Eph, an divergierende geschlechterrollenethische Positionen zur aktiven Partizipation von Frauen in der Gemeinde bei Paulus und in den Past oder an das Spektrum an Haltungen zu den politischen Instanzen, wie sie bei Paulus (Röm 13,1-7), in 1Petr 2,13-17, im lk Doppelwerk und in der Offb zutage treten. Nicht zuletzt zeigen sich im Blick auf die Bedeutung der Tora für die Verhaltensorientierung der Christusgläubigen schon unter den drei Synoptikern deutliche Differenzen, und nichts anderes gilt, wenn man z.B. die Paulusbriefe und den Jak nebeneinander legt. Zu betonen ist indes zugleich, dass solche Dissonanzen nicht das Klangbild im Ganzen bestimmen. Vielmehr zeigen sich zugleich auch grundlegende Konvergenzpunkte.

2. Als ein konstitutives Grunddatum aller neutestamentlichen Theologien zeigt sich die *Einheit von Glaube und Leben*: Christliches Handeln ist integraler Bestandteil der Gottes- und Christusbeziehung. Glaube erschöpft sich zwar nicht im Handeln; christliche Religion geht in der Ethik nicht auf. Wo es heute solche Tendenzen gibt, ist ihnen vom NT her entschieden entgegenzutreten. Aber ebenso ist ein Glaube, der die Lebenspraxis nicht erreicht und durchformt, in neutestamentlicher Perspektive

eine Karikatur des Glaubens. Fragen der Verhaltensorientierung sind auch nirgends von bloß nachgelagerter Bedeutung, nachdem mit dem Bereich der Soteriologie das ‚Eigentliche' geklärt wurde, sondern sie gehören durchgehend *wesenhaft* zur Explikation christlicher Existenz dazu. Dabei zeigen sich im Einzelnen unterschiedliche Weisen der theologischen Fundierung des Handelns, die hier nicht noch einmal aufzufächern sind. Wichtig ist: Nirgends fehlt eine solche theologische Fundierung. Auch für das Mt und den Jak, denen des Öfteren eine problematische Werkgerechtigkeit angelastet wurde, gilt, dass der Lebenswandel in der Gottesbeziehung begründet liegt, organisch aus dieser hervorgeht und als durch sie ermöglicht betrachtet wird. Die Verankerung des Lebenswandels in der Gottesbeziehung kommt verschiedentlich auch darin zum Ausdruck, dass den guten Werken eine doxologische Dimension beigemessen werden kann, da mit ihnen oder ihretwegen Gott verherrlicht wird (Mt 5,16; Joh 15,8; 1Kor 6,20; 2Kor 8,19; 9,12f; Phil 1,11; 1Petr 4,11). Zugleich wird ihnen auch eine nach außen wirkende Attraktivität zugeschrieben (Mt 5,16; 1Petr 2,12.15). Wenn heute über Wirklichkeit und Chancen der Kommunikation des Evangeliums reflektiert wird, wird man gut daran tun, den Aspekt des Zeugnisses der Werke nicht auszuklammern.

Neben den *magnus consensus*, was die konstitutive Bedeutung des Lebenswandels für die Entfaltung des Christseins angeht, treten fundamentale Konvergenzpunkte in den inhaltlichen Perspektiven. Ich konzentriere mich im Folgenden auf einige Kernpunkte, die m. E. fundamentale Leitperspektiven darstellen.

3. Ein grundlegender Konvergenzpunkt in der materialen Entfaltung christlicher Verhaltensorientierung ist darin zu sehen, dass (fast) überall die *Liebe* von zentraler oder zumindest wesentlicher Bedeutung ist und damit mithin ein ethischer Basiskonsens des entstehenden Christentums markiert wird. Es ist sehr wahrscheinlich, dass der Grundimpuls dazu auf Jesus selbst zurückgeht (→ II.3/4), wobei insbesondere die TestXII illustrieren, dass die Hochschätzung des Liebesgebots anderorts im zeitgenössischen Judentum geteilt wurde (s. diesbezüglich auch den grundsätzlichen Konsens zwischen Jesus und seinem Gesprächspartner in Mk 12,28–34 und Lk 10,25–28). Eine gewisse Ausnahme zum sonstigen Befund bildet die Offb, doch ist diese Ausnahme durch die spezifische Problemkonstellation erklärbar, die die Offb adressiert: In der konflikthaften Auseinandersetzung mit den religiösen Ansprüchen des Imperium Romanum kommt der standhaften Ausdauer (ὑπομονή) zentrale Bedeutung zu (→ XII.1/2); immerhin fehlt auch hier die Agape nicht gänzlich (Offb 2,19).

Stellt die Hervorhebung der Liebe ein einheitsstiftendes Moment frühchristlicher Ethik dar, so dokumentiert sich zugleich auch und gerade in der Explikation der Agapeethik die Vielfalt neutestamentlicher ethischer Ansätze, denn es zeigen sich hier klar unterscheidbare Entfaltungen des Liebesgebots (vgl. Konradt 2014*). Die Agapeethik ist mithin ein Musterbeispiel für das Miteinander von Einheit und Vielfalt neutestamentlicher Ethik.

a) Pluriformität zeigt sich grundlegend bei den Referenzgrößen, auf die sich die agapeethischen Ausführungen beziehen. In der synoptischen Jesustradition und im Jak wird auf das atl. Liebesgebot rekurriert (Mt 5,43f; 19,19; 22,34–40; Mk 12,28–34;

Lk 10,25–37; Jak 2,8, vgl. aber auch Röm 13,9; Gal 5,14) und dieses zum Hauptgebot erklärt (Mt 22,34–40; Mk 12,28–34) oder jedenfalls als Leitsatz etabliert (Mt 19,19; Lk 10,25–28; Jak 2,8, → V.2/5, VI.2.2, VII.3.2, X.2/2). Im Mt wird ferner auch das Feindesliebegebot Jesu *explizit* als Auslegung des Liebesgebots aus Lev 19,18 dargeboten (→ VI.2.2.1). Die Bezugsgröße ist in diesem Traditionsstrom also die Tora. Anderorts erscheint die Mahnung zur Agape ohne einen solchen Rückbezug als zentrales Element des ethischen Unterweisungsgutes (z. B. Röm 12,9f; 1Thess 4,9–12; Hebr 13,1; 1Petr 1,22; 2,17; 4,8, → III.3.1, IX.3/1, XI.2.3/1). Für Paulus, den Eph und das Corpus Johanneum schließlich ist eine christologische Vertiefung der Agape charakteristisch, in der die als Akt der Liebe gedeutete Lebenshingabe Christi Grund und Maßstab der Agape bildet und also das Christusgeschehen die zentrale Referenzgröße bildet (z. B. 1Kor 8,1.12; 10,24; Gal 2,20; Eph 5,2 sowie Joh 13,34f; 15,12–17; 1Joh 3,16; 4,9f, → III.3.2, IV.2.2.2/2, VIII.2–3).

b) Mit den unterschiedlichen Referenzgrößen verbinden sich unterschiedliche Ausprägungen des Liebesgebots. Der Universalisierung der Liebe, wie sie durch das Gleichnis vom barmherzigen Samaritaner in Lk 10,25–37 narrativ illustriert, durch die Verbindung mit dem Verbot des Ansehens der Person in Jak 2,1–13 konturiert und durch das Feindesliebegebot (Mt 5,44; Lk 6,27f.35) auf den Punkt gebracht wird, steht ihre Intensivierung durch die Forderung der Geschwisterliebe/φιλαδελφία (Röm 12,10; 1Thess 4,9; Hebr 13,1; 1Petr 1,22; 2Petr 1,7), mit der die in der Familie geltenden, auch finanzielle Unterstützung einschließenden Solidaritätspflichten auf die Gemeinschaft der Glaubenden übertragen werden (→ III.3.1.1), sowie vor allem die Vertiefung der Liebesforderung durch die angesprochene christologische Begründung zur Seite. Während im atl. Liebesgebot eine Balance zwischen Eigeninteresse und Solidarität mit den Mitmenschen formuliert wird, verschiebt sich diese Balance bei der an der Lebenshingabe Jesu Maß nehmenden Agapeforderung im Corpus Paulinum und im Corpus Johanneum in Richtung der Hintanstellung oder gar Preisgabe der eigenen Lebensinteressen. Bei Paulus kommt dies pointiert in der – im Lichte von 1Kor 8,1 als Explikation der Agape erscheinenden – Maxime „niemand suche das Seine, sondern das des anderen" (1Kor 10,24, vgl. Phil 2,4) zum Ausdruck (vgl. ferner z. B. Gal 2,20 als Basis für Gal 5,13). Im Corpus Johanneum wird die Intensivierung der Forderung durch die Etablierung der Lebenshingabe Jesu als Modell der Liebe sowohl in den Abschiedsreden des Joh deutlich (Joh 13,34 im Kontext von 13,1 sowie 15,12f.17) als auch in 1Joh 3,16f: Aus der Lebenshingabe Christi folgt für die Christusgläubigen ihrerseits die Verpflichtung, dass sie ihr Leben für die Glaubensgeschwister einsetzen. Während bei Paulus die christologische Vertiefung der Liebe mit anderen Referenzen koexistiert und die Agapeforderung dabei auch über die Grenzen der Gemeinde hinausweist (1Thess 3,12; Röm 12,9–13,10, vgl. auch Gal 6,10; Phil 4,5; 1Thess 5,15), korreliert der joh Fokus auf der christologischen Verankerung der Agape mit einer binnengemeindlichen Konzentration der Agapeforderung. Christologische Verankerung und binnengemeindliche Konzentration hängen dabei zweifelsohne eng miteinander zusammen: Eine Gestalt der Liebe, in der das Wohlergehen anderer auch unter (dezidierter) Absehung vom eigenen Wohlergehen verfolgt wird, ist kaum anders als im Rahmen eines überschaubaren sozialen Verbundes mit intensivem Gemeinschaftsleben praktikabel und als Verhaltensmaxime plausibel. Zugleich hängt die Plausibilität der an der Proexistenz Christi Maß nehmenden Gestalt des Liebesgebots grundständig von der Tragfähigkeit der ihr zugrunde liegenden christologisch-soteriologischen Überzeugung ab, dass sich das eigene Leben im Sinne einer heilvollen Existenz der Lebenshingabe eines anderen, nämlich Jesu Christi, verdankt. Paulus bringt diese Verankerung mit der Aussage auf den Punkt, dass nicht mehr er selbst, sondern Christus in ihm lebe, und zwar Christus als der, der ihn geliebt und sich für ihn hingegeben hat (Gal 2,20).

c) Aus dem eben Ausgeführten folgt, dass sich mit der christologischen Vertiefung der Agape zu einer sich selbst hingebenden Liebe eine gegenüber den Rekursen auf das atl. Liebesgebot veränderte theologische Begründungsfigur verbindet. Das Nächstenliebegebot – in seinem im NT begegnenden universalisierenden Verständnis – findet seine hinreichende anthropologische Plausibilitätsbasis in der Mitgeschöpflichkeit des Mitmenschen (vgl. den schöpfungstheologischen Argumentationshorizont in Mt 5,45; Lk 6,35): Der Mensch ist nicht ein in die Welt geworfenes Wesen, dessen anthropologische Grundbestimmung sein Kampf für das eigene Dasein ist und für das soziale Beziehungen vornehmlich dem utilitaristischen Kalkül unterliegen, die Befriedigung der eigenen Bedürfnisse zu gewährleisten bzw. zu fördern und die eigene Lebensentfaltung zu optimieren. Vielmehr werden Menschen als von Gott gewollte Geschöpfe gesehen, deren Würde ihnen unverlierbar und unabhängig von ihren Fähigkeiten, ihrer Herkunft oder ihrem sozialen Stand zukommt und die in einer Grundsolidarität miteinander verbunden sind, die aus ihrer geschöpflichen Verbundenheit miteinander erwächst. Die Betonung der Barmherzigkeit im Bild Gottes, der keinen Menschen verloren gibt, nährt darüber hinaus die Plausibilität, den Anspruch des Liebesgebots auch auf Menschen auszudehnen, die sich zuvor feindlich verhalten haben. Die weitergehende Gestalt einer sich selbst hingebenden Liebe korreliert hingegen mit einem christologisch bestimmten Wirklichkeitsverständnis, in dem die Proexistenz Jesu Christi nicht nur das soteriologische Grunddatum der eigenen Existenz bildet, sondern als solches zugleich auch zum Modell für die eigene Verhaltensorientierung wird.

Das Liebesgebot im NT in seiner Binnendifferenzierung und damit in der Mannigfaltigkeit seiner Ausprägungen und in seinen unterschiedlichen sozialen Bezügen wahrzunehmen, macht exemplarisch den Reichtum der in den neutestamentlichen Schriften begegnenden ethischen Perspektiven deutlich, die sich wechselseitig ergänzen und für die heutige Reflexion vielfältige und differenzierte Anknüpfungspunkte bieten. Zugleich ist abschließend die im strengen Sinne des Wortes *grund*legende Bedeutung der Agapeethik zu betonen. Mit der Etablierung der Liebe als Leitwert ist christlicher Verhaltensorientierung die Offenheit für die Belange anderer als Grundmoment eingeschrieben, das dem Handeln in den unterschiedlichen Handlungsfeldern zugrunde liegt. Anthropologisch korrespondiert diesem Grundmoment, dass Individuum und Gemeinschaft, Individualität und Sozialität als gleichursprünglich zusammengedacht werden und nicht individualistisch verkürzt das abstrakte Individuum als für sich stehende Größe betrachtet wird, die sich erst sekundär zu anderen in Beziehung setzt (vgl. Birch/Rasmussen 1993*, 84–89). Mit der Zentralstellung der Agape verbindet sich, anders gesagt, die Ausrichtung an einem dialogischen Existenzverständnis, das den Menschen in seinen Beziehungen denkt.

4. In besonderer Weise akut wird das Zugewandtsein zu anderen *in Notlagen*, seien diese seelisch, körperlich oder materiell bestimmt. Agape konkretisiert sich entsprechend in unterschiedlichen Handlungen der *diakonischen Zuwendung*. Die neutestamentlichen Schriften geben davon ein beredtes und wiederum facettenreiches Zeugnis. Diakonie als Dienst am Mitmenschen findet ihren grundlegenden Bezugspunkt im Wirken Jesu, wie es in der nachösterlichen Jesustradition erinnert wird. Lukas bringt diesen Aspekt auf den Punkt, indem er Jesus beim letzten Mahl sagen lässt: „Ich bin in eurer Mitte wie der Dienende (ὁ διακονῶν)" (Lk 22,27, vgl. Mt 20,28; Mk 10,45) – und damit den Jüngern für ihr Wirken nach Ostern als Vermächtnis mit auf den Weg geben lässt, dass auch sie, im Unterschied zum Machtgebaren der Herrschenden, die Rolle von Dienenden einnehmen sollen (Lk 22,25f, vgl. Mt 20,25–27; Mk 10,42–44, ferner auch Joh 13,1–17, → V.3/2, VI.3.1/2, VIII.2/1). Die konkrete leibliche Dimension des Dienstes Jesu wird vor allem in seinem heilenden Wirken manifest. Darüber hinaus gibt Jesus einer Witwe ihren einzigen Sohn und damit ihren Versorger zurück (Lk 7,11–17), worin exemplarisch die soziale Dimension seiner Zuwendung aufleuchtet. Sein Zugehen auf bzw. offener Umgang mit Zöllnern (Mk 2,13–17; Lk 15,1f; 19,1–10) und anderen (ausgegrenzten) Sündern (Lk 7,36–50) verweist auf die sozial-integrative Dimension seines Dienstes. Die Bedeutung der diakonischen Zuwendung zum bedürftigen Mitmenschen spiegelt sich ferner auch in der Jesus zugeschriebenen Verkündigung. Jesu Gleichnis vom barmherzigen Samaritaner (Lk 10,29–37, → VII.3.2), das traditionell (und mit Recht) als ein Haupttext der Diakonie gilt, illustriert eindrücklich die Bedeutung der Hilfe für Opfer von Gewalt. Der mt Jesus fokussiert in seinem Gerichtsgemälde in Mt 25,31–46 die über das endgerichtliche Ergehen entscheidenden Taten auf Werke der Barmherzigkeit gegenüber bedürftigen Menschen, die exemplarisch aufgefächert werden: Hungernde werden gespeist, Dürstenden wird zu trinken gegeben, Fremde werden aufgenommen, Nackte gekleidet, Kranke und Gefangene besucht (→ VI.2.7/2). Die Pointe des Textes besteht dabei darin, dass das, was den Bedürftigen getan wird oder versagt bleibt, als gleichzeitig Jesus getan oder nicht getan gilt (25,40.45). Indem Jesus sich in eine Solidargemeinschaft mit den Bedürftigen stellt und sich auf diese Weise mit ihnen ‚identifiziert', wird deutlich, dass in den Bedürftigen der Anspruch Jesu entgegentritt und die Solidarität mit ihnen essentieller Bestandteil der Beziehung zu ihm ist. In V.44 wird das Verhalten gegenüber den Notleidenden kurz und bündig in dem Begriff des Dienens (διακονεῖν) zusammengefasst (zur Bedeutung des Wortes in Mt 25,44 s. Konradt 2021*, 87f). Im weiteren Kontext erfolgt damit eine Anbindung an die Jesus zugeschriebene Selbstauslegung, nicht gekommen zu sein, um sich dienen zu lassen, sondern um zu dienen (20,28: οὐκ ἦλθεν διακονηθῆναι ἀλλὰ διακονῆσαι). Mit dieser Rückbindung an den *Sendungsauftrag* Jesu wird das nach 25,31–46 für die Christusgläubigen geltende diakonische Ethos in gewichtiger Weise qualifiziert: Diakonisches Handeln ist für sie nicht nur Einzelaktion, sondern – in Entsprechung zum Auftrag Jesu – Lebensprogramm. Das heißt: Es geht nicht bloß darum, in einzelnen Situationen, wenn man im Alltag mit der Not anderer direkt konfrontiert wird, Hilfe nicht schuldig zu bleiben, sondern darüber hinaus auch darum, Ausschau zu halten und dort hinzugehen, wo Menschen in Not sind. Der erbarmungslose Umgang eines reichen

Mannes mit dem direkt vor seiner Tür liegenden Lazarus (Lk 16,19–21, → VII.5.2/2) steht dazu in einem schreienden Kontrast, der auf die (andauernde) skandalöse Realität der Welt verweist, aus der für die Christusgläubigen umso mehr der Auftrag erwächst, der Not energisch zu begegnen.

Die klaren diakonischen Perspektiven christlicher Handlungsorientierung, die sich aus der Jesustradition ergeben, bilden sich auch anderorts in den neutestamentlichen Schriften ab, so dass man auch hier mit Fug und Recht von einem ethischen Basiskonsens sprechen kann. Für den Verfasser des Jak ist die Sorge für die Bedürftigen nichts Geringeres als eine Frage des wahren Gottesdienstes (Jak 1,27). Jak 2,15f illustriert die Absurdität eines werklosen Glaubens anhand der Verabschiedung von Bettelarmen nach dem Gottesdienst mit hohlen warmen Worten („wärmt und sättigt euch"), denen keine entsprechenden Taten folgen (→ X.3/4). Jak 2,1–13 stellt überdies eindrücklich heraus, dass Barmherzigkeit als Grundforderung Gottes mit einem würdevollen Umgang mit den in den Augen der ‚Welt' Armen (2,5) beginnt: Es geht um eine Kultur der Wertschätzung des Gegenübers in seiner geschöpflichen Würde, die von in der Welt etablierten Statusparametern unabhängig ist (→ X.2/3). Dieses Moment ist zweifelsohne auch in Mt 25,31–46 mitzuhören, wenn die Bedürftigen durch die Solidarität Jesu, des Königs (25,34), mit ihnen ‚geadelt' werden. In 1Joh 3,17 ist es die karitative Nutzung der Lebensgüter zugunsten bedürftiger Gemeindeglieder, an der sich erweist, ob sich jemand wirklich von der Liebe Gottes hat ergreifen lassen. Es handelt sich hier zwar nur um eine knappe Einzelaussage, doch zeigt sie exemplarisch, dass auch in den joh Gemeinden die Fürsorge für die Bedürftigen als elementarer Bestandteil des Christseins gesehen wurde (→ VIII.3/1). In ebendiesem Sinne ist auch Hebr 13,3 zu würdigen, wo tatkräftige Solidarität mit gefangenen und misshandelten Glaubensgeschwistern eingeschärft wird, wozu auch die Versorgung mit Nahrung zählt (→ IX.3/1). Bei Paulus schließlich bildet die Zuwendung zu Bedürftigen zwar aufs Ganze gesehen kein Hauptthema seiner ethischen Unterweisung, doch zeigt schon seine Kritik an den Missständen beim Abendmahl in Korinth in 1Kor 11,17–34 mit der Deutung der „Beschämung der Habenichtse" als „Verachtung der Gemeinde Gottes" (11,22), dass auch er an dieser Stelle klar positioniert ist. Das Vorkommen der Hilfeleistungen unter den gemeindlichen Funktionen in 1Kor 12,28, die Rede von den Gebenden, den Fürsorgenden und den Sich-Erbarmenden in dem Charismenkatalog in Röm 12,6–8 wie auch die Mahnung in Röm 12,13, an den Nöten der Heiligen Anteil zu nehmen, geben zudem zu erkennen, dass Paulus die tätige Fürsorge füreinander als selbstverständliches Moment des christlichen Miteinanders betrachtet (→ III.5.2/1). Mehr noch: Mit dem Wirken des Paulus verbindet sich ein großangelegtes Kollektenwerk (Röm 15,25–27; 1Kor 16,1–4; 2Kor 8–9; Gal 2,10), das im Verbund mit der in Apg 11,29f bezeugten Hilfeleistung der antiochenischen Gemeinde für die von einer Hungersnot betroffenen Jerusalemer die im antiken Kontext außergewöhnliche überregionale Dimension des diakonischen Engagements eindrücklich illustriert (→ III.5.2/2). Der skizzierte Gesamtbefund zum Gewicht der Zuwendung zu Bedürftigen macht deutlich, dass sich in der Verhaltensorientierung auch dort Querverbindungen und jedenfalls Konvergenzpunkte zeigen, wo man, wie dies etwa bei Paulus und dem Autor des Jak der Fall ist, theologisch unterschiedliche Wege geht.

## XIII. Rückblick und Resümee

5. Die das diakonische Handeln kennzeichnende Kultur der Wertschätzung enthält mit der Loslösung von gesellschaftlich etablierten Statusparametern einen Aspekt, der eigenständige Beachtung verdient. Dabei geht es des Näheren um ein Bündel sachlich verwandter Motive: vom *Statusverzicht* über die *Umkehrung der Verhältnisse* bis hin zur Tugend der *Demut*. Auf die Unterweisung in Mt 20,25–28; Mk 10,42–45; Lk 22,24–27 wurde bereits hingewiesen: Wer Jesus nachfolgt, soll nicht danach streben, als der Größte zu gelten, sondern sich durch den Dienst an anderen hervortun. Im Joh findet das Moment des Statusverzichts darin einen exemplarischen Ausdruck, dass Jesus seinen Jüngern die Füße wäscht (13,1–17), obgleich er ihr „Lehrer" und „Herr" ist (13,13, → VIII.2/1). Im Lk wird schon im *Magnificat* (Lk 1,46–55) das Motiv der Umkehrung der Verhältnisse eingeführt: Die Hochmütigen werden zerstreut, die Mächtigen vom Thron gestoßen, die Niedrigen aber erhöht (1,51f, → VII.5.1/2). In der mt Seligpreisung der „Armen im Geist" (Mt 5,3) schwingt der Aspekt der Demut mindestens mit (→ VI.2.5/1), und der mt Jesus präsentiert sich selbst als „von Herzen demütig" (11,29). Paulus begegnet in 1Kor 1–4 den weisheitsstolzen Korinthern mit ihren Eifersüchteleien, Rangstreitigkeiten und ihrem Konkurrenzgebaren, indem er ein Ethos der Niedrigkeit als ein Stück angewandter *theologia crucis* vorbringt (→ III.4.1). In Phil 2 etabliert er, wiederum christologisch fundiert (2,5–11), die Demut/Niedrigkeitsgesinnung (ταπεινοφροσύνη, 2,3) als Tugend des sozialen Umgangs miteinander (vgl. Kol 3,12; Eph 4,2), und in der Weisungsreihe in Röm 12,9–21 findet sich die Mahnung, nicht nach hohen Dingen zu trachten, sondern sich an die Niedrigen zu halten (12,16, vgl. 12,3; zu Phil 2 und Röm 12 → III.4.2). Schließlich sind hier auch der 1Petr und der Jak einzubeziehen, so dass sich ein breiter Gesamtbefund ergibt. 1Petr 5,5 mahnt, dass sich alle mit Demut umkleiden sollen, und unterbaut dies mit einem Zitat von Prov 3,34, dass Gott den Hochmütigen widersteht, aber den Demütigen Gnade gibt (→ XI.2.3/2). Jak 4,6 nimmt dasselbe Zitat auf, um Gemeindegliedern entgegenzutreten, die gesellschaftlich nach oben streben und nach Besitz, eigenem Lustgewinn und Sozialprestige eifern (4,1–4). Im Jak zeigt sich zudem eine auffällige Verteilung anthropologischer Aussagen: Hoheitsaussagen sind dort angesiedelt, wo das Verhalten zum Mitmenschen, der als Ebenbild Gottes geadelt wird, thematisiert wird (3,9), Niedrigkeitsaussagen dort, wo es um das eigene Selbstverständnis geht (4,14f; → X.2/3).

Überblickt man den hier nur ganz knapp und grob zusammengefassten Befund, zeigt sich ein substantieller gemeinsamer Nenner, auch wenn die theologischen Kontexte und Begründungsfiguren divergieren, so dass wiederum ein Zusammenspiel von Konvergenz und Vielfalt zu verzeichnen ist: Christen streben nicht ruhmsüchtig nach Status und Prestige, sie suchen sich nicht selbst in Szene zu setzen und andere zu ‚überstrahlen'; vielmehr stellen sie sich in den Dienst des Wohlergehens anderer, sie sind demütig im Sinne der „Erhöhung des Du" (Feldmeier, → III.4.2) und begegnen ihren Mitmenschen auf eine Art und Weise, die grundsätzlich von deren sozialem Prestige unabhängig ist. Letzteres heißt insbesondere – und damit schließt sich der Kreis zum voranstehenden Punkt –, dass sie den ‚Niedrigen' und ‚Schwachen' mit Respekt und Achtung begegnen.

6. Das Gebot der Nächstenliebe in Lev 19,18 steht in seinem engeren Kontext (Lev 19,17f) im thematischen Zusammenhang des Umgangs mit einem Mitmenschen, der sich dem gegenüber, der zur Liebe aufgefordert wird, fehlverhalten hat. Dieses thematische Applikationsfeld des Liebesgebots hält sich im Frühjudentum, wie die TestXII und Qumrantexte (1QS V,24–VI,1; CD IX,2–8) belegen, durch (→ VI.3.2) und lässt sich im NT in Mt 18 und Jak 4,11f finden (→ VI.3.2; X.2/4). Denen, die sich verfehlt haben, ist nachzugehen (Mt 18,15–17), wie ein guter Hirte ein verlorenes Schaf sucht (18,10–14), ja es ist, auch bei persönlich erlittenem Unrecht, eine unbegrenzte Bereitschaft zur *Vergebung* gefordert (18,21f, vgl. 6,14f). 18,23–35 verankert diese Bereitschaft in dem vorangehenden Vergebungshandeln des barmherzigen Gottes. Breite Aufmerksamkeit kommt dem Vergebungsethos im lk Doppelwerk zu; auch hier ist dieses korreliert mit dem Hervortreten der Barmherzigkeit im Gottesbild (→ VII.4). Auch der mk Jesus fordert zur Vergebung auf (Mk 11,25). Vergebungsbereitschaft ist überdies auch Gegenstand der Paränese im Corpus Paulinum. Kol 3,13 konkretisiert die Tugenden des Erbarmens, der Freundlichkeit etc. mit der Mahnung: „Ertragt einander und vergebt euch untereinander, wenn jemand Klage gegen jemanden hat; wie auch der Herr euch vergeben hat, so auch ihr!" (→ IV.1.2.1/3). Eph 4,32 nimmt dies auf (→ IV.2.2.2/2). Bei Paulus begegnet in Gal 6,1f die Aufforderung, einen Menschen, der einen Fehltritt begangen hat, wieder zurechtzubringen und einander die Lasten zu tragen (→ III.3.3.1). Die Liebe zum Nächsten schließt ferner aus, dessen Fehltritte zum Anlass zu nehmen, ihn von oben herab abzuurteilen und öffentlich bloßzustellen (Jak 4,11f). Auch die Jesustradition problematisiert den lieblosen Richtgeist derer, die sich moralisch überlegen dünken, und leitet dazu an, dem Mitmenschen in dessen Unzulänglichkeiten immer eingedenk der eigenen Fehler zu begegnen (Mt 7,1–5; Lk 6,37–42). Auch die Frage nach der Vergebung angesichts von persönlich erlittenem Unrecht gewinnt von daher ihre entscheidende Perspektive, wie Mt 18,21–35 deutlich macht: Die Frage, wie oft dem Mitmenschen zu vergeben ist (18,21), lässt sich nur dann adäquat erörtern, wenn man sie nicht isoliert im Rahmen der Beziehung zwischen den beiden beteiligten Personen verhandelt, sondern im Lichte des Gleichnisses vom unbarmherzigen Knecht das Moment einbeziehet, dass das Subjekt der Vergebung selbst jemand ist, der aus der unermesslich größeren Vergebung Gottes heraus lebt.

7. Einen gewichtigen Bereich der Verhaltensorientierung bilden Fragen des *Umgangs mit Besitz* bzw. mit den Gütern des Lebens. Auch die Besitzethik hat eine gemeinsame Schnittmenge mit der Agapeethik, insbesondere mit ihrer Konkretion in der diakonischen Zuwendung zum bedürftigen Mitmenschen, geht in dieser aber nicht auf. Zu fragen ist vielmehr auch, was Besitz mit denen macht, die ihn haben, erstreben oder zu horten und zu verteidigen suchen. Bietet Geld Absicherung und eröffnet es Freiheitsräume oder ist es im Gegenteil eine versklavende Macht? Zum Bereich der Besitzethik gehört also auch etwa die Reflexion über mit Besitz verbundene Gefahren oder über das Verständnis von Besitz, also den Eigentumsbegriff.

Besondere Aufmerksamkeit hat der Bereich der Besitzethik im lk Doppelwerk sowie im Jak erhalten. Bei Lukas scheint ein relationales Verständnis des Besitzes auf (Lk 16,1–12), das sich auch anderorts im Frühjudentum und entstehenden Christentum findet (→ VII.5.3/3; vgl. auch 1Tim 6,18, → IV.3.4/3): Der Mensch ist nicht ein autonomes Wesen, sondern ein Geschöpf Gottes und als Geschöpf Gottes letztlich nicht selbst Eigentümer dessen, was er besitzt, sondern der eigentliche Eigentümer ist Gott. Besitz ist anvertrautes Gut, göttliche Leihgabe, für die der Besitzer vor Gott rechenschaftspflichtig ist. Führt man diesen Ansatz in anthropologischer Hinsicht konsequent weiter, dann sind ferner auch die Begabungen eines Menschen – einschließlich seiner Fähigkeiten, mit denen er seinen Erwerb bestreitet – als anvertraute Talente zu betrachten, die nicht nur zum eigenen Nutzen, sondern auch zum Nutzen anderer einzusetzen sind. Mit Paulus gesprochen: „Was hast du, das du nicht empfangen hast?" (1Kor 4,7). Wenn man aber auch alle seine Begabungen, so sehr man an ihrer Ausbildung und Entwicklung mit eigenem Fleiß und Engagement beteiligt ist, letztlich empfangen hat, dann, so ließe sich dieser Gedanke fortspinnen, kann man nicht so tun, als verdanke man sie sich selbst. Damit steht auch das, was ein Mensch dank seiner Begabungen leisten und erwirtschaften kann, unter dem Vorzeichen, dafür gegenüber dem Schöpfer rechenschaftspflichtig zu sein.

Zentraler Maßstab für die Verwendung der Lebensgüter ist im Lichte des Liebesgebots die Sorge für die Bedürftigen (Lk 6,30; 12,33f; 16,9; 18,22 u. ö., → VII.5.3). Als Ideal, das Lukas als in der solidarischen Güternutzung der Jerusalemer Urgemeinde realisiert zeichnet, gilt ihm, dass es überhaupt keine Bedürftigen gibt (Apg 4,34, vgl. Dtn 15,4). Die karitative Verwendung von Besitz mit dem Ziel, dass alle leben können, stellt aber überhaupt im entstehenden Christentum, soweit erkennbar, einen unbestrittenen Konsens dar und bildet mithin einen elementaren Bestandteil des christlichen Ethos (zum diesbezüglichen Grundimpuls Jesu → II.3/7). Fürsorge für die Bedürftigen erscheint dabei als eine Aufgabe aller Gemeindeglieder, die etwas beizusteuern vermögen, nicht nur einiger besonders Begüterter. Christliches Ethos steht hier in spürbarer Distanz zur Struktur des zeitgenössisch bedeutsamen Patronatswesens. Es geht um eine umfassende solidarische Gemeinschaft.

Profiliert wird die Mahnung zum Teilen der Güter bei Lukas wie im Jak durch eine eschatologisch bestimmte Entwertung des Reichtums (→ VII.5.1/2; X.3/3). Während in einer rein immanent ausgerichteten Perspektive Reichtum ein sorgenfreies, abgesichertes, gutes, wenn nicht gar luxuriös-angenehmes Leben versprechen mag, stellt der für sich gehortete oder egoistisch genutzte Besitz im Blick auf das postmortale Heil ein erstrangiges Risiko dar: Der reiche Mann in Lk 16,19–31 findet sich nach seinem Tod in der Hölle wieder; in Jak 5,1–6 werden die asozialen Reichen zur Wehklage über das Elend aufgefordert, das sie mit dem Gericht Gottes treffen wird. Statt auf Erden Güter zu horten oder für sich zu verprassen (Lk 12,16–21; 16,1.19; Jak 5,2–6), kommt es darauf an, sich durch Freigebigkeit einen himmlischen Schatz zu erwerben (Lk 12,33f; 18,22, vgl. auch 16,9, ferner z. B. 1Tim 6,17–19). Dem steht ein weisheitlich-anthropologisches Motiv zur Seite: Der Mensch ist gar nicht Herr über sein Leben und kann es daher auch durch Besitz nicht sichern (→ VII.5.1/3). Das heißt: Reichtum gefährdet nicht nur die postmortale Zukunft, sondern kann darüber hinaus nicht einmal das Leben im Hier und Jetzt absichern. Lukas illustriert dies eindrücklich anhand des Gleichnisses vom törichten Kornbauern (Lk 12,16–21). Jak 4,13–17 entlarvt die großsprecherischen Pläne der Großhändler als leeres Gerede von Menschen, die doch nur Dampf sind, der eine kleine Zeit sichtbar ist und dann verschwindet. Im Übrigen löst ausreichender Besitz auch kaum das Versprechen eines sorgenfreien Lebens ein, denn man sorgt sich nun um den Verlust des Erreichten oder um die Verbesserung der erlangten Statusposition. Freiheit von Sorge kann hingegen aus dem Vertrauen auf die Güte Gottes erwachsen, der für seine Geschöpfe sorgt, wie man an Raben und Feldblumen studieren kann (Lk 12,22–32, → VII.5.1/3). Im heutigen Kontext, in dem Menschsein unter dem Diktat des Ökonomischen allzu oft auf rein materialistisch bestimmte Lebensperspektiven verkürzt erscheint, dürfte dabei insbesondere die Einsicht des Textes zu betonen sein, dass menschliches Leben in Essen und Trinken nicht aufgeht, sondern erst in der aktiven Suche nach Gottes Reich und, wie Matthäus ergänzt, Gerechtigkeit (Mt 6,33) zu seinem Eigentlichen findet. Mit dem Besitz sind überdies handfeste Gefährdungen verbunden. Der Autor des Jak verbindet mit dem Streben nach Reichtum und Sozialprestige die Problematik, dass dieses das Sozialverhalten kontaminiert: Die, die unten stehen, werden verachtet; gegenüber denen, die mehr haben, herrschen Neid und Eifersucht; es kommt zu gravierender sozialer Disharmonie. Zugleich findet der, der nach Besitz strebt, nie Ruhe, weil das Erreichte nie das Begehrte ist, sondern immer nur neues Begehren freigesetzt wird (Jak 4,1–3, → X.3/1). Im Lk wird die vom Reichtum ausgehende Gefahr im Mammonwort (Lk 16,13, vgl. Mt 6,24) auf den Punkt gebracht: Das Streben nach Besitz bestimmt das Leben, wird zum Lebensinhalt; der Mammon ist zum versklavenden Götzen aufgestiegen (→ VII.5.2/2).

Im Mt nimmt die Besitzethik zwar quantitativ weniger Raum ein, doch wird in der kleinen Komposition in Mt 6,19–24 gleichwohl deutlich, dass (auch) von Matthäus der Umgang mit Besitz als elementarer Ausdruck des Charakters des ganzen Menschen gewertet wird (→ VI.2.2.2 Exkurs zur Besitzethik). Einen ganz eigenen Beitrag zur Besitzethik liefert die Offb, da hier Reichtum in der Perspektive einer in den Augen des Sehers problematischen Verflechtung mit der paganen Mehrheitsgesellschaft betrachtet wird (→ XII.4). Bei Paulus ist über den bereits angesprochenen Aspekt der karitativen Verwendung von Besitz hinaus (→ III.5.2/1) noch ein anderer Gesichtspunkt von Gewicht, nämlich die für das Funktionieren einer Solidargemeinschaft notwendige Bereitschaft, sich durch eigene Arbeit selbst versorgen zu können und anderen, wenn es vermeidbar ist, nicht zur Last zu fallen (1Thess 4,11f, → III.5.2/3; vgl. 2Thess 3,6–12, → IV.4). In Eph 4,28 wird dieses Motiv noch dahingehend zugespitzt, dass man sich durch eigene Arbeit in die Lage versetzt, Bedürftige zu unterstützen (vgl. Apg 20,34f). Zur Sozialpflichtigkeit des Eigentums tritt hier hinzu, dass die Unterstützung anderer in die Arbeitsmotivation hineingeschrieben wird – das, was oben zu den Begabungen und Fähigkeiten gesagt wurde, mit denen man seinen Erwerb bestreitet, lässt sich auch hier einbinden.

Während der Autor des Jak die Menschen, die er als reich bezeichnet, außerhalb der Gemeinde verortet, setzt die Timotheus in 1Tim 6,17–19 aufgetragene Ermahnung der Reichen solche wohlhabenden Leute als Gemeindeglieder voraus. Die Tonlage ist hier eine sichtlich andere als im Jak. Die Reichen werden zur Wohltätigkeit ermahnt; in 6,6–10 steht dem die Aufforderung zur Selbstgenügsamkeit und die Warnung vor Geldliebe zur Seite (→ IV.3.4). Die Past spiegeln damit gängige Tendenzen in der antiken ethischen Reflexion. Insbesondere die Abwehr von Habgier und Geldliebe ist ein ethischer Allgemeinplatz, der nicht nur breit in den neutestamentlichen Schriften belegt ist (Mk 7,22; Lk 12,15; 16,14; Röm 1,29; 1Kor 5,10f; 6,10; Eph 4,19; 5,3.5; Kol 3,5; 1Thess 2,5; 4,6 [?]; 2Tim 3,2; 2Petr 2,3.14), sondern diese auch mit der frühjüdischen und der paganen popularphilosophischen Ethik verbindet (→ IV.3.4/2). Dass an dieser Stelle ein breiter Konsens in der antiken Ethik zu verzeichnen ist, heißt indes nicht, dass die Warnung vor Habgier und Geldliebe an sich überflüssig ist. Sie ist es zweifelsohne auch heute nicht.

8. Im Bereich von *Sexualität und Ehe* hat sich gezeigt, dass sich die neutestamentlichen Texte weitestgehend in den von der frühjüdischen Toraunterweisung (und der popularphilosophischen Ethik) vorgezeichneten Bahnen bewegen. Eine Ausnahme bildet das strenge Verbot von Ehescheidung und Wiederheirat (Mt 5,32; 19,3–9; Mk 10,2–12; Lk 16,18; 1Kor 7,10f), das mit sehr hoher Wahrscheinlichkeit auf Jesus zurückgeht und keine echte Entsprechung in zeitgenössischen Traditionen findet. Zugrunde liegt dem Verbot ein Verständnis der Ehe, nach dem Gott die Ehepartner zusammenführt. Findet sich dieser Gedanke auch anderorts im Frühjudentum (→ II.3/6), so ist die daraus gezogene Konsequenz, dass daher der menschliche Akt der Scheidung die Ehe nicht aufheben kann, neu. Das auf dieser Basis erhobene Verbot der Wiederheirat ist letztlich dem Verbot des Ehebruchs aus dem Dekalog zugeordnet, denn mit dem Eingehen einer zweiten Ehe würde die *coram Deo* eben weiterhin bestehende erste Ehe gebrochen. Geht Mt 5,28, was wahrscheinlich ist, im Kern auf Jesus zurück, hat Jesus zudem nicht nur Wiederheirat als Ehebruch verstanden, sondern auch abseits davon eine radikale Auffassung des Tatbestands des Ehebruchs vertreten: Nicht erst der vollzogene Geschlechtsverkehr, sondern bereits jeder Akt der Kontaktaufnahme mit der Ehefrau eines anderen (Mt 5,28 ist androzentrisch formuliert), der sexuelle Absichten verfolgt, fällt bereits unter dieses Verdikt.

Blickt man auf das Vorkommen sexualethischer Reflexionen und Unterweisungen in den neutestamentlichen Schriften, so fällt, wie bereits unter 1. angedeutet wurde, auf, dass man bei Lukas – ganz anders als bei der Besitzethik – nicht den Eindruck gewinnt, dass die Sexualethik für ihn von höherer Relevanz war. Mt 5,27f hat bei ihm keine Entsprechung; Mk 10,2-12 hat Lukas ausgelassen. Er bietet nur in 16,18, übernommen aus der Logienquelle, ganz knapp das Ehescheidungsverbot, doch hat dies dort keine eigenständige Bedeutung, sondern dient nur zur Illustration der Gültigkeit des Gesetzes. Wenn die Sünderin in Lk 7,36–50, wie häufig angenommen wird, eine Prostituierte (oder eine Ehebrecherin) war, wäre hier impliziert, dass Lukas Vergehen im Bereich der Sexualethik, wie andere auch, als vergebbare Sünden ansieht (vgl. dazu den sekundär in das Joh eingedrungenen Passus in Joh 7,53–8,11), aber der Ton liegt hier wiederum nicht auf der Sexualethik, sondern auf der Vergebungsthematik. Ähnlich wie bei Lukas ist der Befund im Jak, in dem, wie gesehen, wie bei Lukas das Gewicht auf der Besitzethik liegt. Sexualethisches kommt nur *en passant* mit der Zitation des Verbots des Ehebruchs in Jak 2,11 vor und wie bei Lukas nicht mit eigenem Gewicht, sondern zur Illustration einer Aussage über das Gesetz. Sexualethik tritt also keineswegs in allen Bereichen des entstehenden Christentums als ethisch zentrales Thema oder gar als *der* eine charakteristische Bereich frühchristlicher Ethik hervor. Insofern, als ein wohl recht verbreitetes Vorurteil christliches Ethos vorrangig mit der Sexualmoral verbindet, mag es nicht überflüssig sein, auf diesen Sachverhalt eigens hinzuweisen.

Relativ reichhaltig ist der Befund bei Paulus, was im Wesentlichen am 1Kor liegt, doch zeigt schon 1Thess 4,1–8, dass sexualethische Mahnungen bei Paulus zur Grundunterweisung gehören (→ III.5.1.1/1). Neben der traditionellen Mahnung zur Meidung von „Unzucht", worunter jeglicher Geschlechtsverkehr außerhalb der Ehe fällt, wendet Paulus sich auch dem ehelichen Miteinander zu, das durch Achtung und Ehrerbietung – statt durch Instrumentalisierung des Gegenübers als Erfüllungsgehilfen bloß eigenen Lustgewinns – geprägt sein soll (→ III.5.1.2/1). Dass es angesichts der breiten Akzeptanz des Verkehrs mit Prostituierten in der griechisch-römischen Antike gar nicht leicht war, der kategorischen Meidung von „Unzucht" in einer (mehrheitlich) heidenchristlichen Gemeinde Geltung zu verschaffen, zeigt 1Kor 6,12–20 (→ III.5.1.1/2). In Korinth suchten offenbar einige auf der Basis eines Geist-Leib-Dualimus zu begründen, dass Verkehr mit Prostituierten für ihr Christsein irrelevant sei, da Sexualverkehr wie Essen und Trinken nur den Leib betreffe, nicht aber den Geist tangiere. Dagegen hebt Paulus darauf ab, dass der ganze Mensch in seiner leibhaften, kommunikativen Existenz Wohnort des Heiligen Geistes und also von Gott in Anspruch genommen ist. Es gibt demnach keinen Bereich menschlicher Existenz, der von der Gottesbeziehung nicht umfasst wird. Paulus ist anthropologisch ferner von der Ansicht geleitet, dass der Geschlechtsakt nicht bloß eine geradezu äußerlich bleibende körperliche Vereinigung ist, die vom geistigen Erleben des Menschen abzukoppeln wäre. Mit der geschlechtlichen Vereinigung entsteht eine sozusagen ganzpersonale Vereinigung. Sexualität ist etwas, was den Menschen als kommunikatives Wesen tangiert – und damit etwas kategorial anderes als Essen und Trinken. Zugleich sieht sich Paulus herausgefordert, die sexualasketischen Bestrebungen einiger Korinther einzuhegen (1Kor 7,1, → III.5.1.2/2), weil er illusionsfrei davon ausgeht, dass es zur Sexualaskese eines besonderen Charismas bedarf und daher beim einseitigen Rückzug *eines* Partners die Gefahr droht, dass der oder die andere in die „Unzucht" getrieben wird (1Kor 7,2). Paulus konzipiert hier eheliche Gemeinschaft als ein gegenseitiges Verpflichtetsein (7,3f). Anthropologisch steht hier nicht das Recht des Individuums auf Selbstbestimmung im Zentrum, sondern die soziale Pflicht, die dem Menschen als einem Gemeinschaftswesen obliegt. Die Höherwertung zölibatären Lebens im Vergleich zur Ehe, die sich wie ein roter Faden durch 1Kor 7 zieht, hat ganz wesentlich mit der Naherwartung der Wiederkehr Christi zu tun (7,29–31), in deren Rahmen die Sorge der Ehepartner füreinander als Hindernis erscheint, sich ungeteilt der Sache Christi zu verschreiben. Der Gedanke, dass im Lichte der Fortdauer der Welt es gerade die Gestaltung der zentralen Sozialbeziehungen ist, in der sich Christsein zu artikulieren vermag, gerät hier nicht hinreichend in den Blick. Die Unterweisung der Frauen und Männer im Rahmen der Haustafel in Eph 5,21–6,9 bietet in dieser Hinsicht eine Korrektur. Vor allem zwei Aspekte sind hier festzuhalten: Zum einen wird hier die Agapeethik im christologisch vertieften Sinn der sich hingebenden Liebe auf die Ehe appliziert, wenngleich dies im Rahmen der Struktur der Haustafel zumindest explizit nur einseitig im Blick auf das Verhalten des Mannes gegenüber der Frau geschieht (5,25–33). Zum anderen wird auch hier Gen 2,24 aufgenommen, um die Intensität der ehelichen Gemeinschaft darzustellen, die qualitativ viel mehr und anderes ist als die bloße Addition von zwei Ichs zu einem Doppel-Ich (Ähnliches begegnet in stoischen Aussagen zur Ehe, → III.5.1.2/2). Wenn man die bestimmenden modernen anthropologischen Plausibilitäten zugrunde legt, kann man dies entweder als heillos antiquiert betrachten oder als eine Herausforderung im Sinne einer neuen Reflexion über den Menschen als Gemeinschaftswesen ansehen. Überhaupt fallen im Bereich der Sexualethik die gesellschaftlichen Differenzen – und damit die Abständigkeit – zwischen der antiken Welt und der Gegenwart besonders drastisch aus, womit die schwierige hermeneutische Frage nach der Bedeutung dieser Texte für heutige ethische Reflexion aufgeworfen ist (→ 10).

9. In den im NT begegnenden ethischen Anschauungen zeigen sich, wie in den voranstehenden Kapiteln herausgearbeitet wurde, vielfältige und tiefreichende Berührungen mit ethischen Traditionen und Überzeugungen des zeitgenössischen Judentums wie auch mit antiken philosophischen Strömungen. Das heißt aber nicht, dass die frühen Christen materialethisch bloß die ethische Koine ihrer Zeit sprachen. Schon gar nicht wird einfach die Durchschnittsmoral der Zeit vertreten. Die These, es hätten sich nur Begründung und Motivierung verändert, reißt auseinander, was zusammengehört, weil Begründung und Motivierung auch für die Ausrichtung des Handelns nicht folgenlos bleiben. Vor allem aber ist darauf zurückzukommen, dass es nicht bloß um ‚Parallelen' oder ‚Analogien' zu einzelnen Aussagen oder Forderungen geht, sondern um Gesamtprofile, die sich aus Kombinationen und Gewichtungen von ethischen Überzeugungen ergeben (→ I.1/4). Dies kann nun vor dem Hintergrund der voranstehenden Analysen gefüllt werden: Für Paulus etwa war auf die spezifischen Konturen christlicher Handlungsorientierung hinzuweisen, die aus der Verbindung der – christologisch vertieften – Agape mit der Demut/Niedrigkeitsgesinnung erwachsen. Lukas entwickelt eine profilierte Besitzethik, die sich kritisch gegen immanente Reziprozitätslogiken wendet. Matthäus tritt mit einer herausfordernden extensiven Auslegung sozialer Gebote der Tora hervor und bindet diese in christologisch fundierte Aspekte einer Ethik der Nachfolge Jesu ein, um nur drei Beispiele aufzufächern. Die neutestamentlichen Zeugnisse weisen untereinander je spezifische Gesamtprofile auf. Nichts anderes gilt, wenn man sie mit frühjüdischen oder philosophischen Ansätzen vergleicht.

10. Im Vordergrund stand in der hier vorgelegten Untersuchung die differenzierte Erhebung der Begründung, Motivierung und inhaltlichen Ausrichtung ethischer Vorstellungen in den neutestamentlichen Schriften im Kontext und vor dem Hintergrund der antiken Lebenswelt(en) und ihrer ethischen Traditionen. An verschiedenen, vor allem an besonders brisant erscheinenden Stellen wie etwa beim kategorischen Verbot von Ehescheidung und Wiederheirat oder bei der Haustafelunterweisung mit ihrer Verbindung zur patriarchalen Grundstruktur antiker Gesellschaften sind an Ort und Stelle bereits Überlegungen angestellt worden, wie solche Texte heute unter grundlegend anderen Voraussetzungen verantwortlich rezipiert werden können (→ II.3/6, IV.1.2.2/7, IV.2.2.3/5). Im Folgenden soll es nicht darum gehen, diese Aufgabe für weitere Themen ‚durchzuspielen' – dies würde ein eigenes Buch erfordern. Ich beschränke mich vielmehr in Anknüpfung an die einleitenden Ausführungen in Kap. I.2/5 auf einige grundsätzliche Überlegungen, die den Rah-

men für die Frage nach der möglichen Bedeutung neutestamentlicher ethischer Aussagen für heutige christlich-ethische Reflexion und Lebensorientierung abzustecken suchen.

Zwei Extreme beschreiben m.E. beide gleichermaßen keinen gangbaren Weg. Beim biblizistischen Zugriff auf die Texte wird das NT gewissermaßen wie ein zeitloses Handbuch der Moral gelesen: Konkrete ethische Anweisungen gelten als prinzipiell gültige Aussagen und können daher ohne Umschweife in die Gegenwart übertragen werden. Die kulturelle Einbettung der Texte, ihre Abhängigkeit von einer bestimmten Gesellschaftsformation und die Bedeutung der konkreten Kommunikationssituation für die präzise Erfassung des Sinns und der Stoßrichtung von Texten bleiben hier unterbestimmt oder werden gänzlich ausgeblendet. Treue zum Text ist aber, wie etwa bei der Reflexion über die Haustafelethik angemerkt wurde, nicht *eo ipso* gleichzusetzen mit Treue zum Buchstaben (→ IV.1.2.2/7); vielmehr muss es um die Analyse und hermeneutische Übersetzung der ethischen Richtungsimpulse der Texte gehen. Nicht zuletzt wird hier nicht beachtet oder nicht ausreichend gewichtet, dass sich aus den neutestamentlichen Texten angesichts ihrer zum Teil auch dissonanten Polyphonie kein widerspruchsfreier Katalog von Verhaltensmaximen ergibt und schon deshalb ethische Einzelaussagen in übergreifende Perspektiven einzuordnen sind.

Im anderen Extrem wird den neutestamentlichen Aussagen jedenfalls in ihren materialethischen Konkretionen eine höchstens marginale oder überhaupt keine Orientierungskraft zugeschrieben, weil die im NT artikulierten Moralvorstellungen eingebunden und geprägt sind durch gesellschaftliche Umstände einer vergangenen Welt. Hier wird zwischen der Antike und der Gegenwart ein so gravierender kultureller und gesellschaftlicher Wandel ausgemacht, dass die ethischen Aussagen des NT im Grundsatz nur noch eine historische Reminiszenz darstellen. Ein solcher Ansatz scheint insbesondere im Bereich von Familie, Ehe und Geschlechterrollen argumentativ ein leichtes Spiel zu haben: Ein antikes ‚Haus' ist etwas grundständig anderes als eine moderne Kleinfamilie in westlichen Gesellschaften, in denen sich zudem das Verhältnis von Individuum und Gemeinschaft zugunsten des ersten Pols verschoben hat; die Erwartungen an eine Ehe sind heute andere als in der Antike; die Frage der Einziehe stellt sich schon angesichts der wesentlich höheren Lebenserwartung heute anders als in der Antike; insbesondere hat sich das Verständnis der Geschlechterrollen völlig gewandelt; und nicht zuletzt ist die in den biblischen Texten fraglos vorausgesetzte Heteronormativität differenzierteren Erkenntnissen gewichen. Die Liste ließe sich problemlos fortsetzen. So leicht es damit scheint, den biblischen Texten jeglichen Orientierungswert für heutige ethische Reflexion abzusprechen, so oberflächlich wäre dies allerdings auch. Erstens: So wenig es um Repristination vergangener kultureller Formen gehen kann, so sehr ist zugleich die Frage zu stellen, ob es nicht ein Akt kultureller Hybris ist, wenn man ausschließt, von älteren oder überhaupt anderen Kulturen etwas lernen zu können. Zweitens eröffnet gerade die historische Einbettung der Texte die Möglichkeit, die Richtungsimpulse in den Blick zu bekommen, die in den hinter den Texten stehenden Aushandlungsprozessen wirksam sind, und also die Faktoren zu bedenken, die sich in der Rezeption und gegebenenfalls Transformation antiker Traditionen bzw. Konventionen zeigen (zu den Haustafeln diesbezüglich → IV1.2.2/7, IV.2.2.3/4–5). Drittens ist, ohne die generelle Notwendigkeit sowie häufig hohe Komplexität und Schwierigkeit der Übersetzungsarbeit kleinzureden, anzumerken, dass sich die kulturellen Faktoren in unterschiedlichen materialethischen Bereichen in unterschiedlicher Intensität manifestieren. So hat z.B. das Bestreben, gegen menschlichen Richtgeist anzugehen bzw. angesichts der menschlichen Anfälligkeit für diesen eine Reflexion über die eigenen Unzulänglichkeiten und Fehltritte anzuregen, wie dies pointiert, ja überspitzt, in dem Bildwort vom Splitter und Balken geschieht (Mt 7,3–5; Lk 6,41f), an unmittelbarer Relevanz so wenig eingebüßt wie die

Mahnung „vergebt einander, wie auch Gott euch in Christus vergeben hat" (Eph 4,32), um nur zwei Beispiele zu nennen. Insbesondere aber geht es jenseits der kulturabhängigen Ausformungen ethischer Überzeugungen darum, dass die neutestamentlichen Texte auf Grundfragen aufmerksam machen, die auch heutige ethische Reflexion über christliche Lebensorientierung anzustoßen vermögen, ja herausfordern. Was bedeutet es, einen anderen Menschen als Geschöpf Gottes zu betrachten? Oder gar als einen Mitmenschen, für den Christus gestorben ist? Was bedeutet es, das Gegenüber nicht auf seine Fehltritte in der Vergangenheit festzulegen? Wer heute im Rahmen eines christlichen Bezugssystems über Aspekte des Lebenswandels nachdenkt, kommt an solchen – und anderen von den neutestamentlichen Texten aufgeworfenen – Fragen nicht vorbei. Neutestamentliche Ethik ist daher mit ihrer Verwobenheit mit antiker Kultur nicht einfach obsolet geworden. Denn es geht an vielen Stellen um Grundentscheidungen, die sich heute nicht wesentlich anders stellen als damals.

Mit den voranstehenden Ausführungen ist zugleich bereits vorgezeichnet, dass die Bedeutung der neutestamentlichen oder überhaupt der biblischen Texte in heutiger theologischer Ethik nicht darin aufgeht, dass diese nach dem Muster „was sagt die Bibel zu ...?" bloß als potentielle Antwortgeber (neben anderen) auf konkrete heutige Fragen herangezogen werden. Bei einer solchen Blickrichtung auf die Texte sind wegen des kulturellen Abstands Enttäuschungen geradezu unvermeidlich, weil die Texte auf etliche ethische Fragen in einer hochtechnisierten Welt gar nicht oder zumindest nicht geradlinig zu antworten vermögen oder es zu biblizistischen Kurzschlüssen kommt. Vielmehr sind im Sinne eines echten Dialogs zwischen den Texten und Fragen gegenwärtiger Lebensorientierung eben auch die Texte selbst in ihren eigenen Anliegen und Fragestellungen ins Gespräch und zur Geltung zu bringen. Dabei gilt es, das Augenmerk vor allem auf die Grundhaltungen – wie allem voran die Liebe als Offenheit für die Belange anderer – zu richten, die in den ethischen Unterweisungen und Argumentationen in die damalige Lebenswelt hinein ausbuchstabiert werden; und es geht darum, die ethischen Perspektiven zu reflektieren, mit denen die damaligen sozialen Herausforderungen in den Texten angegangen wurden. Denn es sind ganz wesentlich solche Grundhaltungen, die auch heute – sei es in grundlegenden Aspekten der alltäglichen Lebensgestaltung, sei es in hochkomplexen ethischen Entscheidungssituationen – ganz wesentlich die Weichen stellen und mit denen entsprechend die biblischen Texte dann auch grundlegend dazu beitragen können, Antworten auf heutige Fragen zu finden. Zugleich vermag die Reflexion neutestamentlicher ethischer Perspektiven auch als eine Art ‚Sehschule' zu dienen, die die Fähigkeit fördert, ethische Frage in Alltagssituationen überhaupt erst wahrzunehmen. Mit anderen Worten: Die Bibel kommt nicht erst ins Gespräch, wenn die gegenwärtige ethische Konstellation identifiziert und umrissen ist und nach Lösungen gesucht wird, sondern sie ist Basis für die Bestimmung und Formierung christlicher Grundhaltungen und Nährboden für die Schärfung der ethischen Wahrnehmungsfähigkeit und stellt ferner ihrerseits herausfordernde Fragen, die beantwortet werden wollen, wenn die grundlegende Schriftbezogenheit der christlichen Theologie nicht Gefahr laufen will, zur hohlen Phrase zu degenerieren.

Nicht zu verschweigen ist, dass die Aufgabe, Fragen und Perspektiven des NT *auf aktuelle Konstellationen hin* zu bedenken, häufig, ja in der Regel eine anspruchsvolle Herausforderung darstellt. Welche Gestalt kann in hochsegmentierten und sozialstaatlich durchadministrierten Gesellschaften der Aspekt der aus Besitz folgenden karitativen Aufgabe gewinnen? Was bedeutet es im ‚globalen Dorf‘, dem Bedürftigen zum Nächsten werden zu sollen (Lk 10,36), wenn diese Aufgabe infolge der globalen Erweiterung des Lebenshorizonts nicht schlechthin *ad absurdum* geführt wird, da die einzelne Person nicht allen Menschen, deren Not sie dank moderner Kommunikationstechnik wahrnehmen kann, zum Nächsten zu werden vermag? Und grundsätzlich: Welche Konsequenzen ergeben sich aus dem durch das Liebesgebot ausgelegten Moment der konstitutiven Gemeinschaftsbezogenheit des Menschen im Rahmen der am Individuum orientierten Plausibilitätsmuster liberaler oder libertärer Gesellschaften? Mit der letzten Frage deutet sich zugleich an, dass gerade die kulturelle Abständigkeit einiger neutestamentlicher Aussagen hermeneutisch dazu verhelfen kann, einen kritischen Blick auf gegenwärtige Plausibilitäten zu gewinnen und an der einen oder anderen Stelle die vermeintliche Selbstverständlichkeit der Gegenwart von den Texten her zu reflektieren. Umgekehrt ist es im Einzelfall auch möglich, Sachkritik an den Texten zu üben. Denn die Schrift fungiert eben nicht als eine Art ‚papierner Papst‘, sondern als primärer Dialogpartner, dessen Stimme Gewicht hat (→ I.1/3). Der Idealfall ist dabei, dass solche Sachkritik innerbiblisch begründet werden kann, indem übergreifende ethische Perspektiven, die sich aus den Texten selbst ergeben, in Anschlag gebracht werden. Im Voranstehenden wurde dies etwa für den Umgang mit dem strikten Ehescheidungs- und Wiederheiratsverbot Jesu zur Geltung gebracht (→ II.3/6). Sachkritik ist aber auch dort möglich, ja notwendig, wo die Übernahme neutestamentlicher Aussagen nichts anderes bedeuten würde, als unkritisch Voraussetzungen und Plausibilitäten einer anderen Kultur Geltung zu verschaffen. Zur notwendigen Übersetzungsarbeit gehört schließlich und nicht zuletzt die Berücksichtigung sozialer Konfigurationen. Die Mahnungen zum Vergeltungsverzicht und zur Feindesliebe in Mt 5,38–48 etwa behandeln durchgehend allein zweistellige Interaktionen, nämlich zwischen dem angeredeten Subjekt und seinem ‚Feind‘. Komplexere Konstellationen, in denen die Relation dreistellig ist (oder mehr), also etwa Fälle, in denen ein anderer Mensch oder eine andere Gruppe etc. von einem ‚Feind‘ bedrängt wird und die Frage wirkungsvoller (Formen der) Intervention zur Abwehr von *andere* betreffendem Unheil aufgeworfen ist, werden in Mt 5,38–48 nicht reflektiert. Dies bedeutet nicht, dass das Gebot der Feindesliebe für solche mehrstelligen Konstellationen bedeutungslos ist, doch bedarf es hier intensiver Abwägungsprozesse, wenn die je für sich wünschenswerten Weisen des Verhaltens gegenüber den einzelnen Beteiligten miteinander konfligieren. Exemplarisch zeigt sich hier die Komplexität der hermeneutischen Aufgabe.

Wenn die voranstehenden Analysen ethischer Vorstellungen im NT den Eindruck genährt haben, dass die Beschäftigung mit ihnen nicht nur dazu zu dienen vermag, das historische Wissensarchiv zu bestücken, sondern es sich auch im Blick auf heutige Fragen christlicher Lebensorientierung lohnt, sich mit ihnen zu befassen und auch die hermeneutischen Mühen der Übersetzungsarbeit auf sich zu nehmen, ist nicht nur das exegetische, sondern auch das theologische Ziel dieses Buches erreicht.

# Stellenregister (in Auswahl)

Um das Register übersichtlich zu halten, werden zuweilen Stellenangaben zu größeren Einheiten zusammengefasst und umgekehrt Stellenangaben auf kleinere Einheiten aufgeteilt. Zwischen Haupttext und Anmerkungen wird nicht unterschieden.

**1. Altes Testament**
*Gen*
1,26–2,3   248
1,26–27   188
1,27   47, 48, 76, 153, 254
1,28   146, 147, 148, 154
2,15   162
2,18   76
2,21–25   228
2,24   47, 48, 136f, 145, 213f, 254, 498
3,1–7   228
3,16   194, 228, 229
4,24   278
7,9   48
15,6   430
24,35   232, 361
24,44   48
26,12–14   232, 361

*Ex*
16,17–18   160
16,29   299
19,3   269
19,5–6   132, 457
20(,1)   274, 293
20,2   146
20,6   392
20,7   292
20,8–11   162, 164, 248, 299
20,12   215, 249
20,13–17   89, 134, 273, 292, 293
21,2–3   164
21,12   273
21,24–25   273, 278
22,20–26   279, 301, 302, 359, 362, 446
22,30   335
23,3   302
23,4–5   44
24,8   457

30,17–21   300
34,6   108, 343
34,15–16   150
34,21   248

*Lev*
11   247, 334
12,6–8   349
15,11   300
15,16–18   146
17–18   335
17,15   335
18,5   333
18,8   137, 138
18,16   254
18,18   48
18,19   36
18,22   151, 153
19   38
19,2   342, 456
19,9–10   36, 301, 362
19,12   273, 292
19,13–14   36, 249, 444
19,15   434, 436
19,17–18   44, 117, 261, 284, 308, 438, 466, 494
19,18   43, 89, 100, 114, 118, 213, 273, 275, 280, 285, 342, 346, 400, 438, 489
20,10   290
20,11   138
20,13   151, 153
20,21   254
20,24.26   132
23,10–11   432
24,19–20   273, 278
25,8ff   326
25,23   360
25,35–38   301, 358, 362
27,30   271

*Num*
25   150
28,19–20   299
30,3   273, 293
31,16   475

*Dtn*
5,10   392
5,12–15   162, 248, 299
5,16   215, 249
5,17–21   89, 134, 273, 293
6,4   250
6,5   43, 146, 250, 285, 345, 367
7,2   302
7,3–4   150
7,6–8   103, 132, 189
10,17   443
10,18–19   284, 363, 446
14,2   132
14,3–21   247, 334, 335
14,22–23   271
15,4   336, 368, 374, 495
15,7–11   256, 301, 358, 362
15,12–15   164
16,19–20   434, 436
17,17   48
18,13   277
19,21   273, 278
22,22   290
23,1   138
23,4–7   275
23,16–17   164
23,20   358
23,22–24   273, 293
24,1–4   47, 247, 254, 273, 291, 333
24,6–22   301, 362
24,6   35, 362
24,10–13   36, 279
24,14–15   249, 444
24,17   273
27,18   36
27,20   138
30,15   99
31,6.8   421
32,51   314

*1Sam*
2,4–10   350
16,7   362

*1Kön*
8,39   362
8,61   277
11,1–13   150
16,31–33   475
18,4.13   475
21,25–26   475

*Jes*
1,17   362, 446
3,14–21   362
5,8–24   362
11,1–6   243
13,1–14,23   481
23   480, 481
25,8   473
29,13   293
29,16   139
29,23   314
41,8–9   327
42,1   243
43,20–21   457
48,20   476
52,11   476
53   455
54,11–12   482
54,13   96
55,1   482
57,19   203
58,1–8   271, 302, 325, 362, 363, 446
60   482
61,1–2   325
63,3   482

*Jer*
3,1–4,4   476
6,20   271, 302
7,3–11   271, 302
9,22–23   301, 444
12,3   362
15,3   482
18   139
31,31–34   96, 416
50–51   481
50,8   476
51,6.45   476

*Ez*
16   476
17,24   350

18,7   363
18,23.32   344
22,7.12–13   362
26–28   481
36,22–23   314
36,26–27   66, 96
37,14   66
38,23   314
39,4.17–20   482
47,12   482

*Hos*
1–3   476
2,13   184
2,21–22   301
6,6   9, 264, 266, 271, 299, 301, 302, 342

*Joel*
3,1–5   77
4,13   482

*Amos*
2,6–8   362
3,9–11   362
5,21–24   54, 302
8,4–6   362

*Mi*
2,1–10   362
6,8   301
6,9–16   362

*Zeph*
2,3   125

*Sach*
7,9–10   301
14,8   482

*Mal*
2,14–16   47
3,5   249
3,14   81

*Ps (masoretische Zählung)*
2,9   483
4,5   207
34,13–17   457
37,8   447
37,21.26   302

39,7   355
52,9   232
68,6   436
72   303
104,24   33
104,27–28   232
112,3   232, 361
118,6   421
136,25   232
139,19–22   275
145,15–16   232

*Hiob*
1,10   232
1,21   231
22,5–10   302
31,1   290
34,19   443

*Prov*
2,14   110
3,4   99
3,11–12   415
3,34   125, 493
3,19   33
6,6–11   445
6,25   289, 290
6,26   134
8,22–31   33
10,12   438, 466
10,14.19   447
11,2   100
11,13   36
11,28   232
14,31   302, 303, 436
15,18   447
17,3   454
17,5   302, 436
17,27   447
19,14   139
19,17   302, 303, 355
20,22   278, 309
21,3   54, 271
22,9   283, 302
24,17–18   44
24,19   100
24,21   464
24,29   44, 278
25,9–10   36
25,21–22   36, 44, 100

28,27   233, 358
29,3   134
29,14   303
29,23   125

*Kohelet*
2,24   355
4,8   403
5,8–16   231, 355
8,15   354, 355
10,14   447

*Dan*
2,44   41
7,1–8   477

*Esra*
9–10   150

*Neh*
9,26   441
13,13–30   150

## 2. Frühjudentum
### 2.1 ‚Atl. Apokryphen und Pseudepigraphen'
*Apk Abr*
24,3–8   35, 39, 139, 152, 403, 426

*ApkMos*
19,3   35, 139, 403, 426
25,4   228
32,2   436

*2Bar*
41,3   265
54,17–18   153
83,2   32

*EpArist*
31   34
131   43, 434
132   43, 285
139–142   84, 203, 247, 434
152   134, 152, 335
188   343
207   295, 343
208   342, 343, 433
219   167
248   215
256   27

*4Esr*
3,19–22   428
7,21.32–36   32

*1Hen*
8,1   227
62–63   461
63,8   443
92–105   79, 355, 362, 373, 481
94,6–11   355, 356, 445, 481
96,4–8   232, 355, 362, 481
97,8–10   354, 355, 444, 481
103–104   350
104,6   472

*2Hen*
9–10   32
9,1   302f
10,4   152
10,5   287, 439, 442
44,1–2   303, 436, 449
46,3   443
49,1   449
50,4   44, 278, 309
50,5–6   282
52,1–6   436, 449
52,7   161

*JosAs*   150
7,5   150
8,9   427
11,13   436
15,6   48
21,1   134
23,9   44, 278
28,10.14   278, 309
29,3–4   44, 277

*Jub*   38
1,1–2,1   38
2,19–20   132
3,8   228
3,10   38
5,16   443
7,20   38, 131
20,2–10   38, 150
22,16   38, 84, 247
25,1–10   134, 150
30,7–14   131, 150
36,3–16   38, 275

46,1    275
50,8    146
50,12   248, 299

*LAB*
11,1–14    39, 293
44,6f    39

*latLAE*
10,1–3    228
33,2    228

*1Makk*
2,44    287

*2Makk*
6,12–16    415
10,35    287
15,14    97

*4Makk*    91
1,1    66
1,16–17    36, 66
2,6    35, 403
2,8    66
2,14    44
2,16    447
2,21–23    66, 428
12,11    167
13,19–14,1    97
13,22    38, 134
18,10    38, 134

*PseudMenand*
8–14    39

*PseudPhiloJona*
10–19    37, 153
105–107    153
114    434
118–136    153, 427

*PseudPhok*    38f
3–8    39, 152
3    152
8    43, 285
9–41    38
16f    292
22–30    233, 302, 358, 360
42(–47)    162, 231, 442

57–58    287, 447f
62    232
77    44, 278, 309
110    231
140–142    44, 100, 277
153–174    161, 192
175–227    192
176    154
179–180    137, 138
184–185    38, 192, 225
190–191    152, 154
193–194    142
195–197    192, 194
207    195
210–214    152
223–227    163
228    300

*PsSal*
2,11.13    134
2,23.36    432
3,3–8    32, 184
3,11–12    32
4,4    290
5,8–19    232
8,9–10    134
9,7    32, 328
13,5–12    328
16,10    288, 448
17,32    96

*SapSal*
2,18    276
3,5–6    454, 480
5,5    276
5,8    444
6,3.4    167
7,2    141
8,10    123
9,3    206
13,1–9    153
14,12.27    142
14,22–31    131, 134, 153, 188, 335

*Sib*
3,41–45    37, 231
3,184–190    37, 152, 188, 231
3,220    461
3,235–236    442
3,246    270

3,594–600   131, 134, 152, 335
3,764   152
3,765   225
3,783   42
4,31–33   39
4,33–34   152
4,181–191   32
5,166   152
5,387–393   134, 137, 152
5,430   152

*Sir*
1,22–24   448
2,1   81
2,5   454
2,11   343
3,1–16   215
3,17–31   125, 364
4,1–11   249, 276, 358
5,11   447
6,33   447
7,20–21   163, 196
9,6   134
9,8–9   289
10,4   167
10,6   44
10,14   350
10,18   447
11,4   444
11,18–19   353, 355
12,1–7   345, 358
13,15   275
14,3–19   355, 403
15,1   35
18,30–19,5   459
19,16   448
19,20   35
20,1–8   447
21,11   428
22,22   36
22,27   447
23,9–11   292
24   32f, 35, 429
25,24   228
25,26   47, 213
26,3   139
26,9.11   290
26,28   287
27,14   449
27,16   36

27,30   287, 447
28,1–5   257, 287, 346, 347
29,1–13   233, 302, 336, 358, 364
31,1–3   283
31,15   296, 340
32,8   447
33,13   48, 139
34,25–27   249, 287, 439, 442
35,12–13   443
35,17   125
40,13–14   232
41,22–23   197, 289
51,23–27   265

*TestXII*   37–38, 43, 44, 146, 194, 284, 290,
   308, 309, 342, 438, 439, 440, 488, 494

*TestRub*   37
3,9–12   289
4,1   48, 134, 139
5,1–5   134, 148, 194, 227, 290
6,1–3   289

*TestSim*   37
4,4–6   44, 109, 438, 439
5,3–4   134

*TestLevi*
9,10   134, 150
13   36, 99, 429
14,5–6   37, 134
18,12   244

*TestJuda*   37
1,4   195
13,7   150
14,6   150
15   194
17,1   37
18,2–6   37, 231, 354, 442
19,1   188, 189
23,2   134
25,4   350

*TestIss*   37
2,3   141
3,3–4   460
3,5   134, 141
3,6–8   37, 160, 232, 342
4,2–6   37, 283

5,1–4   38, 160
5,2   37, 284, 302, 342, 439
5,3   161
7,1–7   37, 290
7,2   290, 403
7,5   342, 439
7,6   37, 284, 439

*TestSeb*   37, 343
2   342, 343
4,11   287
5,1–8,3   284, 302, 342, 343, 358, 363, 373, 439
5,2–4   160, 343
6,4–8   232, 233, 343
7,2   358, 360
7,3–4   343
8,4–9,3   44, 109, 343, 438, 439

*TestDan*   37, 447
1,3f.7–8   287
5,1   38
5,3   37, 284
5,5–7   37, 188
5,10–13   41

*TestNaph*
3,3–4   153
8,4   243
8,7–10   146, 270, 429

*TestGad*   37, 275
4,1–7   284
4,2–3   37, 308, 438
6,3–7   284, 308, 309f, 438

*TestAss*
1,8–9   99
2,5–7   302
2,8–9   233, 300
4,3   345
6,1.3   38

*TestJos*   37
3,3.6   146
4,1f.6   131
10,5–18,4   44, 438
18,2   276

*TestBenj*
3,3–4   37
4,1–5   37, 44, 302
5,2–3   461
5,4   277
6,3   290
8,2   109, 131, 290, 403
10,3   38

*TestAbr*
A 10,4–11   39
A 12–14   32

*TestHiob*   441
7,11   44
9–15   358, 373
45,3   150

*TestMos*
7,7–9   54
10,1–10   41, 244

*Tob*   48
1,16–17   302, 363
4,3–19   38
4,7–11   159, 233, 282, 302, 358, 364, 365, 403
4,12   134, 150
4,13   275
4,14   81
4,15   295
6,18   48
7,11   48
8,7   141
12,9   364
13,16–17   482
14,8–9   38
14,10   364

## 2.2 Qumran
*Damaskusschrift*
CD II,16   290
CD IV,20–V,2   47f
CD VI,20–21   275, 342
CD VII,1–3   134, 208
CD VII,6–7   148
CD IX,2–8   208, 308, 438, 494
CD X,20–21   248, 299
CD XI,13–14   53

CD XI,21–XII,2   146
CD XIII,17   48
CD XIV,12–16   367
CD XIX,2–3   148
CD XX,28–29   438
4Q270 2 II,15–16   141
4Q271 3 10–12   48

*1QH*
VI,3   297
XIII,16   454

*1QM*
XIV,7   297

*1QS*   148
I,3–4   275, 405
I,6   290
I,9–11   275, 405
I,11–12   367
I,22–26   438
II,2   277
III,2–3   367
IV,3   189
V,24–VI,1   288, 308, 309, 438, 448, 494
VI,13–23   367
VII,2   448
X,17–18   44, 275, 278, 309

*4Q184*   148, 290

*4QInstruction*
4Q416 2 II,21   48
4Q416 2 III,21–IV,5   213
4Q416 2 IV,2–3   194
4Q416 2 IV,3–4   48
4Q417 1 II   427

*11QT*
XLV,7f.11–12   146, 150
LXI,12   278

**2.3 Philon**   20, 85, 91, 209
*Allegorischer Kommentar*
LegAll 2,17   141
LegAll 3,113   35
LegAll 3,115   35
Imm 75   432
Plant 151   28

Her 90–95   418
Congr 130   124

*Expositio Legis*   33–35, 39, 88, 287, 439
Opif 3   34, 429
Opif 144   343
Opif 151–152   141
Opif 161   161

Abr   440
Abr 5f   34
Abr 60–207   34
Abr 135–137   141, 152, 153, 154
Abr 208–261   34
Abr 208   35
Abr 235   366
Abr 262–269   418
Abr 270   418
Abr 275–276   34

Jos 40–44   131, 134, 141

Dec 1   34
Dec 15   34
Dec 17   32
Dec 19   34
Dec 65   43, 285
Dec 82–95   292
Dec 84   292
Dec 108–110   35
Dec 122   290
Dec 142–145   35
Dec 142   35, 403
Dec 151–153   442
Dec 157   292
Dec 165–167   163, 192
Dec 168–170   134, 290
Dec 170   35
Dec 173   35, 139, 403, 426

SpecLeg 1,23–25   188
SpecLeg 1,51   427
SpecLeg 1,101   141
SpecLeg 1,257–260   300
SpecLeg 2,2–38   292
SpecLeg 2,50   152, 155
SpecLeg 2,62–63   35, 37f, 43, 284
SpecLeg 2,72   159
SpecLeg 2,224   292

SpecLeg 3,8–82   290
SpecLeg 3,9–11   141, 154, 290
SpecLeg 3,20–21   138
SpecLeg 3,29   150
SpecLeg 3,30   47, 291
SpecLeg 3,32–36   141, 147, 154
SpecLeg 3,37–39   152, 153
SpecLeg 3,83–209   35
SpecLeg 3,104   287
SpecLeg 3,110–118   225
SpecLeg 3,137   163, 196
SpecLeg 3,204   35
SpecLeg 4,72   302, 368
SpecLeg 4,78   403
SpecLeg 4,84–85   35, 139, 403, 426
SpecLeg 4,88.91   403
SpecLeg 4,92   35
SpecLeg 4,180   432

Virt 19   193
Virt 40   290
Virt 82–87   358
Virt 112   142
Virt 116–120   44, 100, 277
Virt 169   360
Virt 212–219   418, 427

Praem 83   270

VitMos 1,156   366
VitMos 1,295–304   150
VitMos 2,4   435
VitMos 2,14   34
VitMos 2,34   34
VitMos 2,68–69   146

*Quastiones et Solutiones*
QuaestGen 1,33   228
QuaestEx 2,11–12   44, 100, 277
QuaestEx 2,42   34

*Weitere Schriften*
Cont 59–62   152
Cont 63   155

Hyp 7,1–9   36, 192
Hyp 7,1   152, 290
Hyp 7,3   194
Hyp 7,6   36, 295

Hyp 7,7   36
Hyp 7,8   31, 36
Hyp 7,12–13   38, 134
Hyp 7,14   38, 134, 192
Hyp 11,3   148
Hyp 11,13   148
Hyp 11,4–13   366
Hyp 11,14–16   148

Prob 45   117, 136, 429
Prob 59   117
Prob 79   164
Prob 84   292, 366
Prob 85–87   366
Prob 106   195

## 2.4 Josephus
*Ant*
3,89–90   293
3,91–92   292
3,274–275   138, 290
4,253   47, 291
4,280   278
8,86–87   300
8,297   293
11,130   435
16,43   38, 66
18,20   366
18,21   148, 164

*Ap*
1,60   38, 134
1,210   195
2,175   37, 38, 134
2,190–218   36f, 141, 152
2,190   43, 285
2,198   146
2,199   36, 141, 152, 154
2,201   194
2,204   38, 66, 134
2,273   152

*Bell*
2,120–121   148
2,122   366
2,134   366
2,135   292
2,139   275
2,160–161   141, 148, 367

3,438-439   288
4,494   125
7,203   123

## 2.5 Talmud, Midraschim, Targumim
mShab 7,2   248
mJoma 8,6   248
mGit 9,10   47, 291
mAb 1,15.17   447
mAb 3,5   265
mAb 6,2   429

bShab 31a   295, 296
bShab 128b   53
bShab 133b   343
bKid 30b   66, 428
bBQ 83-84   278
bBM 58b   288
bBB 16a   66, 428

Derekh 'Eretz Rabbah 11,15   288

LevR 23   291
Sifre Dtn § 49   343
MProv zu 24,31   66, 428

TPsJ zu Ex 20,7   292
TPsJ zu Lev 19,18   296, 340
TPsJ zu Lev 22,28   343

## 3. Neues Testament
*Mt*
1,21   264, 268, 306, 313
1,23   263, 267
2,6   260, 268, 280, 308, 313
3,13-17   260, 305
3,15   298, 304f
4,1-11   260, 305
4,17-11,1   260, 261, 266, 269
4,15-16   263, 268, 317
4,17   260, 269, 277
4,18-22   260
4,23-25   260, 261, 268f, 277
5-7   242, 261, 262, 266, 272, 386
5,1-2   267, 268f
5,3-16   127, 268, 316
5,3-12   296-298, 315
5,3   296f, 493
5,5   297
5,6   270, 297, 298
5,7   297, 432
5,8   297, 298
5,9   277, 297, 298
5,10-12   270, 297, 304, 316, 459
5,13-16   269
5,13   316
5,16   269, 316, 394, 461, 488
5,17-20   268, 270-272, 273, 278, 299
5,17   266, 269, 270f, 300, 301
5,18-19   267, 268, 270, 271, 300
5,20   262, 270, 271, 273, 281, 293, 314, 315
5,21-48   209, 251, 268, 271, 272-275, 278, 281, 293, 294, 315, 337
5,21-32   39, 268, 285, 286, 294
5,21-26   286-288, 294
5,21-22   53, 208, 272, 273, 274, 286-288, 296, 298, 303, 439, 448
5,23-24   54, 271, 284, 288, 296, 298, 303
5,25-26   288, 296, 298
5,27-32   288-291, 296
5,27-28   50, 53, 272, 273, 276, 278, 288f, 290, 297, 298, 403, 439, 497
5,29-30   289f
5,31-32   46, 49, 150, 272, 273, 291, 497
5,33-37   272, 273, 274, 292, 296, 449
5,38-42   272, 278-280, 464, 502
5,38   273, 278
5,39b   278f
5,39c-41   45, 93, 162, 276, 278-280, 338, 357
5,42   279, 282, 283, 298, 302, 338, 358
5,43-48   268, 272, 275-277, 284, 288, 296, 298, 404, 405, 502
5,43   273, 275f, 488
5,44-45   42, 44f, 93, 100, 276f, 297, 405, 483, 488, 489, 490
5,46   275
5,48   209, 277, 282, 311, 314
6,1-18   315f
6,1   270, 298, 316
6,2-4   282, 283, 298, 302
6,9-13   314f
6,10   41
6,11   264
6,12.14-15   46, 257, 298, 312, 314, 494
6,19-34   282
6,19-24   282f, 298, 302, 479, 496
6,24   119, 188, 232, 283, 442, 479, 496
6,25-34   283, 353
6,33   270, 283, 292, 298, 496

7,1–5    298, 303, 312f, 314, 449, 494, 500
7,1–2    46, 312, 346, 357, 437
7,12    268, 269, 285, 295f, 300, 339
7,13–27    262
7,16–20    297
7,21–23    262, 315
7,24–27    1, 262, 274f
7,28–29    267, 268f
9,2–8    264, 265, 314
9,9–13    261, 262, 264, 266, 306
9,13    9, 264, 266, 268, 270, 271, 285, 301, 302
9,36    266, 280, 308
10,24–25    298, 304
10,32–33    262
10,38    306
10,39–42    262
11,13    300
11,27    270
11,28–30    265–267, 298, 313, 493
12,1–14    261, 262, 268, 270, 271, 299, 303, 306
12,5–7    9, 268, 270, 271, 284, 285, 299, 301, 302
12,11–12    53, 299
12,28    41
12,33–35    297
12,48–50    303, 315
13,22    283
13,47–50    262
14,14    263, 308
15,1–20    261, 262, 268, 270, 271, 284, 293, 294, 300
15,4–6    271, 284, 293, 294
15,11    300
15,14    264, 270
15,19    268, 271, 273, 285, 289, 293f, 298
15,24    260, 263, 280, 308
15,32–38    264, 302, 303, 306, 308
16,17–19    261, 311
16,21–20,34    260, 261, 266, 313
16,21    260, 313
16,24–28    261, 304, 306
16,27    262
18    261, 262, 266, 307–313, 317, 386
18,1–4    307, 313
18,3    262
18,4    125, 307
18,5    307
18,6–14    262, 307f, 310, 313, 314, 315, 494
18,15–17    46, 261, 303, 308–310, 312, 314, 438, 494
18,18    265, 310, 314
18,19    309, 314
18,20    263, 313, 314
18,21–22    46, 278, 303, 310–312, 314, 494
18,23–35    46, 189, 262, 263, 264, 302, 310–312, 314, 494
19,3–9    261, 262, 270, 291, 497
19,4–6    46–49, 136, 139, 150, 213
19,9    49, 150, 291
19,10–12    50, 291
19,13–15    307
19,16–22    261, 262, 280–282, 283f, 294, 299
19,16–17    262, 271, 275, 281
19,18–19    119, 271, 281, 285, 294
19,19    268, 273, 280–282, 284, 299, 301, 404, 488, 489
19,21    268, 277, 281, 282, 302, 311, 314
19,23–25    262, 281
20,1–16    261
20,25–28    125, 262, 266, 306, 467, 491, 493
20,28    125, 266, 306, 313, 491
20,29–34    263, 264, 306
21,1–9    280, 303
21,5    266, 298, 313
21,31–32    49, 262, 270, 315
22,1–14    264f
22,34–40    43, 249, 261, 262, 268, 270, 271, 273, 280, 284f, 299, 301, 404, 488f
22,39    271, 273, 275, 285
22,40    285, 300
23,8–12    270, 303
23,12    51, 125
23,16–26    261, 264, 270
23,23    54, 268, 271, 299, 301
23,25–26    54, 268, 300
24,20    268, 271, 299
25,31–46    41, 80, 262, 272, 302–304, 491, 492
25,34    41, 303, 492
25,40.45    50, 303, 307, 355, 491
25,44    491
26,11    256
26,28    265, 313
26,39.42    305, 315
26,52    280, 338
26,67–68    280
26,69–75    311
28,10    303, 311

28,16-20   260, 261, 262, 280, 306, 311
28,20   263, 267, 268, 269, 272, 274, 280

*Mk*
1,1   243
1,9-11   243, 244
1,12-13   243
1,14-15   42, 243, 245, 251
1,16-20   51, 52, 251, 255
1,21-28   242, 244
1,29-31   49, 52
2,1-12   244
2,5.10   42, 244, 248
2,13-17   42, 251, 491
2,23-3,6   244, 248f
2,27   47, 53, 248
2,28   248
3,20-21   51
3,31-35   51, 52, 251, 253, 256
4,11   244
4,18-19   231, 256, 283, 357
4,26-32   244
6,17-18   254
6,34-44   244, 247, 263
7,1-8,9   245, 247f
7,1-23   246-248, 334
7,3-4   242, 246f
7,9-13   51, 52, 249, 254, 255, 293
7,15   54, 94, 247
7,18-19   247, 250, 270, 271, 300, 334
7,21-23   248, 293, 497
8,1-9   244, 247
8,22-10,52   242f, 245, 251, 253
8,22-26   242, 245, 253
8,27-30   245
8,31-33   242, 245, 251f
8,34-38   244, 251f, 253, 257, 261
9,1   245
9,2-9   245
9,7   244
9,31   242, 245
9,33-37   52, 252, 253, 255, 256
9,50   257
10,2-12   254f, 497
10,2-5   49, 247, 254
10,6-8   47, 136f, 213
10,9   46-49, 139, 150, 255
10,11-12   46, 150, 223, 254
10,13-16   52, 255
10,17-22   249, 250, 251, 255, 333

10,19   39, 249, 255
10,21-22   50, 51, 249, 255, 256, 257, 479
10,23-27   50, 256, 373
10,28-30   51, 52, 251, 255, 256
10,32-34   242, 245, 246, 253
10,42-44   42, 51, 94, 125, 212, 253, 255, 256, 467, 491, 493
10,45   125, 212, 245, 253, 306, 326, 491, 493
10,46-52   242, 253
11,17   250, 257
11,22-25   46, 250, 494
11,27-33   244
11,39-40   54
11,42   54
12,13-17   51, 168, 376
12,25   255
12,28-34   43, 249f, 284, 333, 340, 404, 488f
12,35-37   245
12,41-44   257
14,5-7   256f
14,24   245
14,25   245
14,28   246
14,36   245
14,62   245
14,66-72   257
15,39   244, 245
16,7   246, 257

*Lk*
1,6   332
1,46-55   326f, 330, 349, 350f, 493
1,51-53   348, 350f, 363, 369, 373, 377, 378, 493
1,54-55   327, 344
1,68-79   206, 327, 330, 344
1,77   325, 327
2,1-20   349, 377
2,11   324, 327, 377
2,21-24   332, 349
2,25-32   327, 330
3,8   328, 365
3,10-14   328, 340, 363f, 371, 374, 378
4,16-30   325, 327, 328, 331
4,18-19   325f, 327, 330, 344, 351, 353, 362
4,21   325, 330
4,43   330
5,8   328
5,11   51, 364, 373
5,17-26   325, 344

5,27–32  327, 329, 344, 363, 364, 373
5,32  327, 328
6,20–49  242, 268, 323, 337, 386
6,20–26  348, 351, 357, 358, 378
6,20–21  42, 325, 351, 369
6,24–25  351, 352
6,27–36  272, 296, 337–339, 342, 343, 348, 357, 404, 405, 464
6,27–28.35  42, 43, 44f, 93, 100, 338, 358, 405, 483, 489
6,29–30  93, 279, 338, 354, 357f
6,29  45, 162
6,30  50, 371, 479, 495
6,31  295, 339f
6,32–34  338f, 340, 354, 358, 360, 368, 461
6,35  328, 339, 358, 361, 461, 479, 490
6,36  46, 209, 277, 327, 345, 346, 347, 358, 361, 433
6,37  46, 343, 344, 346, 357, 437, 494
6,38  343, 357
6,39–42  346f, 494, 500
6,47–49  1, 328, 332
7,11–17  350, 374, 491
7,13  343, 350
7,16  325
7,21–22  325, 351, 362
7,25  356
7,34  46, 329
7,36–50  49, 327, 329, 344, 363, 491, 497
8,2–3  49, 365, 371, 372
8,4–15  332
8,14  357
8,16–18  332
8,19–21  332
9,3  365
9,23  372, 376
9,46–48  351
9,53–55  338
9,57–58  51
9,59–60  52
9,61–62  52
10,4  365
10,18  41
10,25–37  44, 340–342, 404, 405, 489, 491
10,25–28  43, 249, 284, 328, 333, 334, 336, 361, 488
10,(31–)33  341, 342, 343, 345
10,36  341, 502
10,37  342
10,38–42  49

11,2  41
11,4  46, 257, 328, 347
11,20  41, 326, 331
11,28  332
11,32  328
11,39–40  54, 364
11,41  348, 364, 371
12,4–12  376, 377, 460
12,13–34  324, 348, 356, 359
12,13–21  50, 357, 373
12,13–15  162, 352, 353f, 361, 497
12,16–21  283, 351, 352f, 354f, 356, 359, 371, 479, 495
12,21  328, 355, 359
12,22–32  51, 353, 357, 361, 363, 496
12,33–34  282, 328, 353, 355, 359, 360, 361, 368, 371, 372, 373, 479, 495
12,35–48  332, 360
12,51.53  52
13,15  53
13,16  330, 365
14,1  357, 363
14,5  53
14,11  51, 125
14,12–14  232, 328, 339, 360, 361, 368, 369
14,16–24  50, 357
14,25–35  364
14,26  52, 255, 364, 372
14,27  364, 372
14,33  51, 348, 371, 372
15  324, 327, 344–346
15,1–2  327, 329, 344, 345, 347, 363, 491
15,7.10  345, 346
15,11–32  328, 345f, 347f
15,20(–24)  343, 345, 346, 439
15,24  201, 346, 348
15,30  347, 348
16  324, 348
16,1–13  50, 336, 339, 351, 359–361, 494, 495
16,9  328, 336, 356, 360, 361, 363, 371, 495
16,10–12  160, 356, 360, 362, 372
16,13  50, 119, 188, 232, 356, 360, 371, 373, 442, 479, 496
16,14–15  336, 348, 361f, 363, 373, 497
16,16  333, 362
16,17  333, 336, 361
16,18  46, 150, 223, 272, 333, 348, 497
16,19–31  42, 50, 351, 355f, 357, 359, 362f, 371, 378, 492, 495
16,29–31  328, 336, 361, 362

17,3-4   46, 344, 347
17,10   332
17,20-21   41, 331
17,22-37   332
18,9-14   328, 348, 363
18,14   51, 125
18,18-30   328, 348
18,18-23   333, 336, 337, 340, 352, 361
18,22   333, 361, 364, 372, 495
18,24-25   362
18,26   362, 373
18,28-30   52, 255, 364, 373
18,35-43   325
19,1-10   327, 329, 344, 348, 351, 352, 363, 365, 491
19,8   352, 364, 365, 371
19,10   327, 344
20,20-26   374, 375, 376
21,12-19   376, 377
22,19-20   326
22,24-27   125, 351f, 369, 374, 377, 491, 493
22,27   125, 326, 349, 491
22,35-36   365
22,51   338
23,34   338
23,56   332
24,46-49   325, 328, 329, 330, 331, 344

*Joh*
1,1-18   388
1,4-9   389, 391, 401
1,10   391
1,12   389, 390, 405
1,29   389, 391
2,4   398
3,3-8   390, 405
3,16   390, 391f, 406f
3,19-20   390, 395
3,21   386, 391
3,35   392
4,16-18   387
4,42   391
5,20   392
5,24   390, 402
5,29   386
6,27   390
6,29   390
6,35   389, 390
6,44   390
6,56-57   394
6,65   390
7,7   385, 406
7,19   400
7,53-8,11   497
8,12   386, 389, 390, 391, 401
8,47   390
9   386
10,7.9   389
10,11-18   389, 392, 393, 398
10,36   391
10,38   388, 390
11,4-6   398
11,25   389, 390
11,27   390, 391
12,5-6.8   387, 400
12,23.27-28   389
12,24-26   398
12,44-50   388, 390, 391, 401
13-17   393, 394
13,1-11   393, 407, 493
13,1   392, 393, 397, 406, 489
13,12-17   393, 396f, 491, 493
13,15   393, 396f
13,26   407
13,29   387
13,31-16,33   385, 396
13,31-33   389, 397
13,34-35   1, 396, 489
13,34   43, 209, 392, 393, 397, 398, 400, 402, 404, 406, 417
13,35   397, 406, 407
13,36-38   397, 398
14,6   389
14,10-11   388, 390
14,12-14   389
14,15   392, 393, 398, 399
14,16-17   389
14,21   392, 393, 398, 399
14,23   392, 393
14,26   389
14,31   392
15,1-8   389, 394, 399, 488
15,9-11   392, 393, 399
15,12-17   1, 396, 399f, 489
15,12   43, 209, 392, 393, 399, 400, 404, 406, 417
15,13-15   393, 399, 405
15,16   399
15,17   43, 399
15,18-19   385, 395, 397, 405

15,26   389
16,7–15   389
16,27   390, 392, 393
17,1–5   389
17,4   388
17,11   392
17,14   385
17,18   391, 406
17,21–22   388, 390, 392, 406
17,23–26   392, 393, 406
17,24   390, 392
19,11   387
19,30   389, 393
20,21–23   387, 391, 406
20,30–31   389, 390
21,15–19   393, 398

*Apg*
1,8   330
2   330, 370
2,33   323, 326
2,38   325, 328, 331, 344
2,42–47   330, 348, 365–370
2,42   157, 368
2,44–45   367, 368, 369, 370, 371, 479
4,31   330
4,32–37   348, 365–370, 371, 479
4,32   365
4,34–35   336, 368, 369, 370, 373, 373, 374, 377, 495
4,36–37   368
5,1–11   348, 368
5,29   374, 376f
5,31   325, 326, 327, 328, 331, 344
6,1–7   330, 348, 369
6,11–14   333, 334
7,60   338
9,36.39   350, 369, 371, 461
10,1–11,18   248, 324, 327, 334
10,2   336, 369, 371
10,43   325, 328, 331
10,44–48   330
11,18   328, 344
11,29–30   370
13,38–39   325, 326, 328, 331, 333f
15   330, 334f
15,10   265, 335
15,20.29   135, 324, 335, 348, 476
15,21   335
15,28   476

16,1–3   150
16,16–40   375, 378
17,30   328
19,23–40   375, 378
20,19   125
20,28   326
20,33–35   97, 162, 323, 353, 369, 370f, 372, 496
21,25   135, 324, 335, 476
22,3   90
22,12   333
24,14   333
26,18   325, 328, 331
26,20   328
28,17   333, 334

*Röm*
1,16–17   82, 252, 428
1,18–3,20   63, 86
1,18–32   82, 153, 497
1,24   67, 82
1,26–27   151, 153–156
1,28   82, 90, 91, 206
1,29–31   90, 135, 162, 232
2,13   87
2,14–15   34, 88, 90, 91f, 167
2,21–22   119
3,8   62, 80
3,20   88, 201
3,21–26   63, 81
3,24   63, 87
3,27   202
3,28   63, 86, 201
3,31   118
4   118
4,2–5   202
5,1   63, 87, 99, 203
5,5–11   99, 103, 104, 108
5,12–21   87
6–8   62, 82, 87
6,1   62, 80
6,2   62, 64, 67, 68
6,3–4   62, 64, 82
6,6   64
6,12   67, 68
6,13   82
6,18–22   62, 81
7–8   64
7,7–25   66, 86, 315, 429
7,7–8   35, 67, 403, 426

7,12   118
7,14–20   66
8,1–11   66, 118
8,2   62, 64
8,3   64
8,4   66, 87, 88, 91, 118, 270
8,5(-7)   82, 170
8,9–11   64, 65
8,23   68
8,28–29   103
8,31–39   99, 103, 104, 115
(9,31–)10,4   118
10,12   355
12–15   62
12–13   61, 72, 94, 98–101, 112, 113, 118
12,1–2   72, 82f, 91, 99, 101, 171, 210
12,3–8   72, 98, 101, 128, 171, 493
12,5   64, 72, 207
12,6–8   107, 156, 492
12,9–21   92, 93, 98, 119, 120, 166, 171
12,9   98, 99–101, 118, 120, 122, 127, 489
12,10   72, 90, 97, 98, 100, 101, 120, 122, 128, 129, 139, 407, 420, 466, 489
12,11   67, 98
12,12   98
12,13   101, 157, 420, 492
12,14–21   93, 94, 166, 407
12,14   93, 101, 120, 338
12,16   127, 128f, 170, 493
12,17(–21)   93, 98, 99, 100, 101, 110, 120, 167, 278, 464
12,18   98, 100
12,19–21   99, 100, 170, 309
13,1–7   118, 119, 166–170, 478, 487
13,1–2   166f, 387, 464, 478
13,3–4   92, 99, 167, 169, 170, 477, 478
13,5   90, 167f
13,(6–)7   118, 168
13,8–10   87, 88, 91, 95, 99, 117–120
13,8   104, 116, 118, 119f, 270
13,9   35, 39, 118f, 403, 489
13,10   99, 118, 119f
13,11–14   67, 68, 79, 90, 101, 135, 448, 453, 459
14,1–15,13   106f, 118
14,10   79
14,14   94, 106
14,15   106, 107, 113, 117, 120
15,1–3   106f
15,5   128, 170
15,7   106f, 209
15,25–31   158, 159, 492
16,7   77

*1Kor*
1,10–4,21   3, 62, 109, 122–124, 127
1,17–2,5   123f, 428
1,26–28   123f, 161
1,29–31   124, 202
3,1–3   67, 109, 123
3,12–15   79, 80
3,16–17   80
3,21   124
4,7   107, 124, 202, 495
4,8   143
4,16   209, 234
4,17   94
5   80, 109, 137–139
5,1   137f
5,2   109, 138
5,7   68
5,10–11   90, 135, 162, 163, 207, 232, 497
6,1–8   109, 112, 162f
6,9–10   80, 90, 135, 151, 152f, 154, 162, 163, 207, 232, 497
6,11   68, 81
6,12–20   66, 109, 135–137, 138, 498
6,12   135
6,13–14   82, 135, 136
6,15–17   136, 137
6,16   47, 145, 213
6,18   136
6,19–20   66, 82, 117, 136, 145, 488
7   50, 142, 143–151, 154, 172, 199, 214, 223, 498
7,1–7   50, 143–147, 154
7,1   143, 149, 498
7,2–5   77, 143, 211, 498
7,2   144
7,3–4   144f, 214
7,5   143, 144, 146, 149
7,6   146
7,7   144, 149, 292
7,8–9   144, 149, 226
7,10–16   49
7,10–11   46f, 93, 150, 151, 497
7,12–16   150f, 462, 463
7,17–24   74, 143, 149, 165f, 197
7,19   89
7,21   165f

7,26   144, 149
7,28   149
7,29–31   78, 79, 149, 156, 225, 498
7,32–35   146, 147, 149, 225, 226
7,36   149
7,38–40   144, 149, 151
8,1–11,1   62, 102–106, 107, 114, 116, 120
8,1(–3)   103, 104, 106, 107, 109, 111, 489
8,4–6   102, 436, 475
8,7   90, 102
8,9   102, 105
8,11–12   103, 104, 105, 107, 113, 117, 120, 489
8,13   105
9,5   52, 149
9,14   93
9,19–23   85, 105f, 107, 114
9,21   106, 115, 116
9,24–27   90
10,16–17   72–73
10,24   72, 104f, 116, 117, 119, 127, 253, 489
10,25–30   102
10,32   105
10,33   105
11,1   104, 106, 209, 234, 440
11,2–16   76f, 197
11,3   76, 212
11,7–9   76, 212, 228
11,17–34   129–131, 157, 492
11,20–22   123, 129, 130, 157, 161, 492
11,23–26   93, 129, 130, 157
11,27–32   80, 130, 415
11,33–34   131
12–14   66, 107–111, 123
12,4–6   107
12,7   108
12,8–11   110
12,12–27   72, 73, 75, 108
12,13   64, 65, 74f
12,22–24   122, 129
12,25   108, 111, 130
12,28(–30)   108, 156, 492
12,31–13,13   66, 96, 108–111, 122, 395
13,1–3   108
13,4–7   108–110, 111, 119
13,5   104, 109, 112, 162
13,8–12   110
13,13   95, 110f
14,1   111
14,23–25   123, 436

14,33b–36   77, 148, 226, 228
15,20   68
15,33   91
15,56   86
16,1–4   158, 159, 161, 492
16,13–14   71, 96, 120, 121, 234
16,19   77

*2Kor*
1,20–22   68, 201
5,10   79
5,14–15   104, 115
5,17   64, 68, 79
6,6   90, 99
8–9   62, 113f, 121, 158–161, 492
8,1–5   159
8,7–9   159
8,8   113, 159
8,9   113, 114, 159f, 417
8,10–15   114, 159f, 479
8,19   488
8,24   113
9,5   160
9,6–10   160, 461
9,11–13   157f, 160, 488
9,14–15   159
10,3   67
11,23   169, 375
11,32–33   169
12,20–21   90, 92, 135, 448
13,11   128, 170

*Gal*
1,4   82, 159
1,13–14   84
1,15–16   84
2,4   114, 115
2,10   158, 492
2,11–14   75
2,15(–21)   85, 87, 114
2,16   63, 86, 201
2,19–20   64, 67
2,20   64, 67, 68, 74, 94, 104, 113, 115, 116, 117, 120, 129, 159, 209, 417, 489, 490
3,1–5   65, 201
3,6–29   62, 74
3,19–25   85, 116
3,24   85
3,26–29   64, 74
3,27   68, 188

3,28  64, 73–78, 85, 89, 115, 143, 164, 188, 197, 230
4,4–5  85, 116
4,6  65
4,19  68
5,1  71, 115, 117
5,3  85, 114, 116
5,5  95
5,6  64, 85, 95, 113, 116
5,13–6,10  61, 62, 66, 114, 116
5,13  66, 72, 104, 114, 115, 116, 117, 119, 120, 165, 166, 465, 489
5,14  87, 91, 114, 115, 116, 118, 270, 489
5,15  67, 115, 142
5,16  66, 67, 115, 142, 429
5,17  67
5,18  85
5,19–21  62, 80, 90, 92, 135, 448, 459
5,22–23  66, 67, 80, 87, 90, 91, 96, 101, 108, 111, 115, 116, 142
5,24  64, 115, 117
5,25  66, 67, 68, 115
6,1  117
6,2  72, 94, 97, 115, 116f, 211, 270
6,9–10  119, 157, 407, 489
6,15  68, 79, 85, 115

*Eph*
1,3–14  199, 201
1,3–4  201, 202, 204, 206, 213
1,5–8  201, 203
1,9–14  201, 205, 209
1,15  96, 205
1,22–23  211, 213
2,1–10  201, 203, 206, 210
2,1  201, 205, 348
2,4–7  201, 202, 203
2,8–10  201f, 206, 209, 219, 461
2,11–22  201, 202–204, 206, 210
2,11–12  202, 205
2,14–18  203, 205
2,19  202, 210
2,20–22  203, 205
3,1–13  201, 203
3,16–17  202, 205
4,1–16  203, 204f
4,1  204, 209
4,2–3  125, 203, 204, 205, 208, 493
4,4–6  205, 436
4,7–16  205

4,15–16  205, 207, 211, 213
4,17–5,20  204, 205–210
4,17–19  134, 205f, 208, 209, 210, 497
4,20–21  206
4,22–24  201, 206, 208, 215, 448, 453
4,25–5,20  206–209
4,25  207
4,26–27  207f, 208, 448
4,28  97, 162, 207, 208, 370, 496
4,29  207
4,30  209
4,31  207, 208, 448
4,32–5,2  203
4,32  204, 207, 208, 209, 494, 500
5,1  208
5,2  120, 205, 208f, 212, 220, 397, 417, 489
5,3–7  37, 80, 134f, 208, 232, 421, 497
5,8–9  207, 209, 210, 215
5,10  210
5,11  207
5,15  209, 210
5,17  210
5,18–20  207, 211
5,21/22–6,9  190f, 192, 204, 211–217, 223, 255, 462, 463, 498
5,21  211, 216
5,22–24  211, 212
5,23  76, 211, 212, 213
5,25–32  194, 211, 212–214, 464
5,25–27  155, 205, 209, 212f
5,28  155, 205, 213f
5,29–30  209, 213
5,31  136, 213
5,32  214
5,33  205, 212, 213
6,1–4  214f
6,3  214
6,5–9  215f, 462
6,9  196, 215f, 443
6,10  202

*Phil*
1,9–10  96, 101f, 171, 210
1,11  65, 488
1,19  65
1,22  67
1,27–2,18  61, 62
1,27–30  124f
2,1–11  124–128, 417, 440
2,1–4  124f, 211

2,1   64, 124, 127
2,2   124f, 128, 170
2,3   72, 105, 124–128, 129, 437, 493
2,4   105, 116, 119, 125, 126, 489
2,5–11   124, 125, 126f, 437, 493
2,5   64, 126, 170
2,(6–)8   64, 113, 127
2,12–16   67, 127
3,2–11   86
3,5–6   84
3,9   86
3,17   209, 234
3,20–21   169, 443
4,2   128, 170
4,5   489
4,8   90, 92

*Kol*
1,4–5   95, 186, 194
1,8   186, 194, 205
1,9–10   186, 204
1,12–14   187, 209
1,15–20   185, 187, 188, 189, 190, 199, 201, 203
1,26–28   186, 190
2,2–3   186, 194
2,6–7   186, 187, 206
2,8   184
2,9–10   185
2,11–15   185, 187, 189, 201, 348
2,16–23   125, 184, 185, 186, 188
3,1–4   185f, 187, 206
3,5–17   187–190, 204
3,5(–7)   37, 80, 131, 134, 135, 186, 187, 188, 196, 208, 232, 421, 497
3,8–9a   189, 190, 207, 288, 448
3,9b–11   187f, 189, 206
3,12–13   125, 187, 189, 199, 204, 208, 209, 493, 494
3,14   189, 194, 199, 204
3,15   187, 190, 204
3,16   186, 190
3,17   187, 190, 199
3,18–4,1   187, 190–199, 204, 211, 223, 255, 462, 463
3,18   187, 193f, 195
3,19   194, 196, 214, 464
3,20–21   187, 195, 196, 215
3,22–4,1   187, 195–197, 215f, 462
4,2–6   186, 187
4,15   197

*1Thess*
1,3   95f, 110, 112, 234
1,4   79, 81, 103
1,6   209, 234
1,9   81
2,5   162, 232, 497
2,9   161
2,11–12   62, 79, 81, 456
2,13   81, 428
3,6   96, 234
3,11–13   95
3,12   96, 100, 101, 119, 407, 489
4,1–12   61, 62, 81, 98, 131
4,1–2   1, 62, 81, 82, 94, 95, 101, 131, 135, 171
4,3–8   62, 98, 131, 135, 498
4,3–6   37, 50, 80, 98, 143, 188, 421, 459
4,3   66, 68, 81, 131f, 139, 142, 143, 155, 171
4,4(–5)   131, 139, 142, 143, 145, 147, 154, 155, 464
4,5   67, 91, 132, 134, 139–143
4,6   62, 95, 98, 131, 135, 143, 162, 171, 497
4,7   81f, 138, 456
4,8   66, 81, 142, 171
4,9–12   62, 80, 92, 95, 98f, 109, 112, 120, 157, 489
4,9–10   81, 90, 96f, 98f, 104, 107, 116, 119, 122, 407, 420, 466, 489
4,11–12   99, 161, 370, 496
4,11   62, 95, 97, 234
4,12   92
4,15   78, 93, 161
5,3   169
5,(4–)8   68, 71, 95, 110
5,12–22   61, 62, 92, 98f
5,12–13   96, 98, 107
5,14   157
5,15   93, 96, 98, 110, 278, 464, 489
5,16.17   98
5,18   81
5,19   67, 98
5,21   171
5,24   81

*2Thess*
1,3   96, 234
2,13–14   443
3,6–13   234, 370, 496

*1Tim*
1,5   219, 220

1,7–11   96, 218, 220
1,9–10   135, 217, 464
1,12–17   221
2,1–2   168, 221f, 226, 227, 463
2,3–7   217, 220, 221, 227, 427
2,8–15   190, 223, 224, 226–229
2,8   226, 227, 448
2,9–10   213, 219, 222, 227, 231, 463, 464
2,11–15   220, 222, 226, 227–229, 463
3,1–13   222
3,2   222, 223, 228
3,3   232
3,4–5   223, 225
3,7   222
3,12   223
3,14–16   221, 222, 226
4,3–5   218, 220, 223, 229, 232
4,10   220
4,12   218, 220
5,3–16   223, 224–226, 227
5,4   222, 225
5,5   224, 225
5,8   219, 464
5,9–10   219, 223, 225, 461, 464
5,11–15   223, 225f, 227, 228, 234
5,16   224, 225, 231
5,17   217, 228
5,20   309
5,23   232
5,24–25   219, 461, 464
6,1–2   190, 217, 223, 227, 230, 231, 233
6,3   217, 220, 222
6,4–5   218, 220, 464
6,6–10   231f, 232, 233, 363, 496
6,10   162, 219, 231, 232
6,11–16   218, 220, 222
6,14   233
6,17–19   156, 219, 230, 232f, 282, 461, 464, 495, 496
6,20–21   217, 218

*2Tim*
1,7   222
1,8   222, 464
1,9   219
1,13   96, 217, 220
2,18   218
2,22   219, 220
3,2–5   218, 220, 232, 464, 497
3,10   217, 220

3,11–12   222, 464
3,16   217, 220

*Tit*
1,1–3   217, 222
1,5–9   217, 220, 222, 223, 228, 448
1,10–16   218, 219, 228, 461
2,1–10   190, 219, 223f, 227, 464
2,1   217, 220
2,2   222, 224
2,4–5   222, 224, 227, 463
2,6–7   222, 224, 464
2,7–8   218, 219, 461
2,9–10   220, 223, 227, 463
2,11–14   218, 219, 220, 222, 227, 461, 464
3,1–2   168, 219, 220, 221, 224, 462, 463, 464
3,3–7   218f, 220f, 464
3,8–11   217, 218, 219, 220, 464

*Phlm*   111–113, 164f
2   77
4–7   95, 96, 99, 112, 113, 234
8–9   90, 112
15–17   73, 75, 112f, 122, 164f, 197, 230
21   164

*Hebr*
1,1–4   413f, 415, 416, 419
2,2–3   417
2,10–18   413, 415, 420, 421
3,7–4,11   414, 418
4,12–13   413, 419
4,14–16   414, 415, 417, 418, 421
5,7–8   415, 418, 421
5,11   414
6,4–6   416, 417
6,9–12   95, 414, 417, 418, 420
6,18–19   414
8,1   414, 415
8,8–12   416
9,14   416
10,16–18   416
10,19–25   95, 414, 415, 416, 418, 420
10,24   419, 420, 461
10,26–31   417, 416, 427
10,32–39   414, 416, 417, 418
10,34   414, 420, 421, 479
11   418f, 421
11,1   418
11,13   416, 419

11,24–26  419, 420
12,1–3  414, 415, 416, 417, 418, 474
12,4–17  414f, 421, 474
12,12  414
12,14  422
12,16–17  417, 421
12,25–29  413, 414, 417, 419
13,1  97, 420, 466, 489
13,2–3  420, 422, 492
13,4–5  37, 421
13,7  418, 421f
13,13–14  416, 419, 422
13,15–16  421, 422
13,17  422
13,20–21  416
13,22  413, 420

*Jak*
1,1  426, 433, 440, 453
1,2–12  426, 433, 444
1,2–3  426, 429, 430, 433, 441, 446
1,4  429, 431
1,5  429, 433, 438f
1,6–8  430, 432, 441
1,9–11  444, 445
1,13–25  426, 428, 433
1,13–15  426, 427, 428, 429, 431
1,17  426, 427, 432, 436
1,18  426, 427, 428, 429, 432, 440, 453, 455
1,19–20  288, 447f, 449
1,21  426, 427, 428, 429, 448, 453, 455
1,22–25  427, 428, 429, 432
1,25  428f, 434, 435
1,26–27  405, 433, 436f, 443, 445, 446, 448, 479, 492
2,1–13  405, 433, 434, 436, 439, 443, 489, 492
2,1  430, 443
2,2–4  432, 436, 437, 442, 443, 445, 446
2,5  427, 430, 435, 441, 443, 444, 492
2,6–7  432, 443, 444, 445, 447
2,8–11  119, 431, 434, 443
2,8  434, 435, 437, 489
2,9  434, 435
2,10–11  39, 434, 435, 439, 440, 497
2,12–13  428, 432, 433, 434, 436, 445, 447, 479
2,14–26  425, 426, 430f, 432
2,15–16  363, 433, 436, 439, 441, 446, 447, 479, 492
2,21–25  430f, 432, 441
3,1–12  448f

3,2  431, 448, 449
3,9  303, 436, 437, 449, 493
3,13–18  429, 430
3,14  427
3,17–18  430, 433, 445
4,1–10  430, 438, 440, 444
4,1–4  231, 441–443, 444, 447, 459, 493, 496
4,2  439, 442, 444
4,4  426, 432, 439, 442, 446, 480
4,6  493
4,7–10  125, 433, 444
4,8  432, 441
4,11–12  433, 434, 435, 437f, 447, 449, 494
4,13–5,6  444f, 495f
4,14–15  437, 445, 493
5,4  249, 444, 445
5,6  444, 445
5,9  438, 447
5,10  441
5,11  432, 433, 441
5,12  272, 449f
5,14–15  430, 433
5,16–18  431, 438, 440f
5,19–20  427, 433, 438f, 466

*1Petr*
1,1  453, 456, 458
1,2  456, 457
1,3–5  454, 455, 456, 457, 459
1,6–7  454, 480
1,10–12  457, 460
1,13  454, 457
1,14–16  455, 456, 458, 459
1,17  443, 453, 455, 456, 457, 459
1,18–19  454, 455, 457
1,21(–22)  95, 454, 460
1,22–25  428, 453, 455f
1,22  97, 99, 420, 456, 459, 466, 489
1,23  455, 456, 466, 467
2,1–2  448, 453, 455
2,4–10  454, 456, 463, 466
2,11  453, 458f, 462
2,12  460–462, 463, 464, 476, 488
2,13–17  168, 191, 462, 463, 464f, 477, 487
2,15  460, 461, 463, 464, 476, 488
2,16  465
2,17  462, 463, 464, 465, 466, 489
2,18–3,7  190, 191, 224, 462–465
2,18–20  164, 457, 459, 461, 462f, 464
2,21  417, 454, 456, 457, 459, 463, 464

2,22–25   455, 460, 464
3,1–2   461, 462, 463, 467
3,3–6   213, 227, 463, 464
3,7   462, 464, 467
3,8–17   93
3,8   125, 466, 467
3,9   93, 278, 338, 407, 456, 460, 464
3,10–12   457
3,13–17   459, 460, 464
3,15   460, 461
3,18   454, 457
4,1–4   455, 458, 459, 464
4,5   459
4,8   438, 466, 467, 489
4,9   420, 467
4,10–11   456, 467, 488
4,12–13   453, 454, 460
4,14–16   454, 459, 460
4,17–19   454, 459, 464, 466
5,1–4   456, 457, 460, 467f
5,5   125, 467f, 493
5,6   125, 457
5,10   456, 457, 460
5,12   453

*2Petr*
1,4   426
1,5–7   13, 420, 466, 489
2,14   37, 403, 497

*1Joh*
1,5–7   394, 401
2,2   391
2,5–6   393, 395, 398, 401, 402
2,7–11   394, 401f, 404
2,15–17   232, 401, 403, 426
3,1–10   396, 402, 405
3,11–18   402f
3,12   400, 401, 402
3,13   385
3,14   390, 402
3,15   288, 400, 401
3,16   393, 400, 401, 402, 489
3,17   385, 400, 401, 402f, 406, 489, 492
3,18   403
3,23   390, 401
4,7–21   395f, 401
4,7   395
4,8   391, 395, 401
4,9–10   395, 489

4,11   395
4,14   391
4,(12–)16   391, 395, 401
4,19   395
4,20–21   395, 401, 404
5,1–5   390, 395, 404f, 407
5,16   387, 404, 405

*2Joh*
4–6   404
10–11   404

*3Joh*
5–8   385, 404
9–10   404

*Offb*
1,1–3   471
1,5   473
1,6   474
1,9–11   471, 474, 476, 477
2,2–3   473, 474
2,4–5   474, 475
2,7   474
2,8–11   475
2,9–10   473, 474, 479f, 481
2,11   474
2,13   473, 474, 477
2,14   475f
2,16   475
2,17   474, 482
2,19   474, 481, 488
2,20   475f
2,21–22   475
2,23   472
2,24   476
2,25   474
2,26–28   474, 483
3,1–2   475
3,3   475
3,5   474, 480
3,7–13   475
3,9   475
3,10   474
3,11   474
3,12   474
3,14–22   480
3,17   480
3,21   472, 474
4–5   472, 482

4,4.10   474, 480
5,5–9   472f, 478
5,10   474
6,6   482
6,9–11   480, 482
7,1–8   478
7,13–14   474, 480
7,16   482
7,17   473
9,20–21   471, 479
11,7   474
12,7–12   473, 474
12,12–17   471, 473
13   478
13,1–8   480
13,1–2   474, 477
13,3   478
13,4   483
13,5–7   474, 477
13,10.15   473, 483
13,11–17   475
13,14–15   477
13,16–17   478, 480
14,1–5   478
14,4   432, 479
14,9–11   478
14,12   471, 473, 478
14,14–20   482
15,2   478
16,2   478
16,13   475, 480
17,1   478, 479, 480
17,5–6   473, 480
17,14   483
17,15–16   478
18   479, 480
18,4   472, 476
18,6–7   472, 480, 483
18,9–19   481
18,20   482
18,24   473
19,2   478
19,7   478
19,10   479
19,11–20,15   474
19,11–21   482
19,20   475, 478, 480
20,10   475, 480
20,12–13   472
21,1–22,5   472, 482

21,2   478
21,4   473
21,5–8   474, 479, 482
21,9   478
21,26   482
22,2   482
22,8–9   479
22,12   472
22,15   474, 479
22,17   482

**4. Weitere frühchristliche Schriften**

*Did*
1,2   44, 296
1,5   360
2,2–3   39
3,1–6   287, 439
3,2   287f, 448
3,3   290, 293
3,6   293
4,5–6   208
4,9–11   190
4,14   438
6,2   265
12,3–5   234

*Barn*
1,4   95
4,12   443

*1Klem*
13,1   448
21,6–9   190
29,3   432
47,5   420
48,1   420
49,5   438

*2Klem*
6   442
9,6   80
16,4   438

*Polyk*
3,2–3   95
4,3   224
6,1   448

*Hermas*
HermVis 3,6,2   427

HermMand 2,4   360, 370
HermMand 5,2,4   448
HermSim 5,3,7   257
HermSim 9,24,2   162, 370

*Aristides*
Apol 15,3–5   39

*Justin*
Dial 93,2   44

## 5. Griechische und römische Autoren
*Aelian*
VarHist 12,59   343

*Aischylos*
Agam 42–44   167
Sept 610   222

*Antipater von Tarsus (bei Stobaios)*
4,22a,25   145, 147

*Apuleius*
Met 7,14,2   356
Met 10,2,3   137
Met 10,23,3   225

*Areios Didymos (bei Stobaios)*
2,7,6a   24
2,7,6e   24
2,7,10   26
2,7,13–26   20, 195

*Aristophanes*
Lys 1–5.119–239   133

*Aristoteles*
EthEud 7,9   165
EthNic 1,1   99
EthNic 1,2   99
EthNic 1,5   20
EthNic 1,9   21
EthNic 1,13   20, 21
EthNic 2,1   21
EthNic 2,2   21
EthNic 2,4   21
EthNic 2,5   21
EthNic 2,6   21, 22
EthNic 2,7   21
EthNic 2,8   21
EthNic 2,9   22
EthNic 3,15   22
EthNic 4,1   370
EthNic 4,2   358
EthNic 4,7–9   125
EthNic 4,11   21
EthNic 6,2   21
EthNic 7,6   22
EthNic 7,8   153
EthNic 7,14   21, 22, 136
EthNic 8,3–5   22
EthNic 8,7–10   399, 400
EthNic 8,11   366
EthNic 8,12   191, 194
EthNic 8,13   165
EthNic 8,14   147f, 193
EthNic 9,8   21, 399
EthNic 9,9   22
EthNic 10,7–9   21
Pol 1,2   22
Pol 1,3   191
Pol 1,12   191, 194
Pol 2,1–5   366
Pol 5,9   117
Pol 7,16   133
Rhet 2,16   232

*Pseudo-Aristoteles*
Oec I   191
Oec 1,3,4   193
Oec 1,4,1   133
RhetAlex I 1421b37ff   275

*Cicero*
Amic   406
Amic 92   367
Cael 48   132
Clu 14f   137
Fin 1–4   29
Fin 1,37f   23
Fin 3,16–76   24
Fin 3,62f   25
Fin 3,64   128
Fin 3,68   147
Fin 4,14   24
Leg 1,40   167
Leg 1,42   88
Lig 37f   343
NatDeor 2,153   343
NatDeor 3,85   167

Off 29
Off 1,24f   231, 421
Off 1,41   196
Off 1,42.45   358
Off 1,47   339
Off 1,51   366
Off 1,52   31
Off 1,53–60   192
Off 1,68   231, 421
Off 1,70   117
Off 1,88   276
Off 1,101   19
Off 1,141   19
Off 2,87   191
Off 3,54   31
Parad 5,33–35   117, 136, 429
Rep 3,33   88
Tusc 4,10–32   139
Tusc 4,12–14   27
Tusc 4,16–21   26

*Pseudo-Charondas (bei Stobaios)*
4,2,24   194

*Columella*   191
Rust 12 praef. 1   148

*Pseudo-Demosthenes*
Or 59,122   132f

*Diodorus Siculus*
2,58,1   366
10,4,3–6   399

*Pseudo-Diogenes*
Ep 46   128
Ep 47   148

*Diogenes Laertios*
1,37   295
1,70   448
1,92   215
5,20   367
5,21   295
6,16   191
6,50   162, 231
7,33   366
7,84–131   24
7,85f   25
7,87f   24

7,107–110   90
7,110   26, 139, 140, 142
7,111–114   26
7,115f   26
7,121   22
7,130   399
8,10   365f
8,23   448
10,121   399
10,122–135   23
10,143   23

*Dion von Prusa*   22, 29, 191
Or 1,12   167
Or 7,82   31, 363
Or 7,91   361
Or 7,109–116   161
Or 7,133–138   133
Or 7,149–152   155
Or 10,15   356
Or 12,11   123
Or 13,10–12   22
Or 14,13.17   117
Or 17   162, 231
Or 17,20.21   354
Or 32,9–12   28, 29
Or 39,2   167
Or 72,2.4   28
Or 75,2   435
Or 77/78,3f   28
Or 77/78,26   126

*Dionysios Hal.*
AntRom 2,25,1–2,27,5   193, 462
AntRom 4,9,2   35
AntRom 8,29,1   276

*Epiktet*
Diss 1,1,7   28
Diss 1,1,21   28
Diss 1,1,27   421
Diss 1,6,8   140
Diss 1,9,1.6   24
Diss 1,11,15   24
Diss 1,23,3   225
Diss 1,23,7–10   225
Diss 2,1,23   117
Diss 2,7,3   399
Diss 2,8,11   24
Diss 2,10   24, 28, 191f, 195

Diss 2,11,13–25   28
Diss 2,12,25   29
Diss 2,14,13   343
Diss 2,14,18   276, 339
Diss 2,17,31   90, 191
Diss 2,18,15f   289
Diss 3,2,3f   28, 191
Diss 3,7,19   148
Diss 3,7,21   421
Diss 3,22   148
Diss 3,22,9–11   28
Diss 3,22,54   44
Diss 3,22,67–76   148
Diss 3,22,97   460
Diss 3,24,56   125
Diss 4,1   166
Diss 4,1,1–5   125
Diss 4,1,23   429
Diss 4,1,66f   28
Diss 4,1,81   28
Diss 4,1,87   28
Diss 4,1,89–113   28
Diss 4,1,122   28
Diss 4,1,175   117, 429
Diss 4,6,26   192
Diss 4,7,7–11   125
Diss 4,9,1–3   28
Ench   261
Ench 30   192
Ench 32   399
Ench 33   133, 449

*Epikur*
Kyriai doxai 14   23
Fr. 551   23

*Euripides*
Herakles 585f   276
Orest 1046   367

*Gaius*
Inst 1,63   138

*Galen*
PlacHippPlat 3,1,10–11   140
PlacHippPlat 4,5,10–14   26

*Hesiod*
Op 297–315   161
Op 348–354   339

Op 352   275

*Hierokles (bei Stobaios)*
4,22a,21   147
4,22a,22   148
4,22a,24   133, 145
4,24a,14   225
4,27,20   295
4,28,21   193

*Horaz*
Sat 1,2,31–35   132
Sat 2,3   28

*Isokrates*
Or 1,14   295
Or 1,29   276
Or 2,24   295
Or 3,40   133
Or 3,49   295
Or 3,56   435
Or 3,61   295
Or 4,81   295

*Jamblichos*
VitPyth 92   366
VitPyth 167   367
VitPyth 168   366
VitPyth 210   139

*Juvenal*
Sat 5   130
Sat 6,535f   146

*Kallikratidas (bei Stobaios)*
4,28,17   195

*Lukian*
BisAcc 6   28
DialMeretr 5,1f   154
MercCond 26   130
Peregr 3   28
Peregr 12f   420
Sat 17f   130
Sat 24   355
Somn 9   125

*Lukrez*
RerNat 4,1091–1104   136

*Marc Aurel* 24
3,5,2   449
3,16,2   90
9,40,5   125
10,1   421

*Martial*
Epigr 1,20   130
Epigr 1,90   154
Epigr 2,43   366
Epigr 3,60   130
Epigr 4,16   137
Epigr 7,67   154

*Menander*
Dysk 309   194
Dysk 797–804   232
Dysk 805–810   233

*Musonios*
Diss 3   27, 77f, 162, 231, 421
Diss 4   27, 77f
Diss 8   34, 99, 195
Diss 10   27
Diss 12   27, 133, 140, 152, 154, 197
Diss 13A   27, 133, 145
Diss 13B   27, 363
Diss 14   27, 76, 140, 145, 147f
Diss 15   27, 225
Diss 17   343

*Pseudo-Ocellus*
UnivNat 44–46   140, 141

*Ovid*
Amor 3,10   146
Fast 4,657–660   146
Met 1,136f   365
Met 9,720–797   154

*Periktione (bei Stobaios)*
4,28,19   132, 224, 227

*Philodemos*   191
De superbia   126
Oec 24,19–25,23   233

*Philostratos*
VitAp 1,19   356
VitAp 4,8   355
VitAp 7,3   195
VitAp 7,12.14   399

*Phintys (bei Stobaios)*
4,23,61   132, 193, 194
4,23,61a   227

*Pindar*
Pyth 2,72   69
Pyth 2,83f   276

*Platon*
Gorg 469b   162
Gorg 507a–b   35
Laches 191d   26
Leg I 630a–d   19
Leg I 636c   152
Leg IV 721b   140
Leg V 739b–c   366
Leg VI 782d–783d   135f, 139f
Leg VI 785b   140
Leg VIII 838e–840c   140
Leg VIII 841d–e   133, 152
Leg X 906c   231
Menon 71e   276
Phaedr 254c   288, 448
Resp III 416d–417a   366
Resp IV 424a   366
Resp IV 427d–434c   19
Resp IV 437b–444a   19
Resp VIII 557b   117
Resp IX 588b–592b   19
Resp X 613a   343
Symp 179b–180a   399
Symp 189c–193e   155
Theaet 176b   343
Tim 28c   436
Tim 69a–72d   19

*Plinius d. Ä.*
NatHist 5,73   148

*Plinius d.J.*
Ep 2,6   130
Ep 10,96,1–10   257, 477

*Plutarch*
AdulAmic 24   366
Amat 5   152

Amat 23   141, 147
AmicMult   406
AmicMult 8   367, 399
CohibIra   448
CohibIra 6-7   448
ConjPraec 12   195
ConjPraec 16   133
ConjPraec 18   145
ConjPraec 19   150, 462
ConjPraec 20   133
ConjPraec 24   363
ConjPraec 26   227
ConjPraec 31f   226
ConjPraec 33   193
ConjPraec 34   133
ConjPraec 38   141
ConjPraec 44   133
ConjPraec 47   140
ConsApoll 13   442
CupidDivit   231
CupidDivit 2   442
CupidDivit 5   232
Curios   460
Curios 1   346
De laude 22   128
FratAmor   97
FratAmor 12   126
FratAmor 17   208
InimUtil 8   288, 448
LatViv   23
MaxPrinc 3   370
MaxPrinc 4   167
QuaestConv I 1,2   18
QuaestConv I 2,3   130
QuaestPlat 9,1   19
StoicRep 20   97
TranqAn 17   125
TuSan 8   136
VirtMor 4.5.12   140

*(Pseudo-)Plutarch*
LibEduc 10   192, 195
LibEduc 12   195, 415

*Polybios*
Hist 3,81,9   128
Hist 22,10,8   35

*Quintilian*
Inst 1,3,14-17   415
Inst 7,1,45   354

Inst 9,2,98   449
Inst 12,1,3   167

*Seneca*
Ben   27
Ben 2,18,1   192
Ben 3,15,4   343
Ben 3,21,2   163
Ben 4,26,1.3   45, 343
Ben 4,28,1-6   45
Ben 7,4,1   366
Ben 7,12,5   366
Clem   27
Clem 1,5,1-7   343
ConstSap 1,1   193
EpMor 16,3   27
EpMor 17   372
EpMor 20,2   27
EpMor 23,7   219
EpMor 47   163, 196, 198
EpMor 47,1.16   165
EpMor 81,17   370
EpMor 90,3f.36-40   365
EpMor 94   27
EpMor 94,1   192
EpMor 94,26   133
EpMor 94,43   295, 442
EpMor 95,45   192
EpMor 95,52   162
EpMor 102,24f   231
EpMor 115,14   443
EpMor 116,1-3   140
Ira   27, 448
Ira 1,4,3   288
Ira 2,28,7   133
Ira 3,6,1f   288
VitBeat 15,7   429
VitBeat 24,5-26,4   372

*Sprüche der sieben Weisen*   31
Stobaios 3,1,173   194, 276

*Strabon*
Geogr 7,3,9   366
Geogr 10,3,9   343
Geogr 14,5,12-15   90

*Sueton*
Claud 25,4   168

*Tabula Cebetis* 29f
19,5; 23,2   231, 421

*Tacitus*
Ann 13,50f   168
Hist 5,5,2   134, 150

*Theognis*
Eleg 1,105–112   358
Eleg 1,869–872   276

*Vergil*
Georg 1,125–128   365

*Xenophon*
Ages 11,11   126
Cyr 6,1,47   295
Mem 1,2,5f   105
Mem 2,2,12   31

Mem 2,3,14   276
Mem 2,6,28   339
Mem 3,10,5   125
Mem 3,14,1   130
Mem 4,4,24   275
Oec 7–14   191
Oec 7,8   462
Oec 7,12f   193
Oec 7,19   148
Oec 7,22–43   193
Oec 9,14   167
Oec 10,4   145
Symp 4,42   421

## 6. Inschriften und Papyri
IG XIV 830   158f
Papyrus XHev/Se 13   46
PHerc. 1008   126
POxy 744   225

# Sachregister

Abendmahl  72, 129–131, 157, 265, 368f, 492
Affekte/Leidenschaften (→Emotionen)  21f, 23, 26f, 28, 33, 35, 66, 139, 140, 142, 148, 153, 154f, 287, 417, 426, 429, 448
Agape →Liebe
Almosen →Barmherzigkeitsgaben
Amt/Amtsträger  217, 221, 222, 223, 225, 228, 230, 421f, 449
Anthropologie (→Gottebenbildlichkeit, Herz, Leib, Schöpfung, Seele)  7, 9f, 12, 18, 19, 20–22, 23, 24–28, 29f, 32f, 49, 67, 70, 80, 86f, 88, 117, 125, 136f, 139f, 144, 148, 155, 161f, 207, 219, 231, 264, 287, 289, 303, 312, 314, 315, 328, 330, 352f, 355, 356, 358, 360, 391, 395f, 405, 414f, 416f, 426f, 428, 431, 436, 437, 445, 448, 458f, 490, 493, 495f, 498f, 502
Apokalyptik  41, 42, 472, 481
Arbeit  51, 97, 134, 157, 161f, 163, 192, 207, 208, 234, 353, 370f, 496
Arme/Bedürftige  42, 50, 54, 101, 129f, 156, 157, 158, 159, 161, 162f, 193, 207, 208, 224, 231, 249, 256f, 280, 282, 284, 298, 301–304, 325, 326, 327, 330, 331, 342, 343, 349, 350–352, 355f, 358, 360f, 362, 363f, 365, 366, 367, 368, 369, 370f, 372–374, 402f, 433, 436f, 439, 441–446, 482, 491f, 495, 496, 502
Armut (→Arme)  25, 51, 113, 159, 352, 366, 445, 479, 481
Aristoteles/Peripatetiker  4, 20–22, 26, 27, 28, 140, 147, 153, 165, 191, 194, 366, 367, 399f
Askese/Enthaltsamkeit  23, 29, 37, 143–150, 184, 187, 199, 218, 223, 226, 229, 232, 445, 479, 498
Auferstehung  136, 201, 218, 389
Auferstehung Jesu/Ostern  39, 68, 203, 242, 244, 245, 246, 261, 262, 263, 324, 328, 363, 389, 393, 398, 454
Ausdauer (→Standhaftigkeit)  414, 472–474, 477f, 488

Barmherzigkeit  9, 12, 32, 37, 39, 46, 49, 124, 156, 189, 208, 209, 264, 266, 268, 271, 272, 282, 284f, 297, 298, 299, 301–304, 306, 308, 310–313, 316, 327, 339, 340–344, 345–348, 354, 355, 358, 359, 361, 364, 369, 371, 377, 403, 430, 433, 436, 441, 445f, 467, 491, 492, 494
Barmherzigkeit Gottes  32, 46, 82, 201, 221, 264, 277, 303, 311, 312f, 314, 327, 328, 329, 337, 339, 342–344, 345, 346, 347, 348, 350, 358, 361, 373f, 432, 433, 455, 490, 494
Barmherzigkeitsgaben (Almosen)  233, 282, 302, 316, 336, 355, 358, 359, 364, 365, 369, 371, 373, 436
Bedürfnislosigkeit →Genügsamkeit
Begierde(n)/Begehren  19, 21, 22, 23, 26, 29, 30, 35, 66, 67, 86, 115, 117, 134, 136, 139, 140, 142, 147, 219, 232, 256, 289f, 403, 426–429, 441f, 458f, 496
Bergpredigt  1, 8, 40, 242, 260, 261, 264, 267, 268f, 270, 273, 277, 282, 286–292, 295f, 298, 306f, 312, 314, 315, 386
Berufung (→Erwählung)  79, 81f, 114, 149, 150, 165f, 204, 205, 251, 328, 364, 456f
Beschneidung  34, 36, 85, 86, 87, 89, 114f, 268, 334f
Besitzethik/Besitz  20f, 25, 28, 39, 50f, 54, 79, 138, 156–163, 188f, 193, 230–233, 242, 255–257, 282–284, 293, 296, 324, 325, 326, 336, 338, 342, 348–374, 387, 420, 421, 433, 441–446, 479, 479–482, 487, 494–497, 499, 502
Besitzstreben (→Habgier)  50, 208, 231f, 282, 283, 371, 403, 441, 442, 444, 445, 446, 493, 494, 496
Besitzverzicht/-losigkeit  50, 156, 231, 256, 282, 283f, 333, 358, 364f, 367, 368, 371, 372, 446
Besonnenheit  19, 21, 22, 23, 29, 91, 128, 194, 222f, 224
Brotbrechen →Mahl
Bruderliebe →Geschwisterliebe
Bund  32, 33, 34, 86, 202, 203, 327, 350, 416, 417, 457
Bürgerlichkeit  22, 23, 147, 167, 219, 221, 231

Buße → Umkehr
Buzygische Verwünschungen 31, 36

Charisma 66, 77, 98, 107f, 110f, 128, 144, 149, 156f, 453, 467, 492, 498
Christologie 9, 11, 62, 63–65, 68, 71, 72f, 74, 83, 94, 101, 103f, 106f, 108, 113f, 115–117, 120f, 124, 126f, 128, 129–131, 157, 159f, 170f, 172, 185–187, 188, 190, 199, 201, 203, 209, 211, 212, 216, 218f, 219f, 243–245, 248, 251–253, 260, 263–267, 270f, 298, 303, 304–306, 307, 313, 317, 324–327, 344f, 377, 388–394, 396–400, 401, 402f, 407, 408, 413, 415f, 417f, 443, 454f, 457, 460, 462, 464, 472f, 489f, 493, 499
Christusförmigkeit (→ Mimesis Christi) 159, 170f, 172, 457
Cicero 19, 25, 29, 117, 128, 191, 406

Dekalog 34f, 39, 88, 89, 118f, 134, 215, 220, 248, 249, 250, 268, 271, 273, 274, 281, 285, 286–295, 299, 333, 336, 400, 403, 434, 439, 471, 497
Demut (→ Selbsterniedrigung, Statusverzicht) 9, 11, 62, 64, 91, 92, 94, 124–129, 171, 172, 184, 189, 199, 204, 296f, 298, 307, 316, 437, 444, 467, 493, 499
Diakonie (→ Karitatives Handeln, Dienen) 157, 158, 159, 161, 234, 257, 306, 365, 369, 370, 371, 372, 446, 467, 481, 491f
Diebstahl 22, 85, 207, 208, 282, 353, 358, 400, 460, 471
Dienen/Dienst 66, 67, 81, 96, 105f, 115–117, 125, 126, 128, 136, 145, 148, 159, 166, 195, 252f, 255, 266, 283, 306, 349, 351f, 360, 365, 369, 377, 456, 474, 481, 491, 493
Dion von Prusa 22, 28, 29, 126, 133, 167, 191, 231, 363f
Disposition/(innere) Haltung (→ Herz, Sinnen) 12, 21, 24, 25, 28, 32, 91, 108, 109, 110, 111, 113, 125, 127, 128f, 160, 163, 170f, 195f, 207, 219, 253, 276, 283, 287, 289f, 297f, 303, 307, 315f, 338, 358, 359, 371, 373, 403, 418, 432, 436, 437, 442, 467, 474, 501
Doppelgebot der Liebe 35, 43f, 249f, 271, 284f, 298, 333, 334, 337, 340
do ut des-Logik 339, 359, 361
Doxologische Dimension d. Handelns 65, 136, 160f, 316, 394, 467, 488

Dualistische Motive 67, 135, 136, 206, 390, 405, 433, 458, 483

Egoismus (→ Selbstbezogenheit) 19, 104, 354, 357, 359, 361, 495
Ehe (→ Mischehe, Geschlechterrollen) 27, 36, 46–50, 54, 77, 79, 132f, 137, 138, 139–150, 192, 193–195, 198, 211–214, 223–226, 254f, 291, 421, 463, 464, 479, 497–499, 500
Ehebruch 22, 46f, 50, 119, 132, 134, 140, 150, 152f, 254, 273, 288–291, 293, 298, 333, 348, 439, 497
Ehelosigkeit 50, 143–149, 291f, 498
Ehescheidung 46–50, 150f, 223, 254f, 291f, 333, 363, 497, 502
Ehrerbietung/Respekt 72, 128, 129, 137, 139, 142f, 145, 147, 155, 171, 195, 198, 215, 293, 307, 464, 493, 498
Ehrsucht → Streben nach Ehre
Eifersucht 67, 123, 442f, 493, 496
Eigennutz 105, 128
Eigentum → Besitz
Einheit (der Gemeinde) (→ Einmütigkeit, Eintracht) 73, 74, 106, 107, 115, 156, 200, 202f, 204f, 208, 210, 406
Einmütigkeit 124, 125, 170, 467
Eintracht 73, 122, 124, 128
Ekklesiologie → Gemeinde
Eltern (→ Elternehre) 27, 52, 190, 191, 192, 195, 211, 225
Elternehre 26, 39, 54, 192, 214, 215, 249, 255, 271, 281, 284, 293, 294
Emanzipation (→ Geschlechterrollen) 193, 224
Emotionen (→ Affekte) 26f, 97, 140, 142, 207f, 276, 289, 297, 403, 436, 483
Enthaltsamkeit → Askese
Enthusiasmus 76, 161, 168, 202
Epiktet 24, 27f, 28f, 44, 125, 133, 140, 148, 166, 191, 261, 460
Epikureismus 18, 20, 23, 29, 221f, 231, 406
Erbarmen → Barmherzigkeit
Erwählung (→ Berufung) 79, 81, 86, 103, 124, 132, 201, 202, 204, 399, 427, 443, 453, 454, 456
Eschatologie (→ Gericht, Lohn, Naherwartung) 41f, 53, 67f, 70, 76, 78–80, 96, 110f, 143, 149, 156, 161, 201, 233, 234, 252, 276, 332, 351, 361, 369, 390, 415, 417, 418, 427, 464, 472–474, 495

Essen → Mahl
Eudämonie/Glückseligkeit  18, 19, 20f, 22, 23, 24, 25, 26, 27, 28, 29, 30, 31, 149
Eusebeia → Frömmigkeit
Exempla → Vorbild

Familie  7, 22, 26, 36, 38, 51f, 134, 145, 147f, 190–199, 211–217, 219, 222, 223f, 225, 255, 295, 364, 372, 421, 439, 500
Fasten  184, 257, 316
Faulheit  234, 445
Feindesliebe  42, 44f, 93, 101, 275–277, 282, 284, 288, 296, 297, 298, 337–339, 340, 358, 405, 406f, 489, 490, 502
Fleisch (sarkische Existenz)  66, 67f, 71, 76, 87, 92, 115, 117, 142, 164f, 170, 195, 315, 403, 458
Fortpflanzung  25, 36, 139f, 141f, 146f, 147f, 154, 194, 225, 226, 229
Frau  27, 28, 46, 47f, 49, 52, 75–78, 132f, 137, 140f, 144f, 147f, 150, 152, 153f, 190–195, 196, 197, 198f, 211–214, 216, 222f, 223–230, 254f, 289f, 291, 329, 350, 363, 365, 366, 462, 463f, 475, 487, 498
Freiheit  12, 28, 102f, 105f, 114–117, 125, 136, 138, 164, 166, 428f, 465
Fremde, Umgang mit Fr.  31, 36, 191, 303, 343, 491
Fremdlingschaft (in der Welt)  416, 419, 422, 426, 433, 453, 455, 456, 457, 458, 464, 465
Freude  26, 92, 98, 101, 109, 110, 345f, 347, 417, 421, 426, 454, 483
Freunde, Freundschaft(sethik)  21, 22, 23, 26, 31, 36, 147, 165, 233, 275, 276, 295, 355, 359f, 365, 366, 367, 368, 369, 399f, 405f
Frieden/Friedenstiften  63, 87, 92, 98, 100, 168, 185, 189f, 203, 204, 205, 257, 277, 297, 298, 308, 316, 377, 422
Frömmigkeit (Eusebeia)  34, 35, 222, 225
Frucht  66, 67, 80, 96, 111, 115, 142, 209, 297, 328, 332, 363, 365, 394, 399, 430
Frugalität → Genügsamkeit
Fürbitte  95, 96, 101, 186, 200, 338, 387, 404, 405, 417, 438, 449
Furcht(losigkeit)  21, 23, 26, 30, 169, 377, 421, 460
Furcht Gottes/Christi  37, 211, 455, 462, 463, 464, 465
Fürsorge → Sorge für andere/Arme etc.

Gastfreundschaft  157, 404, 420, 422, 467
Gebet/Beten  14, 28, 77, 98, 101, 146, 149, 200, 207, 221, 224f, 226, 227, 250, 257, 276, 309, 314f, 316, 338, 354, 431, 440, 441, 464, 483
Gebot(e) (→ Dekalog, Doppelgebot, Liebesgebot, Tora)  32, 33, 34, 35, 36, 38, 53, 54, 66, 84, 86, 87, 88, 89, 94, 106, 118, 119, 146, 171, 215, 233, 246, 247, 249, 250f, 254, 261, 262, 264, 268, 270, 271f, 272–275, 281f, 284, 285, 293, 294, 298, 299, 301f, 332–337, 341, 361, 390, 392, 398, 399, 400, 401f, 404, 428, 430, 434, 435, 440, 471, 499
Gefangene, Sorge für  303, 420, 422, 491, 492
Gehorsam
- gegenüber Gott  69, 70, 127, 270, 304, 305, 377, 415, 429, 456
- gegenüber Eltern  27, 195, 198, 211, 215
- von Sklaven gegenüber ihren Herren  195f, 198, 211
- gegenüber der Obrigkeit → Unterordnung
Geist  65–72, 73, 74, 77, 80, 81, 82, 87, 88, 89, 96, 99, 107, 108, 111, 115, 118, 124, 135, 136, 142, 143, 170, 186, 201, 205, 207, 209, 211, 219, 243, 244, 315, 323, 325, 326, 330, 332f, 334, 370, 389, 390, 396, 416, 428, 429, 456, 498
Geiz (→ Geldliebe)  21, 232, 283, 355, 361, 363
Geldliebe (→ Habgier)  219, 231f, 361, 362, 363, 373, 421, 442, 496f
Geltungsstreben → Streben nach Geltung
Gemeinde/Kirche  2, 64, 72–78, 80, 85, 97, 107, 114, 116, 120, 121f, 122f, 124f, 128, 129–131, 138, 156f, 161, 164, 172, 189, 190, 193, 196, 197, 198, 200, 202f, 204f, 207, 210, 211, 212, 213, 214, 217, 226f, 230, 231, 233, 234, 253, 255, 260, 261f, 265, 284, 306, 307–310, 311, 314, 315, 330, 344, 346, 351f, 368, 370, 377, 389, 397, 398, 403, 404, 406, 419f, 421, 422, 433, 438, 439, 446, 449, 457, 466, 467, 476, 487, 489f, 492
Gemeinschaft  2, 22, 23, 25, 42, 72f, 75, 91, 97, 104, 108, 117, 122, 124, 128, 129–131, 143, 157, 165, 166, 190, 207f, 234, 251, 255, 256, 284, 306, 311, 331, 368, 369, 370, 377, 378, 394, 398, 400, 405, 406, 414, 419, 420, 422, 433, 439, 445, 446, 466, 467, 468, 489, 490, 495, 496, 498, 500, 502
Gemeinschaftsmahl → Mahl

Genügsamkeit 22, 23, 231, 421, 422, 445, 481, 496
Gerechtigkeit/Gerecht-Sein 19, 21, 22, 29, 32, 35, 42, 62, 91, 206, 215, 222, 270, 271, 273, 283, 297, 298, 304, 305, 314, 315, 316, 328, 343, 348, 362, 396, 430–432, 455, 496
Gericht (Gottes) 32, 70, 79f, 87, 135, 187, 188, 196, 215, 262f, 272, 274, 284, 286, 288, 290, 309, 312, 352, 355, 360, 421, 428, 432, 445, 447, 457, 459, 461, 472, 478, 482, 491, 495
Geschlechterrollen (→pater familias) 7, 75–78, 132f, 152, 193–195, 211–214, 223–230, 254f, 463f, 487, 500
Geschwisterliebe 43, 62, 90, 96–98, 99, 100, 112, 119f, 122, 157, 234, 392, 394, 395, 396, 398, 401, 404–408, 420, 422, 456, 466f, 489
Gesetz
- Tora 9, 31–39, 40, 43, 44, 53f, 62, 63, 65, 66, 83–89, 90, 91, 95, 99, 106, 114–119, 120, 138, 141, 146, 163f, 203, 210, 218, 220, 228, 243, 246–251, 254, 260, 261, 262, 264, 265, 266, 267–304, 314, 315, 332–337, 340f, 358, 362, 363, 368, 376, 400f, 416, 427, 428, 429, 430, 431, 433–440, 443, 444, 466, 471, 487, 489, 499
- G. Christi 85, 94, 106, 114, 115, 116f
- G. d. Natur 32, 33, 34, 88, 90, 117, 429
- ungeschriebenes G. 34, 88, 117, 275
Gewalt 35, 198, 266, 338, 343, 482–484, 491
Gewaltlosigkeit/-verzicht 275, 279f, 464
Gewissen 90, 167f, 219, 416
Glaube 1f, 62, 63, 65, 69, 70, 71, 74, 81, 86, 87, 95f, 103, 110, 111, 112, 113, 116, 118, 186, 201f, 205, 219, 225, 229, 234, 243, 262, 301, 329, 331, 389–391, 401, 402, 414, 417–419, 421, 425, 430–432, 441, 443, 446, 454, 473f, 478, 487f, 492
Gleichgeschlechtlicher Sexualverkehr 140, 151–156
Glückseligkeit →Eudämonie
Gnade 32, 62, 63, 69, 70, 71, 80, 81, 82, 86, 87, 113, 159–161, 201f, 218f, 220, 227, 335, 414, 416f, 453, 454, 456, 457, 462, 464, 493
Gnadengabe →Charisma
Goldene Regel 133, 268, 285, 295f, 300, 311, 339f
Gottebenbildlichkeit 76, 188, 303, 437, 449, 493
Gottesdienst 76f, 82, 129–131, 190, 207, 211, 226, 255, 313, 414, 419, 436, 446, 492

Gottesfurcht →Furcht (Gottes)
Gottesfürchtige 84, 324, 334, 336
Gottesherrschaft/Reich Gottes 41–43, 45, 46, 49, 50, 52, 53, 80, 152, 243, 244, 245, 246, 250, 251, 252, 254, 255, 256, 277, 280, 283, 325, 326, 330f, 333, 349, 351, 352, 353, 357, 361, 362, 369, 376, 377f, 435, 472f, 474, 476, 477f, 482
Gottesliebe →Liebe zu Gott
Gottesvolk (→Israel) 41f, 62, 84, 85, 115, 150, 200, 203f, 206, 210, 263, 268f, 335, 414, 418, 420, 422, 433, 457, 466, 475
Götzen-/dienst/-opferfleisch 9, 62, 81, 84, 102f, 150, 188f, 283, 335, 356, 385, 461, 474, 475f, 479, 496
das Gute 28, 92, 99–101, 112, 113, 157, 167f, 170, 171, 215, 248f, 299, 338f, 358, 386, 458, 459, 461, 462, 463, 464, 465
Gütergemeinschaft 365–370

Habgier/Habsucht (→Geldliebe) 37, 66, 143, 162f, 188f, 206, 207, 208, 231f, 354, 361, 364, 365, 373, 403, 421, 442, 444, 496f
Haltung, innere →Disposition
Hass 37, 47, 273, 275f, 288, 308, 338, 385, 394, 401, 402, 405, 406
Haus/Oikos 7, 164, 165, 187, 190, 191–199, 211, 215, 216, 223–226, 230, 256, 462, 500
Haustafel 11, 12, 187, 190–199, 211–217, 223f, 255, 462–465, 498, 499, 500
Heil →Soteriologie
Heiligung 62, 66, 81f, 98, 131f, 135, 138, 139, 229, 300, 456, 458
Heilungen 41, 42, 53, 242, 244, 245, 249, 253, 263f, 265, 325, 326, 331, 338, 349f, 491
Herrenmahl →Abendmahl
Herrenwort 47, 93f
Herrschaftsgebaren/Gebaren der Mächtigen 51, 253, 306, 349, 351f, 377, 467, 491
Herrschafts-/Machtkritik 51, 167, 253, 266, 306, 349, 377f, 467, 478
Herz 32, 49, 50, 99, 160, 195f, 219, 248, 254, 276, 287, 289, 290, 297, 298, 300, 308, 315, 332, 334, 359, 362, 367, 372, 373, 416, 463, 466
Heuchelei/ungeheuchelt 99, 219, 430, 456
Hochmut 126, 232, 311, 346, 437, 493
Hoffnung 68, 95, 96, 98, 101, 110, 111, 186, 205, 233, 418, 453, 454, 457, 458, 460

Homosexualität →Gleichgeschlechtlicher Sexualverkehr

imitatio Dei 9, 45, 46, 109, 208f, 220, 277, 327, 342–344, 345f, 347, 361, 433, 443, 456
Indikativ/Imperativ 68–71, 186, 187, 189, 190, 201, 202, 206, 243, 267, 387, 416, 425, 427, 428
Individuum/Individualismus 19, 23, 71, 72, 75, 91, 104, 117, 124, 144, 172, 360, 422, 466, 490, 498, 500, 502
Inzest 137f
Israel 33, 34, 37, 42, 52, 62, 84, 85, 86, 89, 118, 132, 189, 202, 203, 205, 247, 260, 261, 263, 266, 268f, 272, 309, 326f, 335, 336, 349, 350, 377f, 432, 457, 463
ius talionis →Talio

Josephus 36f, 66, 125, 141, 148, 152, 194, 275, 292, 366, 367

Kaiser/-kult 51, 245, 253, 349, 374–378, 466, 476, 477f, 480, 481
Kardinaltugenden 19, 21, 91, 222
Karitatives Handeln (→Besitzethik, Diakonie, Wohltätigkeit) 37, 51, 156, 157f, 232f, 256f, 279, 281, 282, 284, 296, 326, 336, 352, 357–371, 372f, 402f, 421, 436, 439, 445, 446, 479, 481, 487, 492, 495f, 502
Kind 21, 27, 28, 52, 133, 138, 148, 190, 191, 192, 193, 194, 195, 196, 198, 211, 214f, 223, 224, 225, 229, 255, 307
Kinderzeugung/-gebären →Fortpflanzung
Kindesaussetzung 38, 225
Kirche →Gemeinde
Kollekte 62, 113f, 121, 158–161, 370, 492
Königsherrschaft Gottes →Gottesherrschaft
Korbanpraxis 51, 52, 249, 293
Kosmopolit →Weltbürger
Kosmos →Welt
Kreuz 61, 122, 123f, 127, 129, 130, 185, 188, 243, 244, 245, 246, 251f, 253, 306, 313, 364, 372, 376, 389, 390, 393, 398, 417, 472f, 493
Kreuzes-/Leidensnachfolge 244, 304, 306, 422, 454, 459f, 463, 474
Kult/kultisch-rituelle Gebote
- Israel 37, 38, 53, 54, 84, 85, 88, 203, 246f, 250, 271, 298–300, 301, 335, 341, 342, 400, 413, 415, 440

- pagan 102, 150, 197, 228, 460, 475, 477, 480, 481
Kynismus 22, 28, 29, 148, 161, 231, 481, 482

Langmut 108f, 110, 189, 199, 204, 441
Laster 21, 35, 37, 80, 134, 153, 188f, 207, 231, 354, 458, 459
Lasterkatalog 90, 135, 151, 152, 162, 163, 188, 189, 205, 208, 218, 220, 248, 271, 287, 289, 293, 464, 471, 474, 479
Lästerung 189, 207, 227, 244, 293, 447, 477
Leib/Körper
- anthropologisch 19, 20, 23, 24, 25, 26, 28, 66, 67, 69, 70, 75, 82, 135, 136, 137, 143, 145, 148, 184, 213f, 283, 418, 420, 448, 481, 498
- ekklesiologisch 64, 72f, 74, 75, 108, 111, 122, 128, 130, 156, 190, 203, 205, 211, 212, 213, 214
Leiden (→Kreuzesnachfolge) 110, 251f, 253, 260, 280, 298, 304, 342, 414, 418, 420, 422, 441, 453, 454, 457, 458, 459f, 462, 463, 464, 465, 472, 474, 484
Leidenschaften →Affekte
Licht 127, 207, 209, 268, 269, 275, 283, 316f, 327, 359f, 389, 390, 391, 394, 401, 406
Liebe(sgebot) (→Feindesliebe) 2, 6, 9, 11, 12, 27, 35, 37, 43f, 49, 54, 62, 64, 66, 67, 80, 83, 85, 87f, 89, 90, 91, 92, 94–121, 122, 124f, 126, 127f, 129f, 142, 144, 145, 157, 159f, 161, 162, 165, 166, 168, 170f, 172, 186, 189, 194, 199, 204, 205, 208f, 212–214, 216f, 219, 220, 229, 234, 249–251, 253, 268, 271f, 273, 275–285, 294, 298, 299, 301, 308f, 329, 333, 334, 336, 337–342, 359, 362, 369, 371, 372f, 386, 392, 396–408, 419f, 422, 434, 435–439, 443, 447, 455, 456, 459, 466f, 474, 488–490, 491, 494, 498, 499, 501, 502
Liebe Gottes/Christi 45, 99, 103, 104, 115f, 117, 120, 121, 129, 157, 159f, 201, 209, 212, 213, 220, 245, 388, 391–396, 397, 399f, 401, 402, 405, 407, 414f, 489, 492
Liebe zu Gott 103, 146, 250, 271, 284f, 334, 341, 345, 395, 405
Lohn
- Arbeitslohn 249, 287, 366, 367, 444
- göttlicher L./Lohngedanke 108, 361, 368, 414, 419, 462
Lüge 39, 189, 207, 398
Lust/Lüste 21f, 23, 25, 26, 29, 132, 133, 136,

140f, 142, 147, 155, 290, 441f, 444, 459, 493, 498

Mahl
- Essen, Gastmahl  23, 50, 129, 130, 131, 157, 300, 324, 327, 344, 355f, 364, 368f
- Mahlgemeinschaft Jesu  42, 327, 344
- letztes Mahl Jesu  349, 396, 407, 491
- eschatologisch  351, 369
- kultisch (ohne Abendmahl)  102, 189

Makarismus → Seligpreisung
Mammon  50, 188f, 232, 283, 356, 359f, 362, 363, 371f, 442, 445, 496
Mann  46, 47f, 49, 75–78, 132f, 134, 137, 138, 140–142, 143–145, 147f, 150, 152–156, 190–195, 196, 211–214, 216, 222, 223f, 226, 227, 228, 230, 254f, 290, 291, 462, 463, 464, 498
Martyrium/Märtyrer  252, 257, 398, 419, 473, 477, 482f
Mimesis Christi (→ Vorbild)  8, 9, 65, 83, 104, 106, 107, 113f, 125, 160, 209, 220, 234, 253, 262, 266, 298, 303, 304–307, 314, 392, 393, 397, 398, 402, 421, 432f, 462
Mischehe  150f, 462, 463, 464, 476
Mitleid  21, 26, 263, 264, 302, 303f, 342, 343, 362, 403
Mord → Töten
Musonios  24, 27, 77f, 133, 134, 140, 147f, 154, 195, 197

Nachahmung Christi → Mimesis Christi
Nachahmung Gottes → imitatio Dei
Nachahmung (von → Vorbilder) (ohne → *imitatio Dei*, *Mimesis Christi*)  8, 20, 104, 105, 209, 234, 323, 414, 421, 440f
Nachfolge  43, 50, 51, 52, 54, 243, 244, 246, 249, 250, 251–253, 255, 256, 257, 260, 262, 264, 265, 280, 281, 283, 298, 304, 306, 329, 333, 345, 364, 371, 372, 374, 398, 499
Nächstenliebe → Liebe
Naherwartung (→ Parusie)  78f, 96, 147, 161, 214, 234, 416, 471, 498
Natur (→ Gesetz d. N.)  21, 22, 24f, 28, 135, 140, 141, 147, 148, 152, 153, 154, 155, 164, 191, 193, 194, 428
Neid  26, 37, 92, 283, 403, 442, 496
Niedrigkeit(sethos) (→ Demut, Selbsterniedrigung)  51, 54, 124, 125f, 128, 246, 255, 261, 305, 306, 307, 310, 311, 313, 349, 350, 366, 437, 444, 493, 499

Obrigkeit  51, 92, 118, 119, 166–170, 221, 374–378, 462, 464f, 477f
Opfer
- von Gewalt/Unrecht  279f, 312, 343, 442, 465, 482, 491
- kultisch  9, 82, 102, 119, 250, 264, 271, 299, 341, 342, 349, 477
- metaphorisch (Selbsthingabe)  82

Ostern → Auferstehung

Parusie (→ Naherwartung)  68, 78, 96, 186, 219, 234, 306, 332, 416, 482
pater familias  190, 192, 193, 194, 195, 196, 198, 216, 217, 223, 225, 462, 463
Perfektionismus → Rigorismus
Pharisäer  54, 84f, 242, 246, 247, 248, 249, 254, 260, 261, 267, 268, 270, 271, 272, 273, 274, 275, 278, 281, 284f, 286, 291, 293, 294, 299, 300, 327, 329, 336, 344f, 347, 348, 361f, 363, 364
Philon  20, 32, 33–35, 36, 37, 39, 85, 88, 91, 134, 141f, 148, 152, 155, 164, 194, 209, 287, 290, 292, 302, 366, 367, 418, 429, 439, 440
Philosophie  4, 18–30, 33, 36, 38, 39, 83, 88, 90–92, 97, 99, 102, 117, 126, 128, 134, 135, 139, 142, 152, 154, 162, 172, 192, 198, 214, 231, 343, 354, 358, 365, 373, 413, 421, 429, 438, 442, 448, 497, 499
Platon, pl. Philosophie, Akademie/Platoniker  18–20, 21, 22, 23, 26, 28, 29, 35, 91, 139f, 140f, 154, 155, 222, 366, 367, 413, 426
Plutarch  19f, 23, 97, 125, 133, 140f, 145, 150, 195, 231, 387, 448, 460, 462
Pneumatologie → Geist
Proexistenz  64, 66, 116, 117, 121, 130, 160, 244f, 252, 253, 397, 402, 490
Prophetie/Propheten  77, 108, 110, 203, 231, 261, 262, 266, 270, 299, 300–302, 333, 336, 361f, 362f, 419, 434, 441, 457, 471, 475, 476, 481, 483
Prostitution/Prostituierte  47, 66, 132–134, 135–137, 146, 147, 152, 213, 329, 347, 480, 497, 498
Pythagoreer/Pythagoreismus  132, 133, 139, 140, 184, 191, 193, 195, 224, 227, 231, 365f, 367

Rang-, Statusstreben → Streben nach Rang
Recht 46, 88, 138, 164, 170, 254, 271, 278, 279f, 286, 288, 290, 301, 303, 350, 351, 353f, 443, 444
Rechtfertigung 63, 69, 79, 86–88, 114, 115, 117f, 127, 201f, 219, 333f, 348, 426, 430–432
Rechtsverzicht 105, 112, 162f, 354
Reich Gottes → Gottesherrschaft
Reichtum/Reiche (→ Besitz) 22, 25, 26, 30, 31, 50, 97, 113, 130, 156, 230–233, 255f, 280–282, 283f, 349, 350–357, 359, 361–363, 364, 373, 418, 419, 436, 441–446, 479–482, 487, 490, 491f, 495–497
Reinheit/Unreinheit (auch ethisch) 127, 131, 134, 138, 150, 151, 219, 248, 293, 297, 298, 300, 334f, 364, 393, 416, 456, 463, 466
Reinheitsgebote 53, 54, 84, 89, 94, 106, 146, 210, 247, 268, 270, 285, 300, 334, 400
Respekt → Ehrerbietung
Reziprozitätsdenken (→ *do ut des*-Logik) 31, 233, 275, 284, 295, 339, 340, 359f, 361, 368, 499
Richten/Richtgeist 46, 106, 298, 308, 312, 343, 346f, 437f, 447, 494, 500
Rigorismus/Perfektionismus 314, 417, 431, 479
Rituelle Gebote → Kult
Rom/Römisches Reich/Imperium 163, 168f, 245, 349, 374–378, 471f, 474, 476, 477f, 479, 480f, 482, 488

Sabbat 36, 53, 106, 118, 134, 146, 162, 164, 184, 248f, 268, 271, 284, 285, 298f, 332, 400
Sanftmut 21, 189, 199, 204, 220, 266, 280, 297, 298, 313, 316, 430, 460
Schöpfung
- Gott als Schöpfer 34, 220, 283, 353, 436f, 495
- Schöpfergüte/-gaben/creatio continua 45, 160, 232, 233, 277, 283, 353, 360, 361, 496
- natürliche Gotteserkenntnis 153
- Christologie 185, 199, 201, 391
- Weisheit 33
- Gesetz 33, 34, 88
- Mensch als Geschöpf (→ Gottebenbildlichkeit) 48, 139, 209, 276, 303, 330, 352f, 355, 356, 358, 360, 405, 432, 433, 436f, 490, 492, 495, 501
- Geschlechterrollen/Ehe/Sexualität 47, 48, 75–78, 136f, 139, 140, 146, 148, 153f, 155, 212, 228, 254, 291, 463
- Begründung von (weiteren) Verhaltensweisen 45, 47, 53, 233, 248, 277, 283, 303, 353, 358, 405, 436f, 490
- Schöpfungsbejahung/Dankbarkeit 229, 230, 232
- neue Schöpfung/neuer Mensch 68, 79, 110, 188, 202, 206
Schwur(verbot) 292, 449f
Seele 18, 19, 20, 21, 23, 26, 27, 28, 30, 33, 35, 136, 140, 165, 166, 195, 354, 366, 367, 402, 414, 426, 438, 441, 456, 458f, 466, 481, 482, 491
Selbstbezogenheit (→ Egoismus) 316, 339, 354, 355, 371, 459
Selbsterniedrigung (→ Demut, Statusverzicht) 51, 64, 113, 125, 126, 127, 129, 307, 313, 396, 417
Seligpreisung (Makarismus) 42, 51, 277, 296–298, 316, 325, 332, 351, 352, 358, 493
Seneca 24, 27, 28, 45, 133, 140, 165, 192, 372
Sexualethik (→ Ehe, Gleichgeschlechtlicher Sexualverkehr, Prostitution, Unzucht) 27, 37, 39, 46, 47, 48, 49, 50, 54, 88, 89, 91, 98, 109, 131–156, 163, 172, 184, 188, 194, 196f, 207, 218, 223, 226, 229, 289–291, 293, 294, 335, 348, 387, 403, 421, 425, 439, 448, 459, 471, 474, 476, 479, 487, 497–499
(das) Sinnen (→ Disposition) 82, 91, 125, 126, 128, 170f, 172, 251
Sklave/-rei 7, 62, 73, 75, 78, 111–113, 122, 130, 133, 152, 163–166, 188, 190, 191, 192, 195–197, 198, 211, 215f, 223, 224, 227, 230, 306, 396, 399, 457, 462f, 468, 481
Sorge (um Existenz/Materielles) 23, 25, 51, 256, 283, 353, 357, 496
Sorge für andere/Arme etc. (Fürsorge) 29, 97, 108, 133, 149, 155, 156, 157, 158, 160, 161, 215, 217, 219, 225, 231, 234, 249, 276, 284, 293, 307, 308, 309, 313, 315, 317, 350, 366, 367, 373, 402, 404, 420, 422, 436, 438, 446, 492, 495
Soteriologie 32, 42, 63–75, 79–82, 86f, 103, 104, 105, 107, 113, 114, 127, 129f, 160, 185–187, 189, 200, 201–204, 206, 209, 218–221, 227, 228f, 243–246, 253, 256, 260, 262–265, 267, 271, 272, 294, 313, 325–329, 330f

Sachregister 539

333f, 347, 349, 350, 351, 357, 361, 365, 369, 373, 388–396, 397, 399, 402, 413–417, 426–432, 444, 453–457, 459, 472f, 480, 488, 490
Speise/-enthaltung 130, 135, 136, 146, 157, 184, 232, 302, 368f
Speisegebote 36, 53, 54, 75, 84f, 86, 87, 106, 118, 184, 203, 246–248, 270, 271, 300, 334, 335, 440
Sprachethik 189, 190, 207, 286f, 288, 292, 296, 431, 447–450, 460
Staat (→ Obrigkeit) 51, 119, 167, 168, 169, 170, 191, 222, 366, 374, 377, 378, 387, 463, 477f
Standhaftigkeit (→ Ausdauer) 29, 96, 415, 418, 426, 429, 432, 441, 473f, 477, 480, 488
Statusumkehr, -indifferenz, -verzicht (→ Demut, Selbsterniedrigung) 94, 121–131, 252, 255, 256, 307, 351, 352, 378, 396, 443, 445, 446, 492, 493
Stoa/Stoiker 18, 20, 22, 23–28, 29, 34, 35, 77f, 82, 88, 90, 91, 102, 117, 139, 140, 142, 145, 147f, 149, 165, 166, 191f, 193, 194, 231, 426, 482, 498f
Streben nach
- Ehre/Prestige 124, 126, 127, 128, 305, 307, 403, 442, 447, 493, 496
- Geltung 107, 123, 124, 127, 253
- Rang/Status 107, 122, 127, 128, 252f, 306, 307, 377, 441, 493
Sünde(n) 62, 64, 67, 68, 70, 82, 86f, 88, 118, 134, 136, 144, 201, 205, 207, 287, 308, 338, 363, 364, 389, 391, 396, 404, 415, 420, 426, 427, 429, 431, 447, 455, 476, 497
Sündenbekenntnis 328, 345, 431, 438, 449
Sündenvergebung durch Gott od. Jesus/Versöhnung 42, 63, 69, 70, 86, 185, 187, 188, 201, 203, 243, 244, 264f, 306, 310f, 312, 313, 325f, 327–329, 330, 331, 334, 343f, 346, 347, 387, 391, 395, 415, 416, 455
Sünder
- Menschen/der Mensch als S. 32, 82, 86, 87, 221, 265, 277, 309, 311, 327, 328, 329, 334, 338f, 345f, 348, 362, 427, 431, 466
- Jesu Zuwendung zu S. 8, 40, 42, 46, 264, 266, 301, 302, 306, 313, 326, 327–329, 344f, 491
- Umgang mit S. (→ Vergebung) 302, 307–313, 327, 343, 344–348, 437–439

Tagelöhner 163, 249, 345
Talio 278f

Taufe 62, 64, 67, 68, 69f, 73, 74, 75, 82, 185, 187f, 189, 201, 205, 213, 219, 220, 262, 425, 432, 453
Täufer 243, 254, 260, 265, 270, 305, 327, 328, 363, 389
Tod (als Unheilssphäre) 62, 185, 201, 202, 205, 347f, 402, 427, 438
Tora → Gesetz
Torauntorweisung/-paränese 35–39, 43, 88f, 134, 141, 152, 172, 192, 194, 274, 284, 287f, 290f, 294f, 309, 401, 434f, 440, 459, 497
Töten/Tötungsverbot 22, 35, 53, 225, 248, 273, 274, 286–288, 294, 400, 402, 439, 442, 444, 460, 471, 474
Totenbestattung 302
Treue
- gegenüber Gott/Jesus 301, 360, 398, 418, 421, 473f, 477, 479, 481
- zwischenmenschlich 28, 50, 92, 133, 223
Tugend/Tugendhaftigkeit (→ Kardinaltugenden) 19, 20, 21f, 24, 25, 26, 29f, 33, 34, 37, 66, 77f, 92, 110, 111, 125f, 128, 139, 140, 142, 171, 187, 188, 189, 194, 203, 204, 206, 215, 219, 220, 222f, 231, 297, 311, 314, 343, 366, 391, 399, 415, 418, 440, 467, 474, 493, 494
- Zweiteilung der Tugenden 35, 43, 96, 206
Tugendethik 2, 18–28, 91, 231, 297
Tugendkatalog 13, 66, 90, 189, 204, 205, 224

Umkehr 29, 42, 100, 243, 265, 269, 276, 277, 300, 307, 309, 310, 325, 327, 328f, 330, 334, 344, 345, 346, 347, 348, 351, 363, 365, 378, 417, 433, 441, 475
Umkehrung der Verhältnisse 123, 350, 351, 357, 372, 377, 378, 480, 493
Unreinheit → Reinheit
Unterordnung 193f, 198, 211, 212, 216, 217, 223, 224, 462, 463, 467f
- Obrigkeit 166–169, 463, 464f
Unzucht (→ Sexualethik) 37, 46, 47, 48, 49, 109, 132, 134, 135, 136, 137f, 143, 144, 172, 188, 207, 290, 291, 293, 335, 348, 421, 471, 474, 476, 479, 498

Verfolgung/Umgang mit V. 93, 101, 246, 252, 257, 276, 298, 316, 343, 419, 441, 454, 475, 477, 484
Vergebung (zwischenmenschlich) 10, 46,

54, 189, 207, 208, 242, 257, 261, 309–312, 344–348, 387, 439, 466, 494
Vergeltungsverzicht 44, 45, 93, 98, 100, 275, 278–280, 309f, 359, 460, 464, 465, 502
Vernunft 18, 19, 21, 24, 25, 26, 27, 77, 88, 102, 117, 139, 140, 142, 429
Versöhnung → Sündenvergebung durch Gott
Versöhnung, zwischenmenschlich 150, 203, 288, 296, 298
Verstand 82f, 91, 171, 206, 210, 219
Vollkommenheit 20, 22, 189, 209, 277, 282, 284, 311, 314, 429, 431f
Vorbild/Verhaltensmodell
- Jesus Christus (→ Mimesis Christi) 8, 107, 113, 116, 117, 121, 126, 127, 129, 160, 189, 209, 262, 266, 304f, 306, 307, 323, 329, 338, 344, 349, 351, 377, 393, 396, 397, 398, 400, 402, 403, 415, 417f, 457, 459, 463, 489, 490
- andere (→ Nachahmung) 20, 30f, 34, 105, 159, 217f, 223, 224, 234, 257, 323, 342, 343, 377, 418, 421, 440f, 463, 467

Wahrhaftigkeit/Wahrheit
- allgemein 30, 110, 207, 209, 221, 386, 403, 404, 427, 438, 439
- der Rede 39, 292, 296, 449f
Waise 307, 436, 437, 445, 446
Weisheit 19, 21, 25, 32f, 35, 62, 109, 123, 186, 190, 265, 330, 429f, 438, 447
Weisheitstradition 36, 37, 38, 39, 231, 276, 278, 290, 302, 309, 352, 355, 415, 434, 436, 445, 447f, 495
Welt (Kosmos)
- allgemein/Universalität 24, 25, 32f, 34, 117, 127, 147, 166, 169, 185, 187, 190, 220, 222, 230, 231, 243, 246, 268, 269, 316f, 389, 391, 392, 406, 472
- pejorativ/gottferne W. 123, 129, 283, 385, 390, 395, 401, 403, 405, 426, 429, 430, 433, 436, 441, 442, 443, 446, 448, 457, 492
- vergehende W./diese W./Weltende 79, 110, 111, 149, 156, 214, 252, 419
- als Fremde → Fremdlingschaft
Weltbürger, Mensch als 24, 28, 34, 117

Weltflucht, -verachtung etc. 79, 108, 169, 186, 226, 229, 230, 405, 408, 419
Werke
- soteriologisch (→ Gericht, W. d. Gesetzes, Werkgerechtigkeit) 78, 80, 118, 201f, 218, 263, 314, 317, 430f, 432, 457, 472
- gute W., W. von Christen 80, 89, 96, 190, 199, 202, 209, 219, 220, 221, 225, 233, 234, 269, 314, 315, 316, 317, 391, 419, 428, 429, 430f, 432, 460f, 464, 488
- W. d. Fleisches, d. alten Menschen etc. 92, 135, 187, 207, 390, 416
- W. d. Gesetzes 63, 65, 86, 87, 201
Werkgerechtigkeit 2, 32, 86, 262, 263, 264, 431, 488
Wiederheirat 46–50, 150, 151, 223, 254, 291, 333, 348, 363, 497, 499, 502
Wille
- d. Menschen/das Wollen 26f, 28, 66, 67, 117, 289, 296, 396, 429
- Gottes 32, 37, 38, 40, 42, 47, 49, 52, 81, 83, 88, 89, 99, 106, 142, 143, 171, 186, 210, 215, 253, 262, 267, 270, 274, 277, 281, 285, 290, 291, 297, 299, 301, 304, 305, 314, 315, 329, 333, 348, 353, 360, 362f, 372, 377, 388, 414, 416, 421, 432, 434, 439, 440, 443, 445, 459, 464, 465
Witwe 48, 149, 151, 190, 219, 223, 224–226, 228, 231, 257, 343, 350, 369, 374, 436, 437, 445, 446, 491
Wohltätigkeit/Euergetismus (→ Karitatives Handeln) 27, 45, 108, 158f, 161, 233, 257, 275, 336, 343, 350, 352, 363, 370f, 373, 377, 461, 496

Zehn Gebote → Dekalog
Zeloten/Zelotismus 168, 377
Zölibat → Ehelosigkeit
Zöllner 46, 264, 327, 329, 344, 348, 352, 363, 364, 378, 491
Zorn/Zürnen 21, 27, 37, 92, 109, 207f, 286–288, 294, 298, 347, 447f
Zucht/Züchtigung 414f
Zurechtweisung 117, 308f, 312, 347, 438